# THE BIG YELLOW
## BOOK OF GERMAN VERBS

# 555
## FULLY CONJUGATED VERBS

**Paul Listen, Ph.D.** | **Robert Di Donato, Ph.D.**
**Daniel Franklin**

Mc
Graw
Hill

New York  Chicago  San Francisco  Lisbon  London  Madrid  Mexico City
Milan  New Delhi  San Juan  Seoul  Singapore  Sydney  Toronto

**Library of Congress Cataloging-in-Publication Data**

Listen, Paul, 1961–
     The big yellow book of German verbs : 555 fully conjugated verbs /
Paul Listen, Robert Di Donato, Daniel Franklin.
          p.    cm.
     Includes indexes.
     ISBN 0-07-143300-7 (alk. paper)

     1.  German language—Verb.    2.  German language—Self-instruction.
 I.  Di Donato, Robert.    II.  Franklin, Daniel.    III.  Title.

     PF3271.L57 2005
     438.2'421—dc22                                      2005041598

     4  5  6  7  8  9  10  11  12  13  14  15  16  17  18    VLP/VLP    0 9 8    (0-07-143300-7)
     2  3  4  5  6  7  8  9  10  11  12  13  14  15  16  17  18    VLP/VLP    0 9 8    (0-07-148759-X)


ISBN-13: 978-0-07-148758-0 (book and CD-ROM set)
ISBN-10:       0-07-148758-1 (book and CD-ROM set)

ISBN-13: 978-0-07-148759-7 (book for set)
ISBN-10:       0-07-148759-X (book for set)

ISBN-13: 978-0-07-143300-6 (book alone)
ISBN-10:       0-07-143300-7 (book alone)

McGraw-Hill books are available at special quantity discounts to use as premiums and sales
promotions, or for use in corporate training programs. For more information, please write to the
Director of Special Sales, Professional Publishing, McGraw-Hill, Two Penn Plaza, New York, NY
10121-2298. Or contact your local bookstore.

## CD-ROM for Windows

**To install:** Insert the CD-ROM into your CD-ROM drive. The CD-ROM will start automatically. If it
does not, double-click on MY COMPUTER; find and open your CD-ROM disk drive, then double-
click on the install.exe icon. The CD-ROM includes audio instructions to guide you in using this
program effectively.

### Minimum System Requirements:

Computer: Windows 98, 2000, XP
Pentium II, AMD K6-2, or better
64 MB RAM
14″ color monitor
8× or better CD-ROM
Sound card
Installation: Necessary free hard-drive space: 150 MB
Settings: 800 × 600 screen resolution
256 (8-bit) colors (minimum)
Thousands (24- or 32-bit) of colors (preferred)

Call 800-722-4726 if the CD-ROM is missing from this book.
For technical support go to http://books.mcgraw-hill.com/techsupport.

# Contents

**German Tense Profiles**  1

- *Comprehensive summaries of formation and uses of each tense*

**555 Fully Conjugated Verbs**  39

- *Alphabetically ordered with examples of common use*

  **Top 50 Verbs:** *Full page of examples adjoining select conjugations*

**Exercises**  646

- *Drills to test and improve your grasp of correct verb forms*

  **Answers to Exercises**  650

**English-German Verb Index**  651

- *555 verb models cross-referenced by their English meanings*

**Irregular Verb Form Index**  658

- *Index showing the infinitive of difficult irregular German verb forms*

**German Verb Index**  662

- *More than 4,200 verbs showing 3 principal parts and cross-referenced to the full verb models*

# GERMAN TENSE PROFILES

# THE BASICS OF CONJUGATION

A verb is the part of speech that expresses an action, mode of being, or occurrence, for example, *to run, to think, to live,* or in German, **laufen, denken, leben**. When used in a sentence, the verb is said to be inflected, meaning it may have endings or inflections. To conjugate a verb means to list all its different inflected forms in a specific and logical fashion.

German has more inflected forms than English. Compare the following two sentences.

| | |
|---|---|
| Ich **laufe** jeden Tag. | *I run every day.* |
| Wir **laufen** jeden Tag. | *We run every day.* |

Notice that English uses the same form (*run*) in both sentences, whereas German has two different forms (**laufe, laufen**). As you can see from the examples, the difference between the forms is the endings.

Endings are one of the ways inflected verbs can show the grammatical categories of person (*Person*), number (*Numerus* or *Zahl*), mood (*Modus*), and tense (*Tempus* or *Zeit*). This section provides an overview of these grammatical categories and the category of voice (*Genus*). The basics of German verb conjugation are also presented.

## PERSON AND NUMBER

The grammatical categories of person and number are features of both nouns and verbs in German.

Number can be either singular or plural. A noun or pronoun is singular if it refers to a single person or thing, for example, *I, she, the house,* or *Mr. Smith.* A noun or pronoun is plural if it refers to more than one person or thing, for example, *we, they, orchids,* or *the Joneses.*

The verb in a German sentence agrees with the subject noun in that sentence. If the subject is singular, then the verb must be a singular form, too. If the subject is plural, the verb must be plural.

For convenience and efficiency, pronouns are used in the conjugation tables of this book. It is therefore important to understand the German pronouns, how they relate to person and number, and how they relate to other nouns.

### German Pronouns

| | NOMINATIVE | ACCUSATIVE | DATIVE | GENITIVE | |
|---|---|---|---|---|---|
| **SINGULAR** | | | | | |
| FIRST PERSON | ich | mich | mir | meiner | *I/me* |
| SECOND PERSON | du | dich | dir | deiner | *you* (familiar) |
| | Sie | Sie | Ihnen | Ihrer | *you* (formal) |
| THIRD PERSON | er | ihn | ihm | seiner | *he/him* |
| | sie | sie | ihr | ihrer | *she/her* |
| | es | es | ihm | seiner | *it* |
| **PLURAL** | | | | | |
| FIRST PERSON | wir | uns | uns | unser | *we/us* |
| SECOND PERSON | ihr | euch | euch | eurer | *you* (familiar) |
| | Sie | Sie | Ihnen | Ihrer | *you* (formal) |
| THIRD PERSON | sie | sie | ihnen | ihrer | *they/them* |

Case is a characteristic of nouns and pronouns, as well as of the noun phrases they appear in. There are four cases in German: nominative, accusative, dative, and genitive.

The nominative case is used for the subject of a sentence, as well as for predicates involving verbs such as **sein** *to be* and **werden** *to become*. The accusative case is used for the direct object of a sentence (generally) and for the object of certain prepositions. The dative case is used for the indirect object of a sentence and for the object of certain verbs and prepositions. The genitive case is used to show possession or relation; it is also used for the object of certain verbs and prepositions. Genitive pronouns are not commonly used in modern German.

These tense profiles focus on nominative pronouns, since they are most relevant to the form of the verb in a sentence.

The category of person encompasses first person, second person, and third person. First person is the speaker or the speaker and others for whom he or she speaks. First person is expressed in the singular personal pronoun **ich** (*I*) and the plural personal pronoun **wir** (*we*). Second person is the hearer(s), or the person(s) to whom the speaker is talking, writing, or communicating, expressed in the personal pronouns **du, ihr,** and **Sie** (singular and plural) (*you*). Third person is anyone or anything other than the speaker and hearer. Thus, third person includes the subject pronouns **er, sie, es,** and **sie** (*he, she, it,* and *they*).

In the following table, the present tense of the verb **laufen** *to run* is shown in the format used in this book.

|  | SINGULAR | PLURAL |
|---|---|---|
| FIRST PERSON | ich laufe | wir laufen |
| SECOND PERSON | du läufst | ihr lauft |
|  | Sie laufen | Sie laufen |
| THIRD PERSON | er/sie/es läuft | sie laufen |

Each subject pronoun is paired with an inflected verb form, which shows the proper ending for agreement with that particular pronoun. (Some forms have an **ä** where others have an **a**. This is called "umlaut" or vowel change and is another way some verbs in German are inflected. This will be explained below.) The **du** and **ihr** forms are familiar; the **Sie** forms are formal.

An inflected verb is said to agree with the subject of its sentence, which means it has endings that are specific to the subject in both person (first, second, or third) and number (singular or plural).

Many sentences have subjects that are made up of more than pronouns, of course. It is important to understand how the subject pronouns used in the conjugation tables relate to nouns and other pronouns that might be used as the subject of a sentence.

Third person comprises all pronouns outside the first and second persons, as well as any common or proper noun. Unlike first and second person, third person frequently involves no pronouns at all. In the sentences below, the noun phrases used as subjects are all in the third person and would therefore require a third-person singular or third-person plural verb form.

**Third-Person Singular**

**Sie** lacht.            *She laughs.*
**Unsere Mutter** lacht.      *Our mother laughs.*

**Third-Person Plural**

**Meine Freunde** lachen.      *My friends laugh.*
**Er und Bob** lachen.         *He and Bob laugh.*

The last sentence above contains a compound subject, meaning more than one noun or pronoun is involved. If a sentence has a compound subject, the verb must be plural.

If a compound subject contains a first-person pronoun, the verb is first-person plural. If a compound subject contains a second-person pronoun, the verb is second-person plural unless the subject also contains a first-person pronoun. First person overrides second person.

**First-Person Plural**

**Meine Freunde und ich** kochen.    *My friends and I cook.*
**Du und ich** kochen.             *You and I cook.*

**Second-Person Plural**

**Du und die Kinder** kocht.      *You and the children cook.*
**Sie und er** kochen.           *You and he cook.*

## MOOD AND TENSE

An inflected verb is said to be in one of three moods: indicative, subjunctive, or imperative. German uses the indicative mood to talk about things that the speaker perceives as real, true, or factual. The subjunctive mood is used for contingent, possible, hypothetical, and what-if expressions. It is also used to make requests more polite. German actually has two different kinds of subjunctive mood: subjunctive I and subjunctive II. The imperative mood is used for commands and instructions.

There are six basic tenses in German: present, simple past, future, present perfect, past perfect, and future perfect. Theses tenses combine with moods to make a total of 14 conjugation patterns (excluding the imperative).

| | |
|---|---|
| Present | Present Perfect |
| Simple Past | Past Perfect |
| Future | Future Perfect |
| Present Subjunctive I | Past Subjunctive I |
| Present Subjunctive II | Past Subjunctive II |
| Future Subjunctive I | Future Perfect Subjunctive I |
| Future Subjunctive II | Future Perfect Subjunctive II |

All German tenses are either indicative or subjunctive. "Simple past" is actually "simple past indicative"; the word "indicative" is usually omitted in tense names.

Inflections indicate agreement with the subject in person and number. They also show mood and tense.

## VOICE

German has two voices: active and passive. In an active-voice sentence, the subject is the person or thing doing the action expressed by the verb. In a passive-voice sentence, the focus is on either the action itself or the person or thing being acted upon. The 555 conjugation tables in this book present only the active forms, since the passive forms can be easily derived from them. For details on formation and use of the passive, see pages 31–32.

## THE GERMAN VERB
### The Infinitive

Inflected forms are also known as finite forms. They are finite in that they are limited to a certain person and number. Forms that are not finite include infinitives and participles.

The basic German infinitive is made up of a stem and a suffix (**-n** or **-en**). By far, the more common suffix is **-en**.

| | |
|---|---|
| bau**en** | sammel**n** |
| bring**en** | tu**n** |
| öffn**en** | wander**n** |

These are actually present active infinitives; for other infinitive types, see pages 34–35.

### Verb Classes

There are many ways to categorize German verbs. A common way, and one that is most useful for learning conjugations, is to divide them into classes based on their conjugation patterns. The names of these classes vary slightly from one approach to another. This book uses the terms "regular weak," "strong," "mixed," and "modal" to refer to four classes of verbs.

**Regular Weak Verbs**   Regular weak verbs are often called simply "regular verbs" or "weak verbs." The great majority of German verbs belong to this class.

In some instances, the form of a German verb's infinitive provides a clue to its class. For example, all verbs ending in **-eln** or **-ern** are regular weak. All verbs ending in **-ieren** are regular weak, except for **frieren**, **verlieren**, and any prefixed verbs based on them. For all other German verbs, the form of the infinitive does not reliably indicate its class.

Regular weak verbs have **-te** as a marker of the simple past tense and the suffix **-(e)t** in the past participle. The stem stays the same in all forms. Once the infinitive of a regular weak verb is known, all other forms can be derived according to regular rules.

| INFINITIVE | SIMPLE PAST TENSE (3 SG.) | PAST PARTICIPLE | ENGLISH |
|---|---|---|---|
| bauen | bau**te** | gebau**t** | *to build* |

For more details about regular weak verbs, see individual tense profiles beginning on page 7.

**Strong Verbs** Strong verbs are sometimes called "irregular strong verbs" or "irregular verbs" because the tenses differ from one another in significant and seemingly unpredictable ways. The stem vowel in the simple past tense is different from that of the present tense. Some strong verbs also change one or more stem consonants. Most have a sound change in the past participle as well. Strong verbs also have the suffix **-(e)n** in the past participle.

| INFINITIVE | SIMPLE PAST TENSE (3 SG.) | PAST PARTICIPLE | ENGLISH |
|---|---|---|---|
| ziehen | z**og** | gezog**en** | *to pull* |

There are only about 200 strong verbs in German. For more details about strong verbs, see individual tense profiles beginning on page 7.

**Mixed Verbs** Mixed verbs are a small group of verbs that are like regular weak verbs in some ways, but like strong verbs in other ways. They are thus sometimes called "irregular mixed verbs" or "irregular weak verbs." Like regular weak verbs, mixed verbs have **-te** as a marker of the simple past tense, and the past participle ends in **-t**. Like strong verbs, however, mixed verbs have a stem or vowel change in the simple past.

| INFINITIVE | SIMPLE PAST TENSE (3 SG.) | PAST PARTICIPLE | ENGLISH |
|---|---|---|---|
| bringen | br**achte** | gebracht | *to bring* |

There are very few mixed verbs in German; the following is a list of them, grouped according to conjugation pattern.

brennen, kennen, nennen, rennen     senden, wenden     bringen, denken

For more details about mixed verbs, see individual tense profiles beginning on page 7.

**Modal Verbs** Modal verbs modify the main verb's meaning with respect to concepts such as ability, desire, intention, permission, and obligation. For example, consider the action expressed in the sentence **Herr Smith spricht Elbisch.** (*Mr. Smith speaks Elvish.*) Different attitudes toward the action of speaking Elvish can be supplied with the addition of the modal verbs, for example, **wollen** *to want (to)* and **können** *can*.

Herr Smith **will** Elbisch sprechen.     *Mr. Smith wants to speak Elvish.*
Herr Smith **kann** Elbisch sprechen.     *Mr. Smith can speak Elvish.*

There are six modal verbs in German.

dürfen, können, mögen, müssen, sollen, wollen

In their conjugations, modal verbs differ to some extent from other verb classes, although they share some patterns with other verbs. For more details about modal verbs, see individual tense profiles beginning on page 7. See also pages 30–31 for word order with modal verbs.

**The Verbs *haben, sein, tun, werden,* and *wissen*** The verbs **haben** *to have*, **sein** *to be*, **tun** *to do*, **werden** *to become*, and **wissen** *to know* do not fit neatly into any of the four classes described above. Their differences are explained in the tense profiles beginning on page 7.

**A Note about Verb Class** Some German verbs belong to more than one class. They are sometimes regular weak and sometimes strong, depending on meaning and context. Examples include **bleichen**, **glimmen**, and **schrecken**. A small number of verbs follow the patterns of one verb class in some tenses, but another verb class in other tenses; examples include **backen**, **hauen**, **mahlen**, and **schallen**. Details for these verbs are provided in their conjugation tables.

## Principal Parts of the Verb

The infinitive of a verb is its entry word in most German dictionaries. This book presents verbs based on infinitives in alphabetical order. Three other verb forms are provided below the infinitive: the third-person singular, present tense form; the third-person singular, simple past tense form; and the past participle. These three forms plus the infinitive make up the four principal parts of the verb. All other forms of a German verb can be derived from these four forms (except for a few highly irregular verbs). Let verb No. 116, **brechen** *to break*, serve as an example.

## brechen
### bricht · brach · gebrochen

| FORMS DERIVED FROM THE INFINITIVE **brechen** | | FORMS DERIVED FROM THE PRESENT TENSE (3 SG.) **bricht** | FORMS DERIVED FROM THE SIMPLE PAST TENSE (3 SG.) **brach** | |
|---|---|---|---|---|
| **PRESENT** | | | | |
| ich breche | wir brechen | | | |
| | ihr brecht | du brichst | | |
| Sie brechen | Sie brechen | | | |
| | sie brechen | er/sie/es bricht | | |
| **SIMPLE PAST** | | | | |
| | | | ich brach | wir brachen |
| | | | du brachst | ihr bracht |
| | | | Sie brachen | Sie brachen |
| | | | er/sie/es brach | sie brachen |
| **PRESENT SUBJUNCTIVE I** | | | | |
| ich breche | wir brechen | | | |
| du brechest | ihr brechet | | | |
| Sie brechen | Sie brechen | | | |
| er/sie/es breche | sie brechen | | | |
| **PRESENT SUBJUNCTIVE II** | | | | |
| | | | ich bräche | wir brächen |
| | | | du brächest | ihr brächet |
| | | | Sie brächen | Sie brächen |
| | | | er/sie/es bräche | sie brächen |
| **IMPERATIVE** | | | | |
| | brecht! | brich! | | |
| brechen Sie! | brechen Sie! | | | |
| **FUTURE** | | | | |
| **FUTURE SUBJUNCTIVE I** | ⎫ ... brechen (*all forms*) | | | |
| **FUTURE SUBJUNCTIVE II** | ⎭ | | | |

*Infinitive:* **brechen**   The following tenses and forms can be derived from the infinitive (refer to the table above): the first-person singular, second-person singular formal, and all plural forms of the present indicative; all forms of the present subjunctive I; the plural familiar imperative; and the singular and plural formal imperative. The future, future subjunctive I, and future subjunctive II tenses use the infinitive **brechen** as the second component of all forms.

*Third-person Singular, Present Tense:* **bricht**   The second-person singular familiar of the present indicative and the singular familiar imperative can be derived from this principal part.

*Third-person Singular, Simple Past Tense:* **brach**   All other simple past tense forms, as well as all forms of the present subjunctive II, can be derived from this principal part. (A very few strong verbs have present subjunctive II forms that cannot be derived from the four principal parts. They must be individually learned.)

| | FORMS DERIVED FROM THE PAST PARTICIPLE **gebrochen** |
|---|---|
| PRESENT PERFECT | |
| PAST PERFECT | |
| FUTURE PERFECT | |
| PAST SUBJUNCTIVE I | ... gebrochen   (*all forms*) |
| PAST SUBJUNCTIVE II | |
| FUTURE PERFECT SUBJUNCTIVE I | |
| FUTURE PERFECT SUBJUNCTIVE II | |
| PASSIVE (*all tenses*) | |

*Past Participle:* **gebrochen**   All other compound tenses, including all tenses of the passive voice, use the past participle as their second component.

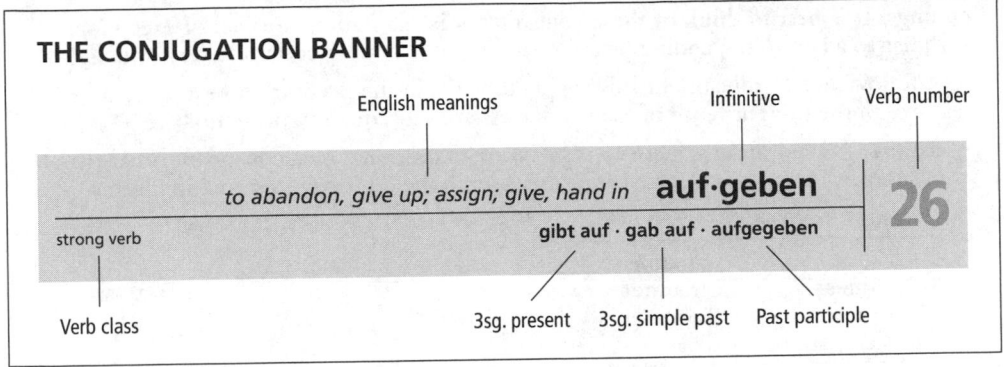

## THE CONJUGATION BANNER

In the box above, the conjugation banner for the German verb **auf·geben** is shown. Many German verbs have prefixes that separate from the stem when conjugated in a main clause. Such verbs are indicated by a centerline dot between the prefix and the basic verb; in this instance, the separable prefix is **auf**. The third-person forms show the prefix separated from the basic verb as it would be in a sentence.

## THE SIMPLE TENSES

German verb tenses can be grouped into simple and compound tenses. Generally speaking, a German verb in a simple tense does not need an auxiliary (helping) verb to be complete. By contrast, a verb in a compound tense requires an auxiliary verb.

There are four simple tenses in German.

| | |
|---|---|
| Present (indicative) | (see below) |
| Simple past (indicative) | (see page 12) |
| Present subjunctive I | (see page 15) |
| Present subjunctive II | (see page 15) |

# The Present

In German, the present tense is usually called **Präsens** or **Gegenwart**. The present tense forms of German verbs are made up of a stem and an ending.

**Regular Weak, Strong, and Mixed Verbs**  To form the present tense of all regular weak and mixed verbs, as well as most strong verbs, first take the infinitive and drop the ending; the result is the infinitive stem.

| | | |
|---|---|---|
| lachen *to laugh* [drop **-en**] > **lach-** | jodeln *to yodel* [drop **-n**] > **jodel-** |
| atmen *to breathe* [drop **-en**] > **atm-** | singen *to sing* [drop **-en**] > **sing-** |
| wandern *to hike* [drop **-n**] > **wander-** | senden *to send* [drop **-en**] > **send-** |

Now add the present tense endings to the infinitive stem. The regular weak verb **lachen** and the strong verb **singen** show the basic endings for the present tense.

| **lachen** *to laugh* (STEM **lach-**) | | **singen** *to sing* (STEM **sing-**) | |
|---|---|---|---|
| ich lache | wir lachen | ich singe | wir singen |
| du lachst | ihr lacht | du singst | ihr singt |
| Sie lachen | Sie lachen | Sie singen | Sie singen |
| er/sie/es lacht | sie lachen | er/sie/es singt | sie singen |

- The forms for **Sie**-singular, **wir**, **Sie**-plural, and **sie**-plural are *always the same in any given tense*. This is true for all verb classes.

- There are some minor adjustments that must be made to some of the endings for certain verbs. They are necessary when certain sounds at the end of the verb stem join with the endings. It is best to think of these adjustments as adaptations instead of exceptions: The verb has to adapt to the ending by either adding or dropping certain letters/sounds.

The following five adjustment rules apply to verbs in the present tense in general. Special features of the present tense of each verb class are subsequently presented.

- **Rule 1.** If the infinitive stem ends in **-m** or **-n** preceded by a consonant other than **h, l, m, n,** or **r**, then **-e-** is inserted after the stem in the **du, er/sie/es,** and **ihr** forms.

**atmen** *to breathe* (STEM **atm-**)

| | |
|---|---|
| ich atme | wir atmen |
| du atm**est** | ihr atm**et** |
| Sie atmen | Sie atmen |
| er/sie/es atm**et** | sie atmen |

Thus, for example, the third-person singular form for **atmen** is **atmet**, because the stem ends in **-m** preceded by the sound **t**. By contrast, although the stem for the verb **qualmen** also ends in **-m**, the **m** is preceded by the sound **l** and thus has the third-person singular form without **-e-** inserted: **qualmt**.

If the preceding **h** is part of a consonant cluster such as **ch, sch,** or **th**, the extra **-e-** is inserted. Thus, for example, the third-person singular form for **rechnen** is **rechnet**, because the stem ending in **-n** is preceded by the sound **ch** (a consonant cluster, not simple **h**).

- **Rule 2.** If the infinitive stem ends in **-s, -ß, x,** or **z**, then the **s** in the **-st** ending of the **du** form is omitted and the ending is simply **-t**. Examples include **rasen** (**du rast**), **fassen** (**du fasst**), **grüßen** (**du grüßt**), **feixen** (**du feixt**), and **sitzen** (**du sitzt**).

This rule does not apply to stems ending in **-sch**, for example, **kreischen** (**du kreischst**).

- **Rule 3.** If the infinitive stem ends in **-ie**, then the ending for the **Sie**-singular, **wir, Sie**-plural, and **sie**-plural forms is simply **-n**. The **ich** form has no extra **-e** added.

**knien** *to kneel* (STEM **knie-**)

| | |
|---|---|
| ich knie_ | wir knien |
| du kniest | ihr kniet |
| Sie knien | Sie knien |
| er/sie/es kniet | sie knien |

- **Rule 4.** If the infinitive stem ends in **-el** or **-er**, then the ending for the **Sie**-singular, **wir, Sie**-plural, and **sie**-plural forms is simply **-n**.

**wandern** *to hike* (STEM **wander-**)

| | |
|---|---|
| ich wandere | wir wandern |
| du wanderst | ihr wandert |
| Sie wandern | Sie wandern |
| er/sie/es wandert | sie wandern |

- **Rule 5.** If the infinitive stem ends in **-el**, then the **e** of the stem is optionally dropped in the **ich** form. For example, it is correct to use either **jodle** or **jodele** for the first-person singular form of **jodeln**. The optional nature of this rule is shown in the conjugations by parentheses around the **e**: **jod(e)le**.

### Special Features of Regular Weak Verbs and Mixed Verbs

**Insertion of -e-**   In addition to the five rules above, the following rule applies to the present tense of all regular weak verbs and all mixed verbs. For verbs whose infinitive stem ends in **-d** or **-t**, it is necessary to insert **-e-** after the stem in the **du, er/sie/es,** and **ihr** forms.

**retten** *to rescue* (STEM **rett-**)

| | |
|---|---|
| ich rette | wir retten |
| du rett**est** | ihr rett**et** |
| Sie retten | Sie retten |
| er/sie/es rett**et** | sie retten |

**senden** *to send* (STEM **send-**)

| | |
|---|---|
| ich sende | wir senden |
| du send**est** | ihr send**et** |
| Sie senden | Sie senden |
| er/sie/es send**et** | sie senden |

Further examples include **berichten** (**berichtest, berichtet**), **reden** (**redest, redet**), **trösten** (**tröstest, tröstet**), **vermuten** (**vermutest, vermutet**), and **wenden** (**wendest, wendet**).

### Special Features of Strong Verbs

In addition to the five rules above, the following rules apply to the present tense of strong verbs.

**Stem Change**   Some strong verbs have vowel changes in the second- and third-person singular, present tense forms, as shown in the conjugations of **fahren** and **brechen**.

| fahren *to drive* (STEM **fahr-**) | | brechen *to break* (STEM **brech-**) | |
|---|---|---|---|
| ich fahre | wir fahren | ich breche | wir brechen |
| du **fährst** | ihr fahrt | du **brichst** | ihr brecht |
| Sie fahren | Sie fahren | Sie brechen | Sie brechen |
| er/sie/es **fährt** | sie fahren | er/sie/es **bricht** | sie brechen |

The following table shows the range of vowel changes with an example verb for each change.

| | a → ä | au → äu | e → i | | e → ie | ä → ie | o → ö | ö → i |
|---|---|---|---|---|---|---|---|---|
| INFINITIVE | fallen | laufen | nehmen | sehen | gebären | stoßen | löschen |
| PRESENT TENSE (2 SG.) | fällst | läufst | nimmst | siehst | gebierst | stößt | lischst |
| PRESENT TENSE (3 SG.) | fällt | läuft | nimmt | sieht | gebiert | stößt | lischt |

Notice the stem consonant change in **nehmen**: the **h** is dropped and the **m** is doubled. Consonant changes apply to only a few verbs. To determine whether a verb's stem changes in the **du** and **er/sie/es** forms of the present tense, see the verb's conjugation table in this book.

**Limited Insertion of -e-**   If the infinitive stem of a strong verb ends in **-d** or **-t**, then

- Insert **-e-** after the stem in the **du** and **er/sie/es** forms *only if those forms do not show the stem vowel change just described above.*
- Insert **-e-** after the stem in the **ihr** form, regardless of the stem vowel.

The following examples illustrate this rule. With the verb **reiten**, **-e-** is inserted in the **ihr** form, as well as in the **du** and **er/sie/es** forms. With the verb **halten**, **-e-** is inserted only in the **ihr** form.

| reiten *to ride* (STEM **reit-**) | | halten *to hold* (STEM **halt-**) | |
|---|---|---|---|
| ich reite | wir reiten | ich halte | wir halten |
| du reit**est** | ihr reit**et** | du hältst | ihr halt**et** |
| Sie reiten | Sie reiten | Sie halten | Sie halten |
| er/sie/es reit**et** | sie reiten | er/sie/es hält | sie halten |

If the vowel-changing stem ends in **-t**, the **er/sie/es** form does not add another **t**: **hält**.

Following are other verbs for which **-e-** is not added because of a vowel change.

| | bersten | braten | fechten | flechten | gelten | raten | treten | laden |
|---|---|---|---|---|---|---|---|---|
| ich | berste | brate | fechte | flechte | gelte | rate | trete | lade |
| du | birst | brätst | fichtst | flichtst | giltst | rätst | trittst | lädst |
| er/sie/es | birst | brät | ficht | flicht | gilt | rät | tritt | läd**t** |

- With **bersten**, the stem-ending **-st** is omitted: **birst** → **birst**.
- With **treten**, the stem-ending **-t** in the second- and third-person singular forms is doubled: **trittst, tritt**.

**Modal Verbs**   The modal verbs are conjugated as follows in the present tense.

| dürfen *to be allowed to* (STEM **dürf-**) | | können *can, to be able to* (STEM **könn-**) | |
|---|---|---|---|
| ich darf | wir dürfen | ich kann | wir können |
| du darf**st** | ihr dürft | du kann**st** | ihr könnt |
| Sie dürfen | Sie dürfen | Sie können | Sie können |
| er/sie/es darf | sie dürfen | er/sie/es kann | sie können |

| **mögen** *to like (to)* (STEM **mög-**) | | **müssen** *must, to have to* (STEM **müss-**) | |
|---|---|---|---|
| ich mag | wir mögen | ich muss | wir müssen |
| du magst | ihr mögt | du musst | ihr müsst |
| Sie mögen | Sie mögen | Sie müssen | Sie müssen |
| er/sie/es mag | sie mögen | er/sie/es muss | sie müssen |

| **sollen** *should, to be supposed to* (STEM **soll-**) | | **wollen** *to want (to)* (STEM **woll-**) | |
|---|---|---|---|
| ich soll | wir sollen | ich will | wir wollen |
| du sollst | ihr sollt | du willst | ihr wollt |
| Sie sollen | Sie sollen | Sie wollen | Sie wollen |
| er/sie/es soll | sie sollen | er/sie/es will | sie wollen |

- The first- and third-person singular forms have no endings.
- The stem vowel changes in the **ich**, **du**, and **er/sie/es** forms for all the modal verbs except **sollen**.
- The endings for the **Sie**, **wir**, **ihr**, and **sie**-plural forms are the same as the present tense endings of regular weak, strong, and mixed verbs.

**The Verbs *haben, sein, tun, werden,* and *wissen*** The verbs **haben**, **sein**, **werden**, and **wissen** are conjugated in the present tense as follows.

| **haben** *to have* (STEM **hab-**) | | **sein** *to be, exist* (STEM **sei-**) | |
|---|---|---|---|
| ich habe | wir haben | ich bin | wir sind |
| du hast | ihr habt | du bist | ihr seid |
| Sie haben | Sie haben | Sie sind | Sie sind |
| er/sie/es hat | sie haben | er/sie/es ist | sie sind |

| **werden** *to become* (STEM **werd-**) | | **wissen** *to know* (STEM **wiss-**) | |
|---|---|---|---|
| ich werde | wir werden | ich weiß | wir wissen |
| du wirst | ihr werdet | du weißt | ihr wisst |
| Sie werden | Sie werden | Sie wissen | Sie wissen |
| er/sie/es wird | sie werden | er/sie/es weiß | sie wissen |

- With **haben**, the **du** and **er/sie/es** forms do not have the **b** of the stem.
- **Sein** has a highly irregular conjugation.
- **Werden** is regular except in the **du** and **er/sie/es** forms.
- **Wissen** conjugates much like a modal verb: the **ich** and **er/sie/es** forms have no endings. The **ich**, **du**, and **er/sie/es** forms have the stem-vowel change **i** → **ei**. The **ss** becomes **ß** after the diphthong **ei** due to general spelling rules (see page 38).

In the present tense, **tun** conjugates like the regular weak verb **wandern** (see page 8); its stem is simply **tu-**.

### Verbs with Prefixes

**Separable Prefix Verbs** German has many verbs that consist of a base verb and a complement that changes the meaning of the base verb. English has such verbs as well, for example, *to pick up, to stand up.* Unlike English, the German complement forms one word with the verb; it is considered a prefix of the verb and is joined to the base in the infinitive form.

| abholen | *to pick up* |
|---|---|
| aufstehen | *to stand up* |

Common separable prefixes include the following.

| ab | bei | fort | nach | weg | zusammen |
|---|---|---|---|---|---|
| an | ein | her | nieder | weiter | zwischen |
| auf | empor | hin | vor | zu | |
| aus | entgegen | mit | vorbei | zurück | |

When these verbs are conjugated in the simple tenses and are in a main clause, the prefix separates from the base verb and is placed at the end of the main clause.

Ich **hole** dich morgen am Bahnhof **ab**. *I'll pick you up at the train station tomorrow.*

**Inseparable Prefix Verbs** Other German verbs have prefixes that do not separate from the base verb, for example, **besuchen, entwerten, erfinden, verlieren**. Common inseparable prefixes include the following.

| be | ent | ge | zer |
|----|-----|----|-----|
| emp | er | ver | |

**Two-way Prefix Verbs** Some verbs have prefixes that separate with some meanings and do not separate with others, for example, **übersetzen** (*to translate* as inseparable, *to set across* as separable). The most common of these prefixes are the following.

| durch | über | unter | wider |
|-------|------|-------|-------|
| hinter | um | voll | wieder |

The presence of a separable or inseparable prefix has no direct impact on the form of the verb stem or endings; a base verb generally conjugates the same regardless of what prefix might be added to it. However, the two types of prefixes have differing effects on past participle formation (see pages 21–22). For more detailed information on German word order with separable prefix verbs, see the discussion of the sentence frame on pages 36–37.

In this book, separable prefix verbs are indicated by a centerline dot in the infinitive in the page banners: **ab·holen, auf·stehen, nieder·legen, vorbei·kommen**. To save space and avoid confusion in the conjugation tables, the prefix is not repeated eight times in each simple tense but is bracketed after the base verb forms as follows.

| ich hole | wir holen | |
|----------|-----------|----|
| du holst | ihr holt | ab |
| Sie holen | Sie holen | |
| er/sie/es holt | sie holen | |

This paradigm is to be interpreted as follows.

| ich hole ab | wir holen ab |
|-------------|--------------|
| du holst ab | ihr holt ab |
| Sie holen ab | Sie holen ab |
| er/sie/es holt ab | sie holen ab |

## Uses of the Present Tense

The present tense is used to talk about events that are currently happening, as well as ongoing, recurring, and habitual actions. The English translation varies, depending on context.

Die Katze **schläft** auf dem Sofa. *The cat is asleep on the sofa.*
Julia **studiert** Jura. *Julia is majoring in law.*
Ich **schlafe** auf einem Futon. *I sleep on a futon.*

It can also express future events, especially when an adverb of time is included. English sometimes uses the present tense in such cases, but not as commonly as German.

Im Mai **reisen** wir nach Vancouver. *We will travel to Vancouver in May.*
Morgen **bleibt** Silke zu Hause. *Silke is staying home tomorrow.*
Wir **kaufen** nächstes Jahr ein Haus. *We will buy a house next year.*

Actions that began in the past and continue to the present are expressed with the present tense plus a prepositional phrase with **seit** or plus the adverb **schon**.

Wie lange **seid** ihr schon da? *How long have you been here?*
Wir **wohnen** seit einem Jahr hier. *We've lived here for a year.*

German has only one present tense form, whereas English has three.

Niklas **spielt** Klavier.
*Niklas **is playing** the piano.*
*Niklas **plays** the piano.*
*Niklas **does play** the piano.*

# The Simple Past

In German, the simple past tense is usually called **Präteritum** or **Imperfekt**. Other English names for the simple past include the "imperfect," "preterite," and "narrative past."

**Regular Weak Verbs**   To form the simple past tense of regular weak verbs, add **-t-** and personal endings to the infinitive stem, as illustrated with the verb **lachen**. (To determine the infinitive stem, see page 7.)

| **lachen** *to laugh* (STEM **lach-**) | |
| --- | --- |
| ich lach**te** | wir lach**ten** |
| du lach**test** | ihr lach**tet** |
| Sie lach**ten** | Sie lach**ten** |
| er/sie/es lach**te** | sie lach**ten** |

The endings comprise the tense marker **-t-** followed by personal markers for the various persons and numbers, as follows.

| | |
| --- | --- |
| -t-e | -t-en |
| -t-est | -t-et |
| -t-en | -t-en |
| -t-e | -t-en |

There are minor adjustments that must be made to the conjugation of certain regular weak verbs in the simple past.

- Insert **-e-** after the stem in all forms where
  - The infinitive stem ends in **-d** or **-t**, or
  - The infinitive stem ends in **-m** or **-n** preceded by a consonant other than l, m, n, r, or simple **h**. (If the **h** is part of a consonant cluster such as **ch**, **sch**, or **th**, then the extra **-e-** is inserted.)

| **reden** *to talk* (STEM **red-**) | | **atmen** *to breathe* (STEM **atm-**) | |
| --- | --- | --- | --- |
| ich red**ete** | wir red**eten** | ich atm**ete** | wir atm**eten** |
| du red**etest** | ihr red**etet** | du atm**etest** | ihr atm**etet** |
| Sie red**eten** | Sie red**eten** | Sie atm**eten** | Sie atm**eten** |
| er/sie/es red**ete** | sie red**eten** | er/sie/es atm**ete** | sie atm**eten** |

Thus, for example, the third-person singular form for **rechnen** is **rechnete**. By contrast, although the stem for the verb **lernen**, for example, ends in **-n**, the n is preceded by the sound **r**, and thus the third-person singular form has no **-e-** inserted: **lernte**.

**Strong Verbs**   The simple past tense of strong verbs shows a change in the vowel of the stem in all forms. Endings are added as illustrated by the verbs **beginnen** and **greifen**.

| **beginnen** *to begin* | | **greifen** *to grasp* | |
| --- | --- | --- | --- |
| ich begann | wir begann**en** | ich griff | wir griff**en** |
| du begann**st** | ihr begann**t** | du griff**st** | ihr griff**t** |
| Sie begann**en** | Sie begann**en** | Sie griff**en** | Sie griff**en** |
| er/sie/es begann | sie begann**en** | er/sie/es griff | sie griff**en** |

- The **ich** and **er/sie/es** forms are characterized by the lack of an ending; this is true for all strong verbs in the simple past. This form is sometimes called the simple past stem, since the simple past forms for all other persons can be derived from it.
- The verb **greifen** shows a consonant change: f → ff. Many strong verbs have a consonant change as well as a vowel change in the stem.
- There are minor adjustments that must be made to the endings of certain strong verbs in the simple past.
  - In the **du** form of strong verbs whose simple past stem ends in **-chs**, **-s**, **-ß**, **-z**, or sometimes **-sch**, **-e-** is inserted before the **-st** ending, for example, **du wuchsest, lasest, schlossest, aßest, schmolzest, wuschest,** but **du droschst**.

- If the simple past stem of a strong verb ends in **-d** or **-t**, **-e-** is inserted before the **-t** ending of the **ihr** form, for example, **ihr fochtet, hieltet, ludet, tratet, wandet**.

  For certain strong verbs, **-e-** is inserted before the **-st** ending of the **du** form as well, for example, **du fochtest, wandest**, but **du hieltst, ludst, tratst**. The **-e-** insertion rule applies only to certain verbs, and grammar authorities generally consider the insertion archaic. When in doubt, refer to the conjugation table of a particular verb.

- If the simple past stem of a strong verb ends in **-e**, the ending **-en** is reduced to **-n** to avoid two **e**s in a row; the verb **schreien** (**ich schrie**, but **wir schrien**) is an example.

- The changes in the simple past forms of strong verbs are not as unpredictable as they seem. They can be grouped into what are called "ablaut" patterns. (The German word **Ablaut** means simply "vowel change.") The verbs in each ablaut pattern have similar vowel changes, although the consonant changes, if any, may differ. English, too, has verbs with ablaut: *begin, began; speak, spoke*. These similarities help English speakers quickly grasp the German verb forms.

  The verb **greifen**, whose simple past tense forms are given above, shows the vowel change **ei → i** from the infinitive to the simple past. Although there are about 40 different ablaut patterns in all, the following patterns account for more than half of all strong verbs.

| | a → u | e → a | ei → i | ei → ie | ie → o | i → a |
|---|---|---|---|---|---|---|
| INFINITIVE | fahren | sehen | beißen | schreiben | biegen | trinken |
| SIMPLE PAST TENSE (3 SG.) | fuhr | sah | biss | schrieb | bog | trank |

All ablaut patterns are represented in the conjugation tables of this book.

**Mixed Verbs**  In the simple past tense, mixed verbs share aspects of both regular weak verbs and strong verbs. Like regular weak verbs, they have the tense marker **-t-**, but they also have a stem vowel change (and sometimes a consonant change), like strong verbs. The mixed verbs are conjugated according to four patterns.

**bringen** *to bring*

| | |
|---|---|
| ich brach**te** | wir brach**ten** |
| du brach**test** | ihr brach**tet** |
| Sie brach**ten** | Sie brach**ten** |
| er/sie/es brach**te** | sie brach**ten** |

**denken** *to think*

| | |
|---|---|
| ich dach**te** | wir dach**ten** |
| du dach**test** | ihr dach**tet** |
| Sie dach**ten** | Sie dach**ten** |
| er/sie/es dach**te** | sie dach**ten** |

**kennen** *to know*

| | |
|---|---|
| ich kann**te** | wir kann**ten** |
| du kann**test** | ihr kann**tet** |
| Sie kann**ten** | Sie kann**ten** |
| er/sie/es kann**te** | sie kann**ten** |

**senden** *to send*

| | |
|---|---|
| ich sand**te** | wir sand**ten** |
| du sand**test** | ihr sand**tet** |
| Sie sand**ten** | Sie sand**ten** |
| er/sie/es sand**te** | sie sand**ten** |

- The verbs **brennen, nennen**, and **rennen** conjugate like **kennen**. The verb **wenden** conjugates like **senden** (but it is sometimes conjugated as a regular weak verb: **wendete**).

- **Senden**, when it means *to broadcast*, is conjugated as a regular weak verb: **sendete**.

**Modal Verbs**  The modal verbs are conjugated as follows in the simple past tense.

**dürfen** *to be allowed to*

| | |
|---|---|
| ich durfte | wir durften |
| du durftest | ihr durftet |
| Sie durften | Sie durften |
| er/sie/es durfte | sie durften |

**können** *can, to be able to*

| | |
|---|---|
| ich konnte | wir konnten |
| du konntest | ihr konntet |
| Sie konnten | Sie konnten |
| er/sie/es konnte | sie konnten |

**mögen** *to like (to)*

| | |
|---|---|
| ich mochte | wir mochten |
| du mochtest | ihr mochtet |
| Sie mochten | Sie mochten |
| er/sie/es mochte | sie mochten |

**müssen** *must, to have to*

| | |
|---|---|
| ich musste | wir mussten |
| du musstest | ihr musstet |
| Sie mussten | Sie mussten |
| er/sie/es musste | sie mussten |

| **sollen** *should, to be supposed to* | | **wollen** *to want (to)* | |
| --- | --- | --- | --- |
| ich sollte | wir sollten | ich wollte | wir wollten |
| du solltest | ihr solltet | du wolltest | ihr wolltet |
| Sie sollten | Sie sollten | Sie wollten | Sie wollten |
| er/sie/es sollte | sie sollten | er/sie/es wollte | sie wollten |

- As in other verb classes in the simple past, the first- and third-person singular forms of modal verbs are identical.
- There are no umlauts in the simple past tense in modal verbs.
- The simple past endings for the modal verbs are identical to those of regular weak and mixed verbs.

**The Verbs *haben, sein, tun, werden,* and *wissen*** The verbs **haben, sein, tun, werden,** and **wissen** are conjugated in the simple past tense as follows.

| **haben** *to have* | | **sein** *to be, exist* | |
| --- | --- | --- | --- |
| ich hatte | wir hatten | ich war | wir waren |
| du hattest | ihr hattet | du warst | ihr wart |
| Sie hatten | Sie hatten | Sie waren | Sie waren |
| er/sie/es hatte | sie hatten | er/sie/es war | sie waren |

| **tun** *to do* | | **werden** *to become* | |
| --- | --- | --- | --- |
| ich tat | wir taten | ich wurde | wir wurden |
| du tat(e)st | ihr tatet | du wurdest | ihr wurdet |
| Sie taten | Sie taten | Sie wurden | Sie wurden |
| er/sie/es tat | sie taten | er/sie/es wurde | sie wurden |

| **wissen** *to know* | |
| --- | --- |
| ich wusste | wir wussten |
| du wusstest | ihr wusstet |
| Sie wussten | Sie wussten |
| er/sie/es wusste | sie wussten |

- The **ich** form is identical to the **er/sie/es** form for all verbs in the simple past tense.
- Like regular weak and mixed verbs, **haben** and **wissen** have the tense marker **-t-** in the simple past.
- The verb **tun** is unique in that it has the tense marker **-t-**, but does not have the same endings as **haben** or **wissen** in the **ich** and **er/sie/es** forms.
- In many texts before 1900, the archaic form **ward** (not **wurde**) was used for the first- and third-person singular in the simple past tense of **werden**.

## Uses of the Simple Past Tense

The simple past tense is used in structured texts such as fairy tales, connected discourse, written narratives, and reports that relate events that happened in the past, whether fact or fiction.

| | |
| --- | --- |
| Der Mond **schien** hell. | *The moon was shining brightly.* |
| München **spielte** gestern gegen Köln. | *Munich played Cologne yesterday.* |

The simple past is also used in conversational and spoken German with a few verbs to relate events that have already happened. These include **haben, sein**, and the modal verbs.

| | |
| --- | --- |
| **Warst** du schon mal in Afrika? | *Have you ever been to Africa?* |
| Tanja **hatte** eine gute Idee. | *Tanja had a good idea.* |
| Ich **wollte** keinen Kaffee. | *I didn't want any coffee.* |

The German simple past tense can translate in more than one way into English.

| | |
| --- | --- |
| Der Mond **schien** hell. | { *The moon **was shining** brightly.* <br> { *The moon **shone** brightly.* |

# The Present Subjunctive I

In German, the present subjunctive I tense is usually called **Konjunktiv I Präsens**, or simply **Konjunktiv Präsens**. Other English names include the "present subjunctive," "present subjunctive, primary," and "special subjunctive."

The present subjunctive I is formed by adding subjunctive endings to the infinitive stem.

| lachen *to laugh* (STEM **lach-**) | | fahren *to drive* (STEM **fahr-**) | |
|---|---|---|---|
| ich lach**e** | wir lach**en** | ich fahr**e** | wir fahr**en** |
| du lach**est** | ihr lach**et** | du fahr**est** | ihr fahr**et** |
| Sie lach**en** | Sie lach**en** | Sie fahr**en** | Sie fahr**en** |
| er/sie/es lach**e** | sie lach**en** | er/sie/es fahr**e** | sie fahr**en** |

- All present subjunctive I endings begin with **-e-**. The **ich** and **er/sie/es** endings are made up only of **-e**. This **-e** is a characteristic feature of present subjunctive I.
- Endings are the same for all verbs except **sein**; some verbs, however, are adjusted as follows.
  - If the infinitive stem ends in **-ie**, all endings drop the characteristic **-e-**, since the stem already ends in **-e**, as shown with the verb **knien** below.
  - If the infinitive stem ends in **-el** or **-er**, all endings drop the characteristic **-e-** except in the **ich** and **er/sie/es** forms, as shown with the verb **wandern**.

| knien *to kneel* (STEM **knie-**) | | wandern *to hike* (STEM **wander-**) | |
|---|---|---|---|
| ich knie | wir knie**n** | ich wander**e** | wir wander**n** |
| du knie**st** | ihr knie**t** | du wander**st** | ihr wander**t** |
| Sie knie**n** | Sie knie**n** | Sie wander**n** | Sie wander**n** |
| er/sie/es knie | sie knie**n** | er/sie/es wander**e** | sie wander**n** |

- The verb **sein** has the following forms in the present subjunctive I.

| sein *to be, exist* (STEM **sei-**) | |
|---|---|
| ich sei | wir sei**en** |
| du sei**est** | ihr sei**et** |
| Sie sei**en** | Sie sei**en** |
| er/sie/es sei | sie sei**en** |

## Uses of the Present Subjunctive I Tense

The present subjunctive I tense is used in standard and formal German for indirect speech that relates presently occurring action.

Laut Angaben **sei** er der Täter.     *According to sources, he is the perpetrator.*
Julia sagt, sie **habe** drei Gründe.     *Julia says she has three reasons.*

If the present subjunctive I form is indistinguishable from the present (indicative) tense form, then the present subjunctive II tense is used instead. Furthermore, in colloquial German, present subjunctive I is rarely used at all; present subjunctive II tends to be used for all indirect speech. See "Uses of the Present Subjunctive II Tense" on page 17.

# The Present Subjunctive II

Because the form of this tense is based on the simple past form, it is called **Konjunktiv II Präteritum** or **Konjunktiv Imperfekt** in German and sometimes called "simple past subjunctive" or "past subjunctive" in English. This can be misleading, however, because the tense expresses time in the present. Other names in English include the "general subjunctive" and "present subjunctive, secondary."

**Regular Weak Verbs**  For regular weak verbs, the present subjunctive II is identical to the simple past (indicative) (see page 12).

**Strong Verbs** For most strong verbs, the present subjunctive II is formed by adding subjunctive endings to the simple past stem. If the simple past stem vowel is **a**, **o**, or **u**, then an umlaut is added to the vowel.

**halten** *to hold*
(SIMPLE PAST STEM **hielt-**)

| | |
|---|---|
| ich hielte | wir hielten |
| du hieltest | ihr hieltet |
| Sie hielten | Sie hielten |
| er/sie/es hielte | sie hielten |

**geben** *to give*
(SIMPLE PAST STEM **gab-**)

| | |
|---|---|
| ich gäbe | wir gäben |
| du gäbest | ihr gäbet |
| Sie gäben | Sie gäben |
| er/sie/es gäbe | sie gäben |

- If the simple past stem of a strong verb ends in **-e**, the endings generally lose the beginning **-e-** so as not to have two es in a row. For example, the simple past stem of the verb **schreien** is **schrie**, but the **ich** form of the present subjunctive II is more commonly **schrie** than **schriee**, although both are used.

- A few strong verbs have a stem vowel for the present subjunctive II that is different from that of the simple past stem. Others can take either of two stem vowels. Some of the more common verbs that follow these patterns are shown below, along with their first-/third-person singular forms.

| INFINITIVE | SIMPLE PAST | PRESENT SUBJUNCTIVE II | ENGLISH |
|---|---|---|---|
| sterben | starb | stürbe | *to die* |
| verderben | verdarb | verdürbe | *to spoil* |
| werfen | warf | würfe | *to throw* |
| gelten | galt | gölte/gälte | *to be valid* |
| gewinnen | gewann | gewönne/gewänne | *to win* |
| helfen | half | hülfe/hälfe | *to help* |
| stehen | stand | stünde/stände | *to stand* |

Note that these exceptional forms are avoided by modern speakers even in standard German; the **würde** + infinitive construction is used instead (see page 19).

**Mixed Verbs** Mixed verbs in the present subjunctive II share aspects of both regular weak verbs and strong verbs. Like regular weak verbs, they have the tense marker **-t-**, but some also have a stem vowel change or umlaut like strong verbs. Mixed verbs are conjugated according to four patterns.

**bringen** *to bring*

| | |
|---|---|
| ich brächte | wir brächten |
| du brächtest | ihr brächtet |
| Sie brächten | Sie brächten |
| er/sie/es brächte | sie brächten |

**denken** *to think*

| | |
|---|---|
| ich dächte | wir dächten |
| du dächtest | ihr dächtet |
| Sie dächten | Sie dächten |
| er/sie/es dächte | sie dächten |

**kennen** *to know*

| | |
|---|---|
| ich kennte | wir kennten |
| du kenntest | ihr kenntet |
| Sie kennten | Sie kennten |
| er/sie/es kennte | sie kennten |

**senden** *to send*

| | |
|---|---|
| ich sendete | wir sendeten |
| du sendetest | ihr sendetet |
| Sie sendeten | Sie sendeten |
| er/sie/es sendete | sie sendeten |

- The verbs **brennen**, **nennen**, and **rennen** conjugate like **kennen**. The verb **wenden** conjugates like **senden**.

**Modal Verbs** The present subjunctive II forms of the modal verbs are like those of the simple past, but with an umlaut added to the stem vowel, except for **sollen** and **wollen**, whose forms are identical to the simple past.

**dürfen** *to be allowed to*

| | |
|---|---|
| ich dürfte | wir dürften |
| du dürftest | ihr dürftet |
| Sie dürften | Sie dürften |
| er/sie/es dürfte | sie dürften |

**können** *can, to be able to*

| | |
|---|---|
| ich könnte | wir könnten |
| du könntest | ihr könntet |
| Sie könnten | Sie könnten |
| er/sie/es könnte | sie könnten |

| **mögen** *to like (to)* | |
|---|---|
| ich möchte | wir möchten |
| du möchtest | ihr möchtet |
| Sie möchten | Sie möchten |
| er/sie/es möchte | sie möchten |

| **müssen** *must, to have to* | |
|---|---|
| ich müsste | wir müssten |
| du müsstest | ihr müsstet |
| Sie müssten | Sie müssten |
| er/sie/es müsste | sie müssten |

| **sollen** *should, to be supposed to* | |
|---|---|
| ich sollte | wir sollten |
| du solltest | ihr solltet |
| Sie sollten | Sie sollten |
| er/sie/es sollte | sie sollten |

| **wollen** *to want (to)* | |
|---|---|
| ich wollte | wir wollten |
| du wolltest | ihr wolltet |
| Sie wollten | Sie wollten |
| er/sie/es wollte | sie wollten |

**The Verbs *haben, sein, tun, werden*, and *wissen*** In the present subjunctive II of the verbs **haben**, **sein**, **tun**, **werden**, and **wissen**, the forms are similar to those of the simple past, but with an umlaut added.

| **haben** *to have* | |
|---|---|
| ich hätte | wir hätten |
| du hättest | ihr hättet |
| Sie hätten | Sie hätten |
| er/sie/es hätte | sie hätten |

| **sein** *to be, exist* | |
|---|---|
| ich wäre | wir wären |
| du wärest | ihr wäret |
| Sie wären | Sie wären |
| er/sie/es wäre | sie wären |

| **tun** *to do* | |
|---|---|
| ich täte | wir täten |
| du tätest | ihr tätet |
| Sie täten | Sie täten |
| er/sie/es täte | sie täten |

| **werden** *to become* | |
|---|---|
| ich würde | wir würden |
| du würdest | ihr würdet |
| Sie würden | Sie würden |
| er/sie/es würde | sie würden |

| **wissen** *to know* | |
|---|---|
| ich wüsste | wir wüssten |
| du wüsstest | ihr wüsstet |
| Sie wüssten | Sie wüssten |
| er/sie/es wüsste | sie wüssten |

## Uses of the Present Subjunctive II Tense

**Irrealis** The present subjunctive II can be used to describe present or future hypothetical or contrary-to-fact conditions or actions.

| Wenn Uwe morgen **käme**, **wären** wir sehr glücklich. | *If Uwe were to come tomorrow, we'd be really happy.* |
|---|---|
| Lea tut, als ob sie den Grund nicht **wüsste**. | *Lea acts as though she doesn't know the reason.* |

**Wishes** The present subjunctive II can be used to express wishes.

| Wenn es nur nicht so kalt **wäre**! | *If only it weren't so cold!* |
|---|---|
| Ich wünschte, ich **könnte** gut malen. | *I wish I could paint well.* |

**Politeness** Requests and questions can be made more polite with the use of the present subjunctive II. This applies especially to **haben**, **sein**, **wissen**, and the modal verbs.

| Ich **hätte** gern ein Stück Käsekuchen. | *I would like a slice of cheesecake.* |
|---|---|
| **Wüssten** Sie, wie viel Uhr es ist? | *Would you know what time it is?* |

**Indirect Speech** In standard and formal German, the present subjunctive II tense is used in place of present subjunctive I for indirect speech to relate presently occurring actions, but only if the present subjunctive I form is indistinguishable from the present (indicative) form.

| Laut dem Bericht **kämen** sie aus Hamburg. | *According to the report, they come from Hamburg.* |
|---|---|
| Julia sagt, sie **hätten** drei Gründe. | *Julia says they have three reasons.* |

In colloquial German, however, the present subjunctive II tense can be used for *all* indirect speech, even in instances when the present subjunctive I is used in formal German.

| | |
|---|---|
| Leon meint, du **wärest** dafür zuständig. | *Leon says you're responsible for that.* |
| Julia sagt, sie **hätte** drei Gründe. | *Julia says she has three reasons.* |

In colloquial German—and to some extent in standard German—the present subjunctive II tense is widely used only with a few common verbs, including **haben, kommen, sein, tun, werden, wissen,** and the modal verbs. For most verbs, spoken German tends to use the future subjunctive II tense but with a present meaning, more commonly known as the **würde** + infinitive construction. For details, see page 19.

## THE COMPOUND TENSES

German compound tenses consist of a conjugated auxiliary verb plus a past participle and/or one or more infinitives. All compound tenses use the German sentence frame; see pages 36–38 for details. There are 10 compound tenses in German, four of which are indicative, although the word "indicative" is often omitted in referring to them; the other six tenses are subjunctive. The tenses are formed as follows.

Future
Future Subjunctive I } auxiliary **werden** + infinitive
Future Subjunctive II

Present Perfect
Past Perfect } auxiliary **sein** or **haben** + past participle
Past Subjunctive I
Past Subjunctive II

Future Perfect
Future Perfect Subjunctive I } auxiliary **werden** + past participle + **sein** or **haben**
Future Perfect Subjunctive II

| | | | |
|---|---|---|---|
| Future | (see below) | Past Subjunctive I | (see page 25) |
| Future Subjunctive I | (see page 19) | Past Subjunctive II | (see page 25) |
| Future Subjunctive II | (see page 19) | Future Perfect | (see page 26) |
| Present Perfect | (see page 20) | Future Perfect Subjunctive I | (see page 27) |
| Past Perfect | (see page 24) | Future Perfect Subjunctive II | (see page 28) |

## *The Future*

The future tense is usually called **Futur I** or simply **Zukunft** in German.

To form the future tense, combine the present tense of the verb **werden** with the infinitive of the main verb.

**studieren** *to study*

| | |
|---|---|
| ich werde studieren | wir werden studieren |
| du wirst studieren | ihr werdet studieren |
| Sie werden studieren | Sie werden studieren |
| er/sie/es wird studieren | sie werden studieren |

### Uses of the Future Tense

The future tense can be used to express future events, especially when no adverb of time is stated or when the future action is a stated intention.

| | |
|---|---|
| Wir **werden** die Stadt Worms besichtigen. | *We are going to visit the city of Worms.* |
| **Wirst** du dabei sein? | *Will you be along?* |
| Ich **werde** das machen. | *I will/intend to do that.* |

It can also express speculation or supposition about present events or actions, especially in combination with the adverb **wohl**.

| | |
|---|---|
| Maria **wird wohl** im Büro sein. | *Maria is probably at the office.* |

# The Future Subjunctive I

The Future Subjunctive I is usually called **Konjunktiv Futur I** in German. Other names in English include "future subjunctive, primary" and simply "future subjunctive."

To form the future subjunctive I tense, adapt the future tense by using the auxiliary **werden** in its subjunctive I form.

| **sich vorbereiten** *to prepare (oneself)* | |
| --- | --- |
| ich werde mich vorbereiten | wir werden uns vorbereiten |
| du werdest dich vorbereiten | ihr werdet euch vorbereiten |
| Sie werden sich vorbereiten | Sie werden sich vorbereiten |
| er/sie/es werde sich vorbereiten | sie werden sich vorbereiten |

## Uses of the Future Subjunctive I Tense

The future subjunctive I tense is used in standard and formal German for indirect speech relating to future events.

| | |
| --- | --- |
| Laut Angaben **werde** Herr Wolf einen Plan vorlegen. | *According to sources, Mr. Wolf will submit a plan.* |
| Der Bürgermeister berichtete, dass er einen neuen Plan entwerfen **werde**. | *The mayor reported that he will devise a new plan.* |

If the future subjunctive I form is indistinguishable from the future (indicative) tense form, then the future subjunctive II tense is used instead. Furthermore, in colloquial German, future subjunctive I is rarely used at all; future subjunctive II tends to be used instead.

# The Future Subjunctive II

The future subjunctive II tense is usually called **Konjunktiv Futur II** in German. Other names in English include "future subjunctive, secondary" and "present conditional."

To form the future subjunctive II tense, adapt the future tense by using the auxiliary **werden** in its subjunctive II form.

| **sich vorbereiten** *to prepare (oneself)* | |
| --- | --- |
| ich würde mich vorbereiten | wir würden uns vorbereiten |
| du würdest dich vorbereiten | ihr würdet euch vorbereiten |
| Sie würden sich vorbereiten | Sie würden sich vorbereiten |
| er/sie/es würde sich vorbereiten | sie würden sich vorbereiten |

## Uses of the Future Subjunctive II Tense

**Using *würde* + Infinitive as a Substitute for the Present Subjunctive II Tense**   In modern spoken German, the compound tense future subjunctive II is very often used in place of the present subjunctive II, but with a present meaning.

| | |
| --- | --- |
| Wenn Erich eine Königsschlange **kaufte**, **würfe** ihn seine Frau **aus**. | *If Erich bought a boa constrictor, his wife would throw him out.* |
| Wenn Erich eine Königsschlange **kaufen würde**, **würde** ihn seine Frau **auswerfen**. | |

This substitution is almost always used with the verbs **helfen, sterben, verderben**, and **werfen**, because their present subjunctive II forms are felt to be archaic. However, it is generally not used with the verbs **haben, sein, werden**, and **wissen** and the modal verbs.

**Wishes**   The future subjunctive II tense can also be used to express present wishes. This applies to verbs other than **haben, sein, wissen**, and the modal verbs, which use the present subjunctive II for such meanings.

| | |
| --- | --- |
| Wenn es heute nur nicht **regnen würde**! | *If only it weren't raining today!* |
| Ich wünschte, ich **würde** ihn **verstehen**. | *I wish I understood him.* |

**Politeness**   Requests and questions can be made more polite with the use of the future subjunctive II tense. This applies to verbs other than **haben**, **sein**, **wissen**, and the modal verbs, which use the present subjunctive II for such meanings.

| | |
|---|---|
| **Würden** Sie uns bitte **helfen?** | *Would you please help us?* |
| Ich **würde** gern **teilnehmen.** | *I would gladly participate.* |

**Indirect Speech**   In standard German, the future subjunctive II tense is also used for indirect speech to relate presently occurring or future actions, but only if two conditions are met: (1) the present subjunctive I form is indistinguishable from the present (indicative) form, and (2) the present subjunctive II form is indistinguishable from the simple past form. In the following example, these two conditions are met because the present indicative and present subjunctive I forms are identical (**wohnen**), and the simple past and present subjunctive II forms are identical (**wohnten**).

| | |
|---|---|
| Laut dem Bericht **würden** sie in Hamburg **wohnen.** | *According to the report, they live in Hamburg.* |

In colloquial German, the future subjunctive II tense can be used for practically any present or future indirect speech, especially for verbs other than **haben**, **sein**, **wissen**, and the modal verbs.

| | |
|---|---|
| Leon meint, du **würdest** in Bonn **arbeiten.** | *Leon says you work in Bonn.* |
| Julia sagt, Sandra **würde** gut **malen.** | *Julia says Sandra paints well.* |

# *The Present Perfect*

In German, the present perfect is often called simply **Perfekt**. In English, it is sometimes called the "perfect tense" or "conversational past." The German present perfect tense is usually translated by the English simple past tense.

| | |
|---|---|
| Wir **haben** den Film **gesehen.** | *We **saw** the film.* |
| Mein Vater **ist** nach Istanbul **geflogen.** | *My father **flew** to Istanbul.* |
| Wann **sind** Sie **angekommen?** | *When **did** you **arrive?*** |

To form the present perfect tense, combine the present tense of the auxiliary verb **haben** or **sein** with the past participle of the main verb.

| INFINITIVE | AUXILIARY | PAST PARTICIPLE | PRESENT PERFECT |
|---|---|---|---|
| sagen | hat | gesagt | hat gesagt |
| gehen | ist | gegangen | ist gegangen |
| senden | hat | gesandt | hat gesandt |

In the following section, detailed rules for formation of the past participle are presented. These are followed by rules for choice of auxiliary.

## THE PAST PARTICIPLE

The present perfect and other compound tenses typically use the past participle of the main verb. There are some exceptions that will be addressed below.

To form the past participle of most verbs, the general rule is to add the prefix **ge-** and the suffix **-t** or **-en** to the past participle stem. The suffix **-t** is used for regular weak and mixed verbs; **-en** is used for strong verbs.

| | INFINITIVE | PAST PARTICIPLE STEM | PAST PARTICIPLE ELEMENTS | PAST PARTICIPLE |
|---|---|---|---|---|
| REGULAR WEAK VERBS (-t) | machen | mach- | **ge**-mach-**t** | gemacht |
| | reden | red- | **ge**-red-**et** | geredet |
| STRONG VERBS (-en) | schreiben | schrieb- | **ge**-schrieb-**en** | geschrieben |
| | stehen | stand- | **ge**-stand-**en** | gestanden |
| | schreien | schrie- | **ge**-schrie-**n** | geschrien |
| MIXED VERBS (-t) | kennen | kann- | **ge**-kann-**t** | gekannt |

- For regular weak verbs, the past participle stem is the same as the stem of the infinitive. The past participle stems of strong and mixed verbs are usually different from their infinitive stems and must be learned.
- Insert **-e-** before the suffix **-t** for all regular weak verbs where
  - The past participle stem ends in **-d** or **-t** (for example, **geredet**), or
  - The past participle stem ends in **-m** or **-n** preceded by a consonant other than **l, m, n, r,** or simple **h** (for example, **gerechnet, geatmet**).
- Drop **-e-** from the suffix **-en** for all verbs whose past participle stem already ends in **-e** (for example, **geschrien**).
- Verbs borrowed from foreign languages that end in **-ieren** do not add the prefix **ge-**, but merely the suffix **-t**.

| INFINITIVE | PAST PARTICIPLE STEM | PAST PARTICIPLE ELEMENTS | PAST PARTICIPLE |
| --- | --- | --- | --- |
| studieren | studier- | studier-t | studiert |
| informieren | informier- | informier-t | informiert |

- The past participles of the modal verbs follow.

| INFINITIVE | PAST PARTICIPLE | INFINITIVE | PAST PARTICIPLE |
| --- | --- | --- | --- |
| dürfen | gedurft | müssen | gemusst |
| können | gekonnt | sollen | gesollt |
| mögen | gemocht | wollen | gewollt |

- As with regular weak verbs, the past participles of mixed verbs end in **-t**. The stems are identical to the simple past stems. Notice that for mixed verbs, no **-e-** is inserted even when the stem ends in **-d**.

| INFINITIVE | PAST PARTICIPLE | INFINITIVE | PAST PARTICIPLE |
| --- | --- | --- | --- |
| brennen | gebrannt | senden | gesandt |
| kennen | gekannt | wenden | gewandt |
| nennen | genannt | bringen | gebracht |
| rennen | gerannt | denken | gedacht |

- The past participles of the verbs **haben, sein, tun, werden,** and **wissen** follow.

| INFINITIVE | PAST PARTICIPLE | INFINITIVE | PAST PARTICIPLE |
| --- | --- | --- | --- |
| haben | gehabt | werden | geworden |
| sein | gewesen | wissen | gewusst |
| tun | getan | | |

When used in a passive construction in a perfect tense, the past participle of **werden** is simply **worden**. For details on the passive voice, see pages 31–32.

## Verbs with Prefixes

Some verbs are made up of a base verb with a prefix. Many prefixes look like prepositions, but some are particles or other words.

**Verbs with Separable Prefixes**  To form the past participle of most verbs with a separable prefix, the general rule is to separate the prefix from the stem and insert the infix **-ge-** between them, then add the suffix **-t** or **-en**. (For exceptions to this rule, see "A Note About Prefixes" on page 22.)

| | INFINITIVE | PAST PARTICIPLE STEM | PAST PARTICIPLE ELEMENTS | PAST PARTICIPLE |
| --- | --- | --- | --- | --- |
| REGULAR WEAK VERBS | ausmachen | mach- | **aus-ge-mach-t** | ausgemacht |
| | einreden | red- | **ein-ge-red-et** | eingeredet |
| STRONG VERBS | vorschreiben | schrieb- | **vor-ge-schrieb-en** | vorgeschrieben |
| | aufstehen | stand- | **auf-ge-stand-en** | aufgestanden |
| | anschreien | schrie- | **an-ge-schrie-n** | angeschrien |
| MIXED VERBS | auskennen | kann- | **aus-ge-kann-t** | ausgekannt |

**Verbs with Inseparable Prefixes**  If the prefix is inseparable, then -ge- is not inserted at all; only the -t/-en suffix is added. Inseparable prefixes include **be-**, **emp-**, **ent-**, **er-**, **ge-**, **ver-**, and **zer-**.

| | INFINITIVE | PAST PARTICIPLE STEM | PAST PARTICIPLE ELEMENTS | PAST PARTICIPLE |
|---|---|---|---|---|
| REGULAR WEAK VERBS | vermachen | mach- | **ver-**mach-**t** | vermacht |
| | bereden | red- | **be-**red-**et** | beredet |
| | zerstören | stör- | **zer-**stör-**t** | zerstört |
| STRONG VERBS | beschreiben | schrieb- | **be-**schrieb-**en** | beschrieben |
| | entstehen | stand- | **ent-**stand-**en** | entstanden |
| | gebären | bor- | **ge-**bor-**en** | geboren |
| MIXED VERBS | erkennen | kann- | **er-**kann-**t** | erkannt |

**Verbs with Two-way Prefixes**  Some verb prefixes can be separable or inseparable, depending on meaning. The pronunciation is also different: When inseparable, the prefix is unstressed; when the prefix is separable, it is stressed. Most common among these prefixes are **durch-**, **hinter-**, **über-**, **um-**, **unter-**, **voll-**, **wider-**, and **wieder-**.

| INFINITIVE | MEANING | PAST PARTICIPLE STEM | PAST PARTICIPLE ELEMENTS | PAST PARTICIPLE |
|---|---|---|---|---|
| ǘbersetzen | *to set across* | setz- | **über-ge-**setz-**t** | übergesetzt |
| übersétzen | *to translate* | setz- | **über-**setz-**t** | übersetzt |
| úmschreiben | *to rewrite* | schrieb- | **um-ge-**schrieb-**en** | umgeschrieben |
| umschréiben | *to circumscribe* | schrieb- | **um-**schrieb-**en** | umschrieben |

**Prefixed Verbs in -*ieren***  With prefixed verbs that are based on verbs borrowed from foreign languages and that end in **-ieren**, **-ge-** is not added to the past participle, no matter what prefix the verb has. These verbs simply add the suffix **-t** to the stem.

| INFINITIVE | PAST PARTICIPLE STEM | PAST PARTICIPLE ELEMENTS | PAST PARTICIPLE |
|---|---|---|---|
| einstudieren | studier- | **ein-**studier-**t** | einstudiert |
| durchdiskutieren | diskutier- | **durch-**diskutier-**t** | durchdiskutiert |

**Verbs with a Compound Prefix**  Some verbs have multiple prefixes. Others have prefixes attached to verbs with multiple syllables. With verbs such as these, inseparable prefixes typically override separable ones. If any of the prefixes is inseparable on its own, then it can usually be assumed that neither prefix is separated and **-ge-** is not inserted. Otherwise, **-ge-** is inserted between the last prefix and the verb stem.

| INFINITIVE | PAST PARTICIPLE STEM | PAST PARTICIPLE ELEMENTS | PAST PARTICIPLE |
|---|---|---|---|
| **ver**abreden | red- | verab-red-et | verabredet |

(The prefix **ver-** is inseparable, so neither prefix is separated and **-ge-** is not inserted.)

| | | | |
|---|---|---|---|
| **voraus**sehen | seh- | voraus-**ge**-seh-en | vorausgesehen |

(Both **vor-** and **aus-** are separable, so they separate and **-ge-** is inserted.)

| | | | |
|---|---|---|---|
| **vor**enthalten | halt- | vorent-halt-en | vorenthalten |

(The prefix **ent-** is inseparable, so neither prefix is separated and **-ge-** is not inserted.)

**A Note About Prefixes**  It is important to recognize that some verbs whose prefixes separate in present or simple past tenses form their past participles *without* separating and without **-ge-**. These include prefixed **-ieren** verbs and verbs with compound prefixes containing a separable prefix followed by an inseparable one. A few examples follow.

| INFINITIVE | PRESENT (3 SG.) | PRESENT PERFECT (3 SG.) |
|---|---|---|
| **an**bekommen | bekommt an | hat anbekommen |
| **aus**verkaufen | verkauft aus | hat ausverkauft |
| **ein**studieren | studiert ein | hat einstudiert |
| **fort**entwickeln | entwickelt fort | hat fortentwickelt |
| **vor**enthalten | enthält vor | hat vorenthalten |
| **zu**erkennen | erkennt zu | hat zuerkannt |

## Special Cases

With some multisyllabic verbs whose stress falls on the first syllable, **ge-** is prefixed, but with others **-ge-** is inserted. When the first syllable of such verbs is unstressed, **ge-** is generally not added at all.

| INFINITIVE | PRESENT PERFECT (3 SG.) |
|---|---|
| frühstücken | hat **ge**frühstückt |
| wehtun | hat weh**ge**tan |
| frohlocken | hat frohlockt |

Refer to the conjugation tables or the German Verb Index at the end of this book for special cases.

## THE PERFECT AUXILIARY: *haben* or *sein*?

All the perfect tenses use either **haben** or **sein** as auxiliary verbs, as illustrated with the examples of **jodeln** and **gehen**.

### jodeln  *to yodel*  (AUXILIARY **haben**)

| | |
|---|---|
| ich **habe** gejodelt | wir **haben** gejodelt |
| du **hast** gejodelt | ihr **habt** gejodelt |
| Sie **haben** gejodelt | Sie **haben** gejodelt |
| er/sie/es **hat** gejodelt | sie **haben** gejodelt |

### gehen  *to go*  (AUXILIARY **sein**)

| | |
|---|---|
| ich **bin** gegangen | wir **sind** gegangen |
| du **bist** gegangen | ihr **seid** gegangen |
| Sie **sind** gegangen | Sie **sind** gegangen |
| er/sie/es **ist** gegangen | sie **sind** gegangen |

Most verbs take **haben** as the auxiliary. The most useful rule of thumb is that if a verb has a direct object (that is, is transitive), it takes **haben**. The direct object can even be an accusative reflexive pronoun.

| | |
|---|---|
| Arden **hat** den Film in Berkeley gesehen. | *Arden saw the film in Berkeley.* |
| **Hast** du dich gefreut? | *Were you happy?* |

- However, in standard German, many intransitive verbs (verbs that cannot have direct objects) also take **haben**.

| | |
|---|---|
| Mark **hat** geschlafen. | *Mark slept.* |
| Es **hat** geregnet. | *It rained.* |

- Southern German, including that spoken in Austria and Switzerland, typically uses **sein** with intransitive verbs such as **liegen**, **sitzen**, and **stehen**.

The auxiliary **sein** is used much less frequently and is reserved for verbs of the following types.

- Verbs that describe movement from one point to another, such as **fahren** *to drive*, **gehen** *to go*, **laufen** *to run*, **reisen** *to travel*, **rennen** *to run*, **schwimmen** *to swim*, and **segeln** *to sail*.

- Verbs that describe a change of state, such as **einschlafen** *to go to sleep*, **sterben** *to die*, and **werden** *to become*.

- A small number of other verbs that must be learned individually; a few of the more common ones are **begegnen** *to encounter*, **bleiben** *to stay*, **geschehen** *to happen*, **misslingen** *to fail*, **passieren** *to happen*, and **sein** *to be*.

The verbs in the first category (verbs of movement) can also be used with the auxiliary **haben** in certain contexts where the focus is not on the motion from one point to another but on the activity itself, sometimes made apparent by the presence of a direct object. Compare the following sentences.

| | |
|---|---|
| Erich **ist** nach Hawaii geflogen. | *Erich flew to Hawaii.* |
| Der Pilot **hat** den neuen 787 geflogen. | *The pilot flew the new 787.* |

In this book, verbs that commonly take either **haben** or **sein** are presented with usage examples of both types.

## Uses of the Present Perfect Tense

The present perfect tense is used in conversational German to relate events that have already taken place. Notice that the English translation is sometimes in the simple past and sometimes in the present perfect.

| | |
|---|---|
| Maria **hat** mich in Seattle **besucht**. | *Maria visited me in Seattle.* |
| Wir **sind** nach Vancouver **gefahren**. | *We went to Vancouver.* |
| Ich **habe** noch nie so eine Wachtel **gesehen**. | *I've never seen a quail like that before.* |

The verbs **haben**, **sein**, and **werden** and the modal verbs can be used in the present perfect tense to relate events that have already taken place, but in practice, speakers tend to prefer the simple past tense for those verbs. There is no real difference in meaning between the simple past and the present perfect; there is merely a difference of contexts in which the tenses are used. For uses of the simple past tense, see page 14.

The present perfect tense can also be used to describe future events that will happen before a second future event. Such meaning is often expressed using a compound sentence with **nachdem** *after*.

| | |
|---|---|
| Nachdem Petra die Wäsche **gewaschen hat**, geht sie ins Café. | *After Petra has washed the laundry, she's going to a cafe.* |

In such constructions, the earlier event is in the present perfect tense and the later event is in the present or future tense.

# *The Past Perfect*

The past perfect tense is usually called **Plusquamperfekt** in German. Another name for it in English is the "pluperfect."

To form the past perfect tense, combine the simple past tense of the auxiliary verb **haben** or **sein** with the past participle of the main verb. The rules for choice of auxiliary are the same as for the present perfect tense.

**jodeln** *to yodel*

| | |
|---|---|
| ich **hatte** gejodelt | wir **hatten** gejodelt |
| du **hattest** gejodelt | ihr **hattet** gejodelt |
| Sie **hatten** gejodelt | Sie **hatten** gejodelt |
| er/sie/es **hatte** gejodelt | sie **hatten** gejodelt |

**gehen** *to go*

| | |
|---|---|
| ich **war** gegangen | wir **waren** gegangen |
| du **warst** gegangen | ihr **wart** gegangen |
| Sie **waren** gegangen | Sie **waren** gegangen |
| er/sie/es **war** gegangen | sie **waren** gegangen |

## Uses of the Past Perfect Tense

The past perfect tense is used in German to relate past events that happened before other past events. Such meaning is often expressed using a compound sentence with **nachdem** *after* or **bevor** *before*.

| | |
|---|---|
| Nachdem Petra die Wäsche **gewaschen hatte**, ist sie ins Café gegangen. | *After Petra had washed the laundry, she went to a cafe.* |
| Bevor wir meine Tante besuchten, **hatten** wir drei Tage in Berlin **verbracht**. | *Before we visited my aunt, we had spent three days in Berlin.* |

In such constructions, the earlier event is in the past perfect tense and the later event is in the present perfect or simple past tense.

# The Past Subjunctive I

In German, the past subjunctive I is often called **Konjunktiv Perfekt**. In English, it is sometimes called "perfect subjunctive" or "past subjunctive, primary."

To form the past subjunctive I tense, adapt the present perfect tense by using the auxiliary **haben** or **sein** in its subjunctive I form. The rules for choice of auxiliary are the same as for the present perfect tense.

**jodeln** *to yodel*

| | |
|---|---|
| ich **habe** gejodelt | wir **haben** gejodelt |
| du **habest** gejodelt | ihr **habet** gejodelt |
| Sie **haben** gejodelt | Sie **haben** gejodelt |
| er/sie/es **habe** gejodelt | sie **haben** gejodelt |

**gehen** *to go*

| | |
|---|---|
| ich **sei** gegangen | wir **seien** gegangen |
| du **seiest** gegangen | ihr **seiet** gegangen |
| Sie **seien** gegangen | Sie **seien** gegangen |
| er/sie/es **sei** gegangen | sie **seien** gegangen |

## Uses of the Past Subjunctive I Tense

The past subjunctive I tense is used to render simple past, present perfect, and past perfect utterances into indirect speech. Note the correlations between direct speech and indirect speech.

DIRECT SPEECH

Columbus sagte: „Ich habe neues Land entdeckt."

*Columbus said, "I've discovered new land."*

Der Chef meint: „Dirk war dafür zuständig."

*The boss says, "Dirk was responsible for that."*

Lea sagte: „Ich hatte genug gehabt."

*Lea said, "I'd had enough."*

INDIRECT SPEECH

Columbus sagte, er **habe** neues Land **entdeckt**.

*Columbus said he has discovered new land.*

Der Chef meint, Dirk **sei** dafür zuständig **gewesen**.

*The boss says Dirk was responsible for that.*

Lea sagte, sie **habe** genug **gehabt**.

*Lea said that she'd had enough.*

As with other subjunctive I tenses, if the form is identical with the indicative form, then the subjunctive II is used instead. In colloquial German, the past subjunctive I tense is rarely used; the past subjunctive II tense tends to be used in such contexts instead. See "Uses of the Past Subjunctive II Tense" on page 26.

# The Past Subjunctive II

In German, the past subjunctive II is often called **Konjunktiv Plusquamperfekt**. Other English names for it are "pluperfect subjunctive," "past perfect subjunctive," and "past subjunctive, secondary."

To form the past subjunctive II tense, adapt the present perfect tense by using the auxiliary **haben** or **sein** in its subjunctive II form. The rules for choice of auxiliary are the same as for the present perfect tense.

**jodeln** *to yodel*

| | |
|---|---|
| ich **hätte** gejodelt | wir **hätten** gejodelt |
| du **hättest** gejodelt | ihr **hättet** gejodelt |
| Sie **hätten** gejodelt | Sie **hätten** gejodelt |
| er/sie/es **hätte** gejodelt | sie **hätten** gejodelt |

**gehen** *to go*

| | |
|---|---|
| ich **wäre** gegangen | wir **wären** gegangen |
| du **wärest** gegangen | ihr **wäret** gegangen |
| Sie **wären** gegangen | Sie **wären** gegangen |
| er/sie/es **wäre** gegangen | sie **wären** gegangen |

## Uses of the Past Subjunctive II Tense

**Irrealis** The past subjunctive II tense can be used to describe past hypothetical or contrary-to-fact conditions or actions.

| | |
|---|---|
| Wenn Uwe uns nicht **besucht hätte,** **wären** wir nicht nach Köln **gefahren.** | *If Uwe hadn't visited us, we wouldn't have gone to Cologne.* |

**Wishes** The past subjunctive II tense can be used to express wishes about past events.

| | |
|---|---|
| Wenn es nur nicht so kalt **gewesen wäre!** | *If only it hadn't been so cold!* |
| Ich wünschte, ich **hätte** den Film **gesehen.** | *I wish I had seen the film.* |

**Indirect Speech** In standard and formal German, the past subjunctive II tense is also used for indirect speech relating past actions, but only if the past subjunctive I form is indistinguishable from the present perfect (indicative) form. In practice, this frequently happens when the third-person plural form of **haben** is used, but not with **sein**, since its past subjunctive I forms are unique.

DIRECT SPEECH

| | |
|---|---|
| Im Bericht stand: „Die Männer wohnten früher in Hamburg." | *The report stated, "The men used to live in Hamburg."* |

INDIRECT SPEECH

| | |
|---|---|
| Laut dem Bericht **hätten** die Männer früher in Hamburg **gewohnt.** | *According to the report, the men used to live in Hamburg.* |

In colloquial German, however, the past subjunctive II tense can be used for all past indirect speech, even in instances when the past subjunctive I tense is used in formal German. Such usage is strictly colloquial.

DIRECT SPEECH

| | |
|---|---|
| Leon: „Dirk war dafür zuständig." | *Leon: "Dirk was responsible for that."* |

INDIRECT SPEECH

| | |
|---|---|
| Leon meint, Dirk **wäre** dafür zuständig **gewesen.** | *Leon says Dirk was responsible for that.* |

# *The Future Perfect*

In German, the future perfect is usually called **Futur II** or **vollendete Zukunft**.

For this tense, one must know the perfect infinitive of the main verb. The perfect infinitive consists of the past participle plus the auxiliary (**haben** or **sein**) in infinitive form. The rules for choice of **haben** or **sein** are the same as for the present perfect tense.

| PERFECT INFINITIVE | ENGLISH |
|---|---|
| gesehen haben | *to have seen* |
| gekommen sein | *to have come* |

To form the future perfect, combine the present tense of the auxiliary **werden** with the perfect infinitive.

**sehen** *to see*

| | |
|---|---|
| ich **werde** gesehen haben | wir **werden** gesehen haben |
| du **wirst** gesehen haben | ihr **werdet** gesehen haben |
| Sie **werden** gesehen haben | Sie **werden** gesehen haben |
| er/sie/es **wird** gesehen haben | sie **werden** gesehen haben |

**kommen** *to come*

| | |
|---|---|
| ich **werde** gekommen sein | wir **werden** gekommen sein |
| du **wirst** gekommen sein | ihr **werdet** gekommen sein |
| Sie **werden** gekommen sein | Sie **werden** gekommen sein |
| er/sie/es **wird** gekommen sein | sie **werden** gekommen sein |

## Uses of the Future Perfect Tense

The future perfect tense can be used to express completion of events in the future. It is often used with a prepositional phrase with **bis** *by*.

| | |
|---|---|
| Wir **werden** den Film bis den 15. März **gesehen haben**. | *We will have seen the film by March 15.* |
| Maria **wird** noch nicht **gekommen sein**. | *Maria will not yet have come.* |

It can also express supposition about *past* events, when used in combination with the adverbs **schon** or **wohl**.

| | |
|---|---|
| Robert **wird** den Grund wohl **verstanden haben**. | *Robert has probably understood the reason.* |

# *The Future Perfect Subjunctive I*

In German, the future perfect subjunctive I is usually called **Konjunktiv Futur II**. In English, it is also called "future perfect subjunctive, primary."

To form the future perfect subjunctive I, adapt the future perfect tense by using the auxiliary **werden** in its subjunctive I form. The rules for choice of **haben** or **sein** are the same for the future perfect subjunctive I as for the present perfect tense.

**sehen** *to see*

| | |
|---|---|
| ich **werde** gesehen haben | wir **werden** gesehen haben |
| du **werdest** gesehen haben | ihr **werdet** gesehen haben |
| Sie **werden** gesehen haben | Sie **werden** gesehen haben |
| er/sie/es **werde** gesehen haben | sie **werden** gesehen haben |

**kommen** *to come*

| | |
|---|---|
| ich **werde** gekommen sein | wir **werden** gekommen sein |
| du **werdest** gekommen sein | ihr **werdet** gekommen sein |
| Sie **werden** gekommen sein | Sie **werden** gekommen sein |
| er/sie/es **werde** gekommen sein | sie **werden** gekommen sein |

## Uses of the Future Perfect Subjunctive I Tense

The future perfect subjunctive I tense is used to render future perfect utterances into indirect speech. Note the correlations between direct speech and indirect speech.

DIRECT SPEECH

| | |
|---|---|
| Paul sagte, „Ich werde noch nicht gekommen sein." | *Paul said, "I will not yet have come."* |
| Lea fragte: „Wird Lars das bis Freitag gemacht haben?" | *Lea asked, "Will Lars have that done by Friday?"* |

INDIRECT SPEECH

| | |
|---|---|
| Paul sagte, er **werde** noch nicht **gekommen sein**. | *Paul said he will not yet have come.* |
| Lea fragte, ob Lars das bis Freitag **gemacht haben werde**. | *Lea asked whether Lars will have that done by Friday.* |

As with other subjunctive I tenses, if the form is identical with the indicative form, then the subjunctive II is used instead. In colloquial German, the future perfect subjunctive I tense is very rarely used; instead, the future perfect subjunctive II tense tends to be used in such contexts. See "Uses of the Future Perfect Subjunctive II Tense" on page 28.

# The Future Perfect Subjunctive II

The future perfect subjunctive II is often called **Konditional Perfekt** in German. In English, it is sometimes called the "perfect conditional," "past conditional," or "future perfect subjunctive, secondary."

To form the future perfect subjunctive II tense, adapt the future perfect tense by using the auxiliary **werden** in its subjunctive II form. The rules for choice of **haben** or **sein** are the same as for the present perfect tense.

**sehen** *to see*

| | |
|---|---|
| ich **würde** gesehen haben | wir **würden** gesehen haben |
| du **würdest** gesehen haben | ihr **würdet** gesehen haben |
| Sie **würden** gesehen haben | Sie **würden** gesehen haben |
| er/sie/es **würde** gesehen haben | sie **würden** gesehen haben |

**kommen** *to come*

| | |
|---|---|
| ich **würde** gekommen sein | wir **würden** gekommen sein |
| du **würdest** gekommen sein | ihr **würdet** gekommen sein |
| Sie **würden** gekommen sein | Sie **würden** gekommen sein |
| er/sie/es **würde** gekommen sein | sie **würden** gekommen sein |

## Uses of the Future Perfect Subjunctive II Tense

**Irrealis** The future perfect subjunctive II tense can describe hypothetical or contrary-to-fact conditions or actions with a perspective from the future looking back.

| | |
|---|---|
| Wenn das Projekt am Dienstag beginnen würde, **würde** Karin alles bis Freitag fertig **gemacht haben**. | *If the project were to begin on Tuesday, Karin would have finished everything by Friday.* |

**Indirect Speech** In standard German, the future perfect subjunctive II tense is also used for indirect speech relating future perfect utterances, but only if the future perfect subjunctive I form is indistinguishable from the future perfect (indicative) form. In the example below, since subjunctive I **werden** is identical in form to indicative **werden**, the subjunctive II **würden** is used instead.

DIRECT SPEECH

| | |
|---|---|
| „Sie werden bis Montag noch nicht gekommen sein." | *"They will not yet have come by Monday."* |

INDIRECT SPEECH

| | |
|---|---|
| Laut dem Bericht **würden** sie bis Montag noch nicht **gekommen sein**. | *According to the report, they will not yet have come by Monday.* |

In colloquial German, however, the future perfect subjunctive II tense can be used to render all future perfect direct speech into indirect speech, even in instances when the future perfect subjunctive I is used in standard German.

STANDARD GERMAN

| | |
|---|---|
| Leon meint, du **werdest** es **gesehen haben**. | *Leon says you will have seen it.* |

COLLOQUIAL GERMAN

| | |
|---|---|
| Leon meint, du **würdest** es **gesehen haben**. | *Leon says you will have seen it.* |

**As a Substitute for the Past Subjunctive II Tense** In colloquial German, the future perfect subjunctive II tense is widely used as a substitute for the *past* subjunctive II tense in all of its functions. In such constructions, **würde** has no future meaning, but serves merely as a subjunctive auxiliary to the perfect infinitive.

STANDARD GERMAN

| | |
|---|---|
| Jonas hätte dem Mann geholfen. | *Jonas would have helped the man.* |

COLLOQUIAL GERMAN

| | |
|---|---|
| Jonas **würde** dem Mann **geholfen haben**. | *Jonas would have helped the man.* |

# SPECIAL TYPES AND USES OF FINITE VERBS

## REFLEXIVE VERBS

Many German verbs are used with reflexive pronouns. A reflexive pronoun is an accusative or dative pronoun that refers back to the subject of the sentence. For some verbs, use of the reflexive pronoun is obligatory; for others, it is optional. In English, the reflexive pronouns are formed with -*self* or -*selves*.

Ich habe **mich** verletzt.                    *I've hurt* **myself**.

German uses reflexive pronouns much more than English. In German, the reflexive pronouns are as follows.

### Reflexive Pronouns

|          |               | ACCUSATIVE | DATIVE |                              |
|----------|---------------|------------|--------|------------------------------|
| SINGULAR | FIRST PERSON  | mich       | mir    | *myself*                     |
|          | SECOND PERSON | dich       | dir    | *yourself* (familiar)        |
|          |               | sich       | sich   | *yourself* (formal)          |
|          | THIRD PERSON  | sich       | sich   | *himself/herself/itself*     |
| PLURAL   | FIRST PERSON  | uns        | uns    | *ourselves*                  |
|          | SECOND PERSON | euch       | euch   | *yourselves* (familiar)      |
|          |               | sich       | sich   | *yourselves* (formal)        |
|          | THIRD PERSON  | sich       | sich   | *themselves*                 |

- German has fewer different forms than English. All third-person forms are **sich**. Only first- and second-person singular distinguish between accusative and dative forms.

### Types of Reflexive Verbs

Some German verbs are used only reflexively, that is, they always require a reflexive pronoun. Their English counterparts frequently do not use reflexives. An example is **sich beeilen** *to hurry*: **Ich beeile mich.** *I am hurrying.*

#### sich beeilen  *to hurry*

| | |
|---|---|
| ich beeile mich | wir beeilen uns |
| du beeilst dich | ihr beeilt euch |
| Sie beeilen sich | Sie beeilen sich |
| er/sie/es beeilt sich | sie beeilen sich |

Other verbs can be used reflexively or not, and the meaning changes based on reflexive or nonreflexive use. Examples include **(sich) ärgern** and **(sich) erinnern**.

NONREFLEXIVE USE

Max ärgert seine Schwester.                    *Max is bothering his sister.*
Jens erinnert mich an Moritz Bleibtreu.        *Jens reminds me of Moritz Bleibtreu.*

REFLEXIVE USE

Warum haben Sie **sich** geärgert?             *Why were you upset?*
Ich erinnere **mich** an Opa nicht mehr.       *I can no longer remember Grandpa.*

Still other verbs can be used reflexively or not, without a change in the basic meaning of the verb. These include verbs such as **baden** and **verletzen**.

NONREFLEXIVE USE

Die Mutter badet das Kind.                     *The mother is bathing the child.*
Der Hund hat den Briefträger verletzt.         *The dog has injured the letter carrier.*

REFLEXIVE USE

Lola badet **sich**.                           *Lola is bathing.*
Das Kind hat **sich** verletzt.                *The child injured himself.*

Dative reflexive pronouns are used in some constructions, especially when a direct object is also present in the sentence. This is common for verbs relating to hygiene and body parts, although such use is not exclusive.

| | |
|---|---|
| Ich wasche **mir** das Gesicht. | *I'm washing my face.* |
| Sie will **sich** die Hände waschen. | *She wants to wash her hands.* |

**Reciprocal Verbs**   A reciprocal verb is a particular type of reflexive verb. With a reciprocal verb, the reflexive relationship is mutual among the persons or things denoted by the subject. Examples include **sich ähneln**, **sich begrüßen**, **sich einigen**, and **sich gleichen**. This notion is often rendered in English with *each other*.

| | |
|---|---|
| Die Zwillinge ähneln **sich** nicht. | *The twins do not resemble each other.* |
| Wir haben **uns** darüber geeinigt. | *We came to a (mutual) agreement about it.* |

Some verbs have exclusively reciprocal meanings, while for others the reciprocity is optional.

## DATIVE VERBS

In German, most transitive verbs have objects in the accusative case, but some German verbs require a dative object (for example, **danken**, **folgen**, and **gefallen**). These are often called "dative verbs" and are indicated in the conjugation tables by the descriptor "dative object."

| | |
|---|---|
| Ich danke **Ihnen** für das Geschenk. | *I thank you for the gift.* |
| Folgen Sie **mir**. | *Follow me.* |
| Das Hemd gefällt **mir**. | *I like the shirt.*  (lit., *The shirt pleases me.*) |

## GENITIVE VERBS

A few German verbs require a genitive object; examples are **bedürfen** and **gedenken**.

| | |
|---|---|
| Die Patienten bedürfen **besserer Pflege**. | *The patients require better care.* |
| Heute gedenken wir **der Opfer**. | *Today we are remembering the victims.* |

## IMPERSONAL VERBS

Some German verbs use an impersonal subject, typically expressed with the subject pronoun **es**. Examples include weather phenomena, as well as other constructions.

| | |
|---|---|
| **Es** schneit. | *It's snowing.* |
| **Es** gelingt ihm nicht. | *He's not succeeding in it.* (lit., *It is not successful for him.*) |

## MODAL VERBS AND *LASSEN*

Modal verbs and the verb **lassen** are typically used in sentences with other verbs to complete the meaning to be expressed. All examples below are in the third-person singular.

**Simple Tenses**   When the sentence is in a simple tense, the modal verbs and the verb **lassen** take the place of the main verb in the present or simple past tense, and the main verb in its infinitive form then moves to the end of the main clause.

| PRESENT | Uwe **lässt** ein Haus **bauen**. | *Uwe is having a house built.* |
|---|---|---|
| SIMPLE PAST | Jan **konnte** im Nebel nicht **sehen**. | *Jan couldn't see in the fog.* |

**Nonfuture Perfect Tenses**   In the present perfect, past perfect, and past subjunctive tenses, the infinitive of the modal verb or **lassen** is used instead of its perfect participle. It is placed at the end of the clause following the main verb's infinitive. This is called the "double infinitive" construction.

| PRESENT PERFECT | Anja hat uns **besuchen wollen**. | *Anja wanted to visit us.* |
|---|---|---|
| PAST PERFECT | Tim hatte ein Haus **bauen lassen**. | *Tim had had a house built.* |
| PAST SUBJ. I | Max sagt, er habe das **machen müssen**. | *Max says he had to do that.* |
| PAST SUBJ. II | Lea hätte gestern **kommen können**. | *Lea could have come yesterday.* |

**Future Tenses**   The future tenses are formed in the same way, except that the future auxiliary **werden** is used.

| FUTURE | Lea wird morgen **kommen können**. | *Lea will be able to come tomorrow.* |
|---|---|---|
| FUTURE SUBJ. I | Lisa sagt, sie werde **helfen können**. | *Lisa says she will be able to help.* |
| FUTURE SUBJ. II | Max würde es **machen lassen**. | *Max would have it done.* |

**Future Perfect Tenses**  A future perfect tense with a modal verb or **lassen** is rare. It is formed with the infinitive **haben**, followed by the main verb's present infinitive, followed by the infinitive of the modal verb or **lassen** at the end. The future auxiliary **werden** is conjugated.

| | | |
|---|---|---|
| FUT. PERF. | Max wird nicht **haben kommen können**. | *Max will not have been able to come.* |
| FUT. PERF. SUBJ. I | Tim werde ein Haus **haben bauen lassen**. | *Tim will have had a house built.* |
| FUT. PERF. SUBJ. II | Lea würde es **haben sehen können**. | *Lea would have been able to see it.* |

An alternate form of the future perfect makes use of the perfect infinitive in place of **haben** + the present infinitive.

Maria wird nicht **gekommen sein können**.    *Maria will not have been able to come.*

For the conjugation and usage examples of **lassen**, see verb No. 280. For usage examples of a modal verb + a main verb, see verb No. 458, **tun können**. For more details on word order, see the discussion of the sentence frame on pages 36–38.

## OTHER DUAL-VERB CONSTRUCTIONS

A few other verbs are occasionally used in sentences with main verbs to complete a meaning to be expressed. Common among these are **gehen**, **hören**, **lernen**, and **sehen**. Unlike the modal verbs and **lassen**, these verbs do not use the double-infinitive construction in the perfect tenses.

| | | |
|---|---|---|
| SIMPLE TENSES | Ich **gehe** heute **einkaufen**. | *I'm going shopping today.* |
| PERFECT TENSES | Hast du Stephen **lachen gehört**? | *Did you hear Stephen laughing?* |
| FUTURE TENSES | Wir werden den neuen Studenten **kennen lernen**. | *We will meet the new student.* |
| FUTURE PERFECT TENSES | Er wird uns **kommen gesehen haben**. | *He will have seen us coming.* |

For more details on word order, see the discussion of the sentence frame on pages 36–38.

## THE PASSIVE VOICE

There are two voices in German: active and passive. The more common type of passive is the "true" or "processual" passive. Here, the focus is on a process. If the focus is on the resulting state, the form is called the "statal" passive.

**The Processual Passive**  To form the processual passive, combine the auxiliary **werden** with the past participle of the main verb. In the following example, the past participle is **geliebt**.

| | | |
|---|---|---|
| PRESENT | Das Kaninchen wird geliebt. | *The bunny is loved.* |
| SIMPLE PAST | Das Kaninchen wurde geliebt. | *The bunny was loved.* |
| PRESENT SUBJUNCTIVE I | Das Kaninchen werde geliebt. | *The bunny is loved.* |
| PRESENT SUBJUNCTIVE II | Das Kaninchen würde geliebt. | *The bunny was/would be loved.* |
| FUTURE | Das Kaninchen wird geliebt werden. | *The bunny will be loved.* |
| FUTURE SUBJUNCTIVE I | Das Kaninchen werde geliebt werden. | *The bunny will be loved.* |
| FUTURE SUBJUNCTIVE II | Das Kaninchen würde geliebt werden. | *The bunny would be loved.* |
| PRESENT PERFECT | Das Kaninchen ist geliebt worden. | *The bunny has been loved.* |
| PAST PERFECT | Das Kaninchen war geliebt worden. | *The bunny had been loved.* |
| PAST SUBJUNCTIVE I | Das Kaninchen sei geliebt worden. | *The bunny has been loved.* |
| PAST SUBJUNCTIVE II | Das Kaninchen wäre geliebt worden. | *The bunny had been loved.* |
| FUTURE PERFECT | Das Kaninchen wird geliebt worden sein. | *The bunny will have been loved.* |
| FUTURE PERFECT SUBJUNCTIVE I | Das Kaninchen werde geliebt worden sein. | *The bunny will have been loved.* |
| FUTURE PERFECT SUBJUNCTIVE II | Das Kaninchen würde geliebt worden sein. | *The bunny would have been loved.* |

**The Statal Passive**   The statal passive is formed exactly like the processual passive, except that **sein** is used as the auxiliary instead of **werden**. The following examples set forth the pattern.

| | | |
|---|---|---|
| PRESENT | Es ist installiert. | *It is installed.* |
| SIMPLE PAST | Es war installiert. | *It was installed.* |
| FUTURE | Es wird installiert sein. | *It will be installed.* |
| PRESENT PERFECT | Es ist installiert gewesen. | *It has been installed.* |

**Main Verb + Modal Verb**   To form the (processual) passive with a modal verb added to a main verb, combine the modal verb with the passive infinitive. To form the passive infinitive, combine the past participle with the infinitive **werden**. In the following examples, the modal verb is **wollen** and the passive infinitive is **entdeckt werden**.

| | | |
|---|---|---|
| PRESENT | Er will entdeckt werden. | *He wants to be discovered.* |
| SIMPLE PAST | Er wollte entdeckt werden. | *He wanted to be discovered.* |
| FUTURE | Er wird entdeckt werden wollen. | *He will want to be discovered.* |
| PRESENT SUBJUNCTIVE I | Er wolle entdeckt werden. | *He wants to be discovered.* |
| PRESENT SUBJUNCTIVE II | Er wollte entdeckt werden. | *He wanted/would want to be discovered.* |
| FUTURE SUBJUNCTIVE I | Er werde entdeckt werden wollen. | *He will want to be discovered.* |
| FUTURE SUBJUNCTIVE II | Er würde entdeckt werden wollen. | *He would want to be discovered.* |
| PRESENT PERFECT | Er hat entdeckt werden wollen. | *He has wanted to be discovered.* |
| PAST PERFECT | Er hatte entdeckt werden wollen. | *He had wanted to be discovered.* |
| PAST SUBJUNCTIVE I | Er habe entdeckt werden wollen. | *He has wanted to be discovered.* |
| PAST SUBJUNCTIVE II | Er hätte entdeckt werden wollen. | *He would have wanted to be discovered.* |

To form the statal passive with a modal verb added to a main verb, the process is the same as for processual passive, except that **sein** is used as the auxiliary instead of **werden**. The following examples set forth the pattern.

| | | |
|---|---|---|
| PRESENT | Es muss installiert sein. | *It must be installed.* |
| SIMPLE PAST | Es musste installiert sein. | *It had to be installed.* |

## Uses of the Passive Voice

Whereas the active voice focuses on the doer of the verb's action, the passive voice focuses on the object of the action or on the action itself. In the active voice, the doer of the action (also known as the "agent") is the subject of the sentence.

ACTIVE

| | |
|---|---|
| **Der Präsident** hielt eine Rede über Globalerwärmung. | *The president gave a speech on global warming.* |

In this sentence, the president is the agent. He is the one giving the speech, and therefore he is the subject. In a passive sentence, the subject is not the agent, but rather the thing acted on—in the following sentence, the speech.

PASSIVE

| | |
|---|---|
| **Eine Rede** über Globalerwärmung wurde gehalten. | *A speech on global warming was given.* |

The agent often disappears entirely from the sentence, since the focus is on something else. If the agent is expressed, the preposition **von** is used.

| | |
|---|---|
| Ein wunderschönes Lied wurde **von** den Kindern gesungen. | *A wonderful song was sung by the children.* |

Unlike English, German allows some sentences without objects (intransitive sentences) to be in the passive voice.

| | |
|---|---|
| Auf der Party wurde viel getanzt. | *There was a lot of dancing at the party.* |

# THE IMPERATIVE MOOD

The imperative mood has several different forms in German, each of which corresponds to a different pronoun.

## The Second-Person Imperative

**The _du_ Imperative**  To form the imperative for familiar singular **du**, remove the **-st** ending from the second-person singular, present tense form of the verb.

| INFINITIVE | PRESENT TENSE du FORM | du IMPERATIVE | ENGLISH |
|---|---|---|---|
| kommen | kommst | Komm! | _Come!_ |

- If the verb is one of the strong verbs whose stem vowel has an umlaut in the **du** and **er/sie/es** forms but not in the infinitive, then the umlaut is dropped in the imperative.

| INFINITIVE | PRESENT TENSE du FORM | du IMPERATIVE | ENGLISH |
|---|---|---|---|
| laufen | läufst | Lauf! | _Run!_ |

- With some verbs, the **du** imperative adds a final **-e**. The following rules apply.
  - _Always_ add **-e** with the following verbs.
    - Verbs whose stems end in **-eln**, **-ern**, **-d**, or **-t**: **Jod(e)le! Wandere! Finde! Schalte!**
    - Verbs whose stems end in a consonant plus **-m** or **-n**: **Öffne! Rechne! Wappne!** This rule does not apply when the consonant preceding **-m** or **-n** is **l**, **m**, **n**, **r**, or simple **h**. (In these cases, the final **-e** is optional: **Qualm(e)! Komm(e)! Form(e)! Lehn(e)!**)
  - _Never_ add **-e** with verbs whose stem vowel changes to **i** or **ie** in the **du** form of the present tense (**Friss! Gib!**), nor with verbs whose stem already ends in **-e** (**Knie!**).
  - _Optionally_ add **-e** with all other verbs: **Glaub(e)! Plan(e)! Steh(e)! Stör(e)! Telefonier(e)! Tu(e)!**

  The verbs **haben**, **sein**, **werden**, **wissen**, and **wollen** do not follow the formation rules just outlined. For those verbs, the **du** imperative can be derived from the infinitive stem: **Hab(e)! Sei! Werde! Wisse! Wolle!**

**The _ihr_ Imperative**  To form the imperative for familiar plural **ihr**, simply remove the pronoun **ihr** from the second-person plural, present tense form of the verb.

| | |
|---|---|
| **Kommt** morgen! | _Come tomorrow!_ |
| **Fragt** euren Vater. | _Ask your father._ |

**The _Sie_ Imperative**  To form the imperative for formal **Sie**, simply invert the pronoun and the second-person _Sie_ form of the verb. The verb **sein** is irregular: **Seien Sie!**

| | |
|---|---|
| **Gehen Sie** nach Hause. | _Go home._ |
| **Bleiben Sie** bitte etwas länger. | _Please stay a little longer._ |

**Uses of the Second-Person Imperative**  The second-person imperative is used to issue commands, orders, and directions. Whether the **du**, **ihr**, or **Sie** form is used, the imperative can be made more polite with the use of the particles **bitte**, **doch**, and **mal**.

| | |
|---|---|
| **Stehen Sie** auf! | _Get up!_ |
| **Steh mal** auf! | _Get up, won't you?_ |
| **Steht bitte** auf. | _Please get up._ |

## The _wir_ Imperative

To form the **wir** imperative, simply invert the pronoun and the first-person plural, present tense form of the verb.

| | |
|---|---|
| **Bleiben wir** noch eine Stunde. | _Let's stay an hour longer._ |

The **wir** imperative is used to make suggestions.

# NONFINITE VERB FORMS
## THE INFINITIVE

There are several types of German infinitives. The most common infinitive is the present active infinitive—the entry word for a verb in German dictionaries. The infinitives can be grouped broadly into active and passive. The more commonly used infinitives follow.

| | | |
|---|---|---|
| PRESENT ACTIVE INFINITIVE | sehen | *to see* |
| | sterben | *to die* |
| PERFECT ACTIVE INFINITIVE | gesehen haben | *to have seen* |
| | gestorben sein | *to have died* |

The perfect infinitive is formed by combining the past participle with the auxiliary verb **haben** or **sein** in its present infinitive form.

| | | |
|---|---|---|
| PRESENT PASSIVE INFINITIVE | gesehen werden | *to be seen* |
| PERFECT PASSIVE INFINITIVE | gesehen worden sein | *to have been seen* |

The present passive infinitive is formed by combining the past participle with the infinitive **werden**. The perfect passive infinitive consists of the past participle plus **worden sein**.

## Uses of the Infinitives

**The Present Active Infinitive**  The present infinitive is commonly used with modal verbs and in other dual-verb constructions.

Ich muss in die Bibliothek **gehen**.  *I have to go to the library.*
Hört ihr sie **singen**?  *Do you hear her singing?*

For more details of the use of the infinitive in these constructions, see pages 30–31.

The present infinitive is used with **werden** as a component of the future (indicative) and future subjunctive tenses.

Robert wird nicht mehr Auto **fahren**.  *Robert will no longer drive a car.*

The present infinitive is frequently used to give instructions to addressees of nonspecific social relationship to the speaker or author. This is common in recipes, in instructions for using equipment, and on public signs. The infinitive is placed at the end of the clause.

Das Wasser drei Minuten **sieden lassen**.  *Let the water boil for three minutes.*
Auf den Knopf **drücken**.  *Press the knob.*
Einfahrt **freihalten**!  *Do not block driveway!*

**The Perfect Active Infinitive**  The perfect infinitive is used as a component of the future perfect tenses.

Ute wird den Brief nicht **gelesen haben**.  *Ute will not have read the letter.*

The perfect infinitive is also frequently used with modal verbs to make a subjective statement about an action in the past. Although the action expressed in the perfect infinitive is in the past, the tense of the modal verb need not be a past tense. Modality expressed in such usage is often one of speculation, assumption, or contention.

Sigrid kann ja auf der Party **gewesen sein**,  *Sigrid could possibly have been at the*
   denn sie war nicht zu Hause.  *party, since she wasn't at home.*

**The Present Passive Infinitive**  The present passive infinitive is commonly used with modal verbs in all tenses.

Die Hausaufgaben müssen **gemacht werden**.  *The homework must be done.*

The present passive infinitive is used with **werden** as a component of the future and future subjunctive tenses.

Der kleine Hund wird oft **übersehen werden**.  *The small dog will often be overlooked.*

**The Perfect Passive Infinitive**  The perfect passive infinitive is used as a component of the future perfect passive tenses.

Der Brief wird noch nicht **gelesen worden**  *The letter will not yet have been read.*
   **sein**.

The perfect passive infinitive can also be used with modal verbs to make a subjective statement about an action in the past. Although the action expressed in the infinitive is in the past, the tense of the modal verb need not be a past tense.

| | |
|---|---|
| Sigrid kann ja nicht auf der Party **gesehen worden sein**, denn sie war zu Hause. | *It is not possible that Sigrid was seen at the party, since she was at home.* |

## The Infinitival Clause

A common German construction is the **zu** infinitive, or infinitival clause. It consists of the particle **zu** and an infinitive form. With the present active infinitival clause, **zu** precedes the infinitive. If, however, the verb has a prefix that is separable in the simple tenses, the **zu** is inserted between the separable prefix and the verb stem.

| PRESENT ACTIVE | zu verstehen | *to understand* |
|---|---|---|
| | zu reden | *to talk* |
| | auszuverkaufen | *to sell out* |
| | nachzudenken | *to think over* |

The **zu** infinitive can also be used with a perfect infinitive, as well as with passive voice.

| PERFECT ACTIVE | verstanden zu haben | *to have understood* |
|---|---|---|
| | aufgestanden zu sein | *to have stood up* |
| PRESENT PASSIVE | gesehen zu werden | *to be seen* |
| PERFECT PASSIVE | gelesen worden zu sein | *to have been read* |

### Uses of the Infinitival Clause

The infinitival clause is commonly used with modifying verbs, such as **brauchen** *to need*, **pflegen** *to tend*, and **scheinen** *to seem*.

| | |
|---|---|
| Wir brauchen nicht **aufzustehen**. | *We don't need to stand up.* |
| Der Pfarrer pflegt monoton **zu reden**. | *The pastor tends to speak in a monotone.* |
| Bert scheint den Begriff **verstanden zu haben**. | *Bert seems to have understood the concept.* |

Another common use of the infinitival clause is to express purpose (**um ... zu**), omission (**ohne ... zu**), or alternation (**statt/anstatt ... zu**).

| | |
|---|---|
| Wir fahren mit dem Bus, **um** Geld **zu sparen**. | *We're going by bus in order to save money.* |
| Liesl ist ins Zimmer gekommen, **ohne zu klopfen**. | *Liesl came into the room without knocking.* |
| Warum gehst du nicht zu Fuß, **anstatt** mit dem Bus **zu fahren**? | *Why don't you walk instead of taking the bus?* |

When a modal verb is added, the **zu** is inserted between the main verb and the modal verb.

| | |
|---|---|
| Sie schläft jetzt ein, **um** morgen früh **aufstehen zu können**. | *She's going to sleep now in order to be able to get up early.* |

**The Verb *haben* or *sein* + *zu* Infinitive**   When used with **sein** or **haben**, the **zu** infinitive has the same general sense as a modal verb of obligation or necessity.

| | |
|---|---|
| Die Sache **ist** noch **zu** klären. | *The matter has yet to be clarified.* |
| Wir **haben** die Hinweise **zu** beachten. | *We have to pay attention to the guidelines.* |

## THE PRESENT PARTICIPLE

To form the present participle, add **-d** to the present active infinitive.

| | | |
|---|---|---|
| lachen + d | → lachend | *laughing* |
| schreien + d | → schreiend | *screaming* |

The present participle of the verbs **sein** and **tun** are irregular: **seiend, tuend**.

### Uses of the Present Participle

Present participles are rarely used in German as verbs, but not infrequently as adjectives.

| | |
|---|---|
| die lachende Kuh | *the laughing cow* |
| der schreiende Affe | *the screaming ape* |

## THE GERUNDIVE (*zu* + PRESENT PARTICIPLE)

To form the German gerundive, combine **zu** and the present participle. Placement of **zu** is the same as with the infinitival clause (see above).

| PRESENT PARTICIPLE | GERUNDIVE |
|---|---|
| erledigend | zu erledigend |
| aufklärend | aufzuklärend |

### Uses of the Gerundive

The gerundive is used as an attributive, placed before the noun it modifies. It conveys a sense of necessity or obligation.

> Die zu erledigende Arbeit ist noch nicht festgelegt.       *The work that is to be done is not yet decided.*

The gerundive is hardly ever used in spoken German, and it is used only infrequently in formal writing.

## THE PAST PARTICIPLE

The past participle is the fourth principal part of the German verb. For details on formation of the past participle, see pages 20–23.

### Uses of the Past Participle

The past participle is used in the following ways.

- To form perfect tenses (**sehen** *to see* ~ **gesehen**)

    > Ich habe den Film **gesehen**.          *I've seen the film.*

- To form the passive voice (**streichen** *to cut, cancel* ~ **gestrichen**)

    > Der Film wurde **gestrichen**.          *The film was cancelled.*

- As an adjective (**mischen** *to mix* ~ **gemischt**)

    > Ich möchte den **gemischten** Salat.     *I'd like the mixed salad.*

- As an adjectival noun (**anstellen** *to employ* ~ **angestellt**)

    > Dieser **Angestellte** verdient mehr als ich.     *This employee earns more than I.*

# VERB PLACEMENT: OVERVIEW

The German sentence is characterized by the verb's fixed position in a sentence, while other constituents are transposable.

## THE SENTENCE FRAME

The sentence is built around the sentence frame (**Satzklammer**). The frame is formed in a main clause by the conjugated verb in second position and other verbs or verbal complements in the end position. The positions are commonly called "fields."

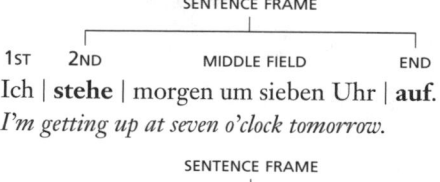

SENTENCE FRAME

| 1ST | 2ND | MIDDLE FIELD | END |

Ich | **stehe** | morgen um sieben Uhr | **auf**.
*I'm getting up at seven o'clock tomorrow.*

SENTENCE FRAME

| 1ST | 2ND | MIDDLE FIELD | END |

Ich | **muss** | morgen um sieben Uhr | **aufstehen**.
*I have to get up at seven o'clock tomorrow.*

If for reasons of emphasis or focus, the subject is displaced by another constituent in the first field, the subject then moves to the middle field, while the verb remains in the second field.

1ST   2ND      MIDDLE FIELD      END

<u>Ich</u> | **stehe** | morgen um sieben Uhr | **auf**.    *I'm getting up at seven o'clock tomorrow.*

1ST     2ND   MIDDLE FIELD      END

Morgen | **stehe** | ich um sieben Uhr | **auf**.    *Tomorrow I'm getting up at seven o'clock.*

Any number of complements can be added to the middle field, while the verb or complement retains its position in the end field.

| | |
|---|---|
| Ich stehe morgen um sieben Uhr voller Energie auf. | *I'm getting up tomorrow at seven o'clock full of energy.* |
| Ich muss morgen um sieben Uhr voller Energie aufstehen. | *I have to get up tomorrow at seven o'clock full of energy.* |

**Compound Tenses**    The same rules apply to sentences with the perfect and other compound tenses.

| | |
|---|---|
| Ich bin aufgestanden. | *I got up.* |
| Ich bin heute früh aufgestanden. | *I got up this morning.* |
| Ich bin heute früh um sieben Uhr aufgestanden. | *I got up this morning at seven o'clock.* |
| Ich bin heute früh um sieben Uhr voller Energie aufgestanden. | *I got up this morning at seven o'clock full of energy.* |

## Subordinate Word Order

Subordinate clauses are introduced by a subordinating conjunction, such as **dass** *that*, **ob** *whether*, **warum** *why*, and **weil** *because*.

| | |
|---|---|
| Die Menschen glaubten, **dass** <u>die Welt flach ist</u>. | *People believed **that** <u>the world is flat</u>.* |

The word order in these clauses is different from that of a main clause and is referred to as subordinate word order. Relative clauses, which are introduced by relative pronouns **der**, **die**, **das**, **den**, **dem**, and so forth, also have subordinate word order.

| | |
|---|---|
| Der Mann, **der** <u>oben im Baum steckt</u>, ist Moritz. | *The man <u>who is stuck up in the tree</u> is Moritz.* |

In clauses with subordinate word order, the sentence frame takes a different form: the conjugated verb is placed at the end of the clause.

SENTENCE FRAME

Ich weiß, warum er immer noch <u>schläft</u>.

*I know why he's still sleeping.*

Verbal prefixes are rejoined with the verb stem.

| | |
|---|---|
| Ich hoffe, dass ich morgen um sieben Uhr <u>aufstehe</u>. | *I hope that I get up at seven o'clock tomorrow.* |

In compound tenses, the conjugated verb comes after the nonfinite forms.

| | |
|---|---|
| Ich weiß, warum er noch schlafen <u>will</u>. | *I know why he still wants to sleep.* |
| Ich hoffe, dass ich morgen um sieben Uhr aufstehen <u>kann</u>. | *I hope that I can get up at seven o'clock tomorrow.* |
| Er weiß, warum ich immer noch geschlafen <u>habe</u>. | *He knows why I was still sleeping.* |
| Ich hoffe, dass er heute um sechs Uhr aufgestanden <u>ist</u>. | *I hope that he got up at six o'clock today.* |

## Multiverb Complexes

In sentences containing several infinitives in a multiverb complex, the nonfinite verbs are all pushed to the end of the sentence.

| | |
|---|---|
| Er <u>baut</u> ein neues Haus. | *He's building a new house.* |
| ADD **lassen** | ADD *have* |
| Er <u>lässt</u> ein neues Haus <u>bauen</u>. | *He's having a new house built.* |
| ADD **wollen** | ADD *want to* |
| Er <u>will</u> ein neues Haus <u>bauen lassen</u>. | *He wants to have a new house built.* |

In corresponding subordinate clauses, the finite verb is placed at the very end of all the verbs.

| | |
|---|---|
| Ich weiß, dass er ein neues Haus <u>baut</u>. | *I know he's building a new house.* |
| Ich weiß, dass er ein neues Haus bauen <u>lässt</u>. | *I know he's having a new house built.* |
| Ich weiß, dass er ein neues Haus bauen lassen <u>will</u>. | *I know he wants to have a new house built.* |

However, if a multiverb complex with three or more verbs contains a form of **haben**, then **haben** comes before the rest of the verbal complex, whether in a main or subordinate clause.

| | |
|---|---|
| Er wird ein neues Haus **haben bauen lassen**. | *He will have had a new house built.* |
| Ich weiß, warum sie es **hätte machen sollen**. | *I know why she should have done it.* |

In subordinate clauses with such verbal complexes, the finite verb appears late in the clause, as shown by the position of **wird** in the following sentence in the future perfect tense.

| | |
|---|---|
| Ich weiß, dass er ein neues Haus <u>wird</u> **haben bauen lassen**. | *I know he will have had a new house built.* |

These constructions are not common.

# SPELLING REFORM

Due to spelling reforms implemented by education and publishing authorities in German-speaking countries in 1999, older texts look different from modern ones. With respect to verbs, the differences are of two main types.

- Many verbs that were formerly compound verbs are now considered verbal complement + verb.

| TRADITIONAL GERMAN | REVISED GERMAN |
|---|---|
| kennenlernen | kennen lernen |
| schwerfallen | schwer fallen |

One practical outcome of this reform is a change in the dictionary entry form. The two verbs above were previously listed under K and S, respectively. In the revised German, they appear under L and F, respectively, although dual entries are not uncommon.

- Due to spelling rule changes concerning the digraph ß, some verbs are now spelled with **ss** in some forms. The verb **essen**, for example, illustrates the revised rule for ß: Use **ss** after short vowels, but ß after long vowels and diphthongs.

| TRADITIONAL GERMAN | REVISED GERMAN |
|---|---|
| ich esse, du ißt, er/sie/es ißt | ich esse, du isst, er/sie/es isst |
| ich aß, du aßest, er/sie/es aß | ich aß, du aßest, er/sie/es aß |

# 555

**FULLY CONJUGATED VERBS**

# Top 50 Verbs

The following 50 verbs have been selected for their high frequency and their use in many common idiomatic expressions. For each verb, a full page of example sentences and phrases providing guidance on correct usage immediately precedes or follows the conjugation table.

**arbeiten** *to work, labor; function* 22
**bekommen** *to get, receive, obtain* 66
**bleiben** *to remain, stay; keep* 111
**brauchen** *to need, require* 115
**bringen** *to bring; take; yield; present; put* 118
**denken** *to think, conceive; believe; bear in mind* 122
**essen** *to eat, take a meal* 175
**fahren** *to drive, go, travel, ride; move hurriedly; convey, carry* 177
**finden** *to find, discover, come across; think, consider* 186
**fragen** *to ask, inquire, question* 194
**geben** *to give, confer; grant; emit; yield; provide* 206
**gehen** *to go, walk, move; go away, leave; work, function* 210
**gehören** *to belong, be owned; pertain* 211
**glauben** *to believe, think, imagine; trust* 221
**haben** *to have, possess, bear* 230
**heißen** *to be called/named; command, order; mean, signify* 239
**helfen** *to help, assist; support; remedy* 241
**hören** *to hear, listen; attend* 248
**kaufen** *to buy, purchase* 253
**kennen** *to know, be familiar with, be acquainted with* 256
**kommen** *to come; go; get; happen* 265
**können** *can, to be able to, know (how to); be allowed to* 266
**lassen** *to let, allow, permit; leave; stop, put aside; relinquish, let go* 280
**laufen** *to run, walk; work, function; extend* 281
**legen** *to lay, put, place* 283
**liegen** *to lie, be lying, rest; be located/situated* 294
**machen** *to make, do; construct; cause; constitute; come to* 300
**mögen** *to like (to)* 311
**müssen** *must, to have to, be obliged to* 312
**nehmen** *to take* 314
**sagen** *to say, mean, tell* 350
**schlafen** *to sleep, be asleep* 370
**schlagen** *to hit, beat, strike, punch, slap* 371
**sehen** *to see, look; watch* 397
**sein** *to be, exist* 398
**setzen** *to set, place, put; sit (someone) (down); plant; wager; compose* 400
**sitzen** *to be sitting/seated, be situated; be in session* 406
**spielen** *to play, act, perform* 413
**sprechen** *to speak, talk; recite; pronounce* 415
**stehen** *to stand, be situated; be* 423
**stellen** *to put, place; stand; set* 426
**sterben** *to die, perish* 427
**tragen** *to carry, hold; wear; bear, endure* 446
**treffen** *to hit, strike; hurt, affect; meet* 449
**tun** *to do; work, perform* 457
**werden** *to become, get, turn, grow; come into existence* 529
**wissen** *to know* 537
**wohnen** *to live, stay, dwell* 538
**wollen** *to want (to); intend to* 539
**ziehen** *to draw, pull; extract; attract* 549

strong verb

**biegt ab · bog ab · abgebogen**

**PRESENT**

| | |
|---|---|
| ich biege | wir biegen |
| du biegst | ihr biegt |
| Sie biegen | Sie biegen |
| er/sie/es biegt | sie biegen |

} ab

**SIMPLE PAST**

| | |
|---|---|
| ich bog | wir bogen |
| du bogst | ihr bogt |
| Sie bogen | Sie bogen |
| er/sie/es bog | sie bogen |

} ab

**FUTURE**

| | |
|---|---|
| ich werde | wir werden |
| du wirst | ihr werdet |
| Sie werden | Sie werden |
| er/sie/es wird | sie werden |

} abbiegen

**PRESENT SUBJUNCTIVE I**

| | |
|---|---|
| ich biege | wir biegen |
| du biegest | ihr bieget |
| Sie biegen | Sie biegen |
| er/sie/es biege | sie biegen |

} ab

**PRESENT SUBJUNCTIVE II**

| | |
|---|---|
| ich böge | wir bögen |
| du bögest | ihr böget |
| Sie bögen | Sie bögen |
| er/sie/es böge | sie bögen |

} ab

**FUTURE SUBJUNCTIVE I**

| | |
|---|---|
| ich werde | wir werden |
| du werdest | ihr werdet |
| Sie werden | Sie werden |
| er/sie/es werde | sie werden |

} abbiegen

**FUTURE SUBJUNCTIVE II**

| | |
|---|---|
| ich würde | wir würden |
| du würdest | ihr würdet |
| Sie würden | Sie würden |
| er/sie/es würde | sie würden |

} abbiegen

**PRESENT PERFECT**

| | |
|---|---|
| ich bin | wir sind |
| du bist | ihr seid |
| Sie sind | Sie sind |
| er/sie/es ist | sie sind |

} abgebogen

**PAST PERFECT**

| | |
|---|---|
| ich war | wir waren |
| du warst | ihr wart |
| Sie waren | Sie waren |
| er/sie/es war | sie waren |

} abgebogen

**FUTURE PERFECT**

| | |
|---|---|
| ich werde | wir werden |
| du wirst | ihr werdet |
| Sie werden | Sie werden |
| er/sie/es wird | sie werden |

} abgebogen sein

**PAST SUBJUNCTIVE I**

| | |
|---|---|
| ich sei | wir seien |
| du seiest | ihr seiet |
| Sie seien | Sie seien |
| er/sie/es sei | sie seien |

} abgebogen

**PAST SUBJUNCTIVE II**

| | |
|---|---|
| ich wäre | wir wären |
| du wärest | ihr wäret |
| Sie wären | Sie wären |
| er/sie/es wäre | sie wären |

} abgebogen

**FUTURE PERFECT SUBJUNCTIVE I**

| | |
|---|---|
| ich werde | wir werden |
| du werdest | ihr werdet |
| Sie werden | Sie werden |
| er/sie/es werde | sie werden |

} abgebogen sein

**FUTURE PERFECT SUBJUNCTIVE II**

| | |
|---|---|
| ich würde | wir würden |
| du würdest | ihr würdet |
| Sie würden | Sie würden |
| er/sie/es würde | sie würden |

} abgebogen sein

**COMMANDS**    bieg(e) ab!   biegt ab!   biegen Sie ab!

**PRESENT PARTICIPLE**    abbiegend

## Usage

| | |
|---|---|
| Leider bin ich falsch abgebogen. | _Unfortunately, I took a wrong turn._ |
| Nach 100 Meter biegen Sie rechts ab. | _After 100 meters, you turn right._ |
| Das Auto biegt links nach Nordheim ab. | _The car is turning left toward Nordheim._ |
| Dann biegst du ab und fährst einen Umweg. | _Then you turn off and take a detour._ |
| Beim Schloss biegen wir ab zu den Ruinen. | _At the castle, we turn off toward the ruins._ |
| Mark biegt rechts ab und sieht da den Dom. | _Mark turns right and sees the cathedral there._ |
| Wir hätten eigentlich links abbiegen sollen. | _Actually, we should have turned left._ |
| Darf man hier abbiegen? | _Are you allowed to turn here?_ |

### abbiegen (with haben) _to bend_

| | |
|---|---|
| Dieser Draht lässt sich nicht leicht abbiegen. | _This wire does not easily bend._ |
| Gretl hat die Sache noch einmal abgebogen. | _Gretl just managed to stop things from going too far._ |

**RELATED VERBS**   _see_ **biegen** (106)

# ab·fahren  *to depart, leave*

fährt ab · fuhr ab · abgefahren

strong verb

### PRESENT

| ich fahre | wir fahren | |
|---|---|---|
| du fährst | ihr fahrt | |
| Sie fahren | Sie fahren | } ab |
| er/sie/es fährt | sie fahren | |

### SIMPLE PAST

| ich fuhr | wir fuhren | |
|---|---|---|
| du fuhrst | ihr fuhrt | |
| Sie fuhren | Sie fuhren | } ab |
| er/sie/es fuhr | sie fuhren | |

### FUTURE

| ich werde | wir werden | |
|---|---|---|
| du wirst | ihr werdet | |
| Sie werden | Sie werden | } abfahren |
| er/sie/es wird | sie werden | |

### PRESENT SUBJUNCTIVE I

| ich fahre | wir fahren | |
|---|---|---|
| du fahrest | ihr fahret | |
| Sie fahren | Sie fahren | } ab |
| er/sie/es fahre | sie fahren | |

### PRESENT SUBJUNCTIVE II

| ich führe | wir führen | |
|---|---|---|
| du führest | ihr führet | |
| Sie führen | Sie führen | } ab |
| er/sie/es führe | sie führen | |

### FUTURE SUBJUNCTIVE I

| ich werde | wir werden | |
|---|---|---|
| du werdest | ihr werdet | |
| Sie werden | Sie werden | } abfahren |
| er/sie/es werde | sie werden | |

### FUTURE SUBJUNCTIVE II

| ich würde | wir würden | |
|---|---|---|
| du würdest | ihr würdet | |
| Sie würden | Sie würden | } abfahren |
| er/sie/es würde | sie würden | |

### PRESENT PERFECT

| ich bin | wir sind | |
|---|---|---|
| du bist | ihr seid | |
| Sie sind | Sie sind | } abgefahren |
| er/sie/es ist | sie sind | |

### PAST PERFECT

| ich war | wir waren | |
|---|---|---|
| du warst | ihr wart | |
| Sie waren | Sie waren | } abgefahren |
| er/sie/es war | sie waren | |

### FUTURE PERFECT

| ich werde | wir werden | |
|---|---|---|
| du wirst | ihr werdet | |
| Sie werden | Sie werden | } abgefahren sein |
| er/sie/es wird | sie werden | |

### PAST SUBJUNCTIVE I

| ich sei | wir seien | |
|---|---|---|
| du seiest | ihr seiet | |
| Sie seien | Sie seien | } abgefahren |
| er/sie/es sei | sie seien | |

### PAST SUBJUNCTIVE II

| ich wäre | wir wären | |
|---|---|---|
| du wärest | ihr wäret | |
| Sie wären | Sie wären | } abgefahren |
| er/sie/es wäre | sie wären | |

### FUTURE PERFECT SUBJUNCTIVE I

| ich werde | wir werden | |
|---|---|---|
| du werdest | ihr werdet | |
| Sie werden | Sie werden | } abgefahren sein |
| er/sie/es werde | sie werden | |

### FUTURE PERFECT SUBJUNCTIVE II

| ich würde | wir würden | |
|---|---|---|
| du würdest | ihr würdet | |
| Sie würden | Sie würden | } abgefahren sein |
| er/sie/es würde | sie würden | |

COMMANDS    fahr(e) ab!    fahrt ab!    fahren Sie ab!

PRESENT PARTICIPLE    abfahrend

## Usage

| Der Intercity nach Osnabrück war schon abgefahren. | *The Intercity to Osnabrück had already departed.* |
|---|---|
| Der Anschlusszug fährt von Gleis 12 ab. | *The connecting train departs from platform 12.* |
| Am frühen Morgen fuhren wir Richtung Hilo ab. | *In the early morning we departed for Hilo.* |
| Der Sonderzug nach Wien fährt am 9. Juli ab. | *The special train to Vienna departs on July 9.* |
| Wann fahrt ihr denn wieder ab? | *When are you leaving again?* |
| Kurz vor Mittag fuhr die Postkutsche ab. | *Just before noon, the stagecoach departed.* |

### abfahren (with haben)  *to take away; wear out; cover*

| Pflanzenabfälle werden einmal im Monat abgefahren. | *Plant debris is picked up once a month.* |
|---|---|
| Ungleich abgefahrene Reifen können Unfälle verursachen. | *Unevenly worn tires can cause accidents.* |
| Alle Strecken mussten von allen Teilnehmern abgefahren werden. | *Each stretch had to be covered by all participants.* |

RELATED VERBS  *see* fahren (177)

strong verb

**gibt ab · gab ab · abgegeben**

### PRESENT

| | |
|---|---|
| ich gebe | wir geben |
| du gibst | ihr gebt |
| Sie geben | Sie geben |
| er/sie/es gibt | sie geben |

} ab

### SIMPLE PAST

| | |
|---|---|
| ich gab | wir gaben |
| du gabst | ihr gabt |
| Sie gaben | Sie gaben |
| er/sie/es gab | sie gaben |

} ab

### FUTURE

| | |
|---|---|
| ich werde | wir werden |
| du wirst | ihr werdet |
| Sie werden | Sie werden |
| er/sie/es wird | sie werden |

} abgeben

### PRESENT SUBJUNCTIVE I

| | |
|---|---|
| ich gebe | wir geben |
| du gebest | ihr gebet |
| Sie geben | Sie geben |
| er/sie/es gebe | sie geben |

} ab

### PRESENT SUBJUNCTIVE II

| | |
|---|---|
| ich gäbe | wir gäben |
| du gäbest | ihr gäbet |
| Sie gäben | Sie gäben |
| er/sie/es gäbe | sie gäben |

} ab

### FUTURE SUBJUNCTIVE I

| | |
|---|---|
| ich werde | wir werden |
| du werdest | ihr werdet |
| Sie werden | Sie werden |
| er/sie/es werde | sie werden |

} abgeben

### FUTURE SUBJUNCTIVE II

| | |
|---|---|
| ich würde | wir würden |
| du würdest | ihr würdet |
| Sie würden | Sie würden |
| er/sie/es würde | sie würden |

} abgeben

### PRESENT PERFECT

| | |
|---|---|
| ich habe | wir haben |
| du hast | ihr habt |
| Sie haben | Sie haben |
| er/sie/es hat | sie haben |

} abgegeben

### PAST PERFECT

| | |
|---|---|
| ich hatte | wir hatten |
| du hattest | ihr hattet |
| Sie hatten | Sie hatten |
| er/sie/es hatte | sie hatten |

} abgegeben

### FUTURE PERFECT

| | |
|---|---|
| ich werde | wir werden |
| du wirst | ihr werdet |
| Sie werden | Sie werden |
| er/sie/es wird | sie werden |

} abgegeben haben

### PAST SUBJUNCTIVE I

| | |
|---|---|
| ich habe | wir haben |
| du habest | ihr habet |
| Sie haben | Sie haben |
| er/sie/es habe | sie haben |

} abgegeben

### PAST SUBJUNCTIVE II

| | |
|---|---|
| ich hätte | wir hätten |
| du hättest | ihr hättet |
| Sie hätten | Sie hätten |
| er/sie/es hätte | sie hätten |

} abgegeben

### FUTURE PERFECT SUBJUNCTIVE I

| | |
|---|---|
| ich werde | wir werden |
| du werdest | ihr werdet |
| Sie werden | Sie werden |
| er/sie/es werde | sie werden |

} abgegeben haben

### FUTURE PERFECT SUBJUNCTIVE II

| | |
|---|---|
| ich würde | wir würden |
| du würdest | ihr würdet |
| Sie würden | Sie würden |
| er/sie/es würde | sie würden |

} abgegeben haben

**COMMANDS**     gib ab!   gebt ab!   geben Sie ab!

**PRESENT PARTICIPLE**     abgebend

## Usage

Manfred Schmidt gibt den Direktionsposten ab.
Etliche Brillen wurden beim Fundbüro abgegeben.
Geben Sie Ihre Bewertung ab!
Jemand hat für Sie einen Brief abgegeben.
Gib deinen Mantel an der Garderobe ab.
Die Richter müssen ein faires Urteil abgeben.
Schüsse wurden auf den Mann abgegeben.
Solche Blumen können viel Pollen abgeben.
Unser neuer Kamin gibt eine enorme Hitze ab.

*Manfred Schmidt is handing over the position of director.*
*Several pairs of glasses were turned in at the lost-and-found.*
*Submit your evaluation!*
*Someone has left a letter for you.*
*Leave your coat at the checkroom.*
*The judges must render a fair verdict.*
*Shots were fired at the man.*
*Such flowers can produce a lot of pollen.*
*Our new fireplace radiates an enormous amount of heat.*

### sich abgeben *to engage, bother*

Er gibt sich mit Tätigkeiten ab, die für die Arbeit
nicht relevant sind.

*He engages in activities that are not relevant to work.*

**RELATED VERBS** *see* **geben** (206)

# 4 ab·holen  *to fetch, pick up*

**holt ab · holte ab · abgeholt**　　　　　　　　　　　　　　　regular weak verb

**PRESENT**

| | |
|---|---|
| ich hole | wir holen |
| du holst | ihr holt |
| Sie holen | Sie holen |
| er/sie/es holt | sie holen |

} ab

**SIMPLE PAST**

| | |
|---|---|
| ich holte | wir holten |
| du holtest | ihr holtet |
| Sie holten | Sie holten |
| er/sie/es holte | sie holten |

} ab

**FUTURE**

| | |
|---|---|
| ich werde | wir werden |
| du wirst | ihr werdet |
| Sie werden | Sie werden |
| er/sie/es wird | sie werden |

} abholen

**PRESENT SUBJUNCTIVE I**

| | |
|---|---|
| ich hole | wir holen |
| du holest | ihr holet |
| Sie holen | Sie holen |
| er/sie/es hole | sie holen |

} ab

**PRESENT SUBJUNCTIVE II**

| | |
|---|---|
| ich holte | wir holten |
| du holtest | ihr holtet |
| Sie holten | Sie holten |
| er/sie/es holte | sie holten |

} ab

**FUTURE SUBJUNCTIVE I**

| | |
|---|---|
| ich werde | wir werden |
| du werdest | ihr werdet |
| Sie werden | Sie werden |
| er/sie/es werde | sie werden |

} abholen

**FUTURE SUBJUNCTIVE II**

| | |
|---|---|
| ich würde | wir würden |
| du würdest | ihr würdet |
| Sie würden | Sie würden |
| er/sie/es würde | sie würden |

} abholen

**PRESENT PERFECT**

| | |
|---|---|
| ich habe | wir haben |
| du hast | ihr habt |
| Sie haben | Sie haben |
| er/sie/es hat | sie haben |

} abgeholt

**PAST PERFECT**

| | |
|---|---|
| ich hatte | wir hatten |
| du hattest | ihr hattet |
| Sie hatten | Sie hatten |
| er/sie/es hatte | sie hatten |

} abgeholt

**FUTURE PERFECT**

| | |
|---|---|
| ich werde | wir werden |
| du wirst | ihr werdet |
| Sie werden | Sie werden |
| er/sie/es wird | sie werden |

} abgeholt haben

**PAST SUBJUNCTIVE I**

| | |
|---|---|
| ich habe | wir haben |
| du habest | ihr habet |
| Sie haben | Sie haben |
| er/sie/es habe | sie haben |

} abgeholt

**PAST SUBJUNCTIVE II**

| | |
|---|---|
| ich hätte | wir hätten |
| du hättest | ihr hättet |
| Sie hätten | Sie hätten |
| er/sie/es hätte | sie hätten |

} abgeholt

**FUTURE PERFECT SUBJUNCTIVE I**

| | |
|---|---|
| ich werde | wir werden |
| du werdest | ihr werdet |
| Sie werden | Sie werden |
| er/sie/es werde | sie werden |

} abgeholt haben

**FUTURE PERFECT SUBJUNCTIVE II**

| | |
|---|---|
| ich würde | wir würden |
| du würdest | ihr würdet |
| Sie würden | Sie würden |
| er/sie/es würde | sie würden |

} abgeholt haben

**COMMANDS**　　　　hol(e) ab!　holt ab!　holen Sie ab!

**PRESENT PARTICIPLE**　　abholend

## Usage

| | |
|---|---|
| Maria hat uns vom Bahnhof abgeholt. | *Maria picked us up from the train station.* |
| Frau Kretschmer wollte ihre Tochter mit dem Auto von der Schule abholen. | *Mrs. Kretschmer wanted to pick up her daughter from school with the car.* |
| Die Besucher wurden von ihren Gastgebern am Flughafen abgeholt. | *The visitors were picked up at the airport by their hosts.* |
| Hol mich bitte ab! | *Please pick me up!* |
| Sie rief einen Wagen, der sie an der Tür abholte. | *She called for a car that picked her up at her door.* |
| Die Sektenanhänger glauben, dass ein Raumschiff sie in der Wüste abholen werde. | *The sect members believe a spaceship will pick them up in the desert.* |
| Ich habe mich mit dem Auto abholen lassen. | *I arranged to be picked up by car.* |
| Wir konnten die Theaterkarten an der Kasse abholen. | *We were able to pick up the theater tickets at the box office.* |
| Der Benutzer kann seine E-Mails durch den Web-Browser abholen. | *The user can get his e-mail through the Web browser.* |

**RELATED VERBS**　*see* **holen** (247)

regular weak verb

**PRESENT**

| | |
|---|---|
| ich lehne | wir lehnen |
| du lehnst | ihr lehnt |
| Sie lehnen | Sie lehnen |
| er/sie/es lehnt | sie lehnen |

} ab

**PRESENT PERFECT**

| | |
|---|---|
| ich habe | wir haben |
| du hast | ihr habt |
| Sie haben | Sie haben |
| er/sie/es hat | sie haben |

} abgelehnt

**SIMPLE PAST**

| | |
|---|---|
| ich lehnte | wir lehnten |
| du lehntest | ihr lehntet |
| Sie lehnten | Sie lehnten |
| er/sie/es lehnte | sie lehnten |

} ab

**PAST PERFECT**

| | |
|---|---|
| ich hatte | wir hatten |
| du hattest | ihr hattet |
| Sie hatten | Sie hatten |
| er/sie/es hatte | sie hatten |

} abgelehnt

**FUTURE**

| | |
|---|---|
| ich werde | wir werden |
| du wirst | ihr werdet |
| Sie werden | Sie werden |
| er/sie/es wird | sie werden |

} ablehnen

**FUTURE PERFECT**

| | |
|---|---|
| ich werde | wir werden |
| du wirst | ihr werdet |
| Sie werden | Sie werden |
| er/sie/es wird | sie werden |

} abgelehnt haben

**PRESENT SUBJUNCTIVE I**

| | |
|---|---|
| ich lehne | wir lehnen |
| du lehnest | ihr lehnet |
| Sie lehnen | Sie lehnen |
| er/sie/es lehne | sie lehnen |

} ab

**PAST SUBJUNCTIVE I**

| | |
|---|---|
| ich habe | wir haben |
| du habest | ihr habet |
| Sie haben | Sie haben |
| er/sie/es habe | sie haben |

} abgelehnt

**PRESENT SUBJUNCTIVE II**

| | |
|---|---|
| ich lehnte | wir lehnten |
| du lehntest | ihr lehntet |
| Sie lehnten | Sie lehnten |
| er/sie/es lehnte | sie lehnten |

} ab

**PAST SUBJUNCTIVE II**

| | |
|---|---|
| ich hätte | wir hätten |
| du hättest | ihr hättet |
| Sie hätten | Sie hätten |
| er/sie/es hätte | sie hätten |

} abgelehnt

**FUTURE SUBJUNCTIVE I**

| | |
|---|---|
| ich werde | wir werden |
| du werdest | ihr werdet |
| Sie werden | Sie werden |
| er/sie/es werde | sie werden |

} ablehnen

**FUTURE PERFECT SUBJUNCTIVE I**

| | |
|---|---|
| ich werde | wir werden |
| du werdest | ihr werdet |
| Sie werden | Sie werden |
| er/sie/es werde | sie werden |

} abgelehnt haben

**FUTURE SUBJUNCTIVE II**

| | |
|---|---|
| ich würde | wir würden |
| du würdest | ihr würdet |
| Sie würden | Sie würden |
| er/sie/es würde | sie würden |

} ablehnen

**FUTURE PERFECT SUBJUNCTIVE II**

| | |
|---|---|
| ich würde | wir würden |
| du würdest | ihr würdet |
| Sie würden | Sie würden |
| er/sie/es würde | sie würden |

} abgelehnt haben

**COMMANDS**    lehn(e) ab!    lehnt ab!    lehnen Sie ab!

**PRESENT PARTICIPLE**    ablehnend

## Usage

| | |
|---|---|
| Das Gericht hat ihren Antrag abgelehnt. | *The court rejected their petition.* |
| Herr Kunz muss Ihre Einladung leider ablehnen. | *Mr. Kunz must unfortunately decline your invitation.* |
| Dara lehnt es absolut ab, anders zu handeln. | *Dara absolutely refuses to act differently.* |
| Ich lehne jede Verantwortung dafür ab. | *I take no responsibility for that.* |
| Warum wird der Vorstand unseren Vorschlag ablehnen dürfen? | *Why will the board be allowed to turn down our proposal?* |
| Ihr Antrag ist abgelehnt worden. | *Your request has been denied.* |
| Sein eigenes Volk wird ihn ablehnen. | *His own people will reject him.* |
| Der Vermieter lehnte sämtliche Reparaturen kategorisch ab. | *The landlord categorically refused (to make) all repairs.* |
| Sie lehnt ärztliche Behandlung aus religiösen Gründen ab. | *She refuses medical treatment for religious reasons.* |
| Die Verlage haben seine ersten drei Romane abgelehnt. | *The publishers rejected his first three novels.* |
| Als Veganer lehnen sie alle tierischen Produkte ab. | *As vegans, they refuse (to eat) all animal products.* |

**RELATED VERBS**   *see* **lehnen** (284)

# ab·nehmen   *to lose weight; decrease; wane; remove, take off; take away*

nimmt ab · nahm ab · abgenommen                                    strong verb

**PRESENT**

| | |
|---|---|
| ich nehme | wir nehmen |
| du nimmst | ihr nehmt |
| Sie nehmen | Sie nehmen |
| er/sie/es nimmt | sie nehmen |

} ab

**PRESENT PERFECT**

| | |
|---|---|
| ich habe | wir haben |
| du hast | ihr habt |
| Sie haben | Sie haben |
| er/sie/es hat | sie haben |

} abgenommen

**SIMPLE PAST**

| | |
|---|---|
| ich nahm | wir nahmen |
| du nahmst | ihr nahmt |
| Sie nahmen | Sie nahmen |
| er/sie/es nahm | sie nahmen |

} ab

**PAST PERFECT**

| | |
|---|---|
| ich hatte | wir hatten |
| du hattest | ihr hattet |
| Sie hatten | Sie hatten |
| er/sie/es hatte | sie hatten |

} abgenommen

**FUTURE**

| | |
|---|---|
| ich werde | wir werden |
| du wirst | ihr werdet |
| Sie werden | Sie werden |
| er/sie/es wird | sie werden |

} abnehmen

**FUTURE PERFECT**

| | |
|---|---|
| ich werde | wir werden |
| du wirst | ihr werdet |
| Sie werden | Sie werden |
| er/sie/es wird | sie werden |

} abgenommen haben

**PRESENT SUBJUNCTIVE I**

| | |
|---|---|
| ich nehme | wir nehmen |
| du nehmest | ihr nehmet |
| Sie nehmen | Sie nehmen |
| er/sie/es nehme | sie nehmen |

} ab

**PAST SUBJUNCTIVE I**

| | |
|---|---|
| ich habe | wir haben |
| du habest | ihr habet |
| Sie haben | Sie haben |
| er/sie/es habe | sie haben |

} abgenommen

**PRESENT SUBJUNCTIVE II**

| | |
|---|---|
| ich nähme | wir nähmen |
| du nähmest | ihr nähmet |
| Sie nähmen | Sie nähmen |
| er/sie/es nähme | sie nähmen |

} ab

**PAST SUBJUNCTIVE II**

| | |
|---|---|
| ich hätte | wir hätten |
| du hättest | ihr hättet |
| Sie hätten | Sie hätten |
| er/sie/es hätte | sie hätten |

} abgenommen

**FUTURE SUBJUNCTIVE I**

| | |
|---|---|
| ich werde | wir werden |
| du werdest | ihr werdet |
| Sie werden | Sie werden |
| er/sie/es werde | sie werden |

} abnehmen

**FUTURE PERFECT SUBJUNCTIVE I**

| | |
|---|---|
| ich werde | wir werden |
| du werdest | ihr werdet |
| Sie werden | Sie werden |
| er/sie/es werde | sie werden |

} abgenommen haben

**FUTURE SUBJUNCTIVE II**

| | |
|---|---|
| ich würde | wir würden |
| du würdest | ihr würdet |
| Sie würden | Sie würden |
| er/sie/es würde | sie würden |

} abnehmen

**FUTURE PERFECT SUBJUNCTIVE II**

| | |
|---|---|
| ich würde | wir würden |
| du würdest | ihr würdet |
| Sie würden | Sie würden |
| er/sie/es würde | sie würden |

} abgenommen haben

**COMMANDS**          nimm ab!   nehmt ab!   nehmen Sie ab!

**PRESENT PARTICIPLE**     abnehmend

## Usage

| | |
|---|---|
| Ich möchte abnehmen. | *I'd like to lose weight.* |
| Sie hat seit Oktober sehr viel abgenommen. | *She has lost a lot of weight since October.* |
| Die Anzahl der Beschäftigten nahm stark ab. | *The number of employed persons decreased considerably.* |
| Der Mond nimmt jetzt ab. | *The moon is waning now.* |
| Nehmen Sie bitte den Hut ab. | *Please remove your hat.* |
| Alexis hatte die Wäsche gerade von der Leine abgenommen. | *Alexis had just taken the laundry off the clothesline.* |
| Dann hat man ihr 500 ml Blut abgenommen. | *Then they took 500 ml of her blood.* |
| Heute nimmt der junge Priester zum ersten Mal die Beichte ab. | *The young priest is hearing confession for the first time today.* |
| Darf die Polizei meinen Führerschein abnehmen? | *Are the police allowed to take away my driver's license?* |
| Kannst du mir bitte die Pakete abnehmen? | *Can you please take the packages for me?* |
| Niemand wollte den Hörer abnehmen. | *Nobody wanted to pick up the phone.* |

**RELATED VERBS** *see* **nehmen** (314)

regular weak verb

achtet · achtete · geachtet

**PRESENT**

| | |
|---|---|
| ich achte | wir achten |
| du achtest | ihr achtet |
| Sie achten | Sie achten |
| er/sie/es achtet | sie achten |

**SIMPLE PAST**

| | |
|---|---|
| ich achtete | wir achteten |
| du achtetest | ihr achtetet |
| Sie achteten | Sie achteten |
| er/sie/es achtete | sie achteten |

**FUTURE**

| | | |
|---|---|---|
| ich werde | wir werden | |
| du wirst | ihr werdet | |
| Sie werden | Sie werden | achten |
| er/sie/es wird | sie werden | |

**PRESENT SUBJUNCTIVE I**

| | |
|---|---|
| ich achte | wir achten |
| du achtest | ihr achtet |
| Sie achten | Sie achten |
| er/sie/es achte | sie achten |

**PRESENT SUBJUNCTIVE II**

| | |
|---|---|
| ich achtete | wir achteten |
| du achtetest | ihr achtetet |
| Sie achteten | Sie achteten |
| er/sie/es achtete | sie achteten |

**FUTURE SUBJUNCTIVE I**

| | | |
|---|---|---|
| ich werde | wir werden | |
| du werdest | ihr werdet | |
| Sie werden | Sie werden | achten |
| er/sie/es werde | sie werden | |

**FUTURE SUBJUNCTIVE II**

| | | |
|---|---|---|
| ich würde | wir würden | |
| du würdest | ihr würdet | |
| Sie würden | Sie würden | achten |
| er/sie/es würde | sie würden | |

**PRESENT PERFECT**

| | | |
|---|---|---|
| ich habe | wir haben | |
| du hast | ihr habt | |
| Sie haben | Sie haben | geachtet |
| er/sie/es hat | sie haben | |

**PAST PERFECT**

| | | |
|---|---|---|
| ich hatte | wir hatten | |
| du hattest | ihr hattet | |
| Sie hatten | Sie hatten | geachtet |
| er/sie/es hatte | sie hatten | |

**FUTURE PERFECT**

| | | |
|---|---|---|
| ich werde | wir werden | |
| du wirst | ihr werdet | |
| Sie werden | Sie werden | geachtet haben |
| er/sie/es wird | sie werden | |

**PAST SUBJUNCTIVE I**

| | | |
|---|---|---|
| ich habe | wir haben | |
| du habest | ihr habet | |
| Sie haben | Sie haben | geachtet |
| er/sie/es habe | sie haben | |

**PAST SUBJUNCTIVE II**

| | | |
|---|---|---|
| ich hätte | wir hätten | |
| du hättest | ihr hättet | |
| Sie hätten | Sie hätten | geachtet |
| er/sie/es hätte | sie hätten | |

**FUTURE PERFECT SUBJUNCTIVE I**

| | | |
|---|---|---|
| ich werde | wir werden | |
| du werdest | ihr werdet | |
| Sie werden | Sie werden | geachtet haben |
| er/sie/es werde | sie werden | |

**FUTURE PERFECT SUBJUNCTIVE II**

| | | |
|---|---|---|
| ich würde | wir würden | |
| du würdest | ihr würdet | |
| Sie würden | Sie würden | geachtet haben |
| er/sie/es würde | sie würden | |

**COMMANDS**       achte!   achtet!   achten Sie!

**PRESENT PARTICIPLE**       achtend

## Usage

| | |
|---|---|
| Du brauchst nicht mehr auf Diät zu achten. | *You don't have to pay attention to your diet anymore.* |
| Es ist wichtig, auf die Gefühle anderer Menschen zu achten. | *It's important to consider the feelings of others.* |
| Dazu müssen wir die Gesetze des Landes achten. | *In addition, we must respect the laws of the land.* |
| Ich achte den Mut meiner Kollegen. | *I respect the courage of my colleagues.* |
| Warum achtetet ihr mich nicht? | *Why did you not respect me?* |
| Früher achteten sie Silber nicht. | *They used to not value silver at all.* |
| Achten Sie bitte auf Groß- und Kleinschreibung. | *Please pay attention to capitalization.* |
| Der Politiker achtete nicht auf die Zwischenrufe. | *The politician paid no attention to the heckling.* |
| Die Gäste haben auf Pünktlichkeit gar nicht geachtet. | *The guests paid no attention at all to punctuality.* |
| Damals hat Papa viel mehr auf Aussehen geachtet. | *In those days, Dad paid much more attention to looks.* |
| Aber der Ritter achtete auf die Worte der Frau nicht. | *But the knight paid no heed to the woman's words.* |
| Achten Sie bitte darauf, dass das richtige Programm auf Ihrem Computer aktiv ist. | *Please make sure that the correct program is running on your computer.* |

**RELATED VERBS** begutachten, erachten, missachten, verachten; *see also* **beachten** (46), **beobachten** (72)

# an·bieten  *to offer*

bietet an · bot an · angeboten

strong verb

### PRESENT

| | |
|---|---|
| ich biete | wir bieten |
| du bietest | ihr bietet |
| Sie bieten | Sie bieten |
| er/sie/es bietet | sie bieten |

} an

### SIMPLE PAST

| | |
|---|---|
| ich bot | wir boten |
| du bot(e)st | ihr botet |
| Sie boten | Sie boten |
| er/sie/es bot | sie boten |

} an

### FUTURE

| | |
|---|---|
| ich werde | wir werden |
| du wirst | ihr werdet |
| Sie werden | Sie werden |
| er/sie/es wird | sie werden |

} anbieten

### PRESENT SUBJUNCTIVE I

| | |
|---|---|
| ich biete | wir bieten |
| du bietest | ihr bietet |
| Sie bieten | Sie bieten |
| er/sie/es biete | sie bieten |

} an

### PRESENT SUBJUNCTIVE II

| | |
|---|---|
| ich böte | wir böten |
| du bötest | ihr bötet |
| Sie böten | Sie böten |
| er/sie/es böte | sie böten |

} an

### FUTURE SUBJUNCTIVE I

| | |
|---|---|
| ich werde | wir werden |
| du werdest | ihr werdet |
| Sie werden | Sie werden |
| er/sie/es werde | sie werden |

} anbieten

### FUTURE SUBJUNCTIVE II

| | |
|---|---|
| ich würde | wir würden |
| du würdest | ihr würdet |
| Sie würden | Sie würden |
| er/sie/es würde | sie würden |

} anbieten

### PRESENT PERFECT

| | |
|---|---|
| ich habe | wir haben |
| du hast | ihr habt |
| Sie haben | Sie haben |
| er/sie/es hat | sie haben |

} angeboten

### PAST PERFECT

| | |
|---|---|
| ich hatte | wir hatten |
| du hattest | ihr hattet |
| Sie hatten | Sie hatten |
| er/sie/es hatte | sie hatten |

} angeboten

### FUTURE PERFECT

| | |
|---|---|
| ich werde | wir werden |
| du wirst | ihr werdet |
| Sie werden | Sie werden |
| er/sie/es wird | sie werden |

} angeboten haben

### PAST SUBJUNCTIVE I

| | |
|---|---|
| ich habe | wir haben |
| du habest | ihr habet |
| Sie haben | Sie haben |
| er/sie/es habe | sie haben |

} angeboten

### PAST SUBJUNCTIVE II

| | |
|---|---|
| ich hätte | wir hätten |
| du hättest | ihr hättet |
| Sie hätten | Sie hätten |
| er/sie/es hätte | sie hätten |

} angeboten

### FUTURE PERFECT SUBJUNCTIVE I

| | |
|---|---|
| ich werde | wir werden |
| du werdest | ihr werdet |
| Sie werden | Sie werden |
| er/sie/es werde | sie werden |

} angeboten haben

### FUTURE PERFECT SUBJUNCTIVE II

| | |
|---|---|
| ich würde | wir würden |
| du würdest | ihr würdet |
| Sie würden | Sie würden |
| er/sie/es würde | sie würden |

} angeboten haben

COMMANDS        biete an!   bietet an!   bieten Sie an!

PRESENT PARTICIPLE        anbietend

## Usage

| | |
|---|---|
| Darf ich Ihnen meinen Platz anbieten? | *May I offer you my seat?* |
| Demnächst bietet die Bank ihre Dienste per Internet an. | *Soon the bank will offer its services via the Internet.* |
| Diese alte Brauerei bot früher mal zwölf Biersorten an. | *At one time, this old brewery offered 12 types of beer.* |
| An diesem Gymnasium wird Hebräisch angeboten. | *Hebrew is offered at this high school.* |
| Wir konnten ihm keine Lösung anbieten. | *We were unable to offer him a solution.* |
| In Deutschland wurde dem Dirigenten aber keine Stelle angeboten. | *However, the director was not offered a position in Germany.* |
| Wer bietet das an? | *Who makes that offer?* |
| Im Sommersemester sind keine Kurse angeboten worden. | *No courses were offered in the summer semester.* |
| Wir können es Ihnen zum günstigen Preis anbieten. | *We can offer it to you at a reasonable price.* |

### sich anbieten  *to be a possibility, be an option*

| | |
|---|---|
| Als Kompromiss böte sich an, die Texte ungekürzt zu veröffentlichen. | *A suitable compromise would be to publish the texts unabridged.* |

RELATED VERBS   *see* **bieten** (107)

regular weak verb

**PRESENT**

| ich ändere | wir ändern |
| du änderst | ihr ändert |
| Sie ändern | Sie ändern |
| er/sie/es ändert | sie ändern |

**SIMPLE PAST**

| ich änderte | wir änderten |
| du ändertest | ihr ändertet |
| Sie änderten | Sie änderten |
| er/sie/es änderte | sie änderten |

**FUTURE**

| ich werde | wir werden | |
| du wirst | ihr werdet | |
| Sie werden | Sie werden | ändern |
| er/sie/es wird | sie werden | |

**PRESENT SUBJUNCTIVE I**

| ich ändere | wir ändern |
| du änderst | ihr ändert |
| Sie ändern | Sie ändern |
| er/sie/es ändere | sie ändern |

**PRESENT SUBJUNCTIVE II**

| ich änderte | wir änderten |
| du ändertest | ihr ändertet |
| Sie änderten | Sie änderten |
| er/sie/es änderte | sie änderten |

**FUTURE SUBJUNCTIVE I**

| ich werde | wir werden | |
| du werdest | ihr werdet | |
| Sie werden | Sie werden | ändern |
| er/sie/es werde | sie werden | |

**FUTURE SUBJUNCTIVE II**

| ich würde | wir würden | |
| du würdest | ihr würdet | |
| Sie würden | Sie würden | ändern |
| er/sie/es würde | sie würden | |

**PRESENT PERFECT**

| ich habe | wir haben | |
| du hast | ihr habt | |
| Sie haben | Sie haben | geändert |
| er/sie/es hat | sie haben | |

**PAST PERFECT**

| ich hatte | wir hatten | |
| du hattest | ihr hattet | |
| Sie hatten | Sie hatten | geändert |
| er/sie/es hatte | sie hatten | |

**FUTURE PERFECT**

| ich werde | wir werden | |
| du wirst | ihr werdet | |
| Sie werden | Sie werden | geändert haben |
| er/sie/es wird | sie werden | |

**PAST SUBJUNCTIVE I**

| ich habe | wir haben | |
| du habest | ihr habet | |
| Sie haben | Sie haben | geändert |
| er/sie/es habe | sie haben | |

**PAST SUBJUNCTIVE II**

| ich hätte | wir hätten | |
| du hättest | ihr hättet | |
| Sie hätten | Sie hätten | geändert |
| er/sie/es hätte | sie hätten | |

**FUTURE PERFECT SUBJUNCTIVE I**

| ich werde | wir werden | |
| du werdest | ihr werdet | |
| Sie werden | Sie werden | geändert haben |
| er/sie/es werde | sie werden | |

**FUTURE PERFECT SUBJUNCTIVE II**

| ich würde | wir würden | |
| du würdest | ihr würdet | |
| Sie würden | Sie würden | geändert haben |
| er/sie/es würde | sie würden | |

**COMMANDS**  ändere! ändert! ändern Sie!

**PRESENT PARTICIPLE**  ändernd

## Usage

| Dieser Titel kann nicht geändert werden. | *This title cannot be changed.* |
| Daran ist nichts zu ändern. | *Nothing about that can be changed.* |
| Klicken Sie hier, wenn sie Ihr Passwort ändern wollen. | *Click here if you want to change your password.* |
| Er hat sich entschlossen, sein Leben zu ändern. | *He has decided to change his life.* |
| Warum änderst du ständig deine Ansicht? | *Why are you constantly changing your opinion?* |
| Ich muss die Hose ändern lassen. | *I have to get the pants altered.* |
| Der Programmierer konnte das Programm nur schwer ändern. | *The programmer had difficulty modifying the program.* |

### sich ändern  *to change*

| Hat sich was auf dem Hof geändert? | *Has anything changed on the farm?* |
| Ich habe mich nicht ändern können. | *I have not been able to mend my ways.* |
| Meine Telefonnummer hat sich geändert. | *My telephone number has changed.* |
| Wird sich was ändern? | *Will anything change?* |

**RELATED VERBS**  ab·ändern, um·ändern; *see also* **verändern** (475)

# an·fangen   *to begin, start*

**fängt an · fing an · angefangen**                                    strong verb

**PRESENT**

| ich fange | wir fangen | |
|---|---|---|
| du fängst | ihr fangt | an |
| Sie fangen | Sie fangen | |
| er/sie/es fängt | sie fangen | |

**SIMPLE PAST**

| ich fing | wir fingen | |
|---|---|---|
| du fingst | ihr fingt | an |
| Sie fingen | Sie fingen | |
| er/sie/es fing | sie fingen | |

**FUTURE**

| ich werde | wir werden | |
|---|---|---|
| du wirst | ihr werdet | anfangen |
| Sie werden | Sie werden | |
| er/sie/es wird | sie werden | |

**PRESENT SUBJUNCTIVE I**

| ich fange | wir fangen | |
|---|---|---|
| du fangest | ihr fanget | an |
| Sie fangen | Sie fangen | |
| er/sie/es fange | sie fangen | |

**PRESENT SUBJUNCTIVE II**

| ich finge | wir fingen | |
|---|---|---|
| du fingest | ihr finget | an |
| Sie fingen | Sie fingen | |
| er/sie/es finge | sie fingen | |

**FUTURE SUBJUNCTIVE I**

| ich werde | wir werden | |
|---|---|---|
| du werdest | ihr werdet | anfangen |
| Sie werden | Sie werden | |
| er/sie/es werde | sie werden | |

**FUTURE SUBJUNCTIVE II**

| ich würde | wir würden | |
|---|---|---|
| du würdest | ihr würdet | anfangen |
| Sie würden | Sie würden | |
| er/sie/es würde | sie würden | |

**PRESENT PERFECT**

| ich habe | wir haben | |
|---|---|---|
| du hast | ihr habt | angefangen |
| Sie haben | Sie haben | |
| er/sie/es hat | sie haben | |

**PAST PERFECT**

| ich hatte | wir hatten | |
|---|---|---|
| du hattest | ihr hattet | angefangen |
| Sie hatten | Sie hatten | |
| er/sie/es hatte | sie hatten | |

**FUTURE PERFECT**

| ich werde | wir werden | |
|---|---|---|
| du wirst | ihr werdet | angefangen haben |
| Sie werden | Sie werden | |
| er/sie/es wird | sie werden | |

**PAST SUBJUNCTIVE I**

| ich habe | wir haben | |
|---|---|---|
| du habest | ihr habet | angefangen |
| Sie haben | Sie haben | |
| er/sie/es habe | sie haben | |

**PAST SUBJUNCTIVE II**

| ich hätte | wir hätten | |
|---|---|---|
| du hättest | ihr hättet | angefangen |
| Sie hätten | Sie hätten | |
| er/sie/es hätte | sie hätten | |

**FUTURE PERFECT SUBJUNCTIVE I**

| ich werde | wir werden | |
|---|---|---|
| du werdest | ihr werdet | angefangen haben |
| Sie werden | Sie werden | |
| er/sie/es werde | sie werden | |

**FUTURE PERFECT SUBJUNCTIVE II**

| ich würde | wir würden | |
|---|---|---|
| du würdest | ihr würdet | angefangen haben |
| Sie würden | Sie würden | |
| er/sie/es würde | sie würden | |

**COMMANDS**          fang(e) an!   fangt an!   fangen Sie an!

**PRESENT PARTICIPLE**    anfangend

## Usage

| | |
|---|---|
| Heinz hat wieder angefangen zu rauchen. | *Heinz has started smoking again.* |
| Als es immer kälter wurde, fing das Kind an zu zittern. | *As it got colder and colder, the child began to shiver.* |
| Du kannst heute schon zu sparen anfangen. | *Even today you can begin saving.* |
| Warum hast du noch mal von vorne angefangen? | *Why did you start from the beginning again?* |
| Die Schule fängt an. | *School is starting.* |
| Fangen Sie bitte sofort an. | *Please begin immediately.* |
| So hat alles angefangen. | *It all started like this.* |
| Vor den Feiertagen will ich keine neuen Projekte anfangen. | *I don't want to start any new projects before the holidays.* |
| Wir wollten mit dem Geld ein Geschäft anfangen. | *We wanted to set up a business with the money.* |
| Peter hatte schon ein neues Buch angefangen. | *Peter had already started a new book.* |
| Ich konnte damit nichts anfangen.  (*colloquial*) | *I didn't know what to do with that.* |
| Mit dem Menschen ist nichts anzufangen.  (*colloquial*) | *That guy is impossible to deal with.* |

**RELATED VERBS** *see* **fangen** (179)

regular weak verb

**fasst an · fasste an · angefasst**

**PRESENT**

| | |
|---|---|
| ich fasse | wir fassen |
| du fasst | ihr fasst |
| Sie fassen | Sie fassen |
| er/sie/es fasst | sie fassen |

} an

**PRESENT PERFECT**

| | |
|---|---|
| ich habe | wir haben |
| du hast | ihr habt |
| Sie haben | Sie haben |
| er/sie/es hat | sie haben |

} angefasst

**SIMPLE PAST**

| | |
|---|---|
| ich fasste | wir fassten |
| du fasstest | ihr fasstet |
| Sie fassten | Sie fassten |
| er/sie/es fasste | sie fassten |

} an

**PAST PERFECT**

| | |
|---|---|
| ich hatte | wir hatten |
| du hattest | ihr hattet |
| Sie hatten | Sie hatten |
| er/sie/es hatte | sie hatten |

} angefasst

**FUTURE**

| | |
|---|---|
| ich werde | wir werden |
| du wirst | ihr werdet |
| Sie werden | Sie werden |
| er/sie/es wird | sie werden |

} anfassen

**FUTURE PERFECT**

| | |
|---|---|
| ich werde | wir werden |
| du wirst | ihr werdet |
| Sie werden | Sie werden |
| er/sie/es wird | sie werden |

} angefasst haben

**PRESENT SUBJUNCTIVE I**

| | |
|---|---|
| ich fasse | wir fassen |
| du fassest | ihr fasset |
| Sie fassen | Sie fassen |
| er/sie/es fasse | sie fassen |

} an

**PAST SUBJUNCTIVE I**

| | |
|---|---|
| ich habe | wir haben |
| du habest | ihr habet |
| Sie haben | Sie haben |
| er/sie/es habe | sie haben |

} angefasst

**PRESENT SUBJUNCTIVE II**

| | |
|---|---|
| ich fasste | wir fassten |
| du fasstest | ihr fasstet |
| Sie fassten | Sie fassten |
| er/sie/es fasste | sie fassten |

} an

**PAST SUBJUNCTIVE II**

| | |
|---|---|
| ich hätte | wir hätten |
| du hättest | ihr hättet |
| Sie hätten | Sie hätten |
| er/sie/es hätte | sie hätten |

} angefasst

**FUTURE SUBJUNCTIVE I**

| | |
|---|---|
| ich werde | wir werden |
| du werdest | ihr werdet |
| Sie werden | Sie werden |
| er/sie/es werde | sie werden |

} anfassen

**FUTURE PERFECT SUBJUNCTIVE I**

| | |
|---|---|
| ich werde | wir werden |
| du werdest | ihr werdet |
| Sie werden | Sie werden |
| er/sie/es werde | sie werden |

} angefasst haben

**FUTURE SUBJUNCTIVE II**

| | |
|---|---|
| ich würde | wir würden |
| du würdest | ihr würdet |
| Sie würden | Sie würden |
| er/sie/es würde | sie würden |

} anfassen

**FUTURE PERFECT SUBJUNCTIVE II**

| | |
|---|---|
| ich würde | wir würden |
| du würdest | ihr würdet |
| Sie würden | Sie würden |
| er/sie/es würde | sie würden |

} angefasst haben

**COMMANDS**    fass(e) an!    fasst an!    fassen Sie an!

**PRESENT PARTICIPLE**    anfassend

## Usage

| | |
|---|---|
| Die Katze lässt sich nicht gern anfassen. | *The cat doesn't like to be handled.* |
| Bitte nicht anfassen. | *Please do not touch.* |
| Unsere Mitarbeiter können jedes Problem anfassen. | *Our employees can tackle any problem.* |
| Wir haben die Website aktualisiert, ohne den Quelltext anzufassen. | *We updated the Web site without touching the source code.* |
| Der Bibliothekar fasste die alte Handschrift niemals mit bloßen Händen an. | *The librarian never handled the old manuscript with bare hands.* |
| Die Gefangenen werden nicht mit Glacéhandschuhen angefasst. (*figurative*) | *The prisoners are not being handled with kid gloves.* |
| Heinz schwört, nie wieder ein Klavier anzufassen. | *Heinz swears he'll never touch a piano again.* |
| Alles was du anfasst wird zu Gold. | *Everything you touch turns to gold.* |

### sich anfassen (wie) *to feel (like)*

| | |
|---|---|
| Das Polster fasst sich wie Leder an. | *The upholstery feels like leather.* |

**RELATED VERBS**  *see* **fassen** (180)

# an·kommen  *to arrive*

**kommt an · kam an · angekommen**                    strong verb

**PRESENT**

| | |
|---|---|
| ich komme | wir kommen |
| du kommst | ihr kommt |
| Sie kommen | Sie kommen |
| er/sie/es kommt | sie kommen |

} an

**PRESENT PERFECT**

| | |
|---|---|
| ich bin | wir sind |
| du bist | ihr seid |
| Sie sind | Sie sind |
| er/sie/es ist | sie sind |

} angekommen

**SIMPLE PAST**

| | |
|---|---|
| ich kam | wir kamen |
| du kamst | ihr kamt |
| Sie kamen | Sie kamen |
| er/sie/es kam | sie kamen |

} an

**PAST PERFECT**

| | |
|---|---|
| ich war | wir waren |
| du warst | ihr wart |
| Sie waren | Sie waren |
| er/sie/es war | sie waren |

} angekommen

**FUTURE**

| | |
|---|---|
| ich werde | wir werden |
| du wirst | ihr werdet |
| Sie werden | Sie werden |
| er/sie/es wird | sie werden |

} ankommen

**FUTURE PERFECT**

| | |
|---|---|
| ich werde | wir werden |
| du wirst | ihr werdet |
| Sie werden | Sie werden |
| er/sie/es wird | sie werden |

} angekommen sein

**PRESENT SUBJUNCTIVE I**

| | |
|---|---|
| ich komme | wir kommen |
| du kommest | ihr kommet |
| Sie kommen | Sie kommen |
| er/sie/es komme | sie kommen |

} an

**PAST SUBJUNCTIVE I**

| | |
|---|---|
| ich sei | wir seien |
| du seiest | ihr seiet |
| Sie seien | Sie seien |
| er/sie/es sei | sie seien |

} angekommen

**PRESENT SUBJUNCTIVE II**

| | |
|---|---|
| ich käme | wir kämen |
| du kämest | ihr kämet |
| Sie kämen | Sie kämen |
| er/sie/es käme | sie kämen |

} an

**PAST SUBJUNCTIVE II**

| | |
|---|---|
| ich wäre | wir wären |
| du wärest | ihr wäret |
| Sie wären | Sie wären |
| er/sie/es wäre | sie wären |

} angekommen

**FUTURE SUBJUNCTIVE I**

| | |
|---|---|
| ich werde | wir werden |
| du werdest | ihr werdet |
| Sie werden | Sie werden |
| er/sie/es werde | sie werden |

} ankommen

**FUTURE PERFECT SUBJUNCTIVE I**

| | |
|---|---|
| ich werde | wir werden |
| du werdest | ihr werdet |
| Sie werden | Sie werden |
| er/sie/es werde | sie werden |

} angekommen sein

**FUTURE SUBJUNCTIVE II**

| | |
|---|---|
| ich würde | wir würden |
| du würdest | ihr würdet |
| Sie würden | Sie würden |
| er/sie/es würde | sie würden |

} ankommen

**FUTURE PERFECT SUBJUNCTIVE II**

| | |
|---|---|
| ich würde | wir würden |
| du würdest | ihr würdet |
| Sie würden | Sie würden |
| er/sie/es würde | sie würden |

} angekommen sein

**COMMANDS**        komm(e) an!   kommt an!   kommen Sie an!

**PRESENT PARTICIPLE**    ankommend

## Usage

| | |
|---|---|
| Dein Brief vom neunten ist erst heute angekommen. | *Your letter of the ninth arrived only today.* |
| Wann kommst du in Berlin an? | *When are you arriving in Berlin?* |
| Nimm doch eine Uhr mit, damit du pünktlich ankommst. | *Take a watch along so you'll arrive on time.* |
| Endlich war Ingrid mit ihrer Mutter angekommen. | *Finally, Ingrid had arrived with her mother.* |
| Die E-Mail ist nicht angekommen. | *The e-mail didn't come through.* |
| Die lange Reise kam ihn hart an. | *The long trip was difficult for him.* |
| Die Idee kam bei ihnen nicht gut an. (*colloquial*) | *The idea didn't go over well with them.* |

**ankommen gegen** *to be able to cope with, deal with*

| | |
|---|---|
| Die Demonstranten kamen nicht gegen die Blockade an. | *The demonstrators weren't able to cope with the blockade.* |

**ankommen auf** *to depend on, be contingent on*

| | |
|---|---|
| Es kommt darauf an, ob Carol am Projekt teilnimmt. | *It depends on whether Carol takes part in the project.* |
| Wenn es auf mich ankäme, würden wir morgen losfahren. | *If it were up to me, we would leave tomorrow.* |

**RELATED VERBS**  voran·kommen; *see also* **kommen** (265)

regular weak verb                                    macht an · machte an · angemacht

| PRESENT | | | PRESENT PERFECT | | |
|---|---|---|---|---|---|
| ich mache | wir machen | | ich habe | wir haben | |
| du machst | ihr macht | an | du hast | ihr habt | angemacht |
| Sie machen | Sie machen | | Sie haben | Sie haben | |
| er/sie/es macht | sie machen | | er/sie/es hat | sie haben | |

| SIMPLE PAST | | | PAST PERFECT | | |
|---|---|---|---|---|---|
| ich machte | wir machten | | ich hatte | wir hatten | |
| du machtest | ihr machtet | an | du hattest | ihr hattet | angemacht |
| Sie machten | Sie machten | | Sie hatten | Sie hatten | |
| er/sie/es machte | sie machten | | er/sie/es hatte | sie hatten | |

| FUTURE | | | FUTURE PERFECT | | |
|---|---|---|---|---|---|
| ich werde | wir werden | | ich werde | wir werden | |
| du wirst | ihr werdet | anmachen | du wirst | ihr werdet | angemacht haben |
| Sie werden | Sie werden | | Sie werden | Sie werden | |
| er/sie/es wird | sie werden | | er/sie/es wird | sie werden | |

| PRESENT SUBJUNCTIVE I | | | PAST SUBJUNCTIVE I | | |
|---|---|---|---|---|---|
| ich mache | wir machen | | ich habe | wir haben | |
| du machest | ihr machet | an | du habest | ihr habet | angemacht |
| Sie machen | Sie machen | | Sie haben | Sie haben | |
| er/sie/es mache | sie machen | | er/sie/es habe | sie haben | |

| PRESENT SUBJUNCTIVE II | | | PAST SUBJUNCTIVE II | | |
|---|---|---|---|---|---|
| ich machte | wir machten | | ich hätte | wir hätten | |
| du machtest | ihr machtet | an | du hättest | ihr hättet | angemacht |
| Sie machten | Sie machten | | Sie hätten | Sie hätten | |
| er/sie/es machte | sie machten | | er/sie/es hätte | sie hätten | |

| FUTURE SUBJUNCTIVE I | | | FUTURE PERFECT SUBJUNCTIVE I | | |
|---|---|---|---|---|---|
| ich werde | wir werden | | ich werde | wir werden | |
| du werdest | ihr werdet | anmachen | du werdest | ihr werdet | angemacht haben |
| Sie werden | Sie werden | | Sie werden | Sie werden | |
| er/sie/es werde | sie werden | | er/sie/es werde | sie werden | |

| FUTURE SUBJUNCTIVE II | | | FUTURE PERFECT SUBJUNCTIVE II | | |
|---|---|---|---|---|---|
| ich würde | wir würden | | ich würde | wir würden | |
| du würdest | ihr würdet | anmachen | du würdest | ihr würdet | angemacht haben |
| Sie würden | Sie würden | | Sie würden | Sie würden | |
| er/sie/es würde | sie würden | | er/sie/es würde | sie würden | |

COMMANDS          mach(e) an!   macht an!   machen Sie an!

PRESENT PARTICIPLE   anmachend

## Usage

| | |
|---|---|
| Mach bitte den Fernseher an. | _Please turn on the television._ |
| Frühmorgens ist sie hinausgegangen, um Feuer anzumachen. | _Early in the morning, she went out to light a fire._ |
| Würdest du bitte das Radio anmachen? | _Would you please turn the radio on?_ |
| Nachts muss die Heizung angemacht werden. | _The heat must be turned on at night._ |
| Ingo hat sofort Musik angemacht. | _Ingo immediately turned on some music._ |
| Am Ende der Stange wird ein Messer angemacht. | _A knife is attached to the end of the rod._ |
| Kopfsalat schmeckt besonders gut mit Öl und Essig angemacht. | _Lettuce tastes especially good dressed with oil and vinegar._ |
| Die Farbe soll 1:2 mit Wasser angemacht werden. | _The paint should be mixed with water at a ratio of 1:2._ |
| Der trockene Zement wird mit Wasser angemacht. | _The dry cement is mixed with water._ |
| Das Bindemittel ist vor dem Verarbeiten mit Wasser anzumachen. | _The adhesive is to be mixed with water before use._ |

RELATED VERBS   _see_ **machen** (300)

# an·melden
*to announce; register, make an appointment; indicate, declare, express*

**meldet an · meldete an · angemeldet**

## PRESENT

| | |
|---|---|
| ich melde | wir melden |
| du meldest | ihr meldet |
| Sie melden | Sie melden |
| er/sie/es meldet | sie melden |

} an

## PRESENT PERFECT

| | |
|---|---|
| ich habe | wir haben |
| du hast | ihr habt |
| Sie haben | Sie haben |
| er/sie/es hat | sie haben |

} angemeldet

## SIMPLE PAST

| | |
|---|---|
| ich meldete | wir meldeten |
| du meldetest | ihr meldetet |
| Sie meldeten | Sie meldeten |
| er/sie/es meldete | sie meldeten |

} an

## PAST PERFECT

| | |
|---|---|
| ich hatte | wir hatten |
| du hattest | ihr hattet |
| Sie hatten | Sie hatten |
| er/sie/es hatte | sie hatten |

} angemeldet

## FUTURE

| | |
|---|---|
| ich werde | wir werden |
| du wirst | ihr werdet |
| Sie werden | Sie werden |
| er/sie/es wird | sie werden |

} anmelden

## FUTURE PERFECT

| | |
|---|---|
| ich werde | wir werden |
| du wirst | ihr werdet |
| Sie werden | Sie werden |
| er/sie/es wird | sie werden |

} angemeldet haben

## PRESENT SUBJUNCTIVE I

| | |
|---|---|
| ich melde | wir melden |
| du meldest | ihr meldet |
| Sie melden | Sie melden |
| er/sie/es melde | sie melden |

} an

## PAST SUBJUNCTIVE I

| | |
|---|---|
| ich habe | wir haben |
| du habest | ihr habet |
| Sie haben | Sie haben |
| er/sie/es habe | sie haben |

} angemeldet

## PRESENT SUBJUNCTIVE II

| | |
|---|---|
| ich meldete | wir meldeten |
| du meldetest | ihr meldetet |
| Sie meldeten | Sie meldeten |
| er/sie/es meldete | sie meldeten |

} an

## PAST SUBJUNCTIVE II

| | |
|---|---|
| ich hätte | wir hätten |
| du hättest | ihr hättet |
| Sie hätten | Sie hätten |
| er/sie/es hätte | sie hätten |

} angemeldet

## FUTURE SUBJUNCTIVE I

| | |
|---|---|
| ich werde | wir werden |
| du werdest | ihr werdet |
| Sie werden | Sie werden |
| er/sie/es werde | sie werden |

} anmelden

## FUTURE PERFECT SUBJUNCTIVE I

| | |
|---|---|
| ich werde | wir werden |
| du werdest | ihr werdet |
| Sie werden | Sie werden |
| er/sie/es werde | sie werden |

} angemeldet haben

## FUTURE SUBJUNCTIVE II

| | |
|---|---|
| ich würde | wir würden |
| du würdest | ihr würdet |
| Sie würden | Sie würden |
| er/sie/es würde | sie würden |

} anmelden

## FUTURE PERFECT SUBJUNCTIVE II

| | |
|---|---|
| ich würde | wir würden |
| du würdest | ihr würdet |
| Sie würden | Sie würden |
| er/sie/es würde | sie würden |

} angemeldet haben

**COMMANDS**     melde an!   meldet an!   melden Sie an!

**PRESENT PARTICIPLE**     anmeldend

## Usage

| | |
|---|---|
| Meine Tante Inge hat gerade ihren Besuch nächstes Wochenende angemeldet. | *My aunt Inge has just announced she will visit next weekend.* |
| Sind Sie angemeldet? | *Do you have an appointment?* |
| Persönliche Homepages dürfen hier nicht angemeldet werden. | *Personal home pages cannot be registered here.* |
| Dieser Markenname ist nicht angemeldet. | *This brand name is not registered.* |
| Jeder meldet hier an, wann er kommt. | *Everyone indicates here when he or she is coming.* |
| Die Firma hat Insolvenz angemeldet. | *The firm has declared bankruptcy.* |
| Der Hund meldet Besitzansprüche an seinem Spielzeug an. | *The dog declares ownership of his toy.* |
| Viele Experten haben Zweifel angemeldet. | *Many experts have expressed doubt.* |

### sich anmelden  *to register (oneself)*

| | |
|---|---|
| Haben Sie sich im Büro angemeldet? | *Did you register at the office?* |
| Ich möchte mich für das Seminar anmelden. | *I'd like to register for the seminar.* |

**RELATED VERBS**  *see* **melden** (305)

**strong verb**                                                    **nimmt an · nahm an · angenommen**

**PRESENT**

| | |
|---|---|
| ich nehme | wir nehmen |
| du nimmst | ihr nehmt |
| Sie nehmen | Sie nehmen |
| er/sie/es nimmt | sie nehmen |

} an

**SIMPLE PAST**

| | |
|---|---|
| ich nahm | wir nahmen |
| du nahmst | ihr nahmt |
| Sie nahmen | Sie nahmen |
| er/sie/es nahm | sie nahmen |

} an

**FUTURE**

| | |
|---|---|
| ich werde | wir werden |
| du wirst | ihr werdet |
| Sie werden | Sie werden |
| er/sie/es wird | sie werden |

} annehmen

**PRESENT SUBJUNCTIVE I**

| | |
|---|---|
| ich nehme | wir nehmen |
| du nehmest | ihr nehmet |
| Sie nehmen | Sie nehmen |
| er/sie/es nehme | sie nehmen |

} an

**PRESENT SUBJUNCTIVE II**

| | |
|---|---|
| ich nähme | wir nähmen |
| du nähmest | ihr nähmet |
| Sie nähmen | Sie nähmen |
| er/sie/es nähme | sie nähmen |

} an

**FUTURE SUBJUNCTIVE I**

| | |
|---|---|
| ich werde | wir werden |
| du werdest | ihr werdet |
| Sie werden | Sie werden |
| er/sie/es werde | sie werden |

} annehmen

**FUTURE SUBJUNCTIVE II**

| | |
|---|---|
| ich würde | wir würden |
| du würdest | ihr würdet |
| Sie würden | Sie würden |
| er/sie/es würde | sie würden |

} annehmen

**PRESENT PERFECT**

| | |
|---|---|
| ich habe | wir haben |
| du hast | ihr habt |
| Sie haben | Sie haben |
| er/sie/es hat | sie haben |

} angenommen

**PAST PERFECT**

| | |
|---|---|
| ich hatte | wir hatten |
| du hattest | ihr hattet |
| Sie hatten | Sie hatten |
| er/sie/es hatte | sie hatten |

} angenommen

**FUTURE PERFECT**

| | |
|---|---|
| ich werde | wir werden |
| du wirst | ihr werdet |
| Sie werden | Sie werden |
| er/sie/es wird | sie werden |

} angenommen haben

**PAST SUBJUNCTIVE I**

| | |
|---|---|
| ich habe | wir haben |
| du habest | ihr habet |
| Sie haben | Sie haben |
| er/sie/es habe | sie haben |

} angenommen

**PAST SUBJUNCTIVE II**

| | |
|---|---|
| ich hätte | wir hätten |
| du hättest | ihr hättet |
| Sie hätten | Sie hätten |
| er/sie/es hätte | sie hätten |

} angenommen

**FUTURE PERFECT SUBJUNCTIVE I**

| | |
|---|---|
| ich werde | wir werden |
| du werdest | ihr werdet |
| Sie werden | Sie werden |
| er/sie/es werde | sie werden |

} angenommen haben

**FUTURE PERFECT SUBJUNCTIVE II**

| | |
|---|---|
| ich würde | wir würden |
| du würdest | ihr würdet |
| Sie würden | Sie würden |
| er/sie/es würde | sie würden |

} angenommen haben

**COMMANDS**          nimm an!   nehmt an!   nehmen Sie an!

**PRESENT PARTICIPLE**   annehmend

## Usage

| | |
|---|---|
| Das können wir nicht annehmen. | *We cannot accept that.* |
| Das neue Wahlverfahren wurde gut angenommen. | *The new voting procedure was well received.* |
| Hast du die Stelle angenommen? | *Did you accept the position?* |
| Sie hätten den Auftrag nicht annehmen können. | *They wouldn't have been able to take on the task.* |
| Meinst du, Irene hätte es angenommen? | *Do you think Irene would have accepted it?* |
| Die Schule nimmt keine Schüler mehr an. | *The school isn't accepting any more students.* |
| Die Seuche nahm unerwartete Ausmaße an. | *The plague took on unexpected proportions.* |
| Die Schulden sind höher als angenommen. | *The debts are higher than assumed.* |
| Nehmen wir Folgendes an. | *Let's assume the following.* |
| Ich nehme an, dass du ein Handy hast. | *I assume you have a cell phone.* |
| Er hatte „Uwe Braun" als Künstlernamen angenommen. | *He had assumed the stage name "Uwe Braun."* |
| Mit 60 zu 25 Stimmen wurde das Gesetz angenommen. | *The law was passed by a vote of 60 to 25.* |

**RELATED VERBS** *see* **nehmen** (314)

# an·rufen   *to phone; appeal to; call out to*

ruft an · rief an · angerufen                                                    strong verb

## PRESENT

| ich rufe | wir rufen | |
|----------|-----------|---|
| du rufst | ihr ruft | an |
| Sie rufen | Sie rufen | |
| er/sie/es ruft | sie rufen | |

## PRESENT PERFECT

| ich habe | wir haben | |
|----------|-----------|---|
| du hast | ihr habt | angerufen |
| Sie haben | Sie haben | |
| er/sie/es hat | sie haben | |

## SIMPLE PAST

| ich rief | wir riefen | |
|----------|-----------|---|
| du riefst | ihr rieft | an |
| Sie riefen | Sie riefen | |
| er/sie/es rief | sie riefen | |

## PAST PERFECT

| ich hatte | wir hatten | |
|----------|-----------|---|
| du hattest | ihr hattet | angerufen |
| Sie hatten | Sie hatten | |
| er/sie/es hatte | sie hatten | |

## FUTURE

| ich werde | wir werden | |
|----------|-----------|---|
| du wirst | ihr werdet | anrufen |
| Sie werden | Sie werden | |
| er/sie/es wird | sie werden | |

## FUTURE PERFECT

| ich werde | wir werden | |
|----------|-----------|---|
| du wirst | ihr werdet | angerufen haben |
| Sie werden | Sie werden | |
| er/sie/es wird | sie werden | |

## PRESENT SUBJUNCTIVE I

| ich rufe | wir rufen | |
|----------|-----------|---|
| du rufest | ihr rufet | an |
| Sie rufen | Sie rufen | |
| er/sie/es rufe | sie rufen | |

## PAST SUBJUNCTIVE I

| ich habe | wir haben | |
|----------|-----------|---|
| du habest | ihr habet | angerufen |
| Sie haben | Sie haben | |
| er/sie/es habe | sie haben | |

## PRESENT SUBJUNCTIVE II

| ich riefe | wir riefen | |
|----------|-----------|---|
| du riefest | ihr riefet | an |
| Sie riefen | Sie riefen | |
| er/sie/es riefe | sie riefen | |

## PAST SUBJUNCTIVE II

| ich hätte | wir hätten | |
|----------|-----------|---|
| du hättest | ihr hättet | angerufen |
| Sie hätten | Sie hätten | |
| er/sie/es hätte | sie hätten | |

## FUTURE SUBJUNCTIVE I

| ich werde | wir werden | |
|----------|-----------|---|
| du werdest | ihr werdet | anrufen |
| Sie werden | Sie werden | |
| er/sie/es werde | sie werden | |

## FUTURE PERFECT SUBJUNCTIVE I

| ich werde | wir werden | |
|----------|-----------|---|
| du werdest | ihr werdet | angerufen haben |
| Sie werden | Sie werden | |
| er/sie/es werde | sie werden | |

## FUTURE SUBJUNCTIVE II

| ich würde | wir würden | |
|----------|-----------|---|
| du würdest | ihr würdet | anrufen |
| Sie würden | Sie würden | |
| er/sie/es würde | sie würden | |

## FUTURE PERFECT SUBJUNCTIVE II

| ich würde | wir würden | |
|----------|-----------|---|
| du würdest | ihr würdet | angerufen haben |
| Sie würden | Sie würden | |
| er/sie/es würde | sie würden | |

COMMANDS          ruf(e) an!   ruft an!   rufen Sie an!

PRESENT PARTICIPLE          anrufend

## Usage

| | |
|---|---|
| Rufst du mich morgen an? | *Will you call me tomorrow?* |
| Darf ich bei Ihnen anrufen? | *May I use your telephone?* |
| Der Arzt fragte, warum Frau Schuh so früh anriefe. | *The doctor asked why Mrs. Schuh was calling so early.* |
| Kannst du mich bei Gisela in Köln anrufen? | *Can you call me at Gisela's in Cologne?* |
| Rufen Sie bitte zu Hause an. | *Please phone home.* |
| Wenn sie nur anriefen! | *If only they would call!* |
| Basti hat schon dreimal angerufen. | *Basti has called three times already.* |
| Rufen Sie uns bitte unter (030) 12 34 56 an. | *Please call us at (030) 12 34 56.* |
| Alle Kollegen und Mitarbeiter wurden angerufen. | *All colleagues and co-workers were called.* |
| Sie sollte mal wieder ihre Mutter anrufen. | *She should call her mother again.* |
| Die sich streitenden Nachbarn riefen das Gericht an. | *The quarreling neighbors appealed to the courts.* |
| Der Pfarrer rief Gott um Gnade an. | *The pastor begged God for mercy.* |

RELATED VERBS   *see* rufen (347)

regular weak verb | schaut an · schaute an · angeschaut

## PRESENT
| ich schaue | wir schauen | |
| du schaust | ihr schaut | an |
| Sie schauen | Sie schauen | |
| er/sie/es schaut | sie schauen | |

## PRESENT PERFECT
| ich habe | wir haben | |
| du hast | ihr habt | angeschaut |
| Sie haben | Sie haben | |
| er/sie/es hat | sie haben | |

## SIMPLE PAST
| ich schaute | wir schauten | |
| du schautest | ihr schautet | an |
| Sie schauten | Sie schauten | |
| er/sie/es schaute | sie schauten | |

## PAST PERFECT
| ich hatte | wir hatten | |
| du hattest | ihr hattet | angeschaut |
| Sie hatten | Sie hatten | |
| er/sie/es hatte | sie hatten | |

## FUTURE
| ich werde | wir werden | |
| du wirst | ihr werdet | anschauen |
| Sie werden | Sie werden | |
| er/sie/es wird | sie werden | |

## FUTURE PERFECT
| ich werde | wir werden | |
| du wirst | ihr werdet | angeschaut haben |
| Sie werden | Sie werden | |
| er/sie/es wird | sie werden | |

## PRESENT SUBJUNCTIVE I
| ich schaue | wir schauen | |
| du schauest | ihr schauet | an |
| Sie schauen | Sie schauen | |
| er/sie/es schaue | sie schauen | |

## PAST SUBJUNCTIVE I
| ich habe | wir haben | |
| du habest | ihr habet | angeschaut |
| Sie haben | Sie haben | |
| er/sie/es habe | sie haben | |

## PRESENT SUBJUNCTIVE II
| ich schaute | wir schauten | |
| du schautest | ihr schautet | an |
| Sie schauten | Sie schauten | |
| er/sie/es schaute | sie schauten | |

## PAST SUBJUNCTIVE II
| ich hätte | wir hätten | |
| du hättest | ihr hättet | angeschaut |
| Sie hätten | Sie hätten | |
| er/sie/es hätte | sie hätten | |

## FUTURE SUBJUNCTIVE I
| ich werde | wir werden | |
| du werdest | ihr werdet | anschauen |
| Sie werden | Sie werden | |
| er/sie/es werde | sie werden | |

## FUTURE PERFECT SUBJUNCTIVE I
| ich werde | wir werden | |
| du werdest | ihr werdet | angeschaut haben |
| Sie werden | Sie werden | |
| er/sie/es werde | sie werden | |

## FUTURE SUBJUNCTIVE II
| ich würde | wir würden | |
| du würdest | ihr würdet | anschauen |
| Sie würden | Sie würden | |
| er/sie/es würde | sie würden | |

## FUTURE PERFECT SUBJUNCTIVE II
| ich würde | wir würden | |
| du würdest | ihr würdet | angeschaut haben |
| Sie würden | Sie würden | |
| er/sie/es würde | sie würden | |

COMMANDS  schau(e) an!  schaut an!  schauen Sie an!

PRESENT PARTICIPLE  anschauend

## Usage

Er hat den Film jetzt dreimal angeschaut. — *He has seen the film three times now.*
Sie schaute Herrn Kröger finster an. — *She looked menacingly at Mr. Kröger.*
Schaut an, was ich kann! — *Look what I can do!*
Abends wurden Dias angeschaut. — *In the evenings, we/they looked at slides.*
Schauen Sie mich nicht so an! — *Don't look at me that way!*
Schaust du nachts den Himmel an, so siehst du sie. — *If you look at the sky at night, you will see them.*
Wann kann ich mir das Auto mal anschauen? — *When can I have a look at the car?*
Eine alte Frau schaute mich an und flüsterte etwas. — *An old woman looked at me and whispered something.*
Wenn ich die Bilder anschaue, denke ich an dich. — *When I look at the pictures, I think of you.*
Die Touristen sollten Bilder von Matisse anschauen. — *The tourists were supposed to look at paintings by Matisse.*
Dann hat er mich ganz komisch angeschaut. — *Then he looked at me really funny.*
Diese Fotos können im neuen Format angeschaut werden. — *These photos can be viewed in the new format.*

RELATED VERBS  *see* **schauen** (359)

# an·sehen  *to look at, watch; regard, consider; see*

**sieht an · sah an · angesehen**                                        strong verb

**PRESENT**

| ich sehe | wir sehen | |
|----------|-----------|---|
| du siehst | ihr seht | an |
| Sie sehen | Sie sehen | |
| er/sie/es sieht | sie sehen | |

**SIMPLE PAST**

| ich sah | wir sahen | |
|---------|-----------|---|
| du sahst | ihr saht | an |
| Sie sahen | Sie sahen | |
| er/sie/es sah | sie sahen | |

**FUTURE**

| ich werde | wir werden | |
|-----------|------------|---|
| du wirst | ihr werdet | ansehen |
| Sie werden | Sie werden | |
| er/sie/es wird | sie werden | |

**PRESENT SUBJUNCTIVE I**

| ich sehe | wir sehen | |
|----------|-----------|---|
| du sehest | ihr sehet | an |
| Sie sehen | Sie sehen | |
| er/sie/es sehe | sie sehen | |

**PRESENT SUBJUNCTIVE II**

| ich sähe | wir sähen | |
|----------|-----------|---|
| du sähest | ihr sähet | an |
| Sie sähen | Sie sähen | |
| er/sie/es sähe | sie sähen | |

**FUTURE SUBJUNCTIVE I**

| ich werde | wir werden | |
|-----------|------------|---|
| du werdest | ihr werdet | ansehen |
| Sie werden | Sie werden | |
| er/sie/es werde | sie werden | |

**FUTURE SUBJUNCTIVE II**

| ich würde | wir würden | |
|-----------|------------|---|
| du würdest | ihr würdet | ansehen |
| Sie würden | Sie würden | |
| er/sie/es würde | sie würden | |

**PRESENT PERFECT**

| ich habe | wir haben | |
|----------|-----------|---|
| du hast | ihr habt | angesehen |
| Sie haben | Sie haben | |
| er/sie/es hat | sie haben | |

**PAST PERFECT**

| ich hatte | wir hatten | |
|-----------|------------|---|
| du hattest | ihr hattet | angesehen |
| Sie hatten | Sie hatten | |
| er/sie/es hatte | sie hatten | |

**FUTURE PERFECT**

| ich werde | wir werden | |
|-----------|------------|---|
| du wirst | ihr werdet | angesehen haben |
| Sie werden | Sie werden | |
| er/sie/es wird | sie werden | |

**PAST SUBJUNCTIVE I**

| ich habe | wir haben | |
|----------|-----------|---|
| du habest | ihr habet | angesehen |
| Sie haben | Sie haben | |
| er/sie/es habe | sie haben | |

**PAST SUBJUNCTIVE II**

| ich hätte | wir hätten | |
|-----------|------------|---|
| du hättest | ihr hättet | angesehen |
| Sie hätten | Sie hätten | |
| er/sie/es hätte | sie hätten | |

**FUTURE PERFECT SUBJUNCTIVE I**

| ich werde | wir werden | |
|-----------|------------|---|
| du werdest | ihr werdet | angesehen haben |
| Sie werden | Sie werden | |
| er/sie/es werde | sie werden | |

**FUTURE PERFECT SUBJUNCTIVE II**

| ich würde | wir würden | |
|-----------|------------|---|
| du würdest | ihr würdet | angesehen haben |
| Sie würden | Sie würden | |
| er/sie/es würde | sie würden | |

**COMMANDS**          sieh an!   seht an!   sehen Sie an!

**PRESENT PARTICIPLE**    ansehend

## Usage

| Auf der Straße wird er immer argwöhnisch angesehen. | *On the street, people always eye him suspiciously.* |
|---|---|
| Er sah seinen Sohn verwundert an. | *He gazed in astonishment at his son.* |
| Das Kind sieht den Clown erstaunt an. | *The child looks at the clown with amazement.* |
| Man sieht ihr an, dass sie schwanger ist. | *You can tell by looking that she is pregnant.* |
| Jetzt wird sie die Menschen mit anderen Augen ansehen. | *Now she'll see people in a different light.* |
| Sieh dich nur an! | *Just look at yourself!* |
| Wir wollten uns das Spiel gemeinsam ansehen. | *We wanted to watch the game together.* |
| Ich sehe das als meine Pflicht an. | *I consider that my duty.* |
| Das Internat ist international hoch angesehen. | *The private school is internationally acclaimed.* |
| Die Forscher haben es als problematisch angesehen. | *The researchers considered it problematic.* |

### sich ansehen (wie)  *to look (like), appear*

| Es sah sich an, als wäre ihm schlecht. | *It looked as though he was ill.* |
|---|---|

**RELATED VERBS**   *see* **sehen** (397)

regular weak verb (dative object)　　　　**antwortet · antwortete · geantwortet**

**PRESENT**

| | |
|---|---|
| ich antworte | wir antworten |
| du antwortest | ihr antwortet |
| Sie antworten | Sie antworten |
| er/sie/es antwortet | sie antworten |

**PRESENT PERFECT**

| | | |
|---|---|---|
| ich habe | wir haben | |
| du hast | ihr habt | geantwortet |
| Sie haben | Sie haben | |
| er/sie/es hat | sie haben | |

**SIMPLE PAST**

| | |
|---|---|
| ich antwortete | wir antworteten |
| du antwortetest | ihr antwortetet |
| Sie antworteten | Sie antworteten |
| er/sie/es antwortete | sie antworteten |

**PAST PERFECT**

| | | |
|---|---|---|
| ich hatte | wir hatten | |
| du hattest | ihr hattet | geantwortet |
| Sie hatten | Sie hatten | |
| er/sie/es hatte | sie hatten | |

**FUTURE**

| | | |
|---|---|---|
| ich werde | wir werden | |
| du wirst | ihr werdet | antworten |
| Sie werden | Sie werden | |
| er/sie/es wird | sie werden | |

**FUTURE PERFECT**

| | | |
|---|---|---|
| ich werde | wir werden | |
| du wirst | ihr werdet | geantwortet haben |
| Sie werden | Sie werden | |
| er/sie/es wird | sie werden | |

**PRESENT SUBJUNCTIVE I**

| | |
|---|---|
| ich antworte | wir antworten |
| du antwortest | ihr antwortet |
| Sie antworten | Sie antworten |
| er/sie/es antworte | sie antworten |

**PAST SUBJUNCTIVE I**

| | | |
|---|---|---|
| ich habe | wir haben | |
| du habest | ihr habet | geantwortet |
| Sie haben | Sie haben | |
| er/sie/es habe | sie haben | |

**PRESENT SUBJUNCTIVE II**

| | |
|---|---|
| ich antwortete | wir antworteten |
| du antwortetest | ihr antwortetet |
| Sie antworteten | Sie antworteten |
| er/sie/es antwortete | sie antworteten |

**PAST SUBJUNCTIVE II**

| | | |
|---|---|---|
| ich hätte | wir hätten | |
| du hättest | ihr hättet | geantwortet |
| Sie hätten | Sie hätten | |
| er/sie/es hätte | sie hätten | |

**FUTURE SUBJUNCTIVE I**

| | | |
|---|---|---|
| ich werde | wir werden | |
| du werdest | ihr werdet | antworten |
| Sie werden | Sie werden | |
| er/sie/es werde | sie werden | |

**FUTURE PERFECT SUBJUNCTIVE I**

| | | |
|---|---|---|
| ich werde | wir werden | |
| du werdest | ihr werdet | geantwortet haben |
| Sie werden | Sie werden | |
| er/sie/es werde | sie werden | |

**FUTURE SUBJUNCTIVE II**

| | | |
|---|---|---|
| ich würde | wir würden | |
| du würdest | ihr würdet | antworten |
| Sie würden | Sie würden | |
| er/sie/es würde | sie würden | |

**FUTURE PERFECT SUBJUNCTIVE II**

| | | |
|---|---|---|
| ich würde | wir würden | |
| du würdest | ihr würdet | geantwortet haben |
| Sie würden | Sie würden | |
| er/sie/es würde | sie würden | |

**COMMANDS**　　　antworte! antwortet! antworten Sie!

**PRESENT PARTICIPLE**　　antwortend

## Usage

| | |
|---|---|
| Wieso antworten Sie nicht? | *Why aren't you answering?* |
| Gerd hat auf den Brief von Karen geantwortet. | *Gerd answered the letter from Karen.* |
| Danke, dass du mir geantwortet hast. | *Thanks for answering me.* |
| Auf die letzte Frage antwortete Heinz: „Ja". | *Heinz answered "yes" to the last question.* |
| Der Lehrer hat der Studentin auf ihre Frage geantwortet. | *The teacher replied to the student's question.* |
| Bitte antworte uns. | *Please answer us.* |
| Antwortetest du dem Herrn? | *Did you answer the gentleman?* |
| Was sollen wir antworten? | *What should our answer be?* |
| „Aber ihr antwortetet nicht", sprach der Herr. | *"But ye answered not," spake the Lord.* |
| Wie antwortet man auf eine Anzeige? | *How does one reply to an ad?* |
| Ich musste auf seine Frage sofort antworten. | *I had to answer his question immediately.* |
| Heiko wird wohl noch nicht geantwortet haben. | *Heiko has probably not answered yet.* |

**RELATED VERBS**　beantworten, überantworten, verantworten

# an·ziehen  *to advance, increase; attract; draw up, pull at, tighten; take on*

**zieht an · zog an · angezogen**                                         strong verb

| PRESENT | | |
|---|---|---|
| ich ziehe | wir ziehen | |
| du ziehst | ihr zieht | an |
| Sie ziehen | Sie ziehen | |
| er/sie/es zieht | sie ziehen | |

| PRESENT PERFECT | | |
|---|---|---|
| ich habe | wir haben | |
| du hast | ihr habt | angezogen |
| Sie haben | Sie haben | |
| er/sie/es hat | sie haben | |

| SIMPLE PAST | | |
|---|---|---|
| ich zog | wir zogen | |
| du zogst | ihr zogt | an |
| Sie zogen | Sie zogen | |
| er/sie/es zog | sie zogen | |

| PAST PERFECT | | |
|---|---|---|
| ich hatte | wir hatten | |
| du hattest | ihr hattet | angezogen |
| Sie hatten | Sie hatten | |
| er/sie/es hatte | sie hatten | |

| FUTURE | | |
|---|---|---|
| ich werde | wir werden | |
| du wirst | ihr werdet | anziehen |
| Sie werden | Sie werden | |
| er/sie/es wird | sie werden | |

| FUTURE PERFECT | | |
|---|---|---|
| ich werde | wir werden | |
| du wirst | ihr werdet | angezogen haben |
| Sie werden | Sie werden | |
| er/sie/es wird | sie werden | |

| PRESENT SUBJUNCTIVE I | | |
|---|---|---|
| ich ziehe | wir ziehen | |
| du ziehest | ihr ziehet | an |
| Sie ziehen | Sie ziehen | |
| er/sie/es ziehe | sie ziehen | |

| PAST SUBJUNCTIVE I | | |
|---|---|---|
| ich habe | wir haben | |
| du habest | ihr habet | angezogen |
| Sie haben | Sie haben | |
| er/sie/es habe | sie haben | |

| PRESENT SUBJUNCTIVE II | | |
|---|---|---|
| ich zöge | wir zögen | |
| du zögest | ihr zöget | an |
| Sie zögen | Sie zögen | |
| er/sie/es zöge | sie zögen | |

| PAST SUBJUNCTIVE II | | |
|---|---|---|
| ich hätte | wir hätten | |
| du hättest | ihr hättet | angezogen |
| Sie hätten | Sie hätten | |
| er/sie/es hätte | sie hätten | |

| FUTURE SUBJUNCTIVE I | | |
|---|---|---|
| ich werde | wir werden | |
| du werdest | ihr werdet | anziehen |
| Sie werden | Sie werden | |
| er/sie/es werde | sie werden | |

| FUTURE PERFECT SUBJUNCTIVE I | | |
|---|---|---|
| ich werde | wir werden | |
| du werdest | ihr werdet | angezogen haben |
| Sie werden | Sie werden | |
| er/sie/es werde | sie werden | |

| FUTURE SUBJUNCTIVE II | | |
|---|---|---|
| ich würde | wir würden | |
| du würdest | ihr würdet | anziehen |
| Sie würden | Sie würden | |
| er/sie/es würde | sie würden | |

| FUTURE PERFECT SUBJUNCTIVE II | | |
|---|---|---|
| ich würde | wir würden | |
| du würdest | ihr würdet | angezogen haben |
| Sie würden | Sie würden | |
| er/sie/es würde | sie würden | |

COMMANDS          zieh(e) an!   zieht an!   ziehen Sie an!

PRESENT PARTICIPLE     anziehend

## Usage

| | |
|---|---|
| Die Post zieht ihre Preise an. | *The post office is raising its prices.* |
| Die Wertpapiere hatten von 6 auf 7 Mio. Euro angezogen. | *The securities had advanced from 6 to 7 million euros.* |
| Die EU zieht immer mehr Länder an. | *The E.U. is attracting more and more countries.* |
| Beim nächsten Schritt muss man die Bolzen anziehen. | *In the next step, you must tighten the bolts.* |
| Die Wäsche hat einen leichten Geruch angezogen. | *The laundry has taken on a slight odor.* |

### sich anziehen  *to dress; attract (each other)*

| | |
|---|---|
| Zieh dir einen dicken Mantel an. | *Put on a heavy coat.* |
| Hast du dich warm angezogen? | *Did you dress warmly?* |
| Wieso zieht er sich schon an? | *Why is he getting dressed already?* |
| Gegensätze ziehen sich an. | *Opposites attract.* |

### anziehen (with sein)  *to advance, move in, draw near*

| | |
|---|---|
| Das Heer des Grafen Belderbusch zog an. | *The army of Count Belderbusch drew near.* |

RELATED VERBS  heran·ziehen; *see also* ziehen (549)

regular weak verb                    zündet an · zündete an · angezündet

**PRESENT**

| | |
|---|---|
| ich zünde | wir zünden |
| du zündest | ihr zündet |
| Sie zünden | Sie zünden |
| er/sie/es zündet | sie zünden |

} an

**PRESENT PERFECT**

| | |
|---|---|
| ich habe | wir haben |
| du hast | ihr habt |
| Sie haben | Sie haben |
| er/sie/es hat | sie haben |

} angezündet

**SIMPLE PAST**

| | |
|---|---|
| ich zündete | wir zündeten |
| du zündetest | ihr zündetet |
| Sie zündeten | Sie zündeten |
| er/sie/es zündete | sie zündeten |

} an

**PAST PERFECT**

| | |
|---|---|
| ich hatte | wir hatten |
| du hattest | ihr hattet |
| Sie hatten | Sie hatten |
| er/sie/es hatte | sie hatten |

} angezündet

**FUTURE**

| | |
|---|---|
| ich werde | wir werden |
| du wirst | ihr werdet |
| Sie werden | Sie werden |
| er/sie/es wird | sie werden |

} anzünden

**FUTURE PERFECT**

| | |
|---|---|
| ich werde | wir werden |
| du wirst | ihr werdet |
| Sie werden | Sie werden |
| er/sie/es wird | sie werden |

} angezündet haben

**PRESENT SUBJUNCTIVE I**

| | |
|---|---|
| ich zünde | wir zünden |
| du zündest | ihr zündet |
| Sie zünden | Sie zünden |
| er/sie/es zünde | sie zünden |

} an

**PAST SUBJUNCTIVE I**

| | |
|---|---|
| ich habe | wir haben |
| du habest | ihr habet |
| Sie haben | Sie haben |
| er/sie/es habe | sie haben |

} angezündet

**PRESENT SUBJUNCTIVE II**

| | |
|---|---|
| ich zündete | wir zündeten |
| du zündetest | ihr zündetet |
| Sie zündeten | Sie zündeten |
| er/sie/es zündete | sie zündeten |

} an

**PAST SUBJUNCTIVE II**

| | |
|---|---|
| ich hätte | wir hätten |
| du hättest | ihr hättet |
| Sie hätten | Sie hätten |
| er/sie/es hätte | sie hätten |

} angezündet

**FUTURE SUBJUNCTIVE I**

| | |
|---|---|
| ich werde | wir werden |
| du werdest | ihr werdet |
| Sie werden | Sie werden |
| er/sie/es werde | sie werden |

} anzünden

**FUTURE PERFECT SUBJUNCTIVE I**

| | |
|---|---|
| ich werde | wir werden |
| du werdest | ihr werdet |
| Sie werden | Sie werden |
| er/sie/es werde | sie werden |

} angezündet haben

**FUTURE SUBJUNCTIVE II**

| | |
|---|---|
| ich würde | wir würden |
| du würdest | ihr würdet |
| Sie würden | Sie würden |
| er/sie/es würde | sie würden |

} anzünden

**FUTURE PERFECT SUBJUNCTIVE II**

| | |
|---|---|
| ich würde | wir würden |
| du würdest | ihr würdet |
| Sie würden | Sie würden |
| er/sie/es würde | sie würden |

} angezündet haben

**COMMANDS**          zünde an!   zündet an!   zünden Sie an!

**PRESENT PARTICIPLE**    anzündend

## Usage

| | |
|---|---|
| Er schwieg und zündete eine Zigarette an. | *He fell silent and lit a cigarette.* |
| Könnten Sie diese Kerze anzünden? | *Could you light this candle?* |
| Zünde bitte den Grill an. | *Please light the grill.* |
| Sei vorsichtig, wenn du Feuerwerkskörper anzündest. | *Be careful when you set off fireworks.* |
| Nach einem guten Essen zündete Papa immer seine Pfeife an. | *After a good meal, Dad always lit his pipe.* |
| Liesl zündet ihre Zigaretten lieber mit Streichhölzern an. | *Liesl prefers to light her cigarettes with matches.* |
| An diesem Tag wird eine Fackel angezündet. | *On this day a torch is lit.* |
| Die Straßenlaternen sind angezündet. | *The streetlights are lit.* |
| Heute Nacht wurde ein Haus angezündet. | *A house was set on fire last night.* |
| Mehrere Autos waren in der Nacht angezündet worden. | *Several cars had been set on fire during the night.* |
| Ein Demonstrant zündete sich an. | *A demonstrator set himself on fire.* |
| Das Heer zündete die wehrlose Stadt an. | *The army set fire to the defenseless city.* |

**RELATED VERB**   zünden

### MORE USAGE SENTENCES WITH arbeiten

| | |
|---|---|
| Lassen Sie Ihr Geld für Sie arbeiten. | *Let your money work for you.* |
| Sie arbeitet gerade als Automechanikerin. | *She's currently working as an auto mechanic.* |
| Robert möchte bei einer Familie wohnen und auf ihrem Bauernhof arbeiten. | *Robert would like to live with a family and work on their farm.* |
| Der Durchschnittsarbeitnehmer arbeitet jetzt über 40 Stunden in der Woche. | *The average employee now works more than 40 hours per week.* |
| Mareika arbeitet seit drei Jahren freiberuflich als Webdesignerin. | *Mareika has worked as a freelance web designer for three years.* |
| Uwe arbeitet ehrenamtlich ein paar Stunden im Monat. | *Uwe does volunteer work a few hours a month.* |
| Mehr Frauen als Männer arbeiten in Teilzeitstellen. | *More women than men work at part-time jobs.* |
| Meine Mutter arbeitet gerade im Garten. | *My mother is working in the garden at the moment.* |
| Das Gerät arbeitet nach einem neuen Prinzip. | *The device functions according to a new principle.* |
| Der Teig kann nur an einem warmen Ort arbeiten. | *The dough will rise only in a warm location.* |
| Ein geschlagenes Ei mit einem Löffel in den Teig arbeiten. *(recipe)* | *Fold the beaten egg into the batter using a spoon.* |
| Diese Skulptur ist in Bronze gearbeitet. | *This sculpture is wrought in bronze.* |

### arbeiten an *to work on*

| | |
|---|---|
| Wie oft arbeitest du an Hausaufgaben? | *How often do you work on homework?* |
| Vorher hatte sie an einem Buch gearbeitet. | *Before that, she'd worked on a book.* |
| Wir arbeiten daran. | *We're working on it.* |

### arbeiten für *to work for/toward*

| | |
|---|---|
| Denis arbeitet für den Weltfrieden. | *Denis is working for world peace.* |
| Oliver und Yvonne arbeiten sehr hart für ihren Erfolg. | *Oliver and Yvonne are working very hard to be successful.* |
| Unser Ziel ist es, für Menschenrechte zu arbeiten. | *Our goal is to work for human rights.* |

### arbeiten gegen *to work against, work to prevent*

| | |
|---|---|
| Wie können wir gegen Gewalt arbeiten? | *How can we work against violence?* |
| Anstatt gegeneinander zu arbeiten, sollten die Kinder miteinander arbeiten. | *Instead of working against each other, the children should work with each other.* |

### sich arbeiten *to work oneself*

| | |
|---|---|
| Wie viele Arme arbeiten sich zu Tode? | *How many poor people work themselves to death?* |
| Hast du dich krank gearbeitet? | *Have you worked yourself sick?* |
| Arbeiten Sie sich nicht müde. | *Don't work to the point you're tired.* |

### es arbeitet sich (impersonal) *one works; working conditions are*

| | |
|---|---|
| Es arbeitet sich an einem ergonomischen Schreibtisch viel effektiver. | *One works more effectively at an ergonomic desk.* |
| In einem ruhigen Raum arbeitet es sich konzentrierter. | *In a quiet space, you can concentrate more on your work.* |
| Hier arbeitet es sich besser. | *One can work better here.* |

### IDIOMATIC EXPRESSIONS

| | |
|---|---|
| Warum arbeitet ihr für einen Hungerlohn? | *Why are you working for peanuts?* |
| Mein Großvater musste wie ein Ochse arbeiten. | *My grandfather had to work like an ox.* |
| Herr Schorlemer arbeitete den Nazis in die Hände. | *Mr. Schorlemer played into the hands of the Nazis.* |
| Ich arbeite gegen die Zeit. | *I'm working against the clock.* |
| Die Zeit arbeitet gegen uns. | *Time is working against us.* |

TOP 50 VERBS

regular weak verb

arbeitet · arbeitete · gearbeitet

**PRESENT**

| | |
|---|---|
| ich arbeite | wir arbeiten |
| du arbeitest | ihr arbeitet |
| Sie arbeiten | Sie arbeiten |
| er/sie/es arbeitet | sie arbeiten |

**SIMPLE PAST**

| | |
|---|---|
| ich arbeitete | wir arbeiteten |
| du arbeitetest | ihr arbeitetet |
| Sie arbeiteten | Sie arbeiteten |
| er/sie/es arbeitete | sie arbeiteten |

**FUTURE**

| | |
|---|---|
| ich werde | wir werden |
| du wirst | ihr werdet |
| Sie werden | Sie werden |
| er/sie/es wird | sie werden |

} arbeiten

**PRESENT SUBJUNCTIVE I**

| | |
|---|---|
| ich arbeite | wir arbeiten |
| du arbeitest | ihr arbeitet |
| Sie arbeiten | Sie arbeiten |
| er/sie/es arbeite | sie arbeiten |

**PRESENT SUBJUNCTIVE II**

| | |
|---|---|
| ich arbeitete | wir arbeiteten |
| du arbeitetest | ihr arbeitetet |
| Sie arbeiteten | Sie arbeiteten |
| er/sie/es arbeitete | sie arbeiteten |

**FUTURE SUBJUNCTIVE I**

| | |
|---|---|
| ich werde | wir werden |
| du werdest | ihr werdet |
| Sie werden | Sie werden |
| er/sie/es werde | sie werden |

} arbeiten

**FUTURE SUBJUNCTIVE II**

| | |
|---|---|
| ich würde | wir würden |
| du würdest | ihr würdet |
| Sie würden | Sie würden |
| er/sie/es würde | sie würden |

} arbeiten

**PRESENT PERFECT**

| | |
|---|---|
| ich habe | wir haben |
| du hast | ihr habt |
| Sie haben | Sie haben |
| er/sie/es hat | sie haben |

} gearbeitet

**PAST PERFECT**

| | |
|---|---|
| ich hatte | wir hatten |
| du hattest | ihr hattet |
| Sie hatten | Sie hatten |
| er/sie/es hatte | sie hatten |

} gearbeitet

**FUTURE PERFECT**

| | |
|---|---|
| ich werde | wir werden |
| du wirst | ihr werdet |
| Sie werden | Sie werden |
| er/sie/es wird | sie werden |

} gearbeitet haben

**PAST SUBJUNCTIVE I**

| | |
|---|---|
| ich habe | wir haben |
| du habest | ihr habet |
| Sie haben | Sie haben |
| er/sie/es habe | sie haben |

} gearbeitet

**PAST SUBJUNCTIVE II**

| | |
|---|---|
| ich hätte | wir hätten |
| du hättest | ihr hättet |
| Sie hätten | Sie hätten |
| er/sie/es hätte | sie hätten |

} gearbeitet

**FUTURE PERFECT SUBJUNCTIVE I**

| | |
|---|---|
| ich werde | wir werden |
| du werdest | ihr werdet |
| Sie werden | Sie werden |
| er/sie/es werde | sie werden |

} gearbeitet haben

**FUTURE PERFECT SUBJUNCTIVE II**

| | |
|---|---|
| ich würde | wir würden |
| du würdest | ihr würdet |
| Sie würden | Sie würden |
| er/sie/es würde | sie würden |

} gearbeitet haben

**COMMANDS**  arbeite! arbeitet! arbeiten Sie!

**PRESENT PARTICIPLE**  arbeitend

## Usage

| | |
|---|---|
| Ich finde, dass Erich zu viel arbeitet. | *I think Erich works too much.* |
| Tante Inge arbeitete früher bei der Volksbank Dünen. | *Aunt Inge used to work at the Volksbank in Dünen.* |
| Arbeiten Sie noch bei Siemens, Herr Schimmerli? | *Do you still work for Siemens, Mr. Schimmerli?* |
| Dieser Bildhauer arbeitet in Holz und Stein. | *This sculptor works in wood and stone.* |
| Hier wird hart gearbeitet. | *People are working hard here.* |
| Möchten Sie zu Hause arbeiten? | *Would you like to work at home?* |
| Ich habe mit vielen Künstlern gearbeitet. | *I've worked with many artists.* |
| Würdest du als Modell arbeiten? | *Would you work as a model?* |
| Viele Studenten müssen während des Studiums arbeiten. | *Many students have to work while attending school.* |

**RELATED VERBS** ab·arbeiten, auf·arbeiten, aus·arbeiten, bearbeiten, durch·arbeiten, ein·arbeiten, empor·arbeiten, entgegen·arbeiten, erarbeiten, handarbeiten, hoch·arbeiten, kurz·arbeiten, mit·arbeiten, nach·arbeiten, schwarz·arbeiten, überarbeiten, um·arbeiten, verarbeiten, vor·arbeiten, weiter·arbeiten, weiter·verarbeiten; *see also* **zusammen·arbeiten** (552)

# ärgern  *to annoy, irritate, upset*

ärgert · ärgerte · geärgert

regular weak verb

## PRESENT

| | |
|---|---|
| ich ärgere | wir ärgern |
| du ärgerst | ihr ärgert |
| Sie ärgern | Sie ärgern |
| er/sie/es ärgert | sie ärgern |

## SIMPLE PAST

| | |
|---|---|
| ich ärgerte | wir ärgerten |
| du ärgertest | ihr ärgertet |
| Sie ärgerten | Sie ärgerten |
| er/sie/es ärgerte | sie ärgerten |

## FUTURE

| | |
|---|---|
| ich werde | wir werden |
| du wirst | ihr werdet |
| Sie werden | Sie werden |
| er/sie/es wird | sie werden |

} ärgern

## PRESENT SUBJUNCTIVE I

| | |
|---|---|
| ich ärgere | wir ärgern |
| du ärgerst | ihr ärgert |
| Sie ärgern | Sie ärgern |
| er/sie/es ärgere | sie ärgern |

## PRESENT SUBJUNCTIVE II

| | |
|---|---|
| ich ärgerte | wir ärgerten |
| du ärgertest | ihr ärgertet |
| Sie ärgerten | Sie ärgerten |
| er/sie/es ärgerte | sie ärgerten |

## FUTURE SUBJUNCTIVE I

| | |
|---|---|
| ich werde | wir werden |
| du werdest | ihr werdet |
| Sie werden | Sie werden |
| er/sie/es werde | sie werden |

} ärgern

## FUTURE SUBJUNCTIVE II

| | |
|---|---|
| ich würde | wir würden |
| du würdest | ihr würdet |
| Sie würden | Sie würden |
| er/sie/es würde | sie würden |

} ärgern

## PRESENT PERFECT

| | |
|---|---|
| ich habe | wir haben |
| du hast | ihr habt |
| Sie haben | Sie haben |
| er/sie/es hat | sie haben |

} geärgert

## PAST PERFECT

| | |
|---|---|
| ich hatte | wir hatten |
| du hattest | ihr hattet |
| Sie hatten | Sie hatten |
| er/sie/es hatte | sie hatten |

} geärgert

## FUTURE PERFECT

| | |
|---|---|
| ich werde | wir werden |
| du wirst | ihr werdet |
| Sie werden | Sie werden |
| er/sie/es wird | sie werden |

} geärgert haben

## PAST SUBJUNCTIVE I

| | |
|---|---|
| ich habe | wir haben |
| du habest | ihr habet |
| Sie haben | Sie haben |
| er/sie/es habe | sie haben |

} geärgert

## PAST SUBJUNCTIVE II

| | |
|---|---|
| ich hätte | wir hätten |
| du hättest | ihr hättet |
| Sie hätten | Sie hätten |
| er/sie/es hätte | sie hätten |

} geärgert

## FUTURE PERFECT SUBJUNCTIVE I

| | |
|---|---|
| ich werde | wir werden |
| du werdest | ihr werdet |
| Sie werden | Sie werden |
| er/sie/es werde | sie werden |

} geärgert haben

## FUTURE PERFECT SUBJUNCTIVE II

| | |
|---|---|
| ich würde | wir würden |
| du würdest | ihr würdet |
| Sie würden | Sie würden |
| er/sie/es würde | sie würden |

} geärgert haben

**COMMANDS**  ärgere! ärgert! ärgern Sie!

**PRESENT PARTICIPLE**  ärgernd

## Usage

| | |
|---|---|
| Es ärgert mich, dass er nicht mitkommt. | *It annoys me that he's not coming along.* |
| Mark, ärgere deine Schwester nicht! | *Mark, don't bother your sister!* |
| Nichts ärgert ihn mehr als Staus auf der Autobahn. | *Nothing irritates him more than traffic jams on the freeway.* |
| Jede Nacht ärgerten uns die Nachbarn. | *Every night the neighbors got on our nerves.* |
| Als Kind wurde ich oft von anderen Kindern geärgert. | *As a child, I was often teased by other children.* |
| Inge lässt sich von ihm ärgern. | *Inge lets him upset her.* |

### sich ärgern  *to be angry/upset, get angry/upset*

| | |
|---|---|
| Warum ärgerst du dich so? | *Why are you getting so upset?* |
| Thomas ärgerte sich über sich selbst. | *Thomas was angry with himself.* |
| Ich habe mich eben darüber geärgert. | *I just got irritated about it.* |
| Viele haben sich über solche Probleme geärgert. | *A lot of people have gotten upset about such problems.* |
| Ärgern Sie sich bitte nicht. | *Please don't get upset.* |

**RELATED VERB**  verärgern

regular weak verb

**PRESENT**

| | |
|---|---|
| ich atme | wir atmen |
| du atmest | ihr atmet |
| Sie atmen | Sie atmen |
| er/sie/es atmet | sie atmen |

**PRESENT PERFECT**

| | | |
|---|---|---|
| ich habe | wir haben | |
| du hast | ihr habt | geatmet |
| Sie haben | Sie haben | |
| er/sie/es hat | sie haben | |

**SIMPLE PAST**

| | |
|---|---|
| ich atmete | wir atmeten |
| du atmetest | ihr atmetet |
| Sie atmeten | Sie atmeten |
| er/sie/es atmete | sie atmeten |

**PAST PERFECT**

| | | |
|---|---|---|
| ich hatte | wir hatten | |
| du hattest | ihr hattet | geatmet |
| Sie hatten | Sie hatten | |
| er/sie/es hatte | sie hatten | |

**FUTURE**

| | | |
|---|---|---|
| ich werde | wir werden | |
| du wirst | ihr werdet | atmen |
| Sie werden | Sie werden | |
| er/sie/es wird | sie werden | |

**FUTURE PERFECT**

| | | |
|---|---|---|
| ich werde | wir werden | |
| du wirst | ihr werdet | geatmet haben |
| Sie werden | Sie werden | |
| er/sie/es wird | sie werden | |

**PRESENT SUBJUNCTIVE I**

| | |
|---|---|
| ich atme | wir atmen |
| du atmest | ihr atmet |
| Sie atmen | Sie atmen |
| er/sie/es atme | sie atmen |

**PAST SUBJUNCTIVE I**

| | | |
|---|---|---|
| ich habe | wir haben | |
| du habest | ihr habet | geatmet |
| Sie haben | Sie haben | |
| er/sie/es habe | sie haben | |

**PRESENT SUBJUNCTIVE II**

| | |
|---|---|
| ich atmete | wir atmeten |
| du atmetest | ihr atmetet |
| Sie atmeten | Sie atmeten |
| er/sie/es atmete | sie atmeten |

**PAST SUBJUNCTIVE II**

| | | |
|---|---|---|
| ich hätte | wir hätten | |
| du hättest | ihr hättet | geatmet |
| Sie hätten | Sie hätten | |
| er/sie/es hätte | sie hätten | |

**FUTURE SUBJUNCTIVE I**

| | | |
|---|---|---|
| ich werde | wir werden | |
| du werdest | ihr werdet | atmen |
| Sie werden | Sie werden | |
| er/sie/es werde | sie werden | |

**FUTURE PERFECT SUBJUNCTIVE I**

| | | |
|---|---|---|
| ich werde | wir werden | |
| du werdest | ihr werdet | geatmet haben |
| Sie werden | Sie werden | |
| er/sie/es werde | sie werden | |

**FUTURE SUBJUNCTIVE II**

| | | |
|---|---|---|
| ich würde | wir würden | |
| du würdest | ihr würdet | atmen |
| Sie würden | Sie würden | |
| er/sie/es würde | sie würden | |

**FUTURE PERFECT SUBJUNCTIVE II**

| | | |
|---|---|---|
| ich würde | wir würden | |
| du würdest | ihr würdet | geatmet haben |
| Sie würden | Sie würden | |
| er/sie/es würde | sie würden | |

**COMMANDS**     atme! atmet! atmen Sie!

**PRESENT PARTICIPLE**     atmend

## Usage

| | |
|---|---|
| Die meisten Menschen können nicht richtig atmen. | *Most people can't breathe properly.* |
| Atmet er eigentlich noch? | *Is he actually still breathing?* |
| Auf dem Land atmen Sie frische Luft. | *In the country you breathe fresh air.* |
| Der Mensch atmet nicht nur mit der Nase. | *Human beings don't breathe only with their noses.* |
| Atme doch nicht so laut! | *Don't breathe so loudly!* |
| Bei so einem Freifall muss per Maske geatmet werden. | *During such a free fall you have to breathe using a mask.* |
| 1995 atmete ich zum ersten Mal Hamburger Luft. | *In 1995 I breathed Hamburg air for the first time.* |
| Maureen hat den ganzen Tag schwer geatmet. | *Maureen breathed heavily all day.* |
| Nach der Operation konnte er wieder richtig atmen. | *After the operation he could breathe properly again.* |
| Bei Hyperventilation merkt man einen Zwang tief zu atmen. | *With hyperventilation, one feels compelled to breathe deeply.* |
| In Gummistiefeln können die Füße nicht atmen. | *The feet can't breathe in rubber boots.* |
| Die schlechte Luft war kaum zu atmen. | *You could hardly breathe for the stale air.* |

**RELATED VERBS**  auf·atmen, aus·atmen, beatmen, durch·atmen

# auf·fordern    *to ask, call upon, demand; invite*

### fordert auf · forderte auf · aufgefordert

regular weak verb

### PRESENT

| ich fordere | wir fordern |
|---|---|
| du forderst | ihr fordert |
| Sie fordern | Sie fordern |
| er/sie/es fordert | sie fordern |

} auf

### PRESENT PERFECT

| ich habe | wir haben |
|---|---|
| du hast | ihr habt |
| Sie haben | Sie haben |
| er/sie/es hat | sie haben |

} aufgefordert

### SIMPLE PAST

| ich forderte | wir forderten |
|---|---|
| du fordertest | ihr fordertet |
| Sie forderten | Sie forderten |
| er/sie/es forderte | sie forderten |

} auf

### PAST PERFECT

| ich hatte | wir hatten |
|---|---|
| du hattest | ihr hattet |
| Sie hatten | Sie hatten |
| er/sie/es hatte | sie hatten |

} aufgefordert

### FUTURE

| ich werde | wir werden |
|---|---|
| du wirst | ihr werdet |
| Sie werden | Sie werden |
| er/sie/es wird | sie werden |

} auffordern

### FUTURE PERFECT

| ich werde | wir werden |
|---|---|
| du wirst | ihr werdet |
| Sie werden | Sie werden |
| er/sie/es wird | sie werden |

} aufgefordert haben

### PRESENT SUBJUNCTIVE I

| ich fordere | wir fordern |
|---|---|
| du forderst | ihr fordert |
| Sie fordern | Sie fordern |
| er/sie/es fordere | sie fordern |

} auf

### PAST SUBJUNCTIVE I

| ich habe | wir haben |
|---|---|
| du habest | ihr habet |
| Sie haben | Sie haben |
| er/sie/es habe | sie haben |

} aufgefordert

### PRESENT SUBJUNCTIVE II

| ich forderte | wir forderten |
|---|---|
| du fordertest | ihr fordertet |
| Sie forderten | Sie forderten |
| er/sie/es forderte | sie forderten |

} auf

### PAST SUBJUNCTIVE II

| ich hätte | wir hätten |
|---|---|
| du hättest | ihr hättet |
| Sie hätten | Sie hätten |
| er/sie/es hätte | sie hätten |

} aufgefordert

### FUTURE SUBJUNCTIVE I

| ich werde | wir werden |
|---|---|
| du werdest | ihr werdet |
| Sie werden | Sie werden |
| er/sie/es werde | sie werden |

} auffordern

### FUTURE PERFECT SUBJUNCTIVE I

| ich werde | wir werden |
|---|---|
| du werdest | ihr werdet |
| Sie werden | Sie werden |
| er/sie/es werde | sie werden |

} aufgefordert haben

### FUTURE SUBJUNCTIVE II

| ich würde | wir würden |
|---|---|
| du würdest | ihr würdet |
| Sie würden | Sie würden |
| er/sie/es würde | sie würden |

} auffordern

### FUTURE PERFECT SUBJUNCTIVE II

| ich würde | wir würden |
|---|---|
| du würdest | ihr würdet |
| Sie würden | Sie würden |
| er/sie/es würde | sie würden |

} aufgefordert haben

COMMANDS        fordere auf!   fordert auf!   fordern Sie auf!

PRESENT PARTICIPLE   auffordernd

## Usage

Die UNO hat wiederholt aufgefordert, Truppen ins Gebiet zu schicken.

*The U.N. has repeatedly demanded that troops be sent into the region.*

Der Präsident forderte andere Länder auf, sich aus dem Konflikt herauszuhalten.

*The president called upon other nations to keep out of the conflict.*

Die Bürgerschaft wird aufgefordert, einen neuen Minister zu wählen.

*The citizenry is called upon to elect a new minister.*

Ich fordere dich zum Duell auf!

*I challenge you to a duel!*

Der Zwischenrufer wurde aufgefordert, den Hörsaal zu verlassen.

*The heckler was asked to leave the lecture hall.*

Die Behörden forderten die Firma auf, innerhalb sieben Wochen das Areal zu räumen.

*The authorities demanded that the firm clear the area within seven weeks.*

Alle Patienten werden dazu aufgefordert, noch mal mit ihren Ärzten darüber zu sprechen.

*All patients are asked to speak with their physicians about this again.*

RELATED VERBS   *see* **fordern** (193)

strong verb

gibt auf · gab auf · aufgegeben

| PRESENT | | |
|---|---|---|
| ich gebe | wir geben | |
| du gibst | ihr gebt | auf |
| Sie geben | Sie geben | |
| er/sie/es gibt | sie geben | |

| PRESENT PERFECT | | |
|---|---|---|
| ich habe | wir haben | |
| du hast | ihr habt | aufgegeben |
| Sie haben | Sie haben | |
| er/sie/es hat | sie haben | |

| SIMPLE PAST | | |
|---|---|---|
| ich gab | wir gaben | |
| du gabst | ihr gabt | auf |
| Sie gaben | Sie gaben | |
| er/sie/es gab | sie gaben | |

| PAST PERFECT | | |
|---|---|---|
| ich hatte | wir hatten | |
| du hattest | ihr hattet | aufgegeben |
| Sie hatten | Sie hatten | |
| er/sie/es hatte | sie hatten | |

| FUTURE | | |
|---|---|---|
| ich werde | wir werden | |
| du wirst | ihr werdet | aufgeben |
| Sie werden | Sie werden | |
| er/sie/es wird | sie werden | |

| FUTURE PERFECT | | |
|---|---|---|
| ich werde | wir werden | |
| du wirst | ihr werdet | aufgegeben haben |
| Sie werden | Sie werden | |
| er/sie/es wird | sie werden | |

| PRESENT SUBJUNCTIVE I | | |
|---|---|---|
| ich gebe | wir geben | |
| du gebest | ihr gebet | auf |
| Sie geben | Sie geben | |
| er/sie/es gebe | sie geben | |

| PAST SUBJUNCTIVE I | | |
|---|---|---|
| ich habe | wir haben | |
| du habest | ihr habet | aufgegeben |
| Sie haben | Sie haben | |
| er/sie/es habe | sie haben | |

| PRESENT SUBJUNCTIVE II | | |
|---|---|---|
| ich gäbe | wir gäben | |
| du gäbest | ihr gäbet | auf |
| Sie gäben | Sie gäben | |
| er/sie/es gäbe | sie gäben | |

| PAST SUBJUNCTIVE II | | |
|---|---|---|
| ich hätte | wir hätten | |
| du hättest | ihr hättet | aufgegeben |
| Sie hätten | Sie hätten | |
| er/sie/es hätte | sie hätten | |

| FUTURE SUBJUNCTIVE I | | |
|---|---|---|
| ich werde | wir werden | |
| du werdest | ihr werdet | aufgeben |
| Sie werden | Sie werden | |
| er/sie/es werde | sie werden | |

| FUTURE PERFECT SUBJUNCTIVE I | | |
|---|---|---|
| ich werde | wir werden | |
| du werdest | ihr werdet | aufgegeben haben |
| Sie werden | Sie werden | |
| er/sie/es werde | sie werden | |

| FUTURE SUBJUNCTIVE II | | |
|---|---|---|
| ich würde | wir würden | |
| du würdest | ihr würdet | aufgeben |
| Sie würden | Sie würden | |
| er/sie/es würde | sie würden | |

| FUTURE PERFECT SUBJUNCTIVE II | | |
|---|---|---|
| ich würde | wir würden | |
| du würdest | ihr würdet | aufgegeben haben |
| Sie würden | Sie würden | |
| er/sie/es würde | sie würden | |

COMMANDS        gib auf!   gebt auf!   geben Sie auf!

PRESENT PARTICIPLE   aufgebend

## Usage

Gib doch nicht auf!
Die Ärzte hatten jede Hoffnung aufgegeben.
Wir müssen die Vorstellung aufgeben, dass die
   Naturschätze der Erde unerschöpflich sind.
Es geht darum, ob die Mitglieder diesen Anspruch
   aufgeben.
Ich hoffe, dass sie nicht aufgeben.
Der Lehrer hat ihnen nie was aufgegeben.
Monika hat in der Zeitung eine Annonce aufgegeben.
Man kann die Bestellung auch per Fax aufgeben.
Wie viel Gepäck hast du aufzugeben?
Bei der Post kann man Briefe aufgeben.
Die beiden Freunde gaben einander oft Rätsel auf.

*Don't give up!*
*The doctors had abandoned all hope.*
*We must abandon the notion that earth's natural resources*
   *are limitless.*
*It is a question of whether the members will relinquish*
   *this claim.*
*I hope they don't give up.*
*The teacher never assigned them any homework.*
*Monika placed an ad in the newspaper.*
*You can also place the order by fax.*
*How much luggage do you have to check?*
*You can mail letters at the post office.*
*The two friends often posed riddles to one another.*

RELATED VERBS   *see* **geben** (206)

# auf·heben  *to balance out; keep; lift up; pick up; terminate*

hebt auf · hob auf · aufgehoben

strong verb

**PRESENT**

| ich hebe | wir heben |
|---|---|
| du hebst | ihr hebt |
| Sie heben | Sie heben |
| er/sie/es hebt | sie heben |

} auf

**SIMPLE PAST**

| ich hob | wir hoben |
|---|---|
| du hobst | ihr hobt |
| Sie hoben | Sie hoben |
| er/sie/es hob | sie hoben |

} auf

**FUTURE**

| ich werde | wir werden |
|---|---|
| du wirst | ihr werdet |
| Sie werden | Sie werden |
| er/sie/es wird | sie werden |

} aufheben

**PRESENT SUBJUNCTIVE I**

| ich hebe | wir heben |
|---|---|
| du hebest | ihr hebet |
| Sie heben | Sie heben |
| er/sie/es hebe | sie heben |

} auf

**PRESENT SUBJUNCTIVE II**

| ich höbe | wir höben |
|---|---|
| du höbest | ihr höbet |
| Sie höben | Sie höben |
| er/sie/es höbe | sie höben |

} auf

**FUTURE SUBJUNCTIVE I**

| ich werde | wir werden |
|---|---|
| du werdest | ihr werdet |
| Sie werden | Sie werden |
| er/sie/es werde | sie werden |

} aufheben

**FUTURE SUBJUNCTIVE II**

| ich würde | wir würden |
|---|---|
| du würdest | ihr würdet |
| Sie würden | Sie würden |
| er/sie/es würde | sie würden |

} aufheben

**PRESENT PERFECT**

| ich habe | wir haben |
|---|---|
| du hast | ihr habt |
| Sie haben | Sie haben |
| er/sie/es hat | sie haben |

} aufgehoben

**PAST PERFECT**

| ich hatte | wir hatten |
|---|---|
| du hattest | ihr hattet |
| Sie hatten | Sie hatten |
| er/sie/es hatte | sie hatten |

} aufgehoben

**FUTURE PERFECT**

| ich werde | wir werden |
|---|---|
| du wirst | ihr werdet |
| Sie werden | Sie werden |
| er/sie/es wird | sie werden |

} aufgehoben haben

**PAST SUBJUNCTIVE I**

| ich habe | wir haben |
|---|---|
| du habest | ihr habet |
| Sie haben | Sie haben |
| er/sie/es habe | sie haben |

} aufgehoben

**PAST SUBJUNCTIVE II**

| ich hätte | wir hätten |
|---|---|
| du hättest | ihr hättet |
| Sie hätten | Sie hätten |
| er/sie/es hätte | sie hätten |

} aufgehoben

**FUTURE PERFECT SUBJUNCTIVE I**

| ich werde | wir werden |
|---|---|
| du werdest | ihr werdet |
| Sie werden | Sie werden |
| er/sie/es werde | sie werden |

} aufgehoben haben

**FUTURE PERFECT SUBJUNCTIVE II**

| ich würde | wir würden |
|---|---|
| du würdest | ihr würdet |
| Sie würden | Sie würden |
| er/sie/es würde | sie würden |

} aufgehoben haben

**COMMANDS**  heb(e) auf!  hebt auf!  heben Sie auf!

**PRESENT PARTICIPLE**  aufhebend

**NOTE** Archaic simple past **hub auf** and present subjunctive II **hübe auf** sometimes occur.

## Usage

| | |
|---|---|
| Die Werte heben sich gegenseitig auf. | *The values cancel each other out.* |
| Heben Sie bitte die Unterlagen bis zur nächsten Sitzung auf. | *Please keep the documents until the next session.* |
| Heb dein Passwort gut auf. | *Keep your password safe.* |
| Keiner konnte den Hammer aufheben. | *Nobody could pick up the hammer.* |
| Die Bundesregierung hebt die neuen Steuern auf. | *The federal government is repealing the new taxes.* |
| Der Minister will solche Vorschriften aufheben. | *The minister wants to lift such restrictions.* |
| Die beiden wollen den Vertrag aufheben. | *They both want to terminate the contract.* |
| Das heutige Urteil wurde sofort aufgehoben. | *Today's judgment was immediately voided.* |
| Mareike meint, sie müssten die Verlobung aufheben. | *Mareike thinks they have to break off the engagement.* |
| Nach langwieriger Diskussion hob man die Verordnung auf. | *After protracted discussion, the decree was revoked.* |
| Das Embargo muss aufgehoben werden. | *The embargo must be lifted.* |

**RELATED VERBS**  *see* **heben** (237)

**PRESENT**

| | | |
|---|---|---|
| ich höre | wir hören | |
| du hörst | ihr hört | auf |
| Sie hören | Sie hören | |
| er/sie/es hört | sie hören | |

**SIMPLE PAST**

| | | |
|---|---|---|
| ich hörte | wir hörten | |
| du hörtest | ihr hörtet | auf |
| Sie hörten | Sie hörten | |
| er/sie/es hörte | sie hörten | |

**FUTURE**

| | | |
|---|---|---|
| ich werde | wir werden | |
| du wirst | ihr werdet | aufhören |
| Sie werden | Sie werden | |
| er/sie/es wird | sie werden | |

**PRESENT SUBJUNCTIVE I**

| | | |
|---|---|---|
| ich höre | wir hören | |
| du hörest | ihr höret | auf |
| Sie hören | Sie hören | |
| er/sie/es höre | sie hören | |

**PRESENT SUBJUNCTIVE II**

| | | |
|---|---|---|
| ich hörte | wir hörten | |
| du hörtest | ihr hörtet | auf |
| Sie hörten | Sie hörten | |
| er/sie/es hörte | sie hörten | |

**FUTURE SUBJUNCTIVE I**

| | | |
|---|---|---|
| ich werde | wir werden | |
| du werdest | ihr werdet | aufhören |
| Sie werden | Sie werden | |
| er/sie/es werde | sie werden | |

**FUTURE SUBJUNCTIVE II**

| | | |
|---|---|---|
| ich würde | wir würden | |
| du würdest | ihr würdet | aufhören |
| Sie würden | Sie würden | |
| er/sie/es würde | sie würden | |

**PRESENT PERFECT**

| | | |
|---|---|---|
| ich habe | wir haben | |
| du hast | ihr habt | aufgehört |
| Sie haben | Sie haben | |
| er/sie/es hat | sie haben | |

**PAST PERFECT**

| | | |
|---|---|---|
| ich hatte | wir hatten | |
| du hattest | ihr hattet | aufgehört |
| Sie hatten | Sie hatten | |
| er/sie/es hatte | sie hatten | |

**FUTURE PERFECT**

| | | |
|---|---|---|
| ich werde | wir werden | |
| du wirst | ihr werdet | aufgehört haben |
| Sie werden | Sie werden | |
| er/sie/es wird | sie werden | |

**PAST SUBJUNCTIVE I**

| | | |
|---|---|---|
| ich habe | wir haben | |
| du habest | ihr habet | aufgehört |
| Sie haben | Sie haben | |
| er/sie/es habe | sie haben | |

**PAST SUBJUNCTIVE II**

| | | |
|---|---|---|
| ich hätte | wir hätten | |
| du hättest | ihr hättet | aufgehört |
| Sie hätten | Sie hätten | |
| er/sie/es hätte | sie hätten | |

**FUTURE PERFECT SUBJUNCTIVE I**

| | | |
|---|---|---|
| ich werde | wir werden | |
| du werdest | ihr werdet | aufgehört haben |
| Sie werden | Sie werden | |
| er/sie/es werde | sie werden | |

**FUTURE PERFECT SUBJUNCTIVE II**

| | | |
|---|---|---|
| ich würde | wir würden | |
| du würdest | ihr würdet | aufgehört haben |
| Sie würden | Sie würden | |
| er/sie/es würde | sie würden | |

**COMMANDS**  hör(e) auf!  hört auf!  hören Sie auf!

**PRESENT PARTICIPLE**  aufhörend

## Usage

| | |
|---|---|
| Ute will nicht mit dem Rauchen aufhören. | *Ute doesn't want to stop smoking.* |
| Will sie auch mit ihrer Diät aufhören? | *Does she also want to stop dieting?* |
| Glücklicherweise wollte es nicht aufhören zu schneien. | *Fortunately, it wouldn't stop snowing.* |
| Das Baby hörte nicht auf zu weinen. | *The baby didn't stop crying.* |
| Der abgelegene Weiler hörte einfach auf zu existieren. | *The remote hamlet simply ceased to exist.* |
| Hör doch auf zu arbeiten! | *Stop working!* |
| Der Regen hörte plötzlich auf. | *The rain suddenly stopped.* |
| Ich hörte allmählich auf, sie täglich zu besuchen. | *I gradually discontinued my daily visits to her.* |
| Wenn ich mit dem Rauchen aufhörte, würde ich bestimmt zunehmen. | *If I stopped smoking, I'd surely gain weight.* |
| Wir liefen, bis der Weg aufhörte. | *We walked until the path ended.* |
| Hör bloß auf! | *Just stop it!* |
| Uwe wird endlich mit dem Trinken aufhören müssen. | *Uwe will ultimately have to give up drinking.* |

**RELATED VERBS** *see* **hören** (248)

# 29 auf·passen  *to beware, pay attention, watch over*

passt auf · passte auf · aufgepasst

regular weak verb

**PRESENT**

| | |
|---|---|
| ich passe | wir passen |
| du passt | ihr passt |
| Sie passen | Sie passen |
| er/sie/es passt | sie passen |

} auf

**PRESENT PERFECT**

| | |
|---|---|
| ich habe | wir haben |
| du hast | ihr habt |
| Sie haben | Sie haben |
| er/sie/es hat | sie haben |

} aufgepasst

**SIMPLE PAST**

| | |
|---|---|
| ich passte | wir passten |
| du passtest | ihr passtet |
| Sie passten | Sie passten |
| er/sie/es passte | sie passten |

} auf

**PAST PERFECT**

| | |
|---|---|
| ich hatte | wir hatten |
| du hattest | ihr hattet |
| Sie hatten | Sie hatten |
| er/sie/es hatte | sie hatten |

} aufgepasst

**FUTURE**

| | |
|---|---|
| ich werde | wir werden |
| du wirst | ihr werdet |
| Sie werden | Sie werden |
| er/sie/es wird | sie werden |

} aufpassen

**FUTURE PERFECT**

| | |
|---|---|
| ich werde | wir werden |
| du wirst | ihr werdet |
| Sie werden | Sie werden |
| er/sie/es wird | sie werden |

} aufgepasst haben

**PRESENT SUBJUNCTIVE I**

| | |
|---|---|
| ich passe | wir passen |
| du passest | ihr passet |
| Sie passen | Sie passen |
| er/sie/es passe | sie passen |

} auf

**PAST SUBJUNCTIVE I**

| | |
|---|---|
| ich habe | wir haben |
| du habest | ihr habet |
| Sie haben | Sie haben |
| er/sie/es habe | sie haben |

} aufgepasst

**PRESENT SUBJUNCTIVE II**

| | |
|---|---|
| ich passte | wir passten |
| du passtest | ihr passtet |
| Sie passten | Sie passten |
| er/sie/es passte | sie passten |

} auf

**PAST SUBJUNCTIVE II**

| | |
|---|---|
| ich hätte | wir hätten |
| du hättest | ihr hättet |
| Sie hätten | Sie hätten |
| er/sie/es hätte | sie hätten |

} aufgepasst

**FUTURE SUBJUNCTIVE I**

| | |
|---|---|
| ich werde | wir werden |
| du werdest | ihr werdet |
| Sie werden | Sie werden |
| er/sie/es werde | sie werden |

} aufpassen

**FUTURE PERFECT SUBJUNCTIVE I**

| | |
|---|---|
| ich werde | wir werden |
| du werdest | ihr werdet |
| Sie werden | Sie werden |
| er/sie/es werde | sie werden |

} aufgepasst haben

**FUTURE SUBJUNCTIVE II**

| | |
|---|---|
| ich würde | wir würden |
| du würdest | ihr würdet |
| Sie würden | Sie würden |
| er/sie/es würde | sie würden |

} aufpassen

**FUTURE PERFECT SUBJUNCTIVE II**

| | |
|---|---|
| ich würde | wir würden |
| du würdest | ihr würdet |
| Sie würden | Sie würden |
| er/sie/es würde | sie würden |

} aufgepasst haben

**COMMANDS**    pass(e) auf!    passt auf!    passen Sie auf!

**PRESENT PARTICIPLE**    aufpassend

## Usage

Aufgepasst!

Besonders hier müssen Fußgänger beim Überqueren der Straße auf die Autos aufpassen.

Wenn Sie nicht aufpassen, werden Sie die Prüfung nicht bestehen.

Der Fahrer hat nicht aufgepasst und den Hund überfahren.

Er passte genau auf, was gesagt wurde.

Kinder, warum habt ihr nicht besser aufgepasst?

Die Polizei passte gut auf alles auf.

Irene hat auf die Kinder aufgepasst, während wir im Kino waren.

Passen Sie auf Ihre Gesundheit auf.

*Beware!*

*Especially here, pedestrians must watch out for cars when crossing the street.*

*If you don't pay attention, you won't pass the test.*

*The driver wasn't paying attention and ran over the dog.*

*He paid close attention to what was said.*

*Children, why weren't you paying better attention?*

*The police kept a close eye on everything.*

*Irene looked after the children while we were at the movies.*

*Take care of your health.*

**RELATED VERB**   passen

regular weak verb

räumt auf · räumte auf · aufgeräumt

**PRESENT**

| | |
|---|---|
| ich räume | wir räumen |
| du räumst | ihr räumt |
| Sie räumen | Sie räumen |
| er/sie/es räumt | sie räumen |

} auf

**PRESENT PERFECT**

| | |
|---|---|
| ich habe | wir haben |
| du hast | ihr habt |
| Sie haben | Sie haben |
| er/sie/es hat | sie haben |

} aufgeräumt

**SIMPLE PAST**

| | |
|---|---|
| ich räumte | wir räumten |
| du räumtest | ihr räumtet |
| Sie räumten | Sie räumten |
| er/sie/es räumte | sie räumten |

} auf

**PAST PERFECT**

| | |
|---|---|
| ich hatte | wir hatten |
| du hattest | ihr hattet |
| Sie hatten | Sie hatten |
| er/sie/es hatte | sie hatten |

} aufgeräumt

**FUTURE**

| | |
|---|---|
| ich werde | wir werden |
| du wirst | ihr werdet |
| Sie werden | Sie werden |
| er/sie/es wird | sie werden |

} aufräumen

**FUTURE PERFECT**

| | |
|---|---|
| ich werde | wir werden |
| du wirst | ihr werdet |
| Sie werden | Sie werden |
| er/sie/es wird | sie werden |

} aufgeräumt haben

**PRESENT SUBJUNCTIVE I**

| | |
|---|---|
| ich räume | wir räumen |
| du räumest | ihr räumet |
| Sie räumen | Sie räumen |
| er/sie/es räume | sie räumen |

} auf

**PAST SUBJUNCTIVE I**

| | |
|---|---|
| ich habe | wir haben |
| du habest | ihr habet |
| Sie haben | Sie haben |
| er/sie/es habe | sie haben |

} aufgeräumt

**PRESENT SUBJUNCTIVE II**

| | |
|---|---|
| ich räumte | wir räumten |
| du räumtest | ihr räumtet |
| Sie räumten | Sie räumten |
| er/sie/es räumte | sie räumten |

} auf

**PAST SUBJUNCTIVE II**

| | |
|---|---|
| ich hätte | wir hätten |
| du hättest | ihr hättet |
| Sie hätten | Sie hätten |
| er/sie/es hätte | sie hätten |

} aufgeräumt

**FUTURE SUBJUNCTIVE I**

| | |
|---|---|
| ich werde | wir werden |
| du werdest | ihr werdet |
| Sie werden | Sie werden |
| er/sie/es werde | sie werden |

} aufräumen

**FUTURE PERFECT SUBJUNCTIVE I**

| | |
|---|---|
| ich werde | wir werden |
| du werdest | ihr werdet |
| Sie werden | Sie werden |
| er/sie/es werde | sie werden |

} aufgeräumt haben

**FUTURE SUBJUNCTIVE II**

| | |
|---|---|
| ich würde | wir würden |
| du würdest | ihr würdet |
| Sie würden | Sie würden |
| er/sie/es würde | sie würden |

} aufräumen

**FUTURE PERFECT SUBJUNCTIVE II**

| | |
|---|---|
| ich würde | wir würden |
| du würdest | ihr würdet |
| Sie würden | Sie würden |
| er/sie/es würde | sie würden |

} aufgeräumt haben

**COMMANDS**    räum(e) auf!    räumt auf!    räumen Sie auf!

**PRESENT PARTICIPLE**    aufräumend

## Usage

Er hat die Festplatte zwar aufgeräumt, aber die falschen Dateien gelöscht.

Ihr Zimmer muss täglich aufgeräumt werden.

Entschuldigung, ich hätte das Zimmer aufräumen sollen.

Ich wollte am Samstag meine Wohnung aufräumen.

Ich habe es gefunden, als ich endlich die Garage aufräumte.

Julia kocht und Jan räumt auf.

Mark räumte auf und ging nach Hause.

Kinder, räumt jetzt bitte auf!

Wie oft räumen Sie auf?

Wollen wir den Tisch aufräumen?

Sie wollen mit diesem Vorurteil aufräumen.

Kannst du bitte die Bücher aufräumen?

*He cleaned off the hard drive but deleted the wrong files.*
*Her room has to be cleaned daily.*
*I'm sorry, I should have cleaned up the room.*
*I wanted to straighten up my apartment on Saturday.*
*I found it when I finally straightened up the garage.*
*Julia cooks and Jan tidies up.*
*Mark tidied up and went home.*
*Children, please tidy up now!*
*How often do you tidy up?*
*Shall we clear the table?*
*They want to do away with this prejudice.*
*Can you please put away the books?*

**RELATED VERBS** *see* **räumen (330)**

# auf·regen · *to upset; excite*

**regt auf · regte auf · aufgeregt**

regular weak verb

**PRESENT**

| | |
|---|---|
| ich rege | wir regen |
| du regst | ihr regt |
| Sie regen | Sie regen |
| er/sie/es regt | sie regen |

} auf

**SIMPLE PAST**

| | |
|---|---|
| ich regte | wir regten |
| du regtest | ihr regtet |
| Sie regten | Sie regten |
| er/sie/es regte | sie regten |

} auf

**FUTURE**

| | |
|---|---|
| ich werde | wir werden |
| du wirst | ihr werdet |
| Sie werden | Sie werden |
| er/sie/es wird | sie werden |

} aufregen

**PRESENT SUBJUNCTIVE I**

| | |
|---|---|
| ich rege | wir regen |
| du regest | ihr reget |
| Sie regen | Sie regen |
| er/sie/es rege | sie regen |

} auf

**PRESENT SUBJUNCTIVE II**

| | |
|---|---|
| ich regte | wir regten |
| du regtest | ihr regtet |
| Sie regten | Sie regten |
| er/sie/es regte | sie regten |

} auf

**FUTURE SUBJUNCTIVE I**

| | |
|---|---|
| ich werde | wir werden |
| du werdest | ihr werdet |
| Sie werden | Sie werden |
| er/sie/es werde | sie werden |

} aufregen

**FUTURE SUBJUNCTIVE II**

| | |
|---|---|
| ich würde | wir würden |
| du würdest | ihr würdet |
| Sie würden | Sie würden |
| er/sie/es würde | sie würden |

} aufregen

**PRESENT PERFECT**

| | |
|---|---|
| ich habe | wir haben |
| du hast | ihr habt |
| Sie haben | Sie haben |
| er/sie/es hat | sie haben |

} aufgeregt

**PAST PERFECT**

| | |
|---|---|
| ich hatte | wir hatten |
| du hattest | ihr hattet |
| Sie hatten | Sie hatten |
| er/sie/es hatte | sie hatten |

} aufgeregt

**FUTURE PERFECT**

| | |
|---|---|
| ich werde | wir werden |
| du wirst | ihr werdet |
| Sie werden | Sie werden |
| er/sie/es wird | sie werden |

} aufgeregt haben

**PAST SUBJUNCTIVE I**

| | |
|---|---|
| ich habe | wir haben |
| du habest | ihr habet |
| Sie haben | Sie haben |
| er/sie/es habe | sie haben |

} aufgeregt

**PAST SUBJUNCTIVE II**

| | |
|---|---|
| ich hätte | wir hätten |
| du hättest | ihr hättet |
| Sie hätten | Sie hätten |
| er/sie/es hätte | sie hätten |

} aufgeregt

**FUTURE PERFECT SUBJUNCTIVE I**

| | |
|---|---|
| ich werde | wir werden |
| du werdest | ihr werdet |
| Sie werden | Sie werden |
| er/sie/es werde | sie werden |

} aufgeregt haben

**FUTURE PERFECT SUBJUNCTIVE II**

| | |
|---|---|
| ich würde | wir würden |
| du würdest | ihr würdet |
| Sie würden | Sie würden |
| er/sie/es würde | sie würden |

} aufgeregt haben

**COMMANDS** reg(e) auf! regt auf! regen Sie auf!

**PRESENT PARTICIPLE** aufregend

## Usage

| | |
|---|---|
| Nichts kann ihn aufregen. | *Nothing upsets him.* |
| Seine schroffen Worte regten mich auf. | *His blunt words upset me.* |
| So etwas regt mich immer auf. | *Something like that always upsets me.* |
| Du regst mich auf. | *You're getting on my nerves.* |

### sich aufregen *to get upset/excited*

| | |
|---|---|
| Regen Sie sich darüber nicht auf. | *Don't get upset about that.* |
| Wie kannst du dich aufregen? Du hast gewonnen! | *How can you get upset? You won!* |
| Reg dich nicht so auf. | *Don't get so upset.* |
| Paul hat sich sehr aufgeregt. | *Paul got really excited.* |
| Wegen hohen Blutdrucks darf sie sich nicht aufregen. | *Because of high blood pressure she mustn't get excited.* |
| Wenn Papa sich aufregt, kriegt er einen Schluckauf. | *When Papa gets excited, he gets the hiccups.* |

**RELATED VERB** regen

strong verb

**PRESENT**

| | |
|---|---|
| ich stehe | wir stehen |
| du stehst | ihr steht |
| Sie stehen | Sie stehen |
| er/sie/es steht | sie stehen |

} auf

**SIMPLE PAST**

| | |
|---|---|
| ich stand | wir standen |
| du standst | ihr standet |
| Sie standen | Sie standen |
| er/sie/es stand | sie standen |

} auf

**FUTURE**

| | |
|---|---|
| ich werde | wir werden |
| du wirst | ihr werdet |
| Sie werden | Sie werden |
| er/sie/es wird | sie werden |

} aufstehen

**PRESENT SUBJUNCTIVE I**

| | |
|---|---|
| ich stehe | wir stehen |
| du stehest | ihr stehet |
| Sie stehen | Sie stehen |
| er/sie/es stehe | sie stehen |

} auf

**PRESENT SUBJUNCTIVE II**

| | |
|---|---|
| ich stünde/stände | wir stünden/ständen |
| du stündest/ständest | ihr stündet/ständet |
| Sie stünden/ständen | Sie stünden/ständen |
| er/sie/es stünde/stände | sie stünden/ständen |

} auf

**FUTURE SUBJUNCTIVE I**

| | |
|---|---|
| ich werde | wir werden |
| du werdest | ihr werdet |
| Sie werden | Sie werden |
| er/sie/es werde | sie werden |

} aufstehen

**FUTURE SUBJUNCTIVE II**

| | |
|---|---|
| ich würde | wir würden |
| du würdest | ihr würdet |
| Sie würden | Sie würden |
| er/sie/es würde | sie würden |

} aufstehen

**PRESENT PERFECT**

| | |
|---|---|
| ich bin | wir sind |
| du bist | ihr seid |
| Sie sind | Sie sind |
| er/sie/es ist | sie sind |

} aufgestanden

**PAST PERFECT**

| | |
|---|---|
| ich war | wir waren |
| du warst | ihr wart |
| Sie waren | Sie waren |
| er/sie/es war | sie waren |

} aufgestanden

**FUTURE PERFECT**

| | |
|---|---|
| ich werde | wir werden |
| du wirst | ihr werdet |
| Sie werden | Sie werden |
| er/sie/es wird | sie werden |

} aufgestanden sein

**PAST SUBJUNCTIVE I**

| | |
|---|---|
| ich sei | wir seien |
| du seiest | ihr seiet |
| Sie seien | Sie seien |
| er/sie/es sei | sie seien |

} aufgestanden

**PAST SUBJUNCTIVE II**

| | |
|---|---|
| ich wäre | wir wären |
| du wärest | ihr wäret |
| Sie wären | Sie wären |
| er/sie/es wäre | sie wären |

} aufgestanden

**FUTURE PERFECT SUBJUNCTIVE I**

| | |
|---|---|
| ich werde | wir werden |
| du werdest | ihr werdet |
| Sie werden | Sie werden |
| er/sie/es werde | sie werden |

} aufgestanden sein

**FUTURE PERFECT SUBJUNCTIVE II**

| | |
|---|---|
| ich würde | wir würden |
| du würdest | ihr würdet |
| Sie würden | Sie würden |
| er/sie/es würde | sie würden |

} aufgestanden sein

**COMMANDS**   steh(e) auf!   steht auf!   stehen Sie auf!

**PRESENT PARTICIPLE**   aufstehend

## Usage

| | |
|---|---|
| Ich stehe jetzt auf und hole die Post. | *I'll get up now and get the mail.* |
| Um wie viel Uhr stehst du morgens normalerweise auf? | *At what time do you normally get up in the morning?* |
| Amalie ist aufgestanden und hat sich angezogen. | *Amalie got up and got dressed.* |
| Mein Bruder behauptet, er sei um fünf Uhr aufgestanden. | *My brother claims he got up at five o'clock.* |
| Wenn ihr nicht gleich ins Bett geht, steht ihr bestimmt nicht zeitlich auf. | *If you don't go to bed right away, you'll definitely not get up on time.* |
| Um vier Uhr muss aufgestanden werden. | *One must get up at four o'clock.* |
| Wir wollen für den Frieden aufstehen. | *We want to stand up for peace.* |
| Er stand auf und verließ das Zimmer. | *He stood up and left the room.* |
| Das Volk ist gegen die Besatzungsmacht aufgestanden. | *The people have risen up against the occupying power.* |

**aufstehen** (with **haben**) *to be open*

| | |
|---|---|
| Die Autotür steht auf. | *The car door is open.* |
| Wie lange hat das Tor aufgestanden? | *How long was the gate open?* |

**RELATED VERBS**   *see* **stehen** (423)

# auf·wachen  *to awake, wake up*

wacht auf · wachte auf · aufgewacht

regular weak verb

**PRESENT**

| ich wache | wir wachen | |
|---|---|---|
| du wachst | ihr wacht | |
| Sie wachen | Sie wachen | } auf |
| er/sie/es wacht | sie wachen | |

**SIMPLE PAST**

| ich wachte | wir wachten | |
|---|---|---|
| du wachtest | ihr wachtet | |
| Sie wachten | Sie wachten | } auf |
| er/sie/es wachte | sie wachten | |

**FUTURE**

| ich werde | wir werden | |
|---|---|---|
| du wirst | ihr werdet | |
| Sie werden | Sie werden | } aufwachen |
| er/sie/es wird | sie werden | |

**PRESENT SUBJUNCTIVE I**

| ich wache | wir wachen | |
|---|---|---|
| du wachest | ihr wachet | |
| Sie wachen | Sie wachen | } auf |
| er/sie/es wache | sie wachen | |

**PRESENT SUBJUNCTIVE II**

| ich wachte | wir wachten | |
|---|---|---|
| du wachtest | ihr wachtet | |
| Sie wachten | Sie wachten | } auf |
| er/sie/es wachte | sie wachten | |

**FUTURE SUBJUNCTIVE I**

| ich werde | wir werden | |
|---|---|---|
| du werdest | ihr werdet | |
| Sie werden | Sie werden | } aufwachen |
| er/sie/es werde | sie werden | |

**FUTURE SUBJUNCTIVE II**

| ich würde | wir würden | |
|---|---|---|
| du würdest | ihr würdet | |
| Sie würden | Sie würden | } aufwachen |
| er/sie/es würde | sie würden | |

**PRESENT PERFECT**

| ich bin | wir sind | |
|---|---|---|
| du bist | ihr seid | |
| Sie sind | Sie sind | } aufgewacht |
| er/sie/es ist | sie sind | |

**PAST PERFECT**

| ich war | wir waren | |
|---|---|---|
| du warst | ihr wart | |
| Sie waren | Sie waren | } aufgewacht |
| er/sie/es war | sie waren | |

**FUTURE PERFECT**

| ich werde | wir werden | |
|---|---|---|
| du wirst | ihr werdet | |
| Sie werden | Sie werden | } aufgewacht sein |
| er/sie/es wird | sie werden | |

**PAST SUBJUNCTIVE I**

| ich sei | wir seien | |
|---|---|---|
| du seiest | ihr seiet | |
| Sie seien | Sie seien | } aufgewacht |
| er/sie/es sei | sie seien | |

**PAST SUBJUNCTIVE II**

| ich wäre | wir wären | |
|---|---|---|
| du wärest | ihr wäret | |
| Sie wären | Sie wären | } aufgewacht |
| er/sie/es wäre | sie wären | |

**FUTURE PERFECT SUBJUNCTIVE I**

| ich werde | wir werden | |
|---|---|---|
| du werdest | ihr werdet | |
| Sie werden | Sie werden | } aufgewacht sein |
| er/sie/es werde | sie werden | |

**FUTURE PERFECT SUBJUNCTIVE II**

| ich würde | wir würden | |
|---|---|---|
| du würdest | ihr würdet | |
| Sie würden | Sie würden | } aufgewacht sein |
| er/sie/es würde | sie würden | |

**COMMANDS**    wach(e) auf!    wacht auf!    wachen Sie auf!

**PRESENT PARTICIPLE**    aufwachend

## Usage

| | |
|---|---|
| Oma Schmitz ist um fünf Uhr aufgewacht. | *Grandma Schmitz woke up at five o'clock.* |
| Ich wachte aus einem Traum auf. | *I awoke from a dream.* |
| Als Dennis eines Morgens letzte Woche aufwachte, entdeckte er eine Wunde am Kopf. | *As Dennis awoke one morning last week, he discovered a wound on his head.* |
| Nachdem Sie aufgewacht sind, können wir zusammen frühstücken. | *After you've woken up, we can eat breakfast together.* |
| Dornröschen ist aufgewacht. | *Sleeping Beauty has awakened.* |
| Mitten in der Nacht bin ich mit einem riesigen Durst aufgewacht. | *I woke up in the middle of the night extremely thirsty.* |
| Die Dorfbewohner waren noch nicht aufgewacht. | *The village residents hadn't yet awakened.* |
| Ich hätte Angst, dass ich nicht aufwachen würde. | *I'd be afraid I wouldn't wake up.* |
| Er sprach so leise, dass die Kinder nicht aufwachten. | *He spoke so softly that the children didn't wake up.* |
| Warum bist du so spät aufgewacht? | *Why did you wake up so late?* |

**RELATED VERB**  wachen

strong verb

gibt aus · gab aus · ausgegeben

| PRESENT | | |
|---|---|---|
| ich gebe | wir geben | |
| du gibst | ihr gebt | aus |
| Sie geben | Sie geben | |
| er/sie/es gibt | sie geben | |

| PRESENT PERFECT | | |
|---|---|---|
| ich habe | wir haben | |
| du hast | ihr habt | ausgegeben |
| Sie haben | Sie haben | |
| er/sie/es hat | sie haben | |

| SIMPLE PAST | | |
|---|---|---|
| ich gab | wir gaben | |
| du gabst | ihr gabt | aus |
| Sie gaben | Sie gaben | |
| er/sie/es gab | sie gaben | |

| PAST PERFECT | | |
|---|---|---|
| ich hatte | wir hatten | |
| du hattest | ihr hattet | ausgegeben |
| Sie hatten | Sie hatten | |
| er/sie/es hatte | sie hatten | |

| FUTURE | | |
|---|---|---|
| ich werde | wir werden | |
| du wirst | ihr werdet | ausgeben |
| Sie werden | Sie werden | |
| er/sie/es wird | sie werden | |

| FUTURE PERFECT | | |
|---|---|---|
| ich werde | wir werden | |
| du wirst | ihr werdet | ausgegeben haben |
| Sie werden | Sie werden | |
| er/sie/es wird | sie werden | |

| PRESENT SUBJUNCTIVE I | | |
|---|---|---|
| ich gebe | wir geben | |
| du gebest | ihr gebet | aus |
| Sie geben | Sie geben | |
| er/sie/es gebe | sie geben | |

| PAST SUBJUNCTIVE I | | |
|---|---|---|
| ich habe | wir haben | |
| du habest | ihr habet | ausgegeben |
| Sie haben | Sie haben | |
| er/sie/es habe | sie haben | |

| PRESENT SUBJUNCTIVE II | | |
|---|---|---|
| ich gäbe | wir gäben | |
| du gäbest | ihr gäbet | aus |
| Sie gäben | Sie gäben | |
| er/sie/es gäbe | sie gäben | |

| PAST SUBJUNCTIVE II | | |
|---|---|---|
| ich hätte | wir hätten | |
| du hättest | ihr hättet | ausgegeben |
| Sie hätten | Sie hätten | |
| er/sie/es hätte | sie hätten | |

| FUTURE SUBJUNCTIVE I | | |
|---|---|---|
| ich werde | wir werden | |
| du werdest | ihr werdet | ausgeben |
| Sie werden | Sie werden | |
| er/sie/es werde | sie werden | |

| FUTURE PERFECT SUBJUNCTIVE I | | |
|---|---|---|
| ich werde | wir werden | |
| du werdest | ihr werdet | ausgegeben haben |
| Sie werden | Sie werden | |
| er/sie/es werde | sie werden | |

| FUTURE SUBJUNCTIVE II | | |
|---|---|---|
| ich würde | wir würden | |
| du würdest | ihr würdet | ausgeben |
| Sie würden | Sie würden | |
| er/sie/es würde | sie würden | |

| FUTURE PERFECT SUBJUNCTIVE II | | |
|---|---|---|
| ich würde | wir würden | |
| du würdest | ihr würdet | ausgegeben haben |
| Sie würden | Sie würden | |
| er/sie/es würde | sie würden | |

COMMANDS   gib aus! gebt aus! geben Sie aus!

PRESENT PARTICIPLE   ausgebend

## Usage

2002 wurden in den USA mehrere Milliarden Dollar für Kino ausgegeben.

Jörg hat vergessen, wofür er das ganze Geld ausgab.

Wenn du nicht so viel ausgegeben hättest, hättest du jetzt ein bisschen mehr.

Wir geben zu wenig Geld für Schulen aus.

Die zur Verfügung stehenden Gelder werden an die einzelnen Universitäten ausgegeben.

Du mischst die Karten und ich gebe sie aus.

Wenn ich die Entdeckung für eine Tatsache ausgegeben hätte, hätten mir viele Leute nicht geglaubt.

Das Programm gibt die Summe aus.

Er gibt sich für einen wohlhabenden Adligen aus.

*In 2002 several billion dollars were spent on moviegoing in the U.S.A.*

*Jörg forgot where he spent all the money.*

*If you hadn't spent so much, you'd have a bit more now.*

*We spend too little money on schools.*

*The monies available will be disbursed to the individual universities.*

*You shuffle the cards and I'll deal them.*

*If I'd declared the discovery to be a fact, a lot of people wouldn't have believed me.*

*The program outputs the sum.*

*He pretends to be moneyed aristocracy.*

RELATED VERBS   heraus·geben; *see also* **geben** (206)

# aus·gehen  *to go out; come out; start out, assume; come to an end*

geht aus · ging aus · ausgegangen

strong verb

**PRESENT**

| | |
|---|---|
| ich gehe | wir gehen |
| du gehst | ihr geht |
| Sie gehen | Sie gehen |
| er/sie/es geht | sie gehen |

aus

**PRESENT PERFECT**

| | |
|---|---|
| ich bin | wir sind |
| du bist | ihr seid |
| Sie sind | Sie sind |
| er/sie/es ist | sie sind |

ausgegangen

**SIMPLE PAST**

| | |
|---|---|
| ich ging | wir gingen |
| du gingst | ihr gingt |
| Sie gingen | Sie gingen |
| er/sie/es ging | sie gingen |

aus

**PAST PERFECT**

| | |
|---|---|
| ich war | wir waren |
| du warst | ihr wart |
| Sie waren | Sie waren |
| er/sie/es war | sie waren |

ausgegangen

**FUTURE**

| | |
|---|---|
| ich werde | wir werden |
| du wirst | ihr werdet |
| Sie werden | Sie werden |
| er/sie/es wird | sie werden |

ausgehen

**FUTURE PERFECT**

| | |
|---|---|
| ich werde | wir werden |
| du wirst | ihr werdet |
| Sie werden | Sie werden |
| er/sie/es wird | sie werden |

ausgegangen sein

**PRESENT SUBJUNCTIVE I**

| | |
|---|---|
| ich gehe | wir gehen |
| du gehest | ihr gehet |
| Sie gehen | Sie gehen |
| er/sie/es gehe | sie gehen |

aus

**PAST SUBJUNCTIVE I**

| | |
|---|---|
| ich sei | wir seien |
| du seiest | ihr seiet |
| Sie seien | Sie seien |
| er/sie/es sei | sie seien |

ausgegangen

**PRESENT SUBJUNCTIVE II**

| | |
|---|---|
| ich ginge | wir gingen |
| du gingest | ihr ginget |
| Sie gingen | Sie gingen |
| er/sie/es ginge | sie gingen |

aus

**PAST SUBJUNCTIVE II**

| | |
|---|---|
| ich wäre | wir wären |
| du wärest | ihr wäret |
| Sie wären | Sie wären |
| er/sie/es wäre | sie wären |

ausgegangen

**FUTURE SUBJUNCTIVE I**

| | |
|---|---|
| ich werde | wir werden |
| du werdest | ihr werdet |
| Sie werden | Sie werden |
| er/sie/es werde | sie werden |

ausgehen

**FUTURE PERFECT SUBJUNCTIVE I**

| | |
|---|---|
| ich werde | wir werden |
| du werdest | ihr werdet |
| Sie werden | Sie werden |
| er/sie/es werde | sie werden |

ausgegangen sein

**FUTURE SUBJUNCTIVE II**

| | |
|---|---|
| ich würde | wir würden |
| du würdest | ihr würdet |
| Sie würden | Sie würden |
| er/sie/es würde | sie würden |

ausgehen

**FUTURE PERFECT SUBJUNCTIVE II**

| | |
|---|---|
| ich würde | wir würden |
| du würdest | ihr würdet |
| Sie würden | Sie würden |
| er/sie/es würde | sie würden |

ausgegangen sein

**COMMANDS**    geh(e) aus!    geht aus!    gehen Sie aus!

**PRESENT PARTICIPLE**    ausgehend

## Usage

| | |
|---|---|
| Gehen Sie abends gern aus? | *Do you like to go out in the evening?* |
| Beatrice möchte nur einmal mit ihm ausgehen. | *Beatrice would like to go out with him just once.* |
| Amalie geht gern in Jeans aus. | *Amalie likes going out in jeans.* |
| Die Sache ist für uns schief ausgegangen. | *The affair turned out badly for us.* |
| Langsam gingen ihm die Haare aus. | *He gradually lost his hair.* |
| Ich bekomme 100 Euro, aber Erich geht leer aus. | *I'm getting 100 euros, but Erich comes away empty-handed.* |
| Ausgehend von einigen neuen wissenschaftlichen Erkenntnissen wollen wir heute zwei theoretische Fragen stellen. | *Based on some new scientific discoveries, we will pose two theoretical questions today.* |
| Ich gehe davon aus, dass er nicht mitkommt. | *I'm assuming he won't come along.* |
| Lasst das Feuer nicht ausgehen. | *Don't let the fire go out.* |
| Falls das Bier ausgeht, haben wir noch Wein. | *In case the beer runs out, we've still got wine.* |
| Während unserer Fahrt ist der Motor mehrmals ausgegangen. | *The engine died several times during our trip.* |

**RELATED VERBS**    *see* **gehen** (210)

regular weak verb                                    **macht aus · machte aus · ausgemacht**

**PRESENT**

| ich mache | wir machen | |
|---|---|---|
| du machst | ihr macht | aus |
| Sie machen | Sie machen | |
| er/sie/es macht | sie machen | |

**PRESENT PERFECT**

| ich habe | wir haben | |
|---|---|---|
| du hast | ihr habt | ausgemacht |
| Sie haben | Sie haben | |
| er/sie/es hat | sie haben | |

**SIMPLE PAST**

| ich machte | wir machten | |
|---|---|---|
| du machtest | ihr machtet | aus |
| Sie machten | Sie machten | |
| er/sie/es machte | sie machten | |

**PAST PERFECT**

| ich hatte | wir hatten | |
|---|---|---|
| du hattest | ihr hattet | ausgemacht |
| Sie hatten | Sie hatten | |
| er/sie/es hatte | sie hatten | |

**FUTURE**

| ich werde | wir werden | |
|---|---|---|
| du wirst | ihr werdet | ausmachen |
| Sie werden | Sie werden | |
| er/sie/es wird | sie werden | |

**FUTURE PERFECT**

| ich werde | wir werden | |
|---|---|---|
| du wirst | ihr werdet | ausgemacht haben |
| Sie werden | Sie werden | |
| er/sie/es wird | sie werden | |

**PRESENT SUBJUNCTIVE I**

| ich mache | wir machen | |
|---|---|---|
| du machest | ihr machet | aus |
| Sie machen | Sie machen | |
| er/sie/es mache | sie machen | |

**PAST SUBJUNCTIVE I**

| ich habe | wir haben | |
|---|---|---|
| du habest | ihr habet | ausgemacht |
| Sie haben | Sie haben | |
| er/sie/es habe | sie haben | |

**PRESENT SUBJUNCTIVE II**

| ich machte | wir machten | |
|---|---|---|
| du machtest | ihr machtet | aus |
| Sie machten | Sie machten | |
| er/sie/es machte | sie machten | |

**PAST SUBJUNCTIVE II**

| ich hätte | wir hätten | |
|---|---|---|
| du hättest | ihr hättet | ausgemacht |
| Sie hätten | Sie hätten | |
| er/sie/es hätte | sie hätten | |

**FUTURE SUBJUNCTIVE I**

| ich werde | wir werden | |
|---|---|---|
| du werdest | ihr werdet | ausmachen |
| Sie werden | Sie werden | |
| er/sie/es werde | sie werden | |

**FUTURE PERFECT SUBJUNCTIVE I**

| ich werde | wir werden | |
|---|---|---|
| du werdest | ihr werdet | ausgemacht haben |
| Sie werden | Sie werden | |
| er/sie/es werde | sie werden | |

**FUTURE SUBJUNCTIVE II**

| ich würde | wir würden | |
|---|---|---|
| du würdest | ihr würdet | ausmachen |
| Sie würden | Sie würden | |
| er/sie/es würde | sie würden | |

**FUTURE PERFECT SUBJUNCTIVE II**

| ich würde | wir würden | |
|---|---|---|
| du würdest | ihr würdet | ausgemacht haben |
| Sie würden | Sie würden | |
| er/sie/es würde | sie würden | |

**COMMANDS**        mach(e) aus!   macht aus!   machen Sie aus!

**PRESENT PARTICIPLE**        ausmachend

## Usage

Was habt ihr für das Wochenende ausgemacht?
Frau Nari hat einen Termin beim Zahnarzt ausgemacht.
Damit können wir ausmachen, was wir unternehmen wollen.
Mach das Feuer aus, bevor du einschläfst.
Würden Sie bitte das Licht ausmachen?
Wer hat den Fernseher ausgemacht?
Johann behauptet, dass er den Rechner ausgemacht habe.
Die Kosten können Tausende Euro ausmachen.
Was macht eine glückliche Ehe aus?
Es macht nichts aus, wie alt man aussieht.
Eine klare Tendenz lässt sich trotzdem ausmachen.
Im düsteren Wald konnte er kein Tier ausmachen.

*What have you arranged for the weekend?*
*Mrs. Nari made an appointment with the dentist.*
*That way we can agree on what we want to do.*
*Put out the fire before you go to sleep.*
*Would you please turn out the light?*
*Who turned off the television?*
*Johann maintains that he turned the computer off.*
*The costs can amount to thousands of euros.*
*What constitutes a happy marriage?*
*It makes no difference how old you look.*
*A clear trend can nonetheless be discerned.*
*He was unable to make out any animal in the*
  *gloomy forest.*

**RELATED VERBS**   *see* **machen** (300)

# aus·schalten    *to switch off, turn off; eliminate, set aside*

schaltet aus · schaltete aus · ausgeschaltet

regular weak verb

**PRESENT**

| ich schalte | wir schalten | |
|---|---|---|
| du schaltest | ihr schaltet | aus |
| Sie schalten | Sie schalten | |
| er/sie/es schaltet | sie schalten | |

**PRESENT PERFECT**

| ich habe | wir haben | |
|---|---|---|
| du hast | ihr habt | ausgeschaltet |
| Sie haben | Sie haben | |
| er/sie/es hat | sie haben | |

**SIMPLE PAST**

| ich schaltete | wir schalteten | |
|---|---|---|
| du schaltetest | ihr schaltetet | aus |
| Sie schalteten | Sie schalteten | |
| er/sie/es schaltete | sie schalteten | |

**PAST PERFECT**

| ich hatte | wir hatten | |
|---|---|---|
| du hattest | ihr hattet | ausgeschaltet |
| Sie hatten | Sie hatten | |
| er/sie/es hatte | sie hatten | |

**FUTURE**

| ich werde | wir werden | |
|---|---|---|
| du wirst | ihr werdet | ausschalten |
| Sie werden | Sie werden | |
| er/sie/es wird | sie werden | |

**FUTURE PERFECT**

| ich werde | wir werden | |
|---|---|---|
| du wirst | ihr werdet | ausgeschaltet haben |
| Sie werden | Sie werden | |
| er/sie/es wird | sie werden | |

**PRESENT SUBJUNCTIVE I**

| ich schalte | wir schalten | |
|---|---|---|
| du schaltest | ihr schaltet | aus |
| Sie schalten | Sie schalten | |
| er/sie/es schalte | sie schalten | |

**PAST SUBJUNCTIVE I**

| ich habe | wir haben | |
|---|---|---|
| du habest | ihr habet | ausgeschaltet |
| Sie haben | Sie haben | |
| er/sie/es habe | sie haben | |

**PRESENT SUBJUNCTIVE II**

| ich schaltete | wir schalteten | |
|---|---|---|
| du schaltetest | ihr schaltetet | aus |
| Sie schalteten | Sie schalteten | |
| er/sie/es schaltete | sie schalteten | |

**PAST SUBJUNCTIVE II**

| ich hätte | wir hätten | |
|---|---|---|
| du hättest | ihr hättet | ausgeschaltet |
| Sie hätten | Sie hätten | |
| er/sie/es hätte | sie hätten | |

**FUTURE SUBJUNCTIVE I**

| ich werde | wir werden | |
|---|---|---|
| du werdest | ihr werdet | ausschalten |
| Sie werden | Sie werden | |
| er/sie/es werde | sie werden | |

**FUTURE PERFECT SUBJUNCTIVE I**

| ich werde | wir werden | |
|---|---|---|
| du werdest | ihr werdet | ausgeschaltet haben |
| Sie werden | Sie werden | |
| er/sie/es werde | sie werden | |

**FUTURE SUBJUNCTIVE II**

| ich würde | wir würden | |
|---|---|---|
| du würdest | ihr würdet | ausschalten |
| Sie würden | Sie würden | |
| er/sie/es würde | sie würden | |

**FUTURE PERFECT SUBJUNCTIVE II**

| ich würde | wir würden | |
|---|---|---|
| du würdest | ihr würdet | ausgeschaltet haben |
| Sie würden | Sie würden | |
| er/sie/es würde | sie würden | |

**COMMANDS**    schalte aus!   schaltet aus!   schalten Sie aus!

**PRESENT PARTICIPLE**    ausschaltend

## Usage

| Ich empfehle, den Videorekorder auszuschalten. | *I recommend turning off the video recorder.* |
|---|---|
| Das Gerät kann per Fernbedienung ausgeschaltet werden. | *The device can be switched off via remote control.* |
| Man muss die Klimaanlage im Winter ausschalten. | *One must turn off the air conditioning in the winter.* |
| Sie sagten, die Kamera sei ja ausgeschaltet gewesen. | *They claimed the camera had been turned off.* |
| Der Fußballer konnte seinen Gegner ausschalten. | *The soccer player was able to shut down his opponent.* |
| Dem Bericht nach versuche man die Umweltorganisationen auszuschalten. | *According to the report, people are trying to eliminate the environmental organizations.* |
| Seine Kollegen hatten vor, ihn auszuschalten. | *His colleagues planned to exclude him.* |
| Wir dürfen den Verstand nicht ausschalten. | *We mustn't set reason aside.* |
| Dieses Unternehmen will die Konkurrenz ausschalten. | *This company wants to eliminate the competition.* |

### sich ausschalten  *to switch/turn off*

| Mein Rechner schaltet sich nicht aus. | *My computer won't shut down.* |
|---|---|

**RELATED VERBS**  *see* **schalten** (357)

strong verb · schließt aus · schloss aus · ausgeschlossen

**PRESENT**

| | |
|---|---|
| ich schließe | wir schließen |
| du schließt | ihr schließt |
| Sie schließen | Sie schließen |
| er/sie/es schließt | sie schließen |

} aus

**PRESENT PERFECT**

| | |
|---|---|
| ich habe | wir haben |
| du hast | ihr habt |
| Sie haben | Sie haben |
| er/sie/es hat | sie haben |

} ausgeschlossen

**SIMPLE PAST**

| | |
|---|---|
| ich schloss | wir schlossen |
| du schlossest | ihr schlosst |
| Sie schlossen | Sie schlossen |
| er/sie/es schloss | sie schlossen |

} aus

**PAST PERFECT**

| | |
|---|---|
| ich hatte | wir hatten |
| du hattest | ihr hattet |
| Sie hatten | Sie hatten |
| er/sie/es hatte | sie hatten |

} ausgeschlossen

**FUTURE**

| | |
|---|---|
| ich werde | wir werden |
| du wirst | ihr werdet |
| Sie werden | Sie werden |
| er/sie/es wird | sie werden |

} ausschließen

**FUTURE PERFECT**

| | |
|---|---|
| ich werde | wir werden |
| du wirst | ihr werdet |
| Sie werden | Sie werden |
| er/sie/es wird | sie werden |

} ausgeschlossen haben

**PRESENT SUBJUNCTIVE I**

| | |
|---|---|
| ich schließe | wir schließen |
| du schließest | ihr schließet |
| Sie schließen | Sie schließen |
| er/sie/es schließe | sie schließen |

} aus

**PAST SUBJUNCTIVE I**

| | |
|---|---|
| ich habe | wir haben |
| du habest | ihr habet |
| Sie haben | Sie haben |
| er/sie/es habe | sie haben |

} ausgeschlossen

**PRESENT SUBJUNCTIVE II**

| | |
|---|---|
| ich schlösse | wir schlössen |
| du schlössest | ihr schlösset |
| Sie schlössen | Sie schlössen |
| er/sie/es schlösse | sie schlössen |

} aus

**PAST SUBJUNCTIVE II**

| | |
|---|---|
| ich hätte | wir hätten |
| du hättest | ihr hättet |
| Sie hätten | Sie hätten |
| er/sie/es hätte | sie hätten |

} ausgeschlossen

**FUTURE SUBJUNCTIVE I**

| | |
|---|---|
| ich werde | wir werden |
| du werdest | ihr werdet |
| Sie werden | Sie werden |
| er/sie/es werde | sie werden |

} ausschließen

**FUTURE PERFECT SUBJUNCTIVE I**

| | |
|---|---|
| ich werde | wir werden |
| du werdest | ihr werdet |
| Sie werden | Sie werden |
| er/sie/es werde | sie werden |

} ausgeschlossen haben

**FUTURE SUBJUNCTIVE II**

| | |
|---|---|
| ich würde | wir würden |
| du würdest | ihr würdet |
| Sie würden | Sie würden |
| er/sie/es würde | sie würden |

} ausschließen

**FUTURE PERFECT SUBJUNCTIVE II**

| | |
|---|---|
| ich würde | wir würden |
| du würdest | ihr würdet |
| Sie würden | Sie würden |
| er/sie/es würde | sie würden |

} ausgeschlossen haben

**COMMANDS**     schließ(e) aus!     schließt aus!     schließen Sie aus!

**PRESENT PARTICIPLE**     ausschließend

## Usage

Die Polizei schließt nicht aus, dass es sich um Selbstmord handelte.

*The police aren't ruling out the possibility that it was suicide.*

Schüler werden bei solchen Verstößen aus der Schule ausgeschlossen.

*Students will be expelled for such infractions.*

Der neu gegründete Verein schließt alle Nichtgläubiger aus.

*The newly founded association refuses admittance to nonbelievers.*

Das Verfahren schließt ausländische Mitbewerber aus.

*The process excludes foreign competitors.*

Dies würde die Gefahr ausschließen, dass das Haus zusammenbricht.

*This would eliminate the danger of the house collapsing.*

Warum schließen Sie Kinder und Jugendliche aus?

*Why do you exclude children and youth?*

In diesem Fall ist Missbrauch nicht auszuschließen.

*In this case, abuse cannot be ruled out.*

Eine Weitergabe Ihrer persönlichen Angaben an Dritte schließen wir aus.

*We will not give your personal information to third parties.*

**RELATED VERBS** *see* **schließen** (375)

# aus·sehen  *to appear, look*

### sieht aus · sah aus · ausgesehen

strong verb

**PRESENT**

| ich sehe | wir sehen | |
|---|---|---|
| du siehst | ihr seht | aus |
| Sie sehen | Sie sehen | |
| er/sie/es sieht | sie sehen | |

**SIMPLE PAST**

| ich sah | wir sahen | |
|---|---|---|
| du sahst | ihr saht | aus |
| Sie sahen | Sie sahen | |
| er/sie/es sah | sie sahen | |

**FUTURE**

| ich werde | wir werden | |
|---|---|---|
| du wirst | ihr werdet | aussehen |
| Sie werden | Sie werden | |
| er/sie/es wird | sie werden | |

**PRESENT SUBJUNCTIVE I**

| ich sehe | wir sehen | |
|---|---|---|
| du sehest | ihr sehet | aus |
| Sie sehen | Sie sehen | |
| er/sie/es sehe | sie sehen | |

**PRESENT SUBJUNCTIVE II**

| ich sähe | wir sähen | |
|---|---|---|
| du sähest | ihr sähet | aus |
| Sie sähen | Sie sähen | |
| er/sie/es sähe | sie sähen | |

**FUTURE SUBJUNCTIVE I**

| ich werde | wir werden | |
|---|---|---|
| du werdest | ihr werdet | aussehen |
| Sie werden | Sie werden | |
| er/sie/es werde | sie werden | |

**FUTURE SUBJUNCTIVE II**

| ich würde | wir würden | |
|---|---|---|
| du würdest | ihr würdet | aussehen |
| Sie würden | Sie würden | |
| er/sie/es würde | sie würden | |

**PRESENT PERFECT**

| ich habe | wir haben | |
|---|---|---|
| du hast | ihr habt | ausgesehen |
| Sie haben | Sie haben | |
| er/sie/es hat | sie haben | |

**PAST PERFECT**

| ich hatte | wir hatten | |
|---|---|---|
| du hattest | ihr hattet | ausgesehen |
| Sie hatten | Sie hatten | |
| er/sie/es hatte | sie hatten | |

**FUTURE PERFECT**

| ich werde | wir werden | |
|---|---|---|
| du wirst | ihr werdet | ausgesehen haben |
| Sie werden | Sie werden | |
| er/sie/es wird | sie werden | |

**PAST SUBJUNCTIVE I**

| ich habe | wir haben | |
|---|---|---|
| du habest | ihr habet | ausgesehen |
| Sie haben | Sie haben | |
| er/sie/es habe | sie haben | |

**PAST SUBJUNCTIVE II**

| ich hätte | wir hätten | |
|---|---|---|
| du hättest | ihr hättet | ausgesehen |
| Sie hätten | Sie hätten | |
| er/sie/es hätte | sie hätten | |

**FUTURE PERFECT SUBJUNCTIVE I**

| ich werde | wir werden | |
|---|---|---|
| du werdest | ihr werdet | ausgesehen haben |
| Sie werden | Sie werden | |
| er/sie/es werde | sie werden | |

**FUTURE PERFECT SUBJUNCTIVE II**

| ich würde | wir würden | |
|---|---|---|
| du würdest | ihr würdet | ausgesehen haben |
| Sie würden | Sie würden | |
| er/sie/es würde | sie würden | |

**COMMANDS**    sieh aus!   seht aus!   sehen Sie aus!

**PRESENT PARTICIPLE**    aussehend

## Usage

| | |
|---|---|
| Das sieht ja lecker aus. | *That looks really delicious.* |
| Es sah so aus, als ob wir eine Lösung gefunden hätten. | *It appeared as though we'd found a solution.* |
| So siehst du aus. | *This is how you look.* |
| Unser Haus hat vor dem Umbau besser ausgesehen! | *Our house looked better before the remodeling!* |
| Ich will einfach gut aussehen. | *I just want to look good.* |
| Wie schafft sie es jünger auszusehen? | *How does she manage to look younger?* |
| Wie sieht es bei dir aus? (*colloquial*) | *How are things with you?* |
| Wie seht ihr aus? | *What do you look like?* |
| Der Weihnachtsmann sah wie Papa aus. | *Santa Claus looked like Papa.* |
| Die Wachsfigur hat so echt ausgesehen, dass ich sie fast angesprochen habe. | *The wax figure looked so real that I almost spoke to it.* |
| Wie so eine Welt aussähe, beschreibt er in seinem Buch. | *He describes in his book what such a world would look like.* |

**RELATED VERBS**  voraus·sehen; *see also* **sehen** (397)

strong verb          **spricht aus · sprach aus · ausgesprochen**

**PRESENT**

| ich spreche | wir sprechen | |
|---|---|---|
| du sprichst | ihr sprecht | } aus |
| Sie sprechen | Sie sprechen | |
| er/sie/es spricht | sie sprechen | |

**SIMPLE PAST**

| ich sprach | wir sprachen | |
|---|---|---|
| du sprachst | ihr spracht | } aus |
| Sie sprachen | Sie sprachen | |
| er/sie/es sprach | sie sprachen | |

**FUTURE**

| ich werde | wir werden | |
|---|---|---|
| du wirst | ihr werdet | } aussprechen |
| Sie werden | Sie werden | |
| er/sie/es wird | sie werden | |

**PRESENT SUBJUNCTIVE I**

| ich spreche | wir sprechen | |
|---|---|---|
| du sprechest | ihr sprechet | } aus |
| Sie sprechen | Sie sprechen | |
| er/sie/es spreche | sie sprechen | |

**PRESENT SUBJUNCTIVE II**

| ich spräche | wir sprächen | |
|---|---|---|
| du sprächest | ihr sprächet | } aus |
| Sie sprächen | Sie sprächen | |
| er/sie/es spräche | sie sprächen | |

**FUTURE SUBJUNCTIVE I**

| ich werde | wir werden | |
|---|---|---|
| du werdest | ihr werdet | } aussprechen |
| Sie werden | Sie werden | |
| er/sie/es werde | sie werden | |

**FUTURE SUBJUNCTIVE II**

| ich würde | wir würden | |
|---|---|---|
| du würdest | ihr würdet | } aussprechen |
| Sie würden | Sie würden | |
| er/sie/es würde | sie würden | |

**PRESENT PERFECT**

| ich habe | wir haben | |
|---|---|---|
| du hast | ihr habt | } ausgesprochen |
| Sie haben | Sie haben | |
| er/sie/es hat | sie haben | |

**PAST PERFECT**

| ich hatte | wir hatten | |
|---|---|---|
| du hattest | ihr hattet | } ausgesprochen |
| Sie hatten | Sie hatten | |
| er/sie/es hatte | sie hatten | |

**FUTURE PERFECT**

| ich werde | wir werden | |
|---|---|---|
| du wirst | ihr werdet | } ausgesprochen haben |
| Sie werden | Sie werden | |
| er/sie/es wird | sie werden | |

**PAST SUBJUNCTIVE I**

| ich habe | wir haben | |
|---|---|---|
| du habest | ihr habet | } ausgesprochen |
| Sie haben | Sie haben | |
| er/sie/es habe | sie haben | |

**PAST SUBJUNCTIVE II**

| ich hätte | wir hätten | |
|---|---|---|
| du hättest | ihr hättet | } ausgesprochen |
| Sie hätten | Sie hätten | |
| er/sie/es hätte | sie hätten | |

**FUTURE PERFECT SUBJUNCTIVE I**

| ich werde | wir werden | |
|---|---|---|
| du werdest | ihr werdet | } ausgesprochen haben |
| Sie werden | Sie werden | |
| er/sie/es werde | sie werden | |

**FUTURE PERFECT SUBJUNCTIVE II**

| ich würde | wir würden | |
|---|---|---|
| du würdest | ihr würdet | } ausgesprochen haben |
| Sie würden | Sie würden | |
| er/sie/es würde | sie würden | |

**COMMANDS**      sprich aus!   sprecht aus!   sprechen Sie aus!

**PRESENT PARTICIPLE**      aussprechend

## Usage

| | |
|---|---|
| Dort konnten sie ihre Gedanken aussprechen. | *There they were able to articulate their thoughts.* |
| Viele Politiker hatten diese Ansicht ausgesprochen. | *Many politicians had stated this view.* |
| Somit möchten wir unser Beileid aussprechen. | *And so we would like to offer our condolences.* |
| Ich kann das Wort nicht richtig aussprechen. | *I can't pronounce the word correctly.* |
| Fremdwörter spricht man oft falsch aus. | *Foreign words are often pronounced wrong.* |
| Der Lehrer hat mich nicht aussprechen lassen. | *The teacher didn't let me finish speaking.* |
| In diesem Land werden Freiheitsstrafen von bis zu sechs Jahren ausgesprochen. | *In this country, prison sentences of up to six years may be imposed.* |

**sich aussprechen** *to state one's position; express oneself*

| | |
|---|---|
| Irmgard spricht sich gegen Ölbohrung in der Barentssee aus. | *Irmgard is taking a position against oil drilling in the Bering Sea.* |
| Die ganze Zeit durfte ich mich nicht wirklich aussprechen. | *The whole time, I was not allowed to express myself.* |

**RELATED VERBS**   *see* **sprechen** (415)

# aus·stellen  *to display, exhibit; write out, issue*

**stellt aus · stellte aus · ausgestellt**

## PRESENT

| | | |
|---|---|---|
| ich stelle | wir stellen | |
| du stellst | ihr stellt | aus |
| Sie stellen | Sie stellen | |
| er/sie/es stellt | sie stellen | |

## SIMPLE PAST

| | | |
|---|---|---|
| ich stellte | wir stellten | |
| du stelltest | ihr stelltet | aus |
| Sie stellten | Sie stellten | |
| er/sie/es stellte | sie stellten | |

## FUTURE

| | | |
|---|---|---|
| ich werde | wir werden | |
| du wirst | ihr werdet | ausstellen |
| Sie werden | Sie werden | |
| er/sie/es wird | sie werden | |

## PRESENT SUBJUNCTIVE I

| | | |
|---|---|---|
| ich stelle | wir stellen | |
| du stellest | ihr stellet | aus |
| Sie stellen | Sie stellen | |
| er/sie/es stelle | sie stellen | |

## PRESENT SUBJUNCTIVE II

| | | |
|---|---|---|
| ich stellte | wir stellten | |
| du stelltest | ihr stelltet | aus |
| Sie stellten | Sie stellten | |
| er/sie/es stellte | sie stellten | |

## FUTURE SUBJUNCTIVE I

| | | |
|---|---|---|
| ich werde | wir werden | |
| du werdest | ihr werdet | ausstellen |
| Sie werden | Sie werden | |
| er/sie/es werde | sie werden | |

## FUTURE SUBJUNCTIVE II

| | | |
|---|---|---|
| ich würde | wir würden | |
| du würdest | ihr würdet | ausstellen |
| Sie würden | Sie würden | |
| er/sie/es würde | sie würden | |

## PRESENT PERFECT

| | | |
|---|---|---|
| ich habe | wir haben | |
| du hast | ihr habt | ausgestellt |
| Sie haben | Sie haben | |
| er/sie/es hat | sie haben | |

## PAST PERFECT

| | | |
|---|---|---|
| ich hatte | wir hatten | |
| du hattest | ihr hattet | ausgestellt |
| Sie hatten | Sie hatten | |
| er/sie/es hatte | sie hatten | |

## FUTURE PERFECT

| | | |
|---|---|---|
| ich werde | wir werden | |
| du wirst | ihr werdet | ausgestellt haben |
| Sie werden | Sie werden | |
| er/sie/es wird | sie werden | |

## PAST SUBJUNCTIVE I

| | | |
|---|---|---|
| ich habe | wir haben | |
| du habest | ihr habet | ausgestellt |
| Sie haben | Sie haben | |
| er/sie/es habe | sie haben | |

## PAST SUBJUNCTIVE II

| | | |
|---|---|---|
| ich hätte | wir hätten | |
| du hättest | ihr hättet | ausgestellt |
| Sie hätten | Sie hätten | |
| er/sie/es hätte | sie hätten | |

## FUTURE PERFECT SUBJUNCTIVE I

| | | |
|---|---|---|
| ich werde | wir werden | |
| du werdest | ihr werdet | ausgestellt haben |
| Sie werden | Sie werden | |
| er/sie/es werde | sie werden | |

## FUTURE PERFECT SUBJUNCTIVE II

| | | |
|---|---|---|
| ich würde | wir würden | |
| du würdest | ihr würdet | ausgestellt haben |
| Sie würden | Sie würden | |
| er/sie/es würde | sie würden | |

**COMMANDS**  stell(e) aus!  stellt aus!  stellen Sie aus!

**PRESENT PARTICIPLE**  ausstellend

## Usage

| | |
|---|---|
| Der Künstler möchte seine Werke ausstellen. | *The artist would like to exhibit his work.* |
| Die folgenden Bilder wurden auf der Konferenz ausgestellt. | *The following pictures were displayed at the conference.* |
| In der Leibnizstraße steht die Galerie, in der ich meine Fotos ausstelle. | *The gallery where I'm exhibiting my photos is on Leibniz Street.* |
| Denjenigen Ausstellern, die auf der letzten Messe nicht ausstellten, wird keine Ermäßigung mehr gewährt. | *Those exhibitors who didn't exhibit at the last trade fair no longer receive a discount.* |
| Bereits als Kind stellte Karin ihre Skulpturen aus. | *Even as a child, Karin exhibited her sculptures.* |
| Wenn du einen Scheck ausstellen möchtest, trag bitte meinen Namen als Empfänger ein. | *If you would like to make out a check, please put my name down as payee.* |
| Manche Bescheinigungen können von der Botschaft ausgestellt werden. | *Some certificates can be issued by the embassy.* |
| Die Behörden stellten ihm einen provisorischen Pass aus. | *The authorities issued him a provisional passport.* |

**RELATED VERBS**  heraus·stellen; *see also* **stellen** (426)

strong verb                                    **zieht aus · zog aus · ausgezogen**

**PRESENT**

| | |
|---|---|
| ich ziehe | wir ziehen |
| du ziehst | ihr zieht |
| Sie ziehen | Sie ziehen |
| er/sie/es zieht | sie ziehen |

} aus

**SIMPLE PAST**

| | |
|---|---|
| ich zog | wir zogen |
| du zogst | ihr zogt |
| Sie zogen | Sie zogen |
| er/sie/es zog | sie zogen |

} aus

**FUTURE**

| | |
|---|---|
| ich werde | wir werden |
| du wirst | ihr werdet |
| Sie werden | Sie werden |
| er/sie/es wird | sie werden |

} ausziehen

**PRESENT SUBJUNCTIVE I**

| | |
|---|---|
| ich ziehe | wir ziehen |
| du ziehest | ihr ziehet |
| Sie ziehen | Sie ziehen |
| er/sie/es ziehe | sie ziehen |

} aus

**PRESENT SUBJUNCTIVE II**

| | |
|---|---|
| ich zöge | wir zögen |
| du zögest | ihr zöget |
| Sie zögen | Sie zögen |
| er/sie/es zöge | sie zögen |

} aus

**FUTURE SUBJUNCTIVE I**

| | |
|---|---|
| ich werde | wir werden |
| du werdest | ihr werdet |
| Sie werden | Sie werden |
| er/sie/es werde | sie werden |

} ausziehen

**FUTURE SUBJUNCTIVE II**

| | |
|---|---|
| ich würde | wir würden |
| du würdest | ihr würdet |
| Sie würden | Sie würden |
| er/sie/es würde | sie würden |

} ausziehen

**PRESENT PERFECT**

| | |
|---|---|
| ich habe | wir haben |
| du hast | ihr habt |
| Sie haben | Sie haben |
| er/sie/es hat | sie haben |

} ausgezogen

**PAST PERFECT**

| | |
|---|---|
| ich hatte | wir hatten |
| du hattest | ihr hattet |
| Sie hatten | Sie hatten |
| er/sie/es hatte | sie hatten |

} ausgezogen

**FUTURE PERFECT**

| | |
|---|---|
| ich werde | wir werden |
| du wirst | ihr werdet |
| Sie werden | Sie werden |
| er/sie/es wird | sie werden |

} ausgezogen haben

**PAST SUBJUNCTIVE I**

| | |
|---|---|
| ich habe | wir haben |
| du habest | ihr habet |
| Sie haben | Sie haben |
| er/sie/es habe | sie haben |

} ausgezogen

**PAST SUBJUNCTIVE II**

| | |
|---|---|
| ich hätte | wir hätten |
| du hättest | ihr hättet |
| Sie hätten | Sie hätten |
| er/sie/es hätte | sie hätten |

} ausgezogen

**FUTURE PERFECT SUBJUNCTIVE I**

| | |
|---|---|
| ich werde | wir werden |
| du werdest | ihr werdet |
| Sie werden | Sie werden |
| er/sie/es werde | sie werden |

} ausgezogen haben

**FUTURE PERFECT SUBJUNCTIVE II**

| | |
|---|---|
| ich würde | wir würden |
| du würdest | ihr würdet |
| Sie würden | Sie würden |
| er/sie/es würde | sie würden |

} ausgezogen haben

**COMMANDS**          zieh(e) aus!   zieht aus!   ziehen Sie aus!

**PRESENT PARTICIPLE**     ausziehend

## Usage

| | |
|---|---|
| Ich musste mir neulich einen Zahn ausziehen lassen. | *I recently had to have a tooth pulled.* |
| Könnten Sie bitte dem Kind die Jacke ausziehen? | *Could you please remove the child's jacket?* |

### sich ausziehen *to undress, take off*

| | |
|---|---|
| Wollte er sich wirklich ausziehen? | *Did he really want to undress?* |
| Zieht euch bitte die Schuhe aus. | *Please take off your shoes.* |

### ausziehen (with **sein**) *to move (house); set out*

| | |
|---|---|
| Aus der Wohnung in der Grimmstraße war ich gerade ausgezogen. | *I had just moved from the apartment on Grimm Street.* |
| Dirk musste ausziehen, weil er die Miete nicht mehr zahlen konnte. | *Dirk had to move out because he could no longer pay the rent.* |
| Sie zogen aus, um das Gelobte Land zu finden. | *They set out to find the Promised Land.* |

**RELATED VERBS** hinaus·ziehen; *see also* **ziehen** (549)

# backen  *to bake*

## backt/bäckt · backte/buk · gebacken
regular weak verb/strong verb

### PRESENT

| | |
|---|---|
| ich backe | wir backen |
| du backst/bäckst | ihr backt |
| Sie backen | Sie backen |
| er/sie/es backt/bäckt | sie backen |

### SIMPLE PAST

| | |
|---|---|
| ich backte/buk | wir backten/buken |
| du backtest/bukst | ihr backtet/bukt |
| Sie backten/buken | Sie backten/buken |
| er/sie/es backte/buk | sie backten/buken |

### FUTURE

| | |
|---|---|
| ich werde | wir werden |
| du wirst | ihr werdet |
| Sie werden | Sie werden |
| er/sie/es wird | sie werden |

} backen

### PRESENT SUBJUNCTIVE I

| | |
|---|---|
| ich backe | wir backen |
| du backest | ihr backet |
| Sie backen | Sie backen |
| er/sie/es backe | sie backen |

### PRESENT SUBJUNCTIVE II

| | |
|---|---|
| ich backte/büke | wir backten/büken |
| du backtest/bükest | ihr backtet/büket |
| Sie backten/büken | Sie backten/büken |
| er/sie/es backte/büke | sie backten/büken |

### FUTURE SUBJUNCTIVE I

| | |
|---|---|
| ich werde | wir werden |
| du werdest | ihr werdet |
| Sie werden | Sie werden |
| er/sie/es werde | sie werden |

} backen

### FUTURE SUBJUNCTIVE II

| | |
|---|---|
| ich würde | wir würden |
| du würdest | ihr würdet |
| Sie würden | Sie würden |
| er/sie/es würde | sie würden |

} backen

### PRESENT PERFECT

| | |
|---|---|
| ich habe | wir haben |
| du hast | ihr habt |
| Sie haben | Sie haben |
| er/sie/es hat | sie haben |

} gebacken

### PAST PERFECT

| | |
|---|---|
| ich hatte | wir hatten |
| du hattest | ihr hattet |
| Sie hatten | Sie hatten |
| er/sie/es hatte | sie hatten |

} gebacken

### FUTURE PERFECT

| | |
|---|---|
| ich werde | wir werden |
| du wirst | ihr werdet |
| Sie werden | Sie werden |
| er/sie/es wird | sie werden |

} gebacken haben

### PAST SUBJUNCTIVE I

| | |
|---|---|
| ich habe | wir haben |
| du habest | ihr habet |
| Sie haben | Sie haben |
| er/sie/es habe | sie haben |

} gebacken

### PAST SUBJUNCTIVE II

| | |
|---|---|
| ich hätte | wir hätten |
| du hättest | ihr hättet |
| Sie hätten | Sie hätten |
| er/sie/es hätte | sie hätten |

} gebacken

### FUTURE PERFECT SUBJUNCTIVE I

| | |
|---|---|
| ich werde | wir werden |
| du werdest | ihr werdet |
| Sie werden | Sie werden |
| er/sie/es werde | sie werden |

} gebacken haben

### FUTURE PERFECT SUBJUNCTIVE II

| | |
|---|---|
| ich würde | wir würden |
| du würdest | ihr würdet |
| Sie würden | Sie würden |
| er/sie/es würde | sie würden |

} gebacken haben

**COMMANDS**  back(e)!  backt!  backen Sie!

**PRESENT PARTICIPLE**  backend

## Usage

| | |
|---|---|
| Volker hat uns eine leckere Torte gebacken. | *Volker baked us a delicious tart.* |
| Samstags backt Mutti oft Brot. | *Mom often bakes bread on Saturdays.* |
| Die Schüler backen heute Pizza. | *The students are making pizza today.* |
| Ein Bäcker hätte damals andere Brotsorten gebacken. | *A baker in those days would have baked different kinds of bread.* |
| Die Kinder backten Plätzchen und Kuchen. | *The children baked cookies and cakes.* |
| Den ganzen Tag wurde gebacken und gekocht. | *There was baking and cooking all day long.* |
| Wir backen regionale Spezialitäten für Sie. | *We'll bake regional specialties for you.* |
| Was für einen Kuchen hast du ihm gebacken? | *What kind of cake did you bake for him?* |
| Die Brötchen, die du gebacken hast, sind alle. | *The rolls you baked are gone.* |
| Ich backe gern Brot aus frisch gemahlenem Mehl. | *I like to bake bread from freshly milled wheat.* |
| Die alte Frau buk Hänsel und Gretel einen Lebkuchen. | *The old woman baked Hänsel and Gretel a gingerbread cake.* |

**RELATED VERBS**  ab·backen, an·backen, auf·backen, aus·backen, durch·backen, überbacken, verbacken

regular weak verb · · · · · · · · · · · · · · · · · · · · · · · · · · · · · · · · **badet · badete · gebadet**

## PRESENT

| | |
|---|---|
| ich bade | wir baden |
| du badest | ihr badet |
| Sie baden | Sie baden |
| er/sie/es badet | sie baden |

## SIMPLE PAST

| | |
|---|---|
| ich badete | wir badeten |
| du badetest | ihr badetet |
| Sie badeten | Sie badeten |
| er/sie/es badete | sie badeten |

## FUTURE

| | |
|---|---|
| ich werde | wir werden |
| du wirst | ihr werdet |
| Sie werden | Sie werden |
| er/sie/es wird | sie werden |

} baden

## PRESENT SUBJUNCTIVE I

| | |
|---|---|
| ich bade | wir baden |
| du badest | ihr badet |
| Sie baden | Sie baden |
| er/sie/es bade | sie baden |

## PRESENT SUBJUNCTIVE II

| | |
|---|---|
| ich badete | wir badeten |
| du badetest | ihr badetet |
| Sie badeten | Sie badeten |
| er/sie/es badete | sie badeten |

## FUTURE SUBJUNCTIVE I

| | |
|---|---|
| ich werde | wir werden |
| du werdest | ihr werdet |
| Sie werden | Sie werden |
| er/sie/es werde | sie werden |

} baden

## FUTURE SUBJUNCTIVE II

| | |
|---|---|
| ich würde | wir würden |
| du würdest | ihr würdet |
| Sie würden | Sie würden |
| er/sie/es würde | sie würden |

} baden

## PRESENT PERFECT

| | |
|---|---|
| ich habe | wir haben |
| du hast | ihr habt |
| Sie haben | Sie haben |
| er/sie/es hat | sie haben |

} gebadet

## PAST PERFECT

| | |
|---|---|
| ich hatte | wir hatten |
| du hattest | ihr hattet |
| Sie hatten | Sie hatten |
| er/sie/es hatte | sie hatten |

} gebadet

## FUTURE PERFECT

| | |
|---|---|
| ich werde | wir werden |
| du wirst | ihr werdet |
| Sie werden | Sie werden |
| er/sie/es wird | sie werden |

} gebadet haben

## PAST SUBJUNCTIVE I

| | |
|---|---|
| ich habe | wir haben |
| du habest | ihr habet |
| Sie haben | Sie haben |
| er/sie/es habe | sie haben |

} gebadet

## PAST SUBJUNCTIVE II

| | |
|---|---|
| ich hätte | wir hätten |
| du hättest | ihr hättet |
| Sie hätten | Sie hätten |
| er/sie/es hätte | sie hätten |

} gebadet

## FUTURE PERFECT SUBJUNCTIVE I

| | |
|---|---|
| ich werde | wir werden |
| du werdest | ihr werdet |
| Sie werden | Sie werden |
| er/sie/es werde | sie werden |

} gebadet haben

## FUTURE PERFECT SUBJUNCTIVE II

| | |
|---|---|
| ich würde | wir würden |
| du würdest | ihr würdet |
| Sie würden | Sie würden |
| er/sie/es würde | sie würden |

} gebadet haben

COMMANDS · · · · · · · bade! badet! baden Sie!

PRESENT PARTICIPLE · · · · badend

## Usage

| | |
|---|---|
| Er durfte mit einer offenen Wunde nicht baden. | *He was not permitted to bathe with an open wound.* |
| Ich habe mir die Füße erst warm dann kalt gebadet. | *I bathed my feet first in warm water, then in cold.* |
| Nachdem er sich gebadet hat, macht er einen Spaziergang. | *After he takes a bath, he takes a walk.* |
| Erwin, bade bitte den Hund! | *Erwin, please give the dog a bath!* |
| Die Hebamme hat das Baby gebadet. | *The midwife gave the baby a bath.* |
| Erst sieben Tage nach der Operation kann gebadet werden. | *There is to be no bathing until seven days after the operation.* |
| | |
| Die Sonne badete ihn in Licht. | *The sun bathed him in light.* |
| Wollt ihr baden gehen? | *Do you want to go swimming?* |
| Auch im Winter kann man dort baden. | *Even in the winter you can swim there.* |
| Wir waren in Schweiß gebadet. | *We were soaked in sweat.* |
| Er badete sich im Blut des Drachens. | *He wallowed in the dragon's blood.* |

# bauen  *to build; cultivate*

**baut · baute · gebaut**

*regular weak verb*

**PRESENT**

| | |
|---|---|
| ich baue | wir bauen |
| du baust | ihr baut |
| Sie bauen | Sie bauen |
| er/sie/es baut | sie bauen |

**SIMPLE PAST**

| | |
|---|---|
| ich baute | wir bauten |
| du bautest | ihr bautet |
| Sie bauten | Sie bauten |
| er/sie/es baute | sie bauten |

**FUTURE**

| | |
|---|---|
| ich werde | wir werden |
| du wirst | ihr werdet |
| Sie werden | Sie werden |
| er/sie/es wird | sie werden |

} bauen

**PRESENT SUBJUNCTIVE I**

| | |
|---|---|
| ich baue | wir bauen |
| du bauest | ihr bauet |
| Sie bauen | Sie bauen |
| er/sie/es baue | sie bauen |

**PRESENT SUBJUNCTIVE II**

| | |
|---|---|
| ich baute | wir bauten |
| du bautest | ihr bautet |
| Sie bauen | Sie bauen |
| er/sie/es baute | sie bauten |

**FUTURE SUBJUNCTIVE I**

| | |
|---|---|
| ich werde | wir werden |
| du werdest | ihr werdet |
| Sie werden | Sie werden |
| er/sie/es werde | sie werden |

} bauen

**FUTURE SUBJUNCTIVE II**

| | |
|---|---|
| ich würde | wir würden |
| du würdest | ihr würdet |
| Sie würden | Sie würden |
| er/sie/es würde | sie würden |

} bauen

**PRESENT PERFECT**

| | |
|---|---|
| ich habe | wir haben |
| du hast | ihr habt |
| Sie haben | Sie haben |
| er/sie/es hat | sie haben |

} gebaut

**PAST PERFECT**

| | |
|---|---|
| ich hatte | wir hatten |
| du hattest | ihr hattet |
| Sie hatten | Sie hatten |
| er/sie/es hatte | sie hatten |

} gebaut

**FUTURE PERFECT**

| | |
|---|---|
| ich werde | wir werden |
| du wirst | ihr werdet |
| Sie werden | Sie werden |
| er/sie/es wird | sie werden |

} gebaut haben

**PAST SUBJUNCTIVE I**

| | |
|---|---|
| ich habe | wir haben |
| du habest | ihr habet |
| Sie haben | Sie haben |
| er/sie/es habe | sie haben |

} gebaut

**PAST SUBJUNCTIVE II**

| | |
|---|---|
| ich hätte | wir hätten |
| du hättest | ihr hättet |
| Sie hätten | Sie hätten |
| er/sie/es hätte | sie hätten |

} gebaut

**FUTURE PERFECT SUBJUNCTIVE I**

| | |
|---|---|
| ich werde | wir werden |
| du werdest | ihr werdet |
| Sie werden | Sie werden |
| er/sie/es werde | sie werden |

} gebaut haben

**FUTURE PERFECT SUBJUNCTIVE II**

| | |
|---|---|
| ich würde | wir würden |
| du würdest | ihr würdet |
| Sie würden | Sie würden |
| er/sie/es würde | sie würden |

} gebaut haben

**COMMANDS**  bau(e)!  baut!  bauen Sie!

**PRESENT PARTICIPLE**  bauend

## Usage

| | |
|---|---|
| Familie Fricke möchte ein neues Haus bauen. | *The Fricke family would like to build a new house.* |
| Ich habe diesen Esstisch selbst gebaut. | *I built this dining room table myself.* |
| Der Plan, einen Sportplatz zu bauen, entstand letztes Jahr. | *Plans to construct a playing field were drawn up last year.* |
| Die Stadt will hier bauen, aber die Landwirte wollen es nicht. | *The city wants to build here, but the farmers don't want that.* |
| Die meisten Produkte wurden aus Holz gebaut. | *Most products were constructed of wood.* |
| Als Kind hat Ernst Modellflugzeuge gebaut. | *As a child, Ernst built model airplanes.* |
| Wenn du ein Haus baust, achte auf die Kleinigkeiten! | *When you build a house, pay attention to detail!* |
| Die Kinder bauten Wagen aus alten Kisten. | *The children built wagons from old crates.* |
| In diesem Tal können Weizen und Gerste gebaut werden. | *Wheat and barley can be cultivated in this valley.* |

**RELATED VERBS**  ab·bauen, an·bauen, auf·bauen, aus·bauen, bebauen, ein·bauen, erbauen, nach·bauen, über·bauen, überbauen, um·bauen, umbauen, unterbauen, verbauen, vor·bauen, wiederauf·bauen, zu·bauen, zusammen·bauen

regular weak verb

beachtet · beachtete · beachtet

**PRESENT**

| | |
|---|---|
| ich beachte | wir beachten |
| du beachtest | ihr beachtet |
| Sie beachten | Sie beachten |
| er/sie/es beachtet | sie beachten |

**SIMPLE PAST**

| | |
|---|---|
| ich beachtete | wir beachteten |
| du beachtetest | ihr beachtetet |
| Sie beachteten | Sie beachteten |
| er/sie/es beachtete | sie beachteten |

**FUTURE**

| | |
|---|---|
| ich werde | wir werden |
| du wirst | ihr werdet |
| Sie werden | Sie werden |
| er/sie/es wird | sie werden |

} beachten

**PRESENT SUBJUNCTIVE I**

| | |
|---|---|
| ich beachte | wir beachten |
| du beachtest | ihr beachtet |
| Sie beachten | Sie beachten |
| er/sie/es beachte | sie beachten |

**PRESENT SUBJUNCTIVE II**

| | |
|---|---|
| ich beachtete | wir beachteten |
| du beachtetest | ihr beachtetet |
| Sie beachteten | Sie beachteten |
| er/sie/es beachtete | sie beachteten |

**FUTURE SUBJUNCTIVE I**

| | |
|---|---|
| ich werde | wir werden |
| du werdest | ihr werdet |
| Sie werden | Sie werden |
| er/sie/es werde | sie werden |

} beachten

**FUTURE SUBJUNCTIVE II**

| | |
|---|---|
| ich würde | wir würden |
| du würdest | ihr würdet |
| Sie würden | Sie würden |
| er/sie/es würde | sie würden |

} beachten

**PRESENT PERFECT**

| | |
|---|---|
| ich habe | wir haben |
| du hast | ihr habt |
| Sie haben | Sie haben |
| er/sie/es hat | sie haben |

} beachtet

**PAST PERFECT**

| | |
|---|---|
| ich hatte | wir hatten |
| du hattest | ihr hattet |
| Sie hatten | Sie hatten |
| er/sie/es hatte | sie hatten |

} beachtet

**FUTURE PERFECT**

| | |
|---|---|
| ich werde | wir werden |
| du wirst | ihr werdet |
| Sie werden | Sie werden |
| er/sie/es wird | sie werden |

} beachtet haben

**PAST SUBJUNCTIVE I**

| | |
|---|---|
| ich habe | wir haben |
| du habest | ihr habet |
| Sie haben | Sie haben |
| er/sie/es habe | sie haben |

} beachtet

**PAST SUBJUNCTIVE II**

| | |
|---|---|
| ich hätte | wir hätten |
| du hättest | ihr hättet |
| Sie hätten | Sie hätten |
| er/sie/es hätte | sie hätten |

} beachtet

**FUTURE PERFECT SUBJUNCTIVE I**

| | |
|---|---|
| ich werde | wir werden |
| du werdest | ihr werdet |
| Sie werden | Sie werden |
| er/sie/es werde | sie werden |

} beachtet haben

**FUTURE PERFECT SUBJUNCTIVE II**

| | |
|---|---|
| ich würde | wir würden |
| du würdest | ihr würdet |
| Sie würden | Sie würden |
| er/sie/es würde | sie würden |

} beachtet haben

**COMMANDS**      beachte!  beachtet!  beachten Sie!

**PRESENT PARTICIPLE**      beachtend

## Usage

Beachten Sie bitte die Regeln und Vorschriften.

Man sollte die Hinweise unbedingt beachten.

Sowohl der Arbeitnehmer als auch der Arbeitgeber müssen alle örtlichen Verordnungen beachten.

Kursteilnehmer werden gebeten, die folgenden Regeln zu beachten.

Bitte beachten Sie, dass wir keine Garantie für die Richtigkeit der Angaben übernehmen können.

Er beachtete kaum die Frau in der Ecke.

Warum beachtest du mich nicht?

Leider hatten sie die Sturmwarnungen nicht beachtet.

Beachten Sie bitte die Lautsprecheransagen.

*Please obey the rules and regulations.*
*You should follow the instructions no matter what.*
*Both employer and employee must observe all local ordinances.*
*Course participants are asked to note the following rules.*

*Please note that we do not guarantee the accuracy of the information.*
*He hardly took notice of the woman in the corner.*
*Why don't you pay attention to me?*
*Unfortunately, they hadn't paid attention to the storm warnings.*
*Please pay attention to the public announcements.*

**RELATED VERBS**  *see* **achten** (7)

# beantragen  *to apply for; propose, call for*

beantragt · beantragte · beantragt

regular weak verb

### PRESENT

| | |
|---|---|
| ich beantrage | wir beantragen |
| du beantragst | ihr beantragt |
| Sie beantragen | Sie beantragen |
| er/sie/es beantragt | sie beantragen |

### SIMPLE PAST

| | |
|---|---|
| ich beantragte | wir beantragten |
| du beantragtest | ihr beantragtet |
| Sie beantragten | Sie beantragten |
| er/sie/es beantragte | sie beantragten |

### FUTURE

| | |
|---|---|
| ich werde | wir werden |
| du wirst | ihr werdet |
| Sie werden | Sie werden |
| er/sie/es wird | sie werden |

} beantragen

### PRESENT SUBJUNCTIVE I

| | |
|---|---|
| ich beantrage | wir beantragen |
| du beantragest | ihr beantraget |
| Sie beantragen | Sie beantragen |
| er/sie/es beantrage | sie beantragen |

### PRESENT SUBJUNCTIVE II

| | |
|---|---|
| ich beantragte | wir beantragten |
| du beantragtest | ihr beantragtet |
| Sie beantragten | Sie beantragten |
| er/sie/es beantragte | sie beantragten |

### FUTURE SUBJUNCTIVE I

| | |
|---|---|
| ich werde | wir werden |
| du werdest | ihr werdet |
| Sie werden | Sie werden |
| er/sie/es werde | sie werden |

} beantragen

### FUTURE SUBJUNCTIVE II

| | |
|---|---|
| ich würde | wir würden |
| du würdest | ihr würdet |
| Sie würden | Sie würden |
| er/sie/es würde | sie würden |

} beantragen

### PRESENT PERFECT

| | |
|---|---|
| ich habe | wir haben |
| du hast | ihr habt |
| Sie haben | Sie haben |
| er/sie/es hat | sie haben |

} beantragt

### PAST PERFECT

| | |
|---|---|
| ich hatte | wir hatten |
| du hattest | ihr hattet |
| Sie hatten | Sie hatten |
| er/sie/es hatte | sie hatten |

} beantragt

### FUTURE PERFECT

| | |
|---|---|
| ich werde | wir werden |
| du wirst | ihr werdet |
| Sie werden | Sie werden |
| er/sie/es wird | sie werden |

} beantragt haben

### PAST SUBJUNCTIVE I

| | |
|---|---|
| ich habe | wir haben |
| du habest | ihr habet |
| Sie haben | Sie haben |
| er/sie/es habe | sie haben |

} beantragt

### PAST SUBJUNCTIVE II

| | |
|---|---|
| ich hätte | wir hätten |
| du hättest | ihr hättet |
| Sie hätten | Sie hätten |
| er/sie/es hätte | sie hätten |

} beantragt

### FUTURE PERFECT SUBJUNCTIVE I

| | |
|---|---|
| ich werde | wir werden |
| du werdest | ihr werdet |
| Sie werden | Sie werden |
| er/sie/es werde | sie werden |

} beantragt haben

### FUTURE PERFECT SUBJUNCTIVE II

| | |
|---|---|
| ich würde | wir würden |
| du würdest | ihr würdet |
| Sie würden | Sie würden |
| er/sie/es würde | sie würden |

} beantragt haben

COMMANDS          beantrag(e)!   beantragt!   beantragen Sie!

PRESENT PARTICIPLE   beantragend

## Usage

| | |
|---|---|
| Möchten Sie eine Kreditkarte beantragen? | *Would you like to apply for a credit card?* |
| Ich beantrage hiermit die Mitgliedschaft im Verein. | *I hereby apply for membership in the association.* |
| Es ist nicht erforderlich, eine neue Lizenz zu beantragen. | *It is not necessary to apply for a new license.* |
| Bei wem hast du das Visum beantragt? | *With whom did you apply for the visa?* |
| Beantragen Sie Arbeitslosengeld? | *Are you applying for unemployment?* |
| Der Vater durfte das Sorgerecht für den Sohn nicht beantragen. | *The father was not allowed to apply for custody of the son.* |
| Vor Beginn muss man bei den Behörden eine Erlaubnis beantragen. | *Before beginning, you must seek permission from the authorities.* |
| Die Verteidigung hat Freispruch beantragt. | *The defense moved for acquittal.* |
| Die Regierung beantragt, die Frist um ein Jahr zu verlängern. | *The government proposes extending the term by one year.* |
| Die neuen Maßnahmen wurden vom Stadtrat beantragt. | *The new measures were proposed by the city council.* |

regular weak verb | **bedeutet · bedeutete · bedeutet**

**PRESENT**

| | |
|---|---|
| ich bedeute | wir bedeuten |
| du bedeutest | ihr bedeutet |
| Sie bedeuten | Sie bedeuten |
| er/sie/es bedeutet | sie bedeuten |

**PRESENT PERFECT**

| | |
|---|---|
| ich habe | wir haben |
| du hast | ihr habt |
| Sie haben | Sie haben |
| er/sie/es hat | sie haben |

} bedeutet

**SIMPLE PAST**

| | |
|---|---|
| ich bedeutete | wir bedeuteten |
| du bedeutetest | ihr bedeutetet |
| Sie bedeuteten | Sie bedeuteten |
| er/sie/es bedeutete | sie bedeuteten |

**PAST PERFECT**

| | |
|---|---|
| ich hatte | wir hatten |
| du hattest | ihr hattet |
| Sie hatten | Sie hatten |
| er/sie/es hatte | sie hatten |

} bedeutet

**FUTURE**

| | |
|---|---|
| ich werde | wir werden |
| du wirst | ihr werdet |
| Sie werden | Sie werden |
| er/sie/es wird | sie werden |

} bedeuten

**FUTURE PERFECT**

| | |
|---|---|
| ich werde | wir werden |
| du wirst | ihr werdet |
| Sie werden | Sie werden |
| er/sie/es wird | sie werden |

} bedeutet haben

**PRESENT SUBJUNCTIVE I**

| | |
|---|---|
| ich bedeute | wir bedeuten |
| du bedeutest | ihr bedeutet |
| Sie bedeuten | Sie bedeuten |
| er/sie/es bedeute | sie bedeuten |

**PAST SUBJUNCTIVE I**

| | |
|---|---|
| ich habe | wir haben |
| du habest | ihr habet |
| Sie haben | Sie haben |
| er/sie/es habe | sie haben |

} bedeutet

**PRESENT SUBJUNCTIVE II**

| | |
|---|---|
| ich bedeutete | wir bedeuteten |
| du bedeutetest | ihr bedeutetet |
| Sie bedeuteten | Sie bedeuteten |
| er/sie/es bedeutete | sie bedeuteten |

**PAST SUBJUNCTIVE II**

| | |
|---|---|
| ich hätte | wir hätten |
| du hättest | ihr hättet |
| Sie hätten | Sie hätten |
| er/sie/es hätte | sie hätten |

} bedeutet

**FUTURE SUBJUNCTIVE I**

| | |
|---|---|
| ich werde | wir werden |
| du werdest | ihr werdet |
| Sie werden | Sie werden |
| er/sie/es werde | sie werden |

} bedeuten

**FUTURE PERFECT SUBJUNCTIVE I**

| | |
|---|---|
| ich werde | wir werden |
| du werdest | ihr werdet |
| Sie werden | Sie werden |
| er/sie/es werde | sie werden |

} bedeutet haben

**FUTURE SUBJUNCTIVE II**

| | |
|---|---|
| ich würde | wir würden |
| du würdest | ihr würdet |
| Sie würden | Sie würden |
| er/sie/es würde | sie würden |

} bedeuten

**FUTURE PERFECT SUBJUNCTIVE II**

| | |
|---|---|
| ich würde | wir würden |
| du würdest | ihr würdet |
| Sie würden | Sie würden |
| er/sie/es würde | sie würden |

} bedeutet haben

**COMMANDS**     bedeute!   bedeutet!   bedeuten Sie!

**PRESENT PARTICIPLE**     bedeutend

## Usage

| | |
|---|---|
| Das hat nichts zu bedeuten. | *That is of no importance.* |
| Was bedeutet „Management by Objectives"? | *What does "management by objectives" mean?* |
| „Bedeute ich dir noch etwas?" | *"Do I still mean anything to you?"* |
| „Ja, du bedeutest mir viel." | *"Yes, you mean a lot to me."* |
| Der Unfall bedeutet das Ende ihrer Karriere. | *The accident means the end of her career.* |
| Die weiße Taube bedeutet Frieden. | *The white dove signifies peace.* |
| Diese Entscheidung bedeutet, dass alle Gelder gekürzt werden. | *This decision means that all funds will be cut back.* |
| Ein positives Ergebnis bedeutet nicht unbedingt, dass die Person infiziert ist. | *A positive result doesn't necessarily mean that the person is infected.* |
| Was das ihm bedeutet, ist nicht klar. | *What that means to him is not clear.* |
| Die Invasion bedeutete den Tod der ganzen Bevölkerung. | *The invasion meant the death of the entire population.* |

**RELATED VERB**     deuten

# bedienen  *to serve, wait on; operate, work*

**bedient · bediente · bedient**

regular weak verb

**PRESENT**

| | |
|---|---|
| ich bediene | wir bedienen |
| du bedienst | ihr bedient |
| Sie bedienen | Sie bedienen |
| er/sie/es bedient | sie bedienen |

**SIMPLE PAST**

| | |
|---|---|
| ich bediente | wir bedienten |
| du bedientest | ihr bedientet |
| Sie bedienten | Sie bedienten |
| er/sie/es bediente | sie bedienten |

**FUTURE**

| | |
|---|---|
| ich werde | wir werden |
| du wirst | ihr werdet |
| Sie werden | Sie werden |
| er/sie/es wird | sie werden |

} bedienen

**PRESENT SUBJUNCTIVE I**

| | |
|---|---|
| ich bediene | wir bedienen |
| du bedienest | ihr bedienet |
| Sie bedienen | Sie bedienen |
| er/sie/es bediene | sie bedienen |

**PRESENT SUBJUNCTIVE II**

| | |
|---|---|
| ich bediente | wir bedienten |
| du bedientest | ihr bedientet |
| Sie bedienten | Sie bedienten |
| er/sie/es bediente | sie bedienten |

**FUTURE SUBJUNCTIVE I**

| | |
|---|---|
| ich werde | wir werden |
| du werdest | ihr werdet |
| Sie werden | Sie werden |
| er/sie/es werde | sie werden |

} bedienen

**FUTURE SUBJUNCTIVE II**

| | |
|---|---|
| ich würde | wir würden |
| du würdest | ihr würdet |
| Sie würden | Sie würden |
| er/sie/es würde | sie würden |

} bedienen

**PRESENT PERFECT**

| | |
|---|---|
| ich habe | wir haben |
| du hast | ihr habt |
| Sie haben | Sie haben |
| er/sie/es hat | sie haben |

} bedient

**PAST PERFECT**

| | |
|---|---|
| ich hatte | wir hatten |
| du hattest | ihr hattet |
| Sie hatten | Sie hatten |
| er/sie/es hatte | sie hatten |

} bedient

**FUTURE PERFECT**

| | |
|---|---|
| ich werde | wir werden |
| du wirst | ihr werdet |
| Sie werden | Sie werden |
| er/sie/es wird | sie werden |

} bedient haben

**PAST SUBJUNCTIVE I**

| | |
|---|---|
| ich habe | wir haben |
| du habest | ihr habet |
| Sie haben | Sie haben |
| er/sie/es habe | sie haben |

} bedient

**PAST SUBJUNCTIVE II**

| | |
|---|---|
| ich hätte | wir hätten |
| du hättest | ihr hättet |
| Sie hätten | Sie hätten |
| er/sie/es hätte | sie hätten |

} bedient

**FUTURE PERFECT SUBJUNCTIVE I**

| | |
|---|---|
| ich werde | wir werden |
| du werdest | ihr werdet |
| Sie werden | Sie werden |
| er/sie/es werde | sie werden |

} bedient haben

**FUTURE PERFECT SUBJUNCTIVE II**

| | |
|---|---|
| ich würde | wir würden |
| du würdest | ihr würdet |
| Sie würden | Sie würden |
| er/sie/es würde | sie würden |

} bedient haben

**COMMANDS**  bedien(e)!  bedient!  bedienen Sie!

**PRESENT PARTICIPLE**  bedienend

## Usage

| | |
|---|---|
| Diese Firma bedient Kunden via Satellit. | *This company serves customers via satellite.* |
| Wir bedienen Sie von Montag bis Freitag, von 8 bis 17 Uhr. | *We're open for business Monday through Friday from 8 to 5.* |
| Eine nette Verkäuferin hat mich gestern bedient. | *A nice saleswoman waited on me yesterday.* |
| In den meisten Fast-Food-Restaurants wird nicht am Tisch bedient. | *In most fast-food restaurants, you're not served at the table.* |
| Ohne Frames kann das Programm nicht bedient werden. | *Without frames, the program can't be used.* |
| Um das Gerät zu bedienen, braucht man Münzen. | *You need coins to operate the machine.* |

**sich bedienen** + genitive  *to help oneself to; make use of*

| | |
|---|---|
| Bedient euch! | *Help yourselves!* |
| Er bediente sich eines neu entwickelten Systems. | *He made use of a newly developed system.* |
| Warum muss er sich einer feindlichen Rhetorik bedienen? | *Why does he have to use hostile rhetoric?* |

**RELATED VERBS**  *see* **dienen** (123)

**PRESENT**

| | |
|---|---|
| ich bedinge | wir bedingen |
| du bedingst | ihr bedingt |
| Sie bedingen | Sie bedingen |
| er/sie/es bedingt | sie bedingen |

**PRESENT PERFECT**

| | | |
|---|---|---|
| ich habe | wir haben | |
| du hast | ihr habt | bedingt |
| Sie haben | Sie haben | |
| er/sie/es hat | sie haben | |

**SIMPLE PAST**

| | |
|---|---|
| ich bedingte | wir bedingten |
| du bedingtest | ihr bedingtet |
| Sie bedingten | Sie bedingten |
| er/sie/es bedingte | sie bedingten |

**PAST PERFECT**

| | | |
|---|---|---|
| ich hatte | wir hatten | |
| du hattest | ihr hattet | bedingt |
| Sie hatten | Sie hatten | |
| er/sie/es hatte | sie hatten | |

**FUTURE**

| | | |
|---|---|---|
| ich werde | wir werden | |
| du wirst | ihr werdet | bedingen |
| Sie werden | Sie werden | |
| er/sie/es wird | sie werden | |

**FUTURE PERFECT**

| | | |
|---|---|---|
| ich werde | wir werden | |
| du wirst | ihr werdet | bedingt haben |
| Sie werden | Sie werden | |
| er/sie/es wird | sie werden | |

**PRESENT SUBJUNCTIVE I**

| | |
|---|---|
| ich bedinge | wir bedingen |
| du bedingest | ihr bedinget |
| Sie bedingen | Sie bedingen |
| er/sie/es bedinge | sie bedingen |

**PAST SUBJUNCTIVE I**

| | | |
|---|---|---|
| ich habe | wir haben | |
| du habest | ihr habet | bedingt |
| Sie haben | Sie haben | |
| er/sie/es habe | sie haben | |

**PRESENT SUBJUNCTIVE II**

| | |
|---|---|
| ich bedingte | wir bedingten |
| du bedingtest | ihr bedingtet |
| Sie bedingten | Sie bedingten |
| er/sie/es bedingte | sie bedingten |

**PAST SUBJUNCTIVE II**

| | | |
|---|---|---|
| ich hätte | wir hätten | |
| du hättest | ihr hättet | bedingt |
| Sie hätten | Sie hätten | |
| er/sie/es hätte | sie hätten | |

**FUTURE SUBJUNCTIVE I**

| | | |
|---|---|---|
| ich werde | wir werden | |
| du werdest | ihr werdet | bedingen |
| Sie werden | Sie werden | |
| er/sie/es werde | sie werden | |

**FUTURE PERFECT SUBJUNCTIVE I**

| | | |
|---|---|---|
| ich werde | wir werden | |
| du werdest | ihr werdet | bedingt haben |
| Sie werden | Sie werden | |
| er/sie/es werde | sie werden | |

**FUTURE SUBJUNCTIVE II**

| | | |
|---|---|---|
| ich würde | wir würden | |
| du würdest | ihr würdet | bedingen |
| Sie würden | Sie würden | |
| er/sie/es würde | sie würden | |

**FUTURE PERFECT SUBJUNCTIVE II**

| | | |
|---|---|---|
| ich würde | wir würden | |
| du würdest | ihr würdet | bedingt haben |
| Sie würden | Sie würden | |
| er/sie/es würde | sie würden | |

**COMMANDS**    beding(e)!   bedingt!   bedingen Sie!

**PRESENT PARTICIPLE**    bedingend

## Usage

| | |
|---|---|
| Yin und Yang bedingen sich gegenseitig. | *Yin and yang are mutually dependent.* |
| Das würde bedingen, dass eine rege Auseinandersetzung stattfindet. | *This would indicate that a lively discussion is taking place.* |
| Die Lage der Kontinente ist zum Teil durch die Kontinentaldrift bedingt. | *The location of the continents is determined in part by continental drift.* |
| Die neuen Vorschriften bedingen die veränderten Geschäftsstrategien. | *The new regulations determine the modified business strategies.* |
| Subjekt und Objekt sind wechselseitig bedingt. | *Subject and object are reciprocally determined.* |
| Diese Lösung würde bedingen, dass die Vorlage überarbeitet werden müsste. | *This solution would require reworking the original.* |

**sich bedingen** *to stipulate (for oneself)* (**NOTE** The strong verb **bedingen, bedang, bedungen** is rare.)

Die Tagelöhner bedangen sich zwei Pausen am Tag.    *The day laborers stipulated two breaks per day.*

**RELATED VERBS**   aus·bedingen, dingen

## sich beeilen  *to hurry, quicken*

beeilt sich · beeilte sich · sich beeilt

regular weak verb

**PRESENT**

| | |
|---|---|
| ich beeile mich | wir beeilen uns |
| du beeilst dich | ihr beeilt euch |
| Sie beeilen sich | Sie beeilen sich |
| er/sie/es beeilt sich | sie beeilen sich |

**PRESENT PERFECT**

| | | |
|---|---|---|
| ich habe mich | wir haben uns | |
| du hast dich | ihr habt euch | } beeilt |
| Sie haben sich | Sie haben sich | |
| er/sie/es hat sich | sie haben sich | |

**SIMPLE PAST**

| | |
|---|---|
| ich beeilte mich | wir beeilten uns |
| du beeiltest dich | ihr beeiltet euch |
| Sie beeilten sich | Sie beeilten sich |
| er/sie/es beeilte sich | sie beeilten sich |

**PAST PERFECT**

| | | |
|---|---|---|
| ich hatte mich | wir hatten uns | |
| du hattest dich | ihr hattet euch | } beeilt |
| Sie hatten sich | Sie hatten sich | |
| er/sie/es hatte sich | sie hatten sich | |

**FUTURE**

| | | |
|---|---|---|
| ich werde mich | wir werden uns | |
| du wirst dich | ihr werdet euch | } beeilen |
| Sie werden sich | Sie werden sich | |
| er/sie/es wird sich | sie werden sich | |

**FUTURE PERFECT**

| | | |
|---|---|---|
| ich werde mich | wir werden uns | |
| du wirst dich | ihr werdet euch | } beeilt haben |
| Sie werden sich | Sie werden sich | |
| er/sie/es wird sich | sie werden sich | |

**PRESENT SUBJUNCTIVE I**

| | |
|---|---|
| ich beeile mich | wir beeilen uns |
| du beeilest dich | ihr beeilet euch |
| Sie beeilen sich | Sie beeilen sich |
| er/sie/es beeile sich | sie beeilen sich |

**PAST SUBJUNCTIVE I**

| | | |
|---|---|---|
| ich habe mich | wir haben uns | |
| du habest dich | ihr habet euch | } beeilt |
| Sie haben sich | Sie haben sich | |
| er/sie/es habe sich | sie haben sich | |

**PRESENT SUBJUNCTIVE II**

| | |
|---|---|
| ich beeilte mich | wir beeilten uns |
| du beeiltest dich | ihr beeiltet euch |
| Sie beeilten sich | Sie beeilten sich |
| er/sie/es beeilte sich | sie beeilten sich |

**PAST SUBJUNCTIVE II**

| | | |
|---|---|---|
| ich hätte mich | wir hätten uns | |
| du hättest dich | ihr hättet euch | } beeilt |
| Sie hätten sich | Sie hätten sich | |
| er/sie/es hätte sich | sie hätten sich | |

**FUTURE SUBJUNCTIVE I**

| | | |
|---|---|---|
| ich werde mich | wir werden uns | |
| du werdest dich | ihr werdet euch | } beeilen |
| Sie werden sich | Sie werden sich | |
| er/sie/es werde sich | sie werden sich | |

**FUTURE PERFECT SUBJUNCTIVE I**

| | | |
|---|---|---|
| ich werde mich | wir werden uns | |
| du werdest dich | ihr werdet euch | } beeilt haben |
| Sie werden sich | Sie werden sich | |
| er/sie/es werde sich | sie werden sich | |

**FUTURE SUBJUNCTIVE II**

| | | |
|---|---|---|
| ich würde mich | wir würden uns | |
| du würdest dich | ihr würdet euch | } beeilen |
| Sie würden sich | Sie würden sich | |
| er/sie/es würde sich | sie würden sich | |

**FUTURE PERFECT SUBJUNCTIVE II**

| | | |
|---|---|---|
| ich würde mich | wir würden uns | |
| du würdest dich | ihr würdet euch | } beeilt haben |
| Sie würden sich | Sie würden sich | |
| er/sie/es würde sich | sie würden sich | |

**COMMANDS**  beeil(e) dich!  beeilt euch!  beeilen Sie sich!

**PRESENT PARTICIPLE**  sich beeilend

## Usage

| | |
|---|---|
| Als es anfing zu regnen beeilten wir uns bei der Arbeit. | *When it started to rain, we hurried with our work.* |
| Es ist gut, dass ihr euch so beeilt habt. | *It's good that you hurried so much.* |
| Ich musste mich nicht beeilen, weil der Termin noch nicht festgelegt war. | *I didn't have to hurry because the deadline hadn't been set yet.* |
| Er müsste sich wirklich beeilen, um den Zug zu erreichen. | *He'd really have to hurry to catch the train.* |
| Sie werden sich beeilen müssen, denn es ist schon acht Uhr. | *You'll have to hurry, because it's already eight o'clock.* |
| Weil sie sich nicht beeilt hat, ist sie zu spät angekommen. | *Because she didn't hurry, she arrived too late.* |
| Warum haben sich die Studenten nicht beeilt? | *Why didn't the students hurry?* |
| Wir hätten uns nicht beeilen müssen, wenn du früher aufgestanden wärest. | *We wouldn't have had to hurry if you'd gotten up sooner.* |
| Norbert scheint sich beeilen zu wollen. | *Norbert appears to want to hurry.* |
| Könnten Sie sich bitte etwas beeilen? | *Could you please quicken the pace a bit?* |

**RELATED VERB**  eilen

regular weak verb | beeinflusst · beeinflusste · beeinflusst

**PRESENT**

| | |
|---|---|
| ich beeinflusse | wir beeinflussen |
| du beeinflusst | ihr beeinflusst |
| Sie beeinflussen | Sie beeinflussen |
| er/sie/es beeinflusst | sie beeinflussen |

**SIMPLE PAST**

| | |
|---|---|
| ich beeinflusste | wir beeinflussten |
| du beeinflusstest | ihr beeinflusstet |
| Sie beeinflussten | Sie beeinflussten |
| er/sie/es beeinflusste | sie beeinflussten |

**FUTURE**

| | |
|---|---|
| ich werde | wir werden |
| du wirst | ihr werdet |
| Sie werden | Sie werden } beeinflussen |
| er/sie/es wird | sie werden |

**PRESENT SUBJUNCTIVE I**

| | |
|---|---|
| ich beeinflusse | wir beeinflussen |
| du beeinflussest | ihr beeinflusset |
| Sie beeinflussen | Sie beeinflussen |
| er/sie/es beeinflusse | sie beeinflussen |

**PRESENT SUBJUNCTIVE II**

| | |
|---|---|
| ich beeinflusste | wir beeinflussten |
| du beeinflusstest | ihr beeinflusstet |
| Sie beeinflussten | Sie beeinflussten |
| er/sie/es beeinflusste | sie beeinflussten |

**FUTURE SUBJUNCTIVE I**

| | |
|---|---|
| ich werde | wir werden |
| du werdest | ihr werdet |
| Sie werden | Sie werden } beeinflussen |
| er/sie/es werde | sie werden |

**FUTURE SUBJUNCTIVE II**

| | |
|---|---|
| ich würde | wir würden |
| du würdest | ihr würdet |
| Sie würden | Sie würden } beeinflussen |
| er/sie/es würde | sie würden |

**PRESENT PERFECT**

| | |
|---|---|
| ich habe | wir haben |
| du hast | ihr habt |
| Sie haben | Sie haben } beeinflusst |
| er/sie/es hat | sie haben |

**PAST PERFECT**

| | |
|---|---|
| ich hatte | wir hatten |
| du hattest | ihr hattet |
| Sie hatten | Sie hatten } beeinflusst |
| er/sie/es hatte | sie hatten |

**FUTURE PERFECT**

| | |
|---|---|
| ich werde | wir werden |
| du wirst | ihr werdet |
| Sie werden | Sie werden } beeinflusst haben |
| er/sie/es wird | sie werden |

**PAST SUBJUNCTIVE I**

| | |
|---|---|
| ich habe | wir haben |
| du habest | ihr habet |
| Sie haben | Sie haben } beeinflusst |
| er/sie/es habe | sie haben |

**PAST SUBJUNCTIVE II**

| | |
|---|---|
| ich hätte | wir hätten |
| du hättest | ihr hättet |
| Sie hätten | Sie hätten } beeinflusst |
| er/sie/es hätte | sie hätten |

**FUTURE PERFECT SUBJUNCTIVE I**

| | |
|---|---|
| ich werde | wir werden |
| du werdest | ihr werdet |
| Sie werden | Sie werden } beeinflusst haben |
| er/sie/es werde | sie werden |

**FUTURE PERFECT SUBJUNCTIVE II**

| | |
|---|---|
| ich würde | wir würden |
| du würdest | ihr würdet |
| Sie würden | Sie würden } beeinflusst haben |
| er/sie/es würde | sie würden |

**COMMANDS**     beeinfluss(e)!     beeinflusst!     beeinflussen Sie!

**PRESENT PARTICIPLE**     beeinflussend

## Usage

| | |
|---|---|
| Meine Eltern haben mich sehr beeinflusst. | *My parents have greatly influenced me.* |
| Kann der Mensch das Wetter beeinflussen? | *Can humans have an effect on the weather?* |
| Der Mond beeinflusst die Gezeiten. | *The moon influences the tides.* |
| Ihre Kultur wurde durch das Christentum stark beeinflusst. | *Their culture was strongly influenced by Christianity.* |
| Sein Verhalten wird dadurch positiv beeinflusst. | *This is having a positive effect on his behavior.* |
| Gewisse Proteine beeinflussen die Produktion von Hormonen. | *Certain proteins affect hormone production.* |
| Das globale Wetter wurde von El Niño beeinflusst. | *El Niño had an impact on global weather.* |
| Man beeinflusst andere, nur insofern sich andere beeinflussen lassen. | *One influences others only to the extent that they allow themselves to be influenced.* |
| Sind Sie leicht zu beeinflussen? | *Are you easy to influence?* |
| Die Diskussion scheint, seine Entscheidung doch beeinflusst zu haben. | *The discussion appears to have influenced his decision, after all.* |
| Wärest du von ihnen beeinflusst worden? | *Would you have been influenced by them?* |

## 53 befehlen   *to command, dictate, order; commend, entrust*

**befiehlt · befahl · befohlen**          strong verb

**PRESENT**

| | |
|---|---|
| ich befehle | wir befehlen |
| du befiehlst | ihr befehlt |
| Sie befehlen | Sie befehlen |
| er/sie/es befiehlt | sie befehlen |

**SIMPLE PAST**

| | |
|---|---|
| ich befahl | wir befahlen |
| du befahlst | ihr befahlt |
| Sie befahlen | Sie befahlen |
| er/sie/es befahl | sie befahlen |

**FUTURE**

| | | |
|---|---|---|
| ich werde | wir werden | |
| du wirst | ihr werdet | befehlen |
| Sie werden | Sie werden | |
| er/sie/es wird | sie werden | |

**PRESENT SUBJUNCTIVE I**

| | |
|---|---|
| ich befehle | wir befehlen |
| du befehlest | ihr befehlet |
| Sie befehlen | Sie befehlen |
| er/sie/es befehle | sie befehlen |

**PRESENT SUBJUNCTIVE II**

| | |
|---|---|
| ich beföhle/befähle | wir beföhlen/befählen |
| du beföhlest/befählest | ihr beföhlet/befählet |
| Sie beföhlen/befählen | Sie beföhlen/befählen |
| er/sie/es beföhle/befähle | sie beföhlen/befählen |

**FUTURE SUBJUNCTIVE I**

| | | |
|---|---|---|
| ich werde | wir werden | |
| du werdest | ihr werdet | befehlen |
| Sie werden | Sie werden | |
| er/sie/es werde | sie werden | |

**FUTURE SUBJUNCTIVE II**

| | | |
|---|---|---|
| ich würde | wir würden | |
| du würdest | ihr würdet | befehlen |
| Sie würden | Sie würden | |
| er/sie/es würde | sie würden | |

**PRESENT PERFECT**

| | | |
|---|---|---|
| ich habe | wir haben | |
| du hast | ihr habt | befohlen |
| Sie haben | Sie haben | |
| er/sie/es hat | sie haben | |

**PAST PERFECT**

| | | |
|---|---|---|
| ich hatte | wir hatten | |
| du hattest | ihr hattet | befohlen |
| Sie hatten | Sie hatten | |
| er/sie/es hatte | sie hatten | |

**FUTURE PERFECT**

| | | |
|---|---|---|
| ich werde | wir werden | |
| du wirst | ihr werdet | befohlen haben |
| Sie werden | Sie werden | |
| er/sie/es wird | sie werden | |

**PAST SUBJUNCTIVE I**

| | | |
|---|---|---|
| ich habe | wir haben | |
| du habest | ihr habet | befohlen |
| Sie haben | Sie haben | |
| er/sie/es habe | sie haben | |

**PAST SUBJUNCTIVE II**

| | | |
|---|---|---|
| ich hätte | wir hätten | |
| du hättest | ihr hättet | befohlen |
| Sie hätten | Sie hätten | |
| er/sie/es hätte | sie hätten | |

**FUTURE PERFECT SUBJUNCTIVE I**

| | | |
|---|---|---|
| ich werde | wir werden | |
| du werdest | ihr werdet | befohlen haben |
| Sie werden | Sie werden | |
| er/sie/es werde | sie werden | |

**FUTURE PERFECT SUBJUNCTIVE II**

| | | |
|---|---|---|
| ich würde | wir würden | |
| du würdest | ihr würdet | befohlen haben |
| Sie würden | Sie würden | |
| er/sie/es würde | sie würden | |

**COMMANDS**      befiehl!   befehlt!   befehlen Sie!

**PRESENT PARTICIPLE**      befehlend

## Usage

| | |
|---|---|
| Der Offizier befahl ihm, an Bord zu kommen. | *The officer ordered him to come aboard.* |
| Gott hat uns befohlen, den Armen zu helfen. | *God has commanded us to help the poor.* |
| Die Truppen verlassen das Gebiet, so wie es das Gesetz befiehlt. | *The troops are leaving the area, as the law dictates.* |
| Der Prophet hat seinen Anhängern befohlen, täglich zu beten. | *The prophet has instructed his followers to pray daily.* |
| Wenn der König seinen Untertanen beföhle, höhere Steuern zu zahlen, könnte es zum Aufstand kommen. | *If the king were to order his subjects to pay higher taxes, there could be an uprising.* |
| Selbst wenn der Leutnant mir befehlen würde mitzumachen, würde ich es nicht tun. | *Even if the lieutenant ordered me to participate, I wouldn't do it.* |
| Eure Hoheit, ich tat, wie Ihr es befahlt. | *Your Highness, I did as ye commanded it.* |
| Ich befehle euch Gott. | *I commend you to God.* |
| Der Papst hatte dem Erzbischof ein bedingtes Legat befohlen. | *The pope had entrusted the archbishop with a contingent bequest.* |

**RELATED VERBS**   an·befehlen; *see also* **empfehlen** (142)

strong verb | **befindet · befand · befunden**

### PRESENT

| | |
|---|---|
| ich befinde | wir befinden |
| du befindest | ihr befindet |
| Sie befinden | Sie befinden |
| er/sie/es befindet | sie befinden |

### PRESENT PERFECT

| | | |
|---|---|---|
| ich habe | wir haben | |
| du hast | ihr habt | befunden |
| Sie haben | Sie haben | |
| er/sie/es hat | sie haben | |

### SIMPLE PAST

| | |
|---|---|
| ich befand | wir befanden |
| du befandst | ihr befandet |
| Sie befanden | Sie befanden |
| er/sie/es befand | sie befanden |

### PAST PERFECT

| | | |
|---|---|---|
| ich hatte | wir hatten | |
| du hattest | ihr hattet | befunden |
| Sie hatten | Sie hatten | |
| er/sie/es hatte | sie hatten | |

### FUTURE

| | | |
|---|---|---|
| ich werde | wir werden | |
| du wirst | ihr werdet | befinden |
| Sie werden | Sie werden | |
| er/sie/es wird | sie werden | |

### FUTURE PERFECT

| | | |
|---|---|---|
| ich werde | wir werden | |
| du wirst | ihr werdet | befunden haben |
| Sie werden | Sie werden | |
| er/sie/es wird | sie werden | |

### PRESENT SUBJUNCTIVE I

| | |
|---|---|
| ich befinde | wir befinden |
| du befindest | ihr befindet |
| Sie befinden | Sie befinden |
| er/sie/es befinde | sie befinden |

### PAST SUBJUNCTIVE I

| | | |
|---|---|---|
| ich habe | wir haben | |
| du habest | ihr habet | befunden |
| Sie haben | Sie haben | |
| er/sie/es habe | sie haben | |

### PRESENT SUBJUNCTIVE II

| | |
|---|---|
| ich befände | wir befänden |
| du befändest | ihr befändet |
| Sie befänden | Sie befänden |
| er/sie/es befände | sie befänden |

### PAST SUBJUNCTIVE II

| | | |
|---|---|---|
| ich hätte | wir hätten | |
| du hättest | ihr hättet | befunden |
| Sie hätten | Sie hätten | |
| er/sie/es hätte | sie hätten | |

### FUTURE SUBJUNCTIVE I

| | | |
|---|---|---|
| ich werde | wir werden | |
| du werdest | ihr werdet | befinden |
| Sie werden | Sie werden | |
| er/sie/es werde | sie werden | |

### FUTURE PERFECT SUBJUNCTIVE I

| | | |
|---|---|---|
| ich werde | wir werden | |
| du werdest | ihr werdet | befunden haben |
| Sie werden | Sie werden | |
| er/sie/es werde | sie werden | |

### FUTURE SUBJUNCTIVE II

| | | |
|---|---|---|
| ich würde | wir würden | |
| du würdest | ihr würdet | befinden |
| Sie würden | Sie würden | |
| er/sie/es würde | sie würden | |

### FUTURE PERFECT SUBJUNCTIVE II

| | | |
|---|---|---|
| ich würde | wir würden | |
| du würdest | ihr würdet | befunden haben |
| Sie würden | Sie würden | |
| er/sie/es würde | sie würden | |

**COMMANDS**      befinde! befindet! befinden Sie!

**PRESENT PARTICIPLE**      befindend

## Usage

| | |
|---|---|
| Er wurde der Steuerhinterziehung schuldig befunden. | _He was found guilty of tax evasion._ |
| Das Projekt wird vom Stadtrat für gut befunden. | _The project is deemed to be a good one by the city council._ |

### sich befinden _to be, be located_

| | |
|---|---|
| Unter den Teilnehmern befand sich ein Herr aus Hildesheim namens Norbert Hüppe. | _Among the participants, there was a gentleman from Hildesheim by the name of Norbert Hüppe._ |
| Der Sprecher behauptet, dass sich die Firma in einer schwierigen Lage befinde. | _The spokesperson maintains that the company is in a difficult position._ |
| Wo befindet sich der Eingang? | _Where is the entrance located?_ |
| Ein ähnliches Werk befindet sich im Kunstmuseum Basel. | _A similar piece is located in the Basel Art Museum._ |
| Plötzlich habe ich mich in einer anderen Dimension befunden. | _Suddenly I found myself in another dimension._ |
| Heute befindet sich der Chef in bester Laune. | _The boss is in a very good mood today._ |

**RELATED VERBS** _see_ **finden** (186)

## befreien
*to free, liberate; release; excuse, exempt*

**befreit · befreite · befreit**

**PRESENT**

| | |
|---|---|
| ich befreie | wir befreien |
| du befreist | ihr befreit |
| Sie befreien | Sie befreien |
| er/sie/es befreit | sie befreien |

**PRESENT PERFECT**

| | |
|---|---|
| ich habe | wir haben |
| du hast | ihr habt |
| Sie haben | Sie haben |
| er/sie/es hat | sie haben |

} befreit

**SIMPLE PAST**

| | |
|---|---|
| ich befreite | wir befreiten |
| du befreitest | ihr befreitet |
| Sie befreiten | Sie befreiten |
| er/sie/es befreite | sie befreiten |

**PAST PERFECT**

| | |
|---|---|
| ich hatte | wir hatten |
| du hattest | ihr hattet |
| Sie hatten | Sie hatten |
| er/sie/es hatte | sie hatten |

} befreit

**FUTURE**

| | |
|---|---|
| ich werde | wir werden |
| du wirst | ihr werdet |
| Sie werden | Sie werden |
| er/sie/es wird | sie werden |

} befreien

**FUTURE PERFECT**

| | |
|---|---|
| ich werde | wir werden |
| du wirst | ihr werdet |
| Sie werden | Sie werden |
| er/sie/es wird | sie werden |

} befreit haben

**PRESENT SUBJUNCTIVE I**

| | |
|---|---|
| ich befreie | wir befreien |
| du befreiest | ihr befreiet |
| Sie befreien | Sie befreien |
| er/sie/es befreie | sie befreien |

**PAST SUBJUNCTIVE I**

| | |
|---|---|
| ich habe | wir haben |
| du habest | ihr habet |
| Sie haben | Sie haben |
| er/sie/es habe | sie haben |

} befreit

**PRESENT SUBJUNCTIVE II**

| | |
|---|---|
| ich befreite | wir befreiten |
| du befreitest | ihr befreitet |
| Sie befreiten | Sie befreiten |
| er/sie/es befreite | sie befreiten |

**PAST SUBJUNCTIVE II**

| | |
|---|---|
| ich hätte | wir hätten |
| du hättest | ihr hättet |
| Sie hätten | Sie hätten |
| er/sie/es hätte | sie hätten |

} befreit

**FUTURE SUBJUNCTIVE I**

| | |
|---|---|
| ich werde | wir werden |
| du werdest | ihr werdet |
| Sie werden | Sie werden |
| er/sie/es werde | sie werden |

} befreien

**FUTURE PERFECT SUBJUNCTIVE I**

| | |
|---|---|
| ich werde | wir werden |
| du werdest | ihr werdet |
| Sie werden | Sie werden |
| er/sie/es werde | sie werden |

} befreit haben

**FUTURE SUBJUNCTIVE II**

| | |
|---|---|
| ich würde | wir würden |
| du würdest | ihr würdet |
| Sie würden | Sie würden |
| er/sie/es würde | sie würden |

} befreien

**FUTURE PERFECT SUBJUNCTIVE II**

| | |
|---|---|
| ich würde | wir würden |
| du würdest | ihr würdet |
| Sie würden | Sie würden |
| er/sie/es würde | sie würden |

} befreit haben

**COMMANDS** befrei(e)! befreit! befreien Sie!

**PRESENT PARTICIPLE** befreiend

## Usage

| | |
|---|---|
| Bertram konnte das leidende Tier von der eisernen Falle nicht befreien. | *Bertram couldn't rescue the suffering animal from the iron trap.* |
| 1945 wurde das Konzentrationslager befreit. | *In 1945 the concentration camp was liberated.* |
| Befreie dein inneres Selbst! | *Liberate your inner self!* |
| Wir mussten uns von ihm befreien. | *We had to free ourselves from him.* |
| Im Rehazentrum ist sie endlich von ihrer Drogensucht befreit worden. | *In the rehab center, she was finally freed from her addiction.* |
| Wussten Sie, dass Sie deswegen vom Dienst befreit werden können? | *Did you know that you can be relieved of duty for that?* |
| Viele Eigentümer werden dadurch von allen gesetzlichen Pflichten befreit. | *Many owners will be thereby released from all legal obligations.* |
| Alle Schüler wurden an diesem besonderen Tag von der Schule befreit. | *All pupils were excused from school on this special day.* |

**RELATED VERB** freien

regular weak verb (dative object)

**begegnet · begegnete · begegnet**

| PRESENT | |
|---|---|
| ich begegne | wir begegnen |
| du begegnest | ihr begegnet |
| Sie begegnen | Sie begegnen |
| er/sie/es begegnet | sie begegnen |

| SIMPLE PAST | |
|---|---|
| ich begegnete | wir begegneten |
| du begegnetest | ihr begegnetet |
| Sie begegneten | Sie begegneten |
| er/sie/es begegnete | sie begegneten |

| FUTURE | | |
|---|---|---|
| ich werde | wir werden | |
| du wirst | ihr werdet | begegnen |
| Sie werden | Sie werden | |
| cr/sie/es wird | sie werden | |

| PRESENT SUBJUNCTIVE I | |
|---|---|
| ich begegne | wir begegnen |
| du begegnest | ihr begegnet |
| Sie begegnen | Sie begegnen |
| er/sie/es begegne | sie begegnen |

| PRESENT SUBJUNCTIVE II | |
|---|---|
| ich begegnete | wir begegneten |
| du begegnetest | ihr begegnetet |
| Sie begegneten | Sie begegneten |
| er/sie/es begegnete | sie begegneten |

| FUTURE SUBJUNCTIVE I | | |
|---|---|---|
| ich werde | wir werden | |
| du werdest | ihr werdet | begegnen |
| Sie werden | Sie werden | |
| er/sie/es werde | sie werden | |

| FUTURE SUBJUNCTIVE II | | |
|---|---|---|
| ich würde | wir würden | |
| du würdest | ihr würdet | begegnen |
| Sie würden | Sie würden | |
| er/sie/es würde | sie würden | |

| PRESENT PERFECT | | |
|---|---|---|
| ich bin | wir sind | |
| du bist | ihr seid | begegnet |
| Sie sind | Sie sind | |
| er/sie/es ist | sie sind | |

| PAST PERFECT | | |
|---|---|---|
| ich war | wir waren | |
| du warst | ihr wart | begegnet |
| Sie waren | Sie waren | |
| er/sie/es war | sie waren | |

| FUTURE PERFECT | | |
|---|---|---|
| ich werde | wir werden | |
| du wirst | ihr werdet | begegnet sein |
| Sie werden | Sie werden | |
| er/sie/es wird | sie werden | |

| PAST SUBJUNCTIVE I | | |
|---|---|---|
| ich sei | wir seien | |
| du seiest | ihr seiet | begegnet |
| Sie seien | Sie seien | |
| er/sie/es sei | sie seien | |

| PAST SUBJUNCTIVE II | | |
|---|---|---|
| ich wäre | wir wären | |
| du wärest | ihr wäret | begegnet |
| Sie wären | Sie wären | |
| er/sie/es wäre | sie wären | |

| FUTURE PERFECT SUBJUNCTIVE I | | |
|---|---|---|
| ich werde | wir werden | |
| du werdest | ihr werdet | begegnet sein |
| Sie werden | Sie werden | |
| er/sie/es werde | sie werden | |

| FUTURE PERFECT SUBJUNCTIVE II | | |
|---|---|---|
| ich würde | wir würden | |
| du würdest | ihr würdet | begegnet sein |
| Sie würden | Sie würden | |
| er/sie/es würde | sie würden | |

COMMANDS        begegne! begegnet! begegnen Sie!

PRESENT PARTICIPLE        begegnend

## Usage

Wie Rotkäppchen in den dunklen Wald kam, begegnete ihm ein hungriger Wolf.

*As Little Red Riding Hood entered the dark forest, she encountered a hungry wolf.*

Im Jahr 1794 begegnete Goethe Schiller in Jena.

*In the year 1794, Goethe met Schiller in Jena.*

Im Hotel Excelsior sind wir einem jungen Mann aus Istanbul begegnet.

*In the Excelsior Hotel, we met a young man from Istanbul.*

Seine Augen begegnen dem ängstlichen Blick des verletzten Hundes.

*His eyes meet the fearful gaze of the injured dog.*

Im jedem Vorkommnis, das uns im täglichen Leben begegnet, finden wir neue geistige Kraft.

*In every occurrence that befalls us in daily life, we find new spiritual energy.*

Wer seinem Vorgesetzten grob begegnet, wird umgehend entlassen.

*Whoever treats his superior rudely will be immediately dismissed.*

Die Polizistin hat erklärt, wie derartigen Gefahren zu begegnen ist.

*The policewoman explained how to counter dangers of this sort.*

RELATED VERB   wieder·begegnen

# beginnen  *to begin, start; undertake*

**beginnt · begann · begonnen**                    strong verb

| PRESENT | |
|---|---|
| ich beginne | wir beginnen |
| du beginnst | ihr beginnt |
| Sie beginnen | Sie beginnen |
| er/sie/es beginnt | sie beginnen |

| PRESENT PERFECT | | |
|---|---|---|
| ich habe | wir haben | |
| du hast | ihr habt | begonnen |
| Sie haben | Sie haben | |
| er/sie/es hat | sie haben | |

| SIMPLE PAST | |
|---|---|
| ich begann | wir begannen |
| du begannst | ihr begannt |
| Sie begannen | Sie begannen |
| er/sie/es begann | sie begannen |

| PAST PERFECT | | |
|---|---|---|
| ich hatte | wir hatten | |
| du hattest | ihr hattet | begonnen |
| Sie hatten | Sie hatten | |
| er/sie/es hatte | sie hatten | |

| FUTURE | | |
|---|---|---|
| ich werde | wir werden | |
| du wirst | ihr werdet | beginnen |
| Sie werden | Sie werden | |
| er/sie/es wird | sie werden | |

| FUTURE PERFECT | | |
|---|---|---|
| ich werde | wir werden | |
| du wirst | ihr werdet | begonnen haben |
| Sie werden | Sie werden | |
| er/sie/es wird | sie werden | |

| PRESENT SUBJUNCTIVE I | |
|---|---|
| ich beginne | wir beginnen |
| du beginnest | ihr beginnet |
| Sie beginnen | Sie beginnen |
| er/sie/es beginne | sie beginnen |

| PAST SUBJUNCTIVE I | | |
|---|---|---|
| ich habe | wir haben | |
| du habest | ihr habet | begonnen |
| Sie haben | Sie haben | |
| er/sie/es habe | sie haben | |

| PRESENT SUBJUNCTIVE II | |
|---|---|
| ich begänne/begönne | wir begännen/begönnen |
| du begännest/begönnest | ihr begännet/begönnet |
| Sie begännen/begönnen | Sie begännen/begönnen |
| er/sie/es begänne/begönne | sie begännen/begönnen |

| PAST SUBJUNCTIVE II | | |
|---|---|---|
| ich hätte | wir hätten | |
| du hättest | ihr hättet | begonnen |
| Sie hätten | Sie hätten | |
| er/sie/es hätte | sie hätten | |

| FUTURE SUBJUNCTIVE I | | |
|---|---|---|
| ich werde | wir werden | |
| du werdest | ihr werdet | beginnen |
| Sie werden | Sie werden | |
| er/sie/es werde | sie werden | |

| FUTURE PERFECT SUBJUNCTIVE I | | |
|---|---|---|
| ich werde | wir werden | |
| du werdest | ihr werdet | begonnen haben |
| Sie werden | Sie werden | |
| er/sie/es werde | sie werden | |

| FUTURE SUBJUNCTIVE II | | |
|---|---|---|
| ich würde | wir würden | |
| du würdest | ihr würdet | beginnen |
| Sie würden | Sie würden | |
| er/sie/es würde | sie würden | |

| FUTURE PERFECT SUBJUNCTIVE II | | |
|---|---|---|
| ich würde | wir würden | |
| du würdest | ihr würdet | begonnen haben |
| Sie würden | Sie würden | |
| er/sie/es würde | sie würden | |

COMMANDS            beginn(e)!   beginnt!   beginnen Sie!

PRESENT PARTICIPLE    beginnend

## Usage

| | |
|---|---|
| Wann beginnt die Vorstellung? | *When does the presentation begin?* |
| Der Unterricht hat nicht pünktlich begonnen, weil der Lehrer sich verspätet hatte. | *Class didn't begin on time because the instructor was delayed.* |
| Die Debatte über dieses Thema begann mit einer Frage an Ilse Schleiermacher. | *The debate on this topic began with a question to Ilse Schleiermacher.* |
| Der Arbeitstag des Präsidenten beginnt oft vor fünf Uhr frühmorgens. | *The president's workday often begins before five o'clock in the morning.* |
| Wann hat das neue Jahrtausend wirklich begonnen? | *When did the new millennium really begin?* |
| Im Juni beginnen die Rosen zu blühen. | *Roses start blooming in June.* |
| Meine kleine Schwester wollte gestern mit einer neuen Diät beginnen. | *My little sister wanted to start a new diet yesterday.* |
| Die Teilnehmer haben das Projekt im September letzten Jahres begonnen. | *The participants undertook the project in September of last year.* |
| Wann beginnen wir? | *When do we start?* |

regular weak verb

**PRESENT**

| | |
|---|---|
| ich begleite | wir begleiten |
| du begleitest | ihr begleitet |
| Sie begleiten | Sie begleiten |
| er/sie/es begleitet | sie begleiten |

**PRESENT PERFECT**

| | | |
|---|---|---|
| ich habe | wir haben | |
| du hast | ihr habt | begleitet |
| Sie haben | Sie haben | |
| er/sie/es hat | sie haben | |

**SIMPLE PAST**

| | |
|---|---|
| ich begleitete | wir begleiteten |
| du begleitetest | ihr begleitetet |
| Sie begleiteten | Sie begleiteten |
| er/sie/es begleitete | sie begleiteten |

**PAST PERFECT**

| | | |
|---|---|---|
| ich hatte | wir hatten | |
| du hattest | ihr hattet | begleitet |
| Sie hatten | Sie hatten | |
| er/sie/es hatte | sie hatten | |

**FUTURE**

| | | |
|---|---|---|
| ich werde | wir werden | |
| du wirst | ihr werdet | begleiten |
| Sie werden | Sie werden | |
| er/sie/es wird | sie werden | |

**FUTURE PERFECT**

| | | |
|---|---|---|
| ich werde | wir werden | |
| du wirst | ihr werdet | begleitet haben |
| Sie werden | Sie werden | |
| er/sie/es wird | sie werden | |

**PRESENT SUBJUNCTIVE I**

| | |
|---|---|
| ich begleite | wir begleiten |
| du begleitest | ihr begleitet |
| Sie begleiten | Sie begleiten |
| er/sie/es begleite | sie begleiten |

**PAST SUBJUNCTIVE I**

| | | |
|---|---|---|
| ich habe | wir haben | |
| du habest | ihr habet | begleitet |
| Sie haben | Sie haben | |
| er/sie/es habe | sie haben | |

**PRESENT SUBJUNCTIVE II**

| | |
|---|---|
| ich begleitete | wir begleiteten |
| du begleitetest | ihr begleitetet |
| Sie begleiteten | Sie begleiteten |
| er/sie/es begleitete | sie begleiteten |

**PAST SUBJUNCTIVE II**

| | | |
|---|---|---|
| ich hätte | wir hätten | |
| du hättest | ihr hättet | begleitet |
| Sie hätten | Sie hätten | |
| er/sie/es hätte | sie hätten | |

**FUTURE SUBJUNCTIVE I**

| | | |
|---|---|---|
| ich werde | wir werden | |
| du werdest | ihr werdet | begleiten |
| Sie werden | Sie werden | |
| er/sie/es werde | sie werden | |

**FUTURE PERFECT SUBJUNCTIVE I**

| | | |
|---|---|---|
| ich werde | wir werden | |
| du werdest | ihr werdet | begleitet haben |
| Sie werden | Sie werden | |
| er/sie/es werde | sie werden | |

**FUTURE SUBJUNCTIVE II**

| | | |
|---|---|---|
| ich würde | wir würden | |
| du würdest | ihr würdet | begleiten |
| Sie würden | Sie würden | |
| er/sie/es würde | sie würden | |

**FUTURE PERFECT SUBJUNCTIVE II**

| | | |
|---|---|---|
| ich würde | wir würden | |
| du würdest | ihr würdet | begleitet haben |
| Sie würden | Sie würden | |
| er/sie/es würde | sie würden | |

**COMMANDS**    begleite! begleitet! begleiten Sie!

**PRESENT PARTICIPLE**    begleitend

## Usage

Friedrich Gummersheimer wird die Vokalisten am Klavier begleiten.

Die psychologischen Symptome werden oft von physischen Beschwerden begleitet.

Ein diplomierter Zoologe begleitete die begeisterten Tiergartenbesucher.

Die Exerzitiengruppe wird von Frau Umbreit begleitet.

Wir begleiten Sie auf einer Reise durch Afrika.

Die ältere Frau wurde vom Krankenhauspersonal nach Hause begleitet.

Dieser Verdacht hatte den Heinrich durch sein ganzes Leben begleitet.

Der Portier begleitete sie zum Zimmer.

*Friedrich Gummersheimer will accompany the vocalists on the piano.*

*The psychological symptoms are often accompanied by physical complaints.*

*A trained zoologist accompanied the enthusiastic zoo visitors.*

*The exercise group is accompanied by Mrs. Umbreit.*

*We'll accompany you on a trip through Africa.*

*The elderly woman was escorted home by hospital personnel.*

*This suspicion had dogged Henry his whole life.*

*The doorman escorted them to the room.*

**RELATED VERBS**   heim·begleiten, zurück·begleiten

# begründen *to substantiate, supply evidence for; found, establish, start*

**begründet · begründete · begründet**

regular weak verb

**PRESENT**

| | |
|---|---|
| ich begründe | wir begründen |
| du begründest | ihr begründet |
| Sie begründen | Sie begründen |
| er/sie/es begründet | sie begründen |

**SIMPLE PAST**

| | |
|---|---|
| ich begründete | wir begründeten |
| du begründetest | ihr begründetet |
| Sie begründeten | Sie begründeten |
| er/sie/es begründete | sie begründeten |

**FUTURE**

| | |
|---|---|
| ich werde | wir werden |
| du wirst | ihr werdet |
| Sie werden | Sie werden |
| er/sie/es wird | sie werden |

} begründen

**PRESENT SUBJUNCTIVE I**

| | |
|---|---|
| ich begründe | wir begründen |
| du begründest | ihr begründet |
| Sie begründen | Sie begründen |
| er/sie/es begründe | sie begründen |

**PRESENT SUBJUNCTIVE II**

| | |
|---|---|
| ich begründete | wir begründeten |
| du begründetest | ihr begründetet |
| Sie begründeten | Sie begründeten |
| er/sie/es begründete | sie begründeten |

**FUTURE SUBJUNCTIVE I**

| | |
|---|---|
| ich werde | wir werden |
| du werdest | ihr werdet |
| Sie werden | Sie werden |
| er/sie/es werde | sie werden |

} begründen

**FUTURE SUBJUNCTIVE II**

| | |
|---|---|
| ich würde | wir würden |
| du würdest | ihr würdet |
| Sie würden | Sie würden |
| er/sie/es würde | sie würden |

} begründen

**PRESENT PERFECT**

| | |
|---|---|
| ich habe | wir haben |
| du hast | ihr habt |
| Sie haben | Sie haben |
| er/sie/es hat | sie haben |

} begründet

**PAST PERFECT**

| | |
|---|---|
| ich hatte | wir hatten |
| du hattest | ihr hattet |
| Sie hatten | Sie hatten |
| er/sie/es hatte | sie hatten |

} begründet

**FUTURE PERFECT**

| | |
|---|---|
| ich werde | wir werden |
| du wirst | ihr werdet |
| Sie werden | Sie werden |
| er/sie/es wird | sie werden |

} begründet haben

**PAST SUBJUNCTIVE I**

| | |
|---|---|
| ich habe | wir haben |
| du habest | ihr habet |
| Sie haben | Sie haben |
| er/sie/es habe | sie haben |

} begründet

**PAST SUBJUNCTIVE II**

| | |
|---|---|
| ich hätte | wir hätten |
| du hättest | ihr hättet |
| Sie hätten | Sie hätten |
| er/sie/es hätte | sie hätten |

} begründet

**FUTURE PERFECT SUBJUNCTIVE I**

| | |
|---|---|
| ich werde | wir werden |
| du werdest | ihr werdet |
| Sie werden | Sie werden |
| er/sie/es werde | sie werden |

} begründet haben

**FUTURE PERFECT SUBJUNCTIVE II**

| | |
|---|---|
| ich würde | wir würden |
| du würdest | ihr würdet |
| Sie würden | Sie würden |
| er/sie/es würde | sie würden |

} begründet haben

**COMMANDS**    begründe!  begründet!  begründen Sie!

**PRESENT PARTICIPLE**    begründend

## Usage

| | |
|---|---|
| Begründen Sie Ihre Meinung. | *Support your opinion.* |
| Die Streikteilnehmer versuchten vergeblich, ihre Aktion zu begründen. | *The strikers tried unsuccessfully to justify their action.* |
| Begründet, dass diese die einzige mögliche Lösung der Gleichung auf Seite 12 ist. | *Prove that this is the only possible solution to the equation on page 12.* |
| Alle guten Forscher müssen ihre Vorgehensweise objektiv begründen können. | *All good researchers must be able to justify their methodology objectively.* |
| Die extreme Maßnahme wurde mit einem fragwürdigen Argument begründet. | *The extreme measure was justified with a dubious argument.* |
| Wann wollen Sie eine Familie begründen? | *When do you want to start a family?* |

**sich begründen** *to be based/founded*

| | |
|---|---|
| Ihre Meinung begründet sich auf ihrer Angst. | *Her opinion is based on her fear.* |

**RELATED VERBS** *see* **gründen** (227)

regular weak verb

begrüßt · begrüßte · begrüßt

**PRESENT**

| | |
|---|---|
| ich begrüße | wir begrüßen |
| du begrüßt | ihr begrüßt |
| Sie begrüßen | Sie begrüßen |
| er/sie/es begrüßt | sie begrüßen |

**PRESENT PERFECT**

| | | |
|---|---|---|
| ich habe | wir haben | |
| du hast | ihr habt | begrüßt |
| Sie haben | Sie haben | |
| er/sie/es hat | sie haben | |

**SIMPLE PAST**

| | |
|---|---|
| ich begrüßte | wir begrüßten |
| du begrüßtest | ihr begrüßtet |
| Sie begrüßten | Sie begrüßten |
| er/sie/es begrüßte | sie begrüßten |

**PAST PERFECT**

| | | |
|---|---|---|
| ich hatte | wir hatten | |
| du hattest | ihr hattet | begrüßt |
| Sie hatten | Sie hatten | |
| er/sie/es hatte | sie hatten | |

**FUTURE**

| | | |
|---|---|---|
| ich werde | wir werden | |
| du wirst | ihr werdet | begrüßen |
| Sie werden | Sie werden | |
| er/sie/es wird | sie werden | |

**FUTURE PERFECT**

| | | |
|---|---|---|
| ich werde | wir werden | |
| du wirst | ihr werdet | begrüßt haben |
| Sie werden | Sie werden | |
| er/sie/es wird | sie werden | |

**PRESENT SUBJUNCTIVE I**

| | |
|---|---|
| ich begrüße | wir begrüßen |
| du begrüßest | ihr begrüßet |
| Sie begrüßen | Sie begrüßen |
| er/sie/es begrüße | sie begrüßen |

**PAST SUBJUNCTIVE I**

| | | |
|---|---|---|
| ich habe | wir haben | |
| du habest | ihr habet | begrüßt |
| Sie haben | Sie haben | |
| er/sie/es habe | sie haben | |

**PRESENT SUBJUNCTIVE II**

| | |
|---|---|
| ich begrüßte | wir begrüßten |
| du begrüßtest | ihr begrüßtet |
| Sie begrüßten | Sie begrüßten |
| er/sie/es begrüßte | sie begrüßten |

**PAST SUBJUNCTIVE II**

| | | |
|---|---|---|
| ich hätte | wir hätten | |
| du hättest | ihr hättet | begrüßt |
| Sie hätten | Sie hätten | |
| er/sie/es hätte | sie hätten | |

**FUTURE SUBJUNCTIVE I**

| | | |
|---|---|---|
| ich werde | wir werden | |
| du werdest | ihr werdet | begrüßen |
| Sie werden | Sie werden | |
| er/sie/es werde | sie werden | |

**FUTURE PERFECT SUBJUNCTIVE I**

| | | |
|---|---|---|
| ich werde | wir werden | |
| du werdest | ihr werdet | begrüßt haben |
| Sie werden | Sie werden | |
| er/sie/es werde | sie werden | |

**FUTURE SUBJUNCTIVE II**

| | | |
|---|---|---|
| ich würde | wir würden | |
| du würdest | ihr würdet | begrüßen |
| Sie würden | Sie würden | |
| er/sie/es würde | sie würden | |

**FUTURE PERFECT SUBJUNCTIVE II**

| | | |
|---|---|---|
| ich würde | wir würden | |
| du würdest | ihr würdet | begrüßt haben |
| Sie würden | Sie würden | |
| er/sie/es würde | sie würden | |

**COMMANDS**  begrüß(e)!  begrüßt!  begrüßen Sie!

**PRESENT PARTICIPLE**  begrüßend

## Usage

| | |
|---|---|
| Er begrüßte den Morgen voller Hoffnung. | *He greeted the morning full of hope.* |
| Die Vereinsvorsitzende begrüßte die vielen Gäste aus den USA. | *The association president greeted the many guests from the U.S.A.* |
| Unsere Söhne begrüßten den ersten Schneefall mit Freude. | *Our sons greeted the first snowfall with delight.* |
| In diesem Land wird oft mit einem Kuss begrüßt. | *In this country one is often greeted with a kiss.* |
| Es freut uns, Sie bei uns begrüßen zu dürfen. | *It pleases us to be able to welcome you in our home.* |
| Ich darf Sie im Namen der ganzen Gemeinde recht herzlich begrüßen. | *I have the pleasure of cordially welcoming you on behalf of the entire community.* |
| Alle Mitglieder begrüßten eine Diskussion der Transitionsstrategie. | *All members welcomed a discussion of the transition strategy.* |
| Die Einwohner der Stadt begrüßen den Vorschlag der Kommission. | *The city's residents welcome the commission's suggestion.* |
| Wir begrüßen es sehr, dass Sie am Projekt mitarbeiten. | *We warmly welcome your cooperation on the project.* |

**RELATED VERBS**  *see* **grüßen** (228)

# behalten  *to keep, retain; remember; maintain*

**behält · behielt · behalten**                                                   strong verb

### PRESENT

| ich behalte | wir behalten |
| du behältst | ihr behaltet |
| Sie behalten | Sie behalten |
| er/sie/es behält | sie behalten |

### SIMPLE PAST

| ich behielt | wir behielten |
| du behieltst | ihr behieltet |
| Sie behielten | Sie behielten |
| er/sie/es behielt | sie behielten |

### FUTURE

| ich werde | wir werden |
| du wirst | ihr werdet |
| Sie werden | Sie werden |
| er/sie/es wird | sie werden |

} behalten

### PRESENT SUBJUNCTIVE I

| ich behalte | wir behalten |
| du behaltest | ihr behaltet |
| Sie behalten | Sie behalten |
| er/sie/es behalte | sie behalten |

### PRESENT SUBJUNCTIVE II

| ich behielte | wir behielten |
| du behieltest | ihr behieltet |
| Sie behielten | Sie behielten |
| er/sie/es behielte | sie behielten |

### FUTURE SUBJUNCTIVE I

| ich werde | wir werden |
| du werdest | ihr werdet |
| Sie werden | Sie werden |
| er/sie/es werde | sie werden |

} behalten

### FUTURE SUBJUNCTIVE II

| ich würde | wir würden |
| du würdest | ihr würdet |
| Sie würden | Sie würden |
| er/sie/es würde | sie würden |

} behalten

### PRESENT PERFECT

| ich habe | wir haben |
| du hast | ihr habt |
| Sie haben | Sie haben |
| er/sie/es hat | sie haben |

} behalten

### PAST PERFECT

| ich hatte | wir hatten |
| du hattest | ihr hattet |
| Sie hatten | Sie hatten |
| er/sie/es hatte | sie hatten |

} behalten

### FUTURE PERFECT

| ich werde | wir werden |
| du wirst | ihr werdet |
| Sie werden | Sie werden |
| er/sie/es wird | sie werden |

} behalten haben

### PAST SUBJUNCTIVE I

| ich habe | wir haben |
| du habest | ihr habet |
| Sie haben | Sie haben |
| er/sie/es habe | sie haben |

} behalten

### PAST SUBJUNCTIVE II

| ich hätte | wir hätten |
| du hättest | ihr hättet |
| Sie hätten | Sie hätten |
| er/sie/es hätte | sie hätten |

} behalten

### FUTURE PERFECT SUBJUNCTIVE I

| ich werde | wir werden |
| du werdest | ihr werdet |
| Sie werden | Sie werden |
| er/sie/es werde | sie werden |

} behalten haben

### FUTURE PERFECT SUBJUNCTIVE II

| ich würde | wir würden |
| du würdest | ihr würdet |
| Sie würden | Sie würden |
| er/sie/es würde | sie würden |

} behalten haben

### COMMANDS

behalte!  behaltet!  behalten Sie!

### PRESENT PARTICIPLE

behaltend

## Usage

| Mein Großvater hat das Bild zum Andenken behalten. | *My grandfather kept the picture as a memento.* |
| Jahre lang behielt Ingrid die Sache für sich. | *For years Ingrid kept the matter to herself.* |
| Während ihrer schweren Krankheit konnte meine Großmutter die Nahrung bei sich nicht behalten. | *During her difficult illness, my grandmother was unable to keep food down.* |
| Möchtest du mich als Freund behalten? | *Would you like to remain my friend?* |
| Ihre Mutter hatte von der Krankheit einen Gehirnschaden behalten. | *Her mother had been left with brain damage from the disease.* |
| Der Bewerber dürfte nur einen Besitz behalten. | *The applicant would be permitted to retain only one piece of property.* |
| Das behalte ich nicht im Kopf. | *I will forget that.* |
| Maximilian behält Telefonnummern sehr gut. | *Maximilian easily remembers telephone numbers.* |
| Das Metall behält seinen Glanz auch beim Regen. | *This metal maintains its luster even in the rain.* |
| Anton hat sie immer lieb behalten. | *Anton was always fond of her.* |

**RELATED VERBS**  ab·behalten, bei·behalten, ein·behalten, vor·behalten, zurück·behalten; *see also* **halten** (231) regular weak verb | **behandelt · behandelte · behandelt**

**PRESENT**

| | |
|---|---|
| ich behand(e)le | wir behandeln |
| du behandelst | ihr behandelt |
| Sie behandeln | Sie behandeln |
| er/sie/es behandelt | sie behandeln |

**PRESENT PERFECT**

| | | |
|---|---|---|
| ich habe | wir haben | |
| du hast | ihr habt | behandelt |
| Sie haben | Sie haben | |
| er/sie/es hat | sie haben | |

**SIMPLE PAST**

| | |
|---|---|
| ich behandelte | wir behandelten |
| du behandeltest | ihr behandeltet |
| Sie behandelten | Sie behandelten |
| er/sie/es behandelte | sie behandelten |

**PAST PERFECT**

| | | |
|---|---|---|
| ich hatte | wir hatten | |
| du hattest | ihr hattet | behandelt |
| Sie hatten | Sie hatten | |
| er/sie/es hatte | sie hatten | |

**FUTURE**

| | | |
|---|---|---|
| ich werde | wir werden | |
| du wirst | ihr werdet | behandeln |
| Sie werden | Sie werden | |
| er/sie/es wird | sie werden | |

**FUTURE PERFECT**

| | | |
|---|---|---|
| ich werde | wir werden | |
| du wirst | ihr werdet | behandelt haben |
| Sie werden | Sie werden | |
| er/sie/es wird | sie werden | |

**PRESENT SUBJUNCTIVE I**

| | |
|---|---|
| ich behand(e)le | wir behandeln |
| du behandelst | ihr behandelt |
| Sie behandeln | Sie behandeln |
| er/sie/es behand(e)le | sie behandeln |

**PAST SUBJUNCTIVE I**

| | | |
|---|---|---|
| ich habe | wir haben | |
| du habest | ihr habet | behandelt |
| Sie haben | Sie haben | |
| er/sie/es habe | sie haben | |

**PRESENT SUBJUNCTIVE II**

| | |
|---|---|
| ich behandelte | wir behandelten |
| du behandeltest | ihr behandeltet |
| Sie behandelten | Sie behandelten |
| er/sie/es behandelte | sie behandelten |

**PAST SUBJUNCTIVE II**

| | | |
|---|---|---|
| ich hätte | wir hätten | |
| du hättest | ihr hättet | behandelt |
| Sie hätten | Sie hätten | |
| er/sie/es hätte | sie hätten | |

**FUTURE SUBJUNCTIVE I**

| | | |
|---|---|---|
| ich werde | wir werden | |
| du werdest | ihr werdet | behandeln |
| Sie werden | Sie werden | |
| er/sie/es werde | sie werden | |

**FUTURE PERFECT SUBJUNCTIVE I**

| | | |
|---|---|---|
| ich werde | wir werden | |
| du werdest | ihr werdet | behandelt haben |
| Sie werden | Sie werden | |
| er/sie/es werde | sie werden | |

**FUTURE SUBJUNCTIVE II**

| | | |
|---|---|---|
| ich würde | wir würden | |
| du würdest | ihr würdet | behandeln |
| Sie würden | Sie würden | |
| er/sie/es würde | sie würden | |

**FUTURE PERFECT SUBJUNCTIVE II**

| | | |
|---|---|---|
| ich würde | wir würden | |
| du würdest | ihr würdet | behandelt haben |
| Sie würden | Sie würden | |
| er/sie/es würde | sie würden | |

**COMMANDS**    behand(e)le!    behandelt!    behandeln Sie!

**PRESENT PARTICIPLE**    behandelnd

## Usage

| | |
|---|---|
| Man darf den Rechner nicht wie einen Menschen behandeln. | *You can't treat the computer like a human being.* |
| Behandle ihn genau so wie du von ihm behandelt werden willst. | *Treat him exactly the same way you want to be treated by him.* |
| Viele Geisteskrankheiten können psychotherapeutisch behandelt werden. | *Many mental disorders can be treated with psychotherapy.* |
| Der Arzt behandelt täglich 10 bis 12 Patienten. | *The physician treats 10 to 12 patients daily.* |
| Mein Papa lässt sich nicht ärztlich behandeln. | *My dad is not receiving medical attention.* |
| Tante Inge wird wegen Lungenentzündung behandelt. | *Aunt Inge is being treated for pneumonia.* |
| Der Zeitungsartikel behandelt das Thema Datenbankprogrammierung. | *The newspaper article deals with the topic of database programming.* |
| Die Lehrer an dieser Grundschule verstehen es, Schüler vernünftig zu behandeln. | *The teachers at this grade school understand how to handle pupils sensibly.* |

**RELATED VERBS**  nach behandeln, vor·behandeln; *see also* **handeln** (232)

# behaupten   *to maintain; retain possession of; assert, contend*

**behauptet · behauptete · behauptet**          regular weak verb

| PRESENT | |
|---|---|
| ich behaupte | wir behaupten |
| du behauptest | ihr behauptet |
| Sie behaupten | Sie behaupten |
| er/sie/es behauptet | sie behaupten |

| PRESENT PERFECT | | |
|---|---|---|
| ich habe | wir haben | |
| du hast | ihr habt | behauptet |
| Sie haben | Sie haben | |
| er/sie/es hat | sie haben | |

| SIMPLE PAST | |
|---|---|
| ich behauptete | wir behaupteten |
| du behauptetest | ihr behauptetet |
| Sie behaupteten | Sie behaupteten |
| er/sie/es behauptete | sie behaupteten |

| PAST PERFECT | | |
|---|---|---|
| ich hatte | wir hatten | |
| du hattest | ihr hattet | behauptet |
| Sie hatten | Sie hatten | |
| er/sie/es hatte | sie hatten | |

| FUTURE | | |
|---|---|---|
| ich werde | wir werden | |
| du wirst | ihr werdet | behaupten |
| Sie werden | Sie werden | |
| er/sie/es wird | sie werden | |

| FUTURE PERFECT | | |
|---|---|---|
| ich werde | wir werden | |
| du wirst | ihr werdet | behauptet haben |
| Sie werden | Sie werden | |
| er/sie/es wird | sie werden | |

| PRESENT SUBJUNCTIVE I | |
|---|---|
| ich behaupte | wir behaupten |
| du behauptest | ihr behauptet |
| Sie behaupten | Sie behaupten |
| er/sie/es behaupte | sie behaupten |

| PAST SUBJUNCTIVE I | | |
|---|---|---|
| ich habe | wir haben | |
| du habest | ihr habet | behauptet |
| Sie haben | Sie haben | |
| er/sie/es habe | sie haben | |

| PRESENT SUBJUNCTIVE II | |
|---|---|
| ich behauptete | wir behaupteten |
| du behauptetest | ihr behauptetet |
| Sie behaupteten | Sie behaupteten |
| er/sie/es behauptete | sie behaupteten |

| PAST SUBJUNCTIVE II | | |
|---|---|---|
| ich hätte | wir hätten | |
| du hättest | ihr hättet | behauptet |
| Sie hätten | Sie hätten | |
| er/sie/es hätte | sie hätten | |

| FUTURE SUBJUNCTIVE I | | |
|---|---|---|
| ich werde | wir werden | |
| du werdest | ihr werdet | behaupten |
| Sie werden | Sie werden | |
| er/sie/es werde | sie werden | |

| FUTURE PERFECT SUBJUNCTIVE I | | |
|---|---|---|
| ich werde | wir werden | |
| du werdest | ihr werdet | behauptet haben |
| Sie werden | Sie werden | |
| er/sie/es werde | sie werden | |

| FUTURE SUBJUNCTIVE II | | |
|---|---|---|
| ich würde | wir würden | |
| du würdest | ihr würdet | behaupten |
| Sie würden | Sie würden | |
| er/sie/es würde | sie würden | |

| FUTURE PERFECT SUBJUNCTIVE II | | |
|---|---|---|
| ich würde | wir würden | |
| du würdest | ihr würdet | behauptet haben |
| Sie würden | Sie würden | |
| er/sie/es würde | sie würden | |

**COMMANDS**      behaupte!   behauptet!   behaupten Sie!

**PRESENT PARTICIPLE**      behauptend

## Usage

| | |
|---|---|
| Ich habe immer behauptet, dass er eines Tages einen großen Durchbruch macht. | *I always maintained that he would achieve a major breakthrough one day.* |
| Es ist nicht zu viel behauptet, dass das Dorf in wenigen Jahren nicht mehr existieren wird. | *It's not overstating the case to say that the village won't exist in a few years.* |
| Falls Dritte entgegenstehende Rechte behaupten, wird der Kunde die Firma schriftlich informieren. | *In case third parties assert contradictory rights, the customer will inform the company in writing.* |
| Marx behauptet, dass die Geschichte aller bisherigen Gesellschaft die Geschichte von Klassenkämpfen sei. | *Marx contends that the history of all hitherto existing society is the history of class struggles.* |

### sich behaupten  *to hold one's own, stand one's ground*

| | |
|---|---|
| Die Soldaten konnten sich trotz der neuen Waffentechnik nicht behaupten. | *The soldiers were unable to stand their ground in spite of the new weapons technology.* |
| Die Preise behaupteten sich. | *The prices remained steady.* |
| Behaupte dich! | *Stand up for yourself!* |

regular weak verb

## PRESENT

| | |
|---|---|
| ich behindere | wir behindern |
| du behinderst | ihr behindert |
| Sie behindern | Sie behindern |
| er/sie/es behindert | sie behindern |

## SIMPLE PAST

| | |
|---|---|
| ich behinderte | wir behinderten |
| du behindertest | ihr behindertet |
| Sie behinderten | Sie behinderten |
| er/sie/es behinderte | sie behinderten |

## FUTURE

| | | |
|---|---|---|
| ich werde | wir werden | |
| du wirst | ihr werdet | behindern |
| Sie werden | Sie werden | |
| er/sie/es wird | sie werden | |

## PRESENT SUBJUNCTIVE I

| | |
|---|---|
| ich behindere | wir behindern |
| du behinderst | ihr behindert |
| Sie behindern | Sie behindern |
| er/sie/es behindere | sie behindern |

## PRESENT SUBJUNCTIVE II

| | |
|---|---|
| ich behinderte | wir behinderten |
| du behindertest | ihr behindertet |
| Sie behinderten | Sie behinderten |
| er/sie/es behinderte | sie behinderten |

## FUTURE SUBJUNCTIVE I

| | | |
|---|---|---|
| ich werde | wir werden | |
| du werdest | ihr werdet | behindern |
| Sie werden | Sie werden | |
| er/sie/es werde | sie werden | |

## FUTURE SUBJUNCTIVE II

| | | |
|---|---|---|
| ich würde | wir würden | |
| du würdest | ihr würdet | behindern |
| Sie würden | Sie würden | |
| er/sie/es würde | sie würden | |

## PRESENT PERFECT

| | | |
|---|---|---|
| ich habe | wir haben | |
| du hast | ihr habt | behindert |
| Sie haben | Sie haben | |
| er/sie/es hat | sie haben | |

## PAST PERFECT

| | | |
|---|---|---|
| ich hatte | wir hatten | |
| du hattest | ihr hattet | behindert |
| Sie hatten | Sie hatten | |
| er/sie/es hatte | sie hatten | |

## FUTURE PERFECT

| | | |
|---|---|---|
| ich werde | wir werden | |
| du wirst | ihr werdet | behindert haben |
| Sie werden | Sie werden | |
| er/sie/es wird | sie werden | |

## PAST SUBJUNCTIVE I

| | | |
|---|---|---|
| ich habe | wir haben | |
| du habest | ihr habet | behindert |
| Sie haben | Sie haben | |
| er/sie/es habe | sie haben | |

## PAST SUBJUNCTIVE II

| | | |
|---|---|---|
| ich hätte | wir hätten | |
| du hättest | ihr hättet | behindert |
| Sie hätten | Sie hätten | |
| er/sie/es hätte | sie hätten | |

## FUTURE PERFECT SUBJUNCTIVE I

| | | |
|---|---|---|
| ich werde | wir werden | |
| du werdest | ihr werdet | behindert haben |
| Sie werden | Sie werden | |
| er/sie/es werde | sie werden | |

## FUTURE PERFECT SUBJUNCTIVE II

| | | |
|---|---|---|
| ich würde | wir würden | |
| du würdest | ihr würdet | behindert haben |
| Sie würden | Sie würden | |
| er/sie/es würde | sie würden | |

COMMANDS     behindere!   behindert!   behindern Sie!

PRESENT PARTICIPLE     behindernd

## Usage

| | |
|---|---|
| Radfahrer dürfen den Verkehrsfluss nicht behindern. | *Bicyclists are not permitted to obstruct the flow of traffic.* |
| Hohe Ölpreise behinderten den zu erwartenden wirtschaftlichen Aufschwung. | *High oil prices hampered the expected economic upswing.* |
| Der Beamte ist in der Ausführung seiner täglichen Aufgaben behindert worden. | *The official was hindered from carrying out his daily duties.* |
| Glatte Straßen behinderten den Verkehr. | *Slick streets hampered the traffic.* |
| Kalte Getränke können die Verdauung behindern. | *Cold drinks can impede digestion.* |
| In diesem Fall hat Rauschgiftmissbrauch die gesunde kognitive Entwicklung behindert. | *In this case, drug abuse hindered healthy cognitive development.* |
| Sprachbarrieren behindern die Kommunikation zwischen den Völkern. | *Language barriers impede communication between peoples.* |
| Ein Streit zwischen den Parteien behinderte die Verhandlungen über Gesundheitsreform. | *A conflict between the parties hobbled talks on health care reform.* |

RELATED VERBS   hindern; *see also* **verhindern** (490)

**PRESENT**

| | |
|---|---|
| ich beiße | wir beißen |
| du beißt | ihr beißt |
| Sie beißen | Sie beißen |
| er/sie/es beißt | sie beißen |

**SIMPLE PAST**

| | |
|---|---|
| ich biss | wir bissen |
| du bissest | ihr bisst |
| Sie bissen | Sie bissen |
| er/sie/es biss | sie bissen |

**FUTURE**

| | | |
|---|---|---|
| ich werde | wir werden | |
| du wirst | ihr werdet | beißen |
| Sie werden | Sie werden | |
| er/sie/es wird | sie werden | |

**PRESENT SUBJUNCTIVE I**

| | |
|---|---|
| ich beiße | wir beißen |
| du beißest | ihr beißet |
| Sie beißen | Sie beißen |
| er/sie/es beiße | sie beißen |

**PRESENT SUBJUNCTIVE II**

| | |
|---|---|
| ich bisse | wir bissen |
| du bissest | ihr bisset |
| Sie bissen | Sie bissen |
| er/sie/es bisse | sie bissen |

**FUTURE SUBJUNCTIVE I**

| | | |
|---|---|---|
| ich werde | wir werden | |
| du werdest | ihr werdet | beißen |
| Sie werden | Sie werden | |
| er/sie/es werde | sie werden | |

**FUTURE SUBJUNCTIVE II**

| | | |
|---|---|---|
| ich würde | wir würden | |
| du würdest | ihr würdet | beißen |
| Sie würden | Sie würden | |
| er/sie/es würde | sie würden | |

**PRESENT PERFECT**

| | | |
|---|---|---|
| ich habe | wir haben | |
| du hast | ihr habt | gebissen |
| Sie haben | Sie haben | |
| er/sie/es hat | sie haben | |

**PAST PERFECT**

| | | |
|---|---|---|
| ich hatte | wir hatten | |
| du hattest | ihr hattet | gebissen |
| Sie hatten | Sie hatten | |
| er/sie/es hatte | sie hatten | |

**FUTURE PERFECT**

| | | |
|---|---|---|
| ich werde | wir werden | |
| du wirst | ihr werdet | gebissen haben |
| Sie werden | Sie werden | |
| er/sie/es wird | sie werden | |

**PAST SUBJUNCTIVE I**

| | | |
|---|---|---|
| ich habe | wir haben | |
| du habest | ihr habet | gebissen |
| Sie haben | Sie haben | |
| er/sie/es habe | sie haben | |

**PAST SUBJUNCTIVE II**

| | | |
|---|---|---|
| ich hätte | wir hätten | |
| du hättest | ihr hättet | gebissen |
| Sie hätten | Sie hätten | |
| er/sie/es hätte | sie hätten | |

**FUTURE PERFECT SUBJUNCTIVE I**

| | | |
|---|---|---|
| ich werde | wir werden | |
| du werdest | ihr werdet | gebissen haben |
| Sie werden | Sie werden | |
| er/sie/es werde | sie werden | |

**FUTURE PERFECT SUBJUNCTIVE II**

| | | |
|---|---|---|
| ich würde | wir würden | |
| du würdest | ihr würdet | gebissen haben |
| Sie würden | Sie würden | |
| er/sie/es würde | sie würden | |

**COMMANDS** beiß(e)! beißt! beißen Sie!

**PRESENT PARTICIPLE** beißend

## Usage

| | |
|---|---|
| Als Kind biss sie ständig die Fingernägel. | *As a child she was constantly biting her fingernails.* |
| Beißt Ihr Hund? | *Does your dog bite?* |
| Mein Kater beißt mir in den Fuß, wenn er spielen will. | *My cat bites me on the foot when he wants to play.* |
| Im Wald kann man von einer Zecke gebissen werden. | *In the woods you can get bitten by a tick.* |
| So ein lieber Hund würde doch niemanden beißen! | *Such a sweet dog wouldn't bite anyone!* |
| Ich musste mir auf die Zunge beißen, um nicht zu lachen. | *I had to bite my tongue to keep from laughing.* |
| Der Nachbarshund soll ein 4-jähriges Mädchen gebissen haben. | *The neighbors' dog is said to have bitten a four-year-old girl.* |
| Er bellt, aber er beißt nicht. | *He barks, but he doesn't bite.* |
| Bist du schon mal von einem Pferd gebissen worden? | *Have you ever been bitten by a horse?* |
| Dieses Kindershampoo beißt nicht in den Augen. | *This shampoo for kids doesn't sting the eyes.* |
| Ein riesiger Stechrochen hat auf den Köder gebissen. | *A huge stingray took the bait.* |

**RELATED VERBS** an·beißen, auf·beißen, aus·beißen, durch·beißen, durchbeißen, verbeißen, zu·beißen

strong verb

bekommt · bekam · bekommen

**PRESENT**

| | |
|---|---|
| ich bekomme | wir bekommen |
| du bekommst | ihr bekommt |
| Sie bekommen | Sie bekommen |
| er/sie/es bekommt | sie bekommen |

**SIMPLE PAST**

| | |
|---|---|
| ich bekam | wir bekamen |
| du bekamst | ihr bekamt |
| Sie bekamen | Sie bekamen |
| er/sie/es bekam | sie bekamen |

**FUTURE**

| | |
|---|---|
| ich werde | wir werden |
| du wirst | ihr werdet |
| Sie werden | Sie werden |
| er/sie/es wird | sie werden |

} bekommen

**PRESENT SUBJUNCTIVE I**

| | |
|---|---|
| ich bekomme | wir bekommen |
| du bekommest | ihr bekommet |
| Sie bekommen | Sie bekommen |
| er/sie/es bekomme | sie bekommen |

**PRESENT SUBJUNCTIVE II**

| | |
|---|---|
| ich bekäme | wir bekämen |
| du bekämest | ihr bekämet |
| Sie bekämen | Sie bekämen |
| er/sie/es bekäme | sie bekämen |

**FUTURE SUBJUNCTIVE I**

| | |
|---|---|
| ich werde | wir werden |
| du werdest | ihr werdet |
| Sie werden | Sie werden |
| er/sie/es werde | sie werden |

} bekommen

**FUTURE SUBJUNCTIVE II**

| | |
|---|---|
| ich würde | wir würden |
| du würdest | ihr würdet |
| Sie würden | Sie würden |
| er/sie/es würde | sie würden |

} bekommen

**PRESENT PERFECT**

| | |
|---|---|
| ich habe | wir haben |
| du hast | ihr habt |
| Sie haben | Sie haben |
| er/sie/es hat | sie haben |

} bekommen

**PAST PERFECT**

| | |
|---|---|
| ich hatte | wir hatten |
| du hattest | ihr hattet |
| Sie hatten | Sie hatten |
| er/sie/es hatte | sie hatten |

} bekommen

**FUTURE PERFECT**

| | |
|---|---|
| ich werde | wir werden |
| du wirst | ihr werdet |
| Sie werden | Sie werden |
| er/sie/es wird | sie werden |

} bekommen haben

**PAST SUBJUNCTIVE I**

| | |
|---|---|
| ich habe | wir haben |
| du habest | ihr habet |
| Sie haben | Sie haben |
| er/sie/es habe | sie haben |

} bekommen

**PAST SUBJUNCTIVE II**

| | |
|---|---|
| ich hätte | wir hätten |
| du hättest | ihr hättet |
| Sie hätten | Sie hätten |
| er/sie/es hätte | sie hätten |

} bekommen

**FUTURE PERFECT SUBJUNCTIVE I**

| | |
|---|---|
| ich werde | wir werden |
| du werdest | ihr werdet |
| Sie werden | Sie werden |
| er/sie/es werde | sie werden |

} bekommen haben

**FUTURE PERFECT SUBJUNCTIVE II**

| | |
|---|---|
| ich würde | wir würden |
| du würdest | ihr würdet |
| Sie würden | Sie würden |
| er/sie/es würde | sie würden |

} bekommen haben

**COMMANDS**    bekomm(e)!   bekommt!   bekommen Sie!

**PRESENT PARTICIPLE**    bekommend

## Usage

Wo bekommt man das Passwort?

Bürgermeister Kister bekommt jetzt breitgefächerte Unterstützung für seine Pläne.

Somit bekommen Sie einen Eindruck von den Leistungen unserer Organisation.

Wie kann ich diese Leistungen bekommen?

Sabine bekam monatlich 307 Euro Kindergeld.

In der letzten Wahl hätte ich bestimmt mehr Stimmen als er bekommen, wenn ich kandidiert hätte.

WAP-fähige Handys bekommt man jetzt überall.

Sie bekommt ein Kind.

*Where do you get the password?*

*Mayor Kister is now receiving widespread support for his plans.*

*In this way you can get an idea of the services offered by our organization.*

*How can I obtain these services?*

*Sabine received 307 euros a month for child support.*

*In the last election I would have definitely received more votes than he if I had run for office.*

*WAP-enabled cell phones are available everywhere now.*

*She's going to have a baby.*

**RELATED VERBS**   ab·bekommen, an·bekommen, mit·bekommen, frei·bekommen, her·bekommen, weg·bekommen, wieder·bekommen, zurück·bekommen, zusammen·bekommen; *see also* **kommen** (265)

**TOP 50 VERB** ☞

# 66 | bekommen *to get, receive, obtain*
### bekommt · bekam · bekommen
strong verb

## MORE USAGE SENTENCES WITH bekommen

| | |
|---|---|
| Bekommen Sie schon? | *Are you being helped?* (in a store) |
| Was bekommen Sie? | *Can I help you?/What would you like?* (in a restaurant)/ *How much is that?* |

### bekommen (with sein) *to agree with, suit*

| | |
|---|---|
| Die zuckerbeladene Torte ist mir schlecht bekommen. | *The cake loaded with sugar didn't agree with me.* |
| Mein Kater ist sensibel: ein kalter Fußboden bekommt ihm nicht. | *My cat is sensitive: A cold floor doesn't suit him.* |
| Wohl bekomme es Ihnen! (*formal toast*) | *To your health!* |

### bekommen (with zu + infinitive) *to have the opportunity/chance to*

| | |
|---|---|
| Wir werden es nächste Woche zu sehen bekommen. | *We will have a chance to see it next week.* |
| In Zürich bekommt man echte Sprüngli-Pralinen zu kaufen. | *In Zurich, you'll have an opportunity to buy genuine Sprüngli pralines.* |
| Kann man am Flughafen etwas zu essen bekommen? | *Can you get something to eat at the airport?* |

### bekommen (with past participle)

| | |
|---|---|
| Woher hast du das Fahrrad geliehen bekommen? | *Where did you borrow the bicycle?* |
| Ich habe die CD geschenkt bekommen. | *I received the CD as a gift.* |
| Bekommt man die Sauerstoffmaske von der Krankenkasse bezahlt? | *Do you get the oxygen mask paid by your health insurance?* |

## IDIOMATIC EXPRESSIONS

| | |
|---|---|
| Das Kind hat Angst bekommen. | *The child became afraid.* |
| Maria hat Lust bekommen, nach Tasmanien zu reisen. | *Maria has gotten the urge to travel to Tasmania.* |
| Der Patient bekommt wieder Hunger. | *The patient is getting hungry again.* |
| Ich bekomme noch zehn Euro von dir. | *You still owe me ten euros.* |
| Wann bekommen Sie das Projekt fertig? | *When will you get the project finished?* |
| Wenn ich das schon höre, bekomme ich Gänsehaut. | *When I so much as hear that, I get goose bumps.* |
| Studierende werden bis Freitag Bescheid bekommen, ob sie einen Wohnheimplatz erhalten haben. | *Students will be informed by Friday whether they've been assigned a dormitory room.* |
| Mein Sohn hat einen Ausschlag im Gesicht bekommen. | *My son's face has broken out in a rash.* |
| Lars hat wegen schlechter Noten von seinen Eltern Ärger bekommen. | *Lars got into trouble with his parents because of poor grades.* |
| Heute haben wir den ersten Schnee des Jahres bekommen. | *We got the first snow of the year today.* |
| Werner und Edwina bekommen jetzt kalte Füße und machen nicht mehr mit. | *Werner and Edwina are getting cold feet now and aren't going to participate any more.* |
| Wir haben das Problem endlich in den Griff bekommen. | *We've finally gotten a handle on the problem.* |
| Wie viel Urlaub bekommen Sie im Jahr? | *How much vacation do you get in a year?* |
| In Italien bekam Goethe die Anregung für seine *Römischen Elegien*. | *In Italy, Goethe got the inspiration for his* Roman Elegies. |
| Ernst bekommt einen Knoten in der Zunge, wenn er „Schokoladenladen" ausspricht. | *Ernst gets tongue-tied when he pronounces "chocolate shop."* |
| Die Bürger bekamen Wind vom Vorhaben des Stadtrats. | *The citizens got wind of the city council's plan.* |
| Der Pirat hat Land in Sicht bekommen. | *The pirate sighted land.* |
| Der Fußballspieler hat einen Schnupfen bekommen. | *The soccer player has caught a cold.* |
| Dafür muss man schriftliche Einwilligung bekommen. | *You have to get written consent for that.* |
| Christian hat den Mut bekommen, mit seinem Vater darüber zu reden. | *Christian has mustered up the courage to talk with his father about it.* |

regular weak verb

beleidigt · beleidigte · beleidigt

| PRESENT | |
|---|---|
| ich beleidige | wir beleidigen |
| du beleidigst | ihr beleidigt |
| Sie beleidigen | Sie beleidigen |
| er/sie/es beleidigt | sie beleidigen |

| PRESENT PERFECT | | |
|---|---|---|
| ich habe | wir haben | |
| du hast | ihr habt | beleidigt |
| Sie haben | Sie haben | |
| er/sie/es hat | sie haben | |

| SIMPLE PAST | |
|---|---|
| ich beleidigte | wir beleidigten |
| du beleidigtest | ihr beleidigtet |
| Sie beleidigten | Sie beleidigten |
| er/sie/es beleidigte | sie beleidigten |

| PAST PERFECT | | |
|---|---|---|
| ich hatte | wir hatten | |
| du hattest | ihr hattet | beleidigt |
| Sie hatten | Sie hatten | |
| er/sie/es hatte | sie hatten | |

| FUTURE | | |
|---|---|---|
| ich werde | wir werden | |
| du wirst | ihr werdet | beleidigen |
| Sie werden | Sie werden | |
| er/sie/es wird | sic werden | |

| FUTURE PERFECT | | |
|---|---|---|
| ich werde | wir werden | |
| du wirst | ihr werdet | beleidigt haben |
| Sie werden | Sie werden | |
| er/sie/es wird | sie werden | |

| PRESENT SUBJUNCTIVE I | |
|---|---|
| ich beleidige | wir beleidigen |
| du beleidigest | ihr beleidiget |
| Sie beleidigen | Sie beleidigen |
| er/sie/es beleidige | sie beleidigen |

| PAST SUBJUNCTIVE I | | |
|---|---|---|
| ich habe | wir haben | |
| du habest | ihr habet | beleidigt |
| Sie haben | Sie haben | |
| er/sie/es habe | sie haben | |

| PRESENT SUBJUNCTIVE II | |
|---|---|
| ich beleidigte | wir beleidigten |
| du beleidigtest | ihr beleidigtet |
| Sie beleidigten | Sie beleidigten |
| er/sie/es beleidigte | sie beleidigten |

| PAST SUBJUNCTIVE II | | |
|---|---|---|
| ich hätte | wir hätten | |
| du hättest | ihr hättet | beleidigt |
| Sie hätten | Sie hätten | |
| er/sie/es hätte | sie hätten | |

| FUTURE SUBJUNCTIVE I | | |
|---|---|---|
| ich werde | wir werden | |
| du werdest | ihr werdet | beleidigen |
| Sie werden | Sie werden | |
| er/sie/es werde | sie werden | |

| FUTURE PERFECT SUBJUNCTIVE I | | |
|---|---|---|
| ich werde | wir werden | |
| du werdest | ihr werdet | beleidigt haben |
| Sie werden | Sie werden | |
| er/sie/es werde | sie werden | |

| FUTURE SUBJUNCTIVE II | | |
|---|---|---|
| ich würde | wir würden | |
| du würdest | ihr würdet | beleidigen |
| Sie würden | Sie würden | |
| er/sie/es würde | sie würden | |

| FUTURE PERFECT SUBJUNCTIVE II | | |
|---|---|---|
| ich würde | wir würden | |
| du würdest | ihr würdet | beleidigt haben |
| Sie würden | Sie würden | |
| er/sie/es würde | sie würden | |

COMMANDS    beleidig(e)!    beleidigt!    beleidigen Sie!

PRESENT PARTICIPLE    beleidigend

## Usage

| | |
|---|---|
| Ich wollte dich nicht beleidigen. | *I didn't mean to offend you.* |
| Seine unbesonnenen Worte beleidigten Ingrid. | *His thoughtless words offended Ingrid.* |
| Es ist weit angenehmer, zu beleidigen und später um Verzeihung zu bitten, als beleidigt zu werden und Verzeihung zu gewähren. (NIETZSCHE) | *It is much more agreeable to offend and later ask forgiveness than to be offended and grant forgiveness.* |
| Wieso beleidigst du ihn dauernd? | *Why do you constantly insult him?* |
| Die Parteimitglieder beleidigten sich gegenseitig. | *The party members insulted one another.* |
| Erich hatte anonyme Emails verschickt, um die anderen Schüler zu beleidigen. | *Erich had sent anonymous e-mails to insult the other pupils.* |
| Sünde beleidigt Gott. | *Sin is an affront to God.* |
| Manni hat seine Freundin mit seiner Äußerung beleidigt. | *Manni offended his girlfriend with his comment.* |
| Der Gast muss ein Bisschen von allem probieren, um den Gastgeber nicht zu beleidigen. | *The guest must try a little of everything so as not to offend the host.* |
| Der Dialekt des Übersetzers beleidigt mein Ohr. | *The translator's dialect offends my ear.* |

# bellen   *to bark, yap*

**bellt · bellte · gebellt**                                    regular weak verb

**PRESENT**

| | |
|---|---|
| ich belle | wir bellen |
| du bellst | ihr bellt |
| Sie bellen | Sie bellen |
| er/sie/es bellt | sie bellen |

**PRESENT PERFECT**

| | | |
|---|---|---|
| ich habe | wir haben | |
| du hast | ihr habt | |
| Sie haben | Sie haben | gebellt |
| er/sie/es hat | sie haben | |

**SIMPLE PAST**

| | |
|---|---|
| ich bellte | wir bellten |
| du belltest | ihr belltet |
| Sie bellten | Sie bellten |
| er/sie/es bellte | sie bellten |

**PAST PERFECT**

| | | |
|---|---|---|
| ich hatte | wir hatten | |
| du hattest | ihr hattet | |
| Sie hatten | Sie hatten | gebellt |
| er/sie/es hatte | sie hatten | |

**FUTURE**

| | | |
|---|---|---|
| ich werde | wir werden | |
| du wirst | ihr werdet | |
| Sie werden | Sie werden | bellen |
| er/sie/es wird | sie werden | |

**FUTURE PERFECT**

| | | |
|---|---|---|
| ich werde | wir werden | |
| du wirst | ihr werdet | |
| Sie werden | Sie werden | gebellt haben |
| er/sie/es wird | sie werden | |

**PRESENT SUBJUNCTIVE I**

| | |
|---|---|
| ich belle | wir bellen |
| du bellest | ihr bellet |
| Sie bellen | Sie bellen |
| er/sie/es belle | sie bellen |

**PAST SUBJUNCTIVE I**

| | | |
|---|---|---|
| ich habe | wir haben | |
| du habest | ihr habet | |
| Sie haben | Sie haben | gebellt |
| er/sie/es habe | sie haben | |

**PRESENT SUBJUNCTIVE II**

| | |
|---|---|
| ich bellte | wir bellten |
| du belltest | ihr belltet |
| Sie bellten | Sie bellten |
| er/sie/es bellte | sie bellten |

**PAST SUBJUNCTIVE II**

| | | |
|---|---|---|
| ich hätte | wir hätten | |
| du hättest | ihr hättet | |
| Sie hätten | Sie hätten | gebellt |
| er/sie/es hätte | sie hätten | |

**FUTURE SUBJUNCTIVE I**

| | | |
|---|---|---|
| ich werde | wir werden | |
| du werdest | ihr werdet | |
| Sie werden | Sie werden | bellen |
| er/sie/es werde | sie werden | |

**FUTURE PERFECT SUBJUNCTIVE I**

| | | |
|---|---|---|
| ich werde | wir werden | |
| du werdest | ihr werdet | |
| Sie werden | Sie werden | gebellt haben |
| er/sie/es werde | sie werden | |

**FUTURE SUBJUNCTIVE II**

| | | |
|---|---|---|
| ich würde | wir würden | |
| du würdest | ihr würdet | |
| Sie würden | Sie würden | bellen |
| er/sie/es würde | sie würden | |

**FUTURE PERFECT SUBJUNCTIVE II**

| | | |
|---|---|---|
| ich würde | wir würden | |
| du würdest | ihr würdet | |
| Sie würden | Sie würden | gebellt haben |
| er/sie/es würde | sie würden | |

**COMMANDS**          bell(e)!   bellt!   bellen Sie!

**PRESENT PARTICIPLE**     bellend

## Usage

| | |
|---|---|
| Max bellt immer, wenn er Sirenen hört. | *Max always barks when he hears sirens.* |
| Unser Hund hat die ganze Nacht gebellt. | *Our dog barked the whole night.* |
| Wie kann ich meinem Hund das unnötige Bellen abgewöhnen? | *How can I get my dog to stop barking unnecessarily?* |
| Der Basenji ist ein Hund, der nicht bellt sondern „jodelt". | *The basenji is a dog that doesn't bark but rather "yodels."* |
| Hunde, die bellen, beißen nicht. (PROVERB) | *Barking dogs don't bite.* |
| Der Hauptmann bellte Befehle und verlangte Gehorsam. | *The captain barked orders and demanded obedience.* |

**bellen** (as a strong verb [*bellen, billt, boll, gebollen*]—archaic) *to bark*

| | |
|---|---|
| Es boll ein Hund. (JEAN PAUL) | *There was a dog barking.* |
| Doch immer kläfft es hinterher / Und billt aus allen Kräften. (GOETHE) | *But it always yaps behind us / And barks with all its might.* |

**RELATED VERBS**   an·bellen, verbellen

**PRESENT**

| | |
|---|---|
| ich bemerke | wir bemerken |
| du bemerkst | ihr bemerkt |
| Sie bemerken | Sie bemerken |
| er/sie/es bemerkt | sie bemerken |

**SIMPLE PAST**

| | |
|---|---|
| ich bemerkte | wir bemerkten |
| du bemerktest | ihr bemerktet |
| Sie bemerkten | Sie bemerkten |
| er/sie/es bemerkte | sie bemerkten |

**FUTURE**

| | |
|---|---|
| ich werde | wir werden |
| du wirst | ihr werdet |
| Sie werden | Sie werden |
| er/sie/es wird | sie werden |

} bemerken

**PRESENT SUBJUNCTIVE I**

| | |
|---|---|
| ich bemerke | wir bemerken |
| du bemerkest | ihr bemerket |
| Sie bemerken | Sie bemerken |
| er/sie/es bemerke | sie bemerken |

**PRESENT SUBJUNCTIVE II**

| | |
|---|---|
| ich bemerkte | wir bemerkten |
| du bemerktest | ihr bemerktet |
| Sie bemerkten | Sie bemerkten |
| er/sie/es bemerkte | sie bemerkten |

**FUTURE SUBJUNCTIVE I**

| | |
|---|---|
| ich werde | wir werden |
| du werdest | ihr werdet |
| Sie werden | Sie werden |
| er/sie/es werde | sie werden |

} bemerken

**FUTURE SUBJUNCTIVE II**

| | |
|---|---|
| ich würde | wir würden |
| du würdest | ihr würdet |
| Sie würden | Sie würden |
| er/sie/es würde | sie würden |

} bemerken

**PRESENT PERFECT**

| | |
|---|---|
| ich habe | wir haben |
| du hast | ihr habt |
| Sie haben | Sie haben |
| er/sie/es hat | sie haben |

} bemerkt

**PAST PERFECT**

| | |
|---|---|
| ich hatte | wir hatten |
| du hattest | ihr hattet |
| Sie hatten | Sie hatten |
| er/sie/es hatte | sie hatten |

} bemerkt

**FUTURE PERFECT**

| | |
|---|---|
| ich werde | wir werden |
| du wirst | ihr werdet |
| Sie werden | Sie werden |
| er/sie/es wird | sie werden |

} bemerkt haben

**PAST SUBJUNCTIVE I**

| | |
|---|---|
| ich habe | wir haben |
| du habest | ihr habet |
| Sie haben | Sie haben |
| er/sie/es habe | sie haben |

} bemerkt

**PAST SUBJUNCTIVE II**

| | |
|---|---|
| ich hätte | wir hätten |
| du hättest | ihr hättet |
| Sie hätten | Sie hätten |
| er/sie/es hätte | sie hätten |

} bemerkt

**FUTURE PERFECT SUBJUNCTIVE I**

| | |
|---|---|
| ich werde | wir werden |
| du werdest | ihr werdet |
| Sie werden | Sie werden |
| er/sie/es werde | sie werden |

} bemerkt haben

**FUTURE PERFECT SUBJUNCTIVE II**

| | |
|---|---|
| ich würde | wir würden |
| du würdest | ihr würdet |
| Sie würden | Sie würden |
| er/sie/es würde | sie würden |

} bemerkt haben

**COMMANDS** bemerk(e)! bemerkt! bemerken Sie!

**PRESENT PARTICIPLE** bemerkend

## Usage

| | |
|---|---|
| Ich bemerke, dass die Schmerzen jetzt etwas geringer sind. | *I am noticing that there is somewhat less pain now.* |
| Was soll ich machen, wenn ich solche Symptome bei meinem Mann bemerke? | *What should I do if I observe such symptoms in my husband?* |
| Bemerken Sie, wie sich Ihr Gemützstand auf die Dauer ändert. | *Observe how your frame of mind changes over time.* |
| Plötzlich bemerkte die Prinzessin den bösen Zauberer. | *Suddenly the princess caught sight of the evil magician.* |
| Zu spät hat er bemerkt, dass der Tank leer war. | *He realized too late that the tank was empty.* |
| Danach war immer noch keine Verbesserung zu bemerken. | *Afterwards, there was still no noticeable improvement.* |
| Wenn ich die Uhrzeit bemerkt hätte, wäre ich mitgekommen. | *If I had noticed the time, I would have come along.* |
| Es ist zu bemerken, dass zu viel Salz ungesund ist. | *It should be noted that too much salt is unhealthy.* |
| „Solche Ressourcen sind uns nützlich", bemerkte der Projektleiter. | *"Such resources are useful to us," remarked the project leader.* |

**RELATED VERBS** *see* **merken** (306)

# sich bemühen   *to endeavor, make an effort; concern oneself; bother*

**bemüht sich · bemühte sich · sich bemüht**

*regular weak verb*

**PRESENT**

| | |
|---|---|
| ich bemühe mich | wir bemühen uns |
| du bemühst dich | ihr bemüht euch |
| Sie bemühen sich | Sie bemühen sich |
| er/sie/es bemüht sich | sie bemühen sich |

**SIMPLE PAST**

| | |
|---|---|
| ich bemühte mich | wir bemühten uns |
| du bemühtest dich | ihr bemühtet euch |
| Sie bemühten sich | Sie bemühten sich |
| er/sie/es bemühte sich | sie bemühten sich |

**FUTURE**

| | |
|---|---|
| ich werde mich | wir werden uns |
| du wirst dich | ihr werdet euch |
| Sie werden sich | Sie werden sich | } bemühen
| er/sie/es wird sich | sie werden sich |

**PRESENT SUBJUNCTIVE I**

| | |
|---|---|
| ich bemühe mich | wir bemühen uns |
| du bemühest dich | ihr bemühet euch |
| Sie bemühen sich | Sie bemühen sich |
| er/sie/es bemühe sich | sie bemühen sich |

**PRESENT SUBJUNCTIVE II**

| | |
|---|---|
| ich bemühte mich | wir bemühten uns |
| du bemühtest dich | ihr bemühtet euch |
| Sie bemühten sich | Sie bemühten sich |
| er/sie/es bemühte sich | sie bemühten sich |

**FUTURE SUBJUNCTIVE I**

| | |
|---|---|
| ich werde mich | wir werden uns |
| du werdest dich | ihr werdet euch |
| Sie werden sich | Sie werden sich | } bemühen
| er/sie/es werde sich | sie werden sich |

**FUTURE SUBJUNCTIVE II**

| | |
|---|---|
| ich würde mich | wir würden uns |
| du würdest dich | ihr würdet euch |
| Sie würden sich | Sie würden sich | } bemühen
| er/sie/es würde sich | sie würden sich |

**PRESENT PERFECT**

| | |
|---|---|
| ich habe mich | wir haben uns |
| du hast dich | ihr habt euch |
| Sie haben sich | Sie haben sich | } bemüht
| er/sie/es hat sich | sie haben sich |

**PAST PERFECT**

| | |
|---|---|
| ich hatte mich | wir hatten uns |
| du hattest dich | ihr hattet euch |
| Sie hatten sich | Sie hatten sich | } bemüht
| er/sie/es hatte sich | sie hatten sich |

**FUTURE PERFECT**

| | |
|---|---|
| ich werde mich | wir werden uns |
| du wirst dich | ihr werdet euch |
| Sie werden sich | Sie werden sich | } bemüht haben
| er/sie/es wird sich | sie werden sich |

**PAST SUBJUNCTIVE I**

| | |
|---|---|
| ich habe mich | wir haben uns |
| du habest dich | ihr habet euch |
| Sie haben sich | Sie haben sich | } bemüht
| er/sie/es habe sich | sie haben sich |

**PAST SUBJUNCTIVE II**

| | |
|---|---|
| ich hätte mich | wir hätten uns |
| du hättest dich | ihr hättet euch |
| Sie hätten sich | Sie hätten sich | } bemüht
| er/sie/es hätte sich | sie hätten sich |

**FUTURE PERFECT SUBJUNCTIVE I**

| | |
|---|---|
| ich werde mich | wir werden uns |
| du werdest dich | ihr werdet euch |
| Sie werden sich | Sie werden sich | } bemüht haben
| er/sie/es werde sich | sie werden sich |

**FUTURE PERFECT SUBJUNCTIVE II**

| | |
|---|---|
| ich würde mich | wir würden uns |
| du würdest dich | ihr würdet euch |
| Sie würden sich | Sie würden sich | } bemüht haben
| er/sie/es würde sich | sie würden sich |

**COMMANDS**   bemüh(e) dich!   bemüht euch!   bemühen Sie sich!

**PRESENT PARTICIPLE**   sich bemühend

## Usage

| | |
|---|---|
| Ich bemühe mich um gute Beziehungen zu meinen Kollegen. | *I strive for good relationships with my coworkers.* |
| Aus diesem Grunde bemühen wir uns, eine harmonische Atmosphäre anzubieten. | *For this reason we make every effort to provide a harmonious atmosphere.* |
| Ich werde mich bemühen, deinen Brief bald zu beantworten. | *I will endeavor to answer your letter soon.* |
| Auf der Reise bemühte sich Papa um die Unterkunft, Mama um die Mahlzeiten. | *On the trip, Dad concerned himself with lodging, Mom with the meals.* |
| Anke wird sich wohl nicht bemühen, auf meine Email zu antworten. | *Anke will probably not bother to answer my e-mail.* |

### bemühen  *to trouble*

| | |
|---|---|
| Darf ich Sie nochmal bemühen? | *Might I trouble you again?* |

**RELATED VERB**  mühen

regular weak verb

**benutzt · benutzte · benutzt**

**PRESENT**

| | |
|---|---|
| ich benutze | wir benutzen |
| du benutzt | ihr benutzt |
| Sie benutzen | Sie benutzen |
| er/sie/es benutzt | sie benutzen |

**PRESENT PERFECT**

| | | |
|---|---|---|
| ich habe | wir haben | |
| du hast | ihr habt | benutzt |
| Sie haben | Sie haben | |
| er/sie/es hat | sie haben | |

**SIMPLE PAST**

| | |
|---|---|
| ich benutzte | wir benutzten |
| du benutztest | ihr benutztet |
| Sie benutzten | Sie benutzten |
| er/sie/es benutzte | sie benutzten |

**PAST PERFECT**

| | | |
|---|---|---|
| ich hatte | wir hatten | |
| du hattest | ihr hattet | benutzt |
| Sie hatten | Sie hatten | |
| er/sie/es hatte | sie hatten | |

**FUTURE**

| | | |
|---|---|---|
| ich werde | wir werden | |
| du wirst | ihr werdet | benutzen |
| Sie werden | Sie werden | |
| er/sie/es wird | sie werden | |

**FUTURE PERFECT**

| | | |
|---|---|---|
| ich werde | wir werden | |
| du wirst | ihr werdet | benutzt haben |
| Sie werden | Sie werden | |
| er/sie/es wird | sie werden | |

**PRESENT SUBJUNCTIVE I**

| | |
|---|---|
| ich benutze | wir benutzen |
| du benutzest | ihr benutzet |
| Sie benutzen | Sie benutzen |
| er/sie/es benutze | sie benutzen |

**PAST SUBJUNCTIVE I**

| | | |
|---|---|---|
| ich habe | wir haben | |
| du habest | ihr habet | benutzt |
| Sie haben | Sie haben | |
| er/sie/es habe | sie haben | |

**PRESENT SUBJUNCTIVE II**

| | |
|---|---|
| ich benutzte | wir benutzten |
| du benutztest | ihr benutztet |
| Sie benutzten | Sie benutzten |
| er/sie/es benutzte | sie benutzten |

**PAST SUBJUNCTIVE II**

| | | |
|---|---|---|
| ich hätte | wir hätten | |
| du hättest | ihr hättet | benutzt |
| Sie hätten | Sie hätten | |
| er/sie/es hätte | sie hätten | |

**FUTURE SUBJUNCTIVE I**

| | | |
|---|---|---|
| ich werde | wir werden | |
| du werdest | ihr werdet | benutzen |
| Sie werden | Sie werden | |
| er/sie/es werde | sie werden | |

**FUTURE PERFECT SUBJUNCTIVE I**

| | | |
|---|---|---|
| ich werde | wir werden | |
| du werdest | ihr werdet | benutzt haben |
| Sie werden | Sie werden | |
| er/sie/es werde | sie werden | |

**FUTURE SUBJUNCTIVE II**

| | | |
|---|---|---|
| ich würde | wir würden | |
| du würdest | ihr würdet | benutzen |
| Sie würden | Sie würden | |
| er/sie/es würde | sie würden | |

**FUTURE PERFECT SUBJUNCTIVE II**

| | | |
|---|---|---|
| ich würde | wir würden | |
| du würdest | ihr würdet | benutzt haben |
| Sie würden | Sie würden | |
| er/sie/es würde | sie würden | |

**COMMANDS** benutz(e)! benutzt! benutzen Sie!

**PRESENT PARTICIPLE** benutzend

## Usage

| | |
|---|---|
| Das Militär benutzt innovative Kommunikationssysteme. | *The military utilizes innovative communications systems.* |
| Bitte benutzen Sie einen Browser, der Frames unterstützt. | *Please use a browser that supports frames.* |
| Unsere Systeme benutzen nur die neueste Software. | *Our systems employ only the latest software.* |
| Wie benutze ich dieses Programm? | *How do I use this program?* |
| Hast du Stoff- oder Einwegwindeln benutzt? | *Did you use cloth diapers or disposables?* |
| Benutze einen Kopfhörer! | *Use headphones!* |
| Diese Künstlerin benutzte oft Wasserfarben. | *This artist often utilized watercolors.* |
| Fußgänger dürfen den Radweg nicht benutzen. | *Pedestrians are not allowed to use the bike path.* |
| Das sind die Verfahren, die benutzt werden können. | *Those are the processes that can be employed.* |
| Benutzen Sie bitte einen Bleistift. | *Please use a lead pencil.* |
| Ausländische Studenten durften ein Wörterbuch benutzen. | *Foreign students were allowed to consult a dictionary.* |

**RELATED VERBS** mit·benutzen; *see also* **nutzen** (316)

**PRESENT**

| | |
|---|---|
| ich beobachte | wir beobachten |
| du beobachtest | ihr beobachtet |
| Sie beobachten | Sie beobachten |
| er/sie/es beobachtet | sie beobachten |

**PRESENT PERFECT**

| | |
|---|---|
| ich habe | wir haben |
| du hast | ihr habt |
| Sie haben | Sie haben |
| er/sie/es hat | sie haben |

} beobachtet

**SIMPLE PAST**

| | |
|---|---|
| ich beobachtete | wir beobachteten |
| du beobachtetest | ihr beobachtetet |
| Sie beobachteten | Sie beobachteten |
| er/sie/es beobachtete | sie beobachteten |

**PAST PERFECT**

| | |
|---|---|
| ich hatte | wir hatten |
| du hattest | ihr hattet |
| Sie hatten | Sie hatten |
| er/sie/es hatte | sie hatten |

} beobachtet

**FUTURE**

| | |
|---|---|
| ich werde | wir werden |
| du wirst | ihr werdet |
| Sie werden | Sie werden |
| er/sie/es wird | sie werden |

} beobachten

**FUTURE PERFECT**

| | |
|---|---|
| ich werde | wir werden |
| du wirst | ihr werdet |
| Sie werden | Sie werden |
| er/sie/es wird | sie werden |

} beobachtet haben

**PRESENT SUBJUNCTIVE I**

| | |
|---|---|
| ich beobachte | wir beobachten |
| du beobachtest | ihr beobachtet |
| Sie beobachten | Sie beobachten |
| er/sie/es beobachte | sie beobachten |

**PAST SUBJUNCTIVE I**

| | |
|---|---|
| ich habe | wir haben |
| du habest | ihr habet |
| Sie haben | Sie haben |
| er/sie/es habe | sie haben |

} beobachtet

**PRESENT SUBJUNCTIVE II**

| | |
|---|---|
| ich beobachtete | wir beobachteten |
| du beobachtetest | ihr beobachtetet |
| Sie beobachteten | Sie beobachteten |
| er/sie/es beobachtete | sie beobachteten |

**PAST SUBJUNCTIVE II**

| | |
|---|---|
| ich hätte | wir hätten |
| du hättest | ihr hättet |
| Sie hätten | Sie hätten |
| er/sie/es hätte | sie hätten |

} beobachtet

**FUTURE SUBJUNCTIVE I**

| | |
|---|---|
| ich werde | wir werden |
| du werdest | ihr werdet |
| Sie werden | Sie werden |
| er/sie/es werde | sie werden |

} beobachten

**FUTURE PERFECT SUBJUNCTIVE I**

| | |
|---|---|
| ich werde | wir werden |
| du werdest | ihr werdet |
| Sie werden | Sie werden |
| er/sie/es werde | sie werden |

} beobachtet haben

**FUTURE SUBJUNCTIVE II**

| | |
|---|---|
| ich würde | wir würden |
| du würdest | ihr würdet |
| Sie würden | Sie würden |
| er/sie/es würde | sie würden |

} beobachten

**FUTURE PERFECT SUBJUNCTIVE II**

| | |
|---|---|
| ich würde | wir würden |
| du würdest | ihr würdet |
| Sie würden | Sie würden |
| er/sie/es würde | sie würden |

} beobachtet haben

**COMMANDS**              beobachte!   beobachtet!   beobachten Sie!

**PRESENT PARTICIPLE**     beobachtend

## Usage

| | |
|---|---|
| Der Planet Mars kann mit einem Amateurteleskop beobachtet werden. | *The planet Mars can be viewed using an amateur telescope.* |
| Der Knabe saß am Ufer und beobachtete die vorbeischwimmenden Fische. | *The boy sat on the bank and watched the fish swim by.* |
| Charles Darwin hat einzigartige Tierarten in den Galápagos beobachtet. | *Charles Darwin observed unique animal species in the Galapagos.* |
| Auf unserer Alaskareise konnten wir das Polarlicht beobachten. | *On our Alaska trip we were able to see the aurora borealis.* |
| Liesl beobachtet gerne Vögel. | *Liesl likes watching birds.* |
| Wir beobachteten, wie Anja ins Auto stieg und davon fuhr. | *We watched Anja get into the car and drive away.* |
| In diesem Fall muss man unbedingt alle Vorschriften genau beobachten. | *In this case, one must carefully comply with all regulations.* |

**RELATED VERBS**   *see* **achten** (7)

strong verb

**berät · beriet · beraten**

**PRESENT**

| | |
|---|---|
| ich berate | wir beraten |
| du berätst | ihr beratet |
| Sie beraten | Sie beraten |
| er/sie/es berät | sie beraten |

**SIMPLE PAST**

| | |
|---|---|
| ich beriet | wir berieten |
| du berietst | ihr berietet |
| Sie berieten | Sie berieten |
| er/sie/es beriet | sie berieten |

**FUTURE**

| | | |
|---|---|---|
| ich werde | wir werden | |
| du wirst | ihr werdet | beraten |
| Sie werden | Sie werden | |
| er/sie/es wird | sie werden | |

**PRESENT SUBJUNCTIVE I**

| | |
|---|---|
| ich berate | wir beraten |
| du beratest | ihr beratet |
| Sie beraten | Sie beraten |
| er/sie/es berate | sie beraten |

**PRESENT SUBJUNCTIVE II**

| | |
|---|---|
| ich beriete | wir berieten |
| du berietest | ihr berietet |
| Sie berieten | Sie berieten |
| er/sie/es beriete | sie berieten |

**FUTURE SUBJUNCTIVE I**

| | | |
|---|---|---|
| ich werde | wir werden | |
| du werdest | ihr werdet | beraten |
| Sie werden | Sie werden | |
| er/sie/es werde | sie werden | |

**FUTURE SUBJUNCTIVE II**

| | | |
|---|---|---|
| ich würde | wir würden | |
| du würdest | ihr würdet | beraten |
| Sie würden | Sie würden | |
| er/sie/es würde | sie würden | |

**PRESENT PERFECT**

| | | |
|---|---|---|
| ich habe | wir haben | |
| du hast | ihr habt | beraten |
| Sie haben | Sie haben | |
| er/sie/es hat | sie haben | |

**PAST PERFECT**

| | | |
|---|---|---|
| ich hatte | wir hatten | |
| du hattest | ihr hattet | beraten |
| Sie hatten | Sie hatten | |
| er/sie/es hatte | sie hatten | |

**FUTURE PERFECT**

| | | |
|---|---|---|
| ich werde | wir werden | |
| du wirst | ihr werdet | beraten haben |
| Sie werden | Sie werden | |
| er/sie/es wird | sie werden | |

**PAST SUBJUNCTIVE I**

| | | |
|---|---|---|
| ich habe | wir haben | |
| du habest | ihr habet | beraten |
| Sie haben | Sie haben | |
| er/sie/es habe | sie haben | |

**PAST SUBJUNCTIVE II**

| | | |
|---|---|---|
| ich hätte | wir hätten | |
| du hättest | ihr hättet | beraten |
| Sie hätten | Sie hätten | |
| er/sie/es hätte | sie hätten | |

**FUTURE PERFECT SUBJUNCTIVE I**

| | | |
|---|---|---|
| ich werde | wir werden | |
| du werdest | ihr werdet | beraten haben |
| Sie werden | Sie werden | |
| er/sie/es werde | sie werden | |

**FUTURE PERFECT SUBJUNCTIVE II**

| | | |
|---|---|---|
| ich würde | wir würden | |
| du würdest | ihr würdet | beraten haben |
| Sie würden | Sie würden | |
| er/sie/es würde | sie würden | |

**COMMANDS** berate! beratet! beraten Sie!

**PRESENT PARTICIPLE** beratend

## Usage

Frau Schmidtbauer berät Arbeitgeber im Arbeitsrecht.
Die Firma hat uns im Bereich Webdesign und Internetmarketing beraten.

Astrologen beraten den Popstar täglich.
Der Diätetiker beriet in Fragen zu Bulimie.
Ich sollte mich von einem Facharzt beraten lassen.
Lassen Sie sich von uns beraten!
Berätst du gerne deine Freunde?
Wir beraten Sie fachkundig.
Nächste Woche wird das Kabinett über den Plan des Kanzlers beraten.
Es wurde berichtet, dass das Parlament über den Haushalt berate.

*Mrs. Schmidtbauer advises employers in labor law.*
*The firm provided consulting services to us in Web design and Internet marketing.*
*Astrologists advise the pop star daily.*
*The nutritionist gave advice on questions about bulimia.*
*I was supposed to get advice from a medical specialist.*
*Let us advise you.*
*Do you like giving your friends advice?*
*We will provide professional advice.*
*Next week the cabinet will discuss the chancellor's plan.*

*It was reported that the parliament is conferring on the budget.*

**RELATED VERBS** vor·beraten; *see also* **raten** (329)

# bereiten  *to make ready, prepare; give, bring*

**bereitet · bereitete · bereitet**

regular weak verb

## PRESENT

| | |
|---|---|
| ich bereite | wir bereiten |
| du bereitest | ihr bereitet |
| Sie bereiten | Sie bereiten |
| er/sie/es bereitet | sie bereiten |

## PRESENT PERFECT

| | | |
|---|---|---|
| ich habe | wir haben | |
| du hast | ihr habt | bereitet |
| Sie haben | Sie haben | |
| er/sie/es hat | sie haben | |

## SIMPLE PAST

| | |
|---|---|
| ich bereitete | wir bereiteten |
| du bereitetest | ihr bereitetet |
| Sie bereiteten | Sie bereiteten |
| er/sie/es bereitete | sie bereiteten |

## PAST PERFECT

| | | |
|---|---|---|
| ich hatte | wir hatten | |
| du hattest | ihr hattet | bereitet |
| Sie hatten | Sie hatten | |
| er/sie/es hatte | sie hatten | |

## FUTURE

| | | |
|---|---|---|
| ich werde | wir werden | |
| du wirst | ihr werdet | bereiten |
| Sie werden | Sie werden | |
| er/sie/es wird | sie werden | |

## FUTURE PERFECT

| | | |
|---|---|---|
| ich werde | wir werden | |
| du wirst | ihr werdet | bereitet haben |
| Sie werden | Sie werden | |
| er/sie/es wird | sie werden | |

## PRESENT SUBJUNCTIVE I

| | |
|---|---|
| ich bereite | wir bereiten |
| du bereitest | ihr bereitet |
| Sie bereiten | Sie bereiten |
| er/sie/es bereite | sie bereiten |

## PAST SUBJUNCTIVE I

| | | |
|---|---|---|
| ich habe | wir haben | |
| du habest | ihr habet | bereitet |
| Sie haben | Sie haben | |
| er/sie/es habe | sie haben | |

## PRESENT SUBJUNCTIVE II

| | |
|---|---|
| ich bereitete | wir bereiteten |
| du bereitetest | ihr bereitetet |
| Sie bereiteten | Sie bereiteten |
| er/sie/es bereitete | sie bereiteten |

## PAST SUBJUNCTIVE II

| | | |
|---|---|---|
| ich hätte | wir hätten | |
| du hättest | ihr hättet | bereitet |
| Sie hätten | Sie hätten | |
| er/sie/es hätte | sie hätten | |

## FUTURE SUBJUNCTIVE I

| | | |
|---|---|---|
| ich werde | wir werden | |
| du werdest | ihr werdet | bereiten |
| Sie werden | Sie werden | |
| er/sie/es werde | sie werden | |

## FUTURE PERFECT SUBJUNCTIVE I

| | | |
|---|---|---|
| ich werde | wir werden | |
| du werdest | ihr werdet | bereitet haben |
| Sie werden | Sie werden | |
| er/sie/es werde | sie werden | |

## FUTURE SUBJUNCTIVE II

| | | |
|---|---|---|
| ich würde | wir würden | |
| du würdest | ihr würdet | bereiten |
| Sie würden | Sie würden | |
| er/sie/es würde | sie würden | |

## FUTURE PERFECT SUBJUNCTIVE II

| | | |
|---|---|---|
| ich würde | wir würden | |
| du würdest | ihr würdet | bereitet haben |
| Sie würden | Sie würden | |
| er/sie/es würde | sie würden | |

**COMMANDS**  bereite!  bereitet!  bereiten Sie!

**PRESENT PARTICIPLE**  bereitend

## Usage

| | |
|---|---|
| Der erste menschliche Gedanke bereitet, … mit anderen dialogieren zu können. (JOHANN HERDER) | *The first human thought prepares one for communication with others.* |
| Ich bin früher aufgestanden, um uns ein kleines Frühstück zu bereiten. | *I got up earlier to fix us a small breakfast.* |
| Und wenn ich hingehe, euch die Stätte zu bereiten, so will ich wiederkommen und euch zu mir nehmen. (JOHANNES 14,3) | *And if I go and prepare a place for you, I will come again and receive you unto myself.* (JOHN 14:3) |
| Die jetzige Krise bereitet den Boden für neue Aufstände. | *The current crisis is preparing the way for new uprisings.* |
| Ihr Besuch hat mir so eine Freude bereitet! | *Her visit brought me such joy!* |
| Das Computersystem bereitet uns eine Menge Probleme. | *The computer system is causing us a lot of problems.* |
| Zu viel Fernsehen bereitet Erziehern große Sorgen. | *Too much television causes educators great concern.* |
| Sein Dilemma bereitete ihm Kopfzerbrechen. | *His dilemma was puzzling to him.* |
| Der Plan bereitet nun unerwartete Schwierigkeiten. | *The plan is now posing unexpected difficulties.* |

**RELATED VERBS**  auf·bereiten, nach·bereiten, zu·bereiten; *see also* **vor·bereiten** (508)

**PRESENT**

| ich berge | wir bergen |
|---|---|
| du birgst | ihr bergt |
| Sie bergen | Sie bergen |
| er/sie/es birgt | sie bergen |

**PRESENT PERFECT**

| ich habe | wir haben | |
|---|---|---|
| du hast | ihr habt | geborgen |
| Sie haben | Sie haben | |
| er/sie/es hat | sie haben | |

**SIMPLE PAST**

| ich barg | wir bargen |
|---|---|
| du bargst | ihr bargt |
| Sie bargen | Sie bargen |
| er/sie/es barg | sie bargen |

**PAST PERFECT**

| ich hatte | wir hatten | |
|---|---|---|
| du hattest | ihr hattet | geborgen |
| Sie hatten | Sie hatten | |
| er/sie/es hatte | sie hatten | |

**FUTURE**

| ich werde | wir werden | |
|---|---|---|
| du wirst | ihr werdet | bergen |
| Sie werden | Sie werden | |
| er/sie/es wird | sie werden | |

**FUTURE PERFECT**

| ich werde | wir werden | |
|---|---|---|
| du wirst | ihr werdet | geborgen haben |
| Sie werden | Sie werden | |
| er/sie/es wird | sie werden | |

**PRESENT SUBJUNCTIVE I**

| ich berge | wir bergen |
|---|---|
| du bergest | ihr berget |
| Sie bergen | Sie bergen |
| er/sie/es berge | sie bergen |

**PAST SUBJUNCTIVE I**

| ich habe | wir haben | |
|---|---|---|
| du habest | ihr habet | geborgen |
| Sie haben | Sie haben | |
| er/sie/es habe | sie haben | |

**PRESENT SUBJUNCTIVE II**

| ich bärge | wir bärgen |
|---|---|
| du bärgest | ihr bärget |
| Sie bärgen | Sie bärgen |
| er/sie/es bärge | sie bärgen |

**PAST SUBJUNCTIVE II**

| ich hätte | wir hätten | |
|---|---|---|
| du hättest | ihr hättet | geborgen |
| Sie hätten | Sie hätten | |
| er/sie/es hätte | sie hätten | |

**FUTURE SUBJUNCTIVE I**

| ich werde | wir werden | |
|---|---|---|
| du werdest | ihr werdet | bergen |
| Sie werden | Sie werden | |
| er/sie/es werde | sie werden | |

**FUTURE PERFECT SUBJUNCTIVE I**

| ich werde | wir werden | |
|---|---|---|
| du werdest | ihr werdet | geborgen haben |
| Sie werden | Sie werden | |
| er/sie/es werde | sie werden | |

**FUTURE SUBJUNCTIVE II**

| ich würde | wir würden | |
|---|---|---|
| du würdest | ihr würdet | bergen |
| Sie würden | Sie würden | |
| er/sie/es würde | sie würden | |

**FUTURE PERFECT SUBJUNCTIVE II**

| ich würde | wir würden | |
|---|---|---|
| du würdest | ihr würdet | geborgen haben |
| Sie würden | Sie würden | |
| er/sie/es würde | sie würden | |

**COMMANDS**   birg! bergt! bergen Sie!

**PRESENT PARTICIPLE**   bergend

## Usage

Mehr als siebentausend Verletzte wurden am darauffolgenden Tag geborgen.

*More than 7,000 people with injuries were rescued on the following day.*

Die Küstenwache konnte die Tiefseetaucher ins Boot bergen.

*The coast guard was able to bring the deep sea divers to safety in the boat.*

Die Archäologen bergen Funde außerhalb der Stadt.

*The archeologists are recovering finds outside the city.*

Keine Überlebenden wurden aus den Trümmern geborgen.

*No survivors were rescued from the wreckage.*

Dieses Tal birgt viele Sehenswürdigkeiten und historische Denkmäler.

*This valley contains many sights and historic monuments.*

Solche Maßnahmen könnten neue Sicherheitsrisiken bergen.

*Such measures could involve new security risks.*

Mein Sohn, was birgst du so bang dein Gesicht?
    (GOETHE)

*My son, why do you hide your face in such fear?*

**RELATED VERB**   verbergen

# berichten *to report; advise, inform*

berichtet · berichtete · berichtet

regular weak verb

### PRESENT

| | |
|---|---|
| ich berichte | wir berichten |
| du berichtest | ihr berichtet |
| Sie berichten | Sie berichten |
| er/sie/es berichtet | sie berichten |

### SIMPLE PAST

| | |
|---|---|
| ich berichtete | wir berichteten |
| du berichtetest | ihr berichtetet |
| Sie berichteten | Sie berichteten |
| er/sie/es berichtete | sie berichteten |

### FUTURE

| | | |
|---|---|---|
| ich werde | wir werden | |
| du wirst | ihr werdet | berichten |
| Sie werden | Sie werden | |
| er/sie/es wird | sie werden | |

### PRESENT SUBJUNCTIVE I

| | |
|---|---|
| ich berichte | wir berichten |
| du berichtest | ihr berichtet |
| Sie berichten | Sie berichten |
| er/sie/es berichte | sie berichten |

### PRESENT SUBJUNCTIVE II

| | |
|---|---|
| ich berichtete | wir berichteten |
| du berichtetest | ihr berichtetet |
| Sie berichteten | Sie berichteten |
| er/sie/es berichtete | sie berichteten |

### FUTURE SUBJUNCTIVE I

| | | |
|---|---|---|
| ich werde | wir werden | |
| du werdest | ihr werdet | berichten |
| Sie werden | Sie werden | |
| er/sie/es werde | sie werden | |

### FUTURE SUBJUNCTIVE II

| | | |
|---|---|---|
| ich würde | wir würden | |
| du würdest | ihr würdet | berichten |
| Sie würden | Sie würden | |
| er/sie/es würde | sie würden | |

### PRESENT PERFECT

| | | |
|---|---|---|
| ich habe | wir haben | |
| du hast | ihr habt | berichtet |
| Sie haben | Sie haben | |
| er/sie/es hat | sie haben | |

### PAST PERFECT

| | | |
|---|---|---|
| ich hatte | wir hatten | |
| du hattest | ihr hattet | berichtet |
| Sie hatten | Sie hatten | |
| er/sie/es hatte | sie hatten | |

### FUTURE PERFECT

| | | |
|---|---|---|
| ich werde | wir werden | |
| du wirst | ihr werdet | berichtet haben |
| Sie werden | Sie werden | |
| er/sie/es wird | sie werden | |

### PAST SUBJUNCTIVE I

| | | |
|---|---|---|
| ich habe | wir haben | |
| du habest | ihr habet | berichtet |
| Sie haben | Sie haben | |
| er/sie/es habe | sie haben | |

### PAST SUBJUNCTIVE II

| | | |
|---|---|---|
| ich hätte | wir hätten | |
| du hättest | ihr hättet | berichtet |
| Sie hätten | Sie hätten | |
| er/sie/es hätte | sie hätten | |

### FUTURE PERFECT SUBJUNCTIVE I

| | | |
|---|---|---|
| ich werde | wir werden | |
| du werdest | ihr werdet | berichtet haben |
| Sie werden | Sie werden | |
| er/sie/es werde | sie werden | |

### FUTURE PERFECT SUBJUNCTIVE II

| | | |
|---|---|---|
| ich würde | wir würden | |
| du würdest | ihr würdet | berichtet haben |
| Sie würden | Sie würden | |
| er/sie/es würde | sie würden | |

COMMANDS     berichte!   berichtet!   berichten Sie!

PRESENT PARTICIPLE     berichtend

## Usage

| | |
|---|---|
| Die Polizei berichtet von einem weiteren Mord. | *The police are reporting another murder.* |
| Augenzeugen berichteten über die Ereignisse des Tages. | *Witnesses reported on the events of the day.* |
| Die Anthropologen und Biologen haben aus erster Hand über ihre Erlebnisse am Amazonas berichtet. | *The anthropologists and biologists gave a firsthand account of their experiences on the Amazon.* |
| Die Wissenschaftler in Kiel berichten über globale Klimaänderungen. | *The scientists in Kiel are reporting on global climate changes.* |
| Amerikanische Zeitungen berichten sehr selten über Geschehnisse in Deutschland. | *American newspapers very seldom report on events in Germany.* |
| Die Journalistin berichtet aus Moskau. | *The journalist is reporting from Moscow.* |
| Wir haben nichts Neues zu berichten. | *We have nothing new to report.* |
| Es wird berichtet, dass der Inhaber ermordet worden sei. | *It is reported that the owner has been murdered.* |
| Die Ortszeitung berichtet über Steuerhinterziehung. | *The local paper is reporting on tax evasion.* |
| Neulich wurde über Rauschgiftmissbrauch berichtet. | *Recently there was a report on drug abuse.* |

RELATED VERBS   richten; *see also* **ein·richten** (135), **unterrichten** (470)

strong verb

### PRESENT

| | |
|---|---|
| ich berste | wir bersten |
| du birst | ihr berstet |
| Sie bersten | Sie bersten |
| er/sie/es birst | sie bersten |

### PRESENT PERFECT

| | | |
|---|---|---|
| ich bin | wir sind | |
| du bist | ihr seid | geborsten |
| Sie sind | Sie sind | |
| er/sie/es ist | sie sind | |

### SIMPLE PAST

| | |
|---|---|
| ich barst | wir barsten |
| du barstest | ihr barstet |
| Sie barsten | Sie barsten |
| er/sie/es barst | sie barsten |

### PAST PERFECT

| | | |
|---|---|---|
| ich war | wir waren | |
| du warst | ihr wart | geborsten |
| Sie waren | Sie waren | |
| er/sie/es war | sie waren | |

### FUTURE

| | | |
|---|---|---|
| ich werde | wir werden | |
| du wirst | ihr werdet | bersten |
| Sie werden | Sie werden | |
| er/sie/es wird | sie werden | |

### FUTURE PERFECT

| | | |
|---|---|---|
| ich werde | wir werden | |
| du wirst | ihr werdet | geborsten sein |
| Sie werden | Sie werden | |
| er/sie/es wird | sie werden | |

### PRESENT SUBJUNCTIVE I

| | |
|---|---|
| ich berste | wir bersten |
| du berstest | ihr berstet |
| Sie bersten | Sie bersten |
| er/sie/es berste | sie bersten |

### PAST SUBJUNCTIVE I

| | | |
|---|---|---|
| ich sei | wir seien | |
| du seiest | ihr seiet | geborsten |
| Sie seien | Sie seien | |
| er/sie/es sei | sie seien | |

### PRESENT SUBJUNCTIVE II

| | |
|---|---|
| ich bärste | wir bärsten |
| du bärstest | ihr bärstet |
| Sie bärsten | Sie bärsten |
| er/sie/es bärste | sie bärsten |

### PAST SUBJUNCTIVE II

| | | |
|---|---|---|
| ich wäre | wir wären | |
| du wärest | ihr wäret | geborsten |
| Sie wären | Sie wären | |
| er/sie/es wäre | sie wären | |

### FUTURE SUBJUNCTIVE I

| | | |
|---|---|---|
| ich werde | wir werden | |
| du werdest | ihr werdet | bersten |
| Sie werden | Sie werden | |
| er/sie/es werde | sie werden | |

### FUTURE PERFECT SUBJUNCTIVE I

| | | |
|---|---|---|
| ich werde | wir werden | |
| du werdest | ihr werdet | geborsten sein |
| Sie werden | Sie werden | |
| er/sie/es werde | sie werden | |

### FUTURE SUBJUNCTIVE II

| | | |
|---|---|---|
| ich würde | wir würden | |
| du würdest | ihr würdet | bersten |
| Sie würden | Sie würden | |
| er/sie/es würde | sie würden | |

### FUTURE PERFECT SUBJUNCTIVE II

| | | |
|---|---|---|
| ich würde | wir würden | |
| du würdest | ihr würdet | geborsten sein |
| Sie würden | Sie würden | |
| er/sie/es würde | sie würden | |

**COMMANDS**    birst!   berstet!   bersten Sie!

**PRESENT PARTICIPLE**    berstend

## Usage

| | |
|---|---|
| Der Porzellantopf ist durch die zu große Hitze geborsten. | *The porcelain pot burst because of the excessive heat.* |
| Erichs Schlafzimmerfenster barst durch die Explosion. | *Erich's bedroom window shattered from the explosion.* |
| Ein altes Wasserrohr war in der heutigen Nacht geborsten. | *An old water pipe had burst last night.* |
| Die Blasen sind geborsten. | *The bubbles burst.* |
| Wenn der Tank wegen des hohen Drucks birst, entsteht keine magnetische Emission. | *If the tank bursts due to high pressure, no magnetic emission occurs.* |
| Der sonst feste Deich drohte an diesem Tag zu bersten. | *The dike, which was otherwise sound, threatened to give way on this particular day.* |
| | |
| Die Zuschauer barsten vor Lachen. | *The audience burst out laughing.* |
| Ihr Herz birst vor Freude. | *Her heart is bursting with joy.* |
| Das Schiff wurde gerammt und barst in drei Teile. | *The ship was rammed and broke into three pieces.* |
| Das Lokal an der Ecke war zum Bersten voll. | *The corner bar was full to bursting.* |
| … als wär' die Erde mitten entzwei geborsten … (SCHILLER) | *… as though the earth had burst asunder …* |

**RELATED VERB**   zerbersten

# berücksichtigen  *to take into consideration, allow for, bear in mind*

berücksichtigt · berücksichtigte · berücksichtigt                    regular weak verb

**PRESENT**

| | |
|---|---|
| ich berücksichtige | wir berücksichtigen |
| du berücksichtigst | ihr berücksichtigt |
| Sie berücksichtigen | Sie berücksichtigen |
| er/sie/es berücksichtigt | sie berücksichtigen |

**PRESENT PERFECT**

| | |
|---|---|
| ich habe | wir haben |
| du hast | ihr habt |
| Sie haben | Sie haben |
| er/sie/es hat | sie haben |

} berücksichtigt

**SIMPLE PAST**

| | |
|---|---|
| ich berücksichtigte | wir berücksichtigten |
| du berücksichtigtest | ihr berücksichtigtet |
| Sie berücksichtigten | Sie berücksichtigten |
| er/sie/es berücksichtigte | sie berücksichtigten |

**PAST PERFECT**

| | |
|---|---|
| ich hatte | wir hatten |
| du hattest | ihr hattet |
| Sie hatten | Sie hatten |
| er/sie/es hatte | sie hatten |

} berücksichtigt

**FUTURE**

| | |
|---|---|
| ich werde | wir werden |
| du wirst | ihr werdet |
| Sie werden | Sie werden |
| er/sie/es wird | sie werden |

} berücksichtigen

**FUTURE PERFECT**

| | |
|---|---|
| ich werde | wir werden |
| du wirst | ihr werdet |
| Sie werden | Sie werden |
| er/sie/es wird | sie werden |

} berücksichtigt haben

**PRESENT SUBJUNCTIVE I**

| | |
|---|---|
| ich berücksichtige | wir berücksichtigen |
| du berücksichtigest | ihr berücksichtiget |
| Sie berücksichtigen | Sie berücksichtigen |
| er/sie/es berücksichtige | sie berücksichtigen |

**PAST SUBJUNCTIVE I**

| | |
|---|---|
| ich habe | wir haben |
| du habest | ihr habet |
| Sie haben | Sie haben |
| er/sie/es habe | sie haben |

} berücksichtigt

**PRESENT SUBJUNCTIVE II**

| | |
|---|---|
| ich berücksichtigte | wir berücksichtigten |
| du berücksichtigtest | ihr berücksichtigtet |
| Sie berücksichtigten | Sie berücksichtigten |
| er/sie/es berücksichtigte | sie berücksichtigten |

**PAST SUBJUNCTIVE II**

| | |
|---|---|
| ich hätte | wir hätten |
| du hättest | ihr hättet |
| Sie hätten | Sie hätten |
| er/sie/es hätte | sie hätten |

} berücksichtigt

**FUTURE SUBJUNCTIVE I**

| | |
|---|---|
| ich werde | wir werden |
| du werdest | ihr werdet |
| Sie werden | Sie werden |
| er/sie/es werde | sie werden |

} berücksichtigen

**FUTURE PERFECT SUBJUNCTIVE I**

| | |
|---|---|
| ich werde | wir werden |
| du werdest | ihr werdet |
| Sie werden | Sie werden |
| er/sie/es werde | sie werden |

} berücksichtigt haben

**FUTURE SUBJUNCTIVE II**

| | |
|---|---|
| ich würde | wir würden |
| du würdest | ihr würdet |
| Sie würden | Sie würden |
| er/sie/es würde | sie würden |

} berücksichtigen

**FUTURE PERFECT SUBJUNCTIVE II**

| | |
|---|---|
| ich würde | wir würden |
| du würdest | ihr würdet |
| Sie würden | Sie würden |
| er/sie/es würde | sie würden |

} berücksichtigt haben

**COMMANDS**      berücksichtig(e)!   berücksichtigt!   berücksichtigen Sie!

**PRESENT PARTICIPLE**      berücksichtigend

## Usage

Herrn Sterners Bedürfnisse werden dieses Jahr nicht mehr berücksichtigt.

*Mr. Sterner's needs are no longer being considered this year.*

Die Produzenten wollten die Interessen der Konsumenten berücksichtigen.

*The producers wanted to consider the consumers' interests.*

Jochens Leistungen der letzten drei Jahre wurden nicht berücksichtigt.

*Jochen's accomplishments of the past three years were not considered.*

Man muss enorm hohe Startup-Kosten berücksichtigen.

*You must allow for enormously high start-up costs.*

Könnten wir hier die Behinderten in unserer Stadt vielleicht berücksichtigen?

*Could we perhaps take the handicapped people of our city into consideration here?*

Bei der Planung berücksichtigen wir auch die Notwendigkeit einer neuen Perspektive.

*As we plan, we are also allowing for the necessity of a new perspective.*

Die Armen sind besonders zu berücksichtigen.

*The poor should especially be kept in mind.*

Dabei muss berücksichtigt werden, dass eine entsprechende Ausbildung möglich ist.

*At the same time it must be kept in mind that relevant training is possible.*

strong verb

**PRESENT**

| | |
|---|---|
| ich berufe | wir berufen |
| du berufst | ihr beruft |
| Sie berufen | Sie berufen |
| er/sie/es beruft | sie berufen |

**SIMPLE PAST**

| | |
|---|---|
| ich berief | wir beriefen |
| du beriefst | ihr berieft |
| Sie beriefen | Sie beriefen |
| er/sie/es berief | sie beriefen |

**FUTURE**

| | | |
|---|---|---|
| ich werde | wir werden | |
| du wirst | ihr werdet | berufen |
| Sie werden | Sie werden | |
| er/sie/es wird | sie werden | |

**PRESENT SUBJUNCTIVE I**

| | |
|---|---|
| ich berufe | wir berufen |
| du berufest | ihr berufet |
| Sie berufen | Sie berufen |
| er/sie/es berufe | sie berufen |

**PRESENT SUBJUNCTIVE II**

| | |
|---|---|
| ich beriefe | wir beriefen |
| du beriefest | ihr beriefet |
| Sie beriefen | Sie beriefen |
| er/sie/es beriefe | sie beriefen |

**FUTURE SUBJUNCTIVE I**

| | | |
|---|---|---|
| ich werde | wir werden | |
| du werdest | ihr werdet | berufen |
| Sie werden | Sie werden | |
| er/sie/es werde | sie werden | |

**FUTURE SUBJUNCTIVE II**

| | | |
|---|---|---|
| ich würde | wir würden | |
| du würdest | ihr würdet | berufen |
| Sie würden | Sie würden | |
| er/sie/es würde | sie würden | |

**PRESENT PERFECT**

| | | |
|---|---|---|
| ich habe | wir haben | |
| du hast | ihr habt | berufen |
| Sie haben | Sie haben | |
| er/sie/es hat | sie haben | |

**PAST PERFECT**

| | | |
|---|---|---|
| ich hatte | wir hatten | |
| du hattest | ihr hattet | berufen |
| Sie hatten | Sie hatten | |
| er/sie/es hatte | sie hatten | |

**FUTURE PERFECT**

| | | |
|---|---|---|
| ich werde | wir werden | |
| du wirst | ihr werdet | berufen haben |
| Sie werden | Sie werden | |
| er/sie/es wird | sie werden | |

**PAST SUBJUNCTIVE I**

| | | |
|---|---|---|
| ich habe | wir haben | |
| du habest | ihr habet | berufen |
| Sie haben | Sie haben | |
| er/sie/es habe | sie haben | |

**PAST SUBJUNCTIVE II**

| | | |
|---|---|---|
| ich hätte | wir hätten | |
| du hättest | ihr hättet | berufen |
| Sie hätten | Sie hätten | |
| er/sie/es hätte | sie hätten | |

**FUTURE PERFECT SUBJUNCTIVE I**

| | | |
|---|---|---|
| ich werde | wir werden | |
| du werdest | ihr werdet | berufen haben |
| Sie werden | Sie werden | |
| er/sie/es werde | sie werden | |

**FUTURE PERFECT SUBJUNCTIVE II**

| | | |
|---|---|---|
| ich würde | wir würden | |
| du würdest | ihr würdet | berufen haben |
| Sie würden | Sie würden | |
| er/sie/es würde | sie würden | |

**COMMANDS**    beruf(e)!   beruft!   berufen Sie!

**PRESENT PARTICIPLE**    berufend

## Usage

| | |
|---|---|
| Voriges Jahr berief man ihn ins Ausland. | *The previous year he was summoned abroad.* |
| Der Minister hat den Senat zu einer außerordentlichen Sitzung berufen. | *The minister convened a special session of the senate.* |
| In der darauffolgenden Woche berief die Kommission drei von ihnen in den neuen Vorstand. | *In the following week, the commission appointed three of them to the new board of directors.* |
| 1847 wurde ein neuer Erzbischof berufen. | *In 1847 a new archbishop was appointed.* |

### sich berufen auf *to quote; rely on; appeal to*

| | |
|---|---|
| Ich berufe mich auf verlässliche Quellen. | *I am quoting reliable sources.* |
| Der Anwalt der Angeklagten berief sich später auf Artikel 15 der Verordnung. | *The defendants' attorney later cited article 15 of the ordinance.* |
| Sie berufen sich auf die Verfassung. | *They're appealing to the constitution.* |
| Falls Sie sich an den Präsidenten um Hilfe wenden, können Sie sich auf mich berufen. | *In case you turn to the president for help, you can mention my name.* |

**RELATED VERBS**   ab·berufen, ein·berufen; *see also* **rufen** (347)

**PRESENT**

| | |
|---|---|
| ich beruhige | wir beruhigen |
| du beruhigst | ihr beruhigt |
| Sie beruhigen | Sie beruhigen |
| er/sie/es beruhigt | sie beruhigen |

**SIMPLE PAST**

| | |
|---|---|
| ich beruhigte | wir beruhigten |
| du beruhigtest | ihr beruhigtet |
| Sie beruhigten | Sie beruhigten |
| er/sie/es beruhigte | sie beruhigten |

**FUTURE**

| | |
|---|---|
| ich werde | wir werden |
| du wirst | ihr werdet |
| Sie werden | Sie werden |
| er/sie/es wird | sie werden |

} beruhigen

**PRESENT SUBJUNCTIVE I**

| | |
|---|---|
| ich beruhige | wir beruhigen |
| du beruhigest | ihr beruhiget |
| Sie beruhigen | Sie beruhigen |
| er/sie/es beruhige | sie beruhigen |

**PRESENT SUBJUNCTIVE II**

| | |
|---|---|
| ich beruhigte | wir beruhigten |
| du beruhigtest | ihr beruhigtet |
| Sie beruhigten | Sie beruhigten |
| er/sie/es beruhigte | sie beruhigten |

**FUTURE SUBJUNCTIVE I**

| | |
|---|---|
| ich werde | wir werden |
| du werdest | ihr werdet |
| Sie werden | Sie werden |
| er/sie/es werde | sie werden |

} beruhigen

**FUTURE SUBJUNCTIVE II**

| | |
|---|---|
| ich würde | wir würden |
| du würdest | ihr würdet |
| Sie würden | Sie würden |
| er/sie/es würde | sie würden |

} beruhigen

**PRESENT PERFECT**

| | |
|---|---|
| ich habe | wir haben |
| du hast | ihr habt |
| Sie haben | Sie haben |
| er/sie/es hat | sie haben |

} beruhigt

**PAST PERFECT**

| | |
|---|---|
| ich hatte | wir hatten |
| du hattest | ihr hattet |
| Sie hatten | Sie hatten |
| er/sie/es hatte | sie hatten |

} beruhigt

**FUTURE PERFECT**

| | |
|---|---|
| ich werde | wir werden |
| du wirst | ihr werdet |
| Sie werden | Sie werden |
| er/sie/es wird | sie werden |

} beruhigt haben

**PAST SUBJUNCTIVE I**

| | |
|---|---|
| ich habe | wir haben |
| du habest | ihr habet |
| Sie haben | Sie haben |
| er/sie/es habe | sie haben |

} beruhigt

**PAST SUBJUNCTIVE II**

| | |
|---|---|
| ich hätte | wir hätten |
| du hättest | ihr hättet |
| Sie hätten | Sie hätten |
| er/sie/es hätte | sie hätten |

} beruhigt

**FUTURE PERFECT SUBJUNCTIVE I**

| | |
|---|---|
| ich werde | wir werden |
| du werdest | ihr werdet |
| Sie werden | Sie werden |
| er/sie/es werde | sie werden |

} beruhigt haben

**FUTURE PERFECT SUBJUNCTIVE II**

| | |
|---|---|
| ich würde | wir würden |
| du würdest | ihr würdet |
| Sie würden | Sie würden |
| er/sie/es würde | sie würden |

} beruhigt haben

**COMMANDS** beruhig(e)! beruhigt! beruhigen Sie!

**PRESENT PARTICIPLE** beruhigend

## Usage

| | |
|---|---|
| Grete hat den bellenden Hund beruhigt. | *Grete quieted down the barking dog.* |
| Die Ärzte versuchten ihn zu beruhigen. | *The doctors tried to calm him.* |
| Freiherr Brenkermann konnte seine Frau nach dem Tod ihrer dänischen Dogge nicht beruhigen. | *Baron Brenkermann was unable to soothe his wife after the death of her Great Dane.* |
| Das Baby weinte, und die Eltern beruhigten es. | *The baby was crying, and the parents quieted it.* |
| Der neue Wirtschaftsminister konnte seine Kritiker nicht beruhigen. | *The new economics minister couldn't silence his critics.* |
| Der Politiker musste das Publikum erstmal beruhigen. | *The politician first had to placate the public.* |

### sich beruhigen *to calm oneself*

| | |
|---|---|
| Beruhigen Sie sich! | *Calm yourself!/Settle down!* |
| Es dauerte einige Stunden, bis er sich beruhigt hatte. | *It took him a few hours to calm down.* |
| Dara trinkt jetzt Kräutertee und beruhigt sich langsam. | *Dara is drinking some herbal tea now and calming herself down.* |
| Die Einzelhandelpreise beruhigen sich. | *Retail prices are leveling out.* |

regular weak verb

beschädigt · beschädigte · beschädigt

**PRESENT**

| | |
|---|---|
| ich beschädige | wir beschädigen |
| du beschädigst | ihr beschädigt |
| Sie beschädigen | Sie beschädigen |
| er/sie/es beschädigt | sie beschädigen |

**PRESENT PERFECT**

| | | |
|---|---|---|
| ich habe | wir haben | |
| du hast | ihr habt | beschädigt |
| Sie haben | Sie haben | |
| er/sie/es hat | sie haben | |

**SIMPLE PAST**

| | |
|---|---|
| ich beschädigte | wir beschädigten |
| du beschädigtest | ihr beschädigtet |
| Sie beschädigten | Sie beschädigten |
| er/sie/es beschädigte | sie beschädigten |

**PAST PERFECT**

| | | |
|---|---|---|
| ich hatte | wir hatten | |
| du hattest | ihr hattet | beschädigt |
| Sie hatten | Sie hatten | |
| er/sie/es hatte | sie hatten | |

**FUTURE**

| | | |
|---|---|---|
| ich werde | wir werden | |
| du wirst | ihr werdet | beschädigen |
| Sie werden | Sie werden | |
| er/sie/es wird | sie werden | |

**FUTURE PERFECT**

| | | |
|---|---|---|
| ich werde | wir werden | |
| du wirst | ihr werdet | beschädigt haben |
| Sie werden | Sie werden | |
| er/sie/es wird | sie werden | |

**PRESENT SUBJUNCTIVE I**

| | |
|---|---|
| ich beschädige | wir beschädigen |
| du beschädigest | ihr beschädiget |
| Sie beschädigen | Sie beschädigen |
| er/sie/es beschädige | sie beschädigen |

**PAST SUBJUNCTIVE I**

| | | |
|---|---|---|
| ich habe | wir haben | |
| du habest | ihr habet | beschädigt |
| Sie haben | Sie haben | |
| er/sie/es habe | sie haben | |

**PRESENT SUBJUNCTIVE II**

| | |
|---|---|
| ich beschädigte | wir beschädigten |
| du beschädigtest | ihr beschädigtet |
| Sie beschädigten | Sie beschädigten |
| er/sie/es beschädigte | sie beschädigten |

**PAST SUBJUNCTIVE II**

| | | |
|---|---|---|
| ich hätte | wir hätten | |
| du hättest | ihr hättet | beschädigt |
| Sie hätten | Sie hätten | |
| er/sie/es hätte | sie hätten | |

**FUTURE SUBJUNCTIVE I**

| | | |
|---|---|---|
| ich werde | wir werden | |
| du werdest | ihr werdet | beschädigen |
| Sie werden | Sie werden | |
| er/sie/es werde | sie werden | |

**FUTURE PERFECT SUBJUNCTIVE I**

| | | |
|---|---|---|
| ich werde | wir werden | |
| du werdest | ihr werdet | beschädigt haben |
| Sie werden | Sie werden | |
| er/sie/es werde | sie werden | |

**FUTURE SUBJUNCTIVE II**

| | | |
|---|---|---|
| ich würde | wir würden | |
| du würdest | ihr würdet | beschädigen |
| Sie würden | Sie würden | |
| er/sie/es würde | sie würden | |

**FUTURE PERFECT SUBJUNCTIVE II**

| | | |
|---|---|---|
| ich würde | wir würden | |
| du würdest | ihr würdet | beschädigt haben |
| Sie würden | Sie würden | |
| er/sie/es würde | sie würden | |

**COMMANDS**    beschädig(e)!   beschädigt!   beschädigen Sie!

**PRESENT PARTICIPLE**    beschädigend

## Usage

| | |
|---|---|
| Die Waren, die Sie mir geschickt haben, wurden beim Transport beschädigt. | *The goods that you sent me were damaged in shipment.* |
| Zum Glück waren keine Knochen beschädigt worden. | *Luckily, there had been no bone damage.* |
| Die Randalierer haben Fenster eingeworfen und mehrere Autos beschädigt. | *The rioters broke windows and damaged several cars.* |
| Unsere Installation könnte vielleicht beschädigt sein. | *Our installation might perhaps be flawed.* |
| Dabei wurden mehrere Häuser von der Lava zerstört oder beschädigt. | *In the process, several houses were destroyed or damaged by the lava.* |
| Die niedrigen Temperaturen haben das Obst beschädigt. | *The low temperatures damaged the fruit.* |
| Die Überschwemmung hat die Straßen leicht beschädigt. | *The flood has damaged the streets somewhat.* |
| Wie sind die Dateien beschädigt worden? | *How were the files damaged?* |
| Nur so hätte man garantieren können, dass keine Instrumente beschädigt werden. | *This would have been the only way to guarantee that no instruments would be damaged.* |

**RELATED VERB**   schädigen

# beschäftigen *to occupy, engage*

**beschäftigt · beschäftigte · beschäftigt**

regular weak verb

**PRESENT**

| | |
|---|---|
| ich beschäftige | wir beschäftigen |
| du beschäftigst | ihr beschäftigt |
| Sie beschäftigen | Sie beschäftigen |
| er/sie/es beschäftigt | sie beschäftigen |

**PRESENT PERFECT**

| | | |
|---|---|---|
| ich habe | wir haben | |
| du hast | ihr habt | |
| Sie haben | Sie haben | beschäftigt |
| er/sie/es hat | sie haben | |

**SIMPLE PAST**

| | |
|---|---|
| ich beschäftigte | wir beschäftigten |
| du beschäftigtest | ihr beschäftigtet |
| Sie beschäftigten | Sie beschäftigten |
| er/sie/es beschäftigte | sie beschäftigten |

**PAST PERFECT**

| | | |
|---|---|---|
| ich hatte | wir hatten | |
| du hattest | ihr hattet | |
| Sie hatten | Sie hatten | beschäftigt |
| er/sie/es hatte | sie hatten | |

**FUTURE**

| | | |
|---|---|---|
| ich werde | wir werden | |
| du wirst | ihr werdet | |
| Sie werden | Sie werden | beschäftigen |
| er/sie/es wird | sie werden | |

**FUTURE PERFECT**

| | | |
|---|---|---|
| ich werde | wir werden | |
| du wirst | ihr werdet | |
| Sie werden | Sie werden | beschäftigt haben |
| er/sie/es wird | sie werden | |

**PRESENT SUBJUNCTIVE I**

| | |
|---|---|
| ich beschäftige | wir beschäftigen |
| du beschäftigest | ihr beschäftiget |
| Sie beschäftigen | Sie beschäftigen |
| er/sie/es beschäftige | sie beschäftigen |

**PAST SUBJUNCTIVE I**

| | | |
|---|---|---|
| ich habe | wir haben | |
| du habest | ihr habet | |
| Sie haben | Sie haben | beschäftigt |
| er/sie/es habe | sie haben | |

**PRESENT SUBJUNCTIVE II**

| | |
|---|---|
| ich beschäftigte | wir beschäftigten |
| du beschäftigtest | ihr beschäftigtet |
| Sie beschäftigten | Sie beschäftigten |
| er/sie/es beschäftigte | sie beschäftigten |

**PAST SUBJUNCTIVE II**

| | | |
|---|---|---|
| ich hätte | wir hätten | |
| du hättest | ihr hättet | |
| Sie hätten | Sie hätten | beschäftigt |
| er/sie/es hätte | sie hätten | |

**FUTURE SUBJUNCTIVE I**

| | | |
|---|---|---|
| ich werde | wir werden | |
| du werdest | ihr werdet | |
| Sie werden | Sie werden | beschäftigen |
| er/sie/es werde | sie werden | |

**FUTURE PERFECT SUBJUNCTIVE I**

| | | |
|---|---|---|
| ich werde | wir werden | |
| du werdest | ihr werdet | |
| Sie werden | Sie werden | beschäftigt haben |
| er/sie/es werde | sie werden | |

**FUTURE SUBJUNCTIVE II**

| | | |
|---|---|---|
| ich würde | wir würden | |
| du würdest | ihr würdet | |
| Sie würden | Sie würden | beschäftigen |
| er/sie/es würde | sie würden | |

**FUTURE PERFECT SUBJUNCTIVE II**

| | | |
|---|---|---|
| ich würde | wir würden | |
| du würdest | ihr würdet | |
| Sie würden | Sie würden | beschäftigt haben |
| er/sie/es würde | sie würden | |

**COMMANDS**    beschäftig(e)!    beschäftigt!    beschäftigen Sie!

**PRESENT PARTICIPLE**    beschäftigend

## Usage

| | |
|---|---|
| Dieses Problem beschäftigt uns Biologen sehr. | *We biologists are much occupied with this problem.* |
| Firma Adelsleben beschäftigt zur Zeit 236 Mitarbeiter. | *The Adelsleben Company employs 236 workers at the moment.* |
| Was beschäftigt dich so? | *What's on your mind?* |

### sich beschäftigen *to occupy oneself*

| | |
|---|---|
| Herr Richardson beschäftigt sich mit der Frage der Einbürgerung. | *Mr. Richardson is occupied with the question of naturalization.* |
| Es gibt viele Themen, womit sich der Sprachwissenschaftler beschäftigen kann. | *There are many topics that can engage a linguist.* |
| Danach habe ich mich mit der Genealogie beschäftigt. | *After that I devoted myself to genealogy.* |
| Meister Eckhart beschäftigte sich mit der Frage, wie der Mensch zu Gott kommt. | *Master Eckhart was preoccupied with the question of how a human being comes to God.* |
| Dieses Buch beschäftigt sich mit der Kryptographie als mathematische Wissenschaft. | *This book deals with cryptography as mathematical science.* |

strong verb                                             beschließt · beschloss · beschlossen

| PRESENT | | PRESENT PERFECT | |
|---|---|---|---|
| ich beschließe | wir beschließen | ich habe | wir haben |
| du beschließt | ihr beschließt | du hast | ihr habt |
| Sie beschließen | Sie beschließen | Sie haben | Sie haben |
| er/sie/es beschließt | sie beschließen | er/sie/es hat | sie haben |

PRESENT PERFECT } beschlossen

| SIMPLE PAST | | PAST PERFECT | |
|---|---|---|---|
| ich beschloss | wir beschlossen | ich hatte | wir hatten |
| du beschlossest | ihr beschlosst | du hattest | ihr hattet |
| Sie beschlossen | Sie beschlossen | Sie hatten | Sie hatten |
| er/sie/es beschloss | sie beschlossen | er/sie/es hatte | sie hatten |

PAST PERFECT } beschlossen

| FUTURE | | FUTURE PERFECT | |
|---|---|---|---|
| ich werde | wir werden | ich werde | wir werden |
| du wirst | ihr werdet | du wirst | ihr werdet |
| Sie werden | Sie werden | Sie werden | Sie werden |
| er/sie/es wird | sie werden | er/sie/es wird | sie werden |

FUTURE } beschließen

FUTURE PERFECT } beschlossen haben

| PRESENT SUBJUNCTIVE I | | PAST SUBJUNCTIVE I | |
|---|---|---|---|
| ich beschließe | wir beschließen | ich habe | wir haben |
| du beschließest | ihr beschließet | du habest | ihr habet |
| Sie beschließen | Sie beschließen | Sie haben | Sie haben |
| er/sie/es beschließe | sie beschließen | er/sie/es habe | sie haben |

PAST SUBJUNCTIVE I } beschlossen

| PRESENT SUBJUNCTIVE II | | PAST SUBJUNCTIVE II | |
|---|---|---|---|
| ich beschlösse | wir beschlössen | ich hätte | wir hätten |
| du beschlössest | ihr beschlösset | du hättest | ihr hättet |
| Sie beschlössen | Sie beschlössen | Sie hätten | Sie hätten |
| er/sie/es beschlösse | sie beschlössen | er/sie/es hätte | sie hätten |

PAST SUBJUNCTIVE II } beschlossen

| FUTURE SUBJUNCTIVE I | | FUTURE PERFECT SUBJUNCTIVE I | |
|---|---|---|---|
| ich werde | wir werden | ich werde | wir werden |
| du werdest | ihr werdet | du werdest | ihr werdet |
| Sie werden | Sie werden | Sie werden | Sie werden |
| er/sie/es werde | sie werden | er/sie/es werde | sie werden |

FUTURE SUBJUNCTIVE I } beschließen

FUTURE PERFECT SUBJUNCTIVE I } beschlossen haben

| FUTURE SUBJUNCTIVE II | | FUTURE PERFECT SUBJUNCTIVE II | |
|---|---|---|---|
| ich würde | wir würden | ich würde | wir würden |
| du würdest | ihr würdet | du würdest | ihr würdet |
| Sie würden | Sie würden | Sie würden | Sie würden |
| er/sie/es würde | sie würden | er/sie/es würde | sie würden |

FUTURE SUBJUNCTIVE II } beschließen

FUTURE PERFECT SUBJUNCTIVE II } beschlossen haben

COMMANDS        beschließ(e)!   beschließt!   beschließen Sie!

PRESENT PARTICIPLE        beschließend

## Usage

| | |
|---|---|
| Wir haben beschlossen, doch nicht mitzukommen. | *We decided not to come along after all.* |
| Der Vorstand beschloss eine Etatkürzung. | *The board of directors decided on a budget cut.* |
| Meine Kusinen haben beschlossen, die Safari abzubrechen. | *My cousins decided to discontinue the safari.* |
| Der Bundestag beschloss gestern ein ähnliches Gesetz. | *The Bundestag passed a similar law yesterday.* |
| Der UN-Sicherheitsrat hat neulich beschlossen, mehr Truppen einzusetzen. | *The U.N. Security Council has recently decided to send more troops into action.* |
| Die Versammlung hat den Streik beschlossen. | *The assembly has resolved to strike.* |
| Nach kurzer Debatte beschloss das Parlament die Aufhebung des kontroversen Gesetzes. | *After a brief debate the parliament decided to rescind the controversial law.* |
| Die Änderungen wurden einstimmig beschlossen. | *The amendments were unanimously passed.* |
| Professorin Richardson beschloss den Vortrag mit Hegels Worten: „Die Wahrheit ist das Ganze." | *Professor Richardson ended the talk with Hegel's words: "Truth is everything."* |

RELATED VERBS   *see* **schließen** (375)

# beschreiben    *to describe; write on*

**beschreibt · beschrieb · beschrieben**                                     strong verb

**PRESENT**

| | | |
|---|---|---|
| ich beschreibe | wir beschreiben | |
| du beschreibst | ihr beschreibt | |
| Sie beschreiben | Sie beschreiben | |
| er/sie/es beschreibt | sie beschreiben | |

**SIMPLE PAST**

| | |
|---|---|
| ich beschrieb | wir beschrieben |
| du beschriebst | ihr beschriebt |
| Sie beschrieben | Sie beschrieben |
| er/sie/es beschrieb | sie beschrieben |

**FUTURE**

| | | |
|---|---|---|
| ich werde | wir werden | |
| du wirst | ihr werdet | beschreiben |
| Sie werden | Sie werden | |
| er/sie/es wird | sie werden | |

**PRESENT SUBJUNCTIVE I**

| | |
|---|---|
| ich beschreibe | wir beschreiben |
| du beschreibest | ihr beschreibet |
| Sie beschreiben | Sie beschreiben |
| er/sie/es beschreibe | sie beschreiben |

**PRESENT SUBJUNCTIVE II**

| | |
|---|---|
| ich beschriebe | wir beschrieben |
| du beschriebest | ihr beschriebet |
| Sie beschrieben | Sie beschrieben |
| er/sie/es beschriebe | sie beschrieben |

**FUTURE SUBJUNCTIVE I**

| | | |
|---|---|---|
| ich werde | wir werden | |
| du werdest | ihr werdet | beschreiben |
| Sie werden | Sie werden | |
| er/sie/es werde | sie werden | |

**FUTURE SUBJUNCTIVE II**

| | | |
|---|---|---|
| ich würde | wir würden | |
| du würdest | ihr würdet | beschreiben |
| Sie würden | Sie würden | |
| er/sie/es würde | sie würden | |

**PRESENT PERFECT**

| | | |
|---|---|---|
| ich habe | wir haben | |
| du hast | ihr habt | beschrieben |
| Sie haben | Sie haben | |
| er/sie/es hat | sie haben | |

**PAST PERFECT**

| | | |
|---|---|---|
| ich hatte | wir hatten | |
| du hattest | ihr hattet | beschrieben |
| Sie hatten | Sie hatten | |
| er/sie/es hatte | sie hatten | |

**FUTURE PERFECT**

| | | |
|---|---|---|
| ich werde | wir werden | |
| du wirst | ihr werdet | beschrieben haben |
| Sie werden | Sie werden | |
| er/sie/es wird | sie werden | |

**PAST SUBJUNCTIVE I**

| | | |
|---|---|---|
| ich habe | wir haben | |
| du habest | ihr habet | beschrieben |
| Sie haben | Sie haben | |
| er/sie/es habe | sie haben | |

**PAST SUBJUNCTIVE II**

| | | |
|---|---|---|
| ich hätte | wir hätten | |
| du hättest | ihr hättet | beschrieben |
| Sie hätten | Sie hätten | |
| er/sie/es hätte | sie hätten | |

**FUTURE PERFECT SUBJUNCTIVE I**

| | | |
|---|---|---|
| ich werde | wir werden | |
| du werdest | ihr werdet | beschrieben haben |
| Sie werden | Sie werden | |
| er/sie/es werde | sie werden | |

**FUTURE PERFECT SUBJUNCTIVE II**

| | | |
|---|---|---|
| ich würde | wir würden | |
| du würdest | ihr würdet | beschrieben haben |
| Sie würden | Sie würden | |
| er/sie/es würde | sie würden | |

**COMMANDS**        beschreib(e)!   beschreibt!   beschreiben Sie!

**PRESENT PARTICIPLE**    beschreibend

## Usage

| | |
|---|---|
| Beschreiben Sie bitte Ihre Erfahrungen. | *Please describe your experiences.* |
| Das ist ein Prosawerk, das den Bauernaufstand beschreibt. | *That is a work of prose that describes the peasant revolt.* |
| Was ich hier beschreibe ist in sich selbst nicht kontrovers. | *What I describe here is in and of itself not controversial.* |
| Hoffmann war einer der Vorläufer des Realismus, indem seine Werke die Alltagswelt sehr genau beschrieben. | *Hoffmann was a precursor of realism in that his works described the everyday world very exactingly.* |
| Der Pfad zur Oberflächenstruktur wird durch Transformationalgrammatik beschrieben. | *The path to surface structure is described in transformational grammar.* |
| Die Naturalisten beschrieben den Zustand des Proletariats. | *The naturalists described the condition of the proletariat.* |
| Ich kann dir nicht beschreiben, wie ich mich auf dieses Wochenende freue. | *I can't tell you how much I am looking forward to this weekend.* |
| Das Blatt darf nur einseitig beschrieben werden. | *You are to write on only one side of the paper.* |
| Hiermit beschreibt man eine CD. | *With this you can write to a CD.* |

**RELATED VERBS**   um·beschreiben; *see also* **schreiben** (385)

regular weak verb

**beschwert · beschwerte · beschwert**

**PRESENT**

| | |
|---|---|
| ich beschwere | wir beschweren |
| du beschwerst | ihr beschwert |
| Sie beschweren | Sie beschweren |
| er/sie/es beschwert | sie beschweren |

**PRESENT PERFECT**

| | | |
|---|---|---|
| ich habe | wir haben | |
| du hast | ihr habt | beschwert |
| Sie haben | Sie haben | |
| er/sie/es hat | sie haben | |

**SIMPLE PAST**

| | |
|---|---|
| ich beschwerte | wir beschwerten |
| du beschwertest | ihr beschwertet |
| Sie beschwerten | Sie beschwerten |
| er/sie/es beschwerte | sie beschwerten |

**PAST PERFECT**

| | | |
|---|---|---|
| ich hatte | wir hatten | |
| du hattest | ihr hattet | beschwert |
| Sie hatten | Sie hatten | |
| er/sie/es hatte | sie hatten | |

**FUTURE**

| | | |
|---|---|---|
| ich werde | wir werden | |
| du wirst | ihr werdet | beschweren |
| Sie werden | Sie werden | |
| er/sie/es wird | sie werden | |

**FUTURE PERFECT**

| | | |
|---|---|---|
| ich werde | wir werden | |
| du wirst | ihr werdet | beschwert haben |
| Sie werden | Sie werden | |
| er/sie/es wird | sie werden | |

**PRESENT SUBJUNCTIVE I**

| | |
|---|---|
| ich beschwere | wir beschweren |
| du beschwerest | ihr beschweret |
| Sie beschweren | Sie beschweren |
| er/sie/es beschwere | sie beschweren |

**PAST SUBJUNCTIVE I**

| | | |
|---|---|---|
| ich habe | wir haben | |
| du habest | ihr habet | beschwert |
| Sie haben | Sie haben | |
| er/sie/es habe | sie haben | |

**PRESENT SUBJUNCTIVE II**

| | |
|---|---|
| ich beschwerte | wir beschwerten |
| du beschwertest | ihr beschwertet |
| Sie beschwerten | Sie beschwerten |
| er/sie/es beschwerte | sie beschwerten |

**PAST SUBJUNCTIVE II**

| | | |
|---|---|---|
| ich hätte | wir hätten | |
| du hättest | ihr hättet | beschwert |
| Sie hätten | Sie hätten | |
| er/sie/es hätte | sie hätten | |

**FUTURE SUBJUNCTIVE I**

| | | |
|---|---|---|
| ich werde | wir werden | |
| du werdest | ihr werdet | beschweren |
| Sie werden | Sie werden | |
| er/sie/es werde | sie werden | |

**FUTURE PERFECT SUBJUNCTIVE I**

| | | |
|---|---|---|
| ich werde | wir werden | |
| du werdest | ihr werdet | beschwert haben |
| Sie werden | Sie werden | |
| er/sie/es werde | sie werden | |

**FUTURE SUBJUNCTIVE II**

| | | |
|---|---|---|
| ich würde | wir würden | |
| du würdest | ihr würdet | beschweren |
| Sie würden | Sie würden | |
| er/sie/es würde | sie würden | |

**FUTURE PERFECT SUBJUNCTIVE II**

| | | |
|---|---|---|
| ich würde | wir würden | |
| du würdest | ihr würdet | beschwert haben |
| Sie würden | Sie würden | |
| er/sie/es würde | sie würden | |

**COMMANDS** beschwer(e)! beschwert! beschweren Sie!

**PRESENT PARTICIPLE** beschwerend

## Usage

| | |
|---|---|
| Das Mittagessen beschwert uns den Magen. | *Lunch is sitting heavy on our stomachs.* |
| Diese Entwicklung hat uns sehr beschwert. | *This development weighed on us heavily.* |
| Überflüssige Details beschwerten den Aufsatz, der sonst gut geschrieben war. | *Excessive details only encumbered the essay, which was otherwise well written.* |

### sich beschweren *to complain*

| | |
|---|---|
| Warum beschwerst du dich nicht? | *Why don't you complain?* |
| Beatrice beschwert sich wieder, dass etwas mit dem Computer nicht stimmt. | *Beatrice is complaining again that something's not right with the computer.* |
| „Es ist aber zu warm hier", beschwerte sich Peter. | *"But it's too warm here," Peter grumbled.* |
| Gestern hat Maria sich über den ständigen Lärm im Keller beschwert. | *Yesterday Maria complained about the constant noise in the basement.* |
| Herr Leitner beschwert sich täglich bei dem Hausmeister. | *Mr. Leitner complains to the building superintendent daily.* |
| Ich kann mich nicht beschweren. | *I can't complain.* |

# besichtigen    *to inspect, examine; go sightseeing in*

**besichtigt · besichtigte · besichtigt**

regular weak verb

**PRESENT**

| | |
|---|---|
| ich besichtige | wir besichtigen |
| du besichtigst | ihr besichtigt |
| Sie besichtigen | Sie besichtigen |
| er/sie/es besichtigt | sie besichtigen |

**PRESENT PERFECT**

| | | |
|---|---|---|
| ich habe | wir haben | |
| du hast | ihr habt | besichtigt |
| Sie haben | Sie haben | |
| er/sie/es hat | sie haben | |

**SIMPLE PAST**

| | |
|---|---|
| ich besichtigte | wir besichtigten |
| du besichtigtest | ihr besichtigtet |
| Sie besichtigten | Sie besichtigten |
| er/sie/es besichtigte | sie besichtigten |

**PAST PERFECT**

| | | |
|---|---|---|
| ich hatte | wir hatten | |
| du hattest | ihr hattet | besichtigt |
| Sie hatten | Sie hatten | |
| er/sie/es hatte | sie hatten | |

**FUTURE**

| | | |
|---|---|---|
| ich werde | wir werden | |
| du wirst | ihr werdet | besichtigen |
| Sie werden | Sie werden | |
| er/sie/es wird | sie werden | |

**FUTURE PERFECT**

| | | |
|---|---|---|
| ich werde | wir werden | |
| du wirst | ihr werdet | besichtigt haben |
| Sie werden | Sie werden | |
| er/sie/es wird | sie werden | |

**PRESENT SUBJUNCTIVE I**

| | |
|---|---|
| ich besichtige | wir besichtigen |
| du besichtigest | ihr besichtiget |
| Sie besichtigen | Sie besichtigen |
| er/sie/es besichtige | sie besichtigen |

**PAST SUBJUNCTIVE I**

| | | |
|---|---|---|
| ich habe | wir haben | |
| du habest | ihr habet | besichtigt |
| Sie haben | Sie haben | |
| er/sie/es habe | sie haben | |

**PRESENT SUBJUNCTIVE II**

| | |
|---|---|
| ich besichtigte | wir besichtigten |
| du besichtigtest | ihr besichtigtet |
| Sie besichtigten | Sie besichtigten |
| er/sie/es besichtigte | sie besichtigten |

**PAST SUBJUNCTIVE II**

| | | |
|---|---|---|
| ich hätte | wir hätten | |
| du hättest | ihr hättet | besichtigt |
| Sie hätten | Sie hätten | |
| er/sie/es hätte | sie hätten | |

**FUTURE SUBJUNCTIVE I**

| | | |
|---|---|---|
| ich werde | wir werden | |
| du werdest | ihr werdet | besichtigen |
| Sie werden | Sie werden | |
| er/sie/es werde | sie werden | |

**FUTURE PERFECT SUBJUNCTIVE I**

| | | |
|---|---|---|
| ich werde | wir werden | |
| du werdest | ihr werdet | besichtigt haben |
| Sie werden | Sie werden | |
| er/sie/es werde | sie werden | |

**FUTURE SUBJUNCTIVE II**

| | | |
|---|---|---|
| ich würde | wir würden | |
| du würdest | ihr würdet | besichtigen |
| Sie würden | Sie würden | |
| er/sie/es würde | sie würden | |

**FUTURE PERFECT SUBJUNCTIVE II**

| | | |
|---|---|---|
| ich würde | wir würden | |
| du würdest | ihr würdet | besichtigt haben |
| Sie würden | Sie würden | |
| er/sie/es würde | sie würden | |

**COMMANDS**    besichtig(e)!    besichtigt!    besichtigen Sie!

**PRESENT PARTICIPLE**    besichtigend

## Usage

| | |
|---|---|
| Herr und Frau Keister möchten gern die Residenz in Ansbach besichtigen. | *Mr. and Mrs. Keister would like very much to see the residence in Ansbach.* |
| Regina und ihr Mann wollten die Altbauwohnung in der Innenstadt nicht besichtigen. | *Regina and her husband didn't want to look at the old apartment in the inner city.* |
| General Dessaix besichtigte regelmäßig seine Truppen. | *General Dessaix inspected his troops regularly.* |
| Frau Fricke hat die neuen Produkte im Lagerraum in Kassel besichtigt. | *Mrs. Fricke examined the new products in the warehouse in Kassel.* |
| Besichtigt meine Website! | *Visit my Web site!* |
| Hätte es nicht geregnet, so hätten sie den Schlossgarten besichten können. | *Had it not rained, they would have been able to see the palace garden.* |
| Wollen wir Schloss Sanssouci auch besichtigen? | *Do we want to tour Sanssouci Palace, too?* |
| Meine Mutter und ich haben vor einigen Jahren die mittelalterliche Stadt Rothenburg besichtigt. | *My mother and I went sightseeing in the medieval city of Rothenburg a few years ago.* |
| Rund 2 Mio. Personen besichtigen den Vulkan jedes Jahr. | *Around two million people visit the volcano every year.* |

strong verb

### PRESENT

| | |
|---|---|
| ich besitze | wir besitzen |
| du besitzt | ihr besitzt |
| Sie besitzen | Sie besitzen |
| er/sie/es besitzt | sie besitzen |

### SIMPLE PAST

| | |
|---|---|
| ich besaß | wir besaßen |
| du besaßest | ihr besaßt |
| Sie besaßen | Sie besaßen |
| er/sie/es besaß | sie besaßen |

### FUTURE

| | |
|---|---|
| ich werde | wir werden |
| du wirst | ihr werdet |
| Sie werden | Sie werden |
| er/sie/es wird | sie werden |

} besitzen

### PRESENT SUBJUNCTIVE I

| | |
|---|---|
| ich besitze | wir besitzen |
| du besitzest | ihr besitzet |
| Sie besitzen | Sie besitzen |
| er/sie/es besitze | sie besitzen |

### PRESENT SUBJUNCTIVE II

| | |
|---|---|
| ich besäße | wir besäßen |
| du besäßest | ihr besäßet |
| Sie besäßen | Sie besäßen |
| er/sie/es besäße | sie besäßen |

### FUTURE SUBJUNCTIVE I

| | |
|---|---|
| ich werde | wir werden |
| du werdest | ihr werdet |
| Sie werden | Sie werden |
| er/sie/es werde | sie werden |

} besitzen

### FUTURE SUBJUNCTIVE II

| | |
|---|---|
| ich würde | wir würden |
| du würdest | ihr würdet |
| Sie würden | Sie würden |
| er/sie/es würde | sie würden |

} besitzen

### PRESENT PERFECT

| | |
|---|---|
| ich habe | wir haben |
| du hast | ihr habt |
| Sie haben | Sie haben |
| er/sie/es hat | sie haben |

} besessen

### PAST PERFECT

| | |
|---|---|
| ich hatte | wir hatten |
| du hattest | ihr hattet |
| Sie hatten | Sie hatten |
| er/sie/es hatte | sie hatten |

} besessen

### FUTURE PERFECT

| | |
|---|---|
| ich werde | wir werden |
| du wirst | ihr werdet |
| Sie werden | Sie werden |
| er/sie/es wird | sie werden |

} besessen haben

### PAST SUBJUNCTIVE I

| | |
|---|---|
| ich habe | wir haben |
| du habest | ihr habet |
| Sie haben | Sie haben |
| er/sie/es habe | sie haben |

} besessen

### PAST SUBJUNCTIVE II

| | |
|---|---|
| ich hätte | wir hätten |
| du hättest | ihr hättet |
| Sie hätten | Sie hätten |
| er/sie/es hätte | sie hätten |

} besessen

### FUTURE PERFECT SUBJUNCTIVE I

| | |
|---|---|
| ich werde | wir werden |
| du werdest | ihr werdet |
| Sie werden | Sie werden |
| er/sie/es werde | sie werden |

} besessen haben

### FUTURE PERFECT SUBJUNCTIVE II

| | |
|---|---|
| ich würde | wir würden |
| du würdest | ihr würdet |
| Sie würden | Sie würden |
| er/sie/es würde | sie würden |

} besessen haben

### COMMANDS

besitz(e)!  besitzt!  besitzen Sie!

### PRESENT PARTICIPLE

besitzend

## Usage

Die Grafen besaßen Güter sowohl in Westfalen
 als auch in Böhmen.

Besitzen Sie solche Fähigkeiten?

Der Mensch besitzt ein Langzeit- und ein
 Kurzzeitgedächtnis.

Wie viele Schuhen besitzt du?

Unser Großvater hat uns alles hinterlassen, was er
 besessen hatte.

Der Milliardär besitzt sogar eine Insel im Pazifik.

Der Sammler Herr Smith besitzt genau 7 234 Bücher
 und 973 CDs.

Diese unsinnige Idee besaß ihn und beherrschte
 sein ganzes Leben.

*The counts owned estates in Bohemia as well as
 in Westphalia.*

*Do you possess such abilities?*

*The human being possesses a long-term and
 a short-term memory.*

*How many shoes do you own?*

*Our grandfather left us everything he'd owned.*

*The billionaire even owns an island in the Pacific.*

*The collector Mr. Smith owns exactly 7,234 books
 and 973 CDs.*

*This absurd idea possessed him and dictated his
 entire life.*

**RELATED VERBS** *see* **sitzen** (406)

**besorgt · besorgte · besorgt**

regular weak verb

| PRESENT | |
|---|---|
| ich besorge | wir besorgen |
| du besorgst | ihr besorgt |
| Sie besorgen | Sie besorgen |
| er/sie/es besorgt | sie besorgen |

| PRESENT PERFECT | | |
|---|---|---|
| ich habe | wir haben | |
| du hast | ihr habt | besorgt |
| Sie haben | Sie haben | |
| er/sie/es hat | sie haben | |

| SIMPLE PAST | |
|---|---|
| ich besorgte | wir besorgten |
| du besorgtest | ihr besorgtet |
| Sie besorgten | Sie besorgten |
| er/sie/es besorgte | sie besorgten |

| PAST PERFECT | | |
|---|---|---|
| ich hatte | wir hatten | |
| du hattest | ihr hattet | besorgt |
| Sie hatten | Sie hatten | |
| er/sie/es hatte | sie hatten | |

| FUTURE | | |
|---|---|---|
| ich werde | wir werden | |
| du wirst | ihr werdet | besorgen |
| Sie werden | Sie werden | |
| er/sie/es wird | sie werden | |

| FUTURE PERFECT | | |
|---|---|---|
| ich werde | wir werden | |
| du wirst | ihr werdet | besorgt haben |
| Sie werden | Sie werden | |
| er/sie/es wird | sie werden | |

| PRESENT SUBJUNCTIVE I | |
|---|---|
| ich besorge | wir besorgen |
| du besorgest | ihr besorget |
| Sie besorgen | Sie besorgen |
| er/sie/es besorge | sie besorgen |

| PAST SUBJUNCTIVE I | | |
|---|---|---|
| ich habe | wir haben | |
| du habest | ihr habet | besorgt |
| Sie haben | Sie haben | |
| er/sie/es habe | sie haben | |

| PRESENT SUBJUNCTIVE II | |
|---|---|
| ich besorgte | wir besorgten |
| du besorgtest | ihr besorgtet |
| Sie besorgten | Sie besorgten |
| er/sie/es besorgte | sie besorgten |

| PAST SUBJUNCTIVE II | | |
|---|---|---|
| ich hätte | wir hätten | |
| du hättest | ihr hättet | besorgt |
| Sie hätten | Sie hätten | |
| er/sie/es hätte | sie hätten | |

| FUTURE SUBJUNCTIVE I | | |
|---|---|---|
| ich werde | wir werden | |
| du werdest | ihr werdet | besorgen |
| Sie werden | Sie werden | |
| er/sie/es werde | sie werden | |

| FUTURE PERFECT SUBJUNCTIVE I | | |
|---|---|---|
| ich werde | wir werden | |
| du werdest | ihr werdet | besorgt haben |
| Sie werden | Sie werden | |
| er/sie/es werde | sie werden | |

| FUTURE SUBJUNCTIVE II | | |
|---|---|---|
| ich würde | wir würden | |
| du würdest | ihr würdet | besorgen |
| Sie würden | Sie würden | |
| er/sie/es würde | sie würden | |

| FUTURE PERFECT SUBJUNCTIVE II | | |
|---|---|---|
| ich würde | wir würden | |
| du würdest | ihr würdet | besorgt haben |
| Sie würden | Sie würden | |
| er/sie/es würde | sie würden | |

| COMMANDS | besorg(e)!  besorgt!  besorgen Sie! |
|---|---|
| PRESENT PARTICIPLE | besorgend |

## Usage

| | |
|---|---|
| Kannst du die Kinder besorgen? | *Can you look after the children?* |
| Tante Inge besorgt noch den Haushalt. | *Aunt Inge still keeps house.* |
| Ich besorge die Einladungen. | *I'll get the invitations.* |
| Meine Freundin Monika hat die Eintrittskarten schon heute Morgen besorgt. | *My friend Monika got the tickets this morning already.* |
| Ingrid muss noch ein paar Kleinigkeiten besorgen. | *Ingrid still has to get a few small items.* |
| Am Bahnhof haben wir uns einen Stadtplan besorgt. | *We got a city map at the train station.* |
| Wir werden wohl das Ersatzteil bei Firma Rössler besorgen können. | *We will likely be able to procure the replacement part from the Rössler Company.* |
| Der Portier hat mir ein Taxi besorgt. | *The doorman got me a taxi.* |
| Demnächst besorge ich mir einen neuen CD-Spieler. | *I'm going to get myself a new CD player soon.* |
| Was du heute kannst besorgen, das verschiebe nicht auf morgen. (PROVERB) | *Don't put off until tomorrow what you can do today.* |

RELATED VERBS *see* **sorgen** (408)

regular weak verb                                          **bestätigt · bestätigte · bestätigt**

**PRESENT**

| | |
|---|---|
| ich bestätige | wir bestätigen |
| du bestätigst | ihr bestätigt |
| Sie bestätigen | Sie bestätigen |
| er/sie/es bestätigt | sie bestätigen |

**SIMPLE PAST**

| | |
|---|---|
| ich bestätigte | wir bestätigten |
| du bestätigtest | ihr bestätigtet |
| Sie bestätigten | Sie bestätigten |
| er/sie/es bestätigte | sie bestätigten |

**FUTURE**

| | | |
|---|---|---|
| ich werde | wir werden | |
| du wirst | ihr werdet | bestätigen |
| Sie werden | Sie werden | |
| er/sie/es wird | sie werden | |

**PRESENT SUBJUNCTIVE I**

| | |
|---|---|
| ich bestätige | wir bestätigen |
| du bestätigest | ihr bestätiget |
| Sie bestätigen | Sie bestätigen |
| er/sie/es bestätige | sie bestätigen |

**PRESENT SUBJUNCTIVE II**

| | |
|---|---|
| ich bestätigte | wir bestätigten |
| du bestätigtest | ihr bestätigtet |
| Sie bestätigten | Sie bestätigten |
| er/sie/es bestätigte | sie bestätigten |

**FUTURE SUBJUNCTIVE I**

| | | |
|---|---|---|
| ich werde | wir werden | |
| du werdest | ihr werdet | bestätigen |
| Sie werden | Sie werden | |
| er/sie/es werde | sie werden | |

**FUTURE SUBJUNCTIVE II**

| | | |
|---|---|---|
| ich würde | wir würden | |
| du würdest | ihr würdet | bestätigen |
| Sie würden | Sie würden | |
| er/sie/es würde | sie würden | |

**PRESENT PERFECT**

| | | |
|---|---|---|
| ich habe | wir haben | |
| du hast | ihr habt | bestätigt |
| Sie haben | Sie haben | |
| er/sie/es hat | sie haben | |

**PAST PERFECT**

| | | |
|---|---|---|
| ich hatte | wir hatten | |
| du hattest | ihr hattet | bestätigt |
| Sie hatten | Sie hatten | |
| er/sie/es hatte | sie hatten | |

**FUTURE PERFECT**

| | | |
|---|---|---|
| ich werde | wir werden | |
| du wirst | ihr werdet | bestätigt haben |
| Sie werden | Sie werden | |
| er/sie/es wird | sie werden | |

**PAST SUBJUNCTIVE I**

| | | |
|---|---|---|
| ich habe | wir haben | |
| du habest | ihr habet | bestätigt |
| Sie haben | Sie haben | |
| er/sie/es habe | sie haben | |

**PAST SUBJUNCTIVE II**

| | | |
|---|---|---|
| ich hätte | wir hätten | |
| du hättest | ihr hättet | bestätigt |
| Sie hätten | Sie hätten | |
| er/sie/es hätte | sie hätten | |

**FUTURE PERFECT SUBJUNCTIVE I**

| | | |
|---|---|---|
| ich werde | wir werden | |
| du werdest | ihr werdet | bestätigt haben |
| Sie werden | Sie werden | |
| er/sie/es werde | sie werden | |

**FUTURE PERFECT SUBJUNCTIVE II**

| | | |
|---|---|---|
| ich würde | wir würden | |
| du würdest | ihr würdet | bestätigt haben |
| Sie würden | Sie würden | |
| er/sie/es würde | sie würden | |

**COMMANDS**        bestätig(e)!   bestätigt!   bestätigen Sie!

**PRESENT PARTICIPLE**   bestätigend

## Usage

| | |
|---|---|
| Ich kann nur bestätigen, was du sagst. | *I can only confirm what you're saying.* |
| Die Untersuchungen haben unsere früheren Vermutungen bestätigt. | *Research has verified our earlier suppositions.* |
| Der Pressesprecher wollte nichts bestätigen oder dementieren. | *The press spokesman didn't want to confirm or deny anything.* |
| In einem Fernsehinterview bestätigte der CEO die Entscheidung des Vorstands. | *The CEO confirmed the board's decision in a TV interview.* |
| Hiermit bestätigen wir die Entgegennahme der Waren bzw. Dienstleistungen. | *This is to acknowledge receipt of the goods or services.* |
| Der Stadtrat muss den Entschluss dann bestätigen. | *The city council must then validate the decision.* |
| Deine Antwort hat mir bestätigt, dass du es bist. | *Your answer has confirmed to me that you are the one.* |

### sich bestätigen *to prove true, be confirmed; prove oneself*

| | |
|---|---|
| Die Annahme hat sich bestätigt. | *The assumption has been confirmed.* |
| David hat sich als guter Lehrer bestätigt. | *David has proved himself (to be) a good teacher.* |

# bestehen
*to undergo, endure, pass; exist, persist; consist, be composed; insist*

besteht · bestand · bestanden

strong verb

## PRESENT

| | |
|---|---|
| ich bestehe | wir bestehen |
| du bestehst | ihr besteht |
| Sie bestehen | Sie bestehen |
| er/sie/es besteht | sie bestehen |

## PRESENT PERFECT

| | | |
|---|---|---|
| ich habe | wir haben | |
| du hast | ihr habt | bestanden |
| Sie haben | Sie haben | |
| er/sie/es hat | sie haben | |

## SIMPLE PAST

| | |
|---|---|
| ich bestand | wir bestanden |
| du bestandst | ihr bestandet |
| Sie bestanden | Sie bestanden |
| er/sie/es bestand | sie bestanden |

## PAST PERFECT

| | | |
|---|---|---|
| ich hatte | wir hatten | |
| du hattest | ihr hattet | bestanden |
| Sie hatten | Sie hatten | |
| er/sie/es hatte | sie hatten | |

## FUTURE

| | | |
|---|---|---|
| ich werde | wir werden | |
| du wirst | ihr werdet | bestehen |
| Sie werden | Sie werden | |
| er/sie/es wird | sie werden | |

## FUTURE PERFECT

| | | |
|---|---|---|
| ich werde | wir werden | |
| du wirst | ihr werdet | bestanden haben |
| Sie werden | Sie werden | |
| er/sie/es wird | sie werden | |

## PRESENT SUBJUNCTIVE I

| | |
|---|---|
| ich bestehe | wir bestehen |
| du bestehest | ihr bestehet |
| Sie bestehen | Sie bestehen |
| er/sie/es bestehe | sie bestehen |

## PAST SUBJUNCTIVE I

| | | |
|---|---|---|
| ich habe | wir haben | |
| du habest | ihr habet | bestanden |
| Sie haben | Sie haben | |
| er/sie/es habe | sie haben | |

## PRESENT SUBJUNCTIVE II

| | |
|---|---|
| ich bestünde/bestände | wir bestünden/beständen |
| du bestündest/beständest | ihr bestündet/beständet |
| Sie bestünden/beständen | Sie bestünden/beständen |
| er/sie/es bestünde/bestände | sie bestünden/beständen |

## PAST SUBJUNCTIVE II

| | | |
|---|---|---|
| ich hätte | wir hätten | |
| du hättest | ihr hättet | bestanden |
| Sie hätten | Sie hätten | |
| er/sie/es hätte | sie hätten | |

## FUTURE SUBJUNCTIVE I

| | | |
|---|---|---|
| ich werde | wir werden | |
| du werdest | ihr werdet | bestehen |
| Sie werden | Sie werden | |
| er/sie/es werde | sie werden | |

## FUTURE PERFECT SUBJUNCTIVE I

| | | |
|---|---|---|
| ich werde | wir werden | |
| du werdest | ihr werdet | bestanden haben |
| Sie werden | Sie werden | |
| er/sie/es werde | sie werden | |

## FUTURE SUBJUNCTIVE II

| | | |
|---|---|---|
| ich würde | wir würden | |
| du würdest | ihr würdet | bestehen |
| Sie würden | Sie würden | |
| er/sie/es würde | sie würden | |

## FUTURE PERFECT SUBJUNCTIVE II

| | | |
|---|---|---|
| ich würde | wir würden | |
| du würdest | ihr würdet | bestanden haben |
| Sie würden | Sie würden | |
| er/sie/es würde | sie würden | |

COMMANDS    besteh(e)!   besteht!   bestehen Sie!

PRESENT PARTICIPLE    bestehend

## Usage

| | |
|---|---|
| Hast du die Prüfung bestanden? | *Did you pass the test?* |
| Der Protagonist des Romans musste viel bestehen. | *The novel's protagonist had to endure a lot.* |
| Besteht ein Zusammenhang zwischen Arbeitslosigkeit und gesellschaftlicher Ausgrenzung? | *Does a connection exist between unemployment and social exclusion?* |
| Große Einkommensunterschiede bestehen immer noch. | *Great differences in income still persist.* |
| Unser Verein besteht seit 1866. | *Our club has been in existence since 1866.* |
| Über diese Frage besteht jedoch Klarheit. | *On this question, however, there is clarity.* |
| Die Komödie besteht aus drei Akten. | *The comedy consists of three acts.* |
| Unsere Aufgabe besteht darin, möglichst viele Beispiele zu sammeln. | *Our assignment entails collecting as many examples as possible.* |
| Die Salbe besteht aus Olivenöl, Rosmarin, Johanniskraut, Arnika und Teebaumöl. | *The salve consists of olive oil, rosemary, St. John's wort, arnica, and tea tree oil.* |
| Er besteht auf seinem Recht auf Selbstverteidigung. | *He insists on his right to self-defense.* |

RELATED VERBS   fort·bestehen; *see also* **stehen** (423)

regular weak verb

bestellt · bestellte · bestellt

**PRESENT**

| | |
|---|---|
| ich bestelle | wir bestellen |
| du bestellst | ihr bestellt |
| Sie bestellen | Sie bestellen |
| er/sie/es bestellt | sie bestellen |

**SIMPLE PAST**

| | |
|---|---|
| ich bestellte | wir bestellten |
| du bestelltest | ihr bestelltet |
| Sie bestellten | Sie bestellten |
| er/sie/es bestellte | sie bestellten |

**FUTURE**

| | | |
|---|---|---|
| ich werde | wir werden | |
| du wirst | ihr werdet | bestellen |
| Sie werden | Sie werden | |
| er/sie/es wird | sie werden | |

**PRESENT SUBJUNCTIVE I**

| | |
|---|---|
| ich bestelle | wir bestellen |
| du bestellest | ihr bestellet |
| Sie bestellen | Sie bestellen |
| er/sie/es bestelle | sie bestellen |

**PRESENT SUBJUNCTIVE II**

| | |
|---|---|
| ich bestellte | wir bestellten |
| du bestelltest | ihr bestelltet |
| Sie bestellten | Sie bestellten |
| er/sie/es bestellte | sie bestellten |

**FUTURE SUBJUNCTIVE I**

| | | |
|---|---|---|
| ich werde | wir werden | |
| du werdest | ihr werdet | bestellen |
| Sie werden | Sie werden | |
| er/sie/es werde | sie werden | |

**FUTURE SUBJUNCTIVE II**

| | | |
|---|---|---|
| ich würde | wir würden | |
| du würdest | ihr würdet | bestellen |
| Sie würden | Sie würden | |
| er/sie/es würde | sie würden | |

**PRESENT PERFECT**

| | | |
|---|---|---|
| ich habe | wir haben | |
| du hast | ihr habt | bestellt |
| Sie haben | Sie haben | |
| er/sie/es hat | sie haben | |

**PAST PERFECT**

| | | |
|---|---|---|
| ich hatte | wir hatten | |
| du hattest | ihr hattet | bestellt |
| Sie hatten | Sie hatten | |
| er/sie/es hatte | sie hatten | |

**FUTURE PERFECT**

| | | |
|---|---|---|
| ich werde | wir werden | |
| du wirst | ihr werdet | bestellt haben |
| Sie werden | Sie werden | |
| er/sie/es wird | sie werden | |

**PAST SUBJUNCTIVE I**

| | | |
|---|---|---|
| ich habe | wir haben | |
| du habest | ihr habet | bestellt |
| Sie haben | Sie haben | |
| er/sie/es habe | sie haben | |

**PAST SUBJUNCTIVE II**

| | | |
|---|---|---|
| ich hätte | wir hätten | |
| du hättest | ihr hättet | bestellt |
| Sie hätten | Sie hätten | |
| er/sie/es hätte | sie hätten | |

**FUTURE PERFECT SUBJUNCTIVE I**

| | | |
|---|---|---|
| ich werde | wir werden | |
| du werdest | ihr werdet | bestellt haben |
| Sie werden | Sie werden | |
| er/sie/es werde | sie werden | |

**FUTURE PERFECT SUBJUNCTIVE II**

| | | |
|---|---|---|
| ich würde | wir würden | |
| du würdest | ihr würdet | bestellt haben |
| Sie würden | Sie würden | |
| er/sie/es würde | sie würden | |

**COMMANDS**     bestell(e)!     bestellt!     bestellen Sie!

**PRESENT PARTICIPLE**     bestellend

## Usage

| | |
|---|---|
| Manfred hätte ein Glas Wein bestellt. | *Manfred would have ordered a glass of wine.* |
| Kann man online bestellen? | *Can you order online?* |
| Warum bestellst du so viele Sachen? | *Why are you ordering so many things?* |
| Wir möchten einen Tisch für vier Personen bestellen. | *We would like to reserve a table for four.* |
| Der Notarzt wurde bestellt. | *An emergency medic was called.* |
| Unser Papagei ist um zehn Uhr zum Tierarzt bestellt. | *Our parrot has an appointment with the veterinarian at ten o'clock.* |
| | |
| Haben Sie die Blumen für die Hochzeit bestellt? | *Have you arranged for flowers for the wedding?* |
| Mein Neffe ist zum Erben bestellt worden. | *My nephew has been designated as heir.* |
| Eure Majestät, ich habe Euren Brief bestellt. | *Your Majesty, I have delivered your letter.* |
| Ich soll dir Grüße von ihm bestellen. | *I'm supposed to tell you he says hello.* |
| Der König hatte sie zu sich bestellt. | *The king had summoned them.* |

**RELATED VERBS**   ab·bestellen, ein·bestellen, nach·bestellen, um·bestellen, vor·bestellen; *see also* **stellen** (426)

# bestimmen *to determine, fix; intend; designate*

bestimmt · bestimmte · bestimmt

regular weak verb

**PRESENT**

| | |
|---|---|
| ich bestimme | wir bestimmen |
| du bestimmst | ihr bestimmt |
| Sie bestimmen | Sie bestimmen |
| er/sie/es bestimmt | sie bestimmen |

**PRESENT PERFECT**

| | |
|---|---|
| ich habe | wir haben |
| du hast | ihr habt |
| Sie haben | Sie haben |
| er/sie/es hat | sie haben |

} bestimmt

**SIMPLE PAST**

| | |
|---|---|
| ich bestimmte | wir bestimmten |
| du bestimmtest | ihr bestimmtet |
| Sie bestimmten | Sie bestimmten |
| er/sie/es bestimmte | sie bestimmten |

**PAST PERFECT**

| | |
|---|---|
| ich hatte | wir hatten |
| du hattest | ihr hattet |
| Sie hatten | Sie hatten |
| er/sie/es hatte | sie hatten |

} bestimmt

**FUTURE**

| | |
|---|---|
| ich werde | wir werden |
| du wirst | ihr werdet |
| Sie werden | Sie werden |
| er/sie/es wird | sie werden |

} bestimmen

**FUTURE PERFECT**

| | |
|---|---|
| ich werde | wir werden |
| du wirst | ihr werdet |
| Sie werden | Sie werden |
| er/sie/es wird | sie werden |

} bestimmt haben

**PRESENT SUBJUNCTIVE I**

| | |
|---|---|
| ich bestimme | wir bestimmen |
| du bestimmest | ihr bestimmet |
| Sie bestimmen | Sie bestimmen |
| er/sie/es bestimme | sie bestimmen |

**PAST SUBJUNCTIVE I**

| | |
|---|---|
| ich habe | wir haben |
| du habest | ihr habet |
| Sie haben | Sie haben |
| er/sie/es habe | sie haben |

} bestimmt

**PRESENT SUBJUNCTIVE II**

| | |
|---|---|
| ich bestimmte | wir bestimmten |
| du bestimmtest | ihr bestimmtet |
| Sie bestimmten | Sie bestimmten |
| er/sie/es bestimmte | sie bestimmten |

**PAST SUBJUNCTIVE II**

| | |
|---|---|
| ich hätte | wir hätten |
| du hättest | ihr hättet |
| Sie hätten | Sie hätten |
| er/sie/es hätte | sie hätten |

} bestimmt

**FUTURE SUBJUNCTIVE I**

| | |
|---|---|
| ich werde | wir werden |
| du werdest | ihr werdet |
| Sie werden | Sie werden |
| er/sie/es werde | sie werden |

} bestimmen

**FUTURE PERFECT SUBJUNCTIVE I**

| | |
|---|---|
| ich werde | wir werden |
| du werdest | ihr werdet |
| Sie werden | Sie werden |
| er/sie/es werde | sie werden |

} bestimmt haben

**FUTURE SUBJUNCTIVE II**

| | |
|---|---|
| ich würde | wir würden |
| du würdest | ihr würdet |
| Sie würden | Sie würden |
| er/sie/es würde | sie würden |

} bestimmen

**FUTURE PERFECT SUBJUNCTIVE II**

| | |
|---|---|
| ich würde | wir würden |
| du würdest | ihr würdet |
| Sie würden | Sie würden |
| er/sie/es würde | sie würden |

} bestimmt haben

**COMMANDS**     bestimm(e)!   bestimmt!   bestimmen Sie!

**PRESENT PARTICIPLE**     bestimmend

## Usage

| | |
|---|---|
| Ernst hat den Ort bestimmt. | *Ernst determined the location.* |
| Der Käufer bestimmt die Art des Versands. | *The buyer determines the method of shipping.* |
| Die Amtsdauer wird durch das Gesetz bestimmt. | *The term of office is fixed by law.* |
| Wer kann das Ausmaß des Projekts bestimmen? | *Who can determine the scope of the project?* |
| Als Freiberufler bestimme ich meine Arbeitszeiten. | *As a freelancer, I set my own working hours.* |
| Dieser Sessel ist für mein Wohnzimmer bestimmt. | *This chair is destined for my living room.* |
| Heiner Ulrich wurde vom Vorstand zum Vorsitzenden bestimmt. | *Heiner Ulrich was appointed chair by the board.* |
| Meeresströmungen bestimmen das globale Klima. | *Ocean currents determine global climate.* |

### sich bestimmen *to be determined, be influenced*

| | |
|---|---|
| Der Gesamtbetrag bestimmt sich in den meisten Fällen nach den Umzugskosten. | *The grand total is determined in most cases by the moving expenses.* |

**RELATED VERBS**  mit·bestimmen, vor·bestimmen; *see also* **stimmen** (428)

regular weak verb

**PRESENT**

| | |
|---|---|
| ich besuche | wir besuchen |
| du besuchst | ihr besucht |
| Sie besuchen | Sie besuchen |
| er/sie/es besucht | sie besuchen |

**SIMPLE PAST**

| | |
|---|---|
| ich besuchte | wir besuchten |
| du besuchtest | ihr besuchtet |
| Sie besuchten | Sie besuchten |
| er/sie/es besuchte | sie besuchten |

**FUTURE**

| | |
|---|---|
| ich werde | wir werden |
| du wirst | ihr werdet |
| Sie werden | Sie werden |
| er/sie/es wird | sie werden |

} besuchen

**PRESENT SUBJUNCTIVE I**

| | |
|---|---|
| ich besuche | wir besuchen |
| du besuchest | ihr besuchet |
| Sie besuchen | Sie besuchen |
| er/sie/es besuche | sie besuchen |

**PRESENT SUBJUNCTIVE II**

| | |
|---|---|
| ich besuchte | wir besuchten |
| du besuchtest | ihr besuchtet |
| Sie besuchten | Sie besuchten |
| er/sie/es besuchte | sie besuchten |

**FUTURE SUBJUNCTIVE I**

| | |
|---|---|
| ich werde | wir werden |
| du werdest | ihr werdet |
| Sie werden | Sie werden |
| er/sie/es werde | sie werden |

} besuchen

**FUTURE SUBJUNCTIVE II**

| | |
|---|---|
| ich würde | wir würden |
| du würdest | ihr würdet |
| Sie würden | Sie würden |
| er/sie/es würde | sie würden |

} besuchen

**PRESENT PERFECT**

| | |
|---|---|
| ich habe | wir haben |
| du hast | ihr habt |
| Sie haben | Sie haben |
| er/sie/es hat | sie haben |

} besucht

**PAST PERFECT**

| | |
|---|---|
| ich hatte | wir hatten |
| du hattest | ihr hattet |
| Sie hatten | Sie hatten |
| er/sie/es hatte | sie hatten |

} besucht

**FUTURE PERFECT**

| | |
|---|---|
| ich werde | wir werden |
| du wirst | ihr werdet |
| Sie werden | Sie werden |
| er/sie/es wird | sie werden |

} besucht haben

**PAST SUBJUNCTIVE I**

| | |
|---|---|
| ich habe | wir haben |
| du habest | ihr habet |
| Sie haben | Sie haben |
| er/sie/es habe | sie haben |

} besucht

**PAST SUBJUNCTIVE II**

| | |
|---|---|
| ich hätte | wir hätten |
| du hättest | ihr hättet |
| Sie hätten | Sie hätten |
| er/sie/es hätte | sie hätten |

} besucht

**FUTURE PERFECT SUBJUNCTIVE I**

| | |
|---|---|
| ich werde | wir werden |
| du werdest | ihr werdet |
| Sie werden | Sie werden |
| er/sie/es werde | sie werden |

} besucht haben

**FUTURE PERFECT SUBJUNCTIVE II**

| | |
|---|---|
| ich würde | wir würden |
| du würdest | ihr würdet |
| Sie würden | Sie würden |
| er/sie/es würde | sie würden |

} besucht haben

**COMMANDS**   besuch(e)!   besucht!   besuchen Sie!

**PRESENT PARTICIPLE**   besuchend

## Usage

| | |
|---|---|
| Ich möchte Maria besuchen. | *I'd like to visit Maria.* |
| Mark hat seine Tante im Altersheim besucht. | *Mark visited his aunt in the nursing home.* |
| Liedmeiers hätten gerne ihre Freunde in Bielefeld besucht, aber sie hatten keine Zeit. | *The Liedmeiers would have liked to visit their friends in Bielefeld, but they didn't have the time.* |
| Frau Fritsch wollte ihre Bekannte Frau Neumann am Samstagnachmittag besuchen. | *Mrs. Fritsch wanted to call on her acquaintance Mrs. Neumann on Saturday afternoon.* |
| Besuchst du meine Website? | *Will you visit my Web site?* |
| Wie lange besuchst du schon diese Hochschule? | *How long have you been attending this college?* |
| Dagmar durfte die Kunstakademie in Hamburg nicht besuchen. | *Dagmar wasn't allowed to attend the art academy in Hamburg.* |
| Letztes Jahr habe ich einen Kurs am Community College besucht. | *Last year I took a course at the community college.* |
| Der Zoo ist gut besucht. | *The zoo is heavily patronized.* |

**RELATED VERBS**   *see* **suchen** (440)

beteiligt · beteiligte · beteiligt

*regular weak verb*

**PRESENT**

| | |
|---|---|
| ich beteilige | wir beteiligen |
| du beteiligst | ihr beteiligt |
| Sie beteiligen | Sie beteiligen |
| er/sie/es beteiligt | sie beteiligen |

**SIMPLE PAST**

| | |
|---|---|
| ich beteiligte | wir beteiligten |
| du beteiligtest | ihr beteiligtet |
| Sie beteiligten | Sie beteiligten |
| er/sie/es beteiligte | sie beteiligten |

**FUTURE**

| | | |
|---|---|---|
| ich werde | wir werden | |
| du wirst | ihr werdet | beteiligen |
| Sie werden | Sie werden | |
| er/sie/es wird | sie werden | |

**PRESENT SUBJUNCTIVE I**

| | |
|---|---|
| ich beteilige | wir beteiligen |
| du beteiligest | ihr beteiliget |
| Sie beteiligen | Sie beteiligen |
| er/sie/es beteilige | sie beteiligen |

**PRESENT SUBJUNCTIVE II**

| | |
|---|---|
| ich beteiligte | wir beteiligten |
| du beteiligtest | ihr beteiligtet |
| Sie beteiligten | Sie beteiligten |
| er/sie/es beteiligte | sie beteiligten |

**FUTURE SUBJUNCTIVE I**

| | | |
|---|---|---|
| ich werde | wir werden | |
| du werdest | ihr werdet | beteiligen |
| Sie werden | Sie werden | |
| er/sie/es werde | sie werden | |

**FUTURE SUBJUNCTIVE II**

| | | |
|---|---|---|
| ich würde | wir würden | |
| du würdest | ihr würdet | beteiligen |
| Sie würden | Sie würden | |
| er/sie/es würde | sie würden | |

**PRESENT PERFECT**

| | | |
|---|---|---|
| ich habe | wir haben | |
| du hast | ihr habt | beteiligt |
| Sie haben | Sie haben | |
| er/sie/es hat | sie haben | |

**PAST PERFECT**

| | | |
|---|---|---|
| ich hatte | wir hatten | |
| du hattest | ihr hattet | beteiligt |
| Sie hatten | Sie hatten | |
| er/sie/es hatte | sie hatten | |

**FUTURE PERFECT**

| | | |
|---|---|---|
| ich werde | wir werden | |
| du wirst | ihr werdet | beteiligt haben |
| Sie werden | Sie werden | |
| er/sie/es wird | sie werden | |

**PAST SUBJUNCTIVE I**

| | | |
|---|---|---|
| ich habe | wir haben | |
| du habest | ihr habet | beteiligt |
| Sie haben | Sie haben | |
| er/sie/es habe | sie haben | |

**PAST SUBJUNCTIVE II**

| | | |
|---|---|---|
| ich hätte | wir hätten | |
| du hättest | ihr hättet | beteiligt |
| Sie hätten | Sie hätten | |
| er/sie/es hätte | sie hätten | |

**FUTURE PERFECT SUBJUNCTIVE I**

| | | |
|---|---|---|
| ich werde | wir werden | |
| du werdest | ihr werdet | beteiligt haben |
| Sie werden | Sie werden | |
| er/sie/es werde | sie werden | |

**FUTURE PERFECT SUBJUNCTIVE II**

| | | |
|---|---|---|
| ich würde | wir würden | |
| du würdest | ihr würdet | beteiligt haben |
| Sie würden | Sie würden | |
| er/sie/es würde | sie würden | |

**COMMANDS** beteilig(e)! beteiligt! beteiligen Sie!

**PRESENT PARTICIPLE** beteiligend

## Usage

| | |
|---|---|
| Ihr Mann wollte sie nicht am Lottogewinn beteiligen. | *Her husband didn't want to give her a share of the lottery winnings.* |
| Die jüngste Sohn wurde vom Vater nicht an der Erbschaft beteiligt. | *The youngest son didn't get a share of the father's inheritance.* |

**sich beteiligen** *to be involved, take part, participate*

| | |
|---|---|
| Beteiligen Sie sich an diesem Projekt? | *Are you involved in this project?* |
| Etwa 4 000 Personen haben sich daran beteiligt. | *About 4,000 people took part in it.* |
| Studierende können sich an internationalen Austauschprogrammen beteiligen. | *Students can participate in international exchange programs.* |
| Dem Bericht nach habe sich Frau Ostrowski gestern an diesem Verbrechen beteiligt. | *According to the report, Mrs. Ostrowski was a party to this crime yesterday.* |
| Das ist eine Veranstaltung, an der sich keine Schüler beteiligen dürfen. | *That is an event in which students are not allowed to participate.* |

regular weak verb

**PRESENT**

| | |
|---|---|
| ich bete | wir beten |
| du betest | ihr betet |
| Sie beten | Sie beten |
| er/sie/es betet | sie beten |

**SIMPLE PAST**

| | |
|---|---|
| ich betete | wir beteten |
| du betetest | ihr betetet |
| Sie beteten | Sie beteten |
| er/sie/es betete | sie beteten |

**FUTURE**

| | | |
|---|---|---|
| ich werde | wir werden | |
| du wirst | ihr werdet | |
| Sie werden | Sie werden | } beten |
| er/sie/es wird | sie werden | |

**PRESENT SUBJUNCTIVE I**

| | |
|---|---|
| ich bete | wir beten |
| du betest | ihr betet |
| Sie beten | Sie beten |
| er/sie/es bete | sie beten |

**PRESENT SUBJUNCTIVE II**

| | |
|---|---|
| ich betete | wir beteten |
| du betetest | ihr betetet |
| Sie beteten | Sie beteten |
| er/sie/es betete | sie beteten |

**FUTURE SUBJUNCTIVE I**

| | | |
|---|---|---|
| ich werde | wir werden | |
| du werdest | ihr werdet | |
| Sie werden | Sie werden | } beten |
| er/sie/es werde | sie werden | |

**FUTURE SUBJUNCTIVE II**

| | | |
|---|---|---|
| ich würde | wir würden | |
| du würdest | ihr würdet | |
| Sie würden | Sie würden | } beten |
| er/sie/es würde | sie würden | |

**COMMANDS**  bete!  betet!  beten Sie!

**PRESENT PARTICIPLE**  betend

**PRESENT PERFECT**

| | | |
|---|---|---|
| ich habe | wir haben | |
| du hast | ihr habt | |
| Sie haben | Sie haben | } gebetet |
| er/sie/es hat | sie haben | |

**PAST PERFECT**

| | | |
|---|---|---|
| ich hatte | wir hatten | |
| du hattest | ihr hattet | |
| Sie hatten | Sie hatten | } gebetet |
| er/sie/es hatte | sie hatten | |

**FUTURE PERFECT**

| | | |
|---|---|---|
| ich werde | wir werden | |
| du wirst | ihr werdet | |
| Sie werden | Sie werden | } gebetet haben |
| er/sie/es wird | sie werden | |

**PAST SUBJUNCTIVE I**

| | | |
|---|---|---|
| ich habe | wir haben | |
| du habest | ihr habet | |
| Sie haben | Sie haben | } gebetet |
| er/sie/es habe | sie haben | |

**PAST SUBJUNCTIVE II**

| | | |
|---|---|---|
| ich hätte | wir hätten | |
| du hättest | ihr hättet | |
| Sie hätten | Sie hätten | } gebetet |
| er/sie/es hätte | sie hätten | |

**FUTURE PERFECT SUBJUNCTIVE I**

| | | |
|---|---|---|
| ich werde | wir werden | |
| du werdest | ihr werdet | |
| Sie werden | Sie werden | } gebetet haben |
| er/sie/es werde | sie werden | |

**FUTURE PERFECT SUBJUNCTIVE II**

| | | |
|---|---|---|
| ich würde | wir würden | |
| du würdest | ihr würdet | |
| Sie würden | Sie würden | } gebetet haben |
| er/sie/es würde | sie würden | |

## Usage

| | |
|---|---|
| Ich bete für Sie. | *I will pray for you.* |
| Es wird oft in festgelegten Formeln gebetet. | *People often pray using established formulas.* |
| Lasset uns beten. (*archaic*) | *Let us pray.* |
| Wenn aber du betest, so ... bete zu deinem Vater im Verborgenen. (MATTHÄUS 6,6) | *When thou prayest, ... pray to thy Father, which is in secret.* (MATTHEW 6:6) |
| Er betet und fastet. | *He prays and fasts.* |
| Im Parlament wird vor Beginn der Sitzung gebetet. | *In Parliament, they pray before the beginning of the session.* |
| Wir beten für Regen. | *We're praying for rain.* |
| Jeden Morgen betet sie am Grabmal ihrer Mutter. | *Each morning she prays at her mother's grave.* |
| Das Vaterunser wird gebetet. | *The Lord's Prayer is being recited.* |
| Früher betete man viel mehr auf Latein. | *People used to pray more in Latin.* |

**RELATED VERBS**  an·beten, erbeten, vor·beten

# betonen *to stress, emphasize*

betont · betonte · betont

regular weak verb

**PRESENT**

| | |
|---|---|
| ich betone | wir betonen |
| du betonst | ihr betont |
| Sie betonen | Sie betonen |
| er/sie/es betont | sie betonen |

**SIMPLE PAST**

| | |
|---|---|
| ich betonte | wir betonten |
| du betontest | ihr betontet |
| Sie betonten | Sie betonten |
| er/sie/es betonte | sie betonten |

**FUTURE**

| | |
|---|---|
| ich werde | wir werden |
| du wirst | ihr werdet |
| Sie werden | Sie werden |
| er/sie/es wird | sie werden |

} betonen

**PRESENT SUBJUNCTIVE I**

| | |
|---|---|
| ich betone | wir betonen |
| du betonest | ihr betonet |
| Sie betonen | Sie betonen |
| er/sie/es betone | sie betonen |

**PRESENT SUBJUNCTIVE II**

| | |
|---|---|
| ich betonte | wir betonten |
| du betontest | ihr betontet |
| Sie betonten | Sie betonten |
| er/sie/es betonte | sie betonten |

**FUTURE SUBJUNCTIVE I**

| | |
|---|---|
| ich werde | wir werden |
| du werdest | ihr werdet |
| Sie werden | Sie werden |
| er/sie/es werde | sie werden |

} betonen

**FUTURE SUBJUNCTIVE II**

| | |
|---|---|
| ich würde | wir würden |
| du würdest | ihr würdet |
| Sie würden | Sie würden |
| er/sie/es würde | sie würden |

} betonen

**PRESENT PERFECT**

| | |
|---|---|
| ich habe | wir haben |
| du hast | ihr habt |
| Sie haben | Sie haben |
| er/sie/es hat | sie haben |

} betont

**PAST PERFECT**

| | |
|---|---|
| ich hatte | wir hatten |
| du hattest | ihr hattet |
| Sie hatten | Sie hatten |
| er/sie/es hatte | sie hatten |

} betont

**FUTURE PERFECT**

| | |
|---|---|
| ich werde | wir werden |
| du wirst | ihr werdet |
| Sie werden | Sie werden |
| er/sie/es wird | sie werden |

} betont haben

**PAST SUBJUNCTIVE I**

| | |
|---|---|
| ich habe | wir haben |
| du habest | ihr habet |
| Sie haben | Sie haben |
| er/sie/es habe | sie haben |

} betont

**PAST SUBJUNCTIVE II**

| | |
|---|---|
| ich hätte | wir hätten |
| du hättest | ihr hättet |
| Sie hätten | Sie hätten |
| er/sie/es hätte | sie hätten |

} betont

**FUTURE PERFECT SUBJUNCTIVE I**

| | |
|---|---|
| ich werde | wir werden |
| du werdest | ihr werdet |
| Sie werden | Sie werden |
| er/sie/es werde | sie werden |

} betont haben

**FUTURE PERFECT SUBJUNCTIVE II**

| | |
|---|---|
| ich würde | wir würden |
| du würdest | ihr würdet |
| Sie würden | Sie würden |
| er/sie/es würde | sie würden |

} betont haben

**COMMANDS**     beton(e)!   betont!   betonen Sie!

**PRESENT PARTICIPLE**     betonend

## Usage

| | |
|---|---|
| Die Treue wird unter ihnen stark betont. | *Loyalty is strongly emphasized among them.* |
| Der Redner betonte häufig einen ganz anderen Punkt. | *The speaker frequently stressed a completely different point.* |
| Bernhard hat das Wort „vielleicht" besonders betont. | *Bernhard especially emphasized the word "perhaps."* |
| Im Wort „betonen" wird die erste Silbe nicht betont. | *In the word "betonen" the first syllable is not stressed.* |
| Wir können nicht genug betonen, dass diese Anschaffung völlig überflüssig ist. | *We cannot stress enough that this acquisition is completely unnecessary.* |
| Es ist allerdings zu betonen, dass solche Ideologien gefährlich sind. | *However, it is to be emphasized that such ideologies are dangerous.* |
| Die Vorstandsvorsitzende betonte: „Wir haben keinen Grund daran zu zweifeln." | *The chair of the board stressed, "We have no reason to doubt this."* |
| Die Mystiker betonten Einheit mit Gott. | *The mystics emphasized unity with God.* |
| In seiner Rede wurde die Rolle der UNO betont. | *In his speech the role of the U.N. was stressed.* |

**RELATED VERB**    überbetonen

strong verb

| PRESENT | |
|---|---|
| ich betrage | wir betragen |
| du beträgst | ihr betragt |
| Sie betragen | Sie betragen |
| er/sie/es beträgt | sie betragen |

| SIMPLE PAST | |
|---|---|
| ich betrug | wir betrugen |
| du betrugst | ihr betrugt |
| Sie betrugen | Sie betrugen |
| er/sie/es betrug | sie betrugen |

| FUTURE | | |
|---|---|---|
| ich werde | wir werden | |
| du wirst | ihr werdet | betragen |
| Sie werden | Sie werden | |
| er/sie/es wird | sie werden | |

| PRESENT SUBJUNCTIVE I | |
|---|---|
| ich betrage | wir betragen |
| du betragest | ihr betraget |
| Sie betragen | Sie betragen |
| er/sie/es betrage | sie betragen |

| PRESENT SUBJUNCTIVE II | |
|---|---|
| ich betrüge | wir betrügen |
| du betrügest | ihr betrüget |
| Sie betrügen | Sie betrügen |
| er/sie/es betrüge | sie betrügen |

| FUTURE SUBJUNCTIVE I | | |
|---|---|---|
| ich werde | wir werden | |
| du werdest | ihr werdet | betragen |
| Sie werden | Sie werden | |
| er/sie/es werde | sie werden | |

| FUTURE SUBJUNCTIVE II | | |
|---|---|---|
| ich würde | wir würden | |
| du würdest | ihr würdet | betragen |
| Sie würden | Sie würden | |
| er/sie/es würde | sie würden | |

| PRESENT PERFECT | | |
|---|---|---|
| ich habe | wir haben | |
| du hast | ihr habt | betragen |
| Sie haben | Sie haben | |
| er/sie/es hat | sie haben | |

| PAST PERFECT | | |
|---|---|---|
| ich hatte | wir hatten | |
| du hattest | ihr hattet | betragen |
| Sie hatten | Sie hatten | |
| er/sie/es hatte | sie hatten | |

| FUTURE PERFECT | | |
|---|---|---|
| ich werde | wir werden | |
| du wirst | ihr werdet | betragen haben |
| Sie werden | Sie werden | |
| er/sie/es wird | sie werden | |

| PAST SUBJUNCTIVE I | | |
|---|---|---|
| ich habe | wir haben | |
| du habest | ihr habet | betragen |
| Sie haben | Sie haben | |
| er/sie/es habe | sie haben | |

| PAST SUBJUNCTIVE II | | |
|---|---|---|
| ich hätte | wir hätten | |
| du hättest | ihr hättet | betragen |
| Sie hätten | Sie hätten | |
| er/sie/es hätte | sie hätten | |

| FUTURE PERFECT SUBJUNCTIVE I | | |
|---|---|---|
| ich werde | wir werden | |
| du werdest | ihr werdet | betragen haben |
| Sie werden | Sie werden | |
| er/sie/es werde | sie werden | |

| FUTURE PERFECT SUBJUNCTIVE II | | |
|---|---|---|
| ich würde | wir würden | |
| du würdest | ihr würdet | betragen haben |
| Sie würden | Sie würden | |
| er/sie/es würde | sie würden | |

COMMANDS   betrag(e)!   betragt!   betragen Sie!

PRESENT PARTICIPLE   betragend

## Usage

Insgesamt betragen die Sanierungskosten etwa
 25 000 Euro.

Das Durchschnittsalter der Teilnehmer betrug 34 Jahre.

Die Entfernung zwischen diesen Sternen beträgt
 12,5 Lichtjahre.

Die Sturmschäden haben 73 Mio Euro betragen.

Glücklicherweise wird der Zuschlag höchstens 10 %
 des Gesamtbetrags betragen.

Mit Steuer betrüge der Preis mehr als €200 [200 Euro].

*The total restoration costs come to about 25,000*
 *euros.*

*The average age of the participants was 34 years.*

*The distance between these stars is 12.5 light years.*

*The storm damage came to 73 million euros.*

*Fortunately the surcharge will amount to at most*
 *10% of the total.*

*With tax, the price would be more than 200 euros.*

### sich betragen *to act, behave*

Ich habe mich nicht ganz ordentlich betragen.

Christian beträgt sich ihr gegenüber relativ manierlich.

*I haven't behaved quite properly.*

*Christian is relatively well mannered around her.*

RELATED VERBS   *see* **tragen** (446)

# betrügen  *to deceive; defraud; be unfaithful to*

betrügt · betrog · betrogen

strong verb

**PRESENT**

| | |
|---|---|
| ich betrüge | wir betrügen |
| du betrügst | ihr betrügt |
| Sie betrügen | Sie betrügen |
| er/sie/es betrügt | sie betrügen |

**PRESENT PERFECT**

| | |
|---|---|
| ich habe | wir haben |
| du hast | ihr habt |
| Sie haben | Sie haben |
| er/sie/es hat | sie haben |

} betrogen

**SIMPLE PAST**

| | |
|---|---|
| ich betrog | wir betrogen |
| du betrogst | ihr betrogt |
| Sie betrogen | Sie betrogen |
| er/sie/es betrog | sie betrogen |

**PAST PERFECT**

| | |
|---|---|
| ich hatte | wir hatten |
| du hattest | ihr hattet |
| Sie hatten | Sie hatten |
| er/sie/es hatte | sie hatten |

} betrogen

**FUTURE**

| | |
|---|---|
| ich werde | wir werden |
| du wirst | ihr werdet |
| Sie werden | Sie werden |
| er/sie/es wird | sie werden |

} betrügen

**FUTURE PERFECT**

| | |
|---|---|
| ich werde | wir werden |
| du wirst | ihr werdet |
| Sie werden | Sie werden |
| er/sie/es wird | sie werden |

} betrogen haben

**PRESENT SUBJUNCTIVE I**

| | |
|---|---|
| ich betrüge | wir betrügen |
| du betrügest | ihr betrüget |
| Sie betrügen | Sie betrügen |
| er/sie/es betrüge | sie betrügen |

**PAST SUBJUNCTIVE I**

| | |
|---|---|
| ich habe | wir haben |
| du habest | ihr habet |
| Sie haben | Sie haben |
| er/sie/es habe | sie haben |

} betrogen

**PRESENT SUBJUNCTIVE II**

| | |
|---|---|
| ich betröge | wir betrögen |
| du betrögest | ihr betröget |
| Sie betrögen | Sie betrögen |
| er/sie/es betröge | sie betrögen |

**PAST SUBJUNCTIVE II**

| | |
|---|---|
| ich hätte | wir hätten |
| du hättest | ihr hättet |
| Sie hätten | Sie hätten |
| er/sie/es hätte | sie hätten |

} betrogen

**FUTURE SUBJUNCTIVE I**

| | |
|---|---|
| ich werde | wir werden |
| du werdest | ihr werdet |
| Sie werden | Sie werden |
| er/sie/es werde | sie werden |

} betrügen

**FUTURE PERFECT SUBJUNCTIVE I**

| | |
|---|---|
| ich werde | wir werden |
| du werdest | ihr werdet |
| Sie werden | Sie werden |
| er/sie/es werde | sie werden |

} betrogen haben

**FUTURE SUBJUNCTIVE II**

| | |
|---|---|
| ich würde | wir würden |
| du würdest | ihr würdet |
| Sie würden | Sie würden |
| er/sie/es würde | sie würden |

} betrügen

**FUTURE PERFECT SUBJUNCTIVE II**

| | |
|---|---|
| ich würde | wir würden |
| du würdest | ihr würdet |
| Sie würden | Sie würden |
| er/sie/es würde | sie würden |

} betrogen haben

**COMMANDS**  betrüg(e)!  betrügt!  betrügen Sie!

**PRESENT PARTICIPLE**  betrügend

## Usage

| | |
|---|---|
| Das Publikum wurde betrogen. | *The public was deceived.* |
| Herr Mannheimer hat seine Kollegen betrogen und belogen. | *Mr. Mannheimer deceived and lied to his colleagues.* |
| Lasst euch nicht betrügen! | *Don't be fooled!* |
| Ich würde dich nie betrügen. | *I would never deceive you.* |
| Die Kunden werden von der Firma betrogen. | *The customers are being cheated by the firm.* |
| Der Stadtrat will die Bürger betrügen. | *The city council wants to deceive the citizens.* |
| Du betrügst dich selbst. | *You are deceiving yourself.* |
| Franke scheint, die Steuerbehörden diesmal wirklich betrogen zu haben. | *Franke really seems to have defrauded the tax authorities this time.* |
| Ich danke dir, Albert, dass du mich betrogen hast. (GOETHE) | *I thank you, Albert, for deceiving me.* |
| Er betrog seine Frau. | *He was unfaithful to his wife.* |

**RELATED VERBS**  *see* **trügen** (456)

strong verb

**PRESENT**

| | |
|---|---|
| ich bewege | wir bewegen |
| du bewegst | ihr bewegt |
| Sie bewegen | Sie bewegen |
| er/sie/es bewegt | sie bewegen |

**SIMPLE PAST**

| | |
|---|---|
| ich bewog | wir bewogen |
| du bewogst | ihr bewogt |
| Sie bewogen | Sie bewogen |
| er/sie/es bewog | sie bewogen |

**FUTURE**

| | |
|---|---|
| ich werde | wir werden |
| du wirst | ihr werdet |
| Sie werden | Sie werden |
| er/sie/es wird | sie werden |

} bewegen

**PRESENT SUBJUNCTIVE I**

| | |
|---|---|
| ich bewege | wir bewegen |
| du bewegest | ihr beweget |
| Sie bewegen | Sie bewegen |
| er/sie/es bewege | sie bewegen |

**PRESENT SUBJUNCTIVE II**

| | |
|---|---|
| ich bewöge | wir bewögen |
| du bewögest | ihr bewöget |
| Sie bewögen | Sie bewögen |
| er/sie/es bewöge | sie bewögen |

**FUTURE SUBJUNCTIVE I**

| | |
|---|---|
| ich werde | wir werden |
| du werdest | ihr werdet |
| Sie werden | Sie werden |
| er/sie/es werde | sie werden |

} bewegen

**FUTURE SUBJUNCTIVE II**

| | |
|---|---|
| ich würde | wir würden |
| du würdest | ihr würdet |
| Sie würden | Sie würden |
| er/sie/es würde | sie würden |

} bewegen

**PRESENT PERFECT**

| | |
|---|---|
| ich habe | wir haben |
| du hast | ihr habt |
| Sie haben | Sie haben |
| er/sie/es hat | sie haben |

} bewogen

**PAST PERFECT**

| | |
|---|---|
| ich hatte | wir hatten |
| du hattest | ihr hattet |
| Sie hatten | Sie hatten |
| er/sie/es hatte | sie hatten |

} bewogen

**FUTURE PERFECT**

| | |
|---|---|
| ich werde | wir werden |
| du wirst | ihr werdet |
| Sie werden | Sie werden |
| er/sie/es wird | sie werden |

} bewogen haben

**PAST SUBJUNCTIVE I**

| | |
|---|---|
| ich habe | wir haben |
| du habest | ihr habet |
| Sie haben | Sie haben |
| er/sie/es habe | sie haben |

} bewogen

**PAST SUBJUNCTIVE II**

| | |
|---|---|
| ich hätte | wir hätten |
| du hättest | ihr hättet |
| Sie hätten | Sie hätten |
| er/sie/es hätte | sie hätten |

} bewogen

**FUTURE PERFECT SUBJUNCTIVE I**

| | |
|---|---|
| ich werde | wir werden |
| du werdest | ihr werdet |
| Sie werden | Sie werden |
| er/sie/es werde | sie werden |

} bewogen haben

**FUTURE PERFECT SUBJUNCTIVE II**

| | |
|---|---|
| ich würde | wir würden |
| du würdest | ihr würdet |
| Sie würden | Sie würden |
| er/sie/es würde | sie würden |

} bewogen haben

**COMMANDS** beweg(e)! bewegt! bewegen Sie!

**PRESENT PARTICIPLE** bewegend

## Usage

| | |
|---|---|
| Seine Angst vor den Nazis bewog ihn, 1933 Deutschland zu verlassen. | *His fear of the Nazis caused him to leave Germany in 1933.* |
| Amalie lässt sich nicht bewegen, die Arbeitsstelle zu kündigen. | *Amalie won't be persuaded to quit the job.* |
| Das Bauernvolk wurde durch Drohungen des Bischofs bewogen, den Zehnten zu geben. | *The peasants were induced to tithe by the bishop's threats.* |
| Die Rede der Bundesrätin hat die Mitglieder zu dieser Entscheidung bewogen. | *The senator's speech led the members to this decision.* |
| Was bewegt dich dazu, dein Arbeitszimmer so üppig einzurichten? | *What prompts you to furnish your home office so luxuriously?* |
| Solche Ereignisse bewegen einen, sich politisch zu engagieren. | *Such events prompt people to get politically involved.* |
| Ich fühlte mich bewogen, Frau Schumanski im Krankenhaus zu besuchen. | *I felt moved to visit Mrs. Schumanski in the hospital.* |

## bewegen² — *to move, stir; occupy one's mind*

bewegt · bewegte · bewegt

*regular weak verb*

**PRESENT**

| ich bewege | wir bewegen |
|---|---|
| du bewegst | ihr bewegt |
| Sie bewegen | Sie bewegen |
| er/sie/es bewegt | sie bewegen |

**SIMPLE PAST**

| ich bewegte | wir bewegten |
|---|---|
| du bewegtest | ihr bewegtet |
| Sie bewegten | Sie bewegten |
| er/sie/es bewegte | sie bewegten |

**FUTURE**

| ich werde | wir werden | |
|---|---|---|
| du wirst | ihr werdet | |
| Sie werden | Sie werden | } bewegen |
| er/sie/es wird | sie werden | |

**PRESENT SUBJUNCTIVE I**

| ich bewege | wir bewegen |
|---|---|
| du bewegest | ihr beweget |
| Sie bewegen | Sie bewegen |
| er/sie/es bewege | sie bewegen |

**PRESENT SUBJUNCTIVE II**

| ich bewegte | wir bewegten |
|---|---|
| du bewegtest | ihr bewegtet |
| Sie bewegten | Sie bewegten |
| er/sie/es bewegte | sie bewegten |

**FUTURE SUBJUNCTIVE I**

| ich werde | wir werden | |
|---|---|---|
| du werdest | ihr werdet | |
| Sie werden | Sie werden | } bewegen |
| er/sie/es werde | sie werden | |

**FUTURE SUBJUNCTIVE II**

| ich würde | wir würden | |
|---|---|---|
| du würdest | ihr würdet | |
| Sie würden | Sie würden | } bewegen |
| er/sie/es würde | sie würden | |

**PRESENT PERFECT**

| ich habe | wir haben | |
|---|---|---|
| du hast | ihr habt | |
| Sie haben | Sie haben | } bewegt |
| er/sie/es hat | sie haben | |

**PAST PERFECT**

| ich hatte | wir hatten | |
|---|---|---|
| du hattest | ihr hattet | |
| Sie hatten | Sie hatten | } bewegt |
| er/sie/es hatte | sie hatten | |

**FUTURE PERFECT**

| ich werde | wir werden | |
|---|---|---|
| du wirst | ihr werdet | |
| Sie werden | Sie werden | } bewegt haben |
| er/sie/es wird | sie werden | |

**PAST SUBJUNCTIVE I**

| ich habe | wir haben | |
|---|---|---|
| du habest | ihr habet | |
| Sie haben | Sie haben | } bewegt |
| er/sie/es habe | sie haben | |

**PAST SUBJUNCTIVE II**

| ich hätte | wir hätten | |
|---|---|---|
| du hättest | ihr hättet | |
| Sie hätten | Sie hätten | } bewegt |
| er/sie/es hätte | sie hätten | |

**FUTURE PERFECT SUBJUNCTIVE I**

| ich werde | wir werden | |
|---|---|---|
| du werdest | ihr werdet | |
| Sie werden | Sie werden | } bewegt haben |
| er/sie/es werde | sie werden | |

**FUTURE PERFECT SUBJUNCTIVE II**

| ich würde | wir würden | |
|---|---|---|
| du würdest | ihr würdet | |
| Sie würden | Sie würden | } bewegt haben |
| er/sie/es würde | sie würden | |

**COMMANDS**     beweg(e)!   bewegt!   bewegen Sie!

**PRESENT PARTICIPLE**     bewegend

## Usage

| | |
|---|---|
| Bewegen Sie jetzt die Arme vorwärts. | *Now move your arms forward.* |
| Was hat dich so tief bewegt? | *What stirred you so deeply?* |
| Unser Hund Max lag auf der Terrasse und ließ sich nicht bewegen. | *Our dog Max lay on the patio and wouldn't be budged.* |
| Diese Vorstellung bewegt mich seit dem Tod meines Vaters. | *This idea has occupied my mind since my father's death.* |

### sich bewegen  *to move; exercise*

| | |
|---|---|
| Er lag da und bewegte sich nicht. | *He lay there and didn't move.* |
| Beweg dich nicht vom Fleck. | *Don't move from that spot.* |
| Nach der Operation konnte sich meine Mutter nur langsam bewegen. | *After the operation, my mother was only able to move slowly.* |
| Mein Arzt sagt, dass ich mich mehr bewegen muss. | *My doctor says I have to get more exercise.* |

**RELATED VERB**   zu·bewegen

strong verb

**PRESENT**

| | |
|---|---|
| ich beweise | wir beweisen |
| du beweist | ihr beweist |
| Sie beweisen | Sie beweisen |
| er/sie/es beweist | sie beweisen |

**SIMPLE PAST**

| | |
|---|---|
| ich bewies | wir bewiesen |
| du bewiesest | ihr bewiest |
| Sie bewiesen | Sie bewiesen |
| er/sie/es bewies | sie bewiesen |

**FUTURE**

| | |
|---|---|
| ich werde | wir werden |
| du wirst | ihr werdet |
| Sie werden | Sie werden |
| er/sie/es wird | sie werden |

} beweisen

**PRESENT SUBJUNCTIVE I**

| | |
|---|---|
| ich beweise | wir beweisen |
| du beweisest | ihr beweiset |
| Sie beweisen | Sie beweisen |
| er/sie/es beweise | sie beweisen |

**PRESENT SUBJUNCTIVE II**

| | |
|---|---|
| ich bewiese | wir bewiesen |
| du bewiesest | ihr bewieset |
| Sie bewiesen | Sie bewiesen |
| er/sie/es bewiese | sie bewiesen |

**FUTURE SUBJUNCTIVE I**

| | |
|---|---|
| ich werde | wir werden |
| du werdest | ihr werdet |
| Sie werden | Sie werden |
| er/sie/es werde | sie werden |

} beweisen

**FUTURE SUBJUNCTIVE II**

| | |
|---|---|
| ich würde | wir würden |
| du würdest | ihr würdet |
| Sie würden | Sie würden |
| er/sie/es würde | sie würden |

} beweisen

**PRESENT PERFECT**

| | |
|---|---|
| ich habe | wir haben |
| du hast | ihr habt |
| Sie haben | Sie haben |
| er/sie/es hat | sie haben |

} bewiesen

**PAST PERFECT**

| | |
|---|---|
| ich hatte | wir hatten |
| du hattest | ihr hattet |
| Sie hatten | Sie hatten |
| er/sie/es hatte | sie hatten |

} bewiesen

**FUTURE PERFECT**

| | |
|---|---|
| ich werde | wir werden |
| du wirst | ihr werdet |
| Sie werden | Sie werden |
| er/sie/es wird | sie werden |

} bewiesen haben

**PAST SUBJUNCTIVE I**

| | |
|---|---|
| ich habe | wir haben |
| du habest | ihr habet |
| Sie haben | Sie haben |
| er/sie/es habe | sie haben |

} bewiesen

**PAST SUBJUNCTIVE II**

| | |
|---|---|
| ich hätte | wir hätten |
| du hättest | ihr hättet |
| Sie hätten | Sie hätten |
| er/sie/es hätte | sie hätten |

} bewiesen

**FUTURE PERFECT SUBJUNCTIVE I**

| | |
|---|---|
| ich werde | wir werden |
| du werdest | ihr werdet |
| Sie werden | Sie werden |
| er/sie/es werde | sie werden |

} bewiesen haben

**FUTURE PERFECT SUBJUNCTIVE II**

| | |
|---|---|
| ich würde | wir würden |
| du würdest | ihr würdet |
| Sie würden | Sie würden |
| er/sie/es würde | sie würden |

} bewiesen haben

**COMMANDS**    beweis(e)!   beweist!   beweisen Sie!

**PRESENT PARTICIPLE**    beweisend

## Usage

Wie kann ich euch denn beweisen, dass ich es alleine machen kann?

Danach hat er gerade das Gegenteil bewiesen.

Sein Handeln hat uns bewiesen, dass er die Sache ernst nimmt.

Die scharfe Kritik beweist, dass das Thema doch noch relevant ist.

Das beweist nichts.

*How can I prove to you that I can do it by myself?*

*After that he proved exactly the opposite.*

*His actions showed us that he takes the matter seriously.*

*The sharp criticism is evidence that the topic is indeed still relevant.*

*That proves nothing.*

### sich beweisen *to be proved*

Die Behauptung hat sich bewiesen.

Der Händler hat sich schließlich als Betrüger bewiesen.

*The claim has been proved.*

*The dealer turned out to be a fraud.*

**RELATED VERBS** *see* **weisen (526)**

# 102 | sich bewerben · to apply; compete

**bewirbt sich · bewarb sich · sich beworben**

strong verb

### PRESENT

| | |
|---|---|
| ich bewerbe mich | wir bewerben uns |
| du bewirbst dich | ihr bewerbt euch |
| Sie bewerben sich | Sie bewerben sich |
| er/sie/es bewirbt sich | sie bewerben sich |

### SIMPLE PAST

| | |
|---|---|
| ich bewarb mich | wir bewarben uns |
| du bewarbst dich | ihr bewarbt euch |
| Sie bewarben sich | Sie bewarben sich |
| er/sie/es bewarb sich | sie bewarben sich |

### FUTURE

| | |
|---|---|
| ich werde mich | wir werden uns |
| du wirst dich | ihr werdet euch |
| Sie werden sich | Sie werden sich |
| er/sie/es wird sich | sie werden sich |

} bewerben

### PRESENT SUBJUNCTIVE I

| | |
|---|---|
| ich bewerbe mich | wir bewerben uns |
| du bewerbest dich | ihr bewerbet euch |
| Sie bewerben sich | Sie bewerben sich |
| er/sie/es bewerbe sich | sie bewerben sich |

### PRESENT SUBJUNCTIVE II

| | |
|---|---|
| ich bewürbe mich | wir bewürben uns |
| du bewürbest dich | ihr bewürbet euch |
| Sie bewürben sich | Sie bewürben sich |
| er/sie/es bewürbe sich | sie bewürben sich |

### FUTURE SUBJUNCTIVE I

| | |
|---|---|
| ich werde mich | wir werden uns |
| du werdest dich | ihr werdet euch |
| Sie werden sich | Sie werden sich |
| er/sie/es werde sich | sie werden sich |

} bewerben

### FUTURE SUBJUNCTIVE II

| | |
|---|---|
| ich würde mich | wir würden uns |
| du würdest dich | ihr würdet euch |
| Sie würden sich | Sie würden sich |
| er/sie/es würde sich | sie würden sich |

} bewerben

### PRESENT PERFECT

| | |
|---|---|
| ich habe mich | wir haben uns |
| du hast dich | ihr habt euch |
| Sie haben sich | Sie haben sich |
| er/sie/es hat sich | sie haben sich |

} beworben

### PAST PERFECT

| | |
|---|---|
| ich hatte mich | wir hatten uns |
| du hattest dich | ihr hattet euch |
| Sie hatten sich | Sie hatten sich |
| er/sie/es hatte sich | sie hatten sich |

} beworben

### FUTURE PERFECT

| | |
|---|---|
| ich werde mich | wir werden uns |
| du wirst dich | ihr werdet euch |
| Sie werden sich | Sie werden sich |
| er/sie/es wird sich | sie werden sich |

} beworben haben

### PAST SUBJUNCTIVE I

| | |
|---|---|
| ich habe mich | wir haben uns |
| du habest dich | ihr habet euch |
| Sie haben sich | Sie haben sich |
| er/sie/es habe sich | sie haben sich |

} beworben

### PAST SUBJUNCTIVE II

| | |
|---|---|
| ich hätte mich | wir hätten uns |
| du hättest dich | ihr hättet euch |
| Sie hätten sich | Sie hätten sich |
| er/sie/es hätte sich | sie hätten sich |

} beworben

### FUTURE PERFECT SUBJUNCTIVE I

| | |
|---|---|
| ich werde mich | wir werden uns |
| du werdest dich | ihr werdet euch |
| Sie werden sich | Sie werden sich |
| er/sie/es werde sich | sie werden sich |

} beworben haben

### FUTURE PERFECT SUBJUNCTIVE II

| | |
|---|---|
| ich würde mich | wir würden uns |
| du würdest dich | ihr würdet euch |
| Sie würden sich | Sie würden sich |
| er/sie/es würde sich | sie würden sich |

} beworben haben

COMMANDS    bewirb dich!  bewerbt euch!  bewerben Sie sich!

PRESENT PARTICIPLE    sich bewerbend

## Usage

| | |
|---|---|
| Ich habe mich um eine Stelle als Posaunist beworben. | I applied for a position as trombonist. |
| Warum bewirbst du dich doch nicht bei der Firma Schmidt? | Why don't you apply at the Schmidt Company? |
| Studierende sollten sich rechtzeitig um Wohnheimplätze bewerben. | Students should apply for dormitory housing in a timely manner. |
| Hiermit bewerbe ich mich um einen Ausbildungsplatz als Bäckerin. | Herewith I am applying for an apprenticeship as baker. |
| Angelika möchte sich um ein Fulbright-Stipendium bewerben. | Angelika would like to apply for a Fulbright Fellowship. |
| Insgesamt bewerben sich siebzehn Unternehmen um die neuen Aufträge. | A total of 17 enterprises are competing for the new contracts. |
| Der Prinz bewarb sich um die schöne Königstochter. (archaic) | The prince proposed to the king's beautiful daughter. |

RELATED VERBS    see **werben** (528)

regular weak verb

**bezahlt · bezahlte · bezahlt**

### PRESENT

| | |
|---|---|
| ich bezahle | wir bezahlen |
| du bezahlst | ihr bezahlt |
| Sie bezahlen | Sie bezahlen |
| er/sie/es bezahlt | sie bezahlen |

### PRESENT PERFECT

| | | |
|---|---|---|
| ich habe | wir haben | |
| du hast | ihr habt | bezahlt |
| Sie haben | Sie haben | |
| er/sie/es hat | sie haben | |

### SIMPLE PAST

| | |
|---|---|
| ich bezahlte | wir bezahlten |
| du bezahltest | ihr bezahltet |
| Sie bezahlten | Sie bezahlten |
| er/sie/es bezahlte | sie bezahlten |

### PAST PERFECT

| | | |
|---|---|---|
| ich hatte | wir hatten | |
| du hattest | ihr hattet | bezahlt |
| Sie hatten | Sie hatten | |
| er/sie/es hatte | sie hatten | |

### FUTURE

| | | |
|---|---|---|
| ich werde | wir werden | |
| du wirst | ihr werdet | bezahlen |
| Sie werden | Sie werden | |
| er/sie/es wird | sie werden | |

### FUTURE PERFECT

| | | |
|---|---|---|
| ich werde | wir werden | |
| du wirst | ihr werdet | bezahlt haben |
| Sie werden | Sie werden | |
| er/sie/es wird | sie werden | |

### PRESENT SUBJUNCTIVE I

| | |
|---|---|
| ich bezahle | wir bezahlen |
| du bezahlest | ihr bezahlet |
| Sie bezahlen | Sie bezahlen |
| er/sie/es bezahle | sie bezahlen |

### PAST SUBJUNCTIVE I

| | | |
|---|---|---|
| ich habe | wir haben | |
| du habest | ihr habet | bezahlt |
| Sie haben | Sie haben | |
| er/sie/es habe | sie haben | |

### PRESENT SUBJUNCTIVE II

| | |
|---|---|
| ich bezahlte | wir bezahlten |
| du bezahltest | ihr bezahltet |
| Sie bezahlten | Sie bezahlten |
| er/sie/es bezahlte | sie bezahlten |

### PAST SUBJUNCTIVE II

| | | |
|---|---|---|
| ich hätte | wir hätten | |
| du hättest | ihr hättet | bezahlt |
| Sie hätten | Sie hätten | |
| er/sie/es hätte | sie hätten | |

### FUTURE SUBJUNCTIVE I

| | | |
|---|---|---|
| ich werde | wir werden | |
| du werdest | ihr werdet | bezahlen |
| Sie werden | Sie werden | |
| er/sie/es werde | sie werden | |

### FUTURE PERFECT SUBJUNCTIVE I

| | | |
|---|---|---|
| ich werde | wir werden | |
| du werdest | ihr werdet | bezahlt haben |
| Sie werden | Sie werden | |
| er/sie/es werde | sie werden | |

### FUTURE SUBJUNCTIVE II

| | | |
|---|---|---|
| ich würde | wir würden | |
| du würdest | ihr würdet | bezahlen |
| Sie würden | Sie würden | |
| er/sie/es würde | sie würden | |

### FUTURE PERFECT SUBJUNCTIVE II

| | | |
|---|---|---|
| ich würde | wir würden | |
| du würdest | ihr würdet | bezahlt haben |
| Sie würden | Sie würden | |
| er/sie/es würde | sie würden | |

**COMMANDS**   bezahl(e)!   bezahlt!   bezahlen Sie!

**PRESENT PARTICIPLE**   bezahlend

## Usage

| | |
|---|---|
| Die wohlhabende Kundin hat die Rechnung mit einem 500 Euro-Schein bezahlt. | *The wealthy customer paid with a 500-euro bill.* |
| Den Restbetrag kann man bei Ankunft per Kreditkarte bezahlen. | *The balance can be paid by credit card upon arrival.* |
| Kann ich bar bezahlen? | *Can I pay cash?* |
| In Europa bezahlt man häufig per Überweisung. | *In Europe people frequently pay by electronic bank transfer.* |
| Die Miete ist am ersten des Monats zu bezahlen. | *The rent is due on the first of the month.* |
| Mitarbeiter müssen für Wochenendarbeit bezahlt werden. | *Employees must be remunerated for weekend work.* |
| Wer kann das schon bezahlen? | *Who can afford that?* |
| Das Rentensystem ist nicht mehr zu bezahlen. | *The pension system can no longer be afforded.* |
| Ich möchte bezahlen! (*idiomatic*) | *Check, please!* |

**RELATED VERBS**   ab·bezahlen, an·bezahlen, aus·bezahlen, überbezahlen, unterbezahlen, vor·bezahlen;
*see also* **zahlen** (543)

# bezeichnen *to mark, indicate; designate; denote; refer to*

bezeichnet · bezeichnete · bezeichnet

regular weak verb

**PRESENT**

| | |
|---|---|
| ich bezeichne | wir bezeichnen |
| du bezeichnest | ihr bezeichnet |
| Sie bezeichnen | Sie bezeichnen |
| er/sie/es bezeichnet | sie bezeichnen |

**PRESENT PERFECT**

| | | |
|---|---|---|
| ich habe | wir haben | |
| du hast | ihr habt | bezeichnet |
| Sie haben | Sie haben | |
| er/sie/es hat | sie haben | |

**SIMPLE PAST**

| | |
|---|---|
| ich bezeichnete | wir bezeichneten |
| du bezeichnetest | ihr bezeichnetet |
| Sie bezeichneten | Sie bezeichneten |
| er/sie/es bezeichnete | sie bezeichneten |

**PAST PERFECT**

| | | |
|---|---|---|
| ich hatte | wir hatten | |
| du hattest | ihr hattet | bezeichnet |
| Sie hatten | Sie hatten | |
| er/sie/es hatte | sie hatten | |

**FUTURE**

| | | |
|---|---|---|
| ich werde | wir werden | |
| du wirst | ihr werdet | bezeichnen |
| Sie werden | Sie werden | |
| er/sie/es wird | sie werden | |

**FUTURE PERFECT**

| | | |
|---|---|---|
| ich werde | wir werden | |
| du wirst | ihr werdet | bezeichnet haben |
| Sie werden | Sie werden | |
| er/sie/es wird | sie werden | |

**PRESENT SUBJUNCTIVE I**

| | |
|---|---|
| ich bezeichne | wir bezeichnen |
| du bezeichnest | ihr bezeichnet |
| Sie bezeichnen | Sie bezeichnen |
| er/sie/es bezeichne | sie bezeichnen |

**PAST SUBJUNCTIVE I**

| | | |
|---|---|---|
| ich habe | wir haben | |
| du habest | ihr habet | bezeichnet |
| Sie haben | Sie haben | |
| er/sie/es habe | sie haben | |

**PRESENT SUBJUNCTIVE II**

| | |
|---|---|
| ich bezeichnete | wir bezeichneten |
| du bezeichnetest | ihr bezeichnetet |
| Sie bezeichneten | Sie bezeichneten |
| er/sie/es bezeichnete | sie bezeichneten |

**PAST SUBJUNCTIVE II**

| | | |
|---|---|---|
| ich hätte | wir hätten | |
| du hättest | ihr hättet | bezeichnet |
| Sie hätten | Sie hätten | |
| er/sie/es hätte | sie hätten | |

**FUTURE SUBJUNCTIVE I**

| | | |
|---|---|---|
| ich werde | wir werden | |
| du werdest | ihr werdet | bezeichnen |
| Sie werden | Sie werden | |
| er/sie/es werde | sie werden | |

**FUTURE PERFECT SUBJUNCTIVE I**

| | | |
|---|---|---|
| ich werde | wir werden | |
| du werdest | ihr werdet | bezeichnet haben |
| Sie werden | Sie werden | |
| er/sie/es werde | sie werden | |

**FUTURE SUBJUNCTIVE II**

| | | |
|---|---|---|
| ich würde | wir würden | |
| du würdest | ihr würdet | bezeichnen |
| Sie würden | Sie würden | |
| er/sie/es würde | sie würden | |

**FUTURE PERFECT SUBJUNCTIVE II**

| | | |
|---|---|---|
| ich würde | wir würden | |
| du würdest | ihr würdet | bezeichnet haben |
| Sie würden | Sie würden | |
| er/sie/es würde | sie würden | |

**COMMANDS** bezeichne! bezeichnet! bezeichnen Sie!

**PRESENT PARTICIPLE** bezeichnend

## Usage

| | |
|---|---|
| Der blaue Stern bezeichnet den relevanten Ort auf der Landkarte. | *The blue star indicates the relevant location on the map.* |
| Schilder bezeichnen die ganze Route. | *Signs mark the entire route.* |
| Literaturwissenschaftler bezeichneten das Werk als grundsätzlich heroisch. | *Literary scholars described the work as fundamentally heroic.* |
| Diese HTML-Elemente werden als „Tags" bezeichnet. | *These HTML elements are known as "tags."* |
| Die Firma bezeichnete ihren Umsatz im dritten Quartal als „anständig". | *The firm characterized its revenue in the third quarter as "respectable."* |
| Ich bezeichne mich als Optimist. | *I consider myself an optimist.* |
| Die Farbe Orange wird als warme Farbe bezeichnet. | *Orange is referred to as a warm color.* |
| Mehrere Minister haben den Angriff als einen Fehler bezeichnet. | *Several ministers referred to the attack as a mistake.* |

**RELATED VERBS** *see* **zeichnen** (545)

strong verb                                                                 **bezieht · bezog · bezogen**

**PRESENT**

| ich beziehe | wir beziehen |
|---|---|
| du beziehst | ihr bezieht |
| Sie beziehen | Sie beziehen |
| er/sie/es bezieht | sie beziehen |

**SIMPLE PAST**

| ich bezog | wir bezogen |
|---|---|
| du bezogst | ihr bezogt |
| Sie bezogen | Sie bezogen |
| er/sie/es bezog | sie bezogen |

**FUTURE**

| ich werde | wir werden | |
|---|---|---|
| du wirst | ihr werdet | beziehen |
| Sie werden | Sie werden | |
| er/sie/es wird | sie werden | |

**PRESENT SUBJUNCTIVE I**

| ich beziehe | wir beziehen |
|---|---|
| du beziehest | ihr beziehet |
| Sie beziehen | Sie beziehen |
| er/sie/es beziehe | sie beziehen |

**PRESENT SUBJUNCTIVE II**

| ich bezöge | wir bezögen |
|---|---|
| du bezögest | ihr bezöget |
| Sie bezögen | Sie bezögen |
| er/sie/es bezöge | sie bezögen |

**FUTURE SUBJUNCTIVE I**

| ich werde | wir werden | |
|---|---|---|
| du werdest | ihr werdet | beziehen |
| Sie werden | Sie werden | |
| er/sie/es werde | sie werden | |

**FUTURE SUBJUNCTIVE II**

| ich würde | wir würden | |
|---|---|---|
| du würdest | ihr würdet | beziehen |
| Sie würden | Sie würden | |
| er/sie/es würde | sie würden | |

**PRESENT PERFECT**

| ich habe | wir haben | |
|---|---|---|
| du hast | ihr habt | bezogen |
| Sie haben | Sie haben | |
| er/sie/es hat | sie haben | |

**PAST PERFECT**

| ich hatte | wir hatten | |
|---|---|---|
| du hattest | ihr hattet | bezogen |
| Sie hatten | Sie hatten | |
| er/sie/es hatte | sie hatten | |

**FUTURE PERFECT**

| ich werde | wir werden | |
|---|---|---|
| du wirst | ihr werdet | bezogen haben |
| Sie werden | Sie werden | |
| er/sie/es wird | sie werden | |

**PAST SUBJUNCTIVE I**

| ich habe | wir haben | |
|---|---|---|
| du habest | ihr habet | bezogen |
| Sie haben | Sie haben | |
| er/sie/es habe | sie haben | |

**PAST SUBJUNCTIVE II**

| ich hätte | wir hätten | |
|---|---|---|
| du hättest | ihr hättet | bezogen |
| Sie hätten | Sie hätten | |
| er/sie/es hätte | sie hätten | |

**FUTURE PERFECT SUBJUNCTIVE I**

| ich werde | wir werden | |
|---|---|---|
| du werdest | ihr werdet | bezogen haben |
| Sie werden | Sie werden | |
| er/sie/es werde | sie werden | |

**FUTURE PERFECT SUBJUNCTIVE II**

| ich würde | wir würden | |
|---|---|---|
| du würdest | ihr würdet | bezogen haben |
| Sie würden | Sie würden | |
| er/sie/es würde | sie würden | |

**COMMANDS**          bezieh(e)!   bezieht!   beziehen Sie!

**PRESENT PARTICIPLE**   beziehend

## Usage

Hans pflegt, solche Situationen auf seine eigenen Probleme zu beziehen.

*Hans tends to relate such situations to his own problems.*

Jeden Morgen muss Frau Sauberhaus alle Betten in ihrem Haus frisch beziehen.

*Every morning, Mrs. Sauberhaus has to put clean sheets on the beds in her house.*

Familie Birnenbaum hat ein neues Haus bezogen.

*The Birnenbaum family has moved into a new house.*

Wir beziehen unsere Waren direkt von den Herstellern.

*Our products are supplied directly from the manufacturers.*

Mein Großvater bezieht die Lokalzeitung schon seit 1947.

*My grandfather has subscribed to the local newspaper since 1947.*

### sich beziehen  *to relate, refer*

Ich möchte mich auf einen ganz anderen Punkt beziehen.

*I'd like to refer to a completely different point.*

Worauf bezieht sich dieser Textausschnitt?

*What does this text excerpt refer to?*

**RELATED VERBS**   ein·beziehen, zurück·beziehen; *see also* **ziehen** (549)

# biegen  *to bend, curve; wind*

biegt · bog · gebogen

strong verb

## PRESENT

| | |
|---|---|
| ich biege | wir biegen |
| du biegst | ihr biegt |
| Sie biegen | Sie biegen |
| er/sie/es biegt | sie biegen |

## SIMPLE PAST

| | |
|---|---|
| ich bog | wir bogen |
| du bogst | ihr bogt |
| Sie bogen | Sie bogen |
| er/sie/es bog | sie bogen |

## FUTURE

| | | |
|---|---|---|
| ich werde | wir werden | |
| du wirst | ihr werdet | biegen |
| Sie werden | Sie werden | |
| er/sie/es wird | sie werden | |

## PRESENT SUBJUNCTIVE I

| | |
|---|---|
| ich biege | wir biegen |
| du biegest | ihr bieget |
| Sie biegen | Sie biegen |
| er/sie/es biege | sie biegen |

## PRESENT SUBJUNCTIVE II

| | |
|---|---|
| ich böge | wir bögen |
| du bögest | ihr böget |
| Sie bögen | Sie bögen |
| er/sie/es böge | sie bögen |

## FUTURE SUBJUNCTIVE I

| | | |
|---|---|---|
| ich werde | wir werden | |
| du werdest | ihr werdet | biegen |
| Sie werden | Sie werden | |
| er/sie/es werde | sie werden | |

## FUTURE SUBJUNCTIVE II

| | | |
|---|---|---|
| ich würde | wir würden | |
| du würdest | ihr würdet | biegen |
| Sie würden | Sie würden | |
| er/sie/es würde | sie würden | |

## PRESENT PERFECT

| | | |
|---|---|---|
| ich habe | wir haben | |
| du hast | ihr habt | gebogen |
| Sie haben | Sie haben | |
| er/sie/es hat | sie haben | |

## PAST PERFECT

| | | |
|---|---|---|
| ich hatte | wir hatten | |
| du hattest | ihr hattet | gebogen |
| Sie hatten | Sie hatten | |
| er/sie/es hatte | sie hatten | |

## FUTURE PERFECT

| | | |
|---|---|---|
| ich werde | wir werden | |
| du wirst | ihr werdet | gebogen haben |
| Sie werden | Sie werden | |
| er/sie/es wird | sie werden | |

## PAST SUBJUNCTIVE I

| | | |
|---|---|---|
| ich habe | wir haben | |
| du habest | ihr habet | gebogen |
| Sie haben | Sie haben | |
| er/sie/es habe | sie haben | |

## PAST SUBJUNCTIVE II

| | | |
|---|---|---|
| ich hätte | wir hätten | |
| du hättest | ihr hättet | gebogen |
| Sie hätten | Sie hätten | |
| er/sie/es hätte | sie hätten | |

## FUTURE PERFECT SUBJUNCTIVE I

| | | |
|---|---|---|
| ich werde | wir werden | |
| du werdest | ihr werdet | gebogen haben |
| Sie werden | Sie werden | |
| er/sie/es werde | sie werden | |

## FUTURE PERFECT SUBJUNCTIVE II

| | | |
|---|---|---|
| ich würde | wir würden | |
| du würdest | ihr würdet | gebogen haben |
| Sie würden | Sie würden | |
| er/sie/es würde | sie würden | |

COMMANDS    bieg(e)!   biegt!   biegen Sie!

PRESENT PARTICIPLE    biegend

## Usage

| | |
|---|---|
| Biegen Sie bitte den linken Arm nach hinten. | *Please bend your left arm back.* |
| Aluminium ist leicht zu biegen. | *Aluminum is easy to bend.* |
| Kannst du die Stange wieder gerade biegen? | *Can you bend the rod back straight?* |
| Die Regierung biegt die Wahrheit und täuscht uns. | *The government is bending the truth and deceiving us.* |

### sich biegen *to bend, curve*

| | |
|---|---|
| Die Kiefer biegen sich im Wind. | *The pines are bending in the wind.* |
| Die Äste bogen sich unter der Last der Äpfel. | *The limbs sagged under the weight of the apples.* |
| Die Zuschauer bogen sich vor Lachen. (*idiomatic*) | *The audience doubled over laughing.* |

### biegen (with sein) *to bend, turn*

| | |
|---|---|
| Der Waldpfad biegt nach rechts. | *The forest path curves to the right.* |
| Das Auto war gerade um die Ecke gebogen. | *The car had just turned the corner.* |

RELATED VERBS  auf·biegen, aus·biegen, durch·biegen, ein·biegen, um·biegen, verbiegen; *see also* ab·biegen (1)

**PRESENT**

| | |
|---|---|
| ich biete | wir bieten |
| du bietest | ihr bietet |
| Sie bieten | Sie bieten |
| er/sie/es bietet | sie bieten |

**PRESENT PERFECT**

| | | |
|---|---|---|
| ich habe | wir haben | |
| du hast | ihr habt | geboten |
| Sie haben | Sie haben | |
| er/sie/es hat | sie haben | |

**SIMPLE PAST**

| | |
|---|---|
| ich bot | wir boten |
| du bot(e)st | ihr botet |
| Sie boten | Sie boten |
| er/sie/es bot | sie boten |

**PAST PERFECT**

| | | |
|---|---|---|
| ich hatte | wir hatten | |
| du hattest | ihr hattet | geboten |
| Sie hatten | Sie hatten | |
| er/sie/es hatte | sie hatten | |

**FUTURE**

| | | |
|---|---|---|
| ich werde | wir werden | |
| du wirst | ihr werdet | bieten |
| Sie werden | Sie werden | |
| er/sie/es wird | sie werden | |

**FUTURE PERFECT**

| | | |
|---|---|---|
| ich werde | wir werden | |
| du wirst | ihr werdet | geboten haben |
| Sie werden | Sie werden | |
| er/sie/es wird | sie werden | |

**PRESENT SUBJUNCTIVE I**

| | |
|---|---|
| ich biete | wir bieten |
| du bietest | ihr bietet |
| Sie bieten | Sie bieten |
| er/sie/es biete | sie bieten |

**PAST SUBJUNCTIVE I**

| | | |
|---|---|---|
| ich habe | wir haben | |
| du habest | ihr habet | geboten |
| Sie haben | Sie haben | |
| er/sie/es habe | sie haben | |

**PRESENT SUBJUNCTIVE II**

| | |
|---|---|
| ich böte | wir böten |
| du bötest | ihr bötet |
| Sie böten | Sie böten |
| er/sie/es böte | sie böten |

**PAST SUBJUNCTIVE II**

| | | |
|---|---|---|
| ich hätte | wir hätten | |
| du hättest | ihr hättet | geboten |
| Sie hätten | Sie hätten | |
| er/sie/es hätte | sie hätten | |

**FUTURE SUBJUNCTIVE I**

| | | |
|---|---|---|
| ich werde | wir werden | |
| du werdest | ihr werdet | bieten |
| Sie werden | Sie werden | |
| er/sie/es werde | sie werden | |

**FUTURE PERFECT SUBJUNCTIVE I**

| | | |
|---|---|---|
| ich werde | wir werden | |
| du werdest | ihr werdet | geboten haben |
| Sie werden | Sie werden | |
| er/sie/es werde | sie werden | |

**FUTURE SUBJUNCTIVE II**

| | | |
|---|---|---|
| ich würde | wir würden | |
| du würdest | ihr würdet | bieten |
| Sie würden | Sie würden | |
| er/sie/es würde | sie würden | |

**FUTURE PERFECT SUBJUNCTIVE II**

| | | |
|---|---|---|
| ich würde | wir würden | |
| du würdest | ihr würdet | geboten haben |
| Sie würden | Sie würden | |
| er/sie/es würde | sie würden | |

**COMMANDS** biete! bietet! bieten Sie!

**PRESENT PARTICIPLE** bietend

## Usage

| | |
|---|---|
| Dieser Autor hat den Lesern eine spannende Erzählung geboten. | *This author has offered readers an exciting narrative.* |
| Sabines Vorschlag bietet mehr Probleme als Lösungen. | *Sabine's suggestion presents more problems than solutions.* |
| Ich biete Ihnen die Möglichkeit, reich zu werden. | *I am offering you the opportunity to get rich.* |
| Die Inflationsrate bietet Grund zur Sorge. | *The inflation rate gives reason for concern.* |
| Alle Gästezimmer bieten einen Ausblick auf die Gärten. | *All guest rooms offer a view of the gardens.* |
| Herr Smith möchte auf diese wertvolle Erstausgabe bieten. | *Mr. Smith would like to bid on this valuable first edition.* |

### sich bieten *to arise, occur, exist*

| | |
|---|---|
| Diese Gelegenheit bietet sich relativ selten. | *This opportunity arises relatively rarely.* |
| Dazu bietet sich ein Sommerprogramm für ausländische Studierende. | *In addition there is a summer program for foreign students.* |

**RELATED VERBS** auf·bieten, entbieten, erbieten, gebieten, überbieten, unterbieten;
*see also* **an·bieten** (8), **verbieten** (477)

## binden   *to bind, tie; compel, oblige; be binding; retain*

**bindet · band · gebunden**                                                                strong verb

### PRESENT

| | |
|---|---|
| ich binde | wir binden |
| du bindest | ihr bindet |
| Sie binden | Sie binden |
| er/sie/es bindet | sie binden |

### SIMPLE PAST

| | |
|---|---|
| ich band | wir banden |
| du band(e)st | ihr bandet |
| Sie banden | Sie banden |
| er/sie/es band | sie banden |

### FUTURE

| | | |
|---|---|---|
| ich werde | wir werden | |
| du wirst | ihr werdet | binden |
| Sie werden | Sie werden | |
| er/sie/es wird | sie werden | |

### PRESENT SUBJUNCTIVE I

| | |
|---|---|
| ich binde | wir binden |
| du bindest | ihr bindet |
| Sie binden | Sie binden |
| er/sie/es binde | sie binden |

### PRESENT SUBJUNCTIVE II

| | |
|---|---|
| ich bände | wir bänden |
| du bändest | ihr bändet |
| Sie bänden | Sie bänden |
| er/sie/es bände | sie bänden |

### FUTURE SUBJUNCTIVE I

| | | |
|---|---|---|
| ich werde | wir werden | |
| du werdest | ihr werdet | binden |
| Sie werden | Sie werden | |
| er/sie/es werde | sie werden | |

### FUTURE SUBJUNCTIVE II

| | | |
|---|---|---|
| ich würde | wir würden | |
| du würdest | ihr würdet | binden |
| Sie würden | Sie würden | |
| er/sie/es würde | sie würden | |

### PRESENT PERFECT

| | | |
|---|---|---|
| ich habe | wir haben | |
| du hast | ihr habt | gebunden |
| Sie haben | Sie haben | |
| er/sie/es hat | sie haben | |

### PAST PERFECT

| | | |
|---|---|---|
| ich hatte | wir hatten | |
| du hattest | ihr hattet | gebunden |
| Sie hatten | Sie hatten | |
| er/sie/es hatte | sie hatten | |

### FUTURE PERFECT

| | | |
|---|---|---|
| ich werde | wir werden | |
| du wirst | ihr werdet | gebunden haben |
| Sie werden | Sie werden | |
| er/sie/es wird | sie werden | |

### PAST SUBJUNCTIVE I

| | | |
|---|---|---|
| ich habe | wir haben | |
| du habest | ihr habet | gebunden |
| Sie haben | Sie haben | |
| er/sie/es habe | sie haben | |

### PAST SUBJUNCTIVE II

| | | |
|---|---|---|
| ich hätte | wir hätten | |
| du hättest | ihr hättet | gebunden |
| Sie hätten | Sie hätten | |
| er/sie/es hätte | sie hätten | |

### FUTURE PERFECT SUBJUNCTIVE I

| | | |
|---|---|---|
| ich werde | wir werden | |
| du werdest | ihr werdet | gebunden haben |
| Sie werden | Sie werden | |
| er/sie/es werde | sie werden | |

### FUTURE PERFECT SUBJUNCTIVE II

| | | |
|---|---|---|
| ich würde | wir würden | |
| du würdest | ihr würdet | gebunden haben |
| Sie würden | Sie würden | |
| er/sie/es würde | sie würden | |

**COMMANDS**     binde!   bindet!   binden Sie!

**PRESENT PARTICIPLE**     bindend

## Usage

| | |
|---|---|
| Früher musste der Bauer die Getreidegarben binden und zum Trocknen aufstellen. | *The farmer used to have to bind the grain into sheaves and stand it up to dry.* |
| Die Opfer wurden an einen Pfosten gebunden. | *The victims were tied to a post.* |
| Manchmal binden die Peptide an Fängermoleküle. | *Sometimes the peptides bind to receptor molecules.* |
| Sein Beruf bindet ihn an diese Stadt. | *His career ties him to this city.* |
| Warum bindet man Bücher in Leder? | *Why are books bound in leather?* |
| Der Gefangene wurde an Händen und Füßen gebunden. | *The prisoner's hands and feet were tied.* |
| Der Minister fühlt sich nicht mehr an sein Versprechen gebunden, die Steuern zu senken. | *The minister no longer feels bound by his promise to lower taxes.* |
| Wie können wir unsere produktivsten Mitarbeiter am besten binden? | *How can we best retain our most productive employees?* |

**RELATED VERBS**   ab·binden, an·binden, auf·binden, ein·binden, entbinden, um·binden, unterbinden, zu·binden; *see also* **verbinden** (478)

strong verb

**PRESENT**

| | |
|---|---|
| ich bitte | wir bitten |
| du bittest | ihr bittet |
| Sie bitten | Sie bitten |
| er/sie/es bittet | sie bitten |

**PRESENT PERFECT**

| | | |
|---|---|---|
| ich habe | wir haben | |
| du hast | ihr habt | gebeten |
| Sie haben | Sie haben | |
| er/sie/es hat | sie haben | |

**SIMPLE PAST**

| | |
|---|---|
| ich bat | wir baten |
| du bat(e)st | ihr batet |
| Sie baten | Sie baten |
| er/sie/es bat | sie baten |

**PAST PERFECT**

| | | |
|---|---|---|
| ich hatte | wir hatten | |
| du hattest | ihr hattet | gebeten |
| Sie hatten | Sie hatten | |
| er/sie/es hatte | sie hatten | |

**FUTURE**

| | | |
|---|---|---|
| ich werde | wir werden | |
| du wirst | ihr werdet | bitten |
| Sie werden | Sie werden | |
| er/sie/es wird | sie werden | |

**FUTURE PERFECT**

| | | |
|---|---|---|
| ich werde | wir werden | |
| du wirst | ihr werdet | gebeten haben |
| Sie werden | Sie werden | |
| er/sie/es wird | sie werden | |

**PRESENT SUBJUNCTIVE I**

| | |
|---|---|
| ich bitte | wir bitten |
| du bittest | ihr bittet |
| Sie bitten | Sie bitten |
| er/sie/es bitte | sie bitten |

**PAST SUBJUNCTIVE I**

| | | |
|---|---|---|
| ich habe | wir haben | |
| du habest | ihr habet | gebeten |
| Sie haben | Sie haben | |
| er/sie/es habe | sie haben | |

**PRESENT SUBJUNCTIVE II**

| | |
|---|---|
| ich bäte | wir bäten |
| du bätest | ihr bätet |
| Sie bäten | Sie bäten |
| er/sie/es bäte | sie bäten |

**PAST SUBJUNCTIVE II**

| | | |
|---|---|---|
| ich hätte | wir hätten | |
| du hättest | ihr hättet | gebeten |
| Sie hätten | Sie hätten | |
| er/sie/es hätte | sie hätten | |

**FUTURE SUBJUNCTIVE I**

| | | |
|---|---|---|
| ich werde | wir werden | |
| du werdest | ihr werdet | bitten |
| Sie werden | Sie werden | |
| er/sie/es werde | sie werden | |

**FUTURE PERFECT SUBJUNCTIVE I**

| | | |
|---|---|---|
| ich werde | wir werden | |
| du werdest | ihr werdet | gebeten haben |
| Sie werden | Sie werden | |
| er/sie/es werde | sie werden | |

**FUTURE SUBJUNCTIVE II**

| | | |
|---|---|---|
| ich würde | wir würden | |
| du würdest | ihr würdet | bitten |
| Sie würden | Sie würden | |
| er/sie/es würde | sie würden | |

**FUTURE PERFECT SUBJUNCTIVE II**

| | | |
|---|---|---|
| ich würde | wir würden | |
| du würdest | ihr würdet | gebeten haben |
| Sie würden | Sie würden | |
| er/sie/es würde | sie würden | |

**COMMANDS**　　bitte! bittet! bitten Sie!

**PRESENT PARTICIPLE**　　bittend

## Usage

| | |
|---|---|
| Ihr Freund bat sie in einem Brief darum, das Geschenk zurückzugeben. | *In a letter, her boyfriend asked her to return the gift.* |
| Inge will um Hilfe bitten. | *Inge wants to request help.* |
| Der Schriftsteller bittet den Verleger um mehr Zeit. | *The writer is asking the publisher for more time.* |
| Bitten Sie beim Anwalt um einen Termin. | *Request an appointment with the lawyer.* |
| Hast du um Verzeihung gebeten? | *Have you asked for forgiveness?* |
| Wir bitten Sie folgende Hinweise zu beachten. | *We ask that you follow the instructions below.* |
| Bitten Sie ihn doch einfach mitzukommen! | *Why don't you just ask him to come along?* |
| Wer hat um einen Bleistift gebeten? | *Who was asking for a pencil?* |
| Der Bürgermeister lässt bitten. | *The mayor requests your presence.* |
| Sandra hat einen Freund zu sich nach Hause gebeten. | *Sandra invited a friend to her home.* |
| Ich bitte dich! | *I'm pleading with you!* |

**RELATED VERBS** ab·bitten, aus·bitten, erbitten, verbitten

## blasen  *to blow; play*

**bläst · blies · geblasen**  strong verb

**PRESENT**

| | |
|---|---|
| ich blase | wir blasen |
| du bläst | ihr blast |
| Sie blasen | Sie blasen |
| er/sie/es bläst | sie blasen |

**SIMPLE PAST**

| | |
|---|---|
| ich blies | wir bliesen |
| du bliesest | ihr bliest |
| Sie bliesen | Sie bliesen |
| er/sie/es blies | sie bliesen |

**FUTURE**

| | | |
|---|---|---|
| ich werde | wir werden | |
| du wirst | ihr werdet | blasen |
| Sie werden | Sie werden | |
| er/sie/es wird | sie werden | |

**PRESENT SUBJUNCTIVE I**

| | |
|---|---|
| ich blase | wir blasen |
| du blasest | ihr blaset |
| Sie blasen | Sie blasen |
| er/sie/es blase | sie blasen |

**PRESENT SUBJUNCTIVE II**

| | |
|---|---|
| ich bliese | wir bliesen |
| du bliesest | ihr blieset |
| Sie bliesen | Sie bliesen |
| er/sie/es bliese | sie bliesen |

**FUTURE SUBJUNCTIVE I**

| | | |
|---|---|---|
| ich werde | wir werden | |
| du werdest | ihr werdet | blasen |
| Sie werden | Sie werden | |
| er/sie/es werde | sie werden | |

**FUTURE SUBJUNCTIVE II**

| | | |
|---|---|---|
| ich würde | wir würden | |
| du würdest | ihr würdet | blasen |
| Sie würden | Sie würden | |
| er/sie/es würde | sie würden | |

**PRESENT PERFECT**

| | | |
|---|---|---|
| ich habe | wir haben | |
| du hast | ihr habt | geblasen |
| Sie haben | Sie haben | |
| er/sie/es hat | sie haben | |

**PAST PERFECT**

| | | |
|---|---|---|
| ich hatte | wir hatten | |
| du hattest | ihr hattet | geblasen |
| Sie hatten | Sie hatten | |
| er/sie/es hatte | sie hatten | |

**FUTURE PERFECT**

| | | |
|---|---|---|
| ich werde | wir werden | |
| du wirst | ihr werdet | geblasen haben |
| Sie werden | Sie werden | |
| er/sie/es wird | sie werden | |

**PAST SUBJUNCTIVE I**

| | | |
|---|---|---|
| ich habe | wir haben | |
| du habest | ihr habet | geblasen |
| Sie haben | Sie haben | |
| er/sie/es habe | sie haben | |

**PAST SUBJUNCTIVE II**

| | | |
|---|---|---|
| ich hätte | wir hätten | |
| du hättest | ihr hättet | geblasen |
| Sie hätten | Sie hätten | |
| er/sie/es hätte | sie hätten | |

**FUTURE PERFECT SUBJUNCTIVE I**

| | | |
|---|---|---|
| ich werde | wir werden | |
| du werdest | ihr werdet | geblasen haben |
| Sie werden | Sie werden | |
| er/sie/es werde | sie werden | |

**FUTURE PERFECT SUBJUNCTIVE II**

| | | |
|---|---|---|
| ich würde | wir würden | |
| du würdest | ihr würdet | geblasen haben |
| Sie würden | Sie würden | |
| er/sie/es würde | sie würden | |

**COMMANDS**  blas(e)!  blast!  blasen Sie!

**PRESENT PARTICIPLE**  blasend

## Usage

| | |
|---|---|
| Herr Pförtner kann sogar Glas blasen. | *Mr. Pförtner even knows how to blow glass.* |
| Grete hat die Brotkrümel vom Küchentisch geblasen. | *Grete blew the breadcrumbs off the kitchen table.* |
| Eine leichte Brise bläst durch die Palmen. | *A light breeze is blowing through the palms.* |
| Eiskalt blies der Nordwind nachts durch die Ruinen der mittelalterlichen Burg. | *During the night, the icy north wind blew through the ruins of the medieval castle.* |
| Warum blasen Sie den Rauch in diese Richtung? | *Why are you blowing smoke in this direction?* |
| Der starke Wind blies unaufhaltsam durch alle Ritzen der alten Waldhütte. | *The strong wind blew incessantly through the cracks of the old cabin in the woods.* |
| Heinz kann Rauchringe blasen. | *Heinz knows how to blow smoke rings.* |
| Der Soldat nahm sein Horn und blies zum Angriff. | *The soldier took his horn and sounded the charge.* |
| Hört ihr die Hörner blasen? | *Do you hear the horns playing?* |

**RELATED VERBS**  ab·blasen, an·blasen, auf·blasen, aus·blasen, durch·blasen, ein·blasen, umblasen, um·blasen

strong verb

| PRESENT | |
|---|---|
| ich bleibe | wir bleiben |
| du bleibst | ihr bleibt |
| Sie bleiben | Sie bleiben |
| er/sie/es bleibt | sie bleiben |

| PRESENT PERFECT | | |
|---|---|---|
| ich bin | wir sind | |
| du bist | ihr seid | geblieben |
| Sie sind | Sie sind | |
| er/sie/es ist | sie sind | |

| SIMPLE PAST | |
|---|---|
| ich blieb | wir blieben |
| du bliebst | ihr bliebt |
| Sie blieben | Sie blieben |
| er/sie/es blieb | sie blieben |

| PAST PERFECT | | |
|---|---|---|
| ich war | wir waren | |
| du warst | ihr wart | geblieben |
| Sie waren | Sie waren | |
| er/sie/es war | sie waren | |

| FUTURE | | |
|---|---|---|
| ich werde | wir werden | |
| du wirst | ihr werdet | bleiben |
| Sie werden | Sie werden | |
| er/sie/es wird | sie werden | |

| FUTURE PERFECT | | |
|---|---|---|
| ich werde | wir werden | |
| du wirst | ihr werdet | geblieben sein |
| Sie werden | Sie werden | |
| er/sie/es wird | sie werden | |

| PRESENT SUBJUNCTIVE I | |
|---|---|
| ich bleibe | wir bleiben |
| du bleibest | ihr bleibet |
| Sie bleiben | Sie bleiben |
| er/sie/es bleibe | sie bleiben |

| PAST SUBJUNCTIVE I | | |
|---|---|---|
| ich sei | wir seien | |
| du seiest | ihr seiet | geblieben |
| Sie seien | Sie seien | |
| er/sie/es sei | sie seien | |

| PRESENT SUBJUNCTIVE II | |
|---|---|
| ich bliebe | wir blieben |
| du bliebest | ihr bliebet |
| Sie blieben | Sie blieben |
| er/sie/es bliebe | sie blieben |

| PAST SUBJUNCTIVE II | | |
|---|---|---|
| ich wäre | wir wären | |
| du wärest | ihr wäret | geblieben |
| Sie wären | Sie wären | |
| er/sie/es wäre | sie wären | |

| FUTURE SUBJUNCTIVE I | | |
|---|---|---|
| ich werde | wir werden | |
| du werdest | ihr werdct | bleiben |
| Sie werden | Sie werden | |
| er/sie/es werde | sie werden | |

| FUTURE PERFECT SUBJUNCTIVE I | | |
|---|---|---|
| ich werde | wir werden | |
| du werdest | ihr werdet | geblieben sein |
| Sie werden | Sie werden | |
| er/sie/es werde | sie werden | |

| FUTURE SUBJUNCTIVE II | | |
|---|---|---|
| ich würde | wir würden | |
| du würdest | ihr würdet | bleiben |
| Sie würden | Sie würden | |
| er/sie/es würde | sie würden | |

| FUTURE PERFECT SUBJUNCTIVE II | | |
|---|---|---|
| ich würde | wir würden | |
| du würdest | ihr würdet | geblieben sein |
| Sie würden | Sie würden | |
| er/sie/es würde | sie würden | |

COMMANDS     bleib(e)!   bleibt!   bleiben Sie!

PRESENT PARTICIPLE     bleibend

## Usage

| | |
|---|---|
| Der Verfasser des Werks bleibt immer noch anonym. | *The author of the work still remains anonymous.* |
| Am Sonntag bin ich zu Hause geblieben. | *I stayed home on Sunday.* |
| Auch nach dem Krieg blieben sie feste Freunde. | *Even after the war they remained good friends.* |
| Es bleibt also dem engagierten Bürger ein schwieriges Dilemma. | *Thus, the involved citizen is left with a difficult dilemma.* |
| Moritz ist ledig geblieben. | *Moritz remained single.* |
| Heinz raucht seit 30 Jahren und er bleibt bei der selben Marke. | *Heinz has smoked for thirty years and he's sticking with the same brand.* |
| Bleib ruhig, mein Kind. | *Keep calm, my child.* |
| Bleiben Sie bitte am Apparat. | *Please stay on the line.* (telephone) |

RELATED VERBS    aus·bleiben, dabei·bleiben, unterbleiben, verbleiben

### bleiben + infinitive

| | |
|---|---|
| Bleiben Sie bitte sitzen! | *Please stay seated!* |
| Der Schlüssel war im Schloss stecken geblieben. | *The key had gotten stuck in the lock.* |
| Bleibt bitte stehen, damit ich ein Foto machen kann. | *Please remain standing so I can take a picture.* |
| Das Baby will nicht liegen bleiben. | *The baby doesn't want to stay lying down.* |
| Die staatlichen Theatersubventionen werden einige Zeit bestehen bleiben. | *The governmental theater subsidies will stay in effect for some time.* |
| Die Erfahrung ist in Herrn Ludwigs Gedächtnis haften geblieben. | *The experience persisted in Mr. Ludwig's memory.* |

### bleiben zu + infinitive

| | |
|---|---|
| Es bleibt noch zu klären, ob der Autor das machen will. | *We must still clarify whether the author will do that.* |
| Es bleibt zu hoffen, dass jemand uns findet. | *We can only hope that someone finds us.* |

### bleiben lassen *to refrain from doing, stop doing*

| | |
|---|---|
| Das lasst ihr lieber bleiben. | *You'd best not do that.* |
| Du solltest das Rauchen bleiben lassen. | *You should stop smoking.* |

### bleiben + past participle

| | |
|---|---|
| Bleiben Sie gelassen und schonen Sie Ihre Nerven. | *Remain calm and spare your nerves.* |
| Seine Werke sind von Kritikern unbeachtet geblieben. | *His works have escaped the notice of critics.* |
| Frau Schöters Verdienste bleiben uns unvergessen. | *Mrs. Schöter's accomplishments will not be forgotten by us.* |
| Der sekundäre Handlungsstrang bleibt den Zuschauern verborgen. | *The secondary plot line remains hidden from the audience.* |
| Wichtige Fragen bleiben noch unbeantwortet. | *Important questions remain unanswered.* |

### bleiben + adverb/adjective

| | |
|---|---|
| Wie lange seid ihr dort geblieben? | *How long did you stay there?* |
| Ich habe eine neue Telefonnummer, aber meine Email-Adresse bleibt gleich. | *I have a new telephone number, but my e-mail address remains the same.* |
| Wie lange blieb die Tür offen? | *How long did the door remain open?* |
| Papa sagt, du sollst mit mir hier bleiben. | *Daddy says you're supposed to stay here with me.* |
| Das Paar blieb einander immer treu. | *The couple remained forever loyal to each other.* |
| Wir hatten einen Riesenhunger und nichts blieb übrig. | *We were ravenous and nothing was left over.* |

### bleiben + prepositional complement

| | |
|---|---|
| Bleibst du mit deinen Eltern in Verbindung? | *Do you keep in touch with your parents?* |
| Das Gerät darf nicht länger als zwei Stunden in Betrieb bleiben. | *The device cannot remain in operation longer than two hours.* |

### IDIOMATIC EXPRESSIONS

| | |
|---|---|
| Bleiben Sie bitte bei der Sache! | *Please don't change the subject!* |
| Erich bleibt immer auf dem Laufenden. | *Erich is always well informed.* |
| Es blieb uns keine andere Möglichkeit. | *We were left with no other option.* |
| Die Sache bleibt unter uns. | *The matter is strictly between us.* |
| Es bleibt dabei! | *Agreed!* |
| Wo ist er geblieben? | *What has happened with him?* |
| 1944 ist sein Großvater im Krieg geblieben. (*euphemism*) | *In 1944, his grandfather died in the war.* |

regular weak verb

bleicht · bleichte · gebleicht

**PRESENT**

| | |
|---|---|
| ich bleiche | wir bleichen |
| du bleichst | ihr bleicht |
| Sie bleichen | Sie bleichen |
| er/sie/es bleicht | sie bleichen |

**PRESENT PERFECT**

| | | |
|---|---|---|
| ich habe | wir haben | |
| du hast | ihr habt | gebleicht |
| Sie haben | Sie haben | |
| er/sie/es hat | sie haben | |

**SIMPLE PAST**

| | |
|---|---|
| ich bleichte | wir bleichten |
| du bleichtest | ihr bleichtet |
| Sie bleichten | Sie bleichten |
| er/sie/es bleichte | sie bleichten |

**PAST PERFECT**

| | | |
|---|---|---|
| ich hatte | wir hatten | |
| du hattest | ihr hattet | gebleicht |
| Sie hatten | Sie hatten | |
| er/sie/es hatte | sie hatten | |

**FUTURE**

| | | |
|---|---|---|
| ich werde | wir werden | |
| du wirst | ihr werdet | bleichen |
| Sie werden | Sie werden | |
| er/sie/es wird | sie werden | |

**FUTURE PERFECT**

| | | |
|---|---|---|
| ich werde | wir werden | |
| du wirst | ihr werdet | gebleicht haben |
| Sie werden | Sie werden | |
| er/sie/es wird | sie werden | |

**PRESENT SUBJUNCTIVE I**

| | |
|---|---|
| ich bleiche | wir bleichen |
| du bleichest | ihr bleichet |
| Sie bleichen | Sie bleichen |
| er/sie/es bleiche | sie bleichen |

**PAST SUBJUNCTIVE I**

| | | |
|---|---|---|
| ich habe | wir haben | |
| du habest | ihr habet | gebleicht |
| Sie haben | Sie haben | |
| er/sie/es habe | sie haben | |

**PRESENT SUBJUNCTIVE II**

| | |
|---|---|
| ich bleichte | wir bleichten |
| du bleichtest | ihr bleichtet |
| Sie bleichten | Sie bleichten |
| er/sie/es bleichte | sie bleichten |

**PAST SUBJUNCTIVE II**

| | | |
|---|---|---|
| ich hätte | wir hätten | |
| du hättest | ihr hättet | gebleicht |
| Sie hätten | Sie hätten | |
| er/sie/es hätte | sie hätten | |

**FUTURE SUBJUNCTIVE I**

| | | |
|---|---|---|
| ich werde | wir werden | |
| du werdest | ihr werdet | bleichen |
| Sie werden | Sie werden | |
| er/sie/es werde | sie werden | |

**FUTURE PERFECT SUBJUNCTIVE I**

| | | |
|---|---|---|
| ich werde | wir werden | |
| du werdest | ihr werdet | gebleicht haben |
| Sie werden | Sie werden | |
| er/sie/es werde | sie werden | |

**FUTURE SUBJUNCTIVE II**

| | | |
|---|---|---|
| ich würde | wir würden | |
| du würdest | ihr würdet | bleichen |
| Sie würden | Sie würden | |
| er/sie/es würde | sie würden | |

**FUTURE PERFECT SUBJUNCTIVE II**

| | | |
|---|---|---|
| ich würde | wir würden | |
| du würdest | ihr würdet | gebleicht haben |
| Sie würden | Sie würden | |
| er/sie/es würde | sie würden | |

**COMMANDS**      bleich(e)!   bleicht!   bleichen Sie!

**PRESENT PARTICIPLE**      bleichend

## Usage

| | |
|---|---|
| Ach je, die Susanne hat sich die Haare gebleicht! | *Oh no, Susanne has bleached her hair!* |
| Wie kann man die Wäsche chlorfrei bleichen? | *How can you bleach clothing without chlorine?* |
| Bleichst du dir die Haare? | *Do you bleach your hair?* |
| Roland bleichte sich den Bart. | *Roland bleached his beard.* |
| Angelika lässt sich die Zähne bleichen. | *Angelika is having her teeth whitened.* |
| Die Endivie wird vor der Ernte gebleicht. | *Endive is lightened in color before harvest.* |

**bleichen** (with **sein**) *fade* (NOTE The archaic strong past tense forms **blich** and **geblichen** are sometimes found.)

| | |
|---|---|
| Das rote Tuch blich allmählich in der Sonne und wurde fast gelb. | *The red towel gradually faded in the sun and turned almost yellow.* |
| Der alte Schenkelknochen ist geblichen. | *The old thighbone has turned white.* |

**RELATED VERBS**   ab·bleichen, aus·bleichen, erbleichen, verbleichen

# blühen  *to bloom, blossom; prosper, thrive; be in store*

blüht · blühte · geblüht                                             regular weak verb

**PRESENT**

| | | **PRESENT PERFECT** | | |
|---|---|---|---|---|
| ich blühe | wir blühen | ich habe | wir haben | |
| du blühst | ihr blüht | du hast | ihr habt | geblüht |
| Sie blühen | Sie blühen | Sie haben | Sie haben | |
| er/sie/es blüht | sie blühen | er/sie/es hat | sie haben | |

**SIMPLE PAST**

| | | **PAST PERFECT** | | |
|---|---|---|---|---|
| ich blühte | wir blühten | ich hatte | wir hatten | |
| du blühtest | ihr blühtet | du hattest | ihr hattet | geblüht |
| Sie blühten | Sie blühten | Sie hatten | Sie hatten | |
| er/sie/es blühte | sie blühten | er/sie/es hatte | sie hatten | |

**FUTURE**

| | | **FUTURE PERFECT** | | |
|---|---|---|---|---|
| ich werde | wir werden | ich werde | wir werden | |
| du wirst | ihr werdet | du wirst | ihr werdet | geblüht haben |
| Sie werden | Sie werden | blühen | Sie werden | Sie werden |
| er/sie/es wird | sie werden | er/sie/es wird | sie werden | |

**PRESENT SUBJUNCTIVE I**

| | | **PAST SUBJUNCTIVE I** | | |
|---|---|---|---|---|
| ich blühe | wir blühen | ich habe | wir haben | |
| du blühest | ihr blühet | du habest | ihr habet | geblüht |
| Sie blühen | Sie blühen | Sie haben | Sie haben | |
| er/sie/es blühe | sie blühen | er/sie/es habe | sie haben | |

**PRESENT SUBJUNCTIVE II**

| | | **PAST SUBJUNCTIVE II** | | |
|---|---|---|---|---|
| ich blühte | wir blühten | ich hätte | wir hätten | |
| du blühtest | ihr blühtet | du hättest | ihr hättet | geblüht |
| Sie blühten | Sie blühten | Sie hätten | Sie hätten | |
| er/sie/es blühte | sie blühten | er/sie/es hätte | sie hätten | |

**FUTURE SUBJUNCTIVE I**

| | | **FUTURE PERFECT SUBJUNCTIVE I** | | |
|---|---|---|---|---|
| ich werde | wir werden | ich werde | wir werden | |
| du werdest | ihr werdet | du werdest | ihr werdet | geblüht haben |
| Sie werden | Sie werden | blühen | Sie werden | Sie werden |
| er/sie/es werde | sie werden | er/sie/es werde | sie werden | |

**FUTURE SUBJUNCTIVE II**

| | | **FUTURE PERFECT SUBJUNCTIVE II** | | |
|---|---|---|---|---|
| ich würde | wir würden | ich würde | wir würden | |
| du würdest | ihr würdet | du würdest | ihr würdet | geblüht haben |
| Sie würden | Sie würden | blühen | Sie würden | Sie würden |
| er/sie/es würde | sie würden | er/sie/es würde | sie würden | |

**COMMANDS**                blüh(e)!    blüht!    blühen Sie!

**PRESENT PARTICIPLE**      blühend

## Usage

| | |
|---|---|
| Die Mondblume blüht hauptsächlich in der Nacht. | *The moonflower blooms primarily at night.* |
| Unsere Kirschbäume haben schon im März geblüht. | *Our cherry trees were already blossoming in March.* |
| Mein Rosenbusch blühte das ganze Jahr durch. | *My rosebush bloomed the whole year through.* |
| Wann beginnen die Blumen zu blühen? | *When do the flowers begin blooming?* |
| Wie bringt man Seerosen zum Blühen? | *How do you get water lilies to bloom?* |
| Drei Monate lang blühten die Orchideen auf dem Fenstersims. | *For three months, the orchids on the windowsill were in bloom.* |
| Bei uns blühen die Geranien noch. | *At our place, the geraniums are still blooming.* |
| Sein Kamingeschäft blüht aufgrund der hohen Ölpreise. | *His fireplace business is thriving because of high oil prices.* |
| Wenn die Wirtschaft blüht, gibt man mehr aus. | *When the economy prospers, people spend more money.* |
| Ich habe schon erfahren, was mir blüht. | *I've already found out what lies in store for me.* |
| Wie freut es mich, dass du mir ewig blühst. | *How happy it makes me that you bloom eternally for me.* |
| (BETTINE VON ARNIM) | |

**RELATED VERBS**  ab·blühen, auf·blühen, aus·blühen, erblühen, verblühen

strong verb

brät · briet · gebraten

**PRESENT**

| | |
|---|---|
| ich brate | wir braten |
| du brätst | ihr bratet |
| Sie braten | Sie braten |
| er/sie/es brät | sie braten |

**SIMPLE PAST**

| | |
|---|---|
| ich briet | wir brieten |
| du brietst | ihr brietet |
| Sie brieten | Sie brieten |
| er/sie/es briet | sie brieten |

**FUTURE**

| | | |
|---|---|---|
| ich werde | wir werden | |
| du wirst | ihr werdet | braten |
| Sie werden | Sie werden | |
| er/sie/es wird | sie werden | |

**PRESENT SUBJUNCTIVE I**

| | |
|---|---|
| ich brate | wir braten |
| du bratest | ihr bratet |
| Sie braten | Sie braten |
| er/sie/es brate | sie braten |

**PRESENT SUBJUNCTIVE II**

| | |
|---|---|
| ich briete | wir brieten |
| du brietest | ihr brietet |
| Sie brieten | Sie brieten |
| er/sie/es briete | sie brieten |

**FUTURE SUBJUNCTIVE I**

| | | |
|---|---|---|
| ich werde | wir werden | |
| du werdest | ihr werdet | braten |
| Sie werden | Sie werden | |
| er/sie/es werde | sie werden | |

**FUTURE SUBJUNCTIVE II**

| | | |
|---|---|---|
| ich würde | wir würden | |
| du würdest | ihr würdet | braten |
| Sie würden | Sie würden | |
| er/sie/es würde | sie würden | |

**PRESENT PERFECT**

| | | |
|---|---|---|
| ich habe | wir haben | |
| du hast | ihr habt | gebraten |
| Sie haben | Sie haben | |
| er/sie/es hat | sie haben | |

**PAST PERFECT**

| | | |
|---|---|---|
| ich hatte | wir hatten | |
| du hattest | ihr hattet | gebraten |
| Sie hatten | Sie hatten | |
| er/sie/es hatte | sie hatten | |

**FUTURE PERFECT**

| | | |
|---|---|---|
| ich werde | wir werden | |
| du wirst | ihr werdet | gebraten haben |
| Sie werden | Sie werden | |
| er/sie/es wird | sie werden | |

**PAST SUBJUNCTIVE I**

| | | |
|---|---|---|
| ich habe | wir haben | |
| du habest | ihr habet | gebraten |
| Sie haben | Sie haben | |
| er/sie/es habe | sie haben | |

**PAST SUBJUNCTIVE II**

| | | |
|---|---|---|
| ich hätte | wir hätten | |
| du hättest | ihr hättet | gebraten |
| Sie hätten | Sie hätten | |
| er/sie/es hätte | sie hätten | |

**FUTURE PERFECT SUBJUNCTIVE I**

| | | |
|---|---|---|
| ich werde | wir werden | |
| du werdest | ihr werdet | gebraten haben |
| Sie werden | Sie werden | |
| er/sie/es werde | sie werden | |

**FUTURE PERFECT SUBJUNCTIVE II**

| | | |
|---|---|---|
| ich würde | wir würden | |
| du würdest | ihr würdet | gebraten haben |
| Sie würden | Sie würden | |
| er/sie/es würde | sie würden | |

**COMMANDS**    brate!  bratet!  braten Sie!

**PRESENT PARTICIPLE**    bratend

## Usage

| | |
|---|---|
| „Wie lange brätst du Schweineschnitzel?" | *"How long do you fry pork cutlets?"* |
| „Ich brate sie zwölf bis fünfzehn Minuten." | *"I fry them twelve to fifteen minutes."* |
| In Pflanzenöl auf beiden Seiten braten.  (RECIPE) | *Fry in vegetable oil on both sides.* |
| Die Zucchini in Olivenöl leicht braten. | *Sauté the zucchini in olive oil.* |
| Der Bauernknecht briet einen Hasen an einem Spieß. | *The farmhand roasted a rabbit on a spit.* |
| „Der Fisch schmeckt gut. Haben Sie ihn gebraten oder gedünstet?" | *"The fish tastes good. Did you grill it or steam it?"* |
| „Ich habe ihn erstmal kurz gebraten und dann gedünstet." | *"First I grilled it, then I steamed it."* |
| Heinz machte das Lagerfeuer an und briet ein Fisch in einer Pfanne. | *Heinz made a campfire and pan-fried a fish.* |

**RELATED VERBS**  an·braten, aus·braten, durch·braten, verbraten

**MORE USAGE SENTENCES WITH brauchen**

| | |
|---|---|
| Jans Eltern brauchen ein neues Auto. | *Jan's parents need a new car.* |
| „Was braucht ihr noch für den Kuchen?" | *"What do you still need for the cake?"* |
| „Wir brauchen Eier und Milch." | *"We need eggs and milk."* |
| Herr Schmidt braucht einen Stock, um beim Gehen das Gleichgewicht zu halten. | *Mr. Schmidt needs a cane to keep his balance when he walks.* |
| Für welchen Zweck brauchte man ein Pilzmesser? Zum Pflücken von Pilzen natürlich! | *For what purpose would one need a mushroom knife? To harvest mushrooms, of course!* |
| Eine Erklärung der Umstände wird dringend gebraucht. | *An explanation of the circumstances is urgently needed.* |
| Du brauchst dich nicht zu schämen. | *You don't need to be ashamed.* |
| Der Arzt hat gesagt, ich brauche dringend Ruhe. | *The doctor said I absolutely must get some rest.* |
| Das Gefühl, auf dem Hof nicht mehr gebraucht zu werden, konnte Opa nicht gut verkraften. | *Grandpa couldn't cope well with the feeling that he was no longer needed on the farm.* |
| Bürgermeister Vogler braucht jetzt Unterstützung für seine Pläne. | *Mayor Vogler needs support for his plans now.* |
| Brauchst du Hilfe? | *Do you need help?* |

**brauchen zu** + infinitive *to need to, have to*

| | |
|---|---|
| Sie brauchen sich nicht zu rechtfertigen. | *You don't have to justify yourself.* |
| Was Lars davon hält, braucht dich nicht zu kümmern. | *What Lars thinks about it doesn't need to concern you.* |
| Sag ihm bitte, dass er heute nicht zu arbeiten braucht. | *Please tell him he doesn't have to work today.* |
| Man brauchte kein Prophet zu sein, um das kommen zu sehen. | *You didn't have to be a prophet to see that coming.* |
| Es braucht dir nicht Leid zu tun, dass du das gesagt hast. | *You need not be sorry for saying that.* |

**brauchen** + time duration *to take*

| | |
|---|---|
| Wie lange braucht der Bus bis Hildesheim? | *How long does the bus to Hildesheim take?* |
| Es brauchte eine Weile, bis ich meinem Freund den Grund erklären konnte. | *It took me a while to explain the reason to my friend.* |
| Aber Ihr brauchtet wohl auch nur wenig Zeit zur Entschließung? (GOETHE) | *But you also probably took very little time to decide.* |

**es braucht** + genitive case (elevated style) *there is a need*

| | |
|---|---|
| Es braucht eines Theologen, um von wissenschaftlichen Erkenntnissen theologische Wechselbeziehungen herzuleiten. | *A theologian is needed to derive theological correlations from scientific knowledge.* |
| Es braucht keines Beweises mehr, dass das jetzige System auf die Dauer nicht funktionsfähig bleibt. | *There is no need for further proof that the current system will not remain functional in the long term.* |

**IDIOMATIC EXPRESSIONS**

| | |
|---|---|
| Sie brauchen es nur zu sagen. | *You only need mention it.* |
| Eine erfolgreiche Firma braucht manchmal frisches Blut. | *A successful company sometimes needs new blood.* |
| Der Hund braucht eine feste Hand. | *The dog requires a firm hand.* |
| Gut Ding braucht Weile. (PROVERB) | *Good things take time.* |

TOP 50 VERBS

regular weak verb · · · · · · · · · · · · · · · · · · · · · · · · · · · · · · · · · · · · · **braucht · brauchte · gebraucht**

### PRESENT

| | |
|---|---|
| ich brauche | wir brauchen |
| du brauchst | ihr braucht |
| Sie brauchen | Sie brauchen |
| er/sie/es braucht | sie brauchen |

### PRESENT PERFECT

| | | |
|---|---|---|
| ich habe | wir haben | |
| du hast | ihr habt | gebraucht |
| Sie haben | Sie haben | |
| er/sie/es hat | sie haben | |

### SIMPLE PAST

| | |
|---|---|
| ich brauchte | wir brauchten |
| du brauchtest | ihr brauchtet |
| Sie brauchten | Sie brauchten |
| er/sie/es brauchte | sie brauchten |

### PAST PERFECT

| | | |
|---|---|---|
| ich hatte | wir hatten | |
| du hattest | ihr hattet | gebraucht |
| Sie hatten | Sie hatten | |
| er/sie/es hatte | sie hatten | |

### FUTURE

| | | |
|---|---|---|
| ich werde | wir werden | |
| du wirst | ihr werdet | brauchen |
| Sie werden | Sie werden | |
| er/sie/es wird | sie werden | |

### FUTURE PERFECT

| | | |
|---|---|---|
| ich werde | wir werden | |
| du wirst | ihr werdet | gebraucht haben |
| Sie werden | Sie werden | |
| er/sie/es wird | sie werden | |

### PRESENT SUBJUNCTIVE I

| | |
|---|---|
| ich brauche | wir brauchen |
| du brauchest | ihr brauchet |
| Sie brauchen | Sie brauchen |
| er/sie/es brauche | sie brauchen |

### PAST SUBJUNCTIVE I

| | | |
|---|---|---|
| ich habe | wir haben | |
| du habest | ihr habet | gebraucht |
| Sie haben | Sie haben | |
| er/sie/es habe | sie haben | |

### PRESENT SUBJUNCTIVE II

| | |
|---|---|
| ich brauchte | wir brauchten |
| du brauchtest | ihr brauchtet |
| Sie brauchten | Sie brauchten |
| er/sie/es brauchte | sie brauchten |

### PAST SUBJUNCTIVE II

| | | |
|---|---|---|
| ich hätte | wir hätten | |
| du hättest | ihr hättet | gebraucht |
| Sie hätten | Sie hätten | |
| er/sie/es hätte | sie hätten | |

### FUTURE SUBJUNCTIVE I

| | | |
|---|---|---|
| ich werde | wir werden | |
| du werdest | ihr werdet | brauchen |
| Sie werden | Sie werden | |
| er/sie/es werde | sie werden | |

### FUTURE PERFECT SUBJUNCTIVE I

| | | |
|---|---|---|
| ich werde | wir werden | |
| du werdest | ihr werdet | gebraucht haben |
| Sie werden | Sie werden | |
| er/sie/es werde | sie werden | |

### FUTURE SUBJUNCTIVE II

| | | |
|---|---|---|
| ich würde | wir würden | |
| du würdest | ihr würdet | brauchen |
| Sie würden | Sie würden | |
| er/sie/es würde | sie würden | |

### FUTURE PERFECT SUBJUNCTIVE II

| | | |
|---|---|---|
| ich würde | wir würden | |
| du würdest | ihr würdet | gebraucht haben |
| Sie würden | Sie würden | |
| er/sie/es würde | sie würden | |

**COMMANDS** brauch(e)! braucht! brauchen Sie!

**PRESENT PARTICIPLE** brauchend

## Usage

| | |
|---|---|
| Unser neuer Kühlschrank braucht sehr wenig Strom. | *Our new refrigerator requires very little electricity.* |
| Ich brauche mehr Zeit. | *I need more time.* |
| Sie braucht einen Steuerberater. | *She needs a tax advisor.* |
| Frau Merkel hat ein starkes Bedürfnis, von anderen gebraucht zu werden. | *Mrs. Merkel has a strong need to be needed by others.* |
| Das kann ich nicht brauchen. | *That's of no use to me.* |
| Alles, was Sie brauchen, finden Sie hier. | *You'll find everything you need here.* |
| Meine Zimmerpflanze braucht wenig Sonne. | *My houseplant requires little sunlight.* |
| Wie viele Stimmen braucht der Kandidat noch? | *How many votes does the candidate still need?* |
| Ich brauche unbedingt Urlaub! | *I really need a vacation!* |
| Welche Größe brauchen Sie? | *What size do you need?* |

**RELATED VERBS** ab·brauchen, auf·brauchen, missbrauchen; *see also* **gebrauchen** (207), **verbrauchen** (479)

## brechen  *to break, breach, crack, rupture*

bricht · brach · gebrochen                                        strong verb

| PRESENT | | PRESENT PERFECT | | |
|---|---|---|---|---|
| ich breche | wir brechen | ich habe | wir haben | |
| du brichst | ihr brecht | du hast | ihr habt | gebrochen |
| Sie brechen | Sie brechen | Sie haben | Sie haben | |
| er/sie/es bricht | sie brechen | er/sie/es hat | sie haben | |

| SIMPLE PAST | | PAST PERFECT | | |
|---|---|---|---|---|
| ich brach | wir brachen | ich hatte | wir hatten | |
| du brachst | ihr bracht | du hattest | ihr hattet | gebrochen |
| Sie brachen | Sie brachen | Sie hatten | Sie hatten | |
| er/sie/es brach | sie brachen | er/sie/es hatte | sie hatten | |

| FUTURE | | PAST PERFECT | | |
|---|---|---|---|---|
| ich werde | wir werden | ich werde | wir werden | |
| du wirst | ihr werdet | du wirst | ihr werdet | gebrochen haben |
| Sie werden | Sie werden  brechen | Sie werden | Sie werden | |
| er/sie/es wird | sie werden | er/sie/es wird | sie werden | |

| PRESENT SUBJUNCTIVE I | | PAST SUBJUNCTIVE I | | |
|---|---|---|---|---|
| ich breche | wir brechen | ich habe | wir haben | |
| du brechest | ihr brechet | du habest | ihr habet | gebrochen |
| Sie brechen | Sie brechen | Sie haben | Sie haben | |
| er/sie/es breche | sie brechen | er/sie/es habe | sie haben | |

| PRESENT SUBJUNCTIVE II | | PAST SUBJUNCTIVE II | | |
|---|---|---|---|---|
| ich bräche | wir brächen | ich hätte | wir hätten | |
| du brächest | ihr brächet | du hättest | ihr hättet | gebrochen |
| Sie brächen | Sie brächen | Sie hätten | Sie hätten | |
| er/sie/es bräche | sie brächen | er/sie/es hätte | sie hätten | |

| FUTURE SUBJUNCTIVE I | | FUTURE PERFECT SUBJUNCTIVE I | | |
|---|---|---|---|---|
| ich werde | wir werden | ich werde | wir werden | |
| du werdest | ihr werdet | du werdest | ihr werdet | gebrochen haben |
| Sie werden | Sie werden  brechen | Sie werden | Sie werden | |
| er/sie/es werde | sie werden | er/sie/es werde | sie werden | |

| FUTURE SUBJUNCTIVE II | | FUTURE PERFECT SUBJUNCTIVE II | | |
|---|---|---|---|---|
| ich würde | wir würden | ich würde | wir würden | |
| du würdest | ihr würdet | du würdest | ihr würdet | gebrochen haben |
| Sie würden | Sie würden  brechen | Sie würden | Sie würden | |
| er/sie/es würde | sie würden | er/sie/es würde | sie würden | |

COMMANDS             brich!   brecht!   brechen Sie!

PRESENT PARTICIPLE   brechend

## Usage

Es brach ihr das Herz, als er sie eines Herbstmorgens verließ.
*It broke her heart when he left her one autumn morning.*

Der Soldat hat dem Gefangenen den Arm gebrochen.
*The soldier has broken the prisoner's arm.*

Der Junge hat den Stock gebrochen.
*The boy broke the stick.*

Diese Athleten hoffen, den Weltrekord zu brechen.
*These athletes hope to break the world record.*

### brechen (with sein)  *to break, breach, crack, rupture*

Die Sonnenstrahlen waren endlich durch die Wolken gebrochen, als wir am späten Nachmittag eintrafen.
*The rays of sun had finally breached the clouds as we arrived in the late afternoon.*

### sich brechen  *to break*

Die 10-Meter-Wellen brechen sich explosiv an den Felsen.
*The 10-meter waves break explosively against the rocks.*

RELATED VERBS   ab·brechen, an·brechen, auf·brechen, aus·brechen, durchbrechen, durch·brechen, ein·brechen, entzwei·brechen, erbrechen, gebrechen, um·brechen, verbrechen, zerbrechen; *see also* **unterbrechen** (467)

mixed verb

brennt · brannte · gebrannt

**PRESENT**

| ich brenne | wir brennen |
| du brennst | ihr brennt |
| Sie brennen | Sie brennen |
| er/sie/es brennt | sie brennen |

**SIMPLE PAST**

| ich brannte | wir brannten |
| du branntest | ihr branntet |
| Sie brannten | Sie brannten |
| er/sie/es brannte | sie brannten |

**FUTURE**

| ich werde | wir werden |
| du wirst | ihr werdet |
| Sie werden | Sie werden |
| er/sie/es wird | sie werden |

} brennen

**PRESENT SUBJUNCTIVE I**

| ich brenne | wir brennen |
| du brennest | ihr brennet |
| Sie brennen | Sie brennen |
| er/sie/es brenne | sie brennen |

**PRESENT SUBJUNCTIVE II**

| ich brennte | wir brennten |
| du brenntest | ihr brenntet |
| Sie brennten | Sie brennten |
| er/sie/es brennte | sie brennten |

**FUTURE SUBJUNCTIVE I**

| ich werde | wir werden |
| du werdest | ihr werdet |
| Sie werden | Sie werden |
| er/sie/es werde | sie werden |

} brennen

**FUTURE SUBJUNCTIVE II**

| ich würde | wir würden |
| du würdest | ihr würdet |
| Sie würden | Sie würden |
| er/sie/es würde | sie würden |

} brennen

**PRESENT PERFECT**

| ich habe | wir haben |
| du hast | ihr habt |
| Sie haben | Sie haben |
| er/sie/es hat | sie haben |

} gebrannt

**PAST PERFECT**

| ich hatte | wir hatten |
| du hattest | ihr hattet |
| Sie hatten | Sie hatten |
| er/sie/es hatte | sie hatten |

} gebrannt

**FUTURE PERFECT**

| ich werde | wir werden |
| du wirst | ihr werdet |
| Sie werden | Sie werden |
| er/sie/es wird | sie werden |

} gebrannt haben

**PAST SUBJUNCTIVE I**

| ich habe | wir haben |
| du habest | ihr habet |
| Sie haben | Sie haben |
| er/sie/es habe | sie haben |

} gebrannt

**PAST SUBJUNCTIVE II**

| ich hätte | wir hätten |
| du hättest | ihr hättet |
| Sie hätten | Sie hätten |
| er/sie/es hätte | sie hätten |

} gebrannt

**FUTURE PERFECT SUBJUNCTIVE I**

| ich werde | wir werden |
| du werdest | ihr werdet |
| Sie werden | Sie werden |
| er/sie/es werde | sie werden |

} gebrannt haben

**FUTURE PERFECT SUBJUNCTIVE II**

| ich würde | wir würden |
| du würdest | ihr würdet |
| Sie würden | Sie würden |
| er/sie/es würde | sie würden |

} gebrannt haben

**COMMANDS**     brenn(e)!   brennt!   brennen Sie!

**PRESENT PARTICIPLE**     brennend

## Usage

| Der Regenwald brennt und wir sehen einfach zu. | *The rainforest is burning and we're just watching.* |
| Jetzt brennen mir die Augen. | *Now my eyes are burning.* |
| Brennt Diesel so schnell wie Benzin? | *Does diesel burn as quickly as gasoline?* |
| Destillerie Douglas & Cie hatte Whiskey schon seit 1877 gebrannt. | *The distillery Douglas & Co. had been distilling whiskey since 1877.* |
| Tondachziegel werden in einem großen Ofen gebrannt. | *Clay roofing shingles are baked in a large oven.* |
| Nach einigen Tagen werden die Kaffeebohnen gebrannt. | *After a few days, the coffee beans are roasted.* |
| Vier Öllampen haben im Zimmer gebrannt. | *Four oil lamps were burning in the room.* |
| Wenn alle LEDs brennen, ist das Gerät defekt. | *If all LEDs are lit, the device is defective.* |
| Kein Licht brannte mehr in den Häusern. (BETTINA VON ARNIM) | *The lights were no longer burning in the houses.* |
| „Papa, das Haus brennt!" schrie Anna. | *"Papa, the house is on fire!" screamed Anna.* |

**RELATED VERBS**   ab·brennen, an·brennen, auf·brennen, aus·brennen, durch·brennen, ein·brennen, nieder·brennen, verbrennen

### MORE USAGE SENTENCES WITH bringen

| | |
|---|---|
| Lars hat mich nach Hause gebracht. | *Lars brought me home.* |
| Das Wasser zum Kochen bringen. | *Bring the water to a boil.* |
| Alle Schiffspassagiere waren an Land in Sicherheit gebracht worden. | *All the ship's passengers had been brought ashore to safety.* |
| Am 12. September 1833 brachte Elisabeth Kleist geb. Schmidt ein Kind zur Welt. | *On September 12, 1833, Elisabeth Kleist née Schmidt brought a child into the world.* |
| Neue Tatsachen sind ans Licht gebracht worden. | *New facts have been brought to light.* |
| Ingrid wollte das Thema Abtreibung nicht ins Gespräch bringen. | *Ingrid didn't want to bring the topic of abortion up for discussion.* |
| Der Parteivorsteher muss zur Vernunft gebracht werden. | *The party chairman must be brought to his senses.* |
| Wie viel Zinsen bringen €1 000 zu 2 % in 12 Monaten? | *How much interest does 1,000 euros yield at 2% over 12 months?* |

### IDIOMATIC EXPRESSIONS

| | |
|---|---|
| Gesellschaftlich engagierte Schriftsteller hatten die Möglichkeit, ihre Ideen zum Ausdruck zu bringen. | *Socially engaged writers had an opportunity to express their ideas.* |
| Ich habe es immer noch nicht fertig gebracht, den Dachboden zu räumen. | *I've still not managed to clear out the attic.* |
| Als Flötistin hat sie es im Beruf weit gebracht. | *She's done well in her career as flautist.* |
| Die Mitarbeiter werden um einen gerechten Lohn gebracht. | *The employees are being denied a fair wage.* |
| Amalie fiel es leicht, ihre Gedanken zu Papier zu bringen. | *It was easy for Amalie to put her thoughts on paper.* |
| Jack the Ripper sollte fünf Frauen ums Leben gebracht haben. | *Jack the Ripper was said to have taken the lives of five women.* |
| Du hast mich auf eine tolle Idee gebracht! | *You've given me a great idea!* |
| Was dann passierte, brachte Dieter aus der Fassung. | *What happened then disconcerted Dieter greatly.* |
| Die Wirtschaftskrise brachte viele Familien an den Bettelstab. | *The economic crisis reduced many families to poverty.* |
| Soweit ich in Erfahrung gebracht habe, wird die alte Serie durch eine neue abgelöst. | *As far as I can ascertain, the old series is being replaced by a new one.* |
| 2003 wurde das Thema zum ersten Mal zur Sprache gebracht. | *In 2003, the topic was broached for the first time.* |
| Ich bringe die beiden Namen immer durcheinander. | *I always confuse the two names.* |
| Thorsten hat das Projekt auf die Beine gebracht. | *Thorsten has gotten the project going.* |
| In dem Fall muss man halt ein Bauernopfer bringen. | *In that case, you just have to sacrifice a pawn.* |
| Die Firma hat ein neues Produkt auf den Markt gebracht. | *The firm has launched a new product on the market.* |
| Meine kleine Schwester hat meine Briefmarkensammlung durcheinander gebracht. | *My little sister made a mess of my stamp collection.* |
| Das Geschäft hat schon einen Gewinn gebracht. | *The business has already shown a profit.* |
| Die Menschen haben die Umwelt aus dem Gleichgewicht gebracht. | *Humans have thrown the environment out of balance.* |
| Der Lehrer wollte uns mittelalterliche Dichtung nahe bringen. | *The teacher wanted to make medieval poetry accessible to us.* |
| Die Geschäftsleitung hat mir diese Richtlinien zur Kenntnis gebracht. | *Management has made me aware of these guidelines.* |
| Kein Journalist hätte gewagt, das Skandal an die Öffentlichkeit zu bringen. | *No journalist would have dared make the scandal public.* |

TOP 50 VERBS

mixed verb                                                    bringt · brachte · gebracht

**PRESENT**

| ich bringe | wir bringen |
| du bringst | ihr bringt |
| Sie bringen | Sie bringen |
| er/sie/es bringt | sie bringen |

**PRESENT PERFECT**

| ich habe | wir haben | |
| du hast | ihr habt | |
| Sie haben | Sie haben | gebracht |
| er/sie/es hat | sie haben | |

**SIMPLE PAST**

| ich brachte | wir brachten |
| du brachtest | ihr brachtet |
| Sie brachten | Sie brachten |
| er/sie/es brachte | sie brachten |

**PAST PERFECT**

| ich hatte | wir hatten | |
| du hattest | ihr hattet | |
| Sie hatten | Sie hatten | gebracht |
| er/sie/es hatte | sie hatten | |

**FUTURE**

| ich werde | wir werden | |
| du wirst | ihr werdet | |
| Sie werden | Sie werden | bringen |
| er/sie/es wird | sie werden | |

**FUTURE PERFECT**

| ich werde | wir werden | |
| du wirst | ihr werdet | |
| Sie werden | Sie werden | gebracht haben |
| er/sie/es wird | sie werden | |

**PRESENT SUBJUNCTIVE I**

| ich bringe | wir bringen |
| du bringest | ihr bringet |
| Sie bringen | Sie bringen |
| er/sie/es bringe | sie bringen |

**PAST SUBJUNCTIVE I**

| ich habe | wir haben | |
| du habest | ihr habet | |
| Sie haben | Sie haben | gebracht |
| er/sie/es habe | sie haben | |

**PRESENT SUBJUNCTIVE II**

| ich brächte | wir brächten |
| du brächtest | ihr brächtet |
| Sie brächten | Sie brächten |
| er/sie/es brächte | sie brächten |

**PAST SUBJUNCTIVE II**

| ich hätte | wir hätten | |
| du hättest | ihr hättet | |
| Sie hätten | Sie hätten | gebracht |
| er/sie/es hätte | sie hätten | |

**FUTURE SUBJUNCTIVE I**

| ich werde | wir werden | |
| du werdest | ihr werdet | |
| Sie werden | Sie werden | bringen |
| er/sie/es werde | sie werden | |

**FUTURE PERFECT SUBJUNCTIVE I**

| ich werde | wir werden | |
| du werdest | ihr werdet | |
| Sie werden | Sie werden | gebracht haben |
| er/sie/es werde | sie werden | |

**FUTURE SUBJUNCTIVE II**

| ich würde | wir würden | |
| du würdest | ihr würdet | |
| Sie würden | Sie würden | bringen |
| er/sie/es würde | sie würden | |

**FUTURE PERFECT SUBJUNCTIVE II**

| ich würde | wir würden | |
| du würdest | ihr würdet | |
| Sie würden | Sie würden | gebracht haben |
| er/sie/es würde | sie würden | |

**COMMANDS**          bring(e)!   bringt!   bringen Sie!

**PRESENT PARTICIPLE**     bringend

## Usage

| Hans, bringst du mir bitte die Zeitung? | *Hans, would you please bring me the paper?* |
| Solche Kontrapositionen bringen andere Überlegungen ins Spiel. | *Such contrapositions bring other considerations into play.* |
| Das Stadttheater bringt nur traditionelle Stücke auf die Bühne. | *The municipal theater brings only traditional plays to the stage.* |
| Der Dichter hat die Macht, das Fantastische ins Alltägliche zu bringen. | *The poet has the power to bring the fantastical into the everyday.* |
| Heinz hat sie zum Bahnhof gebracht. | *Heinz took her to the train station.* |
| Diese Entwicklungen bringen neue Probleme mit sich. | *These developments present new problems.* |
| Die Mutter hat ihre Kinder ins Bett gebracht. | *The mother put her children to bed.* |

**RELATED VERBS** ab·bringen, an·bringen, auf·bringen, aus·bringen, bei·bringen, durch·bringen, ein·bringen, erbringen, fort·bringen, hinterbringen, mit·bringen, nach·bringen, überbringen, um·bringen, unter·bringen, vor·bringen, weg·bringen, wieder·bringen, zu·bringen; *see also* **verbringen** (480)

# buchen *to book, reserve; enter* (bookkeeping)

bucht · buchte · gebucht

regular weak verb

**PRESENT**

| | |
|---|---|
| ich buche | wir buchen |
| du buchst | ihr bucht |
| Sie buchen | Sie buchen |
| er/sie/es bucht | sie buchen |

**PRESENT PERFECT**

| | | |
|---|---|---|
| ich habe | wir haben | |
| du hast | ihr habt | |
| Sie haben | Sie haben | gebucht |
| er/sie/es hat | sie haben | |

**SIMPLE PAST**

| | |
|---|---|
| ich buchte | wir buchten |
| du buchtest | ihr buchtet |
| Sie buchten | Sie buchten |
| er/sie/es buchte | sie buchten |

**PAST PERFECT**

| | | |
|---|---|---|
| ich hatte | wir hatten | |
| du hattest | ihr hattet | |
| Sie hatten | Sie hatten | gebucht |
| er/sie/es hatte | sie hatten | |

**FUTURE**

| | | |
|---|---|---|
| ich werde | wir werden | |
| du wirst | ihr werdet | |
| Sie werden | Sie werden | buchen |
| er/sie/es wird | sie werden | |

**FUTURE PERFECT**

| | | |
|---|---|---|
| ich werde | wir werden | |
| du wirst | ihr werdet | |
| Sie werden | Sie werden | gebucht haben |
| er/sie/es wird | sie werden | |

**PRESENT SUBJUNCTIVE I**

| | |
|---|---|
| ich buche | wir buchen |
| du buchest | ihr buchet |
| Sie buchen | Sie buchen |
| er/sie/es buche | sie buchen |

**PAST SUBJUNCTIVE I**

| | | |
|---|---|---|
| ich habe | wir haben | |
| du habest | ihr habet | |
| Sie haben | Sie haben | gebucht |
| er/sie/es habe | sie haben | |

**PRESENT SUBJUNCTIVE II**

| | |
|---|---|
| ich buchte | wir buchten |
| du buchtest | ihr buchtet |
| Sie buchten | Sie buchten |
| er/sie/es buchte | sie buchten |

**PAST SUBJUNCTIVE II**

| | | |
|---|---|---|
| ich hätte | wir hätten | |
| du hättest | ihr hättet | |
| Sie hätten | Sie hätten | gebucht |
| er/sie/es hätte | sie hätten | |

**FUTURE SUBJUNCTIVE I**

| | | |
|---|---|---|
| ich werde | wir werden | |
| du werdest | ihr werdet | |
| Sie werden | Sie werden | buchen |
| er/sie/es werde | sie werden | |

**FUTURE PERFECT SUBJUNCTIVE I**

| | | |
|---|---|---|
| ich werde | wir werden | |
| du werdest | ihr werdet | |
| Sie werden | Sie werden | gebucht haben |
| er/sie/es werde | sie werden | |

**FUTURE SUBJUNCTIVE II**

| | | |
|---|---|---|
| ich würde | wir würden | |
| du würdest | ihr würdet | |
| Sie würden | Sie würden | buchen |
| er/sie/es würde | sie würden | |

**FUTURE PERFECT SUBJUNCTIVE II**

| | | |
|---|---|---|
| ich würde | wir würden | |
| du würdest | ihr würdet | |
| Sie würden | Sie würden | gebucht haben |
| er/sie/es würde | sie würden | |

**COMMANDS** buch(e)! bucht! buchen Sie!

**PRESENT PARTICIPLE** buchend

## Usage

„Hast du deinen Flug nach Tasmanien schon gebucht, Maria?"

*"Have you already booked your flight to Tasmania, Maria?"*

„Gebucht, ja, aber noch nicht bezahlt."

*"Booked yes, but not yet paid for."*

Aufenthalte von mehr als zwei Tagen müssten im Voraus gebucht werden.

*Stays of more than two days would have to be booked in advance.*

Guten Tag, ich möchte eine Tour buchen.

*Hello, I'd like to book a tour.*

Sie können Ihren Platz im Workshop über das Internet buchen.

*You can reserve your place in the workshop over the Internet.*

Buchst du immer Vollpension?

*Do you always book full board?*

An deiner Stelle würde ich den Rückflug noch nicht buchen.

*If I were you, I wouldn't book the return flight yet.*

Heute muss ich die Rechnungen buchen.

*Today I must enter the invoices.*

**RELATED VERBS** aus·buchen, überbuchen, um·buchen

regular weak verb (dative object)　　　　dankt · dankte · gedankt

**PRESENT**

| | |
|---|---|
| ich danke | wir danken |
| du dankst | ihr dankt |
| Sie danken | Sie danken |
| er/sie/es dankt | sie danken |

**SIMPLE PAST**

| | |
|---|---|
| ich dankte | wir dankten |
| du danktest | ihr danktet |
| Sie dankten | Sie dankten |
| er/sie/es dankte | sie dankten |

**FUTURE**

| | | |
|---|---|---|
| ich werde | wir werden | |
| du wirst | ihr werdet | danken |
| Sie werden | Sie werden | |
| er/sie/es wird | sie werden | |

**PRESENT SUBJUNCTIVE I**

| | |
|---|---|
| ich danke | wir danken |
| du dankest | ihr danket |
| Sie danken | Sie danken |
| er/sie/es danke | sie danken |

**PRESENT SUBJUNCTIVE II**

| | |
|---|---|
| ich dankte | wir dankten |
| du danktest | ihr danktet |
| Sie dankten | Sie dankten |
| er/sie/es dankte | sie dankten |

**FUTURE SUBJUNCTIVE I**

| | | |
|---|---|---|
| ich werde | wir werden | |
| du werdest | ihr werdet | danken |
| Sie werden | Sie werden | |
| er/sie/es werde | sie werden | |

**FUTURE SUBJUNCTIVE II**

| | | |
|---|---|---|
| ich würde | wir würden | |
| du würdest | ihr würdet | danken |
| Sie würden | Sie würden | |
| er/sie/es würde | sie würden | |

**PRESENT PERFECT**

| | | |
|---|---|---|
| ich habe | wir haben | |
| du hast | ihr habt | gedankt |
| Sie haben | Sie haben | |
| er/sie/es hat | sie haben | |

**PAST PERFECT**

| | | |
|---|---|---|
| ich hatte | wir hatten | |
| du hattest | ihr hattet | gedankt |
| Sie hatten | Sie hatten | |
| er/sie/es hatte | sie hatten | |

**FUTURE PERFECT**

| | | |
|---|---|---|
| ich werde | wir werden | |
| du wirst | ihr werdet | gedankt haben |
| Sie werden | Sie werden | |
| er/sie/es wird | sie werden | |

**PAST SUBJUNCTIVE I**

| | | |
|---|---|---|
| ich habe | wir haben | |
| du habest | ihr habet | gedankt |
| Sie haben | Sie haben | |
| er/sie/es habe | sie haben | |

**PAST SUBJUNCTIVE II**

| | | |
|---|---|---|
| ich hätte | wir hätten | |
| du hättest | ihr hättet | gedankt |
| Sie hätten | Sie hätten | |
| er/sie/es hätte | sie hätten | |

**FUTURE PERFECT SUBJUNCTIVE I**

| | | |
|---|---|---|
| ich werde | wir werden | |
| du werdest | ihr werdet | gedankt haben |
| Sie werden | Sie werden | |
| er/sie/es werde | sie werden | |

**FUTURE PERFECT SUBJUNCTIVE II**

| | | |
|---|---|---|
| ich würde | wir würden | |
| du würdest | ihr würdet | gedankt haben |
| Sie würden | Sie würden | |
| er/sie/es würde | sie würden | |

**COMMANDS**　　dank(e)!　dankt!　danken Sie!

**PRESENT PARTICIPLE**　　dankend

## Usage

| | |
|---|---|
| Ich möchte allen danken, die mir geholfen haben. | *I'd like to thank everyone who helped me.* |
| Anton dankte seinen Kollegen und verabschiedete sich. | *Anton thanked his colleagues and said good-bye.* |
| Wir danken Ihnen für Ihr Verständnis. | *We thank you for your understanding.* |
| Die Reisegruppe hat ihrem Reiseleiter mit einer Flasche Wein gedankt. | *The tour group thanked their guide with a bottle of wine.* |
| Deborah lässt danken. | *Deborah sends her thanks.* |
| Ich danke dir mein Leben. | *I owe you my life.* |
| „Möchtest du etwas essen?" | *"Would you like something to eat?"* |
| „Danke, ich habe schon gegessen." | *"No thanks, I've already eaten."* |
| Ihnen allen sei herzlich gedankt! | *Heartfelt thanks to you all!* |
| Wie kann ich euch jemals danken? | *How can I ever thank you?* |
| Nichts zu danken. | *Don't mention it.* |

**RELATED VERBS** ab·danken, bedanken, verdanken

# dauern  *to last, endure; take (time); feel sorry for*

dauert · dauerte · gedauert

regular weak verb

### PRESENT

| | |
|---|---|
| ich dauere | wir dauern |
| du dauerst | ihr dauert |
| Sie dauern | Sie dauern |
| er/sie/es dauert | sie dauern |

### SIMPLE PAST

| | |
|---|---|
| ich dauerte | wir dauerten |
| du dauertest | ihr dauertet |
| Sie dauerten | Sie dauerten |
| er/sie/es dauerte | sie dauerten |

### FUTURE

| | |
|---|---|
| ich werde | wir werden |
| du wirst | ihr werdet |
| Sie werden | Sie werden |
| er/sie/es wird | sie werden |

} dauern

### PRESENT SUBJUNCTIVE I

| | |
|---|---|
| ich dauere | wir dauern |
| du dauerst | ihr dauert |
| Sie dauern | Sie dauern |
| er/sie/es dauere | sie dauern |

### PRESENT SUBJUNCTIVE II

| | |
|---|---|
| ich dauerte | wir dauerten |
| du dauertest | ihr dauertet |
| Sie dauerten | Sie dauerten |
| er/sie/es dauerte | sie dauerten |

### FUTURE SUBJUNCTIVE I

| | |
|---|---|
| ich werde | wir werden |
| du werdest | ihr werdet |
| Sie werden | Sie werden |
| er/sie/es werde | sie werden |

} dauern

### FUTURE SUBJUNCTIVE II

| | |
|---|---|
| ich würde | wir würden |
| du würdest | ihr würdet |
| Sie würden | Sie würden |
| er/sie/es würde | sie würden |

} dauern

### PRESENT PERFECT

| | |
|---|---|
| ich habe | wir haben |
| du hast | ihr habt |
| Sie haben | Sie haben |
| er/sie/es hat | sie haben |

} gedauert

### PAST PERFECT

| | |
|---|---|
| ich hatte | wir hatten |
| du hattest | ihr hattet |
| Sie hatten | Sie hatten |
| er/sie/es hatte | sie hatten |

} gedauert

### FUTURE PERFECT

| | |
|---|---|
| ich werde | wir werden |
| du wirst | ihr werdet |
| Sie werden | Sie werden |
| er/sie/es wird | sie werden |

} gedauert haben

### PAST SUBJUNCTIVE I

| | |
|---|---|
| ich habe | wir haben |
| du habest | ihr habet |
| Sie haben | Sie haben |
| er/sie/es habe | sie haben |

} gedauert

### PAST SUBJUNCTIVE II

| | |
|---|---|
| ich hätte | wir hätten |
| du hättest | ihr hättet |
| Sie hätten | Sie hätten |
| er/sie/es hätte | sie hätten |

} gedauert

### FUTURE PERFECT SUBJUNCTIVE I

| | |
|---|---|
| ich werde | wir werden |
| du werdest | ihr werdet |
| Sie werden | Sie werden |
| er/sie/es werde | sie werden |

} gedauert haben

### FUTURE PERFECT SUBJUNCTIVE II

| | |
|---|---|
| ich würde | wir würden |
| du würdest | ihr würdet |
| Sie würden | Sie würden |
| er/sie/es würde | sie würden |

} gedauert haben

**COMMANDS**      dauere!   dauert!   dauern Sie!

**PRESENT PARTICIPLE**      dauernd

## Usage

| | |
|---|---|
| Der Investiturstreit dauerte bis 1122. | *The Conflict of Investitures lasted until 1122.* |
| Die Ehe dauerte bis zu seinem Tod. | *The marriage lasted until his death.* |
| Das Semester dauert 15 Wochen. | *The semester lasts 15 weeks.* |
| Ihre Beziehung wird bestimmt dauern. | *Their relationship will surely endure.* |
| Es hat lange gedauert. | *It lasted/took a long time.* |
| Wenn es nur nicht so lange dauern würde! | *If only it wouldn't last so long!* |
| Der Dreißigjährige Krieg dauerte von 1618 bis 1648. | *The Thirty Years' War lasted from 1618 to 1648.* |
| Wie lange dauert es, bis er nach Hause kommt? | *How long will it be before he comes home?* |
| Zusendung kann einige Wochen dauern. | *Shipping can take a few weeks.* |
| Die Dürre dauerte ungefähr 10 Jahre und viele Oklahomaner zogen nach Kalifornien. | *The drought lasted about 10 years, and many Oklahomans moved to California.* |
| Du dauerst mich, du allerliebstes Kind. (GÜNTHER) | *I am sorry for you, dearest child.* |

**RELATED VERBS**   an·dauern, aus·dauern, bedauern, fort·dauern, überdauern

## PRESENT

| | |
|---|---|
| ich denke | wir denken |
| du denkst | ihr denkt |
| Sie denken | Sie denken |
| er/sie/es denkt | sie denken |

## SIMPLE PAST

| | |
|---|---|
| ich dachte | wir dachten |
| du dachtest | ihr dachtet |
| Sie dachten | Sie dachten |
| er/sie/es dachte | sie dachten |

## FUTURE

| | | |
|---|---|---|
| ich werde | wir werden | |
| du wirst | ihr werdet | denken |
| Sie werden | Sie werden | |
| er/sie/es wird | sie werden | |

## PRESENT SUBJUNCTIVE I

| | |
|---|---|
| ich denke | wir denken |
| du denkest | ihr denket |
| Sie denken | Sie denken |
| er/sie/es denke | sie denken |

## PRESENT SUBJUNCTIVE II

| | |
|---|---|
| ich dächte | wir dächten |
| du dächtest | ihr dächtet |
| Sie dächten | Sie dächten |
| er/sie/es dächte | sie dächten |

## FUTURE SUBJUNCTIVE I

| | | |
|---|---|---|
| ich werde | wir werden | |
| du werdest | ihr werdet | denken |
| Sie werden | Sie werden | |
| er/sie/es werde | sie werden | |

## FUTURE SUBJUNCTIVE II

| | | |
|---|---|---|
| ich würde | wir würden | |
| du würdest | ihr würdet | denken |
| Sie würden | Sie würden | |
| er/sie/es würde | sie würden | |

## PRESENT PERFECT

| | | |
|---|---|---|
| ich habe | wir haben | |
| du hast | ihr habt | gedacht |
| Sie haben | Sie haben | |
| er/sie/es hat | sie haben | |

## PAST PERFECT

| | | |
|---|---|---|
| ich hatte | wir hatten | |
| du hattest | ihr hattet | gedacht |
| Sie hatten | Sie hatten | |
| er/sie/es hatte | sie hatten | |

## FUTURE PERFECT

| | | |
|---|---|---|
| ich werde | wir werden | |
| du wirst | ihr werdet | gedacht haben |
| Sie werden | Sie werden | |
| er/sie/es wird | sie werden | |

## PAST SUBJUNCTIVE I

| | | |
|---|---|---|
| ich habe | wir haben | |
| du habest | ihr habet | gedacht |
| Sie haben | Sie haben | |
| er/sie/es habe | sie haben | |

## PAST SUBJUNCTIVE II

| | | |
|---|---|---|
| ich hätte | wir hätten | |
| du hättest | ihr hättet | gedacht |
| Sie hätten | Sie hätten | |
| er/sie/es hätte | sie hätten | |

## FUTURE PERFECT SUBJUNCTIVE I

| | | |
|---|---|---|
| ich werde | wir werden | |
| du werdest | ihr werdet | gedacht haben |
| Sie werden | Sie werden | |
| er/sie/es werde | sie werden | |

## FUTURE PERFECT SUBJUNCTIVE II

| | | |
|---|---|---|
| ich würde | wir würden | |
| du würdest | ihr würdet | gedacht haben |
| Sie würden | Sie würden | |
| er/sie/es würde | sie würden | |

**COMMANDS**  denk(e)!  denkt!  denken Sie!

**PRESENT PARTICIPLE**  denkend

## Usage

| | |
|---|---|
| Eigentlich dachte ich, dass wir alle beitragen. | *Actually, I thought we would all contribute.* |
| Rudi, denk doch nicht so viel! | *Rudi, just don't think so much!* |
| Diese Regel kann als Einfluss von dem Lateinischen gedacht werden. | *One can conceive of this rule as influence from the Latin.* |
| Habt ihr das zu Ende gedacht? | *Have you thought that through?* |
| Herr Unger denkt und handelt stets pragmatisch. | *Mr. Unger always thinks and acts pragmatically.* |
| Kannst du nicht selbstständig denken? | *Can't you think for yourself?* |
| Man weiß nie, was er denkt. | *You never know what he's thinking.* |
| Wer hätte gedacht, dass es so schwer ist, eine Lösung zu finden? | *Who would have thought it would be so hard to find a solution?* |

**RELATED VERBS**  aus·denken, bedenken, durchdenken, durch·denken, erdenken, gedenken, überdenken, um·denken, verdenken, weg·denken, zu·denken, zurück·denken; *see also* **nach·denken** (313)

**TOP 50 VERB** ☞

# denken  *to think, conceive; believe; bear in mind*

**denkt · dachte · gedacht**

mixed verb

**denken an** + accusative  *to think about/of; bear in mind, remember*

| | |
|---|---|
| „Woran denken Sie?" | *"What are you thinking about?"* |
| „Ich denke an meinen Vater." | *"I'm thinking about my father."* |
| Astrid denkt nur an sich selbst. | *Astrid is thinking only of herself.* |
| Denkst du oft an mich? | *Do you think of me often?* |
| Susanne denkt nur noch an Sofie. | *Susanne is thinking only of Sofie.* |
| Denkt daran, dass Manfred auch mitkommen will. | *Bear in mind that Manfred also wants to come along.* |
| Denken Sie daran, mich anzurufen. | *Don't forget to call me.* |
| Die Melodie lässt an Schuberts „Das Wandern" denken. | *The melody reminds one of Schubert's "Das Wandern."* |

**denken über** + accusative  *to think about*

| | |
|---|---|
| Was denken Sie über die Wahlergebnisse? | *What do you think about the election results?* |
| Erich denkt zu viel darüber. | *Erich thinks too much about that.* |
| Was denkst du darüber? | *What do you think about that?* |

**denken von**  *to think of*

| | |
|---|---|
| Was denkt sie von mir? | *What does she think of me?* |
| Wie niedrig Sie von Menschenwürde denken! (SCHILLER) | *Such a low opinion you have of the worthiness of man!* |

**denken** + genitive  *to think of (poetic)*

| | |
|---|---|
| Es ist der erste Mai, und ich denke deiner, du schöne Ilse. (HEINE) | *It is the first of May and I think of you, beautiful Ilse.* |

**sich denken**  *to imagine, conceive, mean*

| | |
|---|---|
| Ich kann mir denken, dass so was nicht leicht ist. | *I can imagine that something like that isn't easy.* |
| Frau Arnhem dachte sich nichts dabei. | *Mrs. Arnhem didn't think anything of it.* |
| Ich habe mir nichts Schlimmes dabei gedacht. | *I didn't mean anything bad by it.* |
| Ich hätte mir gleich denken können, dass er es nicht ernst meint. | *I should have known that he isn't serious about it.* |

**bei sich denken**  *to think to oneself*

| | |
|---|---|
| Erich dachte bei sich: „Vielleicht klappt's doch noch." | *Erich thought to himself, "Maybe it'll work yet."* |

**für etwas/jemanden gedacht sein**  *to be intended for something/someone*

| | |
|---|---|
| Das Gerät war für einen anderen Zweck gedacht. | *The device was intended for another purpose.* |

**IDIOMATIC EXPRESSIONS**

| | |
|---|---|
| Wir müssen um die Ecke denken, um dieses Problem zu lösen. | *We have to think outside the box to solve this problem.* |
| Erst denken, dann handeln. | *Think before you act.* |
| Das hat mir zu denken gegeben. | *That has made me wonder.* |
| Es lässt sich denken, dass sie die Adresse vergessen hat. | *It's conceivable that she forgot the address.* |
| Ich denke schon. | *I think so.* |
| Solange ich denken kann, hatte Heinz einen Bart. | *Heinz has had a beard as long as I can remember.* |
| Daran ist nicht zu denken. | *That's not possible.* |
| Der Mensch denkt, Gott lenkt. (PROVERB) | *Man proposes, God disposes.* |

TOP 50 VERBS

regular weak verb (dative object)      **dient · diente · gedient**

**PRESENT**

| | |
|---|---|
| ich diene | wir dienen |
| du dienst | ihr dient |
| Sie dienen | Sie dienen |
| er/sie/es dient | sie dienen |

**SIMPLE PAST**

| | |
|---|---|
| ich diente | wir dienten |
| du dientest | ihr dientet |
| Sie dienten | Sie dienten |
| er/sie/es diente | sie dienten |

**FUTURE**

| | | |
|---|---|---|
| ich werde | wir werden | |
| du wirst | ihr werdet | |
| Sie werden | Sie werden | } dienen |
| er/sie/es wird | sie werden | |

**PRESENT SUBJUNCTIVE I**

| | |
|---|---|
| ich diene | wir dienen |
| du dienest | ihr dienet |
| Sie dienen | Sie dienen |
| er/sie/es diene | sie dienen |

**PRESENT SUBJUNCTIVE II**

| | |
|---|---|
| ich diente | wir dienten |
| du dientest | ihr dientet |
| Sie dienten | Sie dienten |
| er/sie/es diente | sie dienten |

**FUTURE SUBJUNCTIVE I**

| | | |
|---|---|---|
| ich werde | wir werden | |
| du werdest | ihr werdet | |
| Sie werden | Sie werden | } dienen |
| er/sie/es werde | sie werden | |

**FUTURE SUBJUNCTIVE II**

| | | |
|---|---|---|
| ich würde | wir würden | |
| du würdest | ihr würdet | |
| Sie würden | Sie würden | } dienen |
| er/sie/es würde | sie würden | |

**PRESENT PERFECT**

| | | |
|---|---|---|
| ich habe | wir haben | |
| du hast | ihr habt | |
| Sie haben | Sie haben | } gedient |
| er/sie/es hat | sie haben | |

**PAST PERFECT**

| | | |
|---|---|---|
| ich hatte | wir hatten | |
| du hattest | ihr hattet | |
| Sie hatten | Sie hatten | } gedient |
| er/sie/es hatte | sie hatten | |

**FUTURE PERFECT**

| | | |
|---|---|---|
| ich werde | wir werden | |
| du wirst | ihr werdet | |
| Sie werden | Sie werden | } gedient haben |
| er/sie/es wird | sie werden | |

**PAST SUBJUNCTIVE I**

| | | |
|---|---|---|
| ich habe | wir haben | |
| du habest | ihr habet | |
| Sie haben | Sie haben | } gedient |
| er/sie/es habe | sie haben | |

**PAST SUBJUNCTIVE II**

| | | |
|---|---|---|
| ich hätte | wir hätten | |
| du hättest | ihr hättet | |
| Sie hätten | Sie hätten | } gedient |
| er/sie/es hätte | sie hätten | |

**FUTURE PERFECT SUBJUNCTIVE I**

| | | |
|---|---|---|
| ich werde | wir werden | |
| du werdest | ihr werdet | |
| Sie werden | Sie werden | } gedient haben |
| er/sie/es werde | sie werden | |

**FUTURE PERFECT SUBJUNCTIVE II**

| | | |
|---|---|---|
| ich würde | wir würden | |
| du würdest | ihr würdet | |
| Sie würden | Sie würden | } gedient haben |
| er/sie/es würde | sie würden | |

**COMMANDS**     dien(e)!   dient!   dienen Sie!

**PRESENT PARTICIPLE**    dienend

## Usage

*Wilhelm Meisters Lehrjahre* dient als gutes Beispiel
     für einen Bildungsroman.

Christian hat zwei Jahre bei der Bundeswehr gedient.

Das Geld dient einem guten Zweck.

Dieser Streit diente als Hintergrund für die politischen
     Geschehnisse des 12. Jahrhunderts.

Die treuen Untertanen dienten ihrem König.

Hannas Vater soll als Arzt in Entwicklungsländern
     gedient haben.

Mit bloßen Worten ist ihnen nicht gedient.

Andere Theaterstücke hatten dazu gedient,
     Geschichten aus der Bibel zu schildern.

Womit können wir Ihnen dienen? (*idiomatic*)

*Wilhelm Meisters Lehrjahre serves as a good example
     of a bildungsroman.*

*Christian served in the federal army for two years.*

*The money serves a good purpose.*

*This conflict served as a backdrop for the political events
     of the twelfth century.*

*The loyal subjects served their king.*

*Hanna's father is said to have served as a doctor
     in developing countries.*

*Mere words are of no use to them.*

*Other plays had been useful for depicting stories from
     the Bible.*

*How can we help you?*

**RELATED VERBS**   an·dienen; *see also* **bedienen** (49), **verdienen** (482)

# diskutieren *to discuss, debate; talk*

diskutiert · diskutierte · diskutiert

regular weak verb

### PRESENT

| | |
|---|---|
| ich diskutiere | wir diskutieren |
| du diskutierst | ihr diskutiert |
| Sie diskutieren | Sie diskutieren |
| er/sie/es diskutiert | sie diskutieren |

### SIMPLE PAST

| | |
|---|---|
| ich diskutierte | wir diskutierten |
| du diskutiertest | ihr diskutiertet |
| Sie diskutierten | Sie diskutierten |
| er/sie/es diskutierte | sie diskutierten |

### FUTURE

| | | |
|---|---|---|
| ich werde | wir werden | |
| du wirst | ihr werdet | diskutieren |
| Sie werden | Sie werden | |
| er/sie/es wird | sie werden | |

### PRESENT SUBJUNCTIVE I

| | |
|---|---|
| ich diskutiere | wir diskutieren |
| du diskutierest | ihr diskutieret |
| Sie diskutieren | Sie diskutieren |
| er/sie/es diskutiere | sie diskutieren |

### PRESENT SUBJUNCTIVE II

| | |
|---|---|
| ich diskutierte | wir diskutierten |
| du diskutiertest | ihr diskutiertet |
| Sie diskutierten | Sie diskutierten |
| er/sie/es diskutierte | sie diskutierten |

### FUTURE SUBJUNCTIVE I

| | | |
|---|---|---|
| ich werde | wir werden | |
| du werdest | ihr werdet | diskutieren |
| Sie werden | Sie werden | |
| er/sie/es werde | sie werden | |

### FUTURE SUBJUNCTIVE II

| | | |
|---|---|---|
| ich würde | wir würden | |
| du würdest | ihr würdet | diskutieren |
| Sie würden | Sie würden | |
| er/sie/es würde | sie würden | |

### PRESENT PERFECT

| | | |
|---|---|---|
| ich habe | wir haben | |
| du hast | ihr habt | diskutiert |
| Sie haben | Sie haben | |
| er/sie/es hat | sie haben | |

### PAST PERFECT

| | | |
|---|---|---|
| ich hatte | wir hatten | |
| du hattest | ihr hattet | diskutiert |
| Sie hatten | Sie hatten | |
| er/sie/es hatte | sie hatten | |

### FUTURE PERFECT

| | | |
|---|---|---|
| ich werde | wir werden | |
| du wirst | ihr werdet | diskutiert haben |
| Sie werden | Sie werden | |
| er/sie/es wird | sie werden | |

### PAST SUBJUNCTIVE I

| | | |
|---|---|---|
| ich habe | wir haben | |
| du habest | ihr habet | diskutiert |
| Sie haben | Sie haben | |
| er/sie/es habe | sie haben | |

### PAST SUBJUNCTIVE II

| | | |
|---|---|---|
| ich hätte | wir hätten | |
| du hättest | ihr hättet | diskutiert |
| Sie hätten | Sie hätten | |
| er/sie/es hätte | sie hätten | |

### FUTURE PERFECT SUBJUNCTIVE I

| | | |
|---|---|---|
| ich werde | wir werden | |
| du werdest | ihr werdet | diskutiert haben |
| Sie werden | Sie werden | |
| er/sie/es werde | sie werden | |

### FUTURE PERFECT SUBJUNCTIVE II

| | | |
|---|---|---|
| ich würde | wir würden | |
| du würdest | ihr würdet | diskutiert haben |
| Sie würden | Sie würden | |
| er/sie/es würde | sie würden | |

COMMANDS     diskutier(e)!   diskutiert!   diskutieren Sie!

PRESENT PARTICIPLE     diskutierend

## Usage

| | |
|---|---|
| Wir haben das Problem ausführlich diskutiert. | *We thoroughly discussed the problem.* |
| Condillac diskutiert menschliche Sprache in Hinsicht auf spontane Gesten. | *Condillac discusses human language relative to spontaneous gestures.* |
| Es ist notwendig, die neuen Entwicklungen gemeinsam zu diskutieren. | *It is necessary to discuss the new developments together.* |
| Letzte Woche wurde über einen Artikel aus *Der Spiegel* diskutiert. | *Last week an article from* Der Spiegel *was discussed.* |
| Die Ursachen des Terrorismus müssen diskutiert werden. | *The causes of terrorism must be discussed.* |
| Die Rolle der NATO wurde heute im Parlament diskutiert. | *The role of NATO was discussed in Parliament today.* |
| Die Politiker haben das Thema stundenlang diskutiert. | *The politicians debated the topic for hours.* |
| In unserem Chat wird über klassische Musik diskutiert. | *In our chat room, we talk about classical music.* |
| In einem Radiointerview diskutierte der CEO seinen Rücktritt. | *In a radio interview, the CEO talked about his resignation.* |

RELATED VERBS   aus·diskutieren, durch·diskutieren, weg·diskutieren

regular weak verb

**PRESENT**

| | |
|---|---|
| ich drehe | wir drehen |
| du drehst | ihr dreht |
| Sie drehen | Sie drehen |
| er/sie/es dreht | sie drehen |

**SIMPLE PAST**

| | |
|---|---|
| ich drehte | wir drehten |
| du drehtest | ihr drehtet |
| Sie drehten | Sie drehten |
| er/sie/es drehte | sie drehten |

**FUTURE**

| | | |
|---|---|---|
| ich werde | wir werden | |
| du wirst | ihr werdet | drehen |
| Sie werden | Sie werden | |
| er/sie/es wird | sie werden | |

**PRESENT SUBJUNCTIVE I**

| | |
|---|---|
| ich drehe | wir drehen |
| du drehest | ihr drehet |
| Sie drehen | Sie drehen |
| er/sie/es drehe | sie drehen |

**PRESENT SUBJUNCTIVE II**

| | |
|---|---|
| ich drehte | wir drehten |
| du drehtest | ihr drehtet |
| Sie drehten | Sie drehten |
| er/sie/es drehte | sie drehten |

**FUTURE SUBJUNCTIVE I**

| | | |
|---|---|---|
| ich werde | wir werden | |
| du werdest | ihr werdet | drehen |
| Sie werden | Sie werden | |
| er/sie/es werde | sie werden | |

**FUTURE SUBJUNCTIVE II**

| | | |
|---|---|---|
| ich würde | wir würden | |
| du würdest | ihr würdet | drehen |
| Sie würden | Sie würden | |
| er/sie/es würde | sie würden | |

**PRESENT PERFECT**

| | | |
|---|---|---|
| ich habe | wir haben | |
| du hast | ihr habt | gedreht |
| Sie haben | Sie haben | |
| er/sie/es hat | sie haben | |

**PAST PERFECT**

| | | |
|---|---|---|
| ich hatte | wir hatten | |
| du hattest | ihr hattet | gedreht |
| Sie hatten | Sie hatten | |
| er/sie/es hatte | sie hatten | |

**FUTURE PERFECT**

| | | |
|---|---|---|
| ich werde | wir werden | |
| du wirst | ihr werdet | gedreht haben |
| Sie werden | Sie werden | |
| er/sie/es wird | sie werden | |

**PAST SUBJUNCTIVE I**

| | | |
|---|---|---|
| ich habe | wir haben | |
| du habest | ihr habet | gedreht |
| Sie haben | Sie haben | |
| er/sie/es habe | sie haben | |

**PAST SUBJUNCTIVE II**

| | | |
|---|---|---|
| ich hätte | wir hätten | |
| du hättest | ihr hättet | gedreht |
| Sie hätten | Sie hätten | |
| er/sie/es hätte | sie hätten | |

**FUTURE PERFECT SUBJUNCTIVE I**

| | | |
|---|---|---|
| ich werde | wir werden | |
| du werdest | ihr werdet | gedreht haben |
| Sie werden | Sie werden | |
| er/sie/es werde | sie werden | |

**FUTURE PERFECT SUBJUNCTIVE II**

| | | |
|---|---|---|
| ich würde | wir würden | |
| du würdest | ihr würdet | gedreht haben |
| Sie würden | Sie würden | |
| er/sie/es würde | sie würden | |

**COMMANDS**    dreh(e)!   dreht!   drehen Sie!

**PRESENT PARTICIPLE**    drehend

## Usage

| | |
|---|---|
| Du drehst die Schraube doch im Gegenuhrzeigersinn. | *But you are turning the screw counterclockwise.* |
| Er kann seinen Fuß nicht nach außen drehen. | *He is unable to rotate his foot outward.* |
| Kannst du Makisushi drehen? | *Can you roll makizushi?* |
| Früher hat Heinz seine Zigaretten selbst gedreht. | *Heinz used to roll his own cigarettes.* |
| Doris Dörrie drehte den Film in Japan. | *Doris Dörrie shot the film in Japan.* |

**sich drehen** *to turn, rotate, roll, revolve, spin, orbit*

| | |
|---|---|
| Der Türschlüssel dreht sich schwer. | *The door key is hard to turn.* |
| Diese Festplatte dreht sich mit 7.200 U/min. | *This hard drive spins at 7,200 rpm.* |
| Die Erde dreht sich um die Sonne. | *The earth orbits the sun.* |
| Vier Jahre drehten sie sich im Kreis, weil sie kein Ziel im Sinn hatten. *(idiomatic)* | *For four years, they spun their wheels because they had no goal in mind.* |

**RELATED VERBS**   ab·drehen, an·drehen, auf·drehen, aus·drehen, durch·drehen, ein·drehen, hoch·drehen, überdrehen, um·drehen, verdrehen, weg·drehen, zu·drehen, zurück·drehen

## dreschen  *to thresh*

**drischt · drosch/drasch · gedroschen**

### PRESENT

| | |
|---|---|
| ich dresche | wir dreschen |
| du drischst | ihr drescht |
| Sie dreschen | Sie dreschen |
| er/sie/es drischt | sie dreschen |

### SIMPLE PAST

| | |
|---|---|
| ich drosch/drasch | wir droschen/draschen |
| du droschst/draschst | ihr droscht/drascht |
| Sie droschen/draschen | Sie droschen/draschen |
| er/sie/es drosch/drasch | sie droschen/draschen |

### FUTURE

| | | |
|---|---|---|
| ich werde | wir werden | |
| du wirst | ihr werdet | dreschen |
| Sie werden | Sie werden | |
| er/sie/es wird | sie werden | |

### PRESENT SUBJUNCTIVE I

| | |
|---|---|
| ich dresche | wir dreschen |
| du dreschest | ihr dreschet |
| Sie dreschen | Sie dreschen |
| er/sie/es dresche | sie dreschen |

### PRESENT SUBJUNCTIVE II

| | |
|---|---|
| ich drösche/dräsche | wir dröschen/dräschen |
| du dröschest/dräschest | ihr dröschet/dräschet |
| Sie dröschen/dräschen | Sie dröschen/dräschen |
| er/sie/es drösche/dräsche | sie dröschen/dräschen |

### FUTURE SUBJUNCTIVE I

| | | |
|---|---|---|
| ich werde | wir werden | |
| du werdest | ihr werdet | dreschen |
| Sie werden | Sie werden | |
| er/sie/es werde | sie werden | |

### FUTURE SUBJUNCTIVE II

| | | |
|---|---|---|
| ich würde | wir würden | |
| du würdest | ihr würdet | dreschen |
| Sie würden | Sie würden | |
| er/sie/es würde | sie würden | |

### PRESENT PERFECT

| | | |
|---|---|---|
| ich habe | wir haben | |
| du hast | ihr habt | gedroschen |
| Sie haben | Sie haben | |
| er/sie/es hat | sie haben | |

### PAST PERFECT

| | | |
|---|---|---|
| ich hatte | wir hatten | |
| du hattest | ihr hattet | gedroschen |
| Sie hatten | Sie hatten | |
| er/sie/es hatte | sie hatten | |

### FUTURE PERFECT

| | | |
|---|---|---|
| ich werde | wir werden | |
| du wirst | ihr werdet | gedroschen haben |
| Sie werden | Sie werden | |
| er/sie/es wird | sie werden | |

### PAST SUBJUNCTIVE I

| | | |
|---|---|---|
| ich habe | wir haben | |
| du habest | ihr habet | gedroschen |
| Sie haben | Sie haben | |
| er/sie/es habe | sie haben | |

### PAST SUBJUNCTIVE II

| | | |
|---|---|---|
| ich hätte | wir hätten | |
| du hättest | ihr hättet | gedroschen |
| Sie hätten | Sie hätten | |
| er/sie/es hätte | sie hätten | |

### FUTURE PERFECT SUBJUNCTIVE I

| | | |
|---|---|---|
| ich werde | wir werden | |
| du werdest | ihr werdet | gedroschen haben |
| Sie werden | Sie werden | |
| er/sie/es werde | sie werden | |

### FUTURE PERFECT SUBJUNCTIVE II

| | | |
|---|---|---|
| ich würde | wir würden | |
| du würdest | ihr würdet | gedroschen haben |
| Sie würden | Sie würden | |
| er/sie/es würde | sie würden | |

**COMMANDS**     drisch!   drescht!   dreschen Sie!

**PRESENT PARTICIPLE**     dreschend

## Usage

| | |
|---|---|
| Im August muss das Getreide gedroschen werden. | *In August the grain must be threshed.* |
| Wenn es regnet, können wir die Weizen nicht dreschen. | *If it rains, we can't thresh the wheat.* |
| Wir denken, morgen zu dreschen. | *We intend to thresh tomorrow.* |
| Ein Drescher ist jemand, der drischt. | *A thresher is someone who threshes.* |
| Opa, drischst du gerne? | *Grandpa, do you like threshing?* |
| Franz-Josef drischt mit einem modernen Mähdrescher. | *Franz-Josef threshes with a modern combine.* |
| Sein Vater drosch das Getreide mit einem Dreschflegel. | *His father threshed grain with a threshing flail.* |
| Mein Vater fing immer frühmorgens an zu dreschen. | *My father always began threshing early in the morning.* |
| Rolf drosch den Ball aus 13 Metern in die Maschen. | *Rolf slammed the ball into the net from 13 meters out.* |
| Der Glücksspieler drosch mit der Faust auf den Tisch. | *The gambler banged his fist on the table.* |

**RELATED VERB** aus·dreschen

strong verb | dringt · drang · gedrungen

**PRESENT**

| | |
|---|---|
| ich dringe | wir dringen |
| du dringst | ihr dringt |
| Sie dringen | Sie dringen |
| er/sie/es dringt | sie dringen |

**PRESENT PERFECT**

| | | |
|---|---|---|
| ich bin | wir sind | |
| du bist | ihr seid | gedrungen |
| Sie sind | Sie sind | |
| er/sie/es ist | sie sind | |

**SIMPLE PAST**

| | |
|---|---|
| ich drang | wir drangen |
| du drangst | ihr drangt |
| Sie drangen | Sie drangen |
| er/sie/es drang | sie drangen |

**PAST PERFECT**

| | | |
|---|---|---|
| ich war | wir waren | |
| du warst | ihr wart | gedrungen |
| Sie waren | Sie waren | |
| er/sie/es war | sie waren | |

**FUTURE**

| | | |
|---|---|---|
| ich werde | wir werden | |
| du wirst | ihr werdet | dringen |
| Sie werden | Sie werden | |
| er/sie/es wird | sie werden | |

**FUTURE PERFECT**

| | | |
|---|---|---|
| ich werde | wir werden | |
| du wirst | ihr werdet | gedrungen sein |
| Sie werden | Sie werden | |
| er/sie/es wird | sie werden | |

**PRESENT SUBJUNCTIVE I**

| | |
|---|---|
| ich dringe | wir dringen |
| du dringest | ihr dringet |
| Sie dringen | Sie dringen |
| er/sie/es dringe | sie dringen |

**PAST SUBJUNCTIVE I**

| | | |
|---|---|---|
| ich sei | wir seien | |
| du seiest | ihr seiet | gedrungen |
| Sie seien | Sie seien | |
| er/sie/es sei | sie seien | |

**PRESENT SUBJUNCTIVE II**

| | |
|---|---|
| ich dränge | wir drängen |
| du drängest | ihr dränget |
| Sie drängen | Sie drängen |
| er/sie/es dränge | sie drängen |

**PAST SUBJUNCTIVE II**

| | | |
|---|---|---|
| ich wäre | wir wären | |
| du wärest | ihr wäret | gedrungen |
| Sie wären | Sie wären | |
| er/sie/es wäre | sie wären | |

**FUTURE SUBJUNCTIVE I**

| | | |
|---|---|---|
| ich werde | wir werden | |
| du werdest | ihr werdet | dringen |
| Sie werden | Sie werden | |
| er/sie/es werde | sie werden | |

**FUTURE PERFECT SUBJUNCTIVE I**

| | | |
|---|---|---|
| ich werde | wir werden | |
| du werdest | ihr werdet | gedrungen sein |
| Sie werden | Sie werden | |
| er/sie/es werde | sie werden | |

**FUTURE SUBJUNCTIVE II**

| | | |
|---|---|---|
| ich würde | wir würden | |
| du würdest | ihr würdet | dringen |
| Sie würden | Sie würden | |
| er/sie/es würde | sie würden | |

**FUTURE PERFECT SUBJUNCTIVE II**

| | | |
|---|---|---|
| ich würde | wir würden | |
| du würdest | ihr würdet | gedrungen sein |
| Sie würden | Sie würden | |
| er/sie/es würde | sie würden | |

**COMMANDS** dring(e)! dringt! dringen Sie!

**PRESENT PARTICIPLE** dringend

## Usage

| | |
|---|---|
| Diese Substanzen dringen langsam durch die Haut. | *These substances slowly penetrate the skin.* |
| Die Nachricht ist an die Öffentlichkeit gedrungen. | *The news has reached the public.* |
| Sein Ruf drang weit ins Ausland. | *His reputation spread far abroad.* |
| Das Gelächter drang durch den Hörsaal. | *The laughter spread through the auditorium.* |
| Ein leises Echo ist durch den Wald bis zu unserem Zelt gedrungen. | *A soft echo swept through the forest as far as our tent.* |
| Ein abscheulicher Geruch drang mir in die Nase. | *A disgusting smell reached my nose.* |

### dringen (with haben) *to entreat, beg, urge*

| | |
|---|---|
| Die Politiker haben auf ein Ende des Waffenembargos gedrungen. | *The politicians urged an end to the weapons embargo.* |
| Die Vorstandsmitglieder dringen auf eine schnelle Entscheidung. | *The board members are pushing for a quick decision.* |

**RELATED VERBS** an·dringen, durch·dringen, durchdringen, ein·dringen, vor·dringen

## drucken  *to print*

**druckt · druckte · gedruckt**                                    regular weak verb

**PRESENT**

| | |
|---|---|
| ich drucke | wir drucken |
| du druckst | ihr druckt |
| Sie drucken | Sie drucken |
| er/sie/es druckt | sie drucken |

**SIMPLE PAST**

| | |
|---|---|
| ich druckte | wir druckten |
| du drucktest | ihr drucktet |
| Sie druckten | Sie druckten |
| er/sie/es druckte | sie druckten |

**FUTURE**

| | |
|---|---|
| ich werde | wir werden |
| du wirst | ihr werdet |
| Sie werden | Sie werden |
| er/sie/es wird | sie werden |

> drucken

**PRESENT SUBJUNCTIVE I**

| | |
|---|---|
| ich drucke | wir drucken |
| du druckest | ihr drucket |
| Sie drucken | Sie drucken |
| er/sie/es drucke | sie drucken |

**PRESENT SUBJUNCTIVE II**

| | |
|---|---|
| ich druckte | wir druckten |
| du drucktest | ihr drucktet |
| Sie druckten | Sie druckten |
| er/sie/es druckte | sie druckten |

**FUTURE SUBJUNCTIVE I**

| | |
|---|---|
| ich werde | wir werden |
| du werdest | ihr werdet |
| Sie werden | Sie werden |
| er/sie/es werde | sie werden |

> drucken

**FUTURE SUBJUNCTIVE II**

| | |
|---|---|
| ich würde | wir würden |
| du würdest | ihr würdet |
| Sie würden | Sie würden |
| er/sie/es würde | sie würden |

> drucken

**PRESENT PERFECT**

| | |
|---|---|
| ich habe | wir haben |
| du hast | ihr habt |
| Sie haben | Sie haben |
| er/sie/es hat | sie haben |

> gedruckt

**PAST PERFECT**

| | |
|---|---|
| ich hatte | wir hatten |
| du hattest | ihr hattet |
| Sie hatten | Sie hatten |
| er/sie/es hatte | sie hatten |

> gedruckt

**FUTURE PERFECT**

| | |
|---|---|
| ich werde | wir werden |
| du wirst | ihr werdet |
| Sie werden | Sie werden |
| er/sie/es wird | sie werden |

> gedruckt haben

**PAST SUBJUNCTIVE I**

| | |
|---|---|
| ich habe | wir haben |
| du habest | ihr habet |
| Sie haben | Sie haben |
| er/sie/es habe | sie haben |

> gedruckt

**PAST SUBJUNCTIVE II**

| | |
|---|---|
| ich hätte | wir hätten |
| du hättest | ihr hättet |
| Sie hätten | Sie hätten |
| er/sie/es hätte | sie hätten |

> gedruckt

**FUTURE PERFECT SUBJUNCTIVE I**

| | |
|---|---|
| ich werde | wir werden |
| du werdest | ihr werdet |
| Sie werden | Sie werden |
| er/sie/es werde | sie werden |

> gedruckt haben

**FUTURE PERFECT SUBJUNCTIVE II**

| | |
|---|---|
| ich würde | wir würden |
| du würdest | ihr würdet |
| Sie würden | Sie würden |
| er/sie/es würde | sie würden |

> gedruckt haben

**COMMANDS**    druck(e)!    druckt!    drucken Sie!

**PRESENT PARTICIPLE**    druckend

## Usage

| | |
|---|---|
| Wie druckt man Bilder mit diesem Drucker? | *How do you print pictures with this printer?* |
| Gutenberg druckte Bücher schon in der Mitte des 15. Jahrhunderts. | *Gutenberg printed books as early as the middle of the fifteenth century.* |
| Bücher, die vor 1500 gedruckt wurden, nennt man Inkunabeln. | *Books printed before the year 1500 are called incunabula.* |
| Kann man das genau so drucken, wie es am Bildschirm angezeigt wird? | *Can you print that exactly the way it appears on the screen?* |
| Die erste Reihe müsste in den 60er Jahren in kleiner Auflage gedruckt worden sein. | *The first series must have been printed in a small edition in the 1960s.* |
| In diesem Text werden Schlüsselwörter fett gedruckt. | *Key words are printed boldface in this text.* |
| Nicht alle Leserbriefe werden gedruckt. | *Not all letters to the editor get printed.* |

**RELATED VERBS**   ab·drucken, an·drucken, auf·drucken, aus·drucken, bedrucken, beeindrucken, ein·drucken, nach·drucken, überdrucken, um·drucken, verdrucken, vor·drucken regular weak verb · drückt · drückte · gedrückt

**PRESENT**

| | |
|---|---|
| ich drücke | wir drücken |
| du drückst | ihr drückt |
| Sie drücken | Sie drücken |
| er/sie/es drückt | sie drücken |

**SIMPLE PAST**

| | |
|---|---|
| ich drückte | wir drückten |
| du drücktest | ihr drücktet |
| Sie drückten | Sie drückten |
| er/sie/es drückte | sie drückten |

**FUTURE**

| | | |
|---|---|---|
| ich werde | wir werden | |
| du wirst | ihr werdet | drücken |
| Sie werden | Sie werden | |
| er/sie/es wird | sie werden | |

**PRESENT SUBJUNCTIVE I**

| | |
|---|---|
| ich drücke | wir drücken |
| du drückest | ihr drücket |
| Sie drücken | Sie drücken |
| er/sie/es drücke | sie drücken |

**PRESENT SUBJUNCTIVE II**

| | |
|---|---|
| ich drückte | wir drückten |
| du drücktest | ihr drücktet |
| Sie drückten | Sie drückten |
| er/sie/es drückte | sie drückten |

**FUTURE SUBJUNCTIVE I**

| | | |
|---|---|---|
| ich werde | wir werden | |
| du werdest | ihr werdet | drücken |
| Sie werden | Sie werden | |
| er/sie/es werde | sie werden | |

**FUTURE SUBJUNCTIVE II**

| | | |
|---|---|---|
| ich würde | wir würden | |
| du würdest | ihr würdet | drücken |
| Sie würden | Sie würden | |
| er/sie/es würde | sie würden | |

**PRESENT PERFECT**

| | | |
|---|---|---|
| ich habe | wir haben | |
| du hast | ihr habt | gedrückt |
| Sie haben | Sie haben | |
| er/sie/es hat | sie haben | |

**PAST PERFECT**

| | | |
|---|---|---|
| ich hatte | wir hatten | |
| du hattest | ihr hattet | gedrückt |
| Sie hatten | Sie hatten | |
| er/sie/es hatte | sie hatten | |

**FUTURE PERFECT**

| | | |
|---|---|---|
| ich werde | wir werden | |
| du wirst | ihr werdet | gedrückt haben |
| Sie werden | Sie werden | |
| er/sie/es wird | sie werden | |

**PAST SUBJUNCTIVE I**

| | | |
|---|---|---|
| ich habe | wir haben | |
| du habest | ihr habet | gedrückt |
| Sie haben | Sie haben | |
| er/sie/es habe | sie haben | |

**PAST SUBJUNCTIVE II**

| | | |
|---|---|---|
| ich hätte | wir hätten | |
| du hättest | ihr hättet | gedrückt |
| Sie hätten | Sie hätten | |
| er/sie/es hätte | sie hätten | |

**FUTURE PERFECT SUBJUNCTIVE I**

| | | |
|---|---|---|
| ich werde | wir werden | |
| du werdest | ihr werdet | gedrückt haben |
| Sie werden | Sie werden | |
| er/sie/es werde | sie werden | |

**FUTURE PERFECT SUBJUNCTIVE II**

| | | |
|---|---|---|
| ich würde | wir würden | |
| du würdest | ihr würdet | gedrückt haben |
| Sie würden | Sie würden | |
| er/sie/es würde | sie würden | |

**COMMANDS**     drück(e)!   drückt!   drücken Sie!

**PRESENT PARTICIPLE**     drückend

## Usage

| | |
|---|---|
| Tragen Sie die gefragten Angaben ein und drücken Sie dann auf ENTER. | *Enter the information requested and then press* ENTER. |
| Das Kind hat sein Gesicht ins Kissen gedrückt. | *The child pressed his face into the pillow.* |
| Ich habe auf den Knopf gedrückt, aber nichts passiert. | *I pushed the button but nothing is happening.* |
| Ein Stempel wurde in meinen Pass gedrückt. | *A stamp was imprinted on my passport.* |
| Ein kleines „P" wird in die Vorderseite der Münze gedrückt. | *A small "P" is pressed into the obverse side of the coin.* |
| Wie drückst du die Zahnpasta aus der Tube? | *How do you squeeze toothpaste from the tube?* |
| Ernst hat ihre Hand zärtlich gedrückt. | *Ernst tenderly squeezed her hand.* |
| Drück nicht so fest! | *Don't squeeze so hard!* |
| Der Gedanke drückte schwer auf meinen Sohn. | *The thought weighed heavily on my son.* |

**RELATED VERBS**   ab·drücken, an·drücken, auf·drücken, aus·drücken, bedrücken, durch·drücken, ein·drücken, erdrücken, nieder·drücken, unterdrücken, verdrücken, weg·drücken, zerdrücken, zu·drücken, zusammen·drücken

# dürfen  *may, might, to be allowed to, be permitted to*

darf · durfte · gedurft                                                    modal verb

**PRESENT**

| | |
|---|---|
| ich darf | wir dürfen |
| du darfst | ihr dürft |
| Sie dürfen | Sie dürfen |
| er/sie/es darf | sie dürfen |

**SIMPLE PAST**

| | |
|---|---|
| ich durfte | wir durften |
| du durftest | ihr durftet |
| Sie durften | Sie durften |
| er/sie/es durfte | sie durften |

**FUTURE**

| | | |
|---|---|---|
| ich werde | wir werden | |
| du wirst | ihr werdet | |
| Sie werden | Sie werden | } dürfen |
| er/sie/es wird | sie werden | |

**PRESENT SUBJUNCTIVE I**

| | |
|---|---|
| ich dürfe | wir dürfen |
| du dürfest | ihr dürfet |
| Sie dürfen | Sie dürfen |
| er/sie/es dürfe | sie dürfen |

**PRESENT SUBJUNCTIVE II**

| | |
|---|---|
| ich dürfte | wir dürften |
| du dürftest | ihr dürftet |
| Sie dürften | Sie dürften |
| er/sie/es dürfte | sie dürften |

**FUTURE SUBJUNCTIVE I**

| | | |
|---|---|---|
| ich werde | wir werden | |
| du werdest | ihr werdet | |
| Sie werden | Sie werden | } dürfen |
| er/sie/es werde | sie werden | |

**FUTURE SUBJUNCTIVE II**

| | | |
|---|---|---|
| ich würde | wir würden | |
| du würdest | ihr würdet | |
| Sie würden | Sie würden | } dürfen |
| er/sie/es würde | sie würden | |

**PRESENT PERFECT**

| | | |
|---|---|---|
| ich habe | wir haben | |
| du hast | ihr habt | |
| Sie haben | Sie haben | } gedurft |
| er/sie/es hat | sie haben | |

**PAST PERFECT**

| | | |
|---|---|---|
| ich hatte | wir hatten | |
| du hattest | ihr hattet | |
| Sie hatten | Sie hatten | } gedurft |
| er/sie/es hatte | sie hatten | |

**FUTURE PERFECT**

| | | |
|---|---|---|
| ich werde | wir werden | |
| du wirst | ihr werdet | |
| Sie werden | Sie werden | } gedurft haben |
| er/sie/es wird | sie werden | |

**PAST SUBJUNCTIVE I**

| | | |
|---|---|---|
| ich habe | wir haben | |
| du habest | ihr habet | |
| Sie haben | Sie haben | } gedurft |
| er/sie/es habe | sie haben | |

**PAST SUBJUNCTIVE II**

| | | |
|---|---|---|
| ich hätte | wir hätten | |
| du hättest | ihr hättet | |
| Sie hätten | Sie hätten | } gedurft |
| er/sie/es hätte | sie hätten | |

**FUTURE PERFECT SUBJUNCTIVE I**

| | | |
|---|---|---|
| ich werde | wir werden | |
| du werdest | ihr werdet | |
| Sie werden | Sie werden | } gedurft haben |
| er/sie/es werde | sie werden | |

**FUTURE PERFECT SUBJUNCTIVE II**

| | | |
|---|---|---|
| ich würde | wir würden | |
| du würdest | ihr würdet | |
| Sie würden | Sie würden | } gedurft haben |
| er/sie/es würde | sie würden | |

**COMMANDS**  —

**PRESENT PARTICIPLE**  dürfend

## Usage

| | |
|---|---|
| Darf ich rauchen? | *May I smoke?* |
| Dürften wir hier übernachten? | *Might we spend the night here?* |
| Wir durften nicht über die Grenze gehen. | *We weren't allowed to cross the border.* |
| In den USA darf man mit sechzehn Jahren Auto fahren. | *In the U.S. you are permitted to drive when you are 16 years old.* |
| Was darf ich für Sie tun? | *What may I do for you?* |

### dürfen (present subjunctive II + infinitive; to express likelihood, presumption)

| | |
|---|---|
| Das dürfte kein Problem sein. | *That will not likely be a problem.* |
| Diese Kirche dürfte vor 1500 gebaut worden sein. | *This church was probably built before 1500.* |

### dürfen (double infinitive)

| | |
|---|---|
| Ich hätte das nicht machen dürfen. | *I would not have been permitted to do that.* |

**RELATED VERBS**  bedürfen, zurück·dürfen

regular weak verb

**ehrt · ehrte · geehrt**

**PRESENT**

| | |
|---|---|
| ich ehre | wir ehren |
| du ehrst | ihr ehrt |
| Sie ehren | Sie ehren |
| er/sie/es ehrt | sie ehren |

**SIMPLE PAST**

| | |
|---|---|
| ich ehrte | wir ehrten |
| du ehrtest | ihr ehrtet |
| Sie ehrten | Sie ehrten |
| er/sie/es ehrte | sie ehrten |

**FUTURE**

| | | |
|---|---|---|
| ich werde | wir werden | |
| du wirst | ihr werdet | ehren |
| Sie werden | Sie werden | |
| er/sie/es wird | sie werden | |

**PRESENT SUBJUNCTIVE I**

| | |
|---|---|
| ich ehre | wir ehren |
| du ehrest | ihr ehret |
| Sie ehren | Sie ehren |
| er/sie/es ehre | sie ehren |

**PRESENT SUBJUNCTIVE II**

| | |
|---|---|
| ich ehrte | wir ehrten |
| du ehrtest | ihr ehrtet |
| Sie ehrten | Sie ehrten |
| er/sie/es ehrte | sie ehrten |

**FUTURE SUBJUNCTIVE I**

| | | |
|---|---|---|
| ich werde | wir werden | |
| du werdest | ihr werdet | ehren |
| Sie werden | Sie werden | |
| er/sie/es werde | sie werden | |

**FUTURE SUBJUNCTIVE II**

| | | |
|---|---|---|
| ich würde | wir würden | |
| du würdest | ihr würdet | ehren |
| Sie würden | Sie würden | |
| er/sie/es würde | sie würden | |

**PRESENT PERFECT**

| | | |
|---|---|---|
| ich habe | wir haben | |
| du hast | ihr habt | geehrt |
| Sie haben | Sie haben | |
| er/sie/es hat | sie haben | |

**PAST PERFECT**

| | | |
|---|---|---|
| ich hatte | wir hatten | |
| du hattest | ihr hattet | geehrt |
| Sie hatten | Sie hatten | |
| er/sie/es hatte | sie hatten | |

**FUTURE PERFECT**

| | | |
|---|---|---|
| ich werde | wir werden | |
| du wirst | ihr werdet | geehrt haben |
| Sie werden | Sie werden | |
| er/sie/es wird | sie werden | |

**PAST SUBJUNCTIVE I**

| | | |
|---|---|---|
| ich habe | wir haben | |
| du habest | ihr habet | geehrt |
| Sie haben | Sie haben | |
| er/sie/es habe | sie haben | |

**PAST SUBJUNCTIVE II**

| | | |
|---|---|---|
| ich hätte | wir hätten | |
| du hättest | ihr hättet | geehrt |
| Sie hätten | Sie hätten | |
| er/sie/es hätte | sie hätten | |

**FUTURE PERFECT SUBJUNCTIVE I**

| | | |
|---|---|---|
| ich werde | wir werden | |
| du werdest | ihr werdet | geehrt haben |
| Sie werden | Sie werden | |
| er/sie/es werde | sie werden | |

**FUTURE PERFECT SUBJUNCTIVE II**

| | | |
|---|---|---|
| ich würde | wir würden | |
| du würdest | ihr würdet | geehrt haben |
| Sie würden | Sie würden | |
| er/sie/es würde | sie würden | |

**COMMANDS**      ehr(e)!   ehrt!   ehren Sie!

**PRESENT PARTICIPLE**      ehrend

## Usage

Der Minister ehrt die Nationalmannschaft für ihre Leistungen.

*The minister honors the national team for their accomplishments.*

Ehre deinen Vater und deine Mutter. (2. Mose 20,12)

*Honor thy father and thy mother.* (Exodus 20:12)

Der alternde Schauspieler wurde für sein Lebenswerk geehrt.

*The aging actor was honored for his life's work.*

Man hat den Schriftsteller durch einen Preis geehrt.

*The writer was honored with a prize.*

Bürgermeister Hüppe ehrt die Bürger der Stadt.

*Mayor Hüppe is honoring the citizens of the city.*

Die heilige Elisabeth war für ihre Wunderheilungen bekannt und wird von vielen geehrt.

*St. Elizabeth was known for her miraculous healings and is revered by many.*

Die Statue ehrt das Andenken der vielen Opfer dieser Katastrophe.

*The statue does honor to the memory of the many victims of this catastrophe.*

An diesem Ort ehrte der Stamm seine Ahnen.

*The tribe paid respects to their ancestors at this location.*

**RELATED VERBS**   beehren, entehren, verehren

**PRESENT**

| ich falle | wir fallen |
|---|---|
| du fällst | ihr fallt |
| Sie fallen | Sie fallen |
| er/sie/es fällt | sie fallen |

} ein

**PRESENT PERFECT**

| ich bin | wir sind |
|---|---|
| du bist | ihr seid |
| Sie sind | Sie sind |
| er/sie/es ist | sie sind |

} eingefallen

**SIMPLE PAST**

| ich fiel | wir fielen |
|---|---|
| du fielst | ihr fielt |
| Sie fielen | Sie fielen |
| er/sie/es fiel | sie fielen |

} ein

**PAST PERFECT**

| ich war | wir waren |
|---|---|
| du warst | ihr wart |
| Sie waren | Sie waren |
| er/sie/es war | sie waren |

} eingefallen

**FUTURE**

| ich werde | wir werden |
|---|---|
| du wirst | ihr werdet |
| Sie werden | Sie werden |
| er/sie/es wird | sie werden |

} einfallen

**FUTURE PERFECT**

| ich werde | wir werden |
|---|---|
| du wirst | ihr werdet |
| Sie werden | Sie werden |
| er/sie/es wird | sie werden |

} eingefallen sein

**PRESENT SUBJUNCTIVE I**

| ich falle | wir fallen |
|---|---|
| du fallest | ihr fallet |
| Sie fallen | Sie fallen |
| er/sie/es falle | sie fallen |

} ein

**PAST SUBJUNCTIVE I**

| ich sei | wir seien |
|---|---|
| du seiest | ihr seiet |
| Sie seien | Sie seien |
| er/sie/es sei | sie seien |

} eingefallen

**PRESENT SUBJUNCTIVE II**

| ich fiele | wir fielen |
|---|---|
| du fielest | ihr fielet |
| Sie fielen | Sie fielen |
| er/sie/es fiele | sie fielen |

} ein

**PAST SUBJUNCTIVE II**

| ich wäre | wir wären |
|---|---|
| du wärest | ihr wäret |
| Sie wären | Sie wären |
| er/sie/es wäre | sie wären |

} eingefallen

**FUTURE SUBJUNCTIVE I**

| ich werde | wir werden |
|---|---|
| du werdest | ihr werdet |
| Sie werden | Sie werden |
| er/sie/es werde | sie werden |

} einfallen

**FUTURE PERFECT SUBJUNCTIVE I**

| ich werde | wir werden |
|---|---|
| du werdest | ihr werdet |
| Sie werden | Sie werden |
| er/sie/es werde | sie werden |

} eingefallen sein

**FUTURE SUBJUNCTIVE II**

| ich würde | wir würden |
|---|---|
| du würdest | ihr würdet |
| Sie würden | Sie würden |
| er/sie/es würde | sie würden |

} einfallen

**FUTURE PERFECT SUBJUNCTIVE II**

| ich würde | wir würden |
|---|---|
| du würdest | ihr würdet |
| Sie würden | Sie würden |
| er/sie/es würde | sie würden |

} eingefallen sein

**COMMANDS**        fall(e) ein!   fallt ein!   fallen Sie ein!

**PRESENT PARTICIPLE**   einfallend

## Usage

| | |
|---|---|
| Nach dem Brand ist das Haus eingefallen. | *After the fire the house collapsed.* |
| Ein päpstliches Heer war in Thüringen eingefallen. | *A papal army had invaded Thuringia.* |
| Die Heuschrecken fielen mehrmals in das landwirtschaftliche Gebiet ein. | *Grasshoppers overran the agricultural area several times.* |
| 795 fielen die Wikinger auf die Insel ein. | *In 795, the Vikings overran the island.* |
| Eine neue Arbeitsmethode ist mir gerade eingefallen. | *A new method of working has just occurred to me.* |
| Plötzlich fiel ihm eine Idee ein. | *Suddenly an idea struck him.* |
| Es würde mir nie einfallen, Lebensmittel über das Internet einzukaufen. | *I would never think to shop for groceries over the Internet.* |
| Eine Erklärung wird mir schon einfallen. | *An explanation will come to me yet.* |
| Mir fällt spontan nichts ein. | *Nothing occurs to me at the moment.* |
| Was fällt dir denn überhaupt ein? *(idiomatic)* | *What do you think you're doing?* |

**RELATED VERBS**   *see* **fallen** (178)

regular weak verb

**kauft ein · kaufte ein · eingekauft**

| PRESENT | | |
|---|---|---|
| ich kaufe | wir kaufen | |
| du kaufst | ihr kauft | ein |
| Sie kaufen | Sie kaufen | |
| er/sie/es kauft | sie kaufen | |

| PRESENT PERFECT | | |
|---|---|---|
| ich habe | wir haben | |
| du hast | ihr habt | eingekauft |
| Sie haben | Sie haben | |
| er/sie/es hat | sie haben | |

| SIMPLE PAST | | |
|---|---|---|
| ich kaufte | wir kauften | |
| du kauftest | ihr kauftet | ein |
| Sie kauften | Sie kauften | |
| er/sie/es kaufte | sie kauften | |

| PAST PERFECT | | |
|---|---|---|
| ich hatte | wir hatten | |
| du hattest | ihr hattet | eingekauft |
| Sie hatten | Sie hatten | |
| er/sie/es hatte | sie hatten | |

| FUTURE | | |
|---|---|---|
| ich werde | wir werden | |
| du wirst | ihr werdet | einkaufen |
| Sie werden | Sie werden | |
| er/sie/es wird | sie werden | |

| FUTURE PERFECT | | |
|---|---|---|
| ich werde | wir werden | |
| du wirst | ihr werdet | eingekauft haben |
| Sie werden | Sie werden | |
| er/sie/es wird | sie werden | |

| PRESENT SUBJUNCTIVE I | | |
|---|---|---|
| ich kaufe | wir kaufen | |
| du kaufest | ihr kaufet | ein |
| Sie kaufen | Sie kaufen | |
| er/sie/es kaufe | sie kaufen | |

| PAST SUBJUNCTIVE I | | |
|---|---|---|
| ich habe | wir haben | |
| du habest | ihr habet | eingekauft |
| Sie haben | Sie haben | |
| er/sie/es habe | sie haben | |

| PRESENT SUBJUNCTIVE II | | |
|---|---|---|
| ich kaufte | wir kauften | |
| du kauftest | ihr kauftet | ein |
| Sie kauften | Sie kauften | |
| er/sie/es kaufte | sie kauften | |

| PAST SUBJUNCTIVE II | | |
|---|---|---|
| ich hätte | wir hätten | |
| du hättest | ihr hättet | eingekauft |
| Sie hätten | Sie hätten | |
| er/sie/es hätte | sie hätten | |

| FUTURE SUBJUNCTIVE I | | |
|---|---|---|
| ich werde | wir werden | |
| du werdest | ihr werdet | einkaufen |
| Sie werden | Sie werden | |
| er/sie/es werde | sie werden | |

| FUTURE PERFECT SUBJUNCTIVE I | | |
|---|---|---|
| ich werde | wir werden | |
| du werdest | ihr werdet | eingekauft haben |
| Sie werden | Sie werden | |
| er/sie/es werde | sie werden | |

| FUTURE SUBJUNCTIVE II | | |
|---|---|---|
| ich würde | wir würden | |
| du würdest | ihr würdet | einkaufen |
| Sie würden | Sie würden | |
| er/sie/es würde | sie würden | |

| FUTURE PERFECT SUBJUNCTIVE II | | |
|---|---|---|
| ich würde | wir würden | |
| du würdest | ihr würdet | eingekauft haben |
| Sie würden | Sie würden | |
| er/sie/es würde | sie würden | |

| COMMANDS | | |
|---|---|---|
| | kauf(e) ein! | kauft ein! | kaufen Sie ein! |

PRESENT PARTICIPLE    einkaufend

## Usage

| | |
|---|---|
| Ich habe Lebensmittel gerade eingekauft. | *I've just shopped for groceries.* |
| Wie oft gehst du einkaufen? | *How often do you go shopping?* |
| Ernst kauft so gut wie immer Bioprodukte ein. | *Ernst almost always purchases organic products.* |
| „Hast du heute bei Wernermann eingekauft?" | *"Did you shop at Wernermann's today?"* |
| „Ja, ich kaufe oft dort ein." | *"Yes, I shop there often."* |
| Die Kletterausrüstung kann auch online eingekauft werden. | *The spelunking equipment can also be purchased online.* |
| Die Fußballmannschaft kauft drei neue Spieler ein. | *The soccer team is signing three new players.* |
| Frau Eschermann kauft lieber bargeldlos ein. | *Mrs. Eschermann prefers making purchases without cash.* |

**sich einkaufen** *to buy into*

| | |
|---|---|
| Der Unternehmer kauft sich in ein neues Geschäft ein. | *The entrepreneur is buying into a new business.* |

**RELATED VERBS** *see* **kaufen** (253)

## ein·laden  *to invite; treat, pay for; load*

**lädt ein · lud ein · eingeladen**                                                      strong verb

**PRESENT**

| ich lade | wir laden | |
|---|---|---|
| du lädst | ihr ladet | ein |
| Sie laden | Sie laden | |
| er/sie/es lädt | sie laden | |

**PRESENT PERFECT**

| ich habe | wir haben | |
|---|---|---|
| du hast | ihr habt | eingeladen |
| Sie haben | Sie haben | |
| er/sie/es hat | sie haben | |

**SIMPLE PAST**

| ich lud | wir luden | |
|---|---|---|
| du ludst | ihr ludet | ein |
| Sie luden | Sie luden | |
| er/sie/es lud | sie luden | |

**PAST PERFECT**

| ich hatte | wir hatten | |
|---|---|---|
| du hattest | ihr hattet | eingeladen |
| Sie hatten | Sie hatten | |
| er/sie/es hatte | sie hatten | |

**FUTURE**

| ich werde | wir werden | |
|---|---|---|
| du wirst | ihr werdet | einladen |
| Sie werden | Sie werden | |
| er/sie/es wird | sie werden | |

**FUTURE PERFECT**

| ich werde | wir werden | |
|---|---|---|
| du wirst | ihr werdet | eingeladen haben |
| Sie werden | Sie werden | |
| er/sie/es wird | sie werden | |

**PRESENT SUBJUNCTIVE I**

| ich lade | wir laden | |
|---|---|---|
| du ladest | ihr ladet | ein |
| Sie laden | Sie laden | |
| er/sie/es lade | sie laden | |

**PAST SUBJUNCTIVE I**

| ich habe | wir haben | |
|---|---|---|
| du habest | ihr habet | eingeladen |
| Sie haben | Sie haben | |
| er/sie/es habe | sie haben | |

**PRESENT SUBJUNCTIVE II**

| ich lüde | wir lüden | |
|---|---|---|
| du lüdest | ihr lüdet | ein |
| Sie lüden | Sie lüden | |
| er/sie/es lüde | sie lüden | |

**PAST SUBJUNCTIVE II**

| ich hätte | wir hätten | |
|---|---|---|
| du hättest | ihr hättet | eingeladen |
| Sie hätten | Sie hätten | |
| er/sie/es hätte | sie hätten | |

**FUTURE SUBJUNCTIVE I**

| ich werde | wir werden | |
|---|---|---|
| du werdest | ihr werdet | einladen |
| Sie werden | Sie werden | |
| er/sie/es werde | sie werden | |

**FUTURE PERFECT SUBJUNCTIVE I**

| ich werde | wir werden | |
|---|---|---|
| du werdest | ihr werdet | eingeladen haben |
| Sie werden | Sie werden | |
| er/sie/es werde | sie werden | |

**FUTURE SUBJUNCTIVE II**

| ich würde | wir würden | |
|---|---|---|
| du würdest | ihr würdet | einladen |
| Sie würden | Sie würden | |
| er/sie/es würde | sie würden | |

**FUTURE PERFECT SUBJUNCTIVE II**

| ich würde | wir würden | |
|---|---|---|
| du würdest | ihr würdet | eingeladen haben |
| Sie würden | Sie würden | |
| er/sie/es würde | sie würden | |

**COMMANDS**          lade ein!   ladet ein!   laden Sie ein!

**PRESENT PARTICIPLE**   einladend

## Usage

| | |
|---|---|
| Danach wurden sie zu einer Hochzeit in Worms eingeladen. | *After that they were invited to a wedding in Worms.* |
| Ich habe einige Freunde zu mir eingeladen. | *I've invited some friends to my place.* |
| Sie sind herzlich eingeladen! | *You are cordially invited!* |
| Ladet ihr Stefan und Erich ein? | *Are you inviting Stefan and Erich?* |
| Er sagt, dass er Manfred sowieso nicht eingeladen hätte. | *He says that he wouldn't have invited Manfred anyway.* |
| Wir möchten euch für Samstag zum Kaffee einladen. | *We'd like to invite you to coffee on Saturday.* |
| Obwohl meine Schwester nicht eingeladen wurde, kommt sie mit. | *Even though my sister wasn't invited, she's coming along.* |
| Der König lud viele Gäste zum Hoffest ein. | *The king invited many guests to the court festival.* |
| Heute Abend lade ich dich zu einem Bier ein. | *This evening I'll treat you to a beer.* |
| Man kann die Daten direkt in Tabellen einladen. | *You can load the data directly into tables.* |

**RELATED VERBS**  *see* **laden** (278)

**PRESENT**

| | |
|---|---|
| ich richte | wir richten |
| du richtest | ihr richtet |
| Sie richten | Sie richten |
| er/sie/es richtet | sie richten |

} ein

**SIMPLE PAST**

| | |
|---|---|
| ich richtete | wir richteten |
| du richtetest | ihr richtetet |
| Sie richteten | Sie richteten |
| er/sie/es richtete | sie richteten |

} ein

**FUTURE**

| | |
|---|---|
| ich werde | wir werden |
| du wirst | ihr werdet |
| Sie werden | Sie werden |
| er/sie/es wird | sie werden |

} einrichten

**PRESENT SUBJUNCTIVE I**

| | |
|---|---|
| ich richte | wir richten |
| du richtest | ihr richtet |
| Sie richten | Sie richten |
| er/sie/es richte | sie richten |

} ein

**PRESENT SUBJUNCTIVE II**

| | |
|---|---|
| ich richtete | wir richteten |
| du richtetest | ihr richtetet |
| Sie richteten | Sie richteten |
| er/sie/es richtete | sie richteten |

} ein

**FUTURE SUBJUNCTIVE I**

| | |
|---|---|
| ich werde | wir werden |
| du werdest | ihr werdet |
| Sie werden | Sie werden |
| er/sie/es werde | sie werden |

} einrichten

**FUTURE SUBJUNCTIVE II**

| | |
|---|---|
| ich würde | wir würden |
| du würdest | ihr würdet |
| Sie würden | Sie würden |
| er/sie/es würde | sie würden |

} einrichten

**PRESENT PERFECT**

| | |
|---|---|
| ich habe | wir haben |
| du hast | ihr habt |
| Sie haben | Sie haben |
| er/sie/es hat | sie haben |

} eingerichtet

**PAST PERFECT**

| | |
|---|---|
| ich hatte | wir hatten |
| du hattest | ihr hattet |
| Sie hatten | Sie hatten |
| er/sie/es hatte | sie hatten |

} eingerichtet

**FUTURE PERFECT**

| | |
|---|---|
| ich werde | wir werden |
| du wirst | ihr werdet |
| Sie werden | Sie werden |
| er/sie/es wird | sie werden |

} eingerichtet haben

**PAST SUBJUNCTIVE I**

| | |
|---|---|
| ich habe | wir haben |
| du habest | ihr habet |
| Sie haben | Sie haben |
| er/sie/es habe | sie haben |

} eingerichtet

**PAST SUBJUNCTIVE II**

| | |
|---|---|
| ich hätte | wir hätten |
| du hättest | ihr hättet |
| Sie hätten | Sie hätten |
| er/sie/es hätte | sie hätten |

} eingerichtet

**FUTURE PERFECT SUBJUNCTIVE I**

| | |
|---|---|
| ich werde | wir werden |
| du werdest | ihr werdet |
| Sie werden | Sie werden |
| er/sie/es werde | sie werden |

} eingerichtet haben

**FUTURE PERFECT SUBJUNCTIVE II**

| | |
|---|---|
| ich würde | wir würden |
| du würdest | ihr würdet |
| Sie würden | Sie würden |
| er/sie/es würde | sie würden |

} eingerichtet haben

**COMMANDS**      richte ein!    richtet ein!    richten Sie ein!

**PRESENT PARTICIPLE**      einrichtend

## Usage

| | |
|---|---|
| Die Mitglieder richteten letztes Jahr einen neuen Verein ein. | *The members organized a new association last year.* |
| Wir haben das Boot für sechs Personen eingerichtet. | *We equipped the boat for six persons.* |
| Lars richtet sein Wohnheimzimmer ganz komfortabel ein. | *Lars is furnishing his dorm room quite comfortably.* |
| Ein wissenschaftlicher Beirat wurde vom Vorstand eingerichtet. | *A scientific advisory committee was established by the board.* |
| Wie kann ich ein neues Konto einrichten? | *How can I set up a new account?* |

**sich einrichten** *to adapt, accommodate; set oneself up, establish oneself*

| | |
|---|---|
| Meine Schwester hat sich auf die schwierigen Lebensumstände eingerichtet. | *My sister has adapted to the difficult circumstances of life.* |
| Du hast dich hier schön eingerichtet. | *You have set up a nice place here.* |

**RELATED VERBS**   richten; *see also* **berichten** (76), **unterrichten** (470)

# ein·schalten *to insert; switch on, engage; bring into*

schaltet ein · schaltete ein · eingeschaltet

regular weak verb

**PRESENT**

| | |
|---|---|
| ich schalte | wir schalten |
| du schaltest | ihr schaltet |
| Sie schalten | Sie schalten |
| er/sie/es schaltet | sie schalten |

} ein

**SIMPLE PAST**

| | |
|---|---|
| ich schaltete | wir schalteten |
| du schaltetest | ihr schaltetet |
| Sie schalteten | Sie schalteten |
| er/sie/es schaltete | sie schalteten |

} ein

**FUTURE**

| | |
|---|---|
| ich werde | wir werden |
| du wirst | ihr werdet |
| Sie werden | Sie werden |
| er/sie/es wird | sie werden |

} einschalten

**PRESENT SUBJUNCTIVE I**

| | |
|---|---|
| ich schalte | wir schalten |
| du schaltest | ihr schaltet |
| Sie schalten | Sie schalten |
| er/sie/es schalte | sie schalten |

} ein

**PRESENT SUBJUNCTIVE II**

| | |
|---|---|
| ich schaltete | wir schalteten |
| du schaltetest | ihr schaltetet |
| Sie schalteten | Sie schalteten |
| er/sie/es schaltete | sie schalteten |

} ein

**FUTURE SUBJUNCTIVE I**

| | |
|---|---|
| ich werde | wir werden |
| du werdest | ihr werdet |
| Sie werden | Sie werden |
| er/sie/es werde | sie werden |

} einschalten

**FUTURE SUBJUNCTIVE II**

| | |
|---|---|
| ich würde | wir würden |
| du würdest | ihr würdet |
| Sie würden | Sie würden |
| er/sie/es würde | sie würden |

} einschalten

**PRESENT PERFECT**

| | |
|---|---|
| ich habe | wir haben |
| du hast | ihr habt |
| Sie haben | Sie haben |
| er/sie/es hat | sie haben |

} eingeschaltet

**PAST PERFECT**

| | |
|---|---|
| ich hatte | wir hatten |
| du hattest | ihr hattet |
| Sie hatten | Sie hatten |
| er/sie/es hatte | sie hatten |

} eingeschaltet

**FUTURE PERFECT**

| | |
|---|---|
| ich werde | wir werden |
| du wirst | ihr werdet |
| Sie werden | Sie werden |
| er/sie/es wird | sie werden |

} eingeschaltet haben

**PAST SUBJUNCTIVE I**

| | |
|---|---|
| ich habe | wir haben |
| du habest | ihr habet |
| Sie haben | Sie haben |
| er/sie/es habe | sie haben |

} eingeschaltet

**PAST SUBJUNCTIVE II**

| | |
|---|---|
| ich hätte | wir hätten |
| du hättest | ihr hättet |
| Sie hätten | Sie hätten |
| er/sie/es hätte | sie hätten |

} eingeschaltet

**FUTURE PERFECT SUBJUNCTIVE I**

| | |
|---|---|
| ich werde | wir werden |
| du werdest | ihr werdet |
| Sie werden | Sie werden |
| er/sie/es werde | sie werden |

} eingeschaltet haben

**FUTURE PERFECT SUBJUNCTIVE II**

| | |
|---|---|
| ich würde | wir würden |
| du würdest | ihr würdet |
| Sie würden | Sie würden |
| er/sie/es würde | sie würden |

} eingeschaltet haben

**COMMANDS** schalte ein! schaltet ein! schalten Sie ein!

**PRESENT PARTICIPLE** einschaltend

## Usage

| | |
|---|---|
| Wir schalteten mehr Werbung ein. | *We inserted more advertising.* |
| Schalte bitte den Empfänger ein. | *Please switch on the receiver.* |
| Schalten Sie bitte die Nachrichten ein. | *Please turn on the news.* |
| Der Kapitän hat den Autopiloten eingeschaltet. | *The captain engaged the autopilot.* |
| Man kann die Videokamera per Fernbedienung einschalten. | *You can turn on the video camera by remote control.* |
| Die Polizei wurde in die Sache eingeschaltet. | *The police were brought into the matter.* |

### sich einschalten *to switch on; intervene; join in*

| | |
|---|---|
| Der Motor schaltet sich automatisch ein. | *The engine switches on automatically.* |
| Wann schaltest du dich endlich in den Streit ein? | *When will you finally intervene in the conflict?* |
| Herr Biedermann wollte sich nicht ins Gespräch einschalten. | *Mr. Biedermann didn't want to join in the conversation.* |

**RELATED VERBS** *see* **schalten** (357)

**PRESENT**

| ich setze | wir setzen | }  |
|-----------|------------|----|
| du setzt | ihr setzt | ein |
| Sie setzen | Sie setzen | |
| er/sie/es setzt | sie setzen | |

**SIMPLE PAST**

| ich setzte | wir setzten | }  |
|-----------|------------|----|
| du setztest | ihr setztet | ein |
| Sie setzten | Sie setzten | |
| er/sie/es setzte | sie setzten | |

**FUTURE**

| ich werde | wir werden | }  |
|-----------|------------|----|
| du wirst | ihr werdet | einsetzen |
| Sie werden | Sie werden | |
| er/sie/es wird | sie werden | |

**PRESENT SUBJUNCTIVE I**

| ich setze | wir setzen | }  |
|-----------|------------|----|
| du setzest | ihr setzet | ein |
| Sie setzen | Sie setzen | |
| er/sie/es setze | sie setzen | |

**PRESENT SUBJUNCTIVE II**

| ich setzte | wir setzten | }  |
|-----------|------------|----|
| du setztest | ihr setztet | ein |
| Sie setzten | Sie setzten | |
| er/sie/es setzte | sie setzten | |

**FUTURE SUBJUNCTIVE I**

| ich werde | wir werden | }  |
|-----------|------------|----|
| du werdest | ihr werdet | einsetzen |
| Sie werden | Sie werden | |
| er/sie/es werde | sie werden | |

**FUTURE SUBJUNCTIVE II**

| ich würde | wir würden | }  |
|-----------|------------|----|
| du würdest | ihr würdet | einsetzen |
| Sie würden | Sie würden | |
| er/sie/es würde | sie würden | |

**PRESENT PERFECT**

| ich habe | wir haben | }  |
|-----------|------------|----|
| du hast | ihr habt | eingesetzt |
| Sie haben | Sie haben | |
| er/sie/es hat | sie haben | |

**PAST PERFECT**

| ich hatte | wir hatten | }  |
|-----------|------------|----|
| du hattest | ihr hattet | eingesetzt |
| Sie hatten | Sie hatten | |
| er/sie/es hatte | sie hatten | |

**FUTURE PERFECT**

| ich werde | wir werden | }  |
|-----------|------------|----|
| du wirst | ihr werdet | eingesetzt haben |
| Sie werden | Sie werden | |
| er/sie/es wird | sie werden | |

**PAST SUBJUNCTIVE I**

| ich habe | wir haben | }  |
|-----------|------------|----|
| du habest | ihr habet | eingesetzt |
| Sie haben | Sie haben | |
| er/sie/es habe | sie haben | |

**PAST SUBJUNCTIVE II**

| ich hätte | wir hätten | }  |
|-----------|------------|----|
| du hättest | ihr hättet | eingesetzt |
| Sie hätten | Sie hätten | |
| er/sie/es hätte | sie hätten | |

**FUTURE PERFECT SUBJUNCTIVE I**

| ich werde | wir werden | }  |
|-----------|------------|----|
| du werdest | ihr werdet | eingesetzt haben |
| Sie werden | Sie werden | |
| er/sie/es werde | sie werden | |

**FUTURE PERFECT SUBJUNCTIVE II**

| ich würde | wir würden | }  |
|-----------|------------|----|
| du würdest | ihr würdet | eingesetzt haben |
| Sie würden | Sie würden | |
| er/sie/es würde | sie würden | |

**COMMANDS**  setz(e) ein!  setzt ein!  setzen Sie ein!

**PRESENT PARTICIPLE**  einsetzend

## Usage

Setzen Sie den richtigen Wert ein.
*Please insert the correct value.*

Im Notfall setzen wir Kampfhubschrauber ein.
*In an emergency, we'll put attack helicopters in place.*

Sie wollten die neuen Offiziere nicht sofort einsetzen.
*They didn't want to install the new officers immediately.*

Zwölf Soldaten wurden in Bussayah eingesetzt.
*Twelve soldiers were inserted in Bussayah.*

Bis zu acht Spieler können eingesetzt werden.
*Up to eight players can be sent in.*

Alle zwei Jahre wird ein neuer Vorsitzender eingesetzt.
*A new chair is appointed every two years.*

Ich wollte sonnenbaden, aber ein Gewitter setzt gerade ein.
*I wanted to go sunbathing, but a storm is just beginning.*

### sich einsetzen für  *to support, stand up for*

Der Minister hat sich für den Friedensplan eingesetzt.
*The minister supported the peace plan.*

Auf jeden Fall setze ich mich für dich ein.
*In any case, I'll stand up for you.*

Bernd setzt sich mit aller Kraft dafür ein, die
    Lebensbedingungen der Armen zu verbessern.
*Bernd is doing all he can to improve the living
    conditions of the poor.*

**RELATED VERBS**  *see* **setzen** (400)

**steigt ein · stieg ein · eingestiegen** | strong verb

## PRESENT

| | |
|---|---|
| ich steige | wir steigen |
| du steigst | ihr steigt |
| Sie steigen | Sie steigen |
| er/sie/es steigt | sie steigen |

} ein

## PRESENT PERFECT

| | |
|---|---|
| ich bin | wir sind |
| du bist | ihr seid |
| Sie sind | Sie sind |
| er/sie/es ist | sie sind |

} eingestiegen

## SIMPLE PAST

| | |
|---|---|
| ich stieg | wir stiegen |
| du stiegst | ihr stiegt |
| Sie stiegen | Sie stiegen |
| er/sie/es stieg | sie stiegen |

} ein

## PAST PERFECT

| | |
|---|---|
| ich war | wir waren |
| du warst | ihr wart |
| Sie waren | Sie waren |
| er/sie/es war | sie waren |

} eingestiegen

## FUTURE

| | |
|---|---|
| ich werde | wir werden |
| du wirst | ihr werdet |
| Sie werden | Sie werden |
| er/sie/es wird | sie werden |

} einsteigen

## FUTURE PERFECT

| | |
|---|---|
| ich werde | wir werden |
| du wirst | ihr werdet |
| Sie werden | Sie werden |
| er/sie/es wird | sie werden |

} eingestiegen sein

## PRESENT SUBJUNCTIVE I

| | |
|---|---|
| ich steige | wir steigen |
| du steigest | ihr steiget |
| Sie steigen | Sie steigen |
| er/sie/es steige | sie steigen |

} ein

## PAST SUBJUNCTIVE I

| | |
|---|---|
| ich sei | wir seien |
| du seiest | ihr seiet |
| Sie seien | Sie seien |
| er/sie/es sei | sie seien |

} eingestiegen

## PRESENT SUBJUNCTIVE II

| | |
|---|---|
| ich stiege | wir stiegen |
| du stiegest | ihr stieget |
| Sie stiegen | Sie stiegen |
| er/sie/es stiege | sie stiegen |

} ein

## PAST SUBJUNCTIVE II

| | |
|---|---|
| ich wäre | wir wären |
| du wärest | ihr wäret |
| Sie wären | Sie wären |
| er/sie/es wäre | sie wären |

} eingestiegen

## FUTURE SUBJUNCTIVE I

| | |
|---|---|
| ich werde | wir werden |
| du werdest | ihr werdet |
| Sie werden | Sie werden |
| er/sie/es werde | sie werden |

} einsteigen

## FUTURE PERFECT SUBJUNCTIVE I

| | |
|---|---|
| ich werde | wir werden |
| du werdest | ihr werdet |
| Sie werden | Sie werden |
| er/sie/es werde | sie werden |

} eingestiegen sein

## FUTURE SUBJUNCTIVE II

| | |
|---|---|
| ich würde | wir würden |
| du würdest | ihr würdet |
| Sie würden | Sie würden |
| er/sie/es würde | sie würden |

} einsteigen

## FUTURE PERFECT SUBJUNCTIVE II

| | |
|---|---|
| ich würde | wir würden |
| du würdest | ihr würdet |
| Sie würden | Sie würden |
| er/sie/es würde | sie würden |

} eingestiegen sein

**COMMANDS** steig(e) ein! steigt ein! steigen Sie ein!

**PRESENT PARTICIPLE** einsteigend

## Usage

| | |
|---|---|
| Als ich in den Zug einstieg, habe ich mir das rechte Fußgelenk verstaucht. | *As I was boarding the train, I sprained my right ankle.* |
| Drei kleine Kinder waren in Schladen eingestiegen. | *Three small children had boarded in Schladen.* |
| Steig mal ins Auto ein. | *Get in the car.* |
| Wann dürfen wir ins Flugzeug einsteigen? | *When are we allowed to board the plane?* |
| Oma Schmitz stieg ängstlich in den Seitenwagen des Motorrads ein. | *Grandma Schmitz apprehensively climbed into the motorcycle sidecar.* |
| Muss man vorne einsteigen? | *Do you have to board at the front?* |
| Tante Marga sagte neulich, dass Onkel Ferdinand ins Musikgeschäft eingestiegen sei. | *Aunt Marga said recently that Uncle Ferdinand had gotten into the music business.* |
| Ich möchte in die Politik einsteigen. | *I'd like to get into politics.* |
| Wie kann man in den Chat einsteigen? | *How do you enter the chat room?* |

**RELATED VERBS** *see* **steigen** (425)

regular weak verb

**stellt ein · stellte ein · eingestellt**

| PRESENT | | |
|---|---|---|
| ich stelle | wir stellen | |
| du stellst | ihr stellt | ein |
| Sie stellen | Sie stellen | |
| er/sie/es stellt | sie stellen | |

| PRESENT PERFECT | | |
|---|---|---|
| ich habe | wir haben | |
| du hast | ihr habt | eingestellt |
| Sie haben | Sie haben | |
| er/sie/es hat | sie haben | |

| SIMPLE PAST | | |
|---|---|---|
| ich stellte | wir stellten | |
| du stelltest | ihr stelltet | ein |
| Sie stellten | Sie stellten | |
| er/sie/es stellte | sie stellten | |

| PAST PERFECT | | |
|---|---|---|
| ich hatte | wir hatten | |
| du hattest | ihr hattet | eingestellt |
| Sie hatten | Sie hatten | |
| er/sie/es hatte | sie hatten | |

| FUTURE | | |
|---|---|---|
| ich werde | wir werden | |
| du wirst | ihr werdet | einstellen |
| Sie werden | Sie werden | |
| er/sie/es wird | sie werden | |

| FUTURE PERFECT | | |
|---|---|---|
| ich werde | wir werden | |
| du wirst | ihr werdet | eingestellt haben |
| Sie werden | Sie werden | |
| er/sic/es wird | sie werden | |

| PRESENT SUBJUNCTIVE I | | |
|---|---|---|
| ich stelle | wir stellen | |
| du stellest | ihr stellet | ein |
| Sie stellen | Sie stellen | |
| er/sie/es stelle | sie stellen | |

| PAST SUBJUNCTIVE I | | |
|---|---|---|
| ich habe | wir haben | |
| du habest | ihr habet | eingestellt |
| Sie haben | Sie haben | |
| er/sie/es habe | sie haben | |

| PRESENT SUBJUNCTIVE II | | |
|---|---|---|
| ich stellte | wir stellten | |
| du stelltest | ihr stelltet | ein |
| Sie stellten | Sie stellten | |
| er/sie/es stellte | sie stellten | |

| PAST SUBJUNCTIVE II | | |
|---|---|---|
| ich hätte | wir hätten | |
| du hättest | ihr hättet | eingestellt |
| Sie hätten | Sie hätten | |
| er/sie/es hätte | sie hätten | |

| FUTURE SUBJUNCTIVE I | | |
|---|---|---|
| ich werde | wir werden | |
| du werdest | ihr werdet | einstellen |
| Sie werden | Sie werden | |
| er/sie/es werde | sie werden | |

| FUTURE PERFECT SUBJUNCTIVE I | | |
|---|---|---|
| ich werde | wir werden | |
| du werdest | ihr werdet | eingestellt haben |
| Sie werden | Sie werden | |
| er/sie/es werde | sie werden | |

| FUTURE SUBJUNCTIVE II | | |
|---|---|---|
| ich würde | wir würden | |
| du würdest | ihr würdet | einstellen |
| Sie würden | Sie würden | |
| er/sie/es würde | sie würden | |

| FUTURE PERFECT SUBJUNCTIVE II | | |
|---|---|---|
| ich würde | wir würden | |
| du würdest | ihr würdet | eingestellt haben |
| Sie würden | Sie würden | |
| er/sie/es würde | sie würden | |

**COMMANDS**     stell(e) ein!   stellt ein!   stellen Sie ein!

**PRESENT PARTICIPLE**   einstellend

## Usage

| | |
|---|---|
| Stell das Buch ins Regal ein. | *Put the book on the bookshelf.* |
| Im Juni wurde Pawel als Assistent eingestellt. | *In June Pavel was hired as an assistant.* |
| Wie stellt man den Bildschirm ein? | *How do you adjust the screen?* |
| Hast du die Papiergröße richtig eingestellt? | *Did you adjust the paper size correctly?* |
| Mit dem neuen Baby hat er jetzt einen sehr guten Grund, das Rauchen einzustellen. | *With the new baby, he now has a very good reason to stop smoking.* |

### sich einstellen *to appear, present oneself*

| | |
|---|---|
| Bei vielen Patienten stellen sich die Symptome schon nach zwei Tagen ein. | *With many patients, the symptoms appear after only two days.* |

### sich einstellen auf *to adapt to, set one's mind to*

| | |
|---|---|
| Frau Schlund stellt sich langsam auf das Leben ohne ihren Mann ein. | *Mrs. Schlund is slowly adapting to life without her husband.* |

**RELATED VERBS** *see* **stellen** (426)

## ein·ziehen   *to draw in, absorb, draft; retract, recall; collect*

**zieht ein · zog ein · eingezogen**                                strong verb

| PRESENT | | |
|---|---|---|
| ich ziehe | wir ziehen | |
| du ziehst | ihr zieht | ein |
| Sie ziehen | Sie ziehen | |
| er/sie/es zieht | sie ziehen | |

| PRESENT PERFECT | | |
|---|---|---|
| ich habe | wir haben | |
| du hast | ihr habt | eingezogen |
| Sie haben | Sie haben | |
| er/sie/es hat | sie haben | |

| SIMPLE PAST | | |
|---|---|---|
| ich zog | wir zogen | |
| du zogst | ihr zogt | ein |
| Sie zogen | Sie zogen | |
| er/sie/es zog | sie zogen | |

| PAST PERFECT | | |
|---|---|---|
| ich hatte | wir hatten | |
| du hattest | ihr hattet | eingezogen |
| Sie hatten | Sie hatten | |
| er/sie/es hatte | sie hatten | |

| FUTURE | | |
|---|---|---|
| ich werde | wir werden | |
| du wirst | ihr werdet | einziehen |
| Sie werden | Sie werden | |
| er/sie/es wird | sie werden | |

| FUTURE PERFECT | | |
|---|---|---|
| ich werde | wir werden | |
| du wirst | ihr werdet | eingezogen haben |
| Sie werden | Sie werden | |
| er/sie/es wird | sie werden | |

| PRESENT SUBJUNCTIVE I | | |
|---|---|---|
| ich ziehe | wir ziehen | |
| du ziehest | ihr ziehet | ein |
| Sie ziehen | Sie ziehen | |
| er/sie/es ziehe | sie ziehen | |

| PAST SUBJUNCTIVE I | | |
|---|---|---|
| ich habe | wir haben | |
| du habest | ihr habet | eingezogen |
| Sie haben | Sie haben | |
| er/sie/es habe | sie haben | |

| PRESENT SUBJUNCTIVE II | | |
|---|---|---|
| ich zöge | wir zögen | |
| du zögest | ihr zöget | ein |
| Sie zögen | Sie zögen | |
| er/sie/es zöge | sie zögen | |

| PAST SUBJUNCTIVE II | | |
|---|---|---|
| ich hätte | wir hätten | |
| du hättest | ihr hättet | eingezogen |
| Sie hätten | Sie hätten | |
| er/sie/es hätte | sie hätten | |

| FUTURE SUBJUNCTIVE I | | |
|---|---|---|
| ich werde | wir werden | |
| du werdest | ihr werdet | einziehen |
| Sie werden | Sie werden | |
| er/sie/es werde | sie werden | |

| FUTURE PERFECT SUBJUNCTIVE I | | |
|---|---|---|
| ich werde | wir werden | |
| du werdest | ihr werdet | eingezogen haben |
| Sie werden | Sie werden | |
| er/sie/es werde | sie werden | |

| FUTURE SUBJUNCTIVE II | | |
|---|---|---|
| ich würde | wir würden | |
| du würdest | ihr würdet | einziehen |
| Sie würden | Sie würden | |
| er/sie/es würde | sie würden | |

| FUTURE PERFECT SUBJUNCTIVE II | | |
|---|---|---|
| ich würde | wir würden | |
| du würdest | ihr würdet | eingezogen haben |
| Sie würden | Sie würden | |
| er/sie/es würde | sie würden | |

COMMANDS              zieh(e) ein!   zieht ein!   ziehen Sie ein!

PRESENT PARTICIPLE    einziehend

## Usage

| | |
|---|---|
| Der Schwamm zieht das Wasser ein. | *The sponge is absorbing the water.* |
| Sein Großvater wurde 1918 zur Reichswehr eingezogen. | *His grandfather was drafted into the imperial army in 1918.* |
| Die Räder werden eingezogen und die Radkästen geschlossen. | *The wheels are retracted and the wheel housing is closed.* |
| Die Firma zieht die defekten Produkte ein. | *The firm is recalling the defective products.* |
| Wir ziehen jetzt alle ausstehenden Rechnungen ein. | *We are now collecting all outstanding accounts.* |
| Fahrscheine werden im Zug eingezogen werden. | *Tickets will be collected on the train.* |

### einziehen (with sein)  *to enter, move in; soak in, absorb*

| | |
|---|---|
| Wann ziehst du in die neue Wohnung ein? | *When are you moving into the new apartment?* |
| Unsere Mannschaft ist ins Endspiel eingezogen. | *Our team has moved into the finals.* |
| Diese Hautcreme zieht schnell ein. | *This skin cream absorbs quickly.* |

**RELATED VERBS**   *see* **ziehen** (549)

strong verb

**empfängt · empfing · empfangen**

**PRESENT**

| | |
|---|---|
| ich empfange | wir empfangen |
| du empfängst | ihr empfangt |
| Sie empfangen | Sie empfangen |
| er/sie/es empfängt | sie empfangen |

**SIMPLE PAST**

| | |
|---|---|
| ich empfing | wir empfingen |
| du empfingst | ihr empfingt |
| Sie empfingen | Sie empfingen |
| er/sie/es empfing | sie empfingen |

**FUTURE**

| | | |
|---|---|---|
| ich werde | wir werden | |
| du wirst | ihr werdet | empfangen |
| Sie werden | Sie werden | |
| er/sie/es wird | sie werden | |

**PRESENT SUBJUNCTIVE I**

| | |
|---|---|
| ich empfange | wir empfangen |
| du empfangest | ihr empfanget |
| Sie empfangen | Sie empfangen |
| er/sie/es empfange | sie empfangen |

**PRESENT SUBJUNCTIVE II**

| | |
|---|---|
| ich empfinge | wir empfingen |
| du empfingest | ihr empfinget |
| Sie empfingen | Sie empfingen |
| er/sie/es empfinge | sie empfingen |

**FUTURE SUBJUNCTIVE I**

| | | |
|---|---|---|
| ich werde | wir werden | |
| du werdest | ihr werdet | empfangen |
| Sie werden | Sie werden | |
| er/sie/es werde | sie werden | |

**FUTURE SUBJUNCTIVE II**

| | | |
|---|---|---|
| ich würde | wir würden | |
| du würdest | ihr würdet | empfangen |
| Sie würden | Sie würden | |
| er/sie/es würde | sie würden | |

**PRESENT PERFECT**

| | | |
|---|---|---|
| ich habe | wir haben | |
| du hast | ihr habt | empfangen |
| Sie haben | Sie haben | |
| er/sie/es hat | sie haben | |

**PAST PERFECT**

| | | |
|---|---|---|
| ich hatte | wir hatten | |
| du hattest | ihr hattet | empfangen |
| Sie hatten | Sie hatten | |
| er/sie/es hatte | sie hatten | |

**FUTURE PERFECT**

| | | |
|---|---|---|
| ich werde | wir werden | |
| du wirst | ihr werdet | empfangen haben |
| Sie werden | Sie werden | |
| er/sie/es wird | sie werden | |

**PAST SUBJUNCTIVE I**

| | | |
|---|---|---|
| ich habe | wir haben | |
| du habest | ihr habet | empfangen |
| Sie haben | Sie haben | |
| er/sie/es habe | sie haben | |

**PAST SUBJUNCTIVE II**

| | | |
|---|---|---|
| ich hätte | wir hätten | |
| du hättest | ihr hättet | empfangen |
| Sie hätten | Sie hätten | |
| er/sie/es hätte | sie hätten | |

**FUTURE PERFECT SUBJUNCTIVE I**

| | | |
|---|---|---|
| ich werde | wir werden | |
| du werdest | ihr werdet | empfangen haben |
| Sie werden | Sie werden | |
| er/sie/es werde | sie werden | |

**FUTURE PERFECT SUBJUNCTIVE II**

| | | |
|---|---|---|
| ich würde | wir würden | |
| du würdest | ihr würdet | empfangen haben |
| Sie würden | Sie würden | |
| er/sie/es würde | sie würden | |

**COMMANDS** empfang(e)! empfangt! empfangen Sie!

**PRESENT PARTICIPLE** empfangend

## Usage

| | |
|---|---|
| Auf welcher Frequenz empfängst du die Radiosendung? | *At what frequency do you receive the radio transmission?* |
| Die Bürger und Bürgerinnen der Stadt wurden am Abend von Freiherrn Erpermann empfangen. | *The city's citizens were greeted by Baron Erpermann in the evening.* |
| Kann man diesen Fernsehsender auch über das Internet empfangen? | *Can you receive this television station over the Internet, too?* |
| Der Pförtner empfing die Gäste an der Tür. | *The doorman greeted the guests at the door.* |
| Wir wurden bei der Ankunft mit einer Flasche Sekt empfangen. | *We were greeted with a bottle of sparkling wine upon arrival.* |
| Die Küstenwache hat ein Notsignal empfangen. | *The coast guard has received a distress signal.* |
| Das Gerät empfängt GPS-Koordinaten und sendet Signale aus. | *The device receives GPS coordinates and transmits signals.* |
| Lea empfing und gebar einen Sohn. (1. Mose 29,32) | *Leah conceived and bore a son.* (GENESIS 29:32) |

**RELATED VERBS** *see* **fangen** (179)

# empfehlen  *to recommend; commend*

**empfiehlt · empfahl · empfohlen**                    strong verb

### PRESENT

| | |
|---|---|
| ich empfehle | wir empfehlen |
| du empfiehlst | ihr empfehlt |
| Sie empfehlen | Sie empfehlen |
| er/sie/es empfiehlt | sie empfehlen |

### PRESENT PERFECT

| | | |
|---|---|---|
| ich habe | wir haben | |
| du hast | ihr habt | |
| Sie haben | Sie haben | empfohlen |
| er/sie/es hat | sie haben | |

### SIMPLE PAST

| | |
|---|---|
| ich empfahl | wir empfahlen |
| du empfahlst | ihr empfahlt |
| Sie empfahlen | Sie empfahlen |
| er/sie/es empfahl | sie empfahlen |

### PAST PERFECT

| | | |
|---|---|---|
| ich hatte | wir hatten | |
| du hattest | ihr hattet | |
| Sie hatten | Sie hatten | empfohlen |
| er/sie/es hatte | sie hatten | |

### FUTURE

| | | |
|---|---|---|
| ich werde | wir werden | |
| du wirst | ihr werdet | |
| Sie werden | Sie werden | empfehlen |
| er/sie/es wird | sie werden | |

### FUTURE PERFECT

| | | |
|---|---|---|
| ich werde | wir werden | |
| du wirst | ihr werdet | |
| Sie werden | Sie werden | empfohlen haben |
| er/sie/es wird | sie werden | |

### PRESENT SUBJUNCTIVE I

| | |
|---|---|
| ich empfehle | wir empfehlen |
| du empfehlest | ihr empfehlet |
| Sie empfehlen | Sie empfehlen |
| er/sie/es empfehle | sie empfehlen |

### PAST SUBJUNCTIVE I

| | | |
|---|---|---|
| ich habe | wir haben | |
| du habest | ihr habet | |
| Sie haben | Sie haben | empfohlen |
| er/sie/es habe | sie haben | |

### PRESENT SUBJUNCTIVE II

| | |
|---|---|
| ich empföhle/empfähle | wir empföhlen/empfählen |
| du empföhlest/empfählest | ihr empföhlet/empfählet |
| Sie empföhlen/empfählen | Sie empföhlen/empfählen |
| er/sie/es empföhle/empfähle | sie empföhlen/empfählen |

### PAST SUBJUNCTIVE II

| | | |
|---|---|---|
| ich hätte | wir hätten | |
| du hättest | ihr hättet | |
| Sie hätten | Sie hätten | empfohlen |
| er/sie/es hätte | sie hätten | |

### FUTURE SUBJUNCTIVE I

| | | |
|---|---|---|
| ich werde | wir werden | |
| du werdest | ihr werdet | |
| Sie werden | Sie werden | empfehlen |
| er/sie/es werde | sie werden | |

### FUTURE PERFECT SUBJUNCTIVE I

| | | |
|---|---|---|
| ich werde | wir werden | |
| du werdest | ihr werdet | |
| Sie werden | Sie werden | empfohlen haben |
| er/sie/es werde | sie werden | |

### FUTURE SUBJUNCTIVE II

| | | |
|---|---|---|
| ich würde | wir würden | |
| du würdest | ihr würdet | |
| Sie würden | Sie würden | empfehlen |
| er/sie/es würde | sie würden | |

### FUTURE PERFECT SUBJUNCTIVE II

| | | |
|---|---|---|
| ich würde | wir würden | |
| du würdest | ihr würdet | |
| Sie würden | Sie würden | empfohlen haben |
| er/sie/es würde | sie würden | |

**COMMANDS**       empfiehl!   empfehlt!   empfehlen Sie!

**PRESENT PARTICIPLE**       empfehlend

## Usage

| | |
|---|---|
| Mein Arzt empfahl therapeutische Massage für schmerzhafte Muskeln. | *My physician recommended therapeutic massage for sore muscles.* |
| Die Weltgesundheitsorganisation empfiehlt Impfung gegen Pocken. | *The World Health Organization is recommending immunization against smallpox.* |
| „Markus, was empfiehlst du als Beilage?" | *"Markus, what do you recommend as a side dish?"* |
| „Als Beilage empfehle ich entweder den Gurkensalat oder den Rotkohl." | *"As a side dish, I recommend either the cucumber salad or the red cabbage."* |
| Sie empfahl ihn Gott. (*archaic*) | *She commended him to God.* |

### sich empfehlen  *to take leave; be recommended, be advisable*

| | |
|---|---|
| Der Reiter empfahl sich und ritt weg. | *The rider bade farewell and rode away.* |
| Da das Reiseziel beliebt ist, empfiehlt es sich, die Zimmer mehrere Monate im Voraus zu buchen. | *Since this travel destination is popular, it is advisable to book rooms several months in advance.* |

**RELATED VERBS**   an·empfehlen; *see also* **befehlen** (53)

regular weak verb

entdeckt · entdeckte · entdeckt

**PRESENT**

| ich entdecke | wir entdecken |
| du entdeckst | ihr entdeckt |
| Sie entdecken | Sie entdecken |
| er/sie/es entdeckt | sie entdecken |

**SIMPLE PAST**

| ich entdeckte | wir entdeckten |
| du entdecktest | ihr entdecktet |
| Sie entdeckten | Sie entdeckten |
| er/sie/es entdeckte | sie entdeckten |

**FUTURE**

| ich werde | wir werden |
| du wirst | ihr werdet |
| Sie werden | Sie werden |
| er/sie/es wird | sie werden |

} entdecken

**PRESENT SUBJUNCTIVE I**

| ich entdecke | wir entdecken |
| du entdeckest | ihr entdecket |
| Sie entdecken | Sie entdecken |
| er/sie/es entdecke | sie entdecken |

**PRESENT SUBJUNCTIVE II**

| ich entdeckte | wir entdeckten |
| du entdecktest | ihr entdecktet |
| Sie entdeckten | Sie entdeckten |
| er/sie/es entdeckte | sie entdeckten |

**FUTURE SUBJUNCTIVE I**

| ich werde | wir werden |
| du werdest | ihr werdet |
| Sie werden | Sie werden |
| er/sie/es werde | sie werden |

} entdecken

**FUTURE SUBJUNCTIVE II**

| ich würde | wir würden |
| du würdest | ihr würdet |
| Sie würden | Sie würden |
| er/sie/es würde | sie würden |

} entdecken

**PRESENT PERFECT**

| ich habe | wir haben |
| du hast | ihr habt |
| Sie haben | Sie haben |
| er/sie/es hat | sie haben |

} entdeckt

**PAST PERFECT**

| ich hatte | wir hatten |
| du hattest | ihr hattet |
| Sie hatten | Sie hatten |
| er/sie/es hatte | sie hatten |

} entdeckt

**FUTURE PERFECT**

| ich werde | wir werden |
| du wirst | ihr werdet |
| Sie werden | Sie werden |
| er/sie/es wird | sie werden |

} entdeckt haben

**PAST SUBJUNCTIVE I**

| ich habe | wir haben |
| du habest | ihr habet |
| Sie haben | Sie haben |
| er/sie/es habe | sie haben |

} entdeckt

**PAST SUBJUNCTIVE II**

| ich hätte | wir hätten |
| du hättest | ihr hättet |
| Sie hätten | Sie hätten |
| er/sie/es hätte | sie hätten |

} entdeckt

**FUTURE PERFECT SUBJUNCTIVE I**

| ich werde | wir werden |
| du werdest | ihr werdet |
| Sie werden | Sie werden |
| er/sie/es werde | sie werden |

} entdeckt haben

**FUTURE PERFECT SUBJUNCTIVE II**

| ich würde | wir würden |
| du würdest | ihr würdet |
| Sie würden | Sie würden |
| er/sie/es würde | sie würden |

} entdeckt haben

**COMMANDS**     entdeck(e)!   entdeckt!   entdecken Sie!

**PRESENT PARTICIPLE**     entdeckend

## Usage

In welchem Jahr wurde der Planet Pluto entdeckt?

Wir müssen solche Missetaten entdecken und an die Öffentlichkeit bringen.

Neue Beweise seiner Mitschuld sind vor kurzem in archivalischen Materialien entdeckt worden.

Mein Vetter hat letztes Jahr in Brasilien eine bisher unbekannte Orchideen-Art entdeckt.

Auf der täglichen Autofahrt vom Büro nach Hause habe ich heute eine kürzere Route entdeckt.

Was machst du, wenn du ein Haar in deiner Suppe entdeckst?

Während meines Studiums habe ich mein Interesse an klassischer Musik entdeckt.

*In what year was the planet Pluto discovered?*

*We must expose such misdeeds and bring them to public attention.*

*New evidence of his complicity has recently been uncovered in archival materials.*

*My cousin discovered a previously unknown orchid variety in Brazil last year.*

*During my daily car trip home from the office today I discovered a shorter route.*

*What do you do when you spot a hair in your soup?*

*During my studies I discovered my interest in classical music.*

**RELATED VERBS**   decken, wieder·entdecken

# enthalten *to hold, comprise, include, contain*

**enthält · enthielt · enthalten**                                    strong verb

**PRESENT**

| | |
|---|---|
| ich enthalte | wir enthalten |
| du enthältst | ihr enthaltet |
| Sie enthalten | Sie enthalten |
| er/sie/es enthält | sie enthalten |

**SIMPLE PAST**

| | |
|---|---|
| ich enthielt | wir enthielten |
| du enthieltst | ihr enthieltet |
| Sie enthielten | Sie enthielten |
| er/sie/es enthielt | sie enthielten |

**FUTURE**

| | |
|---|---|
| ich werde | wir werden |
| du wirst | ihr werdet |
| Sie werden | Sie werden |
| er/sie/es wird | sie werden |

} enthalten

**PRESENT SUBJUNCTIVE I**

| | |
|---|---|
| ich enthalte | wir enthalten |
| du enthaltest | ihr enthaltet |
| Sie enthalten | Sie enthalten |
| er/sie/es enthalte | sie enthalten |

**PRESENT SUBJUNCTIVE II**

| | |
|---|---|
| ich enthielte | wir enthielten |
| du enthieltest | ihr enthieltet |
| Sie enthielten | Sie enthielten |
| er/sie/es enthielte | sie enthielten |

**FUTURE SUBJUNCTIVE I**

| | |
|---|---|
| ich werde | wir werden |
| du werdest | ihr werdet |
| Sie werden | Sie werden |
| er/sie/es werde | sie werden |

} enthalten

**FUTURE SUBJUNCTIVE II**

| | |
|---|---|
| ich würde | wir würden |
| du würdest | ihr würdet |
| Sie würden | Sie würden |
| er/sie/es würde | sie würden |

} enthalten

**PRESENT PERFECT**

| | |
|---|---|
| ich habe | wir haben |
| du hast | ihr habt |
| Sie haben | Sie haben |
| er/sie/es hat | sie haben |

} enthalten

**PAST PERFECT**

| | |
|---|---|
| ich hatte | wir hatten |
| du hattest | ihr hattet |
| Sie hatten | Sie hatten |
| er/sie/es hatte | sie hatten |

} enthalten

**FUTURE PERFECT**

| | |
|---|---|
| ich werde | wir werden |
| du wirst | ihr werdet |
| Sie werden | Sie werden |
| er/sie/es wird | sie werden |

} enthalten haben

**PAST SUBJUNCTIVE I**

| | |
|---|---|
| ich habe | wir haben |
| du habest | ihr habet |
| Sie haben | Sie haben |
| er/sie/es habe | sie haben |

} enthalten

**PAST SUBJUNCTIVE II**

| | |
|---|---|
| ich hätte | wir hätten |
| du hättest | ihr hättet |
| Sie hätten | Sie hätten |
| er/sie/es hätte | sie hätten |

} enthalten

**FUTURE PERFECT SUBJUNCTIVE I**

| | |
|---|---|
| ich werde | wir werden |
| du werdest | ihr werdet |
| Sie werden | Sie werden |
| er/sie/es werde | sie werden |

} enthalten haben

**FUTURE PERFECT SUBJUNCTIVE II**

| | |
|---|---|
| ich würde | wir würden |
| du würdest | ihr würdet |
| Sie würden | Sie würden |
| er/sie/es würde | sie würden |

} enthalten haben

**COMMANDS**          enthalte!   enthaltet!   enthalten Sie!

**PRESENT PARTICIPLE**   enthaltend

## Usage

| | |
|---|---|
| Das Pulver enthält ätzende Substanzen. | *The powder contains corrosive substances.* |
| Ihre Email enthielt einen Virus. | *Your e-mail contained a virus.* |
| Vollkornbrötchen enthalten gesunde Ballaststoffe. | *Whole grain rolls contain healthy fiber.* |
| Der Preis enthält Steuern und Versicherung. | *The price includes taxes and insurance.* |
| Mein Aufsatz hat zu viele typographische Fehler enthalten. | *My essay contained too many typographical errors.* |
| Die Sammlung enthält Briefe, Handschriften und andere Dokumente. | *The collection holds letters, manuscripts, and other documents.* |
| Laut Polizeiangaben habe der Safe Diamanten enthalten. | *According to police reports, the safe contained diamonds.* |

### sich enthalten *to abstain, refrain*

| | |
|---|---|
| Ich enthalte mich von Süßigkeiten. | *I am abstaining from sweets.* |
| Warum enthältst du dich des Kommentars? | *Why are you refraining from comment?* |

**RELATED VERBS**  vor·enthalten; *see also* **halten** (231)

**PRESENT**

| | |
|---|---|
| ich entlasse | wir entlassen |
| du entlässt | ihr entlasst |
| Sie entlassen | Sie entlassen |
| er/sie/es entlässt | sie entlassen |

**SIMPLE PAST**

| | |
|---|---|
| ich entließ | wir entließen |
| du entließest | ihr entließt |
| Sie entließen | Sie entließen |
| er/sie/es entließ | sie entließen |

**FUTURE**

| | | |
|---|---|---|
| ich werde | wir werden | |
| du wirst | ihr werdet | entlassen |
| Sie werden | Sie werden | |
| er/sie/es wird | sie werden | |

**PRESENT SUBJUNCTIVE I**

| | |
|---|---|
| ich entlasse | wir entlassen |
| du entlassest | ihr entlasset |
| Sie entlassen | Sie entlassen |
| er/sie/es entlasse | sie entlassen |

**PRESENT SUBJUNCTIVE II**

| | |
|---|---|
| ich entließe | wir entließen |
| du entließest | ihr entließet |
| Sie entließen | Sie entließen |
| er/sie/es entließe | sie entließen |

**FUTURE SUBJUNCTIVE I**

| | | |
|---|---|---|
| ich werde | wir werden | |
| du werdest | ihr werdet | entlassen |
| Sie werden | Sie werden | |
| er/sie/es werde | sie werden | |

**FUTURE SUBJUNCTIVE II**

| | | |
|---|---|---|
| ich würde | wir würden | |
| du würdest | ihr würdet | entlassen |
| Sie würden | Sie würden | |
| er/sie/es würde | sie würden | |

**PRESENT PERFECT**

| | | |
|---|---|---|
| ich habe | wir haben | |
| du hast | ihr habt | entlassen |
| Sie haben | Sie haben | |
| er/sie/es hat | sie haben | |

**PAST PERFECT**

| | | |
|---|---|---|
| ich hatte | wir hatten | |
| du hattest | ihr hattet | entlassen |
| Sie hatten | Sie hatten | |
| er/sie/es hatte | sie hatten | |

**FUTURE PERFECT**

| | | |
|---|---|---|
| ich werde | wir werden | |
| du wirst | ihr werdet | entlassen haben |
| Sie werden | Sie werden | |
| er/sie/es wird | sie werden | |

**PAST SUBJUNCTIVE I**

| | | |
|---|---|---|
| ich habe | wir haben | |
| du habest | ihr habet | entlassen |
| Sie haben | Sie haben | |
| er/sie/es habe | sie haben | |

**PAST SUBJUNCTIVE II**

| | | |
|---|---|---|
| ich hätte | wir hätten | |
| du hättest | ihr hättet | entlassen |
| Sie hätten | Sie hätten | |
| er/sie/es hätte | sie hätten | |

**FUTURE PERFECT SUBJUNCTIVE I**

| | | |
|---|---|---|
| ich werde | wir werden | |
| du werdest | ihr werdet | entlassen haben |
| Sie werden | Sie werden | |
| er/sie/es werde | sie werden | |

**FUTURE PERFECT SUBJUNCTIVE II**

| | | |
|---|---|---|
| ich würde | wir würden | |
| du würdest | ihr würdet | entlassen haben |
| Sie würden | Sie würden | |
| er/sie/es würde | sie würden | |

**COMMANDS**  entlass(e)!  entlasst!  entlassen Sie!

**PRESENT PARTICIPLE**  entlassend

## Usage

Drogemeyer hat letzte Woche 150 Mitarbeiter entlassen müssen.

Ich habe Angst davor, entlassen zu werden.

Sebastian wurde aus der Bundeswehr entlassen.

Die Lehrerin hat Maximilian vorzeitig aus dem Unterricht entlassen.

Unser Vermieter entlässt uns aus dem Mietsvertrag.

Zwölf Gefangene werden entlassen.

Nach einem Jahr hat man mich entlassen.

Wann wird mein Vater aus dem Krankenhaus entlassen?

Diese Entscheidung entlässt uns nicht aus der Verantwortung, bestehende Programme zu finanzieren.

*Drogemeyer had to lay off 150 employees last week.*

*I'm afraid of being laid off.*
*Sebastian was discharged from the army.*
*The teacher dismissed Maximilian from class early.*

*Our landlord is letting us out of the lease.*
*Twelve prisoners are being released.*
*After one year they let me go.*
*When is my father being released from the hospital?*
*This decision does not release us from the responsibility of financing existing programs.*

**RELATED VERBS** *see* **lassen** (280)

## entscheiden   *to decide, determine; settle* (legally)

entscheidet · entschied · entschieden                                    strong verb

**PRESENT**

| | |
|---|---|
| ich entscheide | wir entscheiden |
| du entscheidest | ihr entscheidet |
| Sie entscheiden | Sie entscheiden |
| er/sie/es entscheidet | sie entscheiden |

**SIMPLE PAST**

| | |
|---|---|
| ich entschied | wir entschieden |
| du entschiedst | ihr entschiedet |
| Sie entschieden | Sie entschieden |
| er/sie/es entschied | sie entschieden |

**FUTURE**

| | | |
|---|---|---|
| ich werde | wir werden | |
| du wirst | ihr werdet | entscheiden |
| Sie werden | Sie werden | |
| er/sie/es wird | sie werden | |

**PRESENT SUBJUNCTIVE I**

| | |
|---|---|
| ich entscheide | wir entscheiden |
| du entscheidest | ihr entscheidet |
| Sie entscheiden | Sie entscheiden |
| er/sie/es entscheide | sie entscheiden |

**PRESENT SUBJUNCTIVE II**

| | |
|---|---|
| ich entschiede | wir entschieden |
| du entschiedest | ihr entschiedet |
| Sie entschieden | Sie entschieden |
| er/sie/es entschiede | sie entschieden |

**FUTURE SUBJUNCTIVE I**

| | | |
|---|---|---|
| ich werde | wir werden | |
| du werdest | ihr werdet | entscheiden |
| Sie werden | Sie werden | |
| er/sie/es werde | sie werden | |

**FUTURE SUBJUNCTIVE II**

| | | |
|---|---|---|
| ich würde | wir würden | |
| du würdest | ihr würdet | entscheiden |
| Sie würden | Sie würden | |
| er/sie/es würde | sie würden | |

**PRESENT PERFECT**

| | | |
|---|---|---|
| ich habe | wir haben | |
| du hast | ihr habt | entschieden |
| Sie haben | Sie haben | |
| er/sie/es hat | sie haben | |

**PAST PERFECT**

| | | |
|---|---|---|
| ich hatte | wir hatten | |
| du hattest | ihr hattet | entschieden |
| Sie hatten | Sie hatten | |
| er/sie/es hatte | sie hatten | |

**FUTURE PERFECT**

| | | |
|---|---|---|
| ich werde | wir werden | |
| du wirst | ihr werdet | entschieden haben |
| Sie werden | Sie werden | |
| er/sie/es wird | sie werden | |

**PAST SUBJUNCTIVE I**

| | | |
|---|---|---|
| ich habe | wir haben | |
| du habest | ihr habet | entschieden |
| Sie haben | Sie haben | |
| er/sie/es habe | sie haben | |

**PAST SUBJUNCTIVE II**

| | | |
|---|---|---|
| ich hätte | wir hätten | |
| du hättest | ihr hättet | entschieden |
| Sie hätten | Sie hätten | |
| er/sie/es hätte | sie hätten | |

**FUTURE PERFECT SUBJUNCTIVE I**

| | | |
|---|---|---|
| ich werde | wir werden | |
| du werdest | ihr werdet | entschieden haben |
| Sie werden | Sie werden | |
| er/sie/es werde | sie werden | |

**FUTURE PERFECT SUBJUNCTIVE II**

| | | |
|---|---|---|
| ich würde | wir würden | |
| du würdest | ihr würdet | entschieden haben |
| Sie würden | Sie würden | |
| er/sie/es würde | sie würden | |

**COMMANDS**     entscheide!   entscheidet!   entscheiden Sie!

**PRESENT PARTICIPLE**     entscheidend

## Usage

| | |
|---|---|
| Ich lasse dich entscheiden, wo wir essen sollten. | *I'll let you decide where we should eat.* |
| Der Richter entschied zugunsten von Greenpeace. | *The judge decided in favor of Greenpeace.* |
| Das Wetter hat den Spielausgang entschieden. | *The weather determined the outcome of the game.* |
| Die Angelegenheit wurde vor Gericht entschieden. | *The matter was settled in court.* |

### sich entscheiden   *to decide, make up one's mind*

| | |
|---|---|
| Anselmus stand vor dem Problem, sich zu entscheiden, ob er Veronika oder Elisabeth wählen sollte. | *Anselmus was faced with the problem of deciding whether he should choose Veronika or Elisabeth.* |
| Du musst dich jetzt entscheiden. | *You have to make up your mind now.* |
| Ich habe mich gerade entschieden, mit dem Auto dahinzufahren. | *I have just decided to go there by car.* |
| Tim scheint sich nicht entscheiden zu können. | *Tim doesn't seem to be able to make up his mind.* |

**RELATED VERBS**   vor·entscheiden; *see also* **scheiden** (360)

strong verb · entschließt sich · entschloss sich · sich entschlossen

**PRESENT**

| | |
|---|---|
| ich entschließe mich | wir entschließen uns |
| du entschließt dich | ihr entschließt euch |
| Sie entschließen sich | Sie entschließen sich |
| er/sie/es entschließt sich | sie entschließen sich |

**SIMPLE PAST**

| | |
|---|---|
| ich entschloss mich | wir entschlossen uns |
| du entschlossest dich | ihr entschlosst euch |
| Sie entschlossen sich | Sie entschlossen sich |
| er/sie/es entschloss sich | sie entschlossen sich |

**FUTURE**

| | |
|---|---|
| ich werde mich | wir werden uns |
| du wirst dich | ihr werdet euch |
| Sie werden sich | Sie werden sich |
| er/sie/es wird sich | sie werden sich |

} entschließen

**PRESENT SUBJUNCTIVE I**

| | |
|---|---|
| ich entschließe mich | wir entschließen uns |
| du entschließest dich | ihr entschließet euch |
| Sie entschließen sich | Sie entschließen sich |
| er/sie/es entschließe sich | sie entschließen sich |

**PRESENT SUBJUNCTIVE II**

| | |
|---|---|
| ich entschlösse mich | wir entschlössen uns |
| du entschlössest dich | ihr entschlösset euch |
| Sie entschlössen sich | Sie entschlössen sich |
| er/sie/es entschlösse sich | sie entschlössen sich |

**FUTURE SUBJUNCTIVE I**

| | |
|---|---|
| ich werde mich | wir werden uns |
| du werdest dich | ihr werdet euch |
| Sie werden sich | Sie werden sich |
| er/sie/es werde sich | sie werden sich |

} entschließen

**FUTURE SUBJUNCTIVE II**

| | |
|---|---|
| ich würde mich | wir würden uns |
| du würdest dich | ihr würdet euch |
| Sie würden sich | Sie würden sich |
| er/sie/es würde sich | sie würden sich |

} entschließen

**PRESENT PERFECT**

| | |
|---|---|
| ich habe mich | wir haben uns |
| du hast dich | ihr habt euch |
| Sie haben sich | Sie haben sich |
| er/sie/es hat sich | sie haben sich |

} entschlossen

**PAST PERFECT**

| | |
|---|---|
| ich hatte mich | wir hatten uns |
| du hattest dich | ihr hattet euch |
| Sie hatten sich | Sie hatten sich |
| er/sie/es hatte sich | sie hatten sich |

} entschlossen

**FUTURE PERFECT**

| | |
|---|---|
| ich werde mich | wir werden uns |
| du wirst dich | ihr werdet euch |
| Sie werden sich | Sie werden sich |
| er/sie/es wird sich | sie werden sich |

} entschlossen haben

**PAST SUBJUNCTIVE I**

| | |
|---|---|
| ich habe mich | wir haben uns |
| du habest dich | ihr habet euch |
| Sie haben sich | Sie haben sich |
| er/sie/es habe sich | sie haben sich |

} entschlossen

**PAST SUBJUNCTIVE II**

| | |
|---|---|
| ich hätte mich | wir hätten uns |
| du hättest dich | ihr hättet euch |
| Sie hätten sich | Sie hätten sich |
| er/sie/es hätte sich | sie hätten sich |

} entschlossen

**FUTURE PERFECT SUBJUNCTIVE I**

| | |
|---|---|
| ich werde mich | wir werden uns |
| du werdest dich | ihr werdet euch |
| Sie werden sich | Sie werden sich |
| er/sie/es werde sich | sie werden sich |

} entschlossen haben

**FUTURE PERFECT SUBJUNCTIVE II**

| | |
|---|---|
| ich würde mich | wir würden uns |
| du würdest dich | ihr würdet euch |
| Sie würden sich | Sie würden sich |
| er/sie/es würde sich | sie würden sich |

} entschlossen haben

**COMMANDS**     entschließ(e) dich!   entschließt euch!   entschließen Sie sich!

**PRESENT PARTICIPLE**   sich entschließend

## Usage

| | |
|---|---|
| Wir haben uns entschlossen, seine asozialen Tendenzen zu diskutieren. | *We have decided to discuss his asocial tendencies.* |
| Wegen des Wetters entschloss er sich nach Hause zurückzufahren. | *Because of the weather he made up his mind to go back home.* |
| Die Kinder entschlossen sich zu einem monatlichen Besuch bei ihrer Tante. | *The children resolved to visit their aunt once a month.* |
| Sie hat Langeweile und hat sich zu einer Veränderung entschlossen. | *She is bored and has decided to make a change.* |
| Danach entschließt er sich in Deutschland zu bleiben. | *After that, he decides to stay in Germany.* |
| Nach langem Nachdenken habe ich mich endlich entschlossen, mich um die Stelle zu bewerben. | *After lengthy consideration, I have finally made up my mind to apply for the position.* |
| Nach dem Meeting hat sie sich anders entschlossen. | *After the meeting, she changed her mind.* |

**RELATED VERBS**  *see* **schließen** (375)

**PRESENT**

| | |
|---|---|
| ich entschuldige | wir entschuldigen |
| du entschuldigst | ihr entschuldigt |
| Sie entschuldigen | Sie entschuldigen |
| er/sie/es entschuldigt | sie entschuldigen |

**PRESENT PERFECT**

| | | |
|---|---|---|
| ich habe | wir haben | |
| du hast | ihr habt | |
| Sie haben | Sie haben | entschuldigt |
| er/sie/es hat | sie haben | |

**SIMPLE PAST**

| | |
|---|---|
| ich entschuldigte | wir entschuldigten |
| du entschuldigtest | ihr entschuldigtet |
| Sie entschuldigten | Sie entschuldigten |
| er/sie/es entschuldigte | sie entschuldigten |

**PAST PERFECT**

| | | |
|---|---|---|
| ich hatte | wir hatten | |
| du hattest | ihr hattet | |
| Sie hatten | Sie hatten | entschuldigt |
| er/sie/es hatte | sie hatten | |

**FUTURE**

| | | |
|---|---|---|
| ich werde | wir werden | |
| du wirst | ihr werdet | |
| Sie werden | Sie werden | entschuldigen |
| er/sie/es wird | sie werden | |

**FUTURE PERFECT**

| | | |
|---|---|---|
| ich werde | wir werden | |
| du wirst | ihr werdet | |
| Sie werden | Sie werden | entschuldigt haben |
| er/sie/es wird | sie werden | |

**PRESENT SUBJUNCTIVE I**

| | |
|---|---|
| ich entschuldige | wir entschuldigen |
| du entschuldigest | ihr entschuldiget |
| Sie entschuldigen | Sie entschuldigen |
| er/sie/es entschuldige | sie entschuldigen |

**PAST SUBJUNCTIVE I**

| | | |
|---|---|---|
| ich habe | wir haben | |
| du habest | ihr habet | |
| Sie haben | Sie haben | entschuldigt |
| er/sie/es habe | sie haben | |

**PRESENT SUBJUNCTIVE II**

| | |
|---|---|
| ich entschuldigte | wir entschuldigten |
| du entschuldigtest | ihr entschuldigtet |
| Sie entschuldigten | Sie entschuldigten |
| er/sie/es entschuldigte | sie entschuldigten |

**PAST SUBJUNCTIVE II**

| | | |
|---|---|---|
| ich hätte | wir hätten | |
| du hättest | ihr hättet | |
| Sie hätten | Sie hätten | entschuldigt |
| er/sie/es hätte | sie hätten | |

**FUTURE SUBJUNCTIVE I**

| | | |
|---|---|---|
| ich werde | wir werden | |
| du werdest | ihr werdet | |
| Sie werden | Sie werden | entschuldigen |
| er/sie/es werde | sie werden | |

**FUTURE PERFECT SUBJUNCTIVE I**

| | | |
|---|---|---|
| ich werde | wir werden | |
| du werdest | ihr werdet | |
| Sie werden | Sie werden | entschuldigt haben |
| er/sie/es werde | sie werden | |

**FUTURE SUBJUNCTIVE II**

| | | |
|---|---|---|
| ich würde | wir würden | |
| du würdest | ihr würdet | |
| Sie würden | Sie würden | entschuldigen |
| er/sie/es würde | sie würden | |

**FUTURE PERFECT SUBJUNCTIVE II**

| | | |
|---|---|---|
| ich würde | wir würden | |
| du würdest | ihr würdet | |
| Sie würden | Sie würden | entschuldigt haben |
| er/sie/es würde | sie würden | |

**COMMANDS**     entschuldig(e)!   entschuldigt!   entschuldigen Sie!

**PRESENT PARTICIPLE**     entschuldigend

## Usage

| | |
|---|---|
| Entschuldigen Sie mich. | *Excuse me.* |
| Entschuldigt, wenn ich störe, aber wisst ihr, wo der Kellerschlüssel steckt? | *Pardon me for interrupting, but do you know where the basement key is?* |
| Dieter bleibt zu Hause und wird in der Schule entschuldigt. | *Dieter is staying home and is excused from school.* |
| Sep versuchte seine Taten zu entschuldigen. | *Sep tried to justify his actions.* |

### sich entschuldigen   *to apologize, excuse oneself*

| | |
|---|---|
| Bernd hat sich gestern bei Frau Dormagen für den Unfall entschuldigt. | *Bernd apologized to Mrs. Dormagen yesterday for the accident.* |
| Ich möchte mich entschuldigen. | *I'd like to apologize.* |
| Tante Grete hat sich bei mir endlich entschuldigt. | *Aunt Grete finally apologized to me.* |
| Alex entschuldigte sich vom Abendbrot und ging in sein Zimmer. | *Alex excused himself from dinner and went to his room.* |

strong verb (dative object)                                    entspricht · entsprach · entsprochen

**PRESENT**

| | |
|---|---|
| ich entspreche | wir entsprechen |
| du entsprichst | ihr entsprecht |
| Sie entsprechen | Sie entsprechen |
| er/sie/es entspricht | sie entsprechen |

**SIMPLE PAST**

| | |
|---|---|
| ich entsprach | wir entsprachen |
| du entsprachst | ihr entspracht |
| Sie entsprachen | Sie entsprachen |
| er/sie/es entsprach | sie entsprachen |

**FUTURE**

| | | |
|---|---|---|
| ich werde | wir werden | |
| du wirst | ihr werdet | entsprechen |
| Sie werden | Sie werden | |
| er/sie/es wird | sie werden | |

**PRESENT SUBJUNCTIVE I**

| | |
|---|---|
| ich entspreche | wir entsprechen |
| du entsprechest | ihr entsprechet |
| Sie entsprechen | Sie entsprechen |
| er/sie/es entspreche | sie entsprechen |

**PRESENT SUBJUNCTIVE II**

| | |
|---|---|
| ich entspräche | wir entsprächen |
| du entsprächest | ihr entsprächet |
| Sie entsprächen | Sie entsprächen |
| er/sie/es entspräche | sie entsprächen |

**FUTURE SUBJUNCTIVE I**

| | | |
|---|---|---|
| ich werde | wir werden | |
| du werdest | ihr werdet | entsprechen |
| Sie werden | Sie werden | |
| er/sie/es werde | sie werden | |

**FUTURE SUBJUNCTIVE II**

| | | |
|---|---|---|
| ich würde | wir würden | |
| du würdest | ihr würdet | entsprechen |
| Sie würden | Sie würden | |
| er/sie/es würde | sie würden | |

**PRESENT PERFECT**

| | | |
|---|---|---|
| ich habe | wir haben | |
| du hast | ihr habt | entsprochen |
| Sie haben | Sie haben | |
| er/sie/es hat | sie haben | |

**PAST PERFECT**

| | | |
|---|---|---|
| ich hatte | wir hatten | |
| du hattest | ihr hattet | entsprochen |
| Sie hatten | Sie hatten | |
| er/sie/es hatte | sie hatten | |

**FUTURE PERFECT**

| | | |
|---|---|---|
| ich werde | wir werden | |
| du wirst | ihr werdet | entsprochen haben |
| Sie werden | Sie werden | |
| er/sie/es wird | sie werden | |

**PAST SUBJUNCTIVE I**

| | | |
|---|---|---|
| ich habe | wir haben | |
| du habest | ihr habet | entsprochen |
| Sie haben | Sie haben | |
| er/sie/es habe | sie haben | |

**PAST SUBJUNCTIVE II**

| | | |
|---|---|---|
| ich hätte | wir hätten | |
| du hättest | ihr hättet | entsprochen |
| Sie hätten | Sie hätten | |
| er/sie/es hätte | sie hätten | |

**FUTURE PERFECT SUBJUNCTIVE I**

| | | |
|---|---|---|
| ich werde | wir werden | |
| du werdest | ihr werdet | entsprochen haben |
| Sie werden | Sie werden | |
| er/sie/es werde | sie werden | |

**FUTURE PERFECT SUBJUNCTIVE II**

| | | |
|---|---|---|
| ich würde | wir würden | |
| du würdest | ihr würdet | entsprochen haben |
| Sie würden | Sie würden | |
| er/sie/es würde | sie würden | |

**COMMANDS**          entsprich! entsprecht! entsprechen Sie!

**PRESENT PARTICIPLE**          entsprechend

## Usage

| | |
|---|---|
| Die Leistung des Produkts entspricht nicht unseren Erwartungen. | *The product's performance doesn't meet our expectations.* |
| Werners Aussage entsprach den Tatsachen nicht. | *Werner's statement wasn't consistent with the facts.* |
| Die Papiergröße 2 entspricht dem Standardformat DIN A4. | *Paper size 2 corresponds to the standard DIN A4 format.* |
| Howard behauptet, dass das Angebot in diesem Fall der Nachfrage entspreche. | *Howard maintains that in this case supply does meet demand.* |
| Diese Münze aus dem Jahr 1733 hat in Größe und Form dem heutigen US-amerikanischen Quarter entsprochen. | *This coin from the year 1733 had the same size and shape as the present-day U.S. American quarter.* |
| Dieser diplomatische Schritt entspricht der Meinung der meisten Bürger des Landes. | *This diplomatic move is consistent with the opinion of most of the country's citizens.* |
| Der neue Paragraph 7 entspricht dem Gesetz. | *The new paragraph 7 is consistent with the law.* |

**RELATED VERBS** *see* **sprechen** (415)

## entstehen · to originate, arise, ensue, emerge, be created

entsteht · entstand · entstanden

strong verb

### PRESENT

| | |
|---|---|
| ich entstehe | wir entstehen |
| du entstehst | ihr entsteht |
| Sie entstehen | Sie entstehen |
| er/sie/es entsteht | sie entstehen |

### PRESENT PERFECT

| | | |
|---|---|---|
| ich bin | wir sind | |
| du bist | ihr seid | entstanden |
| Sie sind | Sie sind | |
| er/sie/es ist | sie sind | |

### SIMPLE PAST

| | |
|---|---|
| ich entstand | wir entstanden |
| du entstandst | ihr entstandet |
| Sie entstanden | Sie entstanden |
| er/sie/es entstand | sie entstanden |

### PAST PERFECT

| | | |
|---|---|---|
| ich war | wir waren | |
| du warst | ihr wart | entstanden |
| Sie waren | Sie waren | |
| er/sie/es war | sie waren | |

### FUTURE

| | | |
|---|---|---|
| ich werde | wir werden | |
| du wirst | ihr werdet | entstehen |
| Sie werden | Sie werden | |
| er/sie/es wird | sie werden | |

### FUTURE PERFECT

| | | |
|---|---|---|
| ich werde | wir werden | |
| du wirst | ihr werdet | entstanden sein |
| Sie werden | Sie werden | |
| er/sie/es wird | sie werden | |

### PRESENT SUBJUNCTIVE I

| | |
|---|---|
| ich entstehe | wir entstehen |
| du entstehest | ihr entstehet |
| Sie entstehen | Sie entstehen |
| er/sie/es entstehe | sie entstehen |

### PAST SUBJUNCTIVE I

| | | |
|---|---|---|
| ich sei | wir seien | |
| du seiest | ihr seiet | entstanden |
| Sie seien | Sie seien | |
| er/sie/es sei | sie seien | |

### PRESENT SUBJUNCTIVE II

| | |
|---|---|
| ich entstünde/entstände | wir entstünden/entständen |
| du entstündest/entständest | ihr entstündet/entständet |
| Sie entstünden/entständen | Sie entstünden/entständen |
| er/sie/es entstünde/entstände | sie entstünden/entständen |

### PAST SUBJUNCTIVE II

| | | |
|---|---|---|
| ich wäre | wir wären | |
| du wärest | ihr wäret | entstanden |
| Sie wären | Sie wären | |
| er/sie/es wäre | sie wären | |

### FUTURE SUBJUNCTIVE I

| | | |
|---|---|---|
| ich werde | wir werden | |
| du werdest | ihr werdet | entstehen |
| Sie werden | Sie werden | |
| er/sie/es werde | sie werden | |

### FUTURE PERFECT SUBJUNCTIVE I

| | | |
|---|---|---|
| ich werde | wir werden | |
| du werdest | ihr werdet | entstanden sein |
| Sie werden | Sie werden | |
| er/sie/es werde | sie werden | |

### FUTURE SUBJUNCTIVE II

| | | |
|---|---|---|
| ich würde | wir würden | |
| du würdest | ihr würdet | entstehen |
| Sie würden | Sie würden | |
| er/sie/es würde | sie würden | |

### FUTURE PERFECT SUBJUNCTIVE II

| | | |
|---|---|---|
| ich würde | wir würden | |
| du würdest | ihr würdet | entstanden sein |
| Sie würden | Sie würden | |
| er/sie/es würde | sie würden | |

**COMMANDS**    entsteh(e)!    entsteht!    entstehen Sie!

**PRESENT PARTICIPLE**    entstehend

## Usage

| | |
|---|---|
| Ein großer Aufruhr entstand. | *A great tumult ensued.* |
| Das Unternehmen ist aus dem Zusammenschluss mehrerer kleinerer Firmen entstanden. | *The enterprise resulted from the merger of several smaller firms.* |
| Es wird allgemein gesagt, dass Jazz in New Orleans entstanden sei. | *It is generally said that jazz originated in New Orleans.* |
| Der Begriff „Rosinenbomber" entstand 1948 während der sowjetischen Blockade von Berlin. | *The term "Raisin Bomber" arose in 1948 during the Soviet blockade of Berlin.* |
| Alte Viren mutieren und neue Viren entstehen. | *Old viruses mutate and new viruses are formed.* |
| Meine erste Komposition ist 1979 entstanden. | *My first composition was created in 1979.* |
| Der Grammatikfehler war entstanden, bevor der Text in den Satz ging. | *The grammatical mistake surfaced before the text was typeset.* |
| Vögel sind aus Reptilien entstanden. | *Birds have their origin in reptiles.* |
| Dem Käufer entstehen keine Gebühren. | *The buyer incurs no fees.* |

**RELATED VERBS**   *see* **stehen** (423)

regular weak verb

enttäuscht · enttäuschte · enttäuscht

**PRESENT**

| | |
|---|---|
| ich enttäusche | wir enttäuschen |
| du enttäuschst | ihr enttäuscht |
| Sie enttäuschen | Sie enttäuschen |
| er/sie/es enttäuscht | sie enttäuschen |

**SIMPLE PAST**

| | |
|---|---|
| ich enttäuschte | wir enttäuschten |
| du enttäuschtest | ihr enttäuschtet |
| Sie enttäuschten | Sie enttäuschten |
| er/sie/es enttäuschte | sie enttäuschten |

**FUTURE**

| | |
|---|---|
| ich werde | wir werden |
| du wirst | ihr werdet |
| Sie werden | Sie werden |
| er/sie/es wird | sie werden |

} enttäuschen

**PRESENT SUBJUNCTIVE I**

| | |
|---|---|
| ich enttäusche | wir enttäuschen |
| du enttäuschest | ihr enttäuschet |
| Sie enttäuschen | Sie enttäuschen |
| er/sie/es enttäusche | sie enttäuschen |

**PRESENT SUBJUNCTIVE II**

| | |
|---|---|
| ich enttäuschte | wir enttäuschten |
| du enttäuschtest | ihr enttäuschtet |
| Sie enttäuschten | Sie enttäuschten |
| er/sie/es enttäuschte | sie enttäuschten |

**FUTURE SUBJUNCTIVE I**

| | |
|---|---|
| ich werde | wir werden |
| du werdest | ihr werdet |
| Sie werden | Sie werden |
| er/sie/es werde | sie werden |

} enttäuschen

**FUTURE SUBJUNCTIVE II**

| | |
|---|---|
| ich würde | wir würden |
| du würdest | ihr würdet |
| Sie würden | Sie würden |
| er/sie/es würde | sie würden |

} enttäuschen

**PRESENT PERFECT**

| | |
|---|---|
| ich habe | wir haben |
| du hast | ihr habt |
| Sie haben | Sie haben |
| er/sie/es hat | sie haben |

} enttäuscht

**PAST PERFECT**

| | |
|---|---|
| ich hatte | wir hatten |
| du hattest | ihr hattet |
| Sie hatten | Sie hatten |
| er/sie/es hatte | sie hatten |

} enttäuscht

**FUTURE PERFECT**

| | |
|---|---|
| ich werde | wir werden |
| du wirst | ihr werdet |
| Sie werden | Sie werden |
| er/sie/es wird | sie werden |

} enttäuscht haben

**PAST SUBJUNCTIVE I**

| | |
|---|---|
| ich habe | wir haben |
| du habest | ihr habet |
| Sie haben | Sie haben |
| er/sie/es habe | sie haben |

} enttäuscht

**PAST SUBJUNCTIVE II**

| | |
|---|---|
| ich hätte | wir hätten |
| du hättest | ihr hättet |
| Sie hätten | Sie hätten |
| er/sie/es hätte | sie hätten |

} enttäuscht

**FUTURE PERFECT SUBJUNCTIVE I**

| | |
|---|---|
| ich werde | wir werden |
| du werdest | ihr werdet |
| Sie werden | Sie werden |
| er/sie/es werde | sie werden |

} enttäuscht haben

**FUTURE PERFECT SUBJUNCTIVE II**

| | |
|---|---|
| ich würde | wir würden |
| du würdest | ihr würdet |
| Sie würden | Sie würden |
| er/sie/es würde | sie würden |

} enttäuscht haben

**COMMANDS**     enttäusch(e)!     enttäuscht!     enttäuschen Sie!

**PRESENT PARTICIPLE**     enttäuschend

## Usage

Die Lesererwartungen wurden nicht enttäuscht.
Du enttäuschst mich sehr.
Der Quartalumsatz hat Investoren enttäuscht.
Habe ich Sie enttäuscht?
Die Uraufführung der Oper enttäuschte die Kritiker.
Leider muss ich dich enttäuschen.
Die Fans sind von der Schlussszene des Films
　enttäuscht worden.
Um die Kinder nicht zu enttäuschen, sind sie trotz
　des Wetters hingefahren.
Das Hotel enttäuschte uns wegen der schmutzigen
　Matratzen.

*The reader's expectations were not disappointed.*
*You really disappoint me.*
*Quarterly revenue disappointed investors.*
*Have I disappointed you?*
*The premiere of the opera disappointed the critics.*
*Unfortunately I have to disappoint you.*
*The fans were disappointed by the closing scene of the film.*

*In order not to disappoint the children, they went in spite*
　*of the weather.*
*The hotel disappointed us because of the dirty mattresses.*

**RELATED VERB**  täuschen

# entwickeln *to develop*

entwickelt · entwickelte · entwickelt

regular weak verb

**PRESENT**

| | |
|---|---|
| ich entwick(e)le | wir entwickeln |
| du entwickelst | ihr entwickelt |
| Sie entwickeln | Sie entwickeln |
| er/sie/es entwickelt | sie entwickeln |

**PRESENT PERFECT**

| | | |
|---|---|---|
| ich habe | wir haben | |
| du hast | ihr habt | |
| Sie haben | Sie haben | entwickelt |
| er/sie/es hat | sie haben | |

**SIMPLE PAST**

| | |
|---|---|
| ich entwickelte | wir entwickelten |
| du entwickeltest | ihr entwickeltet |
| Sie entwickelten | Sie entwickelten |
| er/sie/es entwickelte | sie entwickelten |

**PAST PERFECT**

| | | |
|---|---|---|
| ich hatte | wir hatten | |
| du hattest | ihr hattet | |
| Sie hatten | Sie hatten | entwickelt |
| er/sie/es hatte | sie hatten | |

**FUTURE**

| | | |
|---|---|---|
| ich werde | wir werden | |
| du wirst | ihr werdet | |
| Sie werden | Sie werden | entwickeln |
| er/sie/es wird | sie werden | |

**FUTURE PERFECT**

| | | |
|---|---|---|
| ich werde | wir werden | |
| du wirst | ihr werdet | |
| Sie werden | Sie werden | entwickelt haben |
| er/sie/es wird | sie werden | |

**PRESENT SUBJUNCTIVE I**

| | |
|---|---|
| ich entwick(e)le | wir entwickeln |
| du entwickelst | ihr entwickelt |
| Sie entwickeln | Sie entwickeln |
| er/sie/es entwick(e)le | sie entwickeln |

**PAST SUBJUNCTIVE I**

| | | |
|---|---|---|
| ich habe | wir haben | |
| du habest | ihr habet | |
| Sie haben | Sie haben | entwickelt |
| er/sie/es habe | sie haben | |

**PRESENT SUBJUNCTIVE II**

| | |
|---|---|
| ich entwickelte | wir entwickelten |
| du entwickeltest | ihr entwickeltet |
| Sie entwickelten | Sie entwickelten |
| er/sie/es entwickelte | sie entwickelten |

**PAST SUBJUNCTIVE II**

| | | |
|---|---|---|
| ich hätte | wir hätten | |
| du hättest | ihr hättet | |
| Sie hätten | Sie hätten | entwickelt |
| er/sie/es hätte | sie hätten | |

**FUTURE SUBJUNCTIVE I**

| | | |
|---|---|---|
| ich werde | wir werden | |
| du werdest | ihr werdet | |
| Sie werden | Sie werden | entwickeln |
| er/sie/es werde | sie werden | |

**FUTURE PERFECT SUBJUNCTIVE I**

| | | |
|---|---|---|
| ich werde | wir werden | |
| du werdest | ihr werdet | |
| Sie werden | Sie werden | entwickelt haben |
| er/sie/es werde | sie werden | |

**FUTURE SUBJUNCTIVE II**

| | | |
|---|---|---|
| ich würde | wir würden | |
| du würdest | ihr würdet | |
| Sie würden | Sie würden | entwickeln |
| er/sie/es würde | sie würden | |

**FUTURE PERFECT SUBJUNCTIVE II**

| | | |
|---|---|---|
| ich würde | wir würden | |
| du würdest | ihr würdet | |
| Sie würden | Sie würden | entwickelt haben |
| er/sie/es würde | sie würden | |

**COMMANDS**    entwick(e)le!   entwickelt!   entwickeln Sie!

**PRESENT PARTICIPLE**    entwickelnd

## Usage

| | |
|---|---|
| Ich entwickle Werkzeuge für Elektrotechnik. | *I develop tools for electrotechnology.* |
| Immer mehr Bakterien entwickeln Resistenzen gegen bestehende Antibiotika. | *An increasing number of bacteria are developing resistance to existing antibiotics.* |
| Das Ziel ist es, mehr Verständnis für Behinderte zu entwickeln. | *The goal is to develop greater understanding of the handicapped.* |
| Forscher haben ein neues Medikament entwickelt. | *Researchers have developed a new medicine.* |
| Ich möchte den Film entwickeln lassen. | *I'd like to get the film developed.* |

### sich entwickeln *to develop, evolve, grow*

| | |
|---|---|
| Dieser Kunststil entwickelt sich seit der Mitte der 90er Jahre in eine völlig neue Richtung. | *This style of art has been evolving in a completely new direction since the mid-90s.* |
| Anschließend entwickelten sich zwei parallele Bewegungen in der früh nachmittelalterlichen Zeit. | *Subsequently, two parallel movements developed in the early postmedieval period.* |

**RELATED VERBS**  aus·entwickeln, fort·entwickeln, weiter·entwickeln, wickeln, zurück·entwickeln

regular weak verb

ereignet sich · ereignete sich · sich ereignet

**PRESENT**

| | |
|---|---|
| ich ereigne mich | wir ereignen uns |
| du ereignest dich | ihr ereignet euch |
| Sie ereignen sich | Sie ereignen sich |
| er/sie/es ereignet sich | sie ereignen sich |

**SIMPLE PAST**

| | |
|---|---|
| ich ereignete mich | wir ereigneten uns |
| du ereignetest dich | ihr ereignetet euch |
| Sie ereigneten sich | Sie ereigneten sich |
| er/sie/es ereignete sich | sie ereigneten sich |

**FUTURE**

| | | |
|---|---|---|
| ich werde mich | wir werden uns | |
| du wirst dich | ihr werdet euch | ereignen |
| Sie werden sich | Sie werden sich | |
| er/sie/es wird sich | sie werden sich | |

**PRESENT SUBJUNCTIVE I**

| | |
|---|---|
| ich ereigne mich | wir ereignen uns |
| du ereignest dich | ihr ereignet euch |
| Sie ereignen sich | Sie ereignen sich |
| er/sie/es ereigne sich | sie ereignen sich |

**PRESENT SUBJUNCTIVE II**

| | |
|---|---|
| ich ereignete mich | wir ereigneten uns |
| du ereignetest dich | ihr ereignetet euch |
| Sie ereigneten sich | Sie ereigneten sich |
| er/sie/es ereignete sich | sie ereigneten sich |

**FUTURE SUBJUNCTIVE I**

| | | |
|---|---|---|
| ich werde mich | wir werden uns | |
| du werdest dich | ihr werdet euch | ereignen |
| Sie werden sich | Sie werden sich | |
| er/sie/es werde sich | sie werden sich | |

**FUTURE SUBJUNCTIVE II**

| | | |
|---|---|---|
| ich würde mich | wir würden uns | |
| du würdest dich | ihr würdet euch | ereignen |
| Sie würden sich | Sie würden sich | |
| er/sie/es würde sich | sie würden sich | |

**PRESENT PERFECT**

| | | |
|---|---|---|
| ich habe mich | wir haben uns | |
| du hast dich | ihr habt euch | ereignet |
| Sie haben sich | Sie haben sich | |
| er/sie/es hat sich | sie haben sich | |

**PAST PERFECT**

| | | |
|---|---|---|
| ich hatte mich | wir hatten uns | |
| du hattest dich | ihr hattet euch | ereignet |
| Sie hatten sich | Sie hatten sich | |
| er/sie/es hatte sich | sie hatten sich | |

**FUTURE PERFECT**

| | | |
|---|---|---|
| ich werde mich | wir werden uns | |
| du wirst dich | ihr werdet euch | ereignet haben |
| Sie werden sich | Sie werden sich | |
| er/sie/es wird sich | sie werden sich | |

**PAST SUBJUNCTIVE I**

| | | |
|---|---|---|
| ich habe mich | wir haben uns | |
| du habest dich | ihr habet euch | ereignet |
| Sie haben sich | Sie haben sich | |
| er/sie/es habe sich | sie haben sich | |

**PAST SUBJUNCTIVE II**

| | | |
|---|---|---|
| ich hätte mich | wir hätten uns | |
| du hättest dich | ihr hättet euch | ereignet |
| Sie hätten sich | Sie hätten sich | |
| er/sie/es hätte sich | sie hätten sich | |

**FUTURE PERFECT SUBJUNCTIVE I**

| | | |
|---|---|---|
| ich werde mich | wir werden uns | |
| du werdest dich | ihr werdet euch | ereignet haben |
| Sie werden sich | Sie werden sich | |
| er/sie/es werde sich | sie werden sich | |

**FUTURE PERFECT SUBJUNCTIVE II**

| | | |
|---|---|---|
| ich würde mich | wir würden uns | |
| du würdest dich | ihr würdet euch | ereignet haben |
| Sie würden sich | Sie würden sich | |
| er/sie/es würde sich | sie würden sich | |

**COMMANDS**  ereigne dich!  ereignet euch!  ereignen Sie sich!

**PRESENT PARTICIPLE**  sich ereignend

## Usage

| | |
|---|---|
| In Europa ereignet sich jedes Jahr mehr als eine Million Verkehrsunfälle. | *More than a million traffic accidents occur each year in Europe.* |
| 1883 ereignete sich ein Vulkanausbruch auf der Insel Krakatau. | *In 1883, a volcanic eruption took place on the island of Krakatau.* |
| Der Polizeisprecher hat berichtet, der Mord habe sich vor Mitternacht ereignet. | *The police spokesman reported that the murder happened before midnight.* |
| Etwas Interessantes hat sich heute Nachmittag bei mir im Büro ereignet. | *Something interesting happened this afternoon at my office.* |
| Seit dem Fall der Berliner Mauer hat sich viel ereignet. | *Since the fall of the Berlin Wall, a lot has happened.* |
| Man wusste nicht genau, was sich ereignet hatte. | *People didn't know exactly what had occurred.* |
| Der Vorfall ereignete sich am 25. Juli 2005 um 5.30 Uhr. | *The incident occurred on July 25, 2005 at 5:30 A.M.* |
| Eine nukleare Katastrophe ereignete sich im April 1986 in Tschernobyl in der Ukraine. | *A nuclear catastrophe took place in April 1986 in Chernobyl in Ukraine.* |

**RELATED VERB** eignen

**PRESENT**

| | |
|---|---|
| ich erfahre | wir erfahren |
| du erfährst | ihr erfahrt |
| Sie erfahren | Sie erfahren |
| er/sie/es erfährt | sie erfahren |

**PRESENT PERFECT**

| | | |
|---|---|---|
| ich habe | wir haben | |
| du hast | ihr habt | erfahren |
| Sie haben | Sie haben | |
| er/sie/es hat | sie haben | |

**SIMPLE PAST**

| | |
|---|---|
| ich erfuhr | wir erfuhren |
| du erfuhrst | ihr erfuhrt |
| Sie erfuhren | Sie erfuhren |
| er/sie/es erfuhr | sie erfuhren |

**PAST PERFECT**

| | | |
|---|---|---|
| ich hatte | wir hatten | |
| du hattest | ihr hattet | erfahren |
| Sie hatten | Sie hatten | |
| er/sie/es hatte | sie hatten | |

**FUTURE**

| | | |
|---|---|---|
| ich werde | wir werden | |
| du wirst | ihr werdet | erfahren |
| Sie werden | Sie werden | |
| er/sie/es wird | sie werden | |

**FUTURE PERFECT**

| | | |
|---|---|---|
| ich werde | wir werden | |
| du wirst | ihr werdet | erfahren haben |
| Sie werden | Sie werden | |
| er/sie/es wird | sie werden | |

**PRESENT SUBJUNCTIVE I**

| | |
|---|---|
| ich erfahre | wir erfahren |
| du erfahrest | ihr erfahret |
| Sie erfahren | Sie erfahren |
| er/sie/es erfahre | sie erfahren |

**PAST SUBJUNCTIVE I**

| | | |
|---|---|---|
| ich habe | wir haben | |
| du habest | ihr habet | erfahren |
| Sie haben | Sie haben | |
| er/sie/es habe | sie haben | |

**PRESENT SUBJUNCTIVE II**

| | |
|---|---|
| ich erführe | wir erführen |
| du erführest | ihr erführet |
| Sie erführen | Sie erführen |
| er/sie/es erführe | sie erführen |

**PAST SUBJUNCTIVE II**

| | | |
|---|---|---|
| ich hätte | wir hätten | |
| du hättest | ihr hättet | erfahren |
| Sie hätten | Sie hätten | |
| er/sie/es hätte | sie hätten | |

**FUTURE SUBJUNCTIVE I**

| | | |
|---|---|---|
| ich werde | wir werden | |
| du werdest | ihr werdet | erfahren |
| Sie werden | Sie werden | |
| er/sie/es werde | sie werden | |

**FUTURE PERFECT SUBJUNCTIVE I**

| | | |
|---|---|---|
| ich werde | wir werden | |
| du werdest | ihr werdet | erfahren haben |
| Sie werden | Sie werden | |
| er/sie/es werde | sie werden | |

**FUTURE SUBJUNCTIVE II**

| | | |
|---|---|---|
| ich würde | wir würden | |
| du würdest | ihr würdet | erfahren |
| Sie würden | Sie würden | |
| er/sie/es würde | sie würden | |

**FUTURE PERFECT SUBJUNCTIVE II**

| | | |
|---|---|---|
| ich würde | wir würden | |
| du würdest | ihr würdet | erfahren haben |
| Sie würden | Sie würden | |
| er/sie/es würde | sie würden | |

**COMMANDS**  erfahr(e)!  erfahrt!  erfahren Sie!

**PRESENT PARTICIPLE**  erfahrend

## Usage

| | |
|---|---|
| Ich habe gerade erfahren, dass mein Onkel im Krankenhaus liegt. | *I've just learned that my uncle is in the hospital.* |
| Der kritische Leser erfährt in diesem Werk sowohl heroische als auch höfische Aspekte. | *The critical reader will discover heroic as well as courtly aspects in this work.* |
| Wie es funktioniert erfahren Sie hier. | *You will learn here how it works.* |
| Der Romantiker sehnt sich nach einer Welt, in der man das Unendliche erfahren kann. | *The romantic yearns for a world in which one can experience the infinite.* |
| Gregor erfuhr eine Verwandlung in einen Käfer. | *Gregor underwent a transformation into a beetle.* |
| Dieser Tritt ins Phantastische, den der Held oft erfährt, ist nicht rational zu erklären. | *This step into the fantastical that the hero often experiences can't be rationally explained.* |
| Das historische Gebäude hat 1999 eine Restaurierung erfahren. | *The historic building underwent restoration in 1999.* |

**RELATED VERBS**  *see* **fahren** (177)

strong verb | erfindet · erfand · erfunden

**PRESENT**

| | |
|---|---|
| ich erfinde | wir erfinden |
| du erfindest | ihr erfindet |
| Sie erfinden | Sie erfinden |
| er/sie/es erfindet | sie erfinden |

**PRESENT PERFECT**

| | | |
|---|---|---|
| ich habe | wir haben | |
| du hast | ihr habt | |
| Sie haben | Sie haben | erfunden |
| er/sie/es hat | sie haben | |

**SIMPLE PAST**

| | |
|---|---|
| ich erfand | wir erfanden |
| du erfandst | ihr erfandet |
| Sie erfanden | Sie erfanden |
| er/sie/es erfand | sie erfanden |

**PAST PERFECT**

| | | |
|---|---|---|
| ich hatte | wir hatten | |
| du hattest | ihr hattet | |
| Sie hatten | Sie hatten | erfunden |
| er/sie/es hatte | sie hatten | |

**FUTURE**

| | | |
|---|---|---|
| ich werde | wir werden | |
| du wirst | ihr werdet | |
| Sie werden | Sie werden | erfinden |
| er/sie/es wird | sie werden | |

**FUTURE PERFECT**

| | | |
|---|---|---|
| ich werde | wir werden | |
| du wirst | ihr werdet | |
| Sie werden | Sie werden | erfunden haben |
| er/sie/es wird | sie werden | |

**PRESENT SUBJUNCTIVE I**

| | |
|---|---|
| ich erfinde | wir erfinden |
| du erfindest | ihr erfindet |
| Sie erfinden | Sie erfinden |
| er/sie/es erfinde | sie erfinden |

**PAST SUBJUNCTIVE I**

| | | |
|---|---|---|
| ich habe | wir haben | |
| du habest | ihr habet | |
| Sie haben | Sie haben | erfunden |
| er/sie/es habe | sie haben | |

**PRESENT SUBJUNCTIVE II**

| | |
|---|---|
| ich erfände | wir erfänden |
| du erfändest | ihr erfändet |
| Sie erfänden | Sie erfänden |
| er/sie/es erfände | sie erfänden |

**PAST SUBJUNCTIVE II**

| | | |
|---|---|---|
| ich hätte | wir hätten | |
| du hättest | ihr hättet | |
| Sie hätten | Sie hätten | erfunden |
| er/sie/es hätte | sie hätten | |

**FUTURE SUBJUNCTIVE I**

| | | |
|---|---|---|
| ich werde | wir werden | |
| du werdest | ihr werdet | |
| Sie werden | Sie werden | erfinden |
| er/sie/es werde | sie werden | |

**FUTURE PERFECT SUBJUNCTIVE I**

| | | |
|---|---|---|
| ich werde | wir werden | |
| du werdest | ihr werdet | |
| Sie werden | Sie werden | erfunden haben |
| er/sie/es werde | sie werden | |

**FUTURE SUBJUNCTIVE II**

| | | |
|---|---|---|
| ich würde | wir würden | |
| du würdest | ihr würdet | |
| Sie würden | Sie würden | erfinden |
| er/sie/es würde | sie würden | |

**FUTURE PERFECT SUBJUNCTIVE II**

| | | |
|---|---|---|
| ich würde | wir würden | |
| du würdest | ihr würdet | |
| Sie würden | Sie würden | erfunden haben |
| er/sie/es würde | sie würden | |

**COMMANDS** | erfinde! erfindet! erfinden Sie!

**PRESENT PARTICIPLE** | erfindend

## Usage

| | |
|---|---|
| Der Mensch musste Sprache erfinden, weil er Mensch war, und er wurde Mensch, weil er Sprache erfunden hatte. | *Humans had to invent language because they were human, and they became human because they had invented language.* |
| Wer hat den Transistor erfunden? | *Who invented the transistor?* |
| Wo wurde das Mountainbike erfunden? | *Where was the mountain bike invented?* |
| Das Stereoskop wurde 1832 von Sir Charles Wheatstone erfunden. | *The stereoscope was invented in 1832 by Sir Charles Wheatstone.* |
| Wir wollen das Rad nicht neu erfinden. (*idiomatic*) | *We don't want to reinvent the wheel.* |
| Warum musst du immer solche unwahrscheinlichen Erklärungen erfinden? | *Why must you always contrive such improbable explanations?* |
| Manni erfand eine Ausrede. | *Manni made up an excuse.* |
| Diese Geschichte wurde frei erfunden. | *This story was completely fabricated.* |
| Er sagt, dass Serena die ganze Sache erfunden habe. | *He says that Serena fabricated the whole thing.* |

**RELATED VERBS** *see* **finden** (186)

**PRESENT**

| | |
|---|---|
| ich erfülle | wir erfüllen |
| du erfüllst | ihr erfüllt |
| Sie erfüllen | Sie erfüllen |
| er/sie/es erfüllt | sie erfüllen |

**PRESENT PERFECT**

| | | |
|---|---|---|
| ich habe | wir haben | |
| du hast | ihr habt | erfüllt |
| Sie haben | Sie haben | |
| er/sie/es hat | sie haben | |

**SIMPLE PAST**

| | |
|---|---|
| ich erfüllte | wir erfüllten |
| du erfülltest | ihr erfülltet |
| Sie erfüllten | Sie erfüllten |
| er/sie/es erfüllte | sie erfüllten |

**PAST PERFECT**

| | | |
|---|---|---|
| ich hatte | wir hatten | |
| du hattest | ihr hattet | erfüllt |
| Sie hatten | Sie hatten | |
| er/sie/es hatte | sie hatten | |

**FUTURE**

| | | |
|---|---|---|
| ich werde | wir werden | |
| du wirst | ihr werdet | erfüllen |
| Sie werden | Sie werden | |
| er/sie/es wird | sie werden | |

**FUTURE PERFECT**

| | | |
|---|---|---|
| ich werde | wir werden | |
| du wirst | ihr werdet | erfüllt haben |
| Sie werden | Sie werden | |
| er/sie/es wird | sie werden | |

**PRESENT SUBJUNCTIVE I**

| | |
|---|---|
| ich erfülle | wir erfüllen |
| du erfüllest | ihr erfüllet |
| Sie erfüllen | Sie erfüllen |
| er/sie/es erfülle | sie erfüllen |

**PAST SUBJUNCTIVE I**

| | | |
|---|---|---|
| ich habe | wir haben | |
| du habest | ihr habet | erfüllt |
| Sie haben | Sie haben | |
| er/sie/es habe | sie haben | |

**PRESENT SUBJUNCTIVE II**

| | |
|---|---|
| ich erfüllte | wir erfüllten |
| du erfülltest | ihr erfülltet |
| Sie erfüllten | Sie erfüllten |
| er/sie/es erfüllte | sie erfüllten |

**PAST SUBJUNCTIVE II**

| | | |
|---|---|---|
| ich hätte | wir hätten | |
| du hättest | ihr hättet | erfüllt |
| Sie hätten | Sie hätten | |
| er/sie/es hätte | sie hätten | |

**FUTURE SUBJUNCTIVE I**

| | | |
|---|---|---|
| ich werde | wir werden | |
| du werdest | ihr werdet | erfüllen |
| Sie werden | Sie werden | |
| er/sie/es werde | sie werden | |

**FUTURE PERFECT SUBJUNCTIVE I**

| | | |
|---|---|---|
| ich werde | wir werden | |
| du werdest | ihr werdet | erfüllt haben |
| Sie werden | Sie werden | |
| er/sie/es werde | sie werden | |

**FUTURE SUBJUNCTIVE II**

| | | |
|---|---|---|
| ich würde | wir würden | |
| du würdest | ihr würdet | erfüllen |
| Sie würden | Sie würden | |
| er/sie/es würde | sie würden | |

**FUTURE PERFECT SUBJUNCTIVE II**

| | | |
|---|---|---|
| ich würde | wir würden | |
| du würdest | ihr würdet | erfüllt haben |
| Sie würden | Sie würden | |
| er/sie/es würde | sie würden | |

**COMMANDS** erfüll(e)! erfüllt! erfüllen Sie!

**PRESENT PARTICIPLE** erfüllend

## Usage

| | |
|---|---|
| Der Geruch frisch gebackenen Brotes erfüllte die Küche meiner Großmutter. | *The aroma of freshly baked bread filled my grandmother's kitchen.* |
| Seine Missetaten erfüllten uns mit Ekel. | *His crimes filled us with disgust.* |
| Die Digitalkamera hat meine Erwartungen erfüllt. | *The digital camera has fulfilled my expectations.* |
| Alle Quoten wurden im dritten Quartal erfüllt. | *All quotas were fulfilled in the third quarter.* |
| Sie müssen die folgenden Voraussetzungen erfüllen, um angenommen zu werden. | *You must fulfill the following prerequisites in order to be accepted.* |
| Der Soldat erfüllte seinen Schwur. | *The soldier carried out his oath.* |

### sich erfüllen *to become reality, come true*

| | |
|---|---|
| Sein Traum einer Eigentumswohnung erfüllte sich dieses Jahr. | *His dream of owning a home became a reality this year.* |

**RELATED VERBS** übererfüllen; *see also* **füllen** (201)

strong verb

**erhält · erhielt · erhalten**

**PRESENT**

| ich erhalte | wir erhalten |
|---|---|
| du erhältst | ihr erhaltet |
| Sie erhalten | Sie erhalten |
| er/sie/es erhält | sie erhalten |

**SIMPLE PAST**

| ich erhielt | wir erhielten |
|---|---|
| du erhieltst | ihr erhieltet |
| Sie erhielten | Sie erhielten |
| er/sie/es erhielt | sie erhielten |

**FUTURE**

| ich werde | wir werden | |
|---|---|---|
| du wirst | ihr werdet | erhalten |
| Sie werden | Sie werden | |
| er/sie/es wird | sie werden | |

**PRESENT SUBJUNCTIVE I**

| ich erhalte | wir erhalten |
|---|---|
| du erhaltest | ihr erhaltet |
| Sie erhalten | Sie erhalten |
| er/sie/es erhalte | sie erhalten |

**PRESENT SUBJUNCTIVE II**

| ich erhielte | wir erhielten |
|---|---|
| du erhieltest | ihr erhieltet |
| Sie erhielten | Sie erhielten |
| er/sie/es erhielte | sie erhielten |

**FUTURE SUBJUNCTIVE I**

| ich werde | wir werden | |
|---|---|---|
| du werdest | ihr werdet | erhalten |
| Sie werden | Sie werden | |
| er/sie/es werde | sie werden | |

**FUTURE SUBJUNCTIVE II**

| ich würde | wir würden | |
|---|---|---|
| du würdest | ihr würdet | erhalten |
| Sie würden | Sie würden | |
| er/sie/es würde | sie würden | |

**PRESENT PERFECT**

| ich habe | wir haben | |
|---|---|---|
| du hast | ihr habt | erhalten |
| Sie haben | Sie haben | |
| er/sie/es hat | sie haben | |

**PAST PERFECT**

| ich hatte | wir hatten | |
|---|---|---|
| du hattest | ihr hattet | erhalten |
| Sie hatten | Sie hatten | |
| er/sie/es hatte | sie hatten | |

**FUTURE PERFECT**

| ich werde | wir werden | |
|---|---|---|
| du wirst | ihr werdet | erhalten haben |
| Sie werden | Sie werden | |
| er/sie/es wird | sie werden | |

**PAST SUBJUNCTIVE I**

| ich habe | wir haben | |
|---|---|---|
| du habest | ihr habet | erhalten |
| Sie haben | Sie haben | |
| er/sie/es habe | sie haben | |

**PAST SUBJUNCTIVE II**

| ich hätte | wir hätten | |
|---|---|---|
| du hättest | ihr hättet | erhalten |
| Sie hätten | Sie hätten | |
| er/sie/es hätte | sie hätten | |

**FUTURE PERFECT SUBJUNCTIVE I**

| ich werde | wir werden | |
|---|---|---|
| du werdest | ihr werdet | erhalten haben |
| Sie werden | Sie werden | |
| er/sie/es werde | sie werden | |

**FUTURE PERFECT SUBJUNCTIVE II**

| ich würde | wir würden | |
|---|---|---|
| du würdest | ihr würdet | erhalten haben |
| Sie würden | Sie würden | |
| er/sie/es würde | sie würden | |

**COMMANDS**     erhalte! erhaltet! erhalten Sie!

**PRESENT PARTICIPLE**     erhaltend

## Usage

Herders Schrift „Abhandlung über den Ursprung der Sprache" erhielt einen Preis.

Ich habe wertvolle Anregungen von den Kursteilnehmern erhalten.

Wir erhielten eine Genehmigung von den Soldaten, über die Grenze zu fahren.

Sarah hätte eine Arbeitserlaubnis erhalten können.

Gott erhalte den König! (*formulaic*)

Die Dorfbewohner haben diese Tradition bis heute erhalten.

Kann Manfred eine Familie erhalten?

Die Eigentümer wollten das alte Haus in gutem Zustand erhalten.

*Herder's manuscript "Treatise on the Origin of Language" received an award.*

*I received valuable suggestions from the course participants.*

*We obtained permission from the soldiers to drive across the border.*

*Sarah could have obtained a work permit.*

*God save the king!*

*The village inhabitants have preserved this tradition up to today.*

*Can Manfred support a family?*

*The owners wanted to keep the old house in good condition.*

**RELATED VERBS**  aufrecht·erhalten, wieder·erhalten, zurück·erhalten; *see also* **halten** (231)

**PRESENT**

| | |
|---|---|
| ich erhöhe | wir erhöhen |
| du erhöhst | ihr erhöht |
| Sie erhöhen | Sie erhöhen |
| er/sie/es erhöht | sie erhöhen |

**SIMPLE PAST**

| | |
|---|---|
| ich erhöhte | wir erhöhten |
| du erhöhtest | ihr erhöhtet |
| Sie erhöhten | Sie erhöhten |
| er/sie/es erhöhte | sie erhöhten |

**FUTURE**

| | |
|---|---|
| ich werde | wir werden |
| du wirst | ihr werdet |
| Sie werden | Sie werden |
| er/sie/es wird | sie werden |

} erhöhen

**PRESENT SUBJUNCTIVE I**

| | |
|---|---|
| ich erhöhe | wir erhöhen |
| du erhöhest | ihr erhöhet |
| Sie erhöhen | Sie erhöhen |
| er/sie/es erhöhe | sie erhöhen |

**PRESENT SUBJUNCTIVE II**

| | |
|---|---|
| ich erhöhte | wir erhöhten |
| du erhöhtest | ihr erhöhtet |
| Sie erhöhten | Sie erhöhten |
| er/sie/es erhöhte | sie erhöhten |

**FUTURE SUBJUNCTIVE I**

| | |
|---|---|
| ich werde | wir werden |
| du werdest | ihr werdet |
| Sie werden | Sie werden |
| er/sie/es werde | sie werden |

} erhöhen

**FUTURE SUBJUNCTIVE II**

| | |
|---|---|
| ich würde | wir würden |
| du würdest | ihr würdet |
| Sie würden | Sie würden |
| er/sie/es würde | sie würden |

} erhöhen

**PRESENT PERFECT**

| | |
|---|---|
| ich habe | wir haben |
| du hast | ihr habt |
| Sie haben | Sie haben |
| er/sie/es hat | sie haben |

} erhöht

**PAST PERFECT**

| | |
|---|---|
| ich hatte | wir hatten |
| du hattest | ihr hattet |
| Sie hatten | Sie hatten |
| er/sie/es hatte | sie hatten |

} erhöht

**FUTURE PERFECT**

| | |
|---|---|
| ich werde | wir werden |
| du wirst | ihr werdet |
| Sie werden | Sie werden |
| er/sie/es wird | sie werden |

} erhöht haben

**PAST SUBJUNCTIVE I**

| | |
|---|---|
| ich habe | wir haben |
| du habest | ihr habet |
| Sie haben | Sie haben |
| er/sie/es habe | sie haben |

} erhöht

**PAST SUBJUNCTIVE II**

| | |
|---|---|
| ich hätte | wir hätten |
| du hättest | ihr hättet |
| Sie hätten | Sie hätten |
| er/sie/es hätte | sie hätten |

} erhöht

**FUTURE PERFECT SUBJUNCTIVE I**

| | |
|---|---|
| ich werde | wir werden |
| du werdest | ihr werdet |
| Sie werden | Sie werden |
| er/sie/es werde | sie werden |

} erhöht haben

**FUTURE PERFECT SUBJUNCTIVE II**

| | |
|---|---|
| ich würde | wir würden |
| du würdest | ihr würdet |
| Sie würden | Sie würden |
| er/sie/es würde | sie würden |

} erhöht haben

**COMMANDS**  erhöh(e)!  erhöht!  erhöhen Sie!

**PRESENT PARTICIPLE**  erhöhend

## Usage

| | |
|---|---|
| Im Mittelalter wurde die römische Stadtmauer um 10 Zoll erhöht. | *In the Middle Ages, the Roman city wall was raised 10 inches.* |
| Zu viel Stress erhöht die Anfälligkeit für Entzündungen. | *Too much stress increases susceptibility to inflammation.* |
| Yoga erhöht das Wohlbefinden. | *Yoga increases one's sense of well-being.* |
| Die Qualität des Produkts soll wesentlich erhöht worden sein. | *The product's quality is supposed to have been significantly enhanced.* |
| Wie kann die Intensität des Erdbeeraromas künstlich erhöht werden? | *How can the intensity of strawberry flavor be artificially enhanced?* |

### sich erhöhen *to rise, increase*

| | |
|---|---|
| Benzinpreise erhöhen sich. | *Gasoline prices are rising.* |
| Dadurch erhöht sich die Wahrscheinlichkeit, dass ein Spieler ausscheidet. | *The probability thereby increases that a player will be eliminated.* |

**RELATED VERB**  höhen

regular weak verb

**erholt sich · erholte sich · sich erholt**

**PRESENT**

| | |
|---|---|
| ich erhole mich | wir erholen uns |
| du erholst dich | ihr erholt euch |
| Sie erholen sich | Sie erholen sich |
| er/sie/es erholt sich | sie erholen sich |

**SIMPLE PAST**

| | |
|---|---|
| ich erholte mich | wir erholten uns |
| du erholtest dich | ihr erholtet euch |
| Sie erholten sich | Sie erholten sich |
| er/sie/es erholte sich | sie erholten sich |

**FUTURE**

| | | |
|---|---|---|
| ich werde mich | wir werden uns | |
| du wirst dich | ihr werdet euch | erholen |
| Sie werden sich | Sie werden sich | |
| er/sie/es wird sich | sie werden sich | |

**PRESENT SUBJUNCTIVE I**

| | |
|---|---|
| ich erhole mich | wir erholen uns |
| du erholest dich | ihr erholet euch |
| Sie erholen sich | Sie erholen sich |
| er/sie/es erhole sich | sie erholen sich |

**PRESENT SUBJUNCTIVE II**

| | |
|---|---|
| ich erholte mich | wir erholten uns |
| du erholtest dich | ihr erholtet euch |
| Sie erholten sich | Sie erholten sich |
| er/sie/es erholte sich | sie erholten sich |

**FUTURE SUBJUNCTIVE I**

| | | |
|---|---|---|
| ich werde mich | wir werden uns | |
| du werdest dich | ihr werdet euch | erholen |
| Sie werden sich | Sie werden sich | |
| er/sie/es werde sich | sie werden sich | |

**FUTURE SUBJUNCTIVE II**

| | | |
|---|---|---|
| ich würde mich | wir würden uns | |
| du würdest dich | ihr würdet euch | erholen |
| Sie würden sich | Sie würden sich | |
| er/sie/es würde sich | sie würden sich | |

**PRESENT PERFECT**

| | | |
|---|---|---|
| ich habe mich | wir haben uns | |
| du hast dich | ihr habt euch | erholt |
| Sie haben sich | Sie haben sich | |
| er/sie/es hat sich | sie haben sich | |

**PAST PERFECT**

| | | |
|---|---|---|
| ich hatte mich | wir hatten uns | |
| du hattest dich | ihr hattet euch | erholt |
| Sie hatten sich | Sie hatten sich | |
| er/sie/es hatte sich | sie hatten sich | |

**FUTURE PERFECT**

| | | |
|---|---|---|
| ich werde mich | wir werden uns | |
| du wirst dich | ihr werdet euch | erholt haben |
| Sie werden sich | Sie werden sich | |
| er/sie/es wird sich | sie werden sich | |

**PAST SUBJUNCTIVE I**

| | | |
|---|---|---|
| ich habe mich | wir haben uns | |
| du habest dich | ihr habet euch | erholt |
| Sie haben sich | Sie haben sich | |
| er/sie/es habe sich | sie haben sich | |

**PAST SUBJUNCTIVE II**

| | | |
|---|---|---|
| ich hätte mich | wir hätten uns | |
| du hättest dich | ihr hättet euch | erholt |
| Sie hätten sich | Sie hätten sich | |
| er/sie/es hätte sich | sie hätten sich | |

**FUTURE PERFECT SUBJUNCTIVE I**

| | | |
|---|---|---|
| ich werde mich | wir werden uns | |
| du werdest dich | ihr werdet euch | erholt haben |
| Sie werden sich | Sie werden sich | |
| er/sie/es werde sich | sie werden sich | |

**FUTURE PERFECT SUBJUNCTIVE II**

| | | |
|---|---|---|
| ich würde mich | wir würden uns | |
| du würdest dich | ihr würdet euch | erholt haben |
| Sie würden sich | Sie würden sich | |
| er/sie/es würde sich | sie würden sich | |

**COMMANDS**   erhol(e) dich!   erholt euch!   erholen Sie sich!

**PRESENT PARTICIPLE**   sich erholend

## Usage

| | |
|---|---|
| Karl musste sich von einer schweren Krankheit erholen. | *Karl had to recover from a serious illness.* |
| Die Wirtschaft hat sich langsam erholt. | *The economy has slowly recovered.* |
| Die Börse wird sich von Verlusten erholen. | *The stock market will recover from its losses.* |
| Am Samstag erholt Elisabeth sich von der stressigen Woche mit Fitnesstraining und Yoga. | *On Saturday, Elisabeth recuperates from the stressful week with fitness training and yoga.* |
| Die Großmutter aß den Kuchen und trank den Wein und erholte sich wieder. (GRIMM) | *Grandmother ate the cake and drank the wine and recuperated again.* |
| Wie erholst du dich in deiner Freizeit? | *How do you relax in your free time?* |
| Sie können sich bei uns auf dem Land erholen und die Natur genießen. | *You can relax with us in the country and enjoy nature.* |
| Wir haben uns auf einer ehemaligen Zuckerplantage auf Hawaii erholt. | *We relaxed at a former sugar plantation in Hawaii.* |

**RELATED VERBS**  *see* **holen (247)**

**PRESENT**

| | |
|---|---|
| ich erinnere | wir erinnern |
| du erinnerst | ihr erinnert |
| Sie erinnern | Sie erinnern |
| er/sie/es erinnert | sie erinnern |

**SIMPLE PAST**

| | |
|---|---|
| ich erinnerte | wir erinnerten |
| du erinnertest | ihr erinnertet |
| Sie erinnerten | Sie erinnerten |
| er/sie/es erinnerte | sie erinnerten |

**FUTURE**

| | | |
|---|---|---|
| ich werde | wir werden | |
| du wirst | ihr werdet | erinnern |
| Sie werden | Sie werden | |
| er/sie/es wird | sie werden | |

**PRESENT SUBJUNCTIVE I**

| | |
|---|---|
| ich erinnere | wir erinnern |
| du erinnerst | ihr erinnert |
| Sie erinnern | Sie erinnern |
| er/sie/es erinnere | sie erinnern |

**PRESENT SUBJUNCTIVE II**

| | |
|---|---|
| ich erinnerte | wir erinnerten |
| du erinnertest | ihr erinnertet |
| Sie erinnerten | Sie erinnerten |
| er/sie/es erinnerte | sie erinnerten |

**FUTURE SUBJUNCTIVE I**

| | | |
|---|---|---|
| ich werde | wir werden | |
| du werdest | ihr werdet | erinnern |
| Sie werden | Sie werden | |
| er/sie/es werde | sie werden | |

**FUTURE SUBJUNCTIVE II**

| | | |
|---|---|---|
| ich würde | wir würden | |
| du würdest | ihr würdet | erinnern |
| Sie würden | Sie würden | |
| er/sie/es würde | sie würden | |

**PRESENT PERFECT**

| | | |
|---|---|---|
| ich habe | wir haben | |
| du hast | ihr habt | erinnert |
| Sie haben | Sie haben | |
| er/sie/es hat | sie haben | |

**PAST PERFECT**

| | | |
|---|---|---|
| ich hatte | wir hatten | |
| du hattest | ihr hattet | erinnert |
| Sie hatten | Sie hatten | |
| er/sie/es hatte | sie hatten | |

**FUTURE PERFECT**

| | | |
|---|---|---|
| ich werde | wir werden | |
| du wirst | ihr werdet | erinnert haben |
| Sie werden | Sie werden | |
| er/sie/es wird | sie werden | |

**PAST SUBJUNCTIVE I**

| | | |
|---|---|---|
| ich habe | wir haben | |
| du habest | ihr habet | erinnert |
| Sie haben | Sie haben | |
| er/sie/es habe | sie haben | |

**PAST SUBJUNCTIVE II**

| | | |
|---|---|---|
| ich hätte | wir hätten | |
| du hättest | ihr hättet | erinnert |
| Sie hätten | Sie hätten | |
| er/sie/es hätte | sie hätten | |

**FUTURE PERFECT SUBJUNCTIVE I**

| | | |
|---|---|---|
| ich werde | wir werden | |
| du werdest | ihr werdet | erinnert haben |
| Sie werden | Sie werden | |
| er/sie/es werde | sie werden | |

**FUTURE PERFECT SUBJUNCTIVE II**

| | | |
|---|---|---|
| ich würde | wir würden | |
| du würdest | ihr würdet | erinnert haben |
| Sie würden | Sie würden | |
| er/sie/es würde | sie würden | |

**COMMANDS**     erinnere!  erinnert!  erinnern Sie!

**PRESENT PARTICIPLE**     erinnernd

## Usage

| | |
|---|---|
| Du erinnerst mich an meine Mutter. | *You remind me of my mother.* |
| Bestimmte Orte erinnern Ruprecht an seine Kindheit. | *Certain places remind Ruprecht of his childhood.* |
| Ich will nicht daran erinnert werden. | *I don't want to be reminded of that.* |
| Die Gedächtniskirche erinnert an den Zweiten Krieg. | *The Memorial Church is a reminder of the Second World War.* |
| Herr Gimmler hat uns an den Termin erinnert. | *Mr. Gimmler reminded us of the appointment.* |

### sich erinnern  *to remember*

| | |
|---|---|
| Frau Küstermann erinnert sich an die Bombenangriffe. | *Mrs. Küstermann remembers the bombing attacks.* |
| Ich kann mich an meine Schulzeit erinnern. | *I can remember my school days.* |
| Meine Großtante erinnerte sich an den Ersten Weltkrieg. | *My great aunt remembered the First World War.* |
| Soweit ich mich erinnern kann, war der Blumenladen an dieser Ecke. | *As far as I remember, the florist was on this corner.* |

**RELATED VERB**  zurück·erinnern

regular weak verb                                    erkältet · erkältete · erkältet

**PRESENT**

| ich erkälte | wir erkälten |
|---|---|
| du erkältest | ihr erkältet |
| Sie erkälten | Sie erkälten |
| er/sie/es erkältet | sie erkälten |

**SIMPLE PAST**

| ich erkältete | wir erkälteten |
|---|---|
| du erkältetest | ihr erkältetet |
| Sie erkälteten | Sie erkälteten |
| er/sie/es erkältete | sie erkälteten |

**FUTURE**

| ich werde | wir werden | |
|---|---|---|
| du wirst | ihr werdet | erkälten |
| Sie werden | Sie werden | |
| er/sie/es wird | sie werden | |

**PRESENT SUBJUNCTIVE I**

| ich erkälte | wir erkälten |
|---|---|
| du erkältest | ihr erkältet |
| Sie erkälten | Sie erkälten |
| er/sie/es erkälte | sie erkälten |

**PRESENT SUBJUNCTIVE II**

| ich erkältete | wir erkälteten |
|---|---|
| du erkältetest | ihr erkältetet |
| Sie erkälteten | Sie erkälteten |
| er/sie/es erkältete | sie erkälteten |

**FUTURE SUBJUNCTIVE I**

| ich werde | wir werden | |
|---|---|---|
| du werdest | ihr werdet | erkälten |
| Sie werden | Sie werden | |
| er/sie/es werde | sie werden | |

**FUTURE SUBJUNCTIVE II**

| ich würde | wir würden | |
|---|---|---|
| du würdest | ihr würdet | erkälten |
| Sie würden | Sie würden | |
| er/sie/es würde | sie würden | |

**PRESENT PERFECT**

| ich habe | wir haben | |
|---|---|---|
| du hast | ihr habt | erkältet |
| Sie haben | Sie haben | |
| er/sie/es hat | sie haben | |

**PAST PERFECT**

| ich hatte | wir hatten | |
|---|---|---|
| du hattest | ihr hattet | erkältet |
| Sie hatten | Sie hatten | |
| er/sie/es hatte | sie hatten | |

**FUTURE PERFECT**

| ich werde | wir werden | |
|---|---|---|
| du wirst | ihr werdet | erkältet haben |
| Sie werden | Sie werden | |
| er/sie/es wird | sie werden | |

**PAST SUBJUNCTIVE I**

| ich habe | wir haben | |
|---|---|---|
| du habest | ihr habet | erkältet |
| Sie haben | Sie haben | |
| er/sie/es habe | sie haben | |

**PAST SUBJUNCTIVE II**

| ich hätte | wir hätten | |
|---|---|---|
| du hättest | ihr hättet | erkältet |
| Sie hätten | Sie hätten | |
| er/sie/es hätte | sie hätten | |

**FUTURE PERFECT SUBJUNCTIVE I**

| ich werde | wir werden | |
|---|---|---|
| du werdest | ihr werdet | erkältet haben |
| Sie werden | Sie werden | |
| er/sie/es werde | sie werden | |

**FUTURE PERFECT SUBJUNCTIVE II**

| ich würde | wir würden | |
|---|---|---|
| du würdest | ihr würdet | erkältet haben |
| Sie würden | Sie würden | |
| er/sie/es würde | sie würden | |

**COMMANDS**          erkälte!  erkältet!   erkälten Sie!

**PRESENT PARTICIPLE**   erkältend

## Usage

Das Eiswasser hat ihm den Magen erkältet.          *The ice water chilled his stomach.*

### sich erkälten *to catch (a) cold*

| | |
|---|---|
| Ich habe mich während der Reise erkältet. | *I caught a cold during the trip.* |
| Pass auf, dass du dich nicht erkältest. | *Be careful that you don't catch cold.* |
| Kinder erkälten sich häufiger als Erwachsene. | *Children catch cold more frequently than adults.* |
| Amalie hat sich stark erkältet. | *Amalie has caught a severe cold.* |
| „Wie oft erkältest du dich?" | *"How often do you catch cold?"* |
| „Ich erkälte mich zweimal im Jahr." | *"I catch cold twice a year."* |
| Wenn ihr euch erkältet habt, solltet ihr vielleicht zu Hause bleiben. | *If you have caught cold, perhaps you should stay at home.* |
| Alle meine Kolleginnen und Kollegen haben sich erkältet! | *All my coworkers have a cold!* |

**RELATED VERB**   kälten

# erkennen

*to perceive, recognize, identify; be cognizant of; impose sentence*

erkennt · erkannte · erkannt

mixed verb

**PRESENT**

| | |
|---|---|
| ich erkenne | wir erkennen |
| du erkennst | ihr erkennt |
| Sie erkennen | Sie erkennen |
| er/sie/es erkennt | sie erkennen |

**PRESENT PERFECT**

| | | |
|---|---|---|
| ich habe | wir haben | |
| du hast | ihr habt | erkannt |
| Sie haben | Sie haben | |
| er/sie/es hat | sie haben | |

**SIMPLE PAST**

| | |
|---|---|
| ich erkannte | wir erkannten |
| du erkanntest | ihr erkanntet |
| Sie erkannten | Sie erkannten |
| er/sie/es erkannte | sie erkannten |

**PAST PERFECT**

| | | |
|---|---|---|
| ich hatte | wir hatten | |
| du hattest | ihr hattet | erkannt |
| Sie hatten | Sie hatten | |
| er/sie/es hatte | sie hatten | |

**FUTURE**

| | | |
|---|---|---|
| ich werde | wir werden | |
| du wirst | ihr werdet | erkennen |
| Sie werden | Sie werden | |
| er/sie/es wird | sie werden | |

**FUTURE PERFECT**

| | | |
|---|---|---|
| ich werde | wir werden | |
| du wirst | ihr werdet | erkannt haben |
| Sie werden | Sie werden | |
| er/sie/es wird | sie werden | |

**PRESENT SUBJUNCTIVE I**

| | |
|---|---|
| ich erkenne | wir erkennen |
| du erkennest | ihr erkennet |
| Sie erkennen | Sie erkennen |
| er/sie/es erkenne | sie erkennen |

**PAST SUBJUNCTIVE I**

| | | |
|---|---|---|
| ich habe | wir haben | |
| du habest | ihr habet | erkannt |
| Sie haben | Sie haben | |
| er/sie/es habe | sie haben | |

**PRESENT SUBJUNCTIVE II**

| | |
|---|---|
| ich erkennte | wir erkennten |
| du erkenntest | ihr erkenntet |
| Sie erkennten | Sie erkennten |
| er/sie/es erkennte | sie erkennten |

**PAST SUBJUNCTIVE II**

| | | |
|---|---|---|
| ich hätte | wir hätten | |
| du hättest | ihr hättet | erkannt |
| Sie hätten | Sie hätten | |
| er/sie/es hätte | sie hätten | |

**FUTURE SUBJUNCTIVE I**

| | | |
|---|---|---|
| ich werde | wir werden | |
| du werdest | ihr werdet | erkennen |
| Sie werden | Sie werden | |
| er/sie/es werde | sie werden | |

**FUTURE PERFECT SUBJUNCTIVE I**

| | | |
|---|---|---|
| ich werde | wir werden | |
| du werdest | ihr werdet | erkannt haben |
| Sie werden | Sie werden | |
| er/sie/es werde | sie werden | |

**FUTURE SUBJUNCTIVE II**

| | | |
|---|---|---|
| ich würde | wir würden | |
| du würdest | ihr würdet | erkennen |
| Sie würden | Sie würden | |
| er/sie/es würde | sie würden | |

**FUTURE PERFECT SUBJUNCTIVE II**

| | | |
|---|---|---|
| ich würde | wir würden | |
| du würdest | ihr würdet | erkannt haben |
| Sie würden | Sie würden | |
| er/sie/es würde | sie würden | |

**COMMANDS** erkenn(e)! erkennt! erkennen Sie!

**PRESENT PARTICIPLE** erkennend

## Usage

| | |
|---|---|
| In diesem Augenblick des Zweifelns erkennt Kai die richtige Entscheidung. | *In this moment of doubt, Kai perceives the correct decision.* |
| „Erkennst du mich nicht?" | *"Don't you recognize me?"* |
| „Nein, ich erkenne dich nicht." | *"No, I don't recognize you."* |
| Es fällt mir nicht schwer zu erkennen, ob jemand lügt. | *It's not difficult for me to recognize whether someone is lying.* |
| Ich konnte das Dorf nicht erkennen. | *I was unable to recognize the village.* |
| Gregor hat Steve an seinem Lachen erkannt. | *Gregor recognized Steve by his laugh.* |
| Der Philosoph hat in dieser Erklärung die Besonderheiten des anaphorischen Bezugs erkannt. | *In this explanation, the philosopher has identified the peculiarities of anaphoric reference.* |
| Der Junge erkennt seine eigenen Fehler nicht. | *The boy is not cognizant of his own faults.* |
| Das Gericht kann nur auf Geldstrafe erkennen. | *The court can only impose a sentence of a monetary fine.* |

**RELATED VERBS** ab·erkennen, an·erkennen, wieder·erkennen, zu·erkennen; *see also* **kennen** (256)

regular weak verb

**erklärt · erklärte · erklärt**

**PRESENT**

| | |
|---|---|
| ich erkläre | wir erklären |
| du erklärst | ihr erklärt |
| Sie erklären | Sie erklären |
| er/sie/es erklärt | sie erklären |

**SIMPLE PAST**

| | |
|---|---|
| ich erklärte | wir erklärten |
| du erklärtest | ihr erklärtet |
| Sie erklärten | Sie erklärten |
| er/sie/es erklärte | sie erklärten |

**FUTURE**

| | |
|---|---|
| ich werde | wir werden |
| du wirst | ihr werdet |
| Sie werden | Sie werden |
| er/sie/es wird | sie werden |

} erklären

**PRESENT SUBJUNCTIVE I**

| | |
|---|---|
| ich erkläre | wir erklären |
| du erklärest | ihr erkläret |
| Sie erklären | Sie erklären |
| er/sie/es erkläre | sie erklären |

**PRESENT SUBJUNCTIVE II**

| | |
|---|---|
| ich erklärte | wir erklärten |
| du erklärtest | ihr erklärtet |
| Sie erklärten | Sie erklärten |
| er/sie/es erklärte | sie erklärten |

**FUTURE SUBJUNCTIVE I**

| | |
|---|---|
| ich werde | wir werden |
| du werdest | ihr werdet |
| Sie werden | Sie werden |
| er/sie/es werde | sie werden |

} erklären

**FUTURE SUBJUNCTIVE II**

| | |
|---|---|
| ich würde | wir würden |
| du würdest | ihr würdet |
| Sie würden | Sie würden |
| er/sie/es würde | sie würden |

} erklären

**PRESENT PERFECT**

| | |
|---|---|
| ich habe | wir haben |
| du hast | ihr habt |
| Sie haben | Sie haben |
| er/sie/es hat | sie haben |

} erklärt

**PAST PERFECT**

| | |
|---|---|
| ich hatte | wir hatten |
| du hattest | ihr hattet |
| Sie hatten | Sie hatten |
| er/sie/es hatte | sie hatten |

} erklärt

**FUTURE PERFECT**

| | |
|---|---|
| ich werde | wir werden |
| du wirst | ihr werdet |
| Sie werden | Sie werden |
| er/sie/es wird | sie werden |

} erklärt haben

**PAST SUBJUNCTIVE I**

| | |
|---|---|
| ich habe | wir haben |
| du habest | ihr habet |
| Sie haben | Sie haben |
| er/sie/es habe | sie haben |

} erklärt

**PAST SUBJUNCTIVE II**

| | |
|---|---|
| ich hätte | wir hätten |
| du hättest | ihr hättet |
| Sie hätten | Sie hätten |
| er/sie/es hätte | sie hätten |

} erklärt

**FUTURE PERFECT SUBJUNCTIVE I**

| | |
|---|---|
| ich werde | wir werden |
| du werdest | ihr werdet |
| Sie werden | Sie werden |
| er/sie/es werde | sie werden |

} erklärt haben

**FUTURE PERFECT SUBJUNCTIVE II**

| | |
|---|---|
| ich würde | wir würden |
| du würdest | ihr würdet |
| Sie würden | Sie würden |
| er/sie/es würde | sie würden |

} erklärt haben

**COMMANDS**     erklär(e)!    erklärt!    erklären Sie!

**PRESENT PARTICIPLE**     erklärend

## Usage

| | |
|---|---|
| Erklär mir bitte mal, was das bedeutet. | *Please explain to me what that means.* |
| Der Wissenschaftler versucht, gegensätzliche Phänomene anhand einer einzigen Regel zu erklären. | *The scientist is trying to explain conflicting phenomena using a single rule.* |
| Würden Sie das Bild bitte erklären? | *Would you please comment on the picture?* |
| Wie erklärt ihr das? | *How do you explain that?* |
| Sein Benehmen muss auch moralisch erklärt werden. | *His behavior must also be explained in moral terms.* |
| Du brauchst mir nicht zu erklären, was der Trend gerade ist. | *You don't have to explain to me what the current trend is.* |
| Später erklärte er, dass er keinen Fehler gemacht habe. | *He later declared that he hadn't made a mistake.* |
| Die Orthodoxie des 19. Jahrhunderts erklärte einen göttlichen Unterricht als Ursprung der menschlichen Sprache. | *Nineteenth-century orthodoxy proclaimed divine instruction as the origin of human language.* |
| Ernst erklärte sich bereit, das Projekt zu leiten. | *Ernst declared himself ready to lead the project.* |

**RELATED VERB**  klären

**PRESENT**

| | |
|---|---|
| ich erlaube | wir erlauben |
| du erlaubst | ihr erlaubt |
| Sie erlauben | Sie erlauben |
| er/sie/es erlaubt | sie erlauben |

**PRESENT PERFECT**

| | | |
|---|---|---|
| ich habe | wir haben | |
| du hast | ihr habt | erlaubt |
| Sie haben | Sie haben | |
| er/sie/es hat | sie haben | |

**SIMPLE PAST**

| | |
|---|---|
| ich erlaubte | wir erlaubten |
| du erlaubtest | ihr erlaubtet |
| Sie erlaubten | Sie erlaubten |
| er/sie/es erlaubte | sie erlaubten |

**PAST PERFECT**

| | | |
|---|---|---|
| ich hatte | wir hatten | |
| du hattest | ihr hattet | erlaubt |
| Sie hatten | Sie hatten | |
| er/sie/es hatte | sie hatten | |

**FUTURE**

| | | |
|---|---|---|
| ich werde | wir werden | |
| du wirst | ihr werdet | erlauben |
| Sie werden | Sie werden | |
| er/sie/es wird | sie werden | |

**FUTURE PERFECT**

| | | |
|---|---|---|
| ich werde | wir werden | |
| du wirst | ihr werdet | erlaubt haben |
| Sie werden | Sie werden | |
| er/sie/es wird | sie werden | |

**PRESENT SUBJUNCTIVE I**

| | |
|---|---|
| ich erlaube | wir erlauben |
| du erlaubest | ihr erlaubet |
| Sie erlauben | Sie erlauben |
| er/sie/es erlaube | sie erlauben |

**PAST SUBJUNCTIVE I**

| | | |
|---|---|---|
| ich habe | wir haben | |
| du habest | ihr habet | erlaubt |
| Sie haben | Sie haben | |
| er/sie/es habe | sie haben | |

**PRESENT SUBJUNCTIVE II**

| | |
|---|---|
| ich erlaubte | wir erlaubten |
| du erlaubtest | ihr erlaubtet |
| Sie erlaubten | Sie erlaubten |
| er/sie/es erlaubte | sie erlaubten |

**PAST SUBJUNCTIVE II**

| | | |
|---|---|---|
| ich hätte | wir hätten | |
| du hättest | ihr hättet | erlaubt |
| Sie hätten | Sie hätten | |
| er/sie/es hätte | sie hätten | |

**FUTURE SUBJUNCTIVE I**

| | | |
|---|---|---|
| ich werde | wir werden | |
| du werdest | ihr werdet | erlauben |
| Sie werden | Sie werden | |
| er/sie/es werde | sie werden | |

**FUTURE PERFECT SUBJUNCTIVE I**

| | | |
|---|---|---|
| ich werde | wir werden | |
| du werdest | ihr werdet | erlaubt haben |
| Sie werden | Sie werden | |
| er/sie/es werde | sie werden | |

**FUTURE SUBJUNCTIVE II**

| | | |
|---|---|---|
| ich würde | wir würden | |
| du würdest | ihr würdet | erlauben |
| Sie würden | Sie würden | |
| er/sie/es würde | sie würden | |

**FUTURE PERFECT SUBJUNCTIVE II**

| | | |
|---|---|---|
| ich würde | wir würden | |
| du würdest | ihr würdet | erlaubt haben |
| Sie würden | Sie würden | |
| er/sie/es würde | sie würden | |

**COMMANDS**   erlaub(e)!   erlaubt!   erlauben Sie!

**PRESENT PARTICIPLE**   erlaubend

## Usage

| | |
|---|---|
| Dem Leser wird nicht erlaubt, mehr über den Protagonisten zu erfahren. | *The reader is not permitted to learn more about the protagonist.* |
| Erlauben Sie mir bitte eine Bemerkung. | *Please allow me a comment.* |
| Ihr Vertrag erlaubt maximal 1000 Emails pro Tag. | *Your contract permits a maximum of 1,000 e-mails per day.* |
| Das ist absolut nicht erlaubt! | *That is absolutely not allowed!* |
| Eine neue Theorie erlaubt eine exaktere Deutung der Situation. | *A new theory allows a more exact interpretation of the situation.* |
| Das Parken ist vor dem Laden nicht erlaubt. | *Parking is not permitted in front of the shop.* |

### sich erlauben  *to allow oneself, indulge in*

| | |
|---|---|
| Opa Friedrichsen erlaubte sich selten ein Glas Wein oder Bier. | *Grandpa Friedrichsen seldom allowed himself a glass of wine or beer.* |
| Ich erlaube mir ab und zu ein Stück New Yorker Käsekuchen. | *I indulge in a slice of New York cheesecake now and then.* |

regular weak verb

erlebt · erlebte · erlebt

## PRESENT

| | |
|---|---|
| ich erlebe | wir erleben |
| du erlebst | ihr erlebt |
| Sie erleben | Sie erleben |
| er/sie/es erlebt | sie erleben |

## SIMPLE PAST

| | |
|---|---|
| ich erlebte | wir erlebten |
| du erlebtest | ihr erlebtet |
| Sie erlebten | Sie erlebten |
| er/sie/es erlebte | sie erlebten |

## FUTURE

| | |
|---|---|
| ich werde | wir werden |
| du wirst | ihr werdet |
| Sie werden | Sie werden |
| er/sie/es wird | sie werden |

} erleben

## PRESENT SUBJUNCTIVE I

| | |
|---|---|
| ich erlebe | wir erleben |
| du erlebest | ihr erlebet |
| Sie erleben | Sie erleben |
| er/sie/es erlebe | sie erleben |

## PRESENT SUBJUNCTIVE II

| | |
|---|---|
| ich erlebte | wir erlebten |
| du erlebtest | ihr erlebtet |
| Sie erlebten | Sie erlebten |
| er/sie/es erlebte | sie erlebten |

## FUTURE SUBJUNCTIVE I

| | |
|---|---|
| ich werde | wir werden |
| du werdest | ihr werdet |
| Sie werden | Sie werden |
| er/sie/es werde | sie werden |

} erleben

## FUTURE SUBJUNCTIVE II

| | |
|---|---|
| ich würde | wir würden |
| du würdest | ihr würdet |
| Sie würden | Sie würden |
| er/sie/es würde | sie würden |

} erleben

## PRESENT PERFECT

| | |
|---|---|
| ich habe | wir haben |
| du hast | ihr habt |
| Sie haben | Sie haben |
| er/sie/es hat | sie haben |

} erlebt

## PAST PERFECT

| | |
|---|---|
| ich hatte | wir hatten |
| du hattest | ihr hattet |
| Sie hatten | Sie hatten |
| er/sie/es hatte | sie hatten |

} erlebt

## FUTURE PERFECT

| | |
|---|---|
| ich werde | wir werden |
| du wirst | ihr werdet |
| Sie werden | Sie werden |
| er/sie/es wird | sie werden |

} erlebt haben

## PAST SUBJUNCTIVE I

| | |
|---|---|
| ich habe | wir haben |
| du habest | ihr habet |
| Sie haben | Sie haben |
| er/sie/es habe | sie haben |

} erlebt

## PAST SUBJUNCTIVE II

| | |
|---|---|
| ich hätte | wir hätten |
| du hättest | ihr hättet |
| Sie hätten | Sie hätten |
| er/sie/es hätte | sie hätten |

} erlebt

## FUTURE PERFECT SUBJUNCTIVE I

| | |
|---|---|
| ich werde | wir werden |
| du werdest | ihr werdet |
| Sie werden | Sie werden |
| er/sie/es werde | sie werden |

} erlebt haben

## FUTURE PERFECT SUBJUNCTIVE II

| | |
|---|---|
| ich würde | wir würden |
| du würdest | ihr würdet |
| Sie würden | Sie würden |
| er/sie/es würde | sie würden |

} erlebt haben

COMMANDS          erleb(e)!   erlebt!   erleben Sie!

PRESENT PARTICIPLE          erlebend

## Usage

Nach dem Deutsch-Französischen Krieg (1870–71) erlebte Deutschland einen ökonomischen Aufschwung.

Manfred erlebt jeden Tag neue Abenteuer.

In den Nationalparks kann man die Wunder der Natur aus erster Hand erleben.

Im Krieg erlebt der Mensch unmenschliche Dinge.

Mein Großvater hat den Zweiten Weltkrieg erlebt.

Die Familie hofft, eines Tages den Frieden zu erleben.

He, Finger weg von der Schokolade, sonst kannst du was erleben! (*colloquial idiomatic*)

*After the Franco-Prussian War (1870–71), Germany experienced an economic upswing.*

*Manfred experiences new adventures every day.*

*In the national parks, you can experience the wonders of nature firsthand.*

*In war, a human experiences inhuman things.*

*My grandfather lived through the Second World War.*

*The family hopes to live to see peace some day.*

*Hey, keep your hands off the chocolate or you're gonna get it!*

## sich erleben *to perceive/see oneself*

Opfer erleben sich oft als unmächtig.

*Victims often perceive themselves as powerless.*

RELATED VERBS   mit·erleben; nach·erleben; *see also* **leben** (282)

# erledigen *to deal with, attend to, set right, handle, settle, complete, do*

erledigt · erledigte · erledigt

regular weak verb

**PRESENT**

| | |
|---|---|
| ich erledige | wir erledigen |
| du erledigst | ihr erledigt |
| Sie erledigen | Sie erledigen |
| er/sie/es erledigt | sie erledigen |

**SIMPLE PAST**

| | |
|---|---|
| ich erledigte | wir erledigten |
| du erledigtest | ihr erledigtet |
| Sie erledigten | Sie erledigten |
| er/sie/es erledigte | sie erledigten |

**FUTURE**

| | | |
|---|---|---|
| ich werde | wir werden | |
| du wirst | ihr werdet | erledigen |
| Sie werden | Sie werden | |
| er/sie/es wird | sie werden | |

**PRESENT SUBJUNCTIVE I**

| | |
|---|---|
| ich erledige | wir erledigen |
| du erledigest | ihr erlediget |
| Sie erledigen | Sie erledigen |
| er/sie/es erledige | sie erledigen |

**PRESENT SUBJUNCTIVE II**

| | |
|---|---|
| ich erledigte | wir erledigten |
| du erledigtest | ihr erledigtet |
| Sie erledigten | Sie erledigten |
| er/sie/es erledigte | sie erledigten |

**FUTURE SUBJUNCTIVE I**

| | | |
|---|---|---|
| ich werde | wir werden | |
| du werdest | ihr werdet | erledigen |
| Sie werden | Sie werden | |
| er/sie/es werde | sie werden | |

**FUTURE SUBJUNCTIVE II**

| | | |
|---|---|---|
| ich würde | wir würden | |
| du würdest | ihr würdet | erledigen |
| Sie würden | Sie würden | |
| er/sie/es würde | sie würden | |

**PRESENT PERFECT**

| | | |
|---|---|---|
| ich habe | wir haben | |
| du hast | ihr habt | erledigt |
| Sie haben | Sie haben | |
| er/sie/es hat | sie haben | |

**PAST PERFECT**

| | | |
|---|---|---|
| ich hatte | wir hatten | |
| du hattest | ihr hattet | erledigt |
| Sie hatten | Sie hatten | |
| er/sie/es hatte | sie hatten | |

**FUTURE PERFECT**

| | | |
|---|---|---|
| ich werde | wir werden | |
| du wirst | ihr werdet | erledigt haben |
| Sie werden | Sie werden | |
| er/sie/es wird | sie werden | |

**PAST SUBJUNCTIVE I**

| | | |
|---|---|---|
| ich habe | wir haben | |
| du habest | ihr habet | erledigt |
| Sie haben | Sie haben | |
| er/sie/es habe | sie haben | |

**PAST SUBJUNCTIVE II**

| | | |
|---|---|---|
| ich hätte | wir hätten | |
| du hättest | ihr hättet | erledigt |
| Sie hätten | Sie hätten | |
| er/sie/es hätte | sie hätten | |

**FUTURE PERFECT SUBJUNCTIVE I**

| | | |
|---|---|---|
| ich werde | wir werden | |
| du werdest | ihr werdet | erledigt haben |
| Sie werden | Sie werden | |
| er/sie/es werde | sie werden | |

**FUTURE PERFECT SUBJUNCTIVE II**

| | | |
|---|---|---|
| ich würde | wir würden | |
| du würdest | ihr würdet | erledigt haben |
| Sie würden | Sie würden | |
| er/sie/es würde | sie würden | |

**COMMANDS** erledig(e)! erledigt! erledigen Sie!

**PRESENT PARTICIPLE** erledigend

## Usage

| | |
|---|---|
| Erstmal sind einige Formalitäten zu erledigen. | *First there are some formalities to deal with.* |
| Maria hat noch einiges im Büro erledigt, dann ist sie nach Hause gekommen. | *Maria attended to a few more things at the office, then she came home.* |
| Was kann man alles per Email erledigen? | *What all can you get done via e-mail?* |
| Wir wollten die Sache ein für alle mal erledigen. | *We wanted to settle the matter once and for all.* |
| Insgesamt müssen fünf Aufgaben erledigt werden. | *Five tasks must be completed in all.* |
| Die Touristen erledigten ein paar Visaformalitäten in der Botschaft. | *The tourists took care of a few visa formalities at the embassy.* |
| Müssen die Schüler viele Hausaufgaben erledigen? | *Do the pupils have to do a lot of homework?* |
| Ich erledige ein paar Einkäufe heute Nachmittag. | *I'm doing some shopping this afternoon.* |
| Wann erledigst du das? | *When will you take care of that?* |

### sich erledigen *to settle itself, resolve itself*

| | |
|---|---|
| Das Problem wird sich von selbst erledigen. | *The problem will resolve itself.* |

strong verb · erlischt · erlosch · erloschen

### PRESENT

| | |
|---|---|
| ich erlösche | wir erlöschen |
| du erlischst | ihr erlöscht |
| Sie erlöschen | Sie erlöschen |
| er/sie/es erlischt | sie erlöschen |

### PRESENT PERFECT

| | | |
|---|---|---|
| ich bin | wir sind | |
| du bist | ihr seid | erloschen |
| Sie sind | Sie sind | |
| er/sie/es ist | sie sind | |

### SIMPLE PAST

| | |
|---|---|
| ich erlosch | wir erloschen |
| du erloschst | ihr erloscht |
| Sie erloschen | Sie erloschen |
| er/sie/es erlosch | sie erloschen |

### PAST PERFECT

| | | |
|---|---|---|
| ich war | wir waren | |
| du warst | ihr wart | erloschen |
| Sie waren | Sie waren | |
| er/sie/es war | sie waren | |

### FUTURE

| | | |
|---|---|---|
| ich werde | wir werden | |
| du wirst | ihr werdet | erlöschen |
| Sie werden | Sie werden | |
| er/sie/es wird | sie werden | |

### FUTURE PERFECT

| | | |
|---|---|---|
| ich werde | wir werden | |
| du wirst | ihr werdet | erloschen sein |
| Sie werden | Sie werden | |
| er/sie/es wird | sie werden | |

### PRESENT SUBJUNCTIVE I

| | |
|---|---|
| ich erlösche | wir erlöschen |
| du erlöschest | ihr erlöschet |
| Sie erlöschen | Sie erlöschen |
| er/sie/es erlösche | sie erlöschen |

### PAST SUBJUNCTIVE I

| | | |
|---|---|---|
| ich sei | wir seien | |
| du seiest | ihr seiet | erloschen |
| Sie seien | Sie seien | |
| er/sie/es sei | sie seien | |

### PRESENT SUBJUNCTIVE II

| | |
|---|---|
| ich erlösche | wir erlöschen |
| du erlöschest | ihr erlöschet |
| Sie erlöschen | Sie erlöschen |
| er/sie/es erlösche | sie erlöschen |

### PAST SUBJUNCTIVE II

| | | |
|---|---|---|
| ich wäre | wir wären | |
| du wärest | ihr wäret | erloschen |
| Sie wären | Sie wären | |
| er/sie/es wäre | sie wären | |

### FUTURE SUBJUNCTIVE I

| | | |
|---|---|---|
| ich werde | wir werden | |
| du werdest | ihr werdet | erlöschen |
| Sie werden | Sie werden | |
| er/sie/es werde | sie werden | |

### FUTURE PERFECT SUBJUNCTIVE I

| | | |
|---|---|---|
| ich werde | wir werden | |
| du werdest | ihr werdet | erloschen sein |
| Sie werden | Sie werden | |
| er/sie/es werde | sie werden | |

### FUTURE SUBJUNCTIVE II

| | | |
|---|---|---|
| ich würde | wir würden | |
| du würdest | ihr würdet | erlöschen |
| Sie würden | Sie würden | |
| er/sie/es würde | sie würden | |

### FUTURE PERFECT SUBJUNCTIVE II

| | | |
|---|---|---|
| ich würde | wir würden | |
| du würdest | ihr würdet | erloschen sein |
| Sie würden | Sie würden | |
| er/sie/es würde | sie würden | |

**COMMANDS**   erlisch!   erlöscht!   erlöschen Sie!

**PRESENT PARTICIPLE**   erlöschend

## Usage

Liesl zündete eine Kerze an, aber die schwache Flamme erlosch sofort.

*Liesl lit a candle, but the weak flame went out immediately.*

Meine Leidenschaft für Science-Fiction ist schon lange erloschen.

*My passion for science fiction has long since died out.*

Das adlige Geschlecht Billerbeck in Brandenburg ist vor langer Zeit erloschen.

*The aristocratic house of Billerbeck in Brandenburg died out a long time ago.*

Das Rückgaberecht erlischt bei Öffnung der Verpackung.

*The right to return is invalidated by opening the package.*

Die Zimmerreservierung erlischt nach drei Tagen automatisch, wenn Zahlung nicht empfangen wird.

*The room reservation automatically expires after three days if payment is not received.*

Sein Anspruch auf Arbeitslosengeld erlischt nächsten Monat.

*His entitlement to unemployment compensation lapses next month.*

**RELATED VERBS**   *see* **löschen** (297)

# eröffnen    *to open, start; unseal; inaugurate; reveal, disclose*

eröffnet · eröffnete · eröffnet    regular weak verb

| PRESENT | | PRESENT PERFECT | |
|---|---|---|---|
| ich eröffne | wir eröffnen | ich habe | wir haben |
| du eröffnest | ihr eröffnet | du hast | ihr habt |
| Sie eröffnen | Sie eröffnen | Sie haben | Sie haben |
| er/sie/es eröffnet | sie eröffnen | er/sie/es hat | sie haben |

eröffnet (present perfect)

| SIMPLE PAST | | PAST PERFECT | |
|---|---|---|---|
| ich eröffnete | wir eröffneten | ich hatte | wir hatten |
| du eröffnetest | ihr eröffnetet | du hattest | ihr hattet |
| Sie eröffneten | Sie eröffneten | Sie hatten | Sie hatten |
| er/sie/es eröffnete | sie eröffneten | er/sie/es hatte | sie hatten |

eröffnet (past perfect)

| FUTURE | | FUTURE PERFECT | |
|---|---|---|---|
| ich werde | wir werden | ich werde | wir werden |
| du wirst | ihr werdet | du wirst | ihr werdet |
| Sie werden | Sie werden | Sie werden | Sie werden |
| er/sie/es wird | sie werden | er/sie/es wird | sie werden |

eröffnen (future) / eröffnet haben (future perfect)

| PRESENT SUBJUNCTIVE I | | PAST SUBJUNCTIVE I | |
|---|---|---|---|
| ich eröffne | wir eröffnen | ich habe | wir haben |
| du eröffnest | ihr eröffnet | du habest | ihr habet |
| Sie eröffnen | Sie eröffnen | Sie haben | Sie haben |
| er/sie/es eröffne | sie eröffnen | er/sie/es habe | sie haben |

eröffnet (past subjunctive I)

| PRESENT SUBJUNCTIVE II | | PAST SUBJUNCTIVE II | |
|---|---|---|---|
| ich eröffnete | wir eröffneten | ich hätte | wir hätten |
| du eröffnetest | ihr eröffnetet | du hättest | ihr hättet |
| Sie eröffneten | Sie eröffneten | Sie hätten | Sie hätten |
| er/sie/es eröffnete | sie eröffneten | er/sie/es hätte | sie hätten |

eröffnet (past subjunctive II)

| FUTURE SUBJUNCTIVE I | | FUTURE PERFECT SUBJUNCTIVE I | |
|---|---|---|---|
| ich werde | wir werden | ich werde | wir werden |
| du werdest | ihr werdet | du werdest | ihr werdet |
| Sie werden | Sie werden | Sie werden | Sie werden |
| er/sie/es werde | sie werden | er/sie/es werde | sie werden |

eröffnen (future subjunctive I) / eröffnet haben (future perfect subjunctive I)

| FUTURE SUBJUNCTIVE II | | FUTURE PERFECT SUBJUNCTIVE II | |
|---|---|---|---|
| ich würde | wir würden | ich würde | wir würden |
| du würdest | ihr würdet | du würdest | ihr würdet |
| Sie würden | Sie würden | Sie würden | Sie würden |
| er/sie/es würde | sie würden | er/sie/es würde | sie würden |

eröffnen (future subjunctive II) / eröffnet haben (future perfect subjunctive II)

**COMMANDS**    eröffne!  eröffnet!  eröffnen Sie!

**PRESENT PARTICIPLE**    eröffnend

## Usage

| | |
|---|---|
| Ein kleiner Blumenladen wird nächste Woche in der Hauptstraße eröffnet. | *A small flower shop is being opened on Main Street next week.* |
| Der archäologische Befund eröffnet völlig neue Forschungsmöglichkeiten. | *The archeological find opens up completely new research opportunities.* |
| Unsere Mannschaft eröffnete das Spiel mit einer starken Offensive. | *Our team started the game with a strong offense.* |
| Die Orchestersaison wurde mit einer Fete vor dem Rathaus eröffnet. | *The orchestra season was inaugurated with a party in front of city hall.* |
| Jürg hat mir neulich eröffnet, dass er homosexuell ist. | *Jürg recently disclosed to me that he is homosexual.* |

**sich eröffnen**  *to present/open oneself*

| | |
|---|---|
| Nachdem ich das Buch gelesen hatte, eröffnete sich mir eine alternative Denkweise. | *After I'd read the book, an alternate way of thinking presented itself to me.* |

**RELATED VERBS**  wieder·eröffnen; *see also* **öffnen** (317)

### PRESENT

| | |
|---|---|
| ich erreiche | wir erreichen |
| du erreichst | ihr erreicht |
| Sie erreichen | Sie erreichen |
| er/sie/es erreicht | sie erreichen |

### PRESENT PERFECT

| | | |
|---|---|---|
| ich habe | wir haben | |
| du hast | ihr habt | erreicht |
| Sie haben | Sie haben | |
| er/sie/es hat | sie haben | |

### SIMPLE PAST

| | |
|---|---|
| ich erreichte | wir erreichten |
| du erreichtest | ihr erreichtet |
| Sie erreichten | Sie erreichten |
| er/sie/es erreichte | sie erreichten |

### PAST PERFECT

| | | |
|---|---|---|
| ich hatte | wir hatten | |
| du hattest | ihr hattet | erreicht |
| Sie hatten | Sie hatten | |
| er/sie/es hatte | sie hatten | |

### FUTURE

| | | |
|---|---|---|
| ich werde | wir werden | |
| du wirst | ihr werdet | erreichen |
| Sie werden | Sie werden | |
| er/sie/es wird | sie werden | |

### FUTURE PERFECT

| | | |
|---|---|---|
| ich werde | wir werden | |
| du wirst | ihr werdet | erreicht haben |
| Sie werden | Sie werden | |
| er/sie/es wird | sie werden | |

### PRESENT SUBJUNCTIVE I

| | |
|---|---|
| ich erreiche | wir erreichen |
| du erreichest | ihr erreichet |
| Sie erreichen | Sie erreichen |
| er/sie/es erreiche | sie erreichen |

### PAST SUBJUNCTIVE I

| | | |
|---|---|---|
| ich habe | wir haben | |
| du habest | ihr habet | erreicht |
| Sie haben | Sie haben | |
| er/sie/es habe | sie haben | |

### PRESENT SUBJUNCTIVE II

| | |
|---|---|
| ich erreichte | wir erreichten |
| du erreichtest | ihr erreichtet |
| Sie erreichten | Sie erreichten |
| er/sie/es erreichte | sie erreichten |

### PAST SUBJUNCTIVE II

| | | |
|---|---|---|
| ich hätte | wir hätten | |
| du hättest | ihr hättet | erreicht |
| Sie hätten | Sie hätten | |
| er/sie/es hätte | sie hätten | |

### FUTURE SUBJUNCTIVE I

| | | |
|---|---|---|
| ich werde | wir werden | |
| du werdest | ihr werdet | erreichen |
| Sie werden | Sie werden | |
| er/sie/es werde | sie werden | |

### FUTURE PERFECT SUBJUNCTIVE I

| | | |
|---|---|---|
| ich werde | wir werden | |
| du werdest | ihr werdet | erreicht haben |
| Sie werden | Sie werden | |
| er/sie/es werde | sie werden | |

### FUTURE SUBJUNCTIVE II

| | | |
|---|---|---|
| ich würde | wir würden | |
| du würdest | ihr würdet | erreichen |
| Sie würden | Sie würden | |
| er/sie/es würde | sie würden | |

### FUTURE PERFECT SUBJUNCTIVE II

| | | |
|---|---|---|
| ich würde | wir würden | |
| du würdest | ihr würdet | erreicht haben |
| Sie würden | Sie würden | |
| er/sie/es würde | sie würden | |

| | |
|---|---|
| COMMANDS | erreich(e)!  erreicht!  erreichen Sie! |
| PRESENT PARTICIPLE | erreichend |

## Usage

| | |
|---|---|
| Ich konnte dich nicht erreichen. | *I was unable to reach you.* |
| Tante Thusnelde hatte ihr achtes Lebensjahr gerade erreicht, als das 20. Jahrhundert begann. | *Aunt Thusnelde had just turned eight years old when the twentieth century began.* |
| Sie können mich unter der Telefonnummer 12345 erreichen. | *You can reach me on the telephone at 12345.* |
| Mit diesem Schritt werde ich meine Ziele erreicht haben. | *With this step, I will have finally achieved my aims.* |
| Ein Trancezustand lässt sich durch Hypnose erreichen. | *A state of trance can be achieved through hypnosis.* |
| Wie kann man ein gesundes Körpergewicht erreichen? | *How can you attain a healthy body weight?* |
| Meine Damen und Herren, in wenigen Minuten erreichen wir Hildesheim. | *Ladies and gentlemen, in a few minutes we will reach Hildesheim.* |
| Herr Schiller erreichte sein Büro um neun Uhr. | *Mr. Schiller arrived at his office at nine o'clock.* |
| Habt ihr das Denkmal am Ende des Pfades erreicht? | *Did you get to the memorial at the end of the path?* |

**RELATED VERBS** *see* **reichen** (338)

erscheint · erschien · erschienen

strong verb

## PRESENT

| | |
|---|---|
| ich erscheine | wir erscheinen |
| du erscheinst | ihr erscheint |
| Sie erscheinen | Sie erscheinen |
| er/sie/es erscheint | sie erscheinen |

## SIMPLE PAST

| | |
|---|---|
| ich erschien | wir erschienen |
| du erschienst | ihr erschient |
| Sie erschienen | Sie erschienen |
| er/sie/es erschien | sie erschienen |

## FUTURE

| | | |
|---|---|---|
| ich werde | wir werden | |
| du wirst | ihr werdet | erscheinen |
| Sie werden | Sie werden | |
| er/sie/es wird | sie werden | |

## PRESENT SUBJUNCTIVE I

| | |
|---|---|
| ich erscheine | wir erscheinen |
| du erscheinest | ihr erscheinet |
| Sie erscheinen | Sie erscheinen |
| er/sie/es erscheine | sie erscheinen |

## PRESENT SUBJUNCTIVE II

| | |
|---|---|
| ich erschiene | wir erschienen |
| du erschienest | ihr erschienet |
| Sie erschienen | Sie erschienen |
| er/sie/es erschiene | sie erschienen |

## FUTURE SUBJUNCTIVE I

| | | |
|---|---|---|
| ich werde | wir werden | |
| du werdest | ihr werdet | erscheinen |
| Sie werden | Sie werden | |
| er/sie/es werde | sie werden | |

## FUTURE SUBJUNCTIVE II

| | | |
|---|---|---|
| ich würde | wir würden | |
| du würdest | ihr würdet | erscheinen |
| Sie würden | Sie würden | |
| er/sie/es würde | sie würden | |

## PRESENT PERFECT

| | | |
|---|---|---|
| ich bin | wir sind | |
| du bist | ihr seid | erschienen |
| Sie sind | Sie sind | |
| er/sie/es ist | sie sind | |

## PAST PERFECT

| | | |
|---|---|---|
| ich war | wir waren | |
| du warst | ihr wart | erschienen |
| Sie waren | Sie waren | |
| er/sie/es war | sie waren | |

## FUTURE PERFECT

| | | |
|---|---|---|
| ich werde | wir werden | |
| du wirst | ihr werdet | erschienen sein |
| Sie werden | Sie werden | |
| er/sie/es wird | sie werden | |

## PAST SUBJUNCTIVE I

| | | |
|---|---|---|
| ich sei | wir seien | |
| du seiest | ihr seiet | erschienen |
| Sie seien | Sie seien | |
| er/sie/es sei | sie seien | |

## PAST SUBJUNCTIVE II

| | | |
|---|---|---|
| ich wäre | wir wären | |
| du wärest | ihr wäret | erschienen |
| Sie wären | Sie wären | |
| er/sie/es wäre | sie wären | |

## FUTURE PERFECT SUBJUNCTIVE I

| | | |
|---|---|---|
| ich werde | wir werden | |
| du werdest | ihr werdet | erschienen sein |
| Sie werden | Sie werden | |
| er/sie/es werde | sie werden | |

## FUTURE PERFECT SUBJUNCTIVE II

| | | |
|---|---|---|
| ich würde | wir würden | |
| du würdest | ihr würdet | erschienen sein |
| Sie würden | Sie würden | |
| er/sie/es würde | sie würden | |

COMMANDS    erschein(e)!   erscheint!   erscheinen Sie!

PRESENT PARTICIPLE    erscheinend

## Usage

| | |
|---|---|
| Ein Papagei mit einer grünen Sonnenbrille erschien in meinem Traum. | *A parrot with green sunglasses appeared in my dream.* |
| Halderdorfs Buch war 1967 im Erstdruck erschienen. | *Halderdorf's book had appeared in its first printing in 1967.* |
| Upton Sinclairs *The Jungle* erschien 1906 bei Doubleday. | *Upton Sinclair's* The Jungle *was published in 1906 by Doubleday.* |
| Wann erscheint Ihr nächstes Album? | *When will your next album come out?* |
| Die Grande Sonate in A erschien 1810. | *The Grand Sonata in A appeared in 1810.* |
| Die Großmutter erscheint gegen Ende des Spieles mit einem geheimnisvollen Paket in der Tasche. | *The grandmother makes an appearance near the end of the play with a mysterious package in her purse.* |
| Die Version 3.0 der Software ist erschienen. | *Version 3.0 of the software has come out.* |
| Seine Erklärung erschien uns plausibel. | *His explanation seemed plausible to us.* |
| Diese Folge mag als paradox erscheinen. | *This consequence may seem paradoxical.* |

RELATED VERBS  *see* scheinen (361)

strong verb                                                            erschrickt · erschrak · erschrocken

**PRESENT**

| | |
|---|---|
| ich erschrecke | wir erschrecken |
| du erschrickst | ihr erschreckt |
| Sie erschrecken | Sie erschrecken |
| er/sie/es erschrickt | sie erschrecken |

**SIMPLE PAST**

| | |
|---|---|
| ich erschrak | wir erschraken |
| du erschrakst | ihr erschrakt |
| Sie erschraken | Sie erschraken |
| er/sie/es erschrak | sie erschraken |

**FUTURE**

| | |
|---|---|
| ich werde | wir werden |
| du wirst | ihr werdet |
| Sie werden | Sie werden |
| er/sie/es wird | sie werden |

} erschrecken

**PRESENT SUBJUNCTIVE I**

| | |
|---|---|
| ich erschrecke | wir erschrecken |
| du erschreckest | ihr erschrecket |
| Sie erschrecken | Sie erschrecken |
| er/sie/es erschrecke | sie erschrecken |

**PRESENT SUBJUNCTIVE II**

| | |
|---|---|
| ich erschräke | wir erschräken |
| du erschräkest | ihr erschräket |
| Sie erschräken | Sie erschräken |
| er/sie/es erschräke | sie erschräken |

**FUTURE SUBJUNCTIVE I**

| | |
|---|---|
| ich werde | wir werden |
| du werdest | ihr werdet |
| Sie werden | Sie werden |
| er/sie/es werde | sie werden |

} erschrecken

**FUTURE SUBJUNCTIVE II**

| | |
|---|---|
| ich würde | wir würden |
| du würdest | ihr würdet |
| Sie würden | Sie würden |
| er/sie/es würde | sie würden |

} erschrecken

**PRESENT PERFECT**

| | |
|---|---|
| ich bin | wir sind |
| du bist | ihr seid |
| Sie sind | Sie sind |
| er/sie/es ist | sie sind |

} erschrocken

**PAST PERFECT**

| | |
|---|---|
| ich war | wir waren |
| du warst | ihr wart |
| Sie waren | Sie waren |
| er/sie/es war | sie waren |

} erschrocken

**FUTURE PERFECT**

| | |
|---|---|
| ich werde | wir werden |
| du wirst | ihr werdet |
| Sie werden | Sie werden |
| er/sie/es wird | sie werden |

} erschrocken sein

**PAST SUBJUNCTIVE I**

| | |
|---|---|
| ich sei | wir seien |
| du seiest | ihr seiet |
| Sie seien | Sie seien |
| er/sie/es sei | sie seien |

} erschrocken

**PAST SUBJUNCTIVE II**

| | |
|---|---|
| ich wäre | wir wären |
| du wärest | ihr wäret |
| Sie wären | Sie wären |
| er/sie/es wäre | sie wären |

} erschrocken

**FUTURE PERFECT SUBJUNCTIVE I**

| | |
|---|---|
| ich werde | wir werden |
| du werdest | ihr werdet |
| Sie werden | Sie werden |
| er/sie/es werde | sie werden |

} erschrocken sein

**FUTURE PERFECT SUBJUNCTIVE II**

| | |
|---|---|
| ich würde | wir würden |
| du würdest | ihr würdet |
| Sie würden | Sie würden |
| er/sie/es würde | sie würden |

} erschrocken sein

**COMMANDS**          erschrick!   erschreckt!   erschrecken Sie!

**PRESENT PARTICIPLE**   erschreckend

## Usage

| | |
|---|---|
| Die Katze ist vor dem Klang der Glocke erschrocken. | *The cat was frightened at the sound of the chimes.* |
| Ein Donnerschlag krachte in der Nacht und Emil erschrak. | *A thunderclap crashed in the night and Emil was scared.* |
| Seit dem Vorfall erschrickt mein Kind immer, wenn er allein in seinem Zimmer ist. | *Ever since the incident, my child becomes frightened when he is alone in his room.* |
| Da erschrak die Königin und ward grün vor Neid. (GRIMM) | *The queen was shocked and turned green with envy.* |
| Erschrecken Sie bitte nicht, wenn Sie meine chaotische Wohnung sehen. | *Please don't be alarmed when you see my messy apartment.* |
| Ehrlich gesagt bin ich etwas erschrocken. | *To be honest, I am somewhat alarmed.* |
| Die Vögel sahen ihn, erschraken und flogen weg. | *The birds saw him, were alarmed, and flew away.* |

**NOTE** When it means "to frighten," **erschrecken** is conjugated as a regular weak verb and takes the auxiliary **haben**.
Der Schrei hat mich erschreckt.                    *The scream scared me.*

**RELATED VERBS** *see* **schrecken** (384)

erwähnt · erwähnte · erwähnt

regular weak verb

**PRESENT**

| | |
|---|---|
| ich erwähne | wir erwähnen |
| du erwähnst | ihr erwähnt |
| Sie erwähnen | Sie erwähnen |
| er/sie/es erwähnt | sie erwähnen |

**SIMPLE PAST**

| | |
|---|---|
| ich erwähnte | wir erwähnten |
| du erwähntest | ihr erwähntet |
| Sie erwähnten | Sie erwähnten |
| er/sie/es erwähnte | sie erwähnten |

**FUTURE**

| | |
|---|---|
| ich werde | wir werden |
| du wirst | ihr werdet |
| Sie werden | Sie werden |
| er/sie/es wird | sie werden |

erwähnen

**PRESENT SUBJUNCTIVE I**

| | |
|---|---|
| ich erwähne | wir erwähnen |
| du erwähnest | ihr erwähnet |
| Sie erwähnen | Sie erwähnen |
| er/sie/es erwähne | sie erwähnen |

**PRESENT SUBJUNCTIVE II**

| | |
|---|---|
| ich erwähnte | wir erwähnten |
| du erwähntest | ihr erwähntet |
| Sie erwähnten | Sie erwähnten |
| er/sie/es erwähnte | sie erwähnten |

**FUTURE SUBJUNCTIVE I**

| | |
|---|---|
| ich werde | wir werden |
| du werdest | ihr werdet |
| Sie werden | Sie werden |
| er/sie/es werde | sie werden |

erwähnen

**FUTURE SUBJUNCTIVE II**

| | |
|---|---|
| ich würde | wir würden |
| du würdest | ihr würdet |
| Sie würden | Sie würden |
| er/sie/es würde | sie würden |

erwähnen

**PRESENT PERFECT**

| | |
|---|---|
| ich habe | wir haben |
| du hast | ihr habt |
| Sie haben | Sie haben |
| er/sie/es hat | sie haben |

erwähnt

**PAST PERFECT**

| | |
|---|---|
| ich hatte | wir hatten |
| du hattest | ihr hattet |
| Sie hatten | Sie hatten |
| er/sie/es hatte | sie hatten |

erwähnt

**FUTURE PERFECT**

| | |
|---|---|
| ich werde | wir werden |
| du wirst | ihr werdet |
| Sie werden | Sie werden |
| er/sie/es wird | sie werden |

erwähnt haben

**PAST SUBJUNCTIVE I**

| | |
|---|---|
| ich habe | wir haben |
| du habest | ihr habet |
| Sie haben | Sie haben |
| er/sie/es habe | sie haben |

erwähnt

**PAST SUBJUNCTIVE II**

| | |
|---|---|
| ich hätte | wir hätten |
| du hättest | ihr hättet |
| Sie hätten | Sie hätten |
| er/sie/es hätte | sie hätten |

erwähnt

**FUTURE PERFECT SUBJUNCTIVE I**

| | |
|---|---|
| ich werde | wir werden |
| du werdest | ihr werdet |
| Sie werden | Sie werden |
| er/sie/es werde | sie werden |

erwähnt haben

**FUTURE PERFECT SUBJUNCTIVE II**

| | |
|---|---|
| ich würde | wir würden |
| du würdest | ihr würdet |
| Sie würden | Sie würden |
| er/sie/es würde | sie würden |

erwähnt haben

**COMMANDS** erwähn(e)! erwähnt! erwähnen Sie!

**PRESENT PARTICIPLE** erwähnend

## Usage

| | |
|---|---|
| Sein Name wird im Bericht erwähnt. | *His name is mentioned in the report.* |
| „Haben Sie die Tatsache erwähnt, dass das Geld nicht ausreicht?" | *"Did you mention the fact that the money won't last?"* |
| „Ja, ich erwähne das immer wieder, aber er glaubt es mir nicht." | *"Yes, I mention that again and again, but he doesn't believe me."* |
| Habe ich bereits erwähnt, dass Melanie schwanger ist? | *Have I already mentioned that Melanie is pregnant?* |
| Herr Leitner erwähnte einmal einen Mann in seinem Dorf, der Polnisch und Tschechisch konnte. | *Mr. Leitner once made reference to a man in his village who could speak Polish and Czech.* |
| Die hier angewandten Methoden zur Untersuchung wurden in Kapitel 7 erwähnt. | *The research methods applied here were mentioned in chapter 7.* |
| Ich brauche nicht zu erwähnen, dass es meiner Meinung nach völlig sinnlos ist. | *I don't have to mention that it is completely senseless in my opinion.* |

**RELATED VERB** wähnen

regular weak verb                                    erwartet · erwartete · erwartet

**PRESENT**

| ich erwarte | wir erwarten |
|---|---|
| du erwartest | ihr erwartet |
| Sie erwarten | Sie erwarten |
| er/sie/es erwartet | sie erwarten |

**SIMPLE PAST**

| ich erwartete | wir erwarteten |
|---|---|
| du erwartetest | ihr erwartetet |
| Sie erwarteten | Sie erwarteten |
| er/sie/es erwartete | sie erwarteten |

**FUTURE**

| ich werde | wir werden | |
|---|---|---|
| du wirst | ihr werdet | erwarten |
| Sie werden | Sie werden | |
| er/sie/es wird | sie werden | |

**PRESENT SUBJUNCTIVE I**

| ich erwarte | wir erwarten |
|---|---|
| du erwartest | ihr erwartet |
| Sie erwarten | Sie erwarten |
| er/sie/es erwarte | sie erwarten |

**PRESENT SUBJUNCTIVE II**

| ich erwartete | wir erwarteten |
|---|---|
| du erwartetest | ihr erwartetet |
| Sie erwarteten | Sie erwarteten |
| er/sie/es erwartete | sie erwarteten |

**FUTURE SUBJUNCTIVE I**

| ich werde | wir werden | |
|---|---|---|
| du werdest | ihr werdet | erwarten |
| Sie werden | Sie werden | |
| er/sie/es werde | sie werden | |

**FUTURE SUBJUNCTIVE II**

| ich würde | wir würden | |
|---|---|---|
| du würdest | ihr würdet | erwarten |
| Sie würden | Sie würden | |
| er/sie/es würde | sie würden | |

**PRESENT PERFECT**

| ich habe | wir haben | |
|---|---|---|
| du hast | ihr habt | erwartet |
| Sie haben | Sie haben | |
| er/sie/es hat | sie haben | |

**PAST PERFECT**

| ich hatte | wir hatten | |
|---|---|---|
| du hattest | ihr hattet | erwartet |
| Sie hatten | Sie hatten | |
| er/sie/es hatte | sie hatten | |

**FUTURE PERFECT**

| ich werde | wir werden | |
|---|---|---|
| du wirst | ihr werdet | erwartet haben |
| Sie werden | Sie werden | |
| er/sie/es wird | sie werden | |

**PAST SUBJUNCTIVE I**

| ich habe | wir haben | |
|---|---|---|
| du habest | ihr habet | erwartet |
| Sie haben | Sie haben | |
| er/sie/es habe | sie haben | |

**PAST SUBJUNCTIVE II**

| ich hätte | wir hätten | |
|---|---|---|
| du hättest | ihr hättet | erwartet |
| Sie hätten | Sie hätten | |
| er/sie/es hätte | sie hätten | |

**FUTURE PERFECT SUBJUNCTIVE I**

| ich werde | wir werden | |
|---|---|---|
| du werdest | ihr werdet | erwartet haben |
| Sie werden | Sie werden | |
| er/sie/es werde | sie werden | |

**FUTURE PERFECT SUBJUNCTIVE II**

| ich würde | wir würden | |
|---|---|---|
| du würdest | ihr würdet | erwartet haben |
| Sie würden | Sie würden | |
| er/sie/es würde | sie würden | |

**COMMANDS**        erwarte!  erwartet!  erwarten Sie!

**PRESENT PARTICIPLE**        erwartend

## Usage

„Was erwarten Sie von mir?"                         *"What do you expect from me?"*

„Ich erwarte, dass Sie ehrlich sind."               *"I expect you to be honest."*

Der professionelle Sportler erwartet von sich selbst    *The professional athlete expects maximum performance*
  zu jeder Zeit maximale Leistung.                      *of himself at all times.*

„Wann erwartet ihr eure Gäste?"                     *"When do you expect your guests?"*

„Wir erwarten sie um halb acht Uhr."               *"We expect them at seven thirty."*

Es ist nicht zu erwarten, dass sie es allein schafft.    *She can't be expected to accomplish it alone.*

Ihre Schwester erwartet eine heiße Diskussion darüber.    *Her sister is anticipating a heated discussion of that.*

Die Familie erwartet das Urteil des Militärgerichts.    *The family is awaiting the military court's decision.*

Viel Spaß erwartet uns bei Spielpark Gandersheim.    *Lots of fun awaits us at Gandersheim Amusement Park.*

Neuere Studien lassen für die Zukunft wesentlich    *Recent studies lead us to expect significantly better*
  bessere therapeutische Möglichkeiten erwarten.        *therapeutic options for the future.*

**RELATED VERBS**  *see* **warten** (518)

**PRESENT**

| | |
|---|---|
| ich erzähle | wir erzählen |
| du erzählst | ihr erzählt |
| Sie erzählen | Sie erzählen |
| er/sie/es erzählt | sie erzählen |

**PRESENT PERFECT**

| | | |
|---|---|---|
| ich habe | wir haben | |
| du hast | ihr habt | erzählt |
| Sie haben | Sie haben | |
| er/sie/es hat | sie haben | |

**SIMPLE PAST**

| | |
|---|---|
| ich erzählte | wir erzählten |
| du erzähltest | ihr erzähltet |
| Sie erzählten | Sie erzählten |
| er/sie/es erzählte | sie erzählten |

**PAST PERFECT**

| | | |
|---|---|---|
| ich hatte | wir hatten | |
| du hattest | ihr hattet | erzählt |
| Sie hatten | Sie hatten | |
| er/sie/es hatte | sie hatten | |

**FUTURE**

| | | |
|---|---|---|
| ich werde | wir werden | |
| du wirst | ihr werdet | erzählen |
| Sie werden | Sie werden | |
| er/sie/es wird | sie werden | |

**FUTURE PERFECT**

| | | |
|---|---|---|
| ich werde | wir werden | |
| du wirst | ihr werdet | erzählt haben |
| Sie werden | Sie werden | |
| er/sie/es wird | sie werden | |

**PRESENT SUBJUNCTIVE I**

| | |
|---|---|
| ich erzähle | wir erzählen |
| du erzählest | ihr erzählet |
| Sie erzählen | Sie erzählen |
| er/sie/es erzähle | sie erzählen |

**PAST SUBJUNCTIVE I**

| | | |
|---|---|---|
| ich habe | wir haben | |
| du habest | ihr habet | erzählt |
| Sie haben | Sie haben | |
| er/sie/es habe | sie haben | |

**PRESENT SUBJUNCTIVE II**

| | |
|---|---|
| ich erzählte | wir erzählten |
| du erzähltest | ihr erzähltet |
| Sie erzählten | Sie erzählten |
| er/sie/es erzählte | sie erzählten |

**PAST SUBJUNCTIVE II**

| | | |
|---|---|---|
| ich hätte | wir hätten | |
| du hättest | ihr hättet | erzählt |
| Sie hätten | Sie hätten | |
| er/sie/es hätte | sie hätten | |

**FUTURE SUBJUNCTIVE I**

| | | |
|---|---|---|
| ich werde | wir werden | |
| du werdest | ihr werdet | erzählen |
| Sie werden | Sie werden | |
| er/sie/es werde | sie werden | |

**FUTURE PERFECT SUBJUNCTIVE I**

| | | |
|---|---|---|
| ich werde | wir werden | |
| du werdest | ihr werdet | erzählt haben |
| Sie werden | Sie werden | |
| er/sie/es werde | sie werden | |

**FUTURE SUBJUNCTIVE II**

| | | |
|---|---|---|
| ich würde | wir würden | |
| du würdest | ihr würdet | erzählen |
| Sie würden | Sie würden | |
| er/sie/es würde | sie würden | |

**FUTURE PERFECT SUBJUNCTIVE II**

| | | |
|---|---|---|
| ich würde | wir würden | |
| du würdest | ihr würdet | erzählt haben |
| Sie würden | Sie würden | |
| er/sie/es würde | sie würden | |

**COMMANDS** erzähl(e)! erzählt! erzählen Sie!

**PRESENT PARTICIPLE** erzählend

## Usage

| | |
|---|---|
| Erzähl schon! | *Do tell!* |
| Oma Josephine hat uns Kindern immer von ihrer Heimat in Böhmen erzählt. | *Grandma Josephine always told us children about her home in Bohemia.* |
| Herr Bodmeier erzählt seinen Enkelkindern gern Märchen. | *Mr. Bodmeier likes to narrate fairy tales to his grandchildren.* |
| Nach dem Abendessen erzählte Herr Hüppe, wie er den Krieg überlebte. | *After dinner, Mr. Hüppe recounted how he lived through the war.* |
| Ich erzähle euch morgen, was passiert ist. | *I'll tell you tomorrow what happened.* |
| Irmgard kann sehr gut Geschichten erzählen. | *Irmgard is very good at telling stories.* |
| Papa, erzählst du mir bitte eine Geschichte? | *Papa, will you please tell me a story?* |
| Goethes Ballade „Erlkönig" erzählt von dem Tod eines Jungen in den Armen seines Vaters. | *Goethe's ballad "Earl King" tells of a boy's death in his father's arms.* |
| Es gibt nicht viel zu erzählen. | *There's not much to tell.* |

**RELATED VERBS** nach·erzählen, weiter·erzählen, wieder·erzählen; *see also* **zählen** (544)

strong verb

| PRESENT | | |
|---|---|---|
| ich esse | wir essen | |
| du isst | ihr esst | |
| Sie essen | Sie essen | |
| er/sie/es isst | sie essen | |

| PRESENT PERFECT | | |
|---|---|---|
| ich habe | wir haben | |
| du hast | ihr habt | gegessen |
| Sie haben | Sie haben | |
| er/sie/es hat | sie haben | |

| SIMPLE PAST | |
|---|---|
| ich aß | wir aßen |
| du aßest | ihr aßt |
| Sie aßen | Sie aßen |
| er/sie/es aß | sie aßen |

| PAST PERFECT | | |
|---|---|---|
| ich hatte | wir hatten | |
| du hattest | ihr hattet | gegessen |
| Sie hatten | Sie hatten | |
| er/sie/es hatte | sie hatten | |

| FUTURE | | |
|---|---|---|
| ich werde | wir werden | |
| du wirst | ihr werdet | essen |
| Sie werden | Sie werden | |
| er/sie/es wird | sie werden | |

| FUTURE PERFECT | | |
|---|---|---|
| ich werde | wir werden | |
| du wirst | ihr werdet | gegessen haben |
| Sie werden | Sie werden | |
| er/sie/es wird | sie werden | |

| PRESENT SUBJUNCTIVE I | |
|---|---|
| ich esse | wir essen |
| du essest | ihr esset |
| Sie essen | Sie essen |
| er/sie/es esse | sie essen |

| PAST SUBJUNCTIVE I | | |
|---|---|---|
| ich habe | wir haben | |
| du habest | ihr habet | gegessen |
| Sie haben | Sie haben | |
| er/sie/es habe | sie haben | |

| PRESENT SUBJUNCTIVE II | |
|---|---|
| ich äße | wir äßen |
| du äßest | ihr äßet |
| Sie äßen | Sie äßen |
| er/sie/es äße | sie äßen |

| PAST SUBJUNCTIVE II | | |
|---|---|---|
| ich hätte | wir hätten | |
| du hättest | ihr hättet | gegessen |
| Sie hätten | Sie hätten | |
| er/sie/es hätte | sie hätten | |

| FUTURE SUBJUNCTIVE I | | |
|---|---|---|
| ich werde | wir werden | |
| du werdest | ihr werdet | essen |
| Sie werden | Sie werden | |
| er/sie/es werde | sie werden | |

| FUTURE PERFECT SUBJUNCTIVE I | | |
|---|---|---|
| ich werde | wir werden | |
| du werdest | ihr werdet | gegessen haben |
| Sie werden | Sie werden | |
| er/sie/es werde | sie werden | |

| FUTURE SUBJUNCTIVE II | | |
|---|---|---|
| ich würde | wir würden | |
| du würdest | ihr würdet | essen |
| Sie würden | Sie würden | |
| er/sie/es würde | sie würden | |

| FUTURE PERFECT SUBJUNCTIVE II | | |
|---|---|---|
| ich würde | wir würden | |
| du würdest | ihr würdet | gegessen haben |
| Sie würden | Sie würden | |
| er/sie/es würde | sie würden | |

| COMMANDS | iss! esst! essen Sie! |
|---|---|
| PRESENT PARTICIPLE | essend |

## Usage

| | |
|---|---|
| Morgens esse ich nur ein Butterbrot mit Marmelade. | *In the morning, I eat only buttered bread with jam.* |
| Ich nehme nicht ab, ich esse zu gern. | *I'm not losing weight—I like eating too much.* |
| „Esst ihr oft in der Mensa?" | *"Do you often eat in the cafeteria?"* |
| „Nein, wir essen meistens zu Hause." | *"No, we mostly eat at home."* |
| Wenn du Käse äßest, wärst du kein Veganer mehr. | *If you ate cheese, you'd no longer be a vegan.* |
| Die Amerikaner essen ihre Pommes frites mit Ketchup anstatt Majonäse. | *The Americans eat their French fries with ketchup instead of mayonnaise.* |
| Isst du gern Makisushi mit Thunfisch? | *Do you like to eat makizushi with tuna?* |
| Wohin gehen wir heute Abend essen? | *Where shall we go to eat this evening?* |
| Wird dort mit den Fingern gegessen? | *Do people eat with their fingers there?* |

**RELATED VERBS** ab·essen, an·essen, auf·essen, aus·essen, durch·essen, mit·essen, überessen, über·essen, weg·essen

**TOP 50 VERB** ☞

### MORE USAGE SENTENCES WITH essen

| | |
|---|---|
| Darf ich Ihnen etwas zu essen anbieten? | *May I offer you something to eat?* |
| Der hungrige Mann aß schnell und gierig. | *The hungry man ate quickly and greedily.* |
| Der Wirt gab dem Reisenden zu essen und trinken. | *The innkeeper gave the traveler something to eat and drink.* |
| | |
| Es ist gesund, viel Obst und Gemüse zu essen. | *Eating lots of fruits and vegetables is healthy.* |
| Essen wir das eine Stück und heben das andere auf. | *Let's eat one piece and save the other.* |
| Esst den Teller leer, Kinder, sonst gibt's keinen Nachtisch! | *Clean your plates, children, or there'll be no dessert!* |
| Hast du dich an Spaghetti nicht satt gegessen? | *Haven't you eaten your fill of spaghetti?* |
| Ich habe mich satt gegessen. | *I ate my fill.* |
| Ich esse Sushi mit Stäbchen. | *I eat sushi with chopsticks.* |
| Ich hatte keine Lust etwas zu essen. | *I didn't feel like eating anything.* |
| In Mallorca haben Jost und Irene abends bei Kerzenlicht gegessen. | *In Mallorca, Jost and Irene ate by candlelight in the evenings.* |
| Lars hat mehr auf den Teller getan, als er essen konnte. | *Lars put more on his plate than he could eat.* |
| Man kann den Fisch roh essen. | *You can eat the fish raw.* |
| Manfred darf nur koscher essen. | *Manfred can only eat kosher.* |
| Möchtest du rustikal essen? | *Would you like to eat country style?* |
| Nach der Katastrophe hatten wir tagelang wenig zu essen. | *After the catastrophe, we had little to eat for days.* |
| Schmidts essen nur sehr selten auswärts. | *The Schmidts eat out only very rarely.* |
| Wir haben auf Kosten der Firma gegessen. | *We ate on the company's expense account.* |
| Bis 19 Uhr wird Heinz noch nicht haben essen können. | *By 7 P.M., Heinz won't yet have been able to eat.* |
| Ich esse gern Tofu-Wurst mit Gemüse. | *I'm fond of tofu hot dogs with vegetables.* |

### essen von   to eat (some) of

| | |
|---|---|
| Aber von dem Baum der Erkenntnis des Guten und Bösen sollst du nicht essen. (1. Mose 2,17) | *But of the tree of the knowledge of good and evil, thou shalt not eat of it.* (GENESIS 2:17) |
| Wer hat von dem Kuchen gegessen? | *Who ate some of the cake?* |

### sich essen lassen   to be edible

| | |
|---|---|
| Arugulasamen lassen sich ja essen. | *Arugula seeds are indeed edible.* |

### IDIOMATIC EXPRESSIONS

| | |
|---|---|
| Habt ihr in Ungarn gut gegessen? | *Did you have good food in Hungary?* |
| Das kranke Kind isst schlecht. | *The sick child has a poor appetite.* |
| Zu Mittag essen viele Deutsche warm. | *Many Germans eat a hot lunch.* |
| Zu Abend essen sie oft kalt. | *For dinner they often eat a cold meal.* |
| Wes Brot ich ess', des Lied ich sing'. (PROVERB) | *He who pays the piper calls the tune.* |
| Man ist was man isst. (PROVERB) | *You are what you eat.* |

TOP 50 VERBS

regular weak verb

**PRESENT**

| ich existiere | wir existieren |
|---|---|
| du existierst | ihr existiert |
| Sie existieren | Sie existieren |
| er/sie/es existiert | sie existieren |

**PRESENT PERFECT**

| ich habe | wir haben | |
|---|---|---|
| du hast | ihr habt | existiert |
| Sie haben | Sie haben | |
| er/sie/es hat | sie haben | |

**SIMPLE PAST**

| ich existierte | wir existierten |
|---|---|
| du existiertest | ihr existiertet |
| Sie existierten | Sie existierten |
| er/sie/es existierte | sie existierten |

**PAST PERFECT**

| ich hatte | wir hatten | |
|---|---|---|
| du hattest | ihr hattet | existiert |
| Sie hatten | Sie hatten | |
| er/sie/es hatte | sie hatten | |

**FUTURE**

| ich werde | wir werden | |
|---|---|---|
| du wirst | ihr werdet | existieren |
| Sie werden | Sie werden | |
| er/sie/es wird | sie werden | |

**FUTURE PERFECT**

| ich werde | wir werden | |
|---|---|---|
| du wirst | ihr werdet | existiert haben |
| Sie werden | Sie werden | |
| er/sie/es wird | sie werden | |

**PRESENT SUBJUNCTIVE I**

| ich existiere | wir existieren |
|---|---|
| du existierest | ihr existieret |
| Sie existieren | Sie existieren |
| er/sie/es existiere | sie existieren |

**PAST SUBJUNCTIVE I**

| ich habe | wir haben | |
|---|---|---|
| du habest | ihr habet | existiert |
| Sie haben | Sie haben | |
| er/sie/es habe | sie haben | |

**PRESENT SUBJUNCTIVE II**

| ich existierte | wir existierten |
|---|---|
| du existiertest | ihr existiertet |
| Sie existierten | Sie existierten |
| er/sie/es existierte | sie existierten |

**PAST SUBJUNCTIVE II**

| ich hätte | wir hätten | |
|---|---|---|
| du hättest | ihr hättet | existiert |
| Sie hätten | Sie hätten | |
| er/sie/es hätte | sie hätten | |

**FUTURE SUBJUNCTIVE I**

| ich werde | wir werden | |
|---|---|---|
| du werdest | ihr werdet | existieren |
| Sie werden | Sie werden | |
| er/sie/es werde | sie werden | |

**FUTURE PERFECT SUBJUNCTIVE I**

| ich werde | wir werden | |
|---|---|---|
| du werdest | ihr werdet | existiert haben |
| Sie werden | Sie werden | |
| er/sie/es werde | sie werden | |

**FUTURE SUBJUNCTIVE II**

| ich würde | wir würden | |
|---|---|---|
| du würdest | ihr würdet | existieren |
| Sie würden | Sie würden | |
| er/sie/es würde | sie würden | |

**FUTURE PERFECT SUBJUNCTIVE II**

| ich würde | wir würden | |
|---|---|---|
| du würdest | ihr würdet | existiert haben |
| Sie würden | Sie würden | |
| er/sie/es würde | sie würden | |

**COMMANDS** existier(e)! existiert! existieren Sie!

**PRESENT PARTICIPLE** existierend

## Usage

| Seit 1681 existieren die Dronten nicht mehr. | *Dodo birds haven't existed since 1681.* |
|---|---|
| Diese Figuren existieren nur in seiner Fantasie. | *These figures exist only in his imagination.* |
| Die höfischen und epischen Werke existierten gleichzeitig miteinander. | *The courtly and epic works existed together at the same time.* |
| Ihre Diskussion im Philosophieseminar geht um die Frage, ob Gott existiere. | *Their discussion in the philosophy seminar has to do with whether God exists.* |
| Das Dorf existiert nicht mehr. | *The village no longer exists.* |
| Existieren andere Lebewesen im Weltall? | *Do other living beings exist in the universe?* |
| Erich meint, dass der Yeti wirklich existiert. | *Erich thinks that the yeti really exists.* |
| In Australien existieren drei Zeitzonen. | *In Australia there are three time zones.* |
| Das Problem scheint nicht mehr zu existieren. | *The problem seems no longer to exist.* |
| Diese Seite existiert nicht mehr. Sie werden auf unsere Startseite umgeleitet. | *This page doesn't exist anymore. You are being rerouted to our home page.* |

### MORE USAGE SENTENCES WITH fahren

| | |
|---|---|
| An der Ampel fährt man nach links. | *At the light you turn left.* |
| In Großbritannien fährt man links. | *In Great Britain, you drive on the left.* |
| Als Kind ist Opa oft mit der Kutsche gefahren. | *As a child, Grandpa often traveled by carriage.* |
| Das Schiff fährt unter der Flagge der Bahamas. | *The ship sails under the flag of the Bahamas.* |
| Die LKWs fahren mit Diesel. | *The trucks run on diesel.* |
| Erich fährt nie schneller als 140 Stundenkilometer. | *Erich never drives faster than 140 kilometers per hour.* |
| „Fahren Sie gern Ski?" | *"Do you like to ski?"* |
| „Nein, aber ich fahre gern Skateboard." | *"No, but I like to skateboard."* |
| Gehst du zu Fuß oder fährst du? | *Are you walking or driving/riding?* |
| Ich fahre diese Strecke jeden Morgen. | *I drive this route every morning.* |
| Ich fahre mit dem Bus zur Universität. | *I take a bus to the university.* |
| Im Sommer fuhren sie gerne ins Grüne. | *In the summer, they liked to drive into the country.* |
| In den USA darf man mit 16 Auto fahren. | *In the U.S., you can drive a car at 16.* |
| Oma fährt nur im zweiten Gang. | *Grandma only drives in second gear.* |
| Sabine wird 18 und lernt jetzt Auto fahren. | *Sabine is turning 18 and is learning to drive a car.* |
| Yvonne ist bei Rot über die Kreuzung gefahren. | *Yvonne drove through the intersection on red.* |

### fahren + direct object (with haben)   *to drive; run; convey, carry, haul*

| | |
|---|---|
| Schuhmacher hat im Rennen die beste Zeit gefahren. | *Schuhmacher drove the best time in the race.* |
| Herr Liedmeyer fährt seine Tochter jeden Nachmittag zum Spielplatz. | *Mr. Liedmeyer drives his daughter to the playground every afternoon.* |
| Wenn sich das Wetter hält, fährt der Bauer morgen Heu. | *If the weather holds, the farmer will haul hay tomorrow.* |
| Als ich auf dem Bauernhof war, habe ich den Traktor gefahren. | *When I was on the farm, I drove the tractor.* |

### fahren (with sein)   *to run, jump, leap, go*

| | |
|---|---|
| Ein Schauer fuhr ihm über den Rücken. | *A shiver ran down his spine.* |
| Er fuhr mit der Hand über seine Stirn. | *He ran his hand across his forehead.* |
| Die Katze ist plötzlich in die Höhe gefahren. | *The cat suddenly shot up.* |
| Sara fuhr erschrocken aus dem Bett. | *Sara leapt from bed terrified.* |

### sich fahren   *to drive*

| | |
|---|---|
| Mein neuer Mercedes fährt sich superb. | *My new Mercedes drives superbly.* |
| Es fährt sich auf Sand nicht leicht. | *It's not easy to drive on sand.* |

### fahren + infinitive   *to go, drive (to do something)*

| | |
|---|---|
| Wollen wir dieses Wochenende campen fahren? | *Shall we go camping this weekend?* |
| Wir sind mit Oma aufs Land spazieren gefahren. | *We went for a drive with Grandma in the country.* |
| Fahren Sie jetzt essen? | *Are you going to go eat now?* |

### IDIOMATIC EXPRESSIONS

| | |
|---|---|
| Alkoholisierter Taxifahrer fährt sein Taxi zu Bruch (NEWS HEADLINE) | *Drunk taxi driver smashes up his taxi* |
| Ingrids Mutter ist aus der Haut gefahren. | *Ingrid's mother has lost her patience.* |
| Fahrt wohl, ihr Trauten! (*archaic*) | *Farewell, ye beloved!* |
| In dem Fall müsste man alle Hoffnung fahren lassen. | *In that case, you'd have to abandon all hope.* |
| Fahren wir? | *Shall we go?* |
| Was ist in sie gefahren? | *What's gotten into her?* |

TOP 50 VERBS

strong verb

fährt · fuhr · gefahren

**PRESENT**

| | |
|---|---|
| ich fahre | wir fahren |
| du fährst | ihr fahrt |
| Sie fahren | Sie fahren |
| er/sie/es fährt | sie fahren |

**SIMPLE PAST**

| | |
|---|---|
| ich fuhr | wir fuhren |
| du fuhrst | ihr fuhrt |
| Sie fuhren | Sie fuhren |
| er/sie/es fuhr | sie fuhren |

**FUTURE**

| | |
|---|---|
| ich werde | wir werden |
| du wirst | ihr werdet |
| Sie werden | Sie werden |
| er/sie/es wird | sie werden |

} fahren

**PRESENT SUBJUNCTIVE I**

| | |
|---|---|
| ich fahre | wir fahren |
| du fahrest | ihr fahret |
| Sie fahren | Sie fahren |
| er/sie/es fahre | sie fahren |

**PRESENT SUBJUNCTIVE II**

| | |
|---|---|
| ich führe | wir führen |
| du führest | ihr führet |
| Sie führen | Sie führen |
| er/sie/es führe | sie führen |

**FUTURE SUBJUNCTIVE I**

| | |
|---|---|
| ich werde | wir werden |
| du werdest | ihr werdet |
| Sie werden | Sie werden |
| er/sie/es werde | sie werden |

} fahren

**FUTURE SUBJUNCTIVE II**

| | |
|---|---|
| ich würde | wir würden |
| du würdest | ihr würdet |
| Sie würden | Sie würden |
| er/sie/es würde | sie würden |

} fahren

**PRESENT PERFECT**

| | |
|---|---|
| ich bin | wir sind |
| du bist | ihr seid |
| Sie sind | Sie sind |
| er/sie/es ist | sie sind |

} gefahren

**PAST PERFECT**

| | |
|---|---|
| ich war | wir waren |
| du warst | ihr wart |
| Sie waren | Sie waren |
| er/sie/es war | sie waren |

} gefahren

**FUTURE PERFECT**

| | |
|---|---|
| ich werde | wir werden |
| du wirst | ihr werdet |
| Sie werden | Sie werden |
| er/sie/es wird | sie werden |

} gefahren sein

**PAST SUBJUNCTIVE I**

| | |
|---|---|
| ich sei | wir seien |
| du seiest | ihr seiet |
| Sie seien | Sie seien |
| er/sie/es sei | sie seien |

} gefahren

**PAST SUBJUNCTIVE II**

| | |
|---|---|
| ich wäre | wir wären |
| du wärest | ihr wäret |
| Sie wären | Sie wären |
| er/sie/es wäre | sie wären |

} gefahren

**FUTURE PERFECT SUBJUNCTIVE I**

| | |
|---|---|
| ich werde | wir werden |
| du werdest | ihr werdet |
| Sie werden | Sie werden |
| er/sie/es werde | sie werden |

} gefahren sein

**FUTURE PERFECT SUBJUNCTIVE II**

| | |
|---|---|
| ich würde | wir würden |
| du würdest | ihr würdet |
| Sie würden | Sie würden |
| er/sie/es würde | sie würden |

} gefahren sein

**COMMANDS**  fahr(e)!  fahrt!  fahren Sie!

**PRESENT PARTICIPLE**  fahrend

## Usage

| | |
|---|---|
| Am nächsten Tag sind wir nach Yosemite gefahren. | *The next day we drove to Yosemite.* |
| Ich fahre in die Stadt. Fährst du mit? | *I'm going into town. Do you want to ride along?* |
| Dirk, Maja, Horst und Birgit fuhren drei Stunden durch die Wüste. | *Dirk, Maja, Horst, and Birgit drove for three hours through the desert.* |
| Fährt dieser Bus nach Wolfenbüttel? | *Does this bus go to Wolfenbüttel?* |
| Wie sind Sie nach Lettland gefahren? | *How did you travel to Latvia?* |

**RELATED VERBS** an·fahren, auf·fahren, aus·fahren, befahren, durchfahren, durch·fahren, ein·fahren, empor·fahren, entfahren, entgegen·fahren, fest·fahren, fort·fahren, heim·fahren, herunter·fahren, hin·fahren, hoch·fahren, los·fahren, mit·fahren, nach·fahren, schwarz·fahren, tot·fahren, überfahren, über·fahren, umfahren, um·fahren, verfahren, vorbei·fahren, vor·fahren, weg·fahren, weiter·fahren, widerfahren, zu·fahren, zurück·fahren, zusammen·fahren; *see also* **ab·fahren** (2), **erfahren** (154)

## fallen   *to fall; be captured; be killed (in action); decline, drop*

fällt · fiel · gefallen                                                                strong verb

**PRESENT**

| | |
|---|---|
| ich falle | wir fallen |
| du fällst | ihr fallt |
| Sie fallen | Sie fallen |
| er/sie/es fällt | sie fallen |

**PRESENT PERFECT**

| | | |
|---|---|---|
| ich bin | wir sind | |
| du bist | ihr seid | |
| Sie sind | Sie sind | } gefallen |
| er/sie/es ist | sie sind | |

**SIMPLE PAST**

| | |
|---|---|
| ich fiel | wir fielen |
| du fielst | ihr fielt |
| Sie fielen | Sie fielen |
| er/sie/es fiel | sie fielen |

**PAST PERFECT**

| | | |
|---|---|---|
| ich war | wir waren | |
| du warst | ihr wart | |
| Sie waren | Sie waren | } gefallen |
| er/sie/es war | sie waren | |

**FUTURE**

| | | |
|---|---|---|
| ich werde | wir werden | |
| du wirst | ihr werdet | |
| Sie werden | Sie werden | } fallen |
| er/sie/es wird | sie werden | |

**FUTURE PERFECT**

| | | |
|---|---|---|
| ich werde | wir werden | |
| du wirst | ihr werdet | |
| Sie werden | Sie werden | } gefallen sein |
| er/sie/es wird | sie werden | |

**PRESENT SUBJUNCTIVE I**

| | |
|---|---|
| ich falle | wir fallen |
| du fallest | ihr fallet |
| Sie fallen | Sie fallen |
| er/sie/es falle | sie fallen |

**PAST SUBJUNCTIVE I**

| | | |
|---|---|---|
| ich sei | wir seien | |
| du seiest | ihr seiet | |
| Sie seien | Sie seien | } gefallen |
| er/sie/es sei | sie seien | |

**PRESENT SUBJUNCTIVE II**

| | |
|---|---|
| ich fiele | wir fielen |
| du fielest | ihr fielet |
| Sie fielen | Sie fielen |
| er/sie/es fiele | sie fielen |

**PAST SUBJUNCTIVE II**

| | | |
|---|---|---|
| ich wäre | wir wären | |
| du wärest | ihr wäret | |
| Sie wären | Sie wären | } gefallen |
| er/sie/es wäre | sie wären | |

**FUTURE SUBJUNCTIVE I**

| | | |
|---|---|---|
| ich werde | wir werden | |
| du werdest | ihr werdet | |
| Sie werden | Sie werden | } fallen |
| er/sie/es werde | sie werden | |

**FUTURE PERFECT SUBJUNCTIVE I**

| | | |
|---|---|---|
| ich werde | wir werden | |
| du werdest | ihr werdet | |
| Sie werden | Sie werden | } gefallen sein |
| er/sie/es werde | sie werden | |

**FUTURE SUBJUNCTIVE II**

| | | |
|---|---|---|
| ich würde | wir würden | |
| du würdest | ihr würdet | |
| Sie würden | Sie würden | } fallen |
| er/sie/es würde | sie würden | |

**FUTURE PERFECT SUBJUNCTIVE II**

| | | |
|---|---|---|
| ich würde | wir würden | |
| du würdest | ihr würdet | |
| Sie würden | Sie würden | } gefallen sein |
| er/sie/es würde | sie würden | |

**COMMANDS**          fall(e)!   fallt!   fallen Sie!

**PRESENT PARTICIPLE**      fallend

## Usage

| | |
|---|---|
| Heute Morgen ist der erste Schnee des Jahres gefallen. | *This morning the first snow of the year fell.* |
| Lass die Vase nicht fallen! | *Don't drop the vase!* |
| Das Licht fällt ihm ins Gesicht. | *The light is falling on his face.* |
| Clemens Rössler fiel im Jahr 1800 in der Schlacht bei Marengo in Italien. | *Clemens Rössler was killed in action in the year 1800 in the Battle of Marengo in Italy.* |
| Wann werden die Benzinpreise endlich fallen? | *When will gasoline prices finally drop?* |
| Die Aktie fiel um 6 % auf € 25,30. | *The stock declined 6% to €25.30.* |

### fallen with verbal complements

| | |
|---|---|
| Algebra ist mir in der Schule nicht schwer gefallen. | *Algebra was not difficult for me in school.* |
| Es fällt Mark leicht Termine einzuhalten. | *It's easy for Mark to keep appointments.* |

**RELATED VERBS**  ab·fallen, an·fallen, auf·fallen, aus·fallen, befallen, daneben·fallen, durch·fallen, entfallen, fort·fallen, hin·fallen, missfallen, nieder·fallen, überfallen, über·fallen, um·fallen, verfallen, vor·fallen, weg·fallen, zerfallen, zu·fallen, zurück·fallen, zusammen·fallen; *see also* **ein·fallen** (132), **gefallen** (209)

strong verb | fängt · fing · gefangen

**PRESENT**

| ich fange | wir fangen |
|---|---|
| du fängst | ihr fangt |
| Sie fangen | Sie fangen |
| er/sie/es fängt | sie fangen |

**SIMPLE PAST**

| ich fing | wir fingen |
|---|---|
| du fingst | ihr fingt |
| Sie fingen | Sie fingen |
| er/sie/es fing | sie fingen |

**FUTURE**

| ich werde | wir werden |
|---|---|
| du wirst | ihr werdet |
| Sie werden | Sie werden |
| er/sie/es wird | sie werden |

} fangen

**PRESENT SUBJUNCTIVE I**

| ich fange | wir fangen |
|---|---|
| du fangest | ihr fanget |
| Sie fangen | Sie fangen |
| er/sie/es fange | sie fangen |

**PRESENT SUBJUNCTIVE II**

| ich finge | wir fingen |
|---|---|
| du fingest | ihr finget |
| Sie fingen | Sie fingen |
| er/sie/es finge | sie fingen |

**FUTURE SUBJUNCTIVE I**

| ich werde | wir werden |
|---|---|
| du werdest | ihr werdet |
| Sie werden | Sie werden |
| er/sie/es werde | sie werden |

} fangen

**FUTURE SUBJUNCTIVE II**

| ich würde | wir würden |
|---|---|
| du würdest | ihr würdet |
| Sie würden | Sie würden |
| er/sie/es würde | sie würden |

} fangen

**PRESENT PERFECT**

| ich habe | wir haben |
|---|---|
| du hast | ihr habt |
| Sie haben | Sie haben |
| er/sie/es hat | sie haben |

} gefangen

**PAST PERFECT**

| ich hatte | wir hatten |
|---|---|
| du hattest | ihr hattet |
| Sie hatten | Sie hatten |
| er/sie/es hatte | sie hatten |

} gefangen

**FUTURE PERFECT**

| ich werde | wir werden |
|---|---|
| du wirst | ihr werdet |
| Sie werden | Sie werden |
| er/sie/es wird | sie werden |

} gefangen haben

**PAST SUBJUNCTIVE I**

| ich habe | wir haben |
|---|---|
| du habest | ihr habet |
| Sie haben | Sie haben |
| er/sie/es habe | sie haben |

} gefangen

**PAST SUBJUNCTIVE II**

| ich hätte | wir hätten |
|---|---|
| du hättest | ihr hättet |
| Sie hätten | Sie hätten |
| er/sie/es hätte | sie hätten |

} gefangen

**FUTURE PERFECT SUBJUNCTIVE I**

| ich werde | wir werden |
|---|---|
| du werdest | ihr werdet |
| Sie werden | Sie werden |
| er/sie/es werde | sie werden |

} gefangen haben

**FUTURE PERFECT SUBJUNCTIVE II**

| ich würde | wir würden |
|---|---|
| du würdest | ihr würdet |
| Sie würden | Sie würden |
| er/sie/es würde | sie würden |

} gefangen haben

**COMMANDS**     fang(e)!   fangt!   fangen Sie!

**PRESENT PARTICIPLE**    fangend

## Usage

| Unser Kater Dominik fängt nie Mäuse. | *Our tomcat Dominik never catches mice.* |
|---|---|
| Fang den Ball! | *Catch the ball!* |
| Die drei Bankräuber wurden heute früh gefangen. | *The three bank robbers were captured this morning.* |
| Herr O'Shaunessy fängt kanadische Biber, um ihre Felle zu verkaufen. | *Mr. O'Shaunessy traps Canadian beavers to sell the pelts.* |
| Der Feind wird gefangen und in ein Lager geschickt. | *The enemy is taken prisoner and sent to a camp.* |
| Das Fett wurde zu heiß und die Pfanne hat Feuer gefangen. | *The fat became too hot and the pan caught fire.* |

**sich fangen** *to become caught/trapped; gain one's composure*

| Die Kuh hat sich im Zaun gefangen. | *The cow got caught in the fence.* |
|---|---|
| Endlich hat Reinhard sich wieder gefangen. | *Finally Reinhard regained his composure.* |

**RELATED VERBS**   ab·fangen, auf·fangen, ein·fangen, umfangen, unterfangen, verfangen; *see also* **an·fangen** (10), **empfangen** (141)

## fassen
*to grasp, take hold of; apprehend; express;*
*hold, accommodate, embrace; understand; pass*

fasst · fasste · gefasst

regular weak verb

**PRESENT**

| | |
|---|---|
| ich fasse | wir fassen |
| du fasst | ihr fasst |
| Sie fassen | Sie fassen |
| er/sie/es fasst | sie fassen |

**PRESENT PERFECT**

| | | |
|---|---|---|
| ich habe | wir haben | |
| du hast | ihr habt | |
| Sie haben | Sie haben | } gefasst |
| er/sie/es hat | sie haben | |

**SIMPLE PAST**

| | |
|---|---|
| ich fasste | wir fassten |
| du fasstest | ihr fasstet |
| Sie fassten | Sie fassten |
| er/sie/es fasste | sie fassten |

**PAST PERFECT**

| | | |
|---|---|---|
| ich hatte | wir hatten | |
| du hattest | ihr hattet | |
| Sie hatten | Sie hatten | } gefasst |
| er/sie/es hatte | sie hatten | |

**FUTURE**

| | | |
|---|---|---|
| ich werde | wir werden | |
| du wirst | ihr werdet | |
| Sie werden | Sie werden | } fassen |
| er/sie/es wird | sie werden | |

**FUTURE PERFECT**

| | | |
|---|---|---|
| ich werde | wir werden | |
| du wirst | ihr werdet | |
| Sie werden | Sie werden | } gefasst haben |
| er/sie/es wird | sie werden | |

**PRESENT SUBJUNCTIVE I**

| | |
|---|---|
| ich fasse | wir fassen |
| du fassest | ihr fasset |
| Sie fassen | Sie fassen |
| er/sie/es fasse | sie fassen |

**PAST SUBJUNCTIVE I**

| | | |
|---|---|---|
| ich habe | wir haben | |
| du habest | ihr habet | |
| Sie haben | Sie haben | } gefasst |
| er/sie/es habe | sie haben | |

**PRESENT SUBJUNCTIVE II**

| | |
|---|---|
| ich fasste | wir fassten |
| du fasstest | ihr fasstet |
| Sie fassten | Sie fassten |
| er/sie/es fasste | sie fassten |

**PAST SUBJUNCTIVE II**

| | | |
|---|---|---|
| ich hätte | wir hätten | |
| du hättest | ihr hättet | |
| Sie hätten | Sie hätten | } gefasst |
| er/sie/es hätte | sie hätten | |

**FUTURE SUBJUNCTIVE I**

| | | |
|---|---|---|
| ich werde | wir werden | |
| du werdest | ihr werdet | |
| Sie werden | Sie werden | } fassen |
| er/sie/es werde | sie werden | |

**FUTURE PERFECT SUBJUNCTIVE I**

| | | |
|---|---|---|
| ich werde | wir werden | |
| du werdest | ihr werdet | |
| Sie werden | Sie werden | } gefasst haben |
| er/sie/es werde | sie werden | |

**FUTURE SUBJUNCTIVE II**

| | | |
|---|---|---|
| ich würde | wir würden | |
| du würdest | ihr würdet | |
| Sie würden | Sie würden | } fassen |
| er/sie/es würde | sie würden | |

**FUTURE PERFECT SUBJUNCTIVE II**

| | | |
|---|---|---|
| ich würde | wir würden | |
| du würdest | ihr würdet | |
| Sie würden | Sie würden | } gefasst haben |
| er/sie/es würde | sie würden | |

**COMMANDS**    fass(e)!   fasst!   fassen Sie!

**PRESENT PARTICIPLE**    fassend

## Usage

| | |
|---|---|
| Fassen Sie den Ball mit der linken Hand. | *Grasp the ball with your left hand.* |
| Der Fremde fasste sie am Hals als wollte er sie würgen. | *The stranger took hold of her neck as though he wanted to strangle her.* |
| Fass! (*command to dog*) | *Attack!* |
| War der Verbrecher schon gefasst worden? | *Had the criminal already been apprehended?* |
| Der Schriftführer soll das Gespräch in grammatisch richtiges Deutsch fassen. | *The secretary is supposed to put the conversation into grammatically correct German.* |
| Die Krüge müssen mindestens zwei Liter fassen. | *The jugs must hold at least two liters.* |
| Der Bus fasst 50 Passagiere mit Gepäck. | *The bus accommodates 50 passengers with luggage.* |
| Ich konnte nicht fassen, was ich dort gesehen habe. | *I couldn't understand what I saw there.* |
| Der Stadtrat hat letztes Jahr mehrere Beschlüsse gefasst. | *The city council passed several resolutions last year.* |

**RELATED VERBS**   ab·fassen, auf·fassen, befassen, ein·fassen, erfassen, nach·fassen, umfassen, um·fassen, unter·fassen, verfassen, zu·fassen; *see also* **an·fassen** (11), **zusammen·fassen** (553)

regular weak verb (dative object)                                    **fehlt · fehlte · gefehlt**

**PRESENT**

| ich fehle | wir fehlen |
|---|---|
| du fehlst | ihr fehlt |
| Sie fehlen | Sie fehlen |
| er/sie/es fehlt | sie fehlen |

**PRESENT PERFECT**

| ich habe | wir haben | |
|---|---|---|
| du hast | ihr habt | gefehlt |
| Sie haben | Sie haben | |
| er/sie/es hat | sie haben | |

**SIMPLE PAST**

| ich fehlte | wir fehlten |
|---|---|
| du fehltest | ihr fehltet |
| Sie fehlten | Sie fehlten |
| er/sie/es fehlte | sie fehlten |

**PAST PERFECT**

| ich hatte | wir hatten | |
|---|---|---|
| du hattest | ihr hattet | gefehlt |
| Sie hatten | Sie hatten | |
| er/sie/es hatte | sie hatten | |

**FUTURE**

| ich werde | wir werden | |
|---|---|---|
| du wirst | ihr werdet | fehlen |
| Sie werden | Sie werden | |
| er/sie/es wird | sie werden | |

**FUTURE PERFECT**

| ich werde | wir werden | |
|---|---|---|
| du wirst | ihr werdet | gefehlt haben |
| Sie werden | Sie werden | |
| er/sie/es wird | sie werden | |

**PRESENT SUBJUNCTIVE I**

| ich fehle | wir fehlen |
|---|---|
| du fehlest | ihr fehlet |
| Sie fehlen | Sie fehlen |
| er/sie/es fehle | sie fehlen |

**PAST SUBJUNCTIVE I**

| ich habe | wir haben | |
|---|---|---|
| du habest | ihr habet | gefehlt |
| Sie haben | Sie haben | |
| er/sie/es habe | sie haben | |

**PRESENT SUBJUNCTIVE II**

| ich fehlte | wir fehlten |
|---|---|
| du fehltest | ihr fehltet |
| Sie fehlten | Sie fehlten |
| er/sie/es fehlte | sie fehlten |

**PAST SUBJUNCTIVE II**

| ich hätte | wir hätten | |
|---|---|---|
| du hättest | ihr hättet | gefehlt |
| Sie hätten | Sie hätten | |
| er/sie/es hätte | sie hätten | |

**FUTURE SUBJUNCTIVE I**

| ich werde | wir werden | |
|---|---|---|
| du werdest | ihr werdet | fehlen |
| Sie werden | Sie werden | |
| er/sie/es werde | sie werden | |

**FUTURE PERFECT SUBJUNCTIVE I**

| ich werde | wir werden | |
|---|---|---|
| du werdest | ihr werdet | gefehlt haben |
| Sie werden | Sie werden | |
| er/sie/es werde | sie werden | |

**FUTURE SUBJUNCTIVE II**

| ich würde | wir würden | |
|---|---|---|
| du würdest | ihr würdet | fehlen |
| Sie würden | Sie würden | |
| er/sie/es würde | sie würden | |

**FUTURE PERFECT SUBJUNCTIVE II**

| ich würde | wir würden | |
|---|---|---|
| du würdest | ihr würdet | gefehlt haben |
| Sie würden | Sie würden | |
| er/sie/es würde | sie würden | |

**COMMANDS**     fehl(e)!  fehlt!  fehlen Sie!

**PRESENT PARTICIPLE**     fehlend

## Usage

| Du fehlst mir. | *I miss you.* |
|---|---|
| Barbara wollte die Tür aufmachen, aber die Türklinke fehlte. | *Barbara wanted to open the door, but the doorknob was missing.* |
| Pläne für eine Implementierung fehlen noch. | *Implementation plans are still lacking.* |
| Es fehlt dem Politiker nicht an Charisma. | *The politician is not wanting in charisma.* |
| Warum hat Hans ein paar Tage in der Schule unentschuldigt gefehlt? | *Why was Hans absent from school a few days without an excuse?* |
| Es fehlt ihnen an Geld. | *They are short of money.* |
| Frau Klepsch fehlt auf dem Bild. | *Mrs. Klepsch is missing from the picture.* |
| Vielen großen Unternehmen fehlt eine langfristige Perspektive. | *Many large companies lack a long-range perspective.* |
| Jetzt fehlen uns nur noch die Gabeln. | *Now all we need are the forks.* |

**RELATED VERB**  verfehlen

# feiern *to celebrate, commemorate*

feiert · feierte · gefeiert

regular weak verb

**PRESENT**

| | |
|---|---|
| ich feiere | wir feiern |
| du feierst | ihr feiert |
| Sie feiern | Sie feiern |
| er/sie/es feiert | sie feiern |

**PRESENT PERFECT**

| | | |
|---|---|---|
| ich habe | wir haben | |
| du hast | ihr habt | gefeiert |
| Sie haben | Sie haben | |
| er/sie/es hat | sie haben | |

**SIMPLE PAST**

| | |
|---|---|
| ich feierte | wir feierten |
| du feiertest | ihr feiertet |
| Sie feierten | Sie feierten |
| er/sie/es feierte | sie feierten |

**PAST PERFECT**

| | | |
|---|---|---|
| ich hatte | wir hatten | |
| du hattest | ihr hattet | gefeiert |
| Sie hatten | Sie hatten | |
| er/sie/es hatte | sie hatten | |

**FUTURE**

| | | |
|---|---|---|
| ich werde | wir werden | |
| du wirst | ihr werdet | feiern |
| Sie werden | Sie werden | |
| er/sie/es wird | sie werden | |

**FUTURE PERFECT**

| | | |
|---|---|---|
| ich werde | wir werden | |
| du wirst | ihr werdet | gefeiert haben |
| Sie werden | Sie werden | |
| er/sie/es wird | sie werden | |

**PRESENT SUBJUNCTIVE I**

| | |
|---|---|
| ich feiere | wir feiern |
| du feierst | ihr feiert |
| Sie feiern | Sie feiern |
| er/sie/es feiere | sie feiern |

**PAST SUBJUNCTIVE I**

| | | |
|---|---|---|
| ich habe | wir haben | |
| du habest | ihr habet | gefeiert |
| Sie haben | Sie haben | |
| er/sie/es habe | sie haben | |

**PRESENT SUBJUNCTIVE II**

| | |
|---|---|
| ich feierte | wir feierten |
| du feiertest | ihr feiertet |
| Sie feierten | Sie feierten |
| er/sie/es feierte | sie feierten |

**PAST SUBJUNCTIVE II**

| | | |
|---|---|---|
| ich hätte | wir hätten | |
| du hättest | ihr hättet | gefeiert |
| Sie hätten | Sie hätten | |
| er/sie/es hätte | sie hätten | |

**FUTURE SUBJUNCTIVE I**

| | | |
|---|---|---|
| ich werde | wir werden | |
| du werdest | ihr werdet | feiern |
| Sie werden | Sie werden | |
| er/sie/es werde | sie werden | |

**FUTURE PERFECT SUBJUNCTIVE I**

| | | |
|---|---|---|
| ich werde | wir werden | |
| du werdest | ihr werdet | gefeiert haben |
| Sie werden | Sie werden | |
| er/sie/es werde | sie werden | |

**FUTURE SUBJUNCTIVE II**

| | | |
|---|---|---|
| ich würde | wir würden | |
| du würdest | ihr würdet | feiern |
| Sie würden | Sie würden | |
| er/sie/es würde | sie würden | |

**FUTURE PERFECT SUBJUNCTIVE II**

| | | |
|---|---|---|
| ich würde | wir würden | |
| du würdest | ihr würdet | gefeiert haben |
| Sie würden | Sie würden | |
| er/sie/es würde | sie würden | |

**COMMANDS** feiere! feiert! feiern Sie!

**PRESENT PARTICIPLE** feiernd

## Usage

| | |
|---|---|
| Franz-Josef und Inge feiern dieses Jahr ihre silberne Hochzeit. | *Franz-Josef and Inge are celebrating their silver wedding anniversary this year.* |
| Die Stadt feierte 1995 das 5-jährige Bestehen ihrer Partnerschaft mit dem Verein. | *In 1995, the city commemorated the fifth anniversary of its partnership with the association.* |
| Wir haben bis zwei Uhr morgens gefeiert. | *We celebrated until two in the morning.* |
| Unsere Mannschaft feiert den Sieg. | *Our team is celebrating the victory.* |
| Wie wird Ostern bei Ihnen gefeiert? | *How is Easter celebrated where you're from?* |
| Wir feiern jedes Jahr den Tag, an dem wir uns kennen gelernt haben. | *Every year we commemorate the day we met.* |
| Wie feierst du Geburtstag? | *How do you celebrate your birthday?* |
| Der ehemalige General wird als Held gefeiert. | *The former general is celebrated as a hero.* |
| Dirk hat zu viel gefeiert und hat einen Kater. (*colloquial*) | *Dirk partied too much and has a hangover.* |

**RELATED VERBS** nach·feiern, vor·feiern

regular weak verb

**PRESENT**

| | |
|---|---|
| ich feixe | wir feixen |
| du feixt | ihr feixt |
| Sie feixen | Sie feixen |
| er/sie/es feixt | sie feixen |

**SIMPLE PAST**

| | |
|---|---|
| ich feixte | wir feixten |
| du feixtest | ihr feixtet |
| Sie feixten | Sie feixten |
| er/sie/es feixte | sie feixten |

**FUTURE**

| | |
|---|---|
| ich werde | wir werden |
| du wirst | ihr werdet |
| Sie werden | Sie werden |
| er/sie/es wird | sie werden |

} feixen

**PRESENT SUBJUNCTIVE I**

| | |
|---|---|
| ich feixe | wir feixen |
| du feixest | ihr feixet |
| Sie feixen | Sie feixen |
| er/sie/es feixe | sie feixen |

**PRESENT SUBJUNCTIVE II**

| | |
|---|---|
| ich feixte | wir feixten |
| du feixtest | ihr feixtet |
| Sie feixten | Sie feixten |
| er/sie/es feixte | sie feixten |

**FUTURE SUBJUNCTIVE I**

| | |
|---|---|
| ich werde | wir werden |
| du werdest | ihr werdet |
| Sie werden | Sie werden |
| er/sie/es werde | sie werden |

} feixen

**FUTURE SUBJUNCTIVE II**

| | |
|---|---|
| ich würde | wir würden |
| du würdest | ihr würdet |
| Sie würden | Sie würden |
| er/sie/es würde | sie würden |

} feixen

**PRESENT PERFECT**

| | |
|---|---|
| ich habe | wir haben |
| du hast | ihr habt |
| Sie haben | Sie haben |
| er/sie/es hat | sie haben |

} gefeixt

**PAST PERFECT**

| | |
|---|---|
| ich hatte | wir hatten |
| du hattest | ihr hattet |
| Sie hatten | Sie hatten |
| er/sie/es hatte | sie hatten |

} gefeixt

**FUTURE PERFECT**

| | |
|---|---|
| ich werde | wir werden |
| du wirst | ihr werdet |
| Sie werden | Sie werden |
| er/sie/es wird | sie werden |

} gefeixt haben

**PAST SUBJUNCTIVE I**

| | |
|---|---|
| ich habe | wir haben |
| du habest | ihr habet |
| Sie haben | Sie haben |
| er/sie/es habe | sie haben |

} gefeixt

**PAST SUBJUNCTIVE II**

| | |
|---|---|
| ich hätte | wir hätten |
| du hättest | ihr hättet |
| Sie hätten | Sie hätten |
| er/sie/es hätte | sie hätten |

} gefeixt

**FUTURE PERFECT SUBJUNCTIVE I**

| | |
|---|---|
| ich werde | wir werden |
| du werdest | ihr werdet |
| Sie werden | Sie werden |
| er/sie/es werde | sie werden |

} gefeixt haben

**FUTURE PERFECT SUBJUNCTIVE II**

| | |
|---|---|
| ich würde | wir würden |
| du würdest | ihr würdet |
| Sie würden | Sie würden |
| er/sie/es würde | sie würden |

} gefeixt haben

**COMMANDS** feix(e)! feixt! feixen Sie!

**PRESENT PARTICIPLE** feixend

## Usage

„Das habe ich mir gedacht!" feixte der Knabe.

Warum feixt du so?

Jörg sieht ihn an und feixt innerlich.

Während der Rede wurde gekichert und gefeixt.

Die Jugendlichen feixten und lachten, von der drohenden Gefahr nichts ahnend.

Die wenigen Leute auf der Straße, die Häuser, selbst die Droschkenpferde schauten mich höhnisch an und feixten. (HERMANN SCHMITZ)

*"I thought so!" grinned the boy.*

*Why are you grinning like that?*

*Jörg is watching him and grinning to himself.*

*During the speech, people chuckled and grinned.*

*The young people grinned and laughed, unaware of the imminent danger.*

*The few people on the street, the houses, even the hackneys looked at me with smirks of derision.*

# fest·halten *to hold tight, keep, maintain; detain, capture*

hält fest · hielt fest · festgehalten

strong verb

### PRESENT

| | |
|---|---|
| ich halte | wir halten |
| du hältst | ihr haltet |
| Sie halten | Sie halten |
| er/sie/es hält | sie halten |

} fest

### PRESENT PERFECT

| | |
|---|---|
| ich habe | wir haben |
| du hast | ihr habt |
| Sie haben | Sie haben |
| er/sie/es hat | sie haben |

} festgehalten

### SIMPLE PAST

| | |
|---|---|
| ich hielt | wir hielten |
| du hieltst | ihr hieltet |
| Sie hielten | Sie hielten |
| er/sie/es hielt | sie hielten |

} fest

### PAST PERFECT

| | |
|---|---|
| ich hatte | wir hatten |
| du hattest | ihr hattet |
| Sie hatten | Sie hatten |
| er/sie/es hatte | sie hatten |

} festgehalten

### FUTURE

| | |
|---|---|
| ich werde | wir werden |
| du wirst | ihr werdet |
| Sie werden | Sie werden |
| er/sie/es wird | sie werden |

} festhalten

### FUTURE PERFECT

| | |
|---|---|
| ich werde | wir werden |
| du wirst | ihr werdet |
| Sie werden | Sie werden |
| er/sie/es wird | sie werden |

} festgehalten haben

### PRESENT SUBJUNCTIVE I

| | |
|---|---|
| ich halte | wir halten |
| du haltest | ihr haltet |
| Sie halten | Sie halten |
| er/sie/es halte | sie halten |

} fest

### PAST SUBJUNCTIVE I

| | |
|---|---|
| ich habe | wir haben |
| du habest | ihr habet |
| Sie haben | Sie haben |
| er/sie/es habe | sie haben |

} festgehalten

### PRESENT SUBJUNCTIVE II

| | |
|---|---|
| ich hielte | wir hielten |
| du hieltest | ihr hieltet |
| Sie hielten | Sie hielten |
| er/sie/es hielte | sie hielten |

} fest

### PAST SUBJUNCTIVE II

| | |
|---|---|
| ich hätte | wir hätten |
| du hättest | ihr hättet |
| Sie hätten | Sie hätten |
| er/sie/es hätte | sie hätten |

} festgehalten

### FUTURE SUBJUNCTIVE I

| | |
|---|---|
| ich werde | wir werden |
| du werdest | ihr werdet |
| Sie werden | Sie werden |
| er/sie/es werde | sie werden |

} festhalten

### FUTURE PERFECT SUBJUNCTIVE I

| | |
|---|---|
| ich werde | wir werden |
| du werdest | ihr werdet |
| Sie werden | Sie werden |
| er/sie/es werde | sie werden |

} festgehalten haben

### FUTURE SUBJUNCTIVE II

| | |
|---|---|
| ich würde | wir würden |
| du würdest | ihr würdet |
| Sie würden | Sie würden |
| er/sie/es würde | sie würden |

} festhalten

### FUTURE PERFECT SUBJUNCTIVE II

| | |
|---|---|
| ich würde | wir würden |
| du würdest | ihr würdet |
| Sie würden | Sie würden |
| er/sie/es würde | sie würden |

} festgehalten haben

COMMANDS     halte fest!   haltet fest!   halten Sie fest!

PRESENT PARTICIPLE     festhaltend

## Usage

| | |
|---|---|
| Elisabeth konnte den großen Hund nicht an der Leine festhalten. | *Elisabeth was unable to hold the large dog on the leash.* |
| Halt mal fest, Karen! | *Hold tight, Karen!* |
| Viele Dorfbewohner halten an dieser alten Tradition fest. | *Many villagers keep to this old tradition.* |
| Wir müssen den folgenden Punkt im Gedächtnis festhalten. | *We must keep the following point in mind.* |
| Der Vorstand hält an seiner Strategie fest. | *The board is maintaining its strategy.* |
| Die Verdächtigen wurden 14 Stunden am Flughafen festgehalten. | *The suspects were detained at the airport for 14 hours.* |
| Der glückliche Augenblick wurde im Bild festgehalten. | *The happy moment was captured in a photograph.* |

### sich festhalten an *to hold fast to, cling to*

| | |
|---|---|
| Mir wurde schwindelig und ich musste mich am Baum festhalten. | *I got dizzy and had to cling to a tree.* |

RELATED VERBS   *see* **halten** (231)

regular weak verb | stellt fest · stellte fest · festgestellt

## PRESENT

| ich stelle | wir stellen | }  fest |
| du stellst | ihr stellt | |
| Sie stellen | Sie stellen | |
| er/sie/es stellt | sie stellen | |

## PRESENT PERFECT

| ich habe | wir haben | }  festgestellt |
| du hast | ihr habt | |
| Sie haben | Sie haben | |
| er/sie/es hat | sie haben | |

## SIMPLE PAST

| ich stellte | wir stellten | }  fest |
| du stelltest | ihr stelltet | |
| Sie stellten | Sie stellten | |
| er/sie/es stellte | sie stellten | |

## PAST PERFECT

| ich hatte | wir hatten | }  festgestellt |
| du hattest | ihr hattet | |
| Sie hatten | Sie hatten | |
| er/sie/es hatte | sie hatten | |

## FUTURE

| ich werde | wir werden | }  feststellen |
| du wirst | ihr werdet | |
| Sie werden | Sie werden | |
| er/sie/es wird | sie werden | |

## FUTURE PERFECT

| ich werde | wir werden | }  festgestellt haben |
| du wirst | ihr werdet | |
| Sie werden | Sie werden | |
| er/sie/es wird | sie werden | |

## PRESENT SUBJUNCTIVE I

| ich stelle | wir stellen | }  fest |
| du stellest | ihr stellet | |
| Sie stellen | Sie stellen | |
| er/sie/es stelle | sie stellen | |

## PAST SUBJUNCTIVE I

| ich habe | wir haben | }  festgestellt |
| du habest | ihr habet | |
| Sie haben | Sie haben | |
| er/sie/es habe | sie haben | |

## PRESENT SUBJUNCTIVE II

| ich stellte | wir stellten | }  fest |
| du stelltest | ihr stelltet | |
| Sie stellten | Sie stellten | |
| er/sie/es stellte | sie stellten | |

## PAST SUBJUNCTIVE II

| ich hätte | wir hätten | }  festgestellt |
| du hättest | ihr hättet | |
| Sie hätten | Sie hätten | |
| er/sie/es hätte | sie hätten | |

## FUTURE SUBJUNCTIVE I

| ich werde | wir werden | }  feststellen |
| du werdest | ihr werdet | |
| Sie werden | Sie werden | |
| er/sie/es werde | sie werden | |

## FUTURE PERFECT SUBJUNCTIVE I

| ich werde | wir werden | }  festgestellt haben |
| du werdest | ihr werdet | |
| Sie werden | Sie werden | |
| er/sie/es werde | sie werden | |

## FUTURE SUBJUNCTIVE II

| ich würde | wir würden | }  feststellen |
| du würdest | ihr würdet | |
| Sie würden | Sie würden | |
| er/sie/es würde | sie würden | |

## FUTURE PERFECT SUBJUNCTIVE II

| ich würde | wir würden | }  festgestellt haben |
| du würdest | ihr würdet | |
| Sie würden | Sie würden | |
| er/sie/es würde | sie würden | |

**COMMANDS**    stell(e) fest!    stellt fest!    stellen Sie fest!

**PRESENT PARTICIPLE**    feststellend

## Usage

Smith konnte jetzt in einer Studie (2002:155) den
  Grund dafür feststellen.

Durch seine Methoden können die Lesererwartungen
  festgestellt werden.

Wir haben festgestellt, dass unser System schwere
  Defizite aufweist.

Ich muss feststellen, der Truppeneinsatz ist politisch
  kontraproduktiv.

Diese Wirkung—wie wir bereits festgestellt haben—
  lässt nach einiger Zeit nach.

Archäologen haben die alten Mauerreste mithilfe von
  Röntgenstrahlen festgestellt.

Dann kann man den Gurt feststellen.

*Smith has now been able to establish the reason for
  this in a study (2002:155).*

*Using his methods, the reader's expectations can be
  ascertained.*

*We have determined that our system exhibits serious
  deficiencies.*

*I am obliged to state that the troop deployment is
  politically counterproductive.*

*This effect—as we have already observed—diminishes
  after some time.*

*Archeologists located the remains of the old wall with
  the help of X-rays.*

*Then one can secure the strap.*

**RELATED VERBS**  *see* **stellen** (426)

### MORE USAGE SENTENCES WITH **finden**

| | |
|---|---|
| Nach dem Krieg konnten Bert und Regina nicht zueinander finden. | *After the war, Bert and Regina were unable to find each other.* |
| Ohne seinen Hund konnte der Sehbehinderte nicht nach Hause finden. | *Without his dog, the visually impaired man was unable to find his way home.* |
| Wir müssen eine Erklärung finden. | *We have to find a solution.* |
| Hast du eine Stellung gefunden? | *Have you found a job?* |
| Der Bischof findet Unterstützung für seine Pläne. | *The bishop is encountering support for his plans.* |
| Heinz fand seine Vermutungen bestätigt. | *Heinz found his conjectures confirmed.* |
| Ich finde, der Fotograf sollte mindestens 100 Fotos machen. | *I think the photographer should take at least 100 pictures.* |
| Wie findest du sein neues Hemd? | *What do you think of his new shirt?* |
| Heinz findet es schade, dass wir nicht alle mitfahren können. | *Heinz thinks it's too bad that we can't all come along.* |
| Wir finden sein Benehmen unangemessen. | *We consider his behavior inappropriate.* |
| Ehrlich gesagt finde ich deinen Vorschlag unpraktisch. | *To be honest, I consider your suggestion impractical.* |
| Und wenn du ihn fändest, würdest du ihn vergebens gefunden haben. (HEINRICH ZSCHOKKE) | *And if you were to find him, you would have found him for naught.* |
| Wer sucht, der findet. | *He who seeks will find.* |
| Keine Massenvernichtungswaffen wurden gefunden. | *No weapons of mass destruction were found.* |
| Gefunden: schwarz-weißer Kater, 12. Februar in der Innenstadt am Marktplatz (NOTICE) | *Found: black and white tomcat, February 12 in the city center on the market square* |

### sich finden *to show up, be found*

| | |
|---|---|
| Deine Brille wird sich bestimmt finden. | *Your glasses will surely show up.* |
| Es findet sich keiner, der die Kosten trägt. | *There's nobody to cover the expenses.* |
| Es wird sich finden, ob sie das Projekt erfolgreich abschließen können. | *It remains to be seen whether they can successfully complete the project.* |
| Es wird sich schon finden. | *It will work out alright.* |
| Die neue Mutter muss sich in ihre Rolle finden. | *The new mother must come to terms with her role.* |

### IDIOMATIC EXPRESSIONS

| | |
|---|---|
| Auch ein blindes Huhn findet mal ein Korn. (PROVERB) | *Given enough time, even a blind chicken finds the corn.* |
| Sie fiel in die Tiefe und fand ihren Tod in dem Meere. (GUSTAV SCHWAB) | *She fell into the deep and met her death in the sea.* |
| Seine Initiative hat in der Presse keine Erwähnung gefunden. | *His initiative was not mentioned in the press.* |
| Laut Breitbach hätten die Interessen der Anwohner keine Berücksichtigung gefunden. | *According to Breitbach, the residents' interests were not considered.* |
| Ingrid fand Gefallen an ihrer Arbeit als Beraterin. | *Ingrid enjoyed her work as advisor.* |
| Was findest du an ihr? | *What do you see in her?* |
| Lars findet keine Anerkennung für seine Bemühungen. | *Lars receives no recognition for his efforts.* |
| Habt ihr Freunde gefunden? | *Have you made friends?* |
| Finde zu dir selbst; erlebe dein inneres Kind. | *Come to terms with yourself; experience your inner child.* |
| Frau Anrum fand kein Gehör beim Stadtrat. | *Mrs. Anrum was met with no response from the city council.* |

TOP 50 VERBS

strong verb

**findet · fand · gefunden**

### PRESENT

| | |
|---|---|
| ich finde | wir finden |
| du findest | ihr findet |
| Sie finden | Sie finden |
| er/sie/es findet | sie finden |

### SIMPLE PAST

| | |
|---|---|
| ich fand | wir fanden |
| du fandst | ihr fandet |
| Sie fanden | Sie fanden |
| er/sie/es fand | sie fanden |

### FUTURE

| | |
|---|---|
| ich werde | wir werden |
| du wirst | ihr werdet |
| Sie werden | Sie werden |
| er/sie/es wird | sie werden |

} finden

### PRESENT SUBJUNCTIVE I

| | |
|---|---|
| ich finde | wir finden |
| du findest | ihr findet |
| Sie finden | Sie finden |
| er/sie/es finde | sie finden |

### PRESENT SUBJUNCTIVE II

| | |
|---|---|
| ich fände | wir fänden |
| du fändest | ihr fändet |
| Sie fänden | Sie fänden |
| er/sie/es fände | sie fänden |

### FUTURE SUBJUNCTIVE I

| | |
|---|---|
| ich werde | wir werden |
| du werdest | ihr werdet |
| Sie werden | Sie werden |
| er/sie/es werde | sie werden |

} finden

### FUTURE SUBJUNCTIVE II

| | |
|---|---|
| ich würde | wir würden |
| du würdest | ihr würdet |
| Sie würden | Sie würden |
| er/sie/es würde | sie würden |

} finden

### PRESENT PERFECT

| | |
|---|---|
| ich habe | wir haben |
| du hast | ihr habt |
| Sie haben | Sie haben |
| er/sie/es hat | sie haben |

} gefunden

### PAST PERFECT

| | |
|---|---|
| ich hatte | wir hatten |
| du hattest | ihr hattet |
| Sie hatten | Sie hatten |
| er/sie/es hatte | sie hatten |

} gefunden

### FUTURE PERFECT

| | |
|---|---|
| ich werde | wir werden |
| du wirst | ihr werdet |
| Sie werden | Sie werden |
| er/sie/es wird | sie werden |

} gefunden haben

### PAST SUBJUNCTIVE I

| | |
|---|---|
| ich habe | wir haben |
| du habest | ihr habet |
| Sie haben | Sie haben |
| er/sie/es habe | sie haben |

} gefunden

### PAST SUBJUNCTIVE II

| | |
|---|---|
| ich hätte | wir hätten |
| du hättest | ihr hättet |
| Sie hätten | Sie hätten |
| er/sie/es hätte | sie hätten |

} gefunden

### FUTURE PERFECT SUBJUNCTIVE I

| | |
|---|---|
| ich werde | wir werden |
| du werdest | ihr werdet |
| Sie werden | Sie werden |
| er/sie/es werde | sie werden |

} gefunden haben

### FUTURE PERFECT SUBJUNCTIVE II

| | |
|---|---|
| ich würde | wir würden |
| du würdest | ihr würdet |
| Sie würden | Sie würden |
| er/sie/es würde | sie würden |

} gefunden haben

| | |
|---|---|
| **COMMANDS** | finde! findet! finden Sie! |
| **PRESENT PARTICIPLE** | findend |

## Usage

| | |
|---|---|
| Ich habe heute 10 Euro auf der Straße gefunden! | *I found 10 euros on the street today!* |
| Hoffentlich finden wir Mamas Ohrringe. | *Let's hope we find Mama's earrings.* |
| Beim Stöbern im Dachboden fand er eines Tages eine Kiste voller Briefe. | *While rummaging in the attic one day, he came across a box full of letters.* |
| Der Hund konnte nicht zurück zu seinem Herrchen finden. | *The dog couldn't find his way back to his master.* |
| In Wien fanden die Werke des jungen Musikers Anklang beim Publikum. | *In Vienna, the young musician's works found favor with the public.* |
| Die Socke ist nicht zu finden. | *The sock cannot be found.* |

**RELATED VERBS**   ab·finden, auf·finden, durch·finden, ein·finden, empfinden, heim·finden, heraus·finden, mit-empfinden, nach-empfinden, vor·finden, wieder·finden, zurecht·finden, zurück·finden, zusammen·finden; *see also* **befinden** (54), **erfinden** (155), **statt·finden** (420)

# flechten  *to braid, plait; weave, interweave; wind*

flicht · flocht · geflochten

strong verb

**PRESENT**

| | |
|---|---|
| ich flechte | wir flechten |
| du flichtst | ihr flechtet |
| Sie flechten | Sie flechten |
| er/sie/es flicht | sie flechten |

**SIMPLE PAST**

| | |
|---|---|
| ich flocht | wir flochten |
| du flochtest | ihr flochtet |
| Sie flochten | Sie flochten |
| er/sie/es flocht | sie flochten |

**FUTURE**

| | | |
|---|---|---|
| ich werde | wir werden | |
| du wirst | ihr werdet | |
| Sie werden | Sie werden | flechten |
| er/sie/es wird | sie werden | |

**PRESENT SUBJUNCTIVE I**

| | |
|---|---|
| ich flechte | wir flechten |
| du flechtest | ihr flechtet |
| Sie flechten | Sie flechten |
| er/sie/es flechte | sie flechten |

**PRESENT SUBJUNCTIVE II**

| | |
|---|---|
| ich flöchte | wir flöchten |
| du flöchtest | ihr flöchtet |
| Sie flöchten | Sie flöchten |
| er/sie/es flöchte | sie flöchten |

**FUTURE SUBJUNCTIVE I**

| | | |
|---|---|---|
| ich werde | wir werden | |
| du werdest | ihr werdet | |
| Sie werden | Sie werden | flechten |
| er/sie/es werde | sie werden | |

**FUTURE SUBJUNCTIVE II**

| | | |
|---|---|---|
| ich würde | wir würden | |
| du würdest | ihr würdet | |
| Sie würden | Sie würden | flechten |
| er/sie/es würde | sie würden | |

**PRESENT PERFECT**

| | | |
|---|---|---|
| ich habe | wir haben | |
| du hast | ihr habt | |
| Sie haben | Sie haben | geflochten |
| er/sie/es hat | sie haben | |

**PAST PERFECT**

| | | |
|---|---|---|
| ich hatte | wir hatten | |
| du hattest | ihr hattet | |
| Sie hatten | Sie hatten | geflochten |
| er/sie/es hatte | sie hatten | |

**FUTURE PERFECT**

| | | |
|---|---|---|
| ich werde | wir werden | |
| du wirst | ihr werdet | |
| Sie werden | Sie werden | geflochten haben |
| er/sie/es wird | sie werden | |

**PAST SUBJUNCTIVE I**

| | | |
|---|---|---|
| ich habe | wir haben | |
| du habest | ihr habet | |
| Sie haben | Sie haben | geflochten |
| er/sie/es habe | sie haben | |

**PAST SUBJUNCTIVE II**

| | | |
|---|---|---|
| ich hätte | wir hätten | |
| du hättest | ihr hättet | |
| Sie hätten | Sie hätten | geflochten |
| er/sie/es hätte | sie hätten | |

**FUTURE PERFECT SUBJUNCTIVE I**

| | | |
|---|---|---|
| ich werde | wir werden | |
| du werdest | ihr werdet | |
| Sie werden | Sie werden | geflochten haben |
| er/sie/es werde | sie werden | |

**FUTURE PERFECT SUBJUNCTIVE II**

| | | |
|---|---|---|
| ich würde | wir würden | |
| du würdest | ihr würdet | |
| Sie würden | Sie würden | geflochten haben |
| er/sie/es würde | sie würden | |

**COMMANDS**  flicht!  flechtet!  flechten Sie!

**PRESENT PARTICIPLE**  flechtend

## Usage

| | |
|---|---|
| „Ich flechte den Pferdeschweif." | *"I'm braiding the horse's tail."* |
| „Flichtst du auch die Pferdemähne?" | *"Are you going to braid the mane, too?"* |
| Brigitte befestigte eine Feder an einem Band und flocht sie dann ins Haar. | *Brigitte attached a feather to a cord and then braided it into her hair.* |
| Jedes Jahr flicht Tante Bärbel einen Adventkranz aus Tannenzweigen. | *Every year, Aunt Bärbel weaves an advent wreath out of fir twigs.* |
| Die Frauen flochten einen Korb. | *The women wove a basket.* |
| Die Fee flocht eine Leiter aus Seide. | *The fairy wove a ladder from silk.* |
| Die Männer versuchten Dächer aus Palmwedeln zu flechten. | *The men tried weaving roofs out of palm fronds.* |
| Die junge Frau hat ihr Haar zu einem Zopf geflochten. | *The young woman wound her hair in a bun.* |

**RELATED VERBS**  durch·flechten, durchflechten, ein·flechten, entflechten (*also occurs with regular weak finite forms*), umflechten, verflechten

strong verb

fliegt · flog · geflogen

**PRESENT**

| | |
|---|---|
| ich fliege | wir fliegen |
| du fliegst | ihr fliegt |
| Sie fliegen | Sie fliegen |
| er/sie/es fliegt | sie fliegen |

**SIMPLE PAST**

| | |
|---|---|
| ich flog | wir flogen |
| du flogst | ihr flogt |
| Sie flogen | Sie flogen |
| er/sie/es flog | sie flogen |

**FUTURE**

| | |
|---|---|
| ich werde | wir werden |
| du wirst | ihr werdet |
| Sie werden | Sie werden |
| er/sie/es wird | sie werden |

} fliegen

**PRESENT SUBJUNCTIVE I**

| | |
|---|---|
| ich fliege | wir fliegen |
| du fliegest | ihr flieget |
| Sie fliegen | Sie fliegen |
| er/sie/es fliege | sie fliegen |

**PRESENT SUBJUNCTIVE II**

| | |
|---|---|
| ich flöge | wir flögen |
| du flögest | ihr flöget |
| Sie flögen | Sie flögen |
| er/sie/es flöge | sie flögen |

**FUTURE SUBJUNCTIVE I**

| | |
|---|---|
| ich werde | wir werden |
| du werdest | ihr werdet |
| Sie werden | Sie werden |
| er/sie/es werde | sie werden |

} fliegen

**FUTURE SUBJUNCTIVE II**

| | |
|---|---|
| ich würde | wir würden |
| du würdest | ihr würdet |
| Sie würden | Sie würden |
| er/sie/es würde | sie würden |

} fliegen

**PRESENT PERFECT**

| | |
|---|---|
| ich bin | wir sind |
| du bist | ihr seid |
| Sie sind | Sie sind |
| er/sie/es ist | sie sind |

} geflogen

**PAST PERFECT**

| | |
|---|---|
| ich war | wir waren |
| du warst | ihr wart |
| Sie waren | Sie waren |
| er/sie/es war | sie waren |

} geflogen

**FUTURE PERFECT**

| | |
|---|---|
| ich werde | wir werden |
| du wirst | ihr werdet |
| Sie werden | Sie werden |
| er/sie/es wird | sie werden |

} geflogen sein

**PAST SUBJUNCTIVE I**

| | |
|---|---|
| ich sei | wir seien |
| du seiest | ihr seiet |
| Sie seien | Sie seien |
| er/sie/es sei | sie seien |

} geflogen

**PAST SUBJUNCTIVE II**

| | |
|---|---|
| ich wäre | wir wären |
| du wärest | ihr wäret |
| Sie wären | Sie wären |
| er/sie/es wäre | sie wären |

} geflogen

**FUTURE PERFECT SUBJUNCTIVE I**

| | |
|---|---|
| ich werde | wir werden |
| du werdest | ihr werdet |
| Sie werden | Sie werden |
| er/sie/es werde | sie werden |

} geflogen sein

**FUTURE PERFECT SUBJUNCTIVE II**

| | |
|---|---|
| ich würde | wir würden |
| du würdest | ihr würdet |
| Sie würden | Sie würden |
| er/sie/es würde | sie würden |

} geflogen sein

**COMMANDS**    flieg(e)!   fliegt!   fliegen Sie!

**PRESENT PARTICIPLE**    fliegend

## Usage

„Fährst du mit der Bahn oder fliegst du?"
„Ich fliege."

Der Bube hatte die Arme ausgestreckt als ob er flöge.
Es war als flöge Angela auf einem Zauberteppich.
Die Papiere flogen aus dem Fenster.

*"Are you going by train or flying?"*
*"I'm flying."*

*The boy had outstretched arms as though he were flying.*
*It was as if Angela were flying on a magic carpet.*
*The papers flew out the window.*

### fliegen (with **haben**) *to pilot, fly*

Der Pilot hat letzte Woche zum ersten Mal ein
   Düsenflugzeug geflogen.

*The pilot flew a jet airplane for the first time last week.*

### sich fliegen *to fly*

Das neue Flugzeug fliegt sich leichter als das alte.

*The new airplane is easier to fly than the old one.*

**RELATED VERBS**   ab·fliegen, an·fliegen, auf·fliegen, aus·fliegen, befliegen, durch·fliegen, durchfliegen, ein·fliegen, entfliegen, überfliegen, umfliegen, verfliegen, weg·fliegen, zu·fliegen, zurück·fliegen

| PRESENT | | PRESENT PERFECT | |
|---|---|---|---|
| ich fliehe | wir fliehen | ich bin | wir sind |
| du fliehst | ihr flieht | du bist | ihr seid |
| Sie fliehen | Sie fliehen | Sie sind | Sie sind |
| er/sie/es flieht | sie fliehen | er/sie/es ist | sie sind |

geflohen

| SIMPLE PAST | | PAST PERFECT | |
|---|---|---|---|
| ich floh | wir flohen | ich war | wir waren |
| du flohst | ihr floht | du warst | ihr wart |
| Sie flohen | Sie flohen | Sie waren | Sie waren |
| er/sie/es floh | sie flohen | er/sie/es war | sie waren |

geflohen

| FUTURE | | FUTURE PERFECT | |
|---|---|---|---|
| ich werde | wir werden | ich werde | wir werden |
| du wirst | ihr werdet | du wirst | ihr werdet |
| Sie werden | Sie werden | Sie werden | Sie werden |
| er/sie/es wird | sie werden | er/sie/es wird | sie werden |

fliehen / geflohen sein

| PRESENT SUBJUNCTIVE I | | PAST SUBJUNCTIVE I | |
|---|---|---|---|
| ich fliehe | wir fliehen | ich sei | wir seien |
| du fliehest | ihr fliehet | du seiest | ihr seiet |
| Sie fliehen | Sie fliehen | Sie seien | Sie seien |
| er/sie/es fliehe | sie fliehen | er/sie/es sei | sie seien |

geflohen

| PRESENT SUBJUNCTIVE II | | PAST SUBJUNCTIVE II | |
|---|---|---|---|
| ich flöhe | wir flöhen | ich wäre | wir wären |
| du flöhest | ihr flöhet | du wärest | ihr wäret |
| Sie flöhen | Sie flöhen | Sie wären | Sie wären |
| er/sie/es flöhe | sie flöhen | er/sie/es wäre | sie wären |

geflohen

| FUTURE SUBJUNCTIVE I | | FUTURE PERFECT SUBJUNCTIVE I | |
|---|---|---|---|
| ich werde | wir werden | ich werde | wir werden |
| du werdest | ihr werdet | du werdest | ihr werdet |
| Sie werden | Sie werden | Sie werden | Sie werden |
| er/sie/es werde | sie werden | er/sie/es werde | sie werden |

fliehen / geflohen sein

| FUTURE SUBJUNCTIVE II | | FUTURE PERFECT SUBJUNCTIVE II | |
|---|---|---|---|
| ich würde | wir würden | ich würde | wir würden |
| du würdest | ihr würdet | du würdest | ihr würdet |
| Sie würden | Sie würden | Sie würden | Sie würden |
| er/sie/es würde | sie würden | er/sie/es würde | sie würden |

fliehen / geflohen sein

| COMMANDS | flieh(e)!  flieht!  fliehen Sie! |
|---|---|
| PRESENT PARTICIPLE | fliehend |

## Usage

Über 500 000 Menschen sind vor dem Bürgerkrieg ins Grenzgebiet geflohen.
*More than 500,000 people have fled from the civil war into the border region.*

Die Nazi-Verbrecher flohen nach Argentinien.
*The Nazi criminals fled to Argentina.*

Der Täter könnte ins Ausland geflohen sein.
*The perpetrator could have fled abroad.*

Margarete flieht in eine Traumwelt, um ihre Lebensumstände vergessen zu können.
*Margarete retreats into a world of dreams in order to be able to forget her life circumstances.*

„Ach, wie schnell die Tage fliehen." (KLINGEMANN)
*"Oh, how quickly the days slip by."*

### fliehen (with haben) *to flee; shun, avoid*

Unsere Familie hat die gefährliche Situation in der Stadt geflohen.
*Our family has fled the dangerous situation in the city.*

Dirk flieht den Lärm der Großstadt und zieht aufs Land.
*Dirk is escaping the noise of the big city and moving to the country.*

**RELATED VERB** entfliehen

strong verb

## PRESENT

| | |
|---|---|
| ich fließe | wir fließen |
| du fließt | ihr fließt |
| Sie fließen | Sie fließen |
| er/sie/es fließt | sie fließen |

## SIMPLE PAST

| | |
|---|---|
| ich floss | wir flossen |
| du flossest | ihr flosst |
| Sie flossen | Sie flossen |
| er/sie/es floss | sie flossen |

## FUTURE

| | | |
|---|---|---|
| ich werde | wir werden | |
| du wirst | ihr werdet | fließen |
| Sie werden | Sie werden | |
| er/sie/es wird | sie werden | |

## PRESENT SUBJUNCTIVE I

| | |
|---|---|
| ich fließe | wir fließen |
| du fließest | ihr fließet |
| Sie fließen | Sie fließen |
| er/sie/es fließe | sie fließen |

## PRESENT SUBJUNCTIVE II

| | |
|---|---|
| ich flösse | wir flössen |
| du flössest | ihr flösset |
| Sie flössen | Sie flössen |
| er/sie/es flösse | sie flössen |

## FUTURE SUBJUNCTIVE I

| | | |
|---|---|---|
| ich werde | wir werden | |
| du werdest | ihr werdet | fließen |
| Sie werden | Sie werden | |
| er/sie/es werde | sie werden | |

## FUTURE SUBJUNCTIVE II

| | | |
|---|---|---|
| ich würde | wir würden | |
| du würdest | ihr würdet | fließen |
| Sie würden | Sie würden | |
| er/sie/es würde | sie würden | |

## PRESENT PERFECT

| | | |
|---|---|---|
| ich bin | wir sind | |
| du bist | ihr seid | geflossen |
| Sie sind | Sie sind | |
| er/sie/es ist | sie sind | |

## PAST PERFECT

| | | |
|---|---|---|
| ich war | wir waren | |
| du warst | ihr wart | geflossen |
| Sie waren | Sie waren | |
| er/sie/es war | sie waren | |

## FUTURE PERFECT

| | | |
|---|---|---|
| ich werde | wir werden | |
| du wirst | ihr werdet | geflossen sein |
| Sie werden | Sie werden | |
| er/sie/es wird | sie werden | |

## PAST SUBJUNCTIVE I

| | | |
|---|---|---|
| ich sei | wir seien | |
| du seiest | ihr seiet | geflossen |
| Sie seien | Sie seien | |
| er/sie/es sei | sie seien | |

## PAST SUBJUNCTIVE II

| | | |
|---|---|---|
| ich wäre | wir wären | |
| du wärest | ihr wäret | geflossen |
| Sie wären | Sie wären | |
| er/sie/es wäre | sie wären | |

## FUTURE PERFECT SUBJUNCTIVE I

| | | |
|---|---|---|
| ich werde | wir werden | |
| du werdest | ihr werdet | geflossen sein |
| Sie werden | Sie werden | |
| er/sie/es werde | sie werden | |

## FUTURE PERFECT SUBJUNCTIVE II

| | | |
|---|---|---|
| ich würde | wir würden | |
| du würdest | ihr würdet | geflossen sein |
| Sie würden | Sie würden | |
| er/sie/es würde | sie würden | |

**COMMANDS**    fließ(e)!   fließt!   fließen Sie!

**PRESENT PARTICIPLE**    fließend

## Usage

| | |
|---|---|
| Ein kleiner Bach floss leise neben der verkommenen Hütte. | *A small stream flowed quietly alongside the crumbling cabin.* |
| Die Chi-Energie fließt durch alle Räume des Hauses. | *The chi energy flows through all rooms of the house.* |
| Die Weser und die Elbe fließen in die Nordsee. | *The Weser and the Elbe flow into the North Sea.* |
| Das Geld fließt in die Börse. | *The money is flowing into the stock market.* |
| Als sich das Paar trennte, flossen die Tränen. | *As the couple parted, tears flowed.* |
| Der Strom fließt nicht mehr. | *The electricity isn't flowing anymore.* |
| Das Bier war auf Bernhards Fete reichlich geflossen. | *The beer had flowed plentifully at Bernhard's party.* |
| Nach einem Rohrbruch ist Wasser durch die Straßen geflossen. | *After a pipe rupture, water poured through the streets.* |
| Blut floss ihm aus den Ohren. | *Blood streamed from his ears.* |

**RELATED VERBS**   ab·fließen, aus·fließen, durch·fließen, durchfließen, ein·fließen, über·fließen, umfließen, verfließen, vorbei·fließen, weg·fließen, zerfließen, zu·fließen, zurück·fließen, zusammen·fließen

# fluchen  *to curse, swear*

flucht · fluchte · geflucht

**PRESENT**

| | |
|---|---|
| ich fluche | wir fluchen |
| du fluchst | ihr flucht |
| Sie fluchen | Sie fluchen |
| er/sie/es flucht | sie fluchen |

**SIMPLE PAST**

| | |
|---|---|
| ich fluchte | wir fluchten |
| du fluchtest | ihr fluchtet |
| Sie fluchten | Sie fluchten |
| er/sie/es fluchte | sie fluchten |

**FUTURE**

| | |
|---|---|
| ich werde | wir werden |
| du wirst | ihr werdet |
| Sie werden | Sie werden |
| er/sie/es wird | sie werden |

} fluchen

**PRESENT SUBJUNCTIVE I**

| | |
|---|---|
| ich fluche | wir fluchen |
| du fluchest | ihr fluchet |
| Sie fluchen | Sie fluchen |
| er/sie/es fluche | sie fluchen |

**PRESENT SUBJUNCTIVE II**

| | |
|---|---|
| ich fluchte | wir fluchten |
| du fluchtest | ihr fluchtet |
| Sie fluchten | Sie fluchten |
| er/sie/es fluchte | sie fluchten |

**FUTURE SUBJUNCTIVE I**

| | |
|---|---|
| ich werde | wir werden |
| du werdest | ihr werdet |
| Sie werden | Sie werden |
| er/sie/es werde | sie werden |

} fluchen

**FUTURE SUBJUNCTIVE II**

| | |
|---|---|
| ich würde | wir würden |
| du würdest | ihr würdet |
| Sie würden | Sie würden |
| er/sie/es würde | sie würden |

} fluchen

**PRESENT PERFECT**

| | |
|---|---|
| ich habe | wir haben |
| du hast | ihr habt |
| Sie haben | Sie haben |
| er/sie/es hat | sie haben |

} geflucht

**PAST PERFECT**

| | |
|---|---|
| ich hatte | wir hatten |
| du hattest | ihr hattet |
| Sie hatten | Sie hatten |
| er/sie/es hatte | sie hatten |

} geflucht

**FUTURE PERFECT**

| | |
|---|---|
| ich werde | wir werden |
| du wirst | ihr werdet |
| Sie werden | Sie werden |
| er/sie/es wird | sie werden |

} geflucht haben

**PAST SUBJUNCTIVE I**

| | |
|---|---|
| ich habe | wir haben |
| du habest | ihr habet |
| Sie haben | Sie haben |
| er/sie/es habe | sie haben |

} geflucht

**PAST SUBJUNCTIVE II**

| | |
|---|---|
| ich hätte | wir hätten |
| du hättest | ihr hättet |
| Sie hätten | Sie hätten |
| er/sie/es hätte | sie hätten |

} geflucht

**FUTURE PERFECT SUBJUNCTIVE I**

| | |
|---|---|
| ich werde | wir werden |
| du werdest | ihr werdet |
| Sie werden | Sie werden |
| er/sie/es werde | sie werden |

} geflucht haben

**FUTURE PERFECT SUBJUNCTIVE II**

| | |
|---|---|
| ich würde | wir würden |
| du würdest | ihr würdet |
| Sie würden | Sie würden |
| er/sie/es würde | sie würden |

} geflucht haben

**COMMANDS**     fluch(e)!   flucht!   fluchen Sie!

**PRESENT PARTICIPLE**     fluchend

## Usage

| | |
|---|---|
| Fluch doch nicht so laut. | *Don't swear so loudly.* |
| Ich habe den ganzen Tag darüber geflucht, dass ich am Sonntag arbeiten musste. | *I was cursing all day long about the fact that I had to work on Sunday.* |
| Herr Beiermann fluchte zitternd auf die Kälte. | *Shivering, Mr. Beiermann cursed the cold.* |
| Flucht ihr auf andere Autofahrer? | *Do you curse at other drivers?* |
| Tut mir Leid, dass ich auf dich geflucht habe. | *I'm sorry I swore at you.* |
| Mein Opa Eriksen konnte auf Dänisch fluchen. | *My grandpa Eriksen could curse in Danish.* |
| Du sollst nicht fluchen. | *You shouldn't swear.* |
| Wir haben über den Stau geflucht. | *We cursed about the traffic jam.* |
| Frau Sperling flucht auf den Euro. | *Mrs. Sperling curses the euro.* |
| Fluche mir, wie du dem Bruder fluchtest! (HEBBEL) | *Curse me as you cursed your brother!* |
| Paula flucht wie ein Rohrspatz. (*idiomatic*) | *Paula swears like a reed bunting.* |
| Tod, Euch sei geflucht! (*archaic*) | *Death, may You be cursed!* |

**RELATED VERB**   verfluchen

regular weak verb (dative object)　　　　　　　　　　　folgt · folgte · gefolgt

### PRESENT

| | |
|---|---|
| ich folge | wir folgen |
| du folgst | ihr folgt |
| Sie folgen | Sie folgen |
| er/sie/es folgt | sie folgen |

### SIMPLE PAST

| | |
|---|---|
| ich folgte | wir folgten |
| du folgtest | ihr folgtet |
| Sie folgten | Sie folgten |
| er/sie/es folgte | sie folgten |

### FUTURE

| | | |
|---|---|---|
| ich werde | wir werden | |
| du wirst | ihr werdet | |
| Sie werden | Sie werden | folgen |
| er/sie/es wird | sie werden | |

### PRESENT SUBJUNCTIVE I

| | |
|---|---|
| ich folge | wir folgen |
| du folgest | ihr folget |
| Sie folgen | Sie folgen |
| er/sie/es folge | sie folgen |

### PRESENT SUBJUNCTIVE II

| | |
|---|---|
| ich folgte | wir folgten |
| du folgtest | ihr folgtet |
| Sie folgten | Sie folgten |
| er/sie/es folgte | sie folgten |

### FUTURE SUBJUNCTIVE I

| | | |
|---|---|---|
| ich werde | wir werden | |
| du werdest | ihr werdet | |
| Sie werden | Sie werden | folgen |
| er/sie/es werde | sie werden | |

### FUTURE SUBJUNCTIVE II

| | | |
|---|---|---|
| ich würde | wir würden | |
| du würdest | ihr würdet | |
| Sie würden | Sie würden | folgen |
| er/sie/es würde | sie würden | |

### PRESENT PERFECT

| | | |
|---|---|---|
| ich bin | wir sind | |
| du bist | ihr seid | |
| Sie sind | Sie sind | gefolgt |
| er/sie/es ist | sie sind | |

### PAST PERFECT

| | | |
|---|---|---|
| ich war | wir waren | |
| du warst | ihr wart | |
| Sie waren | Sie waren | gefolgt |
| er/sie/es war | sie waren | |

### FUTURE PERFECT

| | | |
|---|---|---|
| ich werde | wir werden | |
| du wirst | ihr werdet | |
| Sie werden | Sie werden | gefolgt sein |
| er/sie/es wird | sie werden | |

### PAST SUBJUNCTIVE I

| | | |
|---|---|---|
| ich sei | wir seien | |
| du seiest | ihr seiet | |
| Sie seien | Sie seien | gefolgt |
| er/sie/es sei | sie seien | |

### PAST SUBJUNCTIVE II

| | | |
|---|---|---|
| ich wäre | wir wären | |
| du wärest | ihr wäret | |
| Sie wären | Sie wären | gefolgt |
| er/sie/es wäre | sie wären | |

### FUTURE PERFECT SUBJUNCTIVE I

| | | |
|---|---|---|
| ich werde | wir werden | |
| du werdest | ihr werdet | |
| Sie werden | Sie werden | gefolgt sein |
| er/sie/es werde | sie werden | |

### FUTURE PERFECT SUBJUNCTIVE II

| | | |
|---|---|---|
| ich würde | wir würden | |
| du würdest | ihr würdet | |
| Sie würden | Sie würden | gefolgt sein |
| er/sie/es würde | sie würden | |

**COMMANDS**　　folg(e)!　folgt!　folgen Sie!

**PRESENT PARTICIPLE**　folgend

## Usage

| | |
|---|---|
| Thomas ist seiner Schwester Christine in den Wald gefolgt. | *Thomas followed his sister Christine into the forest.* |
| Folgen Sie mir bitte. | *Please follow me.* |
| Das Gesetz lautet wie folgt. | *The law reads as follows.* |
| Der Herzog dankte ab und Chaos folgte. | *The duke abdicated and chaos ensued.* |
| Was folgt daraus für die Nichtversicherten? | *What will the consequences of this be for those who have no insurance?* |
| Ludwig der Fromme folgte seinem Vater Karl dem Großen auf dem Thron. | *Louis the Pious succeeded his father, Charlemagne, on the throne.* |

### folgen (with haben) *to obey; adhere/conform to*

| | |
|---|---|
| Max und Moritz haben dem Lehrer nicht gefolgt. | *Max and Moritz didn't obey the teacher.* |
| Dieser Text folgt den neuen Rechtschreibregeln. | *This text conforms to the new spelling rules.* |

**RELATED VERBS**　aus·folgen, befolgen, erfolgen, nach·folgen, verfolgen, zurück·verfolgen

# fordern  *to demand, ask for; summon; claim*

fordert · forderte · gefordert

*regular weak verb*

**PRESENT**

| | |
|---|---|
| ich fordere | wir fordern |
| du forderst | ihr fordert |
| Sie fordern | Sie fordern |
| er/sie/es fordert | sie fordern |

**SIMPLE PAST**

| | |
|---|---|
| ich forderte | wir forderten |
| du fordertest | ihr fordertet |
| Sie forderten | Sie forderten |
| er/sie/es forderte | sie forderten |

**FUTURE**

| | | |
|---|---|---|
| ich werde | wir werden | |
| du wirst | ihr werdet | |
| Sie werden | Sie werden | fordern |
| er/sie/es wird | sie werden | |

**PRESENT SUBJUNCTIVE I**

| | |
|---|---|
| ich fordere | wir fordern |
| du forderst | ihr fordert |
| Sie fordern | Sie fordern |
| er/sie/es fordere | sie fordern |

**PRESENT SUBJUNCTIVE II**

| | |
|---|---|
| ich forderte | wir forderten |
| du fordertest | ihr fordertet |
| Sie forderten | Sie forderten |
| er/sie/es forderte | sie forderten |

**FUTURE SUBJUNCTIVE I**

| | | |
|---|---|---|
| ich werde | wir werden | |
| du werdest | ihr werdet | |
| Sie werden | Sie werden | fordern |
| er/sie/es werde | sie werden | |

**FUTURE SUBJUNCTIVE II**

| | | |
|---|---|---|
| ich würde | wir würden | |
| du würdest | ihr würdet | |
| Sie würden | Sie würden | fordern |
| er/sie/es würde | sie würden | |

**PRESENT PERFECT**

| | | |
|---|---|---|
| ich habe | wir haben | |
| du hast | ihr habt | |
| Sie haben | Sie haben | gefordert |
| er/sie/es hat | sie haben | |

**PAST PERFECT**

| | | |
|---|---|---|
| ich hatte | wir hatten | |
| du hattest | ihr hattet | |
| Sie hatten | Sie hatten | gefordert |
| er/sie/es hatte | sie hatten | |

**FUTURE PERFECT**

| | | |
|---|---|---|
| ich werde | wir werden | |
| du wirst | ihr werdet | |
| Sie werden | Sie werden | gefordert haben |
| er/sie/es wird | sie werden | |

**PAST SUBJUNCTIVE I**

| | | |
|---|---|---|
| ich habe | wir haben | |
| du habest | ihr habet | |
| Sie haben | Sie haben | gefordert |
| er/sie/es habe | sie haben | |

**PAST SUBJUNCTIVE II**

| | | |
|---|---|---|
| ich hätte | wir hätten | |
| du hättest | ihr hättet | |
| Sie hätten | Sie hätten | gefordert |
| er/sie/es hätte | sie hätten | |

**FUTURE PERFECT SUBJUNCTIVE I**

| | | |
|---|---|---|
| ich werde | wir werden | |
| du werdest | ihr werdet | |
| Sie werden | Sie werden | gefordert haben |
| er/sie/es werde | sie werden | |

**FUTURE PERFECT SUBJUNCTIVE II**

| | | |
|---|---|---|
| ich würde | wir würden | |
| du würdest | ihr würdet | |
| Sie würden | Sie würden | gefordert haben |
| er/sie/es würde | sie würden | |

**COMMANDS**   fordere!   fordert!   fordern Sie!

**PRESENT PARTICIPLE**   fordernd

## Usage

| | |
|---|---|
| Die Gewerkschaften fordern einen gerechten Lohn. | *The unions are demanding just wages.* |
| Die Opfer fordern 5 Millionen Schadenersatz. | *The victims are asking for five million in compensation.* |
| Welche Partei fordert ein Klonverbot? | *Which party is demanding a ban on cloning?* |
| Wir fordern ein einfaches Steuersystem. | *We demand a simple tax system.* |
| Die Bürger forderten ein Verbot genetisch modifizierter Organismen. | *The citizens demanded a prohibition on genetically modified organisms.* |
| Ich fordere Gleichberechtigung. | *I demand equal rights.* |
| Was fordern Sie von ihm? | *What do you demand of him?* |
| Unsere Nachbarin wurde vor Gericht gefordert. | *Our neighbor was summoned to court.* |
| Laut WFP-Statisken fordert der Hunger jeden Tag 24 000 Menschenleben. | *According to WFP statistics, hunger claims 24,000 human lives every day.* |

**RELATED VERBS**   ab·fordern, an·fordern, ein·fordern, erfordern, heraus·fordern, nach·fordern, überfordern, wieder·fordern, zurück·fordern; *see also* **auf·fordern** (25)

regular weak verb

**PRESENT**

| | |
|---|---|
| ich frage | wir fragen |
| du fragst | ihr fragt |
| Sie fragen | Sie fragen |
| er/sie/es fragt | sie fragen |

**SIMPLE PAST**

| | |
|---|---|
| ich fragte | wir fragten |
| du fragtest | ihr fragtet |
| Sie fragten | Sie fragten |
| er/sie/es fragte | sie fragten |

**FUTURE**

| | |
|---|---|
| ich werde | wir werden |
| du wirst | ihr werdet |
| Sie werden | Sie werden |
| er/sie/es wird | sie werden |

} fragen

**PRESENT SUBJUNCTIVE I**

| | |
|---|---|
| ich frage | wir fragen |
| du fragest | ihr fraget |
| Sie fragen | Sie fragen |
| er/sie/es frage | sie fragen |

**PRESENT SUBJUNCTIVE II**

| | |
|---|---|
| ich fragte | wir fragten |
| du fragtest | ihr fragtet |
| Sie fragten | Sie fragten |
| er/sie/es fragte | sie fragten |

**FUTURE SUBJUNCTIVE I**

| | |
|---|---|
| ich werde | wir werden |
| du werdest | ihr werdet |
| Sie werden | Sie werden |
| er/sie/es werde | sie werden |

} fragen

**FUTURE SUBJUNCTIVE II**

| | |
|---|---|
| ich würde | wir würden |
| du würdest | ihr würdet |
| Sie würden | Sie würden |
| er/sie/es würde | sie würden |

} fragen

**PRESENT PERFECT**

| | |
|---|---|
| ich habe | wir haben |
| du hast | ihr habt |
| Sie haben | Sie haben |
| er/sie/es hat | sie haben |

} gefragt

**PAST PERFECT**

| | |
|---|---|
| ich hatte | wir hatten |
| du hattest | ihr hattet |
| Sie hatten | Sie hatten |
| er/sie/es hatte | sie hatten |

} gefragt

**FUTURE PERFECT**

| | |
|---|---|
| ich werde | wir werden |
| du wirst | ihr werdet |
| Sie werden | Sie werden |
| er/sie/es wird | sie werden |

} gefragt haben

**PAST SUBJUNCTIVE I**

| | |
|---|---|
| ich habe | wir haben |
| du habest | ihr habet |
| Sie haben | Sie haben |
| er/sie/es habe | sie haben |

} gefragt

**PAST SUBJUNCTIVE II**

| | |
|---|---|
| ich hätte | wir hätten |
| du hättest | ihr hättet |
| Sie hätten | Sie hätten |
| er/sie/es hätte | sie hätten |

} gefragt

**FUTURE PERFECT SUBJUNCTIVE I**

| | |
|---|---|
| ich werde | wir werden |
| du werdest | ihr werdet |
| Sie werden | Sie werden |
| er/sie/es werde | sie werden |

} gefragt haben

**FUTURE PERFECT SUBJUNCTIVE II**

| | |
|---|---|
| ich würde | wir würden |
| du würdest | ihr würdet |
| Sie würden | Sie würden |
| er/sie/es würde | sie würden |

} gefragt haben

**COMMANDS**  frag(e)!  fragt!  fragen Sie!

**PRESENT PARTICIPLE**  fragend

## Usage

| | |
|---|---|
| Frag mich bloß nicht! | *Just don't ask me!* |
| „Bist du immer noch da?" fragte Tine ungeduldig. | *"Are you still there?" asked Tina impatiently.* |
| Irma fragt nur, ob Manni bereit ist, diese Verantwortung zu übernehmen. | *Irma is only questioning whether Manni is prepared to take over this responsibility.* |
| Fragen Sie bitte am nächsten Schalter. | *Please inquire at the next window.* |
| „Wann ist endlich Schluss?" fragte sie hartnäckig. | *"When will it finally end?" she persisted in asking.* |
| Der Polizist fragte uns, was passiert ist. | *The policeman asked us what happened.* |
| Er fragte stockend: „Kommt er morgen?" | *He asked hesitantly, "Will he come tomorrow?"* |
| Jost hat das Geschäft gekauft, ohne andere um Rat zu fragen. | *Jost bought the business without asking others for advice.* |

**RELATED VERBS**  ab·fragen, an·fragen, aus·fragen, befragen, durch·fragen, erfragen, hinterfragen, nach·fragen, überfragen

**TOP 50 VERB** ☞

**MORE USAGE SENTENCES WITH fragen**

| | |
|---|---|
| Fragen Sie jemand anderen. | *Ask someone else.* |
| Ich frage mal ganz naiv, ob euer Vorhaben überhaupt machbar ist. | *I'm asking quite simply whether your plan is even doable.* |
| Was machen Sie beruflich, wenn ich fragen darf? | *What do you do careerwise, if you don't mind my asking?* |
| Wir haben ihn ganz gezielt gefragt, was er vorhat. | *We asked him specifically what he has in mind.* |
| Man hat wiederholt gefragt, was los war. | *They asked repeatedly what the matter was.* |
| Du fragst mich zu viel. | *I don't know either.* |
| Du kannst ihn ruhig fragen. | *Don't hesitate to ask him.* |
| Es muss gefragt werden, ob der Mensch dadurch wirklich gesünder wird. | *The question must be asked whether humans are really healthier because of this.* |
| Ich bin nicht gefragt worden, ob ich zustimme. | *I wasn't asked whether I agree.* |
| Uwe scheint nicht fragen zu wollen. | *Uwe doesn't appear to want to ask.* |
| Es wurde nicht gefragt, wie viel der Plan kostet. | *Nobody asked how much the plan costs.* |
| In der Pressekonferenz fragten die Reporter, ob der militärische Einsatz notwendig ist. | *At the press conference, reporters asked whether the military intervention was necessary.* |
| Danke, dass du fragst. | *Thanks for asking.* |

### sich fragen  *to ask oneself, wonder; be a question, be questionable*

| | |
|---|---|
| Ich frage mich warum. | *I wonder why.* |
| Es fragt sich natürlich, wie groß der Andrang eigentlich sein wird. | *Of course, the question is how big the crowd will actually be.* |
| Nach einigen Jahren begann er sich selbst zu fragen, woher das Geld kam. | *After a few years, he began wondering where the money was coming from.* |

### fragen nach  *to ask for/about, inquire about, question*

| | |
|---|---|
| Sollten wir nach dem Weg fragen? | *Should we ask for directions?* |
| Ich frage nach dem Preis. | *I'll inquire about the price.* |
| Ein Philosoph fragt nach dem Sinn des Lebens. | *A philosopher inquires into the meaning of life.* |
| Ich wurde von einer älteren Dame nach der Uhrzeit gefragt. | *I was asked for the time by an older lady.* |
| Warum fragst du mich nach meiner Tante? | *Why are you asking about my aunt?* |
| Man fragte mich nach meiner Meinung. | *I was asked for my opinion.* |

### fragen um  *to ask for*

| | |
|---|---|
| Der Urheber muss um Erlaubnis fragen. | *The author must ask for permission.* |

### fragen wegen  *to ask about, inquire pertaining to*

| | |
|---|---|
| Der Reporter fragte den Politiker wegen des Haushaltsdefizits. | *The reporter asked the politician about the budget deficit.* |
| Die Kinder fragen Oma wegen ihrer Kindheit in Transsylvanien. | *The children are asking Grandma about her childhood in Transylvania.* |

### gefragt sein  *to be in demand, be requested*

| | |
|---|---|
| Lederjacken werden jetzt sehr gefragt. | *Leather jackets are in great demand now.* |

**IDIOMATIC EXPRESSIONS**

| | |
|---|---|
| Frag nicht so dumm. | *Don't ask such a silly question.* |
| Hänsl fragt einem ein Loch in den Bauch. | *Hänsl doesn't stop asking questions.* |
| Wer viel fragt, erhält viel Antwort. (PROVERB) | *He who asks many questions gets many answers.* |

TOP 50 VERBS

strong verb

**PRESENT**

| | |
|---|---|
| ich fresse | wir fressen |
| du frisst | ihr fresst |
| Sie fressen | Sie fressen |
| er/sie/es frisst | sie fressen |

**PRESENT PERFECT**

| | | |
|---|---|---|
| ich habe | wir haben | |
| du hast | ihr habt | |
| Sie haben | Sie haben | gefressen |
| er/sie/es hat | sie haben | |

**SIMPLE PAST**

| | |
|---|---|
| ich fraß | wir fraßen |
| du fraßest | ihr fraßt |
| Sie fraßen | Sie fraßen |
| er/sie/es fraß | sie fraßen |

**PAST PERFECT**

| | | |
|---|---|---|
| ich hatte | wir hatten | |
| du hattest | ihr hattet | |
| Sie hatten | Sie hatten | gefressen |
| er/sie/es hatte | sie hatten | |

**FUTURE**

| | | |
|---|---|---|
| ich werde | wir werden | |
| du wirst | ihr werdet | |
| Sie werden | Sie werden | fressen |
| er/sie/es wird | sie werden | |

**FUTURE PERFECT**

| | | |
|---|---|---|
| ich werde | wir werden | |
| du wirst | ihr werdet | |
| Sie werden | Sie werden | gefressen haben |
| er/sie/es wird | sie werden | |

**PRESENT SUBJUNCTIVE I**

| | |
|---|---|
| ich fresse | wir fressen |
| du fressest | ihr fresset |
| Sie fressen | Sie fressen |
| er/sie/es fresse | sie fressen |

**PAST SUBJUNCTIVE I**

| | | |
|---|---|---|
| ich habe | wir haben | |
| du habest | ihr habet | |
| Sie haben | Sie haben | gefressen |
| er/sie/es habe | sie haben | |

**PRESENT SUBJUNCTIVE II**

| | |
|---|---|
| ich fräße | wir fräßen |
| du fräßest | ihr fräßet |
| Sie fräßen | Sie fräßen |
| er/sie/es fräße | sie fräßen |

**PAST SUBJUNCTIVE II**

| | | |
|---|---|---|
| ich hätte | wir hätten | |
| du hättest | ihr hättet | |
| Sie hätten | Sie hätten | gefressen |
| er/sie/es hätte | sie hätten | |

**FUTURE SUBJUNCTIVE I**

| | | |
|---|---|---|
| ich werde | wir werden | |
| du werdest | ihr werdet | |
| Sie werden | Sie werden | fressen |
| er/sie/es werde | sie werden | |

**FUTURE PERFECT SUBJUNCTIVE I**

| | | |
|---|---|---|
| ich werde | wir werden | |
| du werdest | ihr werdet | |
| Sie werden | Sie werden | gefressen haben |
| er/sie/es werde | sie werden | |

**FUTURE SUBJUNCTIVE II**

| | | |
|---|---|---|
| ich würde | wir würden | |
| du würdest | ihr würdet | |
| Sie würden | Sie würden | fressen |
| er/sie/es würde | sie würden | |

**FUTURE PERFECT SUBJUNCTIVE II**

| | | |
|---|---|---|
| ich würde | wir würden | |
| du würdest | ihr würdet | |
| Sie würden | Sie würden | gefressen haben |
| er/sie/es würde | sie würden | |

**COMMANDS**  friss!  fresst!  fressen Sie!

**PRESENT PARTICIPLE**  fressend

## Usage

| | |
|---|---|
| Die Vögel in unserem Garten fressen gern Hirsesamen. | *The birds in our yard like to eat millet seed.* |
| Sein Hund Maxl frisst lieber Katzenfutter. | *His dog, Maxl, prefers eating cat food.* |
| Rex, friss nicht so laut! | *Rex, don't eat so noisily!* |
| Die Raupe fraß an vielen Blättern. | *The caterpillar nibbled on many leaves.* |
| Motten hatten ein Loch in seine Jacke gefressen. | *Moths had eaten a hole in his jacket.* |
| Kinder, ihr fresst wie Schweine! | *Children, you're eating like pigs!* |
| Ich gebe zu, ich habe den ganzen Kuchen gefressen. | *I admit I devoured the whole cake.* |
| Der Wolf könnte die Großmutter gefressen haben und sie wäre noch zu retten. (GRIMM) | *The wolf could have eaten Grandmother, and she might yet be rescued.* |

### sich fressen *to penetrate, eat into*

| | |
|---|---|
| Die Säuren haben sich durch die alten Bücher gefressen. | *The acids have eaten through the old books.* |

**RELATED VERBS** ab·fressen, an·fressen, auf·fressen, aus·fressen, durch·fressen, ein·fressen, überfressen, verfressen, weg·fressen, zerfressen

# freuen  *to make glad, delight*

**freut · freute · gefreut**                                                    regular weak verb

### PRESENT

| | |
|---|---|
| ich freue | wir freuen |
| du freust | ihr freut |
| Sie freuen | Sie freuen |
| er/sie/es freut | sie freuen |

### SIMPLE PAST

| | |
|---|---|
| ich freute | wir freuten |
| du freutest | ihr freutet |
| Sie freuten | Sie freuten |
| er/sie/es freute | sie freuten |

### FUTURE

| | | |
|---|---|---|
| ich werde | wir werden | |
| du wirst | ihr werdet | freuen |
| Sie werden | Sie werden | |
| er/sie/es wird | sie werden | |

### PRESENT SUBJUNCTIVE I

| | |
|---|---|
| ich freue | wir freuen |
| du freuest | ihr freuet |
| Sie freuen | Sie freuen |
| er/sie/es freue | sie freuen |

### PRESENT SUBJUNCTIVE II

| | |
|---|---|
| ich freute | wir freuten |
| du freutest | ihr freutet |
| Sie freuten | Sie freuten |
| er/sie/es freute | sie freuten |

### FUTURE SUBJUNCTIVE I

| | | |
|---|---|---|
| ich werde | wir werden | |
| du werdest | ihr werdet | freuen |
| Sie werden | Sie werden | |
| er/sie/es werde | sie werden | |

### FUTURE SUBJUNCTIVE II

| | | |
|---|---|---|
| ich würde | wir würden | |
| du würdest | ihr würdet | freuen |
| Sie würden | Sie würden | |
| er/sie/es würde | sie würden | |

### PRESENT PERFECT

| | | |
|---|---|---|
| ich habe | wir haben | |
| du hast | ihr habt | gefreut |
| Sie haben | Sie haben | |
| er/sie/es hat | sie haben | |

### PAST PERFECT

| | | |
|---|---|---|
| ich hatte | wir hatten | |
| du hattest | ihr hattet | gefreut |
| Sie hatten | Sie hatten | |
| er/sie/es hatte | sie hatten | |

### FUTURE PERFECT

| | | |
|---|---|---|
| ich werde | wir werden | |
| du wirst | ihr werdet | gefreut haben |
| Sie werden | Sie werden | |
| er/sie/es wird | sie werden | |

### PAST SUBJUNCTIVE I

| | | |
|---|---|---|
| ich habe | wir haben | |
| du habest | ihr habet | gefreut |
| Sie haben | Sie haben | |
| er/sie/es habe | sie haben | |

### PAST SUBJUNCTIVE II

| | | |
|---|---|---|
| ich hätte | wir hätten | |
| du hättest | ihr hättet | gefreut |
| Sie hätten | Sie hätten | |
| er/sie/es hätte | sie hätten | |

### FUTURE PERFECT SUBJUNCTIVE I

| | | |
|---|---|---|
| ich werde | wir werden | |
| du werdest | ihr werdet | gefreut haben |
| Sie werden | Sie werden | |
| er/sie/es werde | sie werden | |

### FUTURE PERFECT SUBJUNCTIVE II

| | | |
|---|---|---|
| ich würde | wir würden | |
| du würdest | ihr würdet | gefreut haben |
| Sie würden | Sie würden | |
| er/sie/es würde | sie würden | |

COMMANDS          freu(e)!   freut!   freuen Sie!

PRESENT PARTICIPLE          freuend

## Usage

| | |
|---|---|
| Freut mich. *(idiomatic)* | *Glad to meet you.* |
| Es freute ihn sehr, dass Manni mitkommen wollte. | *He was delighted that Manni wanted to come along.* |
| Die Nachricht hat uns sehr gefreut. | *The news made us very happy.* |

### sich freuen auf  *to look forward to*

| | |
|---|---|
| Ich freue mich auf euren Anruf. | *I'm looking forward to your phone call.* |
| Hätten Sie sich darauf gefreut? | *Would you have looked forward to that?* |

### sich freuen über  *to be happy about*

| | |
|---|---|
| Hast du dich darüber gefreut? | *Were you happy about that?* |
| Die Snowboarder freuen sich über den Schnee. | *The snowboarders are happy about the snow.* |

### sich freuen + genitive (archaic)  *to rejoice in, be happy about*

| | |
|---|---|
| Und sie freute sich des schönen Meeres. (SCHILLER) | *And she rejoiced in the beautiful ocean.* |

RELATED VERB   erfreuen

strong verb

| PRESENT | |
|---|---|
| ich friere | wir frieren |
| du frierst | ihr friert |
| Sie frieren | Sie frieren |
| er/sie/es friert | sie frieren |

| PRESENT PERFECT | | |
|---|---|---|
| ich habe | wir haben | |
| du hast | ihr habt | gefroren |
| Sie haben | Sie haben | |
| er/sie/es hat | sie haben | |

| SIMPLE PAST | |
|---|---|
| ich fror | wir froren |
| du frorst | ihr frort |
| Sie froren | Sie froren |
| er/sie/es fror | sie froren |

| PAST PERFECT | | |
|---|---|---|
| ich hatte | wir hatten | |
| du hattest | ihr hattet | gefroren |
| Sie hatten | Sie hatten | |
| er/sie/es hatte | sie hatten | |

| FUTURE | | |
|---|---|---|
| ich werde | wir werden | |
| du wirst | ihr werdet | frieren |
| Sie werden | Sie werden | |
| er/sie/es wird | sie werden | |

| FUTURE PERFECT | | |
|---|---|---|
| ich werde | wir werden | |
| du wirst | ihr werdet | gefroren haben |
| Sie werden | Sie werden | |
| er/sie/es wird | sie werden | |

| PRESENT SUBJUNCTIVE I | |
|---|---|
| ich friere | wir frieren |
| du frierest | ihr frieret |
| Sie frieren | Sie frieren |
| er/sie/es friere | sie frieren |

| PAST SUBJUNCTIVE I | | |
|---|---|---|
| ich habe | wir haben | |
| du habest | ihr habet | gefroren |
| Sie haben | Sie haben | |
| er/sie/es habe | sie haben | |

| PRESENT SUBJUNCTIVE II | |
|---|---|
| ich fröre | wir frören |
| du frörest | ihr fröret |
| Sie frören | Sie frören |
| er/sie/es fröre | sie frören |

| PAST SUBJUNCTIVE II | | |
|---|---|---|
| ich hätte | wir hätten | |
| du hättest | ihr hättet | gefroren |
| Sie hätten | Sie hätten | |
| er/sie/es hätte | sie hätten | |

| FUTURE SUBJUNCTIVE I | | |
|---|---|---|
| ich werde | wir werden | |
| du werdest | ihr werdet | frieren |
| Sie werden | Sie werden | |
| er/sie/es werde | sie werden | |

| FUTURE PERFECT SUBJUNCTIVE I | | |
|---|---|---|
| ich werde | wir werden | |
| du werdest | ihr werdet | gefroren haben |
| Sie werden | Sie werden | |
| er/sie/es werde | sie werden | |

| FUTURE SUBJUNCTIVE II | | |
|---|---|---|
| ich würde | wir würden | |
| du würdest | ihr würdet | frieren |
| Sie würden | Sie würden | |
| er/sie/es würde | sie würden | |

| FUTURE PERFECT SUBJUNCTIVE II | | |
|---|---|---|
| ich würde | wir würden | |
| du würdest | ihr würdet | gefroren haben |
| Sie würden | Sie würden | |
| er/sie/es würde | sie würden | |

| COMMANDS | frier(e)! friert! frieren Sie! |
|---|---|
| PRESENT PARTICIPLE | frierend |

## Usage

Tagsüber war es warm in der Wüste, aber nachts hat es gefroren.

*During the day it was warm in the desert, but at night it froze.*

Tante Gerlinde friert leicht und muss sich immer warm anziehen.

*Aunt Gerlinde chills easily and always has to dress warmly.*

Wir mussten im Nationalpark im Freien schlafen und haben richtig gefroren.

*We had to sleep out in the open in the national park and really froze.*

Bernhard fror am ganzen Leib.

*Bernhard was freezing all over.*

### frieren (with **sein**) *to freeze*

Das Wasser in der Pfütze ist in der Nacht gefroren.

*The water in the puddle froze during the night.*

Es war so kalt, dass der Schlauch steif gefroren war.

*It was so cold that the hose had frozen stiff.*

RELATED VERBS ab·frieren, an·frieren, aus·frieren, durch·frieren, ein·frieren, erfrieren, gefrieren, überfrieren, zu·frieren

**PRESENT**

| | |
|---|---|
| ich frühstücke | wir frühstücken |
| du frühstückst | ihr frühstückt |
| Sie frühstücken | Sie frühstücken |
| er/sie/es frühstückt | sie frühstücken |

**PRESENT PERFECT**

| | | |
|---|---|---|
| ich habe | wir haben | |
| du hast | ihr habt | gefrühstückt |
| Sie haben | Sie haben | |
| er/sie/es hat | sie haben | |

**SIMPLE PAST**

| | |
|---|---|
| ich frühstückte | wir frühstückten |
| du frühstücktest | ihr frühstücktet |
| Sie frühstückten | Sie frühstückten |
| er/sie/es frühstückte | sie frühstückten |

**PAST PERFECT**

| | | |
|---|---|---|
| ich hatte | wir hatten | |
| du hattest | ihr hattet | gefrühstückt |
| Sie hatten | Sie hatten | |
| er/sie/es hatte | sie hatten | |

**FUTURE**

| | | |
|---|---|---|
| ich werde | wir werden | |
| du wirst | ihr werdet | frühstücken |
| Sie werden | Sie werden | |
| er/sie/es wird | sie werden | |

**FUTURE PERFECT**

| | | |
|---|---|---|
| ich werde | wir werden | |
| du wirst | ihr werdet | gefrühstückt haben |
| Sie werden | Sie werden | |
| er/sie/es wird | sie werden | |

**PRESENT SUBJUNCTIVE I**

| | |
|---|---|
| ich frühstücke | wir frühstücken |
| du frühstückest | ihr frühstücket |
| Sie frühstücken | Sie frühstücken |
| er/sie/es frühstücke | sie frühstücken |

**PAST SUBJUNCTIVE I**

| | | |
|---|---|---|
| ich habe | wir haben | |
| du habest | ihr habet | gefrühstückt |
| Sie haben | Sie haben | |
| er/sie/es habe | sie haben | |

**PRESENT SUBJUNCTIVE II**

| | |
|---|---|
| ich frühstückte | wir frühstückten |
| du frühstücktest | ihr frühstücktet |
| Sie frühstückten | Sie frühstückten |
| er/sie/es frühstückte | sie frühstückten |

**PAST SUBJUNCTIVE II**

| | | |
|---|---|---|
| ich hätte | wir hätten | |
| du hättest | ihr hättet | gefrühstückt |
| Sie hätten | Sie hätten | |
| er/sie/es hätte | sie hätten | |

**FUTURE SUBJUNCTIVE I**

| | | |
|---|---|---|
| ich werde | wir werden | |
| du werdest | ihr werdet | frühstücken |
| Sie werden | Sie werden | |
| er/sie/es werde | sie werden | |

**FUTURE PERFECT SUBJUNCTIVE I**

| | | |
|---|---|---|
| ich werde | wir werden | |
| du werdest | ihr werdet | gefrühstückt haben |
| Sie werden | Sie werden | |
| er/sie/es werde | sie werden | |

**FUTURE SUBJUNCTIVE II**

| | | |
|---|---|---|
| ich würde | wir würden | |
| du würdest | ihr würdet | frühstücken |
| Sie würden | Sie würden | |
| er/sie/es würde | sie würden | |

**FUTURE PERFECT SUBJUNCTIVE II**

| | | |
|---|---|---|
| ich würde | wir würden | |
| du würdest | ihr würdet | gefrühstückt haben |
| Sie würden | Sie würden | |
| er/sie/es würde | sie würden | |

**COMMANDS**   frühstück(e)!   frühstückt!   frühstücken Sie!

**PRESENT PARTICIPLE**   frühstückend

## Usage

| | |
|---|---|
| Herr Tolzmann frühstückt um sieben Uhr. | *Mr. Tolzmann eats breakfast at seven o'clock.* |
| Am Sonntag haben wir schön gefrühstückt und sind dann spazieren gegangen. | *On Sunday, we had a nice breakfast, then went for a walk.* |
| Ich frühstücke nicht. | *I don't eat breakfast.* |
| Wann können wir frühstücken? | *When can we eat breakfast?* |
| Karen möchte mit uns frühstücken. | *Karen would like to have breakfast with us.* |
| Hast du keine Zeit zu frühstücken? | *Don't you have time to eat breakfast?* |
| Wenn ich frühstücken würde, würde ich Müsli essen. | *If I did eat breakfast, I'd eat muesli.* |
| Um wie viel Uhr wird gefrühstückt? | *What time is breakfast?* |
| Frühstückst du zu Hause oder im Büro? | *Do you eat breakfast at home or at the office?* |
| Irene fährt ins Büro ohne zu frühstücken. | *Irene goes to the office without eating breakfast.* |
| Heute habe ich Roggenbrot und ein Ei gefrühstückt. | *Today I had rye bread and an egg for breakfast.* |

**RELATED VERB**   stücken

regular weak verb  ·  **fühlt · fühlte · gefühlt**

## PRESENT

| | |
|---|---|
| ich fühle | wir fühlen |
| du fühlst | ihr fühlt |
| Sie fühlen | Sie fühlen |
| er/sie/es fühlt | sie fühlen |

## PRESENT PERFECT

| | | |
|---|---|---|
| ich habe | wir haben | |
| du hast | ihr habt | gefühlt |
| Sie haben | Sie haben | |
| er/sie/es hat | sie haben | |

## SIMPLE PAST

| | |
|---|---|
| ich fühlte | wir fühlten |
| du fühltest | ihr fühltet |
| Sie fühlten | Sie fühlten |
| er/sie/es fühlte | sie fühlten |

## PAST PERFECT

| | | |
|---|---|---|
| ich hatte | wir hatten | |
| du hattest | ihr hattet | gefühlt |
| Sie hatten | Sie hatten | |
| er/sie/es hatte | sie hatten | |

## FUTURE

| | | |
|---|---|---|
| ich werde | wir werden | |
| du wirst | ihr werdet | fühlen |
| Sie werden | Sie werden | |
| er/sie/es wird | sie werden | |

## FUTURE PERFECT

| | | |
|---|---|---|
| ich werde | wir werden | |
| du wirst | ihr werdet | gefühlt haben |
| Sie werden | Sie werden | |
| er/sie/es wird | sie werden | |

## PRESENT SUBJUNCTIVE I

| | |
|---|---|
| ich fühle | wir fühlen |
| du fühlest | ihr fühlet |
| Sie fühlen | Sie fühlen |
| er/sie/es fühle | sie fühlen |

## PAST SUBJUNCTIVE I

| | | |
|---|---|---|
| ich habe | wir haben | |
| du habest | ihr habet | gefühlt |
| Sie haben | Sie haben | |
| er/sie/es habe | sie haben | |

## PRESENT SUBJUNCTIVE II

| | |
|---|---|
| ich fühlte | wir fühlten |
| du fühltest | ihr fühltet |
| Sie fühlten | Sie fühlten |
| er/sie/es fühlte | sie fühlten |

## PAST SUBJUNCTIVE II

| | | |
|---|---|---|
| ich hätte | wir hätten | |
| du hättest | ihr hättet | gefühlt |
| Sie hätten | Sie hätten | |
| er/sie/es hätte | sie hätten | |

## FUTURE SUBJUNCTIVE I

| | | |
|---|---|---|
| ich werde | wir werden | |
| du werdest | ihr werdet | fühlen |
| Sie werden | Sie werden | |
| er/sie/es werde | sie werden | |

## FUTURE PERFECT SUBJUNCTIVE I

| | | |
|---|---|---|
| ich werde | wir werden | |
| du werdest | ihr werdet | gefühlt haben |
| Sie werden | Sie werden | |
| er/sie/es werde | sie werden | |

## FUTURE SUBJUNCTIVE II

| | | |
|---|---|---|
| ich würde | wir würden | |
| du würdest | ihr würdet | fühlen |
| Sie würden | Sie würden | |
| er/sie/es würde | sie würden | |

## FUTURE PERFECT SUBJUNCTIVE II

| | | |
|---|---|---|
| ich würde | wir würden | |
| du würdest | ihr würdet | gefühlt haben |
| Sie würden | Sie würden | |
| er/sie/es würde | sie würden | |

**COMMANDS**  fühl(e)!  fühlt!  fühlen Sie!

**PRESENT PARTICIPLE**  fühlend

## Usage

| | |
|---|---|
| Fühlt ihr Mitleid mit einem verletzten Tier? | *Do you feel pity for an injured animal?* |
| Stefan beugte sich über sie und fühlte nach ihrem Puls. | *Stefan leaned over her and felt for her pulse.* |
| Was denken und fühlen Tiere? | *What do animals think and feel?* |
| Gretchen fühlte die Wärme des Feuers und schlief ein. | *Gretchen felt the warmth of the fire and fell asleep.* |
| Meine Beine waren zwar gebrochen, aber wegen der Anästhesie fühlte ich keine Schmerzen. | *My legs were in fact broken, but because of the anesthetic I wasn't aware of any pain.* |

### sich fühlen *to feel*

| | |
|---|---|
| Fühlst du dich nicht wohl? | *Do you not feel well?* |
| In den Armen seines Vaters fühlte sich der Junge sicher. | *In his father's arms, the boy felt secure.* |
| Ich fühle mich gar nicht schuldig. | *I don't feel guilty at all.* |
| Fühlen Sie sich verpflichtet, den anderen zu helfen? | *Do you feel obligated to help the others?* |
| Fühlen Sie sich wie zu Hause. (*idiomatic*) | *Make yourself at home.* |

**RELATED VERBS**  ab·fühlen, an·fühlen, befühlen, durch·fühlen, ein·fühlen, mit·fühlen, nach·fühlen, vor·fühlen

# führen  *to conduct, lead; take, carry; handle, manage*

führt · führte · geführt                                    regular weak verb

**PRESENT**

| | |
|---|---|
| ich führe | wir führen |
| du führst | ihr führt |
| Sie führen | Sie führen |
| er/sie/es führt | sie führen |

**PRESENT PERFECT**

| | |
|---|---|
| ich habe | wir haben |
| du hast | ihr habt |
| Sie haben | Sie haben |
| er/sie/es hat | sie haben |

} geführt

**SIMPLE PAST**

| | |
|---|---|
| ich führte | wir führten |
| du führtest | ihr führtet |
| Sie führten | Sie führten |
| er/sie/es führte | sie führten |

**PAST PERFECT**

| | |
|---|---|
| ich hatte | wir hatten |
| du hattest | ihr hattet |
| Sie hatten | Sie hatten |
| er/sie/es hatte | sie hatten |

} geführt

**FUTURE**

| | |
|---|---|
| ich werde | wir werden |
| du wirst | ihr werdet |
| Sie werden | Sie werden |
| er/sie/es wird | sie werden |

} führen

**FUTURE PERFECT**

| | |
|---|---|
| ich werde | wir werden |
| du wirst | ihr werdet |
| Sie werden | Sie werden |
| er/sie/es wird | sie werden |

} geführt haben

**PRESENT SUBJUNCTIVE I**

| | |
|---|---|
| ich führe | wir führen |
| du führest | ihr führet |
| Sie führen | Sie führen |
| er/sie/es führe | sie führen |

**PAST SUBJUNCTIVE I**

| | |
|---|---|
| ich habe | wir haben |
| du habest | ihr habet |
| Sie haben | Sie haben |
| er/sie/es habe | sie haben |

} geführt

**PRESENT SUBJUNCTIVE II**

| | |
|---|---|
| ich führte | wir führten |
| du führtest | ihr führtet |
| Sie führten | Sie führten |
| er/sie/es führte | sie führten |

**PAST SUBJUNCTIVE II**

| | |
|---|---|
| ich hätte | wir hätten |
| du hättest | ihr hättet |
| Sie hätten | Sie hätten |
| er/sie/es hätte | sie hätten |

} geführt

**FUTURE SUBJUNCTIVE I**

| | |
|---|---|
| ich werde | wir werden |
| du werdest | ihr werdet |
| Sie werden | Sie werden |
| er/sie/es werde | sie werden |

} führen

**FUTURE PERFECT SUBJUNCTIVE I**

| | |
|---|---|
| ich werde | wir werden |
| du werdest | ihr werdet |
| Sie werden | Sie werden |
| er/sie/es werde | sie werden |

} geführt haben

**FUTURE SUBJUNCTIVE II**

| | |
|---|---|
| ich würde | wir würden |
| du würdest | ihr würdet |
| Sie würden | Sie würden |
| er/sie/es würde | sie würden |

} führen

**FUTURE PERFECT SUBJUNCTIVE II**

| | |
|---|---|
| ich würde | wir würden |
| du würdest | ihr würdet |
| Sie würden | Sie würden |
| er/sie/es würde | sie würden |

} geführt haben

**COMMANDS**      führ(e)!    führt!    führen Sie!

**PRESENT PARTICIPLE**      führend

## Usage

| | |
|---|---|
| Unser Lehrer hat uns durch das Museum geführt. | *Our teacher led us through the museum.* |
| Das Land führt Krieg gegen schwächere Gegner. | *The country conducts war against weaker adversaries.* |
| Wohin führt dieser Weg? | *Where will this path lead?* |
| Nicolaus hat unsere Diskussion geführt. | *Nicolaus led our discussion.* |
| Die Maßnahmen führten zu einem unerwarteten Ergebnis. | *The measures led to an unexpected result.* |
| Ich habe meine Großmutter über die Straße geführt. | *I led my grandmother across the street.* |
| Führe uns nicht in Versuchung. (MATTHÄUS 6,13) | *Lead us not into temptation.* (MATTHEW 6:13) |
| Manuela, ich führe den Hund jetzt spazieren. | *Manuela, I'm taking the dog for a walk now.* |
| „Führen Sie zweiäugige Spiegelreflexkameras?" | *"Do you carry double lens reflex cameras?"* |
| „Nein, wir führen nur noch die einäugigen Kameras." | *"No, we now carry only the single lens cameras."* |

**RELATED VERBS**  ab·führen, an·führen, auf·führen, aus·führen, durch·führen, ein·führen, entführen, fort·führen, heim·führen, herbei·führen, irre·führen, mit·führen, nasführen, über·führen, überführen, urauf·führen, verführen, vollführen, vor·führen, weg·führen, weiter·führen, zu·führen, zurück·führen, zusammen·führen

regular weak verb

**PRESENT**

| | |
|---|---|
| ich fülle | wir füllen |
| du füllst | ihr füllt |
| Sie füllen | Sie füllen |
| er/sie/es füllt | sie füllen |

**SIMPLE PAST**

| | |
|---|---|
| ich füllte | wir füllten |
| du fülltest | ihr fülltet |
| Sie füllten | Sie füllten |
| er/sie/es füllte | sie füllten |

**FUTURE**

| | | |
|---|---|---|
| ich werde | wir werden | |
| du wirst | ihr werdet | füllen |
| Sie werden | Sie werden | |
| er/sie/es wird | sie werden | |

**PRESENT SUBJUNCTIVE I**

| | |
|---|---|
| ich fülle | wir füllen |
| du füllest | ihr füllet |
| Sie füllen | Sie füllen |
| er/sie/es fülle | sie füllen |

**PRESENT SUBJUNCTIVE II**

| | |
|---|---|
| ich füllte | wir füllten |
| du fülltest | ihr fülltet |
| Sie füllten | Sie füllten |
| er/sie/es füllte | sie füllten |

**FUTURE SUBJUNCTIVE I**

| | | |
|---|---|---|
| ich werde | wir werden | |
| du werdest | ihr werdet | füllen |
| Sie werden | Sie werden | |
| er/sie/es werde | sie werden | |

**FUTURE SUBJUNCTIVE II**

| | | |
|---|---|---|
| ich würde | wir würden | |
| du würdest | ihr würdet | füllen |
| Sie würden | Sie würden | |
| er/sie/es würde | sie würden | |

**PRESENT PERFECT**

| | | |
|---|---|---|
| ich habe | wir haben | |
| du hast | ihr habt | gefüllt |
| Sie haben | Sie haben | |
| er/sie/es hat | sie haben | |

**PAST PERFECT**

| | | |
|---|---|---|
| ich hatte | wir hatten | |
| du hattest | ihr hattet | gefüllt |
| Sie hatten | Sie hatten | |
| er/sie/es hatte | sie hatten | |

**FUTURE PERFECT**

| | | |
|---|---|---|
| ich werde | wir werden | |
| du wirst | ihr werdet | gefüllt haben |
| Sie werden | Sie werden | |
| er/sie/es wird | sie werden | |

**PAST SUBJUNCTIVE I**

| | | |
|---|---|---|
| ich habe | wir haben | |
| du habest | ihr habet | gefüllt |
| Sie haben | Sie haben | |
| er/sie/es habe | sie haben | |

**PAST SUBJUNCTIVE II**

| | | |
|---|---|---|
| ich hätte | wir hätten | |
| du hättest | ihr hättet | gefüllt |
| Sie hätten | Sie hätten | |
| er/sie/es hätte | sie hätten | |

**FUTURE PERFECT SUBJUNCTIVE I**

| | | |
|---|---|---|
| ich werde | wir werden | |
| du werdest | ihr werdet | gefüllt haben |
| Sie werden | Sie werden | |
| er/sie/es werde | sie werden | |

**FUTURE PERFECT SUBJUNCTIVE II**

| | | |
|---|---|---|
| ich würde | wir würden | |
| du würdest | ihr würdet | gefüllt haben |
| Sie würden | Sie würden | |
| er/sie/es würde | sie würden | |

**COMMANDS**        füll(e)!  füllt!  füllen Sie!

**PRESENT PARTICIPLE**    füllend

## Usage

| | |
|---|---|
| Seine Werke füllen zwanzig Bände. | *His works fill 20 volumes.* |
| Bei der Uraufführung haben fast 2 000 Menschen das Theater gefüllt. | *At the premiere, almost 2,000 people filled the theater.* |
| Stefan musste sich einen Zahn füllen lassen. | *Stefan had to have a tooth filled.* |
| Fülle bitte das Glas mit Wasser. | *Please fill the glass with water.* |
| Wie füllt man diese Ballons? | *How do you inflate these balloons?* |
| Teddybären werden mit Baumwollwatte gefüllt. | *Teddy bears are stuffed with cotton wadding.* |

### sich füllen  *to fill*

| | |
|---|---|
| Der Hörsaal füllte sich langsam mit Studenten. | *The auditorium slowly filled with students.* |
| Die Wunde darf sich nicht mit Blut füllen. | *The wound should not be allowed to fill with blood.* |
| Das Haus füllte sich zum Ersticken. (DROSTE-HÜLSHOFF) | *The house got so full you could suffocate.* |

**RELATED VERBS**  ab·füllen, an·füllen, auf·füllen, aus·füllen, ein·füllen, nach·füllen, überfüllen, um·füllen; *see also* **erfüllen** (156)

# funktionieren  *to function, operate, work*

**funktioniert · funktionierte · funktioniert**                    regular weak verb

**PRESENT**

| | |
|---|---|
| ich funktioniere | wir funktionieren |
| du funktionierst | ihr funktioniert |
| Sie funktionieren | Sie funktionieren |
| er/sie/es funktioniert | sie funktionieren |

**PRESENT PERFECT**

| | | |
|---|---|---|
| ich habe | wir haben | |
| du hast | ihr habt | funktioniert |
| Sie haben | Sie haben | |
| er/sie/es hat | sie haben | |

**SIMPLE PAST**

| | |
|---|---|
| ich funktionierte | wir funktionierten |
| du funktioniertest | ihr funktioniertet |
| Sie funktionierten | Sie funktionierten |
| er/sie/es funktionierte | sie funktionierten |

**PAST PERFECT**

| | | |
|---|---|---|
| ich hatte | wir hatten | |
| du hattest | ihr hattet | funktioniert |
| Sie hatten | Sie hatten | |
| er/sie/es hatte | sie hatten | |

**FUTURE**

| | | |
|---|---|---|
| ich werde | wir werden | |
| du wirst | ihr werdet | funktionieren |
| Sie werden | Sie werden | |
| er/sie/es wird | sie werden | |

**FUTURE PERFECT**

| | | |
|---|---|---|
| ich werde | wir werden | |
| du wirst | ihr werdet | funktioniert haben |
| Sie werden | Sie werden | |
| er/sie/es wird | sie werden | |

**PRESENT SUBJUNCTIVE I**

| | |
|---|---|
| ich funktioniere | wir funktionieren |
| du funktionierest | ihr funktionieret |
| Sie funktionieren | Sie funktionieren |
| er/sie/es funktioniere | sie funktionieren |

**PAST SUBJUNCTIVE I**

| | | |
|---|---|---|
| ich habe | wir haben | |
| du habest | ihr habet | funktioniert |
| Sie haben | Sie haben | |
| er/sie/es habe | sie haben | |

**PRESENT SUBJUNCTIVE II**

| | |
|---|---|
| ich funktionierte | wir funktionierten |
| du funktioniertest | ihr funktioniertet |
| Sie funktionierten | Sie funktionierten |
| er/sie/es funktionierte | sie funktionierten |

**PAST SUBJUNCTIVE II**

| | | |
|---|---|---|
| ich hätte | wir hätten | |
| du hättest | ihr hättet | funktioniert |
| Sie hätten | Sie hätten | |
| er/sie/es hätte | sie hätten | |

**FUTURE SUBJUNCTIVE I**

| | | |
|---|---|---|
| ich werde | wir werden | |
| du werdest | ihr werdet | funktionieren |
| Sie werden | Sie werden | |
| er/sie/es werde | sie werden | |

**FUTURE PERFECT SUBJUNCTIVE I**

| | | |
|---|---|---|
| ich werde | wir werden | |
| du werdest | ihr werdet | funktioniert haben |
| Sie werden | Sie werden | |
| er/sie/es werde | sie werden | |

**FUTURE SUBJUNCTIVE II**

| | | |
|---|---|---|
| ich würde | wir würden | |
| du würdest | ihr würdet | funktionieren |
| Sie würden | Sie würden | |
| er/sie/es würde | sie würden | |

**FUTURE PERFECT SUBJUNCTIVE II**

| | | |
|---|---|---|
| ich würde | wir würden | |
| du würdest | ihr würdet | funktioniert haben |
| Sie würden | Sie würden | |
| er/sie/es würde | sie würden | |

**COMMANDS**      funktionier(e)!   funktioniert!   funktionieren Sie!

**PRESENT PARTICIPLE**   funktionierend

## Usage

| | |
|---|---|
| Mein Fernseher funktioniert doch nicht mehr. | *My television doesn't work anymore.* |
| Der linke Blinker funktionierte nicht richtig. | *The left turn signal didn't function properly.* |
| Warum funktionieren der Drucker und der Scanner nicht gleichzeitig? | *Why won't the printer and the scanner operate at the same time?* |
| Bertrands neuer DVD-Spieler funktioniert seit mehreren Tagen problemlos. | *Bertrand's new DVD player has been functioning without problems for several days.* |
| Wie soll das funktionieren? | *How is that supposed to work?* |
| Sein Immunsystem hat endlich etwas besser funktioniert. | *His immune system finally functioned somewhat better.* |
| Das System scheint wieder zu funktionieren. | *The system seems to be working again.* |
| Wie funktioniert eigentlich ein Luftentfeuchter? | *How exactly does a dehumidifier work?* |
| Meine ergonomische Tastatur funktionierte ausgezeichnet, bis ich sie eines Tages mit Kaffee getränkt habe. | *My ergonomic keyboard worked great until I gave it a soaking with coffee one day.* |

**RELATED VERB**  um·funktionieren

**PRESENT**

| | |
|---|---|
| ich fürchte | wir fürchten |
| du fürchtest | ihr fürchtet |
| Sie fürchten | Sie fürchten |
| er/sie/es fürchtet | sie fürchten |

**PRESENT PERFECT**

| | | |
|---|---|---|
| ich habe | wir haben | |
| du hast | ihr habt | gefürchtet |
| Sie haben | Sie haben | |
| er/sie/es hat | sie haben | |

**SIMPLE PAST**

| | |
|---|---|
| ich fürchtete | wir fürchteten |
| du fürchtetest | ihr fürchtetet |
| Sie fürchteten | Sie fürchteten |
| er/sie/es fürchtete | sie fürchteten |

**PAST PERFECT**

| | | |
|---|---|---|
| ich hatte | wir hatten | |
| du hattest | ihr hattet | gefürchtet |
| Sie hatten | Sie hatten | |
| er/sie/es hatte | sie hatten | |

**FUTURE**

| | | |
|---|---|---|
| ich werde | wir werden | |
| du wirst | ihr werdet | fürchten |
| Sie werden | Sie werden | |
| er/sie/es wird | sie werden | |

**FUTURE PERFECT**

| | | |
|---|---|---|
| ich werde | wir werden | |
| du wirst | ihr werdet | gefürchtet haben |
| Sie werden | Sie werden | |
| er/sie/es wird | sie werden | |

**PRESENT SUBJUNCTIVE I**

| | |
|---|---|
| ich fürchte | wir fürchten |
| du fürchtest | ihr fürchtet |
| Sie fürchten | Sie fürchten |
| er/sie/es fürchte | sie fürchten |

**PAST SUBJUNCTIVE I**

| | | |
|---|---|---|
| ich habe | wir haben | |
| du habest | ihr habet | gefürchtet |
| Sie haben | Sie haben | |
| er/sie/es habe | sie haben | |

**PRESENT SUBJUNCTIVE II**

| | |
|---|---|
| ich fürchtete | wir fürchteten |
| du fürchtetest | ihr fürchtetet |
| Sie fürchteten | Sie fürchteten |
| er/sie/es fürchtete | sie fürchteten |

**PAST SUBJUNCTIVE II**

| | | |
|---|---|---|
| ich hätte | wir hätten | |
| du hättest | ihr hättet | gefürchtet |
| Sie hätten | Sie hätten | |
| er/sie/es hätte | sie hätten | |

**FUTURE SUBJUNCTIVE I**

| | | |
|---|---|---|
| ich werde | wir werden | |
| du werdest | ihr werdet | fürchten |
| Sic werden | Sie werden | |
| er/sie/es werde | sie werden | |

**FUTURE PERFECT SUBJUNCTIVE I**

| | | |
|---|---|---|
| ich werde | wir werden | |
| du werdest | ihr werdet | gefürchtet haben |
| Sie werden | Sie werden | |
| er/sie/es werde | sie werden | |

**FUTURE SUBJUNCTIVE II**

| | | |
|---|---|---|
| ich würde | wir würden | |
| du würdest | ihr würdet | fürchten |
| Sie würden | Sie würden | |
| er/sie/es würde | sie würden | |

**FUTURE PERFECT SUBJUNCTIVE II**

| | | |
|---|---|---|
| ich würde | wir würden | |
| du würdest | ihr würdet | gefürchtet haben |
| Sie würden | Sie würden | |
| er/sie/es würde | sie würden | |

**COMMANDS**   fürchte!   fürchtet!   fürchten Sie!

**PRESENT PARTICIPLE**   fürchtend

## Usage

| | |
|---|---|
| Experten fürchten, dass das Virus sich bald auf Menschen überträgt. | *Experts fear that the virus will soon spread to humans.* |
| Wir haben allen Grund zu fürchten, dass mehr Arbeiter entlassen werden. | *We have every reason to fear that more workers will be laid off.* |
| Ich fürchte den Tag, an dem mein Onkel stirbt. | *I dread the day my uncle dies.* |
| Fürchtest du den Tod? | *Do you fear death?* |
| Die Inselbewohner fürchteten die Vulkanausbrüche. | *The island's inhabitants were in awe of the volcanic eruptions.* |

**sich fürchten** *to fear, be afraid*

| | |
|---|---|
| Maximilian fürchtet sich vor niemandem. | *Maximilian fears no one.* |
| Fürchtetest du dich vor großen Hunden, als du Kind warst? | *Were you afraid of large dogs when you were a child?* |

**RELATED VERB**   befürchten

# gären  *to ferment; seethe*

gärt · gor/gärte · gegoren/gegärt

strong verb or regular weak verb

**PRESENT**

| | |
|---|---|
| ich gäre | wir gären |
| du gärst | ihr gärt |
| Sie gären | Sie gären |
| er/sie/es gärt | sie gären |

**PRESENT PERFECT**

| | | |
|---|---|---|
| ich habe | wir haben | |
| du hast | ihr habt | gegoren/gegärt |
| Sie haben | Sie haben | |
| er/sie/es hat | sie haben | |

**SIMPLE PAST**

| | |
|---|---|
| ich gor/gärte | wir goren/gärten |
| du gorst/gärtest | ihr gort/gärtet |
| Sie goren/gärten | Sie goren/gärten |
| er/sie/es gor/gärte | sie goren/gärten |

**PAST PERFECT**

| | | |
|---|---|---|
| ich hatte | wir hatten | |
| du hattest | ihr hattet | gegoren/gegärt |
| Sie hatten | Sie hatten | |
| er/sie/es hatte | sie hatten | |

**FUTURE**

| | | |
|---|---|---|
| ich werde | wir werden | |
| du wirst | ihr werdet | gären |
| Sie werden | Sie werden | |
| er/sie/es wird | sie werden | |

**FUTURE PERFECT**

| | | |
|---|---|---|
| ich werde | wir werden | gegoren haben |
| du wirst | ihr werdet | OR |
| Sie werden | Sie werden | gegärt haben |
| er/sie/es wird | sie werden | |

**PRESENT SUBJUNCTIVE I**

| | |
|---|---|
| ich gäre | wir gären |
| du gärest | ihr gäret |
| Sie gären | Sie gären |
| er/sie/es gäre | sie gären |

**PAST SUBJUNCTIVE I**

| | | |
|---|---|---|
| ich habe | wir haben | |
| du habest | ihr habet | gegoren/gegärt |
| Sie haben | Sie haben | |
| er/sie/es habe | sie haben | |

**PRESENT SUBJUNCTIVE II**

| | |
|---|---|
| ich göre/gärte | wir gören/gärten |
| du görest/gärtest | ihr göret/gärtet |
| Sie gören/gärten | Sie gören/gärten |
| er/sie/es göre/gärte | sie gören/gärten |

**PAST SUBJUNCTIVE II**

| | | |
|---|---|---|
| ich hätte | wir hätten | |
| du hättest | ihr hättet | gegoren/gegärt |
| Sie hätten | Sie hätten | |
| er/sie/es hätte | sie hätten | |

**FUTURE SUBJUNCTIVE I**

| | | |
|---|---|---|
| ich werde | wir werden | |
| du werdest | ihr werdet | gären |
| Sie werden | Sie werden | |
| er/sie/es werde | sie werden | |

**FUTURE PERFECT SUBJUNCTIVE I**

| | | |
|---|---|---|
| ich werde | wir werden | gegoren haben |
| du werdest | ihr werdet | OR |
| Sie werden | Sie werden | gegärt haben |
| er/sie/es werde | sie werden | |

**FUTURE SUBJUNCTIVE II**

| | | |
|---|---|---|
| ich würde | wir würden | |
| du würdest | ihr würdet | gären |
| Sie würden | Sie würden | |
| er/sie/es würde | sie würden | |

**FUTURE PERFECT SUBJUNCTIVE II**

| | | |
|---|---|---|
| ich würde | wir würden | gegoren haben |
| du würdest | ihr würdet | OR |
| Sie würden | Sie würden | gegärt haben |
| er/sie/es würde | sie würden | |

**COMMANDS**    gär(e)!  gärt!  gären Sie!

**PRESENT PARTICIPLE**    gärend

NOTE Figurative meanings of **gären** tend to use **haben** as auxiliary and also use regular weak forms: **gärte, gegärt**.

## Usage

| | |
|---|---|
| Die von Hand gelesenen Trauben goren sechs bis sieben Wochen in Behältnissen. | *The handpicked grapes fermented for six to seven weeks in tanks.* |
| Diese Idee hatte schon lange in mir gegärt. | *This idea had been fermenting in my mind for a long time.* |
| Lange gärte der Unmut unter den Bauern, weil die Herrscher ihnen Unrecht getan hatten. | *Unrest simmered a long time among the peasants because the rulers had done them wrong.* |

### gären (with sein) *to ferment*

| | |
|---|---|
| Die reifen Früchte sind in der heißen Sonne schnell gegoren. | *The ripe fruits quickly fermented in the hot sun.* |
| Der Saft ist gegoren, bevor sie ihn austrinken konnten. | *The juice fermented before they could drink it all.* |
| Wenn Teeblätter gären, werden sie dunkler. | *When tea leaves ferment, they become darker.* |

**RELATED VERBS**  aus·gären, nach·gären, vergären

strong verb                                                    **gebärt/gebiert · gebar · geboren**

**PRESENT**

| ich gebäre | wir gebären |
|---|---|
| du gebärst/gebierst | ihr gebärt |
| Sie gebären | Sie gebären |
| er/sie/es gebärt/gebiert | sie gebären |

**SIMPLE PAST**

| ich gebar | wir gebaren |
|---|---|
| du gebarst | ihr gebart |
| Sie gebaren | Sie gebaren |
| er/sie/es gebar | sie gebaren |

**FUTURE**

| ich werde | wir werden | |
|---|---|---|
| du wirst | ihr werdet | gebären |
| Sie werden | Sie werden | |
| er/sie/es wird | sie werden | |

**PRESENT SUBJUNCTIVE I**

| ich gebäre | wir gebären |
|---|---|
| du gebärest | ihr gebäret |
| Sie gebären | Sie gebären |
| er/sie/es gebäre | sie gebären |

**PRESENT SUBJUNCTIVE II**

| ich gebäre | wir gebären |
|---|---|
| du gebärest | ihr gebäret |
| Sie gebären | Sie gebären |
| er/sie/es gebäre | sie gebären |

**FUTURE SUBJUNCTIVE I**

| ich werde | wir werden | |
|---|---|---|
| du werdest | ihr werdet | gebären |
| Sie werden | Sie werden | |
| er/sie/es werde | sie werden | |

**FUTURE SUBJUNCTIVE II**

| ich würde | wir würden | |
|---|---|---|
| du würdest | ihr würdet | gebären |
| Sie würden | Sie würden | |
| er/sie/es würde | sie würden | |

**PRESENT PERFECT**

| ich habe | wir haben | |
|---|---|---|
| du hast | ihr habt | geboren |
| Sie haben | Sie haben | |
| er/sie/es hat | sie haben | |

**PAST PERFECT**

| ich hatte | wir hatten | |
|---|---|---|
| du hattest | ihr hattet | geboren |
| Sie hatten | Sie hatten | |
| er/sie/es hatte | sie hatten | |

**FUTURE PERFECT**

| ich werde | wir werden | |
|---|---|---|
| du wirst | ihr werdet | geboren haben |
| Sie werden | Sie werden | |
| er/sie/es wird | sie werden | |

**PAST SUBJUNCTIVE I**

| ich habe | wir haben | |
|---|---|---|
| du habest | ihr habet | geboren |
| Sie haben | Sie haben | |
| er/sie/es habe | sie haben | |

**PAST SUBJUNCTIVE II**

| ich hätte | wir hätten | |
|---|---|---|
| du hättest | ihr hättet | geboren |
| Sie hätten | Sie hätten | |
| er/sie/es hätte | sie hätten | |

**FUTURE PERFECT SUBJUNCTIVE I**

| ich werde | wir werden | |
|---|---|---|
| du werdest | ihr werdet | geboren haben |
| Sie werden | Sie werden | |
| er/sie/es werde | sie werden | |

**FUTURE PERFECT SUBJUNCTIVE II**

| ich würde | wir würden | |
|---|---|---|
| du würdest | ihr würdet | geboren haben |
| Sie würden | Sie würden | |
| er/sie/es würde | sie würden | |

**COMMANDS**          gebär(e)/gebier!   gebärt!   gebären Sie!

**PRESENT PARTICIPLE**    gebärend

**NOTE** Forms with a vowel change in the second- and third-person singular of the present tense
(**gebierst, gebiert**) are increasingly archaic; contemporary usage prefers **gebärst, gebärt**.

## Usage

| Alle paar Jahre gebären diese Mutterschafe Zwillinge. | *Every few years these ewes bear twins.* |
|---|---|
| Hagar gebar dem Abram einen Sohn. (1. Mose 16,15) | *Hagar bore Abram a son.* (Genesis 16:15) |
| Ich werde keine Kinder mehr gebären. | *I won't bear any more children.* |
| Die Frau hat ihr zwölftes Kind geboren. | *The woman has given birth to her twelfth child.* |
| Karoline möchte nicht in einem Krankenhaus gebären. | *Karoline doesn't want to give birth in a hospital.* |
| Ludwig van Beethoven wurde 1770 in Bonn geboren. | *Ludwig van Beethoven was born in 1770 in Bonn.* |
| Fünf Ferkel waren schon geboren worden. | *Five piglets had already been born.* |
| Unsere Kuh gebärt jedes Jahr ein Kalb. | *Our cow produces a calf every year.* |

**geboren sein** (statal passive) *to be born*

| „Wann bist du geboren?" | *"When were you born?"* (lit., *"When are you born?"*) |
|---|---|
| „Ich bin 1961 geboren." | *"I was born in 1961."* |

## sich geben *to pretend to be; abate, subside*

| | |
|---|---|
| Zugleich gibt sich Frau Wolff als anständige Bürgerin. | *At the same time, Frau Wolff pretends to be an upstanding citizen.* |
| Herr Täuscher gibt sich als Immobilienmakler. | *Mr. Täuscher passes himself off as a real estate agent.* |
| Der Regen hat sich gegeben. | *The rain subsided.* |
| Anfangs hatte ich Angst, das hat sich aber gegeben. | *In the beginning I was afraid, but that has passed.* |

## sich geben + past participle or adverb

| | |
|---|---|
| Die Soldaten gaben sich am nächsten Tag gefangen. | *The soldiers surrendered the next day.* |
| Die beiden Firmen haben heute ihre Fusion bekannt gegeben. | *The two firms announced their merger today.* |
| Nach sieben Runden gab er sich endlich geschlagen. | *After seven rounds, he finally admitted defeat.* |
| Larissa gibt sich irgendwie mit ihrer Lage zufrieden. | *Larissa somehow puts up with her situation.* |

## es gibt *there is, there are*

| | |
|---|---|
| In anderen Werken gibt es ähnliche Themen. | *In other works, there are similar themes.* |
| Es gab damals noch keine Straßenbahn. | *In those days, there was no streetcar yet.* |
| Früher hat es an dieser Ecke eine Apotheke gegeben. | *There used to be a pharmacy on this corner.* |
| Es gibt uns noch! | *We're still around!* |
| Wenn sich meine Eltern nicht kennen gelernt hätten, dann gäbe es mich nicht. | *If my parents had not met, I wouldn't be here.* |

## geben zu + infinitive

| | |
|---|---|
| Das gibt zu denken. | *It makes you think.* |
| Der Beamte gab mir zu wissen, dass mein Pass nicht gültig ist. | *The official let me know that my passport wasn't valid.* |
| Ich gebe Ihnen zu bedenken, dass die Gelder nicht direkt auszuzahlen sind. | *I would have you consider that the monies are not to be paid out directly.* |

### IDIOMATIC EXPRESSIONS

| | |
|---|---|
| Das gibt keinen Sinn. | *That makes no sense.* |
| Das gibt's nicht! | *That's impossible!* |
| Der Preis dürfte den Ausschlag gegeben haben. | *The price was probably the decisive factor.* |
| Gebt ihr mir die Schuld an allem? | *Are you blaming me for everything?* |
| Habt ihr eine Zusage gegeben? | *Have you accepted the offer?* |
| Ich gebe dir Recht. | *I admit you're correct.* |
| Katharina gab keinen Laut von sich. | *Katharina didn't utter a peep.* |
| Leo gibt ein schlechtes Beispiel. | *Leo sets a bad example.* |
| Man muss auf einen missmutigen Hund Acht geben. | *One should pay heed to an ill-tempered dog.* |
| Marias 50. Geburtstag gibt Anlass zu feiern! | *Maria's fiftieth birthday is an occasion to celebrate!* |
| Monika gibt montags und mittwochs Unterricht. | *Monika teaches on Mondays and Wednesdays.* |
| Sechs mal zwei gibt zwölf. | *Six times two is twelve.* |
| Sein Buch hat mir die Anregung gegeben, einen Dokumentarfilm zu drehen. | *His book inspired me to shoot a documentary film.* |
| Was es nicht alles gibt! | *What a wonder!* |
| Wir haben uns die größte Mühe gegeben, alle erforderlichen Einzelheiten zu regeln. | *We've taken great pains to settle all necessary details.* |
| Das Projekt wurde bei uns in Auftrag gegeben. | *The project was commissioned by us.* |
| Zur Begrüßung gibt man sich die Hand. | *To greet someone, you shake hands.* |

TOP 50 VERBS

## PRESENT

| ich gebe | wir geben |
|---|---|
| du gibst | ihr gebt |
| Sie geben | Sie geben |
| er/sie/es gibt | sie geben |

## SIMPLE PAST

| ich gab | wir gaben |
|---|---|
| du gabst | ihr gabt |
| Sie gaben | Sie gaben |
| er/sie/es gab | sie gaben |

## FUTURE

| ich werde | wir werden | |
|---|---|---|
| du wirst | ihr werdet | geben |
| Sie werden | Sie werden | |
| er/sie/es wird | sie werden | |

## PRESENT SUBJUNCTIVE I

| ich gebe | wir geben |
|---|---|
| du gebest | ihr gebet |
| Sie geben | Sie geben |
| er/sie/es gebe | sie geben |

## PRESENT SUBJUNCTIVE II

| ich gäbe | wir gäben |
|---|---|
| du gäbest | ihr gäbet |
| Sie gäben | Sie gäben |
| er/sie/es gäbe | sie gäben |

## FUTURE SUBJUNCTIVE I

| ich werde | wir werden | |
|---|---|---|
| du werdest | ihr werdet | geben |
| Sie werden | Sie werden | |
| er/sie/es werde | sie werden | |

## FUTURE SUBJUNCTIVE II

| ich würde | wir würden | |
|---|---|---|
| du würdest | ihr würdet | geben |
| Sie würden | Sie würden | |
| er/sie/es würde | sie würden | |

## PRESENT PERFECT

| ich habe | wir haben | |
|---|---|---|
| du hast | ihr habt | gegeben |
| Sie haben | Sie haben | |
| er/sie/es hat | sie haben | |

## PAST PERFECT

| ich hatte | wir hatten | |
|---|---|---|
| du hattest | ihr hattet | gegeben |
| Sie hatten | Sie hatten | |
| er/sie/es hatte | sie hatten | |

## FUTURE PERFECT

| ich werde | wir werden | |
|---|---|---|
| du wirst | ihr werdet | gegeben haben |
| Sie werden | Sie werden | |
| er/sie/es wird | sie werden | |

## PAST SUBJUNCTIVE I

| ich habe | wir haben | |
|---|---|---|
| du habest | ihr habet | gegeben |
| Sie haben | Sie haben | |
| er/sie/es habe | sie haben | |

## PAST SUBJUNCTIVE II

| ich hätte | wir hätten | |
|---|---|---|
| du hättest | ihr hättet | gegeben |
| Sie hätten | Sie hätten | |
| er/sie/es hätte | sie hätten | |

## FUTURE PERFECT SUBJUNCTIVE I

| ich werde | wir werden | |
|---|---|---|
| du werdest | ihr werdet | gegeben haben |
| Sie werden | Sie werden | |
| er/sie/es werde | sie werden | |

## FUTURE PERFECT SUBJUNCTIVE II

| ich würde | wir würden | |
|---|---|---|
| du würdest | ihr würdet | gegeben haben |
| Sie würden | Sie würden | |
| er/sie/es würde | sie würden | |

**COMMANDS**   gib! gebt! geben Sie!

**PRESENT PARTICIPLE**   gebend

## Usage

| Gib mir einen Kuss! | *Give me a kiss!* |
|---|---|
| Könntest du mir einen Rat geben? | *Could you give me some advice?* |
| Dietrich hat mir sein Wort gegeben, dass er es macht. | *Dietrich gave me his word that he'll do it.* |
| Eine ambivalente Wirklichkeit gibt dem Dichter schöpferische Kraft. | *An ambivalent reality confers creative power on the poet.* |
| Hier wird nicht versucht, eine Erklärung der Unterschiede zu geben. | *No attempt will be made here to provide an explanation of the differences.* |
| Die Behörden haben für den Plan grünes Licht gegeben. | *The authorities have given the go-ahead for the plan.* |
| Gott gebe dir einen guten Tag! (ARCHAIC GREETING) | *May God grant you a good day!* |

**RELATED VERBS**   an·geben, begeben, bei·geben, durch·geben, ein·geben, ergeben, fort·begeben, frei·geben, heim·begeben, her·geben, hin·geben, kund·geben, mit·geben, nach·geben, preis·geben, übergeben, umgeben, vergeben, vor·geben, weg·geben, weiter·geben, wieder·geben, zu·geben, zurück·begeben, zurück·geben; *see also* **ab·geben** (3), **auf·geben** (26), **aus·geben** (34)

# gebrauchen  *to use, employ*

gebraucht · gebrauchte · gebraucht

regular weak verb

### PRESENT

| | |
|---|---|
| ich gebrauche | wir gebrauchen |
| du gebrauchst | ihr gebraucht |
| Sie gebrauchen | Sie gebrauchen |
| er/sie/es gebraucht | sie gebrauchen |

### PRESENT PERFECT

| | | |
|---|---|---|
| ich habe | wir haben | |
| du hast | ihr habt | gebraucht |
| Sie haben | Sie haben | |
| er/sie/es hat | sie haben | |

### SIMPLE PAST

| | |
|---|---|
| ich gebrauchte | wir gebrauchten |
| du gebrauchtest | ihr gebrauchtet |
| Sie gebrauchten | Sie gebrauchten |
| er/sie/es gebrauchte | sie gebrauchten |

### PAST PERFECT

| | | |
|---|---|---|
| ich hatte | wir hatten | |
| du hattest | ihr hattet | gebraucht |
| Sie hatten | Sie hatten | |
| er/sie/es hatte | sie hatten | |

### FUTURE

| | | |
|---|---|---|
| ich werde | wir werden | |
| du wirst | ihr werdet | gebrauchen |
| Sie werden | Sie werden | |
| er/sie/es wird | sie werden | |

### FUTURE PERFECT

| | | |
|---|---|---|
| ich werde | wir werden | |
| du wirst | ihr werdet | gebraucht haben |
| Sie werden | Sie werden | |
| er/sie/es wird | sie werden | |

### PRESENT SUBJUNCTIVE I

| | |
|---|---|
| ich gebrauche | wir gebrauchen |
| du gebrauchest | ihr gebrauchet |
| Sie gebrauchen | Sie gebrauchen |
| er/sie/es gebrauche | sie gebrauchen |

### PAST SUBJUNCTIVE I

| | | |
|---|---|---|
| ich habe | wir haben | |
| du habest | ihr habet | gebraucht |
| Sie haben | Sie haben | |
| er/sie/es habe | sie haben | |

### PRESENT SUBJUNCTIVE II

| | |
|---|---|
| ich gebrauchte | wir gebrauchten |
| du gebrauchtest | ihr gebrauchtet |
| Sie gebrauchten | Sie gebrauchten |
| er/sie/es gebrauchte | sie gebrauchten |

### PAST SUBJUNCTIVE II

| | | |
|---|---|---|
| ich hätte | wir hätten | |
| du hättest | ihr hättet | gebraucht |
| Sie hätten | Sie hätten | |
| er/sie/es hätte | sie hätten | |

### FUTURE SUBJUNCTIVE I

| | | |
|---|---|---|
| ich werde | wir werden | |
| du werdest | ihr werdet | gebrauchen |
| Sie werden | Sie werden | |
| er/sie/es werde | sie werden | |

### FUTURE PERFECT SUBJUNCTIVE I

| | | |
|---|---|---|
| ich werde | wir werden | |
| du werdest | ihr werdet | gebraucht haben |
| Sie werden | Sie werden | |
| er/sie/es werde | sie werden | |

### FUTURE SUBJUNCTIVE II

| | | |
|---|---|---|
| ich würde | wir würden | |
| du würdest | ihr würdet | gebrauchen |
| Sie würden | Sie würden | |
| er/sie/es würde | sie würden | |

### FUTURE PERFECT SUBJUNCTIVE II

| | | |
|---|---|---|
| ich würde | wir würden | |
| du würdest | ihr würdet | gebraucht haben |
| Sie würden | Sie würden | |
| er/sie/es würde | sie würden | |

**COMMANDS**  gebrauch(e)!  gebraucht!  gebrauchen Sie!

**PRESENT PARTICIPLE**  gebrauchend

## Usage

| | |
|---|---|
| Diese Tücher sind mehrfach zu gebrauchen. | *These towels can be used over and over.* |
| Frau Zähringer gebraucht oft Fremdwörter. | *Frau Zähringer often uses foreign words.* |
| Wann gebraucht man Konjunktiv? | *When do you use the subjunctive?* |
| Zu Hause gebrauchen sie ihre Muttersprache. | *At home, they use their native language.* |
| Ungewöhnliche Methoden wurden gebraucht. | *Unusual methods were employed.* |
| Gebrauchst du Schimpfwörter? | *Do you use bad language?* |
| Ich gebrauche das Fünf-Gewürze-Pulver, wenn ich chinesisch koche. | *I use the five-spice powder when I cook Chinese.* |
| Wie oft gebrauchen Sie das Internet? | *How often do you use the Internet?* |
| Der Einbrecher hatte einen Hammer gebraucht, um ins Haus zu gelangen. | *The intruder had used a hammer to gain entry to the house.* |
| Ich könnte jetzt eine Massage gut gebrauchen.  (*colloquial*) | *I could really use a massage now.* |

**RELATED VERBS**  *see* **brauchen** (115)

strong verb

gedeiht · gedieh · gediehen

**PRESENT**

| | |
|---|---|
| ich gedeihe | wir gedeihen |
| du gedeihst | ihr gedeiht |
| Sie gedeihen | Sie gedeihen |
| er/sie/es gedeiht | sie gedeihen |

**PRESENT PERFECT**

| | | |
|---|---|---|
| ich bin | wir sind | |
| du bist | ihr seid | gediehen |
| Sie sind | Sie sind | |
| er/sie/es ist | sie sind | |

**SIMPLE PAST**

| | |
|---|---|
| ich gedieh | wir gediehen |
| du gediehst | ihr gedieht |
| Sie gediehen | Sie gediehen |
| er/sie/es gedieh | sie gediehen |

**PAST PERFECT**

| | | |
|---|---|---|
| ich war | wir waren | |
| du warst | ihr wart | gediehen |
| Sie waren | Sie waren | |
| er/sie/es war | sie waren | |

**FUTURE**

| | | |
|---|---|---|
| ich werde | wir werden | |
| du wirst | ihr werdet | gedeihen |
| Sie werden | Sie werden | |
| er/sie/es wird | sie werden | |

**FUTURE PERFECT**

| | | |
|---|---|---|
| ich werde | wir werden | |
| du wirst | ihr werdet | gediehen sein |
| Sie werden | Sie werden | |
| er/sie/es wird | sie werden | |

**PRESENT SUBJUNCTIVE I**

| | |
|---|---|
| ich gedeihe | wir gedeihen |
| du gedeihest | ihr gedeihet |
| Sie gedeihen | Sie gedeihen |
| er/sie/es gedeihe | sie gedeihen |

**PAST SUBJUNCTIVE I**

| | | |
|---|---|---|
| ich sei | wir seien | |
| du seiest | ihr seiet | gediehen |
| Sie seien | Sie seien | |
| er/sie/es sei | sie seien | |

**PRESENT SUBJUNCTIVE II**

| | |
|---|---|
| ich gediehe | wir gediehen |
| du gediehest | ihr gediehet |
| Sie gediehen | Sie gediehen |
| er/sie/es gediehe | sie gediehen |

**PAST SUBJUNCTIVE II**

| | | |
|---|---|---|
| ich wäre | wir wären | |
| du wärest | ihr wäret | gediehen |
| Sie wären | Sie wären | |
| er/sie/es wäre | sie wären | |

**FUTURE SUBJUNCTIVE I**

| | | |
|---|---|---|
| ich werde | wir werden | |
| du werdest | ihr werdet | gedeihen |
| Sie werden | Sie werden | |
| er/sie/es werde | sie werden | |

**FUTURE PERFECT SUBJUNCTIVE I**

| | | |
|---|---|---|
| ich werde | wir werden | |
| du werdest | ihr werdet | gediehen sein |
| Sie werden | Sie werden | |
| er/sie/es werde | sie werden | |

**FUTURE SUBJUNCTIVE II**

| | | |
|---|---|---|
| ich würde | wir würden | |
| du würdest | ihr würdet | gedeihen |
| Sie würden | Sie würden | |
| er/sie/es würde | sie würden | |

**FUTURE PERFECT SUBJUNCTIVE II**

| | | |
|---|---|---|
| ich würde | wir würden | |
| du würdest | ihr würdet | gediehen sein |
| Sie würden | Sie würden | |
| er/sie/es würde | sie würden | |

**COMMANDS**    gedeih(e)!  gedeiht!  gedeihen Sie!

**PRESENT PARTICIPLE**    gedeihend

## Usage

| | |
|---|---|
| Basilikum gedeiht gut in Töpfen. | *Basilicum grows well in pots.* |
| Sogar Zitronenbäume gedeihen auf dieser Insel. | *Even lemon trees grow on this island.* |
| Blaugrüne Algen gediehen im warmen Wasser. | *Blue-green algae thrived in the warm water.* |
| Okrapflanzen gedeihen bei Temperaturen über 30 Grad Celsius. | *Okra plants flourish at temperatures above 30 degrees Celsius.* |
| Ihre Kinder gedeihen trotz der ärmlichen Lebensverhältnisse. | *Her children are flourishing despite the poor living conditions.* |
| Die Hafenstadt gedieh unter der Herrschaft der Griechen. | *The seaport city prospered under Greek rule.* |
| Meine Arbeit ist einen Schritt weiter gediehen. | *My work has progressed a step further.* |
| Wie weit ist euer Projekt gediehen? | *How far has your project progressed?* |
| Die Diskussionen über Umweltschutz sind nicht weit gediehen. | *Not much headway has been made in the discussions on environmental protection.* |

# gefallen *to be pleasing*

gefällt · gefiel · gefallen

strong verb (dative object)

**PRESENT**

| | |
|---|---|
| ich gefalle | wir gefallen |
| du gefällst | ihr gefallt |
| Sie gefallen | Sie gefallen |
| er/sie/es gefällt | sie gefallen |

**PRESENT PERFECT**

| | | |
|---|---|---|
| ich habe | wir haben | |
| du hast | ihr habt | gefallen |
| Sie haben | Sie haben | |
| er/sie/es hat | sie haben | |

**SIMPLE PAST**

| | |
|---|---|
| ich gefiel | wir gefielen |
| du gefielst | ihr gefielt |
| Sie gefielen | Sie gefielen |
| er/sie/es gefiel | sie gefielen |

**PAST PERFECT**

| | | |
|---|---|---|
| ich hatte | wir hatten | |
| du hattest | ihr hattet | gefallen |
| Sie hatten | Sie hatten | |
| er/sie/es hatte | sie hatten | |

**FUTURE**

| | | |
|---|---|---|
| ich werde | wir werden | |
| du wirst | ihr werdet | gefallen |
| Sie werden | Sie werden | |
| er/sie/es wird | sie werden | |

**FUTURE PERFECT**

| | | |
|---|---|---|
| ich werde | wir werden | |
| du wirst | ihr werdet | gefallen haben |
| Sie werden | Sie werden | |
| er/sie/es wird | sie werden | |

**PRESENT SUBJUNCTIVE I**

| | |
|---|---|
| ich gefalle | wir gefallen |
| du gefallest | ihr gefallet |
| Sie gefallen | Sie gefallen |
| er/sie/es gefalle | sie gefallen |

**PAST SUBJUNCTIVE I**

| | | |
|---|---|---|
| ich habe | wir haben | |
| du habest | ihr habet | gefallen |
| Sie haben | Sie haben | |
| er/sie/es habe | sie haben | |

**PRESENT SUBJUNCTIVE II**

| | |
|---|---|
| ich gefiele | wir gefielen |
| du gefielest | ihr gefielet |
| Sie gefielen | Sie gefielen |
| er/sie/es gefiele | sie gefielen |

**PAST SUBJUNCTIVE II**

| | | |
|---|---|---|
| ich hätte | wir hätten | |
| du hättest | ihr hättet | gefallen |
| Sie hätten | Sie hätten | |
| er/sie/es hätte | sie hätten | |

**FUTURE SUBJUNCTIVE I**

| | | |
|---|---|---|
| ich werde | wir werden | |
| du werdest | ihr werdet | gefallen |
| Sie werden | Sie werden | |
| er/sie/es werde | sie werden | |

**FUTURE PERFECT SUBJUNCTIVE I**

| | | |
|---|---|---|
| ich werde | wir werden | |
| du werdest | ihr werdet | gefallen haben |
| Sie werden | Sie werden | |
| er/sie/es werde | sie werden | |

**FUTURE SUBJUNCTIVE II**

| | | |
|---|---|---|
| ich würde | wir würden | |
| du würdest | ihr würdet | gefallen |
| Sie würden | Sie würden | |
| er/sie/es würde | sie würden | |

**FUTURE PERFECT SUBJUNCTIVE II**

| | | |
|---|---|---|
| ich würde | wir würden | |
| du würdest | ihr würdet | gefallen haben |
| Sie würden | Sie würden | |
| er/sie/es würde | sie würden | |

**COMMANDS** gefall(e)! gefallt! gefallen Sie!

**PRESENT PARTICIPLE** gefallend

**NOTE** The subject of the English sentence is a dative object in the equivalent German sentence.

## Usage

| | |
|---|---|
| Diese Farbe gefällt mir nicht. | *I don't like this color.* |
| Hat der Film dir gefallen? | *Did you like the film?* |
| Es gefiel Hans, wie das Eichhörnchen die Nuss aß. | *Hans liked how the squirrel ate the nut.* |
| Hip-Hop-Musik gefällt ihr sehr. | *She likes hip-hop music a lot.* |
| Was hat euch an der Reise am meisten gefallen? | *What pleased you all most about the trip?* |

**sich gefallen** *to imagine/fancy oneself*

| | |
|---|---|
| Jan gefällt sich in der Rolle eines großen Staatsmannes. | *Jan fancies himself a great statesman.* |

**sich gefallen lassen** (colloquial) *to put up with, stand for*

| | |
|---|---|
| Sie braucht sich diese Behandlung nicht gefallen zu lassen. | *She doesn't need to put up with this treatment.* |

**RELATED VERBS** *see* **fallen** (178)

strong verb

geht · ging · gegangen

**PRESENT**

| ich gehe | wir gehen |
|---|---|
| du gehst | ihr geht |
| Sie gehen | Sie gehen |
| er/sie/es geht | sie gehen |

**SIMPLE PAST**

| ich ging | wir gingen |
|---|---|
| du gingst | ihr gingt |
| Sie gingen | Sie gingen |
| er/sie/es ging | sie gingen |

**FUTURE**

| ich werde | wir werden | |
|---|---|---|
| du wirst | ihr werdet | |
| Sie werden | Sie werden | } gehen |
| er/sie/es wird | sie werden | |

**PRESENT SUBJUNCTIVE I**

| ich gehe | wir gehen |
|---|---|
| du gehest | ihr gehet |
| Sie gehen | Sie gehen |
| er/sie/es gehe | sie gehen |

**PRESENT SUBJUNCTIVE II**

| ich ginge | wir gingen |
|---|---|
| du gingest | ihr ginget |
| Sie gingen | Sie gingen |
| er/sie/es ginge | sie gingen |

**FUTURE SUBJUNCTIVE I**

| ich werde | wir werden | |
|---|---|---|
| du werdest | ihr werdet | |
| Sie werden | Sie werden | } gehen |
| er/sie/es werde | sie werden | |

**FUTURE SUBJUNCTIVE II**

| ich würde | wir würden | |
|---|---|---|
| du würdest | ihr würdet | |
| Sie würden | Sie würden | } gehen |
| er/sie/es würde | sie würden | |

**PRESENT PERFECT**

| ich bin | wir sind | |
|---|---|---|
| du bist | ihr seid | |
| Sie sind | Sie sind | } gegangen |
| er/sie/es ist | sie sind | |

**PAST PERFECT**

| ich war | wir waren | |
|---|---|---|
| du warst | ihr wart | |
| Sie waren | Sie waren | } gegangen |
| er/sie/es war | sie waren | |

**FUTURE PERFECT**

| ich werde | wir werden | |
|---|---|---|
| du wirst | ihr werdet | |
| Sie werden | Sie werden | } gegangen sein |
| er/sie/es wird | sie werden | |

**PAST SUBJUNCTIVE I**

| ich sei | wir seien | |
|---|---|---|
| du seiest | ihr seiet | |
| Sie seien | Sie seien | } gegangen |
| er/sie/es sei | sie seien | |

**PAST SUBJUNCTIVE II**

| ich wäre | wir wären | |
|---|---|---|
| du wärest | ihr wäret | |
| Sie wären | Sie wären | } gegangen |
| er/sie/es wäre | sie wären | |

**FUTURE PERFECT SUBJUNCTIVE I**

| ich werde | wir werden | |
|---|---|---|
| du werdest | ihr werdet | |
| Sie werden | Sie werden | } gegangen scin |
| er/sie/es werde | sie werden | |

**FUTURE PERFECT SUBJUNCTIVE II**

| ich würde | wir würden | |
|---|---|---|
| du würdest | ihr würdet | |
| Sie würden | Sie würden | } gegangen sein |
| er/sie/es würde | sie würden | |

**COMMANDS** geh(e)! geht! gehen Sie!

**PRESENT PARTICIPLE** gehend

## Usage

| Wann bist du in die Kneipe gegangen? | *When did you go to the pub?* |
|---|---|
| Gehst du heute Abend ins Kino? | *Are you going to the movies this evening?* |
| Gehen Sie bis zur Ecke und dann gehen Sie nach links. | *Go as far as the corner, then turn left.* |
| Um wie viel Uhr geht ihr ins Bett? | *When do you all go to bed?* |
| Als wir knapp 100 Meter gegangen waren, begann es zu schneien. | *When we'd gone barely 100 meters, it began to snow.* |
| Gehst du zu Fuß zur Schule oder fährst du mit dem Bus? | *Do you walk to school or do you take the bus?* |

**RELATED VERBS** ab·gehen, an·gehen, auf·gehen, begehen, daneben·gehen, durch·gehen, ein·gehen, einher·gehen, entgegen·gehen, entgehen, entlang·gehen, entzwei·gehen, ergehen, fehl·gehen, fort·gehen, hervor·gehen, hin·gehen, hintergehen, hoch·gehen, irre·gehen, los·gehen, mit·gehen, nach·gehen, nieder·gehen, sicher·gehen, über·gehen, übergehen, um·gehen, umgehen, unter·gehen, vergehen, voran·gehen, vorbei·gehen, vor·gehen, vorher·gehen, vorüber·gehen, weg·gehen, weiter·gehen, zergehen, zu·gehen, zurück·gehen, zusammen·gehen; *see also* **aus·gehen** (35)

**TOP 50 VERB** ☞

## MORE USAGE SENTENCES WITH gehen

| | |
|---|---|
| Ich lasse dich nicht gehen. | *I will not let you go.* |
| Morgen gehen Inge und ich zu Regina. | *Tomorrow Inge and I are going to Regina's.* |
| Wohin hätte ich gehen sollen? | *Where should I have gone?* |
| Monika ging drei Schritte und stand vor dem Fenster. | *Monika took three steps and stood in front of the window.* |
| Geh nach Hause! | *Go home!* |
| Wann geht der Zug nach Osnabrück? | *When does the train for Osnabrück leave?* |
| Nun bist du wirklich zu weit gegangen, Birgit! | *This time you've really gone too far, Birgit!* |

## sich gehen *to walk*

| | |
|---|---|
| Auf dem Eis geht es sich schlecht. | *It's hard to walk on the ice.* |

## es geht (jemandem) um etwas *to be a matter of something (for someone)*

| | |
|---|---|
| Mir geht es um die Wahrung des Scheins. | *For me, it is a matter of keeping up appearances.* |
| Es geht ihnen nicht um Ethik sondern um Geld. | *For them, it's not a matter of ethics, but rather of money.* |

## gehen *to work, function*

| | |
|---|---|
| Die Fernbedienung geht nicht mehr. | *The remote control doesn't work anymore.* |
| Das geht nicht. | *That won't work.* |

## gehen + infinitive *to go (do something)*

| | |
|---|---|
| Wir gehen schwimmen, kommt ihr mit? | *We're going swimming; do you want to come along?* |
| Maria ist bei Hertie einkaufen gegangen. | *Maria went shopping at Hertie.* |

## IDIOMATIC EXPRESSIONS

| | |
|---|---|
| Alle Fenster meiner Wohnung gehen nach Süden. | *All the windows in my apartment face south.* |
| Trent will mit 50 in den Ruhestand gehen. | *Trent wants to retire at 50.* |
| Yvonne geht mir auf die Nerven. | *Yvonne is getting on my nerves.* |
| Uwe geht mit mir einig, dass das Thema nicht hergehört. | *Uwe agrees with me that the topic doesn't belong here.* |
| Das Geschäft geht gut. | *Business is doing well.* |
| Das Lied geht mir nicht aus dem Kopf. | *I can't get that song out of my head.* |
| Wie geht die Melodie wieder? | *How does the melody go again?* |
| Der Soldat ging in Deckung hinter einem Pkw. | *The soldier took cover behind a car.* |
| Die Gewinne multinationaler Konzerne gehen in die Milliarden. | *The profits of multinational corporations run into the billions.* |
| Es ging mir genau so wie dir. | *The exact same thing happened to me as to you.* |
| Es wird spät, ich muss jetzt an die Arbeit gehen. | *It's getting late; I have to get to work now.* |
| Ganze Dörfer gingen im Tsunami zugrunde. | *Entire villages perished in the tsunami.* |
| Gestern war Erich krank, aber heute geht es ihm besser. | *Yesterday Erich was sick, but today he's doing better.* |
| Herr Schnurrbusch geht auf die 90. | *Mr. Schnurrbusch is approaching 90.* |
| Marias Wunsch ging in Erfüllung. | *Maria's wish came true.* |
| Mein Ring ist verloren gegangen. | *My ring has disappeared.* |
| Seit der Scheidung lässt er sich gehen. | *Since the divorce, he's let himself go.* |
| Sieglinde geht mir immer aus dem Weg. | *Sieglinde always avoids me.* |
| Wenn es nach mir ginge, würden wir alle daran teilnehmen dürfen. | *If it were up to me, we'd all be allowed to participate.* |
| „Wie geht es dir denn?" „Es geht mir gut, und dir?" | *"So how are you doing?" "I'm doing fine, and you?"* |
| „Wie war die Prüfung?" „Es ging so." | *"How was the exam?" "It could have been worse."* |
| Wer sucht, der geht leicht selber verloren. (NIETZSCHE) | *He who seeks becomes easily lost himself.* |

**PRESENT**

| ich gehöre | wir gehören |
|---|---|
| du gehörst | ihr gehört |
| Sie gehören | Sie gehören |
| er/sie/es gehört | sie gehören |

**SIMPLE PAST**

| ich gehörte | wir gehörten |
|---|---|
| du gehörtest | ihr gehörtet |
| Sie gehörten | Sie gehörten |
| er/sie/es gehörte | sie gehörten |

**FUTURE**

| ich werde | wir werden | |
|---|---|---|
| du wirst | ihr werdet | gehören |
| Sie werden | Sie werden | |
| er/sie/es wird | sie werden | |

**PRESENT SUBJUNCTIVE I**

| ich gehöre | wir gehören |
|---|---|
| du gehörest | ihr gehöret |
| Sie gehören | Sie gehören |
| er/sie/es gehöre | sie gehören |

**PRESENT SUBJUNCTIVE II**

| ich gehörte | wir gehörten |
|---|---|
| du gehörtest | ihr gehörtet |
| Sie gehörten | Sie gehörten |
| er/sie/es gehörte | sie gehörten |

**FUTURE SUBJUNCTIVE I**

| ich werde | wir werden | |
|---|---|---|
| du werdest | ihr werdet | gehören |
| Sie werden | Sie werden | |
| er/sie/es werde | sie werden | |

**FUTURE SUBJUNCTIVE II**

| ich würde | wir würden | |
|---|---|---|
| du würdest | ihr würdet | gehören |
| Sie würden | Sie würden | |
| er/sie/es würde | sie würden | |

**PRESENT PERFECT**

| ich habe | wir haben | |
|---|---|---|
| du hast | ihr habt | gehört |
| Sie haben | Sie haben | |
| er/sie/es hat | sie haben | |

**PAST PERFECT**

| ich hatte | wir hatten | |
|---|---|---|
| du hattest | ihr hattet | gehört |
| Sie hatten | Sie hatten | |
| er/sie/es hatte | sie hatten | |

**FUTURE PERFECT**

| ich werde | wir werden | |
|---|---|---|
| du wirst | ihr werdet | gehört haben |
| Sie werden | Sie werden | |
| er/sie/es wird | sie werden | |

**PAST SUBJUNCTIVE I**

| ich habe | wir haben | |
|---|---|---|
| du habest | ihr habet | gehört |
| Sie haben | Sie haben | |
| er/sie/es habe | sie haben | |

**PAST SUBJUNCTIVE II**

| ich hätte | wir hätten | |
|---|---|---|
| du hättest | ihr hättet | gehört |
| Sie hätten | Sie hätten | |
| er/sie/es hätte | sie hätten | |

**FUTURE PERFECT SUBJUNCTIVE I**

| ich werde | wir werden | |
|---|---|---|
| du werdest | ihr werdet | gehört haben |
| Sie werden | Sie werden | |
| er/sie/es werde | sie werden | |

**FUTURE PERFECT SUBJUNCTIVE II**

| ich würde | wir würden | |
|---|---|---|
| du würdest | ihr würdet | gehört haben |
| Sie würden | Sie würden | |
| er/sie/es würde | sie würden | |

**COMMANDS** gehör(e)! gehört! gehören Sie!

**PRESENT PARTICIPLE** gehörend

## Usage

| | |
|---|---|
| Wem gehören die roten Socken? | _To whom do the red socks belong?_ |
| Der neue Mercedes gehört meinem Onkel Heinz. | _The new Mercedes belongs to my Uncle Heinz._ |
| Du gehörst mir! | _You belong to me!_ |
| Wenn das Geschäft mir gehörte, würde so etwas nie passieren. | _If the business belonged to me, nothing like that would ever happen._ |
| Wohin gehören die Gabeln und Messer? | _Where do the forks and knives belong?_ |
| Dieses Gut gehört seit vielen Jahren einem Grafen. | _This estate has belonged to a count for many years._ |
| Du gabest hin die Seligkeit, gehörst uns nun in Ewigkeit! (HEINE) | _You relinquished blessedness and now belong to us in eternity!_ |
| Ingrids Dachshund gehört ihr nicht sondern umgekehrt! | _Ingrid's dachshund doesn't belong to her; it's rather the other way around!_ |

**RELATED VERBS** an·gehören, her·gehören, zu·gehören, zusammen·gehören; _see also_ **hören** (248)

**TOP 50 VERB** ☞

## MORE USAGE SENTENCES WITH gehören

| | |
|---|---|
| Mein Herz gehört dir, mein Schatz. | *My heart belongs to you, my sweetheart.* |
| „Der Ball gehört doch mir!" schrie das Kind. | *"But the ball belongs to me!" screamed the child.* |
| Gehört das Auto Ihnen allein oder Ihnen beiden gemeinsam? | *Does the car belong to you alone or to both of you?* |
| Das Handtuch gehört an den Haken da. | *The towel belongs on the hook there.* |
| Das große Haus an der Ecke gehörte früher dem Apotheker Schmidthammer. | *The large house on the corner was formerly owned by the pharmacist Schmidthammer.* |
| Dem Konzern gehören Immobilien in der ganzen Welt. | *The company owns real estate all around the world.* |
| Meine persönlichen Interessen und Neigungen gehören der Musik. | *My personal interests and proclivities pertain to music.* |

## sich gehören *to be appropriate/suitable/proper*

| | |
|---|---|
| Solches Benehmen gehört sich nicht. | *Such behavior isn't appropriate.* |

## gehören in *to belong in, go in; pertain to*

| | |
|---|---|
| Das Skateboard gehört nicht ins Haus. | *The skateboard doesn't belong in the house.* |
| Diese Vorstellung gehört ins Reich der Fabel. | *That notion belongs in the world of make-believe.* |
| Moni sagt, du würdest ins Irrenhaus gehören. | *Moni says you belong in the loony bin.* |
| Es ist schon Mitternacht, Kinder, ihr gehört ins Bett! | *It's already midnight, children; you belong in bed!* |
| Stell die Stehlampe bitte dahin, aber die Tischlampe gehört ins Schlafzimmer. | *Please put the floor lamp there, but the table lamp goes in the bedroom.* |
| Thorstens Theorie gehört nicht in diesen Zusammenhang. | *Thorsten's theory isn't relevant in this context.* |

## gehören zu *to be among; be part of, be; be required*

| | |
|---|---|
| Zu seinen Schülern gehörten Gräfin Anna Maria von Zichy und Ludwig van Beethoven. | *Among his pupils were Countess Anna Maria von Zichy and Ludwig van Beethoven.* |
| Baumann gehörte zu den besten Athleten Deutschlands. | *Baumann was among the best athletes in Germany.* |
| Seit 1855 gehört die Insel zu Japan. | *Since 1855 the island has been part of Japan.* |
| Diese Siedlung gehörte bis 1973 zur Gemeinde Obersdorf. | *This development was part of the town of Obersdorf until 1973.* |
| Seine schöpferischen Werke gehörten zur zweiten Garnitur. | *His creative works were second-rate.* |
| Wale und Delfine gehören zu den Säugetieren. | *Whales and dolphins are mammals.* |
| Es gehört zum Allgemeinwissen, dass die Erde nicht flach ist. | *It is general knowledge that the earth is not flat.* |
| Dazu gehören Geduld und Ausdauer. | *That requires patience and tenacity.* |

## IDIOMATIC EXPRESSIONS

| | |
|---|---|
| Es gehört nicht zum guten Ton, über Anwesende in der dritten Person zu reden. | *It's not polite to talk about those present in the third person.* |
| Es gehört einiges dazu, einen Roman zu schreiben. | *It takes a bit of doing to write a novel.* |
| Das gehört nicht zur Sache. | *That's beside the point.* |
| Zu den Pommes frites gehört einfach Majonäse. | *Mayonnaise is a must with french fries.* |

TOP 50 VERBS

strong verb (impersonal) (dative object) | gelingt · gelang · gelungen

**PRESENT**

er/sie/es gelingt    sie gelingen

**PRESENT PERFECT**

er/sie/es ist gelungen    sie sind gelungen

**SIMPLE PAST**

er/sie/es gelang    sie gelangen

**PAST PERFECT**

er/sie/es war gelungen    sie waren gelungen

**FUTURE**

er/sie/es wird gelingen    sie werden gelingen

**FUTURE PERFECT**

er/sie/es wird gelungen sein    sie werden gelungen sein

**PRESENT SUBJUNCTIVE I**

er/sie/es gelinge    sie gelingen

**PAST SUBJUNCTIVE I**

er/sie/es sei gelungen    sie seien gelungen

**PRESENT SUBJUNCTIVE II**

er/sie/es gelänge    sie gelängen

**PAST SUBJUNCTIVE II**

er/sie/es wäre gelungen    sie wären gelungen

**FUTURE SUBJUNCTIVE I**

er/sie/es werde gelingen    sie werden gelingen

**FUTURE PERFECT SUBJUNCTIVE I**

er/sie/es werde gelungen sein    sie werden gelungen sein

**FUTURE SUBJUNCTIVE II**

er/sie/es würde gelingen    sie würden gelingen

**FUTURE PERFECT SUBJUNCTIVE II**

er/sie/es würde gelungen sein    sie würden gelungen sein

**COMMANDS** —

**PRESENT PARTICIPLE** gelingend

**NOTE** Generally speaking, **gelingen** is an impersonal verb and appears only in the third person, whereas the English verbs *succeed* and *manage* are personal verbs. For this reason, the subject of the English sentence is a dative object in the equivalent German sentence.

## Usage

1996 gelang es Wissenschaftlern, ein Schaf zu klonen.
Die Torte ist mir gut gelungen.
Nachdem es ihnen gelungen war, mich zu überzeugen, wollten sie nicht mehr mitmachen.
Der Versuch scheint gelungen zu sein.
Wenn es uns gelänge, mehr Arbeitsplätze zu schaffen, würden wir einen wirtschaftlichen Aufschwung erleben.
Dem verzweifelten Kandidaten ist es gelungen, die Aufmerksamkeit der Wählerschaft auf weniger kontroverse Themen zu lenken.
Es gelingt ihr nicht, die Tür aufzumachen.

*In 1996, scientists succeeded in cloning a sheep.*
*My cake was a success.*
*After they had succeeded in convincing me, they no longer wanted to participate.*
*The attempt appears to have been successful.*
*If we could manage to create more jobs, we would experience an economic boom.*
*The desperate candidate managed to draw his constituents' attention to less controversial topics.*

*She tries but cannot open the door.*

**RELATED VERB** *see* **misslingen** (309)

# gelten

*to be valid, hold true; matter; be effective; apply to; be considered as*

gilt · galt · gegolten

strong verb

**PRESENT**

| | |
|---|---|
| ich gelte | wir gelten |
| du giltst | ihr geltet |
| Sie gelten | Sie gelten |
| er/sie/es gilt | sie gelten |

**SIMPLE PAST**

| | |
|---|---|
| ich galt | wir galten |
| du galt(e)st | ihr galtet |
| Sie galten | Sie galten |
| er/sie/es galt | sie galten |

**FUTURE**

| | | |
|---|---|---|
| ich werde | wir werden | |
| du wirst | ihr werdet | gelten |
| Sie werden | Sie werden | |
| er/sie/es wird | sie werden | |

**PRESENT SUBJUNCTIVE I**

| | |
|---|---|
| ich gelte | wir gelten |
| du geltest | ihr geltet |
| Sie gelten | Sie gelten |
| er/sie/es gelte | sie gelten |

**PRESENT SUBJUNCTIVE II**

| | |
|---|---|
| ich gölte/gälte | wir gölten/gälten |
| du göltest/gältest | ihr göltet/gältet |
| Sie gölten/gälten | Sie gölten/gälten |
| er/sie/es gölte/gälte | sie gölten/gälten |

**FUTURE SUBJUNCTIVE I**

| | | |
|---|---|---|
| ich werde | wir werden | |
| du werdest | ihr werdet | gelten |
| Sie werden | Sie werden | |
| er/sie/es werde | sie werden | |

**FUTURE SUBJUNCTIVE II**

| | | |
|---|---|---|
| ich würde | wir würden | |
| du würdest | ihr würdet | gelten |
| Sie würden | Sie würden | |
| er/sie/es würde | sie würden | |

**PRESENT PERFECT**

| | | |
|---|---|---|
| ich habe | wir haben | |
| du hast | ihr habt | gegolten |
| Sie haben | Sie haben | |
| er/sie/es hat | sie haben | |

**PAST PERFECT**

| | | |
|---|---|---|
| ich hatte | wir hatten | |
| du hattest | ihr hattet | gegolten |
| Sie hatten | Sie hatten | |
| er/sie/es hatte | sie hatten | |

**FUTURE PERFECT**

| | | |
|---|---|---|
| ich werde | wir werden | |
| du wirst | ihr werdet | gegolten haben |
| Sie werden | Sie werden | |
| er/sie/es wird | sie werden | |

**PAST SUBJUNCTIVE I**

| | | |
|---|---|---|
| ich habe | wir haben | |
| du habest | ihr habet | gegolten |
| Sie haben | Sie haben | |
| er/sie/es habe | sie haben | |

**PAST SUBJUNCTIVE II**

| | | |
|---|---|---|
| ich hätte | wir hätten | |
| du hättest | ihr hättet | gegolten |
| Sie hätten | Sie hätten | |
| er/sie/es hätte | sie hätten | |

**FUTURE PERFECT SUBJUNCTIVE I**

| | | |
|---|---|---|
| ich werde | wir werden | |
| du werdest | ihr werdet | gegolten haben |
| Sie werden | Sie werden | |
| er/sie/es werde | sie werden | |

**FUTURE PERFECT SUBJUNCTIVE II**

| | | |
|---|---|---|
| ich würde | wir würden | |
| du würdest | ihr würdet | gegolten haben |
| Sie würden | Sie würden | |
| er/sie/es würde | sie würden | |

**COMMANDS**      gilt! geltet! gelten Sie!

**PRESENT PARTICIPLE**      geltend

## Usage

| | |
|---|---|
| Der Ausweis gilt bis Januar 2010. | *The ID is valid until January 2010.* |
| Das, was du gestern gesagt hast, gilt nicht mehr! | *What you said yesterday no longer holds true!* |
| Es gilt, einen neuen Weg zu finden. | *What matters is that a new way is found.* |
| Der Verbot gilt bis Ende nächsten Monats. | *The prohibition is effective until the end of next month.* |
| Die Buhrufe galten doch nicht dir! | *The booing wasn't meant for you at all!* |
| Das galt für Mozarts Schüler genau so wie es heute für Musikschüler gilt. | *This applied to Mozart's pupils just as it applies to music students today.* |
| Der folgende Hinweis gilt allen Reisenden. | *The following instruction applies to all travelers.* |
| Bernd gilt als der Intelligente der Gruppe. | *Bernd is considered the intelligent one of the group.* |
| Das Werk gilt immer noch als problematisch für Literaturwissenschaftler. | *The work is still considered problematic for literary scholars.* |
| Du giltst für klug. (GRILLPARZER) | *You're considered to be smart.* |

**RELATED VERBS**   ab·gelten, entgelten, vergelten

strong verb

genest · genas · genesen

### PRESENT

| | |
|---|---|
| ich genese | wir genesen |
| du genest | ihr genest |
| Sie genesen | Sie genesen |
| er/sie/es genest | sie genesen |

### SIMPLE PAST

| | |
|---|---|
| ich genas | wir genasen |
| du genasest | ihr genast |
| Sie genasen | Sie genasen |
| er/sie/es genas | sie genasen |

### FUTURE

| | | |
|---|---|---|
| ich werde | wir werden | |
| du wirst | ihr werdet | genesen |
| Sie werden | Sie werden | |
| er/sie/es wird | sie werden | |

### PRESENT SUBJUNCTIVE I

| | |
|---|---|
| ich genese | wir genesen |
| du genesest | ihr geneset |
| Sie genesen | Sie genesen |
| er/sie/es genese | sie genesen |

### PRESENT SUBJUNCTIVE II

| | |
|---|---|
| ich genäse | wir genäsen |
| du genäsest | ihr genäset |
| Sie genäsen | Sie genäsen |
| er/sie/es genäse | sie genäsen |

### FUTURE SUBJUNCTIVE I

| | | |
|---|---|---|
| ich werde | wir werden | |
| du werdest | ihr werdet | genesen |
| Sie werden | Sie werden | |
| er/sie/es werde | sie werden | |

### FUTURE SUBJUNCTIVE II

| | | |
|---|---|---|
| ich würde | wir würden | |
| du würdest | ihr würdet | genesen |
| Sie würden | Sie würden | |
| er/sie/es würde | sie würden | |

### PRESENT PERFECT

| | | |
|---|---|---|
| ich bin | wir sind | |
| du bist | ihr seid | genesen |
| Sie sind | Sie sind | |
| er/sie/es ist | sie sind | |

### PAST PERFECT

| | | |
|---|---|---|
| ich war | wir waren | |
| du warst | ihr wart | genesen |
| Sie waren | Sie waren | |
| er/sie/es war | sie waren | |

### FUTURE PERFECT

| | | |
|---|---|---|
| ich werde | wir werden | |
| du wirst | ihr werdet | genesen sein |
| Sie werden | Sie werden | |
| er/sie/es wird | sie werden | |

### PAST SUBJUNCTIVE I

| | | |
|---|---|---|
| ich sei | wir seien | |
| du seiest | ihr seiet | genesen |
| Sie seien | Sie seien | |
| er/sie/es sei | sie seien | |

### PAST SUBJUNCTIVE II

| | | |
|---|---|---|
| ich wäre | wir wären | |
| du wärest | ihr wäret | genesen |
| Sie wären | Sie wären | |
| er/sie/es wäre | sie wären | |

### FUTURE PERFECT SUBJUNCTIVE I

| | | |
|---|---|---|
| ich werde | wir werden | |
| du werdest | ihr werdet | genesen sein |
| Sie werden | Sie werden | |
| er/sie/es werde | sie werden | |

### FUTURE PERFECT SUBJUNCTIVE II

| | | |
|---|---|---|
| ich würde | wir würden | |
| du würdest | ihr würdet | genesen sein |
| Sie würden | Sie würden | |
| er/sie/es würde | sie würden | |

**COMMANDS** genes(e)! genest! genesen Sie!

**PRESENT PARTICIPLE** genesend

## Usage

| | |
|---|---|
| Der Patient ist nach zehn Monaten nicht genesen. | *The patient did not recover after ten months.* |
| Versprichst du mir, ich soll genesen in diesem Wust von Raserei? (GOETHE) | *Are you promising me that I will get well in this mad confusion?* |
| Kaiser, wollt Ihr das Leben haben, so tut mir Sicherheit, dass ich genese. (GRIMM) | *Emperor, if ye would live, then assure me that I shall get well.* |
| Tante Marga konnte nach der Operation zu Hause genesen. | *Aunt Marga was able to convalesce at home after the operation.* |
| Der Junge genas ziemlich schnell. | *The boy recovered rather quickly.* |
| Er scheint nicht genesen zu wollen. | *He doesn't seem to want to get well.* |
| Die Patienten würden schneller genesen, wenn sie nicht arbeiten müssten. | *The patients would recover more quickly if they didn't have to work.* |
| Anke ist noch nicht ganz genesen. | *Anke hasn't yet completely recovered.* |
| Manfred ließ sich die Weisheitszähne ziehen und muss jetzt genesen. | *Manfred had his wisdom teeth pulled and now has to recover.* |

## genießen *to enjoy, savor*

genießt · genoss · genossen

strong verb

**PRESENT**

| | |
|---|---|
| ich genieße | wir genießen |
| du genießt | ihr genießt |
| Sie genießen | Sie genießen |
| er/sie/es genießt | sie genießen |

**SIMPLE PAST**

| | |
|---|---|
| ich genoss | wir genossen |
| du genossest | ihr genosst |
| Sie genossen | Sie genossen |
| er/sie/es genoss | sie genossen |

**FUTURE**

| | | |
|---|---|---|
| ich werde | wir werden | |
| du wirst | ihr werdet | |
| Sie werden | Sie werden | genießen |
| er/sie/es wird | sie werden | |

**PRESENT SUBJUNCTIVE I**

| | |
|---|---|
| ich genieße | wir genießen |
| du genießest | ihr genießet |
| Sie genießen | Sie genießen |
| er/sie/es genieße | sie genießen |

**PRESENT SUBJUNCTIVE II**

| | |
|---|---|
| ich genösse | wir genössen |
| du genössest | ihr genösset |
| Sie genössen | Sie genössen |
| er/sie/es genösse | sie genössen |

**FUTURE SUBJUNCTIVE I**

| | | |
|---|---|---|
| ich werde | wir werden | |
| du werdest | ihr werdet | |
| Sie werden | Sie werden | genießen |
| er/sie/es werde | sie werden | |

**FUTURE SUBJUNCTIVE II**

| | | |
|---|---|---|
| ich würde | wir würden | |
| du würdest | ihr würdet | |
| Sie würden | Sie würden | genießen |
| er/sie/es würde | sie würden | |

**PRESENT PERFECT**

| | | |
|---|---|---|
| ich habe | wir haben | |
| du hast | ihr habt | |
| Sie haben | Sie haben | genossen |
| er/sie/es hat | sie haben | |

**PAST PERFECT**

| | | |
|---|---|---|
| ich hatte | wir hatten | |
| du hattest | ihr hattet | |
| Sie hatten | Sie hatten | genossen |
| er/sie/es hatte | sie hatten | |

**FUTURE PERFECT**

| | | |
|---|---|---|
| ich werde | wir werden | |
| du wirst | ihr werdet | |
| Sie werden | Sie werden | genossen haben |
| er/sie/es wird | sie werden | |

**PAST SUBJUNCTIVE I**

| | | |
|---|---|---|
| ich habe | wir haben | |
| du habest | ihr habet | |
| Sie haben | Sie haben | genossen |
| er/sie/es habe | sie haben | |

**PAST SUBJUNCTIVE II**

| | | |
|---|---|---|
| ich hätte | wir hätten | |
| du hättest | ihr hättet | |
| Sie hätten | Sie hätten | genossen |
| er/sie/es hätte | sie hätten | |

**FUTURE PERFECT SUBJUNCTIVE I**

| | | |
|---|---|---|
| ich werde | wir werden | |
| du werdest | ihr werdet | |
| Sie werden | Sie werden | genossen haben |
| er/sie/es werde | sie werden | |

**FUTURE PERFECT SUBJUNCTIVE II**

| | | |
|---|---|---|
| ich würde | wir würden | |
| du würdest | ihr würdet | |
| Sie würden | Sie würden | genossen haben |
| er/sie/es würde | sie würden | |

**COMMANDS** genieß(e)! genießt! genießen Sie!

**PRESENT PARTICIPLE** genießend

## Usage

| | |
|---|---|
| Ich genieße die langen, warmen Sommertage. | *I savor the long, warm summer days.* |
| Ab und zu genießen wir ein Glas Wein. | *Once in a while, we enjoy a glass of wine.* |
| Habt ihr den Abend genossen? | *Did you enjoy the evening?* |
| Wir genossen den Flug in erster Klasse. | *We enjoyed the flight in first class.* |
| Brenda genoss es, am Strand zu liegen. | *Brenda enjoyed lying on the beach.* |
| Genieß das Leben! | *Enjoy life!* |
| Das Institut für Umweltschutz genießt einen guten Ruf im Ausland. | *The Institute for Environmental Protection enjoys a good reputation abroad.* |
| Meine Eltern haben die vierzehn Tage in Vancouver sehr genossen. | *My parents really enjoyed the 14 days in Vancouver.* |
| Genießt du auch klassische Musik? | *Do you enjoy classical music, too?* |
| Ich konnte den Nachtisch nicht genießen. | *I couldn't enjoy the dessert.* |
| Sandra wird den Film bestimmt genießen. | *Sandra will definitely enjoy the film.* |
| Der Hund genoss das kühle Wasser. | *The dog enjoyed the cool water.* |

strong verb

gerät · geriet · geraten

**PRESENT**

| | |
|---|---|
| ich gerate | wir geraten |
| du gerätst | ihr geratet |
| Sie geraten | Sie geraten |
| er/sie/es gerät | sie geraten |

**PRESENT PERFECT**

| | | |
|---|---|---|
| ich bin | wir sind | |
| du bist | ihr seid | geraten |
| Sie sind | Sie sind | |
| er/sie/es ist | sie sind | |

**SIMPLE PAST**

| | |
|---|---|
| ich geriet | wir gerieten |
| du gerietst | ihr gerietet |
| Sie gerieten | Sie gerieten |
| er/sie/es geriet | sie gerieten |

**PAST PERFECT**

| | | |
|---|---|---|
| ich war | wir waren | |
| du warst | ihr wart | geraten |
| Sie waren | Sie waren | |
| er/sie/es war | sie waren | |

**FUTURE**

| | | |
|---|---|---|
| ich werde | wir werden | |
| du wirst | ihr werdet | geraten |
| Sie werden | Sie werden | |
| er/sie/es wird | sie werden | |

**FUTURE PERFECT**

| | | |
|---|---|---|
| ich werde | wir werden | |
| du wirst | ihr werdet | geraten sein |
| Sie werden | Sie werden | |
| er/sie/es wird | sie werden | |

**PRESENT SUBJUNCTIVE I**

| | |
|---|---|
| ich gerate | wir geraten |
| du geratest | ihr geratet |
| Sie geraten | Sie geraten |
| er/sie/es gerate | sie geraten |

**PAST SUBJUNCTIVE I**

| | | |
|---|---|---|
| ich sei | wir seien | |
| du seiest | ihr seiet | geraten |
| Sie seien | Sie seien | |
| er/sie/es sei | sie seien | |

**PRESENT SUBJUNCTIVE II**

| | |
|---|---|
| ich geriete | wir gerieten |
| du gerietest | ihr gerietet |
| Sie gerieten | Sie gerieten |
| er/sie/es geriete | sie gerieten |

**PAST SUBJUNCTIVE II**

| | | |
|---|---|---|
| ich wäre | wir wären | |
| du wärest | ihr wäret | geraten |
| Sie wären | Sie wären | |
| er/sie/es wäre | sie wären | |

**FUTURE SUBJUNCTIVE I**

| | | |
|---|---|---|
| ich werde | wir werden | |
| du werdest | ihr werdet | geraten |
| Sie werden | Sie werden | |
| er/sie/es werde | sie werden | |

**FUTURE PERFECT SUBJUNCTIVE I**

| | | |
|---|---|---|
| ich werde | wir werden | |
| du werdest | ihr werdet | geraten scin |
| Sie werden | Sie werden | |
| er/sie/es werde | sie werden | |

**FUTURE SUBJUNCTIVE II**

| | | |
|---|---|---|
| ich würde | wir würden | |
| du würdest | ihr würdet | geraten |
| Sie würden | Sie würden | |
| er/sie/es würde | sie würden | |

**FUTURE PERFECT SUBJUNCTIVE II**

| | | |
|---|---|---|
| ich würde | wir würden | |
| du würdest | ihr würdet | geraten sein |
| Sie würden | Sie würden | |
| er/sie/es würde | sie würden | |

**COMMANDS**  gerate! geratet! geraten Sie!

**PRESENT PARTICIPLE**  geratend

## Usage

In Wien geriet der junge Musiker in finanzielle Schwierigkeiten.

Mein Sohn war unter den Einfluss einer Sekte geraten.

Das Mädchen geriet in Verlegenheit.

Die Kinder gerieten in Streit über den Ball.

Warum ist der Dirigent immer in Wut geraten?

Der Politiker ist in die Kritik geraten.

Vorgestern geriet das Haus an der Ecke in Brand.

Passt gut auf, sonst geratet ihr ins Gefängnis!

Ich gerate in Panik, wenn ich zum Zahnarzt muss.

Der Mangokuchen ist uns gut geraten.

Das Passwort war in die falschen Hände geraten.

*In Vienna, the young musician fell into financial difficulties.*

*My son had come under the influence of a sect.*

*The girl became embarrassed.*

*The children got into a fight over the ball.*

*Why did the conductor always become angry?*

*The politician has come under criticism.*

*The house on the corner caught fire the day before yesterday.*

*Watch out, or else you'll land in prison!*

*I panic when I have to go to the dentist.*

*The mango cake turned out well for us.*

*The password had fallen into the wrong hands.*

**RELATED VERBS**  *see* **raten** (329)

# geschehen  *to happen, take place, occur*

geschieht · geschah · geschehen

strong verb

## PRESENT

| | |
|---|---|
| ich geschehe | wir geschehen |
| du geschiehst | ihr gescheht |
| Sie geschehen | Sie geschehen |
| er/sie/es geschieht | sie geschehen |

## PRESENT PERFECT

| | | |
|---|---|---|
| ich bin | wir sind | |
| du bist | ihr seid | geschehen |
| Sie sind | Sie sind | |
| er/sie/es ist | sie sind | |

## SIMPLE PAST

| | |
|---|---|
| ich geschah | wir geschahen |
| du geschahst | ihr geschaht |
| Sie geschahen | Sie geschahen |
| er/sie/es geschah | sie geschahen |

## PAST PERFECT

| | | |
|---|---|---|
| ich war | wir waren | |
| du warst | ihr wart | geschehen |
| Sie waren | Sie waren | |
| er/sie/es war | sie waren | |

## FUTURE

| | | |
|---|---|---|
| ich werde | wir werden | |
| du wirst | ihr werdet | geschehen |
| Sie werden | Sie werden | |
| er/sie/es wird | sie werden | |

## FUTURE PERFECT

| | | |
|---|---|---|
| ich werde | wir werden | |
| du wirst | ihr werdet | geschehen sein |
| Sie werden | Sie werden | |
| er/sie/es wird | sie werden | |

## PRESENT SUBJUNCTIVE I

| | |
|---|---|
| ich geschehe | wir geschehen |
| du geschehest | ihr geschehet |
| Sie geschehen | Sie geschehen |
| er/sie/es geschehe | sie geschehen |

## PAST SUBJUNCTIVE I

| | | |
|---|---|---|
| ich sei | wir seien | |
| du seiest | ihr seiet | geschehen |
| Sie seien | Sie seien | |
| er/sie/es sei | sie seien | |

## PRESENT SUBJUNCTIVE II

| | |
|---|---|
| ich geschähe | wir geschähen |
| du geschähest | ihr geschähet |
| Sie geschähen | Sie geschähen |
| er/sie/es geschähe | sie geschähen |

## PAST SUBJUNCTIVE II

| | | |
|---|---|---|
| ich wäre | wir wären | |
| du wärest | ihr wäret | geschehen |
| Sie wären | Sie wären | |
| er/sie/es wäre | sie wären | |

## FUTURE SUBJUNCTIVE I

| | | |
|---|---|---|
| ich werde | wir werden | |
| du werdest | ihr werdet | geschehen |
| Sie werden | Sie werden | |
| er/sie/es werde | sie werden | |

## FUTURE PERFECT SUBJUNCTIVE I

| | | |
|---|---|---|
| ich werde | wir werden | |
| du werdest | ihr werdet | geschehen sein |
| Sie werden | Sie werden | |
| er/sie/es werde | sie werden | |

## FUTURE SUBJUNCTIVE II

| | | |
|---|---|---|
| ich würde | wir würden | |
| du würdest | ihr würdet | geschehen |
| Sie würden | Sie würden | |
| er/sie/es würde | sie würden | |

## FUTURE PERFECT SUBJUNCTIVE II

| | | |
|---|---|---|
| ich würde | wir würden | |
| du würdest | ihr würdet | geschehen sein |
| Sie würden | Sie würden | |
| er/sie/es würde | sie würden | |

COMMANDS —

PRESENT PARTICIPLE     geschehend

## Usage

| | |
|---|---|
| Was ist hier geschehen? | *What has happened here?* |
| In der Zwischenzeit kann viel geschehen. | *A lot can happen in the meantime.* |
| Die Behörden wussten nicht, was mit dem Atommüll geschehen soll. | *The authorities didn't know what should happen with the nuclear waste.* |
| Was geschah vor dem Urknall? | *What took place before the Big Bang?* |
| Die Entlassung der Häftlinge geschah kurz vor dem Ende des Krieges. | *The prisoners' release occurred just prior to the end of the war.* |
| Was geschieht, wenn wir einfach nichts machen? | *What will happen if we simply do nothing?* |
| Der Hauptgeschäftsführer behauptet, es geschehe ohne seine Zustimmung. | *The CEO claims it is happening without his consent.* |

**um jemanden geschehen sein**  *to be all over for someone; be lost/ruined*

| | |
|---|---|
| Es war um mich geschehen. | *It was all over for me.* |

strong verb | gewinnt · gewann · gewonnen

**PRESENT**

| | |
|---|---|
| ich gewinne | wir gewinnen |
| du gewinnst | ihr gewinnt |
| Sie gewinnen | Sie gewinnen |
| er/sie/es gewinnt | sie gewinnen |

**PRESENT PERFECT**

| | | |
|---|---|---|
| ich habe | wir haben | |
| du hast | ihr habt | gewonnen |
| Sie haben | Sie haben | |
| er/sie/es hat | sie haben | |

**SIMPLE PAST**

| | |
|---|---|
| ich gewann | wir gewannen |
| du gewannst | ihr gewannt |
| Sie gewannen | Sie gewannen |
| er/sie/es gewann | sie gewannen |

**PAST PERFECT**

| | | |
|---|---|---|
| ich hatte | wir hatten | |
| du hattest | ihr hattet | gewonnen |
| Sie hatten | Sie hatten | |
| er/sie/es hatte | sie hatten | |

**FUTURE**

| | | |
|---|---|---|
| ich werde | wir werden | |
| du wirst | ihr werdet | gewinnen |
| Sie werden | Sie werden | |
| er/sie/es wird | sie werden | |

**FUTURE PERFECT**

| | | |
|---|---|---|
| ich werde | wir werden | |
| du wirst | ihr werdet | gewonnen haben |
| Sie werden | Sie werden | |
| er/sie/es wird | sie werden | |

**PRESENT SUBJUNCTIVE I**

| | |
|---|---|
| ich gewinne | wir gewinnen |
| du gewinnest | ihr gewinnet |
| Sie gewinnen | Sie gewinnen |
| er/sie/es gewinne | sie gewinnen |

**PAST SUBJUNCTIVE I**

| | | |
|---|---|---|
| ich habe | wir haben | |
| du habest | ihr habet | gewonnen |
| Sie haben | Sie haben | |
| er/sie/es habe | sie haben | |

**PRESENT SUBJUNCTIVE II**

| | |
|---|---|
| ich gewönne/gewänne | wir gewönnen/gewännen |
| du gewönnest/gewännest | ihr gewönnet/gewännet |
| Sie gewönnen/gewännen | Sie gewönnen/gewännen |
| er/sie/es gewönne/gewänne | sie gewönnen/gewännen |

**PAST SUBJUNCTIVE II**

| | | |
|---|---|---|
| ich hätte | wir hätten | |
| du hättest | ihr hättet | gewonnen |
| Sie hätten | Sie hätten | |
| er/sie/es hätte | sie hätten | |

**FUTURE SUBJUNCTIVE I**

| | | |
|---|---|---|
| ich werde | wir werden | |
| du werdest | ihr werdet | gewinnen |
| Sie werden | Sie werden | |
| er/sie/es werde | sie werden | |

**FUTURE PERFECT SUBJUNCTIVE I**

| | | |
|---|---|---|
| ich werde | wir werden | |
| du werdest | ihr werdet | gewonnen haben |
| Sie werden | Sie werden | |
| er/sie/es werde | sie werden | |

**FUTURE SUBJUNCTIVE II**

| | | |
|---|---|---|
| ich würde | wir würden | |
| du würdest | ihr würdet | gewinnen |
| Sie würden | Sie würden | |
| er/sie/es würde | sie würden | |

**FUTURE PERFECT SUBJUNCTIVE II**

| | | |
|---|---|---|
| ich würde | wir würden | |
| du würdest | ihr würdet | gewonnen haben |
| Sie würden | Sie würden | |
| er/sie/es würde | sie würden | |

**COMMANDS** gewinn(e)! gewinnt! gewinnen Sie!

**PRESENT PARTICIPLE** gewinnend

## Usage

| | |
|---|---|
| Wer hat dieses Jahr die besten Chancen, die Tour de France zu gewinnen? | *Who has the best chance of winning the Tour de France this year?* |
| Monika muss viel üben, wenn sie gewinnen will. | *Monika must practice a lot if she wants to win.* |
| Unsere Mannschaft gewann mit 5 : 3. | *Our team won 5 to 3.* |
| Hast du neue Einsichten gewonnen? | *Have you gained any new insights?* |
| Nach der Beweisführung von Anthropologen gewann die Theorie an Anerkennung. | *After the presentation of evidence by anthropologists, the theory gained recognition.* |
| Ich wollte etwas Zeit gewinnen. | *I wanted to gain some time.* |
| Stefan und Thomas gewannen schnell ihre Sympathie. | *Stefan and Thomas quickly earned her sympathy.* |
| Das Trinkwasser wird aus einem See gewonnen. | *The drinking water is obtained from a lake.* |
| Mineralien werden aus dem Boden gewonnen. | *Minerals are extracted from the soil.* |
| Neues Land ist in der Nähe von Groningen gewonnen worden. | *New land has been reclaimed in the vicinity of Groningen.* |

**RELATED VERBS** ab-gewinnen, wieder-gewinnen, zurück-gewinnen

# gewöhnen  *to accustom, familiarize*

gewöhnt · gewöhnte · gewöhnt                                     regular weak verb

**PRESENT**

| ich gewöhne | wir gewöhnen |
|---|---|
| du gewöhnst | ihr gewöhnt |
| Sie gewöhnen | Sie gewöhnen |
| er/sie/es gewöhnt | sie gewöhnen |

**SIMPLE PAST**

| ich gewöhnte | wir gewöhnten |
|---|---|
| du gewöhntest | ihr gewöhntet |
| Sie gewöhnten | Sie gewöhnten |
| er/sie/es gewöhnte | sie gewöhnten |

**FUTURE**

| ich werde | wir werden |
|---|---|
| du wirst | ihr werdet |
| Sie werden | Sie werden |
| er/sie/es wird | sie werden |

} gewöhnen

**PRESENT SUBJUNCTIVE I**

| ich gewöhne | wir gewöhnen |
|---|---|
| du gewöhnest | ihr gewöhnet |
| Sie gewöhnen | Sie gewöhnen |
| er/sie/es gewöhne | sie gewöhnen |

**PRESENT SUBJUNCTIVE II**

| ich gewöhnte | wir gewöhnten |
|---|---|
| du gewöhntest | ihr gewöhntet |
| Sie gewöhnten | Sie gewöhnten |
| er/sie/es gewöhnte | sie gewöhnten |

**FUTURE SUBJUNCTIVE I**

| ich werde | wir werden |
|---|---|
| du werdest | ihr werdet |
| Sie werden | Sie werden |
| er/sie/es werde | sie werden |

} gewöhnen

**FUTURE SUBJUNCTIVE II**

| ich würde | wir würden |
|---|---|
| du würdest | ihr würdet |
| Sie würden | Sie würden |
| er/sie/es würde | sie würden |

} gewöhnen

**PRESENT PERFECT**

| ich habe | wir haben |
|---|---|
| du hast | ihr habt |
| Sie haben | Sie haben |
| er/sie/es hat | sie haben |

} gewöhnt

**PAST PERFECT**

| ich hatte | wir hatten |
|---|---|
| du hattest | ihr hattet |
| Sie hatten | Sie hatten |
| er/sie/es hatte | sie hatten |

} gewöhnt

**FUTURE PERFECT**

| ich werde | wir werden |
|---|---|
| du wirst | ihr werdet |
| Sie werden | Sie werden |
| er/sie/es wird | sie werden |

} gewöhnt haben

**PAST SUBJUNCTIVE I**

| ich habe | wir haben |
|---|---|
| du habest | ihr habet |
| Sie haben | Sie haben |
| er/sie/es habe | sie haben |

} gewöhnt

**PAST SUBJUNCTIVE II**

| ich hätte | wir hätten |
|---|---|
| du hättest | ihr hättet |
| Sie hätten | Sie hätten |
| er/sie/es hätte | sie hätten |

} gewöhnt

**FUTURE PERFECT SUBJUNCTIVE I**

| ich werde | wir werden |
|---|---|
| du werdest | ihr werdet |
| Sie werden | Sie werden |
| er/sie/es werde | sie werden |

} gewöhnt haben

**FUTURE PERFECT SUBJUNCTIVE II**

| ich würde | wir würden |
|---|---|
| du würdest | ihr würdet |
| Sie würden | Sie würden |
| er/sie/es würde | sie würden |

} gewöhnt haben

**COMMANDS**     gewöhn(e)!   gewöhnt!   gewöhnen Sie!

**PRESENT PARTICIPLE**     gewöhnend

## Usage

| Sie sollten das Baby an eine Routine gewöhnen. | *You should accustom the baby to a routine.* |
|---|---|
| Wir wollen den Hund daran gewöhnen, dass er draußen schläft. | *We want to get the dog used to sleeping outside.* |

### sich gewöhnen an  *to get used to, become familiar with*

| Die Katze gewöhnt sich langsam an ihr neues Zuhause. | *The cat will slowly get used to its new home.* |
|---|---|
| Wir müssen uns daran gewöhnen, dass der Supermarkt ziemlich weit entfernt ist. | *We have to become accustomed to the supermarket's being rather far away.* |
| Ich gewöhne mich endlich an die täglichen Temperaturschwankungen in der Wüste. | *I am finally becoming accustomed to the daily temperature fluctuations in the desert.* |
| Emilie konnte sich an das Trinkwasser nicht gewöhnen. | *Emilie couldn't get used to the drinking water.* |
| Bald hatte sich die neue Mutter an das Leben mit einem Baby gewöhnt. | *Soon the new mother had gotten used to life with a baby.* |

**RELATED VERBS**   ab-gewöhnen, an-gewöhnen, ein-gewöhnen

strong verb

**PRESENT**

| | |
|---|---|
| ich gieße | wir gießen |
| du gießt | ihr gießt |
| Sie gießen | Sie gießen |
| er/sie/es gießt | sie gießen |

**SIMPLE PAST**

| | |
|---|---|
| ich goss | wir gossen |
| du gossest | ihr gosst |
| Sie gossen | Sie gossen |
| er/sie/es goss | sie gossen |

**FUTURE**

| | | |
|---|---|---|
| ich werde | wir werden | |
| du wirst | ihr werdet | gießen |
| Sie werden | Sie werden | |
| er/sie/es wird | sie werden | |

**PRESENT SUBJUNCTIVE I**

| | |
|---|---|
| ich gieße | wir gießen |
| du gießest | ihr gießet |
| Sie gießen | Sie gießen |
| er/sie/es gieße | sie gießen |

**PRESENT SUBJUNCTIVE II**

| | |
|---|---|
| ich gösse | wir gössen |
| du gössest | ihr gösset |
| Sie gössen | Sie gössen |
| er/sie/es gösse | sie gössen |

**FUTURE SUBJUNCTIVE I**

| | | |
|---|---|---|
| ich werde | wir werden | |
| du werdest | ihr werdet | gießen |
| Sie werden | Sie werden | |
| er/sie/es werde | sie werden | |

**FUTURE SUBJUNCTIVE II**

| | | |
|---|---|---|
| ich würde | wir würden | |
| du würdest | ihr würdet | gießen |
| Sie würden | Sie würden | |
| er/sie/es würde | sie würden | |

**PRESENT PERFECT**

| | | |
|---|---|---|
| ich habe | wir haben | |
| du hast | ihr habt | gegossen |
| Sie haben | Sie haben | |
| er/sie/es hat | sie haben | |

**PAST PERFECT**

| | | |
|---|---|---|
| ich hatte | wir hatten | |
| du hattest | ihr hattet | gegossen |
| Sie hatten | Sie hatten | |
| er/sie/es hatte | sie hatten | |

**FUTURE PERFECT**

| | | |
|---|---|---|
| ich werde | wir werden | |
| du wirst | ihr werdet | gegossen haben |
| Sie werden | Sie werden | |
| er/sie/es wird | sie werden | |

**PAST SUBJUNCTIVE I**

| | | |
|---|---|---|
| ich habe | wir haben | |
| du habest | ihr habet | gegossen |
| Sie haben | Sie haben | |
| er/sie/es habe | sie haben | |

**PAST SUBJUNCTIVE II**

| | | |
|---|---|---|
| ich hätte | wir hätten | |
| du hättest | ihr hättet | gegossen |
| Sie hätten | Sie hätten | |
| er/sie/es hätte | sie hätten | |

**FUTURE PERFECT SUBJUNCTIVE I**

| | | |
|---|---|---|
| ich werde | wir werden | |
| du werdest | ihr werdet | gegossen haben |
| Sie werden | Sie werden | |
| er/sie/es werde | sie werden | |

**FUTURE PERFECT SUBJUNCTIVE II**

| | | |
|---|---|---|
| ich würde | wir würden | |
| du würdest | ihr würdet | gegossen haben |
| Sie würden | Sie würden | |
| er/sie/es würde | sie würden | |

**COMMANDS**    gieß(e)!   gießt!   gießen Sie!

**PRESENT PARTICIPLE**   gießend

## Usage

| | |
|---|---|
| Das Fundament wurde vorgestern gegossen. | *The foundation was poured the day before yesterday.* |
| Gieß mal die Schüssel voll. | *Please fill the bowl with water.* |
| Inge gießt jeden Morgen ihre Blumen im Garten. | *Inge waters her flowers every morning in the garden.* |
| Der Junge goss das Wasser aus der Schüssel auf den Boden. | *The boy poured the water from the bowl onto the floor.* |
| Spielsoldaten werden aus Zinn gegossen. | *Toy soldiers are cast from tin.* |
| Gutenberg gebrauchte eine Legierung aus Blei, Zinn und Antimon, um die Drucktypen zu gießen. | *Gutenberg used an alloy of lead, tin, and antimony to cast his printing type.* |
| Wir gießen Kerzen aus Bienenwachs. | *We mold candles from beeswax.* |

**sich gießen** (impersonal) *to pour*

| | |
|---|---|
| Aus der Tasse gießt es sich nicht gut. | *This cup doesn't pour very well.* |

**RELATED VERBS** ab·gießen, an·gießen, auf·gießen, aus·gießen, begießen, durch·gießen, ein·gießen, ergießen, nach·gießen, über·gießen, übergießen, um·gießen, vergießen, weg·gießen, zu·gießen

**MORE USAGE SENTENCES WITH glauben**

| | |
|---|---|
| Ich glaube dir aufs Wort. | *I'll take your word for it.* |
| „Hat die Vorlesung schon begonnen?" „Ich glaube, ja." | *"Did the lecture already begin?" "I believe so."* |
| „Ist Melanie heute krank?" „Ich glaube, nein." | *"Is Melanie sick today?" "I don't believe so."* |
| Du glaubst gar nicht, wie schwer es ist. | *You have no idea how heavy it is.* |
| Er gibt uns zu glauben, dass der Krieg gerecht ist. | *He wants to make us believe the war is just.* |
| Es ist nicht zu glauben, wie kalt es geworden ist. | *It's incredible how cold it's gotten.* |
| Der Manager glaubt mit Recht, dass Kundenbindung schwieriger als Kundenerwerbung sei. | *The manager rightly believes that retaining customers is more difficult than attracting them.* |
| Opa sagte immer, man könnte nicht alles glauben, was in der Zeitung steht. | *Grandpa always said you can't believe everything you read in the newspaper.* |
| Das ist die Wahrheit, ob du es glaubst oder nicht. | *That's the truth, believe it or not.* |
| Jost glaubte seine Schwester zu sehen. | *Jost thought he saw his sister.* |
| Wir glauben fest, dass Weltfrieden möglich ist. | *We firmly believe world peace is possible.* |
| Maria, es ist kaum zu glauben, dass wir uns seit 23 Jahren kennen. | *Maria, it's hard to believe we've known each other for 23 years.* |
| Das will ich nicht glauben! | *I don't want to believe that!* |
| Irrtümlicherweise glaubte Sebastian, dass sein Reisepass gültig ist. | *Sebastian erroneously believed his passport was valid.* |
| Ihm ist nicht zu glauben. | *He can't be believed.* |
| Man glaubt, dass er an den russischen Feldzügen teilnahm. | *It is believed that he took part in the Russian campaigns.* |
| Die Wissenschaftler glaubten, den Ursprung der menschlichen Sprache gefunden zu haben. | *The scientists believed they had found the origin of human language.* |
| Der Leser weiß nicht, was zu glauben: was ist wirklich und was ist unwirklich? | *The reader doesn't know what to believe: what is real and what is unreal?* |
| Oh, daß du mich hörtest, daß du mir glaubtest vor meinem Tode! (HOFMANNSTHAL) | *Oh, that you would hear me, that you would believe me before my death!* |

**glauben an** *to believe in, have faith/trust in*

| | |
|---|---|
| Glaubt ihr an Gott? | *Do you believe in God?* |
| Du musst an dich selbst glauben. | *You have to have faith in yourself.* |
| Glaubst du an Außerirdische? | *Do you believe in extraterrestrials?* |
| Früher glaubten Menschen daran, dass die Bodenschätze der Erde unerschöpflich sind. | *Humans used to trust that the earth's natural resources were inexhaustible.* |
| Glauben Sie nicht an die Zukunft der menschlichen Zivilisation? | *Do you not have faith in the future of human civilization?* |
| Ich glaube nicht mehr an ihn, seitdem er uns belogen hat. | *I no longer have faith in him since he lied to us.* |
| Ich glaube an Wunder. | *I believe in miracles.* |
| Glaubst du etwa noch an den Weihnachtsmann? | *I'll bet you still believe in Santa Claus.* |

**glauben** + direct object + adjective *to believe/think something/someone to be*

| | |
|---|---|
| Dieter glaubt sich sicher. | *Dieter thinks he is safe.* |
| Der Mann wurde vermisst und die Polizei glaubte ihn tot. | *The man was missing, and police believed him dead.* |
| Ortwins Eltern glaubten ihn längst in Hannover. | *Ortwin's parents believed he had been in Hanover a long time already.* |
| Wir glaubten uns zu zwei. (GOETHE) | *We believed we were two.* |
| Das Liebespaar hatte sich beim Rendezvous am Strand unbeobachtet geglaubt. | *The lovebirds had thought they were not being watched during their rendezvous on the beach.* |

TOP 50 VERBS

regular weak verb · · · · · · · · · · · · · · · · · · · · · · · · · · · · · · · · · · · · · · · · · · · · · · · · · **glaubt · glaubte · geglaubt**

**PRESENT**

| | |
|---|---|
| ich glaube | wir glauben |
| du glaubst | ihr glaubt |
| Sie glauben | Sie glauben |
| er/sie/es glaubt | sie glauben |

**SIMPLE PAST**

| | |
|---|---|
| ich glaubte | wir glaubten |
| du glaubtest | ihr glaubtet |
| Sie glaubten | Sie glaubten |
| er/sie/es glaubte | sie glaubten |

**FUTURE**

| | | |
|---|---|---|
| ich werde | wir werden | |
| du wirst | ihr werdet | glauben |
| Sie werden | Sie werden | |
| er/sie/es wird | sie werden | |

**PRESENT SUBJUNCTIVE I**

| | |
|---|---|
| ich glaube | wir glauben |
| du glaubest | ihr glaubet |
| Sie glauben | Sie glauben |
| er/sie/es glaube | sie glauben |

**PRESENT SUBJUNCTIVE II**

| | |
|---|---|
| ich glaubte | wir glaubten |
| du glaubtest | ihr glaubtet |
| Sie glaubten | Sie glauben |
| er/sie/es glaubte | sie glaubten |

**FUTURE SUBJUNCTIVE I**

| | | |
|---|---|---|
| ich werde | wir werden | |
| du werdest | ihr werdet | glauben |
| Sie werden | Sie werden | |
| er/sie/es werde | sie werden | |

**FUTURE SUBJUNCTIVE II**

| | | |
|---|---|---|
| ich würde | wir würden | |
| du würdest | ihr würdet | glauben |
| Sie würden | Sie würden | |
| er/sie/es würde | sie würden | |

**PRESENT PERFECT**

| | | |
|---|---|---|
| ich habe | wir haben | |
| du hast | ihr habt | geglaubt |
| Sie haben | Sie haben | |
| er/sie/es hat | sie haben | |

**PAST PERFECT**

| | | |
|---|---|---|
| ich hatte | wir hatten | |
| du hattest | ihr hattet | geglaubt |
| Sie hatten | Sie hatten | |
| er/sie/es hatte | sie hatten | |

**FUTURE PERFECT**

| | | |
|---|---|---|
| ich werde | wir werden | |
| du wirst | ihr werdet | geglaubt haben |
| Sie werden | Sie werden | |
| er/sie/es wird | sie werden | |

**PAST SUBJUNCTIVE I**

| | | |
|---|---|---|
| ich habe | wir haben | |
| du habest | ihr habet | geglaubt |
| Sie haben | Sie haben | |
| er/sie/es habe | sie haben | |

**PAST SUBJUNCTIVE II**

| | | |
|---|---|---|
| ich hätte | wir hätten | |
| du hättest | ihr hättet | geglaubt |
| Sie hätten | Sie hätten | |
| er/sie/es hätte | sie hätten | |

**FUTURE PERFECT SUBJUNCTIVE I**

| | | |
|---|---|---|
| ich werde | wir werden | |
| du werdest | ihr werdet | geglaubt haben |
| Sie werden | Sie werden | |
| er/sie/es werde | sie werden | |

**FUTURE PERFECT SUBJUNCTIVE II**

| | | |
|---|---|---|
| ich würde | wir würden | |
| du würdest | ihr würdet | geglaubt haben |
| Sie würden | Sie würden | |
| er/sie/es würde | sie würden | |

**COMMANDS**  glaub(e)!  glaubt!  glauben Sie!

**PRESENT PARTICIPLE**  glaubend

## Usage

Mit Lucas Howard glaubten sie, einen neuen Geschäftsführer gefunden zu haben.

Kaum jemand hätte geglaubt, dass der ältere Mann das Rennen gewinnen würde.

Ich glaube nicht, dass Berta auf die Fete kommt.

Glaubst du, du bist der einzige, dem es nicht gefällt?

Man könnte glauben, der Typ würde hier wohnen, aber er ist nur zu Besuch.

Langsam glaubte Norbert, dass sein Hund ihn absichtlich ärgerte.

Warum glauben Sie mir nicht?

Jutta glaubt ihm jedes Wort.

Du scheinst nicht mehr zu glauben, dass das vermisste Känguru gefunden wird.

*They believed they had found in Lucas Howard a new executive officer.*

*Hardly anyone would have imagined that the older man would win the race.*

*I don't think Berta is coming to the party.*

*Do you think you're the only one who doesn't like it?*

*You might think the guy lived here, but he's only visiting.*

*Norbert slowly began to think that his dog was irritating him intentionally.*

*Why don't you believe me?*

*Jutta believes his every word.*

*You seem no longer to believe that the missing kangaroo will be found.*

# gleichen   *to be equal to; resemble; be comparable to*

gleicht · glich · geglichen                          strong verb (dative object)

**PRESENT**

| ich gleiche | wir gleichen |
|---|---|
| du gleichst | ihr gleicht |
| Sie gleichen | Sie gleichen |
| er/sie/es gleicht | sie gleichen |

**SIMPLE PAST**

| ich glich | wir glichen |
|---|---|
| du glichst | ihr glicht |
| Sie glichen | Sie glichen |
| er/sie/es glich | sie glichen |

**FUTURE**

| ich werde | wir werden | |
|---|---|---|
| du wirst | ihr werdet | gleichen |
| Sie werden | Sie werden | |
| er/sie/es wird | sie werden | |

**PRESENT SUBJUNCTIVE I**

| ich gleiche | wir gleichen |
|---|---|
| du gleichest | ihr gleichet |
| Sie gleichen | Sie gleichen |
| er/sie/es gleiche | sie gleichen |

**PRESENT SUBJUNCTIVE II**

| ich gliche | wir glichen |
|---|---|
| du glichest | ihr glichet |
| Sie glichen | Sie glichen |
| er/sie/es gliche | sie glichen |

**FUTURE SUBJUNCTIVE I**

| ich werde | wir werden | |
|---|---|---|
| du werdest | ihr werdet | gleichen |
| Sie werden | Sie werden | |
| er/sie/es werde | sie werden | |

**FUTURE SUBJUNCTIVE II**

| ich würde | wir würden | |
|---|---|---|
| du würdest | ihr würdet | gleichen |
| Sie würden | Sie würden | |
| er/sie/es würde | sie würden | |

**PRESENT PERFECT**

| ich habe | wir haben | |
|---|---|---|
| du hast | ihr habt | geglichen |
| Sie haben | Sie haben | |
| er/sie/es hat | sie haben | |

**PAST PERFECT**

| ich hatte | wir hatten | |
|---|---|---|
| du hattest | ihr hattet | geglichen |
| Sie hatten | Sie hatten | |
| er/sie/es hatte | sie hatten | |

**FUTURE PERFECT**

| ich werde | wir werden | |
|---|---|---|
| du wirst | ihr werdet | geglichen haben |
| Sie werden | Sie werden | |
| er/sie/es wird | sie werden | |

**PAST SUBJUNCTIVE I**

| ich habe | wir haben | |
|---|---|---|
| du habest | ihr habet | geglichen |
| Sie haben | Sie haben | |
| er/sie/es habe | sie haben | |

**PAST SUBJUNCTIVE II**

| ich hätte | wir hätten | |
|---|---|---|
| du hättest | ihr hättet | geglichen |
| Sie hätten | Sie hätten | |
| er/sie/es hätte | sie hätten | |

**FUTURE PERFECT SUBJUNCTIVE I**

| ich werde | wir werden | |
|---|---|---|
| du werdest | ihr werdet | geglichen haben |
| Sie werden | Sie werden | |
| er/sie/es werde | sie werden | |

**FUTURE PERFECT SUBJUNCTIVE II**

| ich würde | wir würden | |
|---|---|---|
| du würdest | ihr würdet | geglichen haben |
| Sie würden | Sie würden | |
| er/sie/es würde | sie würden | |

**COMMANDS**          gleich(e)!   gleicht!   gleichen Sie!

**PRESENT PARTICIPLE**   gleichend

## Usage

| | |
|---|---|
| Er behauptet, kein Stück gleiche dem anderen. | *He claims no two pieces are the same.* |
| Der eine Soldat glich dem anderen, nur ein einziger war etwas verschieden. (GRIMM) | *Each soldier was the same as every other, but one was somewhat different.* |
| Die Theorien glichen sich in ihren Annahmen und Aussagen. | *The theories were equivalent in their assumptions and propositions.* |
| Die Bühnendekoration der zweiten Szene glich einem Bauernhof des 19. Jahrhunderts. | *The stage set in the second scene resembled a nineteenth-century farmyard.* |
| Seine Fagottsonate hat eher einem Duo für Fagott und Klavier geglichen. | *His bassoon sonata rather resembled a duet for bassoon and piano.* |
| Der Vorschlag des Vorsitzenden gleicht inhaltlich dem Entwurf des Rats. | *The chair's suggestion is comparable in substance to the council's proposal.* |
| Tine und Line gleichen sich aufs Haar. (*idiomatic*) | *Tine and Line are the spitting image of each other.* |

**RELATED VERBS**   ab·gleichen, an·gleichen, aus·gleichen, begleichen; *see also* **vergleichen** (485)

strong verb

### PRESENT

| | |
|---|---|
| ich gleite | wir gleiten |
| du gleitest | ihr gleitet |
| Sie gleiten | Sie gleiten |
| er/sie/es gleitet | sie gleiten |

### SIMPLE PAST

| | |
|---|---|
| ich glitt | wir glitten |
| du glittst | ihr glittet |
| Sie glitten | Sie glitten |
| er/sie/es glitt | sie glitten |

### FUTURE

| | |
|---|---|
| ich werde | wir werden |
| du wirst | ihr werdet |
| Sie werden | Sie werden |
| er/sie/es wird | sie werden |

} gleiten

### PRESENT SUBJUNCTIVE I

| | |
|---|---|
| ich gleite | wir gleiten |
| du gleitest | ihr gleitet |
| Sie gleiten | Sie gleiten |
| er/sie/es gleite | sie gleiten |

### PRESENT SUBJUNCTIVE II

| | |
|---|---|
| ich glitte | wir glitten |
| du glittest | ihr glittet |
| Sie glitten | Sie glitten |
| er/sie/es glitte | sie glitten |

### FUTURE SUBJUNCTIVE I

| | |
|---|---|
| ich werde | wir werden |
| du werdest | ihr werdet |
| Sie werden | Sie werden |
| er/sie/es werde | sie werden |

} gleiten

### FUTURE SUBJUNCTIVE II

| | |
|---|---|
| ich würde | wir würden |
| du würdest | ihr würdet |
| Sie würden | Sie würden |
| er/sie/es würde | sie würden |

} gleiten

### PRESENT PERFECT

| | |
|---|---|
| ich bin | wir sind |
| du bist | ihr seid |
| Sie sind | Sie sind |
| er/sie/es ist | sie sind |

} geglitten

### PAST PERFECT

| | |
|---|---|
| ich war | wir waren |
| du warst | ihr wart |
| Sie waren | Sie waren |
| er/sie/es war | sie waren |

} geglitten

### FUTURE PERFECT

| | |
|---|---|
| ich werde | wir werden |
| du wirst | ihr werdet |
| Sie werden | Sie werden |
| er/sie/es wird | sie werden |

} geglitten sein

### PAST SUBJUNCTIVE I

| | |
|---|---|
| ich sei | wir seien |
| du seiest | ihr seiet |
| Sie seien | Sie seien |
| er/sie/es sei | sie seien |

} geglitten

### PAST SUBJUNCTIVE II

| | |
|---|---|
| ich wäre | wir wären |
| du wärest | ihr wäret |
| Sie wären | Sie wären |
| er/sie/es wäre | sie wären |

} geglitten

### FUTURE PERFECT SUBJUNCTIVE I

| | |
|---|---|
| ich werde | wir werden |
| du werdest | ihr werdet |
| Sie werden | Sie werden |
| er/sie/es werde | sie werden |

} geglitten sein

### FUTURE PERFECT SUBJUNCTIVE II

| | |
|---|---|
| ich würde | wir würden |
| du würdest | ihr würdet |
| Sie würden | Sie würden |
| er/sie/es würde | sie würden |

} geglitten sein

**COMMANDS**       gleite!   gleitet!   gleiten Sie!

**PRESENT PARTICIPLE**   gleitend

## Usage

Am späten Nachmittag glitten wir den Kanal abwärts bis nach Bergeshövede.

Die Schlittschuhläufer gleiten auf dem zugefrorenen See.

Weiße Schwäne gleiten über den stillen Teich.

Der Heißluftballon glitt ruhig zu Boden.

Liesls Tasche ist plötzlich von ihrer Schulter auf den Bürgersteig geglitten.

Der schlafende Herr glitt langsam aus seinem Sitz auf den Fußboden.

Die scharfen Augen des Detektivs glitten über die Szene im Zimmer.

Das Krokodil glitt leise durch das Wasser.

*In the late afternoon, we glided down the canal as far as Bergeshövede.*

*The ice skaters are gliding on the frozen lake.*

*White swans are gliding across the still pond.*

*The hot-air balloon glided serenely to the ground.*

*Liesl's purse suddenly slid off her shoulder onto the sidewalk.*

*The sleeping gentleman slowly slipped from his seat onto the floor.*

*The detective's sharp eyes swept over the scene in the room.*

*The crocodile glided quietly through the water.*

**RELATED VERBS**  ab·gleiten, aus·gleiten, entgleiten, zurück·gleiten

**glimmen** *to glimmer, smolder, glow*

glimmt · glomm/glimmte · geglommen/geglimmt          strong verb or regular weak verb

**PRESENT**

| | |
|---|---|
| ich glimme | wir glimmen |
| du glimmst | ihr glimmt |
| Sie glimmen | Sie glimmen |
| er/sie/es glimmt | sie glimmen |

**PRESENT PERFECT**

| | | |
|---|---|---|
| ich habe | wir haben | |
| du hast | ihr habt | geglommen/geglimmt |
| Sie haben | Sie haben | |
| er/sie/es hat | sie haben | |

**SIMPLE PAST**

| | |
|---|---|
| ich glomm/glimmte | wir glommen/glimmten |
| du glommst/glimmtest | ihr glommt/glimmtet |
| Sie glommen/glimmten | Sie glommen/glimmten |
| er/sie/es glomm/glimmte | sie glommen/glimmten |

**PAST PERFECT**

| | | |
|---|---|---|
| ich hatte | wir hatten | |
| du hattest | ihr hattet | geglommen/geglimmt |
| Sie hatten | Sie hatten | |
| er/sie/es hatte | sie hatten | |

**FUTURE**

| | | |
|---|---|---|
| ich werde | wir werden | |
| du wirst | ihr werdet | glimmen |
| Sie werden | Sie werden | |
| er/sie/es wird | sie werden | |

**FUTURE PERFECT**

| | | |
|---|---|---|
| ich werde | wir werden | geglommen haben |
| du wirst | ihr werdet | OR |
| Sie werden | Sie werden | geglimmt haben |
| er/sie/es wird | sie werden | |

**PRESENT SUBJUNCTIVE I**

| | |
|---|---|
| ich glimme | wir glimmen |
| du glimmest | ihr glimmet |
| Sie glimmen | Sie glimmen |
| er/sie/es glimme | sie glimmen |

**PAST SUBJUNCTIVE I**

| | | |
|---|---|---|
| ich habe | wir haben | |
| du habest | ihr habet | geglommen/geglimmt |
| Sie haben | Sie haben | |
| er/sie/es habe | sie haben | |

**PRESENT SUBJUNCTIVE II**

| | |
|---|---|
| ich glömme/glimmte | wir glömmen/glimmten |
| du glömmest/glimmtest | ihr glömmet/glimmtet |
| Sie glömmen/glimmten | Sie glömmen/glimmten |
| er/sie/es glömme/glimmte | sie glömmen/glimmten |

**PAST SUBJUNCTIVE II**

| | | |
|---|---|---|
| ich hätte | wir hätten | |
| du hättest | ihr hättet | geglommen/geglimmt |
| Sie hätten | Sie hätten | |
| er/sie/es hätte | sie hätten | |

**FUTURE SUBJUNCTIVE I**

| | | |
|---|---|---|
| ich werde | wir werden | |
| du werdest | ihr werdet | glimmen |
| Sie werden | Sie werden | |
| er/sie/es werde | sie werden | |

**FUTURE PERFECT SUBJUNCTIVE I**

| | | |
|---|---|---|
| ich werde | wir werden | geglommen haben |
| du werdest | ihr werdet | OR |
| Sie werden | Sie werden | geglimmt haben |
| er/sie/es werde | sie werden | |

**FUTURE SUBJUNCTIVE II**

| | | |
|---|---|---|
| ich würde | wir würden | |
| du würdest | ihr würdet | glimmen |
| Sie würden | Sie würden | |
| er/sie/es würde | sie würden | |

**FUTURE PERFECT SUBJUNCTIVE II**

| | | |
|---|---|---|
| ich würde | wir würden | geglommen haben |
| du würdest | ihr würdet | OR |
| Sie würden | Sie würden | geglimmt haben |
| er/sie/es würde | sie würden | |

**COMMANDS**          glimm(e)!   glimmt!   glimmen Sie!

**PRESENT PARTICIPLE**   glimmend

## Usage

| | |
|---|---|
| Ein Funke Hoffnung glimmt in ihren Augen. | *A spark of hope glimmers in their eyes.* |
| Unser Lagerfeuer glomm nur noch schwach. | *Our campfire smoldered but feebly.* |
| Die schneebedeckten Gipfeln glommen rot im Sonnenuntergang. | *The snow-covered peaks glowed red in the sunset.* |
| In der Ferne glommen gespenstische Lichter in dem leer stehenden Schloss. | *In the distance, ghostly lights glowed in the empty castle.* |
| Mutti, wie glimmen die Leuchtkäfer? | *Mommy, how do fireflies glow?* |

**NOTE** Regular weak forms of **glimmen** also occur.

| | |
|---|---|
| Unter der Asche haben die heißen Kohlen noch geglimmt. | *Under the ashes, the hot coals still smoldered.* |
| Eine kubanische Zigarre glimmte merklich hell im sonst dunklen Zimmer. | *A Cuban cigar glowed noticeably brightly in the otherwise dark room.* |

**RELATED VERBS** auf·glimmen, verglimmen

strong verb

**PRESENT**

| | |
|---|---|
| ich grabe | wir graben |
| du gräbst | ihr grabt |
| Sie graben | Sie graben |
| er/sie/es gräbt | sie graben |

**SIMPLE PAST**

| | |
|---|---|
| ich grub | wir gruben |
| du grubst | ihr grubt |
| Sie gruben | Sie gruben |
| er/sie/es grub | sie gruben |

**FUTURE**

| | | |
|---|---|---|
| ich werde | wir werden | |
| du wirst | ihr werdet | graben |
| Sie werden | Sie werden | |
| er/sie/es wird | sie werden | |

**PRESENT SUBJUNCTIVE I**

| | |
|---|---|
| ich grabe | wir graben |
| du grabest | ihr grabet |
| Sie graben | Sie graben |
| er/sie/es grabe | sie graben |

**PRESENT SUBJUNCTIVE II**

| | |
|---|---|
| ich grübe | wir grüben |
| du grübest | ihr grübet |
| Sie grüben | Sie grüben |
| er/sie/es grübe | sie grüben |

**FUTURE SUBJUNCTIVE I**

| | | |
|---|---|---|
| ich werde | wir werden | |
| du werdest | ihr werdet | graben |
| Sie werden | Sie werden | |
| er/sie/es werde | sie werden | |

**FUTURE SUBJUNCTIVE II**

| | | |
|---|---|---|
| ich würde | wir würden | |
| du würdest | ihr würdet | graben |
| Sie würden | Sie würden | |
| er/sie/es würde | sie würden | |

**PRESENT PERFECT**

| | | |
|---|---|---|
| ich habe | wir haben | |
| du hast | ihr habt | gegraben |
| Sie haben | Sie haben | |
| er/sie/es hat | sie haben | |

**PAST PERFECT**

| | | |
|---|---|---|
| ich hatte | wir hatten | |
| du hattest | ihr hattet | gegraben |
| Sie hatten | Sie hatten | |
| er/sie/es hatte | sie hatten | |

**FUTURE PERFECT**

| | | |
|---|---|---|
| ich werde | wir werden | |
| du wirst | ihr werdet | gegraben haben |
| Sie werden | Sie werden | |
| er/sie/es wird | sie werden | |

**PAST SUBJUNCTIVE I**

| | | |
|---|---|---|
| ich habe | wir haben | |
| du habest | ihr habet | gegraben |
| Sie haben | Sie haben | |
| er/sie/es habe | sie haben | |

**PAST SUBJUNCTIVE II**

| | | |
|---|---|---|
| ich hätte | wir hätten | |
| du hättest | ihr hättet | gegraben |
| Sie hätten | Sie hätten | |
| er/sie/es hätte | sie hätten | |

**FUTURE PERFECT SUBJUNCTIVE I**

| | | |
|---|---|---|
| ich werde | wir werden | |
| du werdest | ihr werdet | gegraben haben |
| Sie werden | Sie werden | |
| er/sie/es werde | sie werden | |

**FUTURE PERFECT SUBJUNCTIVE II**

| | | |
|---|---|---|
| ich würde | wir würden | |
| du würdest | ihr würdet | gegraben haben |
| Sie würden | Sie würden | |
| er/sie/es würde | sie würden | |

**COMMANDS**    grab(e)!    grabt!    graben Sie!

**PRESENT PARTICIPLE**    grabend

## Usage

| | |
|---|---|
| Heinrich Schliemann war wohl der erste Archäologe, der bei Troja grub. | *Heinrich Schliemann was probably the first archeologist to excavate at Troy.* |
| Ein Wasserbrunnen war im späten 18. Jahrhundert hier gegraben worden. | *A water well had been dug here in the late eighteenth century.* |
| Wer andern eine Grube gräbt, fällt selbst hinein. (PROVERB) | *He who digs a hole for others will fall in himself.* |
| Der schüchterne Junge grub seine Hände in seine Hosentaschen. | *The shy boy dug his hands into his trouser pockets.* |

## sich graben *to dig*

| | |
|---|---|
| Die Regenwürmer graben sich durch die verfaulten Blätter und Erde. | *The earthworms tunnel their way through the decomposing leaves and soil.* |

**RELATED VERBS**  ab·graben, auf·graben, aus·graben, begraben, durch·graben, ein·graben, um·graben, unter·graben, untergraben, vergraben

greift · griff · gegriffen                                                  strong verb

**PRESENT**

| | |
|---|---|
| ich greife | wir greifen |
| du greifst | ihr greift |
| Sie greifen | Sie greifen |
| er/sie/es greift | sie greifen |

**SIMPLE PAST**

| | |
|---|---|
| ich griff | wir griffen |
| du griffst | ihr grifft |
| Sie griffen | Sie griffen |
| er/sie/es griff | sie griffen |

**FUTURE**

| | | |
|---|---|---|
| ich werde | wir werden | |
| du wirst | ihr werdet | greifen |
| Sie werden | Sie werden | |
| er/sie/es wird | sie werden | |

**PRESENT SUBJUNCTIVE I**

| | |
|---|---|
| ich greife | wir greifen |
| du greifest | ihr greifet |
| Sie greifen | Sie greifen |
| er/sie/es greife | sie greifen |

**PRESENT SUBJUNCTIVE II**

| | |
|---|---|
| ich griffe | wir griffen |
| du griffest | ihr griffet |
| Sie griffen | Sie griffen |
| er/sie/es griffe | sie griffen |

**FUTURE SUBJUNCTIVE I**

| | | |
|---|---|---|
| ich werde | wir werden | |
| du werdest | ihr werdet | greifen |
| Sie werden | Sie werden | |
| er/sie/es werde | sie werden | |

**FUTURE SUBJUNCTIVE II**

| | | |
|---|---|---|
| ich würde | wir würden | |
| du würdest | ihr würdet | greifen |
| Sie würden | Sie würden | |
| er/sie/es würde | sie würden | |

**PRESENT PERFECT**

| | | |
|---|---|---|
| ich habe | wir haben | |
| du hast | ihr habt | gegriffen |
| Sie haben | Sie haben | |
| er/sie/es hat | sie haben | |

**PAST PERFECT**

| | | |
|---|---|---|
| ich hatte | wir hatten | |
| du hattest | ihr hattet | gegriffen |
| Sie hatten | Sie hatten | |
| er/sie/es hatte | sie hatten | |

**FUTURE PERFECT**

| | | |
|---|---|---|
| ich werde | wir werden | |
| du wirst | ihr werdet | gegriffen haben |
| Sie werden | Sie werden | |
| er/sie/es wird | sie werden | |

**PAST SUBJUNCTIVE I**

| | | |
|---|---|---|
| ich habe | wir haben | |
| du habest | ihr habet | gegriffen |
| Sie haben | Sie haben | |
| er/sie/es habe | sie haben | |

**PAST SUBJUNCTIVE II**

| | | |
|---|---|---|
| ich hätte | wir hätten | |
| du hättest | ihr hättet | gegriffen |
| Sie hätten | Sie hätten | |
| er/sie/es hätte | sie hätten | |

**FUTURE PERFECT SUBJUNCTIVE I**

| | | |
|---|---|---|
| ich werde | wir werden | |
| du werdest | ihr werdet | gegriffen haben |
| Sie werden | Sie werden | |
| er/sie/es werde | sie werden | |

**FUTURE PERFECT SUBJUNCTIVE II**

| | | |
|---|---|---|
| ich würde | wir würden | |
| du würdest | ihr würdet | gegriffen haben |
| Sie würden | Sie würden | |
| er/sie/es würde | sie würden | |

**COMMANDS**        greif(e)!   greift!   greifen Sie!

**PRESENT PARTICIPLE**        greifend

## Usage

| | |
|---|---|
| Greifen Sie die Zange mit der rechten Hand. | *Grasp the pliers with your right hand.* |
| Der weltberühmte Klaviervirtuose griff energisch und inspiriert in die Tasten. | *The world-famous piano virtuoso struck the keys with energy and inspiration.* |
| In den letzten Wochen habe ich zu oft ins Portemonnaie greifen müssen. *(idiomatic)* | *During the last few weeks, I've had to reach for my wallet too often.* |
| Wenn ich nervös bin, greife ich zur Zigarette. | *When I'm nervous, I reach for a cigarette.* |
| Eckhard greift leider zur Lüge. | *Eckhard, unfortunately, is resorting to lying.* |
| Wir haben zu extremen Maßnahmen gegriffen. | *We resorted to extreme measures.* |

### greifen um sich  *to spread*

| | |
|---|---|
| Die Flammen griffen schnell um sich. | *The flames spread quickly.* |

**RELATED VERBS**  ab·greifen, an·greifen, auf·greifen, aus·greifen, begreifen, daneben·greifen, durch·greifen, ein-begreifen, ein·greifen, ergreifen, über·greifen, um·greifen, umgreifen, vergreifen, vor·greifen, zu·greifen, zurück·greifen

**PRESENT**

| | |
|---|---|
| ich gründe | wir gründen |
| du gründest | ihr gründet |
| Sie gründen | Sie gründen |
| er/sie/es gründet | sie gründen |

**PRESENT PERFECT**

| | |
|---|---|
| ich habe | wir haben |
| du hast | ihr habt |
| Sie haben | Sie haben |
| er/sie/es hat | sie haben |

} gegründet

**SIMPLE PAST**

| | |
|---|---|
| ich gründete | wir gründeten |
| du gründetest | ihr gründetet |
| Sie gründeten | Sie gründeten |
| er/sie/es gründete | sie gründeten |

**PAST PERFECT**

| | |
|---|---|
| ich hatte | wir hatten |
| du hattest | ihr hattet |
| Sie hatten | Sie hatten |
| er/sie/es hatte | sie hatten |

} gegründet

**FUTURE**

| | |
|---|---|
| ich werde | wir werden |
| du wirst | ihr werdet |
| Sie werden | Sie werden |
| er/sie/es wird | sie werden |

} gründen

**FUTURE PERFECT**

| | |
|---|---|
| ich werde | wir werden |
| du wirst | ihr werdet |
| Sie werden | Sie werden |
| er/sie/es wird | sie werden |

} gegründet haben

**PRESENT SUBJUNCTIVE I**

| | |
|---|---|
| ich gründe | wir gründen |
| du gründest | ihr gründet |
| Sie gründen | Sie gründen |
| er/sie/es gründe | sie gründen |

**PAST SUBJUNCTIVE I**

| | |
|---|---|
| ich habe | wir haben |
| du habest | ihr habet |
| Sie haben | Sie haben |
| er/sie/es habe | sie haben |

} gegründet

**PRESENT SUBJUNCTIVE II**

| | |
|---|---|
| ich gründete | wir gründeten |
| du gründetest | ihr gründetet |
| Sie gründeten | Sie gründeten |
| er/sie/es gründete | sie gründeten |

**PAST SUBJUNCTIVE II**

| | |
|---|---|
| ich hätte | wir hätten |
| du hättest | ihr hättet |
| Sie hätten | Sie hätten |
| er/sie/es hätte | sie hätten |

} gegründet

**FUTURE SUBJUNCTIVE I**

| | |
|---|---|
| ich werde | wir werden |
| du werdest | ihr werdet |
| Sie werden | Sie werden |
| er/sie/es werde | sie werden |

} gründen

**FUTURE PERFECT SUBJUNCTIVE I**

| | |
|---|---|
| ich werde | wir werden |
| du werdest | ihr werdet |
| Sie werden | Sie werden |
| er/sie/es werde | sie werden |

} gegründet haben

**FUTURE SUBJUNCTIVE II**

| | |
|---|---|
| ich würde | wir würden |
| du würdest | ihr würdet |
| Sie würden | Sie würden |
| er/sie/es würde | sie würden |

} gründen

**FUTURE PERFECT SUBJUNCTIVE II**

| | |
|---|---|
| ich würde | wir würden |
| du würdest | ihr würdet |
| Sie würden | Sie würden |
| er/sie/es würde | sie würden |

} gegründet haben

**COMMANDS** gründe! gründet! gründen Sie!

**PRESENT PARTICIPLE** gründend

## Usage

Der SC Hörstel wurde 1921 als Fußballverein gegründet. — *The Hörstel SC was founded in 1921 as a soccer club.*

Vor zwei Jahren habe ich mich entschlossen, meine eigene Firma zu gründen. — *Two years ago, I decided to establish my own company.*

Unser Nachbar Robert hat mit seinen Freunden eine Rockband gegründet. — *Our neighbor Robert started a rock band with his friends.*

Wir möchten eine Familie gründen. — *We'd like to start a family.*

Der Chef gründete seine Entscheidung auf die gegenwärtigen Verhältnisse. — *The boss based his decision on current conditions.*

Stille Wasser gründen tief. (PROVERB) — *Still waters run deep.*

### sich gründen *to be based, rest*

Die Doktrin vom Präventivkrieg gründet sich nicht auf aufgeklärte Vernunft sondern auf Angst und Paranoia. — *The doctrine of preventive war is based not on enlightened reason, but on fear and paranoia.*

**RELATED VERBS** ergründen, um·gründen; *see also* **begründen** (59)

# grüßen  *to greet, say hello (to), salute*

grüßt · grüßte · gegrüßt                                    regular weak verb

**PRESENT**

| ich grüße | wir grüßen |
|---|---|
| du grüßt | ihr grüßt |
| Sie grüßen | Sie grüßen |
| er/sie/es grüßt | sie grüßen |

**SIMPLE PAST**

| ich grüßte | wir grüßten |
|---|---|
| du grüßtest | ihr grüßtet |
| Sie grüßten | Sie grüßten |
| er/sie/es grüßte | sie grüßten |

**FUTURE**

| ich werde | wir werden | |
|---|---|---|
| du wirst | ihr werdet | grüßen |
| Sie werden | Sie werden | |
| er/sie/es wird | sie werden | |

**PRESENT SUBJUNCTIVE I**

| ich grüße | wir grüßen |
|---|---|
| du grüßest | ihr grüßet |
| Sie grüßen | Sie grüßen |
| er/sie/es grüße | sie grüßen |

**PRESENT SUBJUNCTIVE II**

| ich grüßte | wir grüßten |
|---|---|
| du grüßtest | ihr grüßtet |
| Sie grüßten | Sie grüßten |
| er/sie/es grüßte | sie grüßten |

**FUTURE SUBJUNCTIVE I**

| ich werde | wir werden | |
|---|---|---|
| du werdest | ihr werdet | grüßen |
| Sie werden | Sie werden | |
| er/sie/es werde | sie werden | |

**FUTURE SUBJUNCTIVE II**

| ich würde | wir würden | |
|---|---|---|
| du würdest | ihr würdet | grüßen |
| Sie würden | Sie würden | |
| er/sie/es würde | sie würden | |

**PRESENT PERFECT**

| ich habe | wir haben | |
|---|---|---|
| du hast | ihr habt | gegrüßt |
| Sie haben | Sie haben | |
| er/sie/es hat | sie haben | |

**PAST PERFECT**

| ich hatte | wir hatten | |
|---|---|---|
| du hattest | ihr hattet | gegrüßt |
| Sie hatten | Sie hatten | |
| er/sie/es hatte | sie hatten | |

**FUTURE PERFECT**

| ich werde | wir werden | |
|---|---|---|
| du wirst | ihr werdet | gegrüßt haben |
| Sie werden | Sie werden | |
| er/sie/es wird | sie werden | |

**PAST SUBJUNCTIVE I**

| ich habe | wir haben | |
|---|---|---|
| du habest | ihr habet | gegrüßt |
| Sie haben | Sie haben | |
| er/sie/es habe | sie haben | |

**PAST SUBJUNCTIVE II**

| ich hätte | wir hätten | |
|---|---|---|
| du hättest | ihr hättet | gegrüßt |
| Sie hätten | Sie hätten | |
| er/sie/es hätte | sie hätten | |

**FUTURE PERFECT SUBJUNCTIVE I**

| ich werde | wir werden | |
|---|---|---|
| du werdest | ihr werdet | gegrüßt haben |
| Sie werden | Sie werden | |
| er/sie/es werde | sie werden | |

**FUTURE PERFECT SUBJUNCTIVE II**

| ich würde | wir würden | |
|---|---|---|
| du würdest | ihr würdet | gegrüßt haben |
| Sie würden | Sie würden | |
| er/sie/es würde | sie würden | |

**COMMANDS**          grüß(e)!   grüßt!   grüßen Sie!

**PRESENT PARTICIPLE**    grüßend

## Usage

Der freundliche Bürgermeister grüßte die Besucher aus Waltham Abbey.

Grüß mal deinen Mann von mir.

Sie grüßen einander in zwei verschiedenen Sprachen, ohne ein Wort zu verstehen.

Wir grüßen uns jeden Morgen, aber ich weiß seinen Namen nicht.

*The friendly mayor greeted the visitors from Waltham Abbey.*

*Give your husband my regards.*

*They greet each other in two different languages without understanding a word.*

*We greet one another every morning, but I don't know his name.*

### grüßen lassen  *to send one's greetings/regards*

Papa lässt grüßen.

*Papa said to say hello.*

### sich grüßen mit  *to greet, say hello (to)*

Habt ihr euch mit Tante Bärbel gegrüßt?

*Did you say hello to Aunt Bärbel?*

**RELATED VERBS**  wieder·grüßen; *see also* **begrüßen** (60)

regular weak verb

**guckt · guckte · geguckt**

**PRESENT**

| | |
|---|---|
| ich gucke | wir gucken |
| du guckst | ihr guckt |
| Sie gucken | Sie gucken |
| er/sie/es guckt | sie gucken |

**SIMPLE PAST**

| | |
|---|---|
| ich guckte | wir guckten |
| du gucktest | ihr gucktet |
| Sie guckten | Sie guckten |
| er/sie/es guckte | sie guckten |

**FUTURE**

| | | |
|---|---|---|
| ich werde | wir werden | |
| du wirst | ihr werdet | gucken |
| Sie werden | Sie werden | |
| er/sie/es wird | sie werden | |

**PRESENT SUBJUNCTIVE I**

| | |
|---|---|
| ich gucke | wir gucken |
| du guckest | ihr gucket |
| Sie gucken | Sie gucken |
| er/sie/es gucke | sie gucken |

**PRESENT SUBJUNCTIVE II**

| | |
|---|---|
| ich guckte | wir guckten |
| du gucktest | ihr gucktet |
| Sie guckten | Sie guckten |
| er/sie/es guckte | sie guckten |

**FUTURE SUBJUNCTIVE I**

| | | |
|---|---|---|
| ich werde | wir werden | |
| du werdest | ihr werdet | gucken |
| Sie werden | Sie werden | |
| er/sie/es werde | sie werden | |

**FUTURE SUBJUNCTIVE II**

| | | |
|---|---|---|
| ich würde | wir würden | |
| du würdest | ihr würdet | gucken |
| Sie würden | Sie würden | |
| er/sie/es würde | sie würden | |

**PRESENT PERFECT**

| | | |
|---|---|---|
| ich habe | wir haben | |
| du hast | ihr habt | geguckt |
| Sie haben | Sie haben | |
| er/sie/es hat | sie haben | |

**PAST PERFECT**

| | | |
|---|---|---|
| ich hatte | wir hatten | |
| du hattest | ihr hattet | geguckt |
| Sie hatten | Sie hatten | |
| er/sie/es hatte | sie hatten | |

**FUTURE PERFECT**

| | | |
|---|---|---|
| ich werde | wir werden | |
| du wirst | ihr werdet | geguckt haben |
| Sie werden | Sie werden | |
| er/sie/es wird | sie werden | |

**PAST SUBJUNCTIVE I**

| | | |
|---|---|---|
| ich habe | wir haben | |
| du habest | ihr habet | geguckt |
| Sie haben | Sie haben | |
| er/sie/es habe | sie haben | |

**PAST SUBJUNCTIVE II**

| | | |
|---|---|---|
| ich hätte | wir hätten | |
| du hättest | ihr hättet | geguckt |
| Sie hätten | Sie hätten | |
| er/sie/es hätte | sie hätten | |

**FUTURE PERFECT SUBJUNCTIVE I**

| | | |
|---|---|---|
| ich werde | wir werden | |
| du werdest | ihr werdet | geguckt haben |
| Sie werden | Sie werden | |
| er/sie/es werde | sie werden | |

**FUTURE PERFECT SUBJUNCTIVE II**

| | | |
|---|---|---|
| ich würde | wir würden | |
| du würdest | ihr würdet | geguckt haben |
| Sie würden | Sie würden | |
| er/sie/es würde | sie würden | |

**COMMANDS**    guck(e)!    guckt!    gucken Sie!

**PRESENT PARTICIPLE**    guckend

## Usage (colloquial)

Als Kind habe ich immer neugierig in den Ofen geguckt, wenn Mama einen Kuchen gebacken hat.

*As a child, I always peeked with curiosity in the oven whenever Mama baked a cake.*

Guck mal!

*Look!*

Die Schulkinder durften dem Bildhauer bei der Arbeit über die Schulter gucken.

*The schoolchildren were allowed to watch over the sculptor's shoulders while he worked.*

„Hast du beim Trödelmarkt etwas gekauft?"

*"Did you buy anything at the flea market?"*

„Nein, ich habe nur geguckt."

*"No, I just looked."*

Heute Abend wollen wir einen Film gucken.

*We want to watch a movie this evening.*

Guckst du gern Fußball?

*Do you like to watch soccer?*

Ich gucke nur noch Nachrichtensendungen.

*I only watch news programs anymore.*

Mal gucken. (*idiomatic*)

*We'll (wait and) see (what happens).*

**RELATED VERBS**    ab·gucken, an·gucken, auf·gucken, aus·gucken, begucken, durch·gucken, um·gucken, vergucken, vor·gucken, zu·gucken

### MORE USAGE SENTENCES WITH haben

| | |
|---|---|
| „Wo ist bloß meine Tasche?" | *"Where on earth is my purse?"* |
| „Ich habe keine Ahnung." | *"I haven't the faintest idea."* |
| Mit zwei Jobs hat sie es wirklich schwer. | *With two jobs, things are really rough for her.* |
| Ich habe nichts dagegen. | *I have nothing against that.* |
| Maria hat Fernweh und will wegfahren. | *Maria has wanderlust and wants to travel.* |
| Das Baby hat hohes Fieber. | *The baby has a high fever.* |
| Der gelbe VW hatte Vorfahrt. | *The yellow VW had the right-of-way.* |
| „Willst du ins Kino?" | *"Do you want to go to a movie?"* |
| „Leider habe ich keine Zeit." | *"Unfortunately, I have no time."* |
| Haben Sie bitte etwas Geduld. | *Please have a little patience.* |

### sich haben *to be; act up, make a scene* (colloquial)

| | |
|---|---|
| Damit hat es sich! | *There it is!/That's the end of that!* |
| Hab' dich nicht so! | *Don't be like that!* |

### haben zu + infinitive *must, to have to, be obligated to*

| | |
|---|---|
| Sie haben diese Regelungen zu beachten. | *You must observe these rules.* |
| Auf einer Baustelle hat man Lärm zu erwarten. | *On a construction site, you have to expect noise.* |

### IDIOMATIC EXPRESSIONS

| | |
|---|---|
| Manfred hat Anspruch auf Entschädigung. | *Manfred is entitled to compensation.* |
| Das hat zu Folge, dass Kursteilnehmer sich wohl fühlen. | *As a consequence, course participants feel at ease.* |
| Wer hat Schuld daran? | *Whose fault is that?* |
| Lars sagte, er hätte Liesl gern. | *Lars said he's fond of Liesl.* |
| Ich hätte gern das Schweinekotelett mit Pommes. | *I'd like the pork cutlet with fries.* |
| Maxl hat Durst. | *Maxl is thirsty.* |
| Heute haben wir schönes Wetter, nicht? | *It's beautiful weather today, isn't it?* |
| Bei der Ein- und Ausreise hat man einen Pass nötig. | *When entering and leaving, you need a passport.* |
| Da hast du es! | *There, you see!/I told you so!* |
| Wir haben heute den dritten Mai. | *Today is the third of May.* |
| Das hat nicht viel auf sich. | *That is of little consequence.* |
| Das hat etwas für sich. | *There's something to be said for that.* |
| Woher hast du das? | *Where did you get that?* |
| Gott habe ihn selig. | *God rest his soul.* |
| Liesl hat viel von ihrer Mutter. | *Liesl takes after her mother.* |
| Man hat, was man hat. (PROVERB) | *Something is better than nothing.* |
| Das hat Zeit. | *There's no hurry.* |
| Ich kann es nicht haben, wenn er so daherredet. | *I can't stand it when he blabbers like that.* |
| Maria hat zu tun. | *Maria is busy.* |
| Ein Modell mit Vorderradantrieb ist nicht zu haben. | *A model with front-wheel drive is not available.* |
| Du hast Recht, deine Katze ist wählerisch. | *You're right; your cat is finicky.* |
| Habt Acht vor dem nächtlichen Heer! (WAGNER) | *Beware the nocturnal host!* |
| Serene hatte ihn lieb. | *Serene loved him.* |
| Gehen wir, ich habe es eilig. | *Let's go; I'm in a hurry.* |
| Wir hatten Hunger, aber nichts zu essen. | *We were hungry but had nothing to eat.* |
| Diese Software hat das so an sich. | *That's just the way this software is.* |
| Sie haben es gemütlich warm in Ihrer Hütte. | *You are cozy and warm in your cabin.* |

### COLLOQUIALISMS

| | |
|---|---|
| Was habe ich denn davon? | *What's in it for me?* |
| Ich habe dich satt! | *I'm fed up with you!* |
| Was hast du denn? | *What's the matter?* |
| Du hast einen Vogel. | *You're crazy.* |
| Du hast mir nichts zu sagen! | *You can't tell me what to do.* |

TOP 50 VERBS

irregular verb (perfect auxiliary)                                              **hat · hatte · gehabt**

**PRESENT**

| | |
|---|---|
| ich habe | wir haben |
| du hast | ihr habt |
| Sie haben | Sie haben |
| er/sie/es hat | sie haben |

**SIMPLE PAST**

| | |
|---|---|
| ich hatte | wir hatten |
| du hattest | ihr hattet |
| Sie hatten | Sie hatten |
| er/sie/es hatte | sie hatten |

**FUTURE**

| | | |
|---|---|---|
| ich werde | wir werden | |
| du wirst | ihr werdet | haben |
| Sie werden | Sie werden | |
| er/sie/es wird | sie werden | |

**PRESENT SUBJUNCTIVE I**

| | |
|---|---|
| ich habe | wir haben |
| du habest | ihr habet |
| Sie haben | Sie haben |
| er/sie/es habe | sie haben |

**PRESENT SUBJUNCTIVE II**

| | |
|---|---|
| ich hätte | wir hätten |
| du hättest | ihr hättet |
| Sie hätten | Sie hätten |
| er/sie/es hätte | sie hätten |

**FUTURE SUBJUNCTIVE I**

| | | |
|---|---|---|
| ich werde | wir werden | |
| du werdest | ihr werdet | haben |
| Sie werden | Sie werden | |
| er/sie/es werde | sie werden | |

**FUTURE SUBJUNCTIVE II**

| | | |
|---|---|---|
| ich würde | wir würden | |
| du würdest | ihr würdet | haben |
| Sie würden | Sie würden | |
| er/sie/es würde | sie würden | |

**PRESENT PERFECT**

| | | |
|---|---|---|
| ich habe | wir haben | |
| du hast | ihr habt | gehabt |
| Sie haben | Sie haben | |
| er/sie/es hat | sie haben | |

**PAST PERFECT**

| | | |
|---|---|---|
| ich hatte | wir hatten | |
| du hattest | ihr hattet | gehabt |
| Sie hatten | Sie hatten | |
| er/sie/es hatte | sie hatten | |

**FUTURE PERFECT**

| | | |
|---|---|---|
| ich werde | wir werden | |
| du wirst | ihr werdet | gehabt haben |
| Sie werden | Sie werden | |
| er/sie/es wird | sie werden | |

**PAST SUBJUNCTIVE I**

| | | |
|---|---|---|
| ich habe | wir haben | |
| du habest | ihr habet | gehabt |
| Sie haben | Sie haben | |
| er/sie/es habe | sie haben | |

**PAST SUBJUNCTIVE II**

| | | |
|---|---|---|
| ich hätte | wir hätten | |
| du hättest | ihr hättet | gehabt |
| Sie hätten | Sie hätten | |
| er/sie/es hätte | sie hätten | |

**FUTURE PERFECT SUBJUNCTIVE I**

| | | |
|---|---|---|
| ich werde | wir werden | |
| du werdest | ihr werdet | gehabt haben |
| Sie werden | Sie werden | |
| er/sie/es werde | sie werden | |

**FUTURE PERFECT SUBJUNCTIVE II**

| | | |
|---|---|---|
| ich würde | wir würden | |
| du würdest | ihr würdet | gehabt haben |
| Sie würden | Sie würden | |
| er/sie/es würde | sie würden | |

**COMMANDS**          hab(e)!   habt!   haben Sie!

**PRESENT PARTICIPLE**      habend

## Usage

| | |
|---|---|
| Onkel Heinz hatte früher einen Mercedes. | *Uncle Heinz used to have a Mercedes.* |
| Der jüngste Sohn der Familie hat in der Tat ein photographisches Gedächtnis. | *The youngest son in the family in fact possesses a photographic memory.* |
| Ich habe drei Schwestern. | *I have three sisters.* |
| Hast du nicht eine neue Chefin? | *Don't you have a new boss?* |
| Monika hat bestimmt einen guten Vorschlag. | *Monika will surely have a good suggestion.* |
| Sie haben das Recht auf einen Anwalt. | *You have the right to an attorney.* |
| „Ihr habt es gut, Kinder", sagte der Großvater. | *"You have it good, children," said the grandfather.* |
| Unser Haus hat zwölf Zimmer. | *Our house has twelve rooms.* |
| Könnte ich bitte ein Glas Wasser haben? | *Could I please have a glass of water?* |
| Haben Sie einen Ausweis? | *Do you have identification?* |
| Wir haben noch viel vor uns. | *We still have a lot to do.* |

**RELATED VERBS**   ab·haben, an·haben, auf·haben, beisammen·haben, gut·haben, inne·haben, los·haben, teil·haben, über·haben, vor·haben, wahr·haben, weg·haben, wieder·haben

## halten

*to hold, keep; detain, constrain; observe;*
*think, consider; stop; last, endure*

**hält · hielt · gehalten**

strong verb

**PRESENT**

| | |
|---|---|
| ich halte | wir halten |
| du hältst | ihr haltet |
| Sie halten | Sie halten |
| er/sie/es hält | sie halten |

**SIMPLE PAST**

| | |
|---|---|
| ich hielt | wir hielten |
| du hieltst | ihr hieltet |
| Sie hielten | Sie hielten |
| er/sie/es hielt | sie hielten |

**FUTURE**

| | | |
|---|---|---|
| ich werde | wir werden | |
| du wirst | ihr werdet | halten |
| Sie werden | Sie werden | |
| er/sie/es wird | sie werden | |

**PRESENT SUBJUNCTIVE I**

| | |
|---|---|
| ich halte | wir halten |
| du haltest | ihr haltet |
| Sie halten | Sie halten |
| er/sie/es halte | sie halten |

**PRESENT SUBJUNCTIVE II**

| | |
|---|---|
| ich hielte | wir hielten |
| du hieltest | ihr hieltet |
| Sie hielten | Sie hielten |
| er/sie/es hielte | sie hielten |

**FUTURE SUBJUNCTIVE I**

| | | |
|---|---|---|
| ich werde | wir werden | |
| du werdest | ihr werdet | halten |
| Sie werden | Sie werden | |
| er/sie/es werde | sie werden | |

**FUTURE SUBJUNCTIVE II**

| | | |
|---|---|---|
| ich würde | wir würden | |
| du würdest | ihr würdet | halten |
| Sie würden | Sie würden | |
| er/sie/es würde | sie würden | |

**PRESENT PERFECT**

| | | |
|---|---|---|
| ich habe | wir haben | |
| du hast | ihr habt | gehalten |
| Sie haben | Sie haben | |
| er/sie/es hat | sie haben | |

**PAST PERFECT**

| | | |
|---|---|---|
| ich hatte | wir hatten | |
| du hattest | ihr hattet | gehalten |
| Sie hatten | Sie hatten | |
| er/sie/es hatte | sie hatten | |

**FUTURE PERFECT**

| | | |
|---|---|---|
| ich werde | wir werden | |
| du wirst | ihr werdet | gehalten haben |
| Sie werden | Sie werden | |
| er/sie/es wird | sie werden | |

**PAST SUBJUNCTIVE I**

| | | |
|---|---|---|
| ich habe | wir haben | |
| du habest | ihr habet | gehalten |
| Sie haben | Sie haben | |
| er/sie/es habe | sie haben | |

**PAST SUBJUNCTIVE II**

| | | |
|---|---|---|
| ich hätte | wir hätten | |
| du hättest | ihr hättet | gehalten |
| Sie hätten | Sie hätten | |
| er/sie/es hätte | sie hätten | |

**FUTURE PERFECT SUBJUNCTIVE I**

| | | |
|---|---|---|
| ich werde | wir werden | |
| du werdest | ihr werdet | gehalten haben |
| Sie werden | Sie werden | |
| er/sie/es werde | sie werden | |

**FUTURE PERFECT SUBJUNCTIVE II**

| | | |
|---|---|---|
| ich würde | wir würden | |
| du würdest | ihr würdet | gehalten haben |
| Sie würden | Sie würden | |
| er/sie/es würde | sie würden | |

**COMMANDS** halte! haltet! halten Sie!

**PRESENT PARTICIPLE** haltend

## Usage

| | |
|---|---|
| Der kleine Dackel konnte nicht Schritt halten. | *The little dachshund couldn't keep pace.* |
| Wie könntest du das Essen warm halten? | *How could you keep the food warm?* |
| Die Präsidentin hat ihr Wort gehalten. | *The president kept her word.* |
| Wir wollen den Ort geheim halten. | *We want to keep the location a secret.* |
| Ich habe viel Tee getrunken, um mich wach zu halten. | *I drank a lot of tea to keep awake.* |
| Dreißig Soldaten wurden gefangen gehalten. | *Thirty soldiers were held prisoner.* |
| Mein Vater hält nicht viel von dieser Idee. | *My father doesn't think much of this idea.* |
| Regina hielt seine Äußerung für unnötig. | *Regina considered his comment unnecessary.* |
| Halten Sie bitte hier! | *Please stop here!* |

**RELATED VERBS** ab·halten, an·halten, auf·halten, aus·halten, bereit·halten, durch·halten, ein·halten, entgegen·halten, frei·halten, her·halten, hoch·halten, inne·halten, mit·halten, nieder·halten, stand·halten, still·halten, vor·halten, zu·halten, zurück·halten, zusammen·halten; *see also* **behalten** (61), **enthalten** (144), **erhalten** (157), **fest·halten** (184), **unterhalten** (468), **verhalten** (487)

regular weak verb | handelt · handelte · gehandelt

## PRESENT

| ich hand(e)le | wir handeln |
| du handelst | ihr handelt |
| Sie handeln | Sie handeln |
| er/sie/es handelt | sie handeln |

## PRESENT PERFECT

| ich habe | wir haben | |
| du hast | ihr habt | |
| Sie haben | Sie haben | gehandelt |
| er/sie/es hat | sie haben | |

## SIMPLE PAST

| ich handelte | wir handelten |
| du handeltest | ihr handeltet |
| Sie handelten | Sie handelten |
| er/sie/es handelte | sie handelten |

## PAST PERFECT

| ich hatte | wir hatten | |
| du hattest | ihr hattet | |
| Sie hatten | Sie hatten | gehandelt |
| er/sie/es hatte | sie hatten | |

## FUTURE

| ich werde | wir werden | |
| du wirst | ihr werdet | |
| Sie werden | Sie werden | handeln |
| er/sie/es wird | sie werden | |

## FUTURE PERFECT

| ich werde | wir werden | |
| du wirst | ihr werdet | |
| Sie werden | Sie werden | gehandelt haben |
| er/sie/es wird | sie werden | |

## PRESENT SUBJUNCTIVE I

| ich hand(e)le | wir handeln |
| du handelst | ihr handelt |
| Sie handeln | Sie handeln |
| er/sie/es hand(e)le | sie handeln |

## PAST SUBJUNCTIVE I

| ich habe | wir haben | |
| du habest | ihr habet | |
| Sie haben | Sie haben | gehandelt |
| er/sie/es habe | sie haben | |

## PRESENT SUBJUNCTIVE II

| ich handelte | wir handelten |
| du handeltest | ihr handeltet |
| Sie handelten | Sie handelten |
| er/sie/es handelte | sie handelten |

## PAST SUBJUNCTIVE II

| ich hätte | wir hätten | |
| du hättest | ihr hättet | |
| Sie hätten | Sie hätten | gehandelt |
| er/sie/es hätte | sie hätten | |

## FUTURE SUBJUNCTIVE I

| ich werde | wir werden | |
| du werdest | ihr werdet | |
| Sie werden | Sie werden | handeln |
| er/sie/es werde | sie werden | |

## FUTURE PERFECT SUBJUNCTIVE I

| ich werde | wir werden | |
| du werdest | ihr werdet | |
| Sie werden | Sie werden | gehandelt haben |
| er/sie/es werde | sie werden | |

## FUTURE SUBJUNCTIVE II

| ich würde | wir würden | |
| du würdest | ihr würdet | |
| Sie würden | Sie würden | handeln |
| er/sie/es würde | sie würden | |

## FUTURE PERFECT SUBJUNCTIVE II

| ich würde | wir würden | |
| du würdest | ihr würdet | |
| Sie würden | Sie würden | gehandelt haben |
| er/sie/es würde | sie würden | |

**COMMANDS**   hand(e)le!   handelt!   handeln Sie!

**PRESENT PARTICIPLE**   handelnd

## Usage

| Die Firma handelt mit vielen ausländischen Unternehmen. | *The firm trades with many foreign companies.* |
| Wir handeln fair und effizient. | *We deal fairly and efficiently.* |
| Oliver hat um den Preis gehandelt. | *Oliver bargained over the price.* |
| Meine Damen und Herren, Sie müssen sofort handeln! | *Ladies and gentlemen, you must act immediately!* |
| Jeder Mitarbeiter muss als Firmenvertreter handeln können. | *Every employee must be able to act as the company's representative.* |

### handeln von *to deal with, be about*

Der Roman handelt von einer alleinerziehenden Mutter. | *The novel deals with a single mother.*

### sich handeln um *to be a question/matter of*

Mit diesem Gemälde handelt es sich um eine Fälschung. | *This painting is a case of forgery.*

**RELATED VERBS** ab·handeln, aus·handeln, ein·handeln, entgegen·handeln, misshandeln, unterhandeln, zuwider·handeln; *see also* **behandeln** (62), **verhandeln** (488)

**PRESENT**

| | |
|---|---|
| ich hänge | wir hängen |
| du hängst | ihr hängt |
| Sie hängen | Sie hängen |
| er/sie/es hängt | sie hängen |

**SIMPLE PAST**

| | |
|---|---|
| ich hing | wir hingen |
| du hingst | ihr hingt |
| Sie hingen | Sie hingen |
| er/sie/es hing | sie hingen |

**FUTURE**

| | | |
|---|---|---|
| ich werde | wir werden | |
| du wirst | ihr werdet | |
| Sie werden | Sie werden | hängen |
| er/sie/es wird | sie werden | |

**PRESENT SUBJUNCTIVE I**

| | |
|---|---|
| ich hänge | wir hängen |
| du hängest | ihr hänget |
| Sie hängen | Sie hängen |
| er/sie/es hänge | sie hängen |

**PRESENT SUBJUNCTIVE II**

| | |
|---|---|
| ich hinge | wir hingen |
| du hingest | ihr hinget |
| Sie hingen | Sie hingen |
| er/sie/es hinge | sie hingen |

**FUTURE SUBJUNCTIVE I**

| | | |
|---|---|---|
| ich werde | wir werden | |
| du werdest | ihr werdet | |
| Sie werden | Sie werden | hängen |
| er/sie/es werde | sie werden | |

**FUTURE SUBJUNCTIVE II**

| | | |
|---|---|---|
| ich würde | wir würden | |
| du würdest | ihr würdet | |
| Sie würden | Sie würden | hängen |
| er/sie/es würde | sie würden | |

**PRESENT PERFECT**

| | | |
|---|---|---|
| ich habe | wir haben | |
| du hast | ihr habt | |
| Sie haben | Sie haben | gehangen |
| er/sie/es hat | sie haben | |

**PAST PERFECT**

| | | |
|---|---|---|
| ich hatte | wir hatten | |
| du hattest | ihr hattet | |
| Sie hatten | Sie hatten | gehangen |
| er/sie/es hatte | sie hatten | |

**FUTURE PERFECT**

| | | |
|---|---|---|
| ich werde | wir werden | |
| du wirst | ihr werdet | |
| Sie werden | Sie werden | gehangen haben |
| er/sie/es wird | sie werden | |

**PAST SUBJUNCTIVE I**

| | | |
|---|---|---|
| ich habe | wir haben | |
| du habest | ihr habet | |
| Sie haben | Sie haben | gehangen |
| er/sie/es habe | sie haben | |

**PAST SUBJUNCTIVE II**

| | | |
|---|---|---|
| ich hätte | wir hätten | |
| du hättest | ihr hättet | |
| Sie hätten | Sie hätten | gehangen |
| er/sie/es hätte | sie hätten | |

**FUTURE PERFECT SUBJUNCTIVE I**

| | | |
|---|---|---|
| ich werde | wir werden | |
| du werdest | ihr werdet | |
| Sie werden | Sie werden | gehangen haben |
| er/sie/es werde | sie werden | |

**FUTURE PERFECT SUBJUNCTIVE II**

| | | |
|---|---|---|
| ich würde | wir würden | |
| du würdest | ihr würdet | |
| Sie würden | Sie würden | gehangen haben |
| er/sie/es würde | sie würden | |

**COMMANDS**        häng(e)!   hängt!   hängen Sie!

**PRESENT PARTICIPLE**    hängend

## Usage

| | |
|---|---|
| Das Handtuch hängt am Haken hinter der Tür. | *The towel is hanging on a hook behind the door.* |
| Die Lampe hing von der Decke. | *The lamp was suspended from the ceiling.* |
| Ein Ölgemälde von meinem Ururgroßvater hing bis 1940 über dem Ofen in der Küche meiner Großmutter. | *An oil painting of my great-great-grandfather hung over the oven in my grandmother's kitchen until 1940.* |
| Am Baum hingen tausende von reifen Aprikosen. | *Thousands of ripe apricots hung on the tree.* |
| Ein Poster hängt an der Wand über meinem Bett. | *A poster hangs on the wall above my bed.* |
| Es wäre schöner, wenn etwas von Rembrandt an meiner Wand hinge. | *It would be nicer if something by Rembrandt hung on my wall.* |
| Ein dünner Nebel hat über dem Sumpf gehangen. | *A thin fog hung over the swamp.* |
| Witwe Nägeli, die sonst keine Verwandten hatte, hing an ihrem Kater Georg. | *The widow Nägeli, who had no relatives, clung to her cat, Georg.* |
| Eine Plastiktüte hängt im Baum und flattert im Wind. | *A plastic bag is caught in the tree and flutters in the wind.* |

**RELATED VERBS**   ab·hängen, an·hängen, aus·hängen, durch·hängen, über·hängen, umhängen, zusammen·hängen

**PRESENT**

| | |
|---|---|
| ich hänge | wir hängen |
| du hängst | ihr hängt |
| Sie hängen | Sie hängen |
| er/sie/es hängt | sie hängen |

**SIMPLE PAST**

| | |
|---|---|
| ich hängte | wir hängten |
| du hängtest | ihr hängtet |
| Sie hängten | Sie hängten |
| er/sie/es hängte | sie hängten |

**FUTURE**

| | |
|---|---|
| ich werde | wir werden |
| du wirst | ihr werdet |
| Sie werden | Sie werden |
| er/sie/es wird | sie werden |

} hängen

**PRESENT SUBJUNCTIVE I**

| | |
|---|---|
| ich hänge | wir hängen |
| du hängest | ihr hänget |
| Sie hängen | Sie hängen |
| er/sie/es hänge | sie hängen |

**PRESENT SUBJUNCTIVE II**

| | |
|---|---|
| ich hängte | wir hängten |
| du hängtest | ihr hängtet |
| Sie hängten | Sie hängten |
| er/sie/es hängte | sie hängten |

**FUTURE SUBJUNCTIVE I**

| | |
|---|---|
| ich werde | wir werden |
| du werdest | ihr werdet |
| Sie werden | Sie werden |
| er/sie/es werde | sie werden |

} hängen

**FUTURE SUBJUNCTIVE II**

| | |
|---|---|
| ich würde | wir würden |
| du würdest | ihr würdet |
| Sie würden | Sie würden |
| er/sie/es würde | sie würden |

} hängen

**PRESENT PERFECT**

| | |
|---|---|
| ich habe | wir haben |
| du hast | ihr habt |
| Sie haben | Sie haben |
| er/sie/es hat | sie haben |

} gehängt

**PAST PERFECT**

| | |
|---|---|
| ich hatte | wir hatten |
| du hattest | ihr hattet |
| Sie hatten | Sie hatten |
| er/sie/es hatte | sie hatten |

} gehängt

**FUTURE PERFECT**

| | |
|---|---|
| ich werde | wir werden |
| du wirst | ihr werdet |
| Sie werden | Sie werden |
| er/sie/es wird | sie werden |

} gehängt haben

**PAST SUBJUNCTIVE I**

| | |
|---|---|
| ich habe | wir haben |
| du habest | ihr habet |
| Sie haben | Sie haben |
| er/sie/es habe | sie haben |

} gehängt

**PAST SUBJUNCTIVE II**

| | |
|---|---|
| ich hätte | wir hätten |
| du hättest | ihr hättet |
| Sie hätten | Sie hätten |
| er/sie/es hätte | sie hätten |

} gehängt

**FUTURE PERFECT SUBJUNCTIVE I**

| | |
|---|---|
| ich werde | wir werden |
| du werdest | ihr werdet |
| Sie werden | Sie werden |
| er/sie/es werde | sie werden |

} gehängt haben

**FUTURE PERFECT SUBJUNCTIVE II**

| | |
|---|---|
| ich würde | wir würden |
| du würdest | ihr würdet |
| Sie würden | Sie würden |
| er/sie/es würde | sie würden |

} gehängt haben

**COMMANDS** häng(e)! hängt! hängen Sie!

**PRESENT PARTICIPLE** hängend

## Usage

| | |
|---|---|
| Gabriele hat das Handtuch an den Haken gehängt. | *Gabriele hung the towel on the hook.* |
| Hängen Sie das Bild bitte über den Schreibtisch. | *Please hang the picture over the desk.* |
| Möchtest du ein Poster über das Bett hängen? | *Would you like to hang a poster over the bed?* |
| Kalender werden an die Wand gehängt. | *Calendars are hung on the wall.* |
| Dann hängte er ihr eine Perlenkette um den Hals. | *Then he draped a pearl necklace around her neck.* |
| Vergewaltiger werden in diesem Land gehängt. | *Rapists are hanged in this country.* |
| Ingo hat Plüschwürfel vom Rückblickspiegel gehängt. | *Ingo has hung fuzzy dice from the rearview mirror.* |
| Du könntest das Plakat ans schwarze Brett hängen. | *You could hang the poster on the bulletin board.* |

**sich hängen** *to hang oneself*

| | |
|---|---|
| Eines Abends nach dem Abendessen hat sie sich gehängt. | *One evening after dinner, she hanged herself.* |

**RELATED VERBS** ab·hängen, an·hängen, auf·hängen, aus·hängen, behängen, ein·hängen, erhängen, über·hängen, überhängen, um·hängen, umhängen, verhängen, vor·hängen, weg·hängen, zu·hängen

## hassen  *to hate, detest, abhor*

**hasst · hasste · gehasst**                                        regular weak verb

### PRESENT

| ich hasse | wir hassen |
|---|---|
| du hasst | ihr hasst |
| Sie hassen | Sie hassen |
| er/sie/es hasst | sie hassen |

### PRESENT PERFECT

| ich habe | wir haben | |
|---|---|---|
| du hast | ihr habt | |
| Sie haben | Sie haben | gehasst |
| er/sie/es hat | sie haben | |

### SIMPLE PAST

| ich hasste | wir hassten |
|---|---|
| du hasstest | ihr hasstet |
| Sie hassten | Sie hassten |
| er/sie/es hasste | sie hassten |

### PAST PERFECT

| ich hatte | wir hatten | |
|---|---|---|
| du hattest | ihr hattet | |
| Sie hatten | Sie hatten | gehasst |
| er/sie/es hatte | sie hatten | |

### FUTURE

| ich werde | wir werden | |
|---|---|---|
| du wirst | ihr werdet | |
| Sie werden | Sie werden | hassen |
| er/sie/es wird | sie werden | |

### FUTURE PERFECT

| ich werde | wir werden | |
|---|---|---|
| du wirst | ihr werdet | |
| Sie werden | Sie werden | gehasst haben |
| er/sie/es wird | sie werden | |

### PRESENT SUBJUNCTIVE I

| ich hasse | wir hassen |
|---|---|
| du hassest | ihr hasset |
| Sie hassen | Sie hassen |
| er/sie/es hasse | sie hassen |

### PAST SUBJUNCTIVE I

| ich habe | wir haben | |
|---|---|---|
| du habest | ihr habet | |
| Sie haben | Sie haben | gehasst |
| er/sie/es habe | sie haben | |

### PRESENT SUBJUNCTIVE II

| ich hasste | wir hassten |
|---|---|
| du hasstest | ihr hasstet |
| Sie hassten | Sie hassten |
| er/sie/es hasste | sie hassten |

### PAST SUBJUNCTIVE II

| ich hätte | wir hätten | |
|---|---|---|
| du hättest | ihr hättet | |
| Sie hätten | Sie hätten | gehasst |
| er/sie/es hätte | sie hätten | |

### FUTURE SUBJUNCTIVE I

| ich werde | wir werden | |
|---|---|---|
| du werdest | ihr werdet | |
| Sie werden | Sie werden | hassen |
| er/sie/es werde | sie werden | |

### FUTURE PERFECT SUBJUNCTIVE I

| ich werde | wir werden | |
|---|---|---|
| du werdest | ihr werdet | |
| Sie werden | Sie werden | gehasst haben |
| er/sie/es werde | sie werden | |

### FUTURE SUBJUNCTIVE II

| ich würde | wir würden | |
|---|---|---|
| du würdest | ihr würdet | |
| Sie würden | Sie würden | hassen |
| er/sie/es würde | sie würden | |

### FUTURE PERFECT SUBJUNCTIVE II

| ich würde | wir würden | |
|---|---|---|
| du würdest | ihr würdet | |
| Sie würden | Sie würden | gehasst haben |
| er/sie/es würde | sie würden | |

**COMMANDS**          hass(e)!    hasst!    hassen Sie!

**PRESENT PARTICIPLE**          hassend

## Usage

| | |
|---|---|
| Stephanie hasst Geburtstage. | *Stephanie abhors birthdays.* |
| Die Therapeutin berichtete, dass Jürg seinen Vater hasse und seine Mutter verehre. | *The therapist reported that Jürg hates his father and adores his mother.* |
| Die alten Männer hassten einander. | *The old men detested one another.* |
| Warum wird Dirk von anderen so gehasst? | *Why is Dirk so hated by others?* |
| Ich hasse es, wenn du Recht hast. | *I hate it when you're right.* |
| Hasst du Spinat? | *Do you hate spinach?* |
| Marga scheint ihre Stiefmutter zu hassen. | *Marga seems to hate her stepmother.* |
| Sie haben es nicht verdient, gehasst zu werden. | *You don't deserve to be hated.* |
| Anja hasste ihn, da er alles besser konnte als sie. | *Anja detested him, because he could do everything better than she could.* |
| | |
| So einen lieben Hund kann keiner hassen. | *Nobody can hate such a sweet dog.* |
| Nach einigen Jahren begann er sich selbst zu hassen. | *After a few years, he began to hate himself.* |
| Sterben lehrt mich dein Meineid, aber nicht hassen. (SCHILLER) | *Your treachery bids me to die, but not to hate.* |

regular weak verb/strong verb | haut · haute/hieb · gehauen

**PRESENT**

| | | | |
|---|---|---|---|
| ich haue | wir hauen |
| du haust | ihr haut |
| Sie hauen | Sie hauen |
| er/sie/es haut | sie hauen |

**SIMPLE PAST**

| | |
|---|---|
| ich haute/hieb | wir hauten/hieben |
| du hautest/hiebst | ihr hautet/hiebt |
| Sie hauten/hieben | Sie hauten/hieben |
| er/sie/es haute/hieb | sie hauten/hieben |

**FUTURE**

| | | |
|---|---|---|
| ich werde | wir werden | |
| du wirst | ihr werdet | hauen |
| Sie werden | Sie werden | |
| er/sie/es wird | sie werden | |

**PRESENT SUBJUNCTIVE I**

| | |
|---|---|
| ich haue | wir hauen |
| du hauest | ihr hauet |
| Sie hauen | Sie hauen |
| er/sie/es haue | sie hauen |

**PRESENT SUBJUNCTIVE II**

| | |
|---|---|
| ich haute/hiebe | wir hauten/hieben |
| du hautest/hiebest | ihr hautet/hiebet |
| Sie hauten/hieben | Sie hauten/hieben |
| er/sie/es haute/hiebe | sie hauten/hieben |

**FUTURE SUBJUNCTIVE I**

| | | |
|---|---|---|
| ich werde | wir werden | |
| du werdest | ihr werdet | hauen |
| Sie werden | Sie werden | |
| er/sie/es werde | sie werden | |

**FUTURE SUBJUNCTIVE II**

| | | |
|---|---|---|
| ich würde | wir würden | |
| du würdest | ihr würdet | hauen |
| Sie würden | Sie würden | |
| er/sie/es würde | sie würden | |

**PRESENT PERFECT**

| | | |
|---|---|---|
| ich habe | wir haben | |
| du hast | ihr habt | gehauen |
| Sie haben | Sie haben | |
| er/sie/es hat | sie haben | |

**PAST PERFECT**

| | | |
|---|---|---|
| ich hatte | wir hatten | |
| du hattest | ihr hattet | gehauen |
| Sie hatten | Sie hatten | |
| er/sie/es hatte | sie hatten | |

**FUTURE PERFECT**

| | | |
|---|---|---|
| ich werde | wir werden | |
| du wirst | ihr werdet | gehauen haben |
| Sie werden | Sie werden | |
| er/sie/es wird | sie werden | |

**PAST SUBJUNCTIVE I**

| | | |
|---|---|---|
| ich habe | wir haben | |
| du habest | ihr habet | gehauen |
| Sie haben | Sie haben | |
| er/sie/es habe | sie haben | |

**PAST SUBJUNCTIVE II**

| | | |
|---|---|---|
| ich hätte | wir hätten | |
| du hättest | ihr hättet | gehauen |
| Sie hätten | Sie hätten | |
| er/sie/es hätte | sie hätten | |

**FUTURE PERFECT SUBJUNCTIVE I**

| | | |
|---|---|---|
| ich werde | wir werden | |
| du werdest | ihr werdet | gehauen haben |
| Sie werden | Sie werden | |
| er/sie/es werde | sie werden | |

**FUTURE PERFECT SUBJUNCTIVE II**

| | | |
|---|---|---|
| ich würde | wir würden | |
| du würdest | ihr würdet | gehauen haben |
| Sie würden | Sie würden | |
| er/sie/es würde | sie würden | |

**COMMANDS**    hau(e)!  haut!  hauen Sie!

**PRESENT PARTICIPLE**    hauend

**NOTE** In standard German, the regular weak simple past (**haute**) is generally used with the meanings "chop, cut down, carve," whereas the strong simple past (**hieb**) is generally reserved for the meanings "whip, hit, beat, strike" and typically involves a weapon. However, colloquial German frequently uses the regular weak simple past for all meanings. Either way, the perfect participle is generally strong (**gehauen**).

## Usage

| | |
|---|---|
| Wer hat denn ein Loch in meine Sandburg gehauen? | *Who chopped a hole in my sand castle?* |
| Als Kind haute ich einmal eine Skulptur aus Stein. | *As a child, I once carved a sculpture from stone.* |
| Tobias haut Köpfe aus Eichenholz. | *Tobias carves heads from oak wood.* |
| Der Junge hatte sich einen Nagel in den linken Zeigefinger gehauen. | *The boy had slammed a nail in his left index finger.* |
| Michael hieb mit dem Messer auf den Gegner. | *Michael struck at the opponent with a knife.* |
| Der Kämpfer hieb ihn mit einer Axt in den Arm. | *The warrior struck him in the arm with an ax.* |
| Parzival konnte Gawan nicht vom Pferd hauen. | *Parsifal was unable to knock Gawain from his horse.* |

**RELATED VERBS**    ab·hauen, an·hauen, auf·hauen, aus·hauen, behauen, daneben·hauen, nieder·hauen, um·hauen, verhauen, zerhauen

# heben  *to raise, lift, heave; boost, enhance*

hebt · hob · gehoben

strong verb

**PRESENT**

| ich hebe | wir heben |
|----------|-----------|
| du hebst | ihr hebt |
| Sie heben | Sie heben |
| er/sie/es hebt | sie heben |

**PRESENT PERFECT**

| ich habe | wir haben | |
|----------|-----------|---|
| du hast | ihr habt | gehoben |
| Sie haben | Sie haben | |
| er/sie/es hat | sie haben | |

**SIMPLE PAST**

| ich hob | wir hoben |
|---------|-----------|
| du hobst | ihr hobt |
| Sie hoben | Sie hoben |
| er/sie/es hob | sie hoben |

**PAST PERFECT**

| ich hatte | wir hatten | |
|-----------|------------|---|
| du hattest | ihr hattet | gehoben |
| Sie hatten | Sie hatten | |
| er/sie/es hatte | sie hatten | |

**FUTURE**

| ich werde | wir werden | |
|-----------|------------|---|
| du wirst | ihr werdet | heben |
| Sie werden | Sie werden | |
| er/sie/es wird | sie werden | |

**FUTURE PERFECT**

| ich werde | wir werden | |
|-----------|------------|---|
| du wirst | ihr werdet | gehoben haben |
| Sie werden | Sie werden | |
| er/sie/es wird | sie werden | |

**PRESENT SUBJUNCTIVE I**

| ich hebe | wir heben |
|----------|-----------|
| du hebest | ihr hebet |
| Sie heben | Sie heben |
| er/sie/es hebe | sie heben |

**PAST SUBJUNCTIVE I**

| ich habe | wir haben | |
|----------|-----------|---|
| du habest | ihr habet | gehoben |
| Sie haben | Sie haben | |
| er/sie/es habe | sie haben | |

**PRESENT SUBJUNCTIVE II**

| ich höbe | wir höben |
|----------|-----------|
| du höbest | ihr höbet |
| Sie höben | Sie höben |
| er/sie/es höbe | sie höben |

**PAST SUBJUNCTIVE II**

| ich hätte | wir hätten | |
|-----------|------------|---|
| du hättest | ihr hättet | gehoben |
| Sie hätten | Sie hätten | |
| er/sie/es hätte | sie hätten | |

**FUTURE SUBJUNCTIVE I**

| ich werde | wir werden | |
|-----------|------------|---|
| du werdest | ihr werdet | heben |
| Sie werden | Sie werden | |
| er/sie/es werde | sie werden | |

**FUTURE PERFECT SUBJUNCTIVE I**

| ich werde | wir werden | |
|-----------|------------|---|
| du werdest | ihr werdet | gehoben haben |
| Sie werden | Sie werden | |
| er/sie/es werde | sie werden | |

**FUTURE SUBJUNCTIVE II**

| ich würde | wir würden | |
|-----------|------------|---|
| du würdest | ihr würdet | heben |
| Sie würden | Sie würden | |
| er/sie/es würde | sie würden | |

**FUTURE PERFECT SUBJUNCTIVE II**

| ich würde | wir würden | |
|-----------|------------|---|
| du würdest | ihr würdet | gehoben haben |
| Sie würden | Sie würden | |
| er/sie/es würde | sie würden | |

**COMMANDS**      heb(e)!   hebt!   heben Sie!

**PRESENT PARTICIPLE**      hebend

**NOTE** Archaic simple past **hub** and present subjunctive II **hübe** sometimes occur.

## Usage

| Lukas hat gerade 200 Kilo gehoben. | *Lukas just lifted 200 kilos.* |
|---|---|
| Der schwache Hund konnte seinen Kopf nicht heben. | *The weak dog wasn't able to raise his head.* |
| Heben Sie die rechte Hand. | *Raise your right hand.* |
| Der Fußballspieler hob den Ball über seinen Kopf. | *The soccer player raised the ball above his head.* |
| Ein Erfolg hebt die Moral. | *A success will boost morale.* |
| Er verspricht, dass dieses System die Leistung des Motors hebe. | *He promises this system will enhance the motor's performance.* |

### sich heben  *to raise, lift*

| Die Rakete hob sich in die Luft. | *The rocket lifted into the air.* |
|---|---|
| Ihre Stimmung hebt sich. | *Their mood is improving.* |

**RELATED VERBS**  ab·heben, an·heben, aus·heben, beheben, entheben, erheben, hervor·heben, hoch·heben, überheben, verheben; *see also* **auf·heben** (27)

regular weak verb

**PRESENT**

| | |
|---|---|
| ich heirate | wir heiraten |
| du heiratest | ihr heiratet |
| Sie heiraten | Sie heiraten |
| er/sie/es heiratet | sie heiraten |

**SIMPLE PAST**

| | |
|---|---|
| ich heiratete | wir heirateten |
| du heiratetest | ihr heiratetet |
| Sie heirateten | Sie heirateten |
| er/sie/es heiratete | sie heirateten |

**FUTURE**

| | |
|---|---|
| ich werde | wir werden |
| du wirst | ihr werdet |
| Sie werden | Sie werden |
| er/sie/es wird | sie werden |

heiraten

**PRESENT SUBJUNCTIVE I**

| | |
|---|---|
| ich heirate | wir heiraten |
| du heiratest | ihr heiratet |
| Sie heiraten | Sie heiraten |
| er/sie/es heirate | sie heiraten |

**PRESENT SUBJUNCTIVE II**

| | |
|---|---|
| ich heiratete | wir heirateten |
| du heiratetest | ihr heiratetet |
| Sie heirateten | Sie heirateten |
| er/sie/es heiratete | sie heirateten |

**FUTURE SUBJUNCTIVE I**

| | |
|---|---|
| ich werde | wir werden |
| du werdest | ihr werdet |
| Sie werden | Sie werden |
| er/sie/es werde | sie werden |

heiraten

**FUTURE SUBJUNCTIVE II**

| | |
|---|---|
| ich würde | wir würden |
| du würdest | ihr würdet |
| Sie würden | Sie würden |
| er/sie/es würde | sie würden |

heiraten

**PRESENT PERFECT**

| | |
|---|---|
| ich habe | wir haben |
| du hast | ihr habt |
| Sie haben | Sie haben |
| er/sie/es hat | sie haben |

geheiratet

**PAST PERFECT**

| | |
|---|---|
| ich hatte | wir hatten |
| du hattest | ihr hattet |
| Sie hatten | Sie hatten |
| er/sie/es hatte | sie hatten |

geheiratet

**FUTURE PERFECT**

| | |
|---|---|
| ich werde | wir werden |
| du wirst | ihr werdet |
| Sie werden | Sie werden |
| er/sie/es wird | sie werden |

geheiratet haben

**PAST SUBJUNCTIVE I**

| | |
|---|---|
| ich habe | wir haben |
| du habest | ihr habet |
| Sie haben | Sie haben |
| er/sie/es habe | sie haben |

geheiratet

**PAST SUBJUNCTIVE II**

| | |
|---|---|
| ich hätte | wir hätten |
| du hättest | ihr hättet |
| Sie hätten | Sie hätten |
| er/sie/es hätte | sie hätten |

geheiratet

**FUTURE PERFECT SUBJUNCTIVE I**

| | |
|---|---|
| ich werde | wir werden |
| du werdest | ihr werdet |
| Sie werden | Sie werden |
| er/sie/es werde | sie werden |

gcheiratet haben

**FUTURE PERFECT SUBJUNCTIVE II**

| | |
|---|---|
| ich würde | wir würden |
| du würdest | ihr würdet |
| Sie würden | Sie würden |
| er/sie/es würde | sie würden |

geheiratet haben

**COMMANDS**  heirate! heiratet! heiraten Sie!

**PRESENT PARTICIPLE**  heiratend

## Usage

Wolfgang Amadeus Mozart heiratete Konstanze Weber im Jahr 1782.

Damals heiratete man schon mit 18 Jahren.

In Dänemark durften gleichgeschlechtliche Paare schon 1989 heiraten.

Martin heiratete Alexander letztes Jahr in Toronto.

Ich möchte dich heiraten.

Melanie hat ihren ersten Freund Uwe geheiratet.

Warum heiratest du nicht?

Nach dem Tod seiner ersten Frau hatte Herr Brenker Katharina Groß geheiratet.

Wann heiratet ihr?

Alfrieda hat ihn aus Liebe geheiratet.

*Wolfgang Amadeus Mozart married Konstanze Weber in the year 1782.*

*Back then, people used to get married at 18 years of age.*

*In Denmark same-sex couples were allowed to wed as early as 1989.*

*Martin married Alexander last year in Toronto.*

*I'd like to marry you.*

*Melanie married her first boyfriend, Uwe.*

*Why don't you get married?*

*After the death of his first wife, Mr. Brenker had married Katharina Groß.*

*When are you getting married?*

*Alfrieda married him for love.*

**RELATED VERBS** ein·heiraten; *see also* **verheiraten** (489)

## OTHER USAGE SENTENCES WITH heißen

| | |
|---|---|
| Wie heißen Sie? | *What is your name?* |
| Ich heiße Laufkötter, Marie Laufkötter. | *My name is Laufkötter, Marie Laufkötter.* |
| Der Bischof hieß die Männer gehen. | *The bishop commanded the men to go.* |
| Dann bleibe ich bei dir so lange, bis du mich selber wieder fort gehen hießest. (GERSTÄCKER) | *Then I will stay with you until you yourself would command me to leave again.* |
| Was soll das denn heißen? | *What's the meaning of that?* |
| Ich kenne den Namen nicht, aber das will nicht viel heißen, da ich nichts von Rapmusik weiß. | *I don't know that name, but that doesn't mean anything, since I know nothing about rap music.* |
| Ich bin noch nicht fertig, aber das soll nicht heißen, dass du auf mich wartest. | *I'm not finished yet, but that doesn't mean you should wait for me.* |
| Was heißt eigentlich „alle Rechte vorbehalten"? | *What does "all rights reserved" actually mean?* |
| Ich habe Hunger, aber das heißt nicht, dass wir jetzt essen müssen. | *I'm hungry, but that doesn't mean we have to eat now.* |
| Das Hoftheater hieß nun Staatstheater. | *The Court Theater was now called the State Theater.* |

### das heißt (d.h.) *that is, that is to say (i.e.)*

| | |
|---|---|
| Wir bleiben hier, das heißt Jörg, Emil und ich. | *We're staying here, that is to say, Jörg, Emil, and I.* |
| Nur dann kann die wichtigste Frage beantwortet werden, d.h. wie ist das Universum entstanden? | *Only then can the most important question be answered, i.e., how did the universe come to be?* |

### willkommen heißen *to bid welcome, welcome*

| | |
|---|---|
| Der König hieß die Gäste herzlich willkommen. | *The king bade the guests a cordial welcome.* |
| Wir heißen Sie willkommen auf der Homepage der Gemeinde Oberstdorf. | *We welcome you to the homepage of the town of Oberstdorf.* |

### es heißt

| | |
|---|---|
| Wie es im Sprichwort heißt: „Morgen, morgen nur nicht heute, sagen alle faulen Leute." | *As the proverb says, "Don't put off until tomorrow what you can do today."* |
| In dem Bericht heißt es, dass Nebenwirkungen entstehen können. | *In the report, it says that side effects can appear.* |
| Nun heißt es auf die Ergebnisse warten. | *Now it's time to wait for the results.* |
| Neuerdings heißt es, dass das Rathaus saniert wird. | *It's recently been rumored that city hall is to be renovated.* |
| Die Kirche habe, so hieß es abschließend, eine besondere Verantwortung für die Armen und Schwachen in der Welt. | *The church has, it was stated in closing, a special responsibility for the poor and weak in the world.* |
| In der Urteilsbegründung heißt es: „Kein Krieg ist in sich logisch." | *The court opinion states, "No war is in itself logical."* |

## IDIOMATIC EXPRESSIONS

| | |
|---|---|
| Es will schon was heißen, wenn ein Hersteller seine eigenen Produkte nicht verwendet. | *It means something when a manufacturer doesn't use its own products.* |
| „Was hast du heute in der Schule gelernt?" | *"What did you learn in school today?"* |
| „Zeus und Poseidon und wie sie alle hießen." | *"Zeus and Poseidon and whatever all their names were."* |
| Was heißt und zu welchem Ende studiert man Universalgeschichte? (SCHILLER) | *What is and to what end does one study universal history?* |
| Das hieße dann, dass er jetzt auf die 60 geht. | *That would mean he's now approaching 60.* |

TOP 50 VERBS

**PRESENT**

| | |
|---|---|
| ich heiße | wir heißen |
| du heißt | ihr heißt |
| Sie heißen | Sie heißen |
| er/sie/es heißt | sie heißen |

**PRESENT PERFECT**

| | | |
|---|---|---|
| ich habe | wir haben | |
| du hast | ihr habt | geheißen |
| Sie haben | Sie haben | |
| er/sie/es hat | sie haben | |

**SIMPLE PAST**

| | |
|---|---|
| ich hieß | wir hießen |
| du hießest | ihr hießt |
| Sie hießen | Sie hießen |
| er/sie/es hieß | sie hießen |

**PAST PERFECT**

| | | |
|---|---|---|
| ich hatte | wir hatten | |
| du hattest | ihr hattet | geheißen |
| Sie hatten | Sie hatten | |
| er/sie/es hatte | sie hatten | |

**FUTURE**

| | | |
|---|---|---|
| ich werde | wir werden | |
| du wirst | ihr werdet | heißen |
| Sie werden | Sie werden | |
| er/sie/es wird | sie werden | |

**FUTURE PERFECT**

| | | |
|---|---|---|
| ich werde | wir werden | |
| du wirst | ihr werdet | geheißen haben |
| Sie werden | Sie werden | |
| er/sie/es wird | sie werden | |

**PRESENT SUBJUNCTIVE I**

| | |
|---|---|
| ich heiße | wir heißen |
| du heißest | ihr heißet |
| Sie heißen | Sie heißen |
| er/sie/es heiße | sie heißen |

**PAST SUBJUNCTIVE I**

| | | |
|---|---|---|
| ich habe | wir haben | |
| du habest | ihr habet | geheißen |
| Sie haben | Sie haben | |
| er/sie/es habe | sie haben | |

**PRESENT SUBJUNCTIVE II**

| | |
|---|---|
| ich hieße | wir hießen |
| du hießest | ihr hießet |
| Sie hießen | Sie hießen |
| er/sie/es hieße | sie hießen |

**PAST SUBJUNCTIVE II**

| | | |
|---|---|---|
| ich hätte | wir hätten | |
| du hättest | ihr hättet | geheißen |
| Sie hätten | Sie hätten | |
| er/sie/es hätte | sie hätten | |

**FUTURE SUBJUNCTIVE I**

| | | |
|---|---|---|
| ich werde | wir werden | |
| du werdest | ihr werdet | heißen |
| Sie werden | Sie werden | |
| er/sie/es werde | sie werden | |

**FUTURE PERFECT SUBJUNCTIVE I**

| | | |
|---|---|---|
| ich werde | wir werden | |
| du werdest | ihr werdet | geheißen haben |
| Sie werden | Sie werden | |
| er/sie/es werde | sie werden | |

**FUTURE SUBJUNCTIVE II**

| | | |
|---|---|---|
| ich würde | wir würden | |
| du würdest | ihr würdet | heißen |
| Sie würden | Sie würden | |
| er/sie/es würde | sie würden | |

**FUTURE PERFECT SUBJUNCTIVE II**

| | | |
|---|---|---|
| ich würde | wir würden | |
| du würdest | ihr würdet | geheißen haben |
| Sie würden | Sie würden | |
| er/sie/es würde | sie würden | |

**COMMANDS**    heiß(e)!  heißt!  heißen Sie!

**PRESENT PARTICIPLE**    heißend

## Usage

| | |
|---|---|
| Seine Schüler hießen Rudolf und Josef von Droste. | *His pupils were named Rudolf and Josef von Droste.* |
| Ihr Häuptling hieß Alkorak und er war ungemein stark. | *Their chief was called Alkorak and he was unusually strong.* |
| Wie heißt du mit Nachnamen? | *What is your last name?* |
| Mein Hund heißt Bernie. | *My dog is named Bernie.* |
| Sein Großvater hat Valentin geheißen. | *His grandfather was named Valentin.* |
| Wie heißt die Straße, in der Sie wohnen? | *What is the street called where you live?* |
| Unsere Gruppe heißt „Jugendliche gegen Atomkraft." | *Our group is called "Youth Against Nuclear Power."* |
| Wie heißen alle deutschen Bundeskanzler seit 1945? | *What are the names of all German chancellors since 1945?* |
| Mein Vater hieß Karl. | *My father was named Karl.* |
| Wie heißt das auf Japanisch? | *How do you say that in Japanese?* |
| Wie heißt der Film, den ihr gesehen habt? | *What's the name of the film you saw?* |

**RELATED VERBS**  gut·heißen, verheißen

# heizen  *to heat*

heizt · heizte · geheizt

regular weak verb

**PRESENT**

| | |
|---|---|
| ich heize | wir heizen |
| du heizt | ihr heizt |
| Sie heizen | Sie heizen |
| er/sie/es heizt | sie heizen |

**SIMPLE PAST**

| | |
|---|---|
| ich heizte | wir heizten |
| du heiztest | ihr heiztet |
| Sie heizten | Sie heizten |
| er/sie/es heizte | sie heizten |

**FUTURE**

| | | |
|---|---|---|
| ich werde | wir werden | |
| du wirst | ihr werdet | heizen |
| Sie werden | Sie werden | |
| er/sie/es wird | sie werden | |

**PRESENT SUBJUNCTIVE I**

| | |
|---|---|
| ich heize | wir heizen |
| du heizest | ihr heizet |
| Sie heizen | Sie heizen |
| er/sie/es heize | sie heizen |

**PRESENT SUBJUNCTIVE II**

| | |
|---|---|
| ich heizte | wir heizten |
| du heiztest | ihr heiztet |
| Sie heizten | Sie heizten |
| er/sie/es heizte | sie heizten |

**FUTURE SUBJUNCTIVE I**

| | | |
|---|---|---|
| ich werde | wir werden | |
| du werdest | ihr werdet | heizen |
| Sie werden | Sie werden | |
| er/sie/es werde | sie werden | |

**FUTURE SUBJUNCTIVE II**

| | | |
|---|---|---|
| ich würde | wir würden | |
| du würdest | ihr würdet | heizen |
| Sie würden | Sie würden | |
| er/sie/es würde | sie würden | |

**PRESENT PERFECT**

| | | |
|---|---|---|
| ich habe | wir haben | |
| du hast | ihr habt | geheizt |
| Sie haben | Sie haben | |
| er/sie/es hat | sie haben | |

**PAST PERFECT**

| | | |
|---|---|---|
| ich hatte | wir hatten | |
| du hattest | ihr hattet | geheizt |
| Sie hatten | Sie hatten | |
| er/sie/es hatte | sie hatten | |

**FUTURE PERFECT**

| | | |
|---|---|---|
| ich werde | wir werden | |
| du wirst | ihr werdet | geheizt haben |
| Sie werden | Sie werden | |
| er/sie/es wird | sie werden | |

**PAST SUBJUNCTIVE I**

| | | |
|---|---|---|
| ich habe | wir haben | |
| du habest | ihr habet | geheizt |
| Sie haben | Sie haben | |
| er/sie/es habe | sie haben | |

**PAST SUBJUNCTIVE II**

| | | |
|---|---|---|
| ich hätte | wir hätten | |
| du hättest | ihr hättet | geheizt |
| Sie hätten | Sie hätten | |
| er/sie/es hätte | sie hätten | |

**FUTURE PERFECT SUBJUNCTIVE I**

| | | |
|---|---|---|
| ich werde | wir werden | |
| du werdest | ihr werdet | geheizt haben |
| Sie werden | Sie werden | |
| er/sie/es werde | sie werden | |

**FUTURE PERFECT SUBJUNCTIVE II**

| | | |
|---|---|---|
| ich würde | wir würden | |
| du würdest | ihr würdet | geheizt haben |
| Sie würden | Sie würden | |
| er/sie/es würde | sie würden | |

**COMMANDS**     heiz(e)!   heizt!   heizen Sie!

**PRESENT PARTICIPLE**     heizend

## Usage

| | |
|---|---|
| Dort muss man das Haus mit Holz heizen. | *There they have to heat the house with wood.* |
| Hier kann kaum mit Sonnenenergie geheizt werden. | *Here it is hardly possible to heat with solar energy.* |
| Heizt du nur das Wohnzimmer? | *Do you heat only the living room?* |
| Frau Eckerts Kachelofen heizte das ganze Haus. | *Mrs. Eckert's tiled stove heated her whole house.* |
| Im Süden der USA werden viele neue Häuser elektrisch geheizt. | *In the southern United States, many new homes have electric heat.* |
| Wo wird noch mit Kohle geheizt? | *Where do people still heat with coal?* |
| Heizen Sie den Ofen auf 200 Grad. | *Heat the oven to 200 degrees.* |
| Die alte Dorfkirche ist nicht geheizt. | *The old village church is not heated.* |

### sich heizen  *to heat*

| | |
|---|---|
| Das dritte Schlafzimmer heizt sich schlecht. | *The third bedroom heats poorly.* |

**RELATED VERBS**  an·heizen, beheizen, durch·heizen, ein·heizen, überheizen, verheizen, vor·heizen

**PRESENT**

| | |
|---|---|
| ich helfe | wir helfen |
| du hilfst | ihr helft |
| Sie helfen | Sie helfen |
| er/sie/es hilft | sie helfen |

**SIMPLE PAST**

| | |
|---|---|
| ich half | wir halfen |
| du halfst | ihr halft |
| Sie halfen | Sie halfen |
| er/sie/es half | sie halfen |

**FUTURE**

| | | |
|---|---|---|
| ich werde | wir werden | |
| du wirst | ihr werdet | helfen |
| Sie werden | Sie werden | |
| er/sie/es wird | sie werden | |

**PRESENT SUBJUNCTIVE I**

| | |
|---|---|
| ich helfe | wir helfen |
| du helfest | ihr helfet |
| Sie helfen | Sie helfen |
| er/sie/es helfe | sie helfen |

**PRESENT SUBJUNCTIVE II**

| | |
|---|---|
| ich hülfe/hälfe | wir hülfen/hälfen |
| du hülfest/hälfest | ihr hülfet/hälfet |
| Sie hülfen/hälfen | Sie hülfen/hälfen |
| er/sie/es hülfe/hälfe | sie hülfen/hälfen |

**FUTURE SUBJUNCTIVE I**

| | | |
|---|---|---|
| ich werde | wir werden | |
| du werdest | ihr werdet | helfen |
| Sie werden | Sie werden | |
| er/sie/es werde | sie werden | |

**FUTURE SUBJUNCTIVE II**

| | | |
|---|---|---|
| ich würde | wir würden | |
| du würdest | ihr würdet | helfen |
| Sie würden | Sie würden | |
| er/sie/es würde | sie würden | |

**PRESENT PERFECT**

| | | |
|---|---|---|
| ich habe | wir haben | |
| du hast | ihr habt | geholfen |
| Sie haben | Sie haben | |
| er/sie/es hat | sie haben | |

**PAST PERFECT**

| | | |
|---|---|---|
| ich hatte | wir hatten | |
| du hattest | ihr hattet | geholfen |
| Sie hatten | Sie hatten | |
| er/sie/es hatte | sie hatten | |

**FUTURE PERFECT**

| | | |
|---|---|---|
| ich werde | wir werden | |
| du wirst | ihr werdet | geholfen haben |
| Sie werden | Sie werden | |
| er/sie/es wird | sie werden | |

**PAST SUBJUNCTIVE I**

| | | |
|---|---|---|
| ich habe | wir haben | |
| du habest | ihr habet | geholfen |
| Sie haben | Sie haben | |
| er/sie/es habe | sie haben | |

**PAST SUBJUNCTIVE II**

| | | |
|---|---|---|
| ich hätte | wir hätten | |
| du hättest | ihr hättet | geholfen |
| Sie hätten | Sie hätten | |
| er/sie/es hätte | sie hätten | |

**FUTURE PERFECT SUBJUNCTIVE I**

| | | |
|---|---|---|
| ich werde | wir werden | |
| du werdest | ihr werdet | geholfen haben |
| Sie werden | Sie werden | |
| er/sie/es werde | sie werden | |

**FUTURE PERFECT SUBJUNCTIVE II**

| | | |
|---|---|---|
| ich würde | wir würden | |
| du würdest | ihr würdet | geholfen haben |
| Sie würden | Sie würden | |
| er/sie/es würde | sie würden | |

**COMMANDS**    hilf!   helft!   helfen Sie!

**PRESENT PARTICIPLE**    helfend

## Usage

| | |
|---|---|
| Wie können wir den Armen finanziell helfen? | *How can we assist the poor financially?* |
| Ich helfe Ihnen bei der Zimmersuche. | *I'll help you look for a room.* |
| Die Gemeinde hat versucht, der Familie zu helfen. | *The community tried to help the family.* |
| Die Polizisten halfen bei der Arbeit. | *The police helped with the work.* |
| Meine Eltern sind bereit zu helfen. | *My parents are prepared to help.* |
| Ihre Antwort hat gar nicht geholfen. | *Her answer didn't help at all.* |
| Kannst du mir helfen? | *Can you help me?* |
| Ihm konnte nicht geholfen werden. | *He could not be helped.* |
| Hat die Lehrerin euch geholfen? | *Did the teacher help you?* |
| Frau Jansen wollte ihren Bekannten mit der Gartenarbeit helfen. | *Mrs. Jansen wanted to help her acquaintance with the garden work.* |

**RELATED VERBS**   ab·helfen, auf·helfen, aus·helfen, behelfen, durch·helfen, mit·helfen, nach·helfen, verhelfen, weiter·helfen

**TOP 50 VERB** ☞

### MORE USAGE SENTENCES WITH helfen

| | |
|---|---|
| Er behauptet, dass sie ihm helfen würden. | *He claims that they are helping him.* |
| Hilfst du Oma ins Auto? | *Will you assist Grandma into the car?* |
| Ingrid war im Begriff, dem älteren Herrn aus dem Sessel zu helfen, als es an der Tür klopfte. | *Ingrid was just about to help the elderly gentleman from the chair when there was a knock at the door.* |
| Gerd hat seiner Schwester über die Runden geholfen. | *Gerd helped his sister make ends meet.* |
| Jammern hilft nicht. | *Complaining won't help.* |
| Wir müssen ihm helfen. | *We must help him.* |
| Drei Nachbarn kamen angelaufen, um zu helfen. | *Three neighbors came running up to help.* |
| Unser Ziel ist es, den Bedürftigen zu helfen. | *Our goal is to help the needy.* |
| Ihre Bereitschaft, anderen zu helfen, war klar ersichtlich. | *Her readiness to help others was clearly evident.* |
| Aus Mitleid hat sie ihrem Nachbarn geholfen. | *She helped her neighbor out of compassion.* |
| Ned Detwiler half uns jeden Sommer bei der Ernte. | *Ned Detwiler helped us with the harvest every summer.* |
| Wir sehen uns verpflichtet, Ihnen zu helfen. | *We feel obligated to assist you.* |
| Hätten Sie die Güte, uns mit den Unkosten zu helfen? | *Would you be so kind as to help us with the expenses?* |
| Vor ein paar Jahren hat mir Ernst aus einer heiklen Lage geholfen. | *A few years ago, Ernst helped me out of a difficult situation.* |
| Wir möchten helfen, wo immer wir es können. | *We'd like to help wherever we can.* |
| Kann ich Ihnen helfen? | *Can I be of assistance?* |
| Hilfst du mir die Koffer tragen? | *Will you help me carry the suitcases?* |
| Maria hat mir beim Umzug nach Kalifornien geholfen. | *Maria helped me move to California.* |
| Kerstin will schon mehrere Male geholfen haben. | *Kerstin claims to have helped many times already.* |
| Was hülfe es dem Menschen, wenn er die ganze Welt gewönne und nähme doch Schaden an seiner Seele? (MATTHÄUS 16,26) | *What is a man profited if he shall gain the whole world and lose his own soul?* (MATTHEW 16:26) |
| Das Beschuldigen von anderen hilft nichts. | *Placing the blame on others doesn't remedy anything.* |

### sich zu helfen wissen *to be able to help oneself, be able to cope*

| | |
|---|---|
| Das Kind lebte allein, aber wusste sich immer zu helfen. | *The child lived alone, but could always fend for himself.* |
| Ich weiß mir nicht mehr zu helfen, mein Mann schnarcht wie eine Kettensäge. | *I'm at the end of my rope; my husband snores like a chainsaw.* |

### helfen gegen *to be a remedy for, be good for*

| | |
|---|---|
| Was hilft gegen Kopfschmerzen? | *What's a remedy for headaches?* |
| Wermuttee hilft gegen Magenschmerzen. | *Wormwood tea is good for stomachaches.* |

### IDIOMATIC EXPRESSIONS

| | |
|---|---|
| Dir werde ich helfen, dich über mich lustig zu machen, du Idiot! | *I'll teach you to make fun of me, you idiot!* |
| Oliver half ihr wieder auf die Beine. | *Oliver helped her back on her feet.* |
| Was hilft's? | *What's the use?* |
| Da hilft alles nichts. | *Nothing helps.* |
| Hilf dir selbst, so hilft dir Gott. (PROVERB) | *God helps those who help themselves.* |
| So wahr mir Gott helfe. (*formulaic*) | *So help me God.* |
| Wer das nicht versteht, dem ist nicht zu helfen. | *Whoever doesn't understand that is beyond help.* |
| Jost kann sich nicht helfen, er ist bulimisch. | *Jost can't help it—he's bulimic.* |
| Es hilft nichts, den Computer anzuschreien, wenn du selber schuld bist. | *It does no good to shout at the computer when you yourself are to blame.* |

**PRESENT**

| ich komme | wir kommen | |
|---|---|---|
| du kommst | ihr kommt | her |
| Sie kommen | Sie kommen | |
| er/sie/es kommt | sie kommen | |

**SIMPLE PAST**

| ich kam | wir kamen | |
|---|---|---|
| du kamst | ihr kamt | her |
| Sie kamen | Sie kamen | |
| er/sie/es kam | sie kamen | |

**FUTURE**

| ich werde | wir werden | |
|---|---|---|
| du wirst | ihr werdet | herkommen |
| Sie werden | Sie werden | |
| er/sie/es wird | sie werden | |

**PRESENT SUBJUNCTIVE I**

| ich komme | wir kommen | |
|---|---|---|
| du kommest | ihr kommet | her |
| Sie kommen | Sie kommen | |
| er/sie/es komme | sie kommen | |

**PRESENT SUBJUNCTIVE II**

| ich käme | wir kämen | |
|---|---|---|
| du kämest | ihr kämet | her |
| Sie kämen | Sie kämen | |
| er/sie/es käme | sie kämen | |

**FUTURE SUBJUNCTIVE I**

| ich werde | wir werden | |
|---|---|---|
| du werdest | ihr werdet | herkommen |
| Sie werden | Sie werden | |
| er/sie/es werde | sie werden | |

**FUTURE SUBJUNCTIVE II**

| ich würde | wir würden | |
|---|---|---|
| du würdest | ihr würdet | herkommen |
| Sie würden | Sie würden | |
| er/sie/es würde | sie würden | |

**PRESENT PERFECT**

| ich bin | wir sind | |
|---|---|---|
| du bist | ihr seid | hergekommen |
| Sie sind | Sie sind | |
| er/sie/es ist | sie sind | |

**PAST PERFECT**

| ich war | wir waren | |
|---|---|---|
| du warst | ihr wart | hergekommen |
| Sie waren | Sie waren | |
| er/sie/es war | sie waren | |

**FUTURE PERFECT**

| ich werde | wir werden | |
|---|---|---|
| du wirst | ihr werdet | hergekommen sein |
| Sie werden | Sie werden | |
| er/sie/es wird | sie werden | |

**PAST SUBJUNCTIVE I**

| ich sei | wir seien | |
|---|---|---|
| du seiest | ihr seiet | hergekommen |
| Sie seien | Sie seien | |
| er/sie/es sei | sie seien | |

**PAST SUBJUNCTIVE II**

| ich wäre | wir wären | |
|---|---|---|
| du wärest | ihr wäret | hergekommen |
| Sie wären | Sie wären | |
| er/sie/es wäre | sie wären | |

**FUTURE PERFECT SUBJUNCTIVE I**

| ich werde | wir werden | |
|---|---|---|
| du werdest | ihr werdet | hergekommen sein |
| Sie werden | Sie werden | |
| er/sie/es werde | sie werden | |

**FUTURE PERFECT SUBJUNCTIVE II**

| ich würde | wir würden | |
|---|---|---|
| du würdest | ihr würdet | hergekommen sein |
| Sie würden | Sie würden | |
| er/sie/es würde | sie würden | |

**COMMANDS** komm(e) her! kommt her! kommen Sie her!

**PRESENT PARTICIPLE** herkommend

## Usage

| Wir sind zum Studieren hergekommen. | *We've come here to study.* |
|---|---|
| Komm mal her! | *Come here!* |
| Die Katze kam zu mir her, setzte sich hin, und guckte mich an. | *The cat came up to me, sat down, and looked at me.* |
| Das Kreischen kam vom Baumgipfel her. | *The screeching emanated from the treetop.* |
| Auf die Frage, wo er herkomme, sagte er nur: „Daher". | *In answer to the question about where he comes from, he said only, "From there."* |
| Wo kommen Sie her? | *Where do you come from?* |
| Das ist die Stadt, aus der ich hergekommen bin. | *That's the town I'm from.* |
| Mama, wo kommen Babys denn her? | *Mama, where do babies come from?* |
| Wo diese Sitte herkommt, weiß man nicht genau. | *People don't exactly know where this tradition originated.* |
| Katrin möchte feststellen, wo ihre irrationalen Ängste herkommen. | *Katrin would like to determine the source of her irrational fears.* |

**RELATED VERBS** daher·kommen; *see also* **kommen** (265)

# herrschen *to rule, reign; govern; dominate*

herrscht · herrschte · geherrscht

regular weak verb

**PRESENT**

| | |
|---|---|
| ich herrsche | wir herrschen |
| du herrschst | ihr herrscht |
| Sie herrschen | Sie herrschen |
| er/sie/es herrscht | sie herrschen |

**SIMPLE PAST**

| | |
|---|---|
| ich herrschte | wir herrschten |
| du herrschtest | ihr herrschtet |
| Sie herrschten | Sie herrschten |
| er/sie/es herrschte | sie herrschten |

**FUTURE**

| | |
|---|---|
| ich werde | wir werden |
| du wirst | ihr werdet |
| Sie werden | Sie werden |
| er/sie/es wird | sie werden |

} herrschen

**PRESENT SUBJUNCTIVE I**

| | |
|---|---|
| ich herrsche | wir herrschen |
| du herrschest | ihr herrschet |
| Sie herrschen | Sie herrschen |
| er/sie/es herrsche | sie herrschen |

**PRESENT SUBJUNCTIVE II**

| | |
|---|---|
| ich herrschte | wir herrschten |
| du herrschtest | ihr herrschtet |
| Sie herrschten | Sie herrschten |
| er/sie/es herrschte | sie herrschten |

**FUTURE SUBJUNCTIVE I**

| | |
|---|---|
| ich werde | wir werden |
| du werdest | ihr werdet |
| Sie werden | Sie werden |
| er/sie/es werde | sie werden |

} herrschen

**FUTURE SUBJUNCTIVE II**

| | |
|---|---|
| ich würde | wir würden |
| du würdest | ihr würdet |
| Sie würden | Sie würden |
| er/sie/es würde | sie würden |

} herrschen

**PRESENT PERFECT**

| | |
|---|---|
| ich habe | wir haben |
| du hast | ihr habt |
| Sie haben | Sie haben |
| er/sie/es hat | sie haben |

} geherrscht

**PAST PERFECT**

| | |
|---|---|
| ich hatte | wir hatten |
| du hattest | ihr hattet |
| Sie hatten | Sie hatten |
| er/sie/es hatte | sie hatten |

} geherrscht

**FUTURE PERFECT**

| | |
|---|---|
| ich werde | wir werden |
| du wirst | ihr werdet |
| Sie werden | Sie werden |
| er/sie/es wird | sie werden |

} geherrscht haben

**PAST SUBJUNCTIVE I**

| | |
|---|---|
| ich habe | wir haben |
| du habest | ihr habet |
| Sie haben | Sie haben |
| er/sie/es habe | sie haben |

} geherrscht

**PAST SUBJUNCTIVE II**

| | |
|---|---|
| ich hätte | wir hätten |
| du hättest | ihr hättet |
| Sie hätten | Sie hätten |
| er/sie/es hätte | sie hätten |

} geherrscht

**FUTURE PERFECT SUBJUNCTIVE I**

| | |
|---|---|
| ich werde | wir werden |
| du werdest | ihr werdet |
| Sie werden | Sie werden |
| er/sie/es werde | sie werden |

} geherrscht haben

**FUTURE PERFECT SUBJUNCTIVE II**

| | |
|---|---|
| ich würde | wir würden |
| du würdest | ihr würdet |
| Sie würden | Sie würden |
| er/sie/es würde | sie würden |

} geherrscht haben

**COMMANDS**    herrsch(e)!    herrscht!    herrschen Sie!

**PRESENT PARTICIPLE**    herrschend

## Usage

| | |
|---|---|
| Ein Markgraf herrschte hier von 1350 bis 1353. | *A margrave ruled here from 1350 to 1353.* |
| Kaiser herrschten über das Heilige Römische Reich. | *Emperors reigned over the Holy Roman Empire.* |
| Wer hat denn das Recht zu herrschen? | *Who has the right to rule?* |
| Der neue Fürst herrscht mit der Unterstützung der Nachbarländer. | *The new prince is ruling with the support of neighboring countries.* |
| Dieses Adelsgeschlecht herrschte bis 1918. | *This aristocratic family ruled until 1918.* |
| Die Konservativen herrschen seit 20 Jahren. | *The conservatives have governed for 20 years.* |
| Nach dem Krieg herrschte Chaos im Lande. | *After the war, chaos dominated the country.* |
| In Washington herrscht eine andere Mentalität. | *In Washington, a different mentality predominates.* |
| Ein positiver Ton hat in den Diskussionen geherrscht. | *A positive tone prevailed in the discussions.* |
| Die friedliche Zusammenarbeit, die früher geherrscht hat, war produktiver als der jetzige Zustand. | *The peaceful cooperation that used to prevail was more productive than the current situation.* |
| Kühle Temperaturen herrschten den ganzen Sommer. | *Cool temperatures dominated the entire summer.* |

**RELATED VERBS**  an·herrschen, beherrschen, vor·herrschen

regular weak verb · stellt her · stellte her · hergestellt

**PRESENT**

| ich stelle | wir stellen | |
|---|---|---|
| du stellst | ihr stellt | her |
| Sie stellen | Sie stellen | |
| er/sie/es stellt | sie stellen | |

**SIMPLE PAST**

| ich stellte | wir stellten | |
|---|---|---|
| du stelltest | ihr stelltet | her |
| Sie stellten | Sie stellten | |
| er/sie/es stellte | sie stellten | |

**FUTURE**

| ich werde | wir werden | |
|---|---|---|
| du wirst | ihr werdet | herstellen |
| Sie werden | Sie werden | |
| er/sie/es wird | sie werden | |

**PRESENT SUBJUNCTIVE I**

| ich stelle | wir stellen | |
|---|---|---|
| du stellest | ihr stellet | her |
| Sie stellen | Sie stellen | |
| er/sie/es stelle | sie stellen | |

**PRESENT SUBJUNCTIVE II**

| ich stellte | wir stellten | |
|---|---|---|
| du stelltest | ihr stelltet | her |
| Sie stellten | Sie stellten | |
| er/sie/es stellte | sie stellten | |

**FUTURE SUBJUNCTIVE I**

| ich werde | wir werden | |
|---|---|---|
| du werdest | ihr werdet | herstellen |
| Sie werden | Sie werden | |
| er/sie/es werde | sie werden | |

**FUTURE SUBJUNCTIVE II**

| ich würde | wir würden | |
|---|---|---|
| du würdest | ihr würdet | herstellen |
| Sie würden | Sie würden | |
| er/sie/es würde | sie würden | |

**PRESENT PERFECT**

| ich habe | wir haben | |
|---|---|---|
| du hast | ihr habt | hergestellt |
| Sie haben | Sie haben | |
| er/sie/es hat | sie haben | |

**PAST PERFECT**

| ich hatte | wir hatten | |
|---|---|---|
| du hattest | ihr hattet | hergestellt |
| Sie hatten | Sie hatten | |
| er/sie/es hatte | sie hatten | |

**FUTURE PERFECT**

| ich werde | wir werden | |
|---|---|---|
| du wirst | ihr werdet | hergestellt haben |
| Sie werden | Sie werden | |
| er/sie/es wird | sie werden | |

**PAST SUBJUNCTIVE I**

| ich habe | wir haben | |
|---|---|---|
| du habest | ihr habet | hergestellt |
| Sie haben | Sie haben | |
| er/sie/es habe | sie haben | |

**PAST SUBJUNCTIVE II**

| ich hätte | wir hätten | |
|---|---|---|
| du hättest | ihr hättet | hergestellt |
| Sie hätten | Sie hätten | |
| er/sie/es hätte | sie hätten | |

**FUTURE PERFECT SUBJUNCTIVE I**

| ich werde | wir werden | |
|---|---|---|
| du werdest | ihr werdet | hergestellt haben |
| Sie werden | Sie werden | |
| er/sie/es werde | sie werden | |

**FUTURE PERFECT SUBJUNCTIVE II**

| ich würde | wir würden | |
|---|---|---|
| du würdest | ihr würdet | hergestellt haben |
| Sie würden | Sie würden | |
| er/sie/es würde | sie würden | |

**COMMANDS** stell(e) her! stellt her! stellen Sie her!

**PRESENT PARTICIPLE** herstellend

## Usage

| Wo werden diese Geräte hergestellt? | *Where are these devices produced?* |
|---|---|
| Diese Fabrik stellt Waffen her. | *This factory manufactures weapons.* |
| Solche Produkte können in anderen Ländern billiger hergestellt werden. | *Such products can be made more cheaply in other countries.* |
| Die Marketingmanager möchten ein völlig neues Produkt herstellen. | *The marketing managers would like to create a completely new product.* |
| Die Firma stellt Designermöbel her. | *The company manufactures designer furniture.* |
| Wir planen umweltfreundliche Batterien herzustellen. | *We plan to produce environmentally friendly batteries.* |
| Der Politiker wollte einen Zusammenhang herstellen. | *The politician wanted to establish a link.* |

### sich herstellen *to arise, come to be*

| Eine politische Verbindung stellte sich langsam her. | *A political connection gradually emerged.* |
|---|---|

**RELATED VERBS** wiederher·stellen; *see also* **stellen** (426)

**PRESENT**

| | |
|---|---|
| ich hinterlasse | wir hinterlassen |
| du hinterlässt | ihr hinterlasst |
| Sie hinterlassen | Sie hinterlassen |
| er/sie/es hinterlässt | sie hinterlassen |

**PRESENT PERFECT**

| | | |
|---|---|---|
| ich habe | wir haben | |
| du hast | ihr habt | hinterlassen |
| Sie haben | Sie haben | |
| er/sie/es hat | sie haben | |

**SIMPLE PAST**

| | |
|---|---|
| ich hinterließ | wir hinterließen |
| du hinterließest | ihr hinterließt |
| Sie hinterließen | Sie hinterließen |
| er/sie/es hinterließ | sie hinterließen |

**PAST PERFECT**

| | | |
|---|---|---|
| ich hatte | wir hatten | |
| du hattest | ihr hattet | hinterlassen |
| Sie hatten | Sie hatten | |
| er/sie/es hatte | sie hatten | |

**FUTURE**

| | | |
|---|---|---|
| ich werde | wir werden | |
| du wirst | ihr werdet | hinterlassen |
| Sie werden | Sie werden | |
| er/sie/es wird | sie werden | |

**FUTURE PERFECT**

| | | |
|---|---|---|
| ich werde | wir werden | |
| du wirst | ihr werdet | hinterlassen haben |
| Sie werden | Sie werden | |
| er/sie/es wird | sie werden | |

**PRESENT SUBJUNCTIVE I**

| | |
|---|---|
| ich hinterlasse | wir hinterlassen |
| du hinterlassest | ihr hinterlasset |
| Sie hinterlassen | Sie hinterlassen |
| er/sie/es hinterlasse | sie hinterlassen |

**PAST SUBJUNCTIVE I**

| | | |
|---|---|---|
| ich habe | wir haben | |
| du habest | ihr habet | hinterlassen |
| Sie haben | Sie haben | |
| er/sie/es habe | sie haben | |

**PRESENT SUBJUNCTIVE II**

| | |
|---|---|
| ich hinterließe | wir hinterließen |
| du hinterließest | ihr hinterließet |
| Sie hinterließen | Sie hinterließen |
| er/sie/es hinterließe | sie hinterließen |

**PAST SUBJUNCTIVE II**

| | | |
|---|---|---|
| ich hätte | wir hätten | |
| du hättest | ihr hättet | hinterlassen |
| Sie hätten | Sie hätten | |
| er/sie/es hätte | sie hätten | |

**FUTURE SUBJUNCTIVE I**

| | | |
|---|---|---|
| ich werde | wir werden | |
| du werdest | ihr werdet | hinterlassen |
| Sie werden | Sie werden | |
| er/sie/es werde | sie werden | |

**FUTURE PERFECT SUBJUNCTIVE I**

| | | |
|---|---|---|
| ich werde | wir werden | |
| du werdest | ihr werdet | hinterlassen haben |
| Sie werden | Sie werden | |
| er/sie/es werde | sie werden | |

**FUTURE SUBJUNCTIVE II**

| | | |
|---|---|---|
| ich würde | wir würden | |
| du würdest | ihr würdet | hinterlassen |
| Sie würden | Sie würden | |
| er/sie/es würde | sie würden | |

**FUTURE PERFECT SUBJUNCTIVE II**

| | | |
|---|---|---|
| ich würde | wir würden | |
| du würdest | ihr würdet | hinterlassen haben |
| Sie würden | Sie würden | |
| er/sie/es würde | sie würden | |

| | |
|---|---|
| **COMMANDS** | hinterlass(e)! hinterlasst! hinterlassen Sie! |
| **PRESENT PARTICIPLE** | hinterlassend |

## Usage

| | |
|---|---|
| Herr Schmidt hinterlässt eine 73-jährige Frau und drei erwachsene Kinder. | *Mr. Schmidt leaves behind a 73-year-old wife and three grown children.* |
| Der Dieb hatte Fingerabdrücke an der Türklinke hinterlassen. | *The thief had left fingerprints on the door handle.* |
| Tsunami hinterlässt eine Spur der Verwüstung (NEWS HEADLINE) | *Tsunami leaves behind a wake of devastation* |
| Hinterlassen Sie bitte eine Nachricht nach dem Piepton. | *Please leave a message after the beep.* |
| Der Fuchs hinterließ Spuren im Schnee. | *The fox left tracks in the snow.* |
| Die Reise hat bei meiner Mutter bleibende Eindrücke hinterlassen. | *The trip has left lasting impressions on my mother.* |
| Das Bier hinterlässt einen komischen Nachgeschmack. | *The beer leaves a funny aftertaste.* |
| Du hast bei ihr einen guten Eindruck hinterlassen. | *You've made a good impression on her.* |
| Frau Escher hinterließ ihrem Mann ihr Vermögen. | *Mrs. Escher bequeathed her wealth to her husband.* |
| Ich hinterlasse meinen Kindern 100 000 Dollar und das Grundstück in Wisconsin. | *I bequeath to my children $100,000 and the property in Wisconsin.* |

**RELATED VERBS** *see* **lassen** (280)

regular weak verb

## PRESENT

| | |
|---|---|
| ich hoffe | wir hoffen |
| du hoffst | ihr hofft |
| Sie hoffen | Sie hoffen |
| er/sie/es hofft | sie hoffen |

## SIMPLE PAST

| | |
|---|---|
| ich hoffte | wir hofften |
| du hofftest | ihr hofftet |
| Sie hofften | Sie hofften |
| er/sie/es hoffte | sie hofften |

## FUTURE

| | | |
|---|---|---|
| ich werde | wir werden | |
| du wirst | ihr werdet | hoffen |
| Sie werden | Sie werden | |
| er/sie/es wird | sie werden | |

## PRESENT SUBJUNCTIVE I

| | |
|---|---|
| ich hoffe | wir hoffen |
| du hoffest | ihr hoffet |
| Sie hoffen | Sie hoffen |
| er/sie/es hoffe | sie hoffen |

## PRESENT SUBJUNCTIVE II

| | |
|---|---|
| ich hoffte | wir hofften |
| du hofftest | ihr hofftet |
| Sie hofften | Sie hofften |
| er/sie/es hoffte | sie hofften |

## FUTURE SUBJUNCTIVE I

| | | |
|---|---|---|
| ich werde | wir werden | |
| du werdest | ihr werdet | hoffen |
| Sie werden | Sie werden | |
| er/sie/es werde | sie werden | |

## FUTURE SUBJUNCTIVE II

| | | |
|---|---|---|
| ich würde | wir würden | |
| du würdest | ihr würdet | hoffen |
| Sie würden | Sie würden | |
| er/sie/es würde | sie würden | |

## PRESENT PERFECT

| | | |
|---|---|---|
| ich habe | wir haben | |
| du hast | ihr habt | gehofft |
| Sie haben | Sie haben | |
| er/sie/es hat | sie haben | |

## PAST PERFECT

| | | |
|---|---|---|
| ich hatte | wir hatten | |
| du hattest | ihr hattet | gehofft |
| Sie hatten | Sie hatten | |
| er/sie/es hatte | sie hatten | |

## FUTURE PERFECT

| | | |
|---|---|---|
| ich werde | wir werden | |
| du wirst | ihr werdet | gehofft haben |
| Sie werden | Sie werden | |
| er/sie/es wird | sie werden | |

## PAST SUBJUNCTIVE I

| | | |
|---|---|---|
| ich habe | wir haben | |
| du habest | ihr habet | gehofft |
| Sie haben | Sie haben | |
| er/sie/es habe | sie haben | |

## PAST SUBJUNCTIVE II

| | | |
|---|---|---|
| ich hätte | wir hätten | |
| du hättest | ihr hättet | gehofft |
| Sie hätten | Sie hätten | |
| er/sie/es hätte | sie hätten | |

## FUTURE PERFECT SUBJUNCTIVE I

| | | |
|---|---|---|
| ich werde | wir werden | |
| du werdest | ihr werdet | gehofft haben |
| Sie werden | Sie werden | |
| er/sie/es werde | sie werden | |

## FUTURE PERFECT SUBJUNCTIVE II

| | | |
|---|---|---|
| ich würde | wir würden | |
| du würdest | ihr würdet | gehofft haben |
| Sie würden | Sie würden | |
| er/sie/es würde | sie würden | |

**COMMANDS** hoff(e)! hofft! hoffen Sie!

**PRESENT PARTICIPLE** hoffend

## Usage

| | |
|---|---|
| Ich hoffe, dass sich der enorme Aufwand lohnt. | *I hope the enormous effort is worth it.* |
| Es ist zu hoffen, dass Politiker Stellung zu diesen Themen nehmen. | *It is hoped that politicians will take a position on these issues.* |
| Die ganze Familie hofft auf eine baldige Besserung. | *The entire family is hoping for a quick recovery.* |
| Hoffen Sie, Ihr Studium im nächsten Jahr abschließen zu können? | *Do you hope to be able to complete your studies in the next year?* |
| Wir hoffen auf ein Ende des Konflikts. | *We are hoping for an end to the conflict.* |
| Ich hoffe es gefällt dir. | *I hope you like it.* |
| Tante Irmgard hoffte insgeheim auf ein Wunder. | *Aunt Irmgard was secretly hoping for a miracle.* |
| Die Radler hatten auf gutes Wetter gehofft. | *The cyclists had hoped for good weather.* |
| Er hofft es. | *He hopes so.* |
| Ich wage es nicht zu hoffen. | *I dare not hope for it.* |
| Hoffen wir das Beste. | *Let's hope for the best.* |

**RELATED VERB** erhoffen

**PRESENT**

| | |
|---|---|
| ich hole | wir holen |
| du holst | ihr holt |
| Sie holen | Sie holen |
| er/sie/es holt | sie holen |

**SIMPLE PAST**

| | |
|---|---|
| ich holte | wir holten |
| du holtest | ihr holtet |
| Sie holten | Sie holten |
| er/sie/es holte | sie holten |

**FUTURE**

| | | |
|---|---|---|
| ich werde | wir werden | |
| du wirst | ihr werdet | holen |
| Sie werden | Sie werden | |
| er/sie/es wird | sie werden | |

**PRESENT SUBJUNCTIVE I**

| | |
|---|---|
| ich hole | wir holen |
| du holest | ihr holet |
| Sie holen | Sie holen |
| er/sie/es hole | sie holen |

**PRESENT SUBJUNCTIVE II**

| | |
|---|---|
| ich holte | wir holten |
| du holtest | ihr holtet |
| Sie holten | Sie holten |
| er/sie/es holte | sie holten |

**FUTURE SUBJUNCTIVE I**

| | | |
|---|---|---|
| ich werde | wir werden | |
| du werdest | ihr werdet | holen |
| Sie werden | Sie werden | |
| er/sie/es werde | sie werden | |

**FUTURE SUBJUNCTIVE II**

| | | |
|---|---|---|
| ich würde | wir würden | |
| du würdest | ihr würdet | holen |
| Sie würden | Sie würden | |
| er/sie/es würde | sie würden | |

**PRESENT PERFECT**

| | | |
|---|---|---|
| ich habe | wir haben | |
| du hast | ihr habt | geholt |
| Sie haben | Sie haben | |
| er/sie/es hat | sie haben | |

**PAST PERFECT**

| | | |
|---|---|---|
| ich hatte | wir hatten | |
| du hattest | ihr hattet | geholt |
| Sie hatten | Sie hatten | |
| er/sie/es hatte | sie hatten | |

**FUTURE PERFECT**

| | | |
|---|---|---|
| ich werde | wir werden | |
| du wirst | ihr werdet | geholt haben |
| Sie werden | Sie werden | |
| er/sie/es wird | sie werden | |

**PAST SUBJUNCTIVE I**

| | | |
|---|---|---|
| ich habe | wir haben | |
| du habest | ihr habet | geholt |
| Sie haben | Sie haben | |
| er/sie/es habe | sie haben | |

**PAST SUBJUNCTIVE II**

| | | |
|---|---|---|
| ich hätte | wir hätten | |
| du hättest | ihr hättet | geholt |
| Sie hätten | Sie hätten | |
| er/sie/es hätte | sie hätten | |

**FUTURE PERFECT SUBJUNCTIVE I**

| | | |
|---|---|---|
| ich werde | wir werden | |
| du werdest | ihr werdet | geholt haben |
| Sie werden | Sie werden | |
| er/sie/es werde | sie werden | |

**FUTURE PERFECT SUBJUNCTIVE II**

| | | |
|---|---|---|
| ich würde | wir würden | |
| du würdest | ihr würdet | geholt haben |
| Sie würden | Sie würden | |
| er/sie/es würde | sie würden | |

**COMMANDS**          hol(e)!   holt!   holen Sie!

**PRESENT PARTICIPLE**     holend

## Usage

| | |
|---|---|
| Ich muss Bargeld am Geldautomaten holen. | *I have to get some cash at the ATM.* |
| Anke, hol mir bitte ein Taschentuch. | *Anke, please get me a tissue.* |
| Wir wollten das Essen holen. | *We wanted to go get the food.* |
| Heinz ging die Post holen. | *Heinz went to get the mail.* |
| Da schickte der Vater einen der Knaben eilends zur Quelle, Taufwasser zu holen. (GRIMM) | *Then the father sent one of the lads quickly to the spring to fetch baptismal water.* |
| Holen Sie tief Luft. | *Take a deep breath.* |
| Holen Sie bitte die Polizei! | *Please get the police!* |

### sich etwas holen  *to get/procure oneself something*

| | |
|---|---|
| Holen Sie sich doch Rat bei einem Facharzt. | *Why don't you seek advice from a medical specialist?* |

**RELATED VERBS**   auf·holen, aus·holen, ein·holen, heim·holen, herbei·holen, nach·holen, nieder·holen, über·holen, zurück·holen, zusammen·holen; *see also* **ab·holen** (4), **erholen** (159), **überholen** (459), **wiederholen** (533)

regular weak verb

**PRESENT**

| | |
|---|---|
| ich höre | wir hören |
| du hörst | ihr hört |
| Sie hören | Sie hören |
| er/sie/es hört | sie hören |

**SIMPLE PAST**

| | |
|---|---|
| ich hörte | wir hörten |
| du hörtest | ihr hörtet |
| Sie hörten | Sie hörten |
| er/sie/es hörte | sie hörten |

**FUTURE**

| | | |
|---|---|---|
| ich werde | wir werden | |
| du wirst | ihr werdet | hören |
| Sie werden | Sie werden | |
| er/sie/es wird | sie werden | |

**PRESENT SUBJUNCTIVE I**

| | |
|---|---|
| ich höre | wir hören |
| du hörest | ihr höret |
| Sie hören | Sie hören |
| er/sie/es höre | sie hören |

**PRESENT SUBJUNCTIVE II**

| | |
|---|---|
| ich hörte | wir hörten |
| du hörtest | ihr hörtet |
| Sie hörten | Sie hörten |
| er/sie/es hörte | sie hörten |

**FUTURE SUBJUNCTIVE I**

| | | |
|---|---|---|
| ich werde | wir werden | |
| du werdest | ihr werdet | hören |
| Sie werden | Sie werden | |
| er/sie/es werde | sie werden | |

**FUTURE SUBJUNCTIVE II**

| | | |
|---|---|---|
| ich würde | wir würden | |
| du würdest | ihr würdet | hören |
| Sie würden | Sie würden | |
| er/sie/es würde | sie würden | |

**PRESENT PERFECT**

| | | |
|---|---|---|
| ich habe | wir haben | |
| du hast | ihr habt | gehört |
| Sie haben | Sie haben | |
| er/sie/es hat | sie haben | |

**PAST PERFECT**

| | | |
|---|---|---|
| ich hatte | wir hatten | |
| du hattest | ihr hattet | gehört |
| Sie hatten | Sie hatten | |
| er/sie/es hatte | sie hatten | |

**FUTURE PERFECT**

| | | |
|---|---|---|
| ich werde | wir werden | |
| du wirst | ihr werdet | gehört haben |
| Sie werden | Sie werden | |
| er/sie/es wird | sie werden | |

**PAST SUBJUNCTIVE I**

| | | |
|---|---|---|
| ich habe | wir haben | |
| du habest | ihr habet | gehört |
| Sie haben | Sie haben | |
| er/sie/es habe | sie haben | |

**PAST SUBJUNCTIVE II**

| | | |
|---|---|---|
| ich hätte | wir hätten | |
| du hättest | ihr hättet | gehört |
| Sie hätten | Sie hätten | |
| er/sie/es hätte | sie hätten | |

**FUTURE PERFECT SUBJUNCTIVE I**

| | | |
|---|---|---|
| ich werde | wir werden | |
| du werdest | ihr werdet | gehört haben |
| Sie werden | Sie werden | |
| er/sie/es werde | sie werden | |

**FUTURE PERFECT SUBJUNCTIVE II**

| | | |
|---|---|---|
| ich würde | wir würden | |
| du würdest | ihr würdet | gehört haben |
| Sie würden | Sie würden | |
| er/sie/es würde | sie würden | |

**COMMANDS**     hör(e)!   hört!   hören Sie!

**PRESENT PARTICIPLE**     hörend

## Usage

| | |
|---|---|
| Herr Töpfer hört gern Bigband-Musik. | *Mr. Töpfer likes listening to big band music.* |
| Haben Sie mal die Lieder von Friedrich Silcher gehört? | *Have you heard the songs of Friedrich Silcher?* |
| Im Nebenzimmer war ein lautes Geräusch zu hören. | *A loud noise could be heard in the next room.* |
| Wir haben gesungen und Geistergeschichten gehört. | *We sang and listened to ghost stories.* |
| Hör mal, Jan, ich kann es nicht mehr machen! | *Listen, Jan, I can't do it anymore!* |
| Ich habe lange nichts von dir gehört. | *I haven't heard anything from you for a long time.* |
| Hörst du mich jetzt? | *Do you hear me now?* |
| In Bodos Stimme konnte ich Unsicherheit hören. | *I could hear insecurity in Bodo's voice.* |
| Alle Studentinnen und Studenten müssen die folgenden Vorlesungen gehört haben. | *All students must have attended the following lectures.* |
| Opa hört jeden Morgen Radio. | *Grandpa listens to the radio every morning.* |

**RELATED VERBS**  ab·hören, an·hören, durch·hören, erhören, mit·hören, schwarz·hören, überhören, um·hören, verhören; *see also* **auf·hören** (28), **gehören** (211), **zu·hören** (550)

**TOP 50 VERB** ☞

# 248 | hören *to hear, listen; attend*
### hört · hörte · gehört
regular weak verb

## MORE USAGE SENTENCES WITH hören

| | |
|---|---|
| Omi hört schwer. | *Granny is hard of hearing.* |
| Live-Musik ist auf der Bühne zu hören. | *Live music can be heard on stage.* |
| Sie hören jetzt einen Auszug aus einem Radiospiel. | *You will now hear an excerpt from a radio play.* |
| Manni will einfach nicht hören. | *Manni simply doesn't want to listen.* |
| Ich kann sein Meckern nicht mehr hören. | *I can't listen to his whining anymore.* |
| Habt ihr den Donner gehört? | *Did you hear the thunder?* |
| Plötzlich war die Musik nebenan nicht mehr zu hören. | *Suddenly, the music next door could no longer be heard.* |
| Schumann soll Stimmen im Kopf gehört haben. | *Schumann is supposed to have heard voices in his head.* |

### hören + infinitive

| | |
|---|---|
| Hörst du sie den Flur entlangkommen? | *Do you hear her coming down the hall?* |
| Die Eltern konnten ihre Kinder im Nebenzimmer lachen hören. | *The parents could hear their children laughing in the next room.* |
| Ich habe sagen hören, dass die Vorstellung drei Stunden dauert. | *I've heard it said that the presentation lasts three hours.* |

### hören an + dative *to tell by*

| | |
|---|---|
| An seinem Atem hörte man, dass er schon eingeschlafen war. | *You could tell by his breathing that he'd already fallen asleep.* |

### hören auf + accusative *to answer/respond to; heed, obey*

| | |
|---|---|
| Der Hund hört auf den Namen Maxl. | *The dog answers to the name Maxl.* |
| Hört auf mein Wort, ihr Nationen! (*archaic*) | *Heed my word, ye nations!* |
| Alexis hörte auf den Rat ihrer Freunde, sich öfter zu entspannen. | *Alexis heeded her friends' advice to relax more often.* |
| Ihr müsst nicht auf sie hören. | *You don't have to do what they say.* |

### hören lassen *to be heard*

| | |
|---|---|
| Ortwins Onkel ist nach Argentinien ausgewandert und hat nichts mehr von sich hören lassen. | *Ortwin's uncle emigrated to Argentina and wasn't heard from again.* |
| Lasst mal von euch hören! (*when taking leave*) | *You all keep in touch!* |
| Ich lasse von mir hören. (*when taking leave*) | *I'll be in touch.* |
| Das lässt sich hören. | *That sounds acceptable.* |
| In der Ferne ließ sich das Geblöke von Schafen hören. | *In the distance you could hear the bleating of sheep.* |

### hören von *to hear from, hear of*

| | |
|---|---|
| Ich habe von Inge gehört, dass die beiden heiraten. | *I heard from Inge that the two are getting married.* |
| Haben Sie von dem Philosophen Rudolf Steiner gehört? | *Have you heard of the philosopher Rudolf Steiner?* |

## IDIOMATIC EXPRESSIONS

| | |
|---|---|
| Wer nicht hören will, muss fühlen! | *If you don't do as you're told, you'll pay the consequences!* |
| Hören Sie mal! | *Listen here now!* |
| Es war so laut, dass ich meine eigenen Worte nicht hören konnte. | *It was so loud I couldn't hear myself speak.* |
| Ich kann mich an seiner Stimme nicht satt hören. | *I can't get enough of his voice. / I love hearing his voice.* |
| Der Junge hat etwas von seiner Mutter zu hören bekommen. (*colloquial*) | *The boy was scolded by his mother.* |
| Man höre und staune! (*formulaic*) | *Will wonders never cease!* |
| Wenn ich das Wort schon höre, wird mir schlecht! | *If I so much as hear that word, it makes me sick!* |

**PRESENT**

| | |
|---|---|
| ich informiere | wir informieren |
| du informierst | ihr informiert |
| Sie informieren | Sie informieren |
| er/sie/es informiert | sie informieren |

**SIMPLE PAST**

| | |
|---|---|
| ich informierte | wir informierten |
| du informiertest | ihr informiertet |
| Sie informierten | Sie informierten |
| er/sie/es informierte | sie informierten |

**FUTURE**

| | |
|---|---|
| ich werde | wir werden |
| du wirst | ihr werdet |
| Sie werden | Sie werden |
| er/sie/es wird | sie werden |

informieren

**PRESENT SUBJUNCTIVE I**

| | |
|---|---|
| ich informiere | wir informieren |
| du informierest | ihr informieret |
| Sie informieren | Sie informieren |
| er/sie/es informiere | sie informieren |

**PRESENT SUBJUNCTIVE II**

| | |
|---|---|
| ich informierte | wir informierten |
| du informiertest | ihr informiertet |
| Sie informierten | Sie informierten |
| er/sie/es informierte | sie informierten |

**FUTURE SUBJUNCTIVE I**

| | |
|---|---|
| ich werde | wir werden |
| du werdest | ihr werdet |
| Sie werden | Sie werden |
| er/sie/es werde | sie werden |

informieren

**FUTURE SUBJUNCTIVE II**

| | |
|---|---|
| ich würde | wir würden |
| du würdest | ihr würdet |
| Sie würden | Sie würden |
| er/sie/es würde | sie würden |

informieren

**PRESENT PERFECT**

| | |
|---|---|
| ich habe | wir haben |
| du hast | ihr habt |
| Sie haben | Sie haben |
| er/sie/es hat | sie haben |

informiert

**PAST PERFECT**

| | |
|---|---|
| ich hatte | wir hatten |
| du hattest | ihr hattet |
| Sie hatten | Sie hatten |
| er/sie/es hatte | sie hatten |

informiert

**FUTURE PERFECT**

| | |
|---|---|
| ich werde | wir werden |
| du wirst | ihr werdet |
| Sie werden | Sie werden |
| er/sie/es wird | sie werden |

informiert haben

**PAST SUBJUNCTIVE I**

| | |
|---|---|
| ich habe | wir haben |
| du habest | ihr habet |
| Sie haben | Sie haben |
| er/sie/es habe | sie haben |

informiert

**PAST SUBJUNCTIVE II**

| | |
|---|---|
| ich hätte | wir hätten |
| du hättest | ihr hättet |
| Sie hätten | Sie hätten |
| er/sie/es hätte | sie hätten |

informiert

**FUTURE PERFECT SUBJUNCTIVE I**

| | |
|---|---|
| ich werde | wir werden |
| du werdest | ihr werdet |
| Sie werden | Sie werden |
| er/sie/es werde | sie werden |

informiert haben

**FUTURE PERFECT SUBJUNCTIVE II**

| | |
|---|---|
| ich würde | wir würden |
| du würdest | ihr würdet |
| Sie würden | Sie würden |
| er/sie/es würde | sie würden |

informiert haben

**COMMANDS**   informier(e)!   informiert!   informieren Sie!

**PRESENT PARTICIPLE**   informierend

## Usage

| | |
|---|---|
| Die Abgeordneten werden über die neuen Regelungen informieren. | *The representatives will provide information on the new regulations.* |
| Der Bewerber ist im Februar informiert worden. | *The applicant was notified in February.* |
| Wie könnte man die Teilnehmer über Zeitplanveränderungen informieren? | *How could the participants be advised of schedule changes?* |

### sich informieren *to inform oneself, learn*

| | |
|---|---|
| Morgen haben Besucher die Möglichkeit, sich über die verschiedenen Studiengänge zu informieren. | *Tomorrow, visitors will have an opportunity to learn about the various fields of study.* |
| Wenn Sie Interesse haben, können Sie sich über unsere Website weiter informieren. | *If you are interested, you can learn more on our Web site.* |
| Warum informierst du dich nicht darüber? | *Why don't you inquire about that?* |
| Obwohl er sich zum Thema eingehend informiert hatte, wusste er keine Antworten auf unsere Fragen. | *Although he had thoroughly acquainted himself with the topic, he could not answer our questions.* |

# interessieren *to interest, hold interest for; get (someone) interested*

interessiert · interessierte · interessiert

regular weak verb

## PRESENT

| | |
|---|---|
| ich interessiere | wir interessieren |
| du interessierst | ihr interessiert |
| Sie interessieren | Sie interessieren |
| er/sie/es interessiert | sie interessieren |

## PRESENT PERFECT

| | | |
|---|---|---|
| ich habe | wir haben | |
| du hast | ihr habt | interessiert |
| Sie haben | Sie haben | |
| er/sie/es hat | sie haben | |

## SIMPLE PAST

| | |
|---|---|
| ich interessierte | wir interessierten |
| du interessiertest | ihr interessiertet |
| Sie interessierten | Sie interessierten |
| er/sie/es interessierte | sie interessierten |

## PAST PERFECT

| | | |
|---|---|---|
| ich hatte | wir hatten | |
| du hattest | ihr hattet | interessiert |
| Sie hatten | Sie hatten | |
| er/sie/es hatte | sie hatten | |

## FUTURE

| | | |
|---|---|---|
| ich werde | wir werden | |
| du wirst | ihr werdet | interessieren |
| Sie werden | Sie werden | |
| er/sie/es wird | sie werden | |

## FUTURE PERFECT

| | | |
|---|---|---|
| ich werde | wir werden | |
| du wirst | ihr werdet | interessiert haben |
| Sie werden | Sie werden | |
| er/sie/es wird | sie werden | |

## PRESENT SUBJUNCTIVE I

| | |
|---|---|
| ich interessiere | wir interessieren |
| du interessierest | ihr interessieret |
| Sie interessieren | Sie interessieren |
| er/sie/es interessiere | sie interessieren |

## PAST SUBJUNCTIVE I

| | | |
|---|---|---|
| ich habe | wir haben | |
| du habest | ihr habet | interessiert |
| Sie haben | Sie haben | |
| er/sie/es habe | sie haben | |

## PRESENT SUBJUNCTIVE II

| | |
|---|---|
| ich interessierte | wir interessierten |
| du interessiertest | ihr interessiertet |
| Sie interessierten | Sie interessierten |
| er/sie/es interessierte | sie interessierten |

## PAST SUBJUNCTIVE II

| | | |
|---|---|---|
| ich hätte | wir hätten | |
| du hättest | ihr hättet | interessiert |
| Sie hätten | Sie hätten | |
| er/sie/es hätte | sie hätten | |

## FUTURE SUBJUNCTIVE I

| | | |
|---|---|---|
| ich werde | wir werden | |
| du werdest | ihr werdet | interessieren |
| Sie werden | Sie werden | |
| er/sie/es werde | sie werden | |

## FUTURE PERFECT SUBJUNCTIVE I

| | | |
|---|---|---|
| ich werde | wir werden | |
| du werdest | ihr werdet | interessiert haben |
| Sie werden | Sie werden | |
| er/sie/es werde | sie werden | |

## FUTURE SUBJUNCTIVE II

| | | |
|---|---|---|
| ich würde | wir würden | |
| du würdest | ihr würdet | interessieren |
| Sie würden | Sie würden | |
| er/sie/es würde | sie würden | |

## FUTURE PERFECT SUBJUNCTIVE II

| | | |
|---|---|---|
| ich würde | wir würden | |
| du würdest | ihr würdet | interessiert haben |
| Sie würden | Sie würden | |
| er/sie/es würde | sie würden | |

COMMANDS    interessier(e)!  interessiert!  interessieren Sie!

PRESENT PARTICIPLE    interessierend

## Usage

| | |
|---|---|
| Diese Frage begann den Wissenschaftler zu interessieren. | *This question began to hold the scientist's interest.* |
| Mark hat mich an Orchideen interessiert. | *Mark has gotten me interested in orchids.* |
| Mich würde interessieren, wie viele Besucher meine Website gehabt hat. | *I'd be interested in knowing how many visitors my Web site has had.* |
| Deine Probleme interessieren mich gar nicht! | *Your problems are of no interest to me whatsoever.* |
| „Sie interessieren mich sehr, Herr Maier", sagte der Detektiv. | *"You interest me greatly, Mr. Maier," said the detective.* |

## sich interessieren für *to be interested in*

| | |
|---|---|
| Interessierst du dich für alte Stummfilme? | *Are you interested in old silent films?* |
| Ich habe mich früher für Meteorologie interessiert. | *I used to be interested in meteorology.* |
| Kai interessiert sich nicht für Mädchen. | *Kai is not interested in girls.* |
| Ihr interessiert euch bestimmt für Computerspiele, nicht wahr? | *You must surely be interested in computer games, aren't you?* |

regular weak verb

**PRESENT**

| | |
|---|---|
| ich interpretiere | wir interpretieren |
| du interpretierst | ihr interpretiert |
| Sie interpretieren | Sie interpretieren |
| er/sie/es interpretiert | sie interpretieren |

**SIMPLE PAST**

| | |
|---|---|
| ich interpretierte | wir interpretierten |
| du interpretiertest | ihr interpretiertet |
| Sie interpretierten | Sie interpretierten |
| er/sie/es interpretierte | sie interpretierten |

**FUTURE**

| | |
|---|---|
| ich werde | wir werden |
| du wirst | ihr werdet |
| Sie werden | Sie werden |
| er/sie/es wird | sie werden |

} interpretieren

**PRESENT SUBJUNCTIVE I**

| | |
|---|---|
| ich interpretiere | wir interpretieren |
| du interpretierest | ihr interpretieret |
| Sie interpretieren | Sie interpretieren |
| er/sie/es interpretiere | sie interpretieren |

**PRESENT SUBJUNCTIVE II**

| | |
|---|---|
| ich interpretierte | wir interpretierten |
| du interpretiertest | ihr interpretiertet |
| Sie interpretierten | Sie interpretierten |
| er/sie/es interpretierte | sie interpretierten |

**FUTURE SUBJUNCTIVE I**

| | |
|---|---|
| ich werde | wir werden |
| du werdest | ihr werdet |
| Sie werden | Sie werden |
| er/sie/es werde | sie werden |

} interpretieren

**FUTURE SUBJUNCTIVE II**

| | |
|---|---|
| ich würde | wir würden |
| du würdest | ihr würdet |
| Sie würden | Sie würden |
| er/sie/es würde | sie würden |

} interpretieren

**PRESENT PERFECT**

| | |
|---|---|
| ich habe | wir haben |
| du hast | ihr habt |
| Sie haben | Sie haben |
| er/sie/es hat | sie haben |

} interpretiert

**PAST PERFECT**

| | |
|---|---|
| ich hatte | wir hatten |
| du hattest | ihr hattet |
| Sie hatten | Sie hatten |
| er/sie/es hatte | sie hatten |

} interpretiert

**FUTURE PERFECT**

| | |
|---|---|
| ich werde | wir werden |
| du wirst | ihr werdet |
| Sie werden | Sie werden |
| er/sie/es wird | sie werden |

} interpretiert haben

**PAST SUBJUNCTIVE I**

| | |
|---|---|
| ich habe | wir haben |
| du habest | ihr habet |
| Sie haben | Sie haben |
| er/sie/es habe | sie haben |

} interpretiert

**PAST SUBJUNCTIVE II**

| | |
|---|---|
| ich hätte | wir hätten |
| du hättest | ihr hättet |
| Sie hätten | Sie hätten |
| er/sie/es hätte | sie hätten |

} interpretiert

**FUTURE PERFECT SUBJUNCTIVE I**

| | |
|---|---|
| ich werde | wir werden |
| du werdest | ihr werdet |
| Sie werden | Sie werden |
| er/sie/es werde | sie werden |

} interpretiert haben

**FUTURE PERFECT SUBJUNCTIVE II**

| | |
|---|---|
| ich würde | wir würden |
| du würdest | ihr würdet |
| Sie würden | Sie würden |
| er/sie/es würde | sie würden |

} interpretiert haben

**COMMANDS**      interpretier(e)!  interpretiert!  interpretieren Sie!

**PRESENT PARTICIPLE**      interpretierend

## Usage

| | |
|---|---|
| Wie ist Ernst Jandls Gedicht „schtzngrmm" eigentlich zu interpretieren? | *How is Ernst Jandl's poem "schtzngrmm" to be interpreted, anyway?* |
| Jost Maier interpretiert diese Textstelle sogar als eine Anspielung auf Homer. | *Jost Maier even interprets this place in the text as an allusion to Homer.* |
| Das weltberühmte Ensemble interpretiert Bachs „Brandenburgische Konzerte". | *The world-famous ensemble interprets Bach's "Brandenburg Concertos."* |
| Wenn man das Werk interpretiert, stellt man oft die Frage der Gattungszugehörigkeit. | *When one interprets the work, one often deals with the question of its genre.* |
| Das Gesetz wird von ihnen anders interpretiert. | *The law is interpreted differently by them.* |
| Ich habe seine Andeutungen falsch interpretiert. | *I incorrectly interpreted his intimations.* |
| Wie interpretiert man einen Film? | *How does one interpret a film?* |
| Wie interpretierst du diese Entwicklung? | *How do you explain this development?* |
| Interpretieren Sie das folgende Diagramm. | *Explain the following graph.* |

# kämpfen  *to fight, battle, struggle*

kämpft · kämpfte · gekämpft — regular weak verb

## PRESENT

| | |
|---|---|
| ich kämpfe | wir kämpfen |
| du kämpfst | ihr kämpft |
| Sie kämpfen | Sie kämpfen |
| er/sie/es kämpft | sie kämpfen |

## PRESENT PERFECT

| | |
|---|---|
| ich habe | wir haben |
| du hast | ihr habt |
| Sie haben | Sie haben |
| er/sie/es hat | sie haben |

} gekämpft

## SIMPLE PAST

| | |
|---|---|
| ich kämpfte | wir kämpften |
| du kämpftest | ihr kämpftet |
| Sie kämpften | Sie kämpften |
| er/sie/es kämpfte | sie kämpften |

## PAST PERFECT

| | |
|---|---|
| ich hatte | wir hatten |
| du hattest | ihr hattet |
| Sie hatten | Sie hatten |
| er/sie/es hatte | sie hatten |

} gekämpft

## FUTURE

| | |
|---|---|
| ich werde | wir werden |
| du wirst | ihr werdet |
| Sie werden | Sie werden |
| er/sie/es wird | sie werden |

} kämpfen

## FUTURE PERFECT

| | |
|---|---|
| ich werde | wir werden |
| du wirst | ihr werdet |
| Sie werden | Sie werden |
| er/sie/es wird | sie werden |

} gekämpft haben

## PRESENT SUBJUNCTIVE I

| | |
|---|---|
| ich kämpfe | wir kämpfen |
| du kämpfest | ihr kämpfet |
| Sie kämpfen | Sie kämpfen |
| er/sie/es kämpfe | sie kämpfen |

## PAST SUBJUNCTIVE I

| | |
|---|---|
| ich habe | wir haben |
| du habest | ihr habet |
| Sie haben | Sie haben |
| er/sie/es habe | sie haben |

} gekämpft

## PRESENT SUBJUNCTIVE II

| | |
|---|---|
| ich kämpfte | wir kämpften |
| du kämpftest | ihr kämpftet |
| Sie kämpften | Sie kämpften |
| er/sie/es kämpfte | sie kämpften |

## PAST SUBJUNCTIVE II

| | |
|---|---|
| ich hätte | wir hätten |
| du hättest | ihr hättet |
| Sie hätten | Sie hätten |
| er/sie/es hätte | sie hätten |

} gekämpft

## FUTURE SUBJUNCTIVE I

| | |
|---|---|
| ich werde | wir werden |
| du werdest | ihr werdet |
| Sie werden | Sie werden |
| er/sie/es werde | sie werden |

} kämpfen

## FUTURE PERFECT SUBJUNCTIVE I

| | |
|---|---|
| ich werde | wir werden |
| du werdest | ihr werdet |
| Sie werden | Sie werden |
| er/sie/es werde | sie werden |

} gekämpft haben

## FUTURE SUBJUNCTIVE II

| | |
|---|---|
| ich würde | wir würden |
| du würdest | ihr würdet |
| Sie würden | Sie würden |
| er/sie/es würde | sie würden |

} kämpfen

## FUTURE PERFECT SUBJUNCTIVE II

| | |
|---|---|
| ich würde | wir würden |
| du würdest | ihr würdet |
| Sie würden | Sie würden |
| er/sie/es würde | sie würden |

} gekämpft haben

COMMANDS — kämpf(e)!  kämpft!  kämpfen Sie!

PRESENT PARTICIPLE — kämpfend

## Usage

| | |
|---|---|
| Martin Luther King Jr. kämpfte für Gesetzesänderungen. | *Martin Luther King, Jr. fought for changes in the law.* |
| Lester kämpft gegen seine Drogensucht. | *Lester is struggling against his drug addiction.* |
| Die Österreicher und Franzosen kämpften 1800 bei Marengo in Italien. | *The Austrians and the French battled near Marengo in Italy in 1800.* |
| Letztes Jahr wurde um den Weltpokal gekämpft. | *Last year, they battled for the world cup.* |
| Nach der Hirnoperation musste Jörg um sein Leben kämpfen. | *After the brain surgery, Jörg had to fight to live.* |
| Die Spieler haben bis zum Ende hart gekämpft. | *The players fought hard to the end.* |
| Die beiden Prinzen kämpften um den Thron. | *The two princes battled for the throne.* |

### sich kämpfen  *to fight one's way*

| | |
|---|---|
| Die Forscher kämpften sich durch den Dschungel. | *The explorers fought their way through the jungle.* |

RELATED VERBS  ab·kämpfen, an·kämpfen, aus·kämpfen, bekämpfen, durch·kämpfen, erkämpfen, mit·kämpfen, nieder·kämpfen, vor·kämpfen, weiter·kämpfen

regular weak verb · kauft · kaufte · gekauft

**PRESENT**

| ich kaufe | wir kaufen |
|---|---|
| du kaufst | ihr kauft |
| Sie kaufen | Sie kaufen |
| er/sie/es kauft | sie kaufen |

**SIMPLE PAST**

| ich kaufte | wir kauften |
|---|---|
| du kauftest | ihr kauftet |
| Sie kauften | Sie kauften |
| er/sie/es kaufte | sie kauften |

**FUTURE**

| ich werde | wir werden |
|---|---|
| du wirst | ihr werdet |
| Sie werden | Sie werden |
| er/sie/es wird | sie werden |

} kaufen

**PRESENT SUBJUNCTIVE I**

| ich kaufe | wir kaufen |
|---|---|
| du kaufest | ihr kaufet |
| Sie kaufen | Sie kaufen |
| er/sie/es kaufe | sie kaufen |

**PRESENT SUBJUNCTIVE II**

| ich kaufte | wir kauften |
|---|---|
| du kauftest | ihr kauftet |
| Sie kauften | Sie kauften |
| er/sie/es kaufte | sie kauften |

**FUTURE SUBJUNCTIVE I**

| ich werde | wir werden |
|---|---|
| du werdest | ihr werdet |
| Sie werden | Sie werden |
| er/sie/es werde | sie werden |

} kaufen

**FUTURE SUBJUNCTIVE II**

| ich würde | wir würden |
|---|---|
| du würdest | ihr würdet |
| Sie würden | Sie würden |
| er/sie/es würde | sie würden |

} kaufen

**PRESENT PERFECT**

| ich habe | wir haben |
|---|---|
| du hast | ihr habt |
| Sie haben | Sie haben |
| er/sie/es hat | sie haben |

} gekauft

**PAST PERFECT**

| ich hatte | wir hatten |
|---|---|
| du hattest | ihr hattet |
| Sie hatten | Sie hatten |
| er/sie/es hatte | sie hatten |

} gekauft

**FUTURE PERFECT**

| ich werde | wir werden |
|---|---|
| du wirst | ihr werdet |
| Sie werden | Sie werden |
| er/sie/es wird | sie werden |

} gekauft haben

**PAST SUBJUNCTIVE I**

| ich habe | wir haben |
|---|---|
| du habest | ihr habet |
| Sie haben | Sie haben |
| er/sie/es habe | sie haben |

} gekauft

**PAST SUBJUNCTIVE II**

| ich hätte | wir hätten |
|---|---|
| du hättest | ihr hättet |
| Sie hätten | Sie hätten |
| er/sie/es hätte | sie hätten |

} gekauft

**FUTURE PERFECT SUBJUNCTIVE I**

| ich werde | wir werden |
|---|---|
| du werdest | ihr werdet |
| Sie werden | Sie werden |
| er/sie/es werde | sie werden |

} gekauft haben

**FUTURE PERFECT SUBJUNCTIVE II**

| ich würde | wir würden |
|---|---|
| du würdest | ihr würdet |
| Sie würden | Sie würden |
| er/sie/es würde | sie würden |

} gekauft haben

**COMMANDS** kauf(e)! kauft! kaufen Sie!

**PRESENT PARTICIPLE** kaufend

## Usage

Am Flohmarkt werden allerlei interessante Sachen gekauft und verkauft.

*At the flea market, all sorts of interesting items are bought and sold.*

Er behauptet, man könne von ihm illegale Waffen kaufen.

*He maintains that you can purchase illegal weapons from him.*

Ich möchte eine mittelalterliche Handschrift kaufen.

*I would like to buy a medieval manuscript.*

Frau Backbesser kaufte immer Vanille aus Madagaskar.

*Mrs. Backbesser always bought vanilla from Madagascar.*

Wo kann man hier eine Zeitung kaufen?

*Where can you buy a newspaper here?*

Sollten wir kaufen oder mieten?

*Should we buy or rent?*

Diese Firma kauft Immobilien.

*This firm purchases real estate.*

Kaufst du mir dieses Buch?

*Are you going to buy me this book?*

**RELATED VERBS** ab·kaufen, an·kaufen, auf·kaufen, aus·kaufen, erkaufen, frei·kaufen, los·kaufen, nach·kaufen, zurück·kaufen; *see also* ein·kaufen (133), verkaufen (491)

**TOP 50 VERB** ☞

## MORE USAGE SENTENCES WITH kaufen

| | |
|---|---|
| Maria hat einen Pullover bei Hertie gekauft. | *Maria bought a sweater at Hertie.* |
| Das Ding hast du zu teuer gekauft. | *You paid too much for that thing.* |
| Ich hätte mir eine neue Sonnenbrille gekauft, nur ich bin pleite. | *I would have bought myself new sunglasses, only I'm broke.* |
| Manni soll seinen neuen Porsche auf Kredit gekauft haben. | *Manni is said to have purchased his new Porsche on credit.* |
| Wir zeigen Ihnen, wie Sie Ihr Auto billig kaufen können. | *We'll show you how you can buy your car cheap.* |
| Möbelstücke, die auf Raten gekauft wurden, können gepfändet werden. | *Furniture bought on installment can be repossessed.* |
| Parmesankäse hält länger, wenn man ihn am Stück kauft. | *Parmesan cheese will keep longer if you buy it ungrated.* |
| Ich kaufe Brot immer am Stück, so verschimmelt es nicht so schnell. | *I always buy bread unsliced; that way, it doesn't get moldy as quickly.* |
| Frau Immerschick kauft keine Kleidung von der Stange, sie lässt sie maßschneidern. | *Mrs. Immerschick never buys clothes off the rack; she has them custom tailored.* |
| Man kann den Salat fertig kaufen, aber frisch zubereitet schmeckt er am besten. | *You can buy the salad ready-made, but it will taste best when freshly prepared.* |
| Lars sagte, er hätte den Fernseher für 1 200 Euro gekauft. | *Lars said he bought the television for 1,200 euros.* |
| Kauft ihr Bio-Rindfleisch direkt vom Erzeuger? | *Do you buy organic beef directly from the producer?* |
| Das Obst und Gemüse kaufe ich am Wochenmarkt, aber wir kaufen das Fleisch beim Metzger. | *The fruit and vegetables I buy at the weekly market, but we buy our meat at the butcher's.* |
| Glück ist nicht zu kaufen. | *Happiness can't be bought.* |
| Das schönste Papier ist gekauft, und wir nehmen uns vor, darauf zu zeichnen. (GOETHE) | *The most beautiful paper has been bought, and we intend to do sketches on it.* |
| Mein Mann kauft alles Mögliche online: Bücher, CDs, alles! | *My husband purchases all sorts of things online: books, CDs, everything!* |
| Mein Onkel hat kubanische Zigarren schwarz gekauft. | *My uncle purchased some black market Cuban cigars.* |
| Renate kauft sich einen Gebrauchtwagen. | *Renate is buying herself a used car.* |
| In Second-Hand-Läden kann man Kleidung zu günstigen Preisen kaufen. | *In secondhand shops, you can buy clothing at reasonable prices.* |
| Robert möchte eine Eigentumswohnung kaufen. | *Robert would like to purchase a condominium.* |
| Fritz kauft sich eine CD von seinem Taschengeld. | *Fritz is buying himself a CD with his allowance.* |
| Vom Konsumrausch befallen, fühlt man sich gezwungen möglichst viel zu kaufen. | *Overcome by consumption frenzy, one feels compelled to buy as much as possible.* |
| Wenn du ein spottbilliges Produkt kaufst, geschieht das auf Kosten der unterbezahlten Arbeiter, die das Produkt herstellten. | *Whenever you buy a dirt cheap product, it is at the expense of the underpaid laborers who made that product.* |

## IDIOMATIC EXPRESSIONS

| | |
|---|---|
| Das Videospiel wird viel gekauft. | *The video game is selling well.* |
| Dafür kann ich mir nichts kaufen! | *That does me no good!* |
| Ich habe den DVD-Spieler für einen Apfel und ein Ei gekauft. | *I bought the DVD player for a song/for peanuts.* |
| Heinz hat das Auto aus erster Hand gekauft. | *Heinz bought the car from the original owner.* |
| Kauf die Katze nicht im Sack. | *Don't buy a pig in a poke.* |
| Wo bekommt man das zu kaufen? (*colloquial*) | *Where can you buy that?* |
| Kaufen Sie nicht mehr bei Schmidt! | *Don't shop at Schmidt's anymore!* |

**TOP 50 VERBS**

regular weak verb

kehrt · kehrte · gekehrt

**PRESENT**

| | |
|---|---|
| ich kehre | wir kehren |
| du kehrst | ihr kehrt |
| Sie kehren | Sie kehren |
| er/sie/es kehrt | sie kehren |

**SIMPLE PAST**

| | |
|---|---|
| ich kehrte | wir kehrten |
| du kehrtest | ihr kehrtet |
| Sie kehrten | Sie kehrten |
| er/sie/es kehrte | sie kehrten |

**FUTURE**

| | | |
|---|---|---|
| ich werde | wir werden | |
| du wirst | ihr werdet | kehren |
| Sie werden | Sie werden | |
| er/sie/es wird | sie werden | |

**PRESENT SUBJUNCTIVE I**

| | |
|---|---|
| ich kehre | wir kehren |
| du kehrest | ihr kehret |
| Sie kehren | Sie kehren |
| er/sie/es kehre | sie kehren |

**PRESENT SUBJUNCTIVE II**

| | |
|---|---|
| ich kehrte | wir kehrten |
| du kehrtest | ihr kehrtet |
| Sie kehrten | Sie kehrten |
| er/sie/es kehrte | sie kehrten |

**FUTURE SUBJUNCTIVE I**

| | | |
|---|---|---|
| ich werde | wir werden | |
| du werdest | ihr werdet | kehren |
| Sie werden | Sie werden | |
| er/sie/es werde | sie werden | |

**FUTURE SUBJUNCTIVE II**

| | | |
|---|---|---|
| ich würde | wir würden | |
| du würdest | ihr würdet | kehren |
| Sie würden | Sie würden | |
| er/sie/es würde | sie würden | |

**PRESENT PERFECT**

| | | |
|---|---|---|
| ich habe | wir haben | |
| du hast | ihr habt | gekehrt |
| Sie haben | Sie haben | |
| er/sie/es hat | sie haben | |

**PAST PERFECT**

| | | |
|---|---|---|
| ich hatte | wir hatten | |
| du hattest | ihr hattet | gekehrt |
| Sie hatten | Sie hatten | |
| er/sie/es hatte | sie hatten | |

**FUTURE PERFECT**

| | | |
|---|---|---|
| ich werde | wir werden | |
| du wirst | ihr werdet | gekehrt haben |
| Sie werden | Sie werden | |
| er/sie/es wird | sie werden | |

**PAST SUBJUNCTIVE I**

| | | |
|---|---|---|
| ich habe | wir haben | |
| du habest | ihr habet | gekehrt |
| Sie haben | Sie haben | |
| er/sie/es habe | sie haben | |

**PAST SUBJUNCTIVE II**

| | | |
|---|---|---|
| ich hätte | wir hätten | |
| du hättest | ihr hättet | gekehrt |
| Sie hätten | Sie hätten | |
| er/sie/es hätte | sie hätten | |

**FUTURE PERFECT SUBJUNCTIVE I**

| | | |
|---|---|---|
| ich werde | wir werden | |
| du werdest | ihr werdet | gekehrt haben |
| Sie werden | Sie werden | |
| er/sie/es werde | sie werden | |

**FUTURE PERFECT SUBJUNCTIVE II**

| | | |
|---|---|---|
| ich würde | wir würden | |
| du würdest | ihr würdet | gekehrt haben |
| Sie würden | Sie würden | |
| er/sie/es würde | sie würden | |

**COMMANDS**      kehr(e)!   kehrt!   kehren Sie!

**PRESENT PARTICIPLE**      kehrend

## Usage

| | |
|---|---|
| Der 18-jährige Sohn eines Finanziers hat seiner Familie den Rücken gekehrt. | *The 18-year-old son of a financier has turned his back on his family.* |
| Sara kehrte die Innenseite des Mantels nach außen. | *Sara turned the coat inside out.* |
| Die Mannschaft hoffte, das Spiel kehren zu können. | *The team hoped to be able to turn the game around.* |
| Paul kehrt lieber mit einem Naturbesen. | *Paul prefers to sweep with a natural broom.* |
| Die Vorgesetzten kehrten das Problem einfach unter den Teppich. (*idiomatic*) | *The supervisors simply swept the problem under the rug.* |

**kehren** (with **sein**) *to turn, return*

| | |
|---|---|
| Sie waren voller Begeisterung nach Hause gekehrt. | *They had returned home full of enthusiasm.* |

**sich kehren** *to turn (around)*

| | |
|---|---|
| Der Diener kehrte sich und ging weg. | *The servant turned around and went away.* |

**RELATED VERBS**   ab·kehren, auf·kehren, aus·kehren, bekehren, ein·kehren, heim·kehren, um·kehren, verkehren, weg·kehren, wieder·kehren, zu·kehren, zurück·kehren

**PRESENT**

| | |
|---|---|
| ich keime | wir keimen |
| du keimst | ihr keimt |
| Sie keimen | Sie keimen |
| er/sie/es keimt | sie keimen |

**SIMPLE PAST**

| | |
|---|---|
| ich keimte | wir keimten |
| du keimtest | ihr keimtet |
| Sie keimten | Sie keimten |
| er/sie/es keimte | sie keimten |

**FUTURE**

| | | |
|---|---|---|
| ich werde | wir werden | |
| du wirst | ihr werdet | keimen |
| Sie werden | Sie werden | |
| er/sie/es wird | sie werden | |

**PRESENT SUBJUNCTIVE I**

| | |
|---|---|
| ich keime | wir keimen |
| du keimest | ihr keimet |
| Sie keimen | Sie keimen |
| er/sie/es keime | sie keimen |

**PRESENT SUBJUNCTIVE II**

| | |
|---|---|
| ich keimte | wir keimten |
| du keimtest | ihr keimtet |
| Sie keimten | Sie keimten |
| er/sie/es keimte | sie keimten |

**FUTURE SUBJUNCTIVE I**

| | | |
|---|---|---|
| ich werde | wir werden | |
| du werdest | ihr werdet | keimen |
| Sie werden | Sie werden | |
| er/sie/es werde | sie werden | |

**FUTURE SUBJUNCTIVE II**

| | | |
|---|---|---|
| ich würde | wir würden | |
| du würdest | ihr würdet | keimen |
| Sie würden | Sie würden | |
| er/sie/es würde | sie würden | |

**PRESENT PERFECT**

| | | |
|---|---|---|
| ich habe | wir haben | |
| du hast | ihr habt | gekeimt |
| Sie haben | Sie haben | |
| er/sie/es hat | sie haben | |

**PAST PERFECT**

| | | |
|---|---|---|
| ich hatte | wir hatten | |
| du hattest | ihr hattet | gekeimt |
| Sie hatten | Sie hatten | |
| er/sie/es hatte | sie hatten | |

**FUTURE PERFECT**

| | | |
|---|---|---|
| ich werde | wir werden | |
| du wirst | ihr werdet | gekeimt haben |
| Sie werden | Sie werden | |
| er/sie/es wird | sie werden | |

**PAST SUBJUNCTIVE I**

| | | |
|---|---|---|
| ich habe | wir haben | |
| du habest | ihr habet | gekeimt |
| Sie haben | Sie haben | |
| er/sie/es habe | sie haben | |

**PAST SUBJUNCTIVE II**

| | | |
|---|---|---|
| ich hätte | wir hätten | |
| du hättest | ihr hättet | gekeimt |
| Sie hätten | Sie hätten | |
| er/sie/es hätte | sie hätten | |

**FUTURE PERFECT SUBJUNCTIVE I**

| | | |
|---|---|---|
| ich werde | wir werden | |
| du werdest | ihr werdet | gekeimt haben |
| Sie werden | Sie werden | |
| er/sie/es werde | sie werden | |

**FUTURE PERFECT SUBJUNCTIVE II**

| | | |
|---|---|---|
| ich würde | wir würden | |
| du würdest | ihr würdet | gekeimt haben |
| Sie würden | Sie würden | |
| er/sie/es würde | sie würden | |

**COMMANDS**      keim(e)!   keimt!   keimen Sie!

**PRESENT PARTICIPLE**      keimend

## Usage

| | |
|---|---|
| Der Samen keimt nach circa 60 Tagen. | *The seed germinates after about 60 days.* |
| Warum haben die Kartoffeln nicht gekeimt? | *Why haven't the potatoes sprouted?* |
| Eine Woche nachdem die Bohnen gekeimt haben, kann man sie ernten. | *One week after the beans have sprouted, you can harvest them.* |
| Du keimst, du blühst und du verwelkest auch! (STORM) | *You sprout, you blossom, and you wither as well!* |
| Die Knospen keimen schon. | *The buds are already sprouting.* |
| Die Blumen keimen und die Vögel zwitschern. | *The flowers are budding and the birds are twittering.* |
| Eine Freundschaft keimt zwischen ihnen. | *A friendship is budding between them.* |
| Ideen für mein nächstes Projekt keimen schon. | *Ideas for my next project are already germinating.* |
| In ihm keimte der Verdacht, dass seine neue Nachbarin ihn insgeheim beobachtete. | *The suspicion arose within him that his new neighbor was secretly watching him.* |
| Allmählich keimte in mir der Gedanke einer Reise nach Japan. | *Gradually, the thought of a trip to Japan took shape in my mind.* |

**RELATED VERBS**  auf·keimen, aus·keimen, entkeimen

mixed verb

**kennt · kannte · gekannt**

**PRESENT**

| | |
|---|---|
| ich kenne | wir kennen |
| du kennst | ihr kennt |
| Sie kennen | Sie kennen |
| er/sie/es kennt | sie kennen |

**PRESENT PERFECT**

| | |
|---|---|
| ich habe | wir haben |
| du hast | ihr habt |
| Sie haben | Sie haben |
| er/sie/es hat | sie haben |

} gekannt

**SIMPLE PAST**

| | |
|---|---|
| ich kannte | wir kannten |
| du kanntest | ihr kanntet |
| Sie kannten | Sie kannten |
| er/sie/es kannte | sie kannten |

**PAST PERFECT**

| | |
|---|---|
| ich hatte | wir hatten |
| du hattest | ihr hattet |
| Sie hatten | Sie hatten |
| er/sie/es hatte | sie hatten |

} gekannt

**FUTURE**

| | |
|---|---|
| ich werde | wir werden |
| du wirst | ihr werdet |
| Sie werden | Sie werden |
| er/sie/es wird | sie werden |

} kennen

**FUTURE PERFECT**

| | |
|---|---|
| ich werde | wir werden |
| du wirst | ihr werdet |
| Sie werden | Sie werden |
| er/sie/es wird | sie werden |

} gekannt haben

**PRESENT SUBJUNCTIVE I**

| | |
|---|---|
| ich kenne | wir kennen |
| du kennest | ihr kennet |
| Sie kennen | Sie kennen |
| er/sie/es kenne | sie kennen |

**PAST SUBJUNCTIVE I**

| | |
|---|---|
| ich habe | wir haben |
| du habest | ihr habet |
| Sie haben | Sie haben |
| er/sie/es habe | sie haben |

} gekannt

**PRESENT SUBJUNCTIVE II**

| | |
|---|---|
| ich kennte | wir kennten |
| du kenntest | ihr kenntet |
| Sie kennten | Sie kennten |
| er/sie/es kennte | sie kennten |

**PAST SUBJUNCTIVE II**

| | |
|---|---|
| ich hätte | wir hätten |
| du hättest | ihr hättet |
| Sie hätten | Sie hätten |
| er/sie/es hätte | sie hätten |

} gekannt

**FUTURE SUBJUNCTIVE I**

| | |
|---|---|
| ich werde | wir werden |
| du werdest | ihr werdet |
| Sie werden | Sie werden |
| er/sie/es werde | sie werden |

} kennen

**FUTURE PERFECT SUBJUNCTIVE I**

| | |
|---|---|
| ich werde | wir werden |
| du werdest | ihr werdet |
| Sie werden | Sie werden |
| er/sie/es werde | sie werden |

} gekannt haben

**FUTURE SUBJUNCTIVE II**

| | |
|---|---|
| ich würde | wir würden |
| du würdest | ihr würdet |
| Sie würden | Sie würden |
| er/sie/es würde | sie würden |

} kennen

**FUTURE PERFECT SUBJUNCTIVE II**

| | |
|---|---|
| ich würde | wir würden |
| du würdest | ihr würdet |
| Sie würden | Sie würden |
| er/sie/es würde | sie würden |

} gekannt haben

**COMMANDS** kenn(e)! kennt! kennen Sie!

**PRESENT PARTICIPLE** kennend

## Usage

| | |
|---|---|
| Ich kenne ihn aus der Schule. | *I know him from school.* |
| Kennst du Deutschland? | *Are you familiar with Germany?* |
| Kennen Sie den Film „Matrix"? | *Do you know the film* Matrix? |
| Frau Schmidt wohnte dreißig Jahre in der Schorlemerstraße, aber kannte keinen ihrer Nachbarn. | *Mrs. Schmidt lived on Schorlemer Street for 30 years but wasn't acquainted with any of her neighbors.* |
| Man kennt sich nicht. | *We/They/You do not know one another.* |
| Als Kinder haben wir nur Rinderbraten und Brathähnchen gekannt; heute essen wir Tofu. | *As children, we knew only roast beef and fried chicken; today we're eating tofu.* |
| Sie scheinen mich nicht sehr gut zu kennen. | *You don't seem to know me very well.* |
| „Kennt ihr Friedrich Müller?" | *Do you know Friedrich Müller?* |
| „Wir kennen einen Manfred Müller." | *We know a Manfred Müller.* |
| Ich kenne den Namen, aber nicht seine Werke. | *I know the name but not his work.* |

**RELATED VERBS** aus·kennen, bekennen, verkennen; *see also* **erkennen** (162)

**TOP 50 VERB** ☞

### MORE USAGE SENTENCES WITH kennen

| | |
|---|---|
| Entschuldigung, wir kennen uns noch nicht. Ich bin Angela, die Tochter von Herrn Groß. | *Excuse me, we don't know each other yet. I'm Angela, Mr. Groß's daughter.* |
| Ich kenne ihn vom Sehen her, aber wir sprechen nicht miteinander. | *I've seen him around, but I haven't spoken with him.* |
| Kennen Sie Nägelis Kompositionen? | *Are you familiar with Nägeli's compositions?* |
| Kennst du die Romane von Hermann Hesse? | *Are you acquainted with the novels of Hermann Hesse?* |
| Wenn du das glaubst, dann kennst du mich aber schlecht, Antje! | *If you believe that, then you don't know me very well, Antje!* |
| Politik kennt keine Grenzen. | *Politics knows no limits.* |
| Ich habe meine junge Schwester nicht mehr gekannt. | *I didn't know my little sister anymore.* |
| Kennst du den Ausdruck „Schwein haben"? | *Do you know the expression "Schwein haben" (= to have good luck)?* |
| Auf dem Dorf kennt jeder jeden. | *In a village, everybody knows everybody.* |
| Maria und ich kennen uns seit 23 Jahren. | *Maria and I have known each other for 23 years.* |
| Ernst sagt, er kenne den Präsidenten persönlich. | *Ernst says he knows the president personally.* |
| Ursula? Ich kannte sie nur flüchtig vor ein paar Jahren. | *Ursula? I knew her only in passing a few years back.* |
| Kennt ihr eine gute Kneipe in der Gegend? | *Do you know a good pub in the area?* |

### kennen *to have/know (from experience)*

| | |
|---|---|
| Die Völker auf der kleineren Insel haben keine Autos oder Fernseher gekannt. | *The people on the smaller island had no cars or televisions.* |
| Der Angeklagte kannte keine Schuld. | *The accused had no guilt.* |
| „Tut das nicht weh?" | *"Doesn't that hurt?"* |
| „Nee, ein echter Mann kennt keinen Schmerz." | *"No, a real man knows no pain."* |
| „Trägst du denn keinen Helm beim Motorradfahren?" | *"Don't you wear a helmet when riding a motorcycle?"* |
| „Nein, ein erfahrener Fahrer kennt keinen Helm." | *"No, an experienced rider doesn't need a helmet."* |
| Der Wagen steht immer in der Garage und kennt keinen Regen. | *The car is always in the garage and has never been rained on.* |

### kennen an + dative *to know/recognize by*

| | |
|---|---|
| Ich kenne Steve an seinem Lachen. | *I know Steve by his laugh.* |

### kennen lernen *to meet, make the acquaintance of, get to know*

| | |
|---|---|
| Mark und ich haben uns online kennen gelernt. | *Mark and I became acquainted online.* |
| Wir hatten letzte Woche Zeit, sie kennen zu lernen. | *We had time last week to get acquainted with them.* |
| Ich hatte schon die Ehre, Sie kennen zu lernen. | *I've already had the honor of meeting you.* |
| Es freut mich, Sie kennen zu lernen. | *It's a pleasure to meet you.* |

### IDIOMATIC EXPRESSIONS

| | |
|---|---|
| Das kenne ich! | *I know what you mean! / You're telling me!* |
| Sie wissen nicht, dass sie benachteiligt sind, weil sie das gar nicht anders kennen. | *They don't know they're disadvantaged, because it's always been like that for them.* |
| Ich kannte ihn als freundlichen Kollegen. | *I knew him to be a friendly colleague.* |
| Es gibt mehrere Sorten, ich kenne sie nicht auseinander. | *There are several types—I can't distinguish one from another.* |
| Lars kennt seine Heimatstadt wie seine Hosentasche. | *Lars knows his hometown like the back of his hand.* |
| Ich kenne Göttingen in- und auswendig. | *I know Göttingen inside and out.* |
| Die Ausrede kenne ich schon. | *I've heard that excuse before.* |

TOP 50 VERBS

regular weak verb

**klagt · klagte · geklagt**

**PRESENT**

| | |
|---|---|
| ich klage | wir klagen |
| du klagst | ihr klagt |
| Sie klagen | Sie klagen |
| er/sie/es klagt | sie klagen |

**SIMPLE PAST**

| | |
|---|---|
| ich klagte | wir klagten |
| du klagtest | ihr klagtet |
| Sie klagten | Sie klagten |
| er/sie/es klagte | sie klagten |

**FUTURE**

| | | |
|---|---|---|
| ich werde | wir werden | |
| du wirst | ihr werdet | klagen |
| Sie werden | Sie werden | |
| er/sie/es wird | sie werden | |

**PRESENT SUBJUNCTIVE I**

| | |
|---|---|
| ich klage | wir klagen |
| du klagest | ihr klaget |
| Sie klagen | Sie klagen |
| er/sie/es klage | sie klagen |

**PRESENT SUBJUNCTIVE II**

| | |
|---|---|
| ich klagte | wir klagten |
| du klagtest | ihr klagtet |
| Sie klagten | Sie klagten |
| er/sie/es klagte | sie klagten |

**FUTURE SUBJUNCTIVE I**

| | | |
|---|---|---|
| ich werde | wir werden | |
| du werdest | ihr werdet | klagen |
| Sie werden | Sie werden | |
| er/sie/es werde | sie werden | |

**FUTURE SUBJUNCTIVE II**

| | | |
|---|---|---|
| ich würde | wir würden | |
| du würdest | ihr würdet | klagen |
| Sie würden | Sie würden | |
| er/sie/es würde | sie würden | |

**PRESENT PERFECT**

| | | |
|---|---|---|
| ich habe | wir haben | |
| du hast | ihr habt | geklagt |
| Sie haben | Sie haben | |
| er/sie/es hat | sie haben | |

**PAST PERFECT**

| | | |
|---|---|---|
| ich hatte | wir hatten | |
| du hattest | ihr hattet | geklagt |
| Sie hatten | Sie hatten | |
| er/sie/es hatte | sie hatten | |

**FUTURE PERFECT**

| | | |
|---|---|---|
| ich werde | wir werden | |
| du wirst | ihr werdet | geklagt haben |
| Sie werden | Sie werden | |
| er/sie/es wird | sie werden | |

**PAST SUBJUNCTIVE I**

| | | |
|---|---|---|
| ich habe | wir haben | |
| du habest | ihr habet | geklagt |
| Sie haben | Sie haben | |
| er/sie/es habe | sie haben | |

**PAST SUBJUNCTIVE II**

| | | |
|---|---|---|
| ich hätte | wir hätten | |
| du hättest | ihr hättet | geklagt |
| Sie hätten | Sie hätten | |
| er/sie/es hätte | sie hätten | |

**FUTURE PERFECT SUBJUNCTIVE I**

| | | |
|---|---|---|
| ich werde | wir werden | |
| du werdest | ihr werdet | geklagt haben |
| Sie werden | Sie werden | |
| er/sie/es werde | sie werden | |

**FUTURE PERFECT SUBJUNCTIVE II**

| | | |
|---|---|---|
| ich würde | wir würden | |
| du würdest | ihr würdet | geklagt haben |
| Sie würden | Sie würden | |
| er/sie/es würde | sie würden | |

**COMMANDS** klag(e)! klagt! klagen Sie!

**PRESENT PARTICIPLE** klagend

## Usage

| | |
|---|---|
| Sara will nicht darüber klagen. | *Sara does not want to complain about it.* |
| Klagt nicht, handelt! | *Don't complain, act!* |
| Warum klagst du ständig über Zeitmangel? | *Why do you constantly complain about not having enough time?* |
| „Das ist zu laut!" klagte der Nachbar. | *"That's too loud!" complained the neighbor.* |
| Kurz danach hat er seinem älteren Bruder geklagt, dass er Hunger hatte. | *Shortly thereafter, he complained to his older brother that he was hungry.* |
| Ich hätte nicht über das Wetter klagen sollen. | *I shouldn't have complained about the weather.* |
| Ich kann nicht klagen. | *I can't complain.* |
| Frau Lindemann klagt den Verlust ihrer wertvollen japanischen Windorchidee. | *Mrs. Lindemann is bemoaning the loss of her valuable Japanese Wind Orchid.* |
| Die Computerfirma klagt gegen die EU wegen Lizenzrechte. | *The computer firm is suing the E.U. over licensing rights.* |

**RELATED VERBS** an·klagen, aus·klagen, beklagen, ein·klagen, verklagen, wehklagen

## klappen · *to fold, tilt; work well, go without a hitch; bang, slam*

klappt · klappte · geklappt

regular weak verb

**PRESENT**

| | |
|---|---|
| ich klappe | wir klappen |
| du klappst | ihr klappt |
| Sie klappen | Sie klappen |
| er/sie/es klappt | sie klappen |

**SIMPLE PAST**

| | |
|---|---|
| ich klappte | wir klappten |
| du klapptest | ihr klapptet |
| Sie klappten | Sie klappten |
| er/sie/es klappte | sie klappten |

**FUTURE**

| | |
|---|---|
| ich werde | wir werden |
| du wirst | ihr werdet |
| Sie werden | Sie werden |
| er/sie/es wird | sie werden |

} klappen

**PRESENT SUBJUNCTIVE I**

| | |
|---|---|
| ich klappe | wir klappen |
| du klappest | ihr klappet |
| Sie klappen | Sie klappen |
| er/sie/es klappe | sie klappen |

**PRESENT SUBJUNCTIVE II**

| | |
|---|---|
| ich klappte | wir klappten |
| du klapptest | ihr klapptet |
| Sie klappten | Sie klappten |
| er/sie/es klappte | sie klappten |

**FUTURE SUBJUNCTIVE I**

| | |
|---|---|
| ich werde | wir werden |
| du werdest | ihr werdet |
| Sie werden | Sie werden |
| er/sie/es werde | sie werden |

} klappen

**FUTURE SUBJUNCTIVE II**

| | |
|---|---|
| ich würde | wir würden |
| du würdest | ihr würdet |
| Sie würden | Sie würden |
| er/sie/es würde | sie würden |

} klappen

**PRESENT PERFECT**

| | |
|---|---|
| ich habe | wir haben |
| du hast | ihr habt |
| Sie haben | Sie haben |
| er/sie/es hat | sie haben |

} geklappt

**PAST PERFECT**

| | |
|---|---|
| ich hatte | wir hatten |
| du hattest | ihr hattet |
| Sie hatten | Sie hatten |
| er/sie/es hatte | sie hatten |

} geklappt

**FUTURE PERFECT**

| | |
|---|---|
| ich werde | wir werden |
| du wirst | ihr werdet |
| Sie werden | Sie werden |
| er/sie/es wird | sie werden |

} geklappt haben

**PAST SUBJUNCTIVE I**

| | |
|---|---|
| ich habe | wir haben |
| du habest | ihr habet |
| Sie haben | Sie haben |
| er/sie/es habe | sie haben |

} geklappt

**PAST SUBJUNCTIVE II**

| | |
|---|---|
| ich hätte | wir hätten |
| du hättest | ihr hättet |
| Sie hätten | Sie hätten |
| er/sie/es hätte | sie hätten |

} geklappt

**FUTURE PERFECT SUBJUNCTIVE I**

| | |
|---|---|
| ich werde | wir werden |
| du werdest | ihr werdet |
| Sie werden | Sie werden |
| er/sie/es werde | sie werden |

} geklappt haben

**FUTURE PERFECT SUBJUNCTIVE II**

| | |
|---|---|
| ich würde | wir würden |
| du würdest | ihr würdet |
| Sie würden | Sie würden |
| er/sie/es würde | sie würden |

} geklappt haben

**COMMANDS** klapp(e)! klappt! klappen Sie!

**PRESENT PARTICIPLE** klappend

## Usage

| | |
|---|---|
| Klapp mal den Deckel so. | *Fold the lid like this.* |
| Man kann die Tastatur auch höher klappen. | *You can also tilt the keyboard higher.* |
| Klappen Sie den Hemdkragen nach oben. | *Turn the shirt collar up.* |
| Wir hoffen, dass es beim nächsten Versuch klappt. | *We hope it works well on the next try.* |
| Wenn alles klappt, ist sie in guter Laune. | *When everything's going well, she's in a good mood.* |
| Ingrids Plan scheint zu klappen. | *Ingrid's plan seems to be proceeding without a hitch.* |
| Es wird bestimmt klappen. | *It will surely work out.* |
| Die Zusammenarbeit der vier Partner hat trotz einiger Probleme ziemlich gut geklappt. | *The cooperation among the four partners worked out fairly well despite a few problems.* |
| Wenn die neue Webpage angezeigt wird, dann muss der Upload geklappt haben. | *If the new Web page is displayed, then the upload must have been successful.* |
| In der Nacht hörten die Gäste Türen klappen und Fußschritte im Dachboden. | *During the night, the guests heard doors slamming and footsteps in the attic.* |

**RELATED VERBS** ab·klappen, auf·klappen, hoch·klappen, um·klappen, zu·klappen, zusammen·klappen

regular weak verb                                          klebt · klebte · geklebt

**PRESENT**

| | |
|---|---|
| ich klebe | wir kleben |
| du klebst | ihr klebt |
| Sie kleben | Sie kleben |
| er/sie/es klebt | sie kleben |

**PRESENT PERFECT**

| | |
|---|---|
| ich habe | wir haben |
| du hast | ihr habt |
| Sie haben | Sie haben |
| er/sie/es hat | sie haben |

} geklebt

**SIMPLE PAST**

| | |
|---|---|
| ich klebte | wir klebten |
| du klebtest | ihr klebtet |
| Sie klebten | Sie klebten |
| er/sie/es klebte | sie klebten |

**PAST PERFECT**

| | |
|---|---|
| ich hatte | wir hatten |
| du hattest | ihr hattet |
| Sie hatten | Sie hatten |
| er/sie/es hatte | sie hatten |

} geklebt

**FUTURE**

| | |
|---|---|
| ich werde | wir werden |
| du wirst | ihr werdet |
| Sie werden | Sie werden |
| er/sie/es wird | sie werden |

} kleben

**FUTURE PERFECT**

| | |
|---|---|
| ich werde | wir werden |
| du wirst | ihr werdet |
| Sie werden | Sie werden |
| er/sie/es wird | sie werden |

} geklebt haben

**PRESENT SUBJUNCTIVE I**

| | |
|---|---|
| ich klebe | wir kleben |
| du klebest | ihr klebet |
| Sie kleben | Sie kleben |
| er/sie/es klebe | sie kleben |

**PAST SUBJUNCTIVE I**

| | |
|---|---|
| ich habe | wir haben |
| du habest | ihr habet |
| Sie haben | Sie haben |
| er/sie/es habe | sie haben |

} geklebt

**PRESENT SUBJUNCTIVE II**

| | |
|---|---|
| ich klebte | wir klebten |
| du klebtest | ihr klebtet |
| Sie klebten | Sie klebten |
| er/sie/es klebte | sie klebten |

**PAST SUBJUNCTIVE II**

| | |
|---|---|
| ich hätte | wir hätten |
| du hättest | ihr hättet |
| Sie hätten | Sie hätten |
| er/sie/es hätte | sie hätten |

} geklebt

**FUTURE SUBJUNCTIVE I**

| | |
|---|---|
| ich werde | wir werden |
| du werdest | ihr werdet |
| Sie werden | Sie werden |
| er/sie/es werde | sie werden |

} kleben

**FUTURE PERFECT SUBJUNCTIVE I**

| | |
|---|---|
| ich werde | wir werden |
| du werdest | ihr werdet |
| Sie werden | Sie werden |
| er/sie/es werde | sie werden |

} gcklebt haben

**FUTURE SUBJUNCTIVE II**

| | |
|---|---|
| ich würde | wir würden |
| du würdest | ihr würdet |
| Sie würden | Sie würden |
| er/sie/es würde | sie würden |

} kleben

**FUTURE PERFECT SUBJUNCTIVE II**

| | |
|---|---|
| ich würde | wir würden |
| du würdest | ihr würdet |
| Sie würden | Sie würden |
| er/sie/es würde | sie würden |

} geklebt haben

**COMMANDS**          kleb(e)!   klebt!   kleben Sie!

**PRESENT PARTICIPLE**      klebend

## Usage

| | |
|---|---|
| Anja und Ortwin haben Anti-Atom-Plakate überall auf dem Campus geklebt. | *Anja and Ortwin have posted anti-nuclear bills everywhere on campus.* |
| Meine Nichte Sandra könnte stundenlang basteln, schneiden, kleben und malen. | *My niece Sandra could do handicrafts, cut, paste, and paint for hours.* |
| Kleben Sie einen Zettel an die Tür. | *Stick a note on the door.* |
| Der alte Leim klebt nicht mehr. | *The old glue isn't sticking anymore.* |
| Wenn der Redner am Text klebt, wird die Rede langweilig. | *If a speaker just sticks to his script, the speech gets boring.* |
| Das Kaugummi klebte in ihren Haaren. | *The chewing gum was stuck in her hair.* |
| Eine tote Fliege klebte am Fenster. | *A dead fly was stuck to the window.* |
| Der Herr am Nebentisch wurde inne, dass Marmelade an seinem Bart klebte. | *The gentleman at the next table became aware of the marmalade stuck to his beard.* |
| Wie kann man Filme kleben? | *How can you splice film?* |

**RELATED VERBS**  an·kleben, auf·kleben, aus·kleben, bekleben, ein·kleben, fest·kleben, überkleben, verkleben, zu·kleben, zusammen·kleben

# klettern *to climb*

**klettert · kletterte · geklettert**

regular weak verb

## PRESENT

| | |
|---|---|
| ich klettere | wir klettern |
| du kletterst | ihr klettert |
| Sie klettern | Sie klettern |
| er/sie/es klettert | sie klettern |

## SIMPLE PAST

| | |
|---|---|
| ich kletterte | wir kletterten |
| du klettertest | ihr klettertet |
| Sie kletterten | Sie kletterten |
| er/sie/es kletterte | sie kletterten |

## FUTURE

| | | |
|---|---|---|
| ich werde | wir werden | |
| du wirst | ihr werdet | |
| Sie werden | Sie werden | klettern |
| er/sie/es wird | sie werden | |

## PRESENT SUBJUNCTIVE I

| | |
|---|---|
| ich klettere | wir klettern |
| du kletterst | ihr klettert |
| Sie klettern | Sie klettern |
| er/sie/es klettere | sie klettern |

## PRESENT SUBJUNCTIVE II

| | |
|---|---|
| ich kletterte | wir kletterten |
| du klettertest | ihr klettertet |
| Sie kletterten | Sie kletterten |
| er/sie/es kletterte | sie kletterten |

## FUTURE SUBJUNCTIVE I

| | | |
|---|---|---|
| ich werde | wir werden | |
| du werdest | ihr werdet | |
| Sie werden | Sie werden | klettern |
| er/sie/es werde | sie werden | |

## FUTURE SUBJUNCTIVE II

| | | |
|---|---|---|
| ich würde | wir würden | |
| du würdest | ihr würdet | |
| Sie würden | Sie würden | klettern |
| er/sie/es würde | sie würden | |

## PRESENT PERFECT

| | | |
|---|---|---|
| ich bin | wir sind | |
| du bist | ihr seid | |
| Sie sind | Sie sind | geklettert |
| er/sie/es ist | sie sind | |

## PAST PERFECT

| | | |
|---|---|---|
| ich war | wir waren | |
| du warst | ihr wart | |
| Sie waren | Sie waren | geklettert |
| er/sie/es war | sie waren | |

## FUTURE PERFECT

| | | |
|---|---|---|
| ich werde | wir werden | |
| du wirst | ihr werdet | |
| Sie werden | Sie werden | geklettert sein |
| er/sie/es wird | sie werden | |

## PAST SUBJUNCTIVE I

| | | |
|---|---|---|
| ich sei | wir seien | |
| du seiest | ihr seiet | |
| Sie seien | Sie seien | geklettert |
| er/sie/es sei | sie seien | |

## PAST SUBJUNCTIVE II

| | | |
|---|---|---|
| ich wäre | wir wären | |
| du wärest | ihr wäret | |
| Sie wären | Sie wären | geklettert |
| er/sie/es wäre | sie wären | |

## FUTURE PERFECT SUBJUNCTIVE I

| | | |
|---|---|---|
| ich werde | wir werden | |
| du werdest | ihr werdet | |
| Sie werden | Sie werden | geklettert sein |
| er/sie/es werde | sie werden | |

## FUTURE PERFECT SUBJUNCTIVE II

| | | |
|---|---|---|
| ich würde | wir würden | |
| du würdest | ihr würdet | |
| Sie würden | Sie würden | geklettert sein |
| er/sie/es würde | sie würden | |

**COMMANDS** klettere! klettert! klettern Sie!

**PRESENT PARTICIPLE** kletternd

## Usage

| | |
|---|---|
| Die Kinder sind heute auf den Hügel geklettert. | *The children climbed up the hill today.* |
| Im Sommer klettern die Temperaturen in die Höhe. | *In the summer, the temperatures climb upward.* |
| Das Eichhörnchen ist vor der Katze geflohen und auf einen Baum geklettert. | *The squirrel fled from the cat and climbed up a tree.* |
| Der Landstreicher kletterte über den steinernen Zaun und lief weiter. | *The vagabond climbed over the stone fence and walked on.* |
| Jost ist aus dem Fenster aufs Dach geklettert. | *Jost climbed out the window onto the roof.* |
| Das Tier war in den Schornstein geklettert. | *The animal had climbed into the chimney.* |
| Wir wollten in den Alpen wandern und klettern. | *We wanted to hike and climb in the Alps.* |
| Wolf, klettere doch bitte nicht höher! | *Wolf, please just don't climb any higher!* |

**klettern (with haben, when used with general reference to the activity)** *to climb*

| | |
|---|---|
| Früher habe ich gern geklettert. | *I used to like to go climbing.* |

**RELATED VERBS** durch·klettern, empor·klettern, erklettern, überklettern

strong verb

## PRESENT

| | |
|---|---|
| ich klinge | wir klingen |
| du klingst | ihr klingt |
| Sie klingen | Sie klingen |
| er/sie/es klingt | sie klingen |

## SIMPLE PAST

| | |
|---|---|
| ich klang | wir klangen |
| du klangst | ihr klangt |
| Sie klangen | Sie klangen |
| er/sie/es klang | sie klangen |

## FUTURE

| | | |
|---|---|---|
| ich werde | wir werden | |
| du wirst | ihr werdet | klingen |
| Sie werden | Sie werden | |
| er/sie/es wird | sie werden | |

## PRESENT SUBJUNCTIVE I

| | |
|---|---|
| ich klinge | wir klingen |
| du klingest | ihr klinget |
| Sie klingen | Sie klingen |
| er/sie/es klinge | sie klingen |

## PRESENT SUBJUNCTIVE II

| | |
|---|---|
| ich klänge | wir klängen |
| du klängest | ihr klänget |
| Sie klängen | Sie klängen |
| er/sie/es klänge | sie klängen |

## FUTURE SUBJUNCTIVE I

| | | |
|---|---|---|
| ich werde | wir werden | |
| du werdest | ihr werdet | klingen |
| Sie werden | Sie werden | |
| er/sie/es werde | sie werden | |

## FUTURE SUBJUNCTIVE II

| | | |
|---|---|---|
| ich würde | wir würden | |
| du würdest | ihr würdet | klingen |
| Sie würden | Sie würden | |
| er/sie/es würde | sie würden | |

## PRESENT PERFECT

| | | |
|---|---|---|
| ich habe | wir haben | |
| du hast | ihr habt | geklungen |
| Sie haben | Sie haben | |
| er/sie/es hat | sie haben | |

## PAST PERFECT

| | | |
|---|---|---|
| ich hatte | wir hatten | |
| du hattest | ihr hattet | geklungen |
| Sie hatten | Sie hatten | |
| er/sie/es hatte | sie hatten | |

## FUTURE PERFECT

| | | |
|---|---|---|
| ich werde | wir werden | |
| du wirst | ihr werdet | geklungen haben |
| Sie werden | Sie werden | |
| er/sie/es wird | sie werden | |

## PAST SUBJUNCTIVE I

| | | |
|---|---|---|
| ich habe | wir haben | |
| du habest | ihr habet | geklungen |
| Sie haben | Sie haben | |
| er/sie/es habe | sie haben | |

## PAST SUBJUNCTIVE II

| | | |
|---|---|---|
| ich hätte | wir hätten | |
| du hättest | ihr hättet | geklungen |
| Sie hätten | Sie hätten | |
| er/sie/es hätte | sie hätten | |

## FUTURE PERFECT SUBJUNCTIVE I

| | | |
|---|---|---|
| ich werde | wir werden | |
| du werdest | ihr werdet | geklungen haben |
| Sie werden | Sie werden | |
| er/sie/es werde | sie werden | |

## FUTURE PERFECT SUBJUNCTIVE II

| | | |
|---|---|---|
| ich würde | wir würden | |
| du würdest | ihr würdet | geklungen haben |
| Sie würden | Sie würden | |
| er/sie/es würde | sie würden | |

**COMMANDS** kling(e)! klingt! klingen Sie!

**PRESENT PARTICIPLE** klingend

## Usage

| | |
|---|---|
| Es mag zynisch klingen, aber ich glaube ihm nicht mehr. | *It might sound cynical, but I don't believe him anymore.* |
| „Wollen wir essen gehen?" | *"Do we want to go eat?"* |
| „Ja, das klingt gut." | *"Yes, that sounds good."* |
| Das Stück klang wie eine Sonate von Mozart. | *The piece sounded like a sonata by Mozart.* |
| Seit hundertundfünfzig Jahren hat keine Axt hier geklungen. (GOETHE) | *For 150 years, no ax has been heard here.* |
| Man sagt, dass meine Stimme heute etwas besser klänge. | *They say my voice is sounding somewhat better today.* |
| Du klingst deprimiert. Ist was? | *You sound depressed. Is something wrong?* |
| Die Musik klang noch in ihren Ohren. | *The music still rang in her ears.* |
| Die Glocken klangen im Dorf eine Stunde lang. | *The bells in the village chimed for an hour.* |
| Münzen klingen in seiner Tasche. | *Coins are jingling in his pocket.* |

**RELATED VERBS** ab·klingen, an·klingen, auf·klingen, aus·klingen, durchklingen, durch·klingen, erklingen, mit·klingen, nach·klingen, verklingen, zusammen·klingen

# klopfen  *to beat, knock, pound; break; throb, pulsate*

klopft · klopfte · geklopft        regular weak verb

### PRESENT

| | |
|---|---|
| ich klopfe | wir klopfen |
| du klopfst | ihr klopft |
| Sie klopfen | Sie klopfen |
| er/sie/es klopft | sie klopfen |

### SIMPLE PAST

| | |
|---|---|
| ich klopfte | wir klopften |
| du klopftest | ihr klopftet |
| Sie klopften | Sie klopften |
| er/sie/es klopfte | sie klopften |

### FUTURE

| | |
|---|---|
| ich werde | wir werden |
| du wirst | ihr werdet |
| Sie werden | Sie werden |
| er/sie/es wird | sie werden |

} klopfen

### PRESENT SUBJUNCTIVE I

| | |
|---|---|
| ich klopfe | wir klopfen |
| du klopfest | ihr klopfet |
| Sie klopfen | Sie klopfen |
| er/sie/es klopfe | sie klopfen |

### PRESENT SUBJUNCTIVE II

| | |
|---|---|
| ich klopfte | wir klopften |
| du klopftest | ihr klopftet |
| Sie klopften | Sie klopften |
| er/sie/es klopfte | sie klopften |

### FUTURE SUBJUNCTIVE I

| | |
|---|---|
| ich werde | wir werden |
| du werdest | ihr werdet |
| Sie werden | Sie werden |
| er/sie/es werde | sie werden |

} klopfen

### FUTURE SUBJUNCTIVE II

| | |
|---|---|
| ich würde | wir würden |
| du würdest | ihr würdet |
| Sie würden | Sie würden |
| er/sie/es würde | sie würden |

} klopfen

### PRESENT PERFECT

| | |
|---|---|
| ich habe | wir haben |
| du hast | ihr habt |
| Sie haben | Sie haben |
| er/sie/es hat | sie haben |

} geklopft

### PAST PERFECT

| | |
|---|---|
| ich hatte | wir hatten |
| du hattest | ihr hattet |
| Sie hatten | Sie hatten |
| er/sie/es hatte | sie hatten |

} geklopft

### FUTURE PERFECT

| | |
|---|---|
| ich werde | wir werden |
| du wirst | ihr werdet |
| Sie werden | Sie werden |
| er/sie/es wird | sie werden |

} geklopft haben

### PAST SUBJUNCTIVE I

| | |
|---|---|
| ich habe | wir haben |
| du habest | ihr habet |
| Sie haben | Sie haben |
| er/sie/es habe | sie haben |

} geklopft

### PAST SUBJUNCTIVE II

| | |
|---|---|
| ich hätte | wir hätten |
| du hättest | ihr hättet |
| Sie hätten | Sie hätten |
| er/sie/es hätte | sie hätten |

} geklopft

### FUTURE PERFECT SUBJUNCTIVE I

| | |
|---|---|
| ich werde | wir werden |
| du werdest | ihr werdet |
| Sie werden | Sie werden |
| er/sie/es werde | sie werden |

} geklopft haben

### FUTURE PERFECT SUBJUNCTIVE II

| | |
|---|---|
| ich würde | wir würden |
| du würdest | ihr würdet |
| Sie würden | Sie würden |
| er/sie/es würde | sie würden |

} geklopft haben

COMMANDS      klopf(e)!   klopft!   klopfen Sie!

PRESENT PARTICIPLE      klopfend

## Usage

| | |
|---|---|
| Wer klopft an die Tür? | *Who is knocking at the door?* |
| Der Motor klopft wegen schlechten Benzins. | *The engine is knocking because of bad gasoline.* |
| Nach einer guten Vorlesung wird auf die Tische Beifall geklopft. | *After a good lecture, people bang on the tables to show approval.* |
| Hört ihr, wie das Herz vom Baby klopft? | *Do you hear how the baby's heart is beating?* |
| Die Schnitzel klopfen, bis sie 8 mm dick sind. (RECIPE) | *Pound the cutlets until they are 8 mm thick.* |
| Leon klopfte sich den Schlamm von seinem Mantel und zog ihn an. | *Leon knocked the mud off his coat and put it on.* |
| Morgen muss Frau Saubermann die Teppiche klopfen. | *Tomorrow, Mrs. Saubermann has to beat the rugs.* |
| Die Arbeiter haben die Steine mit Hammer und Pickel geklopft. | *The laborers broke the stones with hammer and pick.* |
| Ich habe schwere Bauchschmerzen und hohes Fieber und mein Kopf klopft. | *I have a bad stomachache and high fever, and my head is throbbing.* |

RELATED VERBS    ab·klopfen, an·klopfen, auf·klopfen, aus·klopfen, beklopfen

## PRESENT

| | |
|---|---|
| ich knie | wir knien |
| du kniest | ihr kniet |
| Sie knien | Sie knien |
| er/sie/es kniet | sie knien |

## SIMPLE PAST

| | |
|---|---|
| ich kniete | wir knieten |
| du knietest | ihr knietet |
| Sie knieten | Sie knieten |
| er/sie/es kniete | sie knieten |

## FUTURE

| | |
|---|---|
| ich werde | wir werden |
| du wirst | ihr werdet |
| Sie werden | Sie werden |
| er/sie/es wird | sie werden |

knien

## PRESENT SUBJUNCTIVE I

| | |
|---|---|
| ich knie | wir knien |
| du kniest | ihr kniet |
| Sie knien | Sie knien |
| er/sie/es knie | sie knien |

## PRESENT SUBJUNCTIVE II

| | |
|---|---|
| ich kniete | wir knieten |
| du knietest | ihr knietet |
| Sie knieten | Sie knieten |
| er/sie/es kniete | sie knieten |

## FUTURE SUBJUNCTIVE I

| | |
|---|---|
| ich werde | wir werden |
| du werdest | ihr werdet |
| Sie werden | Sie werden |
| er/sie/es werde | sie werden |

knien

## FUTURE SUBJUNCTIVE II

| | |
|---|---|
| ich würde | wir würden |
| du würdest | ihr würdet |
| Sie würden | Sie würden |
| er/sie/es würde | sie würden |

knien

## PRESENT PERFECT

| | |
|---|---|
| ich habe | wir haben |
| du hast | ihr habt |
| Sie haben | Sie haben |
| er/sie/es hat | sie haben |

gekniet

## PAST PERFECT

| | |
|---|---|
| ich hatte | wir hatten |
| du hattest | ihr hattet |
| Sie hatten | Sie hatten |
| er/sie/es hatte | sie hatten |

gekniet

## FUTURE PERFECT

| | |
|---|---|
| ich werde | wir werden |
| du wirst | ihr werdet |
| Sie werden | Sie werden |
| er/sie/es wird | sie werden |

gekniet haben

## PAST SUBJUNCTIVE I

| | |
|---|---|
| ich habe | wir haben |
| du habest | ihr habet |
| Sie haben | Sie haben |
| er/sie/es habe | sie haben |

gekniet

## PAST SUBJUNCTIVE II

| | |
|---|---|
| ich hätte | wir hätten |
| du hättest | ihr hättet |
| Sie hätten | Sie hätten |
| er/sie/es hätte | sie hätten |

gekniet

## FUTURE PERFECT SUBJUNCTIVE I

| | |
|---|---|
| ich werde | wir werden |
| du werdest | ihr werdet |
| Sie werden | Sie werden |
| er/sie/es werde | sie werden |

gekniet haben

## FUTURE PERFECT SUBJUNCTIVE II

| | |
|---|---|
| ich würde | wir würden |
| du würdest | ihr würdet |
| Sie würden | Sie würden |
| er/sie/es würde | sie würden |

gekniet haben

**COMMANDS**     knie! kniet! knien Sie!

**PRESENT PARTICIPLE**     kniend

## Usage

Am 7. Dezember 1970 kniete Willy Brandt vor dem Mahnmal des Warschauer Ghettos in Polen.

Ich knie Euch zu Füßen, mein König, und flehe dringend um Verzeihung.

Als Knab' und Jüngling kniet' er schon im Tempel vor der Göttin Thron. (GOETHE)

Der Priester kniete vor dem Altar.

On December 7, 1970, Willy Brandt knelt before the Warsaw Ghetto Monument in Poland.

I kneel at your feet, my king, and plead urgently for forgiveness.

Even as a boy and youth, he was kneeling in the temple before the goddess's throne.

The priest genuflected before the altar.

### sich knien  *to get onto one's knees, kneel down*

Lara kniete sich neben mich und betete.

Knien Sie sich auf die rutschfeste Yogaunterlage und heben Sie die Arme hoch.

Knie dich in die Arbeit! (*idiomatic*)

*Lara got onto her knees beside me and prayed.*
*Kneel down on a nonslip yoga mat and raise your arms up.*
*Buckle down and get to work! / Get involved in work!*

**RELATED VERBS**  auf·knien, beknien, nieder·knien

# kochen    *to boil, cook; seethe*

**kocht · kochte · gekocht**    regular weak verb

**PRESENT**

| | |
|---|---|
| ich koche | wir kochen |
| du kochst | ihr kocht |
| Sie kochen | Sie kochen |
| er/sie/es kocht | sie kochen |

**SIMPLE PAST**

| | |
|---|---|
| ich kochte | wir kochten |
| du kochtest | ihr kochtet |
| Sie kochten | Sie kochten |
| er/sie/es kochte | sie kochten |

**FUTURE**

| | | |
|---|---|---|
| ich werde | wir werden | |
| du wirst | ihr werdet | kochen |
| Sie werden | Sie werden | |
| er/sie/es wird | sie werden | |

**PRESENT SUBJUNCTIVE I**

| | |
|---|---|
| ich koche | wir kochen |
| du kochest | ihr kochet |
| Sie kochen | Sie kochen |
| er/sie/es koche | sie kochen |

**PRESENT SUBJUNCTIVE II**

| | |
|---|---|
| ich kochte | wir kochten |
| du kochtest | ihr kochtet |
| Sie kochten | Sie kochten |
| er/sie/es kochte | sie kochten |

**FUTURE SUBJUNCTIVE I**

| | | |
|---|---|---|
| ich werde | wir werden | |
| du werdest | ihr werdet | kochen |
| Sie werden | Sie werden | |
| er/sie/es werde | sie werden | |

**FUTURE SUBJUNCTIVE II**

| | | |
|---|---|---|
| ich würde | wir würden | |
| du würdest | ihr würdet | kochen |
| Sie würden | Sie würden | |
| er/sie/es würde | sie würden | |

**PRESENT PERFECT**

| | | |
|---|---|---|
| ich habe | wir haben | |
| du hast | ihr habt | gekocht |
| Sie haben | Sie haben | |
| er/sie/es hat | sie haben | |

**PAST PERFECT**

| | | |
|---|---|---|
| ich hatte | wir hatten | |
| du hattest | ihr hattet | gekocht |
| Sie hatten | Sie hatten | |
| er/sie/es hatte | sie hatten | |

**FUTURE PERFECT**

| | | |
|---|---|---|
| ich werde | wir werden | |
| du wirst | ihr werdet | gekocht haben |
| Sie werden | Sie werden | |
| er/sie/es wird | sie werden | |

**PAST SUBJUNCTIVE I**

| | | |
|---|---|---|
| ich habe | wir haben | |
| du habest | ihr habet | gekocht |
| Sie haben | Sie haben | |
| er/sie/es habe | sie haben | |

**PAST SUBJUNCTIVE II**

| | | |
|---|---|---|
| ich hätte | wir hätten | |
| du hättest | ihr hättet | gekocht |
| Sie hätten | Sie hätten | |
| er/sie/es hätte | sie hätten | |

**FUTURE PERFECT SUBJUNCTIVE I**

| | | |
|---|---|---|
| ich werde | wir werden | |
| du werdest | ihr werdet | gekocht haben |
| Sie werden | Sie werden | |
| er/sie/es werde | sie werden | |

**FUTURE PERFECT SUBJUNCTIVE II**

| | | |
|---|---|---|
| ich würde | wir würden | |
| du würdest | ihr würdet | gekocht haben |
| Sie würden | Sie würden | |
| er/sie/es würde | sie würden | |

**COMMANDS**    koch(e)!    kocht!    kochen Sie!

**PRESENT PARTICIPLE**    kochend

## Usage

| | |
|---|---|
| Kochen Sie gern? | *Do you like to cook?* |
| Die Bohnen zehn Minuten kochen, bis sie weich sind.  (RECIPE) | *Cook the beans for ten minutes until they are tender.* |
| Ich kann nicht einmal Wasser kochen. | *I can't even boil water.* |
| Zu Hause kochen wir immer vegetarisch. | *At home, we always cook vegetarian.* |
| Da meine Mutter im Krankenhaus liegt, muss mein Vater kochen, putzen und Wäsche waschen. | *Since my mother is in the hospital, my father has to cook, clean, and do the laundry.* |
| Serena kocht nicht jeden Tag, sie isst oft in der Mensa. | *Serena doesn't cook every day; she often eats in the student cafeteria.* |
| | |
| Könntest du bitte das Mittagessen fertig kochen? | *Could you please finish cooking lunch?* |
| Die Kartoffeln in Salzwasser gar kochen.  (RECIPE) | *Cook the potatoes in salted water until done.* |
| Ich koche uns einen Kaffee. | *I'll make us some coffee.* |
| Frau Ärgerbauch kochte innerlich. | *Mrs. Ärgerbauch was seething inside.* |

**RELATED VERBS**    ab·kochen, an·kochen, auf·kochen, aus·kochen, bekochen, durch·kochen, ein·kochen, über·kochen, verkochen, zerkochen

strong verb

**kommt · kam · gekommen**

**PRESENT**

| | |
|---|---|
| ich komme | wir kommen |
| du kommst | ihr kommt |
| Sie kommen | Sie kommen |
| er/sie/es kommt | sie kommen |

**PRESENT PERFECT**

| | | |
|---|---|---|
| ich bin | wir sind | |
| du bist | ihr seid | gekommen |
| Sie sind | Sie sind | |
| er/sie/es ist | sie sind | |

**SIMPLE PAST**

| | |
|---|---|
| ich kam | wir kamen |
| du kamst | ihr kamt |
| Sie kamen | Sie kamen |
| er/sie/es kam | sie kamen |

**PAST PERFECT**

| | | |
|---|---|---|
| ich war | wir waren | |
| du warst | ihr wart | gekommen |
| Sie waren | Sie waren | |
| er/sie/es war | sie waren | |

**FUTURE**

| | | |
|---|---|---|
| ich werde | wir werden | |
| du wirst | ihr werdet | kommen |
| Sie werden | Sie werden | |
| er/sie/es wird | sie werden | |

**FUTURE PERFECT**

| | | |
|---|---|---|
| ich werde | wir werden | |
| du wirst | ihr werdet | gekommen sein |
| Sie werden | Sie werden | |
| er/sie/es wird | sie werden | |

**PRESENT SUBJUNCTIVE I**

| | |
|---|---|
| ich komme | wir kommen |
| du kommest | ihr kommet |
| Sie kommen | Sie kommen |
| er/sie/es komme | sie kommen |

**PAST SUBJUNCTIVE I**

| | | |
|---|---|---|
| ich sei | wir seien | |
| du seiest | ihr seiet | gekommen |
| Sie seien | Sie seien | |
| er/sie/es sei | sie seien | |

**PRESENT SUBJUNCTIVE II**

| | |
|---|---|
| ich käme | wir kämen |
| du kämest | ihr kämet |
| Sie kämen | Sie kämen |
| er/sie/es käme | sie kämen |

**PAST SUBJUNCTIVE II**

| | | |
|---|---|---|
| ich wäre | wir wären | |
| du wärest | ihr wäret | gekommen |
| Sie wären | Sie wären | |
| er/sie/es wäre | sie wären | |

**FUTURE SUBJUNCTIVE I**

| | | |
|---|---|---|
| ich werde | wir werden | |
| du werdest | ihr werdet | kommen |
| Sie werden | Sie werden | |
| er/sie/es werde | sie werden | |

**FUTURE PERFECT SUBJUNCTIVE I**

| | | |
|---|---|---|
| ich werde | wir werden | |
| du werdest | ihr werdet | gekommen sein |
| Sie werden | Sie werden | |
| er/sie/es werde | sie werden | |

**FUTURE SUBJUNCTIVE II**

| | | |
|---|---|---|
| ich würde | wir würden | |
| du würdest | ihr würdet | kommen |
| Sie würden | Sie würden | |
| er/sie/es würde | sie würden | |

**FUTURE PERFECT SUBJUNCTIVE II**

| | | |
|---|---|---|
| ich würde | wir würden | |
| du würdest | ihr würdet | gekommen sein |
| Sie würden | Sie würden | |
| er/sie/es würde | sie würden | |

**COMMANDS** komm(e)! kommt! kommen Sie!

**PRESENT PARTICIPLE** kommend

## Usage

| | |
|---|---|
| Dann kam Papa nach Hause. | *Then Papa came home.* |
| Daniel ist letzte Woche zu uns gekommen. | *Daniel came to our house last week.* |
| Patrick sagte, er käme aus Prag! | *Patrick said he comes from Prague!* |
| Onkel Herbert kommt in drei Wochen. | *Uncle Herbert is coming in three weeks.* |
| Das kommt von zu viel Koffein. | *That comes from too much caffeine.* |
| Gertruds Kollegin ist ihr zur Hilfe gekommen. | *Gertrud's colleague came to her aid.* |
| Herr Gruber ist beruflich weit gekommen. | *Mr. Gruber has come a long way with his career.* |

**RELATED VERBS** ab·kommen, auf·kommen, aus·kommen, bei·kommen, dazwischen·kommen, durch·kommen, ein·kommen, empor·kommen, entgegen·kommen, entkommen, entlang·kommen, fort·kommen, frei·kommen, gleich·kommen, heim·kommen, los·kommen, mit·kommen, nach·kommen, überein·kommen, überkommen, über·kommen, um·kommen, unter·kommen, verkommen, vorbei·kommen, weg·kommen, weiter·kommen, wieder·kommen, zu·kommen, zurecht·kommen, zurück·kommen, zusammen·kommen; *see also* **an·kommen** (12), **bekommen** (66), **her·kommen** (242), **vor·kommen** (509)

**TOP 50 VERB** ☞

## kommen  *to come; go; get; happen*

kommt · kam · gekommen

strong verb

**MORE USAGE SENTENCES WITH kommen**

| | |
|---|---|
| Viele sind zur Ansicht gekommen, dass das Rentensystem reformiert werden muss. | *Many have come to the conclusion that the pension system must be reformed.* |
| Ich war wohl eine halbe Stunde weit gelaufen und ihm doch nicht näher gekommen. (BETTINA VON ARNIM) | *I had walked for probably half an hour and still hadn't come closer to him.* |
| Eine große Freude kam über ihn. | *A great joy came over him.* |
| Seine Gedanken kamen selten zum Ausdruck. | *His thoughts were rarely expressed.* |
| Wohin kommen die Handtücher? | *Where do the towels go?* |
| Wie kommt das Schiffchen in die Flasche? | *How does that little ship get into the bottle?* |
| Du kommst mir nicht aus dem Sinn. | *I cannot get you out of my mind.* |
| Wie komme ich zum Stadtarchiv? | *How do I get to the city archives?* |
| Wie ist es gekommen, dass Liesl kein Geld mehr hat? | *How did it happen that Liesl has no more money?* |

**kommen auf + accusative**

| | |
|---|---|
| Ich wäre nie auf diese Idee gekommen. | *That idea would never have occurred to me.* |
| Wie kommst du darauf? | *What gives you that idea?* |
| Lars war schon mal auf den Gedanken gekommen, Everest zu besteigen. | *Lars had already thought of climbing Everest.* |

**jemandem kommen**  *to be/act to/toward someone*

| | |
|---|---|
| Komm mir bloß nicht so! | *Don't get that way with me!* |
| Bist du ihr vielleicht unfreundlich gekommen? | *Were you perhaps unfriendly to her?* |
| Ute wurde entlassen, aber das kam ihr gerade recht. | *Ute was laid off, but that suited her perfectly.* |

**kommen lassen**  *to send for, order*

| | |
|---|---|
| Regina ließ einen Arzt kommen. | *Regina sent for a doctor.* |
| Wir haben ein Taxi kommen lassen. | *We called for a taxi.* |

**zu sich kommen**  *to gain consciousness, come to*

| | |
|---|---|
| Der Verletzte kam wieder zu sich. | *The injured person regained consciousness.* |
| Man sagt, dass es eine Weile gedauert hat, bis ich zu mir kam. | *They say it was a while before I came to.* |

**um etwas kommen**  *to lose something, be deprived of something*

| | |
|---|---|
| Die Familie war 1932 im Brand um Hab und Gut gekommen. | *The family lost all their possessions in a fire in 1932.* |
| Laut Berichten seien drei Insassen ums Leben gekommen. | *According to reports, three occupants lost their lives.* |

**kommen + past participle of motion**

| | |
|---|---|
| Es kam ein Mann aus dem Wald gegangen. | *A man came walking out of the forest.* |
| Eines Tages ist ein Prinz ins Dorf geritten gekommen. | *One day, a prince came riding into the village.* |
| Die Balletttänzerinnen kamen plötzlich ins Zimmer getanzt. | *The ballerinas suddenly came dancing into the room.* |

**IDIOMATIC EXPRESSIONS**

| | |
|---|---|
| Komm' ich heute nicht, komm' ich morgen. (PROVERB) | *I'll get there when I get there.* |
| Das kommt nicht in Frage! | *That's out of the question!* |
| Wir sind endlich hinter die Wahrheit gekommen. | *We've finally gotten at the truth.* |
| Kinder kommen mit sechs Jahren in die Schule. | *Children start school at age six.* |
| Wann komme ich an die Reihe? | *When will I get my turn?* |
| Heute bin ich zu nichts gekommen. | *I accomplished nothing today.* |
| Ingrid ist nicht zu Wort gekommen. | *Ingrid did not have a chance to speak.* |
| Alles kann ganz anders als erwartet kommen. | *Everything can turn out quite differently from what was expected.* |

**PRESENT**

| | |
|---|---|
| ich kann | wir können |
| du kannst | ihr könnt |
| Sie können | Sie können |
| er/sie/es kann | sie können |

**SIMPLE PAST**

| | |
|---|---|
| ich konnte | wir konnten |
| du konntest | ihr konntet |
| Sie konnten | Sie konnten |
| er/sie/es konnte | sie konnten |

**FUTURE**

| | | |
|---|---|---|
| ich werde | wir werden | |
| du wirst | ihr werdet | können |
| Sie werden | Sie werden | |
| er/sie/es wird | sie werden | |

**PRESENT SUBJUNCTIVE I**

| | |
|---|---|
| ich könne | wir können |
| du könnest | ihr könnet |
| Sie können | Sie können |
| er/sie/es könne | sie können |

**PRESENT SUBJUNCTIVE II**

| | |
|---|---|
| ich könnte | wir könnten |
| du könntest | ihr könntet |
| Sie könnten | Sie könnten |
| er/sie/es könnte | sie könnten |

**FUTURE SUBJUNCTIVE I**

| | | |
|---|---|---|
| ich werde | wir werden | |
| du werdest | ihr werdet | können |
| Sic werden | Sie werden | |
| er/sie/es werde | sie werden | |

**FUTURE SUBJUNCTIVE II**

| | | |
|---|---|---|
| ich würde | wir würden | |
| du würdest | ihr würdet | können |
| Sie würden | Sie würden | |
| er/sie/es würde | sie würden | |

**PRESENT PERFECT**

| | | |
|---|---|---|
| ich habe | wir haben | |
| du hast | ihr habt | gekonnt |
| Sie haben | Sie haben | |
| er/sie/es hat | sie haben | |

**PAST PERFECT**

| | | |
|---|---|---|
| ich hatte | wir hatten | |
| du hattest | ihr hattet | gekonnt |
| Sie hatten | Sie hatten | |
| er/sie/es hatte | sie hatten | |

**FUTURE PERFECT**

| | | |
|---|---|---|
| ich werde | wir werden | |
| du wirst | ihr werdet | gekonnt haben |
| Sie werden | Sie werden | |
| er/sie/es wird | sie werden | |

**PAST SUBJUNCTIVE I**

| | | |
|---|---|---|
| ich habe | wir haben | |
| du habest | ihr habet | gekonnt |
| Sie haben | Sie haben | |
| er/sie/es habe | sie haben | |

**PAST SUBJUNCTIVE II**

| | | |
|---|---|---|
| ich hätte | wir hätten | |
| du hättest | ihr hättet | gekonnt |
| Sie hätten | Sie hätten | |
| er/sie/es hätte | sie hätten | |

**FUTURE PERFECT SUBJUNCTIVE I**

| | | |
|---|---|---|
| ich werde | wir werden | |
| du werdest | ihr werdet | gekonnt haben |
| Sie werden | Sie werden | |
| er/sie/es werde | sie werden | |

**FUTURE PERFECT SUBJUNCTIVE II**

| | | |
|---|---|---|
| ich würde | wir würden | |
| du würdest | ihr würdet | gekonnt haben |
| Sie würden | Sie würden | |
| er/sie/es würde | sie würden | |

**COMMANDS** —

**PRESENT PARTICIPLE** könnend

## Usage

| | |
|---|---|
| Sie können mit der Bahn bequem an Ihr Ziel kommen. | *You can get to your destination comfortably by train.* |
| Wie kannst du das sagen? | *How can you say that?* |
| Ich konnte ihn nicht verstehen. | *I was unable to understand him.* |
| Können Sie Englisch? | *Do you know how to speak English?* |
| Dieser Wagen kann nicht vermietet werden. | *This car cannot be rented.* |
| Könntest du mir bitte helfen? | *Could you please help me?* |
| Die Schüler konnten kaum glauben, dass der Schultag schon vorbei war. | *The students could hardly believe that the school day was already over.* |
| Reginald hat bis spät in die Nacht gearbeitet, damit er einen Tag früher in Urlaub fahren konnte. | *Reginald worked late into the night so he could start his vacation a day earlier.* |
| Kann ich auch in die Stadt fahren? | *May I also go into town?* |

**RELATED VERB** umhin·können

**TOP 50 VERB** ☞

### MORE USAGE SENTENCES WITH können

| | |
|---|---|
| Können Sie mir sagen, wo die Post ist? | *Can you tell me where the post office is?* |
| Ich tat, was ich konnte, aber das war nicht genug. | *I did what I could, but that wasn't enough.* |
| Am Samstag kann sich Liesl von der stressigen Woche erholen. | *On Saturday, Liesl can recover from the stressful week.* |
| Doch könntet Ihr selbst der Betrogne sein. (SCHILLER) | *But you yourself could be the one deceived.* |
| Man kann die Geschichte auf verschiedenen Ebenen interpretieren. | *The story can be interpreted on many levels.* |
| Ich wundere mich, dass du das gemacht hast. Ich hätte es nicht gekonnt. | *I'm amazed you did that; I couldn't have.* |
| Ich konnte meine Verwunderung nicht bergen. | *I was unable to hide my amazement.* |
| Norbert hat nicht kommen können. | *Norbert was unable to come.* |
| Zu viel Stress kann schädlich sein. | *Too much stress can be harmful.* |
| Ein Imker kann leicht gestochen werden. | *A beekeeper can easily be stung.* |
| Was du heute kannst besorgen, das verschiebe nicht auf morgen. (PROVERB) | *Don't put off until tomorrow what you can do today.* |
| Kannst du Klavier spielen? | *Can you play the piano?* |

### können *could, may, might, be* (subjective meaning to express supposition or speculation)

| | |
|---|---|
| Das kann doch nicht sein! | *That just can't be!* |
| Das kann sein. | *That is possible.* |
| Es kann jeden Moment geschehen. | *It might happen at any moment.* |
| Es könnte gut sein, dass die Verhandlungen bis nächste Woche andauern. | *It might well be that the negotiations will last until next week.* |
| Manfred kann nicht auf der Party gewesen sein, er war bei mir. | *Manfred couldn't have been at the party; he was with me.* |
| Es hätte doch sein können, dass Frau Fritsch einfach keine Lust dazu hatte. | *It could have been that Mrs. Fritsch simply didn't feel like doing that.* |
| In der Zwischenzeit kann viel passiert sein. | *A lot may have happened in the meantime.* |

### IDIOMATIC EXPRESSIONS

| | |
|---|---|
| Das kannst du laut sagen! | *You can say that again!* |
| Der Tank war leer und wir konnten nicht weiter. | *The tank was empty and we could go no farther.* |
| Du kannst mich mal! (*vulgar*) | *Up yours! / Shove it!* |
| Ernst konnte nicht anders, als das Spektakel anzusehen. | *Ernst couldn't help but watch the spectacle.* |
| Ich kann nicht mehr! | *I can't take it anymore! / I can't continue! / I can't go on!* |
| Ich kann nichts dafür, dass du anderer Meinung bist. | *I can't help it if you have a different opinion.* |
| „Kann Lars jonglieren?" | *"Can Lars juggle?"* |
| „Ja, er kann das gut." | *"Yes, he's good at it."* |
| Man kann hoffen, dass sich eine Lösung findet. | *It is to be hoped that a solution will be found.* |
| Man kann nie wissen. | *You never know.* |
| Mareike kann es nicht leiden, wenn ihre Nachbarin Trompete spielt. | *Mareike can't stand it when her neighbor plays the trumpet.* |
| Mein Sohn ist davon überzeugt, dass er nichts kann. | *My son is convinced he has no skill.* |
| Sie kann doch nichts dafür! | *It's not her fault!* |
| Wenn ihr die Stimme hört, dann rennt was ihr könnt! | *If you hear that voice, then run as fast as you can!* |
| Inge freute sich darüber, dass sie das Gedicht gut auswendig konnte. | *Inge was happy that she knew the poem well from memory.* |

TOP 50 VERBS

## PRESENT

| | |
|---|---|
| ich konzentriere | wir konzentrieren |
| du konzentrierst | ihr konzentriert |
| Sie konzentrieren | Sie konzentrieren |
| er/sie/es konzentriert | sie konzentrieren |

## SIMPLE PAST

| | |
|---|---|
| ich konzentrierte | wir konzentrierten |
| du konzentriertest | ihr konzentriertet |
| Sie konzentrierten | Sie konzentrierten |
| er/sie/es konzentrierte | sie konzentrierten |

## FUTURE

| | | |
|---|---|---|
| ich werde | wir werden | |
| du wirst | ihr werdet | konzentrieren |
| Sie werden | Sie werden | |
| er/sie/es wird | sie werden | |

## PRESENT SUBJUNCTIVE I

| | |
|---|---|
| ich konzentriere | wir konzentrieren |
| du konzentrierest | ihr konzentrieret |
| Sie konzentrieren | Sie konzentrieren |
| er/sie/es konzentriere | sie konzentrieren |

## PRESENT SUBJUNCTIVE II

| | |
|---|---|
| ich konzentrierte | wir konzentrierten |
| du konzentriertest | ihr konzentriertet |
| Sie konzentrierten | Sie konzentrierten |
| er/sie/es konzentrierte | sie konzentrierten |

## FUTURE SUBJUNCTIVE I

| | | |
|---|---|---|
| ich werde | wir werden | |
| du werdest | ihr werdet | konzentrieren |
| Sie werden | Sie werden | |
| er/sie/es werde | sie werden | |

## FUTURE SUBJUNCTIVE II

| | | |
|---|---|---|
| ich würde | wir würden | |
| du würdest | ihr würdet | konzentrieren |
| Sie würden | Sie würden | |
| er/sie/es würde | sie würden | |

## PRESENT PERFECT

| | | |
|---|---|---|
| ich habe | wir haben | |
| du hast | ihr habt | konzentriert |
| Sie haben | Sie haben | |
| er/sie/es hat | sie haben | |

## PAST PERFECT

| | | |
|---|---|---|
| ich hatte | wir hatten | |
| du hattest | ihr hattet | konzentriert |
| Sie hatten | Sie hatten | |
| er/sie/es hatte | sie hatten | |

## FUTURE PERFECT

| | | |
|---|---|---|
| ich werde | wir werden | |
| du wirst | ihr werdet | konzentriert haben |
| Sie werden | Sie werden | |
| er/sie/es wird | sie werden | |

## PAST SUBJUNCTIVE I

| | | |
|---|---|---|
| ich habe | wir haben | |
| du habest | ihr habet | konzentriert |
| Sie haben | Sie haben | |
| er/sie/es habe | sie haben | |

## PAST SUBJUNCTIVE II

| | | |
|---|---|---|
| ich hätte | wir hätten | |
| du hättest | ihr hättet | konzentriert |
| Sie hätten | Sie hätten | |
| er/sie/es hätte | sie hätten | |

## FUTURE PERFECT SUBJUNCTIVE I

| | | |
|---|---|---|
| ich werde | wir werden | |
| du werdest | ihr werdet | konzentriert haben |
| Sie werden | Sie werden | |
| er/sie/es werde | sie werden | |

## FUTURE PERFECT SUBJUNCTIVE II

| | | |
|---|---|---|
| ich würde | wir würden | |
| du würdest | ihr würdet | konzentriert haben |
| Sie würden | Sie würden | |
| er/sie/es würde | sie würden | |

COMMANDS            konzentrier(e)!   konzentriert!   konzentrieren Sie!

PRESENT PARTICIPLE   konzentrierend

## Usage

| | |
|---|---|
| Ab jetzt müssen wir all unsere Bemühungen auf eine Lösung konzentrieren. | *Henceforth, we must focus all our efforts on a solution.* |
| Eine Lösung aus Säure und Reinigungsmittel wird konzentriert und auf Reinheit überprüft. | *A solution of acid and cleaning fluid is concentrated and tested for purity.* |
| Die Firma konzentriert das Marketing auf regionale und überregionale Märkte. | *The firm is focusing marketing on regional and national markets.* |
| Man hat die Truppen an der Grenze konzentriert. | *The troops were concentrated on the border.* |

**sich konzentrieren** *to concentrate, focus; be concentrated/focused*

| | |
|---|---|
| Der Radler hat sich auf die letzte Stufe des Rennens konzentriert. | *The cyclist was focused on the last stage of the race.* |
| Hier gibt es zu viel Lärm; ich kann mich nicht konzentrieren. | *There is too much noise here—I can't concentrate.* |
| Der Plan konzentriert sich auf Länder der dritten Welt. | *The plan is focused on Third World countries.* |

**PRESENT**

| | | **PRESENT PERFECT** | | |
|---|---|---|---|---|
| ich korrigiere | wir korrigieren | ich habe | wir haben | |
| du korrigierst | ihr korrigiert | du hast | ihr habt | |
| Sie korrigieren | Sie korrigieren | Sie haben | Sie haben | korrigiert |
| er/sie/es korrigiert | sie korrigieren | er/sie/es hat | sie haben | |

**SIMPLE PAST**

| | | **PAST PERFECT** | | |
|---|---|---|---|---|
| ich korrigierte | wir korrigierten | ich hatte | wir hatten | |
| du korrigiertest | ihr korrigiertet | du hattest | ihr hattet | |
| Sie korrigierten | Sie korrigierten | Sie hatten | Sie hatten | korrigiert |
| er/sie/es korrigierte | sie korrigierten | er/sie/es hatte | sie hatten | |

**FUTURE**

| | | **FUTURE PERFECT** | | |
|---|---|---|---|---|
| ich werde | wir werden | ich werde | wir werden | |
| du wirst | ihr werdet | du wirst | ihr werdet | |
| Sie werden | Sie werden | korrigieren | Sie werden | Sie werden | korrigiert haben |
| er/sie/es wird | sie werden | er/sie/es wird | sie werden | |

**PRESENT SUBJUNCTIVE I**

| | | **PAST SUBJUNCTIVE I** | | |
|---|---|---|---|---|
| ich korrigiere | wir korrigieren | ich habe | wir haben | |
| du korrigierest | ihr korrigieret | du habest | ihr habet | |
| Sie korrigieren | Sie korrigieren | Sie haben | Sie haben | korrigiert |
| er/sie/es korrigiere | sie korrigieren | er/sie/es habe | sie haben | |

**PRESENT SUBJUNCTIVE II**

| | | **PAST SUBJUNCTIVE II** | | |
|---|---|---|---|---|
| ich korrigierte | wir korrigierten | ich hätte | wir hätten | |
| du korrigiertest | ihr korrigiertet | du hättest | ihr hättet | |
| Sie korrigierten | Sie korrigierten | Sie hätten | Sie hätten | korrigiert |
| er/sie/es korrigierte | sie korrigierten | er/sie/es hätte | sie hätten | |

**FUTURE SUBJUNCTIVE I**

| | | **FUTURE PERFECT SUBJUNCTIVE I** | | |
|---|---|---|---|---|
| ich werde | wir werden | ich werde | wir werden | |
| du werdest | ihr werdet | du werdest | ihr werdet | |
| Sie werden | Sie werden | korrigieren | Sie werden | Sie werden | korrigiert haben |
| er/sie/es werde | sie werden | er/sie/es werde | sie werden | |

**FUTURE SUBJUNCTIVE II**

| | | **FUTURE PERFECT SUBJUNCTIVE II** | | |
|---|---|---|---|---|
| ich würde | wir würden | ich würde | wir würden | |
| du würdest | ihr würdet | du würdest | ihr würdet | |
| Sie würden | Sie würden | korrigieren | Sie würden | Sie würden | korrigiert haben |
| er/sie/es würde | sie würden | er/sie/es würde | sie würden | |

**COMMANDS** korrigier(e)! korrigiert! korrigieren Sie!

**PRESENT PARTICIPLE** korrigierend

## Usage

| | |
|---|---|
| Unser Deutschlehrer hat meine Aussprache von „Charakter" korrigiert. | *Our German teacher corrected my pronunciation of "Charakter."* |
| Wir möchten, dass die Angelegenheit möglichst bald korrigiert wird. | *We would like for the matter to be rectified as soon as possible.* |
| Der Finanzminister korrigierte heute seine allzu optimistische Aussage von gestern. | *Today, the Minister of Finance corrected his overly optimistic statement of yesterday.* |
| Dieser Druckfehler ist noch nicht korrigiert worden. | *This printing error has not yet been corrected.* |
| „Warum korrigierst du mich ständig?" | *"Why do you constantly correct me?"* |
| „Ich korrigiere dich nicht ständig, nur ab und zu." | *"I don't constantly correct you, only once in a while."* |
| Ich versuche, die roten Augen im Foto zu korrigieren. | *I'm trying to correct the red-eye in the photo.* |
| Die unrealistischen Erwartungen der Kursteilnehmer müssen nun korrigiert werden. | *The unrealistic expectations of the course participants must be modified.* |
| Korrigieren Sie die Zahlen und drucken Sie es noch mal. | *Adjust the numbers and print it again.* |

regular weak verb

**PRESENT**

| | |
|---|---|
| ich koste | wir kosten |
| du kostest | ihr kostet |
| Sie kosten | Sie kosten |
| er/sie/es kostet | sie kosten |

**SIMPLE PAST**

| | |
|---|---|
| ich kostete | wir kosteten |
| du kostetest | ihr kostetet |
| Sie kosteten | Sie kosteten |
| er/sie/es kostete | sie kosteten |

**FUTURE**

| | | |
|---|---|---|
| ich werde | wir werden | |
| du wirst | ihr werdet | kosten |
| Sie werden | Sie werden | |
| er/sie/es wird | sie werden | |

**PRESENT SUBJUNCTIVE I**

| | |
|---|---|
| ich koste | wir kosten |
| du kostest | ihr kostet |
| Sie kosten | Sie kosten |
| er/sie/es koste | sie kosten |

**PRESENT SUBJUNCTIVE II**

| | |
|---|---|
| ich kostete | wir kosteten |
| du kostetest | ihr kostetet |
| Sie kosteten | Sie kosteten |
| er/sie/es kostete | sie kosteten |

**FUTURE SUBJUNCTIVE I**

| | | |
|---|---|---|
| ich werde | wir werden | |
| du werdest | ihr werdet | kosten |
| Sie werden | Sie werden | |
| er/sie/es werde | sie werden | |

**FUTURE SUBJUNCTIVE II**

| | | |
|---|---|---|
| ich würde | wir würden | |
| du würdest | ihr würdet | kosten |
| Sie würden | Sie würden | |
| er/sie/es würde | sie würden | |

**PRESENT PERFECT**

| | | |
|---|---|---|
| ich habe | wir haben | |
| du hast | ihr habt | gekostet |
| Sie haben | Sie haben | |
| er/sie/es hat | sie haben | |

**PAST PERFECT**

| | | |
|---|---|---|
| ich hatte | wir hatten | |
| du hattest | ihr hattet | gekostet |
| Sie hatten | Sie hatten | |
| er/sie/es hatte | sie hatten | |

**FUTURE PERFECT**

| | | |
|---|---|---|
| ich werde | wir werden | |
| du wirst | ihr werdet | gekostet haben |
| Sie werden | Sie werden | |
| er/sie/es wird | sie werden | |

**PAST SUBJUNCTIVE I**

| | | |
|---|---|---|
| ich habe | wir haben | |
| du habest | ihr habet | gekostet |
| Sie haben | Sie haben | |
| er/sie/es habe | sie haben | |

**PAST SUBJUNCTIVE II**

| | | |
|---|---|---|
| ich hätte | wir hätten | |
| du hättest | ihr hättet | gekostet |
| Sie hätten | Sie hätten | |
| er/sie/es hätte | sie hätten | |

**FUTURE PERFECT SUBJUNCTIVE I**

| | | |
|---|---|---|
| ich werde | wir werden | |
| du werdest | ihr werdet | gekostet haben |
| Sie werden | Sie werden | |
| er/sie/es werde | sie werden | |

**FUTURE PERFECT SUBJUNCTIVE II**

| | | |
|---|---|---|
| ich würde | wir würden | |
| du würdest | ihr würdet | gekostet haben |
| Sie würden | Sie würden | |
| er/sie/es würde | sie würden | |

**COMMANDS**      koste!   kostet!   kosten Sie!

**PRESENT PARTICIPLE**    kostend

## Usage

| | |
|---|---|
| Dieser Skandal hat den Kandidaten die Wahl gekostet. | *This scandal cost the candidate the election.* |
| Wie viel kostet dieser Schal? | *How much does this scarf cost?* |
| Im 20. Jahrhundert kosteten Kriege mehr als 50 Millionen Menschenleben. | *In the 20th century, wars cost more than 50 million human lives.* |
| Die Eintrittskarte und das Essen kosten zusammen dreißig Dollar. | *The ticket and the meal cost 30 dollars altogether.* |
| Dem Bericht nach koste das Projekt zu viel Zeit und Geld. | *According to the report, the project costs too much time and money.* |
| Koste es, was es wolle, die Brücke wird gebaut! | *Cost what it may, the bridge will be built!* |
| Ein Doppelzimmer kostet mehr als ein Einzelzimmer. | *A double room costs more than a single room.* |
| Hast du die Schokoladentorte gekostet? | *Have you tasted the chocolate torte?* |
| Wir haben einen Diavortrag gesehen und von der mongolischen Küche gekostet. | *We saw a slide show and sampled Mongolian cuisine.* |

**RELATED VERBS**  aus·kosten, durch·kosten, durchkosten, vor·kosten

# kreischen  *to screech, shriek, creak, scream*

**kreischt · kreischte · gekreischt**                             regular weak verb

**PRESENT**

| ich kreische | wir kreischen |
|---|---|
| du kreischst | ihr kreischt |
| Sie kreischen | Sie kreischen |
| er/sie/es kreischt | sie kreischen |

**PRESENT PERFECT**

| ich habe | wir haben | |
|---|---|---|
| du hast | ihr habt | |
| Sie haben | Sie haben | gekreischt |
| er/sie/es hat | sie haben | |

**SIMPLE PAST**

| ich kreischte | wir kreischten |
|---|---|
| du kreischtest | ihr kreischtet |
| Sie kreischten | Sie kreischten |
| er/sie/es kreischte | sie kreischten |

**PAST PERFECT**

| ich hatte | wir hatten | |
|---|---|---|
| du hattest | ihr hattet | |
| Sie hatten | Sie hatten | gekreischt |
| er/sie/es hatte | sie hatten | |

**FUTURE**

| ich werde | wir werden | |
|---|---|---|
| du wirst | ihr werdet | |
| Sie werden | Sie werden | kreischen |
| er/sie/es wird | sie werden | |

**FUTURE PERFECT**

| ich werde | wir werden | |
|---|---|---|
| du wirst | ihr werdet | |
| Sie werden | Sie werden | gekreischt haben |
| er/sie/es wird | sie werden | |

**PRESENT SUBJUNCTIVE I**

| ich kreische | wir kreischen |
|---|---|
| du kreischest | ihr kreischet |
| Sie kreischen | Sie kreischen |
| er/sie/es kreische | sie kreischen |

**PAST SUBJUNCTIVE I**

| ich habe | wir haben | |
|---|---|---|
| du habest | ihr habet | |
| Sie haben | Sie haben | gekreischt |
| er/sie/es habe | sie haben | |

**PRESENT SUBJUNCTIVE II**

| ich kreischte | wir kreischten |
|---|---|
| du kreischtest | ihr kreischtet |
| Sie kreischten | Sie kreischten |
| er/sie/es kreischte | sie kreischten |

**PAST SUBJUNCTIVE II**

| ich hätte | wir hätten | |
|---|---|---|
| du hättest | ihr hättet | |
| Sie hätten | Sie hätten | gekreischt |
| er/sie/es hätte | sie hätten | |

**FUTURE SUBJUNCTIVE I**

| ich werde | wir werden | |
|---|---|---|
| du werdest | ihr werdet | |
| Sie werden | Sie werden | kreischen |
| er/sie/es werde | sie werden | |

**FUTURE PERFECT SUBJUNCTIVE I**

| ich werde | wir werden | |
|---|---|---|
| du werdest | ihr werdet | |
| Sie werden | Sie werden | gekreischt haben |
| er/sie/es werde | sie werden | |

**FUTURE SUBJUNCTIVE II**

| ich würde | wir würden | |
|---|---|---|
| du würdest | ihr würdet | |
| Sie würden | Sie würden | kreischen |
| er/sie/es würde | sie würden | |

**FUTURE PERFECT SUBJUNCTIVE II**

| ich würde | wir würden | |
|---|---|---|
| du würdest | ihr würdet | |
| Sie würden | Sie würden | gekreischt haben |
| er/sie/es würde | sie würden | |

**COMMANDS**     kreisch(e)!   kreischt!   kreischen Sie!

**PRESENT PARTICIPLE**     kreischend

**NOTE** The strong forms **krisch**, **gekrischen** are considered regional or archaic.

## Usage

| Hoch über uns hatte ein Adler gekreischt. | *High above us, an eagle had screeched.* |
|---|---|
| Hänsl kreischte vor Freude über den kleinen Hund. | *Hänsl squealed with joy over the little dog.* |
| Diese Tür kreischt und quietscht. | *This door creaks and squeaks.* |
| Die begeisterten Zuschauer kreischten und klatschten, als der Popstar auf die Bühne kam. | *The enthusiastic audience screamed and clapped as the pop star came onto the stage.* |
| Unser Papagei Max kreischt „Nein!", wenn ihm etwas nicht gefällt. | *Our parrot, Max, screeches "No!" when something doesn't please him.* |
| Wir hörten in der Ferne Bremsen kreischen. | *We heard brakes screeching in the distance.* |
| Wieso kreischst du, wenn du eine Spinne siehst? | *Why do you shriek when you see a spider?* |
| Er krisch und klagte und kroch in alle Winkel. | *He shrieked and complained and crept into the corners.* |
| (Simrock's Edda) | |

**RELATED VERB** auf·kreischen

strong verb

**kriecht · kroch · gekrochen**

**PRESENT**

| | |
|---|---|
| ich krieche | wir kriechen |
| du kriechst | ihr kriecht |
| Sie kriechen | Sie kriechen |
| er/sie/es kriecht | sie kriechen |

**PRESENT PERFECT**

| | | |
|---|---|---|
| ich bin | wir sind | |
| du bist | ihr seid | |
| Sie sind | Sie sind | gekrochen |
| er/sie/es ist | sie sind | |

**SIMPLE PAST**

| | |
|---|---|
| ich kroch | wir krochen |
| du krochst | ihr krocht |
| Sie krochen | Sie krochen |
| er/sie/es kroch | sie krochen |

**PAST PERFECT**

| | | |
|---|---|---|
| ich war | wir waren | |
| du warst | ihr wart | |
| Sie waren | Sie waren | gekrochen |
| er/sie/es war | sie waren | |

**FUTURE**

| | | |
|---|---|---|
| ich werde | wir werden | |
| du wirst | ihr werdet | |
| Sie werden | Sie werden | kriechen |
| er/sie/es wird | sie werden | |

**FUTURE PERFECT**

| | | |
|---|---|---|
| ich werde | wir werden | |
| du wirst | ihr werdet | |
| Sie werden | Sie werden | gekrochen sein |
| er/sie/es wird | sie werden | |

**PRESENT SUBJUNCTIVE I**

| | |
|---|---|
| ich krieche | wir kriechen |
| du kriechest | ihr kriechet |
| Sie kriechen | Sie kriechen |
| er/sie/es krieche | sie kriechen |

**PAST SUBJUNCTIVE I**

| | | |
|---|---|---|
| ich sei | wir seien | |
| du seiest | ihr seiet | |
| Sie seien | Sie seien | gekrochen |
| er/sie/es sei | sie seien | |

**PRESENT SUBJUNCTIVE II**

| | |
|---|---|
| ich kröche | wir kröchen |
| du kröchest | ihr kröchet |
| Sie kröchen | Sie kröchen |
| er/sie/es kröche | sie kröchen |

**PAST SUBJUNCTIVE II**

| | | |
|---|---|---|
| ich wäre | wir wären | |
| du wärest | ihr wäret | |
| Sie wären | Sie wären | gekrochen |
| er/sie/es wäre | sie wären | |

**FUTURE SUBJUNCTIVE I**

| | | |
|---|---|---|
| ich werde | wir werden | |
| du werdest | ihr werdet | |
| Sie werden | Sie werden | kriechen |
| er/sie/es werde | sie werden | |

**FUTURE PERFECT SUBJUNCTIVE I**

| | | |
|---|---|---|
| ich werde | wir werden | |
| du werdest | ihr werdet | |
| Sie werden | Sie werden | gekrochen sein |
| er/sie/es werde | sie werden | |

**FUTURE SUBJUNCTIVE II**

| | | |
|---|---|---|
| ich würde | wir würden | |
| du würdest | ihr würdet | |
| Sie würden | Sie würden | kriechen |
| er/sie/es würde | sie würden | |

**FUTURE PERFECT SUBJUNCTIVE II**

| | | |
|---|---|---|
| ich würde | wir würden | |
| du würdest | ihr würdet | |
| Sie würden | Sie würden | gekrochen sein |
| er/sie/es würde | sie würden | |

**COMMANDS**     kriech(e)!   kriecht!   kriechen Sie!

**PRESENT PARTICIPLE**     kriechend

## Usage

| | |
|---|---|
| Schaben krochen eilig über den hölzernen Fußboden. | *Cockroaches crawled hurriedly across the wooden floor.* |
| Mäuse können durch unglaublich kleine Löcher kriechen. | *Mice can crawl through unbelievably small holes.* |
| Die Schnecke ist aus dem Garten ins Haus gekrochen. | *The snail crept out of the garden into the house.* |
| Kurz nach Mitternacht sind wir endlich ins Bett gekrochen und haben tief geschlafen. | *Just after midnight, we finally crawled into bed and slept soundly.* |
| Die Katze kroch ängstlich hinter das Sofa. | *The cat crawled fearfully behind the sofa.* |
| Der Efeu Gloire de Marengo kriecht über den Zaun in den Garten der Nachbarn. | *The Gloire de Marengo ivy is creeping over the fence into the neighbors' yard.* |
| Manchmal wollte ich am liebsten in ein Loch kriechen. (*idiomatic*) | *Sometimes, I just felt like crawling in a hole.* |

### kriechen (with haben) *to grovel, cringe*

| | |
|---|---|
| Die Untertanen haben vor ihren Herrschern gekrochen. | *The subjects groveled before their rulers.* |

**RELATED VERBS**  an·kriechen, aus·kriechen, durch·kriechen, durchkriechen, fort·kriechen, verkriechen

# kriegen  *to get*

kriegt · kriegte · gekriegt

regular weak verb

## PRESENT

| | |
|---|---|
| ich kriege | wir kriegen |
| du kriegst | ihr kriegt |
| Sie kriegen | Sie kriegen |
| er/sie/es kriegt | sie kriegen |

## SIMPLE PAST

| | |
|---|---|
| ich kriegte | wir kriegten |
| du kriegtest | ihr kriegtet |
| Sie kriegten | Sie kriegten |
| er/sie/es kriegte | sie kriegten |

## FUTURE

| | |
|---|---|
| ich werde | wir werden |
| du wirst | ihr werdet |
| Sie werden | Sie werden |
| er/sie/es wird | sie werden |

} kriegen

## PRESENT SUBJUNCTIVE I

| | |
|---|---|
| ich kriege | wir kriegen |
| du kriegest | ihr krieget |
| Sie kriegen | Sie kriegen |
| er/sie/es kriege | sie kriegen |

## PRESENT SUBJUNCTIVE II

| | |
|---|---|
| ich kriegte | wir kriegten |
| du kriegtest | ihr kriegtet |
| Sie kriegten | Sie kriegten |
| er/sie/es kriegte | sie kriegten |

## FUTURE SUBJUNCTIVE I

| | |
|---|---|
| ich werde | wir werden |
| du werdest | ihr werdet |
| Sie werden | Sie werden |
| er/sie/es werde | sie werden |

} kriegen

## FUTURE SUBJUNCTIVE II

| | |
|---|---|
| ich würde | wir würden |
| du würdest | ihr würdet |
| Sie würden | Sie würden |
| er/sie/es würde | sie würden |

} kriegen

## PRESENT PERFECT

| | |
|---|---|
| ich habe | wir haben |
| du hast | ihr habt |
| Sie haben | Sie haben |
| er/sie/es hat | sie haben |

} gekriegt

## PAST PERFECT

| | |
|---|---|
| ich hatte | wir hatten |
| du hattest | ihr hattet |
| Sie hatten | Sie hatten |
| er/sie/es hatte | sie hatten |

} gekriegt

## FUTURE PERFECT

| | |
|---|---|
| ich werde | wir werden |
| du wirst | ihr werdet |
| Sie werden | Sie werden |
| er/sie/es wird | sie werden |

} gekriegt haben

## PAST SUBJUNCTIVE I

| | |
|---|---|
| ich habe | wir haben |
| du habest | ihr habet |
| Sie haben | Sie haben |
| er/sie/es habe | sie haben |

} gekriegt

## PAST SUBJUNCTIVE II

| | |
|---|---|
| ich hätte | wir hätten |
| du hättest | ihr hättet |
| Sie hätten | Sie hätten |
| er/sie/es hätte | sie hätten |

} gekriegt

## FUTURE PERFECT SUBJUNCTIVE I

| | |
|---|---|
| ich werde | wir werden |
| du werdest | ihr werdet |
| Sie werden | Sie werden |
| er/sie/es werde | sie werden |

} gekriegt haben

## FUTURE PERFECT SUBJUNCTIVE II

| | |
|---|---|
| ich würde | wir würden |
| du würdest | ihr würdet |
| Sie würden | Sie würden |
| er/sie/es würde | sie würden |

} gekriegt haben

COMMANDS          krieg(e)!   kriegt!   kriegen Sie!

PRESENT PARTICIPLE    kriegend

NOTE  The verb **kriegen** is very common in informal German, but generally considered too colloquial
    for formal use.

## Usage

| | |
|---|---|
| Wie viel kriegst du dafür? | *How much are you getting for that?* |
| Ich habe das alte Foto von meiner Tante gekriegt. | *I got the old photo from my aunt.* |
| Heiner kriegt eine E-Mail von seiner Freundin. | *Heiner is getting an e-mail from his girlfriend.* |
| Maria hat einen Schreck gekriegt. | *Maria got a scare.* |
| Erichs Frau sagte, sie hätte den Esstisch von Freunden geschenkt gekriegt. | *Erich's wife said she was given the dining table by friends.* |
| Wir kriegen das Buch nie fertig. | *We'll never get the book finished.* |
| Ihr kriegt heute Abend Besuch, nicht wahr? | *You're having company this evening, aren't you?* |
| Liesls Vater sucht seit Monaten eine Stelle in der Textilindustrie, aber er hat nichts gekriegt. | *Liesl's father has been looking for a job in the textile industry for months, but he hasn't gotten anything.* |
| Luise kriegt ein Kind. | *Luise is having a baby.* |

RELATED VERBS  ab·kriegen, hin·kriegen, klein·kriegen, los·kriegen, mit·kriegen, unter·kriegen, weg·kriegen

regular weak verb | **kümmert · kümmerte · gekümmert**

**PRESENT**

| | |
|---|---|
| ich kümmere | wir kümmern |
| du kümmerst | ihr kümmert |
| Sie kümmern | Sie kümmern |
| er/sie/es kümmert | sie kümmern |

**SIMPLE PAST**

| | |
|---|---|
| ich kümmerte | wir kümmerten |
| du kümmertest | ihr kümmertet |
| Sie kümmerten | Sie kümmerten |
| er/sie/es kümmerte | sie kümmerten |

**FUTURE**

| | |
|---|---|
| ich werde | wir werden |
| du wirst | ihr werdet |
| Sie werden | Sie werden |
| er/sie/es wird | sie werden |

} kümmern

**PRESENT SUBJUNCTIVE I**

| | |
|---|---|
| ich kümmere | wir kümmern |
| du kümmerst | ihr kümmert |
| Sie kümmern | Sie kümmern |
| er/sie/es kümmere | sie kümmern |

**PRESENT SUBJUNCTIVE II**

| | |
|---|---|
| ich kümmerte | wir kümmerten |
| du kümmertest | ihr kümmertet |
| Sie kümmerten | Sie kümmerten |
| er/sie/es kümmerte | sie kümmerten |

**FUTURE SUBJUNCTIVE I**

| | |
|---|---|
| ich werde | wir werden |
| du werdest | ihr werdet |
| Sie werden | Sie werden |
| er/sie/es werde | sie werden |

} kümmern

**FUTURE SUBJUNCTIVE II**

| | |
|---|---|
| ich würde | wir würden |
| du würdest | ihr würdet |
| Sie würden | Sie würden |
| er/sie/es würde | sie würden |

} kümmern

**PRESENT PERFECT**

| | |
|---|---|
| ich habe | wir haben |
| du hast | ihr habt |
| Sie haben | Sie haben |
| er/sie/es hat | sie haben |

} gekümmert

**PAST PERFECT**

| | |
|---|---|
| ich hatte | wir hatten |
| du hattest | ihr hattet |
| Sie hatten | Sie hatten |
| er/sie/es hatte | sie hatten |

} gekümmert

**FUTURE PERFECT**

| | |
|---|---|
| ich werde | wir werden |
| du wirst | ihr werdet |
| Sie werden | Sie werden |
| er/sie/es wird | sie werden |

} gekümmert haben

**PAST SUBJUNCTIVE I**

| | |
|---|---|
| ich habe | wir haben |
| du habest | ihr habet |
| Sie haben | Sie haben |
| er/sie/es habe | sie haben |

} gekümmert

**PAST SUBJUNCTIVE II**

| | |
|---|---|
| ich hätte | wir hätten |
| du hättest | ihr hättet |
| Sie hätten | Sie hätten |
| er/sie/es hätte | sie hätten |

} gekümmert

**FUTURE PERFECT SUBJUNCTIVE I**

| | |
|---|---|
| ich werde | wir werden |
| du werdest | ihr werdet |
| Sie werden | Sie werden |
| er/sie/es werde | sie werden |

} gekümmert haben

**FUTURE PERFECT SUBJUNCTIVE II**

| | |
|---|---|
| ich würde | wir würden |
| du würdest | ihr würdet |
| Sie würden | Sie würden |
| er/sie/es würde | sie würden |

} gekümmert haben

**COMMANDS** kümmere! kümmert! kümmern Sie!

**PRESENT PARTICIPLE** kümmernd

## Usage

| | |
|---|---|
| Die Situation hat mich damals sehr gekümmert. | *The situation really worried me at the time.* |
| Es kümmerte ihn nicht, dass diese Gesetze gegen die Verfassung verstoßen. | *It didn't concern him that these laws violate the constitution.* |
| Umweltverschmutzung kümmert uns immer mehr. | *Environmental degradation worries us more and more.* |
| Der hohe Preis scheint dich nicht zu kümmern. | *The high price doesn't seem to bother you.* |
| Was kümmert mich das? | *What do I care?* |

**sich kümmern um** *to be worried about; concern oneself with, take care of*

| | |
|---|---|
| Herr Iwanowitsch wird sich um die praktischen Kleinigkeiten kümmern. | *Mr. Ivanovich will be concerned with the practical details.* |
| Angelika kümmert sich um ihren Vater. | *Angelika is worried about her father.* |
| Kümmere dich nicht um uns. | *Don't worry about us.* |
| Der Hirt kümmert sich um seine Schafe. | *The shepherd tends to his sheep.* |

**RELATED VERBS** bekümmern, verkümmern

# kündigen  *to give notice, quit; recall, terminate, cancel*

**kündigt · kündigte · gekündigt**                    regular weak verb

**PRESENT**

| | |
|---|---|
| ich kündige | wir kündigen |
| du kündigst | ihr kündigt |
| Sie kündigen | Sie kündigen |
| er/sie/es kündigt | sie kündigen |

**SIMPLE PAST**

| | |
|---|---|
| ich kündigte | wir kündigten |
| du kündigtest | ihr kündigtet |
| Sie kündigten | Sie kündigten |
| er/sie/es kündigte | sie kündigten |

**FUTURE**

| | | |
|---|---|---|
| ich werde | wir werden | |
| du wirst | ihr werdet | kündigen |
| Sie werden | Sie werden | |
| er/sie/es wird | sie werden | |

**PRESENT SUBJUNCTIVE I**

| | |
|---|---|
| ich kündige | wir kündigen |
| du kündigest | ihr kündiget |
| Sie kündigen | Sie kündigen |
| er/sie/es kündige | sie kündigen |

**PRESENT SUBJUNCTIVE II**

| | |
|---|---|
| ich kündigte | wir kündigten |
| du kündigtest | ihr kündigtet |
| Sie kündigten | Sie kündigten |
| er/sie/es kündigte | sie kündigten |

**FUTURE SUBJUNCTIVE I**

| | | |
|---|---|---|
| ich werde | wir werden | |
| du werdest | ihr werdet | kündigen |
| Sie werden | Sie werden | |
| er/sie/es werde | sie werden | |

**FUTURE SUBJUNCTIVE II**

| | | |
|---|---|---|
| ich würde | wir würden | |
| du würdest | ihr würdet | kündigen |
| Sie würden | Sie würden | |
| er/sie/es würde | sie würden | |

**PRESENT PERFECT**

| | | |
|---|---|---|
| ich habe | wir haben | |
| du hast | ihr habt | gekündigt |
| Sie haben | Sie haben | |
| er/sie/es hat | sie haben | |

**PAST PERFECT**

| | | |
|---|---|---|
| ich hatte | wir hatten | |
| du hattest | ihr hattet | gekündigt |
| Sie hatten | Sie hatten | |
| er/sie/es hatte | sie hatten | |

**FUTURE PERFECT**

| | | |
|---|---|---|
| ich werde | wir werden | |
| du wirst | ihr werdet | gekündigt haben |
| Sie werden | Sie werden | |
| er/sie/es wird | sie werden | |

**PAST SUBJUNCTIVE I**

| | | |
|---|---|---|
| ich habe | wir haben | |
| du habest | ihr habet | gekündigt |
| Sie haben | Sie haben | |
| er/sie/es habe | sie haben | |

**PAST SUBJUNCTIVE II**

| | | |
|---|---|---|
| ich hätte | wir hätten | |
| du hättest | ihr hättet | gekündigt |
| Sie hätten | Sie hätten | |
| er/sie/es hätte | sie hätten | |

**FUTURE PERFECT SUBJUNCTIVE I**

| | | |
|---|---|---|
| ich werde | wir werden | |
| du werdest | ihr werdet | gekündigt haben |
| Sie werden | Sie werden | |
| er/sie/es werde | sie werden | |

**FUTURE PERFECT SUBJUNCTIVE II**

| | | |
|---|---|---|
| ich würde | wir würden | |
| du würdest | ihr würdet | gekündigt haben |
| Sie würden | Sie würden | |
| er/sie/es würde | sie würden | |

**COMMANDS**      kündig(e)!   kündigt!   kündigen Sie!

**PRESENT PARTICIPLE**      kündigend

## Usage

| | |
|---|---|
| Ich kündige! | *I quit!* |
| Onkel Marston kündigt seine Stelle bei der Exportfirma und zieht nach Tahiti. | *Uncle Marston is quitting his job at the export company and moving to Tahiti.* |
| Warum kündigst du nicht? | *Why don't you give notice?* |
| Unserem Nachbarn ist die Wohnung zum 31. August gekündigt worden. | *Our neighbor has been given notice to vacate his apartment by August 31.* |
| Der Vertrag wird bis Ende des Jahres gekündigt. | *The contract will be terminated by the end of the year.* |
| Kirstens Chef hat ihr wegen Diebstahlverdacht kündigen müssen. | *Kirsten's boss had to terminate her on suspicion of theft.* |
| Ich möchte mein Abonnement kündigen. | *I would like to cancel my subscription.* |
| Meine Bank hat den Kredit gekündigt. | *My bank has recalled the loan.* |
| Gestern hat die Axt-Brigade die einseitige Waffenruhe gekündigt. | *Yesterday, the Ax-brigade called off the unilateral truce.* |

**RELATED VERBS**   ab·kündigen, an·kündigen, auf·kündigen, verkündigen

regular weak verb                              **kürzt · kürzte · gekürzt**

**PRESENT**

| | |
|---|---|
| ich kürze | wir kürzen |
| du kürzt | ihr kürzt |
| Sie kürzen | Sie kürzen |
| er/sie/es kürzt | sie kürzen |

**SIMPLE PAST**

| | |
|---|---|
| ich kürzte | wir kürzten |
| du kürztest | ihr kürztet |
| Sie kürzten | Sie kürzten |
| er/sie/es kürzte | sie kürzten |

**FUTURE**

| | |
|---|---|
| ich werde | wir werden |
| du wirst | ihr werdet |
| Sie werden | Sie werden |
| er/sie/es wird | sie werden |

} kürzen

**PRESENT SUBJUNCTIVE I**

| | |
|---|---|
| ich kürze | wir kürzen |
| du kürzest | ihr kürzet |
| Sie kürzen | Sie kürzen |
| er/sie/es kürze | sie kürzen |

**PRESENT SUBJUNCTIVE II**

| | |
|---|---|
| ich kürzte | wir kürzten |
| du kürztest | ihr kürztet |
| Sie kürzten | Sie kürzten |
| er/sie/es kürzte | sie kürzten |

**FUTURE SUBJUNCTIVE I**

| | |
|---|---|
| ich werde | wir werden |
| du werdest | ihr werdet |
| Sic werden | Sie werden |
| er/sie/es werde | sie werden |

} kürzen

**FUTURE SUBJUNCTIVE II**

| | |
|---|---|
| ich würde | wir würden |
| du würdest | ihr würdet |
| Sie würden | Sie würden |
| er/sie/es würde | sie würden |

} kürzen

**PRESENT PERFECT**

| | |
|---|---|
| ich habe | wir haben |
| du hast | ihr habt |
| Sie haben | Sie haben |
| er/sie/es hat | sie haben |

} gekürzt

**PAST PERFECT**

| | |
|---|---|
| ich hatte | wir hatten |
| du hattest | ihr hattet |
| Sie hatten | Sie hatten |
| er/sie/es hatte | sie hatten |

} gekürzt

**FUTURE PERFECT**

| | |
|---|---|
| ich werde | wir werden |
| du wirst | ihr werdet |
| Sie werden | Sie werden |
| er/sie/es wird | sie werden |

} gekürzt haben

**PAST SUBJUNCTIVE I**

| | |
|---|---|
| ich habe | wir haben |
| du habest | ihr habet |
| Sie haben | Sie haben |
| er/sie/es habe | sie haben |

} gekürzt

**PAST SUBJUNCTIVE II**

| | |
|---|---|
| ich hätte | wir hätten |
| du hättest | ihr hättet |
| Sie hätten | Sie hätten |
| er/sie/es hätte | sie hätten |

} gekürzt

**FUTURE PERFECT SUBJUNCTIVE I**

| | |
|---|---|
| ich werde | wir werden |
| du werdest | ihr werdet |
| Sie werden | Sie werden |
| er/sie/es werde | sie werden |

} gekürzt haben

**FUTURE PERFECT SUBJUNCTIVE II**

| | |
|---|---|
| ich würde | wir würden |
| du würdest | ihr würdet |
| Sie würden | Sie würden |
| er/sie/es würde | sie würden |

} gekürzt haben

**COMMANDS**        kürz(e)!   kürzt!   kürzen Sie!

**PRESENT PARTICIPLE**    kürzend

## Usage

| | |
|---|---|
| So kann man die Fahrzeit um fünfzehn Minuten kürzen, ohne schneller zu fahren. | *In this way, you can shorten the drive time by 15 minutes without driving faster.* |
| Das Seil muss gekürzt werden. | *The rope must be shortened.* |
| Viktor hat den Roman gekürzt und übersetzt. | *Viktor abridged and translated the novel.* |
| Die Gehälter werden ab Juni um 2% gekürzt. | *Salaries are being cut by 2% beginning in June.* |
| Werden die Renten wirklich gekürzt? | *Are the pensions really being cut?* |
| Die Bundesregierung kürzt die Bildungsausgaben fast jedes Jahr. | *The federal government cuts education expenditures almost every year.* |
| Die Mitgliedsstädte kürzen ihre Zuschüsse. | *The member cities are curtailing their subsidies.* |
| Im vorigen Jahr waren viele Leistungen der Fürsorgeanstalt gekürzt worden. | *In the previous year, many services of the welfare institute had been reduced.* |
| Können Sie bitte diese Hosen um drei Zentimeter kürzen? | *Can you shorten these trousers by three centimeters, please?* |

**RELATED VERBS**  ab·kürzen, verkürzen

# lächeln *to smile*

**lächelt · lächelte · gelächelt**                                    regular weak verb

**PRESENT**

| | |
|---|---|
| ich läch(e)le | wir lächeln |
| du lächelst | ihr lächelt |
| Sie lächeln | Sie lächeln |
| er/sie/es lächelt | sie lächeln |

**SIMPLE PAST**

| | |
|---|---|
| ich lächelte | wir lächelten |
| du lächeltest | ihr lächeltet |
| Sie lächelten | Sie lächelten |
| er/sie/es lächelte | sie lächelten |

**FUTURE**

| | | |
|---|---|---|
| ich werde | wir werden | |
| du wirst | ihr werdet | lächeln |
| Sie werden | Sie werden | |
| er/sie/es wird | sie werden | |

**PRESENT SUBJUNCTIVE I**

| | |
|---|---|
| ich läch(e)le | wir lächeln |
| du lächelst | ihr lächelt |
| Sie lächeln | Sie lächeln |
| er/sie/es läch(e)le | sie lächeln |

**PRESENT SUBJUNCTIVE II**

| | |
|---|---|
| ich lächelte | wir lächelten |
| du lächeltest | ihr lächeltet |
| Sie lächelten | Sie lächelten |
| er/sie/es lächelte | sie lächelten |

**FUTURE SUBJUNCTIVE I**

| | | |
|---|---|---|
| ich werde | wir werden | |
| du werdest | ihr werdet | lächeln |
| Sie werden | Sie werden | |
| er/sie/es werde | sie werden | |

**FUTURE SUBJUNCTIVE II**

| | | |
|---|---|---|
| ich würde | wir würden | |
| du würdest | ihr würdet | lächeln |
| Sie würden | Sie würden | |
| er/sie/es würde | sie würden | |

**PRESENT PERFECT**

| | | |
|---|---|---|
| ich habe | wir haben | |
| du hast | ihr habt | gelächelt |
| Sie haben | Sie haben | |
| er/sie/es hat | sie haben | |

**PAST PERFECT**

| | | |
|---|---|---|
| ich hatte | wir hatten | |
| du hattest | ihr hattet | gelächelt |
| Sie hatten | Sie hatten | |
| er/sie/es hatte | sie hatten | |

**FUTURE PERFECT**

| | | |
|---|---|---|
| ich werde | wir werden | |
| du wirst | ihr werdet | gelächelt haben |
| Sie werden | Sie werden | |
| er/sie/es wird | sie werden | |

**PAST SUBJUNCTIVE I**

| | | |
|---|---|---|
| ich habe | wir haben | |
| du habest | ihr habet | gelächelt |
| Sie haben | Sie haben | |
| er/sie/es habe | sie haben | |

**PAST SUBJUNCTIVE II**

| | | |
|---|---|---|
| ich hätte | wir hätten | |
| du hättest | ihr hättet | gelächelt |
| Sie hätten | Sie hätten | |
| er/sie/es hätte | sie hätten | |

**FUTURE PERFECT SUBJUNCTIVE I**

| | | |
|---|---|---|
| ich werde | wir werden | |
| du werdest | ihr werdet | gelächelt haben |
| Sie werden | Sie werden | |
| er/sie/es werde | sie werden | |

**FUTURE PERFECT SUBJUNCTIVE II**

| | | |
|---|---|---|
| ich würde | wir würden | |
| du würdest | ihr würdet | gelächelt haben |
| Sie würden | Sie würden | |
| er/sie/es würde | sie würden | |

**COMMANDS**            läch(e)le!   lächelt!   lächeln Sie!

**PRESENT PARTICIPLE**      lächelnd

## Usage

| | |
|---|---|
| Der Mann lächelte belustigt und sagte dem Kind: „Das ist ja allerhand!" | *The amused man smiled and said to the child, "That's really something!"* |
| Warum hat Heike über das Unglück ihrer Mitschülerinnen so gelächelt? | *Why did Heike smile like that about her schoolmates' misfortune?* |
| Sie lächelte verlegen und wurde rot. | *She smiled in embarrassment and blushed.* |
| Wenn du lächelst, lächele ich auch. | *When you smile, I smile too.* |
| Lächelt da Vincis Mona Lisa wirklich über einen Witz? | *Is da Vinci's Mona Lisa really smiling about a joke?* |
| In welchem Alter beginnt ein Baby zu lächeln? | *At what age does a baby begin smiling?* |
| Der Nachbarshund Boris sah gerade aus, als ob er lächeln würde. | *The neighbor's dog, Boris, just now looked as though he were smiling.* |
| Der Junge hatte gesagt, er wollte Schauspieler werden, und ich musste darüber lächeln. | *The boy had said he wanted to become an actor, and I had to smile at that.* |
| Wenn Vögel nur lächeln könnten! | *If only birds could smile!* |

**RELATED VERBS**  an·lächeln, belächeln, zu·lächeln

regular weak verb

**PRESENT**

| ich lache | wir lachen |
|---|---|
| du lachst | ihr lacht |
| Sie lachen | Sie lachen |
| er/sie/es lacht | sie lachen |

**SIMPLE PAST**

| ich lachte | wir lachten |
|---|---|
| du lachtest | ihr lachtet |
| Sie lachten | Sie lachten |
| er/sie/es lachte | sie lachten |

**FUTURE**

| ich werde | wir werden | |
|---|---|---|
| du wirst | ihr werdet | |
| Sie werden | Sie werden | lachen |
| er/sie/es wird | sie werden | |

**PRESENT SUBJUNCTIVE I**

| ich lache | wir lachen |
|---|---|
| du lachest | ihr lachet |
| Sie lachen | Sie lachen |
| er/sie/es lache | sie lachen |

**PRESENT SUBJUNCTIVE II**

| ich lachte | wir lachten |
|---|---|
| du lachtest | ihr lachtet |
| Sie lachten | Sie lachten |
| er/sie/es lachte | sie lachten |

**FUTURE SUBJUNCTIVE I**

| ich werde | wir werden | |
|---|---|---|
| du werdest | ihr werdet | |
| Sie werden | Sie werden | lachen |
| er/sie/es werde | sie werden | |

**FUTURE SUBJUNCTIVE II**

| ich würde | wir würden | |
|---|---|---|
| du würdest | ihr würdet | |
| Sie würden | Sie würden | lachen |
| er/sie/es würde | sie würden | |

**PRESENT PERFECT**

| ich habe | wir haben | |
|---|---|---|
| du hast | ihr habt | |
| Sie haben | Sie haben | gelacht |
| er/sie/es hat | sie haben | |

**PAST PERFECT**

| ich hatte | wir hatten | |
|---|---|---|
| du hattest | ihr hattet | |
| Sie hatten | Sie hatten | gelacht |
| er/sie/es hatte | sie hatten | |

**FUTURE PERFECT**

| ich werde | wir werden | |
|---|---|---|
| du wirst | ihr werdet | |
| Sie werden | Sie werden | gelacht haben |
| er/sie/es wird | sie werden | |

**PAST SUBJUNCTIVE I**

| ich habe | wir haben | |
|---|---|---|
| du habest | ihr habet | |
| Sie haben | Sie haben | gelacht |
| er/sie/es habe | sie haben | |

**PAST SUBJUNCTIVE II**

| ich hätte | wir hätten | |
|---|---|---|
| du hättest | ihr hättet | |
| Sie hätten | Sie hätten | gelacht |
| er/sie/es hätte | sie hätten | |

**FUTURE PERFECT SUBJUNCTIVE I**

| ich werde | wir werden | |
|---|---|---|
| du werdest | ihr werdet | |
| Sie werden | Sie werden | gelacht haben |
| er/sie/es werde | sie werden | |

**FUTURE PERFECT SUBJUNCTIVE II**

| ich würde | wir würden | |
|---|---|---|
| du würdest | ihr würdet | |
| Sie würden | Sie würden | gelacht haben |
| er/sie/es würde | sie würden | |

**COMMANDS**     lach(e)!   lacht!   lachen Sie!

**PRESENT PARTICIPLE**     lachend

## Usage

| | |
|---|---|
| Chronisch kranke Kinder im Krankenhaus werden dazu angeregt öfter zu lachen. | *Chronically ill children in the hospital are encouraged to laugh more often.* |
| Je mehr ein Patient lacht, desto schneller genest er. | *The more a patient laughs, the faster he recovers.* |
| Es gibt nichts zu lachen. | *There's nothing to laugh about.* |
| Man muss über sich selbst lachen können. | *You have to be able to laugh at yourself.* |
| Die Zuschauer lachten und klatschten Beifall. | *The spectators laughed and clapped their approval.* |
| Es wurde bei der Party viel geredet und gelacht. | *There was a lot of talking and laughing at the party.* |
| Ich habe selten so gelacht wie über seine Witze. | *I have seldom laughed as I did at his jokes.* |
| Die Spielerei der Kinder machte den Herrn lachen. | *The children's play made the gentleman laugh.* |
| Warum lachen Sie? | *Why are you laughing?* |
| Wie oft lachst du völlig ungehemmt? | *How often do you really burst out laughing?* |
| Der Chef war um Worte verlegen, und ich lachte vor mich hin. | *The boss was at a loss for words, and I chuckled to myself.* |

**RELATED VERBS** an·lachen, auf·lachen, aus·lachen, belachen, verlachen, zu·lachen

# laden  *to load, put, lay, charge; summon, subpoena*

**lädt · lud · geladen**                                    strong verb

**PRESENT**

| | |
|---|---|
| ich lade | wir laden |
| du lädst | ihr ladet |
| Sie laden | Sie laden |
| er/sie/es lädt | sie laden |

**SIMPLE PAST**

| | |
|---|---|
| ich lud | wir luden |
| du ludst | ihr ludet |
| Sie luden | Sie luden |
| er/sie/es lud | sie luden |

**FUTURE**

| | | |
|---|---|---|
| ich werde | wir werden | |
| du wirst | ihr werdet | laden |
| Sie werden | Sie werden | |
| er/sie/es wird | sie werden | |

**PRESENT SUBJUNCTIVE I**

| | |
|---|---|
| ich lade | wir laden |
| du ladest | ihr ladet |
| Sie laden | Sie laden |
| er/sie/es lade | sie laden |

**PRESENT SUBJUNCTIVE II**

| | |
|---|---|
| ich lüde | wir lüden |
| du lüdest | ihr lüdet |
| Sie lüden | Sie lüden |
| er/sie/es lüde | sie lüden |

**FUTURE SUBJUNCTIVE I**

| | | |
|---|---|---|
| ich werde | wir werden | |
| du werdest | ihr werdet | laden |
| Sie werden | Sie werden | |
| er/sie/es werde | sie werden | |

**FUTURE SUBJUNCTIVE II**

| | | |
|---|---|---|
| ich würde | wir würden | |
| du würdest | ihr würdet | laden |
| Sie würden | Sie würden | |
| er/sie/es würde | sie würden | |

**PRESENT PERFECT**

| | | |
|---|---|---|
| ich habe | wir haben | |
| du hast | ihr habt | geladen |
| Sie haben | Sie haben | |
| er/sie/es hat | sie haben | |

**PAST PERFECT**

| | | |
|---|---|---|
| ich hatte | wir hatten | |
| du hattest | ihr hattet | geladen |
| Sie hatten | Sie hatten | |
| er/sie/es hatte | sie hatten | |

**FUTURE PERFECT**

| | | |
|---|---|---|
| ich werde | wir werden | |
| du wirst | ihr werdet | geladen haben |
| Sie werden | Sie werden | |
| er/sie/es wird | sie werden | |

**PAST SUBJUNCTIVE I**

| | | |
|---|---|---|
| ich habe | wir haben | |
| du habest | ihr habet | geladen |
| Sie haben | Sie haben | |
| er/sie/es habe | sie haben | |

**PAST SUBJUNCTIVE II**

| | | |
|---|---|---|
| ich hätte | wir hätten | |
| du hättest | ihr hättet | geladen |
| Sie hätten | Sie hätten | |
| er/sie/es hätte | sie hätten | |

**FUTURE PERFECT SUBJUNCTIVE I**

| | | |
|---|---|---|
| ich werde | wir werden | |
| du werdest | ihr werdet | geladen haben |
| Sie werden | Sie werden | |
| er/sie/es werde | sie werden | |

**FUTURE PERFECT SUBJUNCTIVE II**

| | | |
|---|---|---|
| ich würde | wir würden | |
| du würdest | ihr würdet | geladen haben |
| Sie würden | Sie würden | |
| er/sie/es würde | sie würden | |

**COMMANDS**          lade!  ladet!  laden Sie!

**PRESENT PARTICIPLE**    ladend

## Usage

| | |
|---|---|
| Die Arbeiter laden die Fracht aufs Schiff. | *The workers are loading the freight onto the ship.* |
| Der Bauersknecht lud die Milchkannen auf den Wagen. | *The farmhand loaded the milk cans onto the wagon.* |
| Hat er die Pistole mit Platzpatronen geladen? | *Did he load the pistol with blanks?* |
| Ich muss meinen Handy-Akku laden. | *I have to charge my cell phone battery.* |
| Wer lädt das Gepäck ins Auto? | *Who will load the luggage into the car?* |
| Das System lädt die neue Version der Software. | *The system is loading the new version of the software.* |
| Der Finanzminister lädt die Schuld für den Verlust auf das Parlament. | *The finance minister lays the blame for the shortfall on the parliament.* |
| Warum ladet ihr diese Verantwortung auf euch selbst? | *Why are you putting this responsibility on yourselves?* |
| Herr Bohnen wird als Zeuge vor Gericht geladen. | *Mr. Bohnen is being subpoenaed to court as a witness.* |
| Fürstbischof Friedrich Wilhelm von Westphalen lud Georg nach Hildesheim. | *Prince bishop Friedrich Wilhelm von Westphalen summoned Georg to Hildesheim.* |

**RELATED VERBS** ab·laden, auf·laden, aus·laden, beladen, entladen, überladen, um·laden, verladen, vor·laden, zu·laden; *see also* **ein·laden** (134)

**PRESENT**

| | |
|---|---|
| ich lande | wir landen |
| du landest | ihr landet |
| Sie landen | Sie landen |
| er/sie/es landet | sie landen |

**PRESENT PERFECT**

| | | |
|---|---|---|
| ich bin | wir sind | |
| du bist | ihr seid | gelandet |
| Sie sind | Sie sind | |
| er/sie/es ist | sie sind | |

**SIMPLE PAST**

| | |
|---|---|
| ich landete | wir landeten |
| du landetest | ihr landetet |
| Sie landeten | Sie landeten |
| er/sie/es landete | sie landeten |

**PAST PERFECT**

| | | |
|---|---|---|
| ich war | wir waren | |
| du warst | ihr wart | gelandet |
| Sie waren | Sie waren | |
| er/sie/es war | sie waren | |

**FUTURE**

| | | |
|---|---|---|
| ich werde | wir werden | |
| du wirst | ihr werdet | landen |
| Sie werden | Sie werden | |
| er/sie/es wird | sie werden | |

**FUTURE PERFECT**

| | | |
|---|---|---|
| ich werde | wir werden | |
| du wirst | ihr werdet | gelandet sein |
| Sie werden | Sie werden | |
| er/sie/es wird | sie werden | |

**PRESENT SUBJUNCTIVE I**

| | |
|---|---|
| ich lande | wir landen |
| du landest | ihr landet |
| Sie landen | Sie landen |
| er/sie/es lande | sie landen |

**PAST SUBJUNCTIVE I**

| | | |
|---|---|---|
| ich sei | wir seien | |
| du seiest | ihr seiet | gelandet |
| Sie seien | Sie seien | |
| er/sie/es sei | sie seien | |

**PRESENT SUBJUNCTIVE II**

| | |
|---|---|
| ich landete | wir landeten |
| du landetest | ihr landetet |
| Sie landeten | Sie landeten |
| er/sie/es landete | sie landeten |

**PAST SUBJUNCTIVE II**

| | | |
|---|---|---|
| ich wäre | wir wären | |
| du wärest | ihr wäret | gelandet |
| Sie wären | Sie wären | |
| er/sie/es wäre | sie wären | |

**FUTURE SUBJUNCTIVE I**

| | | |
|---|---|---|
| ich werde | wir werden | |
| du werdest | ihr werdet | landen |
| Sie werden | Sie werden | |
| er/sie/es werde | sie werden | |

**FUTURE PERFECT SUBJUNCTIVE I**

| | | |
|---|---|---|
| ich werde | wir werden | |
| du werdest | ihr werdet | gelandet sein |
| Sie werden | Sie werden | |
| er/sie/es werde | sie werden | |

**FUTURE SUBJUNCTIVE II**

| | | |
|---|---|---|
| ich würde | wir würden | |
| du würdest | ihr würdet | landen |
| Sie würden | Sie würden | |
| er/sie/es würde | sie würden | |

**FUTURE PERFECT SUBJUNCTIVE II**

| | | |
|---|---|---|
| ich würde | wir würden | |
| du würdest | ihr würdet | gelandet sein |
| Sie würden | Sie würden | |
| er/sie/es würde | sie würden | |

**COMMANDS**  lande! landet! landen Sie!

**PRESENT PARTICIPLE**  landend

## Usage

Die alliierten Truppen waren am 6. Juni 1944 in der Normandie gelandet.

*The Allied troops had landed in Normandy on June 6, 1944.*

Nach sieben Stunden ist Familie Fritsch endlich in Istanbul gelandet.

*After seven hours, the Fritsch family finally landed in Istanbul.*

Wann werden wir landen?

*When will we land?*

Das außerordentlich zähe Steak ist Therese plötzlich vom Teller gerutscht und auf dem Boden gelandet.

*The unusually tough steak suddenly slipped from Therese's plate and landed on the floor.*

Die meisten Leserbriefe landen im Papierkorb.

*Most letters to the editor end up in the wastebasket.*

### landen (with haben) *to land*

Die erfahrene Pilotin hat das Flugzeug trotz des Wetters sicher gelandet.

*The experienced pilot safely landed the plane in spite of the weather.*

Wie kann man so einen Ballon landen?

*How can you land a balloon like that?*

**RELATED VERBS**  not·landen, zwischen·landen

## MORE USAGE SENTENCES WITH **lassen**

| | |
|---|---|
| Ihr wisst, dass er das Rauchen nicht lassen kann. | *You know he can't give up smoking.* |
| Lasst bitte eure Kommentare! | *Please put aside your comments!* |
| Lassen Sie die Katze bitte nicht ins Schlafzimmer. | *Please don't let the cat into the bedroom.* |
| Lass das bitte! | *Please stop that!* |

### **lass(t) uns ...** *let's ...*

| | |
|---|---|
| Lass uns gehen. | *Let's go.* |
| Lasst uns hier bleiben. | *Let's stay here.* |

### **lassen** + adverb

| | |
|---|---|
| Die gigantischen Wellen haben nichts übrig gelassen. | *The giant waves spared nothing.* |
| Der Stadtrat ließ die Frage der Kosten offen. | *The city council left open the question of costs.* |

### **lassen** + infinitive *to leave, let*

| | |
|---|---|
| Ernst ließ das Auto vor der Schule stehen. | *Ernst left the car sitting in front of the school.* |
| Hans hat sein Buch fallen lassen. | *Hans dropped his book.* |
| Wie konnten Sie das geschehen lassen? | *How could you let that happen?* |
| Ich habe meinen Mantel liegen lassen. | *I left my coat behind.* |
| Wir wollten euch wissen lassen, dass wir an euch denken. | *We wanted to let you know we're thinking of you.* |

NOTE The verb **lassen** can combine with other verbs and direct objects to express the notion of causing or permitting an action. Context must sometimes determine whether the sense is one of causation or permission.

### **(jemanden/etwas) (etwas)** + infinitive + **lassen** *to have/get (something) done,* *have/let (someone) do (something)*

| | |
|---|---|
| Hoffmann ließ 1804 seinen Namen ändern. | *Hoffmann had his name changed in 1804.* |
| Herr Holzbauer lässt das Fachwerkhaus sanieren. | *Mr. Holzbauer is having the half-timber house renovated.* |
| Birgit hat sich die Haare schneiden lassen. | *Birgit got her hair cut.* |
| Leben und leben lassen. (PROVERB) | *Live and let live.* |
| Manfred hat mich vorne sitzen lassen. | *Manfred let/had me sit up front.* |
| Renate hätte das Kind ihr Auto nicht fahren lassen. | *Renate would not have let the child drive her car.* |
| Ich lasse Fritz mein Auto waschen. | *I'm having Fritz wash my car.* |
| Ich lasse dich nicht mit uns spielen. | *I'm not letting you play with us.* |
| Max und Maria lassen sich scheiden. | *Max and Maria are getting divorced.* |

NOTE The verb **lassen** can combine with a reflexive pronoun and another verb to express the notion of capacity or ability. In this structure, **lassen** acts much like an auxiliary verb in that no **zu** is required; it is frequently a substitute for the passive voice.

### **sich** + infinitive + **lassen** *to be doable, be feasible to do*

| | |
|---|---|
| Das lässt sich leicht lernen. | *That can easily be learned.* |
| Herbert meint, der Rotwein ließe sich nicht trinken. | *Herbert says the red wine isn't drinkable.* |
| Das lässt sich schon machen. | *That can be managed.* |
| Es lässt sich denken, dass Frau Kugel gar kein Geld hat. | *It's conceivable that Mrs. Kugel has no money at all.* |

### IDIOMATIC EXPRESSIONS

| | |
|---|---|
| Das musst du dir nicht gefallen lassen. | *You don't have to put up with that.* |
| Man hat mir am Projekt freie Hand gelassen. | *I was given a free hand in the project.* |
| Lass von dir hören! | *Don't be a stranger!* |
| Lassen Sie es sich gut schmecken! | *Bon appétit!* |

**TOP 50 VERBS**

## PRESENT

| ich lasse | wir lassen |
|---|---|
| du lässt | ihr lasst |
| Sie lassen | Sie lassen |
| er/sie/es lässt | sie lassen |

## PRESENT PERFECT

| ich habe | wir haben | |
|---|---|---|
| du hast | ihr habt | gelassen |
| Sie haben | Sie haben | |
| er/sie/es hat | sie haben | |

## SIMPLE PAST

| ich ließ | wir ließen |
|---|---|
| du ließest | ihr ließt |
| Sie ließen | Sie ließen |
| er/sie/es ließ | sie ließen |

## PAST PERFECT

| ich hatte | wir hatten | |
|---|---|---|
| du hattest | ihr hattet | gelassen |
| Sie hatten | Sie hatten | |
| er/sie/es hatte | sie hatten | |

## FUTURE

| ich werde | wir werden | |
|---|---|---|
| du wirst | ihr werdet | lassen |
| Sie werden | Sie werden | |
| er/sie/es wird | sie werden | |

## FUTURE PERFECT

| ich werde | wir werden | |
|---|---|---|
| du wirst | ihr werdet | gelassen haben |
| Sie werden | Sie werden | |
| er/sie/es wird | sie werden | |

## PRESENT SUBJUNCTIVE I

| ich lasse | wir lassen |
|---|---|
| du lassest | ihr lasset |
| Sie lassen | Sie lassen |
| er/sie/es lasse | sie lassen |

## PAST SUBJUNCTIVE I

| ich habe | wir haben | |
|---|---|---|
| du habest | ihr habet | gelassen |
| Sie haben | Sie haben | |
| er/sie/es habe | sie haben | |

## PRESENT SUBJUNCTIVE II

| ich ließe | wir ließen |
|---|---|
| du ließest | ihr ließet |
| Sie ließen | Sie ließen |
| er/sie/es ließe | sie ließen |

## PAST SUBJUNCTIVE II

| ich hätte | wir hätten | |
|---|---|---|
| du hättest | ihr hättet | gelassen |
| Sie hätten | Sie hätten | |
| er/sie/es hätte | sie hätten | |

## FUTURE SUBJUNCTIVE I

| ich werde | wir werden | |
|---|---|---|
| du werdest | ihr werdet | lassen |
| Sie werden | Sie werden | |
| er/sie/es werde | sie werden | |

## FUTURE PERFECT SUBJUNCTIVE I

| ich werde | wir werden | |
|---|---|---|
| du werdest | ihr werdet | gelassen haben |
| Sie werden | Sie werden | |
| er/sie/es werde | sie werden | |

## FUTURE SUBJUNCTIVE II

| ich würde | wir würden | |
|---|---|---|
| du würdest | ihr würdet | lassen |
| Sie würden | Sie würden | |
| er/sie/es würde | sie würden | |

## FUTURE PERFECT SUBJUNCTIVE II

| ich würde | wir würden | |
|---|---|---|
| du würdest | ihr würdet | gelassen haben |
| Sie würden | Sie würden | |
| er/sie/es würde | sie würden | |

COMMANDS    lass(e)!   lasst!   lassen Sie!

PRESENT PARTICIPLE    lassend

## Usage

| Ich lasse der älteren Frau den Vortritt. | *I am letting the older woman go first.* |
|---|---|
| Sie hatten sich nicht genügend Zeit gelassen. | *They hadn't allowed themselves sufficient time.* |
| Lassen Sie mich bitte zu Wort kommen. | *Please permit me to say a word.* |
| Erich hat sein Fahrrad zu Hause gelassen und ist zu Fuß zur Universität gegangen. | *Erich left his bicycle at home and walked to the university.* |
| Der Reiseleiter hat die Touristen im Stich gelassen. | *The tour guide left the tourists in the lurch.* |
| Das Theaterstück ist ein Fragment; der Autor ließ die Handlung unvollendet. | *The play is a fragment; the playwright left the plot incomplete.* |
| Das Ende der Geschichte lässt den Leser im Ungewissen über das Schicksal des Protagonisten. | *The end of the story leaves the reader not knowing the protagonist's fate.* |

RELATED VERBS  ab·lassen, an·lassen, auf·lassen, aus·lassen, belassen, durch·lassen, ein·lassen, erlassen, fort·lassen, frei·lassen, herab·lassen, los·lassen, nach·lassen, nieder·lassen, überlassen, unterlassen, vor·lassen, weg·lassen, zerlassen, zu·lassen, zurück·lassen, zusammen·lassen; *see also* **entlassen** (145), **hinterlassen** (245), **verlassen** (493)

## MORE USAGE SENTENCES WITH laufen

| | |
|---|---|
| Beide Filme liefen nur zwei Wochen in den Kinos. | *Both films played in theaters for only two weeks.* |
| Die Anmeldefrist läuft bis Ende August. | *The enrollment period extends until the end of August.* |
| Marianne ließ die Badewanne voll laufen. | *Marianne let the bathtub run full.* |
| Kein Projekt läuft genau wie geplant. | *No project goes exactly as planned.* |
| Das Wasser war vom Dachgeschoss durch das ganze Haus gelaufen. | *The water had run from the attic through the whole house.* |
| Das Schiff soll Dienstagabend auf Grund gelaufen sein. | *The ship is said to have run aground Tuesday evening.* |
| Früher mussten Verbrecher Spießruten laufen. | *Criminals used to have to run a gauntlet.* |
| Kriegsvorbereitungen laufen auf Hochtouren. | *Preparations for war are running full speed ahead.* |
| Wie kann ich den Film rückwärts laufen lassen? | *How can I run the film backwards?* |
| Die beiden Veranstaltungen laufen parallel mit einander. | *The two events are running parallel with each other.* |

### laufen (with haben) *to run*

| | |
|---|---|
| 1964 lief Andrea Schmitz einen neuen Weltrekord. | *In 1964, Andrea Schmitz broke the world record.* |
| Hast du den Marathon zu Ende gelaufen? | *Did you run the marathon to the finish line?* |

### sich laufen *to run, walk*

| | |
|---|---|
| Mit hohen Absätzen läuft es sich sehr unbequem. | *It's very uncomfortable to walk in high heels.* |
| Jost hat sich müde gelaufen. | *Jost got tired from walking.* |

## IDIOMATIC EXPRESSIONS

| | |
|---|---|
| Lassen Sie den Motor 10 Minuten im Leerlauf laufen. | *Let the engine idle for 10 minutes.* |
| Umweltschutzorganisationen laufen Sturm gegen das geplante Einkaufszentrum. | *Environmental groups are up in arms about the planned shopping center.* |
| Die alten Heerstraßen laufen in Dinkelsburg auseinander. | *The old military roads diverge in Dinkelsburg.* |
| Ich wollte ihn anrufen, aber es ist heute vieles schief gelaufen und ich bin nicht dazu gekommen. | *I wanted to call him, but a lot has gone wrong today and I didn't get around to it.* |
| Das neue Modell ist Probe gelaufen. | *The new model has been tested.* |
| Alles ist gut gelaufen. | *Everything went well.* |
| Welch ein Gerücht läuft durch den Lagerplatz? (KLEIST) | *What's the rumor going around the camp?* |
| In Whistler kann man Ski laufen und snowboarden. | *In Whistler, you can ski and snowboard.* |
| Patrick läuft gern Rollschuh. | *Patrick likes to roller skate.* |
| Andrea ist krank, ihre Nase läuft den ganzen Tag. | *Andrea is sick; her nose has been runny all day.* |
| Auf wessen Namen läuft das Abonnement? | *Whose name is the subscription under?* |
| Am letzten Tag meiner Europareise habe ich mir die Füße wund gelaufen. | *On the last day of my European vacation, I got blisters from walking so much.* |
| Die Sache ist gelaufen. | *It's all over. / The matter is settled. / It's too late now.* |
| Man läuft Gefahr, die wirklichen Ursachen zu übersehen. | *We're running the risk of overlooking the real causes.* |
| Mit der Patentierung lebendiger Wesen ist die Gentechnik Amok gelaufen. | *With the patenting of living beings, genetic engineering has run amok.* |
| Das läuft schon ins Geld, wenn du jeden Abend essen gehst, gell? | *That runs into some money if you go out to eat every evening, doesn't it?* |
| Das Prinzip läuft wider den gesunden Verstand. | *The principle goes against common sense.* |
| Sein erster Song war ein Hit, aber die anderen rangieren unter „ferner liefen". | *His first song was a hit, but the others were "also rans."* |
| Es lief ihm eiskalt über den Rücken. | *A chill ran down his spine.* |
| Bei Gisela läuft der Fernseher den ganzen Tag. | *At Gisela's house, the television is on all day long.* |
| Andreas ließ sich mit Schnaps und Bier voll laufen. | *Andreas got tanked up on schnapps and beer.* |

strong verb

**läuft · lief · gelaufen**

**PRESENT**

| | |
|---|---|
| ich laufe | wir laufen |
| du läufst | ihr lauft |
| Sie laufen | Sie laufen |
| er/sie/es läuft | sie laufen |

**SIMPLE PAST**

| | |
|---|---|
| ich lief | wir liefen |
| du liefst | ihr lief |
| Sie liefen | Sie liefen |
| er/sie/es lief | sie liefen |

**FUTURE**

| | | |
|---|---|---|
| ich werde | wir werden | |
| du wirst | ihr werdet | laufen |
| Sie werden | Sie werden | |
| er/sie/es wird | sie werden | |

**PRESENT SUBJUNCTIVE I**

| | |
|---|---|
| ich laufe | wir laufen |
| du laufest | ihr laufet |
| Sie laufen | Sie laufen |
| er/sie/es laufe | sie laufen |

**PRESENT SUBJUNCTIVE II**

| | |
|---|---|
| ich liefe | wir liefen |
| du liefest | ihr liefet |
| Sie liefen | Sie liefen |
| er/sie/es liefe | sie liefen |

**FUTURE SUBJUNCTIVE I**

| | | |
|---|---|---|
| ich werde | wir werden | |
| du werdest | ihr werdet | laufen |
| Sie werden | Sie werden | |
| er/sie/es werde | sie werden | |

**FUTURE SUBJUNCTIVE II**

| | | |
|---|---|---|
| ich würde | wir würden | |
| du würdest | ihr würdet | laufen |
| Sie würden | Sie würden | |
| er/sie/es würde | sie würden | |

**PRESENT PERFECT**

| | | |
|---|---|---|
| ich bin | wir sind | |
| du bist | ihr seid | gelaufen |
| Sie sind | Sie sind | |
| er/sie/es ist | sie sind | |

**PAST PERFECT**

| | | |
|---|---|---|
| ich war | wir waren | |
| du warst | ihr wart | gelaufen |
| Sie waren | Sie waren | |
| er/sie/es war | sie waren | |

**FUTURE PERFECT**

| | | |
|---|---|---|
| ich werde | wir werden | |
| du wirst | ihr werdet | gelaufen sein |
| Sie werden | Sie werden | |
| er/sie/es wird | sie werden | |

**PAST SUBJUNCTIVE I**

| | | |
|---|---|---|
| ich sei | wir seien | |
| du seiest | ihr seiet | gelaufen |
| Sie seien | Sie seien | |
| er/sie/es sei | sie seien | |

**PAST SUBJUNCTIVE II**

| | | |
|---|---|---|
| ich wäre | wir wären | |
| du wärest | ihr wäret | gelaufen |
| Sie wären | Sie wären | |
| er/sie/es wäre | sie wären | |

**FUTURE PERFECT SUBJUNCTIVE I**

| | | |
|---|---|---|
| ich werde | wir werden | |
| du werdest | ihr werdet | gelaufen sein |
| Sie werden | Sie werden | |
| er/sie/es werde | sie werden | |

**FUTURE PERFECT SUBJUNCTIVE II**

| | | |
|---|---|---|
| ich würde | wir würden | |
| du würdest | ihr würdet | gelaufen sein |
| Sie würden | Sie würden | |
| er/sie/es würde | sie würden | |

**COMMANDS**  lauf(e)!  lauft!  laufen Sie!

**PRESENT PARTICIPLE**  laufend

## Usage

| | |
|---|---|
| Werner und Edwina laufen gern barfuß am Strand. | *Werner and Edwina like to run barefoot on the beach.* |
| Der Sportler läuft in die falsche Richtung. | *The athlete is running in the wrong direction.* |
| Jakob lernt gerade laufen. | *Jakob is just learning to walk.* |
| Die Kinder laufen mit einander um die Wette. | *The children are racing each other.* |
| Der Spieler war leider ins Abseits gelaufen. | *The player had unfortunately run out of bounds.* |
| Ich bin gestern zum ersten Mal auf Stelzen gelaufen. | *I walked on stilts for the first time yesterday.* |
| Der Motor lief immer heiß. | *The motor always ran hot.* |
| Mein Computer läuft nicht mehr so richtig. | *My computer isn't working quite right anymore.* |
| Vorbereitungen auf die Konferenz laufen nach Plan. | *Preparations for the conference are going according to plan.* |

**RELATED VERBS**  ab·laufen, an·laufen, auf·laufen, aus·laufen, belaufen, durch·laufen, durchlaufen, ein·laufen, entgegen·laufen, entlang·laufen, entlaufen, erlaufen, fest·laufen, fort·laufen, hinaus·laufen, mit·laufen, nach·laufen, über·laufen, überlaufen, um·laufen, umlaufen, unter·laufen, unterlaufen, verlaufen, vorbei·laufen, weg·laufen, weiter·laufen, zerlaufen, zu·laufen, zurück·laufen, zusammen·laufen, zuwider·laufen

regular weak verb

**PRESENT**

| | |
|---|---|
| ich lebe | wir leben |
| du lebst | ihr lebt |
| Sie leben | Sie leben |
| er/sie/es lebt | sie leben |

**SIMPLE PAST**

| | |
|---|---|
| ich lebte | wir lebten |
| du lebtest | ihr lebtet |
| Sie lebten | Sie lebten |
| er/sie/es lebte | sie lebten |

**FUTURE**

| | | |
|---|---|---|
| ich werde | wir werden | |
| du wirst | ihr werdet | leben |
| Sie werden | Sie werden | |
| er/sie/es wird | sie werden | |

**PRESENT SUBJUNCTIVE I**

| | |
|---|---|
| ich lebe | wir leben |
| du lebest | ihr lebet |
| Sie leben | Sie leben |
| er/sie/es lebe | sie leben |

**PRESENT SUBJUNCTIVE II**

| | |
|---|---|
| ich lebte | wir lebten |
| du lebtest | ihr lebtet |
| Sie lebten | Sie lebten |
| er/sie/es lebte | sie lebten |

**FUTURE SUBJUNCTIVE I**

| | | |
|---|---|---|
| ich werde | wir werden | |
| du werdest | ihr werdet | leben |
| Sie werden | Sie werden | |
| er/sie/es werde | sie werden | |

**FUTURE SUBJUNCTIVE II**

| | | |
|---|---|---|
| ich würde | wir würden | |
| du würdest | ihr würdet | leben |
| Sie würden | Sie würden | |
| er/sie/es würde | sie würden | |

**PRESENT PERFECT**

| | | |
|---|---|---|
| ich habe | wir haben | |
| du hast | ihr habt | gelebt |
| Sie haben | Sie haben | |
| er/sie/es hat | sie haben | |

**PAST PERFECT**

| | | |
|---|---|---|
| ich hatte | wir hatten | |
| du hattest | ihr hattet | gelebt |
| Sie hatten | Sie hatten | |
| er/sie/es hatte | sie hatten | |

**FUTURE PERFECT**

| | | |
|---|---|---|
| ich werde | wir werden | |
| du wirst | ihr werdet | gelebt haben |
| Sie werden | Sie werden | |
| er/sie/es wird | sie werden | |

**PAST SUBJUNCTIVE I**

| | | |
|---|---|---|
| ich habe | wir haben | |
| du habest | ihr habet | gelebt |
| Sie haben | Sie haben | |
| er/sie/es habe | sie haben | |

**PAST SUBJUNCTIVE II**

| | | |
|---|---|---|
| ich hätte | wir hätten | |
| du hättest | ihr hättet | gelebt |
| Sie hätten | Sie hätten | |
| er/sie/es hätte | sie hätten | |

**FUTURE PERFECT SUBJUNCTIVE I**

| | | |
|---|---|---|
| ich werde | wir werden | |
| du werdest | ihr werdet | gelebt haben |
| Sie werden | Sie werden | |
| er/sie/es werde | sie werden | |

**FUTURE PERFECT SUBJUNCTIVE II**

| | | |
|---|---|---|
| ich würde | wir würden | |
| du würdest | ihr würdet | gelebt haben |
| Sie würden | Sie würden | |
| er/sie/es würde | sie würden | |

**COMMANDS**   leb(e)!  lebt!  leben Sie!

**PRESENT PARTICIPLE**   lebend

## Usage

| | |
|---|---|
| Um das Jahr 1200 lebte man in einer Welt mitten in politischem Umbruch. | *Around the year 1200, people lived in a world in the midst of political upheaval.* |
| Mein Großvater Karl lebt nicht mehr. | *My grandfather Karl is not alive anymore.* |
| Mehr als eine Milliarde Menschen leben in Armut. | *More than one billion people live in poverty.* |
| Muss ich lernen, mit den Schmerzen zu leben? | *Must I learn to live with the pain?* |
| Eine lange Zeit lebte Bernal vom Redigieren. | *For a long time, Bernal made a living as an editor.* |
| Habt ihr jemals im Ausland gelebt? | *Have you ever lived abroad?* |
| Er hat einige Zeit in Nürnberg gearbeitet, aber er lebt jetzt in München. | *He worked in Nuremberg for a while, but he now resides in Munich.* |
| Hoffmann wurde am 24. Januar 1776 in Königsberg geboren, wo er bis 1796 lebte. | *Hoffmann was born on January 24, 1776 in Königsberg, where he lived until 1796.* |
| Sie leben auf einem Rittergut in Grafschaft Glatz. | *They currently live on a manor in County Glatz.* |

**RELATED VERBS**  auf·leben, aus·leben, beleben, durchleben, ein·leben, fort·leben, hoch·leben, nach·leben, überleben, verleben, vor·leben, wieder·beleben, zusammen·leben; *see also* **erleben** (165)

**PRESENT**

| | |
|---|---|
| ich lege | wir legen |
| du legst | ihr legt |
| Sie legen | Sie legen |
| er/sie/es legt | sie legen |

**SIMPLE PAST**

| | |
|---|---|
| ich legte | wir legten |
| du legtest | ihr legtet |
| Sie legten | Sie legten |
| er/sie/es legte | sie legten |

**FUTURE**

| | | |
|---|---|---|
| ich werde | wir werden | |
| du wirst | ihr werdet | |
| Sie werden | Sie werden | legen |
| er/sie/es wird | sie werden | |

**PRESENT SUBJUNCTIVE I**

| | |
|---|---|
| ich lege | wir legen |
| du legest | ihr leget |
| Sie legen | Sie legen |
| er/sie/es lege | sie legen |

**PRESENT SUBJUNCTIVE II**

| | |
|---|---|
| ich legte | wir legten |
| du legtest | ihr legtet |
| Sie legten | Sie legten |
| er/sie/es legte | sie legten |

**FUTURE SUBJUNCTIVE I**

| | | |
|---|---|---|
| ich werde | wir werden | |
| du werdest | ihr werdet | |
| Sie werden | Sie werden | legen |
| er/sie/es werde | sie werden | |

**FUTURE SUBJUNCTIVE II**

| | | |
|---|---|---|
| ich würde | wir würden | |
| du würdest | ihr würdet | |
| Sie würden | Sie würden | legen |
| er/sie/es würde | sie würden | |

**PRESENT PERFECT**

| | | |
|---|---|---|
| ich habe | wir haben | |
| du hast | ihr habt | |
| Sie haben | Sie haben | gelegt |
| er/sie/es hat | sie haben | |

**PAST PERFECT**

| | | |
|---|---|---|
| ich hatte | wir hatten | |
| du hattest | ihr hattet | |
| Sie hatten | Sie hatten | gelegt |
| er/sie/es hatte | sie hatten | |

**FUTURE PERFECT**

| | | |
|---|---|---|
| ich werde | wir werden | |
| du wirst | ihr werdet | |
| Sie werden | Sie werden | gelegt haben |
| er/sie/es wird | sie werden | |

**PAST SUBJUNCTIVE I**

| | | |
|---|---|---|
| ich habe | wir haben | |
| du habest | ihr habet | |
| Sie haben | Sie haben | gelegt |
| er/sie/es habe | sie haben | |

**PAST SUBJUNCTIVE II**

| | | |
|---|---|---|
| ich hätte | wir hätten | |
| du hättest | ihr hättet | |
| Sie hätten | Sie hätten | gelegt |
| er/sie/es hätte | sie hätten | |

**FUTURE PERFECT SUBJUNCTIVE I**

| | | |
|---|---|---|
| ich werde | wir werden | |
| du werdest | ihr werdet | |
| Sie werden | Sie werden | gelegt haben |
| er/sie/es werde | sie werden | |

**FUTURE PERFECT SUBJUNCTIVE II**

| | | |
|---|---|---|
| ich würde | wir würden | |
| du würdest | ihr würdet | |
| Sie würden | Sie würden | gelegt haben |
| er/sie/es würde | sie würden | |

**COMMANDS** leg(e)!  legt!  legen Sie!

**PRESENT PARTICIPLE** legend

## Usage

| | |
|---|---|
| Mareike hat den Mantel auf das Sofa gelegt. | *Mareike laid the coat on the sofa.* |
| Frau Werner legt das Kind ins Bett. | *Mrs. Werner is laying the baby on the bed.* |
| Legen Sie das Gemüse bitte auf die Waage. | *Please put the vegetables on the scale.* |
| An der Sicherheitskontrolle mussten wir unser Handgepäck auf ein Fließband legen. | *At the security checkpoint, we had to place our carry-on luggage onto a conveyor belt.* |
| Er legte seine Hand auf ihren Kopf. | *He placed his hand on her head.* |
| Legen Sie bitte die Bücher nebeneinander. | *Please lay the books next to one another.* |
| Ich habe die Bretter aufeinander gelegt. | *I laid the boards one on top of the other.* |

**RELATED VERBS** ab·legen, an·legen, auf·erlegen, auf·legen, aus·legen, bei·legen, belegen, bereit·legen, bloß·legen, brach·legen, dar·legen, ein·legen, erlegen, fest·legen, fort·legen, frei·legen, hin·legen, hinterlegen, nach·legen, nieder·legen, still·legen, trocken·legen, über·legen, um·legen, umlegen, unter·legen, unterlegen, verlegen, vor·legen, weg·legen, widerlegen, zerlegen, zu·legen, zurecht·legen, zurück·legen, zusammen·legen; *see also* **überlegen** (460)

**TOP 50 VERB** ☞

## MORE USAGE SENTENCES WITH legen

| | |
|---|---|
| Claudio legte vier Asse auf den Tisch. | *Claudio laid four aces on the table.* |
| Leg den Mantel beiseite und setz dich hierhin. | *Push the coat out of the way and sit down here.* |
| Eine amerikanische Flagge wurde über den Sarg gelegt. | *An American flag was draped across the casket.* |
| Jedes Huhn legt pro Jahr circa 300 Eier. | *Each hen lays about 300 eggs per year.* |
| 1884 wurde der Grundstein des Berliner Reichstags gelegt. | *In 1884, the cornerstone of the Berlin Reichstag was laid.* |
| Onkel Dirk hat uns neue Teppiche gelegt. | *Uncle Dirk laid new carpet for us.* |
| Glasfaserkabel wurde neulich bei uns in der Gegend gelegt. | *Optical fiber cable was recently laid in our area.* |
| Es hieß, an diesem Tage habe Mergel zuerst Hand an sie gelegt. (DROSTE-HÜLSHOFF) | *It was said that Mergel first laid hands on her that day.* |
| Martin legt jeden Monat etwas Geld beiseite. | *Martin puts a little money aside each month.* |

## sich legen *to lie down; abate, subside, die down*

| | |
|---|---|
| Der bewaffnete Bankräuber sagte den Kunden, sie sollten sich auf den Boden legen. | *The armed bank robber told the customers to lie down on the floor.* |
| Wir haben uns im Park ins Gras gelegt und geschlafen. | *We lay down in the grass in the park and slept.* |
| Sobald sich die Aufregung gelegt hat, versuchen wir es noch mal. | *As soon as the excitement has died down, we'll try it again.* |
| Endlich legte sich das Gewitter und wir schliefen ein. | *Finally, the storm subsided and we fell asleep.* |
| Am Spätabend wird sich der Wind legen. | *Late in the evening, the wind will die down.* |

## IDIOMATIC EXPRESSIONS

| | |
|---|---|
| Der riesige Airbus 380 legte sich auf die rechte Seite, um den Anflug zu beginnen. | *The giant Airbus 380 banked sharply to the right to begin its approach.* |
| Es wird versucht, diese Vorstellungen im Einzelnen auseinander zu legen. | *An attempt will be made to analyze these ideas individually.* |
| Wenn du gleich alle Karten auf den Tisch legst, hast du die Oberhand verloren. | *If you show all your cards at once, you've lost the upper hand.* |
| Herr Strenger legt großen Wert auf Formalitäten. | *Mr. Strenger attaches great value to formalities.* |
| Die Geschäftsleitung legt besonderes Gewicht auf die Gesundheit der Mitarbeiter. | *The management attaches special importance to the health of its employees.* |
| Ein Motorradfahrer muss sich in Kurven legen. | *A motorcyclist must lean into turns.* |
| Ich hatte mich entschlossen, mich ein paar Minuten aufs Ohr zu legen. | *I had decided to nap for a few minutes.* |
| Eine dichte Rauchwolke legte sich über das breite Tal. | *A dense cloud of smoke settled over the wide valley.* |
| Laut Angaben sei er von den Soldaten in Fesseln gelegt und verprügelt worden. | *According to reports, he was shackled and beaten by the soldiers.* |
| Das Buch war dermaßen spannend, dass ich es nicht aus der Hand legen konnte. | *The book was so enthralling that I couldn't put it down.* |
| Der Kampfhund wurde an eine Kette gelegt, weil er Passanten angegriffen hatte. | *The attack dog was chained up because he had attacked passersby.* |
| 1945 wurde der Dom samt 300 Jahre alter Orgel in Asche gelegt. | *In 1945, the cathedral, along with its 300-year-old organ, was reduced to ashes.* |
| Marlene legte die letzte Hand an die Dekorationen. | *Marlene put the finishing touches on the decorations.* |
| Er hat mir ans Herz gelegt, dass seine Orchideen aufmerksam zu pflegen sind. | *He impressed upon me that his orchids must be attentively cared for.* |
| Anja muss sich krumm legen, um die Miete zu zahlen. | *Anja has to pinch and scrape to pay the rent.* |

TOP 50 VERBS

## PRESENT

| | |
|---|---|
| ich lehne | wir lehnen |
| du lehnst | ihr lehnt |
| Sie lehnen | Sie lehnen |
| er/sie/es lehnt | sie lehnen |

## PRESENT PERFECT

| | | |
|---|---|---|
| ich habe | wir haben | |
| du hast | ihr habt | gelehnt |
| Sie haben | Sie haben | |
| er/sie/es hat | sie haben | |

## SIMPLE PAST

| | |
|---|---|
| ich lehnte | wir lehnten |
| du lehntest | ihr lehntet |
| Sie lehnten | Sie lehnten |
| er/sie/es lehnte | sie lehnten |

## PAST PERFECT

| | | |
|---|---|---|
| ich hatte | wir hatten | |
| du hattest | ihr hattet | gelehnt |
| Sie hatten | Sie hatten | |
| er/sie/es hatte | sie hatten | |

## FUTURE

| | | |
|---|---|---|
| ich werde | wir werden | |
| du wirst | ihr werdet | lehnen |
| Sie werden | Sie werden | |
| er/sie/es wird | sie werden | |

## FUTURE PERFECT

| | | |
|---|---|---|
| ich werde | wir werden | |
| du wirst | ihr werdet | gelehnt haben |
| Sie werden | Sie werden | |
| er/sie/es wird | sie werden | |

## PRESENT SUBJUNCTIVE I

| | |
|---|---|
| ich lehne | wir lehnen |
| du lehnest | ihr lehnet |
| Sie lehnen | Sie lehnen |
| er/sie/es lehne | sie lehnen |

## PAST SUBJUNCTIVE I

| | | |
|---|---|---|
| ich habe | wir haben | |
| du habest | ihr habet | gelehnt |
| Sie haben | Sie haben | |
| er/sie/es habe | sie haben | |

## PRESENT SUBJUNCTIVE II

| | |
|---|---|
| ich lehnte | wir lehnten |
| du lehntest | ihr lehntet |
| Sie lehnten | Sie lehnten |
| er/sie/es lehnte | sie lehnten |

## PAST SUBJUNCTIVE II

| | | |
|---|---|---|
| ich hätte | wir hätten | |
| du hättest | ihr hättet | gelehnt |
| Sie hätten | Sie hätten | |
| er/sie/es hätte | sie hätten | |

## FUTURE SUBJUNCTIVE I

| | | |
|---|---|---|
| ich werde | wir werden | |
| du werdest | ihr werdet | lehnen |
| Sie werden | Sie werden | |
| er/sie/es werde | sie werden | |

## FUTURE PERFECT SUBJUNCTIVE I

| | | |
|---|---|---|
| ich werde | wir werden | |
| du werdest | ihr werdet | gelehnt haben |
| Sie werden | Sie werden | |
| er/sie/es werde | sie werden | |

## FUTURE SUBJUNCTIVE II

| | | |
|---|---|---|
| ich würde | wir würden | |
| du würdest | ihr würdet | lehnen |
| Sie würden | Sie würden | |
| er/sie/es würde | sie würden | |

## FUTURE PERFECT SUBJUNCTIVE II

| | | |
|---|---|---|
| ich würde | wir würden | |
| du würdest | ihr würdet | gelehnt haben |
| Sie würden | Sie würden | |
| er/sie/es würde | sie würden | |

**COMMANDS** lehn(e)! lehnt! lehnen Sie!

**PRESENT PARTICIPLE** lehnend

## Usage

| | |
|---|---|
| Serena lehnte ihren Kopf an ihn. | *Serena leaned her head against him.* |
| Lehn das Kochbuch an den Einkaufskorb. | *Prop the cookbook up against the shopping basket.* |
| Lehnen Sie den Oberkörper langsam nach rechts. | *Slowly lean your upper body to the right.* |
| Ein Foto war an eine Vase gelehnt worden. | *A photograph had been leaned against the vase.* |
| Ein Billardstock lehnt an der Wand. | *A billiard cue is propped against the wall.* |
| Das Mofa hat an einem Baum vor dem Haus gelehnt. | *The moped was leaning against a tree in front of the house.* |
| Sein rechter Arm lehnt am Tisch, ein Buch in der Hand. | *His right arm rests on the table, a book in his hand.* |
| Nicht über das Geländer lehnen! (SIGN) | *Do not lean over the railing!* |

### sich lehnen *to lean, prop, recline (oneself)*

| | |
|---|---|
| Lehnen Sie sich auf diese großen Kissen. | *Prop yourself up on these big pillows.* |
| Ich habe mich an den Zaun gelehnt. | *I leaned against the fence.* |

**RELATED VERBS** an·lehnen, auf·lehnen, hinaus·lehnen, vor·lehnen, zurück·lehnen; *see also* **ab·lehnen** (5)

# lehren  *to teach, instruct*

lehrt · lehrte · gelehrt

regular weak verb

### PRESENT

| | |
|---|---|
| ich lehre | wir lehren |
| du lehrst | ihr lehrt |
| Sie lehren | Sie lehren |
| er/sie/es lehrt | sie lehren |

### SIMPLE PAST

| | |
|---|---|
| ich lehrte | wir lehrten |
| du lehrtest | ihr lehrtet |
| Sie lehrten | Sie lehrten |
| er/sie/es lehrte | sie lehrten |

### FUTURE

| | |
|---|---|
| ich werde | wir werden |
| du wirst | ihr werdet |
| Sie werden | Sie werden |
| er/sie/es wird | sie werden |

} lehren

### PRESENT SUBJUNCTIVE I

| | |
|---|---|
| ich lehre | wir lehren |
| du lehrest | ihr lehret |
| Sie lehren | Sie lehren |
| er/sie/es lehre | sie lehren |

### PRESENT SUBJUNCTIVE II

| | |
|---|---|
| ich lehrte | wir lehrten |
| du lehrtest | ihr lehrtet |
| Sie lehrten | Sie lehrten |
| er/sie/es lehrte | sie lehrten |

### FUTURE SUBJUNCTIVE I

| | |
|---|---|
| ich werde | wir werden |
| du werdest | ihr werdet |
| Sie werden | Sie werden |
| er/sie/es werde | sie werden |

} lehren

### FUTURE SUBJUNCTIVE II

| | |
|---|---|
| ich würde | wir würden |
| du würdest | ihr würdet |
| Sie würden | Sie würden |
| er/sie/es würde | sie würden |

} lehren

### PRESENT PERFECT

| | |
|---|---|
| ich habe | wir haben |
| du hast | ihr habt |
| Sie haben | Sie haben |
| er/sie/es hat | sie haben |

} gelehrt

### PAST PERFECT

| | |
|---|---|
| ich hatte | wir hatten |
| du hattest | ihr hattet |
| Sie hatten | Sie hatten |
| er/sie/es hatte | sie hatten |

} gelehrt

### FUTURE PERFECT

| | |
|---|---|
| ich werde | wir werden |
| du wirst | ihr werdet |
| Sie werden | Sie werden |
| er/sie/es wird | sie werden |

} gelehrt haben

### PAST SUBJUNCTIVE I

| | |
|---|---|
| ich habe | wir haben |
| du habest | ihr habet |
| Sie haben | Sie haben |
| er/sie/es habe | sie haben |

} gelehrt

### PAST SUBJUNCTIVE II

| | |
|---|---|
| ich hätte | wir hätten |
| du hättest | ihr hättet |
| Sie hätten | Sie hätten |
| er/sie/es hätte | sie hätten |

} gelehrt

### FUTURE PERFECT SUBJUNCTIVE I

| | |
|---|---|
| ich werde | wir werden |
| du werdest | ihr werdet |
| Sie werden | Sie werden |
| er/sie/es werde | sie werden |

} gelehrt haben

### FUTURE PERFECT SUBJUNCTIVE II

| | |
|---|---|
| ich würde | wir würden |
| du würdest | ihr würdet |
| Sie würden | Sie würden |
| er/sie/es würde | sie würden |

} gelehrt haben

| | |
|---|---|
| COMMANDS | lehr(e)!   lehrt!   lehren Sie! |
| PRESENT PARTICIPLE | lehrend |

## Usage

Der Ägyptologe Heinrich Brugsch lehrte 1868–1870 an der Universität Göttingen.

Jörg lehrt seit einem Jahr Tango.

Diese Bücher lehrten die Menschen, wie sie den Weg zu Gott finden.

Ich habe am Gymnasium Biologie gelehrt.

Hier lehrt man Theorie und Praxis.

Eine spezielle Version der Software ist für Lehrende und Lernende lieferbar.

*The Egyptologist Heinrich Brugsch taught at the University of Göttingen from 1868 to 1870.*

*Jörg has been teaching tango for a year.*

*These books taught people how to find the way to God.*

*I taught biology in high school.*

*They teach theory and practice here.*

*A special version of the software is available for teachers and students.*

### lehren + infinitive  *to teach (how to)*

Sein Freund hatte ihn tanzen gelehrt.

Ihre Schwester lehrt sie lesen.

*His friend had taught him how to dance.*

*Her sister is teaching her to read.*

RELATED VERB  belehren

**PRESENT**

| | |
|---|---|
| ich leide | wir leiden |
| du leidest | ihr leidet |
| Sie leiden | Sie leiden |
| er/sie/es leidet | sie leiden |

**SIMPLE PAST**

| | |
|---|---|
| ich litt | wir litten |
| du littst | ihr littet |
| Sie litten | Sie litten |
| er/sie/es litt | sie litten |

**FUTURE**

| | | |
|---|---|---|
| ich werde | wir werden | |
| du wirst | ihr werdet | leiden |
| Sie werden | Sie werden | |
| er/sie/es wird | sie werden | |

**PRESENT SUBJUNCTIVE I**

| | |
|---|---|
| ich leide | wir leiden |
| du leidest | ihr leidet |
| Sie leiden | Sie leiden |
| er/sie/es leide | sie leiden |

**PRESENT SUBJUNCTIVE II**

| | |
|---|---|
| ich litte | wir litten |
| du littest | ihr littet |
| Sie litten | Sie litten |
| er/sie/es litte | sie litten |

**FUTURE SUBJUNCTIVE I**

| | | |
|---|---|---|
| ich werde | wir werden | |
| du werdest | ihr werdet | leiden |
| Sie werden | Sie werden | |
| er/sie/es werde | sie werden | |

**FUTURE SUBJUNCTIVE II**

| | | |
|---|---|---|
| ich würde | wir würden | |
| du würdest | ihr würdet | leiden |
| Sie würden | Sie würden | |
| er/sie/es würde | sie würden | |

**PRESENT PERFECT**

| | | |
|---|---|---|
| ich habe | wir haben | |
| du hast | ihr habt | gelitten |
| Sie haben | Sie haben | |
| er/sie/es hat | sie haben | |

**PAST PERFECT**

| | | |
|---|---|---|
| ich hatte | wir hatten | |
| du hattest | ihr hattet | gelitten |
| Sie hatten | Sie hatten | |
| er/sie/es hatte | sie hatten | |

**FUTURE PERFECT**

| | | |
|---|---|---|
| ich werde | wir werden | |
| du wirst | ihr werdet | gelitten haben |
| Sie werden | Sie werden | |
| er/sie/es wird | sie werden | |

**PAST SUBJUNCTIVE I**

| | | |
|---|---|---|
| ich habe | wir haben | |
| du habest | ihr habet | gelitten |
| Sie haben | Sie haben | |
| er/sie/es habe | sie haben | |

**PAST SUBJUNCTIVE II**

| | | |
|---|---|---|
| ich hätte | wir hätten | |
| du hättest | ihr hättet | gelitten |
| Sie hätten | Sie hätten | |
| er/sie/es hätte | sie hätten | |

**FUTURE PERFECT SUBJUNCTIVE I**

| | | |
|---|---|---|
| ich werde | wir werden | |
| du werdest | ihr werdet | gelitten haben |
| Sie werden | Sie werden | |
| er/sie/es werde | sie werden | |

**FUTURE PERFECT SUBJUNCTIVE II**

| | | |
|---|---|---|
| ich würde | wir würden | |
| du würdest | ihr würdet | gelitten haben |
| Sie würden | Sie würden | |
| er/sie/es würde | sie würden | |

**COMMANDS** leide! leidet! leiden Sie!

**PRESENT PARTICIPLE** leidend

## Usage

| | |
|---|---|
| Du musst wirklich gelitten haben! | *You must have really suffered!* |
| Der Metzger leidet an Zuckerkrankheit. | *The butcher suffers from diabetes.* |
| Die Qualität der Tonaufnahme hat wegen des Studios gelitten. | *The quality of the sound recording suffered because of the studio.* |
| Gregs guter Ruf hatte daher stark gelitten. | *Greg's good reputation had suffered substantially as a result.* |
| Maria sagte, sie leide jetzt unter Ischiasschmerzen. | *Maria said she now suffers from sciatic pain.* |
| Beim Rugbyspiel wurde gestern Abend viel gelitten. | *There was a lot of suffering at the rugby match last night.* |
| Diese Fotos haben unter den hellen Lampen des Museums gelitten. | *These photographs deteriorated under the bright museum lights.* |
| Ingrid mag ihn gern leiden. | *Ingrid is fond of him.* |
| Bernd konnte seine Chefin nicht leiden. | *Bernd couldn't stand his boss.* |
| Die Angelegenheit leidet keinen Aufschub. | *The matter admits of no delay.* |
| Das wird hier nicht gelitten. | *That is not tolerated here.* |

**RELATED VERBS** erleiden, mit·leiden

## leihen    *to lend, loan; borrow; rent*

leiht · lieh · geliehen                                                    strong verb

**PRESENT**

| ich leihe | wir leihen |
|---|---|
| du leihst | ihr leiht |
| Sie leihen | Sie leihen |
| er/sie/es leiht | sie leihen |

**SIMPLE PAST**

| ich lieh | wir liehen |
|---|---|
| du liehst | ihr lieht |
| Sie liehen | Sie liehen |
| er/sie/es lieh | sie liehen |

**FUTURE**

| ich werde | wir werden | |
|---|---|---|
| du wirst | ihr werdet | leihen |
| Sie werden | Sie werden | |
| er/sie/es wird | sie werden | |

**PRESENT SUBJUNCTIVE I**

| ich leihe | wir leihen |
|---|---|
| du leihest | ihr leihet |
| Sie leihen | Sie leihen |
| er/sie/es leihe | sie leihen |

**PRESENT SUBJUNCTIVE II**

| ich liehe | wir liehen |
|---|---|
| du liehest | ihr liehet |
| Sie liehen | Sie liehen |
| er/sie/es liehe | sie liehen |

**FUTURE SUBJUNCTIVE I**

| ich werde | wir werden | |
|---|---|---|
| du werdest | ihr werdet | leihen |
| Sie werden | Sie werden | |
| er/sie/es werde | sie werden | |

**FUTURE SUBJUNCTIVE II**

| ich würde | wir würden | |
|---|---|---|
| du würdest | ihr würdet | leihen |
| Sie würden | Sie würden | |
| er/sie/es würde | sie würden | |

**PRESENT PERFECT**

| ich habe | wir haben | |
|---|---|---|
| du hast | ihr habt | geliehen |
| Sie haben | Sie haben | |
| er/sie/es hat | sie haben | |

**PAST PERFECT**

| ich hatte | wir hatten | |
|---|---|---|
| du hattest | ihr hattet | geliehen |
| Sie hatten | Sie hatten | |
| er/sie/es hatte | sie hatten | |

**FUTURE PERFECT**

| ich werde | wir werden | |
|---|---|---|
| du wirst | ihr werdet | geliehen haben |
| Sie werden | Sie werden | |
| er/sie/es wird | sie werden | |

**PAST SUBJUNCTIVE I**

| ich habe | wir haben | |
|---|---|---|
| du habest | ihr habet | geliehen |
| Sie haben | Sie haben | |
| er/sie/es habe | sie haben | |

**PAST SUBJUNCTIVE II**

| ich hätte | wir hätten | |
|---|---|---|
| du hättest | ihr hättet | geliehen |
| Sie hätten | Sie hätten | |
| er/sie/es hätte | sie hätten | |

**FUTURE PERFECT SUBJUNCTIVE I**

| ich werde | wir werden | |
|---|---|---|
| du werdest | ihr werdet | geliehen haben |
| Sie werden | Sie werden | |
| er/sie/es werde | sie werden | |

**FUTURE PERFECT SUBJUNCTIVE II**

| ich würde | wir würden | |
|---|---|---|
| du würdest | ihr würdet | geliehen haben |
| Sie würden | Sie würden | |
| er/sie/es würde | sie würden | |

**COMMANDS**    leih(e)!  leiht!  leihen Sie!

**PRESENT PARTICIPLE**    leihend

## Usage

| Könntest du mir das Buch leihen, wenn du es fertig gelesen hast? | *Could you lend me the book when you've finished reading it?* |
|---|---|
| Ich leihe dir mein Video von dem Konzert. | *I'll lend you my video of the concert.* |
| Leihst du deinen Freunden Geld? | *Do you loan money to your friends?* |
| Annalies hatte einer Freundin ihr Auto geliehen. | *Annalies had lent her car to a friend.* |
| Stefan hat sich von Ingo Geld geliehen. | *Stefan borrowed money from Ingo.* |
| Du darfst von mir keine Bücher mehr leihen. | *You can't borrow any more books from me.* |
| Wir haben uns das Auto meines Onkels geliehen. | *We borrowed my uncle's car.* |
| Wer möchte die DVD von mir leihen? | *Who would like to borrow the DVD from me?* |
| Möchtet ihr für heute Abend eine DVD leihen? | *Would you like to rent a DVD for this evening?* |
| Wir haben ein Auto bei Hertz geliehen. | *We rented a car from Hertz.* |
| Leiht mir eure Ohren, und ich singe euch ein Lied. | *Lend me your ears, and I'll sing you a song.* |

**RELATED VERBS**  aus·leihen, beleihen, entleihen, verleihen

regular weak verb

**PRESENT**

| | |
|---|---|
| ich leiste | wir leisten |
| du leistest | ihr leistet |
| Sie leisten | Sie leisten |
| er/sie/es leistet | sie leisten |

**SIMPLE PAST**

| | |
|---|---|
| ich leistete | wir leisteten |
| du leistetest | ihr leistetet |
| Sie leisteten | Sie leisteten |
| er/sie/es leistete | sie leisteten |

**FUTURE**

| | |
|---|---|
| ich werde | wir werden |
| du wirst | ihr werdet |
| Sie werden | Sie werden |
| er/sie/es wird | sie werden |

} leisten

**PRESENT SUBJUNCTIVE I**

| | |
|---|---|
| ich leiste | wir leisten |
| du leistest | ihr leistet |
| Sie leisten | Sie leisten |
| er/sie/es leiste | sie leisten |

**PRESENT SUBJUNCTIVE II**

| | |
|---|---|
| ich leistete | wir leisteten |
| du leistetest | ihr leistetet |
| Sie leisteten | Sie leisteten |
| er/sie/es leistete | sie leisteten |

**FUTURE SUBJUNCTIVE I**

| | |
|---|---|
| ich werde | wir werden |
| du werdest | ihr werdet |
| Sie werden | Sie werden |
| er/sie/es werde | sie werden |

} leisten

**FUTURE SUBJUNCTIVE II**

| | |
|---|---|
| ich würde | wir würden |
| du würdest | ihr würdet |
| Sie würden | Sie würden |
| er/sie/es würde | sie würden |

} leisten

**PRESENT PERFECT**

| | |
|---|---|
| ich habe | wir haben |
| du hast | ihr habt |
| Sie haben | Sie haben |
| er/sie/es hat | sie haben |

} geleistet

**PAST PERFECT**

| | |
|---|---|
| ich hatte | wir hatten |
| du hattest | ihr hattet |
| Sie hatten | Sie hatten |
| er/sie/es hatte | sie hatten |

} geleistet

**FUTURE PERFECT**

| | |
|---|---|
| ich werde | wir werden |
| du wirst | ihr werdet |
| Sie werden | Sie werden |
| er/sie/es wird | sie werden |

} geleistet haben

**PAST SUBJUNCTIVE I**

| | |
|---|---|
| ich habe | wir haben |
| du habest | ihr habet |
| Sie haben | Sie haben |
| er/sie/es habe | sie haben |

} geleistet

**PAST SUBJUNCTIVE II**

| | |
|---|---|
| ich hätte | wir hätten |
| du hättest | ihr hättet |
| Sie hätten | Sie hätten |
| er/sie/es hätte | sie hätten |

} geleistet

**FUTURE PERFECT SUBJUNCTIVE I**

| | |
|---|---|
| ich werde | wir werden |
| du werdest | ihr werdet |
| Sie werden | Sie werden |
| er/sie/es werde | sie werden |

} geleistet haben

**FUTURE PERFECT SUBJUNCTIVE II**

| | |
|---|---|
| ich würde | wir würden |
| du würdest | ihr würdet |
| Sie würden | Sie würden |
| er/sie/es würde | sie würden |

} geleistet haben

**COMMANDS**    leiste!   leistet!   leisten Sie!

**PRESENT PARTICIPLE**    leistend

## Usage

| | |
|---|---|
| Wer kann diese schwere Aufgabe leisten? | *Who can accomplish this difficult task?* |
| Während der schwierigen Jahre leistete sie ihm Beistand. | *During the difficult years, she stood by him.* |
| Können Sie Erste Hilfe leisten? | *Can you perform first aid?* |
| Die Firma leistet ihren Beitrag an die Baukosten. | *The firm is contributing to construction costs.* |
| Voriges Jahr haben wir Erstaunliches geleistet. | *We achieved amazing things last year.* |
| Welche kirchlichen Gruppen leisteten Widerstand? | *Which church groups offered resistance?* |
| Unser neuester Kopierer leistet bis zu 30 Seiten pro Minute. | *Our newest copier outputs up to 30 pages a minute.* |

**sich etwas leisten** *to treat oneself to something, allow oneself something*

| | |
|---|---|
| Ich leiste mir heute ein Eis. | *I'll allow myself an ice cream today.* |

**sich etwas leisten können** *to be able to afford something*

| | |
|---|---|
| Ihre Eltern können sich ein Internat nicht leisten. | *Her parents cannot afford a boarding school.* |

**RELATED VERBS**   ab·leisten, gewährleisten

## leiten   to direct, guide, conduct, lead, control

leitet · leitete · geleitet

regular weak verb

**PRESENT**

| | |
|---|---|
| ich leite | wir leiten |
| du leitest | ihr leitet |
| Sie leiten | Sie leiten |
| er/sie/es leitet | sie leiten |

**PRESENT PERFECT**

| | | |
|---|---|---|
| ich habe | wir haben | |
| du hast | ihr habt | |
| Sie haben | Sie haben | geleitet |
| er/sie/es hat | sie haben | |

**SIMPLE PAST**

| | |
|---|---|
| ich leitete | wir leiteten |
| du leitetest | ihr leitetet |
| Sie leiteten | Sie leiteten |
| er/sie/es leitete | sie leiteten |

**PAST PERFECT**

| | | |
|---|---|---|
| ich hatte | wir hatten | |
| du hattest | ihr hattet | |
| Sie hatten | Sie hatten | geleitet |
| er/sie/es hatte | sie hatten | |

**FUTURE**

| | | |
|---|---|---|
| ich werde | wir werden | |
| du wirst | ihr werdet | |
| Sie werden | Sie werden | leiten |
| er/sie/es wird | sie werden | |

**FUTURE PERFECT**

| | | |
|---|---|---|
| ich werde | wir werden | |
| du wirst | ihr werdet | |
| Sie werden | Sie werden | geleitet haben |
| er/sie/es wird | sie werden | |

**PRESENT SUBJUNCTIVE I**

| | |
|---|---|
| ich leite | wir leiten |
| du leitest | ihr leitet |
| Sie leiten | Sie leiten |
| er/sie/es leite | sie leiten |

**PAST SUBJUNCTIVE I**

| | | |
|---|---|---|
| ich habe | wir haben | |
| du habest | ihr habet | |
| Sie haben | Sie haben | geleitet |
| er/sie/es habe | sie haben | |

**PRESENT SUBJUNCTIVE II**

| | |
|---|---|
| ich leitete | wir leiteten |
| du leitetest | ihr leitetet |
| Sie leiteten | Sie leiteten |
| er/sie/es leitete | sie leiteten |

**PAST SUBJUNCTIVE II**

| | | |
|---|---|---|
| ich hätte | wir hätten | |
| du hättest | ihr hättet | |
| Sie hätten | Sie hätten | geleitet |
| er/sie/es hätte | sie hätten | |

**FUTURE SUBJUNCTIVE I**

| | | |
|---|---|---|
| ich werde | wir werden | |
| du werdest | ihr werdet | |
| Sie werden | Sie werden | leiten |
| er/sie/es werde | sie werden | |

**FUTURE PERFECT SUBJUNCTIVE I**

| | | |
|---|---|---|
| ich werde | wir werden | |
| du werdest | ihr werdet | |
| Sie werden | Sie werden | geleitet haben |
| er/sie/es werde | sie werden | |

**FUTURE SUBJUNCTIVE II**

| | | |
|---|---|---|
| ich würde | wir würden | |
| du würdest | ihr würdet | |
| Sie würden | Sie würden | leiten |
| er/sie/es würde | sie würden | |

**FUTURE PERFECT SUBJUNCTIVE II**

| | | |
|---|---|---|
| ich würde | wir würden | |
| du würdest | ihr würdet | |
| Sie würden | Sie würden | geleitet haben |
| er/sie/es würde | sie würden | |

**COMMANDS**   leite! leitet! leiten Sie!

**PRESENT PARTICIPLE**   leitend

## Usage

| | |
|---|---|
| Michael Uhrig leitet die Firma als Hauptgeschäftsführer. | *Michael Uhrig directs the firm as chief executive officer.* |
| Daniel Barenboim leitete das Chicago Symphony Orchestra. | *Daniel Barenboim conducted the Chicago Symphony Orchestra.* |
| Werner hat die Sitzung über Ortsgeschichte geleitet. | *Werner led the session on local history.* |
| Kann destilliertes Wasser Strom leiten? | *Can distilled water conduct electricity?* |
| Ein Schiedsrichter leitet das Spiel. | *A referee controls the game.* |
| Das Trinkwasser ist durch Kanäle geleitet worden. | *The drinking water has been channeled through canals.* |
| Wer möchte den Workshop leiten? | *Who would like to conduct the workshop?* |
| Ein gepflasterter Weg leitet Touristen zum Aussichtsturm. | *A paved path guides tourists to the observation tower.* |
| Herr Nägeli leitet den Männerchor seit 1965. | *Mr. Nägeli has directed the men's chorus since 1965.* |
| Diese Kampagne wurde von unserer eigenen Organisation geleitet. | *This campaign was led by our own organization.* |

**RELATED VERBS**  ab·leiten, an·leiten, ein·leiten, fehl·leiten, geleiten, her·leiten, irre·leiten, über·leiten, um·leiten, verleiten, weiter·leiten, zu·leiten, zurück·leiten

regular weak verb        lernt · lernte · gelernt

**PRESENT**

| | |
|---|---|
| ich lerne | wir lernen |
| du lernst | ihr lernt |
| Sie lernen | Sie lernen |
| er/sie/es lernt | sie lernen |

**SIMPLE PAST**

| | |
|---|---|
| ich lernte | wir lernten |
| du lerntest | ihr lerntet |
| Sie lernten | Sie lernten |
| er/sie/es lernte | sie lernten |

**FUTURE**

| | |
|---|---|
| ich werde | wir werden |
| du wirst | ihr werdet |
| Sie werden | Sie werden |
| er/sie/es wird | sie werden |

} lernen

**PRESENT SUBJUNCTIVE I**

| | |
|---|---|
| ich lerne | wir lernen |
| du lernest | ihr lernet |
| Sie lernen | Sie lernen |
| er/sie/es lerne | sie lernen |

**PRESENT SUBJUNCTIVE II**

| | |
|---|---|
| ich lernte | wir lernten |
| du lerntest | ihr lerntet |
| Sie lernten | Sie lernten |
| er/sie/es lernte | sie lernten |

**FUTURE SUBJUNCTIVE I**

| | |
|---|---|
| ich werde | wir werden |
| du werdest | ihr werdet |
| Sie werden | Sie werden |
| er/sie/es werde | sie werden |

} lernen

**FUTURE SUBJUNCTIVE II**

| | |
|---|---|
| ich würde | wir würden |
| du würdest | ihr würdet |
| Sie würden | Sie würden |
| er/sie/es würde | sie würden |

} lernen

**PRESENT PERFECT**

| | |
|---|---|
| ich habe | wir haben |
| du hast | ihr habt |
| Sie haben | Sie haben |
| er/sie/es hat | sie haben |

} gelernt

**PAST PERFECT**

| | |
|---|---|
| ich hatte | wir hatten |
| du hattest | ihr hattet |
| Sie hatten | Sie hatten |
| er/sie/es hatte | sie hatten |

} gelernt

**FUTURE PERFECT**

| | |
|---|---|
| ich werde | wir werden |
| du wirst | ihr werdet |
| Sie werden | Sie werden |
| er/sie/es wird | sie werden |

} gelernt haben

**PAST SUBJUNCTIVE I**

| | |
|---|---|
| ich habe | wir haben |
| du habest | ihr habet |
| Sie haben | Sie haben |
| er/sie/es habe | sie haben |

} gelernt

**PAST SUBJUNCTIVE II**

| | |
|---|---|
| ich hätte | wir hätten |
| du hättest | ihr hättet |
| Sie hätten | Sie hätten |
| er/sie/es hätte | sie hätten |

} gelernt

**FUTURE PERFECT SUBJUNCTIVE I**

| | |
|---|---|
| ich werde | wir werden |
| du werdest | ihr werdet |
| Sie werden | Sie werden |
| er/sie/es werde | sie werden |

} gelernt haben

**FUTURE PERFECT SUBJUNCTIVE II**

| | |
|---|---|
| ich würde | wir würden |
| du würdest | ihr würdet |
| Sie würden | Sie würden |
| er/sie/es würde | sie würden |

} gelernt haben

**COMMANDS**      lern(e)!    lernt!    lernen Sie!

**PRESENT PARTICIPLE**      lernend

## Usage

| | |
|---|---|
| Hannelore lernt Bauchtanz. | *Hannelore is learning belly dancing.* |
| Heute Abend muss ich Vokabeln lernen. | *I have to study vocabulary this evening.* |
| Ein Kind lernt in diesem Alter, Verantwortung zu übernehmen. | *A child learns to take responsibility at this age.* |
| Er hat den Liedtext auswendig gelernt. | *He memorized the lyrics.* |
| Ich habe bei Fräulein Zwickel Algebra gelernt. | *I learned algebra from Miss Zwickel.* |
| Theodor lernt den Beruf Mechaniker seit einem Jahr. | *Theodor has been a mechanic's apprentice for a year.* |

### lernen + infinitive

| | |
|---|---|
| Ich möchte Klavier spielen lernen. | *I'd like to learn to play the piano.* |
| Durch den Unfall hat er das Leben schätzen gelernt. | *From the accident, he's learned to appreciate life.* |
| In Berlin lernte er unter anderen Eichendorff und Brentano kennen. | *In Berlin, he became acquainted with Eichendorff and Brentano, among others.* |

**RELATED VERBS**   an·lernen, aus·lernen, ein·lernen, erlernen, um·lernen, verlernen

# lesen  *to read; gather, pick*

**liest · las · gelesen**                                    strong verb

## PRESENT
| | |
|---|---|
| ich lese | wir lesen |
| du liest | ihr lest |
| Sie lesen | Sie lesen |
| er/sie/es liest | sie lesen |

## PRESENT PERFECT
| | | |
|---|---|---|
| ich habe | wir haben | |
| du hast | ihr habt | gelesen |
| Sie haben | Sie haben | |
| er/sie/es hat | sie haben | |

## SIMPLE PAST
| | |
|---|---|
| ich las | wir lasen |
| du lasest | ihr last |
| Sie lasen | Sie lasen |
| er/sie/es las | sie lasen |

## PAST PERFECT
| | | |
|---|---|---|
| ich hatte | wir hatten | |
| du hattest | ihr hattet | gelesen |
| Sie hatten | Sie hatten | |
| er/sie/es hatte | sie hatten | |

## FUTURE
| | | |
|---|---|---|
| ich werde | wir werden | |
| du wirst | ihr werdet | lesen |
| Sie werden | Sie werden | |
| er/sie/es wird | sie werden | |

## FUTURE PERFECT
| | | |
|---|---|---|
| ich werde | wir werden | |
| du wirst | ihr werdet | gelesen haben |
| Sie werden | Sie werden | |
| er/sie/es wird | sie werden | |

## PRESENT SUBJUNCTIVE I
| | |
|---|---|
| ich lese | wir lesen |
| du lesest | ihr leset |
| Sie lesen | Sie lesen |
| er/sie/es lese | sie lesen |

## PAST SUBJUNCTIVE I
| | | |
|---|---|---|
| ich habe | wir haben | |
| du habest | ihr habet | gelesen |
| Sie haben | Sie haben | |
| er/sie/es habe | sie haben | |

## PRESENT SUBJUNCTIVE II
| | |
|---|---|
| ich läse | wir läsen |
| du läsest | ihr läset |
| Sie läsen | Sie läsen |
| er/sie/es läse | sie läsen |

## PAST SUBJUNCTIVE II
| | | |
|---|---|---|
| ich hätte | wir hätten | |
| du hättest | ihr hättet | gelesen |
| Sie hätten | Sie hätten | |
| er/sie/es hätte | sie hätten | |

## FUTURE SUBJUNCTIVE I
| | | |
|---|---|---|
| ich werde | wir werden | |
| du werdest | ihr werdet | lesen |
| Sie werden | Sie werden | |
| er/sie/es werde | sie werden | |

## FUTURE PERFECT SUBJUNCTIVE I
| | | |
|---|---|---|
| ich werde | wir werden | |
| du werdest | ihr werdet | gelesen haben |
| Sie werden | Sie werden | |
| er/sie/es werde | sie werden | |

## FUTURE SUBJUNCTIVE II
| | | |
|---|---|---|
| ich würde | wir würden | |
| du würdest | ihr würdet | lesen |
| Sie würden | Sie würden | |
| er/sie/es würde | sie würden | |

## FUTURE PERFECT SUBJUNCTIVE II
| | | |
|---|---|---|
| ich würde | wir würden | |
| du würdest | ihr würdet | gelesen haben |
| Sie würden | Sie würden | |
| er/sie/es würde | sie würden | |

**COMMANDS**      lies!   lest!   lesen Sie!

**PRESENT PARTICIPLE**      lesend

## Usage

| | |
|---|---|
| Melanie und ihr Freund lasen gern Science Fiction. | *Melanie and her boyfriend liked to read science fiction.* |
| Hast du dieses Buch noch nicht fertig gelesen? | *Haven't you finished reading that book yet?* |
| Ich habe den Aufsatz gelesen aber nicht verstanden. | *I read the essay but didn't understand it.* |
| Er spielt fantastisch aber er liest keine Noten. | *He plays fantastically, but he doesn't read music.* |
| Diese Schrift ist ziemlich schwer zu lesen. | *This script is rather difficult to read.* |
| Ein polnischer Priester las die Messe. | *A Polish priest said mass.* |
| Wir werden bald Brombeeren lesen. | *We will soon be picking blackberries.* |
| Wie werden die Trauben für den Eiswein gelesen? | *How are the grapes picked for the ice wine?* |

## sich lesen  *to read*

| | |
|---|---|
| Seine Biografie liest sich wie ein Kriminalroman. | *His biography reads like a crime novel.* |
| Diese Kindergeschichte liest sich leicht. | *This children's story is easy to read.* |

**RELATED VERBS**   ab·lesen, an·lesen, auf·lesen, aus·lesen, durch·lesen, ein·lesen, erlesen, nach·lesen, überlesen, verlesen, vor·lesen, weiter·lesen, zusammen·lesen

regular weak verb

**PRESENT**

| | |
|---|---|
| ich liebe | wir lieben |
| du liebst | ihr liebt |
| Sie lieben | Sie lieben |
| er/sie/es liebt | sie lieben |

**PRESENT PERFECT**

| | | |
|---|---|---|
| ich habe | wir haben | |
| du hast | ihr habt | geliebt |
| Sie haben | Sie haben | |
| er/sie/es hat | sie haben | |

**SIMPLE PAST**

| | |
|---|---|
| ich liebte | wir liebten |
| du liebtest | ihr liebtet |
| Sie liebten | Sie liebten |
| er/sie/es liebte | sie liebten |

**PAST PERFECT**

| | | |
|---|---|---|
| ich hatte | wir hatten | |
| du hattest | ihr hattet | geliebt |
| Sie hatten | Sie hatten | |
| er/sie/es hatte | sie hatten | |

**FUTURE**

| | | |
|---|---|---|
| ich werde | wir werden | |
| du wirst | ihr werdet | lieben |
| Sie werden | Sie werden | |
| er/sie/es wird | sie werden | |

**FUTURE PERFECT**

| | | |
|---|---|---|
| ich werde | wir werden | |
| du wirst | ihr werdet | geliebt haben |
| Sie werden | Sie werden | |
| er/sie/es wird | sie werden | |

**PRESENT SUBJUNCTIVE I**

| | |
|---|---|
| ich liebe | wir lieben |
| du liebest | ihr liebet |
| Sie lieben | Sie lieben |
| er/sie/es liebe | sie lieben |

**PAST SUBJUNCTIVE I**

| | | |
|---|---|---|
| ich habe | wir haben | |
| du habest | ihr habet | geliebt |
| Sie haben | Sie haben | |
| er/sie/es habe | sie haben | |

**PRESENT SUBJUNCTIVE II**

| | |
|---|---|
| ich liebte | wir liebten |
| du liebtest | ihr liebtet |
| Sie liebten | Sie liebten |
| er/sie/es liebte | sie liebten |

**PAST SUBJUNCTIVE II**

| | | |
|---|---|---|
| ich hätte | wir hätten | |
| du hättest | ihr hättet | geliebt |
| Sie hätten | Sie hätten | |
| er/sie/es hätte | sie hätten | |

**FUTURE SUBJUNCTIVE I**

| | | |
|---|---|---|
| ich werde | wir werden | |
| du werdest | ihr werdet | lieben |
| Sie werden | Sie werden | |
| er/sie/es werde | sie werden | |

**FUTURE PERFECT SUBJUNCTIVE I**

| | | |
|---|---|---|
| ich werde | wir werden | |
| du werdest | ihr werdet | geliebt haben |
| Sie werden | Sie werden | |
| er/sie/es werde | sie werden | |

**FUTURE SUBJUNCTIVE II**

| | | |
|---|---|---|
| ich würde | wir würden | |
| du würdest | ihr würdet | lieben |
| Sie würden | Sie würden | |
| er/sie/es würde | sie würden | |

**FUTURE PERFECT SUBJUNCTIVE II**

| | | |
|---|---|---|
| ich würde | wir würden | |
| du würdest | ihr würdet | geliebt haben |
| Sie würden | Sie würden | |
| er/sie/es würde | sie würden | |

**COMMANDS**  lieb(e)!  liebt!  lieben Sie!

**PRESENT PARTICIPLE**  liebend

## Usage

| | |
|---|---|
| Erich liebte sie vom ganzen Herzen. | *Erich loved her with all his heart.* |
| Wir haben gelebt, geliebt und gelernt. | *We lived, loved, and learned.* |
| Sie lieben sich nicht mehr. | *They no longer love one another.* |
| Die Kinder lieben es, Karneval-Kostüme zu tragen. | *The children love wearing carnival costumes.* |
| Liebst du mich? | *Do you love me?* |
| Herbert liebt große Gesellschaften nicht besonders. | *Herbert is not particularly fond of large social gatherings.* |
| Mein Kater liebt die Wärme vor dem Kamin. | *My cat loves the warmth in front of the fireplace.* |
| Sie hatte ihn platonisch geliebt. | *She had loved him platonically.* |
| Herr Biedermann liebt sein Land. | *Mr. Biedermann loves his country.* |
| Unser Papagei liebt besonders Äpfel und Birnen. | *Our parrot especially loves apples and pears.* |
| Ich liebe alles an ihm. | *I love everything about him.* |
| Welch Glück, geliebt zu werden! (GOETHE) | *What happiness, to be loved!* |

**RELATED VERBS** belieben; *see also* **verlieben** (495)

# liefern *to deliver, furnish, supply, provide*

**liefert · lieferte · geliefert**

regular weak verb

### PRESENT

| | |
|---|---|
| ich liefere | wir liefern |
| du lieferst | ihr liefert |
| Sie liefern | Sie liefern |
| er/sie/es liefert | sie liefern |

### SIMPLE PAST

| | |
|---|---|
| ich lieferte | wir lieferten |
| du liefertest | ihr liefertet |
| Sie lieferten | Sie lieferten |
| er/sie/es lieferte | sie lieferten |

### FUTURE

| | | |
|---|---|---|
| ich werde | wir werden | |
| du wirst | ihr werdet | liefern |
| Sie werden | Sie werden | |
| er/sie/es wird | sie werden | |

### PRESENT SUBJUNCTIVE I

| | |
|---|---|
| ich liefere | wir liefern |
| du lieferst | ihr liefert |
| Sie liefern | Sie liefern |
| er/sie/es liefere | sie liefern |

### PRESENT SUBJUNCTIVE II

| | |
|---|---|
| ich lieferte | wir lieferten |
| du liefertest | ihr liefertet |
| Sie lieferten | Sie lieferten |
| er/sie/es lieferte | sie lieferten |

### FUTURE SUBJUNCTIVE I

| | | |
|---|---|---|
| ich werde | wir werden | |
| du werdest | ihr werdet | liefern |
| Sie werden | Sie werden | |
| er/sie/es werde | sie werden | |

### FUTURE SUBJUNCTIVE II

| | | |
|---|---|---|
| ich würde | wir würden | |
| du würdest | ihr würdet | liefern |
| Sie würden | Sie würden | |
| er/sie/es würde | sie würden | |

### PRESENT PERFECT

| | | |
|---|---|---|
| ich habe | wir haben | |
| du hast | ihr habt | geliefert |
| Sie haben | Sie haben | |
| er/sie/es hat | sie haben | |

### PAST PERFECT

| | | |
|---|---|---|
| ich hatte | wir hatten | |
| du hattest | ihr hattet | geliefert |
| Sie hatten | Sie hatten | |
| er/sie/es hatte | sie hatten | |

### FUTURE PERFECT

| | | |
|---|---|---|
| ich werde | wir werden | |
| du wirst | ihr werdet | geliefert haben |
| Sie werden | Sie werden | |
| er/sie/es wird | sie werden | |

### PAST SUBJUNCTIVE I

| | | |
|---|---|---|
| ich habe | wir haben | |
| du habest | ihr habet | geliefert |
| Sie haben | Sie haben | |
| er/sie/es habe | sie haben | |

### PAST SUBJUNCTIVE II

| | | |
|---|---|---|
| ich hätte | wir hätten | |
| du hättest | ihr hättet | geliefert |
| Sie hätten | Sie hätten | |
| er/sie/es hätte | sie hätten | |

### FUTURE PERFECT SUBJUNCTIVE I

| | | |
|---|---|---|
| ich werde | wir werden | |
| du werdest | ihr werdet | geliefert haben |
| Sie werden | Sie werden | |
| er/sie/es werde | sie werden | |

### FUTURE PERFECT SUBJUNCTIVE II

| | | |
|---|---|---|
| ich würde | wir würden | |
| du würdest | ihr würdet | geliefert haben |
| Sie würden | Sie würden | |
| er/sie/es würde | sie würden | |

**COMMANDS**     liefere! liefert! liefern Sie!

**PRESENT PARTICIPLE**     liefernd

## Usage

| | |
|---|---|
| Frische Brötchen werden jeden Morgen geliefert. | *Fresh rolls are delivered every morning.* |
| Sechs Brunnen liefern circa 70 m³ Trinkwasser pro Tag. | *Six wells supply about 70 cubic meters of water per day.* |
| Die folgende Tabelle liefert spezifische Daten. | *The following table provides specific data.* |
| Clyde Tombaugh lieferte 1930 den Beweis für die Existenz von Pluto. | *Clyde Tombaugh furnished evidence for the existence of Pluto in 1930.* |
| Unsere 124 Kühe liefern die Milch für den Käse, den wir machen. | *Our 124 cows supply the milk for the cheese that we make.* |
| Ein Stück Kuchen liefert circa 400 Kalorien. | *A piece of cake supplies about 400 calories.* |
| Stefans Erlebnisse in Indien liefern den Stoff für den Roman. | *Stefan's experiences in India furnish the material for the novel.* |
| Dietrich Hombacher hat eine alternative Erklärung geliefert. | *Dietrich Hombacher has offered an alternative explanation.* |
| Wir versprechen, den Erstsatz termingemäß zu liefern. | *We promise to deliver the first proof on time.* |

**RELATED VERBS**   ab·liefern, an·liefern, auf·liefern, aus·liefern, beliefern, ein·liefern, nach·liefern, überliefern

**PRESENT**

| | |
|---|---|
| ich liege | wir liegen |
| du liegst | ihr liegt |
| Sie liegen | Sie liegen |
| er/sie/es liegt | sie liegen |

**SIMPLE PAST**

| | |
|---|---|
| ich lag | wir lagen |
| du lagst | ihr lagt |
| Sie lagen | Sie lagen |
| er/sie/es lag | sie lagen |

**FUTURE**

| | | |
|---|---|---|
| ich werde | wir werden | |
| du wirst | ihr werdet | liegen |
| Sie werden | Sie werden | |
| er/sie/es wird | sie werden | |

**PRESENT SUBJUNCTIVE I**

| | |
|---|---|
| ich liege | wir liegen |
| du liegest | ihr lieget |
| Sie liegen | Sie liegen |
| er/sie/es liege | sie liegen |

**PRESENT SUBJUNCTIVE II**

| | |
|---|---|
| ich läge | wir lägen |
| du lägest | ihr läget |
| Sie lägen | Sie lägen |
| er/sie/es läge | sie lägen |

**FUTURE SUBJUNCTIVE I**

| | | |
|---|---|---|
| ich werde | wir werden | |
| du werdest | ihr werdet | liegen |
| Sie werden | Sie werden | |
| er/sie/es werde | sie werden | |

**FUTURE SUBJUNCTIVE II**

| | | |
|---|---|---|
| ich würde | wir würden | |
| du würdest | ihr würdet | liegen |
| Sie würden | Sie würden | |
| er/sie/es würde | sie würden | |

**PRESENT PERFECT**

| | | |
|---|---|---|
| ich habe | wir haben | |
| du hast | ihr habt | gelegen |
| Sie haben | Sie haben | |
| er/sie/es hat | sie haben | |

**PAST PERFECT**

| | | |
|---|---|---|
| ich hatte | wir hatten | |
| du hattest | ihr hattet | gelegen |
| Sie hatten | Sie hatten | |
| er/sie/es hatte | sie hatten | |

**FUTURE PERFECT**

| | | |
|---|---|---|
| ich werde | wir werden | |
| du wirst | ihr werdet | gelegen haben |
| Sie werden | Sie werden | |
| er/sie/es wird | sie werden | |

**PAST SUBJUNCTIVE I**

| | | |
|---|---|---|
| ich habe | wir haben | |
| du habest | ihr habet | gelegen |
| Sie haben | Sie haben | |
| er/sie/es habe | sie haben | |

**PAST SUBJUNCTIVE II**

| | | |
|---|---|---|
| ich hätte | wir hätten | |
| du hättest | ihr hättet | gelegen |
| Sie hätten | Sie hätten | |
| er/sie/es hätte | sie hätten | |

**FUTURE PERFECT SUBJUNCTIVE I**

| | | |
|---|---|---|
| ich werde | wir werden | |
| du werdest | ihr werdet | gelegen haben |
| Sie werden | Sie werden | |
| er/sie/es werde | sie werden | |

**FUTURE PERFECT SUBJUNCTIVE II**

| | | |
|---|---|---|
| ich würde | wir würden | |
| du würdest | ihr würdet | gelegen haben |
| Sie würden | Sie würden | |
| er/sie/es würde | sie würden | |

**COMMANDS**    lieg(e)!   liegt!   liegen Sie!

**PRESENT PARTICIPLE**    liegend

## Usage

| | |
|---|---|
| Die wieder gefundenen Handschriften hatten seit 1832 in einem Schrank hinter Büchern gelegen. | *The rediscovered manuscripts had rested in a cabinet behind some books since 1832.* |
| Paul lag mit Fieber im Bett. | *Paul was lying in bed with a fever.* |
| Ich habe das Modellauto im Gebüsch liegen gefunden. | *I found the model car lying in the brush.* |
| Nein, bleib liegen. Du darfst noch nicht aus dem Bett. | *No, stay lying down. You can't get out of bed yet.* |
| Liegst du auf dem Bauch, wenn du schläfst? | *Do you lie on your stomach when you sleep?* |
| „Wo ist mein Pulli?" „Er liegt auf dem Sofa." | *"Where's my sweater?" "It's on the sofa."* |
| Unsere Wohnung liegt sehr günstig. | *Our apartment is conveniently located.* |
| Die Stadt Brünn liegt in der Provinz Mähren. | *The city of Brno is located in the province of Moravia.* |
| Ingrid hat viele alte Bücher auf dem Dachboden liegen. | *Ingrid has a lot of old books lying in the attic.* |

**RELATED VERBS**    ab·liegen, an·liegen, auf·liegen, aus·liegen, bei·liegen, bereit·liegen, bloß·liegen, brach·liegen, erliegen, fest·liegen, gegenüber·liegen, ob·liegen, obliegen, still·liegen, unterliegen, vor·liegen, zusammen·liegen

**TOP 50 VERB** ☞

## MORE USAGE SENTENCES WITH liegen

| | |
|---|---|
| Auch im Sommer liegt Schnee auf den höheren Gipfeln. | *Even in the summer, there's snow on the higher summits.* |
| 1972 lag die Wahlbeteiligung bei 91%. | *In 1972, voter turnout was 91%.* |
| Mit diesem neuen Rekord liegt Mark jetzt auf Platz eins. | *With this new record, Mark is now in first place.* |
| Gottseidank liegt das alles jetzt hinter uns. | *Thank God that's all behind us now.* |
| Santa Fe liegt höher als Denver. | *Santa Fe sits at a higher elevation than Denver.* |
| Das Wohnhaus liegt zentral, aber es ist doch auch ruhig. | *The residence is centrally located, but it is also quiet.* |
| Bad Bentheim liegt nah an der niederländischen Grenze. | *Bad Bentheim is situated close to the Dutch border.* |

## liegen an + dative *to lie near/on; be due to, depend on*

| | |
|---|---|
| „Woran liegt das?" | *"What's the reason for that?"* |
| „Es liegt an seinem Mangel an Erfahrung." | *"It's due to his lack of experience."* |
| Die Stadt Dresden liegt an der Elbe. | *The city of Dresden lies on the Elbe River.* |
| Fred sagt, das Problem liege an der Software. | *Fred says the problem lies with the software.* |
| „Macht Lars mit?" „Tja, das liegt an dir." | *"Is Lars participating?" "Well, that depends on you."* |
| An wem liegt es? An der Gesellschaft? Am Individuum? | *Whose fault is it? Society's? The individual's?* |
| San Francisco liegt an der Pazifik-Küste. | *San Francisco lies on the Pacific coast.* |

## jemandem daran gelegen sein *to be of concern for someone*

| | |
|---|---|
| Es ist uns daran gelegen, einen gesunden Meinungsaustausch zu fördern. | *We are anxious to promote a healthy exchange of opinions.* |
| Wenn es ihm wirklich daran gelegen wäre, den Mord zu klären, würde er sich freiwillig bei uns melden. | *If he were really interested in solving the murder, he would contact us on his own.* |

## IDIOMATIC EXPRESSIONS

| | |
|---|---|
| Es liegt mir nicht. | *I don't care for it.* |
| Das Wort lag mir auf der Zunge. | *The word was on the tip of my tongue.* |
| Wie die Sache momentan liegt, bekommen wir 50 000 Euro Entschädigung. | *As matters currently stand, we'll receive 50,000 euros in restitution.* |
| Gerade da liegt der Hase im Pfeffer. | *That is precisely the fly in the ointment.* |
| Der Akzent liegt auf der vorletzten Silbe. | *The accent is on the penultimate syllable.* |
| Die Antwort auf unser Problem liegt ja auf der Hand. | *The answer to our problem is quite obvious.* |
| Die breite, sonnige Terrasse liegt nach Süden. | *The wide, sunny patio faces south.* |
| Nichts lag ihm ferner als der Gedanke, Priester zu werden. | *Nothing was further from his mind than the thought of becoming a priest.* |
| Hast du dein Portemonnaie zu Hause liegen lassen? | *Did you leave your wallet at home?* |
| Ich habe mein Heft liegen lassen. | *I forgot my notebook.* |
| Das eine Fenster liegt zum Garten, das andere zur Straße. | *The one window faces the yard, the other the street.* |
| Fastfood liegt mir immer schwer im Magen. | *Fast food always sits heavy on my stomach.* |
| Bei Stephanie liegt die Tischdecke nie falsch. | *At Stephanie's, the tablecloth is never crooked.* |
| Es liegt mir fern, Ihren Vorschlag zu kritisieren. | *Far be it from me to criticize your suggestion.* |
| Die Frage liegt nahe, warum der Kanzler diese Meinung überhaupt vertritt. | *The obvious question is why the chancellor holds this opinion at all.* |
| Ihr Schicksal liegt in Ihrer Hand. | *Your destiny is in your hands.* |
| Da liegst du richtig. (*colloquial*) | *You're right about that.* |
| Du liegst ganz falsch, wenn du das glaubst. (*colloquial*) | *You are quite mistaken if you believe that.* |
| In der Kürze liegt die Würze! (PROVERB) | *Brevity is the soul of wit!* |
| Im Wein liegt die Wahrheit. (PROVERB) | *In wine there is truth. / In vino veritas.* |

TOP 50 VERBS

regular weak verb

## PRESENT

| | |
|---|---|
| ich lobe | wir loben |
| du lobst | ihr lobt |
| Sie loben | Sie loben |
| er/sie/es lobt | sie loben |

## SIMPLE PAST

| | |
|---|---|
| ich lobte | wir lobten |
| du lobtest | ihr lobtet |
| Sie lobten | Sie lobten |
| er/sie/es lobte | sie lobten |

## FUTURE

| | |
|---|---|
| ich werde | wir werden |
| du wirst | ihr werdet |
| Sie werden | Sie werden |
| er/sie/es wird | sie werden |

} loben

## PRESENT SUBJUNCTIVE I

| | |
|---|---|
| ich lobe | wir loben |
| du lobest | ihr lobet |
| Sie loben | Sie loben |
| er/sie/es lobe | sie loben |

## PRESENT SUBJUNCTIVE II

| | |
|---|---|
| ich lobte | wir lobten |
| du lobtest | ihr lobtet |
| Sie lobten | Sie lobten |
| er/sie/es lobte | sie lobten |

## FUTURE SUBJUNCTIVE I

| | |
|---|---|
| ich werde | wir werden |
| du werdest | ihr werdet |
| Sie werden | Sie werden |
| er/sie/es werde | sie werden |

} loben

## FUTURE SUBJUNCTIVE II

| | |
|---|---|
| ich würde | wir würden |
| du würdest | ihr würdet |
| Sie würden | Sie würden |
| er/sie/es würde | sie würden |

} loben

## PRESENT PERFECT

| | |
|---|---|
| ich habe | wir haben |
| du hast | ihr habt |
| Sie haben | Sie haben |
| er/sie/es hat | sie haben |

} gelobt

## PAST PERFECT

| | |
|---|---|
| ich hatte | wir hatten |
| du hattest | ihr hattet |
| Sie hatten | Sie hatten |
| er/sie/es hatte | sie hatten |

} gelobt

## FUTURE PERFECT

| | |
|---|---|
| ich werde | wir werden |
| du wirst | ihr werdet |
| Sie werden | Sie werden |
| er/sie/es wird | sie werden |

} gelobt haben

## PAST SUBJUNCTIVE I

| | |
|---|---|
| ich habe | wir haben |
| du habest | ihr habet |
| Sie haben | Sie haben |
| er/sie/es habe | sie haben |

} gelobt

## PAST SUBJUNCTIVE II

| | |
|---|---|
| ich hätte | wir hätten |
| du hättest | ihr hättet |
| Sie hätten | Sie hätten |
| er/sie/es hätte | sie hätten |

} gelobt

## FUTURE PERFECT SUBJUNCTIVE I

| | |
|---|---|
| ich werde | wir werden |
| du werdest | ihr werdet |
| Sie werden | Sie werden |
| er/sie/es werde | sie werden |

} gelobt haben

## FUTURE PERFECT SUBJUNCTIVE II

| | |
|---|---|
| ich würde | wir würden |
| du würdest | ihr würdet |
| Sie würden | Sie würden |
| er/sie/es würde | sie würden |

} gelobt haben

**COMMANDS** lob(e)! lobt! loben Sie!

**PRESENT PARTICIPLE** lobend

## Usage

| | |
|---|---|
| Petersen lobt die Arbeit von Franken. | *Petersen praises Franken's work.* |
| Meiers lobte die Anstrengungen der Gemeinde. | *Meiers lauded the community's efforts.* |
| „Das klingt wunderschön, Maria!" lobte die Klavierlehrerin. | *"That sounds wonderful, Maria!" exulted the piano teacher.* |
| Gelobt sei Jesus Christus. (*formulaic*) | *Jesus Christ be praised.* |
| Loben und ermutigen Sie Ihre Kinder. | *Praise and encourage your children.* |
| Mein Englischlehrer lobt nie. | *My English teacher never gives praise.* |
| Die Rezensenten haben die neue Tolkien-Ausgabe von A. Smith gelobt. | *The reviewers have praised the new Tolkien edition by A. Smith.* |
| Ich wollte es weder tadeln noch loben. | *I didn't want to criticize or praise it.* |
| Werner konnte das Stück allerdings nicht uneingeschränkt loben. | *However, Werner was unable to offer unqualified praise for the piece.* |
| Man soll den Tag nicht vor dem Abend loben. (**PROVERB**) | *Don't count your chickens before they're hatched.* |

**RELATED VERBS** an·geloben, entloben, geloben, verloben

# lohnen *to reward, remunerate, compensate, pay*

**lohnt · lohnte · gelohnt**

*regular weak verb*

## PRESENT

| | |
|---|---|
| ich lohne | wir lohnen |
| du lohnst | ihr lohnt |
| Sie lohnen | Sie lohnen |
| er/sie/es lohnt | sie lohnen |

## SIMPLE PAST

| | |
|---|---|
| ich lohnte | wir lohnten |
| du lohntest | ihr lohntet |
| Sie lohnten | Sie lohnten |
| er/sie/es lohnte | sie lohnten |

## FUTURE

| | | |
|---|---|---|
| ich werde | wir werden | |
| du wirst | ihr werdet | lohnen |
| Sie werden | Sie werden | |
| er/sie/es wird | sie werden | |

## PRESENT SUBJUNCTIVE I

| | |
|---|---|
| ich lohne | wir lohnen |
| du lohnest | ihr lohnet |
| Sie lohnen | Sie lohnen |
| er/sie/es lohne | sie lohnen |

## PRESENT SUBJUNCTIVE II

| | |
|---|---|
| ich lohnte | wir lohnten |
| du lohntest | ihr lohntet |
| Sie lohnten | Sie lohnten |
| er/sie/es lohnte | sie lohnten |

## FUTURE SUBJUNCTIVE I

| | | |
|---|---|---|
| ich werde | wir werden | |
| du werdest | ihr werdet | lohnen |
| Sie werden | Sie werden | |
| er/sie/es werde | sie werden | |

## FUTURE SUBJUNCTIVE II

| | | |
|---|---|---|
| ich würde | wir würden | |
| du würdest | ihr würdet | lohnen |
| Sie würden | Sie würden | |
| er/sie/es würde | sie würden | |

## PRESENT PERFECT

| | | |
|---|---|---|
| ich habe | wir haben | |
| du hast | ihr habt | gelohnt |
| Sie haben | Sie haben | |
| er/sie/es hat | sie haben | |

## PAST PERFECT

| | | |
|---|---|---|
| ich hatte | wir hatten | |
| du hattest | ihr hattet | gelohnt |
| Sie hatten | Sie hatten | |
| er/sie/es hatte | sie hatten | |

## FUTURE PERFECT

| | | |
|---|---|---|
| ich werde | wir werden | |
| du wirst | ihr werdet | gelohnt haben |
| Sie werden | Sie werden | |
| er/sie/es wird | sie werden | |

## PAST SUBJUNCTIVE I

| | | |
|---|---|---|
| ich habe | wir haben | |
| du habest | ihr habet | gelohnt |
| Sie haben | Sie haben | |
| er/sie/es habe | sie haben | |

## PAST SUBJUNCTIVE II

| | | |
|---|---|---|
| ich hätte | wir hätten | |
| du hättest | ihr hättet | gelohnt |
| Sie hätten | Sie hätten | |
| er/sie/es hätte | sie hätten | |

## FUTURE PERFECT SUBJUNCTIVE I

| | | |
|---|---|---|
| ich werde | wir werden | |
| du werdest | ihr werdet | gelohnt haben |
| Sie werden | Sie werden | |
| er/sie/es werde | sie werden | |

## FUTURE PERFECT SUBJUNCTIVE II

| | | |
|---|---|---|
| ich würde | wir würden | |
| du würdest | ihr würdet | gelohnt haben |
| Sie würden | Sie würden | |
| er/sie/es würde | sie würden | |

**COMMANDS** lohn(e)!  lohnt!  lohnen Sie!

**PRESENT PARTICIPLE** lohnend

## Usage

| | |
|---|---|
| Lauter Beifall hat ihm seine Mühe gelohnt. | *Loud applause rewarded him for his trouble.* |
| Gott lohne es dir. | *May God reward you for it.* |
| Der König lohnte ihr die Rettung mit Goldmünzen. | *The king remunerated her for the rescue with gold coins.* |
| Die Mitglieder lohnten dem Mann seine Arbeit. | *The members compensated the man for his work.* |
| Lohnst du mir also für meine schlaflosen Nächte? | *Are you compensating me for my sleepless nights?* |
| (SCHILLER) | |

### sich lohnen *to be worthwhile, pay off*

| | |
|---|---|
| Es hat sich nicht gelohnt, diesen Umweg zu fahren. | *It wasn't worth it to take this detour.* |
| Es lohnt sich nicht, Geld in jedem Land zu tauschen. | *It isn't worth it to exchange currency in every country.* |
| Der Aufwand lohnt sich in diesem Fall. | *The effort is worthwhile in this case.* |
| Diese Investition wird sich lohnen. | *This investment will pay off.* |
| Endlich haben sich meine Bemühungen gelohnt. | *Finally, my efforts have paid off.* |

**RELATED VERBS** belohnen, entlohnen, verlohnen

regular weak verb                                        löscht · löschte · gelöscht

**PRESENT**

| | |
|---|---|
| ich lösche | wir löschen |
| du löschst | ihr löscht |
| Sie löschen | Sie löschen |
| er/sie/es löscht | sie löschen |

**SIMPLE PAST**

| | |
|---|---|
| ich löschte | wir löschten |
| du löschtest | ihr löschtet |
| Sie löschten | Sie löschten |
| er/sie/es löschte | sie löschten |

**FUTURE**

| | | |
|---|---|---|
| ich werde | wir werden | |
| du wirst | ihr werdet | löschen |
| Sie werden | Sie werden | |
| er/sie/es wird | sie werden | |

**PRESENT SUBJUNCTIVE I**

| | |
|---|---|
| ich lösche | wir löschen |
| du löschest | ihr löschet |
| Sie löschen | Sie löschen |
| er/sie/es lösche | sie löschen |

**PRESENT SUBJUNCTIVE II**

| | |
|---|---|
| ich löschte | wir löschten |
| du löschtest | ihr löschtet |
| Sie löschten | Sie löschten |
| er/sie/es löschte | sie löschten |

**FUTURE SUBJUNCTIVE I**

| | | |
|---|---|---|
| ich werde | wir werden | |
| du werdest | ihr werdet | löschen |
| Sie werden | Sie werden | |
| er/sie/es werde | sie werden | |

**FUTURE SUBJUNCTIVE II**

| | | |
|---|---|---|
| ich würde | wir würden | |
| du würdest | ihr würdet | löschen |
| Sie würden | Sie würden | |
| er/sie/es würde | sie würden | |

**PRESENT PERFECT**

| | | |
|---|---|---|
| ich habe | wir haben | |
| du hast | ihr habt | gelöscht |
| Sie haben | Sie haben | |
| er/sie/es hat | sie haben | |

**PAST PERFECT**

| | | |
|---|---|---|
| ich hatte | wir hatten | |
| du hattest | ihr hattet | gelöscht |
| Sie hatten | Sie hatten | |
| er/sie/es hatte | sie hatten | |

**FUTURE PERFECT**

| | | |
|---|---|---|
| ich werde | wir werden | |
| du wirst | ihr werdet | gelöscht haben |
| Sie werden | Sie werden | |
| er/sie/es wird | sie werden | |

**PAST SUBJUNCTIVE I**

| | | |
|---|---|---|
| ich habe | wir haben | |
| du habest | ihr habet | gelöscht |
| Sie haben | Sie haben | |
| er/sie/es habe | sie haben | |

**PAST SUBJUNCTIVE II**

| | | |
|---|---|---|
| ich hätte | wir hätten | |
| du hättest | ihr hättet | gelöscht |
| Sie hätten | Sie hätten | |
| er/sie/es hätte | sie hätten | |

**FUTURE PERFECT SUBJUNCTIVE I**

| | | |
|---|---|---|
| ich werde | wir werden | |
| du werdest | ihr werdet | gelöscht haben |
| Sie werden | Sie werden | |
| er/sie/es werde | sie werden | |

**FUTURE PERFECT SUBJUNCTIVE II**

| | | |
|---|---|---|
| ich würde | wir würden | |
| du würdest | ihr würdet | gelöscht haben |
| Sie würden | Sie würden | |
| er/sie/es würde | sie würden | |

**COMMANDS**          lösch(e)!   löscht!   löschen Sie!

**PRESENT PARTICIPLE**    löschend

## Usage

| | |
|---|---|
| Der Brand konnte schnell gelöscht werden. | *They were able to put the fire out quickly.* |
| Nachdem Sie die Flamme gelöscht haben, lassen Sie den Wachs um den Docht abkühlen. | *After you have extinguished the flame, let the wax around the wick cool.* |
| Ich habe mein Konto löschen lassen. | *I had my account liquidated.* |
| Wolltest du die System-Dateien wirklich löschen? | *Did you really want to delete the system files?* |
| Jan hat seinen Durst mit einem Bier gelöscht. | *Jan quenched his thirst with a beer.* |

NOTE  When **löschen** means "to burn out, fizzle out, go out," it is typically strong and takes **sein** as its auxiliary: **lischt, losch, ist geloschen**. This usage is not common in modern German.

### löschen (with sein) *to burn out, fizzle out, go out*

| | |
|---|---|
| Das restliche Feuer losch und die Kälte kroch ihnen durch Mark und Bein. | *The remaining fire burned out and they were chilled to the bone.* |

RELATED VERBS  ab·löschen, aus·löschen, verlöschen; *see also* **erlöschen** (167)

# lösen  *to solve, resolve; loosen, release; break off; redeem*

**löst · löste · gelöst**                                                regular weak verb

**PRESENT**

| ich löse | wir lösen |
|---|---|
| du löst | ihr löst |
| Sie lösen | Sie lösen |
| er/sie/es löst | sie lösen |

**PRESENT PERFECT**

| ich habe | wir haben | |
|---|---|---|
| du hast | ihr habt | |
| Sie haben | Sie haben | gelöst |
| er/sie/es hat | sie haben | |

**SIMPLE PAST**

| ich löste | wir lösten |
|---|---|
| du löstest | ihr löstet |
| Sie lösten | Sie lösten |
| er/sie/es löste | sie lösten |

**PAST PERFECT**

| ich hatte | wir hatten | |
|---|---|---|
| du hattest | ihr hattet | |
| Sie hatten | Sie hatten | gelöst |
| er/sie/es hatte | sie hatten | |

**FUTURE**

| ich werde | wir werden | |
|---|---|---|
| du wirst | ihr werdet | |
| Sie werden | Sie werden | lösen |
| er/sie/es wird | sie werden | |

**FUTURE PERFECT**

| ich werde | wir werden | |
|---|---|---|
| du wirst | ihr werdet | |
| Sie werden | Sie werden | gelöst haben |
| er/sie/es wird | sie werden | |

**PRESENT SUBJUNCTIVE I**

| ich löse | wir lösen |
|---|---|
| du lösest | ihr löset |
| Sie lösen | Sie lösen |
| er/sie/es löse | sie lösen |

**PAST SUBJUNCTIVE I**

| ich habe | wir haben | |
|---|---|---|
| du habest | ihr habet | |
| Sie haben | Sie haben | gelöst |
| er/sie/es habe | sie haben | |

**PRESENT SUBJUNCTIVE II**

| ich löste | wir lösten |
|---|---|
| du löstest | ihr löstet |
| Sie lösten | Sie lösten |
| er/sie/es löste | sie lösten |

**PAST SUBJUNCTIVE II**

| ich hätte | wir hätten | |
|---|---|---|
| du hättest | ihr hättet | |
| Sie hätten | Sie hätten | gelöst |
| er/sie/es hätte | sie hätten | |

**FUTURE SUBJUNCTIVE I**

| ich werde | wir werden | |
|---|---|---|
| du werdest | ihr werdet | |
| Sie werden | Sie werden | lösen |
| er/sie/es werde | sie werden | |

**FUTURE PERFECT SUBJUNCTIVE I**

| ich werde | wir werden | |
|---|---|---|
| du werdest | ihr werdet | |
| Sie werden | Sie werden | gelöst haben |
| er/sie/es werde | sie werden | |

**FUTURE SUBJUNCTIVE II**

| ich würde | wir würden | |
|---|---|---|
| du würdest | ihr würdet | |
| Sie würden | Sie würden | lösen |
| er/sie/es würde | sie würden | |

**FUTURE PERFECT SUBJUNCTIVE II**

| ich würde | wir würden | |
|---|---|---|
| du würdest | ihr würdet | |
| Sie würden | Sie würden | gelöst haben |
| er/sie/es würde | sie würden | |

**COMMANDS**          lös(e)!   löst!   lösen Sie!

**PRESENT PARTICIPLE**          lösend

## Usage

| Das Theaterstück schildert ein Dilemma, das das Publikum selbst lösen muss. | *The play presents a dilemma that the audience itself must resolve.* |
|---|---|
| Ich will keine Rätsel mehr lösen müssen! | *I don't want to have to solve any more riddles!* |
| Kannst du diesen Knoten lösen? | *Can you loosen this knot?* |
| 1802 löste er eine vierjährige Verlobung mit Minna Beck und heiratete Minnas Schwester Michaela. | *In 1802, he broke off a four-year engagement with Minna Beck and married Minna's sister Michaela.* |
| Wo kann man Pfandflaschen lösen? | *Where can you redeem deposit bottles?* |

### sich lösen  *to come loose; dissolve*

| Die Schuhriemen hatten sich im Laufe des Tages gelöst. | *The shoestrings had come loose in the course of the day.* |
|---|---|
| Ihre Beziehung löste sich nach einem Jahr. | *Their relationship fell apart after one year.* |
| Wie schnell löst sich Salz in Wasser? | *How quickly will salt dissolve in water?* |

**RELATED VERBS**   ab·lösen, auf·lösen, aus·lösen, ein·lösen, erlösen, los·lösen, nach·lösen

strong verb

### PRESENT

| ich lüge | wir lügen |
|---|---|
| du lügst | ihr lügt |
| Sie lügen | Sie lügen |
| er/sie/es lügt | sie lügen |

### SIMPLE PAST

| ich log | wir logen |
|---|---|
| du logst | ihr logt |
| Sie logen | Sie logen |
| er/sie/es log | sie logen |

### FUTURE

| ich werde | wir werden | |
|---|---|---|
| du wirst | ihr werdet | lügen |
| Sie werden | Sie werden | |
| er/sie/es wird | sie werden | |

### PRESENT SUBJUNCTIVE I

| ich lüge | wir lügen |
|---|---|
| du lügest | ihr lüget |
| Sie lügen | Sie lügen |
| er/sie/es lüge | sie lügen |

### PRESENT SUBJUNCTIVE II

| ich löge | wir lögen |
|---|---|
| du lögest | ihr löget |
| Sie lögen | Sie lögen |
| er/sie/es löge | sie lögen |

### FUTURE SUBJUNCTIVE I

| ich werde | wir werden | |
|---|---|---|
| du werdest | ihr werdet | lügen |
| Sie werden | Sie werden | |
| er/sie/es werde | sie werden | |

### FUTURE SUBJUNCTIVE II

| ich würde | wir würden | |
|---|---|---|
| du würdest | ihr würdet | lügen |
| Sie würden | Sie würden | |
| er/sie/es würde | sie würden | |

### PRESENT PERFECT

| ich habe | wir haben | |
|---|---|---|
| du hast | ihr habt | gelogen |
| Sie haben | Sie haben | |
| er/sie/es hat | sie haben | |

### PAST PERFECT

| ich hatte | wir hatten | |
|---|---|---|
| du hattest | ihr hattet | gelogen |
| Sie hatten | Sie hatten | |
| er/sie/es hatte | sie hatten | |

### FUTURE PERFECT

| ich werde | wir werden | |
|---|---|---|
| du wirst | ihr werdet | gelogen haben |
| Sie werden | Sie werden | |
| er/sie/es wird | sie werden | |

### PAST SUBJUNCTIVE I

| ich habe | wir haben | |
|---|---|---|
| du habest | ihr habet | gelogen |
| Sie haben | Sie haben | |
| er/sie/es habe | sie haben | |

### PAST SUBJUNCTIVE II

| ich hätte | wir hätten | |
|---|---|---|
| du hättest | ihr hättet | gelogen |
| Sie hätten | Sie hätten | |
| er/sie/es hätte | sie hätten | |

### FUTURE PERFECT SUBJUNCTIVE I

| ich werde | wir werden | |
|---|---|---|
| du werdest | ihr werdet | gelogen haben |
| Sie werden | Sie werden | |
| er/sie/es werde | sie werden | |

### FUTURE PERFECT SUBJUNCTIVE II

| ich würde | wir würden | |
|---|---|---|
| du würdest | ihr würdet | gelogen haben |
| Sie würden | Sie würden | |
| er/sie/es würde | sie würden | |

**COMMANDS** lüg(e)! lügt! lügen Sie!

**PRESENT PARTICIPLE** lügend

## Usage

| Die Konzerne logen über ihre illegalen Investitionen. | *The companies lied about their illegal investments.* |
|---|---|
| „Warum hast du gelogen?" | *"Why did you lie?"* |
| „Ich musste lügen." | *"I had to lie."* |
| Es wurde viel gelogen und betrogen. | *There was a lot of lying and deception.* |
| Das Kind schaut die Frau an, als ob sie löge. | *The child is looking at the woman as if she were lying.* |
| Lügt ihr oder lügt er? | *Are you lying or is he lying?* |
| Nach dem Tod ihres Kindes hat sie immer öfter über ihre Gefühle gelogen. | *After the death of her child, she lied about her feelings more and more often.* |
| Herr Petersen lügt seit sieben Jahren darüber. | *Mr. Petersen has been lying for seven years about it.* |
| Martina log, um ihre Freundin nicht zu beleidigen. | *Martina lied in order not to insult her friend.* |
| Es wäre gelogen zu sagen, dass es mir nicht gefallen hat. | *It would be lying if I said I didn't like it.* |
| Wir glauben, der Politiker lügt nach Strich und Faden. | *We think the politician is lying through his teeth.* |
| Das ist gelogen! | *That's a lie!* |

**RELATED VERBS** an·lügen, belügen, erlügen

### MORE USAGE SENTENCES WITH machen

| | |
|---|---|
| Viel Arbeit macht hungrig. | *A lot of work makes you hungry.* |
| Frau Detmold hat es uns klar gemacht, dass wir bei ihr nicht rauchen dürfen. | *Mrs. Detmold made it clear to us that we can't smoke in her house.* |
| Am Samstag möchten wir einen Tagesausflug nach Potsdam machen. | *On Saturday, we'd like to make a day trip to Potsdam.* |
| Möchtet ihr einen Spaziergang machen? | *Would you like to go for a walk?* |
| Warum machst du so ein Gesicht? | *Why are you making such a face?* |
| Ich hatte mir darüber oft Gedanken gemacht. | *I'd often pondered that.* |
| Der Bericht hat uns bewusst gemacht, dass die Umwelt gefährdet ist. | *The report made us conscious of the fact that the environment is in peril.* |
| Die Reformatoren machten guten Gebrauch von traditionellen Genres. | *The reformers made good use of traditional genres.* |
| Der junge Student machte sich diese Auffassung zu eigen. | *The young student made this viewpoint his own.* |
| Das Buch heißt *Programmierung leicht gemacht.* | *The book is called* Programming Made Easy. |
| Herr Oeynhaim machte einen freundlichen Eindruck auf seine neuen Nachbarn. | *Mr. Oeynhaim made a friendly impression on his new neighbors.* |
| Das Kind sagte einfach: "Das mache ich nicht." | *The child said simply, "I won't do that."* |
| Was kann man machen? | *What's to do?* |
| Da kann man nichts machen. | *You can't do anything about it.* |
| Wie wird's gemacht? | *How is it done?* |
| Macht, dass ihr ins Bett kommt! | *See to it that you get to bed!* |
| Es gibt in einem kleinen Dorf nicht viel zu machen. | *There's not a lot to do in a small village.* |
| Die Handschuhe sind aus Rindsleder gemacht. | *The gloves are made from cow leather.* |
| „Was macht das zusammen?" | *"How much is it altogether?"* |
| „Das macht zehn Euro zwanzig." | *"That comes to 10 euros 20."* |

### sich machen + adjective *to make oneself/itself*

| | |
|---|---|
| Ein seltsames Geräusch machte sich bemerkbar in der Ecke des Zimmers. | *A peculiar sound became noticeable in the corner of the room.* |
| Mach dich nicht so breit! | *Don't take up so much space!* |
| Mach dich fit! | *Get in shape! / Get fit!* |

### IDIOMATIC EXPRESSIONS

| | |
|---|---|
| Macht das was? | *Does that matter?* |
| Das macht nichts. | *That doesn't matter. / That's all right.* |
| Es macht ihr nichts. | *She doesn't mind.* |
| Mit diesem diplomatischen Schritt wird Geschichte gemacht. | *With this diplomatic step, history is being made.* |
| Roberts Familie hat ihm Mut gemacht, im Ausland weiter zu studieren. | *Robert's family encouraged him to continue his university studies abroad.* |
| Erich hat nur Spaß gemacht. | *Erich was only joking.* |
| Surfen macht zwar Spaß, aber ich gehe lieber windsurfen. | *Surfing is fun, but I prefer to go windsurfing.* |
| Karl-Heinz hat die Arbeit schon fertig gemacht. | *Karl-Heinz has already finished the work.* |
| Der Verlag hat eine Tolkien-Ausgabe von A. Smith bekannt gemacht. | *The publisher has announced a Tolkien edition by A. Smith.* |
| Hans machte sich auf den Weg nach Hause. | *Hans set out for home.* |
| Liebe macht blind. (PROVERB) | *Love is blind.* |

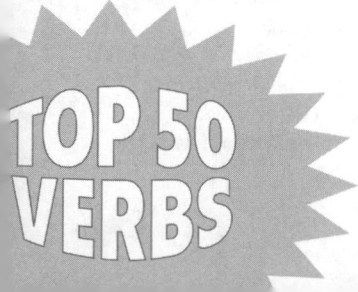

**TOP 50 VERBS**

**PRESENT**

| | |
|---|---|
| ich mache | wir machen |
| du machst | ihr macht |
| Sie machen | Sie machen |
| er/sie/es macht | sie machen |

**SIMPLE PAST**

| | |
|---|---|
| ich machte | wir machten |
| du machtest | ihr machtet |
| Sie machten | Sie machten |
| er/sie/es machte | sie machten |

**FUTURE**

| | | |
|---|---|---|
| ich werde | wir werden | |
| du wirst | ihr werdet | machen |
| Sie werden | Sie werden | |
| er/sie/es wird | sie werden | |

**PRESENT SUBJUNCTIVE I**

| | |
|---|---|
| ich mache | wir machen |
| du machest | ihr machet |
| Sie machen | Sie machen |
| er/sie/es mache | sie machen |

**PRESENT SUBJUNCTIVE II**

| | |
|---|---|
| ich machte | wir machten |
| du machtest | ihr machtet |
| Sie machten | Sie machten |
| er/sie/es machte | sie machten |

**FUTURE SUBJUNCTIVE I**

| | | |
|---|---|---|
| ich werde | wir werden | |
| du werdest | ihr werdet | machen |
| Sie werden | Sie werden | |
| er/sie/es werde | sie werden | |

**FUTURE SUBJUNCTIVE II**

| | | |
|---|---|---|
| ich würde | wir würden | |
| du würdest | ihr würdet | machen |
| Sie würden | Sie würden | |
| er/sie/es würde | sie würden | |

**PRESENT PERFECT**

| | | |
|---|---|---|
| ich habe | wir haben | |
| du hast | ihr habt | gemacht |
| Sie haben | Sie haben | |
| er/sie/es hat | sie haben | |

**PAST PERFECT**

| | | |
|---|---|---|
| ich hatte | wir hatten | |
| du hattest | ihr hattet | gemacht |
| Sie hatten | Sie hatten | |
| er/sie/es hatte | sie hatten | |

**FUTURE PERFECT**

| | | |
|---|---|---|
| ich werde | wir werden | |
| du wirst | ihr werdet | gemacht haben |
| Sie werden | Sie werden | |
| er/sie/es wird | sie werden | |

**PAST SUBJUNCTIVE I**

| | | |
|---|---|---|
| ich habe | wir haben | |
| du habest | ihr habet | gemacht |
| Sie haben | Sie haben | |
| er/sie/es habe | sie haben | |

**PAST SUBJUNCTIVE II**

| | | |
|---|---|---|
| ich hätte | wir hätten | |
| du hättest | ihr hättet | gemacht |
| Sie hätten | Sie hätten | |
| er/sie/es hätte | sie hätten | |

**FUTURE PERFECT SUBJUNCTIVE I**

| | | |
|---|---|---|
| ich werde | wir werden | |
| du werdest | ihr werdet | gemacht haben |
| Sie werden | Sie werden | |
| er/sie/es werde | sie werden | |

**FUTURE PERFECT SUBJUNCTIVE II**

| | | |
|---|---|---|
| ich würde | wir würden | |
| du würdest | ihr würdet | gemacht haben |
| Sie würden | Sie würden | |
| er/sie/es würde | sie würden | |

**COMMANDS**  mach(e)! macht! machen Sie!

**PRESENT PARTICIPLE**  machend

## Usage

| | |
|---|---|
| Ich mache diesmal eine Ausnahme. | *I'll make an exception this time.* |
| Die Bemerkungen des Präsidenten haben uns wütend gemacht. | *The president's comments made us furious.* |
| Lisa sagt, sie hätte bloß einen Fehler gemacht. | *Lisa says she just made a mistake.* |
| Mama macht die Betten jeden Tag. | *Mama makes the beds every day.* |
| Ihr Plan machte keinen Sinn. | *Her plan made no sense.* |
| Was macht ihr morgen Abend? | *What are you doing tomorrow evening?* |
| Was machen Sie beruflich? | *What do you do professionally?* |
| Wollen wir eine Pause machen? | *Do we want to take a break?* |
| Die Studentinnen und Studenten haben alle gute Erfahrungen gemacht. | *The students have all had good experiences.* |

**RELATED VERBS**  ab·machen, auf·machen, bereit·machen, ein·machen, fest·machen, frei·machen, gut·machen, irre·machen, kehrt·machen, mit·machen, mobil·machen, vermachen, zu·machen; *see also* **an·machen** (13), **aus·machen** (36)

**mahlt · mahlte · gemahlen**

### PRESENT
| | |
|---|---|
| ich mahle | wir mahlen |
| du mahlst | ihr mahlt |
| Sie mahlen | Sie mahlen |
| er/sie/es mahlt | sie mahlen |

### PRESENT PERFECT
| | | |
|---|---|---|
| ich habe | wir haben | |
| du hast | ihr habt | gemahlen |
| Sie haben | Sie haben | |
| er/sie/es hat | sie haben | |

### SIMPLE PAST
| | |
|---|---|
| ich mahlte | wir mahlten |
| du mahltest | ihr mahltet |
| Sie mahlten | Sie mahlten |
| er/sie/es mahlte | sie mahlten |

### PAST PERFECT
| | | |
|---|---|---|
| ich hatte | wir hatten | |
| du hattest | ihr hattet | gemahlen |
| Sie hatten | Sie hatten | |
| er/sie/es hatte | sie hatten | |

### FUTURE
| | | |
|---|---|---|
| ich werde | wir werden | |
| du wirst | ihr werdet | mahlen |
| Sie werden | Sie werden | |
| er/sie/es wird | sie werden | |

### FUTURE PERFECT
| | | |
|---|---|---|
| ich werde | wir werden | |
| du wirst | ihr werdet | gemahlen haben |
| Sie werden | Sie werden | |
| er/sie/es wird | sie werden | |

### PRESENT SUBJUNCTIVE I
| | |
|---|---|
| ich mahle | wir mahlen |
| du mahlest | ihr mahlet |
| Sie mahlen | Sie mahlen |
| er/sie/es mahle | sie mahlen |

### PAST SUBJUNCTIVE I
| | | |
|---|---|---|
| ich habe | wir haben | |
| du habest | ihr habet | gemahlen |
| Sie haben | Sie haben | |
| er/sie/es habe | sie haben | |

### PRESENT SUBJUNCTIVE II
| | |
|---|---|
| ich mahlte | wir mahlten |
| du mahltest | ihr mahltet |
| Sie mahlten | Sie mahlten |
| er/sie/es mahlte | sie mahlten |

### PAST SUBJUNCTIVE II
| | | |
|---|---|---|
| ich hätte | wir hätten | |
| du hättest | ihr hättet | gemahlen |
| Sie hätten | Sie hätten | |
| er/sie/es hätte | sie hätten | |

### FUTURE SUBJUNCTIVE I
| | | |
|---|---|---|
| ich werde | wir werden | |
| du werdest | ihr werdet | mahlen |
| Sie werden | Sie werden | |
| er/sie/es werde | sie werden | |

### FUTURE PERFECT SUBJUNCTIVE I
| | | |
|---|---|---|
| ich werde | wir werden | |
| du werdest | ihr werdet | gemahlen haben |
| Sie werden | Sie werden | |
| er/sie/es werde | sie werden | |

### FUTURE SUBJUNCTIVE II
| | | |
|---|---|---|
| ich würde | wir würden | |
| du würdest | ihr würdet | mahlen |
| Sie würden | Sie würden | |
| er/sie/es würde | sie würden | |

### FUTURE PERFECT SUBJUNCTIVE II
| | | |
|---|---|---|
| ich würde | wir würden | |
| du würdest | ihr würdet | gemahlen haben |
| Sie würden | Sie würden | |
| er/sie/es würde | sie würden | |

**COMMANDS** mahl(e)! mahlt! mahlen Sie!

**PRESENT PARTICIPLE** mahlend

NOTE The verb **mahlen** is a regular weak verb but has a strong past participle.

## Usage

| | |
|---|---|
| Jeden Morgen mahlt er seine fair gehandelten Kaffeebohnen und kocht sich einen starken Kaffee. | *Every morning, he grinds his Fair Trade coffee beans and makes himself a strong coffee.* |
| Herr Müllermann mahlte Weizen- und Gerstenmehl. | *Mr. Müllermann milled wheat and barley flour.* |
| Mögen Sie frisch gemahlenen Pfeffer? | *Do you like freshly ground pepper?* |
| Getreide wurde in einer Wassermühle gemahlen. | *Grain was ground in a watermill.* |
| Den Stangenzimt zu Pulver mahlen und auf den gekochten Reis streuen. (RECIPE) | *Grind the cinnamon stick to a powder and sprinkle it onto the cooked rice.* |
| Kaufst du fertig gemahlenen Kaffee oder mahlst du die Bohnen selbst? | *Do you buy pre-ground coffee or do you grind the beans yourself?* |
| Wer zuerst kommt, mahlt zuerst. (PROVERB) | *First come, first served.* |
| Eine Mühle kann nicht mit dem Wasser von gestern mahlen. (PROVERB) | *A mill cannot grind with water that has passed by.* |

**RELATED VERBS** aus·mahlen, durch·mahlen, zermahlen

regular weak verb

**malt · malte · gemalt**

**PRESENT**

| | |
|---|---|
| ich male | wir malen |
| du malst | ihr malt |
| Sie malen | Sie malen |
| er/sie/es malt | sie malen |

**SIMPLE PAST**

| | |
|---|---|
| ich malte | wir malten |
| du maltest | ihr maltet |
| Sie malten | Sie malten |
| er/sie/es malte | sie malten |

**FUTURE**

| | | |
|---|---|---|
| ich werde | wir werden | |
| du wirst | ihr werdet | malen |
| Sie werden | Sie werden | |
| er/sie/es wird | sie werden | |

**PRESENT SUBJUNCTIVE I**

| | |
|---|---|
| ich male | wir malen |
| du malest | ihr malet |
| Sie malen | Sie malen |
| er/sie/es male | sie malen |

**PRESENT SUBJUNCTIVE II**

| | |
|---|---|
| ich malte | wir malten |
| du maltest | ihr maltet |
| Sie malten | Sie malten |
| er/sie/es malte | sie malten |

**FUTURE SUBJUNCTIVE I**

| | | |
|---|---|---|
| ich werde | wir werden | |
| du werdest | ihr werdet | malen |
| Sie werden | Sic werden | |
| er/sie/es werde | sie werden | |

**FUTURE SUBJUNCTIVE II**

| | | |
|---|---|---|
| ich würde | wir würden | |
| du würdest | ihr würdet | malen |
| Sie würden | Sie würden | |
| er/sie/es würde | sie würden | |

**PRESENT PERFECT**

| | | |
|---|---|---|
| ich habe | wir haben | |
| du hast | ihr habt | gemalt |
| Sie haben | Sie haben | |
| er/sie/es hat | sie haben | |

**PAST PERFECT**

| | | |
|---|---|---|
| ich hatte | wir hatten | |
| du hattest | ihr hattet | gemalt |
| Sie hatten | Sie hatten | |
| er/sie/es hatte | sie hatten | |

**FUTURE PERFECT**

| | | |
|---|---|---|
| ich werde | wir werden | |
| du wirst | ihr werdet | gemalt haben |
| Sie werden | Sie werden | |
| er/sie/es wird | sie werden | |

**PAST SUBJUNCTIVE I**

| | | |
|---|---|---|
| ich habe | wir haben | |
| du habest | ihr habet | gemalt |
| Sie haben | Sie haben | |
| er/sie/es habe | sie haben | |

**PAST SUBJUNCTIVE II**

| | | |
|---|---|---|
| ich hätte | wir hätten | |
| du hättest | ihr hättet | gemalt |
| Sie hätten | Sie hätten | |
| er/sie/es hätte | sie hätten | |

**FUTURE PERFECT SUBJUNCTIVE I**

| | | |
|---|---|---|
| ich werde | wir werden | |
| du werdest | ihr werdet | gemalt haben |
| Sie werden | Sie werden | |
| er/sie/es werde | sie werden | |

**FUTURE PERFECT SUBJUNCTIVE II**

| | | |
|---|---|---|
| ich würde | wir würden | |
| du würdest | ihr würdet | gemalt haben |
| Sie würden | Sie würden | |
| er/sie/es würde | sie würden | |

**COMMANDS** mal(e)! malt! malen Sie!

**PRESENT PARTICIPLE** malend

## Usage

| | |
|---|---|
| Als Kind malte sie Bilder von fantastischen Landschaften und exotischen Tieren. | *As a child, she painted pictures of fantastical landscapes and exotic animals.* |
| Wer hat dieses Porträt der Herzogin Helene Luise von Orleans gemalt? | *Who painted this portrait of Duchess Helen Louise of Orleans?* |
| Es macht ihm großen Spaß zu malen. | *Painting is great fun for him.* |
| Der Wissenschaftler malt ein schwarzes Bild der Zukunft. | *The scientist paints a gloomy picture of the future.* |
| Der Politiker weiß, komplexe Situationen schwarz-weiß zu malen. | *The politician knows how to depict complex situations in black and white.* |
| Malst du gern? | *Do you like to paint?* |

**sich malen** *to be depicted/reflected*

| | |
|---|---|
| In ihren Augen malte sich Angst. | *The very image of fear was reflected in her eyes.* |

**RELATED VERBS** ab·malen, an·malen, auf·malen, aus·malen, bemalen, nach·malen, übermalen, untermalen, vermalen

**PRESENT**

| | |
|---|---|
| ich meide | wir meiden |
| du meidest | ihr meidet |
| Sie meiden | Sie meiden |
| er/sie/es meidet | sie meiden |

**PRESENT PERFECT**

| | | |
|---|---|---|
| ich habe | wir haben | |
| du hast | ihr habt | |
| Sie haben | Sie haben | gemieden |
| er/sie/es hat | sie haben | |

**SIMPLE PAST**

| | |
|---|---|
| ich mied | wir mieden |
| du miedst | ihr miedet |
| Sie mieden | Sie mieden |
| er/sie/es mied | sie mieden |

**PAST PERFECT**

| | | |
|---|---|---|
| ich hatte | wir hatten | |
| du hattest | ihr hattet | |
| Sie hatten | Sie hatten | gemieden |
| er/sie/es hatte | sie hatten | |

**FUTURE**

| | | |
|---|---|---|
| ich werde | wir werden | |
| du wirst | ihr werdet | |
| Sie werden | Sie werden | meiden |
| er/sie/es wird | sie werden | |

**FUTURE PERFECT**

| | | |
|---|---|---|
| ich werde | wir werden | |
| du wirst | ihr werdet | |
| Sie werden | Sie werden | gemieden haben |
| er/sie/es wird | sie werden | |

**PRESENT SUBJUNCTIVE I**

| | |
|---|---|
| ich meide | wir meiden |
| du meidest | ihr meidet |
| Sie meiden | Sie meiden |
| er/sie/es meide | sie meiden |

**PAST SUBJUNCTIVE I**

| | | |
|---|---|---|
| ich habe | wir haben | |
| du habest | ihr habet | |
| Sie haben | Sie haben | gemieden |
| er/sie/es habe | sie haben | |

**PRESENT SUBJUNCTIVE II**

| | |
|---|---|
| ich miede | wir mieden |
| du miedest | ihr miedet |
| Sie mieden | Sie mieden |
| er/sie/es miede | sie mieden |

**PAST SUBJUNCTIVE II**

| | | |
|---|---|---|
| ich hätte | wir hätten | |
| du hättest | ihr hättet | |
| Sie hätten | Sie hätten | gemieden |
| er/sie/es hätte | sie hätten | |

**FUTURE SUBJUNCTIVE I**

| | | |
|---|---|---|
| ich werde | wir werden | |
| du werdest | ihr werdet | |
| Sie werden | Sie werden | meiden |
| er/sie/es werde | sie werden | |

**FUTURE PERFECT SUBJUNCTIVE I**

| | | |
|---|---|---|
| ich werde | wir werden | |
| du werdest | ihr werdet | |
| Sie werden | Sie werden | gemieden haben |
| er/sie/es werde | sie werden | |

**FUTURE SUBJUNCTIVE II**

| | | |
|---|---|---|
| ich würde | wir würden | |
| du würdest | ihr würdet | |
| Sie würden | Sie würden | meiden |
| er/sie/es würde | sie würden | |

**FUTURE PERFECT SUBJUNCTIVE II**

| | | |
|---|---|---|
| ich würde | wir würden | |
| du würdest | ihr würdet | |
| Sie würden | Sie würden | gemieden haben |
| er/sie/es würde | sie würden | |

**COMMANDS**     meide!   meidet!   meiden Sie!

**PRESENT PARTICIPLE**     meidend

## Usage

| | |
|---|---|
| Kalium und Phosphor müssen von Nierenkranken gemieden werden. | *Potassium and phosphorus must be avoided by those with kidney disease.* |
| Rolf meidet immer offenen Konflikt. | *Rolf always avoids open conflict.* |
| Der Ort, an dem er sich umbrachte, wird wie die Pest gemieden. | *The place where he committed suicide is avoided like the plague.* |
| Immer mehr Menschen meiden gentechnisch veränderte Organismen in Lebensmitteln. | *More and more people are staying away from genetically modified organisms in foods.* |
| Dieses Reiseziel sollte wegen des Krieges gemieden werden. | *This travel destination should be avoided because of the war.* |
| Andere Kinder mieden ihn. | *Other children shunned him.* |
| Warum meidest du mich? | *Why are you avoiding me?* |
| Es war Vollmond, und der Schlaf mied mich. | *There was a full moon, and sleep eluded me.* |
| Es liegt mir fern, das Licht der Öffentlichkeit zu meiden! | *Far be it from me to avoid the limelight!* |

**RELATED VERB**   vermeiden

**PRESENT**

| ich meine | wir meinen |
|---|---|
| du meinst | ihr meint |
| Sie meinen | Sie meinen |
| er/sie/es meint | sie meinen |

**SIMPLE PAST**

| ich meinte | wir meinten |
|---|---|
| du meintest | ihr meintet |
| Sie meinten | Sie meinten |
| er/sie/es meinte | sie meinten |

**FUTURE**

| ich werde | wir werden | }
|---|---|---|
| du wirst | ihr werdet | |
| Sie werden | Sie werden | meinen |
| er/sie/es wird | sie werden | |

**PRESENT SUBJUNCTIVE I**

| ich meine | wir meinen |
|---|---|
| du meinest | ihr meinet |
| Sie meinen | Sie meinen |
| er/sie/es meine | sie meinen |

**PRESENT SUBJUNCTIVE II**

| ich meinte | wir meinten |
|---|---|
| du meintest | ihr meintet |
| Sie meinten | Sie meinten |
| er/sie/es meinte | sie meinten |

**FUTURE SUBJUNCTIVE I**

| ich werde | wir werden | }
|---|---|---|
| du werdest | ihr werdet | |
| Sie werden | Sie werden | meinen |
| er/sie/es werde | sie werden | |

**FUTURE SUBJUNCTIVE II**

| ich würde | wir würden | }
|---|---|---|
| du würdest | ihr würdet | |
| Sie würden | Sie würden | meinen |
| er/sie/es würde | sie würden | |

**PRESENT PERFECT**

| ich habe | wir haben | }
|---|---|---|
| du hast | ihr habt | |
| Sie haben | Sie haben | gemeint |
| er/sie/es hat | sie haben | |

**PAST PERFECT**

| ich hatte | wir hatten | }
|---|---|---|
| du hattest | ihr hattet | |
| Sie hatten | Sie hatten | gemeint |
| er/sie/es hatte | sie hatten | |

**FUTURE PERFECT**

| ich werde | wir werden | }
|---|---|---|
| du wirst | ihr werdet | |
| Sie werden | Sie werden | gemeint haben |
| er/sie/es wird | sie werden | |

**PAST SUBJUNCTIVE I**

| ich habe | wir haben | }
|---|---|---|
| du habest | ihr habet | |
| Sie haben | Sie haben | gemeint |
| er/sie/es habe | sie haben | |

**PAST SUBJUNCTIVE II**

| ich hätte | wir hätten | }
|---|---|---|
| du hättest | ihr hättet | |
| Sie hätten | Sie hätten | gemeint |
| er/sie/es hätte | sie hätten | |

**FUTURE PERFECT SUBJUNCTIVE I**

| ich werde | wir werden | }
|---|---|---|
| du werdest | ihr werdet | |
| Sie werden | Sie werden | gemeint haben |
| er/sie/es werde | sie werden | |

**FUTURE PERFECT SUBJUNCTIVE II**

| ich würde | wir würden | }
|---|---|---|
| du würdest | ihr würdet | |
| Sie würden | Sie würden | gemeint haben |
| er/sie/es würde | sie würden | |

**COMMANDS**     mein(e)!   meint!   meinen Sie!

**PRESENT PARTICIPLE**   meinend

## Usage

| | |
|---|---|
| Was meinen Sie? | *What is your opinion?* |
| Was meinen Sie damit? | *What do you mean by that?* |
| Das habe ich nicht so gemeint. | *I didn't mean it that way.* |
| Die Behörden meinten, das alte Haus abreißen zu lassen. | *The authorities intended to have the old house demolished.* |
| Ingrid meint das ernst. | *Ingrid seriously means that.* |
| Ich meine, Sie sind wohl der ehrgeizigste von der Gruppe. | *I think you are probably the most ambitious of the group.* |
| Verstehst du was ich meine? | *Do you understand what I mean?* |
| Habt ihr mich gemeint? | *Did you mean me?* |
| Gregor meint, seine Bemerkung sei humorvoll gemeint, aber ich meine, es war sein Ernst. | *Gregor says his comment was meant to be humorous, but I think he was serious.* |
| „Wir werden sehen", meinte der Kobold grinsend. | *"We'll see," said the goblin with a grin.* |

**RELATED VERB** vermeinen

# melden *to report, announce, notify, recount*

**meldet · meldete · gemeldet**

**PRESENT**

| | |
|---|---|
| ich melde | wir melden |
| du meldest | ihr meldet |
| Sie melden | Sie melden |
| er/sie/es meldet | sie melden |

**PRESENT PERFECT**

| | | |
|---|---|---|
| ich habe | wir haben | |
| du hast | ihr habt | |
| Sie haben | Sie haben | gemeldet |
| er/sie/es hat | sie haben | |

**SIMPLE PAST**

| | |
|---|---|
| ich meldete | wir meldeten |
| du meldetest | ihr meldetet |
| Sie meldeten | Sie meldeten |
| er/sie/es meldete | sie meldeten |

**PAST PERFECT**

| | | |
|---|---|---|
| ich hatte | wir hatten | |
| du hattest | ihr hattet | |
| Sie hatten | Sie hatten | gemeldet |
| er/sie/es hatte | sie hatten | |

**FUTURE**

| | | |
|---|---|---|
| ich werde | wir werden | |
| du wirst | ihr werdet | |
| Sie werden | Sie werden | melden |
| er/sie/es wird | sie werden | |

**FUTURE PERFECT**

| | | |
|---|---|---|
| ich werde | wir werden | |
| du wirst | ihr werdet | |
| Sie werden | Sie werden | gemeldet haben |
| er/sie/es wird | sie werden | |

**PRESENT SUBJUNCTIVE I**

| | |
|---|---|
| ich melde | wir melden |
| du meldest | ihr meldet |
| Sie melden | Sie melden |
| er/sie/es melde | sie melden |

**PAST SUBJUNCTIVE I**

| | | |
|---|---|---|
| ich habe | wir haben | |
| du habest | ihr habet | |
| Sie haben | Sie haben | gemeldet |
| er/sie/es habe | sie haben | |

**PRESENT SUBJUNCTIVE II**

| | |
|---|---|
| ich meldete | wir meldeten |
| du meldetest | ihr meldetet |
| Sie meldeten | Sie meldeten |
| er/sie/es meldete | sie meldeten |

**PAST SUBJUNCTIVE II**

| | | |
|---|---|---|
| ich hätte | wir hätten | |
| du hättest | ihr hättet | |
| Sie hätten | Sie hätten | gemeldet |
| er/sie/es hätte | sie hätten | |

**FUTURE SUBJUNCTIVE I**

| | | |
|---|---|---|
| ich werde | wir werden | |
| du werdest | ihr werdet | |
| Sie werden | Sie werden | melden |
| er/sie/es werde | sie werden | |

**FUTURE PERFECT SUBJUNCTIVE I**

| | | |
|---|---|---|
| ich werde | wir werden | |
| du werdest | ihr werdet | |
| Sie werden | Sie werden | gemeldet haben |
| er/sie/es werde | sie werden | |

**FUTURE SUBJUNCTIVE II**

| | | |
|---|---|---|
| ich würde | wir würden | |
| du würdest | ihr würdet | |
| Sie würden | Sie würden | melden |
| er/sie/es würde | sie würden | |

**FUTURE PERFECT SUBJUNCTIVE II**

| | | |
|---|---|---|
| ich würde | wir würden | |
| du würdest | ihr würdet | |
| Sie würden | Sie würden | gemeldet haben |
| er/sie/es würde | sie würden | |

**COMMANDS**  melde! meldet! melden Sie!

**PRESENT PARTICIPLE**  meldend

## Usage

| | |
|---|---|
| Ein Erdbeben wurde gerade im Fernsehen gemeldet. | *An earthquake was just reported on television.* |
| Der Wahlleiter meldet die Wahlergebnisse. | *The elections director is announcing the election results.* |
| Änderungen sind umgehend zu melden. | *Changes are to be reported immediately.* |
| Lutz meldete der Polizei, dass das Autoradio gestohlen worden sei. | *Lutz notified the police that the car radio had been stolen.* |
| Die Teilnehmer haben uns gemeldet, wie viel Spaß es gemacht hat. | *The participants recounted to us how much fun it was.* |

### sich melden *to come forward, volunteer; answer; announce oneself*

| | |
|---|---|
| Die Lehrerin stellte eine Frage, aber keiner meldete sich. | *The teacher asked a question, but no one raised his hand.* |
| Werner hat sich nicht gemeldet. | *Werner didn't respond.* |
| „Hast du bei ihm telefoniert?" | *"Did you phone him?"* |
| „Ja, aber er meldet sich nicht." | *"Yes, but he doesn't answer."* |

**RELATED VERBS** ab·melden, krank·melden, vermelden, zurück·melden; *see also* an·**melden** (14)

regular weak verb

**merkt · merkte · gemerkt**

**PRESENT**

| | |
|---|---|
| ich merke | wir merken |
| du merkst | ihr merkt |
| Sie merken | Sie merken |
| er/sie/es merkt | sie merken |

**PRESENT PERFECT**

| | | |
|---|---|---|
| ich habe | wir haben | |
| du hast | ihr habt | gemerkt |
| Sie haben | Sie haben | |
| er/sie/es hat | sie haben | |

**SIMPLE PAST**

| | |
|---|---|
| ich merkte | wir merkten |
| du merktest | ihr merktet |
| Sie merkten | Sie merkten |
| er/sie/es merkte | sie merkten |

**PAST PERFECT**

| | | |
|---|---|---|
| ich hatte | wir hatten | |
| du hattest | ihr hattet | gemerkt |
| Sie hatten | Sie hatten | |
| er/sie/es hatte | sie hatten | |

**FUTURE**

| | | |
|---|---|---|
| ich werde | wir werden | |
| du wirst | ihr werdet | merken |
| Sie werden | Sie werden | |
| er/sie/es wird | sie werden | |

**FUTURE PERFECT**

| | | |
|---|---|---|
| ich werde | wir werden | |
| du wirst | ihr werdet | gemerkt haben |
| Sie werden | Sie werden | |
| er/sie/es wird | sie werden | |

**PRESENT SUBJUNCTIVE I**

| | |
|---|---|
| ich merke | wir merken |
| du merkest | ihr merket |
| Sie merken | Sie merken |
| er/sie/es merke | sie merken |

**PAST SUBJUNCTIVE I**

| | | |
|---|---|---|
| ich habe | wir haben | |
| du habest | ihr habet | gemerkt |
| Sie haben | Sie haben | |
| er/sie/es habe | sie haben | |

**PRESENT SUBJUNCTIVE II**

| | |
|---|---|
| ich merkte | wir merkten |
| du merktest | ihr merktet |
| Sie merkten | Sie merkten |
| er/sie/es merkte | sie merkten |

**PAST SUBJUNCTIVE II**

| | | |
|---|---|---|
| ich hätte | wir hätten | |
| du hättest | ihr hättet | gemerkt |
| Sie hätten | Sie hätten | |
| er/sie/es hätte | sie hätten | |

**FUTURE SUBJUNCTIVE I**

| | | |
|---|---|---|
| ich werde | wir werden | |
| du werdest | ihr werdet | merken |
| Sie werden | Sie werden | |
| er/sie/es werde | sie werden | |

**FUTURE PERFECT SUBJUNCTIVE I**

| | | |
|---|---|---|
| ich werde | wir werden | |
| du werdest | ihr werdet | gemerkt haben |
| Sie werden | Sie werden | |
| er/sie/es werde | sie werden | |

**FUTURE SUBJUNCTIVE II**

| | | |
|---|---|---|
| ich würde | wir würden | |
| du würdest | ihr würdet | merken |
| Sie würden | Sie würden | |
| er/sie/es würde | sie würden | |

**FUTURE PERFECT SUBJUNCTIVE II**

| | | |
|---|---|---|
| ich würde | wir würden | |
| du würdest | ihr würdet | gemerkt haben |
| Sie würden | Sie würden | |
| er/sie/es würde | sie würden | |

**COMMANDS**     merk(e)!   merkt!   merken Sie!

**PRESENT PARTICIPLE**     merkend

## Usage

| | |
|---|---|
| Smith merkt, dass keine überzeugende Theorie existiert. | *Smith observes that no convincing theory exists.* |
| Konrad merkte nicht, dass es regnete. | *Konrad didn't realize it was raining.* |
| Hier ist zu merken, dass der vorangehende Satz keine Ausklammerung aufweist. | *One should notice here that the preceding sentence shows no left detachment.* |
| Ich merkte, wie der starke Nordwind die trockenen Blätter mit sich trug. | *I observed how the strong north wind was carrying the dry leaves along.* |
| Merkst du ein seltsames Gefühl im Bauch? | *Do you sense an odd feeling in your stomach?* |
| An ihrem schlurfenden Gang merkt man, dass sie deprimiert ist. | *You can tell by the way she shuffles along that she's depressed.* |

### sich merken *to remember, keep in mind*

| | |
|---|---|
| Ich muss mir die Telefonnummer merken. | *I'll have to remember the telephone number.* |
| Wer hat sich die meisten Namen gemerkt? | *Who remembered the most names?* |

**RELATED VERBS** an·merken, auf·merken, vermerken, vor·merken; *see also* **bemerken** (69)

## messen  *to measure, gauge; compare*

misst · maß · gemessen

strong verb

**PRESENT**

| | |
|---|---|
| ich messe | wir messen |
| du misst | ihr messt |
| Sie messen | Sie messen |
| er/sie/es misst | sie messen |

**SIMPLE PAST**

| | |
|---|---|
| ich maß | wir maßen |
| du maßest | ihr maßt |
| Sie maßen | Sie maßen |
| er/sie/es maß | sie maßen |

**FUTURE**

| | | |
|---|---|---|
| ich werde | wir werden | |
| du wirst | ihr werdet | |
| Sie werden | Sie werden | messen |
| er/sie/es wird | sie werden | |

**PRESENT SUBJUNCTIVE I**

| | |
|---|---|
| ich messe | wir messen |
| du messest | ihr messet |
| Sie messen | Sie messen |
| er/sie/es messe | sie messen |

**PRESENT SUBJUNCTIVE II**

| | |
|---|---|
| ich mäße | wir mäßen |
| du mäßest | ihr mäßet |
| Sie mäßen | Sie mäßen |
| er/sie/es mäße | sie mäßen |

**FUTURE SUBJUNCTIVE I**

| | | |
|---|---|---|
| ich werde | wir werden | |
| du werdest | ihr werdet | |
| Sie werden | Sie werden | messen |
| er/sie/es werde | sie werden | |

**FUTURE SUBJUNCTIVE II**

| | | |
|---|---|---|
| ich würde | wir würden | |
| du würdest | ihr würdet | |
| Sie würden | Sie würden | messen |
| er/sie/es würde | sie würden | |

**PRESENT PERFECT**

| | | |
|---|---|---|
| ich habe | wir haben | |
| du hast | ihr habt | |
| Sie haben | Sie haben | gemessen |
| er/sie/es hat | sie haben | |

**PAST PERFECT**

| | | |
|---|---|---|
| ich hatte | wir hatten | |
| du hattest | ihr hattet | |
| Sie hatten | Sie hatten | gemessen |
| er/sie/es hatte | sie hatten | |

**FUTURE PERFECT**

| | | |
|---|---|---|
| ich werde | wir werden | |
| du wirst | ihr werdet | |
| Sie werden | Sie werden | gemessen haben |
| er/sie/es wird | sie werden | |

**PAST SUBJUNCTIVE I**

| | | |
|---|---|---|
| ich habe | wir haben | |
| du habest | ihr habet | |
| Sie haben | Sie haben | gemessen |
| er/sie/es habe | sie haben | |

**PAST SUBJUNCTIVE II**

| | | |
|---|---|---|
| ich hätte | wir hätten | |
| du hättest | ihr hättet | |
| Sie hätten | Sie hätten | gemessen |
| er/sie/es hätte | sie hätten | |

**FUTURE PERFECT SUBJUNCTIVE I**

| | | |
|---|---|---|
| ich werde | wir werden | |
| du werdest | ihr werdet | |
| Sie werden | Sie werden | gemessen haben |
| er/sie/es werde | sie werden | |

**FUTURE PERFECT SUBJUNCTIVE II**

| | | |
|---|---|---|
| ich würde | wir würden | |
| du würdest | ihr würdet | |
| Sie würden | Sie würden | gemessen haben |
| er/sie/es würde | sie würden | |

**COMMANDS**     miss!   messt!   messen Sie!

**PRESENT PARTICIPLE**     messend

## Usage

| | |
|---|---|
| Ein *yard* misst 0,9144 Meter. | *A yard measures 0.9144 meters.* |
| Früher hat man Bodenfläche in Morgen gemessen. | *People used to measure acreage in* morgen. |
| Ein Morgen maß zwischen 0,25 und 1,22 Hektar. | *A morgen measured between 0.25 and 1.22 hectares.* |
| Heute wird das Land in Hektar gemessen. | *Today land is measured in hectares.* |
| Wann ist die Luftqualität das letzte Mal gemessen worden? | *When was the air quality last measured?* |
| Wie lässt sich die Härte von Mineralien messen? | *How is the hardness of minerals gauged?* |
| Du sollst Laura an ihrer Zwillingsschwester nicht messen. | *You shouldn't compare Laura to her twin sister.* |

### sich messen (mit)  *to compete (with), pit oneself (against)*

| | |
|---|---|
| Sechs Mannschaften messen sich in Kaiserslautern. | *Six teams are competing in Kaiserslautern.* |
| Sebastian misst sich mit dem 21-jährigen Österreicher Jörg Huber. | *Sebastian is competing against the 21-year-old Austrian Jörg Huber.* |

**RELATED VERBS**  ab·messen, an·messen, aus·messen, bei·messen, bemessen, durchmessen, durch·messen, ermessen, nach·messen, vermessen, zu·messen

regular weak verb

**mietet · mietete · gemietet**

### PRESENT

| | |
|---|---|
| ich miete | wir mieten |
| du mietest | ihr mietet |
| Sie mieten | Sie mieten |
| er/sie/es mietet | sie mieten |

### SIMPLE PAST

| | |
|---|---|
| ich mietete | wir mieteten |
| du mietetest | ihr mietetet |
| Sie mieteten | Sie mieteten |
| er/sie/es mietete | sie mieteten |

### FUTURE

| | |
|---|---|
| ich werde | wir werden |
| du wirst | ihr werdet |
| Sie werden | Sie werden |
| er/sie/es wird | sie werden |

} mieten

### PRESENT SUBJUNCTIVE I

| | |
|---|---|
| ich miete | wir mieten |
| du mietest | ihr mietet |
| Sie mieten | Sie mieten |
| er/sie/es miete | sie mieten |

### PRESENT SUBJUNCTIVE II

| | |
|---|---|
| ich mietete | wir mieteten |
| du mietetest | ihr mietetet |
| Sie mieteten | Sie mieteten |
| er/sie/es mietete | sie mieteten |

### FUTURE SUBJUNCTIVE I

| | |
|---|---|
| ich werde | wir werden |
| du werdest | ihr werdet |
| Sie werden | Sie werden |
| er/sie/es werde | sie werden |

} mieten

### FUTURE SUBJUNCTIVE II

| | |
|---|---|
| ich würde | wir würden |
| du würdest | ihr würdet |
| Sie würden | Sie würden |
| er/sie/es würde | sie würden |

} mieten

### PRESENT PERFECT

| | |
|---|---|
| ich habe | wir haben |
| du hast | ihr habt |
| Sie haben | Sie haben |
| er/sie/es hat | sie haben |

} gemietet

### PAST PERFECT

| | |
|---|---|
| ich hatte | wir hatten |
| du hattest | ihr hattet |
| Sie hatten | Sie hatten |
| er/sie/es hatte | sie hatten |

} gemietet

### FUTURE PERFECT

| | |
|---|---|
| ich werde | wir werden |
| du wirst | ihr werdet |
| Sie werden | Sie werden |
| er/sie/es wird | sie werden |

} gemietet haben

### PAST SUBJUNCTIVE I

| | |
|---|---|
| ich habe | wir haben |
| du habest | ihr habet |
| Sie haben | Sie haben |
| er/sie/es habe | sie haben |

} gemietet

### PAST SUBJUNCTIVE II

| | |
|---|---|
| ich hätte | wir hätten |
| du hättest | ihr hättet |
| Sie hätten | Sie hätten |
| er/sie/es hätte | sie hätten |

} gemietet

### FUTURE PERFECT SUBJUNCTIVE I

| | |
|---|---|
| ich werde | wir werden |
| du werdest | ihr werdet |
| Sie werden | Sie werden |
| er/sie/es werde | sie werden |

} gemietet haben

### FUTURE PERFECT SUBJUNCTIVE II

| | |
|---|---|
| ich würde | wir würden |
| du würdest | ihr würdet |
| Sie würden | Sie würden |
| er/sie/es würde | sie würden |

} gemietet haben

**COMMANDS**    miete! mietet! mieten Sie!

**PRESENT PARTICIPLE**    mietend

## Usage

| | |
|---|---|
| In Mallorca haben wir uns eine Wohnung gemietet. | *In Mallorca, we rented an apartment for ourselves.* |
| Mietet ihr oder besitzt ihr das Haus? | *Do you rent or own the house?* |
| Am besten mieten Sie eine Limousine. | *It is best for you to hire a limousine.* |
| Für die Hochzeit mieten wir einen weitläufigen Raum im Schloss! | *For the wedding, we are renting a spacious room in the castle!* |
| Wo sind Fahrräder zu mieten? | *Where can bicycles be rented?* |
| Der Wagen muss in der Filiale zurückgegeben werden, in der er gemietet wurde. | *The car must be returned to the branch where it was rented.* |
| Kann der Saal gemietet werden? | *Can the room be rented?* |
| Ich miete den Computer und bekomme jedes Jahr ein neues Modell. | *I lease the computer and get a new model every year.* |
| Vor 1853 mietete Nicolaus Fricke die Mühle am Bitterbach. | *Before 1853, Nicolaus Fricke rented the mill on Bitter Creek.* |

**RELATED VERBS**  ab·vermieten, ein·mieten, untervermieten, vermieten, weiter·vermieten

# misslingen  *to fail, be unsuccessful*

**misslingt · misslang · misslungen**

strong verb (dative object)

| PRESENT | | PRESENT PERFECT | |
|---|---|---|---|
| er/sie/es misslingt | sie misslingen | er/sie/es ist misslungen | sie sind misslungen |

| SIMPLE PAST | | PAST PERFECT | |
|---|---|---|---|
| er/sie/es misslang | sie misslangen | er/sie/es war misslungen | sie waren misslungen |

| FUTURE | | FUTURE PERFECT | |
|---|---|---|---|
| er/sie/es wird misslingen | sie werden misslingen | er/sie/es wird misslungen sein | sie werden misslungen sein |

| PRESENT SUBJUNCTIVE I | | PAST SUBJUNCTIVE I | |
|---|---|---|---|
| er/sie/es misslinge | sie misslingen | er/sie/es sei misslungen | sie seien misslungen |

| PRESENT SUBJUNCTIVE II | | PAST SUBJUNCTIVE II | |
|---|---|---|---|
| er/sie/es misslänge | sie misslängen | er/sie/es wäre misslungen | sie wären misslungen |

| FUTURE SUBJUNCTIVE I | | FUTURE PERFECT SUBJUNCTIVE I | |
|---|---|---|---|
| er/sie/es werde misslingen | sie werden misslingen | er/sie/es werde misslungen sein | sie werden misslungen sein |

| FUTURE SUBJUNCTIVE II | | FUTURE PERFECT SUBJUNCTIVE II | |
|---|---|---|---|
| er/sie/es würde misslingen | sie würden misslingen | er/sie/es würde misslungen sein | sie würden misslungen sein |

COMMANDS —

PRESENT PARTICIPLE   misslingend

NOTE  Only impersonal forms are generally used.

## Usage

| | |
|---|---|
| Alle Versuche, die alte Windmühle zu reparieren, misslangen. | *All attempts to repair the old windmill were unsuccessful.* |
| Schneiders neues Buch ist aus mehreren Gründen misslungen. | *Schneider's new book failed for several reasons.* |
| Der Film wird Millionen einbringen, auch wenn der Schluss völlig misslingt. | *The film will bring in millions, even if the ending is a complete bust.* |
| Dem Jungen misslang ein Sprung über einen Graben und er verstauchte sich das Fußgelenk. | *The boy's attempt to jump across a ditch failed, and he sprained his ankle.* |
| Wenn der Versuch uns misslänge, müssten wir wieder von vorne anfangen. | *If our attempt should fail, we would have to start over from the beginning.* |
| Trotz noch eines misslungenen Versuchs gab der Wissenschaftler nicht auf. | *In spite of yet another failed attempt, the scientist did not give up.* |
| Im Jahr 1863 misslang ein Aufstand der Loyalisten des Tokugawa-Schogunats in Nara. | *In the year 1863, an uprising of the Tokugawa Shogunate loyalists in Nara was unsuccessful.* |

RELATED VERB  *see* **gelingen** (212)

**PRESENT**

| | | |
|---|---|---|
| ich teile | wir teilen | |
| du teilst | ihr teilt | mit |
| Sie teilen | Sie teilen | |
| er/sie/es teilt | sie teilen | |

**SIMPLE PAST**

| | | |
|---|---|---|
| ich teilte | wir teilten | |
| du teiltest | ihr teiltet | mit |
| Sie teilten | Sie teilten | |
| er/sie/es teilte | sie teilten | |

**FUTURE**

| | | |
|---|---|---|
| ich werde | wir werden | |
| du wirst | ihr werdet | mitteilen |
| Sie werden | Sie werden | |
| er/sie/es wird | sie werden | |

**PRESENT SUBJUNCTIVE I**

| | | |
|---|---|---|
| ich teile | wir teilen | |
| du teilest | ihr teilet | mit |
| Sie teilen | Sie teilen | |
| er/sie/es teile | sie teilen | |

**PRESENT SUBJUNCTIVE II**

| | | |
|---|---|---|
| ich teilte | wir teilten | |
| du teiltest | ihr teiltet | mit |
| Sie teilten | Sie teilten | |
| er/sie/es teilte | sie teilten | |

**FUTURE SUBJUNCTIVE I**

| | | |
|---|---|---|
| ich werde | wir werden | |
| du werdest | ihr werdet | mitteilen |
| Sie werden | Sie werden | |
| er/sie/es werde | sie werden | |

**FUTURE SUBJUNCTIVE II**

| | | |
|---|---|---|
| ich würde | wir würden | |
| du würdest | ihr würdet | mitteilen |
| Sie würden | Sie würden | |
| er/sie/es würde | sie würden | |

**PRESENT PERFECT**

| | | |
|---|---|---|
| ich habe | wir haben | |
| du hast | ihr habt | mitgeteilt |
| Sie haben | Sie haben | |
| er/sie/es hat | sie haben | |

**PAST PERFECT**

| | | |
|---|---|---|
| ich hatte | wir hatten | |
| du hattest | ihr hattet | mitgeteilt |
| Sie hatten | Sie hatten | |
| er/sie/es hatte | sie hatten | |

**FUTURE PERFECT**

| | | |
|---|---|---|
| ich werde | wir werden | |
| du wirst | ihr werdet | mitgeteilt haben |
| Sie werden | Sie werden | |
| er/sie/es wird | sie werden | |

**PAST SUBJUNCTIVE I**

| | | |
|---|---|---|
| ich habe | wir haben | |
| du habest | ihr habet | mitgeteilt |
| Sie haben | Sie haben | |
| er/sie/es habe | sie haben | |

**PAST SUBJUNCTIVE II**

| | | |
|---|---|---|
| ich hätte | wir hätten | |
| du hättest | ihr hättet | mitgeteilt |
| Sie hätten | Sie hätten | |
| er/sie/es hätte | sie hätten | |

**FUTURE PERFECT SUBJUNCTIVE I**

| | | |
|---|---|---|
| ich werde | wir werden | |
| du werdest | ihr werdet | mitgeteilt haben |
| Sie werden | Sie werden | |
| er/sie/es werde | sie werden | |

**FUTURE PERFECT SUBJUNCTIVE II**

| | | |
|---|---|---|
| ich würde | wir würden | |
| du würdest | ihr würdet | mitgeteilt haben |
| Sie würden | Sie würden | |
| er/sie/es würde | sie würden | |

**COMMANDS** teil(e) mit! teilt mit! teilen Sie mit!

**PRESENT PARTICIPLE** mitteilend

## Usage

Ernst sagte, er hätte etwas Neues mitzuteilen.
„Wir geben nicht auf", teilte ein Polizeisprecher mit.
Der Vorsitzende hat dem Vorstand seinen sofortigen
  Rücktritt mitgeteilt.
Teilen Sie uns alle Änderungen umgehend mit.
Frederike möchte ihrem Mann ihr Vorhaben mitteilen.
Ich muss jetzt meine Bedenken mitteilen.
Seine Eltern haben ihm gestern mitgeteilt, er sei mit
  zwei Jahren adoptiert worden.
Prüfungsergebnisse werden Studierenden per Email
  mitgeteilt.

*Ernst said he has something new to pass on.*
*"We're not giving up," announced a police spokesperson.*
*The chairman communicated his immediate resignation
  to the board.*
*Inform us of all changes immediately.*
*Frederike would like to tell her husband of her plan.*
*I have to communicate my misgivings now.*
*His parents informed him yesterday that he had been
  adopted at the age of two.*
*Test results are now communicated to students via e-mail.*

### sich mitteilen *to spread, catch on*

Sein Enthusiasmus teilte sich uns mit.

*His enthusiasm caught on with us.*

**RELATED VERBS** *see* **teilen** (443)

### MORE USAGE SENTENCES WITH mögen

| | |
|---|---|
| Laura hat es nicht gemocht, dass wir nicht mehr miteinander telefonierten. | *Laura didn't like it that we no longer talked on the telephone.* |
| Manche mögen es scharf. | *Some like it spicy.* |

### mögen (in present subjunctive II) *would like, would like to* (polite request/desire); *to want (to)*

| | |
|---|---|
| Florian möchte das Schnitzel. | *Florian would like the cutlet.* |
| Mein Kollege möchte ein Pils und ich möchte gern ein Glas Rotwein. | *My colleague would like a beer, and I'd like a glass of red wine.* |
| Möchtest du tanzen? | *Would you like to dance?* |
| Möchtet ihr Jazzmusik hören? | *Would you like to listen to some jazz?* |
| Ich möchte den Sonntag zu Hause verbringen. | *I'd like to spend Sunday at home.* |
| Lukas möchte keine Erdnüsse mehr. | *Lukas doesn't want any more peanuts.* |
| Ich möchte nicht missverstanden werden, aber Doris hat völlig Recht. | *I don't want to be misunderstood, but Doris is exactly right.* |
| Ich möchte Spinat mögen, denn er ist sehr gesund. | *I'd like to like spinach, because it's very healthy.* |
| Frau Spears möchte lieber bar bezahlen. | *Mrs. Spears would rather pay cash.* |
| Wenn Sie möchten, können Sie abends tanzen oder ins Theater gehen. | *If you wish, you can go dancing or to the theater in the evening.* |

### mögen + infinitive *can, to like to, want to*

| | |
|---|---|
| Ich mag ihn nicht leiden. | *I cannot tolerate him.* |
| Herr Friedrichsen mag es nicht leiden, wenn seine Frau ihn „Hansel" nennt. | *Mr. Friedrichsen can't stand it when his wife calls him "Hansel."* |
| Magst du tanzen? | *Do you like to dance? / Are you fond of dancing?* |
| Ich mag nicht gehen, aber mein Mann ist müde. | *I don't want to go, but my husband is tired.* |
| Der Bote reichte ihr den Brief und sagte, sie möchte ihn selbst lesen. (*elevated style*) | *The messenger handed her the letter and said she should read it herself.* |

### mögen *may, might* (subjective meaning to express supposition or speculation)

| | |
|---|---|
| Das mag sein, aber das ist nicht der Punkt. | *That may be, but that is not the point.* |
| Es mag aber wirklich sein, dass Sie die Absicht Ihrer Mutter falsch interpretiert haben. | *However, it might really be that you've misinterpreted your mother's intention.* |
| Wer mag der Mann sein? | *Who might that man be?* |
| Ein Grund dafür mag gewesen sein, dass er am Kurs gar nicht teilgenommen hatte. | *One reason for that might have been that he hadn't participated in the course at all.* |
| Es mochte wohl erst drei Uhr morgens sein, als das Telefon klingelte. | *It was perhaps only three o'clock in the morning when the telephone rang.* |

### IDIOMATIC EXPRESSIONS

| | |
|---|---|
| Du magst tun was du willst. | *I'll let you do whatever you want. (I don't care.)* |
| Was er auch tun mochte, sie war nicht berechtigt ihm Vorwürfe zu machen. (ACHIM VON ARNIM) | *No matter what he did, she had no right to reproach him.* |
| Diese fürchterliche Situation bleibt immer dieselbe, was ich auch tun mag. | *This horrible situation always stays the same, no matter what I do.* |
| Wie dem auch sein mag, … | *Be that as it may, …* |
| Möge es euch wohl bekommen. | *May it do you much good.* |
| Möge es Ihnen gelingen. | *May you be successful.* |
| Mag kommen was will. | *Come what may.* |

TOP 50 VERBS

modal verb

**mag · mochte · gemocht**

**PRESENT**

| | |
|---|---|
| ich mag | wir mögen |
| du magst | ihr mögt |
| Sie mögen | Sie mögen |
| er/sie/es mag | sie mögen |

**PRESENT PERFECT**

| | | |
|---|---|---|
| ich habe | wir haben | |
| du hast | ihr habt | gemocht |
| Sie haben | Sie haben | |
| er/sie/es hat | sie haben | |

**SIMPLE PAST**

| | |
|---|---|
| ich mochte | wir mochten |
| du mochtest | ihr mochtet |
| Sie mochten | Sie mochten |
| er/sie/es mochte | sie mochten |

**PAST PERFECT**

| | | |
|---|---|---|
| ich hatte | wir hatten | |
| du hattest | ihr hattet | gemocht |
| Sie hatten | Sie hatten | |
| er/sie/es hatte | sie hatten | |

**FUTURE**

| | | |
|---|---|---|
| ich werde | wir werden | |
| du wirst | ihr werdet | mögen |
| Sie werden | Sie werden | |
| er/sie/es wird | sie werden | |

**FUTURE PERFECT**

| | | |
|---|---|---|
| ich werde | wir werden | |
| du wirst | ihr werdet | gemocht haben |
| Sie werden | Sie werden | |
| er/sie/es wird | sie werden | |

**PRESENT SUBJUNCTIVE I**

| | |
|---|---|
| ich möge | wir mögen |
| du mögest | ihr möget |
| Sie mögen | Sie mögen |
| er/sie/es möge | sie mögen |

**PAST SUBJUNCTIVE I**

| | | |
|---|---|---|
| ich habe | wir haben | |
| du habest | ihr habet | gemocht |
| Sie haben | Sie haben | |
| er/sie/es habe | sie haben | |

**PRESENT SUBJUNCTIVE II**

| | |
|---|---|
| ich möchte | wir möchten |
| du möchtest | ihr möchtet |
| Sie möchten | Sie möchten |
| er/sie/es möchte | sie möchten |

**PAST SUBJUNCTIVE II**

| | | |
|---|---|---|
| ich hätte | wir hätten | |
| du hättest | ihr hättet | gemocht |
| Sie hätten | Sie hätten | |
| er/sie/es hätte | sie hätten | |

**FUTURE SUBJUNCTIVE I**

| | | |
|---|---|---|
| ich werde | wir werden | |
| du werdest | ihr werdet | mögen |
| Sie werden | Sie werden | |
| er/sie/es werde | sie werden | |

**FUTURE PERFECT SUBJUNCTIVE I**

| | | |
|---|---|---|
| ich werde | wir werden | |
| du werdest | ihr werdet | gemocht haben |
| Sie werden | Sie werden | |
| er/sie/es werde | sie werden | |

**FUTURE SUBJUNCTIVE II**

| | | |
|---|---|---|
| ich würde | wir würden | |
| du würdest | ihr würdet | mögen |
| Sie würden | Sie würden | |
| er/sie/es würde | sie würden | |

**FUTURE PERFECT SUBJUNCTIVE II**

| | | |
|---|---|---|
| ich würde | wir würden | |
| du würdest | ihr würdet | gemocht haben |
| Sie würden | Sie würden | |
| er/sie/es würde | sie würden | |

**COMMANDS** —

**PRESENT PARTICIPLE** mögend

## Usage

| | |
|---|---|
| Magst du Sushi? | *Do you like sushi?* |
| Sergej mag es nicht, wenn seine Eltern sich streiten. | *Sergei doesn't like it when his parents fight.* |
| Als Kind mochte Erwin keinen Blumenkohl. | *As a child, Erwin didn't like cauliflower.* |
| Wir haben die Spielplätze in Düsseldorf sehr gemocht. | *We really liked the playgrounds in Düsseldorf.* |
| Mögen Sie lieber französische Weißweine oder kalifornische? | *Do you like French or Californian white wines better?* |
| Mögt ihr klassische Musik? | *Do you like classical music?* |
| Ab und zu mögen wir ein Glas Wein zum Abendessen. | *Now and again, we like a glass of wine with dinner.* |
| Du musst dich selbst mögen, damit andere Menschen dich mögen. | *You must like yourself so that other people like you.* |
| Ich habe früher Jogurt gemocht, aber ich kann ihn nicht mehr essen. | *I used to be fond of yogurt, but I can't eat it anymore.* |
| Ortwin mag keine Schokolade. | *Ortwin doesn't like chocolate.* |

**RELATED VERB** vermögen

### MORE USAGE SENTENCES WITH müssen

| | |
|---|---|
| Das muss man wissen. | *You need to know that.* |
| Die Kunst muss erlebt werden, sie darf nicht nur analysiert werden. | *Art must be experienced; it cannot merely be analyzed.* |
| In diesem Augenblick musste Karen die richtige Entscheidung treffen. | *At that moment, Karen had to make the right decision.* |
| Wir bedauern sehr, Ihnen mitteilen zu müssen, dass unser Vorstandsvorsitzender verstorben ist. | *We regret very much having to inform you that our chairman of the board has passed away.* |
| Man muss Fremdsprachen können, wenn man viel unterwegs im Ausland ist. | *You have to know foreign languages if you travel abroad a lot.* |
| Wie lange müssen wir warten? | *How long must we wait?* |
| Als sie das sagte, musste ich lachen. | *When she said that, I had to laugh.* |
| Die Trauben müssen sechs bis sieben Wochen in großen Behältnissen gären. | *The grapes have to ferment for six to seven weeks in large vats.* |
| Wir haben unsere unrealistischen Erwartungen zurückschrauben müssen. | *We have had to scale back our unrealistic expectations.* |

### nicht müssen   *to not have to, not need to*

NOTE **Nicht müssen** does not mean "must not." "Must not" is rendered in German by **nicht dürfen.**

| | |
|---|---|
| Du musst das nicht machen! | *You don't have to do that!* |
| Sie müssen sich nicht aufregen. | *You don't need to get excited.* |

### müssen   *must, to have to, be obliged to*   (used as a full verb, not as a modal)

| | |
|---|---|
| Ich musste zu ihr. | *I had to go to her.* |
| Jörg muss ins Krankenhaus. | *Jörg has to go to the hospital.* |
| Die Tatsache ist, dass ich es einfach muss. | *The fact is that I simply must (do it).* |
| Müssen Sie schon weg? | *Do you have to leave already?* |
| Was Sie auch gemusst hätten, wenn der Graf noch lebte.  (LESSING) | *Which you would have had to do if the count were still living.* |
| Um wie viel Uhr müsst ihr ins Bett? | *At what time do you have to go to bed?* |

### müssen   *must, to have to, should, ought to*   (subjective meaning to express supposition or speculation)

| | |
|---|---|
| Die Journalistin muss aus Russland kommen, denn sie spricht Russisch. | *The journalist must be from Russia because she speaks Russian.* |
| Das muss Marta Becker gewesen sein, die gerade vorbeigefahren ist. | *That must have been Marta Becker who just drove past.* |
| Es ist schon sieben Uhr? Ja, Andreas müsste schon zu Hause sein. | *It's already seven o'clock? Yes, Andreas ought to be home by now.* |
| Das muss wirklich wehgetan haben! | *That must have really hurt!* |
| Es müsste einen Weg geben, die Dateien von der Festplatte auf eine CD zu übertragen. | *There should be a way to transfer the files from the hard drive to a CD.* |
| Das schöne Fachwerkhaus an der Ecke müsste vor 1500 gebaut worden sein. | *The beautiful half-timber house on the corner would have to have been built before 1500.* |

### IDIOMATIC EXPRESSIONS

| | |
|---|---|
| Wenn es sein muss, kann ich mitkommen. | *If need be, I can come along.* |
| Muss das denn sein? | *Is that really necessary?* |
| Ich muss sagen, ich bin völlig überrascht worden. | *I must say, I was completely surprised.* |
| Mami, ich muss mal.  (*children's language*) | *Mommy, I have to go potty.* |

**TOP 50 VERBS**

**PRESENT**

| | |
|---|---|
| ich muss | wir müssen |
| du musst | ihr müsst |
| Sie müssen | Sie müssen |
| er/sie/es muss | sie müssen |

**SIMPLE PAST**

| | |
|---|---|
| ich musste | wir mussten |
| du musstest | ihr musstet |
| Sie mussten | Sie mussten |
| er/sie/es musste | sie mussten |

**FUTURE**

| | | |
|---|---|---|
| ich werde | wir werden | |
| du wirst | ihr werdet | müssen |
| Sie werden | Sie werden | |
| er/sie/es wird | sie werden | |

**PRESENT SUBJUNCTIVE I**

| | |
|---|---|
| ich müsse | wir müssen |
| du müssest | ihr müsset |
| Sie müssen | Sie müssen |
| er/sie/es müsse | sie müssen |

**PRESENT SUBJUNCTIVE II**

| | |
|---|---|
| ich müsste | wir müssten |
| du müsstest | ihr müsstet |
| Sie müssten | Sie müssten |
| er/sie/es müsste | sie müssten |

**FUTURE SUBJUNCTIVE I**

| | | |
|---|---|---|
| ich werde | wir werden | |
| du werdest | ihr werdet | müssen |
| Sie werden | Sie werden | |
| er/sie/es werde | sie werden | |

**FUTURE SUBJUNCTIVE II**

| | | |
|---|---|---|
| ich würde | wir würden | |
| du würdest | ihr würdet | müssen |
| Sie würden | Sie würden | |
| er/sie/es würde | sie würden | |

**COMMANDS** —

**PRESENT PARTICIPLE** müssend

**PRESENT PERFECT**

| | | |
|---|---|---|
| ich habe | wir haben | |
| du hast | ihr habt | gemusst |
| Sie haben | Sie haben | |
| er/sie/es hat | sie haben | |

**PAST PERFECT**

| | | |
|---|---|---|
| ich hatte | wir hatten | |
| du hattest | ihr hattet | gemusst |
| Sie hatten | Sie hatten | |
| er/sie/es hatte | sie hatten | |

**FUTURE PERFECT**

| | | |
|---|---|---|
| ich werde | wir werden | |
| du wirst | ihr werdet | gemusst haben |
| Sie werden | Sie werden | |
| er/sie/es wird | sie werden | |

**PAST SUBJUNCTIVE I**

| | | |
|---|---|---|
| ich habe | wir haben | |
| du habest | ihr habet | gemusst |
| Sie haben | Sie haben | |
| er/sie/es habe | sie haben | |

**PAST SUBJUNCTIVE II**

| | | |
|---|---|---|
| ich hätte | wir hätten | |
| du hättest | ihr hättet | gemusst |
| Sie hätten | Sie hätten | |
| er/sie/es hätte | sie hätten | |

**FUTURE PERFECT SUBJUNCTIVE I**

| | | |
|---|---|---|
| ich werde | wir werden | |
| du werdest | ihr werdet | gemusst haben |
| Sie werden | Sie werden | |
| er/sie/es werde | sie werden | |

**FUTURE PERFECT SUBJUNCTIVE II**

| | | |
|---|---|---|
| ich würde | wir würden | |
| du würdest | ihr würdet | gemusst haben |
| Sie würden | Sie würden | |
| er/sie/es würde | sie würden | |

## Usage

| | |
|---|---|
| Ich muss ein paar Bemerkungen vorbringen. | *I must put forward a few comments.* |
| In diesem Fall musste das Untersuchungsobjekt etwas genauer definiert werden. | *In this case, the object of study had to be more precisely defined.* |
| Alle Besucher müssen aktiv teilnehmen. | *All visitors are obliged to participate actively.* |
| Müssen Künstler sich der Welt entziehen, um eine künstlerische Sichtweise zu pflegen? | *Must artists withdraw from the world in order to cultivate an artistic point of view?* |
| Jetzt müssen die synchronischen Aspekte besprochen werden. | *The synchronic aspects must now be discussed.* |
| Der Patient meint, er müsse übernatürliche Kräfte verwenden, um aus der Klinik zu entkommen. | *The patient says he must use supernatural powers to escape from the clinic.* |
| Herr Erkermann wird als Zeuge vortreten müssen. | *Mr. Erkermann will have to come forward as a witness.* |
| Warum müsst ihr euch so benehmen? | *Why do you have to behave like that?* |
| Der Vertrag muss innerhalb einer Woche unterschrieben werden. | *The contract must be signed within one week.* |

## nach·denken · *to reflect, meditate, ponder, mull (over)*

**denkt nach · dachte nach · nachgedacht**                          mixed verb

**PRESENT**

| ich denke | wir denken | |
|---|---|---|
| du denkst | ihr denkt | nach |
| Sie denken | Sie denken | |
| er/sie/es denkt | sie denken | |

**PRESENT PERFECT**

| ich habe | wir haben | |
|---|---|---|
| du hast | ihr habt | nachgedacht |
| Sie haben | Sie haben | |
| er/sie/es hat | sie haben | |

**SIMPLE PAST**

| ich dachte | wir dachten | |
|---|---|---|
| du dachtest | ihr dachtet | nach |
| Sie dachten | Sie dachten | |
| er/sie/es dachte | sie dachten | |

**PAST PERFECT**

| ich hatte | wir hatten | |
|---|---|---|
| du hattest | ihr hattet | nachgedacht |
| Sie hatten | Sie hatten | |
| er/sie/es hatte | sie hatten | |

**FUTURE**

| ich werde | wir werden | |
|---|---|---|
| du wirst | ihr werdet | nachdenken |
| Sie werden | Sie werden | |
| er/sie/es wird | sie werden | |

**FUTURE PERFECT**

| ich werde | wir werden | |
|---|---|---|
| du wirst | ihr werdet | nachgedacht haben |
| Sie werden | Sie werden | |
| er/sie/es wird | sie werden | |

**PRESENT SUBJUNCTIVE I**

| ich denke | wir denken | |
|---|---|---|
| du denkest | ihr denket | nach |
| Sie denken | Sie denken | |
| er/sie/es denke | sie denken | |

**PAST SUBJUNCTIVE I**

| ich habe | wir haben | |
|---|---|---|
| du habest | ihr habet | nachgedacht |
| Sie haben | Sie haben | |
| er/sie/es habe | sie haben | |

**PRESENT SUBJUNCTIVE II**

| ich dächte | wir dächten | |
|---|---|---|
| du dächtest | ihr dächtet | nach |
| Sie dächten | Sie dächten | |
| er/sie/es dächte | sie dächten | |

**PAST SUBJUNCTIVE II**

| ich hätte | wir hätten | |
|---|---|---|
| du hättest | ihr hättet | nachgedacht |
| Sie hätten | Sie hätten | |
| er/sie/es hätte | sie hätten | |

**FUTURE SUBJUNCTIVE I**

| ich werde | wir werden | |
|---|---|---|
| du werdest | ihr werdet | nachdenken |
| Sie werden | Sie werden | |
| er/sie/es werde | sie werden | |

**FUTURE PERFECT SUBJUNCTIVE I**

| ich werde | wir werden | |
|---|---|---|
| du werdest | ihr werdet | nachgedacht haben |
| Sie werden | Sie werden | |
| er/sie/es werde | sie werden | |

**FUTURE SUBJUNCTIVE II**

| ich würde | wir würden | |
|---|---|---|
| du würdest | ihr würdet | nachdenken |
| Sie würden | Sie würden | |
| er/sie/es würde | sie würden | |

**FUTURE PERFECT SUBJUNCTIVE II**

| ich würde | wir würden | |
|---|---|---|
| du würdest | ihr würdet | nachgedacht haben |
| Sie würden | Sie würden | |
| er/sie/es würde | sie würden | |

**COMMANDS**          denk(e) nach!   denkt nach!   denken Sie nach!

**PRESENT PARTICIPLE**    nachdenkend

## Usage

Denken Sie sorgfältig darüber nach, ob diese Schönheitsoperation wirklich notwendig ist.
*Carefully consider whether this cosmetic surgery is really necessary.*

Zu selten wird über seine negativen Auswirkungen auf die Umwelt nachgedacht.
*Too seldom do people reflect over its negative effects on the environment.*

Er redete ohne erstmal nachzudenken und merkte seinen Fehler erst im Nachhinein.
*He spoke without thinking first and realized his mistake only in retrospect.*

Je länger Ute über Ingrids Worte nachdachte, desto böser wurde sie.
*The longer Ute reflected on Ingrid's words, the angrier she became.*

Nimm dir die Zeit, über Sachen nachzudenken.
*Take the time to mull things over.*

Ich dachte über meine Zukunft nach.
*I was pondering my future.*

Denk doch mal nach!
*Think about it!*

Über die Forderungen meiner Eltern muss ich viel nachdenken.
*I've got to do a lot of thinking about my parents' demands.*

**RELATED VERBS** *see* **denken** (122)

strong verb

**nimmt · nahm · genommen**

| PRESENT | | | |
|---|---|---|---|
| ich nehme | wir nehmen | | |
| du nimmst | ihr nehmt | | |
| Sie nehmen | Sie nehmen | | |
| er/sie/es nimmt | sie nehmen | | |

| PRESENT PERFECT | | |
|---|---|---|
| ich habe | wir haben | |
| du hast | ihr habt | genommen |
| Sie haben | Sie haben | |
| er/sie/es hat | sie haben | |

| SIMPLE PAST | |
|---|---|
| ich nahm | wir nahmen |
| du nahmst | ihr nahmt |
| Sie nahmen | Sie nahmen |
| er/sie/es nahm | sie nahmen |

| PAST PERFECT | | |
|---|---|---|
| ich hatte | wir hatten | |
| du hattest | ihr hattet | genommen |
| Sie hatten | Sie hatten | |
| er/sie/es hatte | sie hatten | |

| FUTURE | | |
|---|---|---|
| ich werde | wir werden | |
| du wirst | ihr werdet | nehmen |
| Sie werden | Sie werden | |
| er/sie/es wird | sie werden | |

| FUTURE PERFECT | | |
|---|---|---|
| ich werde | wir werden | |
| du wirst | ihr werdet | genommen haben |
| Sie werden | Sie werden | |
| er/sie/es wird | sie werden | |

| PRESENT SUBJUNCTIVE I | |
|---|---|
| ich nehme | wir nehmen |
| du nehmest | ihr nehmet |
| Sie nehmen | Sie nehmen |
| er/sie/es nehme | sie nehmen |

| PAST SUBJUNCTIVE I | | |
|---|---|---|
| ich habe | wir haben | |
| du habest | ihr habet | genommen |
| Sie haben | Sie haben | |
| er/sie/es habe | sie haben | |

| PRESENT SUBJUNCTIVE II | |
|---|---|
| ich nähme | wir nähmen |
| du nähmest | ihr nähmet |
| Sie nähmen | Sie nähmen |
| er/sie/es nähme | sie nähmen |

| PAST SUBJUNCTIVE II | | |
|---|---|---|
| ich hätte | wir hätten | |
| du hättest | ihr hättet | genommen |
| Sie hätten | Sie hätten | |
| er/sie/es hätte | sie hätten | |

| FUTURE SUBJUNCTIVE I | | |
|---|---|---|
| ich werde | wir werden | |
| du werdest | ihr werdet | nehmen |
| Sie werden | Sie werden | |
| er/sie/es werde | sie werden | |

| FUTURE PERFECT SUBJUNCTIVE I | | |
|---|---|---|
| ich werde | wir werden | |
| du werdest | ihr werdet | genommen haben |
| Sie werden | Sie werden | |
| er/sie/es werde | sie werden | |

| FUTURE SUBJUNCTIVE II | | |
|---|---|---|
| ich würde | wir würden | |
| du würdest | ihr würdet | nehmen |
| Sie würden | Sie würden | |
| er/sie/es würde | sie würden | |

| FUTURE PERFECT SUBJUNCTIVE II | | |
|---|---|---|
| ich würde | wir würden | |
| du würdest | ihr würdet | genommen haben |
| Sie würden | Sie würden | |
| er/sie/es würde | sie würden | |

**COMMANDS** nimm! nehmt! nehmen Sie!

**PRESENT PARTICIPLE** nehmend

## Usage

| | |
|---|---|
| Nehmen Sie bitte Platz. | *Please take a seat.* |
| Herr Hüttenbach nahm seinen Hut und eilte aus der Tür. | *Mr. Hüttenbach took his hat and hurried out the door.* |
| Wer hat mir meinen Bleistift genommen? | *Who took my pencil from me?* |
| Sie darf nichts gegen Kopfschmerzen nehmen. | *She is not allowed to take anything for headaches.* |
| Wir nehmen den Bus nach Simmelsdorf. | *We're taking the bus to Simmelsdorf.* |
| Um neun Uhr nahm der Professor Abschied von der Familie. | *The professor took leave of the family at nine o'clock.* |
| Hobbyfahrer werden nicht ernst genommen. | *Amateur drivers are not taken seriously.* |

**RELATED VERBS** auf·nehmen, aus·nehmen, benehmen, durch·nehmen, ein·nehmen, entgegen·nehmen, entnehmen, fest·nehmen, fort·nehmen, frei·nehmen, hin·nehmen, mit·nehmen, nach·nehmen, über·nehmen, vernehmen, vor·nehmen, vorweg·nehmen, wahr·nehmen, weg·nehmen, zurücknehmen, zusammen·nehmen; *see also* **ab·nehmen** (6), **an·nehmen** (15), **teil·nehmen** (444), **übernehmen** (461), **unternehmen** (469), **zu·nehmen** (551)

**TOP 50 VERB** ☞

## nehmen  *to take*

nimmt · nahm · genommen

### MORE USAGE SENTENCES WITH nehmen

| | |
|---|---|
| Ich nehme mir die Zeit dafür. | *I'll take the time for that.* |
| Warum nehmt ihr nicht die A1 bis Münster? | *Why don't you take the A1 to Münster?* |
| Trina hat die Schuld dafür auf sich genommen. | *Trina has taken the blame for that.* |
| Drei Eier nehmen und sie zwei Minuten kochen. (RECIPE) | *Take three eggs and boil them for two minutes.* |
| Vom Flughafen kann man auch ein Taxi nehmen. | *From the airport, you can also take a taxi.* |
| Debora hat ihren alternden Vater zu sich nach Hause genommen. | *Debora took her aging father into her home.* |
| Man nehme zum Beispiel den Fall des irischen Kartoffelhungers im 19. Jahrhundert. | *Take, for example, the case of the Irish potato famine in the nineteenth century.* |
| Erich nahm Renate beiseite und erklärte ihr den Plan. | *Erich took Renate aside and explained the plan to her.* |
| Die Soldaten wurden gefangen genommen. | *The soldiers were taken prisoner.* |
| Nimm es mir bitte nicht übel, aber du bist naiv. | *Please don't take offense, but you're naive.* |
| Das Projekt nimmt viel Zeit in Anspruch. | *The project is taking a lot of time.* |
| Das Kind möchte kein Bad nehmen. | *The child doesn't want to take a bath.* |
| Warum nehmt ihr zum Thema nicht Stellung? | *Why aren't you taking a position on the matter?* |
| Man kann sie beim Wort nehmen. | *You can take her word for it.* |
| Ich nehme mir deinen Rat zu Herzen. | *I will take your advice to heart.* |
| Laut Angaben seien die Männer ohne rechtliche Basis in Haft genommen worden. | *According to reports, the men were taken into custody without just cause.* |
| Das gräfliche Heer nahm die Stadt ohne Gegenwehr. | *The count's army took the city without resistance.* |
| Du nimmst die Sache zu leicht! | *You're taking the matter too lightly!* |
| Nehmen Sie die Kursänderungen bitte zur Kenntnis. | *Please take note of the course changes.* |

### nehmen  *to get, receive; charge*

| | |
|---|---|
| Woher nimmst du die Inspiration für deine Kunst? | *Where do you get the inspiration for your art?* |
| Wie viel nehmen Sie für so ein Gerät? | *How much do you charge for a device like that?* |

### IDIOMATIC EXPRESSIONS

| | |
|---|---|
| Das ist entweder positiv oder negativ, je nachdem wie man es nimmt. | *That's either positive or negative, depending on how you look at it.* |
| Der Vertrag nimmt Bezug auf Ratsbeschlüsse. | *The contract makes reference to city council decisions.* |
| Opa lässt es sich nicht nehmen, alleine Auto zu fahren. | *Grandpa won't be deprived of driving the car by himself.* |
| Dieser Betrieb hat an der Entwicklung des Produkts Anteil genommen. | *This plant had a part in the development of the product.* |
| Nimm doch etwas Vernünftiges zu dir. | *Why don't you eat something sensible?* |
| Sie können das Glossar auf Seite 233 zu Hilfe nehmen. | *You can use the glossary on page 233 as an aid.* |
| Man muss die negativen Folgen in Kauf nehmen. | *You have to accept the negative consequences.* |
| Lars ist im Grunde genommen ein netter Junge. | *Lars is basically a nice boy.* |
| Der Konflikt zwischen den beiden Ländern scheint kein Ende zu nehmen. | *The conflict between the two countries seems never to end.* |
| Die Notwendigkeit einer engeren Zusammenarbeit wird selten in den Blick genommen. | *The necessity of closer cooperation is rarely looked at.* |
| Von der Leistung her nehmen sich die beiden Modelle nichts. | *In terms of performance, one model is just as good as the other.* |
| Streng genommen ist die Tomate ein Obst. | *Strictly speaking, the tomato is a fruit.* |
| Nehmen Sie bitte etwas Rücksicht auf die Bedürfnisse anderer. | *Please show some consideration for the needs of others.* |

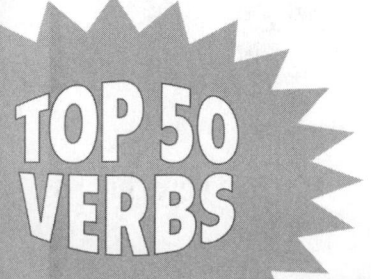

TOP 50 VERBS

mixed verb                                                    nennt · nannte · genannt

**PRESENT**

| | |
|---|---|
| ich nenne | wir nennen |
| du nennst | ihr nennt |
| Sie nennen | Sie nennen |
| er/sie/es nennt | sie nennen |

**PRESENT PERFECT**

| | | |
|---|---|---|
| ich habe | wir haben | |
| du hast | ihr habt | genannt |
| Sie haben | Sie haben | |
| er/sie/es hat | sie haben | |

**SIMPLE PAST**

| | |
|---|---|
| ich nannte | wir nannten |
| du nanntest | ihr nanntet |
| Sie nannten | Sie nannten |
| er/sie/es nannte | sie nannten |

**PAST PERFECT**

| | | |
|---|---|---|
| ich hatte | wir hatten | |
| du hattest | ihr hattet | genannt |
| Sie hatten | Sie hatten | |
| er/sie/es hatte | sie hatten | |

**FUTURE**

| | | |
|---|---|---|
| ich werde | wir werden | |
| du wirst | ihr werdet | nennen |
| Sie werden | Sie werden | |
| er/sie/es wird | sie werden | |

**FUTURE PERFECT**

| | | |
|---|---|---|
| ich werde | wir werden | |
| du wirst | ihr werdet | genannt haben |
| Sie werden | Sie werden | |
| er/sie/es wird | sie werden | |

**PRESENT SUBJUNCTIVE I**

| | |
|---|---|
| ich nenne | wir nennen |
| du nennest | ihr nennet |
| Sie nennen | Sie nennen |
| er/sie/es nenne | sie nennen |

**PAST SUBJUNCTIVE I**

| | | |
|---|---|---|
| ich habe | wir haben | |
| du habest | ihr habet | genannt |
| Sie haben | Sie haben | |
| er/sie/es habe | sie haben | |

**PRESENT SUBJUNCTIVE II**

| | |
|---|---|
| ich nennte | wir nennten |
| du nenntest | ihr nenntet |
| Sie nennten | Sie nennten |
| er/sie/es nennte | sie nennten |

**PAST SUBJUNCTIVE II**

| | | |
|---|---|---|
| ich hätte | wir hätten | |
| du hättest | ihr hättet | genannt |
| Sie hätten | Sie hätten | |
| er/sie/es hätte | sie hätten | |

**FUTURE SUBJUNCTIVE I**

| | | |
|---|---|---|
| ich werde | wir werden | |
| du werdest | ihr werdet | nennen |
| Sie werden | Sie werden | |
| er/sie/es werde | sie werden | |

**FUTURE PERFECT SUBJUNCTIVE I**

| | | |
|---|---|---|
| ich werde | wir werden | |
| du werdest | ihr werdet | genannt haben |
| Sie werden | Sie werden | |
| er/sie/es werde | sie werden | |

**FUTURE SUBJUNCTIVE II**

| | | |
|---|---|---|
| ich würde | wir würden | |
| du würdest | ihr würdet | nennen |
| Sie würden | Sie würden | |
| er/sie/es würde | sie würden | |

**FUTURE PERFECT SUBJUNCTIVE II**

| | | |
|---|---|---|
| ich würde | wir würden | |
| du würdest | ihr würdet | genannt haben |
| Sie würden | Sie würden | |
| er/sie/es würde | sie würden | |

**COMMANDS**      nenn(e)!   nennt!   nennen Sie!

**PRESENT PARTICIPLE**      nennend

## Usage

| | |
|---|---|
| Sie nannten ihn „Kenji", denn er war der zweitgeborene Sohn. | *They named him "Kenji" because he was the second-born son.* |
| Dirk sagt, er wolle keine Namen nennen. | *Dirk says he doesn't want to name names.* |
| Nennt mich bei meinem Vornamen. | *Call me by my first name.* |
| Es fiel mir schwer, ihn einen festen Freund zu nennen. | *It was difficult for me to call him a close friend.* |
| Eichholz hatte mehrere Gründe genannt. | *Eichholz had mentioned several reasons.* |
| Die Partei hat ihren Kandidaten genannt. | *The party has nominated its candidate.* |

**sich nennen** *to be named/called*

| | |
|---|---|
| Die erste Band nannte sich „Übel im Trübel". | *The first band was named "Übel im Trübel."* |
| Wie nennt sich dieses Gerät? | *What is this device called?* |

**RELATED VERBS**  benennen, ernennen, um·benennen

# nutzen *to use, make use of, exploit; benefit, be useful/advantageous*

**nutzt · nutzte · genutzt**                                     regular weak verb

**PRESENT**

| | |
|---|---|
| ich nutze | wir nutzen |
| du nutzt | ihr nutzt |
| Sie nutzen | Sie nutzen |
| er/sie/es nutzt | sie nutzen |

**PRESENT PERFECT**

| | | |
|---|---|---|
| ich habe | wir haben | |
| du hast | ihr habt | genutzt |
| Sie haben | Sie haben | |
| er/sie/es hat | sie haben | |

**SIMPLE PAST**

| | |
|---|---|
| ich nutzte | wir nutzten |
| du nutztest | ihr nutztet |
| Sie nutzten | Sie nutzten |
| er/sie/es nutzte | sie nutzten |

**PAST PERFECT**

| | | |
|---|---|---|
| ich hatte | wir hatten | |
| du hattest | ihr hattet | genutzt |
| Sie hatten | Sie hatten | |
| er/sie/es hatte | sie hatten | |

**FUTURE**

| | | |
|---|---|---|
| ich werde | wir werden | |
| du wirst | ihr werdet | nutzen |
| Sie werden | Sie werden | |
| er/sie/es wird | sie werden | |

**FUTURE PERFECT**

| | | |
|---|---|---|
| ich werde | wir werden | |
| du wirst | ihr werdet | genutzt haben |
| Sie werden | Sie werden | |
| er/sie/es wird | sie werden | |

**PRESENT SUBJUNCTIVE I**

| | |
|---|---|
| ich nutze | wir nutzen |
| du nutzest | ihr nutzet |
| Sie nutzen | Sie nutzen |
| er/sie/es nutze | sie nutzen |

**PAST SUBJUNCTIVE I**

| | | |
|---|---|---|
| ich habe | wir haben | |
| du habest | ihr habet | genutzt |
| Sie haben | Sie haben | |
| er/sie/es habe | sie haben | |

**PRESENT SUBJUNCTIVE II**

| | |
|---|---|
| ich nutzte | wir nutzten |
| du nutztest | ihr nutztet |
| Sie nutzten | Sie nutzten |
| er/sie/es nutzte | sie nutzten |

**PAST SUBJUNCTIVE II**

| | | |
|---|---|---|
| ich hätte | wir hätten | |
| du hättest | ihr hättet | genutzt |
| Sie hätten | Sie hätten | |
| er/sie/es hätte | sie hätten | |

**FUTURE SUBJUNCTIVE I**

| | | |
|---|---|---|
| ich werde | wir werden | |
| du werdest | ihr werdet | nutzen |
| Sie werden | Sie werden | |
| er/sie/es werde | sie werden | |

**FUTURE PERFECT SUBJUNCTIVE I**

| | | |
|---|---|---|
| ich werde | wir werden | |
| du werdest | ihr werdet | genutzt haben |
| Sie werden | Sie werden | |
| er/sie/es werde | sie werden | |

**FUTURE SUBJUNCTIVE II**

| | | |
|---|---|---|
| ich würde | wir würden | |
| du würdest | ihr würdet | nutzen |
| Sie würden | Sie würden | |
| er/sie/es würde | sie würden | |

**FUTURE PERFECT SUBJUNCTIVE II**

| | | |
|---|---|---|
| ich würde | wir würden | |
| du würdest | ihr würdet | genutzt haben |
| Sie würden | Sie würden | |
| er/sie/es würde | sie würden | |

**COMMANDS**          nutz(e)!   nutzt!   nutzen Sie!

**PRESENT PARTICIPLE**     nutzend

**NOTE** The umlauted variant **nützen** is also common, especially in the south.

## Usage

| | |
|---|---|
| Nutzen Sie diese Möglichkeit, sich zu informieren. | *Use this opportunity to get informed.* |
| Diese Ressourcen dürfen nicht genutzt werden. | *These resources may not be used.* |
| Yvonne nutzt die Zeit zum Lesen. | *Yvonne uses the time to read.* |
| Nutzt eure Kenntnisse aus der Schule! | *Make use of what you learn in school!* |
| Man muss seine Stärken nutzen können. | *You have to be able to exploit your strengths.* |
| Du musst es sinnvoll nutzen lernen. | *You have to learn how to use it sensibly.* |
| Die Malerin darf dieses Zimmer mietfrei nutzen. | *The painter can use this room rent free.* |
| Wie wird das Areal jetzt genutzt? | *How will this land be used now?* |
| Es nutzt mir nichts, über Einstellungen zu reden, da ich noch keinen Drucker habe. | *It's of no benefit for me to talk about settings, since I don't have a printer yet.* |
| Die Demonstrationen haben nichts genutzt. | *The demonstrations were to no avail.* |

**RELATED VERBS** ab·nutzen, aus·nutzen; *see also* **benutzen** (71)

**PRESENT**

| | |
|---|---|
| ich öffne | wir öffnen |
| du öffnest | ihr öffnet |
| Sie öffnen | Sie öffnen |
| er/sie/es öffnet | sie öffnen |

**SIMPLE PAST**

| | |
|---|---|
| ich öffnete | wir öffneten |
| du öffnetest | ihr öffnetet |
| Sie öffneten | Sie öffneten |
| er/sie/es öffnete | sie öffneten |

**FUTURE**

| | | |
|---|---|---|
| ich werde | wir werden | |
| du wirst | ihr werdet | öffnen |
| Sie werden | Sie werden | |
| er/sie/es wird | sie werden | |

**PRESENT SUBJUNCTIVE I**

| | |
|---|---|
| ich öffne | wir öffnen |
| du öffnest | ihr öffnet |
| Sie öffnen | Sie öffnen |
| er/sie/es öffne | sie öffnen |

**PRESENT SUBJUNCTIVE II**

| | |
|---|---|
| ich öffnete | wir öffneten |
| du öffnetest | ihr öffnetet |
| Sie öffneten | Sie öffneten |
| er/sie/es öffnete | sie öffneten |

**FUTURE SUBJUNCTIVE I**

| | | |
|---|---|---|
| ich werde | wir werden | |
| du werdest | ihr werdet | öffnen |
| Sie werden | Sie werden | |
| er/sie/es werde | sie werden | |

**FUTURE SUBJUNCTIVE II**

| | | |
|---|---|---|
| ich würde | wir würden | |
| du würdest | ihr würdet | öffnen |
| Sie würden | Sie würden | |
| er/sie/es würde | sie würden | |

**PRESENT PERFECT**

| | | |
|---|---|---|
| ich habe | wir haben | |
| du hast | ihr habt | geöffnet |
| Sie haben | Sie haben | |
| er/sie/es hat | sie haben | |

**PAST PERFECT**

| | | |
|---|---|---|
| ich hatte | wir hatten | |
| du hattest | ihr hattet | geöffnet |
| Sie hatten | Sie hatten | |
| er/sie/es hatte | sie hatten | |

**FUTURE PERFECT**

| | | |
|---|---|---|
| ich werde | wir werden | |
| du wirst | ihr werdet | geöffnet haben |
| Sie werden | Sie werden | |
| er/sie/es wird | sie werden | |

**PAST SUBJUNCTIVE I**

| | | |
|---|---|---|
| ich habe | wir haben | |
| du habest | ihr habet | geöffnet |
| Sie haben | Sie haben | |
| er/sie/es habe | sie haben | |

**PAST SUBJUNCTIVE II**

| | | |
|---|---|---|
| ich hätte | wir hätten | |
| du hättest | ihr hättet | geöffnet |
| Sie hätten | Sie hätten | |
| er/sie/es hätte | sie hätten | |

**FUTURE PERFECT SUBJUNCTIVE I**

| | | |
|---|---|---|
| ich werde | wir werden | |
| du werdest | ihr werdet | geöffnet haben |
| Sie werden | Sie werden | |
| er/sie/es werde | sie werden | |

**FUTURE PERFECT SUBJUNCTIVE II**

| | | |
|---|---|---|
| ich würde | wir würden | |
| du würdest | ihr würdet | geöffnet haben |
| Sie würden | Sie würden | |
| er/sie/es würde | sie würden | |

**COMMANDS**  öffne! öffnet! öffnen Sie!

**PRESENT PARTICIPLE**  öffnend

## Usage

| | |
|---|---|
| Sie wollte das Fenster öffnen. | *She wanted to open the window.* |
| Die Erfahrung hat mir neue Perspektiven geöffnet. | *This experience has opened up new perspectives for me.* |
| Öffnet euch die Augen. | *Open your eyes.* |
| Nach einiger Zeit wurden alle Geheimnisse geöffnet. | *After a while, all secrets were revealed.* |
| 1989 öffnete man die Grenze zwischen der BRD und der DDR. | *In 1989, the border between the F.R.G. and the G.D.R. was opened.* |
| Seine Worte öffneten mir den Blick für eine andere Möglichkeit. | *His words opened my eyes to another possibility.* |

### sich öffnen *to open, unlock*

| | |
|---|---|
| Sesam, öffne dich! | *Open, Sesame!* |
| Die Tür öffnete sich und ein Mann mit einem Cowboyhut trat herein. | *The door opened, and a man with a cowboy hat stepped in.* |

**RELATED VERBS** *see* **eröffnen** (168)

# ordnen *to order, arrange, file, classify, organize*

ordnet · ordnete · geordnet

regular weak verb

## PRESENT

| | |
|---|---|
| ich ordne | wir ordnen |
| du ordnest | ihr ordnet |
| Sie ordnen | Sie ordnen |
| er/sie/es ordnet | sie ordnen |

## SIMPLE PAST

| | |
|---|---|
| ich ordnete | wir ordneten |
| du ordnetest | ihr ordnetet |
| Sie ordneten | Sie ordneten |
| er/sie/es ordnete | sie ordneten |

## FUTURE

| | |
|---|---|
| ich werde | wir werden |
| du wirst | ihr werdet |
| Sie werden | Sie werden |
| er/sie/es wird | sie werden |

} ordnen

## PRESENT SUBJUNCTIVE I

| | |
|---|---|
| ich ordne | wir ordnen |
| du ordnest | ihr ordnet |
| Sie ordnen | Sie ordnen |
| er/sie/es ordne | sie ordnen |

## PRESENT SUBJUNCTIVE II

| | |
|---|---|
| ich ordnete | wir ordneten |
| du ordnetest | ihr ordnetet |
| Sie ordneten | Sie ordneten |
| er/sie/es ordnete | sie ordneten |

## FUTURE SUBJUNCTIVE I

| | |
|---|---|
| ich werde | wir werden |
| du werdest | ihr werdet |
| Sie werden | Sie werden |
| er/sie/es werde | sie werden |

} ordnen

## FUTURE SUBJUNCTIVE II

| | |
|---|---|
| ich würde | wir würden |
| du würdest | ihr würdet |
| Sie würden | Sie würden |
| er/sie/es würde | sie würden |

} ordnen

## PRESENT PERFECT

| | |
|---|---|
| ich habe | wir haben |
| du hast | ihr habt |
| Sie haben | Sie haben |
| er/sie/es hat | sie haben |

} geordnet

## PAST PERFECT

| | |
|---|---|
| ich hatte | wir hatten |
| du hattest | ihr hattet |
| Sie hatten | Sie hatten |
| er/sie/es hatte | sie hatten |

} geordnet

## FUTURE PERFECT

| | |
|---|---|
| ich werde | wir werden |
| du wirst | ihr werdet |
| Sie werden | Sie werden |
| er/sie/es wird | sie werden |

} geordnet haben

## PAST SUBJUNCTIVE I

| | |
|---|---|
| ich habe | wir haben |
| du habest | ihr habet |
| Sie haben | Sie haben |
| er/sie/es habe | sie haben |

} geordnet

## PAST SUBJUNCTIVE II

| | |
|---|---|
| ich hätte | wir hätten |
| du hättest | ihr hättet |
| Sie hätten | Sie hätten |
| er/sie/es hätte | sie hätten |

} geordnet

## FUTURE PERFECT SUBJUNCTIVE I

| | |
|---|---|
| ich werde | wir werden |
| du werdest | ihr werdet |
| Sie werden | Sie werden |
| er/sie/es werde | sie werden |

} geordnet haben

## FUTURE PERFECT SUBJUNCTIVE II

| | |
|---|---|
| ich würde | wir würden |
| du würdest | ihr würdet |
| Sie würden | Sie würden |
| er/sie/es würde | sie würden |

} geordnet haben

COMMANDS    ordne! ordnet! ordnen Sie!

PRESENT PARTICIPLE    ordnend

## Usage

| | |
|---|---|
| Larissa will die User-Dateien besser ordnen. | *Larissa wants to arrange the user files better.* |
| Ich ordnete Akten den ganzen Tag. | *I did filing all day long.* |
| Ordnen Sie die Ereignisse chronologisch. | *Put the events in chronological order.* |
| Die Gedichte sind nach Autoren geordnet. | *The poems are arranged by author.* |
| Franz versucht, seine Gedanken zu ordnen. | *Franz is trying to collect his thoughts.* |
| Die Firma steht vor der Aufgabe, den Vorstand neu ordnen zu müssen. | *The firm is faced with the task of having to reorganize the board.* |
| Diese Liste wird regelmäßig geordnet. | *This list is regularly organized.* |
| Sie ordnet die Chrysanthemen zu einem Herbststrauß. | *She is arranging the mums in an autumn bouquet.* |

### sich ordnen *to form, arrange*

| | |
|---|---|
| Die Atome ordneten sich in eine kristallförmige Struktur. | *The atoms formed a crystalline structure.* |

RELATED VERBS  ab·ordnen, an·ordnen, bei·ordnen, ein·ordnen, über·ordnen, unter·ordnen, verordnen, zu·ordnen

regular weak verb                                         **packt · packte · gepackt**

**PRESENT**

| | |
|---|---|
| ich packe | wir packen |
| du packst | ihr packt |
| Sie packen | Sie packen |
| er/sie/es packt | sie packen |

**SIMPLE PAST**

| | |
|---|---|
| ich packte | wir packten |
| du packtest | ihr packtet |
| Sie packten | Sie packten |
| er/sie/es packte | sie packten |

**FUTURE**

| | | |
|---|---|---|
| ich werde | wir werden | |
| du wirst | ihr werdet | packen |
| Sie werden | Sie werden | |
| er/sie/es wird | sie werden | |

**PRESENT SUBJUNCTIVE I**

| | |
|---|---|
| ich packe | wir packen |
| du packest | ihr packet |
| Sie packen | Sie packen |
| er/sie/es packe | sie packen |

**PRESENT SUBJUNCTIVE II**

| | |
|---|---|
| ich packte | wir packten |
| du packtest | ihr packtet |
| Sie packten | Sie packten |
| er/sie/es packte | sie packten |

**FUTURE SUBJUNCTIVE I**

| | | |
|---|---|---|
| ich werde | wir werden | |
| du werdest | ihr werdet | packen |
| Sie werden | Sie werden | |
| er/sie/es werde | sie werden | |

**FUTURE SUBJUNCTIVE II**

| | | |
|---|---|---|
| ich würde | wir würden | |
| du würdest | ihr würdet | packen |
| Sie würden | Sie würden | |
| er/sie/es würde | sie würden | |

**PRESENT PERFECT**

| | | |
|---|---|---|
| ich habe | wir haben | |
| du hast | ihr habt | gepackt |
| Sie haben | Sie haben | |
| er/sie/es hat | sie haben | |

**PAST PERFECT**

| | | |
|---|---|---|
| ich hatte | wir hatten | |
| du hattest | ihr hattet | gepackt |
| Sie hatten | Sie hatten | |
| er/sie/es hatte | sie hatten | |

**FUTURE PERFECT**

| | | |
|---|---|---|
| ich werde | wir werden | |
| du wirst | ihr werdet | gepackt haben |
| Sie werden | Sie werden | |
| er/sie/es wird | sie werden | |

**PAST SUBJUNCTIVE I**

| | | |
|---|---|---|
| ich habe | wir haben | |
| du habest | ihr habet | gepackt |
| Sie haben | Sie haben | |
| er/sie/es habe | sie haben | |

**PAST SUBJUNCTIVE II**

| | | |
|---|---|---|
| ich hätte | wir hätten | |
| du hättest | ihr hättet | gepackt |
| Sie hätten | Sie hätten | |
| er/sie/es hätte | sie hätten | |

**FUTURE PERFECT SUBJUNCTIVE I**

| | | |
|---|---|---|
| ich werde | wir werden | |
| du werdest | ihr werdet | gepackt haben |
| Sie werden | Sie werden | |
| er/sie/es werde | sie werden | |

**FUTURE PERFECT SUBJUNCTIVE II**

| | | |
|---|---|---|
| ich würde | wir würden | |
| du würdest | ihr würdet | gepackt haben |
| Sie würden | Sie würden | |
| er/sie/es würde | sie würden | |

**COMMANDS**            pack(e)!   packt!   packen Sie!

**PRESENT PARTICIPLE**     packend

## Usage

| | |
|---|---|
| Was packst du alles in deine Büchertasche? | *What all are you packing in your book bag?* |
| Maria hat noch nicht gepackt. | *Maria hasn't packed yet.* |
| Wir durften für die Reise keine Kleidung packen. | *We weren't allowed to pack any clothing for the trip.* |
| Jan packte drei große Koffer und ein Handgepäck. | *Jan packed three large suitcases and one carry-on bag.* |
| Packt ihr schon für den Umzug? | *Are you already packing for the move?* |
| Ich packe das Geschenk in buntes Papier. | *I'll wrap the present in colorful paper.* |
| Sie haben ihre Winterkleidung in den Schrank gepackt. | *They stowed their winter clothes in the cabinet.* |
| Ein Fremder packte sie am Arm aber sie entkam ihm. | *A stranger took hold of her arm, but she got away from him.* |
| Wir müssen diese Gelegenheit packen. | *We must seize this opportunity.* |
| Peter und Georg wurden plötzlich vom Reisefieber gepackt und sind vier Wochen nach Hawaii geflogen. | *Peter and Georg suddenly caught the travel bug and flew to Hawaii for four weeks.* |

**RELATED VERBS** an·packen, auf·packen, aus·packen, bei·packen, bepacken, ein·packen, um·packen, verpacken, weg·packen, zu·packen, zusammen·packen

passiert · passierte · passiert                                    regular weak verb

**PRESENT**

| ich passiere | wir passieren |
|---|---|
| du passierst | ihr passiert |
| Sie passieren | Sie passieren |
| er/sie/es passiert | sie passieren |

**PRESENT PERFECT**

| ich bin | wir sind | |
|---|---|---|
| du bist | ihr seid | |
| Sie sind | Sie sind | } passiert |
| er/sie/es ist | sie sind | |

**SIMPLE PAST**

| ich passierte | wir passierten |
|---|---|
| du passiertest | ihr passiertet |
| Sie passierten | Sie passierten |
| er/sie/es passierte | sie passierten |

**PAST PERFECT**

| ich war | wir waren | |
|---|---|---|
| du warst | ihr wart | |
| Sie waren | Sie waren | } passiert |
| er/sie/es war | sie waren | |

**FUTURE**

| ich werde | wir werden | |
|---|---|---|
| du wirst | ihr werdet | |
| Sie werden | Sie werden | } passieren |
| er/sie/es wird | sie werden | |

**FUTURE PERFECT**

| ich werde | wir werden | |
|---|---|---|
| du wirst | ihr werdet | |
| Sie werden | Sie werden | } passiert sein |
| er/sie/es wird | sie werden | |

**PRESENT SUBJUNCTIVE I**

| ich passiere | wir passieren |
|---|---|
| du passierest | ihr passieret |
| Sie passieren | Sie passieren |
| er/sie/es passiere | sie passieren |

**PAST SUBJUNCTIVE I**

| ich sei | wir seien | |
|---|---|---|
| du seiest | ihr seiet | |
| Sie seien | Sie seien | } passiert |
| er/sie/es sei | sie seien | |

**PRESENT SUBJUNCTIVE II**

| ich passierte | wir passierten |
|---|---|
| du passiertest | ihr passiertet |
| Sie passierten | Sie passierten |
| er/sie/es passierte | sie passierten |

**PAST SUBJUNCTIVE II**

| ich wäre | wir wären | |
|---|---|---|
| du wärest | ihr wäret | |
| Sie wären | Sie wären | } passiert |
| er/sie/es wäre | sie wären | |

**FUTURE SUBJUNCTIVE I**

| ich werde | wir werden | |
|---|---|---|
| du werdest | ihr werdet | |
| Sie werden | Sie werden | } passieren |
| er/sie/es werde | sie werden | |

**FUTURE PERFECT SUBJUNCTIVE I**

| ich werde | wir werden | |
|---|---|---|
| du werdest | ihr werdet | |
| Sie werden | Sie werden | } passiert sein |
| er/sie/es werde | sie werden | |

**FUTURE SUBJUNCTIVE II**

| ich würde | wir würden | |
|---|---|---|
| du würdest | ihr würdet | |
| Sie würden | Sie würden | } passieren |
| er/sie/es würde | sie würden | |

**FUTURE PERFECT SUBJUNCTIVE II**

| ich würde | wir würden | |
|---|---|---|
| du würdest | ihr würdet | |
| Sie würden | Sie würden | } passiert sein |
| er/sie/es würde | sie würden | |

**COMMANDS**            passier(e)!   passiert!   passieren Sie!

**PRESENT PARTICIPLE**   passierend

## Usage

| Was ist passiert? | *What happened?* |
|---|---|
| Ein Unfall war gerade passiert, als er vorbeifuhr. | *An accident had just occurred as he drove by.* |
| Grausame Dinge passierten ihm im Krieg. | *Horrible things happened to him in the war.* |
| Es war das Schlimmste, was passieren konnte. | *It was the worst thing that could happen.* |
| Was wäre, wenn die amerikanische Revolution nicht passiert wäre? | *What would it be like if the American Revolution had never happened?* |
| Keine Angst, dir passiert nichts! | *Don't be afraid, nothing will happen to you!* |

### passieren (with haben) *to pass (through), cross*

| Die Beeren durch ein Sieb passieren, um die Kerne zu entfernen. (RECIPE) | *Strain the berries through a sieve to remove the seeds.* |
|---|---|
| Wo passieren wir den Zoll? | *Where do we pass through customs?* |
| Letztes Jahr haben 350 032 PKWs die Grenze bei Lichtstedt passiert. | *Last year, 350,032 vehicles crossed the border at Lichtstedt.* |

strong verb

**PRESENT**

| | |
|---|---|
| ich pfeife | wir pfeifen |
| du pfeifst | ihr pfeift |
| Sie pfeifen | Sie pfeifen |
| er/sie/es pfeift | sie pfeifen |

**SIMPLE PAST**

| | |
|---|---|
| ich pfiff | wir pfiffen |
| du pfiffst | ihr pfifft |
| Sie pfiffen | Sie pfiffen |
| er/sie/es pfiff | sie pfiffen |

**FUTURE**

| | | |
|---|---|---|
| ich werde | wir werden | |
| du wirst | ihr werdet | pfeifen |
| Sie werden | Sie werden | |
| er/sie/es wird | sie werden | |

**PRESENT SUBJUNCTIVE I**

| | |
|---|---|
| ich pfeife | wir pfeifen |
| du pfeifest | ihr pfeifet |
| Sie pfeifen | Sie pfeifen |
| er/sie/es pfeife | sie pfeifen |

**PRESENT SUBJUNCTIVE II**

| | |
|---|---|
| ich pfiffe | wir pfiffen |
| du pfiffest | ihr pfiffet |
| Sie pfiffen | Sie pfiffen |
| er/sie/es pfiffe | sie pfiffen |

**FUTURE SUBJUNCTIVE I**

| | | |
|---|---|---|
| ich werde | wir werden | |
| du werdest | ihr werdet | pfeifen |
| Sie werden | Sie werden | |
| er/sie/es werde | sie werden | |

**FUTURE SUBJUNCTIVE II**

| | | |
|---|---|---|
| ich würde | wir würden | |
| du würdest | ihr würdet | pfeifen |
| Sie würden | Sie würden | |
| er/sie/es würde | sie würden | |

**PRESENT PERFECT**

| | | |
|---|---|---|
| ich habe | wir haben | |
| du hast | ihr habt | gepfiffen |
| Sie haben | Sie haben | |
| er/sie/es hat | sie haben | |

**PAST PERFECT**

| | | |
|---|---|---|
| ich hatte | wir hatten | |
| du hattest | ihr hattet | gepfiffen |
| Sie hatten | Sie hatten | |
| er/sie/es hatte | sie hatten | |

**FUTURE PERFECT**

| | | |
|---|---|---|
| ich werde | wir werden | |
| du wirst | ihr werdet | gepfiffen haben |
| Sie werden | Sie werden | |
| er/sie/es wird | sie werden | |

**PAST SUBJUNCTIVE I**

| | | |
|---|---|---|
| ich habe | wir haben | |
| du habest | ihr habet | gepfiffen |
| Sie haben | Sie haben | |
| er/sie/es habe | sie haben | |

**PAST SUBJUNCTIVE II**

| | | |
|---|---|---|
| ich hätte | wir hätten | |
| du hättest | ihr hättet | gepfiffen |
| Sie hätten | Sie hätten | |
| er/sie/es hätte | sie hätten | |

**FUTURE PERFECT SUBJUNCTIVE I**

| | | |
|---|---|---|
| ich werde | wir werden | |
| du werdest | ihr werdet | gepfiffen haben |
| Sie werden | Sie werden | |
| er/sie/es werde | sie werden | |

**FUTURE PERFECT SUBJUNCTIVE II**

| | | |
|---|---|---|
| ich würde | wir würden | |
| du würdest | ihr würdet | gepfiffen haben |
| Sie würden | Sie würden | |
| er/sie/es würde | sie würden | |

**COMMANDS**    pfeif(e)!    pfeift!    pfeifen Sie!

**PRESENT PARTICIPLE**    pfeifend

## Usage

| | |
|---|---|
| Bernhard singt nicht in der Dusche, er pfeift. | *Bernhard doesn't sing in the shower, he whistles.* |
| Wenn er pfiff, kam der Hund. | *Whenever he whistled, the dog came.* |
| Der Schiedsrichter hatte zweimal gepfiffen, aber niemand hörte es. | *The referee had blown the whistle twice, but nobody heard it.* |
| Ich kann nicht gut pfeifen. | *I can't whistle well.* |
| Warum pfeifen die Vögel nicht mehr? | *Why aren't the birds singing anymore?* |
| Der unglückliche Schauspieler wurde noch mal von der Bühne gepfiffen. | *The unfortunate actor was again booed (lit., whistled) off stage.* |
| Hans pfeift diese Melodie, wenn er zufrieden ist. | *Hans whistles that tune when he's happy.* |
| Pfeift er immer nach dem Kellner so? | *Does he always whistle for the waiter like that?* |
| Herr Zebrand hofft, das Endspiel pfeifen zu können. | *Mr. Zebrand hopes to be able to referee the final game.* |
| Die Spatzen pfeifen es von den Dächern. (PROVERB) | *It's all over town. / It's common knowledge.* *(lit., The sparrows are whistling it from the rooftops.)* |

**RELATED VERBS**  aus·pfeifen, zurück·pfeifen

# pflegen  *to tend, care for; cultivate, foster*

**pflegt · pflegte/pflog · gepflegt/gepflogen**  \hfill regular weak verb or strong verb

**PRESENT**

| | |
|---|---|
| ich pflege | wir pflegen |
| du pflegst | ihr pflegt |
| Sie pflegen | Sie pflegen |
| er/sie/es pflegt | sie pflegen |

**PRESENT PERFECT**

| | |
|---|---|
| ich habe | wir haben |
| du hast | ihr habt |
| Sie haben | Sie haben |
| er/sie/es hat | sie haben |

} gepflegt/gepflogen

**SIMPLE PAST**

| | |
|---|---|
| ich pflegte/pflog | wir pflegten/pflogen |
| du pflegtest/pflogst | ihr pflegtet/pflogt |
| Sie pflegten/pflogen | Sie pflegten/pflogen |
| er/sie/es pflegte/pflog | sie pflegten/pflogen |

**PAST PERFECT**

| | |
|---|---|
| ich hatte | wir hatten |
| du hattest | ihr hattet |
| Sie hatten | Sie hatten |
| er/sie/es hatte | sie hatten |

} gepflegt/gepflogen

**FUTURE**

| | |
|---|---|
| ich werde | wir werden |
| du wirst | ihr werdet |
| Sie werden | Sie werden |
| er/sie/es wird | sie werden |

} pflegen

**FUTURE PERFECT**

| | |
|---|---|
| ich werde | wir werden |
| du wirst | ihr werdet |
| Sie werden | Sie werden |
| er/sie/es wird | sie werden |

} gepflegt haben OR gepflogen haben

**PRESENT SUBJUNCTIVE I**

| | |
|---|---|
| ich pflege | wir pflegen |
| du pflegest | ihr pfleget |
| Sie pflegen | Sie pflegen |
| er/sie/es pflege | sie pflegen |

**PAST SUBJUNCTIVE I**

| | |
|---|---|
| ich habe | wir haben |
| du habest | ihr habet |
| Sie haben | Sie haben |
| er/sie/es habe | sie haben |

} gepflegt/gepflogen

**PRESENT SUBJUNCTIVE II**

| | |
|---|---|
| ich pflegte/pflöge | wir pflegten/pflögen |
| du pflegtest/pflögest | ihr pflegtet/pflöget |
| Sie pflegten/pflögen | Sie pflegten/pflögen |
| er/sie/es pflegte/pflöge | sie pflegten/pflögen |

**PAST SUBJUNCTIVE II**

| | |
|---|---|
| ich hätte | wir hätten |
| du hättest | ihr hättet |
| Sie hätten | Sie hätten |
| er/sie/es hätte | sie hätten |

} gepflegt/gepflogen

**FUTURE SUBJUNCTIVE I**

| | |
|---|---|
| ich werde | wir werden |
| du werdest | ihr werdet |
| Sie werden | Sie werden |
| er/sie/es werde | sie werden |

} pflegen

**FUTURE PERFECT SUBJUNCTIVE I**

| | |
|---|---|
| ich werde | wir werden |
| du werdest | ihr werdet |
| Sie werden | Sie werden |
| er/sie/es werde | sie werden |

} gepflegt haben OR gepflogen haben

**FUTURE SUBJUNCTIVE II**

| | |
|---|---|
| ich würde | wir würden |
| du würdest | ihr würdet |
| Sie würden | Sie würden |
| er/sie/es würde | sie würden |

} pflegen

**FUTURE PERFECT SUBJUNCTIVE II**

| | |
|---|---|
| ich würde | wir würden |
| du würdest | ihr würdet |
| Sie würden | Sie würden |
| er/sie/es würde | sie würden |

} gepflegt haben OR gepflogen haben

**COMMANDS**  \hfill pfleg(e)!  pflegt!  pflegen Sie!

**PRESENT PARTICIPLE**  \hfill pflegend

**NOTE** In modern German, the strong forms of **pflegen** occur in limited contexts.

## Usage

| | |
|---|---|
| Meine Mutter pflegt ihren kränklichen Mann. | *My mother is caring for her invalid husband.* |
| Im Sommer pflegte Herr Milek seinen Garten. | *In the summer, Mr. Milek tended his garden.* |
| Die beiden pflegten ihre Freundschaft bis zu seinem Tod. | *The two of them maintained their friendship until his death.* |
| Nur so kann eine Zusammenarbeit gepflegt werden. | *Only in this way can cooperation be cultivated.* |
| Wie können wir ein Klima der Versöhnung pflegen? | *How can we foster a climate of reconciliation?* |
| Sein Herr zum mindesten pflog lange Unterredungen mit ihm. (EBNER-ESCHENBACH) | *His master at least cultivated long conversations with him.* |

**pflegen** + infinitive *to be accustomed to, be wont to*

| | |
|---|---|
| Unser Kater pflegt hier vor dem Kamin zu schlafen. | *Our cat is accustomed to sleeping here in front of the hearth.* |
| Robert pflegte immer zu sagen: „Da bin ich überfragt." | *Robert was always wont to say, "I'm not the one to ask."* |

**RELATED VERB** verpflegen

**PRESENT**

| | |
|---|---|
| ich plane | wir planen |
| du planst | ihr plant |
| Sie planen | Sie planen |
| er/sie/es plant | sie planen |

**SIMPLE PAST**

| | |
|---|---|
| ich plante | wir planten |
| du plantest | ihr plantet |
| Sie planten | Sie planten |
| er/sie/es plante | sie planten |

**FUTURE**

| | |
|---|---|
| ich werde | wir werden |
| du wirst | ihr werdet |
| Sie werden | Sie werden |
| er/sie/es wird | sie werden |

} planen

**PRESENT SUBJUNCTIVE I**

| | |
|---|---|
| ich plane | wir planen |
| du planest | ihr planet |
| Sie planen | Sie planen |
| er/sie/es plane | sie planen |

**PRESENT SUBJUNCTIVE II**

| | |
|---|---|
| ich plante | wir planten |
| du plantest | ihr plantet |
| Sie planten | Sie planten |
| er/sie/es plante | sie planten |

**FUTURE SUBJUNCTIVE I**

| | |
|---|---|
| ich werde | wir werden |
| du werdest | ihr werdet |
| Sie werden | Sie werden |
| er/sie/es werde | sie werden |

} planen

**FUTURE SUBJUNCTIVE II**

| | |
|---|---|
| ich würde | wir würden |
| du würdest | ihr würdet |
| Sie würden | Sie würden |
| er/sie/es würde | sie würden |

} planen

**PRESENT PERFECT**

| | |
|---|---|
| ich habe | wir haben |
| du hast | ihr habt |
| Sie haben | Sie haben |
| er/sie/es hat | sie haben |

} geplant

**PAST PERFECT**

| | |
|---|---|
| ich hatte | wir hatten |
| du hattest | ihr hattet |
| Sie hatten | Sie hatten |
| er/sie/es hatte | sie hatten |

} geplant

**FUTURE PERFECT**

| | |
|---|---|
| ich werde | wir werden |
| du wirst | ihr werdet |
| Sie werden | Sie werden |
| er/sie/es wird | sie werden |

} geplant haben

**PAST SUBJUNCTIVE I**

| | |
|---|---|
| ich habe | wir haben |
| du habest | ihr habet |
| Sie haben | Sie haben |
| er/sie/es habe | sie haben |

} geplant

**PAST SUBJUNCTIVE II**

| | |
|---|---|
| ich hätte | wir hätten |
| du hättest | ihr hättet |
| Sie hätten | Sie hätten |
| er/sie/es hätte | sie hätten |

} geplant

**FUTURE PERFECT SUBJUNCTIVE I**

| | |
|---|---|
| ich werde | wir werden |
| du werdest | ihr werdet |
| Sie werden | Sie werden |
| er/sie/es werde | sie werden |

} geplant haben

**FUTURE PERFECT SUBJUNCTIVE II**

| | |
|---|---|
| ich würde | wir würden |
| du würdest | ihr würdet |
| Sie würden | Sie würden |
| er/sie/es würde | sie würden |

} geplant haben

**COMMANDS**    plan(e)!  plant!  planen Sie!

**PRESENT PARTICIPLE**    planend

## Usage

| | |
|---|---|
| Der Lehrer plant den morgigen Unterricht. | *The teacher is planning tomorrow's class.* |
| Ich plane eine große Hochzeit. | *I am planning a big wedding.* |
| Die Firma plant einen Personalabbau. | *The company is planning a workforce reduction.* |
| Wir planen ein Haus zu kaufen. | *We plan to buy a house.* |
| Planen Sie schon Ihren Urlaub? | *Are you already planning your vacation?* |
| Ein Konzert und Feuerwerke werden für den Nationalfeiertag geplant. | *A concert and fireworks are being planned for the national holiday.* |
| Die USA planen einen militärischen Einsatz. | *The U.S. is planning a military engagement.* |
| Der Architekt Sven Teichler hat das Rathaus geplant. | *The architect Sven Teichler designed city hall.* |
| Ein Sprecher teilte mit, dass das Parlament einen neuen Personalausweis plane. | *A spokesperson reported that parliament is proposing a new personal identification card.* |
| Im Geheimen planten die Verschwörer gegen Hitler. | *The conspirators plotted secretly against Hitler.* |
| Der Angriff war von langer Hand geplant. (*idiomatic*) | *The attack had been in the works for a long time.* |

**RELATED VERBS**  ein·planen, verplanen

**PRESENT**

| | |
|---|---|
| ich preise | wir preisen |
| du preist | ihr preist |
| Sie preisen | Sie preisen |
| er/sie/es preist | sie preisen |

**SIMPLE PAST**

| | |
|---|---|
| ich pries | wir priesen |
| du priesest | ihr priest |
| Sie priesen | Sie priesen |
| er/sie/es pries | sie priesen |

**FUTURE**

| | | |
|---|---|---|
| ich werde | wir werden | |
| du wirst | ihr werdet | preisen |
| Sie werden | Sie werden | |
| er/sie/es wird | sie werden | |

**PRESENT SUBJUNCTIVE I**

| | |
|---|---|
| ich preise | wir preisen |
| du preisest | ihr preiset |
| Sie preisen | Sie preisen |
| er/sie/es preise | sie preisen |

**PRESENT SUBJUNCTIVE II**

| | |
|---|---|
| ich priese | wir priesen |
| du priesest | ihr prieset |
| Sie priesen | Sie priesen |
| er/sie/es priese | sie priesen |

**FUTURE SUBJUNCTIVE I**

| | | |
|---|---|---|
| ich werde | wir werden | |
| du werdest | ihr werdet | preisen |
| Sie werden | Sie werden | |
| er/sie/es werde | sie werden | |

**FUTURE SUBJUNCTIVE II**

| | | |
|---|---|---|
| ich würde | wir würden | |
| du würdest | ihr würdet | preisen |
| Sie würden | Sie würden | |
| er/sie/es würde | sie würden | |

**PRESENT PERFECT**

| | | |
|---|---|---|
| ich habe | wir haben | |
| du hast | ihr habt | gepriesen |
| Sie haben | Sie haben | |
| er/sie/es hat | sie haben | |

**PAST PERFECT**

| | | |
|---|---|---|
| ich hatte | wir hatten | |
| du hattest | ihr hattet | gepriesen |
| Sie hatten | Sie hatten | |
| er/sie/es hatte | sie hatten | |

**FUTURE PERFECT**

| | | |
|---|---|---|
| ich werde | wir werden | |
| du wirst | ihr werdet | gepriesen haben |
| Sie werden | Sie werden | |
| er/sie/es wird | sie werden | |

**PAST SUBJUNCTIVE I**

| | | |
|---|---|---|
| ich habe | wir haben | |
| du habest | ihr habet | gepriesen |
| Sie haben | Sie haben | |
| er/sie/es habe | sie haben | |

**PAST SUBJUNCTIVE II**

| | | |
|---|---|---|
| ich hätte | wir hätten | |
| du hättest | ihr hättet | gepriesen |
| Sie hätten | Sie hätten | |
| er/sie/es hätte | sie hätten | |

**FUTURE PERFECT SUBJUNCTIVE I**

| | | |
|---|---|---|
| ich werde | wir werden | |
| du werdest | ihr werdet | gepriesen haben |
| Sie werden | Sie werden | |
| er/sie/es werde | sie werden | |

**FUTURE PERFECT SUBJUNCTIVE II**

| | | |
|---|---|---|
| ich würde | wir würden | |
| du würdest | ihr würdet | gepriesen haben |
| Sie würden | Sie würden | |
| er/sie/es würde | sie würden | |

**COMMANDS** preis(e)! preist! preisen Sie!

**PRESENT PARTICIPLE** preisend

## Usage

Der Präsident pries die Tapferkeit der im Krieg Gefallenen. — *The president paid tribute to the bravery of those who had fallen in battle.*

Die Schönheit dieses mittelalterlichen Dorfs wird von allen gepriesen. — *The beauty of this medieval village is extolled by all.*

Mein Großvater preist die Tüchtigkeit und den Fleiß seiner Frau. — *My grandfather praises his wife's efficiency and industriousness.*

Das Volk pries seine Vorfahren. — *The people praised their ancestors.*

Fridigerns Taten priesen die Goten in Liedern. (GRIMM) — *The Goths praised Fridigern's deeds in songs.*

Müller pries die Predigten als „göttliche Poesie". — *Müller praised the sermons as "divine poetry."*

Das Produkt wird als Wunder gepriesen. — *The product is being trumpeted as a miracle.*

Ich preise mich glücklich, in Berkeley studieren zu können. — *I consider myself lucky to be able to study in Berkeley.*

**RELATED VERBS** an·preisen, lob(·)preisen

regular weak verb

probiert · probierte · probiert

**PRESENT**

| | |
|---|---|
| ich probiere | wir probieren |
| du probierst | ihr probiert |
| Sie probieren | Sie probieren |
| er/sie/es probiert | sie probieren |

**SIMPLE PAST**

| | |
|---|---|
| ich probierte | wir probierten |
| du probiertest | ihr probiertet |
| Sie probierten | Sie probierten |
| er/sie/es probierte | sie probierten |

**FUTURE**

| | |
|---|---|
| ich werde | wir werden |
| du wirst | ihr werdet |
| Sie werden | Sie werden |
| er/sie/es wird | sie werden |

} probieren

**PRESENT SUBJUNCTIVE I**

| | |
|---|---|
| ich probiere | wir probieren |
| du probierest | ihr probieret |
| Sie probieren | Sie probieren |
| er/sie/es probiere | sie probieren |

**PRESENT SUBJUNCTIVE II**

| | |
|---|---|
| ich probierte | wir probierten |
| du probiertest | ihr probiertet |
| Sie probierten | Sie probierten |
| er/sie/es probierte | sie probierten |

**FUTURE SUBJUNCTIVE I**

| | |
|---|---|
| ich werde | wir werden |
| du werdest | ihr werdet |
| Sie werden | Sie werden |
| er/sie/es werde | sie werden |

} probieren

**FUTURE SUBJUNCTIVE II**

| | |
|---|---|
| ich würde | wir würden |
| du würdest | ihr würdet |
| Sie würden | Sie würden |
| er/sie/es würde | sie würden |

} probieren

**PRESENT PERFECT**

| | |
|---|---|
| ich habe | wir haben |
| du hast | ihr habt |
| Sie haben | Sie haben |
| er/sie/es hat | sie haben |

} probiert

**PAST PERFECT**

| | |
|---|---|
| ich hatte | wir hatten |
| du hattest | ihr hattet |
| Sie hatten | Sie hatten |
| er/sie/es hatte | sie hatten |

} probiert

**FUTURE PERFECT**

| | |
|---|---|
| ich werde | wir werden |
| du wirst | ihr werdet |
| Sie werden | Sie werden |
| er/sie/es wird | sie werden |

} probiert haben

**PAST SUBJUNCTIVE I**

| | |
|---|---|
| ich habe | wir haben |
| du habest | ihr habet |
| Sie haben | Sie haben |
| er/sie/es habe | sie haben |

} probiert

**PAST SUBJUNCTIVE II**

| | |
|---|---|
| ich hätte | wir hätten |
| du hättest | ihr hättet |
| Sie hätten | Sie hätten |
| er/sie/es hätte | sie hätten |

} probiert

**FUTURE PERFECT SUBJUNCTIVE I**

| | |
|---|---|
| ich werde | wir werden |
| du werdest | ihr werdet |
| Sie werden | Sie werden |
| er/sie/es werde | sie werden |

} probiert haben

**FUTURE PERFECT SUBJUNCTIVE II**

| | |
|---|---|
| ich würde | wir würden |
| du würdest | ihr würdet |
| Sie würden | Sie würden |
| er/sie/es würde | sie würden |

} probiert haben

**COMMANDS**  probier(e)!  probiert!  probieren Sie!

**PRESENT PARTICIPLE**  probierend

## Usage

| | |
|---|---|
| Hast du den Kuchen probiert? | *Have you tasted the cake?* |
| Probieren Sie die Spezialitäten des Hauses! | *Try the specialties of the house!* |
| Wir haben nur ein bisschen probiert. | *We sampled just a little bit.* |
| Unser Papa möchte ein anderes Medikament probieren. | *Our papa would like to try a different medicine.* |
| Wie viele Jugendliche probieren illegale Drogen vor dem Alter von dreizehn Jahren? | *How many young people try illegal drugs before the age of 13 years?* |
| Man kann das Produkt kostenlos probieren. | *You can try the product free of charge.* |
| Probier mal den Met. Er schmeckt lecker. | *Taste the mead. It tastes delicious.* |
| Ich probiere erstmal von der Erdbeerkonfitüre, dann von der Loganbeere. | *First, I'll sample the strawberry preserves, then the loganberry.* |
| Was passiert, wenn du es noch mal probierst? | *What happens when you try it again?* |
| Okay, Kinder, probieren wir das Lied noch einmal. | *Okay, children, let's rehearse the song one more time.* |
| Probieren geht über Studieren. (PROVERB) | *The proof of the pudding is in the eating.* |

**RELATED VERBS**  an·probieren, auf·probieren, aus·probieren

# protestieren *to protest, object (to)*

regular weak verb

**PRESENT**

| | |
|---|---|
| ich protestiere | wir protestieren |
| du protestierst | ihr protestiert |
| Sie protestieren | Sie protestieren |
| er/sie/es protestiert | sie protestieren |

**SIMPLE PAST**

| | |
|---|---|
| ich protestierte | wir protestierten |
| du protestiertest | ihr protestiertet |
| Sie protestierten | Sie protestierten |
| er/sie/es protestierte | sie protestierten |

**FUTURE**

| | | |
|---|---|---|
| ich werde | wir werden | |
| du wirst | ihr werdet | protestieren |
| Sie werden | Sie werden | |
| er/sie/es wird | sie werden | |

**PRESENT SUBJUNCTIVE I**

| | |
|---|---|
| ich protestiere | wir protestieren |
| du protestierest | ihr protestieret |
| Sie protestieren | Sie protestieren |
| er/sie/es protestiere | sie protestieren |

**PRESENT SUBJUNCTIVE II**

| | |
|---|---|
| ich protestierte | wir protestierten |
| du protestiertest | ihr protestiertet |
| Sie protestierten | Sie protestierten |
| er/sie/es protestierte | sie protestierten |

**FUTURE SUBJUNCTIVE I**

| | | |
|---|---|---|
| ich werde | wir werden | |
| du werdest | ihr werdet | protestieren |
| Sie werden | Sie werden | |
| er/sie/es werde | sie werden | |

**FUTURE SUBJUNCTIVE II**

| | | |
|---|---|---|
| ich würde | wir würden | |
| du würdest | ihr würdet | protestieren |
| Sie würden | Sie würden | |
| er/sie/es würde | sie würden | |

**PRESENT PERFECT**

| | | |
|---|---|---|
| ich habe | wir haben | |
| du hast | ihr habt | protestiert |
| Sie haben | Sie haben | |
| er/sie/es hat | sie haben | |

**PAST PERFECT**

| | | |
|---|---|---|
| ich hatte | wir hatten | |
| du hattest | ihr hattet | protestiert |
| Sie hatten | Sie hatten | |
| er/sie/es hatte | sie hatten | |

**FUTURE PERFECT**

| | | |
|---|---|---|
| ich werde | wir werden | |
| du wirst | ihr werdet | protestiert haben |
| Sie werden | Sie werden | |
| er/sie/es wird | sie werden | |

**PAST SUBJUNCTIVE I**

| | | |
|---|---|---|
| ich habe | wir haben | |
| du habest | ihr habet | protestiert |
| Sie haben | Sie haben | |
| er/sie/es habe | sie haben | |

**PAST SUBJUNCTIVE II**

| | | |
|---|---|---|
| ich hätte | wir hätten | |
| du hättest | ihr hättet | protestiert |
| Sie hätten | Sie hätten | |
| er/sie/es hätte | sie hätten | |

**FUTURE PERFECT SUBJUNCTIVE I**

| | | |
|---|---|---|
| ich werde | wir werden | |
| du werdest | ihr werdet | protestiert haben |
| Sie werden | Sie werden | |
| er/sie/es werde | sie werden | |

**FUTURE PERFECT SUBJUNCTIVE II**

| | | |
|---|---|---|
| ich würde | wir würden | |
| du würdest | ihr würdet | protestiert haben |
| Sie würden | Sie würden | |
| er/sie/es würde | sie würden | |

**COMMANDS** protestier(e)! protestiert! protestieren Sie!

**PRESENT PARTICIPLE** protestierend

## Usage

| | |
|---|---|
| Überall wurde demonstriert und protestiert. | *Everywhere there were demonstrations and protests.* |
| Anwohner protestieren heftig gegen das geplante Industriegebiet. | *Residents vehemently object to the proposed industrial park.* |
| Wir haben gegen den Krieg protestiert. | *We protested against the war.* |
| Ulrike protestiert gegen den Plan, gentechnisch veränderte Lebensmittel auf dem Markt zuzulassen. | *Ulrike objects to the plan to allow genetically modified foods onto the market.* |
| Die Sendung wurde aus dem Programm gestrichen, aber die Zuschauer haben protestiert. | *The program was cut from the schedule, but viewers protested.* |
| Bürger protestierten bei der Stadt gegen den Abbau der Subventionen. | *Citizens protested to the city against the cutback in subsidies.* |
| Warum protestierst du nicht dagegen? | *Why aren't you protesting that?* |
| Ihr protestiert gegen unsere Lösung, aber ihr bietet keine Alternative. | *You object to our solution, but you offer no alternative.* |
| Soll ich den Wechsel protestieren lassen? | *Should I dispute the bill?* |

regular weak verb

**prüft · prüfte · geprüft**

**PRESENT**

| | |
|---|---|
| ich prüfe | wir prüfen |
| du prüfst | ihr prüft |
| Sie prüfen | Sie prüfen |
| er/sie/es prüft | sie prüfen |

**SIMPLE PAST**

| | |
|---|---|
| ich prüfte | wir prüften |
| du prüftest | ihr prüftet |
| Sie prüften | Sie prüften |
| er/sie/es prüfte | sie prüften |

**FUTURE**

| | | |
|---|---|---|
| ich werde | wir werden | |
| du wirst | ihr werdet | prüfen |
| Sie werden | Sie werden | |
| er/sie/es wird | sie werden | |

**PRESENT SUBJUNCTIVE I**

| | |
|---|---|
| ich prüfe | wir prüfen |
| du prüfest | ihr prüfet |
| Sie prüfen | Sie prüfen |
| er/sie/es prüfe | sie prüfen |

**PRESENT SUBJUNCTIVE II**

| | |
|---|---|
| ich prüfte | wir prüften |
| du prüftest | ihr prüftet |
| Sie prüften | Sie prüften |
| er/sie/es prüfte | sie prüften |

**FUTURE SUBJUNCTIVE I**

| | | |
|---|---|---|
| ich werde | wir werden | |
| du werdest | ihr werdet | prüfen |
| Sie werden | Sie werden | |
| er/sie/es werde | sie werden | |

**FUTURE SUBJUNCTIVE II**

| | | |
|---|---|---|
| ich würde | wir würden | |
| du würdest | ihr würdet | prüfen |
| Sie würden | Sie würden | |
| er/sie/es würde | sie würden | |

**PRESENT PERFECT**

| | | |
|---|---|---|
| ich habe | wir haben | |
| du hast | ihr habt | geprüft |
| Sie haben | Sie haben | |
| er/sie/es hat | sie haben | |

**PAST PERFECT**

| | | |
|---|---|---|
| ich hatte | wir hatten | |
| du hattest | ihr hattet | geprüft |
| Sie hatten | Sie hatten | |
| er/sie/es hatte | sie hatten | |

**FUTURE PERFECT**

| | | |
|---|---|---|
| ich werde | wir werden | |
| du wirst | ihr werdet | geprüft haben |
| Sie werden | Sie werden | |
| er/sie/es wird | sie werden | |

**PAST SUBJUNCTIVE I**

| | | |
|---|---|---|
| ich habe | wir haben | |
| du habest | ihr habet | geprüft |
| Sie haben | Sie haben | |
| er/sie/es habe | sie haben | |

**PAST SUBJUNCTIVE II**

| | | |
|---|---|---|
| ich hätte | wir hätten | |
| du hättest | ihr hättet | geprüft |
| Sie hätten | Sie hätten | |
| er/sie/es hätte | sie hätten | |

**FUTURE PERFECT SUBJUNCTIVE I**

| | | |
|---|---|---|
| ich werde | wir werden | |
| du werdest | ihr werdet | geprüft haben |
| Sie werden | Sie werden | |
| er/sie/es werde | sie werden | |

**FUTURE PERFECT SUBJUNCTIVE II**

| | | |
|---|---|---|
| ich würde | wir würden | |
| du würdest | ihr würdet | geprüft haben |
| Sie würden | Sie würden | |
| er/sie/es würde | sie würden | |

**COMMANDS** prüf(e)! prüft! prüfen Sie!

**PRESENT PARTICIPLE** prüfend

## Usage

| | |
|---|---|
| Prüfen Sie, ob eine Internetverbindung vorhanden ist. | *Check whether an Internet connection exists.* |
| Ich prüfe die Bremsen, ehe wir losfahren. | *I'll check the brakes before we set off.* |
| Dieses Skript prüft die Gültigkeit der Eingabe. | *This script checks the input for validity.* |
| Welche Themen wurden im Schlussexamen geprüft? | *What topics were tested in the final exam?* |
| Es ist zu prüfen, wie schnell die Batterien geladen werden können. | *The batteries must be tested to see how quickly they can be charged.* |
| Schüler werden in mehreren Fächern geprüft. | *Pupils are tested in several subjects.* |
| Das Rennauto muss vor dem Rennen auf Funktionstüchtigkeit geprüft werden. | *The racecar must be inspected for efficiency before the race.* |
| Das Komitee wird die Entscheidung prüfen. | *The committee will review the decision.* |
| Wie prüft man Hefe? | *How do you proof yeast?* |
| Wir prüften die Kandidaten auf Herz und Nieren. (*figurative*) | *We put the candidates through their paces.* |

**RELATED VERBS** durch·prüfen, nach·prüfen, überprüfen

# rächen  *to avenge*

**rächt · rächte · gerächt**

**PRESENT**

| | |
|---|---|
| ich räche | wir rächen |
| du rächst | ihr rächt |
| Sie rächen | Sie rächen |
| er/sie/es rächt | sie rächen |

**PRESENT PERFECT**

| | | |
|---|---|---|
| ich habe | wir haben | |
| du hast | ihr habt | gerächt |
| Sie haben | Sie haben | |
| er/sie/es hat | sie haben | |

**SIMPLE PAST**

| | |
|---|---|
| ich rächte | wir rächten |
| du rächtest | ihr rächtet |
| Sie rächten | Sie rächten |
| er/sie/es rächte | sie rächten |

**PAST PERFECT**

| | | |
|---|---|---|
| ich hatte | wir hatten | |
| du hattest | ihr hattet | gerächt |
| Sie hatten | Sie hatten | |
| er/sie/es hatte | sie hatten | |

**FUTURE**

| | | |
|---|---|---|
| ich werde | wir werden | |
| du wirst | ihr werdet | rächen |
| Sie werden | Sie werden | |
| er/sie/es wird | sie werden | |

**FUTURE PERFECT**

| | | |
|---|---|---|
| ich werde | wir werden | |
| du wirst | ihr werdet | gerächt haben |
| Sie werden | Sie werden | |
| er/sie/es wird | sie werden | |

**PRESENT SUBJUNCTIVE I**

| | |
|---|---|
| ich räche | wir rächen |
| du rächest | ihr rächet |
| Sie rächen | Sie rächen |
| er/sie/es räche | sie rächen |

**PAST SUBJUNCTIVE I**

| | | |
|---|---|---|
| ich habe | wir haben | |
| du habest | ihr habet | gerächt |
| Sie haben | Sie haben | |
| er/sie/es habe | sie haben | |

**PRESENT SUBJUNCTIVE II**

| | |
|---|---|
| ich rächte | wir rächten |
| du rächtest | ihr rächtet |
| Sie rächten | Sie rächten |
| er/sie/es rächte | sie rächten |

**PAST SUBJUNCTIVE II**

| | | |
|---|---|---|
| ich hätte | wir hätten | |
| du hättest | ihr hättet | gerächt |
| Sie hätten | Sie hätten | |
| er/sie/es hätte | sie hätten | |

**FUTURE SUBJUNCTIVE I**

| | | |
|---|---|---|
| ich werde | wir werden | |
| du werdest | ihr werdet | rächen |
| Sie werden | Sie werden | |
| er/sie/es werde | sie werden | |

**FUTURE PERFECT SUBJUNCTIVE I**

| | | |
|---|---|---|
| ich werde | wir werden | |
| du werdest | ihr werdet | gerächt haben |
| Sie werden | Sie werden | |
| er/sie/es werde | sie werden | |

**FUTURE SUBJUNCTIVE II**

| | | |
|---|---|---|
| ich würde | wir würden | |
| du würdest | ihr würdet | rächen |
| Sie würden | Sie würden | |
| er/sie/es würde | sie würden | |

**FUTURE PERFECT SUBJUNCTIVE II**

| | | |
|---|---|---|
| ich würde | wir würden | |
| du würdest | ihr würdet | gerächt haben |
| Sie würden | Sie würden | |
| er/sie/es würde | sie würden | |

**COMMANDS**     räch(e)!   rächt!   rächen Sie!

**PRESENT PARTICIPLE**     rächend

## Usage

| | |
|---|---|
| Kriemhilde wollte Siegfried rächen. | *Kriemhilde wanted to avenge Siegfried.* |
| Ellen sagt, sie habe bloß eine Beleidigung gerächt. | *Ellen says she was merely avenging an insult.* |
| Der Bauersknecht rächte seine Schwester, indem er den Täter gründlich verprügelte. | *The farmhand avenged his sister by giving the culprit a thorough lashing.* |
| Versprich mir meinen Tod nicht zu rächen. | *Promise not to avenge my death.* |

### sich rächen  *to get revenge, avenge oneself;* (impersonal) *be paid back in kind, take its/their toll*

| | |
|---|---|
| Dietrich schwört seiner Frau, sich an Degenhard für den Mord ihrer Schwester zu rächen. | *Dietrich swears to his wife to get revenge on Degenhard for the murder of her sister.* |
| Wie grausam rächst du dich! (WIELAND) | *How cruelly you avenge yourself!* |
| Rächt euch doch nicht. | *Don't take revenge.* |
| Trina hat beschlossen, sich zu rächen. | *Trina has decided to get revenge.* |
| Manfred rächte sich an dem Kellner für die Nichtachtung. | *Manfred got even with the waiter for ignoring him.* |
| Dein riskantes Benehmen rächt sich eines Tages. | *Your risky behavior will take its toll some day.* |

strong verb                                                                                    rät · riet · geraten

**PRESENT**

| ich rate | wir raten |
| du rätst | ihr ratet |
| Sie raten | Sie raten |
| er/sie/es rät | sie raten |

**PRESENT PERFECT**

| ich habe | wir haben | |
| du hast | ihr habt | |
| Sie haben | Sie haben | geraten |
| er/sie/es hat | sie haben | |

**SIMPLE PAST**

| ich riet | wir rieten |
| du rietst | ihr rietet |
| Sie rieten | Sie rieten |
| er/sie/es riet | sie rieten |

**PAST PERFECT**

| ich hatte | wir hatten | |
| du hattest | ihr hattet | |
| Sie hatten | Sie hatten | geraten |
| er/sie/es hatte | sie hatten | |

**FUTURE**

| ich werde | wir werden | |
| du wirst | ihr werdet | |
| Sie werden | Sie werden | raten |
| er/sie/es wird | sie werden | |

**FUTURE PERFECT**

| ich werde | wir werden | |
| du wirst | ihr werdet | |
| Sie werden | Sie werden | geraten haben |
| er/sie/es wird | sie werden | |

**PRESENT SUBJUNCTIVE I**

| ich rate | wir raten |
| du ratest | ihr ratet |
| Sie raten | Sie raten |
| er/sie/es rate | sie raten |

**PAST SUBJUNCTIVE I**

| ich habe | wir haben | |
| du habest | ihr habet | |
| Sie haben | Sie haben | geraten |
| er/sie/es habe | sie haben | |

**PRESENT SUBJUNCTIVE II**

| ich riete | wir rieten |
| du rietest | ihr rietet |
| Sie rieten | Sie rieten |
| er/sie/es riete | sie rieten |

**PAST SUBJUNCTIVE II**

| ich hätte | wir hätten | |
| du hättest | ihr hättet | |
| Sie hätten | Sie hätten | geraten |
| er/sie/es hätte | sie hätten | |

**FUTURE SUBJUNCTIVE I**

| ich werde | wir werden | |
| du werdest | ihr werdet | |
| Sie werden | Sie werden | raten |
| er/sie/es werde | sie werden | |

**FUTURE PERFECT SUBJUNCTIVE I**

| ich werde | wir werden | |
| du werdest | ihr werdet | |
| Sie werden | Sie werden | geraten haben |
| er/sie/es werde | sie werden | |

**FUTURE SUBJUNCTIVE II**

| ich würde | wir würden | |
| du würdest | ihr würdet | |
| Sie würden | Sie würden | raten |
| er/sie/es würde | sie würden | |

**FUTURE PERFECT SUBJUNCTIVE II**

| ich würde | wir würden | |
| du würdest | ihr würdet | |
| Sie würden | Sie würden | geraten haben |
| er/sie/es würde | sie würden | |

**COMMANDS**          rate!   ratet!   raten Sie!

**PRESENT PARTICIPLE**          ratend

## Usage

| | |
|---|---|
| Meine Freunde raten mir, nicht mitzufahren. | *My friends advise me not to go along.* |
| Sie haben mir schlecht geraten. | *You gave me bad advice.* |
| Das Gesundheitsministerium rät zur Impfung. | *The health ministry advises immunization.* |
| Forscher raten Eltern, ihren Kindern mehr vorzulesen. | *Researchers advise parents to read to their children more.* |
| Meine Ärztin riet mir zur Operation. | *My doctor advised me to have an operation.* |
| Wir haben Heinz geraten, mit dem Rauchen aufzuhören. | *We've advised Heinz to give up smoking.* |
| Dr. Prawelski rät Männern, die mit Krebs leben. | *Dr. Prawelski counsels men living with cancer.* |
| Ich rate euch, mit dem Zug zu fahren. | *I advise you to go by train.* |
| Wem nicht zu raten ist, dem ist auch nicht zu helfen. | *He who won't listen to counsel can't be helped.* |
| (PROVERB) | |
| Rate mal, wem ich gerade begegnet bin! | *Guess whom I just met!* |
| Darf ich nochmal raten? | *May I guess again?* |

**RELATED VERBS**   ab·raten, an·raten, entraten, erraten, missraten, verraten, widerraten, zu·raten;
                 *see also* **beraten** (73), **geraten** (216)

## PRESENT

| | |
|---|---|
| ich räume | wir räumen |
| du räumst | ihr räumt |
| Sie räumen | Sie räumen |
| er/sie/es räumt | sie räumen |

## SIMPLE PAST

| | |
|---|---|
| ich räumte | wir räumten |
| du räumtest | ihr räumtet |
| Sie räumten | Sie räumten |
| er/sie/es räumte | sie räumten |

## FUTURE

| | | |
|---|---|---|
| ich werde | wir werden | |
| du wirst | ihr werdet | |
| Sie werden | Sie werden | räumen |
| er/sie/es wird | sie werden | |

## PRESENT SUBJUNCTIVE I

| | |
|---|---|
| ich räume | wir räumen |
| du räumest | ihr räumet |
| Sie räumen | Sie räumen |
| er/sie/es räume | sie räumen |

## PRESENT SUBJUNCTIVE II

| | |
|---|---|
| ich räumte | wir räumten |
| du räumtest | ihr räumtet |
| Sie räumten | Sie räumten |
| er/sie/es räumte | sie räumten |

## FUTURE SUBJUNCTIVE I

| | | |
|---|---|---|
| ich werde | wir werden | |
| du werdest | ihr werdet | |
| Sie werden | Sie werden | räumen |
| er/sie/es werde | sie werden | |

## FUTURE SUBJUNCTIVE II

| | | |
|---|---|---|
| ich würde | wir würden | |
| du würdest | ihr würdet | |
| Sie würden | Sie würden | räumen |
| er/sie/es würde | sie würden | |

## PRESENT PERFECT

| | | |
|---|---|---|
| ich habe | wir haben | |
| du hast | ihr habt | |
| Sie haben | Sie haben | geräumt |
| er/sie/es hat | sie haben | |

## PAST PERFECT

| | | |
|---|---|---|
| ich hatte | wir hatten | |
| du hattest | ihr hattet | |
| Sie hatten | Sie hatten | geräumt |
| er/sie/es hatte | sie hatten | |

## FUTURE PERFECT

| | | |
|---|---|---|
| ich werde | wir werden | |
| du wirst | ihr werdet | |
| Sie werden | Sie werden | geräumt haben |
| er/sie/es wird | sie werden | |

## PAST SUBJUNCTIVE I

| | | |
|---|---|---|
| ich habe | wir haben | |
| du habest | ihr habet | |
| Sie haben | Sie haben | geräumt |
| er/sie/es habe | sie haben | |

## PAST SUBJUNCTIVE II

| | | |
|---|---|---|
| ich hätte | wir hätten | |
| du hättest | ihr hättet | |
| Sie hätten | Sie hätten | geräumt |
| er/sie/es hätte | sie hätten | |

## FUTURE PERFECT SUBJUNCTIVE I

| | | |
|---|---|---|
| ich werde | wir werden | |
| du werdest | ihr werdet | |
| Sie werden | Sie werden | geräumt haben |
| er/sie/es werde | sie werden | |

## FUTURE PERFECT SUBJUNCTIVE II

| | | |
|---|---|---|
| ich würde | wir würden | |
| du würdest | ihr würdet | |
| Sie würden | Sie würden | geräumt haben |
| er/sie/es würde | sie würden | |

COMMANDS            räum(e)!  räumt!  räumen Sie!

PRESENT PARTICIPLE   räumend

## Usage

| | |
|---|---|
| Wir mussten die Wohnung räumen. | *We had to vacate the apartment.* |
| Räumt bitte eure Spielzeuge aus dem Weg. | *Please clear your toys out of the way.* |
| Die Unfallstelle war immer noch nicht geräumt worden. | *The scene of the accident had still not been cleared.* |
| Der andere Fahrer wartet, bis das Auto die Kreuzung geräumt hat. | *The other driver is waiting until the car has cleared the intersection.* |
| Ich räume den Schnee vom Gehweg. | *I'm clearing the sidewalk of snow.* |
| Die Partei muss jetzt zwei Sitze im Parlament räumen. | *The party must now give up two seats in parliament.* |
| Der Saal wird bald geräumt werden. | *The room will soon be cleared.* |
| Nach der Reaktorkatastrophe mussten ganze Dörfer geräumt werden. | *After the reactor catastrophe, entire villages had to be evacuated.* |
| Räumst du bitte die Zeitungen vom Tisch? | *Would you please clear the newspapers from the table?* |
| Bitte Gerald, die Geschirrspülmaschine zu räumen. | *Ask Gerald to empty the dishwasher.* |
| Unser Sohn starb, als seine Kompanie Minen räumte. | *Our son died when his company was sweeping mines.* |

RELATED VERBS  ab·räumen, aus·räumen, ein·räumen, um·räumen, weg·räumen; *see also* **auf·räumen** (30)

regular weak verb

**PRESENT**

| | |
|---|---|
| ich reagiere | wir reagieren |
| du reagierst | ihr reagiert |
| Sie reagieren | Sie reagieren |
| er/sie/es reagiert | sie reagieren |

**SIMPLE PAST**

| | |
|---|---|
| ich reagierte | wir reagierten |
| du reagiertest | ihr reagiertet |
| Sie reagierten | Sie reagierten |
| er/sie/es reagierte | sie reagierten |

**FUTURE**

| | |
|---|---|
| ich werde | wir werden |
| du wirst | ihr werdet |
| Sie werden | Sie werden |
| er/sie/es wird | sie werden |

} reagieren

**PRESENT SUBJUNCTIVE I**

| | |
|---|---|
| ich reagiere | wir reagieren |
| du reagierest | ihr reagieret |
| Sie reagieren | Sie reagieren |
| er/sie/es reagiere | sie reagieren |

**PRESENT SUBJUNCTIVE II**

| | |
|---|---|
| ich reagierte | wir reagierten |
| du reagiertest | ihr reagiertet |
| Sie reagierten | Sie reagierten |
| er/sie/es reagierte | sie reagierten |

**FUTURE SUBJUNCTIVE I**

| | |
|---|---|
| ich werde | wir werden |
| du werdest | ihr werdet |
| Sie werden | Sie werden |
| er/sie/es werde | sie werden |

} reagieren

**FUTURE SUBJUNCTIVE II**

| | |
|---|---|
| ich würde | wir würden |
| du würdest | ihr würdet |
| Sie würden | Sie würden |
| er/sie/es würde | sie würden |

} reagieren

**PRESENT PERFECT**

| | |
|---|---|
| ich habe | wir haben |
| du hast | ihr habt |
| Sie haben | Sie haben |
| er/sie/es hat | sie haben |

} reagiert

**PAST PERFECT**

| | |
|---|---|
| ich hatte | wir hatten |
| du hattest | ihr hattet |
| Sie hatten | Sie hatten |
| er/sie/es hatte | sie hatten |

} reagiert

**FUTURE PERFECT**

| | |
|---|---|
| ich werde | wir werden |
| du wirst | ihr werdet |
| Sie werden | Sie werden |
| er/sie/es wird | sie werden |

} reagiert haben

**PAST SUBJUNCTIVE I**

| | |
|---|---|
| ich habe | wir haben |
| du habest | ihr habet |
| Sie haben | Sie haben |
| er/sie/es habe | sie haben |

} reagiert

**PAST SUBJUNCTIVE II**

| | |
|---|---|
| ich hätte | wir hätten |
| du hättest | ihr hättet |
| Sie hätten | Sie hätten |
| er/sie/es hätte | sie hätten |

} reagiert

**FUTURE PERFECT SUBJUNCTIVE I**

| | |
|---|---|
| ich werde | wir werden |
| du werdest | ihr werdet |
| Sie werden | Sie werden |
| er/sie/es werde | sie werden |

} reagiert haben

**FUTURE PERFECT SUBJUNCTIVE II**

| | |
|---|---|
| ich würde | wir würden |
| du würdest | ihr würdet |
| Sie würden | Sie würden |
| er/sie/es würde | sie würden |

} reagiert haben

**COMMANDS** reagier(e)! reagiert! reagieren Sie!

**PRESENT PARTICIPLE** reagierend

## Usage

| | |
|---|---|
| Meine Schwester hat nicht rational reagiert. | *My sister didn't react rationally.* |
| Nebenan spielt jemand Posaune. Wie reagieren Sie? | *Next door, someone is playing the trombone. How do you respond?* |
| Auf der Autobahn muss man schnell reagieren können. | *One must be able to react quickly on the autobahn.* |
| Ich wollte auf seine Kommentare nicht reagieren. | *I didn't want to react to his comments.* |
| Unsere Katze reagiert aggressiv auf Hunde. | *Our cat reacts aggressively to dogs.* |
| Die Kinder reagierten mit Wut. | *The children reacted with rage.* |
| Musst du immer auf ihn reagieren? | *Must you always give him a reaction?* |
| Andere Substanzen reagieren mit den T-Zellen. | *Other substances react with the T-cells.* |
| Eine Säure ist eine chemische Verbindung, die mit einer Base reagiert. | *An acid is a chemical compound that reacts with a base.* |
| Wie hat er auf deine Entscheidung reagiert? | *How did he react to your decision?* |
| Wir suchen einen Unterhändler, der schnell reagiert. | *We're looking for a negotiator who thinks on his feet.* |

**RELATED VERB** ab·reagieren

## rechnen  *to reckon; estimate; take into account, do/make a calculation*

rechnet · rechnete · gerechnet

regular weak verb

**PRESENT**

| | |
|---|---|
| ich rechne | wir rechnen |
| du rechnest | ihr rechnet |
| Sie rechnen | Sie rechnen |
| er/sie/es rechnet | sie rechnen |

**SIMPLE PAST**

| | |
|---|---|
| ich rechnete | wir rechneten |
| du rechnetest | ihr rechnetet |
| Sie rechneten | Sie rechneten |
| er/sie/es rechnete | sie rechneten |

**FUTURE**

| | |
|---|---|
| ich werde | wir werden |
| du wirst | ihr werdet |
| Sie werden | Sie werden |
| er/sie/es wird | sie werden |

} rechnen

**PRESENT SUBJUNCTIVE I**

| | |
|---|---|
| ich rechne | wir rechnen |
| du rechnest | ihr rechnet |
| Sie rechnen | Sie rechnen |
| er/sie/es rechne | sie rechnen |

**PRESENT SUBJUNCTIVE II**

| | |
|---|---|
| ich rechnete | wir rechneten |
| du rechnetest | ihr rechnetet |
| Sie rechneten | Sie rechneten |
| er/sie/es rechnete | sie rechneten |

**FUTURE SUBJUNCTIVE I**

| | |
|---|---|
| ich werde | wir werden |
| du werdest | ihr werdet |
| Sie werden | Sie werden |
| er/sie/es werde | sie werden |

} rechnen

**FUTURE SUBJUNCTIVE II**

| | |
|---|---|
| ich würde | wir würden |
| du würdest | ihr würdet |
| Sie würden | Sie würden |
| er/sie/es würde | sie würden |

} rechnen

**PRESENT PERFECT**

| | |
|---|---|
| ich habe | wir haben |
| du hast | ihr habt |
| Sie haben | Sie haben |
| er/sie/es hat | sie haben |

} gerechnet

**PAST PERFECT**

| | |
|---|---|
| ich hatte | wir hatten |
| du hattest | ihr hattet |
| Sie hatten | Sie hatten |
| er/sie/es hatte | sie hatten |

} gerechnet

**FUTURE PERFECT**

| | |
|---|---|
| ich werde | wir werden |
| du wirst | ihr werdet |
| Sie werden | Sie werden |
| er/sie/es wird | sie werden |

} gerechnet haben

**PAST SUBJUNCTIVE I**

| | |
|---|---|
| ich habe | wir haben |
| du habest | ihr habet |
| Sie haben | Sie haben |
| er/sie/es habe | sie haben |

} gerechnet

**PAST SUBJUNCTIVE II**

| | |
|---|---|
| ich hätte | wir hätten |
| du hättest | ihr hättet |
| Sie hätten | Sie hätten |
| er/sie/es hätte | sie hätten |

} gerechnet

**FUTURE PERFECT SUBJUNCTIVE I**

| | |
|---|---|
| ich werde | wir werden |
| du werdest | ihr werdet |
| Sie werden | Sie werden |
| er/sie/es werde | sie werden |

} gerechnet haben

**FUTURE PERFECT SUBJUNCTIVE II**

| | |
|---|---|
| ich würde | wir würden |
| du würdest | ihr würdet |
| Sie würden | Sie würden |
| er/sie/es würde | sie würden |

} gerechnet haben

**COMMANDS**      rechne!   rechnet!   rechnen Sie!

**PRESENT PARTICIPLE**      rechnend

## Usage

| | |
|---|---|
| Du kannst damit rechnen, dass es jeden Tag regnet. | *You can count on it to rain every day.* |
| Wie rechnet man die Kosten dafür? | *How do you reckon costs for that?* |
| Die Behörden rechneten mit 4.500 Teilnehmern. | *Officials estimated 4,500 participants.* |
| Auf ihn ist zu rechnen. | *You can rely on him.* |
| Lars kann gut im Kopf rechnen. | *Lars is good at doing calculations in his head.* |
| Manche Anthropologen weigern sich, den Neandertaler zur Spezies *Homo sapiens* zu rechnen. | *Many anthropologists refuse to classify Neandertal man as* Homo sapiens. |
| Noam Chomsky wird zu den größten Intellektuellen unserer Zeit gerechnet. | *Noam Chomsky is one of the greatest intellectuals of our time.* |
| Rechnet nicht mit mir! | *Count me out!* |
| Die neue Chefin rechnet mit keinen Veränderungen. | *The new boss isn't figuring on any changes.* |

**RELATED VERBS**  ab·rechnen, an·rechnen, auf·rechnen, aus·rechnen, berechnen, durch·rechnen, ein·rechnen, errechnen, mit·rechnen, nach·rechnen, um·rechnen, verrechnen, voraus·berechnen, vorher·berechnen, vor·rechnen, zu·rechnen, zusammen·rechnen

regular weak verb

**PRESENT**

| | |
|---|---|
| ich rede | wir reden |
| du redest | ihr redet |
| Sie reden | Sie reden |
| er/sie/es redet | sie reden |

**SIMPLE PAST**

| | |
|---|---|
| ich redete | wir redeten |
| du redetest | ihr redetet |
| Sie redeten | Sie redeten |
| er/sie/es redete | sie redeten |

**FUTURE**

| | | |
|---|---|---|
| ich werde | wir werden | |
| du wirst | ihr werdet | |
| Sie werden | Sie werden | reden |
| er/sie/es wird | sie werden | |

**PRESENT SUBJUNCTIVE I**

| | |
|---|---|
| ich rede | wir reden |
| du redest | ihr redet |
| Sie reden | Sie reden |
| er/sie/es rede | sie reden |

**PRESENT SUBJUNCTIVE II**

| | |
|---|---|
| ich redete | wir redeten |
| du redetest | ihr redetet |
| Sie redeten | Sie redeten |
| er/sie/es redete | sie redeten |

**FUTURE SUBJUNCTIVE I**

| | | |
|---|---|---|
| ich werde | wir werden | |
| du werdest | ihr werdet | |
| Sie werden | Sie werden | reden |
| er/sie/es werde | sie werden | |

**FUTURE SUBJUNCTIVE II**

| | | |
|---|---|---|
| ich würde | wir würden | |
| du würdest | ihr würdet | |
| Sie würden | Sie würden | reden |
| er/sie/es würde | sie würden | |

**PRESENT PERFECT**

| | | |
|---|---|---|
| ich habe | wir haben | |
| du hast | ihr habt | |
| Sie haben | Sie haben | geredet |
| er/sie/es hat | sie haben | |

**PAST PERFECT**

| | | |
|---|---|---|
| ich hatte | wir hatten | |
| du hattest | ihr hattet | |
| Sie hatten | Sie hatten | geredet |
| er/sie/es hatte | sie hatten | |

**FUTURE PERFECT**

| | | |
|---|---|---|
| ich werde | wir werden | |
| du wirst | ihr werdet | |
| Sie werden | Sie werden | geredet haben |
| er/sie/es wird | sie werden | |

**PAST SUBJUNCTIVE I**

| | | |
|---|---|---|
| ich habe | wir haben | |
| du habest | ihr habet | |
| Sie haben | Sie haben | geredet |
| er/sie/es habe | sie haben | |

**PAST SUBJUNCTIVE II**

| | | |
|---|---|---|
| ich hätte | wir hätten | |
| du hättest | ihr hättet | |
| Sie hätten | Sie hätten | geredet |
| er/sie/es hätte | sie hätten | |

**FUTURE PERFECT SUBJUNCTIVE I**

| | | |
|---|---|---|
| ich werde | wir werden | |
| du werdest | ihr werdet | |
| Sie werden | Sie werden | geredet haben |
| er/sie/es werde | sie werden | |

**FUTURE PERFECT SUBJUNCTIVE II**

| | | |
|---|---|---|
| ich würde | wir würden | |
| du würdest | ihr würdet | |
| Sie würden | Sie würden | geredet haben |
| er/sie/es würde | sie würden | |

**COMMANDS**       rede!   redet!   reden Sie!

**PRESENT PARTICIPLE**   redend

## Usage

| | |
|---|---|
| Der Präsident redet wieder Unsinn. | *The president is talking nonsense again.* |
| Sie möchte über das Ereignis reden. | *She would like to talk about the event.* |
| Hast du versucht, mit ihm über seine Probleme zu reden? | *Have you tried talking with him about his problems?* |
| Ja, wir haben drei Stunden darüber geredet. | *Yes, we talked about that for three hours.* |
| Die Hauptfigur im Spiel redet mit den anderen Figuren kaum. | *The main character in the play hardly speaks with the other characters.* |
| Der Prediger redete in einem persönlichen Stil, der den Zuhörer anlockt. | *The preacher spoke in a personal style that draws the listener in.* |
| Ich kann nicht vor einem Publikum reden. | *I can't speak in front of an audience.* |
| Karla meint es gut, aber sie redet wie ein Wasserfall. (*idiomatic*) | *Karla means well, but she talks nonstop.* |

**RELATED VERBS** an·reden, auf·reden, aus·reden, bereden, daher·reden, dahin·reden, dazwischen·reden, einher·reden, ein·reden, hinein·reden, klug·reden, mit·reden, nach·reden, überreden, unterreden, verabreden, vorbei·reden, zu·reden

## regeln · to regulate; settle, put in order; control

regelt · regelte · geregelt — regular weak verb

### PRESENT

| | |
|---|---|
| ich reg(e)le | wir regeln |
| du regelst | ihr regelt |
| Sie regeln | Sie regeln |
| er/sie/es regelt | sie regeln |

### PRESENT PERFECT

| | | |
|---|---|---|
| ich habe | wir haben | |
| du hast | ihr habt | |
| Sie haben | Sie haben | geregelt |
| er/sie/es hat | sie haben | |

### SIMPLE PAST

| | |
|---|---|
| ich regelte | wir regelten |
| du regeltest | ihr regeltet |
| Sie regelten | Sie regelten |
| er/sie/es regelte | sie regelten |

### PAST PERFECT

| | | |
|---|---|---|
| ich hatte | wir hatten | |
| du hattest | ihr hattet | |
| Sie hatten | Sie hatten | geregelt |
| er/sie/es hatte | sie hatten | |

### FUTURE

| | | |
|---|---|---|
| ich werde | wir werden | |
| du wirst | ihr werdet | |
| Sie werden | Sie werden | regeln |
| er/sie/es wird | sie werden | |

### FUTURE PERFECT

| | | |
|---|---|---|
| ich werde | wir werden | |
| du wirst | ihr werdet | |
| Sie werden | Sie werden | geregelt haben |
| er/sie/es wird | sie werden | |

### PRESENT SUBJUNCTIVE I

| | |
|---|---|
| ich reg(e)le | wir regeln |
| du regelst | ihr regelt |
| Sie regeln | Sie regeln |
| er/sie/es reg(e)le | sie regeln |

### PAST SUBJUNCTIVE I

| | | |
|---|---|---|
| ich habe | wir haben | |
| du habest | ihr habet | |
| Sie haben | Sie haben | geregelt |
| er/sie/es habe | sie haben | |

### PRESENT SUBJUNCTIVE II

| | |
|---|---|
| ich regelte | wir regelten |
| du regeltest | ihr regeltet |
| Sie regelten | Sie regelten |
| er/sie/es regelte | sie regelten |

### PAST SUBJUNCTIVE II

| | | |
|---|---|---|
| ich hätte | wir hätten | |
| du hättest | ihr hättet | |
| Sie hätten | Sie hätten | geregelt |
| er/sie/es hätte | sie hätten | |

### FUTURE SUBJUNCTIVE I

| | | |
|---|---|---|
| ich werde | wir werden | |
| du werdest | ihr werdet | |
| Sie werden | Sie werden | regeln |
| er/sie/es werde | sie werden | |

### FUTURE PERFECT SUBJUNCTIVE I

| | | |
|---|---|---|
| ich werde | wir werden | |
| du werdest | ihr werdet | |
| Sie werden | Sie werden | geregelt haben |
| er/sie/es werde | sie werden | |

### FUTURE SUBJUNCTIVE II

| | | |
|---|---|---|
| ich würde | wir würden | |
| du würdest | ihr würdet | |
| Sie würden | Sie würden | regeln |
| er/sie/es würde | sie würden | |

### FUTURE PERFECT SUBJUNCTIVE II

| | | |
|---|---|---|
| ich würde | wir würden | |
| du würdest | ihr würdet | |
| Sie würden | Sie würden | geregelt haben |
| er/sie/es würde | sie würden | |

COMMANDS    reg(e)le!   regelt!   regeln Sie!

PRESENT PARTICIPLE    regelnd

## Usage

| | |
|---|---|
| Diese Bereiche werden verträglich geregelt. | *These domains are regulated contractually.* |
| Ihre Tätigkeit wird nicht gesetzlich geregelt. | *Their activity is not regulated by law.* |
| Diese Technologie muss geregelt werden. | *This technology must be regulated.* |
| Leitlinien regeln den Umgang unter Teilnehmern. | *Guidelines determine how participants are to deal with one another.* |
| | |
| Ich regle es schon! | *I'll settle the matter!* |
| Eine Ampel regelt jetzt den Verkehr dort. | *A traffic light controls traffic there now.* |
| Diese Proteinsynthese wird wiederum durch ein Regulatorgen geregelt. | *This protein synthesis is in turn controlled by a regulator gene.* |

### sich regeln  *to be regulated, be governed*

| | |
|---|---|
| Geschäftsbedingungen regeln sich nach den gesetzlichen Vorschriften. | *Business terms are governed by regulatory laws.* |

RELATED VERB   maßregeln

regular weak verb

**PRESENT**

| | |
|---|---|
| ich regiere | wir regieren |
| du regierst | ihr regiert |
| Sie regieren | Sie regieren |
| er/sie/es regiert | sie regieren |

**SIMPLE PAST**

| | |
|---|---|
| ich regierte | wir regierten |
| du regiertest | ihr regiertet |
| Sie regierten | Sie regierten |
| er/sie/es regierte | sie regierten |

**FUTURE**

| | | |
|---|---|---|
| ich werde | wir werden | |
| du wirst | ihr werdet | regieren |
| Sie werden | Sie werden | |
| er/sie/es wird | sie werden | |

**PRESENT SUBJUNCTIVE I**

| | |
|---|---|
| ich regiere | wir regieren |
| du regierest | ihr regieret |
| Sie regieren | Sie regieren |
| er/sie/es regiere | sie regieren |

**PRESENT SUBJUNCTIVE II**

| | |
|---|---|
| ich regierte | wir regierten |
| du regiertest | ihr regiertet |
| Sie regierten | Sie regierten |
| er/sie/es regierte | sie regierten |

**FUTURE SUBJUNCTIVE I**

| | | |
|---|---|---|
| ich werde | wir werden | |
| du werdest | ihr werdet | regieren |
| Sie werden | Sie werden | |
| er/sie/es werde | sie werden | |

**FUTURE SUBJUNCTIVE II**

| | | |
|---|---|---|
| ich würde | wir würden | |
| du würdest | ihr würdet | regieren |
| Sie würden | Sie würden | |
| er/sie/es würde | sie würden | |

**PRESENT PERFECT**

| | | |
|---|---|---|
| ich habe | wir haben | |
| du hast | ihr habt | regiert |
| Sie haben | Sie haben | |
| er/sie/es hat | sie haben | |

**PAST PERFECT**

| | | |
|---|---|---|
| ich hatte | wir hatten | |
| du hattest | ihr hattet | regiert |
| Sie hatten | Sie hatten | |
| er/sie/es hatte | sie hatten | |

**FUTURE PERFECT**

| | | |
|---|---|---|
| ich werde | wir werden | |
| du wirst | ihr werdet | regiert haben |
| Sie werden | Sie werden | |
| er/sie/es wird | sie werden | |

**PAST SUBJUNCTIVE I**

| | | |
|---|---|---|
| ich habe | wir haben | |
| du habest | ihr habet | regiert |
| Sie haben | Sie haben | |
| er/sie/es habe | sie haben | |

**PAST SUBJUNCTIVE II**

| | | |
|---|---|---|
| ich hätte | wir hätten | |
| du hättest | ihr hättet | regiert |
| Sie hätten | Sie hätten | |
| er/sie/es hätte | sie hätten | |

**FUTURE PERFECT SUBJUNCTIVE I**

| | | |
|---|---|---|
| ich werde | wir werden | |
| du werdest | ihr werdet | regiert haben |
| Sie werden | Sie werden | |
| er/sie/es werde | sie werden | |

**FUTURE PERFECT SUBJUNCTIVE II**

| | | |
|---|---|---|
| ich würde | wir würden | |
| du würdest | ihr würdet | regiert haben |
| Sie würden | Sie würden | |
| er/sie/es würde | sie würden | |

**COMMANDS**   regier(e)!   regiert!   regieren Sie!

**PRESENT PARTICIPLE**   regierend

## Usage

| | |
|---|---|
| Das Bistum Hildesheim wurde viele Jahre von Fürstbischöfen regiert. | *The Bishopric of Hildesheim was ruled by prince-bishops for many years.* |
| Welches Bundesland regieren die Sozialdemokraten? | *Which state do the Social Democrats govern?* |
| Dieses Land wird von einer Plutokratie regiert. | *This country is ruled by a plutocracy.* |
| Die Partei regiert mit absoluter Mehrheit. | *The party governs with an absolute majority.* |
| Welche Regierung die beste sei? Diejenige, die uns lehrt, uns selbst zu regieren.  (GOETHE) | *Which government is the best? The one that teaches us to govern ourselves.* |
| Diktatoren regieren seit zwanzig Jahren dort. | *Dictators have ruled there for twenty years.* |
| Karl der Große regierte von 768 bis 814. | *Charlemagne reigned from 768 to 814.* |
| Der Hunger regiert in diesen Dörfern. | *Hunger holds sway in these villages.* |
| Ich habe eine Liste aller Verben, die den Genitiv regieren, angelegt. | *I've compiled a list of all the verbs that take the genitive.* |
| Geld regiert die Welt. (*idiomatic*) | *Money makes the world go round.* |

**RELATED VERB**   mit·regieren

# regnen  *to rain*

regnet · regnete · geregnet

*regular weak verb*

**PRESENT**

| | |
|---|---|
| ich regne | wir regnen |
| du regnest | ihr regnet |
| Sie regnen | Sie regnen |
| er/sie/es regnet | sie regnen |

**SIMPLE PAST**

| | |
|---|---|
| ich regnete | wir regneten |
| du regnetest | ihr regnetet |
| Sie regneten | Sie regneten |
| er/sie/es regnete | sie regneten |

**FUTURE**

| | | |
|---|---|---|
| ich werde | wir werden | |
| du wirst | ihr werdet | regnen |
| Sie werden | Sie werden | |
| er/sie/es wird | sie werden | |

**PRESENT SUBJUNCTIVE I**

| | |
|---|---|
| ich regne | wir regnen |
| du regnest | ihr regnet |
| Sie regnen | Sie regnen |
| er/sie/es regne | sie regnen |

**PRESENT SUBJUNCTIVE II**

| | |
|---|---|
| ich regnete | wir regneten |
| du regnetest | ihr regnetet |
| Sie regneten | Sie regneten |
| er/sie/es regnete | sie regneten |

**FUTURE SUBJUNCTIVE I**

| | | |
|---|---|---|
| ich werde | wir werden | |
| du werdest | ihr werdet | regnen |
| Sie werden | Sie werden | |
| er/sie/es werde | sie werden | |

**FUTURE SUBJUNCTIVE II**

| | | |
|---|---|---|
| ich würde | wir würden | |
| du würdest | ihr würdet | regnen |
| Sie würden | Sie würden | |
| er/sie/es würde | sie würden | |

**PRESENT PERFECT**

| | | |
|---|---|---|
| ich habe | wir haben | |
| du hast | ihr habt | geregnet |
| Sie haben | Sie haben | |
| er/sie/es hat | sie haben | |

**PAST PERFECT**

| | | |
|---|---|---|
| ich hatte | wir hatten | |
| du hattest | ihr hattet | geregnet |
| Sie hatten | Sie hatten | |
| er/sie/es hatte | sie hatten | |

**FUTURE PERFECT**

| | | |
|---|---|---|
| ich werde | wir werden | |
| du wirst | ihr werdet | geregnet haben |
| Sie werden | Sie werden | |
| er/sie/es wird | sie werden | |

**PAST SUBJUNCTIVE I**

| | | |
|---|---|---|
| ich habe | wir haben | |
| du habest | ihr habet | geregnet |
| Sie haben | Sie haben | |
| er/sie/es habe | sie haben | |

**PAST SUBJUNCTIVE II**

| | | |
|---|---|---|
| ich hätte | wir hätten | |
| du hättest | ihr hättet | geregnet |
| Sie hätten | Sie hätten | |
| er/sie/es hätte | sie hätten | |

**FUTURE PERFECT SUBJUNCTIVE I**

| | | |
|---|---|---|
| ich werde | wir werden | |
| du werdest | ihr werdet | geregnet haben |
| Sie werden | Sie werden | |
| er/sie/es werde | sie werden | |

**FUTURE PERFECT SUBJUNCTIVE II**

| | | |
|---|---|---|
| ich würde | wir würden | |
| du würdest | ihr würdet | geregnet haben |
| Sie würden | Sie würden | |
| er/sie/es würde | sie würden | |

**COMMANDS**   regne! regnet! regnen Sie!

**PRESENT PARTICIPLE**   regnend

**NOTE** The first- and second-person forms of **regnen** are used poetically.

## Usage

| | |
|---|---|
| Es hat jeden Tag geregnet. | *It rained every day.* |
| Wie lange hat es geregnet? | *How long did it rain?* |
| Wenn es regnet, bleiben wir zu Hause. | *If it rains, we'll stay at home.* |
| Nach einigen Minuten begann es wieder zu regnen. | *After a few minutes, it began to rain again.* |
| Drei Stunden lang regnete es stark. | *For three hours it rained hard.* |
| Lass es regnen! | *Let it rain!* |
| Den ganzen Tag regnet es fein. | *It's been drizzling all day long.* |
| Es regnete Bindfäden, als wir uns die Treppen hinaufstürzten. (*idiomatic*) | *It was raining cats and dogs as we dashed up the steps.* |

## regnen (with sein)  *to rain (used figuratively)*

| | |
|---|---|
| Nach der Hochzeit regnete es Reis auf uns. | *After the wedding, rice rained down on us.* |

**RELATED VERBS** aus·regnen, beregnen, durch·regnen, ein·regnen, herab·regnen, verregnen

strong verb

**PRESENT**

| | |
|---|---|
| ich reibe | wir reiben |
| du reibst | ihr reibt |
| Sie reiben | Sie reiben |
| er/sie/es reibt | sie reiben |

**SIMPLE PAST**

| | |
|---|---|
| ich rieb | wir rieben |
| du riebst | ihr riebt |
| Sie rieben | Sie rieben |
| er/sie/es rieb | sie rieben |

**FUTURE**

| | |
|---|---|
| ich werde | wir werden |
| du wirst | ihr werdet |
| Sie werden | Sie werden |
| er/sie/es wird | sie werden |

} reiben

**PRESENT SUBJUNCTIVE I**

| | |
|---|---|
| ich reibe | wir reiben |
| du reibest | ihr reibet |
| Sie reiben | Sie reiben |
| er/sie/es reibe | sie reiben |

**PRESENT SUBJUNCTIVE II**

| | |
|---|---|
| ich riebe | wir rieben |
| du riebest | ihr riebet |
| Sie rieben | Sie rieben |
| er/sie/es riebe | sie rieben |

**FUTURE SUBJUNCTIVE I**

| | |
|---|---|
| ich werde | wir werden |
| du werdest | ihr werdet |
| Sie werden | Sie werden |
| er/sie/es werde | sie werden |

} reiben

**FUTURE SUBJUNCTIVE II**

| | |
|---|---|
| ich würde | wir würden |
| du würdest | ihr würdet |
| Sie würden | Sie würden |
| er/sie/es würde | sie würden |

} reiben

**PRESENT PERFECT**

| | |
|---|---|
| ich habe | wir haben |
| du hast | ihr habt |
| Sie haben | Sie haben |
| er/sie/es hat | sie haben |

} gerieben

**PAST PERFECT**

| | |
|---|---|
| ich hatte | wir hatten |
| du hattest | ihr hattet |
| Sie hatten | Sie hatten |
| er/sie/es hatte | sie hatten |

} gerieben

**FUTURE PERFECT**

| | |
|---|---|
| ich werde | wir werden |
| du wirst | ihr werdet |
| Sie werden | Sie werden |
| er/sie/es wird | sie werden |

} gerieben haben

**PAST SUBJUNCTIVE I**

| | |
|---|---|
| ich habe | wir haben |
| du habest | ihr habet |
| Sie haben | Sie haben |
| er/sie/es habe | sie haben |

} gerieben

**PAST SUBJUNCTIVE II**

| | |
|---|---|
| ich hätte | wir hätten |
| du hättest | ihr hättet |
| Sie hätten | Sie hätten |
| er/sie/es hätte | sie hätten |

} gerieben

**FUTURE PERFECT SUBJUNCTIVE I**

| | |
|---|---|
| ich werde | wir werden |
| du werdest | ihr werdet |
| Sie werden | Sie werden |
| er/sie/es werde | sie werden |

} gerieben haben

**FUTURE PERFECT SUBJUNCTIVE II**

| | |
|---|---|
| ich würde | wir würden |
| du würdest | ihr würdet |
| Sie würden | Sie würden |
| er/sie/es würde | sie würden |

} gerieben haben

**COMMANDS**     reib(e)!   reibt!   reiben Sie!

**PRESENT PARTICIPLE**     reibend

## Usage

| | |
|---|---|
| Sie rieb sich die Augen. | *She rubbed her eyes.* |
| Der DAX steigt an, die Börsenhändler reiben sich die Hände. | *The DAX is rising; stock traders are rubbing their hands with anticipation.* |
| Hast du Sonnencreme auf die Haut gerieben? | *Did you apply sunscreen to your skin?* |
| Die Schuhe reiben mir die Fersen. | *The shoes are rubbing against my heels.* |
| Der Hund reibt seine Schnauze an meinem Bein. | *The dog is rubbing his nose on my leg.* |
| Eine Birne in das Müsli reiben. (RECIPE) | *Grate a pear into the muesli.* |
| Ich mag frisch geriebenen Käse. | *I like freshly grated cheese.* |
| Musst du mir unter die Nase reiben, dass ich kein Griechisch kann? (*idiomatic*) | *Must you rub it in that I don't know Greek?* |

**sich reiben** *to irritate, annoy*

| | |
|---|---|
| Hans reibt sich mit seinen Kollegen. | *Hans irritates his colleagues.* |

**RELATED VERBS**   ab·reiben, auf·reiben, aus·reiben, ein·reiben, trocken·reiben, verreiben, zerreiben

## reichen   *to be enough; reach, pass, hand; extend*

reicht · reichte · gereicht                                      regular weak verb

**PRESENT**

| | |
|---|---|
| ich reiche | wir reichen |
| du reichst | ihr reicht |
| Sie reichen | Sie reichen |
| er/sie/es reicht | sie reichen |

**PRESENT PERFECT**

| | | |
|---|---|---|
| ich habe | wir haben | |
| du hast | ihr habt | gereicht |
| Sie haben | Sie haben | |
| er/sie/es hat | sie haben | |

**SIMPLE PAST**

| | |
|---|---|
| ich reichte | wir reichten |
| du reichtest | ihr reichtet |
| Sie reichten | Sie reichten |
| er/sie/es reichte | sie reichten |

**PAST PERFECT**

| | | |
|---|---|---|
| ich hatte | wir hatten | |
| du hattest | ihr hattet | gereicht |
| Sie hatten | Sie hatten | |
| er/sie/es hatte | sie hatten | |

**FUTURE**

| | | |
|---|---|---|
| ich werde | wir werden | |
| du wirst | ihr werdet | reichen |
| Sie werden | Sie werden | |
| er/sie/es wird | sie werden | |

**FUTURE PERFECT**

| | | |
|---|---|---|
| ich werde | wir werden | |
| du wirst | ihr werdet | gereicht haben |
| Sie werden | Sie werden | |
| er/sie/es wird | sie werden | |

**PRESENT SUBJUNCTIVE I**

| | |
|---|---|
| ich reiche | wir reichen |
| du reichest | ihr reichet |
| Sie reichen | Sie reichen |
| er/sie/es reiche | sie reichen |

**PAST SUBJUNCTIVE I**

| | | |
|---|---|---|
| ich habe | wir haben | |
| du habest | ihr habet | gereicht |
| Sie haben | Sie haben | |
| er/sie/es habe | sie haben | |

**PRESENT SUBJUNCTIVE II**

| | |
|---|---|
| ich reichte | wir reichten |
| du reichtest | ihr reichtet |
| Sie reichten | Sie reichten |
| er/sie/es reichte | sie reichten |

**PAST SUBJUNCTIVE II**

| | | |
|---|---|---|
| ich hätte | wir hätten | |
| du hättest | ihr hättet | gereicht |
| Sie hätten | Sie hätten | |
| er/sie/es hätte | sie hätten | |

**FUTURE SUBJUNCTIVE I**

| | | |
|---|---|---|
| ich werde | wir werden | |
| du werdest | ihr werdet | reichen |
| Sie werden | Sie werden | |
| er/sie/es werde | sie werden | |

**FUTURE PERFECT SUBJUNCTIVE I**

| | | |
|---|---|---|
| ich werde | wir werden | |
| du werdest | ihr werdet | gereicht haben |
| Sie werden | Sie werden | |
| er/sie/es werde | sie werden | |

**FUTURE SUBJUNCTIVE II**

| | | |
|---|---|---|
| ich würde | wir würden | |
| du würdest | ihr würdet | reichen |
| Sie würden | Sie würden | |
| er/sie/es würde | sie würden | |

**FUTURE PERFECT SUBJUNCTIVE II**

| | | |
|---|---|---|
| ich würde | wir würden | |
| du würdest | ihr würdet | gereicht haben |
| Sie würden | Sie würden | |
| er/sie/es würde | sie würden | |

**COMMANDS**          reich(e)!   reicht!   reichen Sie!

**PRESENT PARTICIPLE**      reichend

## Usage

| | |
|---|---|
| 100 Dollar reichen nicht für den Abend. | *One hundred dollars is not enough for the evening.* |
| Das Geld reicht nicht, um das Gebäude zu sanieren. | *There is not enough money to renovate the building.* |
| Ich habe dir schon zehn Euro gegeben. Reicht das nicht? | *I already gave you ten euros. Isn't that enough?* |
| Reichst du mir bitte die Butter? | *Would you please pass me the butter?* |
| Erna hatte ihm einen Zettel gereicht. | *Erna had given him a slip of paper.* |
| Man hat sich die Hände gereicht und sich versöhnt. | *They shook hands and made up.* |
| Kaffee und Torten wurden gereicht. | *Coffee and tarts were passed around.* |
| Das Land der Hunnen reichte bis zur Wolga. | *The land of the Huns extended as far as the Volga.* |
| Lanas Haar reicht ihr bis zum Gürtel. | *Lana's hair goes down to her waist.* |
| Hoffentlich reichen wir mit der Milch bis Samstag. | *Hopefully, the milk will last us until Saturday.* |
| Nebenwirkungen reichen von Halsschmerzen bis hin zum Fieber. | *Side effects range from sore throat to fever.* |

**RELATED VERBS** aus·reichen, durch·reichen, ein·reichen, gereichen, herum·reichen, hin·reichen, überreichen, verabreichen, zu·reichen, zurück·reichen; *see also* **erreichen** (169)

regular weak verb

**PRESENT**

| | |
|---|---|
| ich reise | wir reisen |
| du reist | ihr reist |
| Sie reisen | Sie reisen |
| er/sie/es reist | sie reisen |

**PRESENT PERFECT**

| | | |
|---|---|---|
| ich bin | wir sind | |
| du bist | ihr seid | gereist |
| Sie sind | Sie sind | |
| er/sie/es ist | sie sind | |

**SIMPLE PAST**

| | |
|---|---|
| ich reiste | wir reisten |
| du reistest | ihr reistet |
| Sie reisten | Sie reisten |
| er/sie/es reiste | sie reisten |

**PAST PERFECT**

| | | |
|---|---|---|
| ich war | wir waren | |
| du warst | ihr wart | gereist |
| Sie waren | Sie waren | |
| er/sie/es war | sie waren | |

**FUTURE**

| | | |
|---|---|---|
| ich werde | wir werden | |
| du wirst | ihr werdet | reisen |
| Sie werden | Sie werden | |
| er/sie/es wird | sie werden | |

**FUTURE PERFECT**

| | | |
|---|---|---|
| ich werde | wir werden | |
| du wirst | ihr werdet | gereist sein |
| Sie werden | Sie werden | |
| er/sie/es wird | sie werden | |

**PRESENT SUBJUNCTIVE I**

| | |
|---|---|
| ich reise | wir reisen |
| du reisest | ihr reiset |
| Sie reisen | Sie reisen |
| er/sie/es reise | sie reisen |

**PAST SUBJUNCTIVE I**

| | | |
|---|---|---|
| ich sei | wir seien | |
| du seiest | ihr seiet | gereist |
| Sie seien | Sie seien | |
| er/sie/es sei | sie seien | |

**PRESENT SUBJUNCTIVE II**

| | |
|---|---|
| ich reiste | wir reisten |
| du reistest | ihr reistet |
| Sie reisten | Sie reisten |
| er/sie/es reiste | sie reisten |

**PAST SUBJUNCTIVE II**

| | | |
|---|---|---|
| ich wäre | wir wären | |
| du wärest | ihr wäret | gereist |
| Sie wären | Sie wären | |
| er/sie/es wäre | sie wären | |

**FUTURE SUBJUNCTIVE I**

| | | |
|---|---|---|
| ich werde | wir werden | |
| du werdest | ihr werdet | reisen |
| Sie werden | Sie werden | |
| er/sie/es werde | sie werden | |

**FUTURE PERFECT SUBJUNCTIVE I**

| | | |
|---|---|---|
| ich werde | wir werden | |
| du werdest | ihr werdet | gereist sein |
| Sie werden | Sie werden | |
| er/sie/es werde | sie werden | |

**FUTURE SUBJUNCTIVE II**

| | | |
|---|---|---|
| ich würde | wir würden | |
| du würdest | ihr würdet | reisen |
| Sie würden | Sie würden | |
| er/sie/es würde | sie würden | |

**FUTURE PERFECT SUBJUNCTIVE II**

| | | |
|---|---|---|
| ich würde | wir würden | |
| du würdest | ihr würdet | gereist sein |
| Sie würden | Sie würden | |
| er/sie/es würde | sie würden | |

**COMMANDS**      reis(e)!   reist!   reisen Sie!

**PRESENT PARTICIPLE**      reisend

## Usage

| | |
|---|---|
| Tante Amalie reist gern. | *Aunt Amalie likes to travel.* |
| 1996 bin ich eine Woche nach Zürich gereist. | *In 1996, I traveled to Zurich for a week.* |
| Reist du oft in Amerika? | *Do you often travel in America?* |
| Wir möchten nach Yamaguchi in Japan reisen. | *We'd like to travel to Yamaguchi in Japan.* |
| Sven reist mit dem Motorrad nach Belgrad. | *Sven is traveling by motorcycle to Belgrade.* |
| Reisen Sie mit uns um die Welt! | *Travel around the world with us!* |
| Wohin würden Sie reisen, wenn Sie viel Zeit und Geld hätten? | *Where would you travel if you had a lot of time and money?* |
| Meine Mutter reist immer in der ersten Klasse. | *My mother always travels in first class.* |
| Nächste Woche muss mein Vater geschäftlich reisen. | *My father has to travel next week on business.* |
| Werner reist, um etwas zu tun zu haben. | *Werner travels in order to have something to do.* |
| Vor kurzem reisten meine Eltern aufs Land. | *My parents left for the country a little while ago.* |

**RELATED VERBS** ab·reisen, an·reisen, aus·reisen, bereisen, durch·reisen, ein·reisen, fort·reisen, heim·reisen, mit·reisen, nach·reisen, umher·reisen, verreisen, weg·reisen, weiter·reisen, zurück·reisen

**PRESENT**

| | |
|---|---|
| ich reiße | wir reißen |
| du reißt | ihr reißt |
| Sie reißen | Sie reißen |
| er/sie/es reißt | sie reißen |

**PRESENT PERFECT**

| | | |
|---|---|---|
| ich habe | wir haben | |
| du hast | ihr habt | |
| Sie haben | Sie haben | } gerissen |
| er/sie/es hat | sie haben | |

**SIMPLE PAST**

| | |
|---|---|
| ich riss | wir rissen |
| du rissest | ihr risst |
| Sie rissen | Sie rissen |
| er/sie/es riss | sie rissen |

**PAST PERFECT**

| | | |
|---|---|---|
| ich hatte | wir hatten | |
| du hattest | ihr hattet | |
| Sie hatten | Sie hatten | } gerissen |
| er/sie/es hatte | sie hatten | |

**FUTURE**

| | | |
|---|---|---|
| ich werde | wir werden | |
| du wirst | ihr werdet | |
| Sie werden | Sie werden | } reißen |
| er/sie/es wird | sie werden | |

**FUTURE PERFECT**

| | | |
|---|---|---|
| ich werde | wir werden | |
| du wirst | ihr werdet | |
| Sie werden | Sie werden | } gerissen haben |
| er/sie/es wird | sie werden | |

**PRESENT SUBJUNCTIVE I**

| | |
|---|---|
| ich reiße | wir reißen |
| du reißest | ihr reißet |
| Sie reißen | Sie reißen |
| er/sie/es reiße | sie reißen |

**PAST SUBJUNCTIVE I**

| | | |
|---|---|---|
| ich habe | wir haben | |
| du habest | ihr habet | |
| Sie haben | Sie haben | } gerissen |
| er/sie/es habe | sie haben | |

**PRESENT SUBJUNCTIVE II**

| | |
|---|---|
| ich risse | wir rissen |
| du rissest | ihr risset |
| Sie rissen | Sie rissen |
| er/sie/es risse | sie rissen |

**PAST SUBJUNCTIVE II**

| | | |
|---|---|---|
| ich hätte | wir hätten | |
| du hättest | ihr hättet | |
| Sie hätten | Sie hätten | } gerissen |
| er/sie/es hätte | sie hätten | |

**FUTURE SUBJUNCTIVE I**

| | | |
|---|---|---|
| ich werde | wir werden | |
| du werdest | ihr werdet | |
| Sie werden | Sie werden | } reißen |
| er/sie/es werde | sie werden | |

**FUTURE PERFECT SUBJUNCTIVE I**

| | | |
|---|---|---|
| ich werde | wir werden | |
| du werdest | ihr werdet | |
| Sie werden | Sie werden | } gerissen haben |
| er/sie/es werde | sie werden | |

**FUTURE SUBJUNCTIVE II**

| | | |
|---|---|---|
| ich würde | wir würden | |
| du würdest | ihr würdet | |
| Sie würden | Sie würden | } reißen |
| er/sie/es würde | sie würden | |

**FUTURE PERFECT SUBJUNCTIVE II**

| | | |
|---|---|---|
| ich würde | wir würden | |
| du würdest | ihr würdet | |
| Sie würden | Sie würden | } gerissen haben |
| er/sie/es würde | sie würden | |

**COMMANDS**  reiß(e)!  reißt!  reißen Sie!

**PRESENT PARTICIPLE**  reißend

## Usage

| | |
|---|---|
| Du hast ein Loch in die Hose gerissen! | *You've torn a hole in your pants!* |
| Der Wind riss den Schornstein von dem Dach. | *The wind ripped the chimney off the roof.* |
| Warum reißen Sie mich aus dem Bett? | *Why are you yanking me out of bed?* |
| Das Bellen eines Hundes riss ihn aus dem Schlaf. | *The barking of a dog wrenched him from his sleep.* |

### reißen (with sein)  *to tear, rip, snap*

| | |
|---|---|
| Wenn Muskeln gerissen sind, dann tut es echt weh. | *If muscles have torn, then it really hurts.* |
| Der Riemen war gerissen und die Tasche zum Boden gefallen. | *The strap had snapped and the purse had fallen to the ground.* |

### sich reißen von etwas  *to tear oneself from something*

| | |
|---|---|
| Ich habe mich vom Sofa gerissen und bin ausgegangen. | *I tore myself from the sofa and went out.* |

**RELATED VERBS**  ab·reißen, an·reißen, auf·reißen, aus·reißen, durch·reißen, ein·reißen, entreißen, fort·reißen, hin·reißen, los·reißen, mit·reißen, nieder·reißen, um·reißen, umreißen, verreißen, weg·reißen, zerreißen

**PRESENT**

| | |
|---|---|
| ich reite | wir reiten |
| du reitest | ihr reitet |
| Sie reiten | Sie reiten |
| er/sie/es reitet | sie reiten |

**PRESENT PERFECT**

| | | |
|---|---|---|
| ich bin | wir sind | |
| du bist | ihr seid | geritten |
| Sie sind | Sie sind | |
| er/sie/es ist | sie sind | |

**SIMPLE PAST**

| | |
|---|---|
| ich ritt | wir ritten |
| du ritt(e)st | ihr rittet |
| Sie ritten | Sie ritten |
| er/sie/es ritt | sie ritten |

**PAST PERFECT**

| | | |
|---|---|---|
| ich war | wir waren | |
| du warst | ihr wart | geritten |
| Sie waren | Sie waren | |
| er/sie/es war | sie waren | |

**FUTURE**

| | | |
|---|---|---|
| ich werde | wir werden | |
| du wirst | ihr werdet | reiten |
| Sie werden | Sie werden | |
| er/sie/es wird | sie werden | |

**FUTURE PERFECT**

| | | |
|---|---|---|
| ich werde | wir werden | |
| du wirst | ihr werdet | geritten sein |
| Sie werden | Sie werden | |
| er/sie/es wird | sie werden | |

**PRESENT SUBJUNCTIVE I**

| | |
|---|---|
| ich reite | wir reiten |
| du reitest | ihr reitet |
| Sie reiten | Sie reiten |
| er/sie/es reite | sie reiten |

**PAST SUBJUNCTIVE I**

| | | |
|---|---|---|
| ich sei | wir seien | |
| du seiest | ihr seiet | geritten |
| Sie seien | Sie seien | |
| er/sie/es sei | sie seien | |

**PRESENT SUBJUNCTIVE II**

| | |
|---|---|
| ich ritte | wir ritten |
| du rittest | ihr rittet |
| Sie ritten | Sie ritten |
| er/sie/es ritte | sie ritten |

**PAST SUBJUNCTIVE II**

| | | |
|---|---|---|
| ich wäre | wir wären | |
| du wärest | ihr wäret | geritten |
| Sie wären | Sie wären | |
| er/sie/es wäre | sie wären | |

**FUTURE SUBJUNCTIVE I**

| | | |
|---|---|---|
| ich werde | wir werden | |
| du werdest | ihr werdet | reiten |
| Sie werden | Sie werden | |
| er/sie/es werde | sie werden | |

**FUTURE PERFECT SUBJUNCTIVE I**

| | | |
|---|---|---|
| ich werde | wir werden | |
| du werdest | ihr werdet | geritten sein |
| Sie werden | Sie werden | |
| er/sie/es werde | sie werden | |

**FUTURE SUBJUNCTIVE II**

| | | |
|---|---|---|
| ich würde | wir würden | |
| du würdest | ihr würdet | reiten |
| Sie würden | Sie würden | |
| er/sie/es würde | sie würden | |

**FUTURE PERFECT SUBJUNCTIVE II**

| | | |
|---|---|---|
| ich würde | wir würden | |
| du würdest | ihr würdet | geritten sein |
| Sie würden | Sie würden | |
| er/sie/es würde | sie würden | |

**COMMANDS**  reite! reitet! reiten Sie!

**PRESENT PARTICIPLE**  reitend

## Usage

| | |
|---|---|
| Wer reitet so spät durch Nacht und Wind? (GOETHE) | *Who's riding so late through night and wind?* |
| Der alte Staatsmann pflegte, so oft wie möglich spazieren zu reiten. | *The old statesman used to go riding for pleasure as often as possible.* |
| Der Clown ritt auf einem Elefanten um die Zuschauer. | *The clown rode around the spectators on an elephant.* |
| Warum rittst du lieber allein als mit mir? | *Why did you prefer to ride alone than with me?* |
| Wir waren nur zehn Minuten geritten, als es zu regnen begann. | *We had ridden only ten minutes when it began to rain.* |

### reiten (with haben) *to ride*

| | |
|---|---|
| Dürfen unsere Kinder diese Pferde reiten? | *May our children ride these horses?* |

### sich reiten *to ride* (impersonal)

| | |
|---|---|
| Bei diesem fabelhaften Wetter reitet es sich sehr gut. | *This fabulous weather is great for riding.* |

**RELATED VERBS**  ab·reiten, an·reiten, auf·reiten, aus·reiten, durchreiten, durch·reiten, ein·reiten, fort·reiten, umreiten, um·reiten, vor·reiten, weg·reiten, zu·reiten

# rennen  *to run*

rennt · rannte · gerannt

mixed verb

### PRESENT

| | |
|---|---|
| ich renne | wir rennen |
| du rennst | ihr rennt |
| Sie rennen | Sie rennen |
| er/sie/es rennt | sie rennen |

### SIMPLE PAST

| | |
|---|---|
| ich rannte | wir rannten |
| du ranntest | ihr ranntet |
| Sie rannten | Sie rannten |
| er/sie/es rannte | sie rannten |

### FUTURE

| | |
|---|---|
| ich werde | wir werden |
| du wirst | ihr werdet |
| Sie werden | Sie werden |
| er/sie/es wird | sie werden |

} rennen

### PRESENT SUBJUNCTIVE I

| | |
|---|---|
| ich renne | wir rennen |
| du rennest | ihr rennet |
| Sie rennen | Sie rennen |
| er/sie/es renne | sie rennen |

### PRESENT SUBJUNCTIVE II

| | |
|---|---|
| ich rennte | wir rennten |
| du renntest | ihr renntet |
| Sie rennten | Sie rennten |
| er/sie/es rennte | sie rennten |

### FUTURE SUBJUNCTIVE I

| | |
|---|---|
| ich werde | wir werden |
| du werdest | ihr werdet |
| Sie werden | Sie werden |
| er/sie/es werde | sie werden |

} rennen

### FUTURE SUBJUNCTIVE II

| | |
|---|---|
| ich würde | wir würden |
| du würdest | ihr würdet |
| Sie würden | Sie würden |
| er/sie/es würde | sie würden |

} rennen

### PRESENT PERFECT

| | |
|---|---|
| ich bin | wir sind |
| du bist | ihr seid |
| Sie sind | Sie sind |
| er/sie/es ist | sie sind |

} gerannt

### PAST PERFECT

| | |
|---|---|
| ich war | wir waren |
| du warst | ihr wart |
| Sie waren | Sie waren |
| er/sie/es war | sie waren |

} gerannt

### FUTURE PERFECT

| | |
|---|---|
| ich werde | wir werden |
| du wirst | ihr werdet |
| Sie werden | Sie werden |
| er/sie/es wird | sie werden |

} gerannt sein

### PAST SUBJUNCTIVE I

| | |
|---|---|
| ich sei | wir seien |
| du seiest | ihr seiet |
| Sie seien | Sie seien |
| er/sie/es sei | sie seien |

} gerannt

### PAST SUBJUNCTIVE II

| | |
|---|---|
| ich wäre | wir wären |
| du wärest | ihr wäret |
| Sie wären | Sie wären |
| er/sie/es wäre | sie wären |

} gerannt

### FUTURE PERFECT SUBJUNCTIVE I

| | |
|---|---|
| ich werde | wir werden |
| du werdest | ihr werdet |
| Sie werden | Sie werden |
| er/sie/es werde | sie werden |

} gerannt sein

### FUTURE PERFECT SUBJUNCTIVE II

| | |
|---|---|
| ich würde | wir würden |
| du würdest | ihr würdet |
| Sie würden | Sie würden |
| er/sie/es würde | sie würden |

} gerannt sein

COMMANDS          renn(e)!   rennt!   rennen Sie!

PRESENT PARTICIPLE          rennend

## Usage

| | |
|---|---|
| Die Sportlerin konnte nach dem Unfall nicht mehr rennen. | *After the accident, the athlete was no longer able to run.* |
| Silvia rannte um die Ecke und stoß auf ihn. | *Silvia ran around the corner and bumped into him.* |
| Die Kinder rennen um die Wette. | *The children are running competitively.* |
| Der Elch ist in den Wald gerannt. | *The elk ran into the forest.* |
| Nathan rannte ins Zimmer und fiel tot um. | *Nathan ran into the room and fell down dead.* |
| Eine Katze ist mir vors Auto gerannt und ich habe sie überfahren. | *A cat ran in front of my car and I ran over it.* |
| Ich kann schneller rennen als er. | *I can run faster than he can.* |
| Sammi rennt zu jedem Räumungsverkauf in der Stadt. | *Sammi goes to every clearance sale in town.* |
| Der Anstreicher ist mit dem Kopf gegen die Leiter gerannt. | *The painter bumped his head on the ladder.* |

### rennen (with haben) *to bang, ram*

| | |
|---|---|
| Alex hat mir fast ein Loch in den Kopf gerannt. | *In the collision, Alex nearly opened a gash in my head.* |

RELATED VERBS   an·rennen, durch·rennen, durchrennen, ein·rennen, überrennen, um·rennen, weg·rennen

regular weak verb

**PRESENT**

| | |
|---|---|
| ich reserviere | wir reservieren |
| du reservierst | ihr reserviert |
| Sie reservieren | Sie reservieren |
| er/sie/es reserviert | sie reservieren |

**SIMPLE PAST**

| | |
|---|---|
| ich reservierte | wir reservierten |
| du reserviertest | ihr reserviertet |
| Sie reservierten | Sie reservierten |
| er/sie/es reservierte | sie reservierten |

**FUTURE**

| | |
|---|---|
| ich werde | wir werden |
| du wirst | ihr werdet |
| Sie werden | Sie werden |
| er/sie/es wird | sie werden |

} reservieren

**PRESENT SUBJUNCTIVE I**

| | |
|---|---|
| ich reserviere | wir reservieren |
| du reservierest | ihr reservieret |
| Sie reservieren | Sie reservieren |
| er/sie/es reserviere | sie reservieren |

**PRESENT SUBJUNCTIVE II**

| | |
|---|---|
| ich reservierte | wir reservierten |
| du reserviertest | ihr reserviertet |
| Sie reservierten | Sie reservierten |
| er/sie/es reservierte | sie reservierten |

**FUTURE SUBJUNCTIVE I**

| | |
|---|---|
| ich werde | wir werden |
| du werdest | ihr werdet |
| Sie werden | Sie werden |
| er/sie/es werde | sie werden |

} reservieren

**FUTURE SUBJUNCTIVE II**

| | |
|---|---|
| ich würde | wir würden |
| du würdest | ihr würdet |
| Sie würden | Sie würden |
| er/sie/es würde | sie würden |

} reservieren

**PRESENT PERFECT**

| | |
|---|---|
| ich habe | wir haben |
| du hast | ihr habt |
| Sie haben | Sie haben |
| er/sie/es hat | sie haben |

} reserviert

**PAST PERFECT**

| | |
|---|---|
| ich hatte | wir hatten |
| du hattest | ihr hattet |
| Sie hatten | Sie hatten |
| er/sie/es hatte | sie hatten |

} reserviert

**FUTURE PERFECT**

| | |
|---|---|
| ich werde | wir werden |
| du wirst | ihr werdet |
| Sie werden | Sie werden |
| er/sie/es wird | sie werden |

} reserviert haben

**PAST SUBJUNCTIVE I**

| | |
|---|---|
| ich habe | wir haben |
| du habest | ihr habet |
| Sie haben | Sie haben |
| er/sie/es habe | sie haben |

} reserviert

**PAST SUBJUNCTIVE II**

| | |
|---|---|
| ich hätte | wir hätten |
| du hättest | ihr hättet |
| Sie hätten | Sie hätten |
| er/sie/es hätte | sie hätten |

} reserviert

**FUTURE PERFECT SUBJUNCTIVE I**

| | |
|---|---|
| ich werde | wir werden |
| du werdest | ihr werdet |
| Sie werden | Sie werden |
| er/sie/es werde | sie werden |

} reserviert haben

**FUTURE PERFECT SUBJUNCTIVE II**

| | |
|---|---|
| ich würde | wir würden |
| du würdest | ihr würdet |
| Sie würden | Sie würden |
| er/sie/es würde | sie würden |

} reserviert haben

**COMMANDS** reservier(e)! reserviert! reservieren Sie!

**PRESENT PARTICIPLE** reservierend

## Usage

| | |
|---|---|
| Wir möchten ein Doppelzimmer mit Bad reservieren. | *We'd like to reserve a double room with bath.* |
| Wie kann man ein Zimmer im Voraus reservieren? | *How does one reserve a room in advance?* |
| Willst du für uns Plätze reservieren lassen? | *Do you want to have seats reserved for us?* |
| Dieser Parkplatz ist für Behinderte reserviert. | *This parking space is reserved for the handicapped.* |
| Tickets können telefonisch reserviert werden. | *Tickets can be reserved by phone.* |
| Marta hat für sechs Personen im Restaurant nebenan reserviert. | *Martha made a reservation for six people at the restaurant next door.* |
| Ich reserviere meinen Lieblingsplatz vor dem Kamin. | *I reserve my favorite spot in front of the fireplace.* |
| Habt ihr für vier reserviert? | *Did you make reservations for four?* |
| Gabriele hat vor, die Lifttickets zu reservieren. | *Gabriele is planning to order the lift tickets ahead.* |
| Hast du deinen Flug schon reserviert? | *Have you already booked your flight?* |
| Hat die Studentin das Buch ausgeliehen oder nur reserviert? | *Did the student check the book out or only put it on hold?* |

# retten  *to save, rescue*

rettet · rettete · gerettet

regular weak verb

| PRESENT | |
|---|---|
| ich rette | wir retten |
| du rettest | ihr rettet |
| Sie retten | Sie retten |
| er/sie/es rettet | sie retten |

| PRESENT PERFECT | | |
|---|---|---|
| ich habe | wir haben | |
| du hast | ihr habt | gerettet |
| Sie haben | Sie haben | |
| er/sie/es hat | sie haben | |

| SIMPLE PAST | |
|---|---|
| ich rettete | wir retteten |
| du rettetest | ihr rettetet |
| Sie retteten | Sie retteten |
| er/sie/es rettete | sie retteten |

| PAST PERFECT | | |
|---|---|---|
| ich hatte | wir hatten | |
| du hattest | ihr hattet | gerettet |
| Sie hatten | Sie hatten | |
| er/sie/es hatte | sie hatten | |

| FUTURE | | |
|---|---|---|
| ich werde | wir werden | |
| du wirst | ihr werdet | retten |
| Sie werden | Sie werden | |
| er/sie/es wird | sie werden | |

| FUTURE PERFECT | | |
|---|---|---|
| ich werde | wir werden | |
| du wirst | ihr werdet | gerettet haben |
| Sie werden | Sie werden | |
| er/sie/es wird | sie werden | |

| PRESENT SUBJUNCTIVE I | |
|---|---|
| ich rette | wir retten |
| du rettest | ihr rettet |
| Sie retten | Sie retten |
| er/sie/es rette | sie retten |

| PAST SUBJUNCTIVE I | | |
|---|---|---|
| ich habe | wir haben | |
| du habest | ihr habet | gerettet |
| Sie haben | Sie haben | |
| er/sie/es habe | sie haben | |

| PRESENT SUBJUNCTIVE II | |
|---|---|
| ich rettete | wir retteten |
| du rettetest | ihr rettetet |
| Sie retteten | Sie retteten |
| er/sie/es rettete | sie retteten |

| PAST SUBJUNCTIVE II | | |
|---|---|---|
| ich hätte | wir hätten | |
| du hättest | ihr hättet | gerettet |
| Sie hätten | Sie hätten | |
| er/sie/es hätte | sie hätten | |

| FUTURE SUBJUNCTIVE I | | |
|---|---|---|
| ich werde | wir werden | |
| du werdest | ihr werdet | retten |
| Sie werden | Sie werden | |
| er/sie/es werde | sie werden | |

| FUTURE PERFECT SUBJUNCTIVE I | | |
|---|---|---|
| ich werde | wir werden | |
| du werdest | ihr werdet | gerettet haben |
| Sie werden | Sie werden | |
| er/sie/es werde | sie werden | |

| FUTURE SUBJUNCTIVE II | | |
|---|---|---|
| ich würde | wir würden | |
| du würdest | ihr würdet | retten |
| Sie würden | Sie würden | |
| er/sie/es würde | sie würden | |

| FUTURE PERFECT SUBJUNCTIVE II | | |
|---|---|---|
| ich würde | wir würden | |
| du würdest | ihr würdet | gerettet haben |
| Sie würden | Sie würden | |
| er/sie/es würde | sie würden | |

COMMANDS          rette!   rettet!   retten Sie!

PRESENT PARTICIPLE    rettend

## Usage

| | |
|---|---|
| Die Schwimmer wurden gerettet. | *The swimmers were rescued.* |
| Die Feuerwehr hat meine Katze gerettet. | *The fire department rescued my cat.* |
| Der Held rettete die Prinzessin vor dem Drachen. | *The hero rescued the princess from the dragon.* |
| Der Vater war im Brand gestorben, um seinen Sohn retten zu können. | *The father had died in the fire in order to be able to save his son.* |
| Rund 10.000 alte Bücher wurden von Passanten gerettet. | *About 10,000 old books were saved by passersby.* |
| Der Surfer rettete das kleine Kind vor der Brandungsrückströmung. | *The surfer rescued the little child from the riptide.* |
| Du hast mir das Leben gerettet! | *You saved my life!* |
| Er ist nicht zu retten. | *He can't be helped.* |
| Die Eishockey-Saison ist nicht mehr zu retten. | *The ice hockey season can't be salvaged.* |
| Die Städter haben sich vor der Überschwemmung auf Behelfsflößen gerettet. | *The townspeople escaped the flood on makeshift rafts.* |

**RELATED VERB** erretten

strong verb

**PRESENT**

| | |
|---|---|
| ich rieche | wir riechen |
| du riechst | ihr riecht |
| Sie riechen | Sie riechen |
| er/sie/es riecht | sie riechen |

**SIMPLE PAST**

| | |
|---|---|
| ich roch | wir rochen |
| du rochst | ihr rocht |
| Sie rochen | Sie rochen |
| er/sie/es roch | sie rochen |

**FUTURE**

| | | |
|---|---|---|
| ich werde | wir werden | |
| du wirst | ihr werdet | riechen |
| Sie werden | Sie werden | |
| er/sie/es wird | sie werden | |

**PRESENT SUBJUNCTIVE I**

| | |
|---|---|
| ich rieche | wir riechen |
| du riechest | ihr riechet |
| Sie riechen | Sie riechen |
| er/sie/es rieche | sie riechen |

**PRESENT SUBJUNCTIVE II**

| | |
|---|---|
| ich röche | wir röchen |
| du röchest | ihr röchet |
| Sie röchen | Sie röchen |
| er/sie/es röche | sie röchen |

**FUTURE SUBJUNCTIVE I**

| | | |
|---|---|---|
| ich werde | wir werden | |
| du werdest | ihr werdet | riechen |
| Sie werden | Sie werden | |
| er/sie/es werde | sie werden | |

**FUTURE SUBJUNCTIVE II**

| | | |
|---|---|---|
| ich würde | wir würden | |
| du würdest | ihr würdet | riechen |
| Sie würden | Sie würden | |
| er/sie/es würde | sie würden | |

**PRESENT PERFECT**

| | | |
|---|---|---|
| ich habe | wir haben | |
| du hast | ihr habt | gerochen |
| Sie haben | Sie haben | |
| er/sie/es hat | sie haben | |

**PAST PERFECT**

| | | |
|---|---|---|
| ich hatte | wir hatten | |
| du hattest | ihr hattet | gerochen |
| Sie hatten | Sie hatten | |
| er/sie/es hatte | sie hatten | |

**FUTURE PERFECT**

| | | |
|---|---|---|
| ich werde | wir werden | |
| du wirst | ihr werdet | gerochen haben |
| Sie werden | Sie werden | |
| er/sie/es wird | sie werden | |

**PAST SUBJUNCTIVE I**

| | | |
|---|---|---|
| ich habe | wir haben | |
| du habest | ihr habet | gerochen |
| Sie haben | Sie haben | |
| er/sie/es habe | sie haben | |

**PAST SUBJUNCTIVE II**

| | | |
|---|---|---|
| ich hätte | wir hätten | |
| du hättest | ihr hättet | gerochen |
| Sie hätten | Sie hätten | |
| er/sie/es hätte | sie hätten | |

**FUTURE PERFECT SUBJUNCTIVE I**

| | | |
|---|---|---|
| ich werde | wir werden | |
| du werdest | ihr werdet | gerochen haben |
| Sie werden | Sie werden | |
| er/sie/es werde | sie werden | |

**FUTURE PERFECT SUBJUNCTIVE II**

| | | |
|---|---|---|
| ich würde | wir würden | |
| du würdest | ihr würdet | gerochen haben |
| Sie würden | Sie würden | |
| er/sie/es würde | sie würden | |

**COMMANDS**   riech(e)!   riecht!   riechen Sie!

**PRESENT PARTICIPLE**   riechend

## Usage

| | |
|---|---|
| Die Rosen riechen gut. | *The roses smell good.* |
| Hier riecht es nach Schweinen. | *It smells like pigs here.* |
| Ich rieche Fisch. | *I smell fish.* |
| Der Braten riecht lecker. | *The roast smells delicious.* |
| Der Mann roch nach Alkohol. | *The man reeked of alcohol.* |
| Die Kapstachelbeeren riechen nach Ananas. | *The ground cherries smell like pineapple.* |
| Euer Hund hat an der toten Maus gerochen. | *Your dog picked up the scent of the dead mouse.* |
| Im Kaufhaus muss meine Freundin an jeder Parfümflasche riechen. | *At the department store, my girlfriend has to sniff every bottle of perfume.* |
| Ein guter Detektiv hätte den Drogenhandel gerochen. | *A good detective would have sniffed out the drug trafficking.* |
| Brunhilda riecht aus dem Mund. | *Brunhilda has bad breath.* |
| Das riecht nach einem Hardwareproblem. | *That sounds like a hardware problem.* |

**RELATED VERBS**  an·riechen, beriechen

**PRESENT**

| | |
|---|---|
| ich ringe | wir ringen |
| du ringst | ihr ringt |
| Sie ringen | Sie ringen |
| er/sie/es ringt | sie ringen |

**SIMPLE PAST**

| | |
|---|---|
| ich rang | wir rangen |
| du rangst | ihr rangt |
| Sie rangen | Sie rangen |
| er/sie/es rang | sie rangen |

**FUTURE**

| | |
|---|---|
| ich werde | wir werden |
| du wirst | ihr werdet |
| Sie werden | Sie werden |
| er/sie/es wird | sie werden |

} ringen

**PRESENT SUBJUNCTIVE I**

| | |
|---|---|
| ich ringe | wir ringen |
| du ringest | ihr ringet |
| Sie ringen | Sie ringen |
| er/sie/es ringe | sie ringen |

**PRESENT SUBJUNCTIVE II**

| | |
|---|---|
| ich ränge | wir rängen |
| du rängest | ihr ränget |
| Sie rängen | Sie rängen |
| er/sie/es ränge | sie rängen |

**FUTURE SUBJUNCTIVE I**

| | |
|---|---|
| ich werde | wir werden |
| du werdest | ihr werdet |
| Sie werden | Sie werden |
| er/sie/es werde | sie werden |

} ringen

**FUTURE SUBJUNCTIVE II**

| | |
|---|---|
| ich würde | wir würden |
| du würdest | ihr würdet |
| Sie würden | Sie würden |
| er/sie/es würde | sie würden |

} ringen

**PRESENT PERFECT**

| | |
|---|---|
| ich habe | wir haben |
| du hast | ihr habt |
| Sie haben | Sie haben |
| er/sie/es hat | sie haben |

} gerungen

**PAST PERFECT**

| | |
|---|---|
| ich hatte | wir hatten |
| du hattest | ihr hattet |
| Sie hatten | Sie hatten |
| er/sie/es hatte | sie hatten |

} gerungen

**FUTURE PERFECT**

| | |
|---|---|
| ich werde | wir werden |
| du wirst | ihr werdet |
| Sie werden | Sie werden |
| er/sie/es wird | sie werden |

} gerungen haben

**PAST SUBJUNCTIVE I**

| | |
|---|---|
| ich habe | wir haben |
| du habest | ihr habet |
| Sie haben | Sie haben |
| er/sie/es habe | sie haben |

} gerungen

**PAST SUBJUNCTIVE II**

| | |
|---|---|
| ich hätte | wir hätten |
| du hättest | ihr hättet |
| Sie hätten | Sie hätten |
| er/sie/es hätte | sie hätten |

} gerungen

**FUTURE PERFECT SUBJUNCTIVE I**

| | |
|---|---|
| ich werde | wir werden |
| du werdest | ihr werdet |
| Sie werden | Sie werden |
| er/sie/es werde | sie werden |

} gerungen haben

**FUTURE PERFECT SUBJUNCTIVE II**

| | |
|---|---|
| ich würde | wir würden |
| du würdest | ihr würdet |
| Sie würden | Sie würden |
| er/sie/es würde | sie würden |

} gerungen haben

**COMMANDS**      ring(e)!   ringt!   ringen Sie!

**PRESENT PARTICIPLE**      ringend

## Usage

| | |
|---|---|
| Die beiden österreichischen Sportler haben eine Stunde lang gerungen. | *The two Austrian athletes wrestled for an hour.* |
| Georg hat lange mit dem Tode gerungen. | *Georg wrestled with death for a long time.* |
| Du rangst doch auch mit ihm? (HEBBEL) | *You wrestled with him too?* |
| Du ringst mit den Wogen, versinkest im Sturm. (BRENTANO) | *You fight with the waves, sink in the storm.* |
| Der Surfer rang mit den großen Wellen. | *The surfer battled the huge waves.* |
| Es wird darum gerungen, ob Stammzellen verwendet werden dürfen. | *People are struggling with the notion of whether use of stem cells should be allowed.* |
| Ich ringe mit einer wichtigen Entscheidung. | *I'm grappling with an important decision.* |
| 200 Bewerber ringen um eine Stelle. | *Two hundred applicants are competing for one position.* |
| Der Witwer rang nach Atem und schrie: „Weh mir!" | *The widower gasped for breath and cried, "Woe is me!"* |
| Warum ringen Sie die Hände? | *Why are you wringing your hands?* |

**RELATED VERBS**   ab·ringen, durch·ringen, entringen, erringen

**PRESENT**

| | |
|---|---|
| ich rufe | wir rufen |
| du rufst | ihr ruft |
| Sie rufen | Sie rufen |
| er/sie/es ruft | sie rufen |

**SIMPLE PAST**

| | |
|---|---|
| ich rief | wir riefen |
| du riefst | ihr rieft |
| Sie riefen | Sie riefen |
| er/sie/es rief | sie riefen |

**FUTURE**

| | | |
|---|---|---|
| ich werde | wir werden | |
| du wirst | ihr werdet | rufen |
| Sie werden | Sie werden | |
| er/sie/es wird | sie werden | |

**PRESENT SUBJUNCTIVE I**

| | |
|---|---|
| ich rufe | wir rufen |
| du rufest | ihr rufet |
| Sie rufen | Sie rufen |
| er/sie/es rufe | sie rufen |

**PRESENT SUBJUNCTIVE II**

| | |
|---|---|
| ich riefe | wir riefen |
| du riefest | ihr riefet |
| Sie riefen | Sie riefen |
| er/sie/es riefe | sie riefen |

**FUTURE SUBJUNCTIVE I**

| | | |
|---|---|---|
| ich werde | wir werden | |
| du werdest | ihr werdet | rufen |
| Sie werden | Sie werden | |
| er/sie/es werde | sie werden | |

**FUTURE SUBJUNCTIVE II**

| | | |
|---|---|---|
| ich würde | wir würden | |
| du würdest | ihr würdet | rufen |
| Sie würden | Sie würden | |
| er/sie/es würde | sie würden | |

**PRESENT PERFECT**

| | | |
|---|---|---|
| ich habe | wir haben | |
| du hast | ihr habt | gerufen |
| Sie haben | Sie haben | |
| er/sie/es hat | sie haben | |

**PAST PERFECT**

| | | |
|---|---|---|
| ich hatte | wir hatten | |
| du hattest | ihr hattet | gerufen |
| Sie hatten | Sie hatten | |
| er/sie/es hatte | sie hatten | |

**FUTURE PERFECT**

| | | |
|---|---|---|
| ich werde | wir werden | |
| du wirst | ihr werdet | gerufen haben |
| Sie werden | Sie werden | |
| er/sie/es wird | sie werden | |

**PAST SUBJUNCTIVE I**

| | | |
|---|---|---|
| ich habe | wir haben | |
| du habest | ihr habet | gerufen |
| Sie haben | Sie haben | |
| er/sie/es habe | sie haben | |

**PAST SUBJUNCTIVE II**

| | | |
|---|---|---|
| ich hätte | wir hätten | |
| du hättest | ihr hättet | gerufen |
| Sie hätten | Sie hätten | |
| er/sie/es hätte | sie hätten | |

**FUTURE PERFECT SUBJUNCTIVE I**

| | | |
|---|---|---|
| ich werde | wir werden | |
| du werdest | ihr werdet | gerufen haben |
| Sie werden | Sie werden | |
| er/sie/es werde | sie werden | |

**FUTURE PERFECT SUBJUNCTIVE II**

| | | |
|---|---|---|
| ich würde | wir würden | |
| du würdest | ihr würdet | gerufen haben |
| Sie würden | Sie würden | |
| er/sie/es würde | sie würden | |

**COMMANDS**  ruf(e)!  ruft!  rufen Sie!

**PRESENT PARTICIPLE**  rufend

## Usage

| | |
|---|---|
| Hast du mich gerufen? | *Did you call me?* |
| Die Geschichte rief meine Kindheit in Erinnerung. | *The story brought my childhood to mind.* |
| Man ruft nach einer Erneuerung der Partei. | *They're calling for a revival of the party.* |
| Wer hat ein Taxi gerufen? | *Who hailed a taxi?* |
| Der Diplomat wurde nach Berlin gerufen. | *The diplomat was summoned to Berlin.* |
| Ruft doch um Hilfe. | *Cry for help.* |
| Ich höre meinen Großvater rufen. | *I hear my grandfather calling.* |
| Rufen Sie nicht so laut! | *Don't shout so loud!* |
| Wir müssen einen Notarzt rufen. | *We have to call a doctor.* |
| Unser Nachbar lässt sich von Fremden beim Vornamen rufen. | *Our neighbor lets strangers call him by his first name.* |
| Ich möchte einen Buchklub ins Leben rufen. | *I'd like to start up a book club.* |

**RELATED VERBS** ab·rufen, auf·rufen, aus·rufen, dazwischen·rufen, hervor·rufen, nach·rufen, wach·rufen, widerrufen, zurück·rufen, zu·rufen, zusammen·rufen; *see also* **an·rufen** (16), **berufen** (79)

# ruhen *to rest, sleep; have stopped, be at a standstill*

ruht · ruhte · geruht

regular weak verb

**PRESENT**

| | |
|---|---|
| ich ruhe | wir ruhen |
| du ruhst | ihr ruht |
| Sie ruhen | Sie ruhen |
| er/sie/es ruht | sie ruhen |

**PRESENT PERFECT**

| | | |
|---|---|---|
| ich habe | wir haben | |
| du hast | ihr habt | geruht |
| Sie haben | Sie haben | |
| er/sie/es hat | sie haben | |

**SIMPLE PAST**

| | |
|---|---|
| ich ruhte | wir ruhten |
| du ruhtest | ihr ruhtet |
| Sie ruhten | Sie ruhten |
| er/sie/es ruhte | sie ruhten |

**PAST PERFECT**

| | | |
|---|---|---|
| ich hatte | wir hatten | |
| du hattest | ihr hattet | geruht |
| Sie hatten | Sie hatten | |
| er/sie/es hatte | sie hatten | |

**FUTURE**

| | | |
|---|---|---|
| ich werde | wir werden | |
| du wirst | ihr werdet | ruhen |
| Sie werden | Sie werden | |
| er/sie/es wird | sie werden | |

**FUTURE PERFECT**

| | | |
|---|---|---|
| ich werde | wir werden | |
| du wirst | ihr werdet | geruht haben |
| Sie werden | Sie werden | |
| er/sie/es wird | sie werden | |

**PRESENT SUBJUNCTIVE I**

| | |
|---|---|
| ich ruhe | wir ruhen |
| du ruhest | ihr ruhet |
| Sie ruhen | Sie ruhen |
| er/sie/es ruhe | sie ruhen |

**PAST SUBJUNCTIVE I**

| | | |
|---|---|---|
| ich habe | wir haben | |
| du habest | ihr habet | geruht |
| Sie haben | Sie haben | |
| er/sie/es habe | sie haben | |

**PRESENT SUBJUNCTIVE II**

| | |
|---|---|
| ich ruhte | wir ruhten |
| du ruhtest | ihr ruhtet |
| Sie ruhten | Sie ruhten |
| er/sie/es ruhte | sie ruhten |

**PAST SUBJUNCTIVE II**

| | | |
|---|---|---|
| ich hätte | wir hätten | |
| du hättest | ihr hättet | geruht |
| Sie hätten | Sie hätten | |
| er/sie/es hätte | sie hätten | |

**FUTURE SUBJUNCTIVE I**

| | | |
|---|---|---|
| ich werde | wir werden | |
| du werdest | ihr werdet | ruhen |
| Sie werden | Sie werden | |
| er/sie/es werde | sie werden | |

**FUTURE PERFECT SUBJUNCTIVE I**

| | | |
|---|---|---|
| ich werde | wir werden | |
| du werdest | ihr werdet | geruht haben |
| Sie werden | Sie werden | |
| er/sie/es werde | sie werden | |

**FUTURE SUBJUNCTIVE II**

| | | |
|---|---|---|
| ich würde | wir würden | |
| du würdest | ihr würdet | ruhen |
| Sie würden | Sie würden | |
| er/sie/es würde | sie würden | |

**FUTURE PERFECT SUBJUNCTIVE II**

| | | |
|---|---|---|
| ich würde | wir würden | |
| du würdest | ihr würdet | geruht haben |
| Sie würden | Sie würden | |
| er/sie/es würde | sie würden | |

**COMMANDS** ruh(e)! ruht! ruhen Sie!

**PRESENT PARTICIPLE** ruhend

## Usage

| | |
|---|---|
| Unser Kater ruht gern vor dem Fernseher. | *Our cat likes to sleep in front of the television.* |
| Wann können wir endlich ruhen? | *When can we finally get some rest?* |
| Ruhen Sie auf diesen großen Kissen. | *Rest on these large pillows.* |
| Der Hund ruht unter einem Baum im Garten. | *The dog is resting under a tree in the garden.* |
| Alle Besucher müssen ruhen. | *All visitors must rest.* |
| Heute wird nicht geruht! | *There is no rest today!* |
| Ruhst du heute Abend? | *Are you resting this evening?* |
| Chronisch Kranke werden dazu angeregt öfter zu ruhen. | *Chronically sick people are encouraged to relax more often.* |
| Der Patient muss unbedingt ruhen. | *The patient simply must rest.* |
| Das Fließband ruht nur am Sonntag. | *The assembly line only stops on Sundays.* |
| Hier ruht Elisa Olberg, geb. Stern. (TOMBSTONE) | *Here lies Elisa Olberg, née Stern.* |
| Wir werden nicht ruhen noch rasten, bis der Mörder gefasst ist. (*idiomatic*) | *We won't rest until the murderer is caught.* |

**RELATED VERBS** aus·ruhen, beruhen, geruhen

regular weak verb

rührt · rührte · gerührt

**PRESENT**

| | |
|---|---|
| ich rühre | wir rühren |
| du rührst | ihr rührt |
| Sie rühren | Sie rühren |
| er/sie/es rührt | sie rühren |

**SIMPLE PAST**

| | |
|---|---|
| ich rührte | wir rührten |
| du rührtest | ihr rührtet |
| Sie rührten | Sie rührten |
| er/sie/es rührte | sie rührten |

**FUTURE**

| | |
|---|---|
| ich werde | wir werden |
| du wirst | ihr werdet |
| Sie werden | Sie werden |
| er/sie/es wird | sie werden |

} rühren

**PRESENT SUBJUNCTIVE I**

| | |
|---|---|
| ich rühre | wir rühren |
| du rührest | ihr rühret |
| Sie rühren | Sie rühren |
| er/sie/es rühre | sie rühren |

**PRESENT SUBJUNCTIVE II**

| | |
|---|---|
| ich rührte | wir rührten |
| du rührtest | ihr rührtet |
| Sie rührten | Sie rührten |
| er/sie/es rührte | sie rührten |

**FUTURE SUBJUNCTIVE I**

| | |
|---|---|
| ich werde | wir werden |
| du werdest | ihr werdet |
| Sie werden | Sie werden |
| er/sie/es werde | sie werden |

} rühren

**FUTURE SUBJUNCTIVE II**

| | |
|---|---|
| ich würde | wir würden |
| du würdest | ihr würdet |
| Sie würden | Sie würden |
| er/sie/es würde | sie würden |

} rühren

**PRESENT PERFECT**

| | |
|---|---|
| ich habe | wir haben |
| du hast | ihr habt |
| Sie haben | Sie haben |
| er/sie/es hat | sie haben |

} gerührt

**PAST PERFECT**

| | |
|---|---|
| ich hatte | wir hatten |
| du hattest | ihr hattet |
| Sie hatten | Sie hatten |
| er/sie/es hatte | sie hatten |

} gerührt

**FUTURE PERFECT**

| | |
|---|---|
| ich werde | wir werden |
| du wirst | ihr werdet |
| Sie werden | Sie werden |
| er/sie/es wird | sie werden |

} gerührt haben

**PAST SUBJUNCTIVE I**

| | |
|---|---|
| ich habe | wir haben |
| du habest | ihr habet |
| Sie haben | Sie haben |
| er/sie/es habe | sie haben |

} gerührt

**PAST SUBJUNCTIVE II**

| | |
|---|---|
| ich hätte | wir hätten |
| du hättest | ihr hättet |
| Sie hätten | Sie hätten |
| er/sie/es hätte | sie hätten |

} gerührt

**FUTURE PERFECT SUBJUNCTIVE I**

| | |
|---|---|
| ich werde | wir werden |
| du werdest | ihr werdet |
| Sie werden | Sie werden |
| er/sie/es werde | sie werden |

} gerührt haben

**FUTURE PERFECT SUBJUNCTIVE II**

| | |
|---|---|
| ich würde | wir würden |
| du würdest | ihr würdet |
| Sie würden | Sie würden |
| er/sie/es würde | sie würden |

} gerührt haben

**COMMANDS**  rühr(e)!  rührt!  rühren Sie!

**PRESENT PARTICIPLE**  rührend

## Usage

| | |
|---|---|
| Den Teig gut rühren. (RECIPE) | *Stir the batter thoroughly.* |
| Der Koch rührte die Suppe in der Schüssel. | *The cook stirred the soup in the bowl.* |
| Der Brei muss per Hand gerührt werden. | *The mash must be stirred by hand.* |
| Der Junge rührte mit den Fingern in den Erbsen. | *The boy stirred the peas with his fingers.* |
| Der schwache Hund konnte seinen Kopf nicht mehr rühren. | *The weak dog could no longer move his head.* |
| Das Publikum wurde von der Rede gerührt. | *The audience was moved by the speech.* |
| Die folgende Aussage rührte die Reisenden. | *The following statement moved the passengers.* |
| Meine Frau wurde von der romantischen Schlussszene gerührt. | *My wife was moved by the romantic closing scene.* |
| Der Bürgermeister rührte die Besucher mit seiner Ansprache. | *The mayor inspired the visitors with his address.* |
| Du rührst mich sehr. | *You really touch my heart.* |

**RELATED VERBS**  an·rühren, auf·rühren, berühren, durch·rühren, ein·rühren, um·rühren, verrühren

## MORE USAGE SENTENCES WITH sagen

| | |
|---|---|
| Sagt dir das etwas? | *Does that mean anything to you?* |
| Was will der Autor mir sagen? | *What is the author trying to tell me?* |
| Was ich hier sage ist nichts Neues. | *What I'm saying here is nothing new.* |
| Silke hat nichts davon gesagt. | *Silke said nothing about that.* |
| Erich hat es sich nicht zweimal sagen lassen. | *Erich didn't have to be told twice.* |
| Wie sagt man „Ei" auf Japanisch? | *How do you say "egg" in Japanese?* |
| Wem sagen Sie das? | *You're telling me?* |
| Was sagen sie über ihn? | *What are they saying about him?* |
| Das sagt mir nichts. | *That tells me nothing.* |
| Was Sie nicht sagen! | *You don't say!* |
| Er scheint es nicht sagen zu wollen. | *He doesn't seem to want to say.* |
| Augenzeugen sagten viel über die Ereignisse des Tages. | *Eyewitnesses said a lot about the day's events.* |
| Es wurde gesagt, dass der Inhaber ermordet worden sei. | *It was said that the owner was murdered.* |
| Dennis hat etwas (dabei) zu sagen. | *Dennis has something to say (in the matter).* |
| Ich traue mich nicht, ihm das ins Gesicht zu sagen. | *I don't dare tell him that to his face.* |
| Ursula hat beiläufig gesagt, sie hätte ein neues Auto. | *Ursula said in passing that she has a new car.* |
| Hänsel sagte zu Gretel: „Wir werden den Weg schon finden." (GRIMM) | *Hansel said to Gretel, "We'll surely find the path."* |
| Es ist schwer zu sagen, wann er wiederkommt. | *It is difficult to say when he's coming again.* |
| Das ist genau, was ich gerade sagen wollte. | *That's exactly what I was about to say.* |

## sich sagen *to say/think to oneself*

| | |
|---|---|
| Was sagen Sie sich dann? | *What do you say to yourself then?* |
| Nur noch ein paar Tage, sagte ich mir wiederholt. | *Just a few more days, I thought to myself over and over.* |

## IDIOMATIC EXPRESSIONS

| | |
|---|---|
| Das hat nichts zu sagen. | *That is of no significance.* |
| Du hast mir nichts zu sagen. | *You can't tell me what to do.* |
| Seine Idee finde ich—mit Verlaub zu sagen—irrsinnig. | *I find his idea to be—with all due respect—ludicrous.* |
| Sagen Sie mir einen einzigen guten Grund. | *Give me one good reason.* |
| Mein Arzt hat mir durch die Blume gesagt, dass ich Hypochonder wäre. | *My doctor told me in a roundabout way that I'm a hypochondriac.* |
| Donald wollte ihr gehörig seine Meinung sagen. | *Donald wanted to give her a piece of his mind.* |
| Ich lasse ihr sagen, dass ich nicht kommen kann. | *I'm sending word to her that I can't come.* |
| Lasst euch das gesagt sein! | *Let that be a warning to you!* |
| Hans war eigensinnig, er ließ sich nichts sagen. | *Hans was hardheaded; he listened to no one.* |
| Unter uns gesagt: Herr Leitner prüft selten nach, ob man pünktlich da ist. | *Just between us, Mr. Leitner seldom checks to see if we're there on time.* |
| Dürer war, wie gesagt, ein äußerst produktiver Künstler. | *Dürer was, as I mentioned, an extremely prolific artist.* |
| Das ist nicht gesagt. | *That's not a sure thing.* |
| Gesagt, getan! (PROVERB) | *No sooner said than done!* |

## COLLOQUIAL EXPRESSIONS

| | |
|---|---|
| Frank kann das sehr gut, das sag' ich dir! | *Frank is good at that, I'm telling you!* |
| Das ist einer dieser... na, wie sagt man? | *That's one of those ... er, what's the word?* |
| Sag bloß, du willst schon wieder einen neuen Computer! | *Don't tell me you want a new computer again already!* |
| Sag mal, warst du nicht letzten Samstag auf der Fete? | *Say, weren't you at the party last Saturday?* |
| Ich sage dir, es war unglaublich. | *I tell you, it was incredible.* |

**TOP 50 VERBS**

regular weak verb

**PRESENT**

| | |
|---|---|
| ich sage | wir sagen |
| du sagst | ihr sagt |
| Sie sagen | Sie sagen |
| er/sie/es sagt | sie sagen |

**SIMPLE PAST**

| | |
|---|---|
| ich sagte | wir sagten |
| du sagtest | ihr sagtet |
| Sie sagten | Sie sagten |
| er/sie/es sagte | sie sagten |

**FUTURE**

| | | |
|---|---|---|
| ich werde | wir werden | |
| du wirst | ihr werdet | sagen |
| Sie werden | Sie werden | |
| er/sie/es wird | sie werden | |

**PRESENT SUBJUNCTIVE I**

| | |
|---|---|
| ich sage | wir sagen |
| du sagest | ihr saget |
| Sie sagen | Sie sagen |
| er/sie/es sage | sie sagen |

**PRESENT SUBJUNCTIVE II**

| | |
|---|---|
| ich sagte | wir sagten |
| du sagtest | ihr sagtet |
| Sie sagten | Sie sagten |
| er/sie/es sagte | sie sagten |

**FUTURE SUBJUNCTIVE I**

| | | |
|---|---|---|
| ich werde | wir werden | |
| du werdest | ihr werdet | sagen |
| Sie werden | Sie werden | |
| er/sie/es werde | sie werden | |

**FUTURE SUBJUNCTIVE II**

| | | |
|---|---|---|
| ich würde | wir würden | |
| du würdest | ihr würdet | sagen |
| Sie würden | Sie würden | |
| er/sie/es würde | sie würden | |

**PRESENT PERFECT**

| | | |
|---|---|---|
| ich habe | wir haben | |
| du hast | ihr habt | gesagt |
| Sie haben | Sie haben | |
| er/sie/es hat | sie haben | |

**PAST PERFECT**

| | | |
|---|---|---|
| ich hatte | wir hatten | |
| du hattest | ihr hattet | gesagt |
| Sie hatten | Sie hatten | |
| er/sie/es hatte | sie hatten | |

**FUTURE PERFECT**

| | | |
|---|---|---|
| ich werde | wir werden | |
| du wirst | ihr werdet | gesagt haben |
| Sie werden | Sie werden | |
| er/sie/es wird | sie werden | |

**PAST SUBJUNCTIVE I**

| | | |
|---|---|---|
| ich habe | wir haben | |
| du habest | ihr habet | gesagt |
| Sie haben | Sie haben | |
| er/sie/es habe | sie haben | |

**PAST SUBJUNCTIVE II**

| | | |
|---|---|---|
| ich hätte | wir hätten | |
| du hättest | ihr hättet | gesagt |
| Sie hätten | Sie hätten | |
| er/sie/es hätte | sie hätten | |

**FUTURE PERFECT SUBJUNCTIVE I**

| | | |
|---|---|---|
| ich werde | wir werden | |
| du werdest | ihr werdet | gesagt haben |
| Sie werden | Sie werden | |
| er/sie/es werde | sie werden | |

**FUTURE PERFECT SUBJUNCTIVE II**

| | | |
|---|---|---|
| ich würde | wir würden | |
| du würdest | ihr würdet | gesagt haben |
| Sie würden | Sie würden | |
| er/sie/es würde | sie würden | |

**COMMANDS**  sag(e)!  sagt!  sagen Sie!

**PRESENT PARTICIPLE**  sagend

## Usage

| | |
|---|---|
| Was hast du gesagt? | *What did you say?* |
| Sagen Sie es mir! | *Tell me!* |
| Sigrid kann nicht nein sagen, sie hilft jedem. | *Sigrid doesn't know how to say no; she helps everyone.* |
| Die Konzerne sagen nichts über ihre Investitionen. | *The companies keep mum about their investments.* |
| Das können Sie laut sagen! | *You can say that again!* |
| Das kann man leicht sagen. | *That's easy to say.* |
| Was wollt ihr damit sagen? | *What do you mean by that?* |
| Wenn Sie in einer Großstadt sind, sagen wir mal New York, da sind die Hotels viel teurer. | *If you're in a large city, let's say New York, hotels are much more expensive there.* |

**RELATED VERBS**  ab·sagen, an·sagen, auf·sagen, aus·sagen, besagen, dank·sagen, durch·sagen, entsagen, gut·sagen, nach·sagen, tot·sagen, untersagen, versagen, vorher·sagen, vor·sagen, wahr·sagen, weissagen, weiter·sagen, zu·sagen

# 351
## sammeln  *to collect, gather*
sammelt · sammelte · gesammelt

regular weak verb

**PRESENT**

| | |
|---|---|
| ich samm(e)le | wir sammeln |
| du sammelst | ihr sammelt |
| Sie sammeln | Sie sammeln |
| er/sie/es sammelt | sie sammeln |

**SIMPLE PAST**

| | |
|---|---|
| ich sammelte | wir sammelten |
| du sammeltest | ihr sammeltet |
| Sie sammelten | Sie sammelten |
| er/sie/es sammelte | sie sammelten |

**FUTURE**

| | |
|---|---|
| ich werde | wir werden |
| du wirst | ihr werdet |
| Sie werden | Sie werden |
| er/sie/es wird | sie werden |

⎫ sammeln

**PRESENT SUBJUNCTIVE I**

| | |
|---|---|
| ich samm(e)le | wir sammeln |
| du sammelst | ihr sammelt |
| Sie sammeln | Sie sammeln |
| er/sie/es samm(e)le | sie sammeln |

**PRESENT SUBJUNCTIVE II**

| | |
|---|---|
| ich sammelte | wir sammelten |
| du sammeltest | ihr sammeltet |
| Sie sammelten | Sie sammelten |
| er/sie/es sammelte | sie sammelten |

**FUTURE SUBJUNCTIVE I**

| | |
|---|---|
| ich werde | wir werden |
| du werdest | ihr werdet |
| Sie werden | Sie werden |
| er/sie/es werde | sie werden |

⎫ sammeln

**FUTURE SUBJUNCTIVE II**

| | |
|---|---|
| ich würde | wir würden |
| du würdest | ihr würdet |
| Sie würden | Sie würden |
| er/sie/es würde | sie würden |

⎫ sammeln

**PRESENT PERFECT**

| | |
|---|---|
| ich habe | wir haben |
| du hast | ihr habt |
| Sie haben | Sie haben |
| er/sie/es hat | sie haben |

⎫ gesammelt

**PAST PERFECT**

| | |
|---|---|
| ich hatte | wir hatten |
| du hattest | ihr hattet |
| Sie hatten | Sie hatten |
| er/sie/es hatte | sie hatten |

⎫ gesammelt

**FUTURE PERFECT**

| | |
|---|---|
| ich werde | wir werden |
| du wirst | ihr werdet |
| Sie werden | Sie werden |
| er/sie/es wird | sie werden |

⎫ gesammelt haben

**PAST SUBJUNCTIVE I**

| | |
|---|---|
| ich habe | wir haben |
| du habest | ihr habet |
| Sie haben | Sie haben |
| er/sie/es habe | sie haben |

⎫ gesammelt

**PAST SUBJUNCTIVE II**

| | |
|---|---|
| ich hätte | wir hätten |
| du hättest | ihr hättet |
| Sie hätten | Sie hätten |
| er/sie/es hätte | sie hätten |

⎫ gesammelt

**FUTURE PERFECT SUBJUNCTIVE I**

| | |
|---|---|
| ich werde | wir werden |
| du werdest | ihr werdet |
| Sie werden | Sie werden |
| er/sie/es werde | sie werden |

⎫ gesammelt haben

**FUTURE PERFECT SUBJUNCTIVE II**

| | |
|---|---|
| ich würde | wir würden |
| du würdest | ihr würdet |
| Sie würden | Sie würden |
| er/sie/es würde | sie würden |

⎫ gesammelt haben

**COMMANDS**  samm(e)le!  sammelt!  sammeln Sie!

**PRESENT PARTICIPLE**  sammelnd

## Usage

| | |
|---|---|
| Ich sammle Briefmarken. | *I collect stamps.* |
| Sabine hat als Kind Steine gesammelt. | *Sabine collected rocks as a child.* |
| Wie sind die Daten gesammelt worden? | *How were the data collected?* |
| Warum sammelst du so viele Sachen? | *Why do you collect so many things?* |
| Kristin sammelt Kindergeschichten. | *Kristin collects children's stories.* |
| Ich sammle schon Ideen für mein nächstes Projekt. | *I'm already gathering ideas for my next project.* |
| Die Vögel in unserem Garten sammeln gern Hirsesamen. | *The birds in our yard like to hoard millet seed.* |
| Archäologen haben die alten Mauerreste gesammelt. | *Archeologists salvaged the remains of the old wall.* |
| Auf dieser Webseite wird alles Mögliche gesammelt. | *Everything imaginable is clumped on this Web page.* |

### sich sammeln  *to collect, gather*

| | |
|---|---|
| Die Gäste sammelten sich an der Eingangstür. | *The guests collected at the entryway.* |
| Die Snowboarder sammelten sich vor dem Restaurant. | *The snowboarders gathered in front of the restaurant.* |

**RELATED VERBS**  an·sammeln, auf·sammeln, ein·sammeln, versammeln

strong verb

### PRESENT

| ich saufe | wir saufen |
|---|---|
| du säufst | ihr sauft |
| Sie saufen | Sie saufen |
| er/sie/es säuft | sie saufen |

### SIMPLE PAST

| ich soff | wir soffen |
|---|---|
| du soffst | ihr sofft |
| Sie soffen | Sie soffen |
| er/sie/es soff | sie soffen |

### FUTURE

| ich werde | wir werden | |
|---|---|---|
| du wirst | ihr werdet | saufen |
| Sie werden | Sie werden | |
| er/sie/es wird | sie werden | |

### PRESENT SUBJUNCTIVE I

| ich saufe | wir saufen |
|---|---|
| du saufest | ihr saufet |
| Sie saufen | Sie saufen |
| er/sie/es saufe | sie saufen |

### PRESENT SUBJUNCTIVE II

| ich söffe | wir söffen |
|---|---|
| du söffest | ihr söffet |
| Sie söffen | Sie söffen |
| er/sie/es söffe | sie söffen |

### FUTURE SUBJUNCTIVE I

| ich werde | wir werden | |
|---|---|---|
| du werdest | ihr werdet | saufen |
| Sie werden | Sie werden | |
| er/sie/es werde | sie werden | |

### FUTURE SUBJUNCTIVE II

| ich würde | wir würden | |
|---|---|---|
| du würdest | ihr würdet | saufen |
| Sie würden | Sie würden | |
| er/sie/es würde | sie würden | |

### PRESENT PERFECT

| ich habe | wir haben | |
|---|---|---|
| du hast | ihr habt | gesoffen |
| Sie haben | Sie haben | |
| er/sie/es hat | sie haben | |

### PAST PERFECT

| ich hatte | wir hatten | |
|---|---|---|
| du hattest | ihr hattet | gesoffen |
| Sie hatten | Sie hatten | |
| er/sie/es hatte | sie hatten | |

### FUTURE PERFECT

| ich werde | wir werden | |
|---|---|---|
| du wirst | ihr werdet | gesoffen haben |
| Sie werden | Sie werden | |
| er/sie/es wird | sie werden | |

### PAST SUBJUNCTIVE I

| ich habe | wir haben | |
|---|---|---|
| du habest | ihr habet | gesoffen |
| Sie haben | Sie haben | |
| er/sie/es habe | sie haben | |

### PAST SUBJUNCTIVE II

| ich hätte | wir hätten | |
|---|---|---|
| du hättest | ihr hättet | gesoffen |
| Sie hätten | Sie hätten | |
| er/sie/es hätte | sie hätten | |

### FUTURE PERFECT SUBJUNCTIVE I

| ich werde | wir werden | |
|---|---|---|
| du werdest | ihr werdet | gesoffen haben |
| Sie werden | Sie werden | |
| er/sie/es werde | sie werden | |

### FUTURE PERFECT SUBJUNCTIVE II

| ich würde | wir würden | |
|---|---|---|
| du würdest | ihr würdet | gesoffen haben |
| Sie würden | Sie würden | |
| er/sie/es würde | sie würden | |

**COMMANDS**  sauf(e)!  sauft!  saufen Sie!

**PRESENT PARTICIPLE**  saufend

## Usage

| Sauf doch nicht so! | *Don't drink like that!* |
|---|---|
| Unsere Kuh säuft jeden Tag 30 Liter Wasser. | *Our cow drinks 30 liters of water per day.* |
| Sein Hund Maxl säuft lieber Apfelsaft als Wasser. | *His dog, Maxl, prefers drinking apple juice to water.* |
| Trina hat monatlich 300 Euro gesoffen. | *Trina drank 300 euros' worth of liquor a month.* |
| Mein Großvater Hans säuft nicht mehr. | *My grandfather Hans doesn't drink anymore.* |
| Herr Stolpermann säuft schon um zwölf Uhr. | *Mr. Stolpermann starts drinking at 12 o'clock.* |
| Herr Petersen säuft seit sieben Jahren. | *Mr. Petersen has been drinking for seven years.* |
| Viele Studenten saufen während der Spring Break. | *Many students drink during spring break.* |
| Der General soff regelmäßig mit seinen Truppen. | *The general drank regularly with his troops.* |
| Jahre lang soff Ingrid viel. | *For years Ingrid drank a lot.* |
| Der jüngste Sohn der Familie säuft. | *The youngest son in the family drinks.* |
| Es wurde gesagt, dass der pensionierte Soldat sich zu Tode gesoffen habe. | *It was said that the retired soldier drank himself to death.* |

**RELATED VERBS**  ab·saufen, aus·saufen, ersaufen, versaufen

# saugen  *to suck*

saugt · sog/saugte · gesogen/gesaugt

strong verb or regular weak verb

**PRESENT**

| | |
|---|---|
| ich sauge | wir saugen |
| du saugst | ihr saugt |
| Sie saugen | Sie saugen |
| er/sie/es saugt | sie saugen |

**SIMPLE PAST**

| | |
|---|---|
| ich sog/saugte | wir sogen/saugten |
| du sogst/saugtest | ihr sogt/saugtet |
| Sie sogen/saugten | Sie sogen/saugten |
| er/sie/es sog/saugte | sie sogen/saugten |

**FUTURE**

| | | |
|---|---|---|
| ich werde | wir werden | |
| du wirst | ihr werdet | saugen |
| Sie werden | Sie werden | |
| er/sie/es wird | sie werden | |

**PRESENT SUBJUNCTIVE I**

| | |
|---|---|
| ich sauge | wir saugen |
| du saugest | ihr sauget |
| Sie saugen | Sie saugen |
| er/sie/es sauge | sie saugen |

**PRESENT SUBJUNCTIVE II**

| | |
|---|---|
| ich söge/saugte | wir sögen/saugten |
| du sögest/saugtest | ihr söget/saugtet |
| Sie sögen/saugten | Sie sögen/saugten |
| er/sie/es söge/saugte | sie sögen/saugten |

**FUTURE SUBJUNCTIVE I**

| | | |
|---|---|---|
| ich werde | wir werden | |
| du werdest | ihr werdet | saugen |
| Sie werden | Sie werden | |
| er/sie/es werde | sie werden | |

**FUTURE SUBJUNCTIVE II**

| | | |
|---|---|---|
| ich würde | wir würden | |
| du würdest | ihr würdet | saugen |
| Sie würden | Sie würden | |
| er/sie/es würde | sie würden | |

**PRESENT PERFECT**

| | | |
|---|---|---|
| ich habe | wir haben | |
| du hast | ihr habt | gesogen/gesaugt |
| Sie haben | Sie haben | |
| er/sie/es hat | sie haben | |

**PAST PERFECT**

| | | |
|---|---|---|
| ich hatte | wir hatten | |
| du hattest | ihr hattet | gesogen/gesaugt |
| Sie hatten | Sie hatten | |
| er/sie/es hatte | sie hatten | |

**FUTURE PERFECT**

| | | |
|---|---|---|
| ich werde | wir werden | gesogen haben |
| du wirst | ihr werdet | OR |
| Sie werden | Sie werden | gesaugt haben |
| er/sie/es wird | sie werden | |

**PAST SUBJUNCTIVE I**

| | | |
|---|---|---|
| ich habe | wir haben | |
| du habest | ihr habet | gesogen/gesaugt |
| Sie haben | Sie haben | |
| er/sie/es habe | sie haben | |

**PAST SUBJUNCTIVE II**

| | | |
|---|---|---|
| ich hätte | wir hätten | |
| du hättest | ihr hättet | gesogen/gesaugt |
| Sie hätten | Sie hätten | |
| er/sie/es hätte | sie hätten | |

**FUTURE PERFECT SUBJUNCTIVE I**

| | | |
|---|---|---|
| ich werde | wir werden | gesogen haben |
| du werdest | ihr werdet | OR |
| Sie werden | Sie werden | gesaugt haben |
| er/sie/es werde | sie werden | |

**FUTURE PERFECT SUBJUNCTIVE II**

| | | |
|---|---|---|
| ich würde | wir würden | gesogen haben |
| du würdest | ihr würdet | OR |
| Sie würden | Sie würden | gesaugt haben |
| er/sie/es würde | sie würden | |

**COMMANDS**  saug(e)!  saugt!  saugen Sie!

**PRESENT PARTICIPLE**  saugend

## Usage

| | |
|---|---|
| Vampire sogen Blut von ihren Opfern. | *Vampires sucked the blood of their victims.* |
| Luft wird vom Vergaser durch einen Filter gesaugt. | *Air is suctioned through a filter by the carburetor.* |
| Jost wurde vom Wirbelwind aus dem Haus gesaugt. | *Jost was sucked from the house by a tornado.* |
| Die Zecke saugt Blut. | *The tick sucks blood.* |
| Grete hat die Brotkrümel vom Teller gesogen. | *Grete sucked the bread crumbs from the plate.* |
| Saugte er wirklich die Zahnpasta aus der Tube? | *Did he really suck toothpaste from the tube?* |
| Wasser wird durch ein Rohr gesaugt. | *Water is suctioned through a pipe.* |
| Die Flüssigkeiten werden durch einen Strohhalm gesaugt. | *The fluids are sucked through a straw.* |
| Der Knabe saugte sich eine Antwort aus den Fingern. (*idiomatic*) | *The boy made up an answer.* |

### sich saugen  *to absorb, suck up*

| | |
|---|---|
| Die Binde saugte sich voll mit Blut. | *The bandage absorbed the blood completely.* |

**RELATED VERBS**  ab·saugen, an·saugen, auf·saugen, aus·saugen, ein·saugen, staubsaugen

regular weak verb (dative object)                    schadet · schadete · geschadet

**PRESENT**

| | |
|---|---|
| ich schade | wir schaden |
| du schadest | ihr schadet |
| Sie schaden | Sie schaden |
| er/sie/es schadet | sie schaden |

**PRESENT PERFECT**

| | | |
|---|---|---|
| ich habe | wir haben | |
| du hast | ihr habt | geschadet |
| Sie haben | Sie haben | |
| er/sie/es hat | sie haben | |

**SIMPLE PAST**

| | |
|---|---|
| ich schadete | wir schadeten |
| du schadetest | ihr schadetet |
| Sie schadeten | Sie schadeten |
| er/sie/es schadete | sie schadeten |

**PAST PERFECT**

| | | |
|---|---|---|
| ich hatte | wir hatten | |
| du hattest | ihr hattet | geschadet |
| Sie hatten | Sie hatten | |
| er/sie/es hatte | sie hatten | |

**FUTURE**

| | | |
|---|---|---|
| ich werde | wir werden | |
| du wirst | ihr werdet | schaden |
| Sie werden | Sie werden | |
| er/sie/es wird | sie werden | |

**FUTURE PERFECT**

| | | |
|---|---|---|
| ich werde | wir werden | |
| du wirst | ihr werdet | geschadet haben |
| Sie werden | Sie werden | |
| er/sie/es wird | sie werden | |

**PRESENT SUBJUNCTIVE I**

| | |
|---|---|
| ich schade | wir schaden |
| du schadest | ihr schadet |
| Sie schaden | Sie schaden |
| er/sie/es schade | sie schaden |

**PAST SUBJUNCTIVE I**

| | | |
|---|---|---|
| ich habe | wir haben | |
| du habest | ihr habet | geschadet |
| Sie haben | Sie haben | |
| er/sie/es habe | sie haben | |

**PRESENT SUBJUNCTIVE II**

| | |
|---|---|
| ich schadete | wir schadeten |
| du schadetest | ihr schadetet |
| Sie schadeten | Sie schadeten |
| er/sie/es schadete | sie schadeten |

**PAST SUBJUNCTIVE II**

| | | |
|---|---|---|
| ich hätte | wir hätten | |
| du hättest | ihr hättet | geschadet |
| Sie hätten | Sie hätten | |
| er/sie/es hätte | sie hätten | |

**FUTURE SUBJUNCTIVE I**

| | | |
|---|---|---|
| ich werde | wir werden | |
| du werdest | ihr werdet | schaden |
| Sie werden | Sie werden | |
| er/sie/es werde | sie werden | |

**FUTURE PERFECT SUBJUNCTIVE I**

| | | |
|---|---|---|
| ich werde | wir werden | |
| du werdest | ihr werdet | geschadet haben |
| Sic werden | Sie werden | |
| er/sie/es werde | sie werden | |

**FUTURE SUBJUNCTIVE II**

| | | |
|---|---|---|
| ich würde | wir würden | |
| du würdest | ihr würdet | schaden |
| Sie würden | Sie würden | |
| er/sie/es würde | sie würden | |

**FUTURE PERFECT SUBJUNCTIVE II**

| | | |
|---|---|---|
| ich würde | wir würden | |
| du würdest | ihr würdet | geschadet haben |
| Sie würden | Sie würden | |
| er/sie/es würde | sie würden | |

**COMMANDS**        schad(e)!   schadet!   schaden Sie!

**PRESENT PARTICIPLE**    schadend

## Usage

| | |
|---|---|
| Das schadet nichts. | *No damage is done. / That doesn't matter.* |
| Was kann eine Email schaden? | *What can an e-mail hurt?* |
| Zu viel sprechen schadet der Stimme. | *Too much talking damages your voice.* |
| UK-Wellen werden dem Gerät nicht schaden. | *VHF waves will not damage the device.* |
| Stress schadet der Gesundheit. | *Stress is harmful to your health.* |
| Solches Benehmen schadet ihnen nicht. | *Such behavior will not harm them.* |
| Ein Mangel an Erfolg schadet der Moral. | *A lack of success hurts morale.* |
| Ihre Antwort hat gar nichts geschadet. | *Her answer did no harm.* |
| Ich wollte dir nicht schaden. | *I didn't want to harm you.* |
| Ich hoffe es schadet euch nicht. | *I hope it doesn't hurt you.* |
| Die Sonne hat seinen Augen geschadet. | *The sun injured his eyes.* |
| Die Kritik hat ihm geschadet. | *The criticism did him some harm.* |
| Der Krieg hat ihm auf sein ganzes Leben emotionell geschadet. | *The war caused him emotional trauma for the rest of his life.* |

# schaffen  *to create; manage (to do), work*

schafft · schaffte/schuf · geschafft/geschaffen          regular weak verb or strong verb

**PRESENT**

| | |
|---|---|
| ich schaffe | wir schaffen |
| du schaffst | ihr schafft |
| Sie schaffen | Sie schaffen |
| er/sie/es schafft | sie schaffen |

**PRESENT PERFECT**

| | | |
|---|---|---|
| ich habe | wir haben | |
| du hast | ihr habt | geschafft/geschaffen |
| Sie haben | Sie haben | |
| er/sie/es hat | sie haben | |

**SIMPLE PAST**

| | |
|---|---|
| ich schaffte/schuf | wir schafften/schufen |
| du schafftest/schufst | ihr schafftet/schuft |
| Sie schafften/schufen | Sie schafften/schufen |
| er/sie/es schaffte/schuf | sie schafften/schufen |

**PAST PERFECT**

| | | |
|---|---|---|
| ich hatte | wir hatten | |
| du hattest | ihr hattet | geschafft/geschaffen |
| Sie hatten | Sie hatten | |
| er/sie/es hatte | sie hatten | |

**FUTURE**

| | | |
|---|---|---|
| ich werde | wir werden | |
| du wirst | ihr werdet | schaffen |
| Sie werden | Sie werden | |
| er/sie/es wird | sie werden | |

**FUTURE PERFECT**

| | | |
|---|---|---|
| ich werde | wir werden | geschafft haben |
| du wirst | ihr werdet | OR |
| Sie werden | Sie werden | geschaffen haben |
| er/sie/es wird | sie werden | |

**PRESENT SUBJUNCTIVE I**

| | |
|---|---|
| ich schaffe | wir schaffen |
| du schaffest | ihr schaffet |
| Sie schaffen | Sie schaffen |
| er/sie/es schaffe | sie schaffen |

**PAST SUBJUNCTIVE I**

| | | |
|---|---|---|
| ich habe | wir haben | |
| du habest | ihr habet | geschafft/geschaffen |
| Sie haben | Sie haben | |
| er/sie/es habe | sie haben | |

**PRESENT SUBJUNCTIVE II**

| | |
|---|---|
| ich schaffte/schüfe | wir schafften/schüfen |
| du schafftest/schüfest | ihr schafftet/schüfet |
| Sie schafften/schüfen | Sie schafften/schüfen |
| er/sie/es schaffte/schüfe | sie schafften/schüfen |

**PAST SUBJUNCTIVE II**

| | | |
|---|---|---|
| ich hätte | wir hätten | |
| du hättest | ihr hättet | geschafft/geschaffen |
| Sie hätten | Sie hätten | |
| er/sie/es hätte | sie hätten | |

**FUTURE SUBJUNCTIVE I**

| | | |
|---|---|---|
| ich werde | wir werden | |
| du werdest | ihr werdet | schaffen |
| Sie werden | Sie werden | |
| er/sie/es werde | sie werden | |

**FUTURE PERFECT SUBJUNCTIVE I**

| | | |
|---|---|---|
| ich werde | wir werden | geschafft haben |
| du werdest | ihr werdet | OR |
| Sie werden | Sie werden | geschaffen haben |
| er/sie/es werde | sie werden | |

**FUTURE SUBJUNCTIVE II**

| | | |
|---|---|---|
| ich würde | wir würden | |
| du würdest | ihr würdet | schaffen |
| Sie würden | Sie würden | |
| er/sie/es würde | sie würden | |

**FUTURE PERFECT SUBJUNCTIVE II**

| | | |
|---|---|---|
| ich würde | wir würden | geschafft haben |
| du würdest | ihr würdet | OR |
| Sie würden | Sie würden | geschaffen haben |
| er/sie/es würde | sie würden | |

**COMMANDS**     schaff(e)!   schafft!   schaffen Sie!

**PRESENT PARTICIPLE**     schaffend

## Usage

| | |
|---|---|
| Wir schaffen es noch! | *We'll succeed yet!* |
| Yoga schafft Wohlbefinden. | *Yoga brings about a sense of well-being.* |
| Wie soll das geschafft werden? | *How is that to be accomplished?* |
| Wie kann man Filme schaffen? | *How does one make films?* |
| Lindemann schuf 1912 dieses Kunstwerk. | *Lindemann created this work of art in 1912.* |
| Kannst du das schaffen? | *Can you do that?* |
| Die Frauen schufen einen Korb aus Stroh. | *The women created a basket from straw.* |
| Der Junge hat einen Gehstock aus einem Zweig geschaffen. | *The boy fashioned a walking stick from a twig.* |
| Das schaffe ich nicht. | *I won't get that done.* |

### sich schaffen  *to accomplish*

| | |
|---|---|
| Mit diesem Programm schafft es sich leichter. | *It is easier to accomplish with this program.* |

**RELATED VERBS** ab·schaffen, an·schaffen, beschaffen, erschaffen, fort·schaffen, verschaffen, weg·schaffen

strong verb/regular weak verb         **schallt · scholl/schallte · geschallt**

**PRESENT**

| | |
|---|---|
| ich schalle | wir schallen |
| du schallst | ihr schallt |
| Sie schallen | Sie schallen |
| er/sie/es schallt | sie schallen |

**SIMPLE PAST**

| | |
|---|---|
| ich scholl/schallte | wir schollen/schallten |
| du schollst/schalltest | ihr schollt/schalltet |
| Sie schollen/schallten | Sie schollen/schallten |
| er/sie/es scholl/schallte | sie schollen/schallten |

**FUTURE**

| | |
|---|---|
| ich werde | wir werden |
| du wirst | ihr werdet |
| Sie werden | Sie werden |
| er/sie/es wird | sie werden |

} schallen

**PRESENT SUBJUNCTIVE I**

| | |
|---|---|
| ich schalle | wir schallen |
| du schallest | ihr schallet |
| Sie schallen | Sie schallen |
| er/sie/es schalle | sie schallen |

**PRESENT SUBJUNCTIVE II**

| | |
|---|---|
| ich schölle/schallte | wir schöllen/schallten |
| du schöllest/schalltest | ihr schöllet/schalltet |
| Sie schöllen/schallten | Sie schöllen/schallten |
| er/sie/es schölle/schallte | sie schöllen/schallten |

**FUTURE SUBJUNCTIVE I**

| | |
|---|---|
| ich werde | wir werden |
| du werdest | ihr werdet |
| Sie werden | Sie werden |
| er/sie/es werde | sie werden |

} schallen

**FUTURE SUBJUNCTIVE II**

| | |
|---|---|
| ich würde | wir würden |
| du würdest | ihr würdet |
| Sie würden | Sie würden |
| er/sie/es würde | sie würden |

} schallen

**PRESENT PERFECT**

| | |
|---|---|
| ich habe | wir haben |
| du hast | ihr habt |
| Sie haben | Sie haben |
| er/sie/es hat | sie haben |

} geschallt

**PAST PERFECT**

| | |
|---|---|
| ich hatte | wir hatten |
| du hattest | ihr hattet |
| Sie hatten | Sie hatten |
| er/sie/es hatte | sie hatten |

} geschallt

**FUTURE PERFECT**

| | |
|---|---|
| ich werde | wir werden |
| du wirst | ihr werdet |
| Sie werden | Sie werden |
| er/sie/es wird | sie werden |

} geschallt haben

**PAST SUBJUNCTIVE I**

| | |
|---|---|
| ich habe | wir haben |
| du habest | ihr habet |
| Sie haben | Sie haben |
| er/sie/es habe | sie haben |

} geschallt

**PAST SUBJUNCTIVE II**

| | |
|---|---|
| ich hätte | wir hätten |
| du hättest | ihr hättet |
| Sie hätten | Sie hätten |
| er/sie/es hätte | sie hätten |

} geschallt

**FUTURE PERFECT SUBJUNCTIVE I**

| | |
|---|---|
| ich werde | wir werden |
| du werdest | ihr werdet |
| Sie werden | Sie werden |
| er/sie/es werde | sie werden |

} geschallt haben

**FUTURE PERFECT SUBJUNCTIVE II**

| | |
|---|---|
| ich würde | wir würden |
| du würdest | ihr würdet |
| Sie würden | Sie würden |
| er/sie/es würde | sie würden |

} geschallt haben

**COMMANDS**      schall(e)!   schallt!   schallen Sie!

**PRESENT PARTICIPLE**      schallend

## Usage

| | |
|---|---|
| Zwei Schüsse schallten aus der Ferne. | *Two shots rang out in the distance.* |
| Ihre Stimme schallte durch den Korridor. | *Her voice echoed through the corridor.* |
| Habt ihr die Hörner schallen gehört? | *Did you hear the horns playing?* |
| Ein großer Aufruhr schallte. | *There was the rumbling of a great uprising.* |
| Die Trompeten schollen und die Soldaten rückten vor. | *The trumpets sounded and the soldiers advanced.* |
| Die Musik schallt noch in ihren Ohren. | *The music still echoes in their ears.* |
| Der Motor schallt ziemlich laut. | *The motor sounds rather loud.* |
| Das Gelächter schallte durch den Hörsaal. | *The laughter echoed through the auditorium.* |
| Das Bellen eines Hundes schallte über die Wiese. | *The barking of a dog resounded across the meadow.* |
| Buhrufe schallten vom Publikum. | *Boos rang out from the audience.* |
| Als die Glocken schallten, kamen die Mädchen in die Kirche. | *As the bells pealed, the girls entered the church.* |
| Es wurde per Echokardiogramm auf hypertrophe Cardiomyopathie geschallt. | *They used an echocardiogram to check for hypertrophic cardiomyopathy.* |

**RELATED VERBS**   beschallen, durch·schallen, erschallen

# schalten *to switch, connect; change*

schaltet · schaltete · geschaltet

regular weak verb

**PRESENT**

| | |
|---|---|
| ich schalte | wir schalten |
| du schaltest | ihr schaltet |
| Sie schalten | Sie schalten |
| er/sie/es schaltet | sie schalten |

**SIMPLE PAST**

| | |
|---|---|
| ich schaltete | wir schalteten |
| du schaltetest | ihr schaltetet |
| Sie schalteten | Sie schalteten |
| er/sie/es schaltete | sie schalteten |

**FUTURE**

| | | |
|---|---|---|
| ich werde | wir werden | |
| du wirst | ihr werdet | schalten |
| Sie werden | Sie werden | |
| er/sie/es wird | sie werden | |

**PRESENT SUBJUNCTIVE I**

| | |
|---|---|
| ich schalte | wir schalten |
| du schaltest | ihr schaltet |
| Sie schalten | Sie schalten |
| er/sie/es schalte | sie schalten |

**PRESENT SUBJUNCTIVE II**

| | |
|---|---|
| ich schaltete | wir schalteten |
| du schaltetest | ihr schaltetet |
| Sie schalteten | Sie schalteten |
| er/sie/es schaltete | sie schalteten |

**FUTURE SUBJUNCTIVE I**

| | | |
|---|---|---|
| ich werde | wir werden | |
| du werdest | ihr werdet | schalten |
| Sie werden | Sie werden | |
| er/sie/es werde | sie werden | |

**FUTURE SUBJUNCTIVE II**

| | | |
|---|---|---|
| ich würde | wir würden | |
| du würdest | ihr würdet | schalten |
| Sie würden | Sie würden | |
| er/sie/es würde | sie würden | |

**PRESENT PERFECT**

| | | |
|---|---|---|
| ich habe | wir haben | |
| du hast | ihr habt | geschaltet |
| Sie haben | Sie haben | |
| er/sie/es hat | sie haben | |

**PAST PERFECT**

| | | |
|---|---|---|
| ich hatte | wir hatten | |
| du hattest | ihr hattet | geschaltet |
| Sie hatten | Sie hatten | |
| er/sie/es hatte | sie hatten | |

**FUTURE PERFECT**

| | | |
|---|---|---|
| ich werde | wir werden | |
| du wirst | ihr werdet | geschaltet haben |
| Sie werden | Sie werden | |
| er/sie/es wird | sie werden | |

**PAST SUBJUNCTIVE I**

| | | |
|---|---|---|
| ich habe | wir haben | |
| du habest | ihr habet | geschaltet |
| Sie haben | Sie haben | |
| er/sie/es habe | sie haben | |

**PAST SUBJUNCTIVE II**

| | | |
|---|---|---|
| ich hätte | wir hätten | |
| du hättest | ihr hättet | geschaltet |
| Sie hätten | Sie hätten | |
| er/sie/es hätte | sie hätten | |

**FUTURE PERFECT SUBJUNCTIVE I**

| | | |
|---|---|---|
| ich werde | wir werden | |
| du werdest | ihr werdet | geschaltet haben |
| Sie werden | Sie werden | |
| er/sie/es werde | sie werden | |

**FUTURE PERFECT SUBJUNCTIVE II**

| | | |
|---|---|---|
| ich würde | wir würden | |
| du würdest | ihr würdet | geschaltet haben |
| Sie würden | Sie würden | |
| er/sie/es würde | sie würden | |

**COMMANDS**  schalte! schaltet! schalten Sie!

**PRESENT PARTICIPLE**  schaltend

## Usage

| | |
|---|---|
| Wie schaltet sich dieses Gerät? | *How does this device switch gears?* |
| Mein Auto lässt sich nicht schalten. | *My car won't shift (gears).* |
| Du schaltest zu früh. | *You are shifting too soon.* |
| Er will schon geschaltet haben. | *He claims to have already shifted.* |
| Kann man den Fernseher per Fernbedienung in den Schlafmodus schalten? | *Can you switch the television to sleep mode using the remote control?* |
| Ich musste mein Handy auf Stumm schalten. | *I had to switch my cell phone to silent.* |
| Ein Motor schaltet die Klappe nach oben. | *A motor turns the lid upwards.* |
| Ich konnte das Gerät nicht auf Automatik schalten. | *I was unable to switch the device to automatic.* |
| Sie werden ihr Computersystem noch nicht auf Euro geschalten haben können. | *They won't yet have been able to change their computer system to euros.* |
| Die Ampel schaltet auf Grün. | *The light is turning green.* |

**RELATED VERBS**  ab·schalten, an·schalten, gleich·schalten, um·schalten; *see also* **aus·schalten** (37), **ein·schalten** (136)

regular weak verb

schätzt · schätzte · geschätzt

**PRESENT**

| | |
|---|---|
| ich schätze | wir schätzen |
| du schätzt | ihr schätzt |
| Sie schätzen | Sie schätzen |
| er/sie/es schätzt | sie schätzen |

**SIMPLE PAST**

| | |
|---|---|
| ich schätzte | wir schätzten |
| du schätztest | ihr schätztet |
| Sie schätzten | Sie schätzten |
| er/sie/es schätzte | sie schätzten |

**FUTURE**

| | | |
|---|---|---|
| ich werde | wir werden | |
| du wirst | ihr werdet | schätzen |
| Sie werden | Sie werden | |
| er/sie/es wird | sie werden | |

**PRESENT SUBJUNCTIVE I**

| | |
|---|---|
| ich schätze | wir schätzen |
| du schätzest | ihr schätzet |
| Sie schätzen | Sie schätzen |
| er/sie/es schätze | sie schätzen |

**PRESENT SUBJUNCTIVE II**

| | |
|---|---|
| ich schätzte | wir schätzten |
| du schätztest | ihr schätztet |
| Sie schätzten | Sie schätzten |
| er/sie/es schätzte | sie schätzten |

**FUTURE SUBJUNCTIVE I**

| | | |
|---|---|---|
| ich werde | wir werden | |
| du werdest | ihr werdet | schätzen |
| Sie werden | Sie werden | |
| er/sie/es werde | sie werden | |

**FUTURE SUBJUNCTIVE II**

| | | |
|---|---|---|
| ich würde | wir würden | |
| du würdest | ihr würdet | schätzen |
| Sie würden | Sie würden | |
| er/sie/es würde | sie würden | |

**PRESENT PERFECT**

| | | |
|---|---|---|
| ich habe | wir haben | |
| du hast | ihr habt | geschätzt |
| Sie haben | Sie haben | |
| er/sie/es hat | sie haben | |

**PAST PERFECT**

| | | |
|---|---|---|
| ich hatte | wir hatten | |
| du hattest | ihr hattet | geschätzt |
| Sie hatten | Sie hatten | |
| er/sie/es hatte | sie hatten | |

**FUTURE PERFECT**

| | | |
|---|---|---|
| ich werde | wir werden | |
| du wirst | ihr werdet | geschätzt haben |
| Sie werden | Sie werden | |
| er/sie/es wird | sie werden | |

**PAST SUBJUNCTIVE I**

| | | |
|---|---|---|
| ich habe | wir haben | |
| du habest | ihr habet | geschätzt |
| Sie haben | Sie haben | |
| er/sie/es habe | sie haben | |

**PAST SUBJUNCTIVE II**

| | | |
|---|---|---|
| ich hätte | wir hätten | |
| du hättest | ihr hättet | geschätzt |
| Sie hätten | Sie hätten | |
| er/sie/es hätte | sie hätten | |

**FUTURE PERFECT SUBJUNCTIVE I**

| | | |
|---|---|---|
| ich werde | wir werden | |
| du werdest | ihr werdet | geschätzt haben |
| Sic werden | Sie werden | |
| er/sie/es werde | sie werden | |

**FUTURE PERFECT SUBJUNCTIVE II**

| | | |
|---|---|---|
| ich würde | wir würden | |
| du würdest | ihr würdet | geschätzt haben |
| Sie würden | Sie würden | |
| er/sie/es würde | sie würden | |

**COMMANDS** schätz(e)! schätzt! schätzen Sie!

**PRESENT PARTICIPLE** schätzend

## Usage

| | |
|---|---|
| Ich kann nicht gut schätzen. | *I'm not very good at estimating.* |
| Wie hoch schätzt du den Betrag? | *How high do you reckon the amount to be?* |
| Worauf schätzt du dieses Buch? | *How much do you think this book is worth?* |
| Yvonne schätzt die Abendzeit zum Lesen. | *Yvonne values her time in the evening for reading.* |
| Andere Kinder schätzen ihn. | *Other children appreciate him.* |
| Schätzen sie solche Fähigkeiten bei dieser Bank? | *Do they value such skills at this bank?* |
| Schätzt du meine Teilnahme nicht mehr? | *Do you no longer value my participation?* |
| Wer kann das schon schätzen? | *Who can even guess that?* |
| Sie haben aber schlecht geschätzt. | *You've guessed badly.* |
| Schätzen Sie mal! | *Guess!* |
| Oliver hat den Preis richtig geschätzt. | *Oliver guessed the price correctly.* |
| Ich möchte schätzen. | *I'd like to guess.* |
| Dürfen wir nochmal schätzen? | *May we guess again?* |

**RELATED VERBS** ab·schätzen, ein·schätzen, überschätzen, unterschätzen, verschätzen

schaut · schaute · geschaut

regular weak verb

**PRESENT**

| | |
|---|---|
| ich schaue | wir schauen |
| du schaust | ihr schaut |
| Sie schauen | Sie schauen |
| er/sie/es schaut | sie schauen |

**SIMPLE PAST**

| | |
|---|---|
| ich schaute | wir schauten |
| du schautest | ihr schautet |
| Sie schauten | Sie schauten |
| er/sie/es schaute | sie schauten |

**FUTURE**

| | | |
|---|---|---|
| ich werde | wir werden | |
| du wirst | ihr werdet | |
| Sie werden | Sie werden | schauen |
| er/sie/es wird | sie werden | |

**PRESENT SUBJUNCTIVE I**

| | |
|---|---|
| ich schaue | wir schauen |
| du schauest | ihr schauet |
| Sie schauen | Sie schauen |
| er/sie/es schaue | sie schauen |

**PRESENT SUBJUNCTIVE II**

| | |
|---|---|
| ich schaute | wir schauten |
| du schautest | ihr schautet |
| Sie schauten | Sie schauten |
| er/sie/es schaute | sie schauten |

**FUTURE SUBJUNCTIVE I**

| | | |
|---|---|---|
| ich werde | wir werden | |
| du werdest | ihr werdet | |
| Sie werden | Sie werden | schauen |
| er/sie/es werde | sie werden | |

**FUTURE SUBJUNCTIVE II**

| | | |
|---|---|---|
| ich würde | wir würden | |
| du würdest | ihr würdet | |
| Sie würden | Sie würden | schauen |
| er/sie/es würde | sie würden | |

**PRESENT PERFECT**

| | | |
|---|---|---|
| ich habe | wir haben | |
| du hast | ihr habt | |
| Sie haben | Sie haben | geschaut |
| er/sie/es hat | sie haben | |

**PAST PERFECT**

| | | |
|---|---|---|
| ich hatte | wir hatten | |
| du hattest | ihr hattet | |
| Sie hatten | Sie hatten | geschaut |
| er/sie/es hatte | sie hatten | |

**FUTURE PERFECT**

| | | |
|---|---|---|
| ich werde | wir werden | |
| du wirst | ihr werdet | |
| Sie werden | Sie werden | geschaut haben |
| er/sie/es wird | sie werden | |

**PAST SUBJUNCTIVE I**

| | | |
|---|---|---|
| ich habe | wir haben | |
| du habest | ihr habet | |
| Sie haben | Sie haben | geschaut |
| er/sie/es habe | sie haben | |

**PAST SUBJUNCTIVE II**

| | | |
|---|---|---|
| ich hätte | wir hätten | |
| du hättest | ihr hättet | |
| Sie hätten | Sie hätten | geschaut |
| er/sie/es hätte | sie hätten | |

**FUTURE PERFECT SUBJUNCTIVE I**

| | | |
|---|---|---|
| ich werde | wir werden | |
| du werdest | ihr werdet | |
| Sie werden | Sie werden | geschaut haben |
| er/sie/es werde | sie werden | |

**FUTURE PERFECT SUBJUNCTIVE II**

| | | |
|---|---|---|
| ich würde | wir würden | |
| du würdest | ihr würdet | |
| Sie würden | Sie würden | geschaut haben |
| er/sie/es würde | sie würden | |

**COMMANDS**  schau(e)!  schaut!  schauen Sie!

**PRESENT PARTICIPLE**  schauend

## Usage

| | |
|---|---|
| Schau mal! | _Look!_ |
| Wir wollen mal schauen, wie es geht. | _We want to see how it goes._ |
| Wo kann man Filme schauen? | _Where can you watch films?_ |
| Wer möchte die DVD von mir schauen? | _Who would like to watch the DVD of me?_ |
| Was schaut ihr morgen Abend? | _What are you watching tomorrow evening?_ |
| Sollten wir nach dem Weg schauen? | _Should we look for directions?_ |
| Lasst uns schauen. | _Let's have a look._ |
| Ich schaue Akten den ganzen Tag. | _I look at files all day long._ |
| Es gibt nicht viel zu schauen. | _There's not much to look at._ |
| Schaust du gern Fußball? | _Do you like to watch soccer?_ |
| Saul schaute seiner Mutter fest in die Augen. | _Saul looked his mother straight in the eye._ |
| Du flehst … mich zu schauen. (GOETHE) | _You plead to see me._ |

**RELATED VERBS**  aus·schauen, durchschauen, voraus·schauen; _see also_ **an·schauen** (17)

strong verb

**PRESENT**

| | |
|---|---|
| ich scheide | wir scheiden |
| du scheidest | ihr scheidet |
| Sie scheiden | Sie scheiden |
| er/sie/es scheidet | sie scheiden |

**SIMPLE PAST**

| | |
|---|---|
| ich schied | wir schieden |
| du schiedst | ihr schiedet |
| Sie schieden | Sie schieden |
| er/sie/es schied | sie schieden |

**FUTURE**

| | | |
|---|---|---|
| ich werde | wir werden | |
| du wirst | ihr werdet | scheiden |
| Sie werden | Sie werden | |
| er/sie/es wird | sie werden | |

**PRESENT SUBJUNCTIVE I**

| | |
|---|---|
| ich scheide | wir scheiden |
| du scheidest | ihr scheidet |
| Sie scheiden | Sie scheiden |
| er/sie/es scheide | sie scheiden |

**PRESENT SUBJUNCTIVE II**

| | |
|---|---|
| ich schiede | wir schieden |
| du schiedest | ihr schiedet |
| Sie schieden | Sie schieden |
| er/sie/es schiede | sie schieden |

**FUTURE SUBJUNCTIVE I**

| | | |
|---|---|---|
| ich werde | wir werden | |
| du werdest | ihr werdet | scheiden |
| Sie werden | Sie werden | |
| er/sie/es werde | sie werden | |

**FUTURE SUBJUNCTIVE II**

| | | |
|---|---|---|
| ich würde | wir würden | |
| du würdest | ihr würdet | scheiden |
| Sie würden | Sie würden | |
| er/sie/es würde | sie würden | |

**PRESENT PERFECT**

| | | |
|---|---|---|
| ich habe | wir haben | |
| du hast | ihr habt | geschieden |
| Sie haben | Sie haben | |
| er/sie/es hat | sie haben | |

**PAST PERFECT**

| | | |
|---|---|---|
| ich hatte | wir hatten | |
| du hattest | ihr hattet | geschieden |
| Sie hatten | Sie hatten | |
| er/sie/es hatte | sie hatten | |

**FUTURE PERFECT**

| | | |
|---|---|---|
| ich werde | wir werden | |
| du wirst | ihr werdet | geschieden haben |
| Sie werden | Sie werden | |
| er/sie/es wird | sie werden | |

**PAST SUBJUNCTIVE I**

| | | |
|---|---|---|
| ich habe | wir haben | |
| du habest | ihr habet | geschieden |
| Sie haben | Sie haben | |
| er/sie/es habe | sie haben | |

**PAST SUBJUNCTIVE II**

| | | |
|---|---|---|
| ich hätte | wir hätten | |
| du hättest | ihr hättet | geschieden |
| Sie hätten | Sie hätten | |
| er/sie/es hätte | sie hätten | |

**FUTURE PERFECT SUBJUNCTIVE I**

| | | |
|---|---|---|
| ich werde | wir werden | |
| du werdest | ihr werdet | geschieden haben |
| Sie werdcn | Sie werden | |
| er/sie/es werde | sie werden | |

**FUTURE PERFECT SUBJUNCTIVE II**

| | | |
|---|---|---|
| ich würde | wir würden | |
| du würdest | ihr würdet | geschieden haben |
| Sie würden | Sie würden | |
| er/sie/es würde | sie würden | |

**COMMANDS**          scheide!   scheidet!   scheiden Sie!

**PRESENT PARTICIPLE**    scheidend

## Usage

| | |
|---|---|
| Wir sind zusammen, bis uns der Tod scheidet. | *We are together until death separates us.* |
| Wie können wir sie scheiden? | *How can we separate them?* |
| Sollten wir die Kandidaten nach ihrer Erfahrung scheiden? | *Should we separate out the candidates based on their experience?* |

### sich scheiden *to divorce, separate, divide*

| | |
|---|---|
| Meine Eltern sind bereit sich scheiden zu lassen. | *My parents are ready to get divorced.* |
| Wir wollen uns nicht scheiden. | *We don't want to part ways.* |
| Hier scheiden sich Theorie und Praxis. | *Theory and practice go separate ways here.* |
| Die Meinungen scheiden sich, ob das der wirkliche Grund ist. | *Opinions differ as to what the real reason is.* |

### scheiden (with sein) *to leave, part*

| | |
|---|---|
| Er ist aus dem Leben geschieden. | *He has departed this life.* |

**RELATED VERBS** ab·scheiden, aus·scheiden, bescheiden, verscheiden; *see also* **entscheiden** (146), **unterscheiden** (471)

# scheinen  *to shine; seem, appear*

scheint · schien · geschienen

strong verb

**PRESENT**

| | |
|---|---|
| ich scheine | wir scheinen |
| du scheinst | ihr scheint |
| Sie scheinen | Sie scheinen |
| er/sie/es scheint | sie scheinen |

**SIMPLE PAST**

| | |
|---|---|
| ich schien | wir schienen |
| du schienst | ihr schient |
| Sie schienen | Sie schienen |
| er/sie/es schien | sie schienen |

**FUTURE**

| | | |
|---|---|---|
| ich werde | wir werden | |
| du wirst | ihr werdet | scheinen |
| Sie werden | Sie werden | |
| er/sie/es wird | sie werden | |

**PRESENT SUBJUNCTIVE I**

| | |
|---|---|
| ich scheine | wir scheinen |
| du scheinest | ihr scheinet |
| Sie scheinen | Sie scheinen |
| er/sie/es scheine | sie scheinen |

**PRESENT SUBJUNCTIVE II**

| | |
|---|---|
| ich schiene | wir schienen |
| du schienest | ihr schienet |
| Sie schienen | Sie schienen |
| er/sie/es schiene | sie schienen |

**FUTURE SUBJUNCTIVE I**

| | | |
|---|---|---|
| ich werde | wir werden | |
| du werdest | ihr werdet | scheinen |
| Sie werden | Sie werden | |
| er/sie/es werde | sie werden | |

**FUTURE SUBJUNCTIVE II**

| | | |
|---|---|---|
| ich würde | wir würden | |
| du würdest | ihr würdet | scheinen |
| Sie würden | Sie würden | |
| er/sie/es würde | sie würden | |

**PRESENT PERFECT**

| | | |
|---|---|---|
| ich habe | wir haben | |
| du hast | ihr habt | geschienen |
| Sie haben | Sie haben | |
| er/sie/es hat | sie haben | |

**PAST PERFECT**

| | | |
|---|---|---|
| ich hatte | wir hatten | |
| du hattest | ihr hattet | geschienen |
| Sie hatten | Sie hatten | |
| er/sie/es hatte | sie hatten | |

**FUTURE PERFECT**

| | | |
|---|---|---|
| ich werde | wir werden | |
| du wirst | ihr werdet | geschienen haben |
| Sie werden | Sie werden | |
| er/sie/es wird | sie werden | |

**PAST SUBJUNCTIVE I**

| | | |
|---|---|---|
| ich habe | wir haben | |
| du habest | ihr habet | geschienen |
| Sie haben | Sie haben | |
| er/sie/es habe | sie haben | |

**PAST SUBJUNCTIVE II**

| | | |
|---|---|---|
| ich hätte | wir hätten | |
| du hättest | ihr hättet | geschienen |
| Sie hätten | Sie hätten | |
| er/sie/es hätte | sie hätten | |

**FUTURE PERFECT SUBJUNCTIVE I**

| | | |
|---|---|---|
| ich werde | wir werden | |
| du werdest | ihr werdet | geschienen haben |
| Sie werden | Sie werden | |
| er/sie/es werde | sie werden | |

**FUTURE PERFECT SUBJUNCTIVE II**

| | | |
|---|---|---|
| ich würde | wir würden | |
| du würdest | ihr würdet | geschienen haben |
| Sie würden | Sie würden | |
| er/sie/es würde | sie würden | |

**COMMANDS**     schein(e)!  scheint!  scheinen Sie!

**PRESENT PARTICIPLE**     scheinend

## Usage

| | |
|---|---|
| Die Sonne scheint und die Vögel zwitschern. | *The sun is shining and the birds are chirping.* |
| Vor dem Urknall schienen keine Sterne. | *Before the Big Bang, no stars were shining.* |
| Das Licht scheint ihm ins Gesicht. | *The light is shining in his face.* |
| Er scheint nicht verstanden zu haben. | *He seems not to have understood.* |
| WAP-fähige Handys scheinen populär zu sein. | *WAP-enabled cell phones seem to be popular.* |
| Aschenputtel scheint ihre Stiefmutter nicht zu lieben. | *Cinderella doesn't seem to love her stepmother.* |
| Ich scheine der einzige zu sein, der das will. | *I seem to be the only one who wants that.* |
| Das Werk schien immer noch problematisch für Literaturwissenschaftler zu sein. | *The work still appeared to be problematic for literary scholars.* |
| Das System scheint wieder zu funktionieren. | *The system seems to be working again.* |
| Das Kind scheint Angst zu haben. | *The child seems to be afraid.* |
| Das Hemd schien zu passen. | *The shirt seemed to fit.* |
| Das Bier scheint einen komischen Nachgeschmack zu haben. | *The beer seems to have a funny aftertaste.* |

**RELATED VERBS**  auf·scheinen, bescheinen, durch·scheinen, durchscheinen; see also **erscheinen** (170)

regular weak verb | scheitert · scheiterte · gescheitert

**PRESENT**

| | |
|---|---|
| ich scheitere | wir scheitern |
| du scheiterst | ihr scheitert |
| Sie scheitern | Sie scheitern |
| er/sie/es scheitert | sie scheitern |

**SIMPLE PAST**

| | |
|---|---|
| ich scheiterte | wir scheiterten |
| du scheitertest | ihr scheitertet |
| Sie scheiterten | Sie scheiterten |
| er/sie/es scheiterte | sie scheiterten |

**FUTURE**

| | |
|---|---|
| ich werde | wir werden |
| du wirst | ihr werdet |
| Sie werden | Sie werden |
| er/sie/es wird | sie werden |

} scheitern

**PRESENT SUBJUNCTIVE I**

| | |
|---|---|
| ich scheitere | wir scheitern |
| du scheiterst | ihr scheitert |
| Sie scheitern | Sie scheitern |
| er/sie/es scheitere | sie scheitern |

**PRESENT SUBJUNCTIVE II**

| | |
|---|---|
| ich scheiterte | wir scheiterten |
| du scheitertest | ihr scheitertet |
| Sie scheiterten | Sie scheiterten |
| er/sie/es scheiterte | sie scheiterten |

**FUTURE SUBJUNCTIVE I**

| | |
|---|---|
| ich werde | wir werden |
| du werdest | ihr werdet |
| Sie werden | Sie werden |
| er/sie/es werde | sie werden |

} scheitern

**FUTURE SUBJUNCTIVE II**

| | |
|---|---|
| ich würde | wir würden |
| du würdest | ihr würdet |
| Sie würden | Sie würden |
| er/sie/es würde | sie würden |

} scheitern

**PRESENT PERFECT**

| | |
|---|---|
| ich bin | wir sind |
| du bist | ihr seid |
| Sie sind | Sie sind |
| er/sie/es ist | sie sind |

} gescheitert

**PAST PERFECT**

| | |
|---|---|
| ich war | wir waren |
| du warst | ihr wart |
| Sie waren | Sie waren |
| er/sie/es war | sie waren |

} gescheitert

**FUTURE PERFECT**

| | |
|---|---|
| ich werde | wir werden |
| du wirst | ihr werdet |
| Sie werden | Sie werden |
| er/sie/es wird | sie werden |

} gescheitert sein

**PAST SUBJUNCTIVE I**

| | |
|---|---|
| ich sei | wir seien |
| du seiest | ihr seiet |
| Sie seien | Sie seien |
| er/sie/es sei | sie seien |

} gescheitert

**PAST SUBJUNCTIVE II**

| | |
|---|---|
| ich wäre | wir wären |
| du wärest | ihr wäret |
| Sie wären | Sie wären |
| er/sie/es wäre | sie wären |

} gescheitert

**FUTURE PERFECT SUBJUNCTIVE I**

| | |
|---|---|
| ich werde | wir werden |
| du werdest | ihr werdet |
| Sie werden | Sie werden |
| er/sie/es werde | sie werden |

} gescheitert sein

**FUTURE PERFECT SUBJUNCTIVE II**

| | |
|---|---|
| ich würde | wir würden |
| du würdest | ihr würdet |
| Sie würden | Sie würden |
| er/sie/es würde | sie würden |

} gescheitert sein

**COMMANDS**    scheitere!   scheitert!   scheitern Sie!

**PRESENT PARTICIPLE**    scheiternd

## Usage

| | |
|---|---|
| Das Boot scheiterte auf einem Felsen und sank. | *The boat foundered on a rock and sank.* |
| 1972 scheiterte die Partei bei der Bundestagswahl. | *The party was defeated in the federal election in 1972.* |
| Warum bist du an der Prüfung gescheitert? | *Why did you fail the test?* |
| Sein neues Buch war leider gescheitert. | *His new book had unfortunately bombed.* |
| Sara will nicht gescheitert sein. | *Sara claims not to have failed.* |
| Nach einem Jahr sind sie gescheitert. | *After one year, they failed.* |
| Maria ist trotz einer hervorragenden Leistung gescheitert. | *Maria failed in spite of an outstanding performance.* |
| Lars wird im Viertelfinale wohl gescheitert sein. | *Lars will have been eliminated in the quarterfinals.* |
| Ich konnte ihn nicht scheitern lassen. | *I couldn't let him fail.* |
| Der Versuch scheint gescheitert zu sein. | *The attempt appears to have come to nothing.* |
| Der Film ist wegen schlechten Marketings gescheitert. | *The film was a flop because of poor marketing.* |
| Das Produkt wird bestimmt scheitern. | *The product will surely fail.* |
| Der Versuch scheiterte wegen Geldmangel. | *The attempt was frustrated by a lack of money.* |
| Unser Projekt scheiterte am Tod des Verwalters. | *Our project fell through because of the manager's death.* |

**schilt · schalt · gescholten**

strong verb

**PRESENT**

| | |
|---|---|
| ich schelte | wir schelten |
| du schiltst | ihr scheltet |
| Sie schelten | Sie schelten |
| er/sie/es schilt | sie schelten |

**SIMPLE PAST**

| | |
|---|---|
| ich schalt | wir schalten |
| du schaltst | ihr schaltet |
| Sie schalten | Sie schalten |
| er/sie/es schalt | sie schalten |

**FUTURE**

| | | |
|---|---|---|
| ich werde | wir werden | |
| du wirst | ihr werdet | schelten |
| Sie werden | Sie werden | |
| er/sie/es wird | sie werden | |

**PRESENT SUBJUNCTIVE I**

| | |
|---|---|
| ich schelte | wir schelten |
| du scheltest | ihr scheltet |
| Sie schelten | Sie schelten |
| er/sie/es schelte | sie schelten |

**PRESENT SUBJUNCTIVE II**

| | |
|---|---|
| ich schölte | wir schölten |
| du schöltest | ihr schöltet |
| Sie schölten | Sie schölten |
| er/sie/es schölte | sie schölten |

**FUTURE SUBJUNCTIVE I**

| | | |
|---|---|---|
| ich werde | wir werden | |
| du werdest | ihr werdet | schelten |
| Sie werden | Sie werden | |
| er/sie/es werde | sie werden | |

**FUTURE SUBJUNCTIVE II**

| | | |
|---|---|---|
| ich würde | wir würden | |
| du würdest | ihr würdet | schelten |
| Sie würden | Sie würden | |
| er/sie/es würde | sie würden | |

**PRESENT PERFECT**

| | | |
|---|---|---|
| ich habe | wir haben | |
| du hast | ihr habt | gescholten |
| Sie haben | Sie haben | |
| er/sie/es hat | sie haben | |

**PAST PERFECT**

| | | |
|---|---|---|
| ich hatte | wir hatten | |
| du hattest | ihr hattet | gescholten |
| Sie hatten | Sie hatten | |
| er/sie/es hatte | sie hatten | |

**FUTURE PERFECT**

| | | |
|---|---|---|
| ich werde | wir werden | |
| du wirst | ihr werdet | gescholten haben |
| Sie werden | Sie werden | |
| er/sie/es wird | sie werden | |

**PAST SUBJUNCTIVE I**

| | | |
|---|---|---|
| ich habe | wir haben | |
| du habest | ihr habet | gescholten |
| Sie haben | Sie haben | |
| er/sie/es habe | sie haben | |

**PAST SUBJUNCTIVE II**

| | | |
|---|---|---|
| ich hätte | wir hätten | |
| du hättest | ihr hättet | gescholten |
| Sie hätten | Sie hätten | |
| er/sie/es hätte | sie hätten | |

**FUTURE PERFECT SUBJUNCTIVE I**

| | | |
|---|---|---|
| ich werde | wir werden | |
| du werdest | ihr werdet | gescholten haben |
| Sie werden | Sie werden | |
| er/sie/es werde | sie werden | |

**FUTURE PERFECT SUBJUNCTIVE II**

| | | |
|---|---|---|
| ich würde | wir würden | |
| du würdest | ihr würdet | gescholten haben |
| Sie würden | Sie würden | |
| er/sie/es würde | sie würden | |

**COMMANDS** schilt! scheltet! schelten Sie!

**PRESENT PARTICIPLE** scheltend

## Usage

| | |
|---|---|
| Warum schiltst du so? | *Why are you complaining like that?* |
| Der Nachbar schilt uns wegen des Lärms. | *The neighbor is complaining to us because of the noise.* |
| Anwohner schalten die Politiker über das geplante Einkaufszentrum. | *Residents complained to the politicians about the planned shopping center.* |
| Warum scheltet ihr mich? | *Why are you scolding me?* |
| Die Stiefmutter schilt Aschenputtel täglich. | *The stepmother scolds Cinderella on a daily basis.* |
| Der Vater schalt seinen Sohn. | *The father read his son the riot act.* |
| Dass ich ihn schelte ist nichts Neues. | *That I am scolding him is nothing new.* |
| Anton hatte sie immer gescholten. | *Anton had always berated her.* |
| Unser Papagei schilt uns, wenn er Hunger hat. | *Our parrot calls us when he's hungry.* |
| Dominik schilt seine Katze, wenn sie sich nicht benimmt. | *Dominik reprimands his cat when it doesn't behave.* |
| Der Lehrer hat Max und Moritz gescholten. | *The teacher reprimanded Max and Moritz.* |
| Der Bischof schalt den Stadtrat. | *The bishop reprimanded the city council.* |

**RELATED VERB** aus·schelten

regular weak verb

**PRESENT**

| | |
|---|---|
| ich schenke | wir schenken |
| du schenkst | ihr schenkt |
| Sie schenken | Sie schenken |
| er/sie/es schenkt | sie schenken |

**SIMPLE PAST**

| | |
|---|---|
| ich schenkte | wir schenkten |
| du schenktest | ihr schenktet |
| Sie schenkten | Sie schenkten |
| er/sie/es schenkte | sie schenkten |

**FUTURE**

| | | |
|---|---|---|
| ich werde | wir werden | |
| du wirst | ihr werdet | |
| Sie werden | Sie werden | schenken |
| er/sie/es wird | sie werden | |

**PRESENT SUBJUNCTIVE I**

| | |
|---|---|
| ich schenke | wir schenken |
| du schenkest | ihr schenket |
| Sie schenken | Sie schenken |
| er/sie/es schenke | sie schenken |

**PRESENT SUBJUNCTIVE II**

| | |
|---|---|
| ich schenkte | wir schenkten |
| du schenktest | ihr schenktet |
| Sie schenkten | Sie schenkten |
| er/sie/es schenkte | sie schenkten |

**FUTURE SUBJUNCTIVE I**

| | | |
|---|---|---|
| ich werde | wir werden | |
| du werdest | ihr werdet | |
| Sie werden | Sie werden | schenken |
| er/sie/es werde | sie werden | |

**FUTURE SUBJUNCTIVE II**

| | | |
|---|---|---|
| ich würde | wir würden | |
| du würdest | ihr würdet | |
| Sie würden | Sie würden | schenken |
| er/sie/es würde | sie würden | |

**PRESENT PERFECT**

| | | |
|---|---|---|
| ich habe | wir haben | |
| du hast | ihr habt | |
| Sie haben | Sie haben | geschenkt |
| er/sie/es hat | sie haben | |

**PAST PERFECT**

| | | |
|---|---|---|
| ich hatte | wir hatten | |
| du hattest | ihr hattet | |
| Sie hatten | Sie hatten | geschenkt |
| er/sie/es hatte | sie hatten | |

**FUTURE PERFECT**

| | | |
|---|---|---|
| ich werde | wir werden | |
| du wirst | ihr werdet | |
| Sie werden | Sie werden | geschenkt haben |
| er/sie/es wird | sie werden | |

**PAST SUBJUNCTIVE I**

| | | |
|---|---|---|
| ich habe | wir haben | |
| du habest | ihr habet | |
| Sie haben | Sie haben | geschenkt |
| er/sie/es habe | sie haben | |

**PAST SUBJUNCTIVE II**

| | | |
|---|---|---|
| ich hätte | wir hätten | |
| du hättest | ihr hättet | |
| Sie hätten | Sie hätten | geschenkt |
| er/sie/es hätte | sie hätten | |

**FUTURE PERFECT SUBJUNCTIVE I**

| | | |
|---|---|---|
| ich werde | wir werden | |
| du werdest | ihr werdet | |
| Sie werden | Sie werden | geschenkt haben |
| er/sie/es werde | sie werden | |

**FUTURE PERFECT SUBJUNCTIVE II**

| | | |
|---|---|---|
| ich würde | wir würden | |
| du würdest | ihr würdet | |
| Sie würden | Sie würden | geschenkt haben |
| er/sie/es würde | sie würden | |

**COMMANDS** schenk(e)! schenkt! schenken Sie!

**PRESENT PARTICIPLE** schenkend

## Usage

| | |
|---|---|
| Was schenkst du deiner Mutter zum Geburtstag? | *What are you giving your mother for her birthday?* |
| Was können wir ihnen schenken? | *What can we give them?* |
| Schenkt ihnen doch eine CD. | *Give them a CD.* |
| Jedes Jahr schenkt Tante Bärbel einen Adventkranz aus Tannenzweigen. | *Every year, Aunt Bärbel gives an advent wreath made of fir branches.* |
| Ich habe meinem Mann eine Kamera geschenkt. | *I've given my husband a camera.* |
| Frau Escher schenkte ihrem Mann ihr Vermögen. | *Mrs. Escher gave her fortune to her husband.* |
| Es gibt nichts zu schenken. | *There's nothing to give.* |
| Den Frauen wurden Körbe geschenkt. | *The women were given baskets.* |
| Am besten schenken Sie eine Limousinenfahrt. | *The best thing is for you to give a limousine ride.* |
| Schenkst du deinen Freunden Geld? | *Do you give your friends money?* |
| Bitte schenken Sie mir Ihre ganze Aufmerksamkeit. | *Please give me your undivided attention.* |
| Der Drogenhändler schenkte dem Polizeispitzel das Leben. | *The drug dealer spared the police informer's life.* |

**RELATED VERBS** aus·schenken, beschenken, ein·schenken, nach·schenken, verschenken

## schicken  *to send*

**schickt · schickte · geschickt**

regular weak verb

### PRESENT

| | |
|---|---|
| ich schicke | wir schicken |
| du schickst | ihr schickt |
| Sie schicken | Sie schicken |
| er/sie/es schickt | sie schicken |

### SIMPLE PAST

| | |
|---|---|
| ich schickte | wir schickten |
| du schicktest | ihr schicktet |
| Sie schickten | Sie schickten |
| er/sie/es schickte | sie schickten |

### FUTURE

| | | |
|---|---|---|
| ich werde | wir werden | |
| du wirst | ihr werdet | schicken |
| Sie werden | Sie werden | |
| er/sie/es wird | sie werden | |

### PRESENT SUBJUNCTIVE I

| | |
|---|---|
| ich schicke | wir schicken |
| du schickest | ihr schicket |
| Sie schicken | Sie schicken |
| er/sie/es schicke | sie schicken |

### PRESENT SUBJUNCTIVE II

| | |
|---|---|
| ich schickte | wir schickten |
| du schicktest | ihr schicktet |
| Sie schickten | Sie schickten |
| er/sie/es schickte | sie schickten |

### FUTURE SUBJUNCTIVE I

| | | |
|---|---|---|
| ich werde | wir werden | |
| du werdest | ihr werdet | schicken |
| Sie werden | Sie werden | |
| er/sie/es werde | sie werden | |

### FUTURE SUBJUNCTIVE II

| | | |
|---|---|---|
| ich würde | wir würden | |
| du würdest | ihr würdet | schicken |
| Sie würden | Sie würden | |
| er/sie/es würde | sie würden | |

### PRESENT PERFECT

| | | |
|---|---|---|
| ich habe | wir haben | |
| du hast | ihr habt | geschickt |
| Sie haben | Sie haben | |
| er/sie/es hat | sie haben | |

### PAST PERFECT

| | | |
|---|---|---|
| ich hatte | wir hatten | |
| du hattest | ihr hattet | geschickt |
| Sie hatten | Sie hatten | |
| er/sie/es hatte | sie hatten | |

### FUTURE PERFECT

| | | |
|---|---|---|
| ich werde | wir werden | |
| du wirst | ihr werdet | geschickt haben |
| Sie werden | Sie werden | |
| er/sie/es wird | sie werden | |

### PAST SUBJUNCTIVE I

| | | |
|---|---|---|
| ich habe | wir haben | |
| du habest | ihr habet | geschickt |
| Sie haben | Sie haben | |
| er/sie/es habe | sie haben | |

### PAST SUBJUNCTIVE II

| | | |
|---|---|---|
| ich hätte | wir hätten | |
| du hättest | ihr hättet | geschickt |
| Sie hätten | Sie hätten | |
| er/sie/es hätte | sie hätten | |

### FUTURE PERFECT SUBJUNCTIVE I

| | | |
|---|---|---|
| ich werde | wir werden | |
| du werdest | ihr werdet | geschickt haben |
| Sie werden | Sie werden | |
| er/sie/es werde | sie werden | |

### FUTURE PERFECT SUBJUNCTIVE II

| | | |
|---|---|---|
| ich würde | wir würden | |
| du würdest | ihr würdet | geschickt haben |
| Sie würden | Sie würden | |
| er/sie/es würde | sie würden | |

**COMMANDS**  schick(e)!  schickt!  schicken Sie!

**PRESENT PARTICIPLE**  schickend

## Usage

| | |
|---|---|
| Maria hat mir eine tolle Ansichtskarte aus Lettland geschickt. | *Maria sent me a cool postcard from Latvia.* |
| Ich wurde nach Hause geschickt. | *I was sent home.* |
| Der Befehlshaber schickte mehr als 1 000 Menschen in den Tod. | *The commander sent more than 1,000 people to their deaths.* |
| Ab und zu schickt Mirna mir eine Flasche Rotwein aus Sizilien. | *Once in a while, Mirna sends me a bottle of red wine from Sicily.* |
| Schickt bitte eure Kommentare! | *Send your comments.* |
| Sollten wir nicht nach Hilfe schicken? | *Hadn't we better send for help?* |

**sich schicken**  *to be appropriate/suitable/proper*

| | |
|---|---|
| Seine Worte schicken sich nicht in dieser Situation. | *His words are not appropriate in this situation.* |

**RELATED VERBS**  ab·schicken, an·schicken, aus·schicken, beschicken, ein·schicken, fort·schicken, hin·schicken, mit·schicken, nach·schicken, verschicken, voraus·schicken, weg·schicken, weiter·schicken, zurück·schicken, zu·schicken

strong verb                                                        schiebt · schob · geschoben

**PRESENT**

| | |
|---|---|
| ich schiebe | wir schieben |
| du schiebst | ihr schiebt |
| Sie schieben | Sie schieben |
| er/sie/es schiebt | sie schieben |

**PRESENT PERFECT**

| | |
|---|---|
| ich habe | wir haben |
| du hast | ihr habt |
| Sie haben | Sie haben |
| er/sie/es hat | sie haben |

} geschoben

**SIMPLE PAST**

| | |
|---|---|
| ich schob | wir schoben |
| du schobst | ihr schobt |
| Sie schoben | Sie schoben |
| er/sie/es schob | sie schoben |

**PAST PERFECT**

| | |
|---|---|
| ich hatte | wir hatten |
| du hattest | ihr hattet |
| Sie hatten | Sie hatten |
| er/sie/es hatte | sie hatten |

} geschoben

**FUTURE**

| | |
|---|---|
| ich werde | wir werden |
| du wirst | ihr werdet |
| Sie werden | Sie werden |
| er/sie/es wird | sie werden |

} schieben

**FUTURE PERFECT**

| | |
|---|---|
| ich werde | wir werden |
| du wirst | ihr werdet |
| Sie werden | Sie werden |
| er/sie/es wird | sie werden |

} geschoben haben

**PRESENT SUBJUNCTIVE I**

| | |
|---|---|
| ich schiebe | wir schieben |
| du schiebest | ihr schiebet |
| Sie schieben | Sie schieben |
| er/sie/es schiebe | sie schieben |

**PAST SUBJUNCTIVE I**

| | |
|---|---|
| ich habe | wir haben |
| du habest | ihr habet |
| Sie haben | Sie haben |
| er/sie/es habe | sie haben |

} geschoben

**PRESENT SUBJUNCTIVE II**

| | |
|---|---|
| ich schöbe | wir schöben |
| du schöbest | ihr schöbet |
| Sie schöben | Sie schöben |
| er/sie/es schöbe | sie schöben |

**PAST SUBJUNCTIVE II**

| | |
|---|---|
| ich hätte | wir hätten |
| du hättest | ihr hättet |
| Sie hätten | Sie hätten |
| er/sie/es hätte | sie hätten |

} geschoben

**FUTURE SUBJUNCTIVE I**

| | |
|---|---|
| ich werde | wir werden |
| du werdest | ihr werdet |
| Sie werden | Sie werden |
| er/sie/es werde | sie werden |

} schieben

**FUTURE PERFECT SUBJUNCTIVE I**

| | |
|---|---|
| ich werde | wir werden |
| du werdest | ihr werdet |
| Sie werden | Sie werden |
| er/sie/es werde | sie werden |

} geschoben haben

**FUTURE SUBJUNCTIVE II**

| | |
|---|---|
| ich würde | wir würden |
| du würdest | ihr würdet |
| Sie würden | Sie würden |
| er/sie/es würde | sie würden |

} schieben

**FUTURE PERFECT SUBJUNCTIVE II**

| | |
|---|---|
| ich würde | wir würden |
| du würdest | ihr würdet |
| Sie würden | Sie würden |
| er/sie/es würde | sie würden |

} geschoben haben

**COMMANDS**      schieb(e)!   schiebt!   schieben Sie!

**PRESENT PARTICIPLE**   schiebend

## Usage

| | |
|---|---|
| Die Frauen schoben einen Karren. | *The women were pushing a cart.* |
| Die alten Männer schieben einander. | *The old men are shoving one another.* |
| Der Passant wurde aus dem Weg geschoben. | *The passerby was pushed aside.* |
| Der Junge hat seine Socken in die Schublade geschoben. | *The boy shoved his socks into the drawer.* |
| Der alte Bauer schob das tote Tier in eine Klamm. | *The old farmer pushed the dead animal into a ravine.* |
| Der Lehrer schob die Schuld auf meinen Bruder. | *The teacher placed the blame on my brother.* |
| In der Sitzung wurden mehrere Projekte auf die lange Bank geschoben. (*figurative*) | *At the meeting, several projects were shelved/postponed.* |

**sich schieben** *to move; force, push one's way*

| | |
|---|---|
| 1722 schob sich die Grenze nach Norden. | *The border moved northward in 1722.* |
| Die Polizistin hat sich durch die Demonstranten geschoben. | *The policewoman pushed her way through the protesters.* |

**RELATED VERBS** ab·schieben, an·schieben, auf·schieben, durch·schieben, ein·schieben, unterschieben, unter·schieben, verschieben, vor·schieben, weg·schieben, zurück·schieben, zu·schieben

**PRESENT**

| | |
|---|---|
| ich schieße | wir schießen |
| du schießt | ihr schießt |
| Sie schießen | Sie schießen |
| er/sie/es schießt | sie schießen |

**SIMPLE PAST**

| | |
|---|---|
| ich schoss | wir schossen |
| du schossest | ihr schosst |
| Sie schossen | Sie schossen |
| er/sie/es schoss | sie schossen |

**FUTURE**

| | | |
|---|---|---|
| ich werde | wir werden | |
| du wirst | ihr werdet | schießen |
| Sie werden | Sie werden | |
| er/sie/es wird | sie werden | |

**PRESENT SUBJUNCTIVE I**

| | |
|---|---|
| ich schieße | wir schießen |
| du schießest | ihr schießet |
| Sie schießen | Sie schießen |
| er/sie/es schieße | sie schießen |

**PRESENT SUBJUNCTIVE II**

| | |
|---|---|
| ich schösse | wir schössen |
| du schössest | ihr schösset |
| Sie schössen | Sie schössen |
| er/sie/es schösse | sie schössen |

**FUTURE SUBJUNCTIVE I**

| | | |
|---|---|---|
| ich werde | wir werden | |
| du werdest | ihr werdet | schießen |
| Sie werden | Sie werden | |
| er/sie/es werde | sie werden | |

**FUTURE SUBJUNCTIVE II**

| | | |
|---|---|---|
| ich würde | wir würden | |
| du würdest | ihr würdet | schießen |
| Sie würden | Sie würden | |
| er/sie/es würde | sie würden | |

**PRESENT PERFECT**

| | | |
|---|---|---|
| ich habe | wir haben | |
| du hast | ihr habt | geschossen |
| Sie haben | Sie haben | |
| er/sie/es hat | sie haben | |

**PAST PERFECT**

| | | |
|---|---|---|
| ich hatte | wir hatten | |
| du hattest | ihr hattet | geschossen |
| Sie hatten | Sie hatten | |
| er/sie/es hatte | sie hatten | |

**FUTURE PERFECT**

| | | |
|---|---|---|
| ich werde | wir werden | |
| du wirst | ihr werdet | geschossen haben |
| Sie werden | Sie werden | |
| er/sie/es wird | sie werden | |

**PAST SUBJUNCTIVE I**

| | | |
|---|---|---|
| ich habe | wir haben | |
| du habest | ihr habet | geschossen |
| Sie haben | Sie haben | |
| er/sie/es habe | sie haben | |

**PAST SUBJUNCTIVE II**

| | | |
|---|---|---|
| ich hätte | wir hätten | |
| du hättest | ihr hättet | geschossen |
| Sie hätten | Sie hätten | |
| er/sie/es hätte | sie hätten | |

**FUTURE PERFECT SUBJUNCTIVE I**

| | | |
|---|---|---|
| ich werde | wir werden | |
| du werdest | ihr werdet | geschossen haben |
| Sie werden | Sie werden | |
| er/sie/es werde | sie werden | |

**FUTURE PERFECT SUBJUNCTIVE II**

| | | |
|---|---|---|
| ich würde | wir würden | |
| du würdest | ihr würdet | geschossen haben |
| Sie würden | Sie würden | |
| er/sie/es würde | sie würden | |

**COMMANDS**          schieß(e)!   schießt!   schießen Sie!

**PRESENT PARTICIPLE**   schießend

## Usage

| | |
|---|---|
| Wie oft gehst du schießen? | *How often do you go shooting?* |
| Sasha wollte durch das Fenster schießen. | *Sasha wanted to fire the gun through the window.* |
| Gestern Abend wurde bei uns geschossen. | *There was shooting last night at our place.* |
| Die Soldaten schießen nicht mehr. | *The soldiers are not shooting anymore.* |
| Auf der Demonstration ist nicht geschossen worden. | *There were no shots fired at the demonstration.* |
| Der Räuber stolperte und schoss sich ins Bein. | *The robber tripped and shot himself in the leg.* |

### schießen (with sein) *to gush, rush*

| | |
|---|---|
| Die Rakete ist in die Luft geschossen. | *The rocket whooshed into the air.* |
| Die Katze ist ängstlich hinter das Sofa geschossen. | *The cat shot behind the sofa, terrified.* |
| Maria schießt um die Ecke. | *Maria rushes around the corner.* |

**RELATED VERBS** ab·schießen, an·schießen, beschießen, durchschießen, durch·schießen, ein·schießen, erschießen, hoch·schießen, nieder·schießen, überschießen, über·schießen, verschießen, vorbei·schießen, zerschießen, zurück·schießen, zu·schießen

**PRESENT**

| | |
|---|---|
| ich schimpfe | wir schimpfen |
| du schimpfst | ihr schimpft |
| Sie schimpfen | Sie schimpfen |
| er/sie/es schimpft | sie schimpfen |

**PRESENT PERFECT**

| | | |
|---|---|---|
| ich habe | wir haben | |
| du hast | ihr habt | geschimpft |
| Sie haben | Sie haben | |
| er/sie/es hat | sie haben | |

**SIMPLE PAST**

| | |
|---|---|
| ich schimpfte | wir schimpften |
| du schimpftest | ihr schimpftet |
| Sie schimpften | Sie schimpften |
| er/sie/es schimpfte | sie schimpften |

**PAST PERFECT**

| | | |
|---|---|---|
| ich hatte | wir hatten | |
| du hattest | ihr hattet | geschimpft |
| Sie hatten | Sie hatten | |
| er/sie/es hatte | sie hatten | |

**FUTURE**

| | | |
|---|---|---|
| ich werde | wir werden | |
| du wirst | ihr werdet | schimpfen |
| Sie werden | Sie werden | |
| er/sie/es wird | sie werden | |

**FUTURE PERFECT**

| | | |
|---|---|---|
| ich werde | wir werden | |
| du wirst | ihr werdet | geschimpft haben |
| Sie werden | Sie werden | |
| er/sie/es wird | sie werden | |

**PRESENT SUBJUNCTIVE I**

| | |
|---|---|
| ich schimpfe | wir schimpfen |
| du schimpfest | ihr schimpfet |
| Sie schimpfen | Sie schimpfen |
| er/sie/es schimpfe | sie schimpfen |

**PAST SUBJUNCTIVE I**

| | | |
|---|---|---|
| ich habe | wir haben | |
| du habest | ihr habet | geschimpft |
| Sie haben | Sie haben | |
| er/sie/es habe | sie haben | |

**PRESENT SUBJUNCTIVE II**

| | |
|---|---|
| ich schimpfte | wir schimpften |
| du schimpftest | ihr schimpftet |
| Sie schimpften | Sie schimpften |
| er/sie/es schimpfte | sie schimpften |

**PAST SUBJUNCTIVE II**

| | | |
|---|---|---|
| ich hätte | wir hätten | |
| du hättest | ihr hättet | geschimpft |
| Sie hätten | Sie hätten | |
| er/sie/es hätte | sie hätten | |

**FUTURE SUBJUNCTIVE I**

| | | |
|---|---|---|
| ich werde | wir werden | |
| du werdest | ihr werdet | schimpfen |
| Sie werden | Sie werden | |
| er/sie/es werde | sie werden | |

**FUTURE PERFECT SUBJUNCTIVE I**

| | | |
|---|---|---|
| ich werde | wir werden | |
| du werdest | ihr werdet | geschimpft haben |
| Sie werden | Sie werden | |
| er/sie/es werde | sie werden | |

**FUTURE SUBJUNCTIVE II**

| | | |
|---|---|---|
| ich würde | wir würden | |
| du würdest | ihr würdet | schimpfen |
| Sie würden | Sie würden | |
| er/sie/es würde | sie würden | |

**FUTURE PERFECT SUBJUNCTIVE II**

| | | |
|---|---|---|
| ich würde | wir würden | |
| du würdest | ihr würdet | geschimpft haben |
| Sie würden | Sie würden | |
| er/sie/es würde | sie würden | |

**COMMANDS** schimpf(e)! schimpft! schimpfen Sie!

**PRESENT PARTICIPLE** schimpfend

## Usage

| | |
|---|---|
| Mein Mann schimpft, weil das Abendessen noch nicht fertig ist. | *My husband is grumbling because dinner isn't ready yet.* |
| Oma Josephine hat früher immer geschimpft. | *Grandma Josephine always used to swear.* |
| Die Spieler haben bis zum Ende geschimpft. | *The players groused to the end.* |
| Der Skifahrer schimpft über den Schneemangel. | *The skier is complaining about the lack of snow.* |
| Die Konservativen schimpfen seit 20 Jahren. | *The conservatives have complained for 20 years.* |
| Die Computerfirma schimpft mit der EU. | *The computer firm is airing its grievance to the E.U.* |
| Opa schimpft über Steuerhinterzieher. | *Grandpa is griping about tax dodgers.* |
| Die Außenminister schimpfen über den Konflikt. | *The foreign ministers are grumbling about the conflict.* |
| Die Näherinnen schimpfen über die Arbeitsbedingungen. | *The seamstresses are bemoaning the working conditions.* |
| Die Abgeordneten werden über die neuen Regelungen schimpfen. | *The representatives will complain about the new regulations.* |
| Das Eichhörnchen schimpft mit der Katze, die es anguckt. | *The squirrel is scolding the cat that's watching it.* |

**RELATED VERBS** aus·schimpfen, beschimpfen

**PRESENT**

| | |
|---|---|
| ich schinde | wir schinden |
| du schindest | ihr schindet |
| Sie schinden | Sie schinden |
| er/sie/es schindet | sie schinden |

**SIMPLE PAST**

| | |
|---|---|
| ich schindete/schund | wir schindeten/schunden |
| du schindetest/schund(e)st | ihr schindetet/schundet |
| Sie schindeten/schunden | Sie schindeten/schunden |
| er/sie/es schindete/schund | sie schindeten/schunden |

**FUTURE**

| | |
|---|---|
| ich werde | wir werden |
| du wirst | ihr werdet |
| Sie werden | Sie werden | schinden
| er/sie/es wird | sie werden |

**PRESENT SUBJUNCTIVE I**

| | |
|---|---|
| ich schinde | wir schinden |
| du schindest | ihr schindet |
| Sie schinden | Sie schinden |
| er/sie/es schinde | sie schinden |

**PRESENT SUBJUNCTIVE II**

| | |
|---|---|
| ich schindete/schünde | wir schindeten/schünden |
| du schindetest/schündest | ihr schindetet/schündet |
| Sie schindeten/schünden | Sie schindeten/schünden |
| er/sie/es schindete/schünde | sie schindeten/schünden |

**FUTURE SUBJUNCTIVE I**

| | |
|---|---|
| ich werde | wir werden |
| du werdest | ihr werdet |
| Sie werden | Sie werden | schinden
| er/sie/es werde | sie werden |

**FUTURE SUBJUNCTIVE II**

| | |
|---|---|
| ich würde | wir würden |
| du würdest | ihr würdet |
| Sie würden | Sie würden | schinden
| er/sie/es würde | sie würden |

**PRESENT PERFECT**

| | |
|---|---|
| ich habe | wir haben |
| du hast | ihr habt |
| Sie haben | Sie haben | geschunden
| er/sie/es hat | sie haben |

**PAST PERFECT**

| | |
|---|---|
| ich hatte | wir hatten |
| du hattest | ihr hattet |
| Sie hatten | Sie hatten | geschunden
| er/sie/es hatte | sie hatten |

**FUTURE PERFECT**

| | |
|---|---|
| ich werde | wir werden |
| du wirst | ihr werdet |
| Sie werden | Sie werden | geschunden haben
| er/sie/es wird | sie werden |

**PAST SUBJUNCTIVE I**

| | |
|---|---|
| ich habe | wir haben |
| du habest | ihr habet |
| Sie haben | Sie haben | geschunden
| er/sie/es habe | sie haben |

**PAST SUBJUNCTIVE II**

| | |
|---|---|
| ich hätte | wir hätten |
| du hättest | ihr hättet |
| Sie hätten | Sie hätten | geschunden
| er/sie/es hätte | sie hätten |

**FUTURE PERFECT SUBJUNCTIVE I**

| | |
|---|---|
| ich werde | wir werden |
| du werdest | ihr werdet |
| Sie werden | Sie werden | geschunden haben
| er/sie/es werde | sie werden |

**FUTURE PERFECT SUBJUNCTIVE II**

| | |
|---|---|
| ich würde | wir würden |
| du würdest | ihr würdet |
| Sie würden | Sie würden | geschunden haben
| er/sie/es würde | sie würden |

**COMMANDS**          schinde!   schindet!   schinden Sie!

**PRESENT PARTICIPLE**   schindend

**NOTE** The simple tenses of **schinden** are typically regular weak in modern German.

## Usage

| | |
|---|---|
| Das Tier wurde lebendig geschunden. | *The animal was skinned alive.* |
| Ich habe die Studenten und Studentinnen geschunden. | *I worked the students like slaves.* |
| Der Herrscher schund das Bauernvolk. | *The ruler treated the peasantry badly.* |
| In manchen Ländern werden Kinder zu Tode geschunden. | *In some countries, children are worked to death.* |
| Die Sklaven wurden regelmäßig geschunden. | *The slaves were regularly overworked.* |
| Der Hauptgeschäftsführer schindete alle Mitarbeiter in der Firma gleichermaßen. | *The CEO overworked all company employees equally.* |

### sich schinden *to overwork (oneself)*

| | |
|---|---|
| Manfred schindet sich für seine Familie. | *Manfred slaves away for his family.* |
| Der Bauersknecht schund sich jeden Tag. | *The hired hand worked himself to exhaustion every day.* |
| Besonders die Armen müssen sich schinden. | *Especially the poor have to work themselves to death.* |

**RELATED VERB** ab·schinden

strong verb

**PRESENT**

| | |
|---|---|
| ich schlafe | wir schlafen |
| du schläfst | ihr schlaft |
| Sie schlafen | Sie schlafen |
| er/sie/es schläft | sie schlafen |

**SIMPLE PAST**

| | |
|---|---|
| ich schlief | wir schliefen |
| du schliefst | ihr schlieft |
| Sie schliefen | Sie schliefen |
| er/sie/es schlief | sie schliefen |

**FUTURE**

| | | |
|---|---|---|
| ich werde | wir werden | |
| du wirst | ihr werdet | schlafen |
| Sie werden | Sie werden | |
| er/sie/es wird | sie werden | |

**PRESENT SUBJUNCTIVE I**

| | |
|---|---|
| ich schlafe | wir schlafen |
| du schlafest | ihr schlafet |
| Sie schlafen | Sie schlafen |
| er/sie/es schlafe | sie schlafen |

**PRESENT SUBJUNCTIVE II**

| | |
|---|---|
| ich schliefe | wir schliefen |
| du schliefest | ihr schliefet |
| Sie schliefen | Sie schliefen |
| er/sie/es schliefe | sie schliefen |

**FUTURE SUBJUNCTIVE I**

| | | |
|---|---|---|
| ich werde | wir werden | |
| du werdest | ihr werdet | schlafen |
| Sie werden | Sie werden | |
| er/sie/es werde | sie werden | |

**FUTURE SUBJUNCTIVE II**

| | | |
|---|---|---|
| ich würde | wir würden | |
| du würdest | ihr würdet | schlafen |
| Sie würden | Sie würden | |
| er/sie/es würde | sie würden | |

**PRESENT PERFECT**

| | | |
|---|---|---|
| ich habe | wir haben | |
| du hast | ihr habt | geschlafen |
| Sie haben | Sie haben | |
| er/sie/es hat | sie haben | |

**PAST PERFECT**

| | | |
|---|---|---|
| ich hatte | wir hatten | |
| du hattest | ihr hattet | geschlafen |
| Sie hatten | Sie hatten | |
| er/sie/es hatte | sie hatten | |

**FUTURE PERFECT**

| | | |
|---|---|---|
| ich werde | wir werden | |
| du wirst | ihr werdet | geschlafen haben |
| Sie werden | Sie werden | |
| er/sie/es wird | sie werden | |

**PAST SUBJUNCTIVE I**

| | | |
|---|---|---|
| ich habe | wir haben | |
| du habest | ihr habet | geschlafen |
| Sie haben | Sie haben | |
| er/sie/es habe | sie haben | |

**PAST SUBJUNCTIVE II**

| | | |
|---|---|---|
| ich hätte | wir hätten | |
| du hättest | ihr hättet | geschlafen |
| Sie hätten | Sie hätten | |
| er/sie/es hätte | sie hätten | |

**FUTURE PERFECT SUBJUNCTIVE I**

| | | |
|---|---|---|
| ich werde | wir werden | |
| du werdest | ihr werdet | geschlafen haben |
| Sie werden | Sie werden | |
| er/sie/es werde | sie werden | |

**FUTURE PERFECT SUBJUNCTIVE II**

| | | |
|---|---|---|
| ich würde | wir würden | |
| du würdest | ihr würdet | geschlafen haben |
| Sie würden | Sie würden | |
| er/sie/es würde | sie würden | |

**COMMANDS**    schlaf(e)!    schlaft!    schlafen Sie!

**PRESENT PARTICIPLE**    schlafend

## Usage

| | |
|---|---|
| Könnt ihr bitte etwas leiser sein, das Baby schläft. | *Can you please be quieter? The baby is asleep.* |
| Opa nimmt Tabletten, damit er schlafen kann. | *Grandpa takes medicine so he can sleep.* |
| Unser Kater Dominik schläft den ganzen Tag. | *Our tomcat, Dominik, sleeps the whole day.* |
| Der Hund hat die ganze Nacht geschlafen. | *The dog slept the whole night.* |
| Schlafen Fische? | *Do fish sleep?* |
| Maria scheint zu schlafen. | *Maria appears to be asleep.* |
| Grete hat den schlafenden Hund nicht gesehen. | *Grete didn't see the sleeping dog.* |
| Bernd wollte nicht schlafen. | *Bernd didn't want to sleep.* |
| Alle Dorfbewohner schliefen, als der Wolf aus dem Wald kam. | *All the village residents were sleeping when the wolf came out of the forest.* |
| Uwe sagt, er hätte die ganze Nacht nicht schlafen können. | *Uwe says he couldn't sleep the whole night.* |
| Schläft Maria noch? | *Is Maria still asleep?* |

**RELATED VERBS**  aus·schlafen, bei·schlafen, durch·schlafen, durchschlafen, ein·schlafen, entschlafen, überschlafen, verschlafen, weiter·schlafen

**TOP 50 VERB** ☞

## schlafen + preposition

| | |
|---|---|
| Ein Nachtwächter darf nicht bei der Arbeit schlafen. | *A night watchman can't sleep on the job.* |
| Das Kind schläft noch bei den Eltern. | *The child still sleeps with its parents.* |
| Schlaft ihr bei Freunden oder in Hotels? | *Are you staying with friends or in hotels?* |
| Er hat bei ihr geschlafen. | *He slept at her place / in her room.* |
| Sie hat mit ihm geschlafen. | *She slept with him. / She had sex with him.* |
| Sonntags schlafe ich bis zehn Uhr. | *On Sundays, I sleep until 10 o'clock.* |
| Heiko schlief um zwanzig Uhr ein und schlief bis acht Uhr morgens. | *Heiko fell asleep at 8 P.M. and slept until 8 in the morning.* |
| Peter schläft seit drei Stunden, ist er krank? | *Peter has been asleep for three hours; is he ill?* |
| Ich schlafe jetzt seit mehreren Monaten auf einem Futon. | *I've been sleeping on a futon for several months now.* |
| Meine Mutter schläft von 23 Uhr bis 7 Uhr. | *My mother sleeps from 11 P.M. to 7 A.M.* |

## schlafen + adverb

| | |
|---|---|
| Dierdre ist es gewöhnt, kalt zu schlafen. | *Dierdre is accustomed to sleeping in an unheated room.* |
| Was du nicht sagst! Wie lange schlafen die beiden denn miteinander? | *You don't say! How long have the two of them been sleeping together?* |
| Das Ehepaar schläft seit zehn Jahren getrennt. | *The married couple has slept separately for ten years.* |
| Nach einigen Minuten schliefen wir alle fest. | *After a few minutes, we were all fast asleep.* |
| Am Sonntagmorgen hat Kurt lange geschlafen. | *On Sunday morning, Kurt slept in.* |
| Franz-Josef schläft tief. | *Franz-Josef sleeps soundly.* |
| Dirk schlief noch halb, als das Telefon klingelte. | *Dirk was still half asleep when the phone rang.* |
| Schlaf gut! | *Sleep well!* |
| Der kränkliche Mann schläft viel. | *The sickly man sleeps a lot.* |
| Schläfst du schon wieder? | *Are you sleeping again?* |
| Herr Seefeldt pflegt sehr wenig zu schlafen. | *Mr. Seefeldt tends to sleep very little.* |

## schlafen + verb

| | |
|---|---|
| Ich lege das Kind schlafen und bin gleich wieder da. | *I'll put the child to bed and be right back.* |
| Um Mitternacht haben wir uns schlafen gelegt. | *At midnight, we went to bed.* |
| Katerina ist noch nicht schlafen gegangen. | *Katerina hasn't gone to bed yet.* |
| Lasst uns schlafen gehen. | *Let's go to bed.* |
| Onkel Heinz geht mit den Hühnern schlafen. *(idiomatic)* | *Uncle Heinz goes to bed with the chickens (that is, very early).* |

## es schläft sich (impersonal) *sleeping is/to sleep is*

| | |
|---|---|
| Schläft es sich gut auf deinem Wasserbett? | *Is your waterbed good to sleep on?* |
| An der frischen Luft schläft es sich am Besten! | *Sleeping outdoors is the best!* |

### IDIOMATIC EXPRESSIONS

| | |
|---|---|
| Ich muss erst einmal darüber schlafen. | *I have to sleep on it first (that is, think it over).* |
| Irmgard sagt, Norbert hätte wie ein Murmeltier geschlafen. | *Irmgard says Norbert slept like a log.* |
| Jost soll bis in die Puppen geschlafen haben. | *Jost is said to have slept till all hours.* |
| Hast du zu lange geschlafen? | *Did you oversleep?* |
| Wir hoffen, dass der Vulkan noch ein paar Jahre schläft. | *We hope the volcano remains dormant for a few more years.* |
| Tief unter dem Berg schlief ein uralter Drachen namens Forhtatior. | *Deep under the mountain slumbered the ancient dragon called Forhtatior.* |
| Du hast wohl mit offenen Augen geschlafen. | *You were probably daydreaming (that is, not paying attention).* |

TOP 50 VERBS

strong verb

schlägt · schlug · geschlagen

**PRESENT**

| | |
|---|---|
| ich schlage | wir schlagen |
| du schlägst | ihr schlagt |
| Sie schlagen | Sie schlagen |
| er/sie/es schlägt | sie schlagen |

**PRESENT PERFECT**

| | | |
|---|---|---|
| ich habe | wir haben | |
| du hast | ihr habt | geschlagen |
| Sie haben | Sie haben | |
| er/sie/es hat | sie haben | |

**SIMPLE PAST**

| | |
|---|---|
| ich schlug | wir schlugen |
| du schlugst | ihr schlugt |
| Sie schlugen | Sie schlugen |
| er/sie/es schlug | sie schlugen |

**PAST PERFECT**

| | | |
|---|---|---|
| ich hatte | wir hatten | |
| du hattest | ihr hattet | geschlagen |
| Sie hatten | Sie hatten | |
| er/sie/es hatte | sie hatten | |

**FUTURE**

| | | |
|---|---|---|
| ich werde | wir werden | |
| du wirst | ihr werdet | schlagen |
| Sie werden | Sie werden | |
| er/sie/es wird | sie werden | |

**FUTURE PERFECT**

| | | |
|---|---|---|
| ich werde | wir werden | |
| du wirst | ihr werdet | geschlagen haben |
| Sie werden | Sie werden | |
| er/sie/es wird | sie werden | |

**PRESENT SUBJUNCTIVE I**

| | |
|---|---|
| ich schlage | wir schlagen |
| du schlagest | ihr schlaget |
| Sie schlagen | Sie schlagen |
| er/sie/es schlage | sie schlagen |

**PAST SUBJUNCTIVE I**

| | | |
|---|---|---|
| ich habe | wir haben | |
| du habest | ihr habet | geschlagen |
| Sie haben | Sie haben | |
| er/sie/es habe | sie haben | |

**PRESENT SUBJUNCTIVE II**

| | |
|---|---|
| ich schlüge | wir schlügen |
| du schlügest | ihr schlüget |
| Sie schlügen | Sie schlügen |
| er/sie/es schlüge | sie schlügen |

**PAST SUBJUNCTIVE II**

| | | |
|---|---|---|
| ich hätte | wir hätten | |
| du hättest | ihr hättet | geschlagen |
| Sie hätten | Sie hätten | |
| er/sie/es hätte | sie hätten | |

**FUTURE SUBJUNCTIVE I**

| | | |
|---|---|---|
| ich werde | wir werden | |
| du werdest | ihr werdet | schlagen |
| Sie werden | Sie werden | |
| er/sie/es werde | sie werden | |

**FUTURE PERFECT SUBJUNCTIVE I**

| | | |
|---|---|---|
| ich werde | wir werden | |
| du werdest | ihr werdet | geschlagen haben |
| Sie werden | Sie werden | |
| er/sie/es werde | sie werden | |

**FUTURE SUBJUNCTIVE II**

| | | |
|---|---|---|
| ich würde | wir würden | |
| du würdest | ihr würdet | schlagen |
| Sie würden | Sie würden | |
| er/sie/es würde | sie würden | |

**FUTURE PERFECT SUBJUNCTIVE II**

| | | |
|---|---|---|
| ich würde | wir würden | |
| du würdest | ihr würdet | geschlagen haben |
| Sie würden | Sie würden | |
| er/sie/es würde | sie würden | |

**COMMANDS**     schlag(e)!   schlagt!   schlagen Sie!

**PRESENT PARTICIPLE**     schlagend

## Usage

| | |
|---|---|
| Zwölf Gefangene werden geschlagen. | *Twelve prisoners are being beaten.* |
| Mein Herz schlägt für dich. | *My heart beats for you.* |
| Die Eier dreißig Sekunden schlagen. (RECIPE) | *Beat the eggs for 30 seconds.* |
| Warum hast du ihn mit der Faust geschlagen? | *Why did you punch him?* |
| Die Uhr hatte gerade zwölf geschlagen. | *The clock had just struck 12.* |
| Als das Feuer ausbrach, schlug Peter an unsere Tür. | *When the fire broke out, Peter pounded on our door.* |
| Schlagen Sie den Ball mit der linken Hand. | *Hit the ball with your left hand.* |
| Tante Inges Standuhr schlägt die Stunden. | *Aunt Inge's grandfather clock strikes the hours.* |

**RELATED VERBS**  ab·schlagen, an·schlagen, auf·schlagen, aus·schlagen, beschlagen, durchschlagen, durch·schlagen, ein·schlagen, entschlagen, erschlagen, fehl·schlagen, nach·schlagen, nieder·schlagen, tot·schlagen, über·schlagen, überschlagen, um·schlagen, unter·schlagen, unterschlagen, verschlagen, vorbei·schlagen, zerschlagen, zurück·schlagen, zusammen·schlagen; *see also* **vor·schlagen** (510)

**TOP 50 VERB** ☞

### MORE USAGE SENTENCES WITH schlagen

| | |
|---|---|
| Der Kandidat hat seinen Gegner geschlagen. | *The candidate has defeated his opponent.* |
| Schlagen Sie den linken Arm nach hinten. | *Throw your left arm back.* |
| Die Sahne schlagen, bis sie steif ist. (RECIPE) | *Whip the cream until it is stiff.* |
| Ute hat ihm die Zigarette aus der Hand geschlagen. | *Ute knocked the cigarette from his hand.* |
| Der Dicke schlug Hans zu Boden. | *The fat man knocked Hans to the floor.* |
| Der Kolibri schlägt sehr schnell mit den Flügeln. | *The hummingbird flaps its wings very rapidly.* |

### sich schlagen *to fight; take sides; slip; hold one's own*

| | |
|---|---|
| Hänsl schlägt sich mit seinem Kumpel Ortwin. | *Hänsl fights with his buddy Ortwin.* |
| Die Firmen schlagen sich um die Kunden. | *The firms are fighting over the customers.* |
| Die Bauern schlugen sich zu den Aufständischen. | *The farmers took sides with the rebels.* |
| Manni schlägt sich auf die Seite der Deutschen. | *Manni is siding with the Germans.* |
| Der Täter schlug sich ungesehen in den Wald. | *The perpetrator slipped unseen into the woods.* |
| Du hast dich in der Debatte ganz gut geschlagen. | *You held your own quite well in the debate.* |

### schlagen (with sein) *to hit, strike, bang; shoot; break; take (after)*

| | |
|---|---|
| Ich war mit dem Kopf gegen ein Regal geschlagen. | *I had banged my head against a bookcase.* |
| Flammen sind aus dem Dach geschlagen. | *Flames shot from the roof.* |
| Die Wellen schlagen an den Strand. | *The waves are breaking on the beach.* |
| Dietrich ist nach seinem Vater geschlagen. | *Dietrich takes after his father.* |

### IDIOMATIC EXPRESSIONS

| | |
|---|---|
| So werden zwei Fliegen mit einer Klappe geschlagen. | *That way we can kill two birds with one stone.* |
| Jetzt schlägt es aber dreizehn! | *Now things have gone too far!* |
| Kannst du einen Wirbel schlagen? | *Can you do a drumroll?* |
| Ich schlage das Flugblatt mit Nägeln an die Wand. | *I'll nail the flyer on the wall.* |
| Mein Fuß schlug den Takt der Musik. | *My foot kept time with the music.* |
| Der Regenwald wird kahl geschlagen. | *The rain forest is being clear-cut.* |
| Das Schiff hat leck geschlagen. | *The ship has sprung a leak.* |
| Man schlägt jetzt Alarm wegen GMOs. | *People are now sounding the alarm about GMOs.* |
| Schlagen Sie die Arme ineinander. | *Fold your arms together.* |
| Schlagen Sie die Beine übereinander. | *Cross your legs.* |
| Wir wollen Brücken zwischen Kulturen schlagen. | *We want to establish ties between cultures.* |
| Man wollte aus seinen Fehlern Kapital schlagen. | *People wanted to capitalize on his mistakes.* |
| Schlag dir das aus dem Kopf. | *Put that out of your mind. / Forget about that.* |
| Der Baum schlug Wurzel und wuchs schnell. | *The tree took root and grew quickly.* |
| Wurde Mick Jagger zum Ritter geschlagen? | *Was Mick Jagger knighted?* |
| Das Gewissen schlug Heidi, sie schlief kaum. | *Heidi's conscience bothered her; she hardly slept.* |
| Soll ich mein Leben in die Schanze schlagen? | *Should I risk my life?* |
| Asta schlug die Augen zu Boden und schwieg. | *Asta cast down her eyes and fell silent.* |
| Die Zinsen werden zum Kapital geschlagen. | *The interest is compounded to the principal.* |
| Rauchen schlägt aufs Gehirn. | *Smoking affects the brain.* |
| Dieter wurde einmal vom Blitz geschlagen. | *Dieter was once struck by lightning.* |
| Schlagt einen Kreis mit dem Zirkel. | *Trace a circle with the compass.* |
| Schlagen Sie Ihre Sorgen in den Wind! | *Throw your worries to the wind!* |
| Willis Puls schlug schneller, als er ihn erblickte. | *Willi's pulse quickened when he caught sight of him.* |
| Wir haben die Nacht um die Ohren geschlagen. | *We partied the whole night through.* |

TOP 50 VERBS

**PRESENT**

| | |
|---|---|
| ich schleiche | wir schleichen |
| du schleichst | ihr schleicht |
| Sie schleichen | Sie schleichen |
| er/sie/es schleicht | sie schleichen |

**SIMPLE PAST**

| | |
|---|---|
| ich schlich | wir schlichen |
| du schlichst | ihr schlicht |
| Sie schlichen | Sie schlichen |
| er/sie/es schlich | sie schlichen |

**FUTURE**

| | | |
|---|---|---|
| ich werde | wir werden | |
| du wirst | ihr werdet | schleichen |
| Sie werden | Sie werden | |
| er/sie/es wird | sie werden | |

**PRESENT SUBJUNCTIVE I**

| | |
|---|---|
| ich schleiche | wir schleichen |
| du schleichest | ihr schleichet |
| Sie schleichen | Sie schleichen |
| er/sie/es schleiche | sie schleichen |

**PRESENT SUBJUNCTIVE II**

| | |
|---|---|
| ich schliche | wir schlichen |
| du schlichest | ihr schlichet |
| Sie schlichen | Sie schlichen |
| er/sie/es schliche | sie schlichen |

**FUTURE SUBJUNCTIVE I**

| | | |
|---|---|---|
| ich werde | wir werden | |
| du werdest | ihr werdet | schleichen |
| Sie werden | Sie werden | |
| er/sie/es werde | sie werden | |

**FUTURE SUBJUNCTIVE II**

| | | |
|---|---|---|
| ich würde | wir würden | |
| du würdest | ihr würdet | schleichen |
| Sie würden | Sie würden | |
| er/sie/es würde | sie würden | |

**PRESENT PERFECT**

| | | |
|---|---|---|
| ich bin | wir sind | |
| du bist | ihr seid | geschlichen |
| Sie sind | Sie sind | |
| er/sie/es ist | sie sind | |

**PAST PERFECT**

| | | |
|---|---|---|
| ich war | wir waren | |
| du warst | ihr wart | geschlichen |
| Sie waren | Sie waren | |
| er/sie/es war | sie waren | |

**FUTURE PERFECT**

| | | |
|---|---|---|
| ich werde | wir werden | |
| du wirst | ihr werdet | geschlichen sein |
| Sie werden | Sie werden | |
| er/sie/es wird | sie werden | |

**PAST SUBJUNCTIVE I**

| | | |
|---|---|---|
| ich sei | wir seien | |
| du seiest | ihr seiet | geschlichen |
| Sie seien | Sie seien | |
| er/sie/es sei | sie seien | |

**PAST SUBJUNCTIVE II**

| | | |
|---|---|---|
| ich wäre | wir wären | |
| du wärest | ihr wäret | geschlichen |
| Sie wären | Sie wären | |
| er/sie/es wäre | sie wären | |

**FUTURE PERFECT SUBJUNCTIVE I**

| | | |
|---|---|---|
| ich werde | wir werden | |
| du werdest | ihr werdet | geschlichen sein |
| Sie werden | Sie werden | |
| er/sie/es werde | sie werden | |

**FUTURE PERFECT SUBJUNCTIVE II**

| | | |
|---|---|---|
| ich würde | wir würden | |
| du würdest | ihr würdet | geschlichen sein |
| Sie würden | Sie würden | |
| er/sie/es würde | sie würden | |

**COMMANDS** schleich(e)! schleicht! schleichen Sie!

**PRESENT PARTICIPLE** schleichend

## Usage

| | |
|---|---|
| Sie schlichen betrunken nach Hause. | *They crawled home drunk.* |
| Maximilian ist vorzeitig aus dem Unterricht geschlichen. | *Maximilian sneaked out of class early.* |
| Eine Maus ist durch das kleine Loch geschlichen. | *A mouse stole through the tiny hole.* |
| Ein päpstliches Heer war in Thüringen geschlichen. | *A papal army had stolen into Thuringia.* |
| Die Regenwürmer schlichen durch die verfaulten Blätter. | *The earthworms crawled through the decayed leaves.* |
| Die Kinder waren aus dem Haus geschlichen um zu spielen. | *The children had sneaked outside to play.* |
| Die Katze schlich leise ins Schlafzimmer. | *The cat crept quietly into the bedroom.* |
| Der Dieb schleicht um das Haus. | *The thief is skulking around the house.* |
| Er ist nachts ins Auto geschlichen und weggefahren. | *He sneaked into the car at night and drove away.* |

### sich schleichen (with haben) *to sneak*

| | |
|---|---|
| 500 Menschen haben sich ins Grenzgebiet geschlichen. | *Five hundred people have slipped into the border region.* |

**RELATED VERBS** an·schleichen, beschleichen, durch·schleichen, ein·schleichen, erschleichen, nach·schleichen, umschleichen, vorbei·schleichen, weg·schleichen

# schleifen  *to sharpen, grind; polish*

**schleift · schliff · geschliffen**                                    strong verb

| PRESENT | | PRESENT PERFECT | |
|---|---|---|---|
| ich schleife | wir schleifen | ich habe | wir haben |
| du schleifst | ihr schleift | du hast | ihr habt |
| Sie schleifen | Sie schleifen | Sie haben | Sie haben |
| er/sie/es schleift | sie schleifen | er/sie/es hat | sie haben |

geschliffen (PRESENT PERFECT)

| SIMPLE PAST | | PAST PERFECT | |
|---|---|---|---|
| ich schliff | wir schliffen | ich hatte | wir hatten |
| du schliffst | ihr schlifft | du hattest | ihr hattet |
| Sie schliffen | Sie schliffen | Sie hatten | Sie hatten |
| er/sie/es schliff | sie schliffen | er/sie/es hatte | sie hatten |

geschliffen (PAST PERFECT)

| FUTURE | | FUTURE PERFECT | |
|---|---|---|---|
| ich werde | wir werden | ich werde | wir werden |
| du wirst | ihr werdet | du wirst | ihr werdet |
| Sie werden | Sie werden | Sie werden | Sie werden |
| er/sie/es wird | sie werden | er/sie/es wird | sie werden |

schleifen (FUTURE) · geschliffen haben (FUTURE PERFECT)

| PRESENT SUBJUNCTIVE I | | PAST SUBJUNCTIVE I | |
|---|---|---|---|
| ich schleife | wir schleifen | ich habe | wir haben |
| du schleifest | ihr schleifet | du habest | ihr habet |
| Sie schleifen | Sie schleifen | Sie haben | Sie haben |
| er/sie/es schleife | sie schleifen | er/sie/es habe | sie haben |

geschliffen (PAST SUBJUNCTIVE I)

| PRESENT SUBJUNCTIVE II | | PAST SUBJUNCTIVE II | |
|---|---|---|---|
| ich schliffe | wir schliffen | ich hätte | wir hätten |
| du schliffest | ihr schliffet | du hättest | ihr hättet |
| Sie schliffen | Sie schliffen | Sie hätten | Sie hätten |
| er/sie/es schliffe | sie schliffen | er/sie/es hätte | sie hätten |

geschliffen (PAST SUBJUNCTIVE II)

| FUTURE SUBJUNCTIVE I | | FUTURE PERFECT SUBJUNCTIVE I | |
|---|---|---|---|
| ich werde | wir werden | ich werde | wir werden |
| du werdest | ihr werdet | du werdest | ihr werdet |
| Sie werden | Sie werden | Sie werden | Sie werden |
| er/sie/es werde | sie werden | er/sie/es werde | sie werden |

schleifen (FUTURE SUBJUNCTIVE I) · geschliffen haben (FUTURE PERFECT SUBJUNCTIVE I)

| FUTURE SUBJUNCTIVE II | | FUTURE PERFECT SUBJUNCTIVE II | |
|---|---|---|---|
| ich würde | wir würden | ich würde | wir würden |
| du würdest | ihr würdet | du würdest | ihr würdet |
| Sie würden | Sie würden | Sie würden | Sie würden |
| er/sie/es würde | sie würden | er/sie/es würde | sie würden |

schleifen (FUTURE SUBJUNCTIVE II) · geschliffen haben (FUTURE PERFECT SUBJUNCTIVE II)

**COMMANDS**          schleif(e)!   schleift!   schleifen Sie!

**PRESENT PARTICIPLE**          schleifend

## Usage

| | |
|---|---|
| Der Bauernknecht schliff das Messer. | *The hired hand sharpened the knife.* |
| In uralten Zeiten wurden Nadeln aus Knochen geschliffen. | *In ancient times, needles were ground out of bones.* |
| Du hättest das nicht schleifen sollen. | *You shouldn't have sharpened that.* |
| Heute musste mir der Zahnarzt die Zähne schleifen. | *Today the dentist had to polish my teeth.* |

### schleifen (regular weak verb)  *to drag; raze, tear down*

| | |
|---|---|
| Doris schleifte eine alte Kiste über den Dachboden. | *Doris dragged an old crate across the attic floor.* |
| Der Dieb ist hinter einem Pferd geschleift worden. | *The thief was dragged behind a horse.* |
| Das alte Gebäude wurde letzte Woche geschleift. | *The old building was demolished last week.* |
| Wer hat denn meine Sandburg geschleift? | *Now who tore down my sand castle?* |
| Im Mittelalter wurde die römische Stadtmauer geschleift. | *In the Middle Ages, the Roman city wall was razed.* |
| Die alte Dorfkirche ist nicht geschleift worden. | *The old village church was not razed.* |
| Dort muss man das Haus schleifen. | *The house there has to be torn down.* |

**RELATED VERBS**  ab·schleifen, an·schleifen, aus·schleifen, ein·schleifen

regular weak verb or strong verb | schleißt · schleißte/schliss · geschleißt/geschlissen

**PRESENT**

| | |
|---|---|
| ich schleiße | wir schleißen |
| du schleißt | ihr schleißt |
| Sie schleißen | Sie schleißen |
| er/sie/es schleißt | sie schleißen |

**SIMPLE PAST**

| | |
|---|---|
| ich schleißte/schliss | wir schleißten/schlissen |
| du schleißtest/schlissest | ihr schleißtet/schlisst |
| Sie schleißten/schlissen | Sie schleißten/schlissen |
| er/sie/es schleißte/schliss | sie schleißten/schlissen |

**FUTURE**

| | | |
|---|---|---|
| ich werde | wir werden | |
| du wirst | ihr werdet | schleißen |
| Sie werden | Sie werden | |
| er/sie/es wird | sie werden | |

**PRESENT SUBJUNCTIVE I**

| | |
|---|---|
| ich schleiße | wir schleißen |
| du schleißest | ihr schleißet |
| Sie schleißen | Sie schleißen |
| er/sie/es schleiße | sie schleißen |

**PRESENT SUBJUNCTIVE II**

| | |
|---|---|
| ich schleißte/schlisse | wir schleißten/schlissen |
| du schleißtest/schlissest | ihr schleißtet/schlisset |
| Sie schleißten/schlissen | Sie schleißten/schlissen |
| er/sie/es schleißte/schlisse | sie schleißten/schlissen |

**FUTURE SUBJUNCTIVE I**

| | | |
|---|---|---|
| ich werde | wir werden | |
| du werdest | ihr werdet | schleißen |
| Sie werden | Sie werden | |
| er/sie/es werde | sie werden | |

**FUTURE SUBJUNCTIVE II**

| | | |
|---|---|---|
| ich würde | wir würden | |
| du würdest | ihr würdet | schleißen |
| Sie würden | Sie würden | |
| er/sie/es würde | sie würden | |

**PRESENT PERFECT**

| | | |
|---|---|---|
| ich habe | wir haben | |
| du hast | ihr habt | geschleißt/ |
| Sie haben | Sie haben | geschlissen |
| er/sie/es hat | sie haben | |

**PAST PERFECT**

| | | |
|---|---|---|
| ich hatte | wir hatten | |
| du hattest | ihr hattet | geschleißt/ |
| Sie hatten | Sie hatten | geschlissen |
| er/sie/es hatte | sie hatten | |

**FUTURE PERFECT**

| | | |
|---|---|---|
| ich werde | wir werden | geschleißt haben |
| du wirst | ihr werdet | OR |
| Sie werden | Sie werden | geschlissen haben |
| er/sie/es wird | sie werden | |

**PAST SUBJUNCTIVE I**

| | | |
|---|---|---|
| ich habe | wir haben | |
| du habest | ihr habet | geschleißt/ |
| Sie haben | Sie haben | geschlissen |
| er/sie/es habe | sie haben | |

**PAST SUBJUNCTIVE II**

| | | |
|---|---|---|
| ich hätte | wir hätten | |
| du hättest | ihr hättet | geschleißt/ |
| Sie hätten | Sie hätten | geschlissen |
| er/sie/es hätte | sie hätten | |

**FUTURE PERFECT SUBJUNCTIVE I**

| | | |
|---|---|---|
| ich werde | wir werden | geschleißt haben |
| du werdest | ihr werdet | OR |
| Sie werden | Sie werden | geschlissen haben |
| er/sie/es werde | sie werden | |

**FUTURE PERFECT SUBJUNCTIVE II**

| | | |
|---|---|---|
| ich würde | wir würden | geschleißt haben |
| du würdest | ihr würdet | OR |
| Sie würden | Sie würden | geschlissen haben |
| er/sie/es würde | sie würden | |

**COMMANDS** schleiß(e)! schleißt! schleißen Sie!

**PRESENT PARTICIPLE** schleißend

**NOTE** The verb **schleißen** is usually conjugated as a regular weak verb in modern German.

## Usage

| | |
|---|---|
| Als Kind hat mein Vater jeden Morgen Scheite geschlissen. | *As a child, my father split firewood every morning.* |
| Womit schleißen Sie das Holz? | *What do you use to split wood?* |
| Schlissest du Scheite, als der Oheim starb? | *Were you splitting wood when Uncle died?* |
| Früher hat man Vogelfedern geschleißt, um Schreibfedern zu machen. | *People used to strip quills in order to make writing instruments.* |
| Diese Feder ist ziemlich schwer zu schleißen. | *This quill is rather hard to strip.* |
| Kaum hat er gegessen einen Bissen, hat er drei Haufen Scheite geschleißt und geschlissen. (TONGUE TWISTER) | *He had hardly eaten a single bite, when he had already split three piles of firewood.* |

**schleißen** (with **sein**) *to wear out*

| | |
|---|---|
| Nach einigen Jahren war der Mantel geschlissen. | *After some years, the coat had worn out.* |

**RELATED VERB** verschleißen

strong verb

**PRESENT**

| | |
|---|---|
| ich schließe | wir schließen |
| du schließt | ihr schließt |
| Sie schließen | Sie schließen |
| er/sie/es schließt | sie schließen |

**SIMPLE PAST**

| | |
|---|---|
| ich schloss | wir schlossen |
| du schlossest | ihr schlosst |
| Sie schlossen | Sie schlossen |
| er/sie/es schloss | sie schlossen |

**FUTURE**

| | | |
|---|---|---|
| ich werde | wir werden | |
| du wirst | ihr werdet | schließen |
| Sie werden | Sie werden | |
| er/sie/es wird | sie werden | |

**PRESENT SUBJUNCTIVE I**

| | |
|---|---|
| ich schließe | wir schließen |
| du schließest | ihr schließet |
| Sie schließen | Sie schließen |
| er/sie/es schließe | sie schließen |

**PRESENT SUBJUNCTIVE II**

| | |
|---|---|
| ich schlösse | wir schlössen |
| du schlössest | ihr schlösset |
| Sie schlössen | Sie schlössen |
| er/sie/es schlösse | sie schlössen |

**FUTURE SUBJUNCTIVE I**

| | | |
|---|---|---|
| ich werde | wir werden | |
| du werdest | ihr werdet | schließen |
| Sie werden | Sie werden | |
| er/sie/es werde | sie werden | |

**FUTURE SUBJUNCTIVE II**

| | | |
|---|---|---|
| ich würde | wir würden | |
| du würdest | ihr würdet | schließen |
| Sie würden | Sie würden | |
| er/sie/es würde | sie würden | |

**PRESENT PERFECT**

| | | |
|---|---|---|
| ich habe | wir haben | |
| du hast | ihr habt | geschlossen |
| Sie haben | Sie haben | |
| er/sie/es hat | sie haben | |

**PAST PERFECT**

| | | |
|---|---|---|
| ich hatte | wir hatten | |
| du hattest | ihr hattet | geschlossen |
| Sie hatten | Sie hatten | |
| er/sie/es hatte | sie hatten | |

**FUTURE PERFECT**

| | | |
|---|---|---|
| ich werde | wir werden | |
| du wirst | ihr werdet | geschlossen haben |
| Sie werden | Sie werden | |
| er/sie/es wird | sie werden | |

**PAST SUBJUNCTIVE I**

| | | |
|---|---|---|
| ich habe | wir haben | |
| du habest | ihr habet | geschlossen |
| Sie haben | Sie haben | |
| er/sie/es habe | sie haben | |

**PAST SUBJUNCTIVE II**

| | | |
|---|---|---|
| ich hätte | wir hätten | |
| du hättest | ihr hättet | geschlossen |
| Sie hätten | Sie hätten | |
| er/sie/es hätte | sie hätten | |

**FUTURE PERFECT SUBJUNCTIVE I**

| | | |
|---|---|---|
| ich werde | wir werden | |
| du werdest | ihr werdet | geschlossen haben |
| Sie werden | Sie werden | |
| er/sie/es werde | sie werden | |

**FUTURE PERFECT SUBJUNCTIVE II**

| | | |
|---|---|---|
| ich würde | wir würden | |
| du würdest | ihr würdet | geschlossen haben |
| Sie würden | Sie würden | |
| er/sie/es würde | sie würden | |

**COMMANDS**          schließ(e)!   schließt!   schließen Sie!

**PRESENT PARTICIPLE**    schließend

## Usage

| | |
|---|---|
| Wir mussten den Laden schließen. | *We had to close the shop.* |
| Unser Papagei kann seine Käfigtür selbst schließen. | *Our parrot can close the cage door himself.* |
| Die Regierung hat die Grenzen geschlossen. | *The government has sealed the borders.* |
| Dieses Fenster ist schwer zu schließen. | *This window is hard to close.* |
| Die Stadtbibliothek darf nicht geschlossen werden! | *The city library cannot be closed!* |
| 1985 wurde das Theater geschlossen. | *In 1985, the theater was closed.* |
| Wir schlossen einen Vertrag zur weltweiten Lizenzierung. | *We entered into a contract for global licensing.* |
| Die jetzige Situation schließt in sich die Gefahr eines sich ausbreitenden Radikalismus. | *The current situation entails the danger of a spreading radicalism.* |

### sich schließen  *to close*

| | |
|---|---|
| Das Fenster schließt sich, aber das Programm beendet sich nicht. | *The window closes, but the program doesn't end.* |

**RELATED VERBS**  ab·schließen, an·schließen, auf·schließen, ein·schließen, erschließen, kurz·schließen, umschließen, verschließen, weg·schließen, zusammen·schließen; *see also* **aus·schließen** (38), **beschließen** (83), **entschließen** (147)

strong verb

**PRESENT**

| | |
|---|---|
| ich schlinge | wir schlingen |
| du schlingst | ihr schlingt |
| Sie schlingen | Sie schlingen |
| er/sie/es schlingt | sie schlingen |

**PRESENT PERFECT**

| | | |
|---|---|---|
| ich habe | wir haben | |
| du hast | ihr habt | geschlungen |
| Sie haben | Sie haben | |
| er/sie/es hat | sie haben | |

**SIMPLE PAST**

| | |
|---|---|
| ich schlang | wir schlangen |
| du schlangst | ihr schlangt |
| Sie schlangen | Sie schlangen |
| er/sie/es schlang | sie schlangen |

**PAST PERFECT**

| | | |
|---|---|---|
| ich hatte | wir hatten | |
| du hattest | ihr hattet | geschlungen |
| Sie hatten | Sie hatten | |
| er/sie/es hatte | sie hatten | |

**FUTURE**

| | | |
|---|---|---|
| ich werde | wir werden | |
| du wirst | ihr werdet | schlingen |
| Sie werden | Sie werden | |
| er/sie/es wird | sie werden | |

**FUTURE PERFECT**

| | | |
|---|---|---|
| ich werde | wir werden | |
| du wirst | ihr werdet | geschlungen haben |
| Sie werden | Sie werden | |
| er/sie/es wird | sie werden | |

**PRESENT SUBJUNCTIVE I**

| | |
|---|---|
| ich schlinge | wir schlingen |
| du schlingest | ihr schlinget |
| Sie schlingen | Sie schlingen |
| er/sie/es schlinge | sie schlingen |

**PAST SUBJUNCTIVE I**

| | | |
|---|---|---|
| ich habe | wir haben | |
| du habest | ihr habet | geschlungen |
| Sie haben | Sie haben | |
| er/sie/es habe | sie haben | |

**PRESENT SUBJUNCTIVE II**

| | |
|---|---|
| ich schlänge | wir schlängen |
| du schlängest | ihr schlänget |
| Sie schlängen | Sie schlängen |
| er/sie/es schlänge | sie schlängen |

**PAST SUBJUNCTIVE II**

| | | |
|---|---|---|
| ich hätte | wir hätten | |
| du hättest | ihr hättet | geschlungen |
| Sie hätten | Sie hätten | |
| er/sie/es hätte | sie hätten | |

**FUTURE SUBJUNCTIVE I**

| | | |
|---|---|---|
| ich werde | wir werden | |
| du werdest | ihr werdet | schlingen |
| Sie werden | Sie werden | |
| er/sie/es werde | sie werden | |

**FUTURE PERFECT SUBJUNCTIVE I**

| | | |
|---|---|---|
| ich werde | wir werden | |
| du werdest | ihr werdet | geschlungen haben |
| Sie werden | Sie werden | |
| er/sie/es werde | sie werden | |

**FUTURE SUBJUNCTIVE II**

| | | |
|---|---|---|
| ich würde | wir würden | |
| du würdest | ihr würdet | schlingen |
| Sie würden | Sie würden | |
| er/sie/es würde | sie würden | |

**FUTURE PERFECT SUBJUNCTIVE II**

| | | |
|---|---|---|
| ich würde | wir würden | |
| du würdest | ihr würdet | geschlungen haben |
| Sie würden | Sie würden | |
| er/sie/es würde | sie würden | |

**COMMANDS**  schling(e)!  schlingt!  schlingen Sie!

**PRESENT PARTICIPLE**  schlingend

## Usage

| | |
|---|---|
| Sie haben ihm ein Seil um den Hals geschlungen. | *They wound a rope around his neck.* |
| Der schüchterne Knabe schlang seine Arme um seine Mutter. | *The shy boy wrapped his arms around his mother.* |
| Schlingen Sie ein Band um den Knoten. | *Tie a ribbon around the knot.* |
| Wie schlingt man so einen Knoten? | *How do you tie a knot like that?* |
| Ich habe den Kuchen geschlungen. | *I wolfed down the cake.* |
| Das Ferkel hat die Melone geschlungen. | *The piglet gulped down the melon.* |
| Der Hund schlang das Steak, ohne zu kauen. | *The dog devoured the steak without chewing.* |

### sich schlingen *to wind, coil*

| | |
|---|---|
| Die Schlange schlingt sich um die Maus. | *The snake is coiled around the mouse.* |
| Liebend schlingen sich die Reben an dem Baum, den sie umgeben. (WILHELM GOTTLIEB BECKER) | *The vines wind lovingly around the tree they embrace.* |

**RELATED VERBS**  umschlingen, um·schlingen, verschlingen

## schmecken  *to taste (good); sample*

schmeckt · schmeckte · geschmeckt

regular weak verb

**PRESENT**

| | |
|---|---|
| ich schmecke | wir schmecken |
| du schmeckst | ihr schmeckt |
| Sie schmecken | Sie schmecken |
| er/sie/es schmeckt | sie schmecken |

**SIMPLE PAST**

| | |
|---|---|
| ich schmeckte | wir schmeckten |
| du schmecktest | ihr schmecktet |
| Sie schmeckten | Sie schmeckten |
| er/sie/es schmeckte | sie schmeckten |

**FUTURE**

| | | |
|---|---|---|
| ich werde | wir werden | |
| du wirst | ihr werdet | schmecken |
| Sie werden | Sie werden | |
| er/sie/es wird | sie werden | |

**PRESENT SUBJUNCTIVE I**

| | |
|---|---|
| ich schmecke | wir schmecken |
| du schmeckest | ihr schmecket |
| Sie schmecken | Sie schmecken |
| er/sie/es schmecke | sie schmecken |

**PRESENT SUBJUNCTIVE II**

| | |
|---|---|
| ich schmeckte | wir schmeckten |
| du schmecktest | ihr schmecktet |
| Sie schmeckten | Sie schmeckten |
| er/sie/es schmeckte | sie schmeckten |

**FUTURE SUBJUNCTIVE I**

| | | |
|---|---|---|
| ich werde | wir werden | |
| du werdest | ihr werdet | schmecken |
| Sie werden | Sie werden | |
| er/sie/es werde | sie werden | |

**FUTURE SUBJUNCTIVE II**

| | | |
|---|---|---|
| ich würde | wir würden | |
| du würdest | ihr würdet | schmecken |
| Sie würden | Sie würden | |
| er/sie/es würde | sie würden | |

**PRESENT PERFECT**

| | | |
|---|---|---|
| ich habe | wir haben | |
| du hast | ihr habt | geschmeckt |
| Sie haben | Sie haben | |
| er/sie/es hat | sie haben | |

**PAST PERFECT**

| | | |
|---|---|---|
| ich hatte | wir hatten | |
| du hattest | ihr hattet | geschmeckt |
| Sie hatten | Sie hatten | |
| er/sie/es hatte | sie hatten | |

**FUTURE PERFECT**

| | | |
|---|---|---|
| ich werde | wir werden | |
| du wirst | ihr werdet | geschmeckt haben |
| Sie werden | Sie werden | |
| er/sie/es wird | sie werden | |

**PAST SUBJUNCTIVE I**

| | | |
|---|---|---|
| ich habe | wir haben | |
| du habest | ihr habet | geschmeckt |
| Sie haben | Sie haben | |
| er/sie/es habe | sie haben | |

**PAST SUBJUNCTIVE II**

| | | |
|---|---|---|
| ich hätte | wir hätten | |
| du hättest | ihr hättet | geschmeckt |
| Sie hätten | Sie hätten | |
| er/sie/es hätte | sie hätten | |

**FUTURE PERFECT SUBJUNCTIVE I**

| | | |
|---|---|---|
| ich werde | wir werden | |
| du werdest | ihr werdet | geschmeckt haben |
| Sie werden | Sie werden | |
| er/sie/es werde | sie werden | |

**FUTURE PERFECT SUBJUNCTIVE II**

| | | |
|---|---|---|
| ich würde | wir würden | |
| du würdest | ihr würdet | geschmeckt haben |
| Sie würden | Sie würden | |
| er/sie/es würde | sie würden | |

**COMMANDS**     schmeck(e)!   schmeckt!   schmecken Sie!

**PRESENT PARTICIPLE**     schmeckend

## Usage

| | |
|---|---|
| Das Goldbeergelee schmeckt etwas sauer. | *The ground cherry jelly tastes rather sour.* |
| Aber Zitronen schmecken noch saurer. | *But lemons taste even more sour.* |
| Wie haben euch die Pralinen geschmeckt? | *How did you like the pralines?* |
| Schmeckt deutsches Bier besser als amerikanisches? | *Does German beer taste better than American?* |
| Eine kubanische Zigarre schmeckt am besten. | *A Cuban cigar tastes the best.* |
| Die Brötchen schmecken himmlisch. | *The rolls taste heavenly.* |
| Dem Hund schmeckt das Katzenfutter besser. | *The dog likes the taste of the cat food better.* |
| Das Schnitzel schmeckte ihm nicht, aber den Braten aß er. | *He didn't like the taste of the cutlet, but he ate the roast.* |
| Das Kaugummi schmeckt nach Bananen. | *The chewing gum tastes like bananas.* |
| Das Essen muss gut schmecken, sonst isst Oma nichts. | *The food has to taste good, else Grandma won't eat anything.* |
| Wir haben den Auflauf geschmeckt. | *We sampled the casserole.* |
| Das schmeckt nach Sabotage. | *That smacks of sabotage.* |

**RELATED VERBS**  ab·schmecken, durch·schmecken, nach·schmecken, vor·schmecken

strong verb

**PRESENT**

| | |
|---|---|
| ich schmeiße | wir schmeißen |
| du schmeißt | ihr schmeißt |
| Sie schmeißen | Sie schmeißen |
| er/sie/es schmeißt | sie schmeißen |

**SIMPLE PAST**

| | |
|---|---|
| ich schmiss | wir schmissen |
| du schmissest | ihr schmisst |
| Sie schmissen | Sie schmissen |
| er/sie/es schmiss | sie schmissen |

**FUTURE**

| | | |
|---|---|---|
| ich werde | wir werden | |
| du wirst | ihr werdet | schmeißen |
| Sie werden | Sie werden | |
| er/sie/es wird | sie werden | |

**PRESENT SUBJUNCTIVE I**

| | |
|---|---|
| ich schmeiße | wir schmeißen |
| du schmeißest | ihr schmeißet |
| Sie schmeißen | Sie schmeißen |
| er/sie/es schmeiße | sie schmeißen |

**PRESENT SUBJUNCTIVE II**

| | |
|---|---|
| ich schmisse | wir schmissen |
| du schmissest | ihr schmisset |
| Sie schmissen | Sie schmissen |
| er/sie/es schmisse | sie schmissen |

**FUTURE SUBJUNCTIVE I**

| | | |
|---|---|---|
| ich werde | wir werden | |
| du werdest | ihr werdet | schmeißen |
| Sie werden | Sie werden | |
| er/sie/es werde | sie werden | |

**FUTURE SUBJUNCTIVE II**

| | | |
|---|---|---|
| ich würde | wir würden | |
| du würdest | ihr würdet | schmeißen |
| Sie würden | Sie würden | |
| er/sie/es würde | sie würden | |

**PRESENT PERFECT**

| | | |
|---|---|---|
| ich habe | wir haben | |
| du hast | ihr habt | geschmissen |
| Sie haben | Sie haben | |
| er/sie/es hat | sie haben | |

**PAST PERFECT**

| | | |
|---|---|---|
| ich hatte | wir hatten | |
| du hattest | ihr hattet | geschmissen |
| Sie hatten | Sie hatten | |
| er/sie/es hatte | sie hatten | |

**FUTURE PERFECT**

| | | |
|---|---|---|
| ich werde | wir werden | |
| du wirst | ihr werdet | geschmissen haben |
| Sie werden | Sie werden | |
| er/sie/es wird | sie werden | |

**PAST SUBJUNCTIVE I**

| | | |
|---|---|---|
| ich habe | wir haben | |
| du habest | ihr habet | geschmissen |
| Sie haben | Sie haben | |
| er/sie/es habe | sie haben | |

**PAST SUBJUNCTIVE II**

| | | |
|---|---|---|
| ich hätte | wir hätten | |
| du hättest | ihr hättet | geschmissen |
| Sie hätten | Sie hätten | |
| er/sie/es hätte | sie hätten | |

**FUTURE PERFECT SUBJUNCTIVE I**

| | | |
|---|---|---|
| ich werde | wir werden | |
| du werdest | ihr werdet | geschmissen haben |
| Sie werden | Sie werden | |
| er/sie/es werde | sie werden | |

**FUTURE PERFECT SUBJUNCTIVE II**

| | | |
|---|---|---|
| ich würde | wir würden | |
| du würdest | ihr würdet | geschmissen haben |
| Sie würden | Sie würden | |
| er/sie/es würde | sie würden | |

**COMMANDS** schmeiß(e)! schmeißt! schmeißen Sie!

**PRESENT PARTICIPLE** schmeißend

## Usage

| | |
|---|---|
| Wer hat den Baseball durchs Fenster geschmissen? | *Who threw the baseball through the window?* |
| Unser Papagei schmeißt gern Obststücke gegen den Spiegel. | *Our parrot likes to fling pieces of fruit against the mirror.* |
| Ingrid wollte ein Glas gegen die Wand schmeißen. | *Ingrid wanted to hurl a glass against the wall.* |
| Die Zuschauer haben Tomaten geschmissen. | *The spectators threw tomatoes.* |
| Der Mann wurde von seiner Frau aus dem Haus geschmissen. | *The man was thrown out of the house by his wife.* |
| Ich habe die Ausbildung als Bäcker geschmissen. | *I've given up training to be a baker.* |
| Vanessa hat ihren Freund Gregor geschmissen. | *Vanessa has dumped her boyfriend, Gregor.* |

### sich schmeißen *to dress; hurl oneself*

| | |
|---|---|
| Liesl hat sich in einen schicken Rock geschmissen. | *Liesl dressed in a chic skirt.* |
| Yvonne hat sich aufs Sofa geschmissen. | *Yvonne threw herself onto the sofa.* |
| Der verzweifelte Schauspieler schmiss sich in den Fluss. | *The desperate actor hurled himself into the river.* |

**RELATED VERBS** beschmeißen, ein·schmeißen, um·schmeißen, weg·schmeißen

**PRESENT**

| | |
|---|---|
| ich schmelze | wir schmelzen |
| du schmilzt | ihr schmelzt |
| Sie schmelzen | Sie schmelzen |
| er/sie/es schmilzt | sie schmelzen |

**SIMPLE PAST**

| | |
|---|---|
| ich schmolz | wir schmolzen |
| du schmolzest | ihr schmolzt |
| Sie schmolzen | Sie schmolzen |
| er/sie/es schmolz | sie schmolzen |

**FUTURE**

| | | |
|---|---|---|
| ich werde | wir werden | |
| du wirst | ihr werdet | schmelzen |
| Sie werden | Sie werden | |
| er/sie/es wird | sie werden | |

**PRESENT SUBJUNCTIVE I**

| | |
|---|---|
| ich schmelze | wir schmelzen |
| du schmelzest | ihr schmelzet |
| Sie schmelzen | Sie schmelzen |
| er/sie/es schmelze | sie schmelzen |

**PRESENT SUBJUNCTIVE II**

| | |
|---|---|
| ich schmölze | wir schmölzen |
| du schmölzest | ihr schmölzet |
| Sie schmölzen | Sie schmölzen |
| er/sie/es schmölze | sie schmölzen |

**FUTURE SUBJUNCTIVE I**

| | | |
|---|---|---|
| ich werde | wir werden | |
| du werdest | ihr werdet | schmelzen |
| Sie werden | Sie werden | |
| er/sie/es werde | sie werden | |

**FUTURE SUBJUNCTIVE II**

| | | |
|---|---|---|
| ich würde | wir würden | |
| du würdest | ihr würdet | schmelzen |
| Sie würden | Sie würden | |
| er/sie/es würde | sie würden | |

**PRESENT PERFECT**

| | | |
|---|---|---|
| ich bin | wir sind | |
| du bist | ihr seid | geschmolzen |
| Sie sind | Sie sind | |
| er/sie/es ist | sie sind | |

**PAST PERFECT**

| | | |
|---|---|---|
| ich war | wir waren | |
| du warst | ihr wart | geschmolzen |
| Sie waren | Sie waren | |
| er/sie/es war | sie waren | |

**FUTURE PERFECT**

| | | |
|---|---|---|
| ich werde | wir werden | |
| du wirst | ihr werdet | geschmolzen sein |
| Sie werden | Sie werden | |
| er/sie/es wird | sie werden | |

**PAST SUBJUNCTIVE I**

| | | |
|---|---|---|
| ich sei | wir seien | |
| du seiest | ihr seiet | geschmolzen |
| Sie seien | Sie seien | |
| er/sie/es sei | sie seien | |

**PAST SUBJUNCTIVE II**

| | | |
|---|---|---|
| ich wäre | wir wären | |
| du wärest | ihr wäret | geschmolzen |
| Sie wären | Sie wären | |
| er/sie/es wäre | sie wären | |

**FUTURE PERFECT SUBJUNCTIVE I**

| | | |
|---|---|---|
| ich werde | wir werden | |
| du werdest | ihr werdet | geschmolzen sein |
| Sie werden | Sie werden | |
| er/sie/es werde | sie werden | |

**FUTURE PERFECT SUBJUNCTIVE II**

| | | |
|---|---|---|
| ich würde | wir würden | |
| du würdest | ihr würdet | geschmolzen sein |
| Sie würden | Sie würden | |
| er/sie/es würde | sie würden | |

**COMMANDS**    schmilz!   schmelzt!   schmelzen Sie!

**PRESENT PARTICIPLE**    schmelzend

## Usage

| | |
|---|---|
| Das Eis ist bei der Hitze schnell geschmolzen. | *The ice cream quickly melted in the heat.* |
| Ingrids Makeup scheint zu schmelzen. | *Ingrid's makeup seems to be melting away.* |
| Dieses Metall schmilzt bei niedriger Temperatur. | *This metal fuses at a low temperature.* |
| Die wertvolle Skulptur soll im Brand geschmolzen sein. | *The valuable sculpture is supposed to have melted in a fire.* |
| Die Pralinen sind leider geschmolzen. | *The pralines melted, unfortunately.* |
| Der Zinnsoldat schmolz im Ofen. | *The tin soldier melted in the furnace.* |
| Beim Stromausfall ist das Eis in unserem Kühlschrank geschmolzen. | *During the power outage, the ice cream in our refrigerator melted.* |

### schmelzen (with haben) *to melt, dissolve*

| | |
|---|---|
| Wie wird das Eisen geschmolzen? | *How is the iron fused?* |
| Man hat das Besteck geschmolzen und das Silber verkauft. | *They melted down the cutlery and sold the silver.* |
| Zucker in Wasser in einer Pfanne schmelzen. (RECIPE) | *Dissolve the sugar in a pan of water.* |

RELATED VERBS   ab·schmelzen, auf·schmelzen, aus·schmelzen, ein·schmelzen, um·schmelzen, verschmelzen, zerschmelzen, zusammen·schmelzen

regular weak verb
or strong verb

schnaubt · schnaubte/schnob · geschnaubt/geschnoben

**PRESENT**

| | |
|---|---|
| ich schnaube | wir schnauben |
| du schnaubst | ihr schnaubt |
| Sie schnauben | Sie schnauben |
| er/sie/es schnaubt | sie schnauben |

**PRESENT PERFECT**

| | | |
|---|---|---|
| ich habe | wir haben | geschnaubt/ |
| du hast | ihr habt | geschnoben |
| Sie haben | Sie haben | |
| er/sie/es hat | sie haben | |

**SIMPLE PAST**

| | |
|---|---|
| ich schnaubte/schnob | wir schnaubten/schnoben |
| du schnaubtest/schnobst | ihr schnaubtet/schnobt |
| Sie schnaubten/schnoben | Sie schnaubten/schnoben |
| er/sie/es schnaubte/schnob | sie schnaubten/schnoben |

**PAST PERFECT**

| | | |
|---|---|---|
| ich hatte | wir hatten | geschnaubt/ |
| du hattest | ihr hattet | geschnoben |
| Sie hatten | Sie hatten | |
| er/sie/es hatte | sie hatten | |

**FUTURE**

| | | |
|---|---|---|
| ich werde | wir werden | schnauben |
| du wirst | ihr werdet | |
| Sie werden | Sie werden | |
| er/sie/es wird | sie werden | |

**FUTURE PERFECT**

| | | |
|---|---|---|
| ich werde | wir werden | geschnaubt haben |
| du wirst | ihr werdet | OR |
| Sie werden | Sie werden | geschnoben haben |
| er/sie/es wird | sie werden | |

**PRESENT SUBJUNCTIVE I**

| | |
|---|---|
| ich schnaube | wir schnauben |
| du schnaubest | ihr schnaubet |
| Sie schnauben | Sie schnauben |
| er/sie/es schnaube | sie schnauben |

**PAST SUBJUNCTIVE I**

| | | |
|---|---|---|
| ich habe | wir haben | geschnaubt/ |
| du habest | ihr habet | geschnoben |
| Sie haben | Sie haben | |
| er/sie/es habe | sie haben | |

**PRESENT SUBJUNCTIVE II**

| | |
|---|---|
| ich schnaubte/schnöbe | wir schnaubten/schnöben |
| du schnaubtest/schnöbest | ihr schnaubtet/schnöbet |
| Sie schnaubten/schnöben | Sie schnaubten/schnöben |
| er/sie/es schnaubte/schnöbe | sie schnaubten/schnöben |

**PAST SUBJUNCTIVE II**

| | | |
|---|---|---|
| ich hätte | wir hätten | geschnaubt/ |
| du hättest | ihr hättet | geschnoben |
| Sie hätten | Sie hätten | |
| er/sie/es hätte | sie hätten | |

**FUTURE SUBJUNCTIVE I**

| | | |
|---|---|---|
| ich werde | wir werden | schnauben |
| du werdest | ihr werdet | |
| Sie werden | Sie werden | |
| er/sie/es werde | sie werden | |

**FUTURE PERFECT SUBJUNCTIVE I**

| | | |
|---|---|---|
| ich werde | wir werden | geschnaubt haben |
| du werdest | ihr werdet | OR |
| Sie werden | Sie werden | geschnoben haben |
| er/sie/es werde | sie werden | |

**FUTURE SUBJUNCTIVE II**

| | | |
|---|---|---|
| ich würde | wir würden | schnauben |
| du würdest | ihr würdet | |
| Sie würden | Sie würden | |
| er/sie/es würde | sie würden | |

**FUTURE PERFECT SUBJUNCTIVE II**

| | | |
|---|---|---|
| ich würde | wir würden | geschnaubt haben |
| du würdest | ihr würdet | OR |
| Sie würden | Sie würden | geschnoben haben |
| er/sie/es würde | sie würden | |

**COMMANDS** schnaub(e)! schnaubt! schnauben Sie!

**PRESENT PARTICIPLE** schnaubend

**NOTE** The strong forms of **schnauben** are older.

## Usage

| | |
|---|---|
| Warum schnauben Sie den Rauch in diese Richtung? | *Why are you blowing the smoke in this direction?* |
| Manni schnaubte eine Ausrede. | *Manni grunted an excuse.* |
| Lars schnaubte vor Wut. | *Lars was fuming with rage.* |
| Hänsl schnaubte außer Atem. | *Hänsl panted to catch his breath.* |
| Die Pferde wieherten und schnoben im Stall. | *The horses neighed and snorted in the stall.* |
| Das Mädchen schnaubte in Verlegenheit: „Das kann nicht sein!" | *The girl snorted in embarrassment, "That can't be!"* |
| „Das ist zu laut!" schnaubte der Nachbar. | *"That's too loud!" snarled the neighbor.* |
| Dann schnob die ängstliche Kuh und lief weg. | *Then the frightened cow snorted and ran away.* |
| Warum hast du geschnaubt? | *Why did you snort?* |
| Herbert schnaubte laut und die anderen schwiegen. | *Herbert snorted loudly and the others fell silent.* |

**RELATED VERB** aus·schnauben

schneidet · schnitt · geschnitten

strong verb

**PRESENT**

| | |
|---|---|
| ich schneide | wir schneiden |
| du schneidest | ihr schneidet |
| Sie schneiden | Sie schneiden |
| er/sie/es schneidet | sie schneiden |

**PRESENT PERFECT**

| | | |
|---|---|---|
| ich habe | wir haben | |
| du hast | ihr habt | geschnitten |
| Sie haben | Sie haben | |
| er/sie/es hat | sie haben | |

**SIMPLE PAST**

| | |
|---|---|
| ich schnitt | wir schnitten |
| du schnittst | ihr schnittet |
| Sie schnitten | Sie schnitten |
| er/sie/es schnitt | sie schnitten |

**PAST PERFECT**

| | | |
|---|---|---|
| ich hatte | wir hatten | |
| du hattest | ihr hattet | geschnitten |
| Sie hatten | Sie hatten | |
| er/sie/es hatte | sie hatten | |

**FUTURE**

| | | |
|---|---|---|
| ich werde | wir werden | |
| du wirst | ihr werdet | schneiden |
| Sie werden | Sie werden | |
| er/sie/es wird | sie werden | |

**FUTURE PERFECT**

| | | |
|---|---|---|
| ich werde | wir werden | |
| du wirst | ihr werdet | geschnitten haben |
| Sie werden | Sie werden | |
| er/sie/es wird | sie werden | |

**PRESENT SUBJUNCTIVE I**

| | |
|---|---|
| ich schneide | wir schneiden |
| du schneidest | ihr schneidet |
| Sie schneiden | Sie schneiden |
| er/sie/es schneide | sie schneiden |

**PAST SUBJUNCTIVE I**

| | | |
|---|---|---|
| ich habe | wir haben | |
| du habest | ihr habet | geschnitten |
| Sie haben | Sie haben | |
| er/sie/es habe | sie haben | |

**PRESENT SUBJUNCTIVE II**

| | |
|---|---|
| ich schnitte | wir schnitten |
| du schnittest | ihr schnittet |
| Sie schnitten | Sie schnitten |
| er/sie/es schnitte | sie schnitten |

**PAST SUBJUNCTIVE II**

| | | |
|---|---|---|
| ich hätte | wir hätten | |
| du hättest | ihr hättet | geschnitten |
| Sie hätten | Sie hätten | |
| er/sie/es hätte | sie hätten | |

**FUTURE SUBJUNCTIVE I**

| | | |
|---|---|---|
| ich werde | wir werden | |
| du werdest | ihr werdet | schneiden |
| Sie werden | Sie werden | |
| er/sie/es werde | sie werden | |

**FUTURE PERFECT SUBJUNCTIVE I**

| | | |
|---|---|---|
| ich werde | wir werden | |
| du werdest | ihr werdet | geschnitten haben |
| Sie werden | Sie werden | |
| er/sie/es werde | sie werden | |

**FUTURE SUBJUNCTIVE II**

| | | |
|---|---|---|
| ich würde | wir würden | |
| du würdest | ihr würdet | schneiden |
| Sie würden | Sie würden | |
| er/sie/es würde | sie würden | |

**FUTURE PERFECT SUBJUNCTIVE II**

| | | |
|---|---|---|
| ich würde | wir würden | |
| du würdest | ihr würdet | geschnitten haben |
| Sie würden | Sie würden | |
| er/sie/es würde | sie würden | |

**COMMANDS**    schneide!    schneidet!    schneiden Sie!

**PRESENT PARTICIPLE**    schneidend

## Usage

| | |
|---|---|
| Mark hat sich den Finger geschnitten. | *Mark cut his finger.* |
| Amalie hat sich am Arm geschnitten. | *Amalie has cut her arm.* |
| Die gekochten Eier klein schneiden. (RECIPE) | *Finely dice the boiled eggs.* |
| Das Seil muss geschnitten werden. | *The rope must be cut.* |
| Das kann ich nicht schneiden. | *I can't cut that.* |
| Schneide den Deckel so. | *Cut the lid like this.* |
| Maria hat das Kaugummi aus ihrem Haar schneiden müssen. | *Maria had to cut the chewing gum out of her hair.* |
| Diese Motorsäge schneidet viele verschiedene Materialien. | *This electric saw cuts many different materials.* |
| Schneidest du dir selbst die Haare? | *Do you cut your own hair?* |
| Aluminium ist leicht zu schneiden. | *Aluminum is easy to cut.* |
| Schneiden Sie bitte das Gemüse. | *Please cut the vegetables.* |

**RELATED VERBS** ab·schneiden, an·schneiden, auf·schneiden, aus·schneiden, beschneiden, durch·schneiden, durchschneiden, ein·schneiden, überschneiden, verschneiden, vor·schneiden, weg·schneiden, zerschneiden, zu·schneiden

regular weak verb

**PRESENT**

| | |
|---|---|
| ich schneie | wir schneien |
| du schneist | ihr schneit |
| Sie schneien | Sie schneien |
| er/sie/es schneit | sie schneien |

**SIMPLE PAST**

| | |
|---|---|
| ich schneite | wir schneiten |
| du schneitest | ihr schneitet |
| Sie schneiten | Sie schneiten |
| er/sie/es schneite | sie schneiten |

**FUTURE**

| | | |
|---|---|---|
| ich werde | wir werden | |
| du wirst | ihr werdet | schneien |
| Sie werden | Sie werden | |
| er/sie/es wird | sie werden | |

**PRESENT SUBJUNCTIVE I**

| | |
|---|---|
| ich schneie | wir schneien |
| du schneiest | ihr schneiet |
| Sie schneien | Sie schneien |
| er/sie/es schneie | sie schneien |

**PRESENT SUBJUNCTIVE II**

| | |
|---|---|
| ich schneite | wir schneiten |
| du schneitest | ihr schneitet |
| Sie schneiten | Sie schneiten |
| er/sie/es schneite | sie schneiten |

**FUTURE SUBJUNCTIVE I**

| | | |
|---|---|---|
| ich werde | wir werden | |
| du werdest | ihr werdet | schneien |
| Sie werden | Sie werden | |
| er/sie/es werde | sie werden | |

**FUTURE SUBJUNCTIVE II**

| | | |
|---|---|---|
| ich würde | wir würden | |
| du würdest | ihr würdet | schneien |
| Sie würden | Sie würden | |
| er/sie/es würde | sie würden | |

**PRESENT PERFECT**

| | | |
|---|---|---|
| ich habe | wir haben | |
| du hast | ihr habt | geschneit |
| Sie haben | Sie haben | |
| er/sie/es hat | sie haben | |

**PAST PERFECT**

| | | |
|---|---|---|
| ich hatte | wir hatten | |
| du hattest | ihr hattet | geschneit |
| Sie hatten | Sie hatten | |
| er/sie/es hatte | sie hatten | |

**FUTURE PERFECT**

| | | |
|---|---|---|
| ich werde | wir werden | |
| du wirst | ihr werdet | geschneit haben |
| Sie werden | Sie werden | |
| er/sie/es wird | sie werden | |

**PAST SUBJUNCTIVE I**

| | | |
|---|---|---|
| ich habe | wir haben | |
| du habest | ihr habet | geschneit |
| Sie haben | Sie haben | |
| er/sie/es habe | sie haben | |

**PAST SUBJUNCTIVE II**

| | | |
|---|---|---|
| ich hätte | wir hätten | |
| du hättest | ihr hättet | geschneit |
| Sie hätten | Sie hätten | |
| er/sie/es hätte | sie hätten | |

**FUTURE PERFECT SUBJUNCTIVE I**

| | | |
|---|---|---|
| ich werde | wir werden | |
| du werdest | ihr werdet | geschneit haben |
| Sie werden | Sie werden | |
| er/sie/es werde | sie werden | |

**FUTURE PERFECT SUBJUNCTIVE II**

| | | |
|---|---|---|
| ich würde | wir würden | |
| du würdest | ihr würdet | geschneit haben |
| Sie würden | Sie würden | |
| er/sie/es würde | sie würden | |

**COMMANDS**     schnei(e)!   schneit!   schneien Sie!

**PRESENT PARTICIPLE**     schneiend

**NOTE** The first- and second-person forms of **schneien** are rare, except in poetry.

## Usage

| | |
|---|---|
| Letztes Jahr hat es in Seattle viermal geschneit. | *It snowed four times last year in Seattle.* |
| Am nächsten Tag schneite es in Yosemite. | *The next day, it snowed in Yosemite.* |
| In der Zwischenzeit wird es wohl viel mehr geschneit haben. | *In the meantime, it will likely have snowed a lot more.* |
| Voriges Jahr hat es erstaunlich oft geschneit. | *Last year, it snowed unusually often.* |
| Um wie viel Uhr begann es zu schneien? | *At what time did it begin snowing?* |
| In Alaska schneit es von Oktober bis Mai. | *In Alaska, it snows from October to May.* |
| Ab und zu schneit es auch in San Francisco. | *Once in a while, it snows in San Francisco, too.* |
| Beim Rugbyspiel hat es gestern Abend viel geschneit. | *It snowed a lot at the rugby game last night.* |
| Im Süden der USA schneit es selten. | *In the American South, it seldom snows.* |

**schneien** (with **sein**) (used figuratively) *to fall like snow*

Blumen sind auf uns geschneit.

*Flowers fell like snow on us.*

**RELATED VERBS** ein·schneien, verschneien, zu·schneien

## schrauben  *to screw*

schraubt · schraubte · geschraubt

regular weak verb

**PRESENT**

| | |
|---|---|
| ich schraube | wir schrauben |
| du schraubst | ihr schraubt |
| Sie schrauben | Sie schrauben |
| er/sie/es schraubt | sie schrauben |

**PRESENT PERFECT**

| | |
|---|---|
| ich habe | wir haben |
| du hast | ihr habt |
| Sie haben | Sie haben |
| er/sie/es hat | sie haben |

} geschraubt

**SIMPLE PAST**

| | |
|---|---|
| ich schraubte | wir schraubten |
| du schraubtest | ihr schraubtet |
| Sie schraubten | Sie schraubten |
| er/sie/es schraubte | sie schraubten |

**PAST PERFECT**

| | |
|---|---|
| ich hatte | wir hatten |
| du hattest | ihr hattet |
| Sie hatten | Sie hatten |
| er/sie/es hatte | sie hatten |

} geschraubt

**FUTURE**

| | |
|---|---|
| ich werde | wir werden |
| du wirst | ihr werdet |
| Sie werden | Sie werden |
| er/sie/es wird | sie werden |

} schrauben

**FUTURE PERFECT**

| | |
|---|---|
| ich werde | wir werden |
| du wirst | ihr werdet |
| Sie werden | Sie werden |
| er/sie/es wird | sie werden |

} geschraubt haben

**PRESENT SUBJUNCTIVE I**

| | |
|---|---|
| ich schraube | wir schrauben |
| du schraubest | ihr schraubet |
| Sie schrauben | Sie schrauben |
| er/sie/es schraube | sie schrauben |

**PAST SUBJUNCTIVE I**

| | |
|---|---|
| ich habe | wir haben |
| du habest | ihr habet |
| Sie haben | Sie haben |
| er/sie/es habe | sie haben |

} geschraubt

**PRESENT SUBJUNCTIVE II**

| | |
|---|---|
| ich schraubte | wir schraubten |
| du schraubtest | ihr schraubtet |
| Sie schraubten | Sie schraubten |
| er/sie/es schraubte | sie schraubten |

**PAST SUBJUNCTIVE II**

| | |
|---|---|
| ich hätte | wir hätten |
| du hättest | ihr hättet |
| Sie hätten | Sie hätten |
| er/sie/es hätte | sie hätten |

} geschraubt

**FUTURE SUBJUNCTIVE I**

| | |
|---|---|
| ich werde | wir werden |
| du werdest | ihr werdet |
| Sie werden | Sie werden |
| er/sie/es werde | sie werden |

} schrauben

**FUTURE PERFECT SUBJUNCTIVE I**

| | |
|---|---|
| ich werde | wir werden |
| du werdest | ihr werdet |
| Sie werden | Sie werden |
| er/sie/es werde | sie werden |

} geschraubt haben

**FUTURE SUBJUNCTIVE II**

| | |
|---|---|
| ich würde | wir würden |
| du würdest | ihr würdet |
| Sie würden | Sie würden |
| er/sie/es würde | sie würden |

} schrauben

**FUTURE PERFECT SUBJUNCTIVE II**

| | |
|---|---|
| ich würde | wir würden |
| du würdest | ihr würdet |
| Sie würden | Sie würden |
| er/sie/es würde | sie würden |

} geschraubt haben

**COMMANDS**      schraub(e)!   schraubt!   schrauben Sie!

**PRESENT PARTICIPLE**      schraubend

## Usage

| | |
|---|---|
| Man muss einen Griff an den Deckel schrauben. | *A handle must be screwed onto the lid.* |
| Bücherregale werden wegen Erdbeben an die Wand geschraubt. | *Bookcases are screwed to the wall because of earthquakes.* |

### höher/niedriger schrauben  *to raise/lower*

| | |
|---|---|
| Die Preise werden immer höher geschraubt. | *The prices are being pushed higher and higher.* |
| Wir müssen die Erwartungen etwas niedriger schrauben. | *We must lower the expectations somewhat.* |

### sich schrauben  *to spin, spiral*

| | |
|---|---|
| Die Molekeln schrauben sich in eine neue Struktur. | *The molecules spin into a new structure.* |
| Die Rauchwolke schraubte sich in den Himmel. | *The cloud of smoke spiraled into the sky.* |
| Im Sommer schrauben sich die Temperaturen in die Höhe. | *In the summer, the temperatures spiral upwards.* |

**RELATED VERBS**  ab·schrauben, an·schrauben, auf·schrauben, aus·schrauben, ein·schrauben, fest·schrauben, hoch·schrauben, verschrauben, zurück·schrauben, zusammen·schrauben, zu·schrauben

regular weak verb
or strong verb

**schreckt/schrickt · schreckte/schrak · geschreckt/geschrocken**

**PRESENT**

| | |
|---|---|
| ich schrecke | wir schrecken |
| du schreckst/schrickst | ihr schreckt |
| Sie schrecken | Sie schrecken |
| er/sie/es schreckt/schrickt | sie schrecken |

**SIMPLE PAST**

| | |
|---|---|
| ich schreckte/schrak | wir schreckten/schraken |
| du schrecktest/schrakst | ihr schrecktet/schrakt |
| Sie schreckten/schraken | Sie schreckten/schraken |
| er/sie/es schreckte/schrak | sie schreckten/schraken |

**FUTURE**

| | |
|---|---|
| ich werde | wir werden |
| du wirst | ihr werdet |
| Sie werden | Sie werden |
| er/sie/es wird | sie werden |

} schrecken

**PRESENT SUBJUNCTIVE I**

| | |
|---|---|
| ich schrecke | wir schrecken |
| du schreckest | ihr schrecket |
| Sie schrecken | Sie schrecken |
| er/sie/es schrecke | sie schrecken |

**PRESENT SUBJUNCTIVE II**

| | |
|---|---|
| ich schreckte/schräke | wir schreckten/schräken |
| du schrecktest/schräkest | ihr schrecktet/schräket |
| Sie schreckten/schräken | Sie schreckten/schräken |
| er/sie/es schreckte/schräke | sie schreckten/schräken |

**FUTURE SUBJUNCTIVE I**

| | |
|---|---|
| ich werde | wir werden |
| du werdest | ihr werdet |
| Sie werden | Sie werden |
| er/sie/es werde | sie werden |

} schrecken

**FUTURE SUBJUNCTIVE II**

| | |
|---|---|
| ich würde | wir würden |
| du würdest | ihr würdet |
| Sie würden | Sie würden |
| er/sie/es würde | sie würden |

} schrecken

**PRESENT PERFECT**

| | |
|---|---|
| ich bin | wir sind |
| du bist | ihr seid |
| Sie sind | Sie sind |
| er/sie/es ist | sie sind |

} geschreckt/geschrocken

**PAST PERFECT**

| | |
|---|---|
| ich war | wir waren |
| du warst | ihr wart |
| Sie waren | Sie waren |
| er/sie/es war | sie waren |

} geschreckt/geschrocken

**FUTURE PERFECT**

| | |
|---|---|
| ich werde | wir werden |
| du wirst | ihr werdet |
| Sie werden | Sie werden |
| er/sie/es wird | sie werden |

} geschreckt sein OR geschrocken sein

**PAST SUBJUNCTIVE I**

| | |
|---|---|
| ich sei | wir seien |
| du seiest | ihr seiet |
| Sie seien | Sie seien |
| er/sie/es sei | sie seien |

} geschreckt/geschrocken

**PAST SUBJUNCTIVE II**

| | |
|---|---|
| ich wäre | wir wären |
| du wärest | ihr wäret |
| Sie wären | Sie wären |
| er/sie/es wäre | sie wären |

} geschreckt/geschrocken

**FUTURE PERFECT SUBJUNCTIVE I**

| | |
|---|---|
| ich werde | wir werden |
| du werdest | ihr werdet |
| Sie werden | Sie werden |
| er/sie/es werde | sie werden |

} geschreckt sein OR geschrocken sein

**FUTURE PERFECT SUBJUNCTIVE II**

| | |
|---|---|
| ich würde | wir würden |
| du würdest | ihr würdet |
| Sie würden | Sie würden |
| er/sie/es würde | sie würden |

} geschreckt sein OR geschrocken sein

**COMMANDS**  schreck(e)!/schrick!  schreckt!  schrecken Sie!

**PRESENT PARTICIPLE**  schreckend

NOTE The archaic strong past participle **geschrocken** is extremely rare, whereas the strong simple tenses are more common.

## Usage

Erich ist aus tiefem Schlaf geschreckt. — *Erich was startled from a deep sleep.*
Die Bürger werden über die neuen Regelungen schrecken. — *The citizens will be frightened by the new laws.*
Der Hund schrak und lief weg. — *The dog got scared and ran away.*

**schrecken** (when transitive, all forms are always regular weak with **haben**) *to frighten, scare, startle*

Schreck mich nicht so. — *Don't startle me like that.*
Meine neue Chefin schreckt mich. — *My new boss scares me.*
Karen möchte uns nicht schrecken. — *Karen doesn't want to frighten us.*
Hat der Film dich nicht geschreckt? — *Did the film not scare you?*
Die politischen Ereignisse schrecken uns. — *The political events are alarming us.*
Der Bauersknecht schreckte den Hasen. — *The hired hand startled the hare.*

**RELATED VERBS**  ab·schrecken, auf·schrecken, hoch·schrecken, zurück·schrecken; *see also* **erschrecken** (171)

# schreiben  *to write; spell*

schreibt · schrieb · geschrieben

strong verb

| PRESENT | | |
|---|---|---|
| ich schreibe | wir schreiben | |
| du schreibst | ihr schreibt | |
| Sie schreiben | Sie schreiben | |
| er/sie/es schreibt | sie schreiben | |

| PRESENT PERFECT | | |
|---|---|---|
| ich habe | wir haben | |
| du hast | ihr habt | geschrieben |
| Sie haben | Sie haben | |
| er/sie/es hat | sie haben | |

| SIMPLE PAST | | |
|---|---|---|
| ich schrieb | wir schrieben | |
| du schriebst | ihr schriebt | |
| Sie schrieben | Sie schrieben | |
| er/sie/es schrieb | sie schrieben | |

| PAST PERFECT | | |
|---|---|---|
| ich hatte | wir hatten | |
| du hattest | ihr hattet | geschrieben |
| Sie hatten | Sie hatten | |
| er/sie/es hatte | sie hatten | |

| FUTURE | | |
|---|---|---|
| ich werde | wir werden | |
| du wirst | ihr werdet | schreiben |
| Sie werden | Sie werden | |
| er/sie/es wird | sie werden | |

| FUTURE PERFECT | | |
|---|---|---|
| ich werde | wir werden | |
| du wirst | ihr werdet | geschrieben haben |
| Sie werden | Sie werden | |
| er/sie/es wird | sie werden | |

| PRESENT SUBJUNCTIVE I | | |
|---|---|---|
| ich schreibe | wir schreiben | |
| du schreibest | ihr schreibet | |
| Sie schreiben | Sie schreiben | |
| er/sie/es schreibe | sie schreiben | |

| PAST SUBJUNCTIVE I | | |
|---|---|---|
| ich habe | wir haben | |
| du habest | ihr habet | geschrieben |
| Sie haben | Sie haben | |
| er/sie/es habe | sie haben | |

| PRESENT SUBJUNCTIVE II | | |
|---|---|---|
| ich schriebe | wir schrieben | |
| du schriebest | ihr schriebet | |
| Sie schrieben | Sie schrieben | |
| er/sie/es schriebe | sie schrieben | |

| PAST SUBJUNCTIVE II | | |
|---|---|---|
| ich hätte | wir hätten | |
| du hättest | ihr hättet | geschrieben |
| Sie hätten | Sie hätten | |
| er/sie/es hätte | sie hätten | |

| FUTURE SUBJUNCTIVE I | | |
|---|---|---|
| ich werde | wir werden | |
| du werdest | ihr werdet | schreiben |
| Sie werden | Sie werden | |
| er/sie/es werde | sie werden | |

| FUTURE PERFECT SUBJUNCTIVE I | | |
|---|---|---|
| ich werde | wir werden | |
| du werdest | ihr werdet | geschrieben haben |
| Sie werden | Sie werden | |
| er/sie/es werde | sie werden | |

| FUTURE SUBJUNCTIVE II | | |
|---|---|---|
| ich würde | wir würden | |
| du würdest | ihr würdet | schreiben |
| Sie würden | Sie würden | |
| er/sie/es würde | sie würden | |

| FUTURE PERFECT SUBJUNCTIVE II | | |
|---|---|---|
| ich würde | wir würden | |
| du würdest | ihr würdet | geschrieben haben |
| Sie würden | Sie würden | |
| er/sie/es würde | sie würden | |

COMMANDS     schreib(e)!   schreibt!   schreiben Sie!

PRESENT PARTICIPLE     schreibend

## Usage

| | |
|---|---|
| Ich muss meiner Mutter jetzt schreiben. | *I have to write my mother now.* |
| Dieses Gedicht müsste vor 1500 geschrieben worden sein. | *This poem must have been written before 1500.* |
| Die alten Männer schreiben einander regelmäßig. | *The old men write to one another regularly.* |
| Schreibt man das Wort „Leid" groß oder klein? | *Do you write the word "Leid" in upper case or lower case?* |
| Hast du den Aufsatz schon geschrieben? | *Have you already written the essay?* |
| Frank Schröter wollte den Liedtext geschrieben haben. | *Frank Schröter claimed to have written the lyrics.* |
| Diese Geschichte wurde 1959 geschrieben. | *This story was written in 1959.* |

### sich schreiben  *to write; be spelled*

| | |
|---|---|
| Mit diesem Stift schreibt es sich leicht. | *It's easy to write with this pen.* |
| Schreibt sich das Wort „Ruhm" mit oder ohne „h"? | *Is the word "Ruhm" spelled with or without an "h"?* |

RELATED VERBS  ab·schreiben, an·schreiben, auf·schreiben, aus·schreiben, durch·schreiben, ein·schreiben, gut·schreiben, krank·schreiben, mit·schreiben, nach·schreiben, nieder·schreiben, schön·schreiben, überschreiben, um·schreiben, umschreiben, verschreiben, vor·schreiben, zurück·schreiben, zusammen·schreiben, zu·schreiben; *see also* **beschreiben** (84), **unterschreiben** (472) strong verb                                        schreit · schrie · geschrien

**PRESENT**

| | | **PRESENT PERFECT** | | |
|---|---|---|---|---|
| ich schreie | wir schreien | ich habe | wir haben | |
| du schreist | ihr schreit | du hast | ihr habt | |
| Sie schreien | Sie schreien | Sie haben | Sie haben | geschrien |
| er/sie/es schreit | sie schreien | er/sie/es hat | sie haben | |

**SIMPLE PAST**

| | | **PAST PERFECT** | | |
|---|---|---|---|---|
| ich schrie | wir schrien | ich hatte | wir hatten | |
| du schriest | ihr schriet | du hattest | ihr hattet | |
| Sie schrien | Sie schrien | Sie hatten | Sie hatten | geschrien |
| er/sie/es schrie | sie schrien | er/sie/es hatte | sie hatten | |

**FUTURE**

| | | **FUTURE PERFECT** | | |
|---|---|---|---|---|
| ich werde | wir werden | ich werde | wir werden | |
| du wirst | ihr werdet | du wirst | ihr werdet | |
| Sie werden | Sie werden | schreien | Sie werden | Sie werden | geschrien haben |
| er/sie/es wird | sie werden | er/sie/es wird | sie werden | |

**PRESENT SUBJUNCTIVE I**

| | | **PAST SUBJUNCTIVE I** | | |
|---|---|---|---|---|
| ich schreie | wir schreien | ich habe | wir haben | |
| du schreiest | ihr schreiet | du habest | ihr habet | |
| Sie schreien | Sie schreien | Sie haben | Sie haben | geschrien |
| er/sie/es schreie | sie schreien | er/sie/es habe | sie haben | |

**PRESENT SUBJUNCTIVE II**

| | | **PAST SUBJUNCTIVE II** | | |
|---|---|---|---|---|
| ich schrie | wir schrien | ich hätte | wir hätten | |
| du schriest | ihr schriet | du hättest | ihr hättet | |
| Sie schrien | Sie schrien | Sie hätten | Sie hätten | geschrien |
| er/sie/es schrie | sie schrien | er/sie/es hätte | sie hätten | |

**FUTURE SUBJUNCTIVE I**

| | | **FUTURE PERFECT SUBJUNCTIVE I** | | |
|---|---|---|---|---|
| ich werde | wir werden | ich werde | wir werden | |
| du werdest | ihr werdet | du werdest | ihr werdet | |
| Sie werden | Sie werden | schreien | Sie werden | Sie werden | geschrien haben |
| er/sie/es werde | sie werden | er/sie/es werde | sie werden | |

**FUTURE SUBJUNCTIVE II**

| | | **FUTURE PERFECT SUBJUNCTIVE II** | | |
|---|---|---|---|---|
| ich würde | wir würden | ich würde | wir würden | |
| du würdest | ihr würdet | du würdest | ihr würdet | |
| Sie würden | Sie würden | schreien | Sie würden | Sie würden | geschrien haben |
| er/sie/es würde | sie würden | er/sie/es würde | sie würden | |

**COMMANDS**  schrei(e)!  schreit!  schreien Sie!

**PRESENT PARTICIPLE**  schreiend

## Usage

| | |
|---|---|
| Wir hörten in der Ferne ein Baby schreien. | *We heard a baby crying in the distance.* |
| Wegen des Lärms musste der Flugbegleiter fast schreien. | *Because of the noise, the flight attendant almost had to scream.* |
| Warum hast du geschrien? | *Why did you yell?* |
| Unser Papagei schreit: „Süßer", wenn er etwas will. | *Our parrot cries "Darling" when he wants something.* |
| Stefan schrie um Hilfe, aber keiner kam. | *Stefan cried for help, but no one came.* |
| Schreien Sie bitte nicht am Telefon. | *Please don't yell on the telephone.* |
| In meinem Alptraum hat ein Eichhörnchen wie ein Affe geschrien. | *In my nightmare, a squirrel was screeching like an ape.* |
| Ich wollte schreien, aber ich musste stillschweigen. | *I wanted to scream but had to remain silent.* |
| Hast du schon mal ein Kaninchen schreien gehört? | *Have you ever heard a rabbit scream?* |
| Du hättest auch geschrien, wenn es dir passiert wäre. | *You would have screamed too, if it had happened to you.* |
| Die Fußballfans schrien bis zum Ende des Spiels. | *The soccer fans yelled until the end of the game.* |

**RELATED VERBS**  an·schreien, auf·schreien, aus·schreien, beschreien, nach·schreien, überschreien, zu·schreien

# schreiten   to step; walk; stride, march; progress, proceed, advance

schreitet · schritt · geschritten

strong verb

## PRESENT

| ich schreite | wir schreiten |
|---|---|
| du schreitest | ihr schreitet |
| Sie schreiten | Sie schreiten |
| er/sie/es schreitet | sie schreiten |

## SIMPLE PAST

| ich schritt | wir schritten |
|---|---|
| du schrittst | ihr schrittet |
| Sie schritten | Sie schritten |
| er/sie/es schritt | sie schritten |

## FUTURE

| ich werde | wir werden | |
|---|---|---|
| du wirst | ihr werdet | schreiten |
| Sie werden | Sie werden | |
| er/sie/es wird | sie werden | |

## PRESENT SUBJUNCTIVE I

| ich schreite | wir schreiten |
|---|---|
| du schreitest | ihr schreitet |
| Sie schreiten | Sie schreiten |
| er/sie/es schreite | sie schreiten |

## PRESENT SUBJUNCTIVE II

| ich schritte | wir schritten |
|---|---|
| du schrittest | ihr schrittet |
| Sie schritten | Sie schritten |
| er/sie/es schritte | sie schritten |

## FUTURE SUBJUNCTIVE I

| ich werde | wir werden | |
|---|---|---|
| du werdest | ihr werdet | schreiten |
| Sie werden | Sie werden | |
| er/sie/es werde | sie werden | |

## FUTURE SUBJUNCTIVE II

| ich würde | wir würden | |
|---|---|---|
| du würdest | ihr würdet | schreiten |
| Sie würden | Sie würden | |
| er/sie/es würde | sie würden | |

## PRESENT PERFECT

| ich bin | wir sind | |
|---|---|---|
| du bist | ihr seid | geschritten |
| Sie sind | Sie sind | |
| er/sie/es ist | sie sind | |

## PAST PERFECT

| ich war | wir waren | |
|---|---|---|
| du warst | ihr wart | geschritten |
| Sie waren | Sie waren | |
| er/sie/es war | sie waren | |

## FUTURE PERFECT

| ich werde | wir werden | |
|---|---|---|
| du wirst | ihr werdet | geschritten sein |
| Sie werden | Sie werden | |
| er/sie/es wird | sie werden | |

## PAST SUBJUNCTIVE I

| ich sei | wir seien | |
|---|---|---|
| du seiest | ihr seiet | geschritten |
| Sie seien | Sie seien | |
| er/sie/es sei | sie seien | |

## PAST SUBJUNCTIVE II

| ich wäre | wir wären | |
|---|---|---|
| du wärest | ihr wäret | geschritten |
| Sie wären | Sie wären | |
| er/sie/es wäre | sie wären | |

## FUTURE PERFECT SUBJUNCTIVE I

| ich werde | wir werden | |
|---|---|---|
| du werdest | ihr werdet | geschritten sein |
| Sie werden | Sie werden | |
| er/sie/es werde | sie werden | |

## FUTURE PERFECT SUBJUNCTIVE II

| ich würde | wir würden | |
|---|---|---|
| du würdest | ihr würdet | geschritten sein |
| Sie würden | Sie würden | |
| er/sie/es würde | sie würden | |

COMMANDS    schreite!   schreitet!   schreiten Sie!

PRESENT PARTICIPLE    schreitend

## Usage

| | |
|---|---|
| Wir wollten nur mal kurz über die Grenze schreiten. | *We just wanted to step across the border briefly.* |
| Die Kinder schritten vorsichtig auf den zugefrorenen Teich. | *The children stepped slowly onto the frozen pond.* |
| Ich küsste diese Schwelle, über die sie so oft geschritten ist. (BETTINE VON ARNIM) | *I kissed the threshold over which she so often passed.* |
| Traurig schritt er nach Hause. | *He walked home sadly.* |
| Die Studenten schritten langsam in den Hörsaal. | *The students strode slowly into the auditorium.* |
| Die Armee schreitet vorwärts ins Grenzgebiet. | *The army is marching into the border region.* |
| Sie wollen zu pragmatischer Politik schreiten. | *They want to proceed to pragmatic politics.* |
| Nach kurzer Debatte schritt das Parlament zur Aufhebung des kontroversen Gesetzes. | *After a short debate, the parliament proceeded to rescind the controversial law.* |
| Muss man vorwärts schreiten. | *One must move forward.* |
| Man ist zu drastischen Maßnahmen geschritten. | *They've taken to drastic measures.* |

RELATED VERBS   ab·schreiten, aus·schreiten, beschreiten, durchschreiten, ein·schreiten, fort·schreiten, überschreiten, unterschreiten, vor·schreiten, weiter·schreiten

regular weak verb

schützt · schützte · geschützt

**PRESENT**

| | |
|---|---|
| ich schütze | wir schützen |
| du schützt | ihr schützt |
| Sie schützen | Sie schützen |
| er/sie/es schützt | sie schützen |

**SIMPLE PAST**

| | |
|---|---|
| ich schützte | wir schützten |
| du schütztest | ihr schütztet |
| Sie schützten | Sie schützten |
| er/sie/es schützte | sie schützten |

**FUTURE**

| | | |
|---|---|---|
| ich werde | wir werden | |
| du wirst | ihr werdet | schützen |
| Sie werden | Sie werden | |
| er/sie/es wird | sie werden | |

**PRESENT SUBJUNCTIVE I**

| | |
|---|---|
| ich schütze | wir schützen |
| du schützest | ihr schützet |
| Sie schützen | Sie schützen |
| er/sie/es schütze | sie schützen |

**PRESENT SUBJUNCTIVE II**

| | |
|---|---|
| ich schützte | wir schützten |
| du schütztest | ihr schütztet |
| Sie schützten | Sie schützten |
| er/sie/es schützte | sie schützten |

**FUTURE SUBJUNCTIVE I**

| | | |
|---|---|---|
| ich werde | wir werden | |
| du werdest | ihr werdet | schützen |
| Sie werden | Sie werden | |
| er/sie/es werde | sie werden | |

**FUTURE SUBJUNCTIVE II**

| | | |
|---|---|---|
| ich würde | wir würden | |
| du würdest | ihr würdet | schützen |
| Sie würden | Sie würden | |
| er/sie/es würde | sie würden | |

**PRESENT PERFECT**

| | | |
|---|---|---|
| ich habe | wir haben | |
| du hast | ihr habt | geschützt |
| Sie haben | Sie haben | |
| er/sie/es hat | sie haben | |

**PAST PERFECT**

| | | |
|---|---|---|
| ich hatte | wir hatten | |
| du hattest | ihr hattet | geschützt |
| Sie hatten | Sie hatten | |
| er/sie/es hatte | sie hatten | |

**FUTURE PERFECT**

| | | |
|---|---|---|
| ich werde | wir werden | |
| du wirst | ihr werdet | geschützt haben |
| Sie werden | Sie werden | |
| er/sie/es wird | sie werden | |

**PAST SUBJUNCTIVE I**

| | | |
|---|---|---|
| ich habe | wir haben | |
| du habest | ihr habet | geschützt |
| Sie haben | Sie haben | |
| er/sie/es habe | sie haben | |

**PAST SUBJUNCTIVE II**

| | | |
|---|---|---|
| ich hätte | wir hätten | |
| du hättest | ihr hättet | geschützt |
| Sie hätten | Sie hätten | |
| er/sie/es hätte | sie hätten | |

**FUTURE PERFECT SUBJUNCTIVE I**

| | | |
|---|---|---|
| ich werde | wir werden | |
| du werdest | ihr werdet | geschützt haben |
| Sie werden | Sie werden | |
| er/sie/es werde | sie werden | |

**FUTURE PERFECT SUBJUNCTIVE II**

| | | |
|---|---|---|
| ich würde | wir würden | |
| du würdest | ihr würdet | geschützt haben |
| Sie würden | Sie würden | |
| er/sie/es würde | sie würden | |

**COMMANDS** schütz(e)! schützt! schützen Sie!

**PRESENT PARTICIPLE** schützend

## Usage

| | |
|---|---|
| Vitamine schützen die Gesundheit. | *Vitamins protect your health.* |
| Sie sollten das Baby vor der Hitze schützen. | *You should protect the baby from the heat.* |
| Sep versuchte seinen Kopf zu schützen. | *Sep tried to protect his head.* |
| Kannst du die Kinder vor dem Hund schützen? | *Can you protect the children from the dog?* |
| In den Nationalparks werden die Wunder der Natur geschützt. | *In the national parks, wonders of nature are protected.* |
| Hans meint, der Wolf wäre missverstanden worden; er habe Rotkäppchen eigentlich schützen wollen. | *Hans thinks the wolf was misunderstood; he actually only wanted to protect Red Riding Hood.* |
| Du musst dich jetzt schützen. | *You must protect yourself now.* |
| Die warmen Temperaturen haben das Obst geschützt. | *The warm temperatures protected the fruit.* |
| Die Feuerwehr schützte die Tiere. | *The fire department protected the animals.* |
| Der große Baum hat uns vor dem Regenschauer geschützt. | *The large tree sheltered us from the rain shower.* |
| Andere Kinder schützen ihn. | *Other children are protective of him.* |

**RELATED VERBS** beschützen, vor·schützen

schwebt · schwebte · geschwebt    regular weak verb

## PRESENT

| | |
|---|---|
| ich schwebe | wir schweben |
| du schwebst | ihr schwebt |
| Sie schweben | Sie schweben |
| er/sie/es schwebt | sie schweben |

## PRESENT PERFECT

| | | |
|---|---|---|
| ich habe | wir haben | |
| du hast | ihr habt | geschwebt |
| Sie haben | Sie haben | |
| er/sie/es hat | sie haben | |

## SIMPLE PAST

| | |
|---|---|
| ich schwebte | wir schwebten |
| du schwebtest | ihr schwebtet |
| Sie schwebten | Sie schwebten |
| er/sie/es schwebte | sie schwebten |

## PAST PERFECT

| | | |
|---|---|---|
| ich hatte | wir hatten | |
| du hattest | ihr hattet | geschwebt |
| Sie hatten | Sie hatten | |
| er/sie/es hatte | sie hatten | |

## FUTURE

| | | |
|---|---|---|
| ich werde | wir werden | |
| du wirst | ihr werdet | schweben |
| Sie werden | Sie werden | |
| er/sie/es wird | sie werden | |

## FUTURE PERFECT

| | | |
|---|---|---|
| ich werde | wir werden | |
| du wirst | ihr werdet | geschwebt haben |
| Sie werden | Sie werden | |
| er/sie/es wird | sie werden | |

## PRESENT SUBJUNCTIVE I

| | |
|---|---|
| ich schwebe | wir schweben |
| du schwebest | ihr schwebet |
| Sie schweben | Sie schweben |
| er/sie/es schwebe | sie schweben |

## PAST SUBJUNCTIVE I

| | | |
|---|---|---|
| ich habe | wir haben | |
| du habest | ihr habet | geschwebt |
| Sie haben | Sie haben | |
| er/sie/es habe | sie haben | |

## PRESENT SUBJUNCTIVE II

| | |
|---|---|
| ich schwebte | wir schwebten |
| du schwebtest | ihr schwebtet |
| Sie schwebten | Sie schwebten |
| er/sie/es schwebte | sie schwebten |

## PAST SUBJUNCTIVE II

| | | |
|---|---|---|
| ich hätte | wir hätten | |
| du hättest | ihr hättet | geschwebt |
| Sie hätten | Sie hätten | |
| er/sie/es hätte | sie hätten | |

## FUTURE SUBJUNCTIVE I

| | | |
|---|---|---|
| ich werde | wir werden | |
| du werdest | ihr werdet | schweben |
| Sie werden | Sie werden | |
| er/sie/es werde | sie werden | |

## FUTURE PERFECT SUBJUNCTIVE I

| | | |
|---|---|---|
| ich werde | wir werden | |
| du werdest | ihr werdet | geschwebt haben |
| Sie werden | Sie werden | |
| er/sie/es werde | sie werden | |

## FUTURE SUBJUNCTIVE II

| | | |
|---|---|---|
| ich würde | wir würden | |
| du würdest | ihr würdet | schweben |
| Sie würden | Sie würden | |
| er/sie/es würde | sie würden | |

## FUTURE PERFECT SUBJUNCTIVE II

| | | |
|---|---|---|
| ich würde | wir würden | |
| du würdest | ihr würdet | geschwebt haben |
| Sie würden | Sie würden | |
| er/sie/es würde | sie würden | |

COMMANDS    schweb(e)!   schwebt!   schweben Sie!

PRESENT PARTICIPLE    schwebend

## Usage

| | |
|---|---|
| Fantastische Figuren schwebten in seinen Träumen. | *Fantastical figures hovered in his dreams.* |
| Hoch über uns schwebte ein Geier. | *High above us, a vulture hovered.* |
| Eine Schlinge schwebte über dem verurteilten Mann. | *A noose hung above the condemned man.* |
| Der Mann schwebt zwischen Leben und Tod. | *The man is hovering between life and death.* |
| Um das Jahr 2000 schwebte man in einer Welt mitten in politischem Umbruch. | *Around the year 2000, people were suspended in a world in the midst of political upheaval.* |
| Ein Hubschrauber schwebte über dem Dach. | *A helicopter hovered above the roof.* |
| Eine Aschenwolke schwebt heute über dem Vulkan. | *A cloud of ash hangs above the volcano today.* |

### schweben (with sein) *to float, soar, flit*

| | |
|---|---|
| Ein Schmetterling ist durch die Tür geschwebt. | *A butterfly flitted through the door.* |
| Die Hexe schwebte durch die Luft auf ihrem Naturbesen. | *The witch soared through the air on her natural broom.* |
| Harfenmusik schwebte aus dem Konzerthaus. | *Harp music wafted from the concert hall.* |

RELATED VERBS    entschweben, umschweben, vor·schweben

strong verb

schweigt · schwieg · geschwiegen

**PRESENT**

| | |
|---|---|
| ich schweige | wir schweigen |
| du schweigst | ihr schweigt |
| Sie schweigen | Sie schweigen |
| er/sie/es schweigt | sie schweigen |

**SIMPLE PAST**

| | |
|---|---|
| ich schwieg | wir schwiegen |
| du schwiegst | ihr schwiegt |
| Sie schwiegen | Sie schwiegen |
| er/sie/es schwieg | sie schwiegen |

**FUTURE**

| | | |
|---|---|---|
| ich werde | wir werden | |
| du wirst | ihr werdet | schweigen |
| Sie werden | Sie werden | |
| er/sie/es wird | sie werden | |

**PRESENT SUBJUNCTIVE I**

| | |
|---|---|
| ich schweige | wir schweigen |
| du schweigest | ihr schweiget |
| Sie schweigen | Sie schweigen |
| er/sie/es schweige | sie schweigen |

**PRESENT SUBJUNCTIVE II**

| | |
|---|---|
| ich schwiege | wir schwiegen |
| du schwiegest | ihr schwieget |
| Sie schwiegen | Sie schwiegen |
| er/sie/es schwiege | sie schwiegen |

**FUTURE SUBJUNCTIVE I**

| | | |
|---|---|---|
| ich werde | wir werden | |
| du werdest | ihr werdet | schweigen |
| Sie werden | Sie werden | |
| er/sie/es werde | sie werden | |

**FUTURE SUBJUNCTIVE II**

| | | |
|---|---|---|
| ich würde | wir würden | |
| du würdest | ihr würdet | schweigen |
| Sie würden | Sie würden | |
| er/sie/es würde | sie würden | |

**PRESENT PERFECT**

| | | |
|---|---|---|
| ich habe | wir haben | |
| du hast | ihr habt | geschwiegen |
| Sie haben | Sie haben | |
| er/sie/es hat | sie haben | |

**PAST PERFECT**

| | | |
|---|---|---|
| ich hatte | wir hatten | |
| du hattest | ihr hattet | geschwiegen |
| Sie hatten | Sie hatten | |
| er/sie/es hatte | sie hatten | |

**FUTURE PERFECT**

| | | |
|---|---|---|
| ich werde | wir werden | |
| du wirst | ihr werdet | geschwiegen haben |
| Sie werden | Sie werden | |
| er/sie/es wird | sie werden | |

**PAST SUBJUNCTIVE I**

| | | |
|---|---|---|
| ich habe | wir haben | |
| du habest | ihr habet | geschwiegen |
| Sie haben | Sie haben | |
| er/sie/es habe | sie haben | |

**PAST SUBJUNCTIVE II**

| | | |
|---|---|---|
| ich hätte | wir hätten | |
| du hättest | ihr hättet | geschwiegen |
| Sie hätten | Sie hätten | |
| er/sie/es hätte | sie hätten | |

**FUTURE PERFECT SUBJUNCTIVE I**

| | | |
|---|---|---|
| ich werde | wir werden | |
| du werdest | ihr werdet | geschwiegen haben |
| Sie werden | Sie werden | |
| er/sie/es werde | sie werden | |

**FUTURE PERFECT SUBJUNCTIVE II**

| | | |
|---|---|---|
| ich würde | wir würden | |
| du würdest | ihr würdet | geschwiegen haben |
| Sie würden | Sie würden | |
| er/sie/es würde | sie würden | |

**COMMANDS** schweig(e)! schweigt! schweigen Sie!

**PRESENT PARTICIPLE** schweigend

## Usage

| | |
|---|---|
| Augenzeugen schweigen über die Ereignisse des Tages. | *Eyewitnesses remain silent about the day's events.* |
| Warum schweigen eure Gäste? | *Why are your guests not talking?* |
| Lars schweigt über seine Lage. | *Lars is saying nothing about his situation.* |
| Jörg schweigt seit einem Jahr darüber. | *Jörg has been quiet about that for a year.* |
| Der Politiker schwieg auf die Frage, weil er keine Antwort wusste. | *The politician didn't comment on the question, because he had no answer.* |
| Unser Papagei schweigt, nur wenn er schläft. | *Our parrot is quiet only when he is asleep.* |
| Auf einem Mal schwieg der Hund, der mehrere Stunden gebellt hatte. | *All at once, the dog that had barked for several hours was quiet.* |
| Er scheint nicht schweigen zu wollen. | *He doesn't seem to want to be quiet.* |
| Die Regierung schweigt zum Thema der Katastrophe. | *The government is silent on the topic of the catastrophe.* |
| Warum hast du geschwiegen? | *Why did you say nothing?* |
| Schweig! | *Shut up!* |

**RELATED VERBS** aus·schweigen, still·schweigen, tot·schweigen, verschweigen

# schwellen *to swell, become swollen*

**schwillt · schwoll · geschwollen**                                      strong verb

| PRESENT | | | PRESENT PERFECT | | |
|---|---|---|---|---|---|
| ich schwelle | wir schwellen | | ich bin | wir sind | |
| du schwillst | ihr schwellt | | du bist | ihr seid | geschwollen |
| Sie schwellen | Sie schwellen | | Sie sind | Sie sind | |
| er/sie/es schwillt | sie schwellen | | er/sie/es ist | sie sind | |

| SIMPLE PAST | | | PAST PERFECT | | |
|---|---|---|---|---|---|
| ich schwoll | wir schwollen | | ich war | wir waren | |
| du schwollst | ihr schwollt | | du warst | ihr wart | geschwollen |
| Sie schwollen | Sie schwollen | | Sie waren | Sie waren | |
| er/sie/es schwoll | sie schwollen | | er/sie/es war | sie waren | |

| FUTURE | | | FUTURE PERFECT | | |
|---|---|---|---|---|---|
| ich werde | wir werden | | ich werde | wir werden | |
| du wirst | ihr werdet | schwellen | du wirst | ihr werdet | geschwollen sein |
| Sie werden | Sie werden | | Sie werden | Sie werden | |
| er/sie/es wird | sie werden | | er/sie/es wird | sie werden | |

| PRESENT SUBJUNCTIVE I | | | PAST SUBJUNCTIVE I | | |
|---|---|---|---|---|---|
| ich schwelle | wir schwellen | | ich sei | wir seien | |
| du schwellest | ihr schwellet | | du seiest | ihr seiet | geschwollen |
| Sie schwellen | Sie schwellen | | Sie seien | Sie seien | |
| er/sie/es schwelle | sie schwellen | | er/sie/es sei | sie seien | |

| PRESENT SUBJUNCTIVE II | | | PAST SUBJUNCTIVE II | | |
|---|---|---|---|---|---|
| ich schwölle | wir schwöllen | | ich wäre | wir wären | |
| du schwöllest | ihr schwöllet | | du wärest | ihr wäret | geschwollen |
| Sie schwöllen | Sie schwöllen | | Sie wären | Sie wären | |
| er/sie/es schwölle | sie schwöllen | | er/sie/es wäre | sie wären | |

| FUTURE SUBJUNCTIVE I | | | FUTURE PERFECT SUBJUNCTIVE I | | |
|---|---|---|---|---|---|
| ich werde | wir werden | | ich werde | wir werden | |
| du werdest | ihr werdet | schwellen | du werdest | ihr werdet | geschwollen sein |
| Sie werden | Sie werden | | Sie werden | Sie werden | |
| er/sie/es werde | sie werden | | er/sie/es werde | sie werden | |

| FUTURE SUBJUNCTIVE II | | | FUTURE PERFECT SUBJUNCTIVE II | | |
|---|---|---|---|---|---|
| ich würde | wir würden | | ich würde | wir würden | |
| du würdest | ihr würdet | schwellen | du würdest | ihr würdet | geschwollen sein |
| Sie würden | Sie würden | | Sie würden | Sie würden | |
| er/sie/es würde | sie würden | | er/sie/es würde | sie würden | |

COMMANDS          schwill!   schwellt!   schwellen Sie!

PRESENT PARTICIPLE          schwellend

## Usage

| | |
|---|---|
| Seine Augen waren rot und geschwollen. | *His eyes were red and swollen.* |
| Nach der Operation waren die Füße geschwollen. | *After the operation, the feet became swollen.* |
| Nach dem Schlangenbiss schwoll ihr die Hand. | *After the snake bite, her hand became swollen.* |
| Mark liegt mit geschwollenen Backen im Bett. Könnte das der Mumps sein? | *Mark is lying in bed with swollen cheeks. Could it be the mumps?* |
| Ingrids Nase schwillt. | *Ingrid's nose is swelling.* |
| Ihre Hände waren geschwollen, so dass die Handschuhe nicht mehr passten. | *Her hands had swollen so that the gloves no longer fit.* |
| Dem Soldaten schwoll die Brust vor Stolz bei den Worten der Nationalhymne. | *The soldier's chest swelled with pride at the words of the national anthem.* |

**schwellen (when transitive, all forms are always regular weak with haben)** *to swell*

| | |
|---|---|
| Eine leichte Brise hatte das Segel geschwellt. | *A light breeze had billowed the sail.* |

RELATED VERBS   ab·schwellen, an·schwellen, auf·schwellen

strong verb

**PRESENT**

| | |
|---|---|
| ich schwimme | wir schwimmen |
| du schwimmst | ihr schwimmt |
| Sie schwimmen | Sie schwimmen |
| er/sie/es schwimmt | sie schwimmen |

**SIMPLE PAST**

| | |
|---|---|
| ich schwamm | wir schwammen |
| du schwammst | ihr schwammt |
| Sie schwammen | Sie schwammen |
| er/sie/es schwamm | sie schwammen |

**FUTURE**

| | | |
|---|---|---|
| ich werde | wir werden | |
| du wirst | ihr werdet | schwimmen |
| Sie werden | Sie werden | |
| er/sie/es wird | sie werden | |

**PRESENT SUBJUNCTIVE I**

| | |
|---|---|
| ich schwimme | wir schwimmen |
| du schwimmest | ihr schwimmet |
| Sie schwimmen | Sie schwimmen |
| er/sie/es schwimme | sie schwimmen |

**PRESENT SUBJUNCTIVE II**

| | |
|---|---|
| ich schwömme/schwämme | wir schwömmen/schwämmen |
| du schwömmest/schwämmest | ihr schwömmet/schwämmet |
| Sie schwömmen/schwämmen | Sie schwömmen/schwämmen |
| er/sie/es schwömme/schwämme | sie schwömmen/schwämmen |

**FUTURE SUBJUNCTIVE I**

| | | |
|---|---|---|
| ich werde | wir werden | |
| du werdest | ihr werdet | schwimmen |
| Sie werden | Sie werden | |
| er/sie/es werde | sie werden | |

**FUTURE SUBJUNCTIVE II**

| | | |
|---|---|---|
| ich würde | wir würden | |
| du würdest | ihr würdet | schwimmen |
| Sie würden | Sie würden | |
| er/sie/es würde | sie würden | |

**PRESENT PERFECT**

| | | |
|---|---|---|
| ich bin | wir sind | |
| du bist | ihr seid | geschwommen |
| Sie sind | Sie sind | |
| er/sie/es ist | sie sind | |

**PAST PERFECT**

| | | |
|---|---|---|
| ich war | wir waren | |
| du warst | ihr wart | geschwommen |
| Sie waren | Sie waren | |
| er/sie/es war | sie waren | |

**FUTURE PERFECT**

| | | |
|---|---|---|
| ich werde | wir werden | |
| du wirst | ihr werdet | geschwommen |
| Sie werden | Sie werden | sein |
| er/sie/es wird | sie werden | |

**PAST SUBJUNCTIVE I**

| | | |
|---|---|---|
| ich sei | wir seien | |
| du seiest | ihr seiet | geschwommen |
| Sie seien | Sie seien | |
| er/sie/es sei | sie seien | |

**PAST SUBJUNCTIVE II**

| | | |
|---|---|---|
| ich wäre | wir wären | |
| du wärest | ihr wäret | geschwommen |
| Sie wären | Sie wären | |
| er/sie/es wäre | sie wären | |

**FUTURE PERFECT SUBJUNCTIVE I**

| | | |
|---|---|---|
| ich werde | wir werden | |
| du werdest | ihr werdet | geschwommen |
| Sie werden | Sie werden | sein |
| er/sie/es werde | sie werden | |

**FUTURE PERFECT SUBJUNCTIVE II**

| | | |
|---|---|---|
| ich würde | wir würden | |
| du würdest | ihr würdet | geschwommen |
| Sie würden | Sie würden | sein |
| er/sie/es würde | sie würden | |

**COMMANDS**  schwimm(e)!  schwimmt!  schwimmen Sie!

**PRESENT PARTICIPLE**  schwimmend

## Usage

| | |
|---|---|
| Weiße Schwäne schwimmen über den stillen Teich. | *White swans swim across the silent pond.* |
| Seid ihr jemals im Rhein geschwommen? | *Have you ever gone swimming in the Rhine?* |
| Schwimmt ihr jeden Tag? | *Do you swim every day?* |
| Kannst du gut schwimmen? | *Can you swim well?* |
| Es macht ihm großen Spaß zu schwimmen. | *Swimming is great fun for him.* |
| Er scheint nicht schwimmen zu wollen. | *He doesn't seem to want to swim.* |
| Um wie viel Uhr wird geschwommen? | *At what time is there swimming?* |
| Kannst du auf dem Rücken schwimmen? | *Can you do the backstroke?* |
| Blaugrüne Algen schwimmen im warmen Wasser. | *Blue-green algae are floating in the warm water.* |

### schwimmen (with haben) *to swim*

| | |
|---|---|
| Er hatte Jahre lang in Schulden geschwommen. | *He had been swimming in debt for many years.* |

**RELATED VERBS**  ab·schwimmen, an·schwimmen, auf·schwimmen, durchschwimmen, durch·schwimmen, fort·schwimmen, herum·schwimmen, hinaus·schwimmen, verschwimmen, weg·schwimmen

# schwinden    *to fade, run out, dwindle; lessen; disappear*

schwindet · schwand · geschwunden                                            strong verb

### PRESENT

| | |
|---|---|
| ich schwinde | wir schwinden |
| du schwindest | ihr schwindet |
| Sie schwinden | Sie schwinden |
| er/sie/es schwindet | sie schwinden |

### SIMPLE PAST

| | |
|---|---|
| ich schwand | wir schwanden |
| du schwandst | ihr schwandet |
| Sie schwanden | Sie schwanden |
| er/sie/es schwand | sie schwanden |

### FUTURE

| | | |
|---|---|---|
| ich werde | wir werden | |
| du wirst | ihr werdet | |
| Sie werden | Sie werden | schwinden |
| er/sie/es wird | sie werden | |

### PRESENT SUBJUNCTIVE I

| | |
|---|---|
| ich schwinde | wir schwinden |
| du schwindest | ihr schwindet |
| Sie schwinden | Sie schwinden |
| er/sie/es schwinde | sie schwinden |

### PRESENT SUBJUNCTIVE II

| | |
|---|---|
| ich schwände | wir schwänden |
| du schwändest | ihr schwändet |
| Sie schwänden | Sie schwänden |
| er/sie/es schwände | sie schwänden |

### FUTURE SUBJUNCTIVE I

| | | |
|---|---|---|
| ich werde | wir werden | |
| du werdest | ihr werdet | |
| Sie werden | Sie werden | schwinden |
| er/sie/es werde | sie werden | |

### FUTURE SUBJUNCTIVE II

| | | |
|---|---|---|
| ich würde | wir würden | |
| du würdest | ihr würdet | |
| Sie würden | Sie würden | schwinden |
| er/sie/es würde | sie würden | |

### PRESENT PERFECT

| | | |
|---|---|---|
| ich bin | wir sind | |
| du bist | ihr seid | |
| Sie sind | Sie sind | geschwunden |
| er/sie/es ist | sie sind | |

### PAST PERFECT

| | | |
|---|---|---|
| ich war | wir waren | |
| du warst | ihr wart | |
| Sie waren | Sie waren | geschwunden |
| er/sie/es war | sie waren | |

### FUTURE PERFECT

| | | |
|---|---|---|
| ich werde | wir werden | |
| du wirst | ihr werdet | |
| Sie werden | Sie werden | geschwunden sein |
| er/sie/es wird | sie werden | |

### PAST SUBJUNCTIVE I

| | | |
|---|---|---|
| ich sei | wir seien | |
| du seiest | ihr seiet | |
| Sie seien | Sie seien | geschwunden |
| er/sie/es sei | sie seien | |

### PAST SUBJUNCTIVE II

| | | |
|---|---|---|
| ich wäre | wir wären | |
| du wärest | ihr wäret | |
| Sie wären | Sie wären | geschwunden |
| er/sie/es wäre | sie wären | |

### FUTURE PERFECT SUBJUNCTIVE I

| | | |
|---|---|---|
| ich werde | wir werden | |
| du werdest | ihr werdet | |
| Sie werden | Sie werden | geschwunden sein |
| er/sie/es werde | sie werden | |

### FUTURE PERFECT SUBJUNCTIVE II

| | | |
|---|---|---|
| ich würde | wir würden | |
| du würdest | ihr würdet | |
| Sie würden | Sie würden | geschwunden sein |
| er/sie/es würde | sie würden | |

COMMANDS          schwinde!   schwindet!   schwinden Sie!

PRESENT PARTICIPLE     schwindend

## Usage

| | |
|---|---|
| Sein Ruf schwindet auch im Ausland. | *Even abroad, his reputation is fading.* |
| Ihre sprachliche Kompetenz schwand langsam, nachdem sie ausgewandert waren. | *Their linguistic competence slowly declined after they had emigrated.* |
| Seine Investition ist schnell geschwunden. | *His investment quickly dwindled.* |
| Meine Leidenschaft für Science-Fiction ist schon lange geschwunden. | *My passion for science fiction ran out a long time ago.* |
| Onkel Johanns Kraft schwand und er aß nichts mehr. | *Uncle Johann's strength eroded and he ate nothing more.* |
| Der Mond verbirgt sein Licht, die Lampe schwindet! (GOETHE) | *The moon is hiding its light, the light is fading!* |
| Svens Traum einer Eigentumswohnung schwindet dieses Jahr. | *Sven's dream of owning a home will fade this year.* |
| Der Vorrat an Lebensmitteln schwindet beträchtlich. | *The supply of food is dwindling significantly.* |
| Deine Probleme schwinden gar nicht! | *Your problems will not just go away.* |
| Der Schnee war geschwunden und der Frühling gekommen. | *The snow had disappeared, and spring had arrived.* |

RELATED VERBS   entschwinden, verschwinden

strong verb | schwingt · schwang · geschwungen

**PRESENT**

| | |
|---|---|
| ich schwinge | wir schwingen |
| du schwingst | ihr schwingt |
| Sie schwingen | Sie schwingen |
| er/sie/es schwingt | sie schwingen |

**PRESENT PERFECT**

| | | |
|---|---|---|
| ich habe | wir haben | |
| du hast | ihr habt | geschwungen |
| Sie haben | Sie haben | |
| er/sie/es hat | sie haben | |

**SIMPLE PAST**

| | |
|---|---|
| ich schwang | wir schwangen |
| du schwangst | ihr schwangt |
| Sie schwangen | Sie schwangen |
| er/sie/es schwang | sie schwangen |

**PAST PERFECT**

| | | |
|---|---|---|
| ich hatte | wir hatten | |
| du hattest | ihr hattet | geschwungen |
| Sie hatten | Sie hatten | |
| er/sie/es hatte | sie hatten | |

**FUTURE**

| | | |
|---|---|---|
| ich werde | wir werden | |
| du wirst | ihr werdet | schwingen |
| Sie werden | Sie werden | |
| er/sie/es wird | sie werden | |

**FUTURE PERFECT**

| | | |
|---|---|---|
| ich werde | wir werden | |
| du wirst | ihr werdet | geschwungen haben |
| Sie werden | Sie werden | |
| er/sie/es wird | sie werden | |

**PRESENT SUBJUNCTIVE I**

| | |
|---|---|
| ich schwinge | wir schwingen |
| du schwingest | ihr schwinget |
| Sie schwingen | Sie schwingen |
| er/sie/es schwinge | sie schwingen |

**PAST SUBJUNCTIVE I**

| | | |
|---|---|---|
| ich habe | wir haben | |
| du habest | ihr habet | geschwungen |
| Sie haben | Sie haben | |
| er/sie/es habe | sie haben | |

**PRESENT SUBJUNCTIVE II**

| | |
|---|---|
| ich schwänge | wir schwängen |
| du schwängest | ihr schwänget |
| Sie schwängen | Sie schwängen |
| er/sie/es schwänge | sie schwängen |

**PAST SUBJUNCTIVE II**

| | | |
|---|---|---|
| ich hätte | wir hätten | |
| du hättest | ihr hättet | geschwungen |
| Sie hätten | Sie hätten | |
| er/sie/es hätte | sie hätten | |

**FUTURE SUBJUNCTIVE I**

| | | |
|---|---|---|
| ich werde | wir werden | |
| du werdest | ihr werdet | schwingen |
| Sie werden | Sie werden | |
| er/sie/es werde | sie werden | |

**FUTURE PERFECT SUBJUNCTIVE I**

| | | |
|---|---|---|
| ich werde | wir werden | |
| du werdest | ihr werdet | geschwungen haben |
| Sie werden | Sie werden | |
| er/sie/es werde | sie werden | |

**FUTURE SUBJUNCTIVE II**

| | | |
|---|---|---|
| ich würde | wir würden | |
| du würdest | ihr würdet | schwingen |
| Sie würden | Sie würden | |
| er/sie/es würde | sie würden | |

**FUTURE PERFECT SUBJUNCTIVE II**

| | | |
|---|---|---|
| ich würde | wir würden | |
| du würdest | ihr würdet | geschwungen haben |
| Sie würden | Sie würden | |
| er/sie/es würde | sie würden | |

**COMMANDS**  schwing(e)!  schwingt!  schwingen Sie!

**PRESENT PARTICIPLE**  schwingend

## Usage

| | |
|---|---|
| Der Ritter schwang sich in den Sattel. | *The knight swung himself into the saddle.* |
| Sabina konnte den großen Hammer nicht schwingen. | *Sabine was unable to swing the large hammer.* |
| Der Förster hat seine Axt ein Mal zu viel geschwungen. | *The woodsman swung his ax one too many times.* |
| Der Degen schwang ein Schwert über seinem Kopf. | *The warrior brandished a sword above his head.* |
| Papa schwingt das Baby durch die Luft. | *Papa is swinging the baby through the air.* |
| Der Ton entsteht dadurch, dass die Saite schwingt. | *The sound arises from the vibration of the string.* |
| Auf der Gitarre schwingt die A-Saite mit einer Frequenz von 440 Hz. | *The A string on the guitar vibrates at a frequency of 440 Hz.* |

### schwingen (with sein) *to swing, soar*

| | |
|---|---|
| Beim Erdbeben ist die Lampe hin und her geschwungen. | *During the earthquake, the lamp swung back and forth.* |
| Der Affe schwang an einem Seil. | *The ape swung on a rope.* |
| Die Schwalben schwangen in den blauen Himmel. | *The swallows soared into the blue sky.* |

**RELATED VERBS** ab·schwingen, auf·schwingen, aus·schwingen, erschwingen, mit·schwingen

# schwitzen   to sweat; steam up

schwitzt · schwitzte · geschwitzt

regular weak verb

## PRESENT

| | |
|---|---|
| ich schwitze | wir schwitzen |
| du schwitzt | ihr schwitzt |
| Sie schwitzen | Sie schwitzen |
| er/sie/es schwitzt | sie schwitzen |

## SIMPLE PAST

| | |
|---|---|
| ich schwitzte | wir schwitzten |
| du schwitztest | ihr schwitztet |
| Sie schwitzten | Sie schwitzten |
| er/sie/es schwitzte | sie schwitzten |

## FUTURE

| | |
|---|---|
| ich werde | wir werden |
| du wirst | ihr werdet |
| Sie werden | Sie werden |
| er/sie/es wird | sie werden |

} schwitzen

## PRESENT SUBJUNCTIVE I

| | |
|---|---|
| ich schwitze | wir schwitzen |
| du schwitzest | ihr schwitzet |
| Sie schwitzen | Sie schwitzen |
| er/sie/es schwitze | sie schwitzen |

## PRESENT SUBJUNCTIVE II

| | |
|---|---|
| ich schwitzte | wir schwitzten |
| du schwitztest | ihr schwitztet |
| Sie schwitzten | Sie schwitzten |
| er/sie/es schwitzte | sie schwitzten |

## FUTURE SUBJUNCTIVE I

| | |
|---|---|
| ich werde | wir werden |
| du werdest | ihr werdet |
| Sie werden | Sie werden |
| er/sie/es werde | sie werden |

} schwitzen

## FUTURE SUBJUNCTIVE II

| | |
|---|---|
| ich würde | wir würden |
| du würdest | ihr würdet |
| Sie würden | Sie würden |
| er/sie/es würde | sie würden |

} schwitzen

## PRESENT PERFECT

| | |
|---|---|
| ich habe | wir haben |
| du hast | ihr habt |
| Sie haben | Sie haben |
| er/sie/es hat | sie haben |

} geschwitzt

## PAST PERFECT

| | |
|---|---|
| ich hatte | wir hatten |
| du hattest | ihr hattet |
| Sie hatten | Sie hatten |
| er/sie/es hatte | sie hatten |

} geschwitzt

## FUTURE PERFECT

| | |
|---|---|
| ich werde | wir werden |
| du wirst | ihr werdet |
| Sie werden | Sie werden |
| er/sie/es wird | sie werden |

} geschwitzt haben

## PAST SUBJUNCTIVE I

| | |
|---|---|
| ich habe | wir haben |
| du habest | ihr habet |
| Sie haben | Sie haben |
| er/sie/es habe | sie haben |

} geschwitzt

## PAST SUBJUNCTIVE II

| | |
|---|---|
| ich hätte | wir hätten |
| du hättest | ihr hättet |
| Sie hätten | Sie hätten |
| er/sie/es hätte | sie hätten |

} geschwitzt

## FUTURE PERFECT SUBJUNCTIVE I

| | |
|---|---|
| ich werde | wir werden |
| du werdest | ihr werdet |
| Sie werden | Sie werden |
| er/sie/es werde | sie werden |

} geschwitzt haben

## FUTURE PERFECT SUBJUNCTIVE II

| | |
|---|---|
| ich würde | wir würden |
| du würdest | ihr würdet |
| Sie würden | Sie würden |
| er/sie/es würde | sie würden |

} geschwitzt haben

COMMANDS     schwitz(e)!   schwitzt!   schwitzen Sie!

PRESENT PARTICIPLE     schwitzend

## Usage

| | |
|---|---|
| Die Snowboarder schwitzten trotz der Temperatur. | *The snowboarders were sweating in spite of the temperature.* |
| Der professionelle Sportler schwitzt mehr als der normale Mensch. | *The professional athlete sweats more than the average person.* |
| Im Hörsaal schwitzten die Studenten vor Angst. | *In the lecture hall, the students were sweating from anxiety.* |
| Warum schwitzt du so? | *Why are you sweating like that?* |
| Die Näherinnen schwitzen bei der Arbeit. | *The seamstresses are sweating at work.* |
| Paul liegt mit Fieber im Bett und schwitzt. | *Paul is lying in bed with a fever and is sweaty.* |
| Herr Tolzmann schwitzt immer viel. | *Mr. Tolzmann always sweats a lot.* |
| Frau Immerkühl schwitzt nicht gern. | *Mrs. Immerkühl doesn't like to perspire.* |
| Ich schwitze nicht mehr unter den Armen mit Hilfe des neuen Deos. | *I don't perspire under the arms anymore, thanks to the new deodorant.* |
| Molly schwitzte Blut und Wasser, als der Polizist näher kam. (*figurative*) | *Molly broke out in a cold sweat as the policeman approached.* |

RELATED VERBS   ab·schwitzen, aus·schwitzen, durchschwitzen, durch·schwitzen, verschwitzen

**PRESENT**

| ich schwöre | wir schwören |
|---|---|
| du schwörst | ihr schwört |
| Sie schwören | Sie schwören |
| er/sie/es schwört | sie schwören |

**PRESENT PERFECT**

| ich habe | wir haben | |
|---|---|---|
| du hast | ihr habt | geschworen |
| Sie haben | Sie haben | |
| er/sie/es hat | sie haben | |

**SIMPLE PAST**

| ich schwor/schwur | wir schworen/schwuren |
|---|---|
| du schworst/schwurst | ihr schwort/schwurt |
| Sie schworen/schwuren | Sie schworen/schwuren |
| er/sie/es schwor/schwur | sie schworen/schwuren |

**PAST PERFECT**

| ich hatte | wir hatten | |
|---|---|---|
| du hattest | ihr hattet | geschworen |
| Sie hatten | Sie hatten | |
| er/sie/es hatte | sie hatten | |

**FUTURE**

| ich werde | wir werden | |
|---|---|---|
| du wirst | ihr werdet | schwören |
| Sie werden | Sie werden | |
| er/sie/es wird | sie werden | |

**FUTURE PERFECT**

| ich werde | wir werden | |
|---|---|---|
| du wirst | ihr werdet | geschworen haben |
| Sie werden | Sie werden | |
| er/sie/es wird | sie werden | |

**PRESENT SUBJUNCTIVE I**

| ich schwöre | wir schwören |
|---|---|
| du schwörest | ihr schwöret |
| Sie schwören | Sie schwören |
| er/sie/es schwöre | sie schwören |

**PAST SUBJUNCTIVE I**

| ich habe | wir haben | |
|---|---|---|
| du habest | ihr habet | geschworen |
| Sie haben | Sie haben | |
| er/sie/es habe | sie haben | |

**PRESENT SUBJUNCTIVE II**

| ich schwöre/schwüre | wir schwören/schwüren |
|---|---|
| du schwörest/schwürest | ihr schwöret/schwüret |
| Sie schwören/schwüren | Sie schwören/schwüren |
| er/sie/es schwöre/schwüre | sie schwören/schwüren |

**PAST SUBJUNCTIVE II**

| ich hätte | wir hätten | |
|---|---|---|
| du hättest | ihr hättet | geschworen |
| Sie hätten | Sie hätten | |
| er/sie/es hätte | sie hätten | |

**FUTURE SUBJUNCTIVE I**

| ich werde | wir werden | |
|---|---|---|
| du werdest | ihr werdet | schwören |
| Sie werden | Sie werden | |
| er/sie/es werde | sie werden | |

**FUTURE PERFECT SUBJUNCTIVE I**

| ich werde | wir werden | |
|---|---|---|
| du werdest | ihr werdet | geschworen haben |
| Sie werden | Sie werden | |
| er/sie/es werde | sie werden | |

**FUTURE SUBJUNCTIVE II**

| ich würde | wir würden | |
|---|---|---|
| du würdest | ihr würdet | schwören |
| Sie würden | Sie würden | |
| er/sie/es würde | sie würden | |

**FUTURE PERFECT SUBJUNCTIVE II**

| ich würde | wir würden | |
|---|---|---|
| du würdest | ihr würdet | geschworen haben |
| Sie würden | Sie würden | |
| er/sie/es würde | sie würden | |

**COMMANDS** schwör(e)! schwört! schwören Sie!

**PRESENT PARTICIPLE** schwörend

## Usage

| | |
|---|---|
| Sara schwört auf dieses Heilmittel. | *Sara swears by this medicine.* |
| Früher schwor man manchmal auf Latein. | *People used to take oaths in Latin.* |
| Die Familien haben sich Feindschaft geschworen. | *The families have sworn hostility to one another.* |
| Der König schwor die Waisen zu retten. | *The king pledged to save the orphans.* |
| Augenzeugen schwören, dass er die Tat begangen hat. | *Eyewitnesses swear that he committed the act.* |
| Der Prinz schwor seinem Gegner Rache. | *The prince vowed vengeance against his opponent.* |
| Der Protagonist des Romans musste bei Gott schwören. | *The protagonist of the novel had to swear to God.* |
| Ein Soldat muss zur Fahne schwören. | *A soldier must take a military oath.* |
| Die Untertanen schwören ihrem König Treue. | *The subjects swear loyalty to their king.* |
| Ich war's nicht, ich schwöre es dir. | *It wasn't me, I swear to you.* |
| „Schwürest du bei Gott und seinen Heiligen", sagte sie, „so schwürest du falsch." (C. F. MEYER) | *"If you were to swear to God and the saints," she said, "then you would be perjuring yourself."* |
| Der Zeuge hat Meineid geschworen. | *The witness has committed perjury* |

**RELATED VERBS** ab·schwören, beschwören, ein·schwören, herauf·beschwören, verschwören

## MORE USAGE SENTENCES WITH **sehen**

| | |
|---|---|
| Max und Moritz konnten den Lehrer nicht sehen. | *Max and Moritz couldn't see the teacher.* |
| Und siehe, da war ein Mensch, der hatte eine verdorrte Hand. (MATTHÄUS 12,10) *(archaic)* | *And behold, there was a man who had his hand withered. (MATTHEW 12:10)* |
| Siehe Seite 120. / Siehe oben. *(reference in a book)* | *See page 120. / See above.* |
| Fast sollte man denken, du sähest sie mit andern Augen. (GOETHE) | *One would almost think you were seeing them through different eyes.* |

### sich sehen *to see oneself*

| | |
|---|---|
| Ein Vampir kann sich nicht im Spiegel sehen. | *A vampire can't see himself in the mirror.* |
| Trent sieht sich als Held. | *Trent sees himself as a hero.* |
| Fritz sah sich außerstande, seinem Freund zu helfen. | *Fritz felt unable to help his friend.* |
| Ich sehe mich genötigt, die Gelder zu kürzen. | *I am compelled to reduce the funds.* |
| Wir sehen uns nächste Woche, nicht? | *We'll see each other next week, right?* |

### sich sehen lassen *to show oneself, appear*

| | |
|---|---|
| Ihr habt euch lange nicht sehen lassen. | *You haven't been around for a while.* |
| Das Endprodukt konnte sich nicht sehen lassen. | *The final product was not presentable.* |

### sehen + preposition

| | |
|---|---|
| Lars sieht auf Pünktlichkeit. | *He sets great store in punctuality.* |
| Das Fenster sieht auf einen wunderschönen Garten. | *The window faces a beautiful garden.* |
| Nur seine Flosse sah aus dem Wasser. | *Only its fin showed above the water.* |
| An seiner Miene sah man, dass er es schon wusste. | *You could see by his expression that he already knew.* |
| Was siehst du in ihr? | *What do you see in her?* |
| Wieso siehst du ständig nach der Uhr? | *How come you're constantly looking at your watch?* |
| Ich wollte kurz nach Maria sehen. | *I wanted to look in on Maria briefly.* |

## IDIOMATIC EXPRESSIONS

| | |
|---|---|
| Erich hat es kommen sehen. | *Erich knew it would happen. / Erich saw it coming.* |
| Das sieht dir ähnlich! | *That's just like you! / That's what I'd expect of you!* |
| Sara sieht ihrer Tante Inge sehr ähnlich. | *Sara greatly resembles her Aunt Inge.* |
| Wenn ich das schon sehe, wird mir schlecht. | *If I so much as see that, it makes me sick.* |
| Herr Klett sieht es nicht gern, dass sein Sohn trinkt. | *Mr. Klett doesn't approve of his son's drinking.* |
| Bei uns sind Sie immer gern gesehen. | *You are always a welcome guest in our home.* |
| Opa sieht schlecht. | *Grandpa has poor eyesight.* |
| Wir konnten uns an dem Blick nie satt sehen. | *We could never tire of looking at the view.* |
| Na, siehst du? | *You see now? / I told you so.* |
| Mal sehen. | *We'll (wait and) see.* |
| Lass mal sehen! | *Let me see! / Show me!* |
| Siehe da! *(archaic)* | *Lo and behold!* |
| Sehen Sie mal! | *Look here!* |
| Ich habe den Bären nur flüchtig gesehen. | *I just caught a glimpse of the bear.* |
| Die Werke von Rembrandt sind jetzt zu sehen. | *The works of Rembrandt are now on exhibition.* |
| Hoppla! Deine Unterhose ist zu sehen! | *Oops! Your underwear is showing.* |
| Weit und breit war keiner zu sehen. | *There wasn't a soul in sight.* |
| Das kann ich nicht sehen. | *I can't bear the sight of that.* |
| Man muss sehen, dass die Vorstellung pünktlich beginnt. | *You have to see to it that the performance begins promptly.* |
| Geschichtlich gesehen ist diese Anschauung verständlich. | *Seen from a historical perspective, this view is comprehensible.* |

TOP 50 VERBS

strong verb

**PRESENT**

| | |
|---|---|
| ich sehe | wir sehen |
| du siehst | ihr seht |
| Sie sehen | Sie sehen |
| er/sie/es sieht | sie sehen |

**PRESENT PERFECT**

| | | |
|---|---|---|
| ich habe | wir haben | |
| du hast | ihr habt | |
| Sie haben | Sie haben | gesehen |
| er/sie/es hat | sie haben | |

**SIMPLE PAST**

| | |
|---|---|
| ich sah | wir sahen |
| du sahst | ihr saht |
| Sie sahen | Sie sahen |
| er/sie/es sah | sie sahen |

**PAST PERFECT**

| | | |
|---|---|---|
| ich hatte | wir hatten | |
| du hattest | ihr hattet | |
| Sie hatten | Sie hatten | gesehen |
| er/sie/es hatte | sie hatten | |

**FUTURE**

| | | |
|---|---|---|
| ich werde | wir werden | |
| du wirst | ihr werdet | |
| Sie werden | Sie werden | sehen |
| er/sie/es wird | sie werden | |

**FUTURE PERFECT**

| | | |
|---|---|---|
| ich werde | wir werden | |
| du wirst | ihr werdet | |
| Sie werden | Sie werden | gesehen haben |
| er/sie/es wird | sie werden | |

**PRESENT SUBJUNCTIVE I**

| | |
|---|---|
| ich sehe | wir sehen |
| du sehest | ihr sehet |
| Sie sehen | Sie sehen |
| er/sie/es sehe | sie sehen |

**PAST SUBJUNCTIVE I**

| | | |
|---|---|---|
| ich habe | wir haben | |
| du habest | ihr habet | |
| Sie haben | Sie haben | gesehen |
| er/sie/es habe | sie haben | |

**PRESENT SUBJUNCTIVE II**

| | |
|---|---|
| ich sähe | wir sähen |
| du sähest | ihr sähet |
| Sie sähen | Sie sähen |
| er/sie/es sähe | sie sähen |

**PAST SUBJUNCTIVE II**

| | | |
|---|---|---|
| ich hätte | wir hätten | |
| du hättest | ihr hättet | |
| Sie hätten | Sie hätten | gesehen |
| er/sie/es hätte | sie hätten | |

**FUTURE SUBJUNCTIVE I**

| | | |
|---|---|---|
| ich werde | wir werden | |
| du werdest | ihr werdet | |
| Sie werden | Sie werden | sehen |
| er/sie/es werde | sie werden | |

**FUTURE PERFECT SUBJUNCTIVE I**

| | | |
|---|---|---|
| ich werde | wir werden | |
| du werdest | ihr werdet | |
| Sie werden | Sie werden | gesehen haben |
| er/sie/es werde | sie werden | |

**FUTURE SUBJUNCTIVE II**

| | | |
|---|---|---|
| ich würde | wir würden | |
| du würdest | ihr würdet | |
| Sie würden | Sie würden | sehen |
| er/sie/es würde | sie würden | |

**FUTURE PERFECT SUBJUNCTIVE II**

| | | |
|---|---|---|
| ich würde | wir würden | |
| du würdest | ihr würdet | |
| Sie würden | Sie würden | gesehen haben |
| er/sie/es würde | sie würden | |

**COMMANDS**     sieh!   seht!   sehen Sie!

**PRESENT PARTICIPLE**     sehend

## Usage

| | |
|---|---|
| War der Verbrecher schon gesehen worden? | *Had the criminal already been seen?* |
| Die Minister sehen den Angriff als einen Fehler. | *The ministers see the attack as a mistake.* |
| Voriges Jahr haben wir Erstaunliches gesehen. | *Last year, we saw amazing things.* |
| Wer hat meine Schlüssel gesehen? | *Who has seen my keys?* |
| Ich habe einen Papagei mit einer Sonnenbrille gesehen. | *I saw a parrot with sunglasses.* |
| Was ist hier zu sehen? | *What's there to see here?* |
| Darwin hat ungewöhnliche Tiere in den Galápagos gesehen. | *Darwin saw unusual animals in the Galápagos.* |
| Cecilie hat das Handtuch am Haken gesehen. | *Cecilie saw the towel on the hook.* |
| Das Mofa wurde vor dem Buchladen gesehen. | *The moped was seen in front of the bookstore.* |
| Traurig sah die Prinzessin aus dem Schloss. | *The princess looked out sadly from the castle.* |
| Oliver sagt, dass er den Präsidenten gesehen habe. | *Oliver says he saw the president.* |

**RELATED VERBS** ab·sehen, auf·sehen, besehen, durch·sehen, ein·sehen, entgegen·sehen, ersehen, fern·sehen, gegenüber·sehen, nach·sehen, schwarz·sehen, übersehen, um·sehen, versehen, vorher·sehen, weg·sehen, wieder·sehen, zurück·sehen, zu·sehen; *see also* **an·sehen** (18), **aus·sehen** (39)

## MORE USAGE SENTENCES WITH sein

| | |
|---|---|
| Sei es heute oder nächsten Monat, wir schaffen es noch! | *Whether it be today or next month, we will get it done!* |
| Ich bin froh, dass die Prüfung vorbei ist. | *I'm glad the exam is over.* |
| Renate ist sich der Sache bewusst. | *Renate is aware of the matter.* |
| Sein oder Nichtsein, das ist hier die Frage. (SHAKESPEARE) | *To be or not to be, that is the question.* |
| Wie viel Zeit wird dazu nötig sein? | *How much time will that require?* |
| Es ist zu hoffen, dass unsere Tochter täglich Biologie lernt. | *It is to be hoped that our daughter will study biology every day.* |
| Lass dir das eine Lehre sein! | *Let that be a lesson to you!* |

## sein + dative

| | |
|---|---|
| Mir ist es zu warm hier. | *I'm too warm here.* |
| Ist es dir recht, wenn ich das Fenster aufmache? | *Is it okay with you if I open the window?* |
| Es ist mir egal. | *It makes no difference to me.* |
| Ihm war plötzlich schlecht. | *He was suddenly ill.* |

## sein + genitive

| | |
|---|---|
| Uwe war der Ansicht, dass alle Mitglieder anwesend sein müssen. | *Uwe held the view that all members have to be present.* |
| Ich bin anderer Meinung. | *I am of a different opinion.* |

## IDIOMATIC EXPRESSIONS

| | |
|---|---|
| Berta war außer sich vor Freude. | *Berta was beside herself with joy.* |
| Ich lasse ihn hier, es sei denn, dass du mitkommst. | *I'll leave him here, unless you're coming along.* |
| Y sei 23. (*mathematics*) | *Let y equal 23.* |
| Die Gefahr ist jetzt vorüber. | *The danger has now passed.* |
| Danke, das wär's. (*in a store*) | *Thanks, that's all.* |
| Die Zeit ist um. | *Time is up.* |
| Was hin ist, ist hin. | *When it's gone, it's gone.* |
| Es war einmal… | *Once upon a time, there was …* |
| Was nicht ist, kann noch werden. (PROVERB) | *What isn't yet may well still come to be.* |
| Mein Hut ist ab! (*congratulatory*) | *Hats off!* |
| Ich bin nicht in der Lage mitzuhelfen. | *I'm not able to help out.* |
| Jost war gerade dabei, die Garage zu räumen. | *Jost was just about to clean the garage.* |
| Mir ist nach Singen zumute. | *I'm in the mood for singing.* |
| Es sollte ein Kompliment sein. | *I meant it as a compliment.* |
| Wie wäre es mit einem Sprachkurs in Österreich? | *How about a language course in Austria?* |
| Günter ist gern für sich. | *Günter likes to be alone.* |

### COLLOQUIAL/INFORMAL EXPRESSIONS

| | |
|---|---|
| Was ist los? | *What's up? / What's the matter?* |
| Der Fernseher ist an. | *The television is on.* |
| Das Fenster ist auf. | *The window is open.* |
| Ist die Tür zu? | *Is the door closed?* |
| Es war noch Kuchen über. | *There was still some cake left.* |
| Mit ihm ist es aus! | *It's all over for/with him.* |
| Das Feuer ist noch nicht aus. | *The fire isn't out yet.* |
| Jost ist auf Erfolg aus. | *Jost is out to succeed.* |
| Der Typ ist schon wer. | *That guy's a big shot / VIP.* |
| Das Buch ist fort. | *The book's gone.* |
| Der Hamster ist los! | *The hamster is loose.* |
| Wir sind das Problem endlich los. | *We're finally rid of the problem.* |

TOP 50 VERBS

irregular verb (perfect auxiliary)

**PRESENT**

| | |
|---|---|
| ich bin | wir sind |
| du bist | ihr seid |
| Sie sind | Sie sind |
| er/sie/es ist | sie sind |

**SIMPLE PAST**

| | |
|---|---|
| ich war | wir waren |
| du warst | ihr wart |
| Sie waren | Sie waren |
| er/sie/es war | sie waren |

**FUTURE**

| | |
|---|---|
| ich werde | wir werden |
| du wirst | ihr werdet |
| Sie werden | Sie werden |
| er/sie/es wird | sie werden |

} sein

**PRESENT SUBJUNCTIVE I**

| | |
|---|---|
| ich sei | wir seien |
| du seiest | ihr seiet |
| Sie seien | Sie seien |
| er/sie/es sei | sie seien |

**PRESENT SUBJUNCTIVE II**

| | |
|---|---|
| ich wäre | wir wären |
| du wärest | ihr wäret |
| Sie wären | Sie wären |
| er/sie/es wäre | sie wären |

**FUTURE SUBJUNCTIVE I**

| | |
|---|---|
| ich werde | wir werden |
| du werdest | ihr werdet |
| Sie werden | Sie werden |
| er/sie/es werde | sie werden |

} sein

**FUTURE SUBJUNCTIVE II**

| | |
|---|---|
| ich würde | wir würden |
| du würdest | ihr würdet |
| Sie würden | Sie würden |
| er/sie/es würde | sie würden |

} sein

**PRESENT PERFECT**

| | |
|---|---|
| ich bin | wir sind |
| du bist | ihr seid |
| Sie sind | Sie sind |
| er/sie/es ist | sie sind |

} gewesen

**PAST PERFECT**

| | |
|---|---|
| ich war | wir waren |
| du warst | ihr wart |
| Sie waren | Sie waren |
| er/sie/es war | sie waren |

} gewesen

**FUTURE PERFECT**

| | |
|---|---|
| ich werde | wir werden |
| du wirst | ihr werdet |
| Sie werden | Sie werden |
| er/sie/es wird | sie werden |

} gewesen sein

**PAST SUBJUNCTIVE I**

| | |
|---|---|
| ich sei | wir seien |
| du seiest | ihr seiet |
| Sie seien | Sie seien |
| er/sie/es sei | sie seien |

} gewesen

**PAST SUBJUNCTIVE II**

| | |
|---|---|
| ich wäre | wir wären |
| du wärest | ihr wäret |
| Sie wären | Sie wären |
| er/sie/es wäre | sie wären |

} gewesen

**FUTURE PERFECT SUBJUNCTIVE I**

| | |
|---|---|
| ich werde | wir werden |
| du werdest | ihr werdet |
| Sie werden | Sie werden |
| er/sie/es werde | sie werden |

} gewesen sein

**FUTURE PERFECT SUBJUNCTIVE II**

| | |
|---|---|
| ich würde | wir würden |
| du würdest | ihr würdet |
| Sie würden | Sie würden |
| er/sie/es würde | sie würden |

} gewesen sein

**COMMANDS**　　　sei!　seid!　seien Sie!

**PRESENT PARTICIPLE**　　seiend

## Usage

| | |
|---|---|
| „Warst du das?" | *"Was that you?"* |
| „Ich war es nicht." | *"It wasn't me."* |
| Wo ist der Arzt? | *Where is the doctor?* |
| Was sind die Ursachen des Terrorismus? | *What are the causes of terrorism?* |
| Unser Wagen ist neu. | *Our car is new.* |
| Das Kleid ist teuer. | *The dress is expensive.* |
| Dieser Mann ist Herr Littner. | *This man is Mr. Littner.* |
| Diese CD von Anne Sophie-Mutter ist fantastisch. | *This CD by Anne Sophie-Mutter is fantastic.* |
| Theodor ist Mechaniker. | *Theodor is a mechanic.* |
| Auf dem Eis ist es besonders kalt. | *On the ice, it is especially cold.* |
| Die Brötchen sind lecker. | *The rolls are delicious.* |
| „Bist du heute Abend zu Hause?" | *"Will you be at home this evening?"* |
| „Nein, ich bin bei der Arbeit." | *"No, I'll be at work."* |
| Zwei mal drei ist sechs. | *Two times three is six.* |

**PRESENT**

| | |
|---|---|
| ich sende | wir senden |
| du sendest | ihr sendet |
| Sie senden | Sie senden |
| er/sie/es sendet | sie senden |

**PRESENT PERFECT**

| | | |
|---|---|---|
| ich habe | wir haben | |
| du hast | ihr habt | |
| Sie haben | Sie haben | gesandt/gesendet |
| er/sie/es hat | sie haben | |

**SIMPLE PAST**

| | |
|---|---|
| ich sandte/sendete | wir sandten/sendeten |
| du sandtest/sendetest | ihr sandtet/sendetet |
| Sie sandten/sendeten | Sie sandten/sendeten |
| er/sie/es sandte/sendete | sie sandten/sendeten |

**PAST PERFECT**

| | | |
|---|---|---|
| ich hatte | wir hatten | |
| du hattest | ihr hattet | |
| Sie hatten | Sie hatten | gesandt/gesendet |
| er/sie/es hatte | sie hatten | |

**FUTURE**

| | | |
|---|---|---|
| ich werde | wir werden | |
| du wirst | ihr werdet | |
| Sie werden | Sie werden | senden |
| er/sie/es wird | sie werden | |

**FUTURE PERFECT**

| | | |
|---|---|---|
| ich werde | wir werden | gesandt haben |
| du wirst | ihr werdet | OR |
| Sie werden | Sie werden | gesendet haben |
| er/sie/es wird | sie werden | |

**PRESENT SUBJUNCTIVE I**

| | |
|---|---|
| ich sende | wir senden |
| du sendest | ihr sendet |
| Sie senden | Sie senden |
| er/sie/es sende | sie senden |

**PAST SUBJUNCTIVE I**

| | | |
|---|---|---|
| ich habe | wir haben | |
| du habest | ihr habet | |
| Sie haben | Sie haben | gesandt/gesendet |
| er/sie/es habe | sie haben | |

**PRESENT SUBJUNCTIVE II**

| | |
|---|---|
| ich sendete | wir sendeten |
| du sendetest | ihr sendetet |
| Sie sendeten | Sie sendeten |
| er/sie/es sendete | sie sendeten |

**PAST SUBJUNCTIVE II**

| | | |
|---|---|---|
| ich hätte | wir hätten | |
| du hättest | ihr hättet | |
| Sie hätten | Sie hätten | gesandt/gesendet |
| er/sie/es hätte | sie hätten | |

**FUTURE SUBJUNCTIVE I**

| | | |
|---|---|---|
| ich werde | wir werden | |
| du werdest | ihr werdet | |
| Sie werden | Sie werden | senden |
| er/sie/es werde | sie werden | |

**FUTURE PERFECT SUBJUNCTIVE I**

| | | |
|---|---|---|
| ich werde | wir werden | gesandt haben |
| du werdest | ihr werdet | OR |
| Sie werden | Sie werden | gesendet haben |
| er/sie/es werde | sie werden | |

**FUTURE SUBJUNCTIVE II**

| | | |
|---|---|---|
| ich würde | wir würden | |
| du würdest | ihr würdet | |
| Sie würden | Sie würden | senden |
| er/sie/es würde | sie würden | |

**FUTURE PERFECT SUBJUNCTIVE II**

| | | |
|---|---|---|
| ich würde | wir würden | gesandt haben |
| du würdest | ihr würdet | OR |
| Sie würden | Sie würden | gesendet haben |
| er/sie/es würde | sie würden | |

**COMMANDS**      sende!   sendet!   senden Sie!

**PRESENT PARTICIPLE**      sendend

**NOTE** When **senden** means "to broadcast," it is regular weak: **sendete, gesendet**.

## Usage

| | |
|---|---|
| Larissa will uns die User-Dateien senden. | *Larissa wants to send us the user files.* |
| Wohin kann man Pfandflaschen senden? | *Where can we send the return bottles?* |
| Der Notarzt wurde gesandt. | *The doctor was sent.* |
| Hiermit senden wir die Waren. | *We are sending the goods herewith.* |
| Voriges Jahr sandte ihn der Minister ins Ausland. | *Last year, the minister sent him abroad.* |
| Senden Sie die Abbildung bitte per Fax. | *Please send the illustration by fax.* |
| Herbert ist letzte Woche zu uns gesandt worden. | *Herbert was dispatched to us last week.* |
| Hast du das Buch schon gesandt? | *Have you already sent the book?* |
| Du kannst mir eine SMS-Nachricht per Email senden. | *You can send me a text message via e-mail.* |
| Diese Rundfunkstation sendet Musik rund um die Uhr. | *This radio station broadcasts music around the clock.* |

**RELATED VERBS** ab·senden, aus·senden, ein·senden, entsenden, nach·senden, übersenden, versenden, zurück·senden, zu·senden

regular weak verb                                                    **setzt · setzte · gesetzt**

**PRESENT**

| | |
|---|---|
| ich setze | wir setzen |
| du setzt | ihr setzt |
| Sie setzen | Sie setzen |
| er/sie/es setzt | sie setzen |

**PRESENT PERFECT**

| | | |
|---|---|---|
| ich habe | wir haben | |
| du hast | ihr habt | |
| Sie haben | Sie haben | gesetzt |
| er/sie/es hat | sie haben | |

**SIMPLE PAST**

| | |
|---|---|
| ich setzte | wir setzten |
| du setztest | ihr setztet |
| Sie setzten | Sie setzten |
| er/sie/es setzte | sie setzten |

**PAST PERFECT**

| | | |
|---|---|---|
| ich hatte | wir hatten | |
| du hattest | ihr hattet | |
| Sie hatten | Sie hatten | gesetzt |
| er/sie/es hatte | sie hatten | |

**FUTURE**

| | | |
|---|---|---|
| ich werde | wir werden | |
| du wirst | ihr werdet | |
| Sie werden | Sie werden | setzen |
| er/sie/es wird | sie werden | |

**FUTURE PERFECT**

| | | |
|---|---|---|
| ich werde | wir werden | |
| du wirst | ihr werdet | |
| Sie werden | Sie werden | gesetzt haben |
| er/sie/es wird | sie werden | |

**PRESENT SUBJUNCTIVE I**

| | |
|---|---|
| ich setze | wir setzen |
| du setzest | ihr setzet |
| Sie setzen | Sie setzen |
| er/sie/es setze | sie setzen |

**PAST SUBJUNCTIVE I**

| | | |
|---|---|---|
| ich habe | wir haben | |
| du habest | ihr habet | |
| Sie haben | Sie haben | gesetzt |
| er/sie/es habe | sie haben | |

**PRESENT SUBJUNCTIVE II**

| | |
|---|---|
| ich setzte | wir setzten |
| du setztest | ihr setztet |
| Sie setzten | Sie setzten |
| er/sie/es setzte | sie setzten |

**PAST SUBJUNCTIVE II**

| | | |
|---|---|---|
| ich hätte | wir hätten | |
| du hättest | ihr hättet | |
| Sie hätten | Sie hätten | gesetzt |
| er/sie/es hätte | sie hätten | |

**FUTURE SUBJUNCTIVE I**

| | | |
|---|---|---|
| ich werde | wir werden | |
| du werdest | ihr werdet | |
| Sie werden | Sie werden | setzen |
| er/sie/es werde | sie werden | |

**FUTURE PERFECT SUBJUNCTIVE I**

| | | |
|---|---|---|
| ich werde | wir werden | |
| du werdest | ihr werdet | |
| Sie werden | Sie werden | gesetzt haben |
| er/sie/es werde | sie werden | |

**FUTURE SUBJUNCTIVE II**

| | | |
|---|---|---|
| ich würde | wir würden | |
| du würdest | ihr würdet | |
| Sie würden | Sie würden | setzen |
| er/sie/es würde | sie würden | |

**FUTURE PERFECT SUBJUNCTIVE II**

| | | |
|---|---|---|
| ich würde | wir würden | |
| du würdest | ihr würdet | |
| Sie würden | Sie würden | gesetzt haben |
| er/sie/es würde | sie würden | |

**COMMANDS**            setz(e)!   setzt!   setzen Sie!

**PRESENT PARTICIPLE**    setzend

## Usage

| | |
|---|---|
| Die Frist wurde vom Gericht gesetzt. | *The deadline was set by the court.* |
| Hast du die Option Papiergröße A4 gesetzt? | *Did you set the paper size option to A4?* |
| Euer Vater muss euch immer Grenzen gesetzt haben. | *Your father must have always set limits for you.* |
| Otto II. wurde 976 auf den Thron gesetzt. | *Otto II was placed on the throne in 976.* |
| Ich setze keinen Fuß mehr über die Schwelle ihrer Wohnung. | *I won't set foot in her house again.* |
| Ich setze heute keinen Fuß vor die Tür, es ist zu kalt! | *I'm not setting foot outside today; it's too cold!* |
| Drei Knaben hatten die alte Scheune in Brand gesetzt. | *Three lads had set fire to the old barn.* |
| Frank setzt seine Hoffnungen auf eine neuere Technologie. | *Frank is placing his hopes on a newer technology.* |

**RELATED VERBS**  ab·setzen, an·setzen, auf·setzen, aus·setzen, bei·setzen, besetzen, durchsetzen, durch·setzen, entgegen·setzen, entsetzen, ersetzen, fest·setzen, fort·setzen, frei·setzen, gleich·setzen, herab·setzen, hin·setzen, nach·setzen, nieder·setzen, strafversetzen, über·setzen, um·besetzen, um·setzen, untersetzen, unter·setzen, versetzen, voraus·setzen, vor·setzen, weg·setzen, widersetzen, zersetzen, zurecht·setzen, zurück·setzen, zurück·versetzen, zusammen·setzen, zu·setzen; *see also* **ein·setzen** (137), **übersetzen** (463)

**TOP 50 VERB** ☞

### MORE USAGE SENTENCES WITH setzen

| | |
|---|---|
| Somit werden verschiedene psychische Mechanismen in Gang gesetzt. | *Thus a variety of psychic mechanisms is set in motion.* |
| Am 18. September 1502 setzte Columbus wieder an Land. | *On September 18, 1502, Columbus put ashore again.* |
| Der König wird durch dieses Manöver matt gesetzt. (*chess game*) | *The king is put in check with this maneuver.* |
| John Hancock war der erste, der seine Unterschrift unter das Dokument setzte. | *John Hancock was the first to affix his signature to the document.* |
| Setzen Sie ein Komma vor dem Wort „um". | *Place a comma before the word "um."* |
| Wer hat meinen Namen auf die Liste gesetzt? | *Who put my name on the list?* |
| Das Gedicht wurde von Samuel Barber in Musik gesetzt. | *The poem was set to music by Samuel Barber.* |
| Mareike hat das Baby auf das Sofa gesetzt. | *Mareike sat the baby on the sofa.* |
| Pfingstrosen sollte man nicht zu tief in den Boden setzen. | *Peonies shouldn't be planted too deeply in the ground.* |
| Heinz hat auf das richtige Pferd gesetzt und gewonnen. | *Heinz wagered on the right horse and won.* |
| Wird dieser Text in einer von Hermann Zapf entworfenen Schrift gesetzt werden? | *Will this text be set in a typeface designed by Hermann Zapf?* |
| Die Sonate wurde für Fagott und Klavier gesetzt. | *The sonata was composed for bassoon and piano.* |

### sich setzen  *to sit (down), seat oneself; settle*

| | |
|---|---|
| Zwölf Personen haben sich an den Tisch gesetzt. | *Twelve people sat down at the table.* |
| Der Mann hatte die Arme ausgestreckt, als ob er sich auf den Boden setzen wollte. | *The man had stretched out his arms as though he wanted to sit down on the ground.* |
| Setzt euch zu uns! | *Sit down with us.* |
| Christian setzte sich ihr gegenüber. | *Christian sat down across from her.* |
| Herr Milek setzte sich im Garten und beobachtete die Spatzen. | *Mr. Milek sat down in the garden and watched the sparrows.* |
| Feiner Staub setzte sich in die Poren der Oberfläche. | *Fine dust settled into the surface pores.* |
| Feuchtigkeit setzt sich in die Wände und führt zu Schimmel. | *Moisture settles in the walls and causes mold to form.* |

### setzen  (with sein)  *to jump, leap, cross*

| | |
|---|---|
| Der Dobermann ist aus dem Stand über den Zaun gesetzt. | *The Doberman jumped over the fence in a single bound.* |
| Wir sind mit einem Nachen über den Fluss gesetzt. | *We crossed the river on a dinghy.* |

### IDIOMATIC EXPRESSIONS

| | |
|---|---|
| Nach zehn Minuten setzte sich Weigand an die Spitze. | *Weigand took the lead after 10 minutes.* |
| Herr Eichholz wird sich mit Ihnen in Verbindung setzen. | *Mr. Eichholz will get in touch with you.* |
| Der Geldautomat wurde außer Betrieb gesetzt. | *The automatic teller machine was taken out of service.* |
| Gesetzt den Fall, Sie wären Präsident. Was würden Sie tun? | *Suppose you were president. What would you do?* |
| Man hat mir eine letzte Frist gesetzt. | *I've been given a final deadline.* |
| Die Kosten können auf meine Rechnung gesetzt werden. | *The expenses can be charged to my account.* |
| Tucholsky setzte sein gesamtes Vermögen aufs Spiel. | *Tucholsky risked his entire fortune.* |
| Ich setze mein Leben daran! | *I'll stake my life on it!* |
| Er sagte, er würde alles daran setzen, euch zu helfen. | *He said he would do his utmost to help you.* |
| Die Regelung wurde vom Ministerium außer Kraft gesetzt. | *The regulation was repealed by the ministry.* |
| Die Dorfbewohner setzten sich zur Wehr gegen den Feind. | *The village residents took a stand against the enemy.* |
| Im Juni wurde Lars als Assistent an die Stelle von Pawel gesetzt. | *In June, Lars replaced Pawel as assistant.* |

TOP 50 VERBS

**PRESENT**

| | |
|---|---|
| ich sichere | wir sichern |
| du sicherst | ihr sichert |
| Sie sichern | Sie sichern |
| er/sie/es sichert | sie sichern |

**PRESENT PERFECT**

| | | |
|---|---|---|
| ich habe | wir haben | |
| du hast | ihr habt | gesichert |
| Sie haben | Sie haben | |
| er/sie/es hat | sie haben | |

**SIMPLE PAST**

| | |
|---|---|
| ich sicherte | wir sicherten |
| du sichertest | ihr sichertet |
| Sie sicherten | Sie sicherten |
| er/sie/es sicherte | sie sicherten |

**PAST PERFECT**

| | | |
|---|---|---|
| ich hatte | wir hatten | |
| du hattest | ihr hattet | gesichert |
| Sie hatten | Sie hatten | |
| er/sie/es hatte | sie hatten | |

**FUTURE**

| | | |
|---|---|---|
| ich werde | wir werden | |
| du wirst | ihr werdet | sichern |
| Sie werden | Sie werden | |
| er/sie/es wird | sie werden | |

**FUTURE PERFECT**

| | | |
|---|---|---|
| ich werde | wir werden | |
| du wirst | ihr werdet | gesichert haben |
| Sie werden | Sie werden | |
| er/sie/es wird | sie werden | |

**PRESENT SUBJUNCTIVE I**

| | |
|---|---|
| ich sichere | wir sichern |
| du sicherst | ihr sichert |
| Sie sichern | Sie sichern |
| er/sie/es sichere | sie sichern |

**PAST SUBJUNCTIVE I**

| | | |
|---|---|---|
| ich habe | wir haben | |
| du habest | ihr habet | gesichert |
| Sie haben | Sie haben | |
| er/sie/es habe | sie haben | |

**PRESENT SUBJUNCTIVE II**

| | |
|---|---|
| ich sicherte | wir sicherten |
| du sichertest | ihr sichertet |
| Sie sicherten | Sie sicherten |
| er/sie/es sicherte | sie sicherten |

**PAST SUBJUNCTIVE II**

| | | |
|---|---|---|
| ich hätte | wir hätten | |
| du hättest | ihr hättet | gesichert |
| Sie hätten | Sie hätten | |
| er/sie/es hätte | sie hätten | |

**FUTURE SUBJUNCTIVE I**

| | | |
|---|---|---|
| ich werde | wir werden | |
| du werdest | ihr werdet | sichern |
| Sie werden | Sie werden | |
| er/sie/es werde | sie werden | |

**FUTURE PERFECT SUBJUNCTIVE I**

| | | |
|---|---|---|
| ich werde | wir werden | |
| du werdest | ihr werdet | gesichert haben |
| Sie werden | Sie werden | |
| er/sie/es werde | sie werden | |

**FUTURE SUBJUNCTIVE II**

| | | |
|---|---|---|
| ich würde | wir würden | |
| du würdest | ihr würdet | sichern |
| Sie würden | Sie würden | |
| er/sie/es würde | sie würden | |

**FUTURE PERFECT SUBJUNCTIVE II**

| | | |
|---|---|---|
| ich würde | wir würden | |
| du würdest | ihr würdet | gesichert haben |
| Sie würden | Sie würden | |
| er/sie/es würde | sie würden | |

**COMMANDS**  sichere!  sichert!  sichern Sie!

**PRESENT PARTICIPLE**  sichernd

## Usage

| | |
|---|---|
| Wie sind die Daten gesichert worden? | *How was the data protected?* |
| Wann wurde das Areal endlich gesichert? | *When was the area finally made secure?* |
| Soll er die Pistole nicht gesichert haben? | *Isn't he supposed to have put the pistol on "safe"?* |
| Das Fundament wurde vorgestern gesichert. | *The foundation was secured two days ago.* |
| Bürgermeister von Schnurbusch sichert Unterstützung für seine Pläne. | *Mayor von Schnurbusch is lining up support for his plans.* |
| War die Tür schon gesichert worden? | *Had the door already been secured?* |
| Der jüngere Detektiv sichert die Fingerabdrücke. | *The younger detective is obtaining the fingerprints.* |
| Die Arbeiter sichern die Fracht auf dem Schiff. | *The workers are securing the cargo on the ship.* |
| Das Geld sichert uns eine gute Zukunft. | *The money will ensure a good future for us.* |
| Eine ambivalente Wirklichkeit sichert dem Dichter schöpferische Kraft. | *An ambivalent reality ensures the poet creative energy.* |
| Nur eine Biopsie kann die Diagnose des Karzinoms sichern. | *Only a biopsy can confirm the cancer diagnosis.* |

**RELATED VERBS**  ab·sichern, entsichern, rückversichern, zu·sichern; *see also* **versichern** (499)

**PRESENT**

| | |
|---|---|
| ich siede | wir sieden |
| du siedest | ihr siedet |
| Sie sieden | Sie sieden |
| er/sie/es siedet | sie sieden |

**SIMPLE PAST**

| | |
|---|---|
| ich siedete/sott | wir siedeten/sotten |
| du siedetest/sottest | ihr siedetet/sottet |
| Sie siedeten/sotten | Sie siedeten/sotten |
| er/sie/es siedete/sott | sie siedeten/sotten |

**FUTURE**

| | | |
|---|---|---|
| ich werde | wir werden | |
| du wirst | ihr werdet | sieden |
| Sie werden | Sie werden | |
| er/sie/es wird | sie werden | |

**PRESENT SUBJUNCTIVE I**

| | |
|---|---|
| ich siede | wir sieden |
| du siedest | ihr siedet |
| Sie sieden | Sie sieden |
| er/sie/es siede | sie sieden |

**PRESENT SUBJUNCTIVE II**

| | |
|---|---|
| ich siedete/sötte | wir siedeten/sötten |
| du siedetest/söttest | ihr siedetet/söttet |
| Sie siedeten/sötten | Sie siedeten/sötten |
| er/sie/es siedete/sötte | sie siedeten/sötten |

**FUTURE SUBJUNCTIVE I**

| | | |
|---|---|---|
| ich werde | wir werden | |
| du werdest | ihr werdet | sieden |
| Sie werden | Sie werden | |
| er/sie/es werde | sie werden | |

**FUTURE SUBJUNCTIVE II**

| | | |
|---|---|---|
| ich würde | wir würden | |
| du würdest | ihr würdet | sieden |
| Sie würden | Sie würden | |
| er/sie/es würde | sie würden | |

**PRESENT PERFECT**

| | | |
|---|---|---|
| ich habe | wir haben | |
| du hast | ihr habt | gesiedet/gesotten |
| Sie haben | Sie haben | |
| er/sie/es hat | sie haben | |

**PAST PERFECT**

| | | |
|---|---|---|
| ich hatte | wir hatten | |
| du hattest | ihr hattet | gesiedet/gesotten |
| Sie hatten | Sie hatten | |
| er/sie/es hatte | sie hatten | |

**FUTURE PERFECT**

| | | |
|---|---|---|
| ich werde | wir werden | gesiedet haben |
| du wirst | ihr werdet | OR |
| Sie werden | Sie werden | gesotten haben |
| er/sie/es wird | sie werden | |

**PAST SUBJUNCTIVE I**

| | | |
|---|---|---|
| ich habe | wir haben | |
| du habest | ihr habet | gesiedet/gesotten |
| Sie haben | Sie haben | |
| er/sie/es habe | sie haben | |

**PAST SUBJUNCTIVE II**

| | | |
|---|---|---|
| ich hätte | wir hätten | |
| du hättest | ihr hättet | gesiedet/gesotten |
| Sie hätten | Sie hätten | |
| er/sie/es hätte | sie hätten | |

**FUTURE PERFECT SUBJUNCTIVE I**

| | | |
|---|---|---|
| ich werde | wir werden | gesiedet haben |
| du werdest | ihr werdet | OR |
| Sie werden | Sie werden | gesotten haben |
| er/sie/es werde | sie werden | |

**FUTURE PERFECT SUBJUNCTIVE II**

| | | |
|---|---|---|
| ich würde | wir würden | gesiedet haben |
| du würdest | ihr würdet | OR |
| Sie würden | Sie würden | gesotten haben |
| er/sie/es würde | sie würden | |

**COMMANDS**    siede!  siedet!  sieden Sie!

**PRESENT PARTICIPLE**    siedend

**NOTE** Both strong and regular weak forms of **sieden** are correct, although the strong forms tend to be older.

## Usage

| | |
|---|---|
| Bei welcher Temperatur siedet dieser Stoff? | *At what temperature does this compound boil?* |
| Die Sonne hat ihn gesotten. (HEYM) | *The sun boiled it.* |
| Wasser siedet bei 100 Grad Celsius. | *Water boils at 100 degrees Celsius.* |
| Wasser mit Zucker sieden lassen. (RECIPE) | *Let the water and sugar come to a boil.* |
| Siedet die Flüssigkeit im Kühler? | *Is the fluid in the radiator boiling?* |
| Sein Blut siedete. | *His blood boiled.* |
| … als sötte besagter Lehrherr weiche Eier. (E. T. A. HOFFMANN) | *… as though aforesaid master were soft-boiling eggs.* |
| Das Wasser in diesem Hotel ist entweder siedend heiß oder eiskalt. | *The water at this hotel is either boiling hot or ice cold.* |
| Der Ritter siedete vor Wut. | *The knight seethed with rage.* |
| Warum hat der Dirigent immer vor Zorn gesiedet? | *Why was the conductor always fuming with anger?* |

**RELATED VERB** über·sieden

strong verb                                                    singt · sang · gesungen

**PRESENT**

| | |
|---|---|
| ich singe | wir singen |
| du singst | ihr singt |
| Sie singen | Sie singen |
| er/sie/es singt | sie singen |

**SIMPLE PAST**

| | |
|---|---|
| ich sang | wir sangen |
| du sangst | ihr sangt |
| Sie sangen | Sie sangen |
| er/sie/es sang | sie sangen |

**FUTURE**

| | | |
|---|---|---|
| ich werde | wir werden | |
| du wirst | ihr werdet | |
| Sie werden | Sie werden | } singen |
| er/sie/es wird | sie werden | |

**PRESENT SUBJUNCTIVE I**

| | |
|---|---|
| ich singe | wir singen |
| du singest | ihr singet |
| Sie singen | Sie singen |
| er/sie/es singe | sie singen |

**PRESENT SUBJUNCTIVE II**

| | |
|---|---|
| ich sänge | wir sängen |
| du sängest | ihr sänget |
| Sie sängen | Sie sängen |
| er/sie/es sänge | sie sängen |

**FUTURE SUBJUNCTIVE I**

| | | |
|---|---|---|
| ich werde | wir werden | |
| du werdest | ihr werdet | |
| Sie werden | Sie werden | } singen |
| er/sie/es werde | sie werden | |

**FUTURE SUBJUNCTIVE II**

| | | |
|---|---|---|
| ich würde | wir würden | |
| du würdest | ihr würdet | |
| Sie würden | Sie würden | } singen |
| er/sie/es würde | sie würden | |

**PRESENT PERFECT**

| | | |
|---|---|---|
| ich habe | wir haben | |
| du hast | ihr habt | |
| Sie haben | Sie haben | } gesungen |
| er/sie/es hat | sie haben | |

**PAST PERFECT**

| | | |
|---|---|---|
| ich hatte | wir hatten | |
| du hattest | ihr hattet | |
| Sie hatten | Sie hatten | } gesungen |
| er/sie/es hatte | sie hatten | |

**FUTURE PERFECT**

| | | |
|---|---|---|
| ich werde | wir werden | |
| du wirst | ihr werdet | |
| Sie werden | Sie werden | } gesungen haben |
| er/sie/es wird | sie werden | |

**PAST SUBJUNCTIVE I**

| | | |
|---|---|---|
| ich habe | wir haben | |
| du habest | ihr habet | |
| Sie haben | Sie haben | } gesungen |
| er/sie/es habe | sie haben | |

**PAST SUBJUNCTIVE II**

| | | |
|---|---|---|
| ich hätte | wir hätten | |
| du hättest | ihr hättet | |
| Sie hätten | Sie hätten | } gesungen |
| er/sie/es hätte | sie hätten | |

**FUTURE PERFECT SUBJUNCTIVE I**

| | | |
|---|---|---|
| ich werde | wir werden | |
| du werdest | ihr werdet | |
| Sie werden | Sie werden | } gesungen haben |
| er/sie/es werde | sie werden | |

**FUTURE PERFECT SUBJUNCTIVE II**

| | | |
|---|---|---|
| ich würde | wir würden | |
| du würdest | ihr würdet | |
| Sie würden | Sie würden | } gesungen haben |
| er/sie/es würde | sie würden | |

**COMMANDS**          sing(e)!   singt!   singen Sie!

**PRESENT PARTICIPLE**     singend

## Usage

| | |
|---|---|
| Sie will in dieser Oper gesungen haben. | *She claims to have sung in that opera.* |
| Lasst uns singen! | *Let us sing!* |
| Könntest du bitte nicht singen? | *Could you please not sing?* |
| Die Mutter hat ihren Kindern ein Lied gesungen. | *The mother sang her children a song.* |
| Ihr Herz sang vor Freude. | *Her heart sang with joy.* |
| Werner und Edwina singen gern in der Dusche. | *Werner and Edwina like singing in the shower.* |
| In der Kneipe haben die Männer laut gesungen. | *In the pub, the men sang loudly.* |
| Früher sang man viel mehr auf Latein. | *People used to sing more in Latin.* |
| Es machte ihr viel Spaß, im Chor zu singen. | *She had great fun singing in the choir.* |
| Mein Hauptgrund zu singen war das schöne Wetter. | *My main reason for singing was the beautiful weather.* |
| Mein Bruder fängt immer frühmorgens an zu singen. | *My brother always breaks into song early in the morning.* |
| Habt ihr mit Tante Irene singen können? | *Were you able to sing with Aunt Irene?* |
| Rudolf singt immer sein eigenes Lob. (*figurative*) | *Rudolf is always tooting his own horn.* |

**RELATED VERBS**   ab·singen, an·singen, aus·singen, besingen, ein·singen, lob(·)singen, mit·singen, vor·singen

# sinken    *to sink, go down, descend, fall*

**sinkt · sank · gesunken**                                    strong verb

| PRESENT | | | PRESENT PERFECT | | |
|---|---|---|---|---|---|
| ich sinke | wir sinken | | ich bin | wir sind | |
| du sinkst | ihr sinkt | | du bist | ihr seid | |
| Sie sinken | Sie sinken | | Sie sind | Sie sind | } gesunken |
| er/sie/es sinkt | sie sinken | | er/sie/es ist | sie sind | |

| SIMPLE PAST | | | PAST PERFECT | | |
|---|---|---|---|---|---|
| ich sank | wir sanken | | ich war | wir waren | |
| du sankst | ihr sankt | | du warst | ihr wart | |
| Sie sanken | Sie sanken | | Sie waren | Sie waren | } gesunken |
| er/sie/es sank | sie sanken | | er/sie/es war | sie waren | |

| FUTURE | | | FUTURE PERFECT | | |
|---|---|---|---|---|---|
| ich werde | wir werden | | ich werde | wir werden | |
| du wirst | ihr werdet | } sinken | du wirst | ihr werdet | } gesunken sein |
| Sie werden | Sie werden | | Sie werden | Sie werden | |
| er/sie/es wird | sie werden | | er/sie/es wird | sie werden | |

| PRESENT SUBJUNCTIVE I | | | PAST SUBJUNCTIVE I | | |
|---|---|---|---|---|---|
| ich sinke | wir sinken | | ich sei | wir seien | |
| du sinkest | ihr sinket | | du seiest | ihr seiet | |
| Sie sinken | Sie sinken | | Sie seien | Sie seien | } gesunken |
| er/sie/es sinke | sie sinken | | er/sie/es sei | sie seien | |

| PRESENT SUBJUNCTIVE II | | | PAST SUBJUNCTIVE II | | |
|---|---|---|---|---|---|
| ich sänke | wir sänken | | ich wäre | wir wären | |
| du sänkest | ihr sänket | | du wärest | ihr wäret | |
| Sie sänken | Sie sänken | | Sie wären | Sie wären | } gesunken |
| er/sie/es sänke | sie sänken | | er/sie/es wäre | sie wären | |

| FUTURE SUBJUNCTIVE I | | | FUTURE PERFECT SUBJUNCTIVE I | | |
|---|---|---|---|---|---|
| ich werde | wir werden | | ich werde | wir werden | |
| du werdest | ihr werdet | } sinken | du werdest | ihr werdet | } gesunken sein |
| Sie werden | Sie werden | | Sie werden | Sie werden | |
| er/sie/es werde | sie werden | | er/sie/es werde | sie werden | |

| FUTURE SUBJUNCTIVE II | | | FUTURE PERFECT SUBJUNCTIVE II | | |
|---|---|---|---|---|---|
| ich würde | wir würden | | ich würde | wir würden | |
| du würdest | ihr würdet | } sinken | du würdest | ihr würdet | } gesunken sein |
| Sie würden | Sie würden | | Sie würden | Sie würden | |
| er/sie/es würde | sie würden | | er/sie/es würde | sie würden | |

**COMMANDS**         sink(e)!   sinkt!   sinken Sie!

**PRESENT PARTICIPLE**   sinkend

## Usage

| | |
|---|---|
| Venedig sinkt ins Meer. | *Venice is sinking into the sea.* |
| Katrin ist ins Sofa gesunken und eingeschlafen. | *Katrin sank into the sofa and fell asleep.* |
| Die Küstenwache konnte die Taucher retten, deren Boot gesunken war. | *The coast guard rescued the divers whose boat had sunk.* |
| Die Leiche des Opfers sank samt Auto in den See. | *The victim's body sank with the car into the lake.* |
| Die Sonne sank am Horizont. | *The sun went down over the horizon.* |
| Die *Titanic* rammte einen Eisberg und sank. | *The* Titanic *rammed an iceberg and sank.* |
| Warum sinkt der Schwamm? | *Why is the sponge sinking?* |
| Der unerfahrene Snowboarder sank in den tiefen Schnee. | *The inexperienced snowboarder sank into the deep snow.* |
| Der Luftballon sank zu Boden. | *The air balloon descended to the ground.* |
| Wann werden die Benzinpreise endlich sinken? | *When will gasoline prices finally fall?* |
| Die Qualität der Produkte ist im letzten Jahr gesunken. | *The quality of the products has gone down in the last year.* |

**RELATED VERBS**   ab·sinken, ein·sinken, entsinken, nieder·sinken, um·sinken, unter·sinken, versinken, zurück·sinken, zusammen·sinken

strong verb

sinnt · sann · gesonnen

**PRESENT**

| | |
|---|---|
| ich sinne | wir sinnen |
| du sinnst | ihr sinnt |
| Sie sinnen | Sie sinnen |
| er/sie/es sinnt | sie sinnen |

**SIMPLE PAST**

| | |
|---|---|
| ich sann | wir sannen |
| du sannst | ihr sannt |
| Sie sannen | Sie sannen |
| er/sie/es sann | sie sannen |

**FUTURE**

| | | |
|---|---|---|
| ich werde | wir werden | |
| du wirst | ihr werdet | sinnen |
| Sie werden | Sie werden | |
| er/sie/es wird | sie werden | |

**PRESENT SUBJUNCTIVE I**

| | |
|---|---|
| ich sinne | wir sinnen |
| du sinnest | ihr sinnet |
| Sie sinnen | Sie sinnen |
| er/sie/es sinne | sie sinnen |

**PRESENT SUBJUNCTIVE II**

| | |
|---|---|
| ich sänne/sönne | wir sännen/sönnen |
| du sännest/sönnest | ihr sännet/sönnet |
| Sie sännen/sönnen | Sie sännen/sönnen |
| er/sie/es sänne/sönne | sie sännen/sönnen |

**FUTURE SUBJUNCTIVE I**

| | | |
|---|---|---|
| ich werde | wir werden | |
| du werdest | ihr werdet | sinnen |
| Sie werden | Sie werden | |
| er/sie/es werde | sie werden | |

**FUTURE SUBJUNCTIVE II**

| | | |
|---|---|---|
| ich würde | wir würden | |
| du würdest | ihr würdet | sinnen |
| Sie würden | Sie würden | |
| er/sie/es würde | sie würden | |

**PRESENT PERFECT**

| | | |
|---|---|---|
| ich habe | wir haben | |
| du hast | ihr habt | gesonnen |
| Sie haben | Sie haben | |
| er/sie/es hat | sie haben | |

**PAST PERFECT**

| | | |
|---|---|---|
| ich hatte | wir hatten | |
| du hattest | ihr hattet | gesonnen |
| Sie hatten | Sie hatten | |
| er/sie/es hatte | sie hatten | |

**FUTURE PERFECT**

| | | |
|---|---|---|
| ich werde | wir werden | |
| du wirst | ihr werdet | gesonnen haben |
| Sie werden | Sie werden | |
| er/sie/es wird | sie werden | |

**PAST SUBJUNCTIVE I**

| | | |
|---|---|---|
| ich habe | wir haben | |
| du habest | ihr habet | gesonnen |
| Sie haben | Sie haben | |
| er/sie/es habe | sie haben | |

**PAST SUBJUNCTIVE II**

| | | |
|---|---|---|
| ich hätte | wir hätten | |
| du hättest | ihr hättet | gesonnen |
| Sie hätten | Sie hätten | |
| er/sie/es hätte | sie hätten | |

**FUTURE PERFECT SUBJUNCTIVE I**

| | | |
|---|---|---|
| ich werde | wir werden | |
| du werdest | ihr werdet | gesonnen haben |
| Sie werden | Sie werden | |
| er/sie/es werde | sie werden | |

**FUTURE PERFECT SUBJUNCTIVE II**

| | | |
|---|---|---|
| ich würde | wir würden | |
| du würdest | ihr würdet | gesonnen haben |
| Sie würden | Sie würden | |
| er/sie/es würde | sie würden | |

**COMMANDS**   sinn(e)!   sinnt!   sinnen Sie!

**PRESENT PARTICIPLE**   sinnend

**NOTE** The present subjunctive II forms **sönne**, etc. are archaic.

## Usage

| | |
|---|---|
| Die Vorstandsmitglieder sinnen auf eine Lösung. | *The members of the board are deliberating a solution.* |
| Der Protagonist des Romans sann auf Mord. | *The protagonist of the novel was contemplating murder.* |
| Das Paar sinnt auf Hochzeit. | *The couple is thinking about a wedding.* |
| Die Konzerne sinnen auf weitere Investitionen. | *The companies are weighing further investments.* |
| Alle Kandidaten sinnen, wie die Wahl zu gewinnen ist. | *All candidates are studying how to win the election.* |
| Sinnen die Frauen auf Rache? | *Are the women plotting revenge?* |
| Die Bauern sannen auf einen Plan. | *The peasants were thinking up a plan.* |
| Der Bürgermeister hat auf eine Reise nach Waltham Abbey gesonnen. | *The mayor considered a trip to Waltham Abbey.* |
| Herr Petersen sinnt seit sieben Jahren darauf. | *Mr. Petersen has been reflecting on that for seven years.* |
| Der Präsident war nicht gesonnen, sich mit den Umweltschützern zu unterhalten. | *The president wasn't inclined to dialog with the environmentalists.* |

**RELATED VERBS**   besinnen, entsinnen, ersinnen, nach·sinnen

### MORE USAGE SENTENCES WITH sitzen

| | |
|---|---|
| Samuel sitzt auf dem Balkon und raucht eine Zigarette. | Samuel is sitting on the balcony smoking a cigarette. |
| Heiner sitzt am Computer und schreibt Emails. | Heiner is sitting at the computer and writing e-mails. |
| An der Grenze mussten die Touristen zwei Stunden im Bus sitzen. | At the border, the tourists had to sit on the bus for two hours. |
| Sitz doch gerade! | Sit up straight! |
| Wir mussten im Bus dicht aufeinander sitzen. | We had to sit really close together on the bus. |
| Am Lagerfeuer haben wir beieinander gesessen und Geschichten erzählt. | We sat around the campfire together and told stories. |
| Ich will vorne sitzen, du hast gestern vorne gesessen. | I want to sit up front; you sat up front yesterday. |
| Norbert sitzt im Ausschuss für Landwirtschaft. | Norbert is on the agriculture committee. |
| Franz-Josef sitzt seit 2002 im Gemeinderat. | Franz-Josef has had a seat on the town council since 2002. |
| BMW sitzt in München. | BMW is based in Munich. |
| Das Parlament sitzt von Oktober bis Juni. | The parliament is in session from October to June. |

### sitzen bleiben  *to remain seated*

| | |
|---|---|
| Bleiben Sie bitte sitzen, bis die Maschine zum Stillstand gekommen ist. | Please remain seated until the aircraft has come to a complete stop. |
| Wir mussten drei Stunden sitzen bleiben. | We had to stay seated for three hours. |

### es sitzt sich (impersonal)  *sitting is*

| | |
|---|---|
| Hier sitzt es sich bequem. | This seat is comfortable. / I am comfortable sitting here. |
| Ach, schau mal, hier sitzt es sich gut in der dritten Reihe! | Oh, look, here are some good seats in the third row! |

### sitzen  *to fit* (of clothing)

| | |
|---|---|
| Ingrid freute sich, dass ihre neue Bluse perfekt saß. | Ingrid was happy that her new blouse fit perfectly. |
| Der Mantel steht dir gut, aber der Hut sitzt nicht. | The coat looks good on you, but the hat isn't on straight. |
| Die Uniform sitzt ihm wie angegossen. | The uniform fits him like a glove. |

### IDIOMATIC EXPRESSIONS

| | |
|---|---|
| Die Truppen saßen im Kessel. | The troops were surrounded. |
| Greenpeace sitzt den Ölkonzernen auf dem Nacken. | Greenpeace is a pain in the neck to the oil companies. |
| Die Familie saß bei Tisch und redete miteinander. | The family sat at the table eating and talking. |
| Der Schmerz saß noch tief. | The pain was still deep-seated. |
| Die Angst hatte ihm eine lange Zeit in den Knochen gesessen. | The fear had gripped him to the marrow for a long time. |
| Billy the Kid saß einige Zeit in Lincoln County/ New Mexiko im Gefängnis. | Billy the Kid served some time in prison in Lincoln County, New Mexico. |
| Hans und Ingrid hatten sich verlobt, aber er ließ sie sitzen und fand eine andere. | Hans and Ingrid had gotten engaged, but he walked out on her and hooked up with another woman. |
| Der Trainer übt mit dem Hund, bis das erwünschte Verhalten sitzt. | The trainer practices with the dog until the desired behavior becomes ingrained. |
| Erich sitzt den ganzen Tag über seinen Büchern. | Erich pores over his books all day long. |
| Jost sitzt zwischen Baum und Borke. | Jost is stuck between a rock and a hard place. |
| Willi sitzt in der Klemme und ich will ihm helfen. | Willi is in a tight spot, and I want to help him. |
| Im Augenblick sitzen die Politiker zwischen zwei Stühlen. | For the time being, the politicians will sit on the fence. |
| Zum größten Teil führen wir heutzutage eine sitzende Lebensweise. | For the most part, we lead sedentary lives nowadays. |

TOP 50 VERBS

strong verb

### PRESENT

| | |
|---|---|
| ich sitze | wir sitzen |
| du sitzt | ihr sitzt |
| Sie sitzen | Sie sitzen |
| er/sie/es sitzt | sie sitzen |

### SIMPLE PAST

| | |
|---|---|
| ich saß | wir saßen |
| du saßest | ihr saßt |
| Sie saßen | Sie saßen |
| er/sie/es saß | sie saßen |

### FUTURE

| | |
|---|---|
| ich werde | wir werden |
| du wirst | ihr werdet |
| Sie werden | Sie werden |
| er/sie/es wird | sie werden |

} sitzen

### PRESENT SUBJUNCTIVE I

| | |
|---|---|
| ich sitze | wir sitzen |
| du sitzest | ihr sitzet |
| Sie sitzen | Sie sitzen |
| er/sie/es sitze | sie sitzen |

### PRESENT SUBJUNCTIVE II

| | |
|---|---|
| ich säße | wir säßen |
| du säßest | ihr säßet |
| Sie säßen | Sie säßen |
| er/sie/es säße | sie säßen |

### FUTURE SUBJUNCTIVE I

| | |
|---|---|
| ich werde | wir werden |
| du werdest | ihr werdet |
| Sie werden | Sie werden |
| er/sie/es werde | sie werden |

} sitzen

### FUTURE SUBJUNCTIVE II

| | |
|---|---|
| ich würde | wir würden |
| du würdest | ihr würdet |
| Sie würden | Sie würden |
| er/sie/es würde | sie würden |

} sitzen

### PRESENT PERFECT

| | |
|---|---|
| ich habe | wir haben |
| du hast | ihr habt |
| Sie haben | Sie haben |
| er/sie/es hat | sie haben |

} gesessen

### PAST PERFECT

| | |
|---|---|
| ich hatte | wir hatten |
| du hattest | ihr hattet |
| Sie hatten | Sie hatten |
| er/sie/es hatte | sie hatten |

} gesessen

### FUTURE PERFECT

| | |
|---|---|
| ich werde | wir werden |
| du wirst | ihr werdet |
| Sie werden | Sie werden |
| er/sie/es wird | sie werden |

} gesessen haben

### PAST SUBJUNCTIVE I

| | |
|---|---|
| ich habe | wir haben |
| du habest | ihr habet |
| Sie haben | Sie haben |
| er/sie/es habe | sie haben |

} gesessen

### PAST SUBJUNCTIVE II

| | |
|---|---|
| ich hätte | wir hätten |
| du hättest | ihr hättet |
| Sie hätten | Sie hätten |
| er/sie/es hätte | sie hätten |

} gesessen

### FUTURE PERFECT SUBJUNCTIVE I

| | |
|---|---|
| ich werde | wir werden |
| du werdest | ihr werdet |
| Sie werden | Sie werden |
| er/sie/es werde | sie werden |

} gesessen haben

### FUTURE PERFECT SUBJUNCTIVE II

| | |
|---|---|
| ich würde | wir würden |
| du würdest | ihr würdet |
| Sie würden | Sie würden |
| er/sie/es würde | sie würden |

} gesessen haben

| | |
|---|---|
| **COMMANDS** | sitz(e)!   sitzt!   sitzen Sie! |
| **PRESENT PARTICIPLE** | sitzend |

## Usage

| | |
|---|---|
| Kai sitzt schon im Auto und wartet. | *Kai is already sitting in the car waiting.* |
| Die Katze sitzt ängstlich hinter dem Sofa. | *The frightened cat is sitting behind the sofa.* |
| Im Hörsaal saßen über 500 Studentinnen und Studenten. | *Over 500 students were seated in the auditorium.* |
| Lola wollte immer auf einem Zauberteppich sitzen. | *Lola always wanted to sit on a magic carpet.* |
| Die Snowboarder sitzen in der Kneipe, weil es keinen Schnee gibt. | *The snowboarders are sitting in the pub because there's no snow.* |
| Wie lange wirst du vor dem Fernseher sitzen? | *How long are you going to sit in front of the television?* |
| Frau Werner saß im Bett und las einen Liebesroman. | *Mrs. Werner sat in bed and read a romance novel.* |
| Mein Kater sitzt gern vor dem Kamin. | *My cat likes to sit in front of the fireplace.* |
| Das Passagierschiff *Borussia* sitzt seit 1879 vor der Küste Spaniens auf dem Meeresboden. | *The passenger ship* Borussia *has been sitting on the ocean floor off the coast of Spain since 1879.* |

**RELATED VERBS**  ab·sitzen, auf·sitzen, aus·sitzen, dabei·sitzen, da·sitzen, durch·sitzen, ein·sitzen, fest·sitzen, gegenüber·sitzen, herum·sitzen, nach·sitzen, still·sitzen, vor·sitzen, zusammen·sitzen; *see also* **besitzen** (87)

**PRESENT**

| | |
|---|---|
| ich soll | wir sollen |
| du sollst | ihr sollt |
| Sie sollen | Sie sollen |
| er/sie/es soll | sie sollen |

**SIMPLE PAST**

| | |
|---|---|
| ich sollte | wir sollten |
| du solltest | ihr solltet |
| Sie sollten | Sie sollten |
| er/sie/es sollte | sie sollten |

**FUTURE**

| | | |
|---|---|---|
| ich werde | wir werden | |
| du wirst | ihr werdet | sollen |
| Sie werden | Sie werden | |
| er/sie/es wird | sie werden | |

**PRESENT SUBJUNCTIVE I**

| | |
|---|---|
| ich solle | wir sollen |
| du sollest | ihr sollet |
| Sie sollen | Sie sollen |
| er/sie/es solle | sie sollen |

**PRESENT SUBJUNCTIVE II**

| | |
|---|---|
| ich sollte | wir sollten |
| du solltest | ihr solltet |
| Sie sollten | Sie sollten |
| er/sie/es sollte | sie sollten |

**FUTURE SUBJUNCTIVE I**

| | | |
|---|---|---|
| ich werde | wir werden | |
| du werdest | ihr werdet | sollen |
| Sie werden | Sie werden | |
| er/sie/es werde | sie werden | |

**FUTURE SUBJUNCTIVE II**

| | | |
|---|---|---|
| ich würde | wir würden | |
| du würdest | ihr würdet | sollen |
| Sie würden | Sie würden | |
| er/sie/es würde | sie würden | |

**PRESENT PERFECT**

| | | |
|---|---|---|
| ich habe | wir haben | |
| du hast | ihr habt | gesollt |
| Sie haben | Sie haben | |
| er/sie/es hat | sie haben | |

**PAST PERFECT**

| | | |
|---|---|---|
| ich hatte | wir hatten | |
| du hattest | ihr hattet | gesollt |
| Sie hatten | Sie hatten | |
| er/sie/es hatte | sie hatten | |

**FUTURE PERFECT**

| | | |
|---|---|---|
| ich werde | wir werden | |
| du wirst | ihr werdet | gesollt haben |
| Sie werden | Sie werden | |
| er/sie/es wird | sie werden | |

**PAST SUBJUNCTIVE I**

| | | |
|---|---|---|
| ich habe | wir haben | |
| du habest | ihr habet | gesollt |
| Sie haben | Sie haben | |
| er/sie/es habe | sie haben | |

**PAST SUBJUNCTIVE II**

| | | |
|---|---|---|
| ich hätte | wir hätten | |
| du hättest | ihr hättet | gesollt |
| Sie hätten | Sie hätten | |
| er/sie/es hätte | sie hätten | |

**FUTURE PERFECT SUBJUNCTIVE I**

| | | |
|---|---|---|
| ich werde | wir werden | |
| du werdest | ihr werdet | gesollt haben |
| Sie werden | Sie werden | |
| er/sie/es werde | sie werden | |

**FUTURE PERFECT SUBJUNCTIVE II**

| | | |
|---|---|---|
| ich würde | wir würden | |
| du würdest | ihr würdet | gesollt haben |
| Sie würden | Sie würden | |
| er/sie/es würde | sie würden | |

**COMMANDS** —

**PRESENT PARTICIPLE** sollend

## Usage

| | |
|---|---|
| Wir sollten um acht Uhr da sein. | *We were supposed to be there at eight o'clock.* |
| Das Schiff sollte am 13. Dezember in New York eintreffen. | *The ship was supposed to arrive in New York on December 13.* |
| Basilikum soll gut in Töpfen wachsen. | *Basil is supposed to grow well in pots.* |
| Pläne für eine Implementierung sollen schon besprochen worden sein. | *Implementation plans are supposed to have been already discussed.* |
| Diese Substanzen sollen schnell wirken. | *These substances are supposed to work quickly.* |
| Augenzeugen sollen über die Ereignisse berichten. | *Eyewitnesses are supposed to report on the events.* |
| Mama sagt, du sollst den Tisch decken. | *Mama says you should set the table.* |
| Heiner soll seiner Frau eine Email schicken. | *Heiner is supposed to send his wife an e-mail.* |
| Sie sollten sich mehr bewegen! | *You should get more exercise!* |
| Drogemeyer soll letzte Woche 500 Mitarbeiter entlassen haben. | *Drogemeyer is said to have laid off 500 employees last week.* |

**RELATED VERBS** mit·sollen, weiter·sollen, zurück·sollen

**PRESENT**

| | |
|---|---|
| ich sorge | wir sorgen |
| du sorgst | ihr sorgt |
| Sie sorgen | Sie sorgen |
| er/sie/es sorgt | sie sorgen |

**SIMPLE PAST**

| | |
|---|---|
| ich sorgte | wir sorgten |
| du sorgtest | ihr sorgtet |
| Sie sorgten | Sie sorgten |
| er/sie/es sorgte | sie sorgten |

**FUTURE**

| | | |
|---|---|---|
| ich werde | wir werden | |
| du wirst | ihr werdet | |
| Sie werden | Sie werden | sorgen |
| er/sie/es wird | sie werden | |

**PRESENT SUBJUNCTIVE I**

| | |
|---|---|
| ich sorge | wir sorgen |
| du sorgest | ihr sorget |
| Sie sorgen | Sie sorgen |
| er/sie/es sorge | sie sorgen |

**PRESENT SUBJUNCTIVE II**

| | |
|---|---|
| ich sorgte | wir sorgten |
| du sorgtest | ihr sorgtet |
| Sie sorgten | Sie sorgten |
| er/sie/es sorgte | sie sorgten |

**FUTURE SUBJUNCTIVE I**

| | | |
|---|---|---|
| ich werde | wir werden | |
| du werdest | ihr werdet | |
| Sie werden | Sie werden | sorgen |
| er/sie/es werde | sie werden | |

**FUTURE SUBJUNCTIVE II**

| | | |
|---|---|---|
| ich würde | wir würden | |
| du würdest | ihr würdet | |
| Sie würden | Sie würden | sorgen |
| er/sie/es würde | sie würden | |

**PRESENT PERFECT**

| | | |
|---|---|---|
| ich habe | wir haben | |
| du hast | ihr habt | |
| Sie haben | Sie haben | gesorgt |
| er/sie/es hat | sie haben | |

**PAST PERFECT**

| | | |
|---|---|---|
| ich hatte | wir hatten | |
| du hattest | ihr hattet | |
| Sie hatten | Sie hatten | gesorgt |
| er/sie/es hatte | sie hatten | |

**FUTURE PERFECT**

| | | |
|---|---|---|
| ich werde | wir werden | |
| du wirst | ihr werdet | |
| Sie werden | Sie werden | gesorgt haben |
| er/sie/es wird | sie werden | |

**PAST SUBJUNCTIVE I**

| | | |
|---|---|---|
| ich habe | wir haben | |
| du habest | ihr habet | |
| Sie haben | Sie haben | gesorgt |
| er/sie/es habe | sie haben | |

**PAST SUBJUNCTIVE II**

| | | |
|---|---|---|
| ich hätte | wir hätten | |
| du hättest | ihr hättet | |
| Sie hätten | Sie hätten | gesorgt |
| er/sie/es hätte | sie hätten | |

**FUTURE PERFECT SUBJUNCTIVE I**

| | | |
|---|---|---|
| ich werde | wir werden | |
| du werdest | ihr werdet | |
| Sie werden | Sie werden | gesorgt haben |
| er/sie/es werde | sie werden | |

**FUTURE PERFECT SUBJUNCTIVE II**

| | | |
|---|---|---|
| ich würde | wir würden | |
| du würdest | ihr würdet | |
| Sie würden | Sie würden | gesorgt haben |
| er/sie/es würde | sie würden | |

**COMMANDS** sorg(e)! sorgt! sorgen Sie!

**PRESENT PARTICIPLE** sorgend

## Usage

| | |
|---|---|
| Manni sorgt für die Altbauwohnung in der Innenstadt. | *Manni is looking after the old apartment in the inner city.* |
| Man muss für sich selbst sorgen können. | *One must be able to provide for oneself.* |
| Meine Mutter sorgt für ihren kränklichen Mann. | *My mother is taking care of her sick husband.* |
| Mark hat für seine Tante im Altersheim gesorgt. | *Mark took care of his aunt in the nursing home.* |
| Tante Rosies Besuch sorgte für allgemeine Freude unter den Kindern. | *Aunt Rosie's visit made the children happy all around.* |
| Dieses Skript sorgt für die Gültigkeit der Eingabe. | *This script ensures that the entry is valid.* |

### sich sorgen um *to worry about, be worried about*

| | |
|---|---|
| Die Studenten sorgen sich um die Schlussexamen. | *The students are worrying about final exams.* |
| Der Bauer sorgt sich um seine kranke Kuh. | *The farmer is worried about his sick cow.* |
| Herr Petersen sorgt sich seit mehreren Jahren darum. | *Mr. Petersen has been worried about that for several years.* |
| Leslie sorgt sich um die Drogensucht ihres Sohnes. | *Leslie is worried about her son's drug addiction.* |

**RELATED VERBS** befürsorgen, umsorgen, versorgen, vor·sorgen; *see also* **besorgen** (88)

# spalten   to split, break down, crack

spaltet · spaltete · gespalten/gespaltet

regular weak verb/strong verb

**PRESENT**

| | |
|---|---|
| ich spalte | wir spalten |
| du spaltest | ihr spaltet |
| Sie spalten | Sie spalten |
| er/sie/es spaltet | sie spalten |

**PRESENT PERFECT**

| | | |
|---|---|---|
| ich habe | wir haben | |
| du hast | ihr habt | gespalten/gespaltet |
| Sie haben | Sie haben | |
| er/sie/es hat | sie haben | |

**SIMPLE PAST**

| | |
|---|---|
| ich spaltete | wir spalteten |
| du spaltetest | ihr spaltetet |
| Sie spalteten | Sie spalteten |
| er/sie/es spaltete | sie spalteten |

**PAST PERFECT**

| | | |
|---|---|---|
| ich hatte | wir hatten | |
| du hattest | ihr hattet | gespalten/gespaltet |
| Sie hatten | Sie hatten | |
| er/sie/es hatte | sie hatten | |

**FUTURE**

| | | |
|---|---|---|
| ich werde | wir werden | |
| du wirst | ihr werdet | spalten |
| Sie werden | Sie werden | |
| er/sie/es wird | sie werden | |

**FUTURE PERFECT**

| | | |
|---|---|---|
| ich werde | wir werden | gespalten haben |
| du wirst | ihr werdet | OR |
| Sie werden | Sie werden | gespaltet haben |
| er/sie/es wird | sie werden | |

**PRESENT SUBJUNCTIVE I**

| | |
|---|---|
| ich spalte | wir spalten |
| du spaltest | ihr spaltet |
| Sie spalten | Sie spalten |
| er/sie/es spalte | sie spalten |

**PAST SUBJUNCTIVE I**

| | | |
|---|---|---|
| ich habe | wir haben | |
| du habest | ihr habet | gespalten/gespaltet |
| Sie haben | Sie haben | |
| er/sie/es habe | sie haben | |

**PRESENT SUBJUNCTIVE II**

| | |
|---|---|
| ich spaltete | wir spalteten |
| du spaltetest | ihr spaltetet |
| Sie spalteten | Sie spalteten |
| er/sie/es spaltete | sie spalteten |

**PAST SUBJUNCTIVE II**

| | | |
|---|---|---|
| ich hätte | wir hätten | |
| du hättest | ihr hättet | gespalten/gespaltet |
| Sie hätten | Sie hätten | |
| er/sie/es hätte | sie hätten | |

**FUTURE SUBJUNCTIVE I**

| | | |
|---|---|---|
| ich werde | wir werden | |
| du werdest | ihr werdet | spalten |
| Sie werden | Sie werden | |
| er/sie/es werde | sie werden | |

**FUTURE PERFECT SUBJUNCTIVE I**

| | | |
|---|---|---|
| ich werde | wir werden | gespalten haben |
| du werdest | ihr werdet | OR |
| Sie werden | Sie werden | gespaltet haben |
| er/sie/es werde | sie werden | |

**FUTURE SUBJUNCTIVE II**

| | | |
|---|---|---|
| ich würde | wir würden | |
| du würdest | ihr würdet | spalten |
| Sie würden | Sie würden | |
| er/sie/es würde | sie würden | |

**FUTURE PERFECT SUBJUNCTIVE II**

| | | |
|---|---|---|
| ich würde | wir würden | gespalten haben |
| du würdest | ihr würdet | OR |
| Sie würden | Sie würden | gespaltet haben |
| er/sie/es würde | sie würden | |

**COMMANDS**    spalte!   spaltet!   spalten Sie!

**PRESENT PARTICIPLE**    spaltend

**NOTE** The past participle is more commonly **gespalten**, although **gespaltet** is not incorrect.

## Usage

Serena hat die Kokosnuss mit einem Hammer gespalten.
*Serena cracked the coconut open with a hammer.*

Der Archäologe hat den alten Schenkelknochen versehentlich gespalten.
*The archeologist accidentally fractured the old femur.*

Das ultraviolette Licht spaltet die Moleküle.
*The ultraviolet light splits the molecules.*

Diese Frage begann die Wissenschaftler in zwei Lager zu spalten.
*This question began to divide the scientists into two camps.*

Das Fundament wurde vom Erdbeben gespalten.
*The foundation was cracked by an earthquake.*

Der Porzellantopf wurde von der Hitze gespalten.
*The porcelain pot was cracked by the heat.*

Die Antikörper spalten diese Substanzen.
*The antibodies are breaking down these substances.*

### sich spalten   to split, break down, crack

Die verstärkte Mauer spaltete sich, aber fiel nicht zusammen.
*The reinforced wall cracked but didn't collapse.*

**RELATED VERBS**   ab·spalten, auf·spalten, zerspalten

regular weak verb · spart · sparte · gespart

### PRESENT
| | |
|---|---|
| ich spare | wir sparen |
| du sparst | ihr spart |
| Sie sparen | Sie sparen |
| er/sie/es spart | sie sparen |

### SIMPLE PAST
| | |
|---|---|
| ich sparte | wir sparten |
| du spartest | ihr spartet |
| Sie sparten | Sie sparten |
| er/sie/es sparte | sie sparten |

### FUTURE
| | |
|---|---|
| ich werde | wir werden |
| du wirst | ihr werdet |
| Sie werden | Sie werden |
| er/sie/es wird | sie werden |

sparen

### PRESENT SUBJUNCTIVE I
| | |
|---|---|
| ich spare | wir sparen |
| du sparest | ihr sparet |
| Sie sparen | Sie sparen |
| er/sie/es spare | sie sparen |

### PRESENT SUBJUNCTIVE II
| | |
|---|---|
| ich sparte | wir sparten |
| du spartest | ihr spartet |
| Sie sparten | Sie sparten |
| er/sie/es sparte | sie sparten |

### FUTURE SUBJUNCTIVE I
| | |
|---|---|
| ich werde | wir werden |
| du werdest | ihr werdet |
| Sie werden | Sie werden |
| er/sie/es werde | sie werden |

sparen

### FUTURE SUBJUNCTIVE II
| | |
|---|---|
| ich würde | wir würden |
| du würdest | ihr würdet |
| Sie würden | Sie würden |
| er/sie/es würde | sie würden |

sparen

### PRESENT PERFECT
| | |
|---|---|
| ich habe | wir haben |
| du hast | ihr habt |
| Sie haben | Sie haben |
| er/sie/es hat | sie haben |

gespart

### PAST PERFECT
| | |
|---|---|
| ich hatte | wir hatten |
| du hattest | ihr hattet |
| Sie hatten | Sie hatten |
| er/sie/es hatte | sie hatten |

gespart

### FUTURE PERFECT
| | |
|---|---|
| ich werde | wir werden |
| du wirst | ihr werdet |
| Sie werden | Sie werden |
| er/sie/es wird | sie werden |

gespart haben

### PAST SUBJUNCTIVE I
| | |
|---|---|
| ich habe | wir haben |
| du habest | ihr habet |
| Sie haben | Sie haben |
| er/sie/es habe | sie haben |

gespart

### PAST SUBJUNCTIVE II
| | |
|---|---|
| ich hätte | wir hätten |
| du hättest | ihr hättet |
| Sie hätten | Sie hätten |
| er/sie/es hätte | sie hätten |

gespart

### FUTURE PERFECT SUBJUNCTIVE I
| | |
|---|---|
| ich werde | wir werden |
| du werdest | ihr werdet |
| Sie werden | Sie werden |
| er/sie/es werde | sie werden |

gespart haben

### FUTURE PERFECT SUBJUNCTIVE II
| | |
|---|---|
| ich würde | wir würden |
| du würdest | ihr würdet |
| Sie würden | Sie würden |
| er/sie/es würde | sie würden |

gespart haben

COMMANDS    spar(e)!    spart!    sparen Sie!

PRESENT PARTICIPLE    sparend

## Usage

| | |
|---|---|
| Willi spart auf eine zweiäugige Spiegelreflexkamera. | *Willi is saving for a double-lens reflex camera.* |
| Warum spart ihr nicht? | *Why don't you economize?* |
| Du musst ab jetzt sparen. | *You have to be on a budget from now on.* |
| Ich kann nicht gut sparen. | *I'm not good at saving.* |
| Herr und Frau Kleist möchten auf eine Eigentumswohnung in Ansbach sparen. | *Mr. and Mrs. Kleist would like to save for a home in Ansbach.* |
| Norbert findet es leicht zu sparen. | *Norbert finds it easy to be thrifty.* |
| Das Geld wird für einen guten Zweck gespart. | *The money is being saved for a good purpose.* |
| Wir sparen seit einem Jahr auf eine neue Waschmaschine. | *We've been saving for a year for a new washing machine.* |
| Lieschen hat 45 Euro gespart. | *Lieschen has saved 45 euros.* |
| Diese Lösung hat mir viel Mühe gespart. | *This solution has saved me a lot of trouble.* |
| Um Kosten zu sparen, teilen wir ein Hotelzimmer. | *To save expenses, we're sharing a hotel room.* |
| Spar nicht am braunen Zucker! | *Don't skimp on the brown sugar!* |

RELATED VERBS    ab·sparen, auf·sparen, aus·sparen, ein·sparen, ersparen

# spazieren  *to stroll, go for a walk/ride*

spaziert · spazierte · spaziert

regular weak verb

### PRESENT

| | |
|---|---|
| ich spaziere | wir spazieren |
| du spazierst | ihr spaziert |
| Sie spazieren | Sie spazieren |
| er/sie/es spaziert | sie spazieren |

### PRESENT PERFECT

| | | |
|---|---|---|
| ich bin | wir sind | |
| du bist | ihr seid | |
| Sie sind | Sie sind | } spaziert |
| er/sie/es ist | sie sind | |

### SIMPLE PAST

| | |
|---|---|
| ich spazierte | wir spazierten |
| du spaziertest | ihr spaziertet |
| Sie spazierten | Sie spazierten |
| er/sie/es spazierte | sie spazierten |

### PAST PERFECT

| | | |
|---|---|---|
| ich war | wir waren | |
| du warst | ihr wart | |
| Sie waren | Sie waren | } spaziert |
| er/sie/es war | sie waren | |

### FUTURE

| | | |
|---|---|---|
| ich werde | wir werden | |
| du wirst | ihr werdet | |
| Sie werden | Sie werden | } spazieren |
| er/sie/es wird | sie werden | |

### FUTURE PERFECT

| | | |
|---|---|---|
| ich werde | wir werden | |
| du wirst | ihr werdet | |
| Sie werden | Sie werden | } spaziert sein |
| er/sie/es wird | sie werden | |

### PRESENT SUBJUNCTIVE I

| | |
|---|---|
| ich spaziere | wir spazieren |
| du spazierest | ihr spazieret |
| Sie spazieren | Sie spazieren |
| er/sie/es spaziere | sie spazieren |

### PAST SUBJUNCTIVE I

| | | |
|---|---|---|
| ich sei | wir seien | |
| du seiest | ihr seiet | |
| Sie seien | Sie seien | } spaziert |
| er/sie/es sei | sie seien | |

### PRESENT SUBJUNCTIVE II

| | |
|---|---|
| ich spazierte | wir spazierten |
| du spaziertest | ihr spaziertet |
| Sie spazierten | Sie spazierten |
| er/sie/es spazierte | sie spazierten |

### PAST SUBJUNCTIVE II

| | | |
|---|---|---|
| ich wäre | wir wären | |
| du wärest | ihr wäret | |
| Sie wären | Sie wären | } spaziert |
| er/sie/es wäre | sie wären | |

### FUTURE SUBJUNCTIVE I

| | | |
|---|---|---|
| ich werde | wir werden | |
| du werdest | ihr werdet | |
| Sie werden | Sie werden | } spazieren |
| er/sie/es werde | sie werden | |

### FUTURE PERFECT SUBJUNCTIVE I

| | | |
|---|---|---|
| ich werde | wir werden | |
| du werdest | ihr werdet | |
| Sie werden | Sie werden | } spaziert sein |
| er/sie/es werde | sie werden | |

### FUTURE SUBJUNCTIVE II

| | | |
|---|---|---|
| ich würde | wir würden | |
| du würdest | ihr würdet | |
| Sie würden | Sie würden | } spazieren |
| er/sie/es würde | sie würden | |

### FUTURE PERFECT SUBJUNCTIVE II

| | | |
|---|---|---|
| ich würde | wir würden | |
| du würdest | ihr würdet | |
| Sie würden | Sie würden | } spaziert sein |
| er/sie/es würde | sie würden | |

COMMANDS          spazier(e)!   spaziert!   spazieren Sie!

PRESENT PARTICIPLE          spazierend

NOTE  In modern German, **spazieren** is typically combined with another verb of motion, such as **gehen** or **fahren**.

## Usage

| | |
|---|---|
| Wenn ich im Urlaub bin, gehe ich nachmittags am Strand spazieren. | *When I'm on vacation, I take walks on the beach in the afternoon.* |
| Rotkäppchen spazierte durch den Wald. | *Red Riding Hood went for a walk through the forest.* |
| Es macht Ingrid großen Spaß spazieren zu gehen. | *Ingrid has great fun going for walks.* |
| Annalies ist mit dem Auto einer Freundin spazieren gefahren. | *Annalies went for a spin in her friend's car.* |
| An diesem Morgen ritt Nicolaus Fricke am Bach spazieren. | *On this particular morning, Nicolaus Fricke took a leisurely ride along the stream.* |

### spazieren (with haben)  *to take for a stroll/walk/ride*

| | |
|---|---|
| Wo kann ich meinen Hund spazieren führen? | *Where can I take my dog for a walk?* |
| Darrell hat seine Freundin mit seinem Motorrad spazieren gefahren. | *Darrell took his girlfriend for a ride on his motorcycle.* |

strong verb

## PRESENT

| | |
|---|---|
| ich speie | wir speien |
| du speist | ihr speit |
| Sie speien | Sie speien |
| er/sie/es speit | sie speien |

## SIMPLE PAST

| | |
|---|---|
| ich spie | wir spien |
| du spiest | ihr spiet |
| Sie spien | Sie spien |
| er/sie/es spie | sie spien |

## FUTURE

| | | |
|---|---|---|
| ich werde | wir werden | |
| du wirst | ihr werdet | speien |
| Sie werden | Sie werden | |
| er/sie/es wird | sie werden | |

## PRESENT SUBJUNCTIVE I

| | |
|---|---|
| ich speie | wir speien |
| du speiest | ihr speiet |
| Sie speien | Sie speien |
| er/sie/es speie | sie speien |

## PRESENT SUBJUNCTIVE II

| | |
|---|---|
| ich spie | wir spien |
| du spiest | ihr spiet |
| Sie spien | Sie spien |
| er/sie/es spie | sie spien |

## FUTURE SUBJUNCTIVE I

| | | |
|---|---|---|
| ich werde | wir werden | |
| du werdest | ihr werdet | speien |
| Sie werden | Sie werden | |
| er/sie/es werde | sie werden | |

## FUTURE SUBJUNCTIVE II

| | | |
|---|---|---|
| ich würde | wir würden | |
| du würdest | ihr würdet | speien |
| Sie würden | Sie würden | |
| er/sie/es würde | sie würden | |

## PRESENT PERFECT

| | | |
|---|---|---|
| ich habe | wir haben | |
| du hast | ihr habt | gespien |
| Sie haben | Sie haben | |
| er/sie/es hat | sie haben | |

## PAST PERFECT

| | | |
|---|---|---|
| ich hatte | wir hatten | |
| du hattest | ihr hattet | gespien |
| Sie hatten | Sie hatten | |
| er/sie/es hatte | sie hatten | |

## FUTURE PERFECT

| | | |
|---|---|---|
| ich werde | wir werden | |
| du wirst | ihr werdet | gespien haben |
| Sie werden | Sie werden | |
| er/sie/es wird | sie werden | |

## PAST SUBJUNCTIVE I

| | | |
|---|---|---|
| ich habe | wir haben | |
| du habest | ihr habet | gespien |
| Sie haben | Sie haben | |
| er/sie/es habe | sie haben | |

## PAST SUBJUNCTIVE II

| | | |
|---|---|---|
| ich hätte | wir hätten | |
| du hättest | ihr hättet | gespien |
| Sie hätten | Sie hätten | |
| er/sie/es hätte | sie hätten | |

## FUTURE PERFECT SUBJUNCTIVE I

| | | |
|---|---|---|
| ich werde | wir werden | |
| du werdest | ihr werdet | gespien haben |
| Sie werden | Sie werden | |
| er/sie/es werde | sie werden | |

## FUTURE PERFECT SUBJUNCTIVE II

| | | |
|---|---|---|
| ich würde | wir würden | |
| du würdest | ihr würdet | gespien haben |
| Sie würden | Sie würden | |
| er/sie/es würde | sie würden | |

**COMMANDS**    spei(e)!   speit!   speien Sie!

**PRESENT PARTICIPLE**    speiend

## Usage

| | |
|---|---|
| Marmorne Pferde speien Wasser in die Luft. | *Marble horses spout water into the air.* |
| Ihr Mund spie Wut. | *Her mouth spewed rage.* |
| Ein Drache speit Feuer aus seinem Maul. | *A dragon spits fire from his mouth.* |
| Der Wal spie Jona aufs Land. | *The whale spit Jonah onto land.* |
| Der Vulkan hat Asche und Lava gespien. | *The volcano belched ash and lava.* |
| Der schwer verletzte Soldat lag auf dem Boden und spie Blut. | *The seriously injured soldier lay on the ground and spit blood.* |
| Der Narren Mund speit eitel Narrheit. (SPRÜCHE 15,2) | *The mouth of fools poureth out foolishness.* (PROVERBS 15:2) |
| „Du Schweinehund!", spie der Mann. | *"You dirty dog!" spat the man.* |
| Frau Lotte Haesli spie Gift und Galle, wenn man nur an sie tippte. (HUGO BALL) (*figurative*) | *Mrs. Lotte Haesli vented her rage when someone so much as touched her.* |
| Es ist zum Speien! (*slang*) | *It makes me wanna puke!* |

**RELATED VERBS**   an·speien, bespeien

### MORE USAGE SENTENCES WITH spielen

| | |
|---|---|
| Ihr habt hoch gespielt und viel Geld verloren! | *You played for high stakes and lost a lot of money!* |
| Wir haben bis zwei Uhr morgens Schach gespielt. | *We played chess until two in the morning.* |
| Jetzt wird nicht mehr gespielt sondern gelernt! | *Playtime is over; now it's time to study!* |
| Josts Vater spielt gern am Spielautomaten. | *Jost's father likes to play the slot machine.* |
| Mein Kater spielt mit einer toten Maus. | *My cat is playing with a dead mouse.* |
| Unser Hund pflegt hier vor dem Kamin zu spielen. | *Our dog tends to play here in front of the fireplace.* |
| Schillers *Die Räuber* wird oft in Weimar gespielt. | *Schiller's* Die Räuber *is performed often in Weimar.* |
| Im seinem nächsten Film spielt der Schauspieler einen schizophrenen Geodät. | *In his next film, the actor will play a schizophrenic geodesist.* |
| Peter Lorre spielte die Rolle von einem Kindermörder. | *Peter Lorre played the part of a child murderer.* |
| Ich möchte Gitarre spielen lernen. | *I'd like to learn to play guitar.* |
| Kannst du wirklich Klavier spielen? | *Can you really play the piano?* |
| Du hast falsch gespielt, das ist ja ein Fis. | *You played a wrong note; that's an F sharp.* |
| Mozart konnte nach Gehör spielen und komponieren. | *Mozart could play and compose by ear.* |
| Die Marschkapelle spielte eine bewegende Version der Nationalhymne. | *The marching band played a moving rendition of the national anthem.* |
| Im letzten Konzert hat man Beethovens 7. gespielt. | *In the last concert, they played Beethoven's 7th.* |
| Inflation spielt hier keine Rolle. | *Inflation plays no part in this.* |
| Die Zahl drei spielt eine Rolle in der Handlung. | *The number three figures in the plot.* |
| Mutti ist heute nicht da, ich spiele Koch! | *Mom isn't here today; I'm playing cook!* |
| Frau Esterhazy spielt immer den Unschuldigen. | *Mrs. Esterhazy always acts innocent.* |
| Ralf hat seiner Schwester einen Streich gespielt. | *Ralf played a trick on his sister.* |
| Somit spielt er seinen Gegnern nur in die Hände. | *By doing this, he's only playing into his opponents' hands.* |

## sich spielen   *to play until one reaches a certain state/condition*

| | |
|---|---|
| Ich habe mich vor dem Spiel warm gespielt. | *I warmed up before the game.* |
| Die Kinder haben sich hungrig gespielt. | *The children worked up an appetite playing.* |

### IDIOMATIC EXPRESSIONS

| | |
|---|---|
| Das Stück spielt in England im 16. Jahrhundert. | *The play is set in sixteenth-century England.* |
| Die Jacke spielt ins Grüne. | *The jacket has a greenish tinge.* |
| Erwin hat wieder angefangen, um Geld zu spielen. | *Erwin has started gambling again.* |
| Ortfrid spielt gern mit Worten. | *Ortfrid likes to make puns.* |
| Den kannst du ignorieren, der spielt immer den großen Herrn. | *You can ignore that guy; he's always blowing his own horn.* |
| Es ist schwierig vom Blatt zu spielen. | *It's difficult to sight-read music.* |
| Wir haben mit dem Gedanken gespielt, nach Kanada umzuziehen. | *We've toyed with the idea of moving to Canada.* |
| Bei ihnen wird allzu oft mit verdeckten Karten gespielt. | *They all too often deal in an underhanded manner.* |
| Ich werde meine Beziehungen für dich spielen lassen. | *I'll pull some strings for you.* |
| Dirk klagt, dass er neben Lars ständig zweite Geige spielen muss. | *Dirk complains he constantly has to take a back seat to Lars.* |
| Erich lässt die Muskeln spielen. | *Erich is flexing his muscles.* |
| Sie sagte, sie hätte den Orgasmus gespielt. | *She said she faked the orgasm.* |
| Der Politiker spielte ein doppeltes Spiel, solang es ihm nützlich war. | *The politician played both sides of the fence as long as it was useful to him.* |
| Dortmund hat gegen Bremen unentschieden gespielt. | *Dortmund tied Bremen.* |

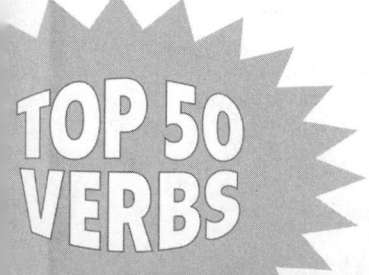

TOP 50 VERBS

regular weak verb

spielt · spielte · gespielt

**PRESENT**

| | |
|---|---|
| ich spiele | wir spielen |
| du spielst | ihr spielt |
| Sie spielen | Sie spielen |
| er/sie/es spielt | sie spielen |

**SIMPLE PAST**

| | |
|---|---|
| ich spielte | wir spielten |
| du spieltest | ihr spieltet |
| Sie spielten | Sie spielten |
| er/sie/es spielte | sie spielten |

**FUTURE**

| | |
|---|---|
| ich werde | wir werden |
| du wirst | ihr werdet |
| Sie werden | Sie werden |
| er/sie/es wird | sie werden |

} spielen

**PRESENT SUBJUNCTIVE I**

| | |
|---|---|
| ich spiele | wir spielen |
| du spielest | ihr spielet |
| Sie spielen | Sie spielen |
| er/sie/es spiele | sie spielen |

**PRESENT SUBJUNCTIVE II**

| | |
|---|---|
| ich spielte | wir spielten |
| du spieltest | ihr spieltet |
| Sie spielten | Sie spielten |
| er/sie/es spielte | sie spielten |

**FUTURE SUBJUNCTIVE I**

| | |
|---|---|
| ich werde | wir werden |
| du werdest | ihr werdet |
| Sie werden | Sie werden |
| er/sie/es werde | sie werden |

} spielen

**FUTURE SUBJUNCTIVE II**

| | |
|---|---|
| ich würde | wir würden |
| du würdest | ihr würdet |
| Sie würden | Sie würden |
| er/sie/es würde | sie würden |

} spielen

**PRESENT PERFECT**

| | |
|---|---|
| ich habe | wir haben |
| du hast | ihr habt |
| Sie haben | Sie haben |
| er/sie/es hat | sie haben |

} gespielt

**PAST PERFECT**

| | |
|---|---|
| ich hatte | wir hatten |
| du hattest | ihr hattet |
| Sie hatten | Sie hatten |
| er/sie/es hatte | sie hatten |

} gespielt

**FUTURE PERFECT**

| | |
|---|---|
| ich werde | wir werden |
| du wirst | ihr werdet |
| Sie werden | Sie werden |
| er/sie/es wird | sie werden |

} gespielt haben

**PAST SUBJUNCTIVE I**

| | |
|---|---|
| ich habe | wir haben |
| du habest | ihr habet |
| Sie haben | Sie haben |
| er/sie/es habe | sie haben |

} gespielt

**PAST SUBJUNCTIVE II**

| | |
|---|---|
| ich hätte | wir hätten |
| du hättest | ihr hättet |
| Sie hätten | Sie hätten |
| er/sie/es hätte | sie hätten |

} gespielt

**FUTURE PERFECT SUBJUNCTIVE I**

| | |
|---|---|
| ich werde | wir werden |
| du werdest | ihr werdet |
| Sie werden | Sie werden |
| er/sie/es werde | sie werden |

} gespielt haben

**FUTURE PERFECT SUBJUNCTIVE II**

| | |
|---|---|
| ich würde | wir würden |
| du würdest | ihr würdet |
| Sie würden | Sie würden |
| er/sie/es würde | sie würden |

} gespielt haben

**COMMANDS**          spiel(e)!    spielt!    spielen Sie!

**PRESENT PARTICIPLE**      spielend

## Usage

| | |
|---|---|
| Die Tormänner haben heute gut gespielt. | *The goalkeepers played well today.* |
| Bei wem spielt jetzt Hansel? | *Who is Hansel playing for now?* |
| Die Bulls spielten am Samstag gegen die Hawks in Chicago. | *The Bulls played the Hawks in Chicago on Saturday.* |
| Wir spielen heute um die Meisterschaft. | *We're playing for the championship today.* |
| Die Kinder spielen mit einem Ball. | *The children are playing with a ball.* |
| He, du spielst unfair! | *Hey, you're not playing fairly!* |
| Regina spielt seit zwei Stunden im Garten. | *Regina has been playing in the yard for the last two hours.* |
| Man kann das Spiel auch online spielen. | *You can play the game online, too.* |
| Kinder, wollt ihr Fangen spielen? | *Children, do you want to play tag?* |
| Wie spielt man Skat? | *How is Skat played?* |
| Wollen wir Karten spielen? | *Should we play cards?* |

**RELATED VERBS**  ab·spielen, an·spielen, auf·spielen, aus·spielen, durch·spielen, ein·spielen, mit·spielen, nach·spielen, überspielen, verspielen, vor·spielen, weiter·spielen, zusammen·spielen, zu·spielen

## spinnen  *to spin; plot, think up*

spinnt · spann · gesponnen

strong verb

**PRESENT**

| | |
|---|---|
| ich spinne | wir spinnen |
| du spinnst | ihr spinnt |
| Sie spinnen | Sie spinnen |
| er/sie/es spinnt | sie spinnen |

**PRESENT PERFECT**

| | | |
|---|---|---|
| ich habe | wir haben | |
| du hast | ihr habt | |
| Sie haben | Sie haben | gesponnen |
| er/sie/es hat | sie haben | |

**SIMPLE PAST**

| | |
|---|---|
| ich spann | wir spannen |
| du spannst | ihr spannt |
| Sie spannen | Sie spannen |
| er/sie/es spann | sie spannen |

**PAST PERFECT**

| | | |
|---|---|---|
| ich hatte | wir hatten | |
| du hattest | ihr hattet | |
| Sie hatten | Sie hatten | gesponnen |
| er/sie/es hatte | sie hatten | |

**FUTURE**

| | | |
|---|---|---|
| ich werde | wir werden | |
| du wirst | ihr werdet | |
| Sie werden | Sie werden | spinnen |
| er/sie/es wird | sie werden | |

**FUTURE PERFECT**

| | | |
|---|---|---|
| ich werde | wir werden | |
| du wirst | ihr werdet | |
| Sie werden | Sie werden | gesponnen haben |
| er/sie/es wird | sie werden | |

**PRESENT SUBJUNCTIVE I**

| | |
|---|---|
| ich spinne | wir spinnen |
| du spinnest | ihr spinnet |
| Sie spinnen | Sie spinnen |
| er/sie/es spinne | sie spinnen |

**PAST SUBJUNCTIVE I**

| | | |
|---|---|---|
| ich habe | wir haben | |
| du habest | ihr habet | |
| Sie haben | Sie haben | gesponnen |
| er/sie/es habe | sie haben | |

**PRESENT SUBJUNCTIVE II**

| | |
|---|---|
| ich spönne/spänne | wir spönnen/spännen |
| du spönnest/spännest | ihr spönnet/spännet |
| Sie spönnen/spännen | Sie spönnen/spännen |
| er/sie/es spönne/spänne | sie spönnen/spännen |

**PAST SUBJUNCTIVE II**

| | | |
|---|---|---|
| ich hätte | wir hätten | |
| du hättest | ihr hättet | |
| Sie hätten | Sie hätten | gesponnen |
| er/sie/es hätte | sie hätten | |

**FUTURE SUBJUNCTIVE I**

| | | |
|---|---|---|
| ich werde | wir werden | |
| du werdest | ihr werdet | |
| Sie werden | Sie werden | spinnen |
| er/sie/es werde | sie werden | |

**FUTURE PERFECT SUBJUNCTIVE I**

| | | |
|---|---|---|
| ich werde | wir werden | |
| du werdest | ihr werdet | |
| Sie werden | Sie werden | gesponnen haben |
| er/sie/es werde | sie werden | |

**FUTURE SUBJUNCTIVE II**

| | | |
|---|---|---|
| ich würde | wir würden | |
| du würdest | ihr würdet | |
| Sie würden | Sie würden | spinnen |
| er/sie/es würde | sie würden | |

**FUTURE PERFECT SUBJUNCTIVE II**

| | | |
|---|---|---|
| ich würde | wir würden | |
| du würdest | ihr würdet | |
| Sie würden | Sie würden | gesponnen haben |
| er/sie/es würde | sie würden | |

**COMMANDS**    spinn(e)!    spinnt!    spinnen Sie!

**PRESENT PARTICIPLE**    spinnend

## Usage

| | |
|---|---|
| Im August muss die Wolle gesponnen werden. | *In August, the wool must be spun.* |
| Wie hätte ich mich losreißen können, wenn der dauerhafte Faden nicht gesponnen wäre? (GOETHE) | *How could I have broken free, if the lasting thread had not been spun?* |
| Oma saß vor dem Kamin und spann. | *Grandma was sitting in front of the fire spinning.* |
| Rumpelstilzchen soll Stroh zu Gold gesponnen haben. | *Rumpelstilzchen is said to have spun straw into gold.* |
| Die Larve spinnt einen Kokon. | *The larva spins a cocoon.* |
| „Spinnen wir es nächste Woche", sagte Tante Marie. | *"Let's spin it next week," said Aunt Marie.* |
| Stimmt es, dass Flachs zu Leinen gesponnen wird? | *Is it true that flax is spun into linen?* |
| Können Sie Garn spinnen? | *Can you spin yarn?* |
| Die Weiber spannen und woben den Flachs und die Wolle. (ENGELS) | *The weavers spun and wove the flax and wool.* |
| Die Propagandisten spinnen immer mehr Lügen. | *The propagandists are forever thinking up more lies.* |
| Du spinnst! (*slang*) | *You're wacko!* |

**RELATED VERBS**  an·spinnen, aus·spinnen, ein·spinnen, umspinnen, verspinnen

strong verb

spricht · sprach · gesprochen

## PRESENT

| | |
|---|---|
| ich spreche | wir sprechen |
| du sprichst | ihr sprecht |
| Sie sprechen | Sie sprechen |
| er/sie/es spricht | sie sprechen |

## SIMPLE PAST

| | |
|---|---|
| ich sprach | wir sprachen |
| du sprachst | ihr spracht |
| Sie sprachen | Sie sprachen |
| er/sie/es sprach | sie sprachen |

## FUTURE

| | | |
|---|---|---|
| ich werde | wir werden | |
| du wirst | ihr werdet | sprechen |
| Sie werden | Sie werden | |
| er/sie/es wird | sie werden | |

## PRESENT SUBJUNCTIVE I

| | |
|---|---|
| ich spreche | wir sprechen |
| du sprechest | ihr sprechet |
| Sie sprechen | Sie sprechen |
| er/sie/es spreche | sie sprechen |

## PRESENT SUBJUNCTIVE II

| | |
|---|---|
| ich spräche | wir sprächen |
| du sprächest | ihr sprächet |
| Sie sprächen | Sie sprächen |
| er/sie/es spräche | sie sprächen |

## FUTURE SUBJUNCTIVE I

| | | |
|---|---|---|
| ich werde | wir werden | |
| du werdest | ihr werdet | sprechen |
| Sie werden | Sie werden | |
| er/sie/es werde | sie werden | |

## FUTURE SUBJUNCTIVE II

| | | |
|---|---|---|
| ich würde | wir würden | |
| du würdest | ihr würdet | sprechen |
| Sie würden | Sie würden | |
| er/sie/es würde | sie würden | |

## PRESENT PERFECT

| | | |
|---|---|---|
| ich habe | wir haben | |
| du hast | ihr habt | gesprochen |
| Sie haben | Sie haben | |
| er/sie/es hat | sie haben | |

## PAST PERFECT

| | | |
|---|---|---|
| ich hatte | wir hatten | |
| du hattest | ihr hattet | gesprochen |
| Sie hatten | Sie hatten | |
| er/sie/es hatte | sie hatten | |

## FUTURE PERFECT

| | | |
|---|---|---|
| ich werde | wir werden | |
| du wirst | ihr werdet | gesprochen haben |
| Sie werden | Sie werden | |
| er/sie/es wird | sie werden | |

## PAST SUBJUNCTIVE I

| | | |
|---|---|---|
| ich habe | wir haben | |
| du habest | ihr habet | gesprochen |
| Sie haben | Sie haben | |
| er/sie/es habe | sie haben | |

## PAST SUBJUNCTIVE II

| | | |
|---|---|---|
| ich hätte | wir hätten | |
| du hättest | ihr hättet | gesprochen |
| Sie hätten | Sie hätten | |
| er/sie/es hätte | sie hätten | |

## FUTURE PERFECT SUBJUNCTIVE I

| | | |
|---|---|---|
| ich werde | wir werden | |
| du werdest | ihr werdet | gesprochen haben |
| Sie werden | Sie werden | |
| er/sie/es werde | sie werden | |

## FUTURE PERFECT SUBJUNCTIVE II

| | | |
|---|---|---|
| ich würde | wir würden | |
| du würdest | ihr würdet | gesprochen haben |
| Sie würden | Sie würden | |
| er/sie/es würde | sie würden | |

**COMMANDS**    sprich!    sprecht!    sprechen Sie!

**PRESENT PARTICIPLE**    sprechend

## Usage

| | |
|---|---|
| Hast du mit ihm darüber gesprochen? | *Have you spoken with him about it?* |
| Wer spricht? | *Who's speaking?* |
| Der Popstar spricht oft mit seinem Astrologen. | *The pop star talks frequently with his astrologer.* |
| Lars will Finnisch sprechen können. | *Lars claims to be able to speak Finnish.* |
| Sprechen Sie Englisch? | *Do you speak English?* |
| Komisch, du sprichst mit einem französischen Akzent, aber du bist aus den USA! | *Funny, you talk with a French accent, but you're from the U.S.!* |
| Opa sprach nur Dialekt, aber wir verstanden ihn. | *Grandpa spoke only dialect, but we understood him.* |
| „Sprichst du Italienisch?" „Ja, aber nicht fließend." | *"Do you speak Italian?" "Yes, but not fluently."* |
| Die Häftlinge sprachen von Tortur. | *The prisoners have spoken of torture.* |

**RELATED VERBS**    ab·sprechen, an·sprechen, besprechen, durch·sprechen, ein·sprechen, frei·sprechen, herum·sprechen, hohn·sprechen, los·sprechen, mit·sprechen, nach·sprechen, übersprechen, vor·sprechen, weiter·sprechen, zu·sprechen; *see also* **aus·sprechen** (40), **entsprechen** (149), **versprechen** (500), **widersprechen** (531)

**TOP 50 VERB** ☞

### MORE USAGE SENTENCES WITH **sprechen**

| | |
|---|---|
| Susanne spricht mit Sofie am Telefon. | *Susanne is talking with Sofie on the telephone.* |
| Sprechen Sie bitte über Ihre Erfahrungen im Ausland. | *Please talk about your experiences abroad.* |
| Nach der Hirnoperation konnte Gerd nur langsam sprechen. | *After the brain surgery, Gerd was only able to speak slowly.* |
| Der Bube hatte den Mund aufgemacht, als ob er sprechen wollte. | *The boy had opened his mouth as though he wanted to speak.* |
| Mein Vater hat nicht viel über seine Kindheit gesprochen. | *My father hasn't spoken much about his childhood.* |
| „Also!" sprach Zarathustra. | *"So!" said Zoroaster.* |
| In welchem Alter lernt ein Kind sprechen? | *At what age does a child learn to speak?* |
| Es tut mir Leid, aber Herr Hüppe ist momentan nicht zu sprechen. | *I'm sorry, but Mr. Hüppe is not available to speak with anyone at the moment.* |
| In lockerer Atmosphäre sprach Herr Schmit über seine persönliche Beziehung zum Vorstandsvorsitzenden. | *In a relaxed atmosphere, Mr. Schmit spoke about his relationship with the chairman of the board.* |
| Wie lange hat der Redner gesprochen? | *How long did the speaker talk?* |
| Das Wetter ist immer ein sicheres Thema, sprich mit ihr über das Wetter! | *The weather is always a safe subject; talk with her about the weather!* |
| Sprichst du mit dir selbst? | *Do you talk to yourself?* |
| Guten Morgen, ich möchte Herrn Doktor Meier sprechen. | *Good morning, I'd like to speak to Doctor Meier.* |
| Die Ergebnisse sprechen für sich selbst. | *The results speak for themselves.* |
| So sprichst du nicht mit deiner Mutter. | *That's no way to talk to your mother.* |
| Lars spricht schlecht von seinem Zimmerkollegen. | *Lars speaks ill of his roommate.* |
| Heute haben wir zum Thema Ausländerfeindlichkeit gesprochen. | *Today we spoke on the topic of xenophobia.* |
| Irgendwie sind wir auf das Thema Schule zu sprechen gekommen und die Zeit verging schnell. | *We somehow got started talking about school, and time passed quickly.* |
| Franziska hat während der Versammlung ein schönes Gedicht gesprochen. | *Franziska recited a nice poem during the assembly.* |
| Der Richter hat ein Urteil gesprochen, das meines Erachtens ungerecht ist. | *The judge has pronounced a judgment that is, in my estimation, unjust.* |
| Jesus sprach zu ihnen: „Wahrlich, wahrlich, ich sage euch." ( JOHANNES 8,34) (*archaic*) | *Jesus spake unto them, "Verily, verily, I say unto you."* ( JOHN 8:34) |

### IDIOMATIC EXPRESSIONS

| | |
|---|---|
| Im Jahr 1235 wurde Elisabeth heilig gesprochen. | *Elisabeth was canonized in the year 1235.* |
| Ernst ist vor dem Gericht mündig gesprochen worden. | *Ernst has been declared of legal age before the court.* |
| 2003 hat man Mutter Teresa selig gesprochen. | *In 2003, Mother Teresa was beatified.* |
| Wir haben nicht genügende Ressourcen, sprich Geld. | *We don't have sufficient resources, that is to say, money.* |
| Aus ihrem Gesicht sprach ein auffallendes Selbstbewusstsein. | *Remarkable self-confidence was written on her face.* |
| Bernd hat für die Maßnahme gesprochen, ich bin aber dagegen. | *Bernd spoke in favor of the measure, but I'm against it.* |
| Alles spricht dafür, dass die Wirtschaft bald wieder schneller wächst. | *There is every indication that the economy will soon grow more quickly once again.* |
| Ich bin auf ihn nicht mehr gut zu sprechen. | *I don't take kindly to him anymore.* |
| Lassen Sie Diamanten sprechen! | *Say it with diamonds!* |
| Marga lässt ihr Herz sprechen. | *Marga follows her heart.* |
| Unter uns gesprochen, ich finde seine Idee unrealistisch. | *Between us, I think his idea is unrealistic.* |
| Sprechen wir von etwas anderem. | *Let's change the subject.* |

TOP 50 VERBS

strong verb

## PRESENT

| | |
|---|---|
| ich sprieße | wir sprießen |
| du sprießt | ihr sprießt |
| Sie sprießen | Sie sprießen |
| er/sie/es sprießt | sie sprießen |

## PRESENT PERFECT

| | | |
|---|---|---|
| ich bin | wir sind | |
| du bist | ihr seid | gesprossen |
| Sie sind | Sie sind | |
| er/sie/es ist | sie sind | |

## SIMPLE PAST

| | |
|---|---|
| ich spross | wir sprossen |
| du sprossest | ihr sprosst |
| Sie sprossen | Sie sprossen |
| er/sie/es spross | sie sprossen |

## PAST PERFECT

| | | |
|---|---|---|
| ich war | wir waren | |
| du warst | ihr wart | gesprossen |
| Sie waren | Sie waren | |
| er/sie/es war | sie waren | |

## FUTURE

| | | |
|---|---|---|
| ich werde | wir werden | |
| du wirst | ihr werdet | sprießen |
| Sie werden | Sie werden | |
| er/sie/es wird | sie werden | |

## FUTURE PERFECT

| | | |
|---|---|---|
| ich werde | wir werden | |
| du wirst | ihr werdet | gesprossen sein |
| Sie werden | Sie werden | |
| er/sie/es wird | sie werden | |

## PRESENT SUBJUNCTIVE I

| | |
|---|---|
| ich sprieße | wir sprießen |
| du sprießest | ihr sprießet |
| Sie sprießen | Sie sprießen |
| er/sie/es sprieße | sie sprießen |

## PAST SUBJUNCTIVE I

| | | |
|---|---|---|
| ich sei | wir seien | |
| du seiest | ihr seiet | gesprossen |
| Sie seien | Sie seien | |
| er/sie/es sei | sie seien | |

## PRESENT SUBJUNCTIVE II

| | |
|---|---|
| ich sprösse | wir sprössen |
| du sprössest | ihr sprösset |
| Sie sprössen | Sie sprössen |
| er/sie/es sprösse | sie sprössen |

## PAST SUBJUNCTIVE II

| | | |
|---|---|---|
| ich wäre | wir wären | |
| du wärest | ihr wäret | gesprossen |
| Sie wären | Sie wären | |
| er/sie/es wäre | sie wären | |

## FUTURE SUBJUNCTIVE I

| | | |
|---|---|---|
| ich werde | wir werden | |
| du werdest | ihr werdet | sprießen |
| Sie werden | Sie werden | |
| er/sie/es werde | sie werden | |

## FUTURE PERFECT SUBJUNCTIVE I

| | | |
|---|---|---|
| ich werde | wir werden | |
| du werdest | ihr werdet | gesprossen sein |
| Sie werden | Sie werden | |
| er/sie/es werde | sie werden | |

## FUTURE SUBJUNCTIVE II

| | | |
|---|---|---|
| ich würde | wir würden | |
| du würdest | ihr würdet | sprießen |
| Sie würden | Sie würden | |
| er/sie/es würde | sie würden | |

## FUTURE PERFECT SUBJUNCTIVE II

| | | |
|---|---|---|
| ich würde | wir würden | |
| du würdest | ihr würdet | gesprossen sein |
| Sie würden | Sie würden | |
| er/sie/es würde | sie würden | |

**COMMANDS**  sprieß(e)!  sprießt!  sprießen Sie!

**PRESENT PARTICIPLE**  sprießend

## Usage

| | |
|---|---|
| Sogar Zitronenbäume sprossen auf dieser Insel. | *Even lemon trees sprang up on this island.* |
| Die Blüten sprossen schon im Februar. | *The blossoms were already opening in February.* |
| Hunderte Pilze sind am nächsten Tag gesprossen. | *Hundreds of mushrooms shot up the next day.* |
| Rolands Bart sprießt wieder. | *Roland's growing a beard again.* |
| Viele neue Häuser sind wie Pilze aus dem Boden gesprossen. | *Many new houses sprang up out of the ground like mushrooms.* |
| Nur ein einziges Blatt ist gesprossen. | *Only a single leaf sprouted.* |
| Wie soll das sprießen? | *How is that supposed to germinate?* |
| Neue Blätter sprießen aus dem Wurzelstock. | *New leaves are sprouting from the trunk.* |
| Nach einigen Tagen werden die Bohnen sprießen. | *After a few days, the beans will sprout.* |
| Graue Haare sprießen schon! | *Gray hairs are already popping up!* |
| Hirsesamen sprießen im Garten. | *Millet seed is sprouting in the yard.* |
| Wieder sprießen dir nützliche Körner? (HEBBEL) | *Are useful seeds sprouting once again?* |

**RELATED VERB** entsprießen

# springen    *to jump, leap, spring; dive; bound*

**springt · sprang · gesprungen**    strong verb

## PRESENT

| | |
|---|---|
| ich springe | wir springen |
| du springst | ihr springt |
| Sie springen | Sie springen |
| er/sie/es springt | sie springen |

## PRESENT PERFECT

| | | |
|---|---|---|
| ich bin | wir sind | |
| du bist | ihr seid | gesprungen |
| Sie sind | Sie sind | |
| er/sie/es ist | sie sind | |

## SIMPLE PAST

| | |
|---|---|
| ich sprang | wir sprangen |
| du sprangst | ihr sprangt |
| Sie sprangen | Sie sprangen |
| er/sie/es sprang | sie sprangen |

## PAST PERFECT

| | | |
|---|---|---|
| ich war | wir waren | |
| du warst | ihr wart | gesprungen |
| Sie waren | Sie waren | |
| er/sie/es war | sie waren | |

## FUTURE

| | | |
|---|---|---|
| ich werde | wir werden | |
| du wirst | ihr werdet | springen |
| Sie werden | Sie werden | |
| er/sie/es wird | sie werden | |

## FUTURE PERFECT

| | | |
|---|---|---|
| ich werde | wir werden | |
| du wirst | ihr werdet | gesprungen sein |
| Sie werden | Sie werden | |
| er/sie/es wird | sie werden | |

## PRESENT SUBJUNCTIVE I

| | |
|---|---|
| ich springe | wir springen |
| du springest | ihr springet |
| Sie springen | Sie springen |
| er/sie/es springe | sie springen |

## PAST SUBJUNCTIVE I

| | | |
|---|---|---|
| ich sei | wir seien | |
| du seiest | ihr seiet | gesprungen |
| Sie seien | Sie seien | |
| er/sie/es sei | sie seien | |

## PRESENT SUBJUNCTIVE II

| | |
|---|---|
| ich spränge | wir sprängen |
| du sprängest | ihr spränget |
| Sie sprängen | Sie sprängen |
| er/sie/es spränge | sie sprängen |

## PAST SUBJUNCTIVE II

| | | |
|---|---|---|
| ich wäre | wir wären | |
| du wärest | ihr wäret | gesprungen |
| Sie wären | Sie wären | |
| er/sie/es wäre | sie wären | |

## FUTURE SUBJUNCTIVE I

| | | |
|---|---|---|
| ich werde | wir werden | |
| du werdest | ihr werdet | springen |
| Sie werden | Sie werden | |
| er/sie/es werde | sie werden | |

## FUTURE PERFECT SUBJUNCTIVE I

| | | |
|---|---|---|
| ich werde | wir werden | |
| du werdest | ihr werdet | gesprungen sein |
| Sie werden | Sie werden | |
| er/sie/es werde | sie werden | |

## FUTURE SUBJUNCTIVE II

| | | |
|---|---|---|
| ich würde | wir würden | |
| du würdest | ihr würdet | springen |
| Sie würden | Sie würden | |
| er/sie/es würde | sie würden | |

## FUTURE PERFECT SUBJUNCTIVE II

| | | |
|---|---|---|
| ich würde | wir würden | |
| du würdest | ihr würdet | gesprungen sein |
| Sie würden | Sie würden | |
| er/sie/es würde | sie würden | |

**COMMANDS**    spring(e)!    springt!    springen Sie!

**PRESENT PARTICIPLE**    springend

## Usage

| | |
|---|---|
| Der Fußballstar sprang über seinen Gegner. | *The soccer star leapt over his opponent.* |
| Der Sportler sprang in die falsche Richtung. | *The athlete jumped in the wrong direction.* |
| Wie hoch kannst du springen? | *How high can you jump?* |
| Jörg hatte die Arme ausgestreckt, als ob er springen wollte. | *Jörg had stretched his arms out as though he wanted to jump.* |
| Ingrid will über den zwei Meter hohen Zaun gesprungen sein. | *Ingrid claims to have jumped over the two-meter-high fence.* |
| Er ist über den Kanal gesprungen und in den Wald gelaufen. | *He leapt over the canal and ran into the forest.* |
| Die Katze springt ängstlich hinter die Kommode. | *The cat dives nervously behind the cabinet.* |
| Der Junge sprang in den Teich. | *The boy dived into the pond.* |
| Unser Hund Maximilian sprang auf das Sofa und leckte dem Kind das Gesicht. | *Our dog, Maximilian, bounded onto the sofa and licked the child's face.* |

**RELATED VERBS**  ab·springen, an·springen, auf·springen, ein·springen, entspringen, überspringen, über·springen, um·springen, vor·springen, zu·springen

regular weak verb

**spült · spülte · gespült**

**PRESENT**

| | |
|---|---|
| ich spüle | wir spülen |
| du spülst | ihr spült |
| Sie spülen | Sie spülen |
| er/sie/es spült | sie spülen |

**PRESENT PERFECT**

| | |
|---|---|
| ich habe | wir haben |
| du hast | ihr habt |
| Sie haben | Sie haben |
| er/sie/es hat | sie haben |

} gespült

**SIMPLE PAST**

| | |
|---|---|
| ich spülte | wir spülten |
| du spültest | ihr spültet |
| Sie spülten | Sie spülten |
| er/sie/es spülte | sie spülten |

**PAST PERFECT**

| | |
|---|---|
| ich hatte | wir hatten |
| du hattest | ihr hattet |
| Sie hatten | Sie hatten |
| er/sie/es hatte | sie hatten |

} gespült

**FUTURE**

| | |
|---|---|
| ich werde | wir werden |
| du wirst | ihr werdet |
| Sie werden | Sie werden |
| er/sie/es wird | sie werden |

} spülen

**FUTURE PERFECT**

| | |
|---|---|
| ich werde | wir werden |
| du wirst | ihr werdet |
| Sie werden | Sie werden |
| er/sie/es wird | sie werden |

} gespült haben

**PRESENT SUBJUNCTIVE I**

| | |
|---|---|
| ich spüle | wir spülen |
| du spülest | ihr spület |
| Sie spülen | Sie spülen |
| er/sie/es spüle | sie spülen |

**PAST SUBJUNCTIVE I**

| | |
|---|---|
| ich habe | wir haben |
| du habest | ihr habet |
| Sie haben | Sie haben |
| er/sie/es habe | sie haben |

} gespült

**PRESENT SUBJUNCTIVE II**

| | |
|---|---|
| ich spülte | wir spülten |
| du spültest | ihr spültet |
| Sie spülten | Sie spülten |
| er/sie/es spülte | sie spülten |

**PAST SUBJUNCTIVE II**

| | |
|---|---|
| ich hätte | wir hätten |
| du hättest | ihr hättet |
| Sie hätten | Sie hätten |
| er/sie/es hätte | sie hätten |

} gespült

**FUTURE SUBJUNCTIVE I**

| | |
|---|---|
| ich werde | wir werden |
| du werdest | ihr werdet |
| Sie werden | Sie werden |
| er/sie/es werde | sie werden |

} spülen

**FUTURE PERFECT SUBJUNCTIVE I**

| | |
|---|---|
| ich werde | wir werden |
| du werdest | ihr werdet |
| Sie werden | Sie werden |
| er/sie/es werde | sie werden |

} gespült haben

**FUTURE SUBJUNCTIVE II**

| | |
|---|---|
| ich würde | wir würden |
| du würdest | ihr würdet |
| Sie würden | Sie würden |
| er/sie/es würde | sie würden |

} spülen

**FUTURE PERFECT SUBJUNCTIVE II**

| | |
|---|---|
| ich würde | wir würden |
| du würdest | ihr würdet |
| Sie würden | Sie würden |
| er/sie/es würde | sie würden |

} gespült haben

**COMMANDS** spül(e)! spült! spülen Sie!

**PRESENT PARTICIPLE** spülend

## Usage

| | |
|---|---|
| Wir mussten den Pullover mit kaltem Wasser spülen. | *We had to rinse the sweater in cold water.* |
| Das Gerät scheint wieder zu spülen. | *The device seems to be rinsing again.* |
| Spül bitte das Glas. | *Please rinse the glass.* |
| Die Flaschen werden gespült und wieder gefüllt. | *The bottles are rinsed and refilled.* |
| Roland spült sich das Shampoo aus dem Haar. | *Roland is rinsing the shampoo from his hair.* |
| Monika hat schon heute Morgen gespült. | *Monika already washed dishes this morning.* |
| Darf man diese Weingläser in die Geschirrspülmaschine tun, oder muss man sie per Hand spülen? | *Can you put these wine glasses in the dishwasher, or do you have to wash them by hand?* |
| Spült die Waschmaschine schon? | *Is the washing machine already on rinse?* |
| Das Geschirr wurde dreimal gespült. | *The dishes were washed three times.* |
| Ich spüle und du trocknest, okay? | *I'll wash and you dry, okay?* |
| Hast du keine Zeit zu spülen? | *Do you not have time to wash dishes?* |
| Hast du die Toilette gerade gespült? | *Did you just flush the toilet?* |

**RELATED VERBS** ab·spülen, aus·spülen, durch·spülen, unterspülen, weg·spülen

# starten    *to start, launch, begin*

startet · startete · gestartet                                    regular weak verb

**PRESENT**

| | |
|---|---|
| ich starte | wir starten |
| du startest | ihr startet |
| Sie starten | Sie starten |
| er/sie/es startet | sie starten |

**SIMPLE PAST**

| | |
|---|---|
| ich startete | wir starteten |
| du startetest | ihr startetet |
| Sie starteten | Sie starteten |
| er/sie/es startete | sie starteten |

**FUTURE**

| | |
|---|---|
| ich werde | wir werden |
| du wirst | ihr werdet |
| Sie werden | Sie werden |
| er/sie/es wird | sie werden |

} starten

**PRESENT SUBJUNCTIVE I**

| | |
|---|---|
| ich starte | wir starten |
| du startest | ihr startet |
| Sie starten | Sie starten |
| er/sie/es starte | sie starten |

**PRESENT SUBJUNCTIVE II**

| | |
|---|---|
| ich startete | wir starteten |
| du startetest | ihr startetet |
| Sie starteten | Sie starteten |
| er/sie/es startete | sie starteten |

**FUTURE SUBJUNCTIVE I**

| | |
|---|---|
| ich werde | wir werden |
| du werdest | ihr werdet |
| Sie werden | Sie werden |
| er/sie/es werde | sie werden |

} starten

**FUTURE SUBJUNCTIVE II**

| | |
|---|---|
| ich würde | wir würden |
| du würdest | ihr würdet |
| Sie würden | Sie würden |
| er/sie/es würde | sie würden |

} starten

**PRESENT PERFECT**

| | |
|---|---|
| ich habe | wir haben |
| du hast | ihr habt |
| Sie haben | Sie haben |
| er/sie/es hat | sie haben |

} gestartet

**PAST PERFECT**

| | |
|---|---|
| ich hatte | wir hatten |
| du hattest | ihr hattet |
| Sie hatten | Sie hatten |
| er/sie/es hatte | sie hatten |

} gestartet

**FUTURE PERFECT**

| | |
|---|---|
| ich werde | wir werden |
| du wirst | ihr werdet |
| Sie werden | Sie werden |
| er/sie/es wird | sie werden |

} gestartet haben

**PAST SUBJUNCTIVE I**

| | |
|---|---|
| ich habe | wir haben |
| du habest | ihr habet |
| Sie haben | Sie haben |
| er/sie/es habe | sie haben |

} gestartet

**PAST SUBJUNCTIVE II**

| | |
|---|---|
| ich hätte | wir hätten |
| du hättest | ihr hättet |
| Sie hätten | Sie hätten |
| er/sie/es hätte | sie hätten |

} gestartet

**FUTURE PERFECT SUBJUNCTIVE I**

| | |
|---|---|
| ich werde | wir werden |
| du werdest | ihr werdet |
| Sie werden | Sie werden |
| er/sie/es werde | sie werden |

} gestartet haben

**FUTURE PERFECT SUBJUNCTIVE II**

| | |
|---|---|
| ich würde | wir würden |
| du würdest | ihr würdet |
| Sie würden | Sie würden |
| er/sie/es würde | sie würden |

} gestartet haben

**COMMANDS**          starte!   startet!   starten Sie!

**PRESENT PARTICIPLE**     startend

## Usage

| | |
|---|---|
| Herberts altes Auto ist nicht leicht zu starten. | *Herbert's old car is not easy to start.* |
| Hast du den Motor nicht starten können? | *Were you not able to start the engine?* |
| Ein Knopfdruck startet das Spiel. | *A push of the button starts the game.* |
| Man kann die Videokamera per Fernbedienung starten. | *You can start the video camera by remote control.* |
| Um zwölf Uhr startete man das Wettrennen. | *At 12 o'clock, they started the race.* |
| Mit welchem Befehl startet man diesen Prozess? | *What command do you use to activate this process?* |
| Die Firma startet eine neue Werbekampagne. | *The company is launching a new ad campaign.* |

### starten (with sein) *to depart, take off, launch*

| | |
|---|---|
| Um halb acht startet der nächste Bus nach Steinbrück. | *At 7:30, the next bus for Steinbrück departs.* |
| Ist der Flug pünktlich gestartet? | *Did the flight take off on time?* |
| Die Rakete startet morgen Abend. | *The rocket launches tomorrow evening.* |
| Nach der Installation der Software müssen Sie den Computer neu starten. | *After the software installation, you have to restart the computer.* |
| Vier dramatische Filme starten bald in den Kinos. | *Four dramatic movies will open soon in theaters.* |

strong verb | **findet statt · fand statt · stattgefunden**

**PRESENT**

| | |
|---|---|
| ich finde | wir finden |
| du findest | ihr findet |
| Sie finden | Sie finden |
| er/sie/es findet | sie finden |

} statt

**SIMPLE PAST**

| | |
|---|---|
| ich fand | wir fanden |
| du fandst | ihr fandet |
| Sie fanden | Sie fanden |
| er/sie/es fand | sie fanden |

} statt

**FUTURE**

| | |
|---|---|
| ich werde | wir werden |
| du wirst | ihr werdet |
| Sie werden | Sie werden |
| er/sie/es wird | sie werden |

} stattfinden

**PRESENT SUBJUNCTIVE I**

| | |
|---|---|
| ich finde | wir finden |
| du findest | ihr findet |
| Sie finden | Sie finden |
| er/sie/es finde | sie finden |

} statt

**PRESENT SUBJUNCTIVE II**

| | |
|---|---|
| ich fände | wir fänden |
| du fändest | ihr fändet |
| Sie fänden | Sie fänden |
| er/sie/es fände | sie fänden |

} statt

**FUTURE SUBJUNCTIVE I**

| | |
|---|---|
| ich werde | wir werden |
| du werdest | ihr werdet |
| Sie werden | Sie werden |
| er/sie/es werde | sie werden |

} stattfinden

**FUTURE SUBJUNCTIVE II**

| | |
|---|---|
| ich würde | wir würden |
| du würdest | ihr würdet |
| Sie würden | Sie würden |
| er/sie/es würde | sie würden |

} stattfinden

**PRESENT PERFECT**

| | |
|---|---|
| ich habe | wir haben |
| du hast | ihr habt |
| Sie haben | Sie haben |
| er/sie/es hat | sie haben |

} stattgefunden

**PAST PERFECT**

| | |
|---|---|
| ich hatte | wir hatten |
| du hattest | ihr hattet |
| Sie hatten | Sie hatten |
| er/sie/es hatte | sie hatten |

} stattgefunden

**FUTURE PERFECT**

| | |
|---|---|
| ich werde | wir werden |
| du wirst | ihr werdet |
| Sie werden | Sie werden |
| er/sie/es wird | sie werden |

} stattgefunden haben

**PAST SUBJUNCTIVE I**

| | |
|---|---|
| ich habe | wir haben |
| du habest | ihr habet |
| Sie haben | Sie haben |
| er/sie/es habe | sie haben |

} stattgefunden

**PAST SUBJUNCTIVE II**

| | |
|---|---|
| ich hätte | wir hätten |
| du hättest | ihr hättet |
| Sie hätten | Sie hätten |
| er/sie/es hätte | sie hätten |

} stattgefunden

**FUTURE PERFECT SUBJUNCTIVE I**

| | |
|---|---|
| ich werde | wir werden |
| du werdest | ihr werdet |
| Sie werden | Sie werden |
| er/sie/es werde | sie werden |

} stattgefunden haben

**FUTURE PERFECT SUBJUNCTIVE II**

| | |
|---|---|
| ich würde | wir würden |
| du würdest | ihr würdet |
| Sie würden | Sie würden |
| er/sie/es würde | sie würden |

} stattgefunden haben

**COMMANDS**    finde statt!    findet statt!    finden Sie statt!

**PRESENT PARTICIPLE**    stattfindend

NOTE First- and second-person forms of **stattfinden** occur only in figurative or poetic use.

## Usage

| | |
|---|---|
| Wo hat das Weltmeisterschaftsspiel stattgefunden? | *Where did the world championship game take place?* |
| Die Hochzeit hat auf einer ehemaligen Zuckerplantage auf Hawaii stattgefunden. | *The wedding took place on a former sugar plantation in Hawaii.* |
| Wann findet die Hannover Messe statt? | *When does the Hannover Fair take place?* |
| Der Chef verspricht, dass ein Personalabbau stattfindet. | *The boss promises a personnel cut will happen.* |
| Die ganze dritte Szene findet in einer Kneipe statt. | *The entire third scene takes place in a pub.* |
| Ihr erstes Treffen muss in den 60er Jahren stattgefunden haben. | *Their first meeting must have taken place in the 1960s.* |
| Die Veranstaltung fand trotz des Wetters statt. | *The event took place in spite of the weather.* |
| Das Verhör findet im Hörsaal statt. | *The hearing will take place in the auditorium.* |
| Alle zwei Jahre wird eine Kommunalwahl stattfinden. | *Every two years, a local election will be held.* |

**RELATED VERBS**  *see* **finden** (186)

## stechen  *to prick, sting, bite; stab*

**sticht · stach · gestochen**                                                    strong verb

**PRESENT**

| ich steche | wir stechen |
| du stichst | ihr stecht |
| Sie stechen | Sie stechen |
| er/sie/es sticht | sie stechen |

**SIMPLE PAST**

| ich stach | wir stachen |
| du stachst | ihr stacht |
| Sie stachen | Sie stachen |
| er/sie/es stach | sie stachen |

**FUTURE**

| ich werde | wir werden | |
| du wirst | ihr werdet | |
| Sie werden | Sie werden | stechen |
| er/sie/es wird | sie werden | |

**PRESENT SUBJUNCTIVE I**

| ich steche | wir stechen |
| du stechest | ihr stechet |
| Sie stechen | Sie stechen |
| er/sie/es steche | sie stechen |

**PRESENT SUBJUNCTIVE II**

| ich stäche | wir stächen |
| du stächest | ihr stächet |
| Sie stächen | Sie stächen |
| er/sie/es stäche | sie stächen |

**FUTURE SUBJUNCTIVE I**

| ich werde | wir werden | |
| du werdest | ihr werdet | |
| Sie werden | Sie werden | stechen |
| er/sie/es werde | sie werden | |

**FUTURE SUBJUNCTIVE II**

| ich würde | wir würden | |
| du würdest | ihr würdet | |
| Sie würden | Sie würden | stechen |
| er/sie/es würde | sie würden | |

**PRESENT PERFECT**

| ich habe | wir haben | |
| du hast | ihr habt | |
| Sie haben | Sie haben | gestochen |
| er/sie/es hat | sie haben | |

**PAST PERFECT**

| ich hatte | wir hatten | |
| du hattest | ihr hattet | |
| Sie hatten | Sie hatten | gestochen |
| er/sie/es hatte | sie hatten | |

**FUTURE PERFECT**

| ich werde | wir werden | |
| du wirst | ihr werdet | |
| Sie werden | Sie werden | gestochen haben |
| er/sie/es wird | sie werden | |

**PAST SUBJUNCTIVE I**

| ich habe | wir haben | |
| du habest | ihr habet | |
| Sie haben | Sie haben | gestochen |
| er/sie/es habe | sie haben | |

**PAST SUBJUNCTIVE II**

| ich hätte | wir hätten | |
| du hättest | ihr hättet | |
| Sie hätten | Sie hätten | gestochen |
| er/sie/es hätte | sie hätten | |

**FUTURE PERFECT SUBJUNCTIVE I**

| ich werde | wir werden | |
| du werdest | ihr werdet | |
| Sie werden | Sie werden | gestochen haben |
| er/sie/es werde | sie werden | |

**FUTURE PERFECT SUBJUNCTIVE II**

| ich würde | wir würden | |
| du würdest | ihr würdet | |
| Sie würden | Sie würden | gestochen haben |
| er/sie/es würde | sie würden | |

**COMMANDS**          stich!   stecht!   stechen Sie!

**PRESENT PARTICIPLE**   stechend

## Usage

| | |
|---|---|
| Sticht die Raupe? | *Will the caterpillar bite?* |
| Röslein sprach: Ich steche dich, daß du ewig denkst an mich. (GOETHE) | *The little rose said, "I'll prick you so you'll always remember me."* |
| Leon ist von einer Mücke gestochen worden. | *Leon has been bitten by a mosquito.* |
| Ich habe mich an einem Dorn gestochen. | *I've pricked myself on a thorn.* |
| Hast du dir die Ohren stechen lassen? | *Did you have your ears pierced?* |
| Die Kuh hat sich an einem Nagel gestochen. | *The cow jabbed itself on a nail.* |
| Die Biene stach ihm ins Gesicht. | *The bee stung him in the face.* |
| Der Junge sticht mit einer Nadel in den Luftballon. | *The boy is puncturing the balloon with a needle.* |
| Sophie hat sich die Hand am Angelhaken gestochen. | *Sophie has pricked her hand on the fishhook.* |
| Frau Unruh wurde mit einem Dolch gestochen. | *Mrs. Unruh was stabbed with a dagger.* |
| Melanie will Uwe mit einem Messer gestochen haben. | *Melanie claims to have stabbed Uwe with a knife.* |

**RELATED VERBS**   ab·stechen, an·stechen, auf·stechen, aus·stechen, bestechen, durchstechen, durch·stechen, ein·stechen, erstechen, überstechen, zerstechen, zu·stechen

regular weak verb                                steckt · steckte (stak) · gesteckt

**PRESENT**

| | |
|---|---|
| ich stecke | wir stecken |
| du steckst | ihr steckt |
| Sie stecken | Sie stecken |
| er/sie/es steckt | sie stecken |

**PRESENT PERFECT**

| | | |
|---|---|---|
| ich habe | wir haben | |
| du hast | ihr habt | |
| Sie haben | Sie haben | gesteckt |
| er/sie/es hat | sie haben | |

**SIMPLE PAST**

| | |
|---|---|
| ich steckte (stak) | wir steckten (staken) |
| du stecktest (stakst) | ihr stecktet (stakt) |
| Sie steckten (staken) | Sie steckten (staken) |
| er/sie/es steckte (stak) | sie steckten (staken) |

**PAST PERFECT**

| | | |
|---|---|---|
| ich hatte | wir hatten | |
| du hattest | ihr hattet | |
| Sie hatten | Sie hatten | gesteckt |
| er/sie/es hatte | sie hatten | |

**FUTURE**

| | | |
|---|---|---|
| ich werde | wir werden | |
| du wirst | ihr werdet | |
| Sie werden | Sie werden | stecken |
| er/sie/es wird | sie werden | |

**FUTURE PERFECT**

| | | |
|---|---|---|
| ich werde | wir werden | |
| du wirst | ihr werdet | |
| Sie werden | Sie werden | gesteckt haben |
| er/sie/es wird | sie werden | |

**PRESENT SUBJUNCTIVE I**

| | |
|---|---|
| ich stecke | wir stecken |
| du steckest | ihr stecket |
| Sie stecken | Sie stecken |
| er/sie/es stecke | sie stecken |

**PAST SUBJUNCTIVE I**

| | | |
|---|---|---|
| ich habe | wir haben | |
| du habest | ihr habet | |
| Sie haben | Sie haben | gesteckt |
| er/sie/es habe | sie haben | |

**PRESENT SUBJUNCTIVE II**

| | |
|---|---|
| ich steckte (stäke) | wir steckten (stäken) |
| du stecktest (stäkest) | ihr stecktet (stäket) |
| Sie steckten (stäken) | Sie steckten (stäken) |
| er/sie/es steckte (stäke) | sie steckten (stäken) |

**PAST SUBJUNCTIVE II**

| | | |
|---|---|---|
| ich hätte | wir hätten | |
| du hättest | ihr hättet | |
| Sie hätten | Sie hätten | gesteckt |
| er/sie/es hätte | sie hätten | |

**FUTURE SUBJUNCTIVE I**

| | | |
|---|---|---|
| ich werde | wir werden | |
| du werdest | ihr werdet | |
| Sie werden | Sie werden | stecken |
| er/sie/es werde | sie werden | |

**FUTURE PERFECT SUBJUNCTIVE I**

| | | |
|---|---|---|
| ich werde | wir werden | |
| du werdest | ihr werdet | |
| Sie werden | Sie werden | gesteckt haben |
| er/sie/es werde | sie werden | |

**FUTURE SUBJUNCTIVE II**

| | | |
|---|---|---|
| ich würde | wir würden | |
| du würdest | ihr würdet | |
| Sie würden | Sie würden | stecken |
| er/sie/es würde | sie würden | |

**FUTURE PERFECT SUBJUNCTIVE II**

| | | |
|---|---|---|
| ich würde | wir würden | |
| du würdest | ihr würdet | |
| Sie würden | Sie würden | gesteckt haben |
| er/sie/es würde | sie würden | |

**COMMANDS**         steck(e)!   steckt!   stecken Sie!

**PRESENT PARTICIPLE**   steckend

**NOTE** When **stecken** is intransitive, the strong simple past is sometimes used: **stak**.

## Usage

| | |
|---|---|
| Reinhard hat sich die Hände in die Taschen gesteckt. | *Reinhard stuck his hands in his pockets.* |
| Unser Papagei steckte eine Münze in den Schnabel. | *Our parrot stuck a coin in his beak.* |
| Der Wagen ist im Schlamm stecken geblieben. | *The car got stuck in the mud.* |
| Der Luftballon steckt in der Eiche. | *The balloon is stuck in the oak tree.* |
| Die Arme in den Hosen drein; im Ärmel stak gezwängt das Bein. (E. T. A. HOFFMANN) | *His arms were in the pant legs; his leg stuck tight in the sleeves.* |
| Die Regierung steckte 5 Millionen in das Projekt. | *The government put five million into the project.* |
| Mareike hat den Mantel in die Kommode gesteckt. | *Mareike put the coat in the chest of drawers.* |
| Herr Reich steckt sein ganzes Geld in das Geschäft. | *Mr. Reich puts all his money into the business.* |
| Wo steckt der Schlüssel? | *Where is the key?* |
| Steckt bitte eure Spielzeuge unter das Bett. | *Please put your toys under the bed.* |
| Sie hat sich eine Blume ins Haar gesteckt. | *She pinned a flower in her hair.* |

**RELATED VERBS**  ab·stecken, an·stecken, auf·stecken, aus·stecken, ein·stecken, verstecken

## MORE USAGE SENTENCES WITH stehen

| | |
|---|---|
| Die Stadt stand drei Tage lang unter Wasser. | *The city was under water for three days.* |
| Vater möchte, dass das Auto in der Garage steht. | *Father wants the car to be in the garage.* |
| Der relevante Ort steht nicht auf der Landkarte. | *The location in question is not on the map.* |

### stehen  *to be (printed, written)*

| | |
|---|---|
| Sein Name wird im Bericht stehen. | *His name will be (mentioned) in the report.* |
| Wo steht diese Regelung geschrieben? | *Where is that regulation in writing?* |
| Stand das wirklich in der Zeitung? | *Was that really (printed) in the newspaper?* |
| Die Antwort steht auf Seite 255. | *The answer is on page 255.* |

### stehen für  *to stand for, represent*

| | |
|---|---|
| Wofür steht die Farbe Gold in diesem Märchen? | *What does the color gold stand for in this fairy tale?* |

### stehen vor  *to stand in front of; be faced with*

| | |
|---|---|
| Luca stand vor dem Haus und winkte uns zu. | *Luca stood in front of the house and waved to us.* |
| Wir stehen vor einer schwierigen Entscheidung. | *We are faced with a difficult decision.* |

### stehen zu  *to stand by, support*

| | |
|---|---|
| Mark hat in den schweren Zeiten zu mir gestanden. | *Mark stood by me during the difficult times.* |

### stehen + dative  *to suit, look, become*

| | |
|---|---|
| Das gelbe Kleid steht dir viel besser als das blaue. | *The yellow dress suits you much better than the blue one.* |
| Ein Bart würde Felix gut stehen. | *Felix would look good with a beard.* |
| „Der Tod steht ihr gut" (FILM TITLE) | *"Death Becomes Her"* |

### stehen + verb

| | |
|---|---|
| Jonas ging drei Schritte und blieb stehen. | *Jonas took three steps and stood still.* |
| Wir sind in Kapitel 3 stehen geblieben. | *We left off in Chapter 3.* |
| Oma und Opa hatten früher ein Regal in der Ecke stehen. | *Grandma and Grandpa used to have a bookcase standing in the corner.* |

## IDIOMATIC EXPRESSIONS

| | |
|---|---|
| Wir haben bis zwei Uhr Schlange gestanden. | *We stood in line until two o'clock.* |
| Wie steht das Spiel? | *What's the score? / What's the status of the game?* |
| Wie steht's bei der Arbeit? | *How are things at work?* |
| Fehler werden uns teuer zu stehen kommen. | *We will have to pay dearly for any mistakes.* |
| Mir stehen die Haare zu Berge. | *My hair is standing on end.* |
| Die Aufgabe steht mir bis zum Hals! | *I'm fed up with / sick and tired of this assignment!* |
| Meine Aktien stehen heute gut. | *My stock shares are up today.* |
| Die Wanduhr steht schon wieder! | *The wall clock has stopped again!* |
| Mark steht auf Orchideen. (*colloquial*) | *Mark is into / really likes orchids.* |
| Das Ölkonzern musste dem Publikum Rede und Antwort stehen. | *The oil company had to justify its actions to the public.* |
| Warum steht die Tür offen? | *Why is the door ajar?* |
| Alles steht auf dem Spiel. | *Everything is at stake.* |
| Lena steht im Verdacht des Missbrauchs von Geldern. | *Lena is under suspicion for misusing funds.* |
| Ich stehe Ihnen zur Verfügung. | *I am at your disposal.* |
| Unbegrenzte Ressourcen standen uns zur Verfügung. | *We had access to unlimited resources.* |
| Franz steht sich sehr gut mit seinem Chef. | *Franz is on very good terms with his boss.* |

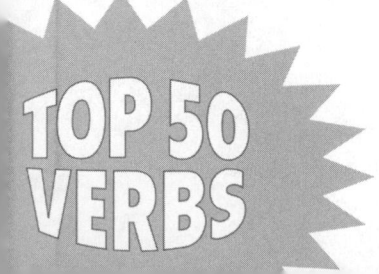

TOP 50 VERBS

**PRESENT**

| | |
|---|---|
| ich stehe | wir stehen |
| du stehst | ihr steht |
| Sie stehen | Sie stehen |
| er/sie/es steht | sie stehen |

**SIMPLE PAST**

| | |
|---|---|
| ich stand | wir standen |
| du standst | ihr standet |
| Sie standen | Sie standen |
| er/sie/es stand | sie standen |

**FUTURE**

| | | |
|---|---|---|
| ich werde | wir werden | |
| du wirst | ihr werdet | |
| Sie werden | Sie werden | stehen |
| er/sie/es wird | sie werden | |

**PRESENT SUBJUNCTIVE I**

| | |
|---|---|
| ich stehe | wir stehen |
| du stehest | ihr stehet |
| Sie stehen | Sie stehen |
| er/sie/es stehe | sie stehen |

**PRESENT SUBJUNCTIVE II**

| | |
|---|---|
| ich stünde/stände | wir stünden/ständen |
| du stündest/ständest | ihr stündet/ständet |
| Sie stünden/ständen | Sie stünden/ständen |
| er/sie/es stünde/stände | sie stünden/ständen |

**FUTURE SUBJUNCTIVE I**

| | | |
|---|---|---|
| ich werde | wir werden | |
| du werdest | ihr werdet | |
| Sie werden | Sie werden | stehen |
| er/sie/es werde | sie werden | |

**FUTURE SUBJUNCTIVE II**

| | | |
|---|---|---|
| ich würde | wir würden | |
| du würdest | ihr würdet | |
| Sie würden | Sie würden | stehen |
| er/sie/es würde | sie würden | |

**PRESENT PERFECT**

| | | |
|---|---|---|
| ich habe | wir haben | |
| du hast | ihr habt | |
| Sie haben | Sie haben | gestanden |
| er/sie/es hat | sie haben | |

**PAST PERFECT**

| | | |
|---|---|---|
| ich hatte | wir hatten | |
| du hattest | ihr hattet | |
| Sie hatten | Sie hatten | gestanden |
| er/sie/es hatte | sie hatten | |

**FUTURE PERFECT**

| | | |
|---|---|---|
| ich werde | wir werden | |
| du wirst | ihr werdet | |
| Sie werden | Sie werden | gestanden haben |
| er/sie/es wird | sie werden | |

**PAST SUBJUNCTIVE I**

| | | |
|---|---|---|
| ich habe | wir haben | |
| du habest | ihr habet | |
| Sie haben | Sie haben | gestanden |
| er/sie/es habe | sie haben | |

**PAST SUBJUNCTIVE II**

| | | |
|---|---|---|
| ich hätte | wir hätten | |
| du hättest | ihr hättet | |
| Sie hätten | Sie hätten | gestanden |
| er/sie/es hätte | sie hätten | |

**FUTURE PERFECT SUBJUNCTIVE I**

| | | |
|---|---|---|
| ich werde | wir werden | |
| du werdest | ihr werdet | |
| Sie werden | Sie werden | gestanden haben |
| er/sie/es werde | sie werden | |

**FUTURE PERFECT SUBJUNCTIVE II**

| | | |
|---|---|---|
| ich würde | wir würden | |
| du würdest | ihr würdet | |
| Sie würden | Sie würden | gestanden haben |
| er/sie/es würde | sie würden | |

**COMMANDS**    steh(e)!    steht!    stehen Sie!

**PRESENT PARTICIPLE**    stehend

## Usage

| | |
|---|---|
| Warum steht Tim auf dem Dach? | *Why is Tim standing on the roof?* |
| Herr Fischer stand in seinem Garten, als das Auto vorbeifuhr. | *Mr. Fischer was standing in his garden when the car drove by.* |
| Die Patientin versuchte vergeblich zu stehen. | *The patient tried unsuccessfully to stand.* |
| Die Katze steht hinter dem Sofa. | *The cat is standing behind the sofa.* |
| Die beiden Brüder stehen neben einander in der Ecke. | *The two brothers are standing next to one another in the corner.* |
| Der Tannenbaum steht nicht gerade. | *The Christmas tree isn't standing straight.* |
| Das große Haus, das an der Ecke stand, gehörte dem Apotheker Schmidthammer. | *The big house that stood on the corner belonged to the pharmacist Schmidthammer.* |

**RELATED VERBS**  ab·stehen, an·stehen, auf·erstehen, aus·stehen, bei·stehen, bereit·stehen, bevor·stehen, da·stehen, ein·gestehen, ein·stehen, entgegen·stehen, erstehen, fest·stehen, frei·stehen, gegenüber·stehen, gerade·stehen, gestehen, gleich·stehen, hervor·stehen, nach·stehen, still·stehen, überstehen, unterstehen, unter·stehen, vor·stehen, widerstehen, zu·gestehen, zurück·stehen, zu·stehen; see also **auf·stehen** (32), **bestehen** (90), **entstehen** (150), **verstehen** (501)

**stiehlt · stahl · gestohlen**

*strong verb*

### PRESENT

| ich stehle | wir stehlen |
|---|---|
| du stiehlst | ihr stehlt |
| Sie stehlen | Sie stehlen |
| er/sie/es stiehlt | sie stehlen |

### SIMPLE PAST

| ich stahl | wir stahlen |
|---|---|
| du stahlst | ihr stahlt |
| Sie stahlen | Sie stahlen |
| er/sie/es stahl | sie stahlen |

### FUTURE

| ich werde | wir werden | |
|---|---|---|
| du wirst | ihr werdet | stehlen |
| Sie werden | Sie werden | |
| er/sie/es wird | sie werden | |

### PRESENT SUBJUNCTIVE I

| ich stehle | wir stehlen |
|---|---|
| du stehlest | ihr stehlet |
| Sie stehlen | Sie stehlen |
| er/sie/es stehle | sie stehlen |

### PRESENT SUBJUNCTIVE II

| ich stähle/stöhle | wir stählen/stöhlen |
|---|---|
| du stählest/stöhlest | ihr stählet/stöhlet |
| Sie stählen/stöhlen | Sie stählen/stöhlen |
| er/sie/es stähle/stöhle | sie stählen/stöhlen |

### FUTURE SUBJUNCTIVE I

| ich werde | wir werden | |
|---|---|---|
| du werdest | ihr werdet | stehlen |
| Sie werden | Sie werden | |
| er/sie/es werde | sie werden | |

### FUTURE SUBJUNCTIVE II

| ich würde | wir würden | |
|---|---|---|
| du würdest | ihr würdet | stehlen |
| Sie würden | Sie würden | |
| er/sie/es würde | sie würden | |

### PRESENT PERFECT

| ich habe | wir haben | |
|---|---|---|
| du hast | ihr habt | gestohlen |
| Sie haben | Sie haben | |
| er/sie/es hat | sie haben | |

### PAST PERFECT

| ich hatte | wir hatten | |
|---|---|---|
| du hattest | ihr hattet | gestohlen |
| Sie hatten | Sie hatten | |
| er/sie/es hatte | sie hatten | |

### FUTURE PERFECT

| ich werde | wir werden | |
|---|---|---|
| du wirst | ihr werdet | gestohlen haben |
| Sie werden | Sie werden | |
| er/sie/es wird | sie werden | |

### PAST SUBJUNCTIVE I

| ich habe | wir haben | |
|---|---|---|
| du habest | ihr habet | gestohlen |
| Sie haben | Sie haben | |
| er/sie/es habe | sie haben | |

### PAST SUBJUNCTIVE II

| ich hätte | wir hätten | |
|---|---|---|
| du hättest | ihr hättet | gestohlen |
| Sie hätten | Sie hätten | |
| er/sie/es hätte | sie hätten | |

### FUTURE PERFECT SUBJUNCTIVE I

| ich werde | wir werden | |
|---|---|---|
| du werdest | ihr werdet | gestohlen haben |
| Sie werden | Sie werden | |
| er/sie/es werde | sie werden | |

### FUTURE PERFECT SUBJUNCTIVE II

| ich würde | wir würden | |
|---|---|---|
| du würdest | ihr würdet | gestohlen haben |
| Sie würden | Sie würden | |
| er/sie/es würde | sie würden | |

### COMMANDS

stiehl! stehlt! stehlen Sie!

### PRESENT PARTICIPLE

stehlend

## Usage

| Zum Glück war nichts gestohlen worden. | *Luckily, nothing had been stolen.* |
|---|---|
| Sein Hund Maxl stiehlt immer das Katzenfutter. | *His dog, Maxl, always steals the cat food.* |
| Er sagte, dass Davids neuer DVD-Spieler vor einigen Tagen gestohlen worden sei. | *He said that David's new DVD player was stolen a few days ago.* |
| In Münster werden viele Fahrräder vom Bahnhof gestohlen. | *In Münster, many bicycles are stolen from the train station.* |
| Du sollst nicht stehlen. (2. Mose 20,15) | *Thou shalt not steal.* (Exodus 20:15) |
| Im Banküberfall wurden 5 Millionen gestohlen. | *Five million was stolen in the bank robbery.* |
| Robin Hood stahl von den Reichen und gab den Armen. | *Robin Hood stole from the rich and gave to the poor.* |
| Der Dieb hatte ein Auto bei Hertz gestohlen. | *The thief had stolen a car at Hertz.* |

### sich stehlen *to slink, steal*

| Maximilian stahl sich hinter den Baum. | *Maximilian stole behind the tree.* |
|---|---|

**RELATED VERBS** bestehlen, weg·stehlen

strong verb

steigt · stieg · gestiegen

**PRESENT**

| | |
|---|---|
| ich steige | wir steigen |
| du steigst | ihr steigt |
| Sie steigen | Sie steigen |
| er/sie/es steigt | sie steigen |

**PRESENT PERFECT**

| | | |
|---|---|---|
| ich bin | wir sind | |
| du bist | ihr seid | gestiegen |
| Sie sind | Sie sind | |
| er/sie/es ist | sie sind | |

**SIMPLE PAST**

| | |
|---|---|
| ich stieg | wir stiegen |
| du stiegst | ihr stiegt |
| Sie stiegen | Sie stiegen |
| er/sie/es stieg | sie stiegen |

**PAST PERFECT**

| | | |
|---|---|---|
| ich war | wir waren | |
| du warst | ihr wart | gestiegen |
| Sie waren | Sie waren | |
| er/sie/es war | sie waren | |

**FUTURE**

| | | |
|---|---|---|
| ich werde | wir werden | |
| du wirst | ihr werdet | steigen |
| Sie werden | Sie werden | |
| er/sic/es wird | sie werden | |

**FUTURE PERFECT**

| | | |
|---|---|---|
| ich werde | wir werden | |
| du wirst | ihr werdet | gestiegen sein |
| Sie werden | Sie werden | |
| er/sie/es wird | sie werden | |

**PRESENT SUBJUNCTIVE I**

| | |
|---|---|
| ich steige | wir steigen |
| du steigest | ihr steiget |
| Sie steigen | Sie steigen |
| er/sie/es steige | sie steigen |

**PAST SUBJUNCTIVE I**

| | | |
|---|---|---|
| ich sei | wir seien | |
| du seiest | ihr seiet | gestiegen |
| Sie seien | Sie seien | |
| er/sie/es sei | sie seien | |

**PRESENT SUBJUNCTIVE II**

| | |
|---|---|
| ich stiege | wir stiegen |
| du stiegest | ihr stieget |
| Sie stiegen | Sie stiegen |
| er/sie/es stiege | sie stiegen |

**PAST SUBJUNCTIVE II**

| | | |
|---|---|---|
| ich wäre | wir wären | |
| du wärest | ihr wäret | gestiegen |
| Sie wären | Sie wären | |
| er/sie/es wäre | sie wären | |

**FUTURE SUBJUNCTIVE I**

| | | |
|---|---|---|
| ich werde | wir werden | |
| du werdest | ihr werdet | steigen |
| Sie werden | Sie werden | |
| er/sie/es werde | sie werden | |

**FUTURE PERFECT SUBJUNCTIVE I**

| | | |
|---|---|---|
| ich werde | wir werden | |
| du werdest | ihr werdet | gestiegen sein |
| Sie werden | Sie werden | |
| er/sie/es werde | sie werden | |

**FUTURE SUBJUNCTIVE II**

| | | |
|---|---|---|
| ich würde | wir würden | |
| du würdest | ihr würdet | steigen |
| Sie würden | Sie würden | |
| er/sie/es würde | sie würden | |

**FUTURE PERFECT SUBJUNCTIVE II**

| | | |
|---|---|---|
| ich würde | wir würden | |
| du würdest | ihr würdet | gestiegen sein |
| Sie würden | Sie würden | |
| er/sie/es würde | sie würden | |

**COMMANDS**     steig(e)!   steigt!   steigen Sie!

**PRESENT PARTICIPLE**     steigend

## Usage

| | |
|---|---|
| Warum wollte Lea aus dem Fenster steigen? | *Why did Lea want to climb out the window?* |
| Ein abscheulicher Geruch stieg mir in die Nase. | *A disgusting smell rose to my nose.* |
| Der Wasserpegel steigt immer weiter. | *The water level is rising higher and higher.* |
| Wir durften nicht auf den Turm steigen. | *We weren't allowed to climb up the tower.* |
| Wir sind über den Zaun gestiegen und weiter gelaufen. | *We climbed over the fence and ran farther.* |
| Am nächsten Tag sind wir auf den Half-Dome gestiegen. | *The next day, we climbed Half Dome.* |
| Der kleine Dackel konnte nicht aufs Sofa steigen. | *The little dachshund couldn't climb onto the sofa.* |
| Die Ballons stiegen langsam in die Luft. | *The balloons ascended slowly in the air.* |
| Ölpreise steigen. | *Oil prices are rising.* |
| Im Sommer steigen die Temperaturen in die Höhe. | *In the summer, the temperatures climb.* |
| Die Opferzahl steigt jetzt auf 63. | *The number of victims has now increased to 63.* |
| Wann dürfen wir ins Flugzeug steigen? | *When can we board the plane?* |

**RELATED VERBS**   ab·steigen, an·steigen, auf·steigen, aus·steigen, besteigen, ersteigen, um·steigen; *see also* **ein·steigen** (138)

### MORE USAGE SENTENCES WITH stellen

| | |
|---|---|
| An der Sicherheitskontrolle mussten wir unsere Schuhe auf ein Fließband stellen. | *At the security checkpoint, we had to place our shoes on a conveyor belt.* |
| Kannst du die Stange wieder gerade stellen? | *Can you put the rod straight again?* |
| Muss man auch die H-Milch nicht kalt stellen? | *Don't you have to put ultra-pasteurized milk in the fridge, too?* |
| Stell die Musik bitte etwas lauter. | *Please turn the music a bit louder.* |
| Sie haben die Lampe in den Schrank gestellt. | *They stood the lamp in the closet.* |
| Könntest du die Uhr bitte richtig stellen? | *Could you please reset the clock to the correct time?* |

### sich stellen *to put/place oneself, stand; pretend to be, feign, act*

| | |
|---|---|
| Der Täter soll sich der Polizei drei Tage danach gestellt haben. | *The perpetrator is said to have given himself up to the police three days later.* |
| Stellen Sie sich bitte neben Frau Lehmann! | *Please stand next to Mrs. Lehmann!* |
| Frau Krause musste sich dem Gericht stellen. | *Mrs. Krause had to appear in court.* |
| Wieso stellt sich Harry ständig gegen sie? | *How come Harry is taking an antagonistic attitude toward her?* |
| Der tapfere junge Kämpfer stellte sich seinem erfahreneren Gegner. | *The brave young warrior faced his more experienced adversary.* |
| Katharina stellt sich unfähig, um der Verantwortung auszuweichen. | *Katharina feigns incompetence to avoid responsibility.* |
| Ist der Präsident wirklich naiv oder stellt er sich nur so? | *Is the president really naive, or is he only putting on an act?* |
| Der Hund kann sich tot stellen. | *The dog can play dead.* |

### IDIOMATIC EXPRESSIONS

| | |
|---|---|
| Manchmal stellen Kinder komische Fragen an Erwachsene. | *Sometimes, children ask adults funny questions.* |
| Christoph hat seine Fähigkeiten mehrmals unter Beweis gestellt. | *Christoph has proved his abilities several times.* |
| Leons Absichten werden jetzt in Frage gestellt. | *Leon's intentions are now being questioned.* |
| Ich möchte das Projekt so bald wie möglich fertig stellen. | *I'd like to finish the project as soon as possible.* |
| Der Junge stellte ihr ein Bein und sie ist hingefallen. | *The boy tripped her and she fell.* |
| Die Chefin stellt immer mehr Forderungen. | *The boss is making more and more demands.* |
| Die Regierung hat die Wahrheit auf den Kopf gestellt. | *The government has distorted the truth (lit., turned truth on its head).* |
| Tim ist ganz auf sich selbst gestellt. | *Tim is entirely dependent on his own resources.* |
| Reinhard ist ziemlich schlecht gestellt. | *Reinhard is pretty bad off.* |
| Die alte Dorfkirche wurde unter Denkmalschutz gestellt. | *The old village church was protected as a historical monument.* |
| Die geplante Parkanlage ist zur Diskussion gestellt worden. | *The planned parkway has been brought up for discussion.* |
| Die Postgebühren werden Ihnen in Rechnung gestellt. | *The postage will be charged to your account.* |
| Ernst hat uns seinen Diaprojektor zur Verfügung gestellt. | *Ernst has put his slide projector at our disposal.* |
| Frau Dormagen wollte einen Antrag auf Genehmigung stellen. | *Mrs. Dormagen wanted to submit an application for authorization.* |
| Sein Wissen wird in der Debatte endlich auf die Probe gestellt. | *His knowledge is finally being put to the test in the debate.* |

TOP 50 VERBS

regular weak verb

**stellt · stellte · gestellt**

**PRESENT**

| | |
|---|---|
| ich stelle | wir stellen |
| du stellst | ihr stellt |
| Sie stellen | Sie stellen |
| er/sie/es stellt | sie stellen |

**SIMPLE PAST**

| | |
|---|---|
| ich stellte | wir stellten |
| du stelltest | ihr stelltet |
| Sie stellten | Sie stellten |
| er/sie/es stellte | sie stellten |

**FUTURE**

| | |
|---|---|
| ich werde | wir werden |
| du wirst | ihr werdet |
| Sie werden | Sie werden |
| er/sie/es wird | sie werden |

} stellen

**PRESENT SUBJUNCTIVE I**

| | |
|---|---|
| ich stelle | wir stellen |
| du stellest | ihr stellet |
| Sie stellen | Sie stellen |
| er/sie/es stelle | sie stellen |

**PRESENT SUBJUNCTIVE II**

| | |
|---|---|
| ich stellte | wir stellten |
| du stelltest | ihr stelltet |
| Sie stellten | Sie stellten |
| er/sie/es stellte | sie stellten |

**FUTURE SUBJUNCTIVE I**

| | |
|---|---|
| ich werde | wir werden |
| du werdest | ihr werdet |
| Sie werden | Sie werden |
| er/sie/es werde | sie werden |

} stellen

**FUTURE SUBJUNCTIVE II**

| | |
|---|---|
| ich würde | wir würden |
| du würdest | ihr würdet |
| Sie würden | Sie würden |
| er/sie/es würde | sie würden |

} stellen

**PRESENT PERFECT**

| | |
|---|---|
| ich habe | wir haben |
| du hast | ihr habt |
| Sie haben | Sie haben |
| er/sie/es hat | sie haben |

} gestellt

**PAST PERFECT**

| | |
|---|---|
| ich hatte | wir hatten |
| du hattest | ihr hattet |
| Sie hatten | Sie hatten |
| er/sie/es hatte | sie hatten |

} gestellt

**FUTURE PERFECT**

| | |
|---|---|
| ich werde | wir werden |
| du wirst | ihr werdet |
| Sie werden | Sie werden |
| er/sie/es wird | sie werden |

} gestellt haben

**PAST SUBJUNCTIVE I**

| | |
|---|---|
| ich habe | wir haben |
| du habest | ihr habet |
| Sie haben | Sie haben |
| er/sie/es habe | sie haben |

} gestellt

**PAST SUBJUNCTIVE II**

| | |
|---|---|
| ich hätte | wir hätten |
| du hättest | ihr hättet |
| Sie hätten | Sie hätten |
| er/sie/es hätte | sie hätten |

} gestellt

**FUTURE PERFECT SUBJUNCTIVE I**

| | |
|---|---|
| ich werde | wir werden |
| du werdest | ihr werdet |
| Sie werden | Sie werden |
| er/sie/es werde | sie werden |

} gestellt haben

**FUTURE PERFECT SUBJUNCTIVE II**

| | |
|---|---|
| ich würde | wir würden |
| du würdest | ihr würdet |
| Sie würden | Sie würden |
| er/sie/es würde | sie würden |

} gestellt haben

**COMMANDS** stell(e)! stellt! stellen Sie!

**PRESENT PARTICIPLE** stellend

## Usage

| | |
|---|---|
| Wohin stellt man die Pfandflaschen? | *Where do you put the deposit bottles?* |
| Stellen Sie das Buch bitte ins Bücherregal. | *Please put the book on the bookshelf.* |
| Man kann die Tastatur auch höher stellen. | *You can also position the keyboard higher.* |
| Die Tondachziegel werden in einen großen Ofen gestellt. | *The clay tile shingles are placed in a large oven.* |
| Wohin sind Fahrräder zu stellen? | *Where do you put the bicycles?* |
| Wer stellt das Gepäck ins Auto? | *Who will put the luggage in the car?* |
| Was stellst du alles in deine Büchertasche? | *What all are you putting in your book bag?* |
| Geliebter, du stellst mich zur schrecklichsten Wahl. | *Beloved, you present me with a most terrible* |
| (GOTTFRIED BÜRGER) | *choice.* |

**RELATED VERBS** ab·stellen, an·stellen, auf·stellen, bereit·stellen, bloß·stellen, dar·stellen, durch·stellen, entgegen·stellen, entstellen, erstellen, frei·stellen, gleich·stellen, hin·stellen, hoch·stellen, kalt·stellen, klar·stellen, nach·stellen, sicher·stellen, um·stellen, unterstellen, unter·stellen, verstellen, voran·stellen, weg·stellen, zurecht·stellen, zurück·stellen, zusammen·stellen, zu·stellen; *see also* **aus·stellen** (41), **bestellen** (91), **ein·stellen** (139), **fest·stellen** (185), **her·stellen** (244), **vor·stellen** (511)

### MORE USAGE SENTENCES WITH sterben

| | |
|---|---|
| Laut Aussage der Polizei seien zwölf Gefangene gestorben. | *According to police statements, 12 prisoners have died.* |
| Tante Mae ist im Alter von 98 eines natürlichen Todes gestorben. | *Aunt Mae died of natural causes at the age of 98.* |
| Der Präsident starb durch einen Gewehrschuss in den Kopf. | *The president died of a rifle shot to the head.* |
| Kerstins Zwillingsschwester ist jung gestorben. | *Kerstin's twin sister died young.* |
| Die ganze Familie starb in den Flammen. | *The whole family perished in the flames.* |
| Jan Hus starb 1415 den Martyrertod, als er auf dem Scheiterhaufen verbrannt wurde. | *Jan Hus died a martyr's death in 1415, when he was burned at the stake.* |
| Was sollte dann aus mir werden, wenn du stürbest? (KARL IMMERMANN) | *What would then become of me if you were to die?* |
| Ein drittes Kind war ihr gestorben. | *She had lost a third child to death.* |
| Clemens Huber starb in der Schlacht bei Marengo in Italien. | *Clemens Huber died in the Battle of Marengo in Italy.* |
| Die junge Mutter starb an Komplikationen der Niederkunft. | *The young mother died from complications of childbirth.* |
| Der General wollte lieber sterben als vor dem Feind kapitulieren. | *The general would rather have died than surrender to the enemy.* |
| Eher will ich sterben als… | *I'd rather die than …* |
| Jedes Jahr sterben in Deutschland über 100 000 Menschen an den Folgen des Rauchens. | *Every year, over 100,000 people die in Germany as a result of smoking.* |
| Wenn man ertrinkt, stirbt man durch Mangel an Sauerstoff. | *When you drown, you die of a lack of oxygen.* |
| Laut dem Staatschef seien die Soldaten nicht umsonst gestorben. | *According to the head of state, the soldiers did not die in vain.* |
| Ist John Wayne an Krebs gestorben? | *Did John Wayne die of cancer?* |
| Mitte des 14. Jahrhunderts starb ein Drittel der gesamten Bevölkerung Mitteleuropas an der Pest. | *In the mid-fourteenth century, a third of the entire population of central Europe died of the plague.* |
| Blaugrüne Algen sterben in kaltem Wasser. | *Blue-green algae die in cold water.* |
| Der Wald stirbt wegen sauren Regens. | *The forest is dying because of acid rain.* |
| Wie sind meine Finger so grün / Blumen hab' ich zerrissen / sie wollten für mich blühn / und haben sterben müssen. (DROSTE-HÜLSHOFF) | *How green my fingers are, I was pulling up flowers, they wanted to bloom for me but had to perish.* |

### IDIOMATIC EXPRESSIONS

| | |
|---|---|
| Und wenn sie nicht gestorben sind, dann leben sie noch heute. (*formulaic end of a fairy tale*) | *And they lived happily ever after.* (lit., *And if they haven't died, they're still alive today.*) |
| Ich bin tausende Tode gestorben. | *I died a thousand deaths / a thousand times over.* |
| Sie ist für mich gestorben. | *She doesn't exist as far as I'm concerned. / I'm finished with her.* |
| Ich sterbe vor Durst! | *I'm dying of thirst!* |
| Ich sterbe vor Angst! | *I'm scared to death!* |
| Gestorben! (*film director jargon, said when a take is completed*) | *Cut! / In the can!* |
| Auf dem Schlachtfeld starben die Soldaten wie Fliegen. | *The soldiers were dropping like flies on the battlefield.* |
| Davon stirbt man nicht gleich! | *It won't kill you!* |

TOP 50 VERBS

strong verb

**PRESENT**

| | |
|---|---|
| ich sterbe | wir sterben |
| du stirbst | ihr sterbt |
| Sie sterben | Sie sterben |
| er/sie/es stirbt | sie sterben |

**SIMPLE PAST**

| | |
|---|---|
| ich starb | wir starben |
| du starbst | ihr starbt |
| Sie starben | Sie starben |
| er/sie/es starb | sie starben |

**FUTURE**

| | | |
|---|---|---|
| ich werde | wir werden | |
| du wirst | ihr werdet | sterben |
| Sie werden | Sie werden | |
| er/sie/es wird | sie werden | |

**PRESENT SUBJUNCTIVE I**

| | |
|---|---|
| ich sterbe | wir sterben |
| du sterbest | ihr sterbet |
| Sie sterben | Sie sterben |
| er/sie/es sterbe | sie sterben |

**PRESENT SUBJUNCTIVE II**

| | |
|---|---|
| ich stürbe | wir stürben |
| du stürbest | ihr stürbet |
| Sie stürben | Sie stürben |
| er/sie/es stürbe | sie stürben |

**FUTURE SUBJUNCTIVE I**

| | | |
|---|---|---|
| ich werde | wir werden | |
| du werdest | ihr werdet | sterben |
| Sie werden | Sie werden | |
| er/sie/es werde | sie werden | |

**FUTURE SUBJUNCTIVE II**

| | | |
|---|---|---|
| ich würde | wir würden | |
| du würdest | ihr würdet | sterben |
| Sie würden | Sie würden | |
| er/sie/es würde | sie würden | |

**PRESENT PERFECT**

| | | |
|---|---|---|
| ich bin | wir sind | |
| du bist | ihr seid | gestorben |
| Sie sind | Sie sind | |
| er/sie/es ist | sie sind | |

**PAST PERFECT**

| | | |
|---|---|---|
| ich war | wir waren | |
| du warst | ihr wart | gestorben |
| Sie waren | Sie waren | |
| er/sie/es war | sie waren | |

**FUTURE PERFECT**

| | | |
|---|---|---|
| ich werde | wir werden | |
| du wirst | ihr werdet | gestorben sein |
| Sie werden | Sie werden | |
| er/sie/es wird | sie werden | |

**PAST SUBJUNCTIVE I**

| | | |
|---|---|---|
| ich sei | wir seien | |
| du seiest | ihr seiet | gestorben |
| Sie seien | Sie seien | |
| er/sie/es sei | sie seien | |

**PAST SUBJUNCTIVE II**

| | | |
|---|---|---|
| ich wäre | wir wären | |
| du wärest | ihr wäret | gestorben |
| Sie wären | Sie wären | |
| er/sie/es wäre | sie wären | |

**FUTURE PERFECT SUBJUNCTIVE I**

| | | |
|---|---|---|
| ich werde | wir werden | |
| du werdest | ihr werdet | gestorben sein |
| Sie werden | Sie werden | |
| er/sie/es werde | sie werden | |

**FUTURE PERFECT SUBJUNCTIVE II**

| | | |
|---|---|---|
| ich würde | wir würden | |
| du würdest | ihr würdet | gestorben sein |
| Sie würden | Sie würden | |
| er/sie/es würde | sie würden | |

**COMMANDS**    stirb!  sterbt!  sterben Sie!

**PRESENT PARTICIPLE**    sterbend

## Usage

| | |
|---|---|
| Früher starb man schon oft mit 40 Jahren. | *People often used to die as early as 40 years of age.* |
| Wie viele sind im Krieg gestorben? | *How many have died in the war?* |
| Die Opfer sterben nach nur einigen Tagen. | *The victims die after only a few days.* |
| Plötzlich starb die Prinzessin an Trauer um ihren verstorbenen Geliebten. | *Suddenly, the princess died of sorrow over her departed beloved.* |
| Manfred ist aber noch nicht gestorben! | *But Manfred hasn't died yet!* |
| Der Milliardär stirbt auf seiner Insel im Pazifik. | *The billionaire is dying on his island in the Pacific.* |
| Etwa 4 000 Personen sollen den Hungertod gestorben sein. | *About 4,000 people are said to have died of starvation.* |
| Der alte König wollte eines sanften Todes sterben. | *The old king wanted to die in peace.* |
| Der Musiker starb im Jahr 1832 umgeben von Freunden und Anhängern. | *The musician died in the year 1832, surrounded by friends and followers.* |
| Ernst war genau an diesem Ort gestorben. | *Ernst had died at this very spot.* |

**RELATED VERBS**  ab·sterben, aus·sterben, ersterben, versterben, weg·sterben

## stimmen  *to be right/correct; vote; make; tune*

**stimmt · stimmte · gestimmt**                                    regular weak verb

**PRESENT**

| | |
|---|---|
| ich stimme | wir stimmen |
| du stimmst | ihr stimmt |
| Sie stimmen | Sie stimmen |
| er/sie/es stimmt | sie stimmen |

**SIMPLE PAST**

| | |
|---|---|
| ich stimmte | wir stimmten |
| du stimmtest | ihr stimmtet |
| Sie stimmten | Sie stimmten |
| er/sie/es stimmte | sie stimmten |

**FUTURE**

| | | |
|---|---|---|
| ich werde | wir werden | |
| du wirst | ihr werdet | stimmen |
| Sie werden | Sie werden | |
| er/sie/es wird | sie werden | |

**PRESENT SUBJUNCTIVE I**

| | |
|---|---|
| ich stimme | wir stimmen |
| du stimmest | ihr stimmet |
| Sie stimmen | Sie stimmen |
| er/sie/es stimme | sie stimmen |

**PRESENT SUBJUNCTIVE II**

| | |
|---|---|
| ich stimmte | wir stimmten |
| du stimmtest | ihr stimmtet |
| Sie stimmten | Sie stimmten |
| er/sie/es stimmte | sie stimmten |

**FUTURE SUBJUNCTIVE I**

| | | |
|---|---|---|
| ich werde | wir werden | |
| du werdest | ihr werdet | stimmen |
| Sie werden | Sie werden | |
| er/sie/es werde | sie werden | |

**FUTURE SUBJUNCTIVE II**

| | | |
|---|---|---|
| ich würde | wir würden | |
| du würdest | ihr würdet | stimmen |
| Sie würden | Sie würden | |
| er/sie/es würde | sie würden | |

**PRESENT PERFECT**

| | | |
|---|---|---|
| ich habe | wir haben | |
| du hast | ihr habt | gestimmt |
| Sie haben | Sie haben | |
| er/sie/es hat | sie haben | |

**PAST PERFECT**

| | | |
|---|---|---|
| ich hatte | wir hatten | |
| du hattest | ihr hattet | gestimmt |
| Sie hatten | Sie hatten | |
| er/sie/es hatte | sie hatten | |

**FUTURE PERFECT**

| | | |
|---|---|---|
| ich werde | wir werden | |
| du wirst | ihr werdet | gestimmt haben |
| Sie werden | Sie werden | |
| er/sie/es wird | sie werden | |

**PAST SUBJUNCTIVE I**

| | | |
|---|---|---|
| ich habe | wir haben | |
| du habest | ihr habet | gestimmt |
| Sie haben | Sie haben | |
| er/sie/es habe | sie haben | |

**PAST SUBJUNCTIVE II**

| | | |
|---|---|---|
| ich hätte | wir hätten | |
| du hättest | ihr hättet | gestimmt |
| Sie hätten | Sie hätten | |
| er/sie/es hätte | sie hätten | |

**FUTURE PERFECT SUBJUNCTIVE I**

| | | |
|---|---|---|
| ich werde | wir werden | |
| du werdest | ihr werdet | gestimmt haben |
| Sie werden | Sie werden | |
| er/sie/es werde | sie werden | |

**FUTURE PERFECT SUBJUNCTIVE II**

| | | |
|---|---|---|
| ich würde | wir würden | |
| du würdest | ihr würdet | gestimmt haben |
| Sie würden | Sie würden | |
| er/sie/es würde | sie würden | |

**COMMANDS**         stimm(e)!   stimmt!   stimmen Sie!

**PRESENT PARTICIPLE**   stimmend

## Usage

| | |
|---|---|
| Hier stimmt etwas nicht. | *Something's not right here.* |
| Stimmt so. *(to a waiter, taxi driver, etc.)* | *Keep the change.* |
| Ihre Antwort stimmte nur teilweise. | *Her answer was only partly correct.* |
| Hast du keine Zeit zu stimmen? | *Don't you have time to vote?* |
| Der Vorstand stimmt über eine Etatkürzung. | *The board is voting on a budget cut.* |
| Nicht nur Stadtbewohner dürfen stimmen. | *Not just city dwellers are permitted to vote.* |
| Ich würde nicht für ihn stimmen, er ist zu konservativ. | *I wouldn't vote for him; he's too conservative.* |
| Jeder Mitarbeiter muss als Firmenvertreter stimmen können. | *Every employee must be able to vote as a company representative.* |
| Wir haben gegen den Krieg gestimmt. | *We voted against the war.* |
| Sein Tod hat mich traurig gestimmt. | *His death has made me sad.* |
| Das alte Klavier war nicht leicht zu stimmen. | *The old piano was not easy to tune.* |

**RELATED VERBS**  ab·stimmen, überein·stimmen, um·stimmen, verstimmen, zu·stimmen; *see also* **bestimmen** (92)

strong verb

**PRESENT**

| | |
|---|---|
| ich stinke | wir stinken |
| du stinkst | ihr stinkt |
| Sie stinken | Sie stinken |
| er/sie/es stinkt | sie stinken |

**PRESENT PERFECT**

| | |
|---|---|
| ich habe | wir haben |
| du hast | ihr habt |
| Sie haben | Sie haben |
| er/sie/es hat | sie haben |

gestunken

**SIMPLE PAST**

| | |
|---|---|
| ich stank | wir stanken |
| du stankst | ihr stankt |
| Sie stanken | Sie stanken |
| er/sie/es stank | sie stanken |

**PAST PERFECT**

| | |
|---|---|
| ich hatte | wir hatten |
| du hattest | ihr hattet |
| Sie hatten | Sie hatten |
| er/sie/es hatte | sie hatten |

gestunken

**FUTURE**

| | |
|---|---|
| ich werde | wir werden |
| du wirst | ihr werdet |
| Sie werden | Sie werden |
| er/sie/es wird | sie werden |

stinken

**FUTURE PERFECT**

| | |
|---|---|
| ich werde | wir werden |
| du wirst | ihr werdet |
| Sie werden | Sie werden |
| er/sie/es wird | sie werden |

gestunken haben

**PRESENT SUBJUNCTIVE I**

| | |
|---|---|
| ich stinke | wir stinken |
| du stinkest | ihr stinket |
| Sie stinken | Sie stinken |
| er/sie/es stinke | sie stinken |

**PAST SUBJUNCTIVE I**

| | |
|---|---|
| ich habe | wir haben |
| du habest | ihr habet |
| Sie haben | Sie haben |
| er/sie/es habe | sie haben |

gestunken

**PRESENT SUBJUNCTIVE II**

| | |
|---|---|
| ich stänke | wir stänken |
| du stänkest | ihr stänket |
| Sie stänken | Sie stänken |
| er/sie/es stänke | sie stänken |

**PAST SUBJUNCTIVE II**

| | |
|---|---|
| ich hätte | wir hätten |
| du hättest | ihr hättet |
| Sie hätten | Sie hätten |
| er/sie/es hätte | sie hätten |

gestunken

**FUTURE SUBJUNCTIVE I**

| | |
|---|---|
| ich werde | wir werden |
| du werdest | ihr werdet |
| Sie werden | Sie werden |
| er/sie/es werde | sie werden |

stinken

**FUTURE PERFECT SUBJUNCTIVE I**

| | |
|---|---|
| ich werde | wir werden |
| du werdest | ihr werdet |
| Sie werden | Sie werden |
| er/sie/es werde | sie werden |

gestunken haben

**FUTURE SUBJUNCTIVE II**

| | |
|---|---|
| ich würde | wir würden |
| du würdest | ihr würdet |
| Sie würden | Sie würden |
| er/sie/es würde | sie würden |

stinken

**FUTURE PERFECT SUBJUNCTIVE II**

| | |
|---|---|
| ich würde | wir würden |
| du würdest | ihr würdet |
| Sie würden | Sie würden |
| er/sie/es würde | sie würden |

gestunken haben

**COMMANDS**  stink(e)!  stinkt!  stinken Sie!

**PRESENT PARTICIPLE**  stinkend

## Usage

| | |
|---|---|
| Mein Hund stinkt. | *My dog smells.* |
| Warum stinkt ein Stinktier? | *Why does a skunk smell?* |
| Im Kuhstall stinkt es nach Jauche. | *It smells like manure in the cow stall.* |
| Der Fisch stank entsetzlich, aber die Katze fraß ihn auf. | *The fish stank horribly, but the cat ate it up.* |
| Das esse ich nicht, es stinkt! | *I won't eat that; it stinks!* |
| Stinken die roten Socken mehr als die gelben? | *Do the red socks smell worse then the yellow ones?* |
| „Du stinkst nach Knoblauch!" rief die jüngere Schwester. | *"You smell like garlic!" cried the younger sister.* |
| Warum haben die Kartoffeln so gestunken? | *Why did the potatoes smell like that?* |
| Die Schuhe haben sehr gestunken. | *The shoes smelled bad.* |
| Die Luft stinkt nach Abgasen. | *The air smells like exhaust.* |
| Nach zehn Tagen wird es im Zimmer bestimmt stinken. | *After 10 days, the room will surely smell.* |
| Die ranzigen Bohnen haben mir schlecht gestunken. | *The rancid beans smelled bad to me.* |
| Der Nachbarjunge stinkt vor Faulheit. (*colloquial*) | *The neighbor boy is downright lazy.* |
| Das Ganze stinkt mir nach Betrug. (*figurative*) | *To me, the whole thing reeks of fraud.* |

# stoppen    *to stop*

**stoppt · stoppte · gestoppt**                                    regular weak verb

| PRESENT | |
|---|---|
| ich stoppe | wir stoppen |
| du stoppst | ihr stoppt |
| Sie stoppen | Sie stoppen |
| er/sie/es stoppt | sie stoppen |

| PRESENT PERFECT | | |
|---|---|---|
| ich habe | wir haben | |
| du hast | ihr habt | gestoppt |
| Sie haben | Sie haben | |
| er/sie/es hat | sie haben | |

| SIMPLE PAST | |
|---|---|
| ich stoppte | wir stoppten |
| du stopptest | ihr stopptet |
| Sie stoppten | Sie stoppten |
| er/sie/es stoppte | sie stoppten |

| PAST PERFECT | | |
|---|---|---|
| ich hatte | wir hatten | |
| du hattest | ihr hattet | gestoppt |
| Sie hatten | Sie hatten | |
| er/sie/es hatte | sie hatten | |

| FUTURE | | |
|---|---|---|
| ich werde | wir werden | |
| du wirst | ihr werdet | stoppen |
| Sie werden | Sie werden | |
| er/sie/es wird | sie werden | |

| FUTURE PERFECT | | |
|---|---|---|
| ich werde | wir werden | |
| du wirst | ihr werdet | gestoppt haben |
| Sie werden | Sie werden | |
| er/sie/es wird | sie werden | |

| PRESENT SUBJUNCTIVE I | |
|---|---|
| ich stoppe | wir stoppen |
| du stoppest | ihr stoppet |
| Sie stoppen | Sie stoppen |
| er/sie/es stoppe | sie stoppen |

| PAST SUBJUNCTIVE I | | |
|---|---|---|
| ich habe | wir haben | |
| du habest | ihr habet | gestoppt |
| Sie haben | Sie haben | |
| er/sie/es habe | sie haben | |

| PRESENT SUBJUNCTIVE II | |
|---|---|
| ich stoppte | wir stoppten |
| du stopptest | ihr stopptet |
| Sie stoppten | Sie stoppten |
| er/sie/es stoppte | sie stoppten |

| PAST SUBJUNCTIVE II | | |
|---|---|---|
| ich hätte | wir hätten | |
| du hättest | ihr hättet | gestoppt |
| Sie hätten | Sie hätten | |
| er/sie/es hätte | sie hätten | |

| FUTURE SUBJUNCTIVE I | | |
|---|---|---|
| ich werde | wir werden | |
| du werdest | ihr werdet | stoppen |
| Sie werden | Sie werden | |
| er/sie/es werde | sie werden | |

| FUTURE PERFECT SUBJUNCTIVE I | | |
|---|---|---|
| ich werde | wir werden | |
| du werdest | ihr werdet | gestoppt haben |
| Sie werden | Sie werden | |
| er/sie/es werde | sie werden | |

| FUTURE SUBJUNCTIVE II | | |
|---|---|---|
| ich würde | wir würden | |
| du würdest | ihr würdet | stoppen |
| Sie würden | Sie würden | |
| er/sie/es würde | sie würden | |

| FUTURE PERFECT SUBJUNCTIVE II | | |
|---|---|---|
| ich würde | wir würden | |
| du würdest | ihr würdet | gestoppt haben |
| Sie würden | Sie würden | |
| er/sie/es würde | sie würden | |

COMMANDS         stopp(e)!   stoppt!   stoppen Sie!

PRESENT PARTICIPLE     stoppend

## Usage

| | |
|---|---|
| Diese Werbekampagne wurde von unserer eigenen Organisation gestoppt. | *This ad campaign was stopped by our own organization.* |
| Der Fußballspieler muss seinen Gegner stoppen. | *The soccer player must stop his opponent.* |
| Wir müssen Atomkraft stoppen! | *We must put a halt to nuclear energy!* |
| Das Gericht stoppte die Einführung genetisch modifizierter Organismen. | *The court halted the introduction of genetically modified organisms.* |
| In der Weimarer Republik der 20er Jahre war die Inflation nicht zu stoppen. | *In the 1920s Weimar Republic, inflation was unstoppable.* |
| Wie stoppt man ein Skateboard? | *How do you stop a skateboard?* |
| Wir wollten den Krieg stoppen. | *We wanted to end the war.* |
| Der Zug konnte nicht gestoppt werden. | *The train couldn't be stopped.* |
| Die unethischen Aktivitäten wurden gestoppt. | *The unethical activities were stopped.* |
| Im 100-m-Rennen wurde Veronika mit 11,4 Sekunden gestoppt. | *Veronika ran the 100-meter race in 11.4 seconds.* |

RELATED VERB   ab·stoppen

**PRESENT**

| | |
|---|---|
| ich störe | wir stören |
| du störst | ihr stört |
| Sie stören | Sie stören |
| er/sie/es stört | sie stören |

**SIMPLE PAST**

| | |
|---|---|
| ich störte | wir störten |
| du störtest | ihr störtet |
| Sie störten | Sie störten |
| er/sie/es störte | sie störten |

**FUTURE**

| | | |
|---|---|---|
| ich werde | wir werden | |
| du wirst | ihr werdet | stören |
| Sie werden | Sie werden | |
| er/sie/es wird | sie werden | |

**PRESENT SUBJUNCTIVE I**

| | |
|---|---|
| ich störe | wir stören |
| du störest | ihr störet |
| Sie stören | Sie stören |
| er/sie/es störe | sie stören |

**PRESENT SUBJUNCTIVE II**

| | |
|---|---|
| ich störte | wir störten |
| du störtest | ihr störtet |
| Sie störten | Sie störten |
| er/sie/es störte | sie störten |

**FUTURE SUBJUNCTIVE I**

| | | |
|---|---|---|
| ich werde | wir werden | |
| du werdest | ihr werdet | stören |
| Sie werden | Sie werden | |
| er/sie/es werde | sie werden | |

**FUTURE SUBJUNCTIVE II**

| | | |
|---|---|---|
| ich würde | wir würden | |
| du würdest | ihr würdet | stören |
| Sie würden | Sie würden | |
| er/sie/es würde | sie würden | |

**PRESENT PERFECT**

| | | |
|---|---|---|
| ich habe | wir haben | |
| du hast | ihr habt | gestört |
| Sie haben | Sie haben | |
| er/sie/es hat | sie haben | |

**PAST PERFECT**

| | | |
|---|---|---|
| ich hatte | wir hatten | |
| du hattest | ihr hattet | gestört |
| Sie hatten | Sie hatten | |
| er/sie/es hatte | sie hatten | |

**FUTURE PERFECT**

| | | |
|---|---|---|
| ich werde | wir werden | |
| du wirst | ihr werdet | gestört haben |
| Sie werden | Sie werden | |
| er/sie/es wird | sie werden | |

**PAST SUBJUNCTIVE I**

| | | |
|---|---|---|
| ich habe | wir haben | |
| du habest | ihr habet | gestört |
| Sie haben | Sie haben | |
| er/sie/es habe | sie haben | |

**PAST SUBJUNCTIVE II**

| | | |
|---|---|---|
| ich hätte | wir hätten | |
| du hättest | ihr hättet | gestört |
| Sie hätten | Sie hätten | |
| er/sie/es hätte | sie hätten | |

**FUTURE PERFECT SUBJUNCTIVE I**

| | | |
|---|---|---|
| ich werde | wir werden | |
| du werdest | ihr werdet | gestört haben |
| Sie werden | Sie werden | |
| er/sie/es werde | sie werden | |

**FUTURE PERFECT SUBJUNCTIVE II**

| | | |
|---|---|---|
| ich würde | wir würden | |
| du würdest | ihr würdet | gestört haben |
| Sie würden | Sie würden | |
| er/sie/es würde | sie würden | |

**COMMANDS**    stör(e)!   stört!   stören Sie!

**PRESENT PARTICIPLE**    störend

## Usage

| | |
|---|---|
| Entschuldigung, ich muss mal kurz stören. | *Excuse me, I have to interrupt a second.* |
| Stört Sie die Musik? | *Does the music disturb you?* |
| Ich würde dich nicht stören. | *I wouldn't disturb you.* |
| Der Hund störte den Nachbarn. | *The dog annoyed the neighbor.* |
| Das dumpfe Geräusch störte sie und sie konnte nicht schlafen. | *The muffled sound disturbed her and she couldn't sleep.* |
| Wir wollen die Kühe nicht stören. | *We don't want to agitate the cows.* |
| Ihre Einstellung störte mich. | *Her attitude perturbed me.* |
| Jens hat seine Freundin mit seiner Äußerung gestört. | *Jens disturbed his girlfriend with his comment.* |
| Der Quartalumsatz hat Investoren gestört. | *The quarterly revenue figures disturbed investors.* |
| Ich hoffe, es stört euch nicht, wenn ich mitkomme. | *I hope it won't bother you if I come along.* |
| Das grelle Licht störte ihn. | *The harsh lighting bothered him.* |
| Die Katze lässt sich von der Türklingel nicht stören. | *The cat is not bothered by the doorbell.* |

**RELATED VERBS**   auf·stören, verstören; *see also* **zerstören** (548)

## stoßen    to punch, kick; plunge, thrust; knock, bang; push

**stößt · stieß · gestoßen**                                                    strong verb

**PRESENT**

| | |
|---|---|
| ich stoße | wir stoßen |
| du stößt | ihr stoßt |
| Sie stoßen | Sie stoßen |
| er/sie/es stößt | sie stoßen |

**PRESENT PERFECT**

| | | |
|---|---|---|
| ich habe | wir haben | |
| du hast | ihr habt | |
| Sie haben | Sie haben | gestoßen |
| er/sie/es hat | sie haben | |

**SIMPLE PAST**

| | |
|---|---|
| ich stieß | wir stießen |
| du stießest | ihr stießt |
| Sie stießen | Sie stießen |
| er/sie/es stieß | sie stießen |

**PAST PERFECT**

| | | |
|---|---|---|
| ich hatte | wir hatten | |
| du hattest | ihr hattet | |
| Sie hatten | Sie hatten | gestoßen |
| er/sie/es hatte | sie hatten | |

**FUTURE**

| | | |
|---|---|---|
| ich werde | wir werden | |
| du wirst | ihr werdet | |
| Sie werden | Sie werden | stoßen |
| er/sie/es wird | sie werden | |

**FUTURE PERFECT**

| | | |
|---|---|---|
| ich werde | wir werden | |
| du wirst | ihr werdet | |
| Sie werden | Sie werden | gestoßen haben |
| er/sie/es wird | sie werden | |

**PRESENT SUBJUNCTIVE I**

| | |
|---|---|
| ich stoße | wir stoßen |
| du stoßest | ihr stoßet |
| Sie stoßen | Sie stoßen |
| er/sie/es stoße | sie stoßen |

**PAST SUBJUNCTIVE I**

| | | |
|---|---|---|
| ich habe | wir haben | |
| du habest | ihr habet | |
| Sie haben | Sie haben | gestoßen |
| er/sie/es habe | sie haben | |

**PRESENT SUBJUNCTIVE II**

| | |
|---|---|
| ich stieße | wir stießen |
| du stießest | ihr stießet |
| Sie stießen | Sie stießen |
| er/sie/es stieße | sie stießen |

**PAST SUBJUNCTIVE II**

| | | |
|---|---|---|
| ich hätte | wir hätten | |
| du hättest | ihr hättet | |
| Sie hätten | Sie hätten | gestoßen |
| er/sie/es hätte | sie hätten | |

**FUTURE SUBJUNCTIVE I**

| | | |
|---|---|---|
| ich werde | wir werden | |
| du werdest | ihr werdet | |
| Sie werden | Sie werden | stoßen |
| er/sie/es werde | sie werden | |

**FUTURE PERFECT SUBJUNCTIVE I**

| | | |
|---|---|---|
| ich werde | wir werden | |
| du werdest | ihr werdet | |
| Sie werden | Sie werden | gestoßen haben |
| er/sie/es werde | sie werden | |

**FUTURE SUBJUNCTIVE II**

| | | |
|---|---|---|
| ich würde | wir würden | |
| du würdest | ihr würdet | |
| Sie würden | Sie würden | stoßen |
| er/sie/es würde | sie würden | |

**FUTURE PERFECT SUBJUNCTIVE II**

| | | |
|---|---|---|
| ich würde | wir würden | |
| du würdest | ihr würdet | |
| Sie würden | Sie würden | gestoßen haben |
| er/sie/es würde | sie würden | |

**COMMANDS**          stoß(e)!   stoßt!   stoßen Sie!

**PRESENT PARTICIPLE**    stoßend

## Usage

| | |
|---|---|
| Warum hast du den Rowdy nicht mit der Faust gestoßen? | *Why didn't you punch the hoodlum with your fist?* |
| Er hat sie mit dem Ellbogen gestoßen. | *He jabbed her with his elbow.* |
| Man muss dem Vampir einen Pfahl ins Herz stoßen. | *You have to drive a stake in the vampire's heart.* |
| Der Bulle stößt mit seinen Hörnern. | *The bull is butting with his horns.* |

### stoßen (with sein) to push, shove, strike, bump; meet with

| | |
|---|---|
| Markus will auf Gold gestoßen sein. | *Markus claims to have struck it rich.* |
| Das Kind war mit dem Kopf gegen einen Stuhl gestoßen. | *The child had bumped his head on a chair.* |
| Am Markt bin ich auf Thorsten gestoßen. | *At the market, I bumped into Thorsten.* |
| Maria ist auf Widerstand gestoßen. | *Maria has met with resistance.* |
| Die Mitglieder stießen immer wieder auf Ablehnung. | *The members met with disapproval again and again.* |
| Auf dem Dachboden sind sie auf alte Urkunden gestoßen. | *In the attic, they came across some old documents.* |

**RELATED VERBS**  ab·stoßen, an·stoßen, auf·stoßen, ein·stoßen, um·stoßen, verstoßen, vor·stoßen, zurück·stoßen, zusammen·stoßen, zu·stoßen

regular weak verb

strahlt · strahlte · gestrahlt

**PRESENT**

| ich strahle | wir strahlen |
|---|---|
| du strahlst | ihr strahlt |
| Sie strahlen | Sie strahlen |
| er/sie/es strahlt | sie strahlen |

**SIMPLE PAST**

| ich strahlte | wir strahlten |
|---|---|
| du strahltest | ihr strahltet |
| Sie strahlten | Sie strahlten |
| er/sie/es strahlte | sie strahlten |

**FUTURE**

| ich werde | wir werden | |
|---|---|---|
| du wirst | ihr werdet | strahlen |
| Sie werden | Sie werden | |
| er/sie/es wird | sie werden | |

**PRESENT SUBJUNCTIVE I**

| ich strahle | wir strahlen |
|---|---|
| du strahlest | ihr strahlet |
| Sie strahlen | Sie strahlen |
| er/sie/es strahle | sie strahlen |

**PRESENT SUBJUNCTIVE II**

| ich strahlte | wir strahlten |
|---|---|
| du strahltest | ihr strahltet |
| Sie strahlten | Sie strahlten |
| er/sie/es strahlte | sie strahlten |

**FUTURE SUBJUNCTIVE I**

| ich werde | wir werden | |
|---|---|---|
| du werdest | ihr werdet | strahlen |
| Sie werden | Sie werden | |
| er/sie/es werde | sie werden | |

**FUTURE SUBJUNCTIVE II**

| ich würde | wir würden | |
|---|---|---|
| du würdest | ihr würdet | strahlen |
| Sie würden | Sie würden | |
| er/sie/es würde | sie würden | |

**PRESENT PERFECT**

| ich habe | wir haben | |
|---|---|---|
| du hast | ihr habt | gestrahlt |
| Sie haben | Sie haben | |
| er/sie/es hat | sie haben | |

**PAST PERFECT**

| ich hatte | wir hatten | |
|---|---|---|
| du hattest | ihr hattet | gestrahlt |
| Sie hatten | Sie hatten | |
| er/sie/es hatte | sie hatten | |

**FUTURE PERFECT**

| ich werde | wir werden | |
|---|---|---|
| du wirst | ihr werdet | gestrahlt haben |
| Sie werden | Sie werden | |
| er/sie/es wird | sie werden | |

**PAST SUBJUNCTIVE I**

| ich habe | wir haben | |
|---|---|---|
| du habest | ihr habet | gestrahlt |
| Sie haben | Sie haben | |
| er/sie/es habe | sie haben | |

**PAST SUBJUNCTIVE II**

| ich hätte | wir hätten | |
|---|---|---|
| du hättest | ihr hättet | gestrahlt |
| Sie hätten | Sie hätten | |
| er/sie/es hätte | sie hätten | |

**FUTURE PERFECT SUBJUNCTIVE I**

| ich werde | wir werden | |
|---|---|---|
| du werdest | ihr werdet | gestrahlt haben |
| Sie werden | Sie werden | |
| er/sie/es werde | sie werden | |

**FUTURE PERFECT SUBJUNCTIVE II**

| ich würde | wir würden | |
|---|---|---|
| du würdest | ihr würdet | gestrahlt haben |
| Sie würden | Sie würden | |
| er/sie/es würde | sie würden | |

**COMMANDS**    strahl(e)!    strahlt!    strahlen Sie!

**PRESENT PARTICIPLE**    strahlend

## Usage

| | |
|---|---|
| Die Morgensonne strahlt durch das Küchenfenster. | *The morning sun is shining through the kitchen window.* |
| Die Sonne strahlte durch die Ritzen der alten Waldhütte. | *The sun shone through the cracks in the old cabin.* |
| Die Sterne strahlen hell am Himmel. | *The stars shine brightly in the sky.* |
| Wenn man das Silberbesteck regelmäßig putzt, strahlt es wie neu. | *If you clean the silver cutlery regularly, it will sparkle like new.* |
| Die Diamanten strahlten im Licht. | *The diamonds sparkled in the light.* |
| Matthias' neues Auto strahlte. | *Matthias's new car sparkled.* |
| Mit diesem Spülmittel wird das Geschirr strahlen. | *With this detergent, the dishes will sparkle.* |
| Die neue Mutter strahlte vor Freude. | *The new mother beamed with joy.* |
| „Das ist ja fantastisch!" strahlte der Knabe. | *"That's fantastic!" beamed the boy.* |
| Die Wärme strahlte bis in das Schlafzimmer. | *The warmth radiated as far as the bedroom.* |
| Plutonium strahlt radioaktiv. | *Plutonium emits radioactive rays.* |
| Die Chi-Energie strahlt durch alle Räume des Hauses. | *The chi energy radiates through all rooms of the house.* |

**RELATED VERBS** aus·strahlen, bestrahlen, ein·strahlen, verstrahlen

## streben *to strive*

strebt · strebte · gestrebt

regular weak verb

| PRESENT | |
|---|---|
| ich strebe | wir streben |
| du strebst | ihr strebt |
| Sie streben | Sie streben |
| er/sie/es strebt | sie streben |

| PRESENT PERFECT | | |
|---|---|---|
| ich habe | wir haben | |
| du hast | ihr habt | gestrebt |
| Sie haben | Sie haben | |
| er/sie/es hat | sie haben | |

| SIMPLE PAST | |
|---|---|
| ich strebte | wir strebten |
| du strebtest | ihr strebtet |
| Sie strebten | Sie strebten |
| er/sie/es strebte | sie strebten |

| PAST PERFECT | | |
|---|---|---|
| ich hatte | wir hatten | |
| du hattest | ihr hattet | gestrebt |
| Sie hatten | Sie hatten | |
| er/sie/es hatte | sie hatten | |

| FUTURE | | |
|---|---|---|
| ich werde | wir werden | |
| du wirst | ihr werdet | streben |
| Sie werden | Sie werden | |
| er/sie/es wird | sie werden | |

| FUTURE PERFECT | | |
|---|---|---|
| ich werde | wir werden | |
| du wirst | ihr werdet | gestrebt haben |
| Sie werden | Sie werden | |
| er/sie/es wird | sie werden | |

| PRESENT SUBJUNCTIVE I | |
|---|---|
| ich strebe | wir streben |
| du strebest | ihr strebet |
| Sie streben | Sie streben |
| er/sie/es strebe | sie streben |

| PAST SUBJUNCTIVE I | | |
|---|---|---|
| ich habe | wir haben | |
| du habest | ihr habet | gestrebt |
| Sie haben | Sie haben | |
| er/sie/es habe | sie haben | |

| PRESENT SUBJUNCTIVE II | |
|---|---|
| ich strebte | wir strebten |
| du strebtest | ihr strebtet |
| Sie strebten | Sie strebten |
| er/sie/es strebte | sie strebten |

| PAST SUBJUNCTIVE II | | |
|---|---|---|
| ich hätte | wir hätten | |
| du hättest | ihr hättet | gestrebt |
| Sie hätten | Sie hätten | |
| er/sie/es hätte | sie hätten | |

| FUTURE SUBJUNCTIVE I | | |
|---|---|---|
| ich werde | wir werden | |
| du werdest | ihr werdet | streben |
| Sie werden | Sie werden | |
| er/sie/es werde | sie werden | |

| FUTURE PERFECT SUBJUNCTIVE I | | |
|---|---|---|
| ich werde | wir werden | |
| du werdest | ihr werdet | gestrebt haben |
| Sie werden | Sie werden | |
| er/sie/es werde | sie werden | |

| FUTURE SUBJUNCTIVE II | | |
|---|---|---|
| ich würde | wir würden | |
| du würdest | ihr würdet | streben |
| Sie würden | Sie würden | |
| er/sie/es würde | sie würden | |

| FUTURE PERFECT SUBJUNCTIVE II | | |
|---|---|---|
| ich würde | wir würden | |
| du würdest | ihr würdet | gestrebt haben |
| Sie würden | Sie würden | |
| er/sie/es würde | sie würden | |

COMMANDS        streb(e)!   strebt!   streben Sie!

PRESENT PARTICIPLE        strebend

## Usage

| | |
|---|---|
| Der Mensch strebt nach Gott. | *Humans seek God.* |
| Politiker streben nach einem einfacheren Steuersystem. | *Politicians are pressing for a simpler tax system.* |
| Die Kurzsichtigen streben nur nach höherem Gewinn. | *The shortsighted strive only for greater profit.* |
| Wonach streben Sie? | *What are you trying to achieve?* |
| Liesl strebt nach einem neuen Weltrekord. | *Liesl is aiming for a new world record.* |
| Man strebt nach Gleichberechtigung. | *People struggle for equal rights.* |
| Die Bibliothek hat danach gestrebt, eine mittelalterliche Handschrift zu kaufen. | *The library endeavored to buy a medieval manuscript.* |
| Die beiden Prinzen strebten nach dem Thron. | *Both princes aspired to the throne.* |

### streben (with sein) *to make one's way briskly*

| | |
|---|---|
| Der Hund stand auf und strebte zur Tür. | *The dog stood up and quickly made its way to the door.* |
| Nach dem Konzert streben sie nach Hause. | *They make their way home briskly after the concert.* |

RELATED VERBS   an·streben, auf·streben, bestreben, erstreben, widerstreben, zu·streben

strong verb

streicht · strich · gestrichen

**PRESENT**

| | |
|---|---|
| ich streiche | wir streichen |
| du streichst | ihr streicht |
| Sie streichen | Sie streichen |
| er/sie/es streicht | sie streichen |

**PRESENT PERFECT**

| | | |
|---|---|---|
| ich habe | wir haben | |
| du hast | ihr habt | gestrichen |
| Sie haben | Sie haben | |
| er/sie/es hat | sie haben | |

**SIMPLE PAST**

| | |
|---|---|
| ich strich | wir strichen |
| du strichst | ihr stricht |
| Sie strichen | Sie strichen |
| er/sie/es strich | sie strichen |

**PAST PERFECT**

| | | |
|---|---|---|
| ich hatte | wir hatten | |
| du hattest | ihr hattet | gestrichen |
| Sie hatten | Sie hatten | |
| er/sie/es hatte | sie hatten | |

**FUTURE**

| | | |
|---|---|---|
| ich werde | wir werden | |
| du wirst | ihr werdet | streichen |
| Sie werden | Sie werden | |
| er/sie/es wird | sie werden | |

**FUTURE PERFECT**

| | | |
|---|---|---|
| ich werde | wir werden | |
| du wirst | ihr werdet | gestrichen haben |
| Sie werden | Sie werden | |
| er/sie/es wird | sie werden | |

**PRESENT SUBJUNCTIVE I**

| | |
|---|---|
| ich streiche | wir streichen |
| du streichest | ihr streichet |
| Sie streichen | Sie streichen |
| er/sie/es streiche | sie streichen |

**PAST SUBJUNCTIVE I**

| | | |
|---|---|---|
| ich habe | wir haben | |
| du habest | ihr habet | gestrichen |
| Sie haben | Sie haben | |
| er/sie/es habe | sie haben | |

**PRESENT SUBJUNCTIVE II**

| | |
|---|---|
| ich striche | wir strichen |
| du strichest | ihr strichet |
| Sie strichen | Sie strichen |
| er/sie/es striche | sie strichen |

**PAST SUBJUNCTIVE II**

| | | |
|---|---|---|
| ich hätte | wir hätten | |
| du hättest | ihr hättet | gestrichen |
| Sie hätten | Sie hätten | |
| er/sie/es hätte | sie hätten | |

**FUTURE SUBJUNCTIVE I**

| | | |
|---|---|---|
| ich werde | wir werden | |
| du werdest | ihr werdet | streichen |
| Sie werden | Sie werden | |
| er/sie/es werde | sie werden | |

**FUTURE PERFECT SUBJUNCTIVE I**

| | | |
|---|---|---|
| ich werde | wir werden | |
| du werdest | ihr werdet | gestrichen haben |
| Sie werden | Sie werden | |
| er/sie/es werde | sie werden | |

**FUTURE SUBJUNCTIVE II**

| | | |
|---|---|---|
| ich würde | wir würden | |
| du würdest | ihr würdet | streichen |
| Sie würden | Sie würden | |
| er/sie/es würde | sie würden | |

**FUTURE PERFECT SUBJUNCTIVE II**

| | | |
|---|---|---|
| ich würde | wir würden | |
| du würdest | ihr würdet | gestrichen haben |
| Sie würden | Sie würden | |
| er/sie/es würde | sie würden | |

**COMMANDS**      streich(e)!   streicht!   streichen Sie!

**PRESENT PARTICIPLE**      streichend

## Usage

| | |
|---|---|
| Sie strich dem Kind über die Stirn. | *She stroked the child's forehead.* |
| Die Wände werden jetzt gestrichen. | *The walls are being painted now.* |
| Frisch gestrichen (SIGN) | *Wet Paint* |
| Petra strich Butter und Marmelade aufs Brot. | *Petra spread butter and marmalade on the bread.* |
| Die Pläne für den Kernreaktor wurden gestrichen. | *The plans for the nuclear reactor were cancelled.* |
| Nichtzutreffendes bitte streichen. | *Please delete anything that doesn't apply.* |
| 2.000 Arbeitsplätze wurden gestern gestrichen. | *Two thousand jobs were cut yesterday.* |
| Streichen Sie meinen Namen von der Liste. | *Remove my name from the list.* |

### streichen (with sein) *to roam, stroll, prowl*

| | |
|---|---|
| Jan strich durch das Land aber wusste nicht wohin. | *Jan roamed through the country but didn't know where to go.* |
| Ein Wolf strich durch den Wald. | *A wolf was prowling through the forest.* |

**RELATED VERBS**  ab·streichen, an·streichen, auf·streichen, aus·streichen, bestreichen, durch·streichen, ein·streichen, überstreichen, über·streichen, unterstreichen, verstreichen, weg·streichen, zurück·streichen

**PRESENT**

| | |
|---|---|
| ich streite | wir streiten |
| du streitest | ihr streitet |
| Sie streiten | Sie streiten |
| er/sie/es streitet | sie streiten |

**SIMPLE PAST**

| | |
|---|---|
| ich stritt | wir stritten |
| du strittst | ihr strittet |
| Sie stritten | Sie stritten |
| er/sie/es stritt | sie stritten |

**FUTURE**

| | | |
|---|---|---|
| ich werde | wir werden | |
| du wirst | ihr werdet | |
| Sie werden | Sie werden | streiten |
| er/sie/es wird | sie werden | |

**PRESENT SUBJUNCTIVE I**

| | |
|---|---|
| ich streite | wir streiten |
| du streitest | ihr streitet |
| Sie streiten | Sie streiten |
| er/sie/es streite | sie streiten |

**PRESENT SUBJUNCTIVE II**

| | |
|---|---|
| ich stritte | wir stritten |
| du strittest | ihr strittet |
| Sie stritten | Sie stritten |
| er/sie/es stritte | sie stritten |

**FUTURE SUBJUNCTIVE I**

| | | |
|---|---|---|
| ich werde | wir werden | |
| du werdest | ihr werdet | |
| Sie werden | Sie werden | streiten |
| er/sie/es werde | sie werden | |

**FUTURE SUBJUNCTIVE II**

| | | |
|---|---|---|
| ich würde | wir würden | |
| du würdest | ihr würdet | |
| Sie würden | Sie würden | streiten |
| er/sie/es würde | sie würden | |

**PRESENT PERFECT**

| | | |
|---|---|---|
| ich habe | wir haben | |
| du hast | ihr habt | |
| Sie haben | Sie haben | gestritten |
| er/sie/es hat | sie haben | |

**PAST PERFECT**

| | | |
|---|---|---|
| ich hatte | wir hatten | |
| du hattest | ihr hattet | |
| Sie hatten | Sie hatten | gestritten |
| er/sie/es hatte | sie hatten | |

**FUTURE PERFECT**

| | | |
|---|---|---|
| ich werde | wir werden | |
| du wirst | ihr werdet | |
| Sie werden | Sie werden | gestritten haben |
| er/sie/es wird | sie werden | |

**PAST SUBJUNCTIVE I**

| | | |
|---|---|---|
| ich habe | wir haben | |
| du habest | ihr habet | |
| Sie haben | Sie haben | gestritten |
| er/sie/es habe | sie haben | |

**PAST SUBJUNCTIVE II**

| | | |
|---|---|---|
| ich hätte | wir hätten | |
| du hättest | ihr hättet | |
| Sie hätten | Sie hätten | gestritten |
| er/sie/es hätte | sie hätten | |

**FUTURE PERFECT SUBJUNCTIVE I**

| | | |
|---|---|---|
| ich werde | wir werden | |
| du werdest | ihr werdet | |
| Sie werden | Sie werden | gestritten haben |
| er/sie/es werde | sie werden | |

**FUTURE PERFECT SUBJUNCTIVE II**

| | | |
|---|---|---|
| ich würde | wir würden | |
| du würdest | ihr würdet | |
| Sie würden | Sie würden | gestritten haben |
| er/sie/es würde | sie würden | |

**COMMANDS**      streite!  streitet!  streiten Sie!

**PRESENT PARTICIPLE**      streitend

## Usage

| | |
|---|---|
| Sie hat sich mit ihren Schwestern gestritten. | *She squabbled with her sisters.* |
| Die Mitgliedsstädte streiten über Zuschüsse. | *The member cities are arguing over subsidies.* |
| Die Katzen streiten sich wieder! | *The cats are quarreling again!* |
| Warum streitet ihr darüber? | *Why are you quarreling over that?* |
| Sie streiten sich nicht mehr. | *They aren't squabbling any longer.* |
| Bei der Planung stritten wir über die Notwendigkeit einer neuen Perspektive. | *During the planning, we argued over the necessity of a new perspective.* |
| Ich will nicht streiten. | *I don't want to quarrel.* |
| Nach einem Jahr hat man immer noch gestritten. | *After one year, they were still quarreling.* |
| Die beiden Nachfolger streiten sich um den Thron. | *The two successors are fighting over the throne.* |
| Die Abgeordneten werden über die neuen Regelungen streiten. | *The representatives will debate the new regulations.* |
| Über Geschmack lässt sich nicht streiten.  (PROVERB) | *There's no accounting for taste.* |

**RELATED VERBS**  ab·streiten, bestreiten, erstreiten, widerstreiten

## PRESENT

| | |
|---|---|
| ich studiere | wir studieren |
| du studierst | ihr studiert |
| Sie studieren | Sie studieren |
| er/sie/es studiert | sie studieren |

## SIMPLE PAST

| | |
|---|---|
| ich studierte | wir studierten |
| du studiertest | ihr studiertet |
| Sie studierten | Sie studierten |
| er/sie/es studierte | sie studierten |

## FUTURE

| | | |
|---|---|---|
| ich werde | wir werden | |
| du wirst | ihr werdet | |
| Sie werden | Sie werden | studieren |
| er/sie/es wird | sie werden | |

## PRESENT SUBJUNCTIVE I

| | |
|---|---|
| ich studiere | wir studieren |
| du studierest | ihr studieret |
| Sie studieren | Sie studieren |
| er/sie/es studiere | sie studieren |

## PRESENT SUBJUNCTIVE II

| | |
|---|---|
| ich studierte | wir studierten |
| du studiertest | ihr studiertet |
| Sie studierten | Sie studierten |
| er/sie/es studierte | sie studierten |

## FUTURE SUBJUNCTIVE I

| | | |
|---|---|---|
| ich werde | wir werden | |
| du werdest | ihr werdet | |
| Sie werden | Sie werden | studieren |
| er/sie/es werde | sie werden | |

## FUTURE SUBJUNCTIVE II

| | | |
|---|---|---|
| ich würde | wir würden | |
| du würdest | ihr würdet | |
| Sie würden | Sie würden | studieren |
| er/sie/es würde | sie würden | |

## PRESENT PERFECT

| | | |
|---|---|---|
| ich habe | wir haben | |
| du hast | ihr habt | |
| Sie haben | Sie haben | studiert |
| er/sie/es hat | sie haben | |

## PAST PERFECT

| | | |
|---|---|---|
| ich hatte | wir hatten | |
| du hattest | ihr hattet | |
| Sie hatten | Sie hatten | studiert |
| er/sie/es hatte | sie hatten | |

## FUTURE PERFECT

| | | |
|---|---|---|
| ich werde | wir werden | |
| du wirst | ihr werdet | |
| Sie werden | Sie werden | studiert haben |
| er/sie/es wird | sie werden | |

## PAST SUBJUNCTIVE I

| | | |
|---|---|---|
| ich habe | wir haben | |
| du habest | ihr habet | |
| Sie haben | Sie haben | studiert |
| er/sie/es habe | sie haben | |

## PAST SUBJUNCTIVE II

| | | |
|---|---|---|
| ich hätte | wir hätten | |
| du hättest | ihr hättet | |
| Sie hätten | Sie hätten | studiert |
| er/sie/es hätte | sie hätten | |

## FUTURE PERFECT SUBJUNCTIVE I

| | | |
|---|---|---|
| ich werde | wir werden | |
| du werdest | ihr werdet | |
| Sie werden | Sie werden | studiert haben |
| er/sie/es werde | sie werden | |

## FUTURE PERFECT SUBJUNCTIVE II

| | | |
|---|---|---|
| ich würde | wir würden | |
| du würdest | ihr würdet | |
| Sie würden | Sie würden | studiert haben |
| er/sie/es würde | sie würden | |

COMMANDS   studier(e)!   studiert!   studieren Sie!

PRESENT PARTICIPLE   studierend

## Usage

„Studierst du?"
„Ja, ich studiere Andragogik."

Meine Mutter möchte, dass ich Medizin studiere.
Franz hat in Göttingen und Hohenheim studiert.
Mein Neffe studiert Zoologie an der Uni Bochum.
Grimm studierte Jura und wurde
   Germanistikprofessor in Göttingen.
Mahler studierte am Konservatorium in Wien.
Seine Tochter studiert jetzt im dritten Semester.
Heutzutage studieren immer mehr junge Leute.
Wirst du studieren oder ein Handwerk lernen?
Früher haben wenige Frauen studieren dürfen.
Probieren geht über studieren. (PROVERB)

*"Are you going to college?"*
*"Yes, I'm majoring in adult education."*

*My mother wants me to study medicine.*
*Franz went to college in Göttingen and Hohenheim.*
*My nephew is studying zoology at the university in Bochum.*
*Grimm studied law and became a professor of German*
   *in Göttingen.*
*Mahler studied at the conservatory in Vienna.*
*His daughter is now a sophomore in college.*
*Nowadays, more and more young people are going to college.*
*Are you going to college or will you learn a trade?*
*In the past, few women were permitted to go to college.*
*Experiencing something is better than studying it.*

RELATED VERB   ein·studieren

## stürzen · *to fall, plunge, plummet, tumble, collapse*

stürzt · stürzte · gestürzt

regular weak verb

**PRESENT**

| | |
|---|---|
| ich stürze | wir stürzen |
| du stürzt | ihr stürzt |
| Sie stürzen | Sie stürzen |
| er/sie/es stürzt | sie stürzen |

**PRESENT PERFECT**

| | | |
|---|---|---|
| ich bin | wir sind | |
| du bist | ihr seid | |
| Sie sind | Sie sind | } gestürzt |
| er/sie/es ist | sie sind | |

**SIMPLE PAST**

| | |
|---|---|
| ich stürzte | wir stürzten |
| du stürztest | ihr stürztet |
| Sie stürzten | Sie stürzten |
| er/sie/es stürzte | sie stürzten |

**PAST PERFECT**

| | | |
|---|---|---|
| ich war | wir waren | |
| du warst | ihr wart | |
| Sie waren | Sie waren | } gestürzt |
| er/sie/es war | sie waren | |

**FUTURE**

| | | |
|---|---|---|
| ich werde | wir werden | |
| du wirst | ihr werdet | |
| Sie werden | Sie werden | } stürzen |
| er/sie/es wird | sie werden | |

**FUTURE PERFECT**

| | | |
|---|---|---|
| ich werde | wir werden | |
| du wirst | ihr werdet | |
| Sie werden | Sie werden | } gestürzt sein |
| er/sie/es wird | sie werden | |

**PRESENT SUBJUNCTIVE I**

| | |
|---|---|
| ich stürze | wir stürzen |
| du stürzest | ihr stürzet |
| Sie stürzen | Sie stürzen |
| er/sie/es stürze | sie stürzen |

**PAST SUBJUNCTIVE I**

| | | |
|---|---|---|
| ich sei | wir seien | |
| du seiest | ihr seiet | |
| Sie seien | Sie seien | } gestürzt |
| er/sie/es sei | sie seien | |

**PRESENT SUBJUNCTIVE II**

| | |
|---|---|
| ich stürzte | wir stürzten |
| du stürztest | ihr stürztet |
| Sie stürzten | Sie stürzten |
| er/sie/es stürzte | sie stürzten |

**PAST SUBJUNCTIVE II**

| | | |
|---|---|---|
| ich wäre | wir wären | |
| du wärest | ihr wäret | |
| Sie wären | Sie wären | } gestürzt |
| er/sie/es wäre | sie wären | |

**FUTURE SUBJUNCTIVE I**

| | | |
|---|---|---|
| ich werde | wir werden | |
| du werdest | ihr werdet | |
| Sie werden | Sie werden | } stürzen |
| er/sie/es werde | sie werden | |

**FUTURE PERFECT SUBJUNCTIVE I**

| | | |
|---|---|---|
| ich werde | wir werden | |
| du werdest | ihr werdet | |
| Sie werden | Sie werden | } gestürzt sein |
| er/sie/es werde | sie werden | |

**FUTURE SUBJUNCTIVE II**

| | | |
|---|---|---|
| ich würde | wir würden | |
| du würdest | ihr würdet | |
| Sie würden | Sie würden | } stürzen |
| er/sie/es würde | sie würden | |

**FUTURE PERFECT SUBJUNCTIVE II**

| | | |
|---|---|---|
| ich würde | wir würden | |
| du würdest | ihr würdet | |
| Sie würden | Sie würden | } gestürzt sein |
| er/sie/es würde | sie würden | |

**COMMANDS** stürz(e)! stürzt! stürzen Sie!

**PRESENT PARTICIPLE** stürzend

## Usage

| | |
|---|---|
| Katja ist ins Wasser gestürzt und ertrunken. | *Katja fell into the water and drowned.* |
| Mutti ist auf den Boden gestürzt. | *Mom tumbled onto the ground.* |
| Das Land stürzt in den Abgrund. | *The country is plunging to its ruin.* |
| Die Preise stürzen und die Banken werden geschlossen. | *Prices are plummeting and banks are closing.* |
| Ein Kampfhubschrauber war in der Nacht auf ein Hotel gestürzt. | *A military helicopter had crashed into a hotel during the night.* |
| Um drei sind die Männer aus der Kneipe gestürzt. | *At three o'clock, the men tumbled out of the pub.* |

### stürzen (with haben) *to overthrow, topple, pounce*

| | |
|---|---|
| Die Untertanen stürzten ihren König. | *The subjects have toppled their king.* |
| Der Mann hat sich von einer Brücke gestürzt. | *The man threw himself off the bridge.* |
| Der Anwalt stürzte sich auf die Aussage des Zeugen. | *The lawyer pounced on the witness's testimony.* |

**RELATED VERBS** ab·stürzen, an·stürzen, bestürzen, ein·stürzen, nieder·stürzen, um·stürzen, zusammen·stürzen, zu·stürzen

**PRESENT**

| | |
|---|---|
| ich stütze | wir stützen |
| du stützt | ihr stützt |
| Sie stützen | Sie stützen |
| er/sie/es stützt | sie stützen |

**SIMPLE PAST**

| | |
|---|---|
| ich stützte | wir stützten |
| du stütztest | ihr stütztet |
| Sie stützten | Sie stützten |
| er/sie/es stützte | sie stützten |

**FUTURE**

| | | |
|---|---|---|
| ich werde | wir werden | |
| du wirst | ihr werdet | stützen |
| Sie werden | Sie werden | |
| er/sie/es wird | sie werden | |

**PRESENT SUBJUNCTIVE I**

| | |
|---|---|
| ich stütze | wir stützen |
| du stützest | ihr stützet |
| Sie stützen | Sie stützen |
| er/sie/es stütze | sie stützen |

**PRESENT SUBJUNCTIVE II**

| | |
|---|---|
| ich stützte | wir stützten |
| du stütztest | ihr stütztet |
| Sie stützten | Sie stützten |
| er/sie/es stützte | sie stützten |

**FUTURE SUBJUNCTIVE I**

| | | |
|---|---|---|
| ich werde | wir werden | |
| du werdest | ihr werdet | stützen |
| Sie werden | Sie werden | |
| er/sie/es werde | sie werden | |

**FUTURE SUBJUNCTIVE II**

| | | |
|---|---|---|
| ich würde | wir würden | |
| du würdest | ihr würdet | stützen |
| Sie würden | Sie würden | |
| er/sie/es würde | sie würden | |

**PRESENT PERFECT**

| | | |
|---|---|---|
| ich habe | wir haben | |
| du hast | ihr habt | gestützt |
| Sie haben | Sie haben | |
| er/sie/es hat | sie haben | |

**PAST PERFECT**

| | | |
|---|---|---|
| ich hatte | wir hatten | |
| du hattest | ihr hattet | gestützt |
| Sie hatten | Sie hatten | |
| er/sie/es hatte | sie hatten | |

**FUTURE PERFECT**

| | | |
|---|---|---|
| ich werde | wir werden | |
| du wirst | ihr werdet | gestützt haben |
| Sie werden | Sie werden | |
| er/sie/es wird | sie werden | |

**PAST SUBJUNCTIVE I**

| | | |
|---|---|---|
| ich habe | wir haben | |
| du habest | ihr habet | gestützt |
| Sie haben | Sie haben | |
| er/sie/es habe | sie haben | |

**PAST SUBJUNCTIVE II**

| | | |
|---|---|---|
| ich hätte | wir hätten | |
| du hättest | ihr hättet | gestützt |
| Sie hätten | Sie hätten | |
| er/sie/es hätte | sie hätten | |

**FUTURE PERFECT SUBJUNCTIVE I**

| | | |
|---|---|---|
| ich werde | wir werden | |
| du werdest | ihr werdet | gestützt haben |
| Sie werden | Sie werden | |
| er/sie/es werde | sie werden | |

**FUTURE PERFECT SUBJUNCTIVE II**

| | | |
|---|---|---|
| ich würde | wir würden | |
| du würdest | ihr würdet | gestützt haben |
| Sie würden | Sie würden | |
| er/sie/es würde | sie würden | |

**COMMANDS**   stütz(e)!   stützt!   stützen Sie!

**PRESENT PARTICIPLE**   stützend

## Usage

| | |
|---|---|
| Womit wurde die alte Stadtmauer gestützt? | *How was the old city wall supported?* |
| Sandsäcke stützen den sonst festen Deich. | *Sandbags shore up the otherwise stable dike.* |
| Gute Schuhe stützen den Körper. | *Good shoes support the body.* |
| Ich stützte meinen Kopf in meine Hände. | *I rested my head in my hands.* |
| Milchpreise werden staatlich gestützt. | *The government provides price supports for milk.* |
| Man will den argentinischen Peso stützen. | *They want to prop up the Argentinian peso.* |

**sich stützen** *to support oneself, be supported*

| | |
|---|---|
| Der ältere Herr stützte sich auf einen Stock. | *The elderly gentleman supported himself with a cane.* |
| Das Konzept stützt sich auf drei Faktoren. | *The concept depends on three factors.* |
| Seine Meinung stützt sich auf subjektive Eindrücke. | *His opinion is based on subjective impressions.* |
| Sammi freute sich, dass er sich auf seine Freunde stützen konnte. | *Sammi was happy that he could count on his friends.* |

**RELATED VERBS** ab·stützen, auf·stützen, unter·stützen; *see also* **unterstützen** (473)

**PRESENT**

| | |
|---|---|
| ich suche | wir suchen |
| du suchst | ihr sucht |
| Sie suchen | Sie suchen |
| er/sie/es sucht | sie suchen |

**PRESENT PERFECT**

| | | |
|---|---|---|
| ich habe | wir haben | |
| du hast | ihr habt | gesucht |
| Sie haben | Sie haben | |
| er/sie/es hat | sie haben | |

**SIMPLE PAST**

| | |
|---|---|
| ich suchte | wir suchten |
| du suchtest | ihr suchtet |
| Sie suchten | Sie suchten |
| er/sie/es suchte | sie suchten |

**PAST PERFECT**

| | | |
|---|---|---|
| ich hatte | wir hatten | |
| du hattest | ihr hattet | gesucht |
| Sie hatten | Sie hatten | |
| er/sie/es hatte | sie hatten | |

**FUTURE**

| | | |
|---|---|---|
| ich werde | wir werden | |
| du wirst | ihr werdet | suchen |
| Sie werden | Sie werden | |
| er/sie/es wird | sie werden | |

**FUTURE PERFECT**

| | | |
|---|---|---|
| ich werde | wir werden | |
| du wirst | ihr werdet | gesucht haben |
| Sie werden | Sie werden | |
| er/sie/es wird | sie werden | |

**PRESENT SUBJUNCTIVE I**

| | |
|---|---|
| ich suche | wir suchen |
| du suchest | ihr suchet |
| Sie suchen | Sie suchen |
| er/sie/es suche | sie suchen |

**PAST SUBJUNCTIVE I**

| | | |
|---|---|---|
| ich habe | wir haben | |
| du habest | ihr habet | gesucht |
| Sie haben | Sie haben | |
| er/sie/es habe | sie haben | |

**PRESENT SUBJUNCTIVE II**

| | |
|---|---|
| ich suchte | wir suchten |
| du suchtest | ihr suchtet |
| Sie suchten | Sie suchten |
| er/sie/es suchte | sie suchten |

**PAST SUBJUNCTIVE II**

| | | |
|---|---|---|
| ich hätte | wir hätten | |
| du hättest | ihr hättet | gesucht |
| Sie hätten | Sie hätten | |
| er/sie/es hätte | sie hätten | |

**FUTURE SUBJUNCTIVE I**

| | | |
|---|---|---|
| ich werde | wir werden | |
| du werdest | ihr werdet | suchen |
| Sie werden | Sie werden | |
| er/sie/es werde | sie werden | |

**FUTURE PERFECT SUBJUNCTIVE I**

| | | |
|---|---|---|
| ich werde | wir werden | |
| du werdest | ihr werdet | gesucht haben |
| Sie werden | Sie werden | |
| er/sie/es werde | sie werden | |

**FUTURE SUBJUNCTIVE II**

| | | |
|---|---|---|
| ich würde | wir würden | |
| du würdest | ihr würdet | suchen |
| Sie würden | Sie würden | |
| er/sie/es würde | sie würden | |

**FUTURE PERFECT SUBJUNCTIVE II**

| | | |
|---|---|---|
| ich würde | wir würden | |
| du würdest | ihr würdet | gesucht haben |
| Sie würden | Sie würden | |
| er/sie/es würde | sie würden | |

**COMMANDS**      such(e)!   sucht!   suchen Sie!

**PRESENT PARTICIPLE**      suchend

## Usage

| | |
|---|---|
| Inge sucht das Dorf Kleischa. | *Inge is looking for the village of Kleischa.* |
| Seit drei Jahren sucht sie ihren leiblichen Vater. | *For three years, she has been searching for her biological father.* |
| Manfred und seine Frau suchen eine Wohnung in der Innenstadt. | *Manfred and his wife are looking for an apartment downtown.* |
| Wir suchen eine Erklärung der Umstände. | *We seek an explanation of the circumstances.* |
| Was suchen Sie in Ihrer Büchertasche? | *What are you looking for in your book bag?* |
| Ich habe die Zeitung gesucht aber nicht gefunden. | *I looked for the newspaper but didn't find it.* |
| Kann man in diesem Katalog nach Erstausgaben suchen? | *Can you search for first editions in this catalog?* |
| Oliver suchte vergeblich seine Schlüssel. | *Oliver looked for his keys in vain.* |
| Debora sucht ein vegetarisches Restaurant. | *Debora is looking for a vegetarian restaurant.* |
| Larry wird von der Polizei gesucht. | *Larry is wanted by the police.* |

**RELATED VERBS**  ab·suchen, an·suchen, auf·suchen, aus·suchen, durchsuchen, durch·suchen, ersuchen, heim·suchen, untersuchen; *see also* **besuchen** (93), **versuchen** (502)

regular weak verb

**PRESENT**

| | |
|---|---|
| ich tanke | wir tanken |
| du tankst | ihr tankt |
| Sie tanken | Sie tanken |
| er/sie/es tankt | sie tanken |

**SIMPLE PAST**

| | |
|---|---|
| ich tankte | wir tankten |
| du tanktest | ihr tanktet |
| Sie tankten | Sie tankten |
| er/sie/es tankte | sie tankten |

**FUTURE**

| | |
|---|---|
| ich werde | wir werden |
| du wirst | ihr werdet |
| Sie werden | Sie werden |
| er/sie/es wird | sie werden |

} tanken

**PRESENT SUBJUNCTIVE I**

| | |
|---|---|
| ich tanke | wir tanken |
| du tankest | ihr tanket |
| Sie tanken | Sie tanken |
| er/sie/es tanke | sie tanken |

**PRESENT SUBJUNCTIVE II**

| | |
|---|---|
| ich tankte | wir tankten |
| du tanktest | ihr tanktet |
| Sie tankten | Sie tankten |
| er/sie/es tankte | sie tankten |

**FUTURE SUBJUNCTIVE I**

| | |
|---|---|
| ich werde | wir werden |
| du werdest | ihr werdet |
| Sie werden | Sie werden |
| er/sie/es werde | sie werden |

} tanken

**FUTURE SUBJUNCTIVE II**

| | |
|---|---|
| ich würde | wir würden |
| du würdest | ihr würdet |
| Sie würden | Sie würden |
| er/sie/es würde | sie würden |

} tanken

**PRESENT PERFECT**

| | |
|---|---|
| ich habe | wir haben |
| du hast | ihr habt |
| Sie haben | Sie haben |
| er/sie/es hat | sie haben |

} getankt

**PAST PERFECT**

| | |
|---|---|
| ich hatte | wir hatten |
| du hattest | ihr hattet |
| Sie hatten | Sie hatten |
| er/sie/es hatte | sie hatten |

} getankt

**FUTURE PERFECT**

| | |
|---|---|
| ich werde | wir werden |
| du wirst | ihr werdet |
| Sie werden | Sie werden |
| er/sie/es wird | sie werden |

} getankt haben

**PAST SUBJUNCTIVE I**

| | |
|---|---|
| ich habe | wir haben |
| du habest | ihr habet |
| Sie haben | Sie haben |
| er/sie/es habe | sie haben |

} getankt

**PAST SUBJUNCTIVE II**

| | |
|---|---|
| ich hätte | wir hätten |
| du hättest | ihr hättet |
| Sie hätten | Sie hätten |
| er/sie/es hätte | sie hätten |

} getankt

**FUTURE PERFECT SUBJUNCTIVE I**

| | |
|---|---|
| ich werde | wir werden |
| du werdest | ihr werdet |
| Sie werden | Sie werden |
| er/sie/es werde | sie werden |

} getankt haben

**FUTURE PERFECT SUBJUNCTIVE II**

| | |
|---|---|
| ich würde | wir würden |
| du würdest | ihr würdet |
| Sie würden | Sie würden |
| er/sie/es würde | sie würden |

} getankt haben

**COMMANDS**    tank(e)!   tankt!   tanken Sie!

**PRESENT PARTICIPLE**    tankend

## Usage

| | |
|---|---|
| Hast du zufällig Diesel getankt? | *Did you accidentally fill up with diesel?* |
| Wir mussten das Mietauto selbst tanken. | *We had to fill up the rental car ourselves.* |
| Ich muss Benzin tanken. | *I have to get gas.* |
| Wo kann man denn um zwei Uhr morgens tanken? | *Where can you fill up at two in the morning?* |
| Wir wollen noch nicht tanken. | *We don't want to fill up yet.* |
| In Oregon durften wir nicht selbst tanken. | *In Oregon, we weren't allowed to pump the gas ourselves.* |
| Ich habe gerade 20 Liter getankt. | *I just pumped 20 liters of gasoline.* |
| Wann hast du das letzte Mal getankt? | *When did you last fill up?* |
| Hier kannst du billiger tanken. | *You can fill up here more cheaply.* |
| Einmal im Monat muss ich voll tanken. | *Once a month, I fill the tank.* |
| Nach der stressigen Woche wollte ich Schlaf tanken. | *After a stressful week, I wanted to catch up on sleep.* |
| Ich muss meinen Handy-Akku tanken. | *I have to recharge my cell phone battery.* |
| Im Urlaub habe ich Sonne und Energie getankt. | *On vacation, I replenished my supply of sun and energy.* |

**RELATED VERB**   auf·tanken

# tanzen *to dance*

**tanzt · tanzte · getanzt**

**PRESENT**

| | |
|---|---|
| ich tanze | wir tanzen |
| du tanzt | ihr tanzt |
| Sie tanzen | Sie tanzen |
| er/sie/es tanzt | sie tanzen |

**SIMPLE PAST**

| | |
|---|---|
| ich tanzte | wir tanzten |
| du tanztest | ihr tanztet |
| Sie tanzten | Sie tanzten |
| er/sie/es tanzte | sie tanzten |

**FUTURE**

| | | |
|---|---|---|
| ich werde | wir werden | |
| du wirst | ihr werdet | tanzen |
| Sie werden | Sie werden | |
| er/sie/es wird | sie werden | |

**PRESENT SUBJUNCTIVE I**

| | |
|---|---|
| ich tanze | wir tanzen |
| du tanzest | ihr tanzet |
| Sie tanzen | Sie tanzen |
| er/sie/es tanze | sie tanzen |

**PRESENT SUBJUNCTIVE II**

| | |
|---|---|
| ich tanzte | wir tanzten |
| du tanztest | ihr tanztet |
| Sie tanzten | Sie tanzten |
| er/sie/es tanzte | sie tanzten |

**FUTURE SUBJUNCTIVE I**

| | | |
|---|---|---|
| ich werde | wir werden | |
| du werdest | ihr werdet | tanzen |
| Sie werden | Sie werden | |
| er/sie/es werde | sie werden | |

**FUTURE SUBJUNCTIVE II**

| | | |
|---|---|---|
| ich würde | wir würden | |
| du würdest | ihr würdet | tanzen |
| Sie würden | Sie würden | |
| er/sie/es würde | sie würden | |

**PRESENT PERFECT**

| | | |
|---|---|---|
| ich habe | wir haben | |
| du hast | ihr habt | getanzt |
| Sie haben | Sie haben | |
| er/sie/es hat | sie haben | |

**PAST PERFECT**

| | | |
|---|---|---|
| ich hatte | wir hatten | |
| du hattest | ihr hattet | getanzt |
| Sie hatten | Sie hatten | |
| er/sie/es hatte | sie hatten | |

**FUTURE PERFECT**

| | | |
|---|---|---|
| ich werde | wir werden | |
| du wirst | ihr werdet | getanzt haben |
| Sie werden | Sie werden | |
| er/sie/es wird | sie werden | |

**PAST SUBJUNCTIVE I**

| | | |
|---|---|---|
| ich habe | wir haben | |
| du habest | ihr habet | getanzt |
| Sie haben | Sie haben | |
| er/sie/es habe | sie haben | |

**PAST SUBJUNCTIVE II**

| | | |
|---|---|---|
| ich hätte | wir hätten | |
| du hättest | ihr hättet | getanzt |
| Sie hätten | Sie hätten | |
| er/sie/es hätte | sie hätten | |

**FUTURE PERFECT SUBJUNCTIVE I**

| | | |
|---|---|---|
| ich werde | wir werden | |
| du werdest | ihr werdet | getanzt haben |
| Sie werden | Sie werden | |
| er/sie/es werde | sie werden | |

**FUTURE PERFECT SUBJUNCTIVE II**

| | | |
|---|---|---|
| ich würde | wir würden | |
| du würdest | ihr würdet | getanzt haben |
| Sie würden | Sie würden | |
| er/sie/es würde | sie würden | |

**COMMANDS**    tanz(e)!   tanzt!   tanzen Sie!

**PRESENT PARTICIPLE**    tanzend

## Usage

| | |
|---|---|
| Wir haben bis zwei Uhr morgens getanzt. | *We danced until two in the morning.* |
| Kannst du den Ententanz tanzen? | *Can you dance the funky chicken?* |
| Susanne tanzt mit Sofie. | *Susanne is dancing with Sofie.* |
| Kleine Figuren tanzten vor seinen Augen. | *Little figures danced before his eyes.* |
| Wann hast du tanzen gelernt? | *When did you learn to dance?* |
| Stefan und Nicole tanzen gern am Strand. | *Stefan and Nicole like to dance on the beach.* |
| Ihr tanzt schon seit einer Stunde! | *You've been dancing for an hour already!* |
| Wenn die Katze aus dem Haus ist, tanzen die Mäuse. (PROVERB) | *When the cat's away, the mice will play.* |
| Jeden Tag bei Arbeit muss Tess auf dem Seil tanzen. (*figurative*) | *Every day at work, Tess has to walk the tightrope.* |
| Alfred tanzt immer nach Cassandras Pfeife. (*figurative*) | *Alfred always does Cassandra's bidding.* |

### tanzen (with sein) *to dance*

| | |
|---|---|
| Das Paar ist durch den Saal getanzt. | *The couple danced across the room.* |

**RELATED VERBS** an·tanzen, durchtanzen, durch·tanzen, umtanzen, vor·tanzen

regular weak verb

## PRESENT

| | |
|---|---|
| ich teile | wir teilen |
| du teilst | ihr teilt |
| Sie teilen | Sie teilen |
| er/sie/es teilt | sie teilen |

## SIMPLE PAST

| | |
|---|---|
| ich teilte | wir teilten |
| du teiltest | ihr teiltet |
| Sie teilten | Sie teilten |
| er/sie/es teilte | sie teilten |

## FUTURE

| | | |
|---|---|---|
| ich werde | wir werden | |
| du wirst | ihr werdet | teilen |
| Sie werden | Sie werden | |
| er/sie/es wird | sie werden | |

## PRESENT SUBJUNCTIVE I

| | |
|---|---|
| ich teile | wir teilen |
| du teilest | ihr teilet |
| Sie teilen | Sie teilen |
| er/sie/es teile | sie teilen |

## PRESENT SUBJUNCTIVE II

| | |
|---|---|
| ich teilte | wir teilten |
| du teiltest | ihr teiltet |
| Sie teilten | Sie teilten |
| er/sie/es teilte | sie teilten |

## FUTURE SUBJUNCTIVE I

| | | |
|---|---|---|
| ich werde | wir werden | |
| du werdest | ihr werdet | teilen |
| Sie werden | Sie werden | |
| er/sie/es werde | sie werden | |

## FUTURE SUBJUNCTIVE II

| | | |
|---|---|---|
| ich würde | wir würden | |
| du würdest | ihr würdet | teilen |
| Sie würden | Sie würden | |
| er/sie/es würde | sie würden | |

## PRESENT PERFECT

| | | |
|---|---|---|
| ich habe | wir haben | |
| du hast | ihr habt | geteilt |
| Sie haben | Sie haben | |
| er/sie/es hat | sie haben | |

## PAST PERFECT

| | | |
|---|---|---|
| ich hatte | wir hatten | |
| du hattest | ihr hattet | geteilt |
| Sie hatten | Sie hatten | |
| er/sie/es hatte | sie hatten | |

## FUTURE PERFECT

| | | |
|---|---|---|
| ich werde | wir werden | |
| du wirst | ihr werdet | geteilt haben |
| Sie werden | Sie werden | |
| er/sie/es wird | sie werden | |

## PAST SUBJUNCTIVE I

| | | |
|---|---|---|
| ich habe | wir haben | |
| du habest | ihr habet | geteilt |
| Sie haben | Sie haben | |
| er/sie/es habe | sie haben | |

## PAST SUBJUNCTIVE II

| | | |
|---|---|---|
| ich hätte | wir hätten | |
| du hättest | ihr hättet | geteilt |
| Sie hätten | Sie hätten | |
| er/sie/es hätte | sie hätten | |

## FUTURE PERFECT SUBJUNCTIVE I

| | | |
|---|---|---|
| ich werde | wir werden | |
| du werdest | ihr werdet | geteilt haben |
| Sie werden | Sie werden | |
| er/sie/es werde | sie werden | |

## FUTURE PERFECT SUBJUNCTIVE II

| | | |
|---|---|---|
| ich würde | wir würden | |
| du würdest | ihr würdet | geteilt haben |
| Sie würden | Sie würden | |
| er/sie/es würde | sie würden | |

**COMMANDS**  teil(e)!  teilt!  teilen Sie!

**PRESENT PARTICIPLE**  teilend

## Usage

Nach dem Zweiten Weltkrieg wurde Deutschland in Besatzungszonen geteilt.

Kleinkinder müssen teilen lernen.

Wir haben das Boot mit vier anderen Personen geteilt.

Die Zahnärztin teilt die Praxis mit einem Kollegen.

Ich teile meine Suppe mit dir, wenn du Hunger hast.

Ich teile das Zimmer mit einem Freund von mir, der auch Student ist.

Wir teilen den Gewinn 50 : 50.

Frau Klepsch teilte ihr Vermögen mit ihrer Schwägerin.

*After World War II, Germany was divided into occupation zones.*

*Small children must learn to share.*

*We shared the boat with four other people.*

*The dentist shares the office with a colleague.*

*I'll share my soup with you if you're hungry.*

*I'm sharing the room with a friend of mine who is also a student.*

*We are splitting the profit 50-50.*

*Mrs. Klepsch shared her wealth with her sister-in-law.*

### sich teilen *to be divided, differ, diverge*

Darüber teilen sich ihre Ansichten.

*Their viewpoints differ on that matter.*

**RELATED VERBS** ab·teilen, auf·teilen, aus·teilen, beurteilen, ein·teilen, erteilen, unterteilen, urteilen, verurteilen, zerteilen, zu·teilen; *see also* **mit·teilen** (310), **verteilen** (503)

**PRESENT**

| ich nehme | wir nehmen | |
|---|---|---|
| du nimmst | ihr nehmt | teil |
| Sie nehmen | Sie nehmen | |
| er/sie/es nimmt | sie nehmen | |

**PRESENT PERFECT**

| ich habe | wir haben | |
|---|---|---|
| du hast | ihr habt | teilgenommen |
| Sie haben | Sie haben | |
| er/sie/es hat | sie haben | |

**SIMPLE PAST**

| ich nahm | wir nahmen | |
|---|---|---|
| du nahmst | ihr nahmt | teil |
| Sie nahmen | Sie nahmen | |
| er/sie/es nahm | sie nahmen | |

**PAST PERFECT**

| ich hatte | wir hatten | |
|---|---|---|
| du hattest | ihr hattet | teilgenommen |
| Sie hatten | Sie hatten | |
| er/sie/es hatte | sie hatten | |

**FUTURE**

| ich werde | wir werden | |
|---|---|---|
| du wirst | ihr werdet | teilnehmen |
| Sie werden | Sie werden | |
| er/sie/es wird | sie werden | |

**FUTURE PERFECT**

| ich werde | wir werden | |
|---|---|---|
| du wirst | ihr werdet | teilgenommen haben |
| Sie werden | Sie werden | |
| er/sie/es wird | sie werden | |

**PRESENT SUBJUNCTIVE I**

| ich nehme | wir nehmen | |
|---|---|---|
| du nehmest | ihr nehmet | teil |
| Sie nehmen | Sie nehmen | |
| er/sie/es nehme | sie nehmen | |

**PAST SUBJUNCTIVE I**

| ich habe | wir haben | |
|---|---|---|
| du habest | ihr habet | teilgenommen |
| Sie haben | Sie haben | |
| er/sie/es habe | sie haben | |

**PRESENT SUBJUNCTIVE II**

| ich nähme | wir nähmen | |
|---|---|---|
| du nähmest | ihr nähmet | teil |
| Sie nähmen | Sie nähmen | |
| er/sie/es nähme | sie nähmen | |

**PAST SUBJUNCTIVE II**

| ich hätte | wir hätten | |
|---|---|---|
| du hättest | ihr hättet | teilgenommen |
| Sie hätten | Sie hätten | |
| er/sie/es hätte | sie hätten | |

**FUTURE SUBJUNCTIVE I**

| ich werde | wir werden | |
|---|---|---|
| du werdest | ihr werdet | teilnehmen |
| Sie werden | Sie werden | |
| er/sie/es werde | sie werden | |

**FUTURE PERFECT SUBJUNCTIVE I**

| ich werde | wir werden | |
|---|---|---|
| du werdest | ihr werdet | teilgenommen haben |
| Sie werden | Sie werden | |
| er/sie/es werde | sie werden | |

**FUTURE SUBJUNCTIVE II**

| ich würde | wir würden | |
|---|---|---|
| du würdest | ihr würdet | teilnehmen |
| Sie würden | Sie würden | |
| er/sie/es würde | sie würden | |

**FUTURE PERFECT SUBJUNCTIVE II**

| ich würde | wir würden | |
|---|---|---|
| du würdest | ihr würdet | teilgenommen haben |
| Sie würden | Sie würden | |
| er/sie/es würde | sie würden | |

**COMMANDS**    nimm teil!  nehmt teil!  nehmen Sie teil!

**PRESENT PARTICIPLE**    teilnehmend

## Usage

| Letztes Jahr habe ich an einem Webdesign-Workshop teilgenommen. | *Last year, I attended a Web design workshop.* |
|---|---|
| Studierende nehmen an internationalen Austauschprogrammen teil. | *Students take part in international exchange programs.* |
| Sogar die Loyalisten sollen am Aufstand teilgenommen haben. | *Even the loyalists are said to have joined in the uprising.* |
| Wir haben an einer Friedensdemonstration teilgenommen. | *We took part in a peace demonstration.* |
| Herr Hartmann nahm an diesem Mord nicht teil. | *Mr. Hartmann wasn't involved in this murder.* |
| Hättet ihr an der Wahl teilgenommen? | *Would you have participated in the election?* |
| Etwa 3 500 Personen haben daran teilgenommen. | *About 3,500 people took part.* |
| 14 000 Soldaten nahmen am militärischen Einsatz teil. | *Fourteen thousand soldiers took part in the military intervention.* |
| Die ganze Familie nimmt am Projekt teil. | *The whole family is collaborating on the project.* |

**RELATED VERBS**  *see* **nehmen (314)**

regular weak verb

**PRESENT**

| | |
|---|---|
| ich töte | wir töten |
| du tötest | ihr tötet |
| Sie töten | Sie töten |
| er/sie/es tötet | sie töten |

**SIMPLE PAST**

| | |
|---|---|
| ich tötete | wir töteten |
| du tötetest | ihr tötetet |
| Sie töteten | Sie töteten |
| er/sie/es tötete | sie töteten |

**FUTURE**

| | | |
|---|---|---|
| ich werde | wir werden | |
| du wirst | ihr werdet | töten |
| Sie werden | Sie werden | |
| er/sie/es wird | sie werden | |

**PRESENT SUBJUNCTIVE I**

| | |
|---|---|
| ich töte | wir töten |
| du tötest | ihr tötet |
| Sie töten | Sie töten |
| er/sie/es töte | sie töten |

**PRESENT SUBJUNCTIVE II**

| | |
|---|---|
| ich tötete | wir töteten |
| du tötetest | ihr tötetet |
| Sie töteten | Sie töteten |
| er/sie/es tötete | sie töteten |

**FUTURE SUBJUNCTIVE I**

| | | |
|---|---|---|
| ich werde | wir werden | |
| du werdest | ihr werdet | töten |
| Sie werden | Sie werden | |
| er/sie/es werde | sie werden | |

**FUTURE SUBJUNCTIVE II**

| | | |
|---|---|---|
| ich würde | wir würden | |
| du würdest | ihr würdet | töten |
| Sie würden | Sie würden | |
| er/sie/es würde | sie würden | |

**PRESENT PERFECT**

| | | |
|---|---|---|
| ich habe | wir haben | |
| du hast | ihr habt | getötet |
| Sie haben | Sie haben | |
| er/sie/es hat | sie haben | |

**PAST PERFECT**

| | | |
|---|---|---|
| ich hatte | wir hatten | |
| du hattest | ihr hattet | getötet |
| Sie hatten | Sie hatten | |
| er/sie/es hatte | sie hatten | |

**FUTURE PERFECT**

| | | |
|---|---|---|
| ich werde | wir werden | |
| du wirst | ihr werdet | getötet haben |
| Sie werden | Sie werden | |
| er/sie/es wird | sie werden | |

**PAST SUBJUNCTIVE I**

| | | |
|---|---|---|
| ich habe | wir haben | |
| du habest | ihr habet | getötet |
| Sie haben | Sie haben | |
| er/sie/es habe | sie haben | |

**PAST SUBJUNCTIVE II**

| | | |
|---|---|---|
| ich hätte | wir hätten | |
| du hättest | ihr hättet | getötet |
| Sie hätten | Sie hätten | |
| er/sie/es hätte | sie hätten | |

**FUTURE PERFECT SUBJUNCTIVE I**

| | | |
|---|---|---|
| ich werde | wir werden | |
| du werdest | ihr werdet | getötet haben |
| Sie werden | Sie werden | |
| er/sie/es werde | sie werden | |

**FUTURE PERFECT SUBJUNCTIVE II**

| | | |
|---|---|---|
| ich würde | wir würden | |
| du würdest | ihr würdet | getötet haben |
| Sie würden | Sie würden | |
| er/sie/es würde | sie würden | |

**COMMANDS** töte! tötet! töten Sie!

**PRESENT PARTICIPLE** tötend

## Usage

| | |
|---|---|
| Elefanten werden für ihr Elfenbein illegal getötet. | *Elephants are illegally killed for their ivory.* |
| Der Massenmörder tötete insgesamt 17 Menschen. | *The mass murderer killed a total of 17 people.* |
| Werther tötete sich mit einer Pistole. | *Werther killed himself with a pistol.* |
| Freiherr Alderbusch wollte seine Frau töten. | *Baron Alderbusch wanted to kill his wife.* |
| Der tapfere Ritter tötete den Drachen. | *The brave knight slew the dragon.* |
| Du sollst nicht töten. (2. Mose 20,13) | *Thou shalt not kill.* (Exodus 20:13) |
| Unser Kater hat gerade eine Maus getötet. | *Our cat just killed a mouse.* |
| Im Krieg musste der Soldat töten lernen. | *In the war, the soldier had to learn to kill.* |
| Drei Gefangene wurden heute getötet. | *Three prisoners were put to death today.* |
| Der Nachbarshund soll ein 4-jähriges Mädchen getötet haben. | *The neighbor's dog is supposed to have killed a four-year-old girl.* |
| Wenn jemand einen Menschen tötet, so soll es sein, als hätte er die ganze Menschheit getötet. (Koran 5,33) | *If someone kills a person, it is as if he has killed all of humanity.* (Koran 5:33) |

**RELATED VERB** ab·töten

### MORE USAGE SENTENCES WITH tragen

| | |
|---|---|
| Trägst du deinen Laptop bei dir überall, wo du hingehst? | *Do you take your laptop with you everywhere you go?* |
| Sie haben ihre Winterkleidung getragen. | *They were wearing their winter clothes.* |
| Tante Inge trägt gern Diamanten. | *Aunt Inge likes wearing diamonds.* |
| Kim hat ihr Haar im Sommer gern kurz getragen. | *Kim liked to wear her hair short in the summer.* |
| Oma trug früher immer einen Dutt. | *Grandma used to always wear her hair in a bun.* |
| Ich trage selten eine Krawatte. | *I seldom wear a tie.* |
| Der Käufer muss die Versandkosten tragen. | *The buyer must bear the shipping costs.* |
| Das Ensemble trug den Namen „Lorelei". | *The ensemble went by the name "Lorelei."* |
| Mein Konto trägt Zinsen. | *My account is interest-bearing.* |
| Oliver muss diese Last alleine tragen. | *Oliver must bear this burden alone.* |
| Ich trage die Verantwortung für den Inhalt des Films. | *I bear the responsibility for the film's content.* |
| Der Darlehensvertrag trägt die Unterschriften aller drei Geschwister. | *The mortgage contract bears the signatures of all three siblings.* |
| Die Firma trägt alle Kosten. | *The company will bear all the costs.* |
| Der Bauer musste den Verlust seiner Lieblingskuh Bessie tragen. | *The farmer had to bear the loss of his pet cow, Bessie.* |
| Luka hat ein schweres Los zu tragen. | *Luka has to endure a difficult fate.* |
| Es wäre vernünftig, du ehrtest die Götter und trügest geduldig die Last des Elends. (HEINE) | *It would be sensible if you honored the gods and bore patiently the burden of your misery.* |

### sich tragen (impersonal) *to carry*

| | |
|---|---|
| Ein Klavier trägt sich sehr schwer. | *Carrying a piano is very difficult.* |
| Der Fernseher trägt sich leichter zu zweit. | *Two can carry the television more easily.* |

### sich tragen mit *to contemplate*

| | |
|---|---|
| Annalies trägt sich mit Heiratsgedanken. | *Annalies is contemplating marriage.* |
| Frau Dinkelgruber trug sich mit dem Gedanken, Tulpen anstatt Dahlien zu pflanzen. | *Mrs. Dinkelgruber was toying with the idea of planting tulips instead of dahlias.* |
| Norbert trägt sich mit der Absicht, für den Stadtrat zu kandidieren. | *Norbert intends to run for city council.* |

### IDIOMATIC EXPRESSIONS

| | |
|---|---|
| Unser Kirschbaum trägt nicht. | *Our cherry tree is not producing.* |
| Ich werde alle Gebühren tragen. | *I'll cover all fees.* |
| Wir hoffen, dass die Zusammenarbeit Früchte trägt. | *We hope the cooperative undertaking will be productive.* |
| Die vornehme Dame trug ihre Juwelen zur Schau. | *The wealthy lady flaunted her jewelry.* |
| Man muss den Meinungen anderer Teilnehmer Rechnung tragen. | *One must take into account the opinions of other participants.* |
| Ich trage Bedenken wegen seines Vorschlags. | *I have some doubts about his suggestion.* |
| Wenn du das machst, musst du die Folgen tragen. | *If you do that, you'll have to accept the consequences.* |
| Dirk trägt das Herz auf der Zunge. | *Dirk wears his heart on his sleeve (lit., on his tongue).* |
| Wer trägt die Schuld dafür? | *Who will take the blame for that?* |
| Die Gemeindeblaskapelle trägt sich über Mitgliedsbeiträge. | *The community band is self-supporting through membership dues.* |
| Die Überdachung wird von metallenen Säulen getragen. | *The roof is supported by metal columns.* |
| Erich hat die Folgen mit Fassung getragen. | *Erich took the consequences in stride.* |
| Eulen nach Athen tragen. (PROVERB) | *To carry coals to Newcastle. (lit., To transport owls to Athens.)* |

TOP 50 VERBS

strong verb

**PRESENT**

| | |
|---|---|
| ich trage | wir tragen |
| du trägst | ihr tragt |
| Sie tragen | Sie tragen |
| er/sie/es trägt | sie tragen |

**SIMPLE PAST**

| | |
|---|---|
| ich trug | wir trugen |
| du trugst | ihr trugt |
| Sie trugen | Sie trugen |
| er/sie/es trug | sie trugen |

**FUTURE**

| | | |
|---|---|---|
| ich werde | wir werden | |
| du wirst | ihr werdet | tragen |
| Sie werden | Sie werden | |
| er/sie/es wird | sie werden | |

**PRESENT SUBJUNCTIVE I**

| | |
|---|---|
| ich trage | wir tragen |
| du tragest | ihr traget |
| Sie tragen | Sie tragen |
| er/sie/es trage | sie tragen |

**PRESENT SUBJUNCTIVE II**

| | |
|---|---|
| ich trüge | wir trügen |
| du trügest | ihr trüget |
| Sie trügen | Sie trügen |
| er/sie/es trüge | sie trügen |

**FUTURE SUBJUNCTIVE I**

| | | |
|---|---|---|
| ich werde | wir werden | |
| du werdest | ihr werdet | tragen |
| Sie werden | Sie werden | |
| er/sie/es werde | sie werden | |

**FUTURE SUBJUNCTIVE II**

| | | |
|---|---|---|
| ich würde | wir würden | |
| du würdest | ihr würdet | tragen |
| Sie würden | Sie würden | |
| er/sie/es würde | sie würden | |

**PRESENT PERFECT**

| | | |
|---|---|---|
| ich habe | wir haben | |
| du hast | ihr habt | getragen |
| Sie haben | Sie haben | |
| er/sie/es hat | sie haben | |

**PAST PERFECT**

| | | |
|---|---|---|
| ich hatte | wir hatten | |
| du hattest | ihr hattet | getragen |
| Sie hatten | Sie hatten | |
| er/sie/es hatte | sie hatten | |

**FUTURE PERFECT**

| | | |
|---|---|---|
| ich werde | wir werden | |
| du wirst | ihr werdet | getragen haben |
| Sie werden | Sie werden | |
| er/sie/es wird | sie werden | |

**PAST SUBJUNCTIVE I**

| | | |
|---|---|---|
| ich habe | wir haben | |
| du habest | ihr habet | getragen |
| Sie haben | Sie haben | |
| er/sie/es habe | sie haben | |

**PAST SUBJUNCTIVE II**

| | | |
|---|---|---|
| ich hätte | wir hätten | |
| du hättest | ihr hättet | getragen |
| Sie hätten | Sie hätten | |
| er/sie/es hätte | sie hätten | |

**FUTURE PERFECT SUBJUNCTIVE I**

| | | |
|---|---|---|
| ich werde | wir werden | |
| du werdest | ihr werdet | getragen haben |
| Sie werden | Sie werden | |
| er/sie/es werde | sie werden | |

**FUTURE PERFECT SUBJUNCTIVE II**

| | | |
|---|---|---|
| ich würde | wir würden | |
| du würdest | ihr würdet | getragen haben |
| Sie würden | Sie würden | |
| er/sie/es würde | sie würden | |

**COMMANDS**    trag(e)!   tragt!   tragen Sie!

**PRESENT PARTICIPLE**    tragend

## Usage

| | |
|---|---|
| Aluminium ist leichter als Blei zu tragen. | *Aluminum is easier to carry than lead.* |
| Grete hat den kranken Hund zum Tierarzt getragen. | *Grete carried the sick dog to the veterinarian.* |
| Der Cowboy hat eine Pistole bei sich getragen. | *The cowboy carried a pistol.* |
| Die Kuh trägt ein Kalb. | *The cow is carrying a calf.* |
| Bernhards tiefe Stimme trug gut durch die kalte nächtliche Luft. | *Bernhard's deep voice carried well through the cold night air.* |
| Die Katze trug eine Maus im Maul. | *The cat was holding a mouse in its mouth.* |
| Er trägt einen Ball in der linken Hand. | *He's holding a ball in his left hand.* |
| Der Hund Maxl lässt sich nicht tragen. | *The dog, Maxl, won't let you hold him.* |
| Pass auf, diese Leiter trägt dich nicht, du bist zu schwer! | *Watch out, this ladder won't hold you; you're too heavy!* |
| Trägst du gern T-Shirts? | *Do you like to wear T-shirts?* |

**RELATED VERBS** ab·tragen, an·tragen, auf·tragen, aus·tragen, bei·tragen, durch·tragen, ein·tragen, ertragen, heran·tragen, nach·tragen, übertragen, vertragen, vor·tragen, weg·tragen, zurück·tragen, zusammen·tragen, zu·tragen; *see also* **betragen** (97)

## trauen  *to trust; marry*

traut · traute · getraut

regular weak verb

**PRESENT**

| | |
|---|---|
| ich traue | wir trauen |
| du traust | ihr traut |
| Sie trauen | Sie trauen |
| er/sie/es traut | sie trauen |

**SIMPLE PAST**

| | |
|---|---|
| ich traute | wir trauten |
| du trautest | ihr trautet |
| Sie trauten | Sie trauten |
| er/sie/es traute | sie trauten |

**FUTURE**

| | | |
|---|---|---|
| ich werde | wir werden | |
| du wirst | ihr werdet | trauen |
| Sie werden | Sie werden | |
| er/sie/es wird | sie werden | |

**PRESENT SUBJUNCTIVE I**

| | |
|---|---|
| ich traue | wir trauen |
| du trauest | ihr trauet |
| Sie trauen | Sie trauen |
| er/sie/es traue | sie trauen |

**PRESENT SUBJUNCTIVE II**

| | |
|---|---|
| ich traute | wir trauten |
| du trautest | ihr trautet |
| Sie trauen | Sie trauen |
| er/sie/es traute | sie trauten |

**FUTURE SUBJUNCTIVE I**

| | | |
|---|---|---|
| ich werde | wir werden | |
| du werdest | ihr werdet | trauen |
| Sie werden | Sie werden | |
| er/sie/es werde | sie werden | |

**FUTURE SUBJUNCTIVE II**

| | | |
|---|---|---|
| ich würde | wir würden | |
| du würdest | ihr würdet | trauen |
| Sie würden | Sie würden | |
| er/sie/es würde | sie würden | |

**PRESENT PERFECT**

| | | |
|---|---|---|
| ich habe | wir haben | |
| du hast | ihr habt | getraut |
| Sie haben | Sie haben | |
| er/sie/es hat | sie haben | |

**PAST PERFECT**

| | | |
|---|---|---|
| ich hatte | wir hatten | |
| du hattest | ihr hattet | getraut |
| Sie hatten | Sie hatten | |
| er/sie/es hatte | sie hatten | |

**FUTURE PERFECT**

| | | |
|---|---|---|
| ich werde | wir werden | |
| du wirst | ihr werdet | getraut haben |
| Sie werden | Sie werden | |
| er/sie/es wird | sie werden | |

**PAST SUBJUNCTIVE I**

| | | |
|---|---|---|
| ich habe | wir haben | |
| du habest | ihr habet | getraut |
| Sie haben | Sie haben | |
| er/sie/es habe | sie haben | |

**PAST SUBJUNCTIVE II**

| | | |
|---|---|---|
| ich hätte | wir hätten | |
| du hättest | ihr hättet | getraut |
| Sie hätten | Sie hätten | |
| er/sie/es hätte | sie hätten | |

**FUTURE PERFECT SUBJUNCTIVE I**

| | | |
|---|---|---|
| ich werde | wir werden | |
| du werdest | ihr werdet | getraut haben |
| Sie werden | Sie werden | |
| er/sie/es werde | sie werden | |

**FUTURE PERFECT SUBJUNCTIVE II**

| | | |
|---|---|---|
| ich würde | wir würden | |
| du würdest | ihr würdet | getraut haben |
| Sie würden | Sie würden | |
| er/sie/es würde | sie würden | |

**COMMANDS**  trau(e)!  traut!  trauen Sie!

**PRESENT PARTICIPLE**  trauend

## Usage

| | |
|---|---|
| Traust du dem Präsidenten noch? | *Do you still trust the president?* |
| Trau niemandem über 30! | *Don't trust anyone over 30!* |
| Maria hat seinen Worten nicht getraut. | *Maria didn't trust his words.* |
| Ich kann ihm nicht mehr trauen. | *I can no longer trust him.* |
| Man kann den Sinnen nicht immer trauen. | *One can't always trust one's senses.* |
| Du kannst mir trauen! | *You can trust me!* |
| Grete konnte ihren Augen kaum trauen. | *Grete could hardly believe her eyes.* |
| Pfarrer Eberhard hat meine Eltern getraut. | *Pastor Eberhard married my parents.* |

### sich trauen  *to dare, venture, risk*

| | |
|---|---|
| Wir trauen uns nicht, unsere Gefühle auszudrücken. | *We don't dare express our feelings.* |
| Der Schizophrene traute sich nicht aus dem Haus. | *The schizophrenic did not venture from the house.* |
| Serena traute sich nicht. | *Serena had no courage.* |

**RELATED VERBS**  an·trauen, betrauen, getrauen, misstrauen, zu·trauen; *see also* **vertrauen** (504)

regular weak verb

**PRESENT**

| | |
|---|---|
| ich träume | wir träumen |
| du träumst | ihr träumt |
| Sie träumen | Sie träumen |
| er/sie/es träumt | sie träumen |

**SIMPLE PAST**

| | |
|---|---|
| ich träumte | wir träumten |
| du träumtest | ihr träumtet |
| Sie träumten | Sie träumten |
| er/sie/es träumte | sie träumten |

**FUTURE**

| | |
|---|---|
| ich werde | wir werden |
| du wirst | ihr werdet |
| Sie werden | Sie werden |
| er/sie/es wird | sie werden |

} träumen

**PRESENT SUBJUNCTIVE I**

| | |
|---|---|
| ich träume | wir träumen |
| du träumest | ihr träumet |
| Sie träumen | Sie träumen |
| er/sie/es träume | sie träumen |

**PRESENT SUBJUNCTIVE II**

| | |
|---|---|
| ich träumte | wir träumten |
| du träumtest | ihr träumtet |
| Sie träumten | Sie träumten |
| er/sie/es träumte | sie träumten |

**FUTURE SUBJUNCTIVE I**

| | |
|---|---|
| ich werde | wir werden |
| du werdest | ihr werdet |
| Sie werden | Sie werden |
| er/sie/es werde | sie werden |

} träumen

**FUTURE SUBJUNCTIVE II**

| | |
|---|---|
| ich würde | wir würden |
| du würdest | ihr würdet |
| Sie würden | Sie würden |
| er/sie/es würde | sie würden |

} träumen

**PRESENT PERFECT**

| | |
|---|---|
| ich habe | wir haben |
| du hast | ihr habt |
| Sie haben | Sie haben |
| er/sie/es hat | sie haben |

} geträumt

**PAST PERFECT**

| | |
|---|---|
| ich hatte | wir hatten |
| du hattest | ihr hattet |
| Sie hatten | Sie hatten |
| er/sie/es hatte | sie hatten |

} geträumt

**FUTURE PERFECT**

| | |
|---|---|
| ich werde | wir werden |
| du wirst | ihr werdet |
| Sie werden | Sie werden |
| er/sie/es wird | sie werden |

} geträumt haben

**PAST SUBJUNCTIVE I**

| | |
|---|---|
| ich habe | wir haben |
| du habest | ihr habet |
| Sie haben | Sie haben |
| er/sie/es habe | sie haben |

} geträumt

**PAST SUBJUNCTIVE II**

| | |
|---|---|
| ich hätte | wir hätten |
| du hättest | ihr hättet |
| Sie hätten | Sie hätten |
| er/sie/es hätte | sie hätten |

} geträumt

**FUTURE PERFECT SUBJUNCTIVE I**

| | |
|---|---|
| ich werde | wir werden |
| du werdest | ihr werdet |
| Sie werden | Sie werden |
| er/sie/es werde | sie werden |

} geträumt haben

**FUTURE PERFECT SUBJUNCTIVE II**

| | |
|---|---|
| ich würde | wir würden |
| du würdest | ihr würdet |
| Sie würden | Sie würden |
| er/sie/es würde | sie würden |

} geträumt haben

**COMMANDS**      träum(e)!   träumt!   träumen Sie!

**PRESENT PARTICIPLE**      träumend

## Usage

| | |
|---|---|
| Wir träumen von einer Eigentumswohnung. | *We dream of owning our own home.* |
| Träumt Gregor nur oder ist er wirklich ein Käfer? | *Is Gregor just imagining or is he really a bug?* |
| Theodor träumt davon, Astronaut zu werden. | *Theodor dreams of becoming an astronaut.* |
| Meine Eltern träumten von einer Weltreise. | *My parents dreamed of a trip around the world.* |
| Klaus träumte von Reichtum und Glück. | *Klaus dreamed of wealth and fortune.* |
| Ich habe von lilafarbenen Goldfischen geträumt. | *I was dreaming of purple goldfish.* |
| Das Kind muss schlecht geträumt haben. | *The child must have had a bad dream.* |
| Hast du wieder geträumt? | *Were you daydreaming again?* |
| Guck mal, der Hund träumt gerade. | *Look, the dog is dreaming.* |
| Die Prinzessin träumte von dem schönen Jüngling. | *The princess dreamed of the handsome youth.* |
| Träum süß! | *Sweet dreams!* |
| Wer Träume verwirklichen will, muss wacher sein und tiefer träumen als andere. (KARL FOERSTER) | *Whoever wants to make his dreams come true, has to be more awake and dream more intensely than others.* |

**RELATED VERBS**   aus·träumen, erträumen, verträumen

## MORE USAGE SENTENCES WITH **treffen**

| | |
|---|---|
| Die alten Männer treffen einander jeden Samstagabend in der Kneipe. | *The old men get together every Saturday evening at the pub.* |
| Ich habe Anke zufällig in der Innenstadt getroffen. | *I just happened to run into Anke downtown today.* |

### **sich treffen (mit)** *to meet (with)*

| | |
|---|---|
| Wo trefft ihr euch? | *Where are you meeting?* |
| Wissenschaftler aus aller Welt treffen sich heute in Rom, um Globalerwärmung zu besprechen. | *Scientists from around the world are meeting today in Rome to discuss global warming.* |
| Die Chorsänger treffen sich jede Woche zur Probe. | *The choir singers meet each week to practice.* |
| Parallele Linien treffen sich theoretisch nirgends. | *Theoretically, parallel lines never meet.* |
| Ein Punkt ist ein Ort, an dem sich zwei Linien treffen. | *A point is a locus where two lines intersect.* |
| Zu Weihnachten treffen wir uns bei meinen Eltern und singen Weihnachtslieder. | *At Christmas, we'll meet at my parents' house and sing Christmas carols.* |
| Wir treffen uns morgen mit dem Anwalt. | *We are meeting with the lawyer tomorrow.* |
| Ich habe mich heute mit Sonja getroffen. | *I met with Sonja today.* |
| Ist das nicht die Frau, mit der du dich treffen wolltest? | *Isn't that the woman you wanted to meet with?* |
| Wo treffen sich die jungen Leute heutzutage? | *Where do young people congregate nowadays?* |
| Wir haben uns im Internet kennen gelernt und treffen uns noch regelmäßig in Chats. | *We met on the Internet and still meet regularly in chat rooms.* |

### **treffen auf** (with **sein**) *to come upon, go up against*

| | |
|---|---|
| Im Supermarkt bin ich auf einen alten Freund getroffen. | *At the supermarket, I bumped into an old friend.* |
| In Dinkelsbach sind wir auf Widerstand getroffen. | *In Dinkelsbach, we came up against some resistance.* |
| Die Mannschaft trifft erneut auf den Erzgegner. | *The team is going up against its archrival again.* |

### **es trifft sich** (impersonal) *it is, it happens*

| | |
|---|---|
| Es trifft sich gut, dass er heute nicht gekommen ist. | *It's a good thing he didn't come today.* |
| Es traf sich, dass Dirk sie am nächsten Tag wiedersah. | *It so happened that Dirk saw her the next day.* |
| Es traf sich glücklicherweise, dass dort noch niemals eine gesehen war. (GRIMM) | *Luckily, not a single one had ever been seen there.* |

## IDIOMATIC EXPRESSIONS

| | |
|---|---|
| Daniel fühlt sich nicht getroffen. | *Daniel doesn't consider himself to be the target. / Daniel doesn't think it applies to him.* |
| Warum hast du eine Wahl getroffen, ohne uns zu berücksichtigen? | *Why did you make a choice without taking us into consideration?* |
| Habt ihr denn immer noch keine klare Entscheidung treffen können? | *Haven't you been able to make a final decision yet?* |
| In seiner Rede hat der Kanzler den richtigen Ton getroffen. | *The chancellor set the right tone in his speech.* |
| Warum trifft es immer mich? | *Why is it always me? / Why do these things always happen to me?* |
| Du hast ins Schwarze getroffen. | *You've hit the bull's-eye.* |
| Ihre Worte haben ihm ins Herz getroffen. | *Her words hurt him deeply.* |
| Wieder mal hast du den Nagel auf den Kopf getroffen. | *Once again, you've hit the nail on the head.* |
| Die Regierung hat neue Maßnahmen gegen Terrorismus getroffen. | *The government has taken new measures against terrorism.* |
| Der Schlag soll dich treffen! (*slang*) | *Drop dead!* |
| Diese Regelung trifft dich nicht, da du Ausländerin bist. | *This regulation doesn't apply to you since you're a foreigner.* |

TOP 50 VERBS

**PRESENT**

| | |
|---|---|
| ich treffe | wir treffen |
| du triffst | ihr trefft |
| Sie treffen | Sie treffen |
| er/sie/es trifft | sie treffen |

**PRESENT PERFECT**

| | | |
|---|---|---|
| ich habe | wir haben | |
| du hast | ihr habt | getroffen |
| Sie haben | Sie haben | |
| er/sie/es hat | sie haben | |

**SIMPLE PAST**

| | |
|---|---|
| ich traf | wir trafen |
| du trafst | ihr traft |
| Sie trafen | Sie trafen |
| er/sie/es traf | sie trafen |

**PAST PERFECT**

| | | |
|---|---|---|
| ich hatte | wir hatten | |
| du hattest | ihr hattet | getroffen |
| Sie hatten | Sie hatten | |
| er/sie/es hatte | sie hatten | |

**FUTURE**

| | | |
|---|---|---|
| ich werde | wir werden | |
| du wirst | ihr werdet | treffen |
| Sie werden | Sie werden | |
| er/sie/es wird | sie werden | |

**FUTURE PERFECT**

| | | |
|---|---|---|
| ich werde | wir werden | |
| du wirst | ihr werdet | getroffen haben |
| Sie werden | Sie werden | |
| er/sie/es wird | sie werden | |

**PRESENT SUBJUNCTIVE I**

| | |
|---|---|
| ich treffe | wir treffen |
| du treffest | ihr treffet |
| Sie treffen | Sie treffen |
| er/sie/es treffe | sie treffen |

**PAST SUBJUNCTIVE I**

| | | |
|---|---|---|
| ich habe | wir haben | |
| du habest | ihr habet | getroffen |
| Sie haben | Sie haben | |
| er/sie/es habe | sie haben | |

**PRESENT SUBJUNCTIVE II**

| | |
|---|---|
| ich träfe | wir träfen |
| du träfest | ihr träfet |
| Sie träfen | Sie träfen |
| er/sie/es träfe | sie träfen |

**PAST SUBJUNCTIVE II**

| | | |
|---|---|---|
| ich hätte | wir hätten | |
| du hättest | ihr hättet | getroffen |
| Sie hätten | Sie hätten | |
| er/sie/es hätte | sie hätten | |

**FUTURE SUBJUNCTIVE I**

| | | |
|---|---|---|
| ich werde | wir werden | |
| du werdest | ihr werdet | treffen |
| Sie werden | Sie werden | |
| er/sie/es werde | sie werden | |

**FUTURE PERFECT SUBJUNCTIVE I**

| | | |
|---|---|---|
| ich werde | wir werden | |
| du werdest | ihr werdet | getroffen haben |
| Sie werden | Sie werden | |
| er/sie/es werde | sie werden | |

**FUTURE SUBJUNCTIVE II**

| | | |
|---|---|---|
| ich würde | wir würden | |
| du würdest | ihr würdet | treffen |
| Sie würden | Sie würden | |
| er/sie/es würde | sie würden | |

**FUTURE PERFECT SUBJUNCTIVE II**

| | | |
|---|---|---|
| ich würde | wir würden | |
| du würdest | ihr würdet | getroffen haben |
| Sie würden | Sie würden | |
| er/sie/es würde | sie würden | |

**COMMANDS**  triff! trefft! treffen Sie!

**PRESENT PARTICIPLE**  treffend

## Usage

| | |
|---|---|
| Der Stein traf ihn am Kopf. | *The rock hit him on the head.* |
| Die Nachricht hat uns schwer getroffen. | *The news hit us hard.* |
| Nur eine von fünf Bomben treffen das Ziel. | *Only one in five bombs hits the target.* |
| Die Kugel traf den Reh in die Schulter. | *The bullet struck the deer in the shoulder.* |
| Der Baum wurde vom Blitz getroffen. | *The tree was struck by lightning.* |
| Lincoln wurde von einem Gewehrschuss getroffen und starb kurz darauf. | *Lincoln was struck by a gunshot and died shortly thereafter.* |
| Der Steuerskandal hat den Kandidaten hart getroffen. | *The tax scandal has seriously hurt the candidate.* |
| Der Sturm hat uns nicht getroffen. | *The storm did not affect us.* |
| Aber am tiefsten trafst du doch mich, den Freund, der im Arm dich hält. (GOETHE) | *But it was I whom you most deeply affected, the friend who holds you in his arm.* |
| Franz-Josef hat mich am Bahnhof in Rheine getroffen. | *Franz-Josef met me at the train station in Rheine.* |

**RELATED VERBS**  an·betreffen, an·treffen, auf·treffen, betreffen, ein·treffen,
übertreffen, zusammen·treffen, zu·treffen

## treiben    *to drive; force; carry on, pursue; take too far*

**treibt · trieb · getrieben**                                    strong verb

**PRESENT**

| | |
|---|---|
| ich treibe | wir treiben |
| du treibst | ihr treibt |
| Sie treiben | Sie treiben |
| er/sie/es treibt | sie treiben |

**SIMPLE PAST**

| | |
|---|---|
| ich trieb | wir trieben |
| du triebst | ihr triebt |
| Sie trieben | Sie trieben |
| er/sie/es trieb | sie trieben |

**FUTURE**

| | |
|---|---|
| ich werde | wir werden |
| du wirst | ihr werdet |
| Sie werden | Sie werden |
| er/sie/es wird | sie werden |

} treiben

**PRESENT SUBJUNCTIVE I**

| | |
|---|---|
| ich treibe | wir treiben |
| du treibest | ihr treibet |
| Sie treiben | Sie treiben |
| er/sie/es treibe | sie treiben |

**PRESENT SUBJUNCTIVE II**

| | |
|---|---|
| ich triebe | wir trieben |
| du triebest | ihr triebet |
| Sie trieben | Sie trieben |
| er/sie/es triebe | sie trieben |

**FUTURE SUBJUNCTIVE I**

| | |
|---|---|
| ich werde | wir werden |
| du werdest | ihr werdet |
| Sie werden | Sie werden |
| er/sie/es werde | sie werden |

} treiben

**FUTURE SUBJUNCTIVE II**

| | |
|---|---|
| ich würde | wir würden |
| du würdest | ihr würdet |
| Sie würden | Sie würden |
| er/sie/es würde | sie würden |

} treiben

**PRESENT PERFECT**

| | |
|---|---|
| ich habe | wir haben |
| du hast | ihr habt |
| Sie haben | Sie haben |
| er/sie/es hat | sie haben |

} getrieben

**PAST PERFECT**

| | |
|---|---|
| ich hatte | wir hatten |
| du hattest | ihr hattet |
| Sie hatten | Sie hatten |
| er/sie/es hatte | sie hatten |

} getrieben

**FUTURE PERFECT**

| | |
|---|---|
| ich werde | wir werden |
| du wirst | ihr werdet |
| Sie werden | Sie werden |
| er/sie/es wird | sie werden |

} getrieben haben

**PAST SUBJUNCTIVE I**

| | |
|---|---|
| ich habe | wir haben |
| du habest | ihr habet |
| Sie haben | Sie haben |
| er/sie/es habe | sie haben |

} getrieben

**PAST SUBJUNCTIVE II**

| | |
|---|---|
| ich hätte | wir hätten |
| du hättest | ihr hättet |
| Sie hätten | Sie hätten |
| er/sie/es hätte | sie hätten |

} getrieben

**FUTURE PERFECT SUBJUNCTIVE I**

| | |
|---|---|
| ich werde | wir werden |
| du werdest | ihr werdet |
| Sie werden | Sie werden |
| er/sie/es werde | sie werden |

} getrieben haben

**FUTURE PERFECT SUBJUNCTIVE II**

| | |
|---|---|
| ich würde | wir würden |
| du würdest | ihr würdet |
| Sie würden | Sie würden |
| er/sie/es würde | sie würden |

} getrieben haben

**COMMANDS**          treib(e)!   treibt!   treiben Sie!

**PRESENT PARTICIPLE**          treibend

## Usage

| | |
|---|---|
| Sep nahm einen Stock und trieb die Kuh aus dem Stall. | *Sep took a stick and drove the cow from the stall.* |
| Er meint, seine Eltern hätten ihn in den Alkoholismus getrieben. | *He thinks his parents drove him to alcoholism.* |
| Über 50 000 Menschen wurden über die Grenze getrieben. | *Over 50,000 people were driven across the border.* |
| Der Preis wird in die Höhe getrieben. | *The price is being forced up.* |
| Moritz fühlte sich in die Enge getrieben. | *Moritz felt cornered.* |
| Was treibst du so? (*idiomatic*) | *What are you up to?* |
| Lars hat die Sache auf die Spitze getrieben. | *Lars pushed the matter to extremes.* |
| Freude, Freude treibt die Räder in der großen Weltenuhr. (SCHILLER) | *Joy, joy moves the wheels in the universal time machine.* |

**treiben** (with **sein**) *to drift, be driven, be forced*

| | |
|---|---|
| Das Boot ist ans Land getrieben. | *The boat drifted ashore.* |

**RELATED VERBS**    ab·treiben, an·treiben, auf·treiben, aus·treiben, betreiben, durch·treiben, ein·treiben, fort·treiben, hoch·treiben, übertreiben, vertreiben, voran·treiben, vor·treiben, weg·treiben, zurück·treiben, zusammen·treiben, zu·treiben

regular weak verb                                          trennt · trennte · getrennt

**PRESENT**

| | |
|---|---|
| ich trenne | wir trennen |
| du trennst | ihr trennt |
| Sie trennen | Sie trennen |
| er/sie/es trennt | sie trennen |

**PRESENT PERFECT**

| | | |
|---|---|---|
| ich habe | wir haben | |
| du hast | ihr habt | getrennt |
| Sie haben | Sie haben | |
| er/sie/es hat | sie haben | |

**SIMPLE PAST**

| | |
|---|---|
| ich trennte | wir trennten |
| du trenntest | ihr trenntet |
| Sie trennten | Sie trennten |
| er/sie/es trennte | sie trennten |

**PAST PERFECT**

| | | |
|---|---|---|
| ich hatte | wir hatten | |
| du hattest | ihr hattet | getrennt |
| Sie hatten | Sie hatten | |
| er/sie/es hatte | sie hatten | |

**FUTURE**

| | | |
|---|---|---|
| ich werde | wir werden | |
| du wirst | ihr werdet | trennen |
| Sie werden | Sie werden | |
| er/sie/es wird | sie werden | |

**FUTURE PERFECT**

| | | |
|---|---|---|
| ich werde | wir werden | |
| du wirst | ihr werdet | getrennt haben |
| Sie werden | Sie werden | |
| er/sie/es wird | sie werden | |

**PRESENT SUBJUNCTIVE I**

| | |
|---|---|
| ich trenne | wir trennen |
| du trennest | ihr trennet |
| Sie trennen | Sie trennen |
| er/sie/es trenne | sie trennen |

**PAST SUBJUNCTIVE I**

| | | |
|---|---|---|
| ich habe | wir haben | |
| du habest | ihr habet | getrennt |
| Sie haben | Sie haben | |
| er/sie/es habe | sie haben | |

**PRESENT SUBJUNCTIVE II**

| | |
|---|---|
| ich trennte | wir trennten |
| du trenntest | ihr trenntet |
| Sie trennten | Sie trennten |
| er/sie/es trennte | sie trennten |

**PAST SUBJUNCTIVE II**

| | | |
|---|---|---|
| ich hätte | wir hätten | |
| du hättest | ihr hättet | getrennt |
| Sie hätten | Sie hätten | |
| er/sie/es hätte | sie hätten | |

**FUTURE SUBJUNCTIVE I**

| | | |
|---|---|---|
| ich werde | wir werden | |
| du werdest | ihr werdet | trennen |
| Sie werden | Sie werden | |
| er/sie/es werde | sie werden | |

**FUTURE PERFECT SUBJUNCTIVE I**

| | | |
|---|---|---|
| ich werde | wir werden | |
| du werdest | ihr werdet | getrennt haben |
| Sie werden | Sie werden | |
| er/sie/es werde | sie werden | |

**FUTURE SUBJUNCTIVE II**

| | | |
|---|---|---|
| ich würde | wir würden | |
| du würdest | ihr würdet | trennen |
| Sie würden | Sie würden | |
| er/sie/es würde | sie würden | |

**FUTURE PERFECT SUBJUNCTIVE II**

| | | |
|---|---|---|
| ich würde | wir würden | |
| du würdest | ihr würdet | getrennt haben |
| Sie würden | Sie würden | |
| er/sie/es würde | sie würden | |

**COMMANDS**          trenn(e)!   trennt!   trennen Sie!

**PRESENT PARTICIPLE**   trennend

## Usage

| | |
|---|---|
| Man muss den Müll trennen. | *You have to sort the trash for recycling.* |
| Im Autounfall wurde das linke Bein vom Rumpf getrennt. | *In the auto accident, the left leg was severed from the torso.* |
| Wie trennt man das Eiweiß von dem Eigelb? | *How do you separate the egg white from the yolk?* |
| Ein Bach trennt die Grundstücke. | *A brook separates the parcels of land.* |
| Bürgerkrieg hatte das Land getrennt. | *Civil war had divided the country.* |
| Wie trennt man das Wort „sitzen"? | *Where do you divide the word "sitzen"?* |
| Die beiden Systeme müssen klar voneinander getrennt werden. | *The two systems must be clearly differentiated from one another.* |

### sich trennen *to separate*

| | |
|---|---|
| Das Ehepaar trennte sich nach sieben Monaten. | *The married couple split up after seven months.* |
| Anton trennte sich von seinem Sohn und zog nach Zürich. | *Anton left his son and moved to Zurich.* |

**RELATED VERBS**  ab·trennen, auf·trennen, aus·trennen, durchtrennen, zertrennen

## treten  *to step, go, come*

tritt · trat · getreten

strong verb

**PRESENT**

| | |
|---|---|
| ich trete | wir treten |
| du trittst | ihr tretet |
| Sie treten | Sie treten |
| er/sie/es tritt | sie treten |

**SIMPLE PAST**

| | |
|---|---|
| ich trat | wir traten |
| du tratst | ihr tratet |
| Sie traten | Sie traten |
| er/sie/es trat | sie traten |

**FUTURE**

| | | |
|---|---|---|
| ich werde | wir werden | |
| du wirst | ihr werdet | treten |
| Sie werden | Sie werden | |
| er/sie/es wird | sie werden | |

**PRESENT SUBJUNCTIVE I**

| | |
|---|---|
| ich trete | wir treten |
| du tretest | ihr tretet |
| Sie treten | Sie treten |
| er/sie/es trete | sie treten |

**PRESENT SUBJUNCTIVE II**

| | |
|---|---|
| ich träte | wir träten |
| du trätest | ihr trätet |
| Sie träten | Sie träten |
| er/sie/es träte | sie träten |

**FUTURE SUBJUNCTIVE I**

| | | |
|---|---|---|
| ich werde | wir werden | |
| du werdest | ihr werdet | treten |
| Sie werden | Sie werden | |
| er/sie/es werde | sie werden | |

**FUTURE SUBJUNCTIVE II**

| | | |
|---|---|---|
| ich würde | wir würden | |
| du würdest | ihr würdet | treten |
| Sie würden | Sie würden | |
| er/sie/es würde | sie würden | |

**PRESENT PERFECT**

| | | |
|---|---|---|
| ich bin | wir sind | |
| du bist | ihr seid | getreten |
| Sie sind | Sie sind | |
| er/sie/es ist | sie sind | |

**PAST PERFECT**

| | | |
|---|---|---|
| ich war | wir waren | |
| du warst | ihr wart | getreten |
| Sie waren | Sie waren | |
| er/sie/es war | sie waren | |

**FUTURE PERFECT**

| | | |
|---|---|---|
| ich werde | wir werden | |
| du wirst | ihr werdet | getreten sein |
| Sie werden | Sie werden | |
| er/sie/es wird | sie werden | |

**PAST SUBJUNCTIVE I**

| | | |
|---|---|---|
| ich sei | wir seien | |
| du seiest | ihr seiet | getreten |
| Sie seien | Sie seien | |
| er/sie/es sei | sie seien | |

**PAST SUBJUNCTIVE II**

| | | |
|---|---|---|
| ich wäre | wir wären | |
| du wärest | ihr wäret | getreten |
| Sie wären | Sie wären | |
| er/sie/es wäre | sie wären | |

**FUTURE PERFECT SUBJUNCTIVE I**

| | | |
|---|---|---|
| ich werde | wir werden | |
| du werdest | ihr werdet | getreten sein |
| Sie werden | Sie werden | |
| er/sie/es werde | sie werden | |

**FUTURE PERFECT SUBJUNCTIVE II**

| | | |
|---|---|---|
| ich würde | wir würden | |
| du würdest | ihr würdet | getreten sein |
| Sie würden | Sie würden | |
| er/sie/es würde | sie würden | |

**COMMANDS**    tritt!   tretet!   treten Sie!

**PRESENT PARTICIPLE**    tretend

## Usage

| | |
|---|---|
| Treten Sie bitte nach vorn! | *Please step forward.* |
| Der Mississippi war über die Ufer getreten. | *The Mississippi had overflowed its banks.* |
| Der Bischof will aus dem Dienst treten. | *The bishop wants to retire from service.* |
| Das Gesetz tritt nie in Kraft. | *The law will never go into effect.* |
| Seit dem Vorfall ist er in den Vordergrund getreten. | *After the incident, he came into prominence.* |
| Neuigkeiten sind ans Licht getreten. | *New information has come to light.* |
| Sigrid ist auf meine Seite getreten. | *Sigrid sided with me.* |

### treten (with haben) *to tread on, kick, beat; pedal*

| | |
|---|---|
| Trete mich nicht. | *Don't tread on me.* |
| Wenn er Geige spielt, tritt er den Takt. | *When he plays the violin, he keeps time with his foot.* |
| Tritt doch langsamer! | *Why don't you pedal more slowly!* |

**RELATED VERBS**  ab·treten, an·treten, auf·treten, aus·treten, bei·treten, betreten, durch·treten, ein·treten, entgegen·treten, fest·treten, gegenüber·treten, nieder·treten, übertreten, über·treten, vertreten, vor·treten, weg·treten, zertreten, zurück·treten, zusammen·treten, zu·treten

strong verb

| PRESENT | | | PRESENT PERFECT | | |
|---|---|---|---|---|---|
| ich triefe | wir triefen | | ich bin | wir sind | |
| du triefst | ihr trieft | | du bist | ihr seid | getroffen |
| Sie triefen | Sie triefen | | Sie sind | Sie sind | |
| er/sie/es trieft | sie triefen | | er/sie/es ist | sie sind | |

| SIMPLE PAST | | | PAST PERFECT | | |
|---|---|---|---|---|---|
| ich troff | wir troffen | | ich war | wir waren | |
| du troffst | ihr trofft | | du warst | ihr wart | getroffen |
| Sie troffen | Sie troffen | | Sie waren | Sie waren | |
| er/sie/es troff | sie troffen | | er/sie/es war | sie waren | |

| FUTURE | | | FUTURE PERFECT | | |
|---|---|---|---|---|---|
| ich werde | wir werden | | ich werde | wir werden | |
| du wirst | ihr werdet | triefen | du wirst | ihr werdet | getroffen sein |
| Sie werden | Sie werden | | Sie werden | Sie werden | |
| er/sie/es wird | sie werden | | er/sie/es wird | sie werden | |

| PRESENT SUBJUNCTIVE I | | | PAST SUBJUNCTIVE I | | |
|---|---|---|---|---|---|
| ich triefe | wir triefen | | ich sei | wir seien | |
| du triefest | ihr triefet | | du seiest | ihr seiet | getroffen |
| Sie triefen | Sie triefen | | Sie seien | Sie seien | |
| er/sie/es triefe | sie triefen | | er/sie/es sei | sie seien | |

| PRESENT SUBJUNCTIVE II | | | PAST SUBJUNCTIVE II | | |
|---|---|---|---|---|---|
| ich tröffe | wir tröffen | | ich wäre | wir wären | |
| du tröffest | ihr tröffet | | du wärest | ihr wäret | getroffen |
| Sie tröffen | Sie tröffen | | Sie wären | Sie wären | |
| er/sie/es tröffe | sie tröffen | | er/sie/es wäre | sie wären | |

| FUTURE SUBJUNCTIVE I | | | FUTURE PERFECT SUBJUNCTIVE I | | |
|---|---|---|---|---|---|
| ich werde | wir werden | | ich werde | wir werden | |
| du werdest | ihr werdet | triefen | du werdest | ihr werdet | getroffen sein |
| Sie werden | Sie werden | | Sie werden | Sie werden | |
| er/sie/es werde | sie werden | | er/sie/es werde | sie werden | |

| FUTURE SUBJUNCTIVE II | | | FUTURE PERFECT SUBJUNCTIVE II | | |
|---|---|---|---|---|---|
| ich würde | wir würden | | ich würde | wir würden | |
| du würdest | ihr würdet | triefen | du würdest | ihr würdet | getroffen sein |
| Sie würden | Sie würden | | Sie würden | Sie würden | |
| er/sie/es würde | sie würden | | er/sie/es würde | sie würden | |

| COMMANDS | trief(e)!   trieft!   triefen Sie! |
|---|---|
| PRESENT PARTICIPLE | triefend |

**NOTE** Regular weak forms of **triefen** are also common in modern German: **triefte, ist/hat getrieft.**

## Usage

| | |
|---|---|
| Blut troff ihr aus dem Mund. | *Blood trickled from her mouth.* |
| Wasser ist von der Decke getroffen. | *Water dripped from the ceiling.* |
| Der Regen trieft durch die Löcher. | *The rain is trickling through the holes.* |
| Honig troff aus der Bienenwabe. | *Honey was dripping from the honeycomb.* |

### triefen (with haben) *to drip, run, water, be soaked*

| | |
|---|---|
| Die Augen troffen ihm. | *His eyes were watering.* |
| Mir trieft die Nase wegen Pollenallergien. | *My nose is runny from pollen allergies.* |
| Sein Hut troff vor Nässe. | *His hat was soaking wet.* |
| Lars trieft von Hass. | *Lars is overflowing with hate.* |
| Martials Gedichte triefen vor Satire und Sarkasmus. | *Martial's poems ooze with satire and sarcasm.* |

# trinken *to drink*

**trinkt · trank · getrunken**

strong verb

**PRESENT**

| | |
|---|---|
| ich trinke | wir trinken |
| du trinkst | ihr trinkt |
| Sie trinken | Sie trinken |
| er/sie/es trinkt | sie trinken |

**PRESENT PERFECT**

| | | |
|---|---|---|
| ich habe | wir haben | |
| du hast | ihr habt | getrunken |
| Sie haben | Sie haben | |
| er/sie/es hat | sie haben | |

**SIMPLE PAST**

| | |
|---|---|
| ich trank | wir tranken |
| du trankst | ihr trankt |
| Sie tranken | Sie tranken |
| er/sie/es trank | sie tranken |

**PAST PERFECT**

| | | |
|---|---|---|
| ich hatte | wir hatten | |
| du hattest | ihr hattet | getrunken |
| Sie hatten | Sie hatten | |
| er/sie/es hatte | sie hatten | |

**FUTURE**

| | | |
|---|---|---|
| ich werde | wir werden | |
| du wirst | ihr werdet | trinken |
| Sie werden | Sie werden | |
| er/sie/es wird | sie werden | |

**FUTURE PERFECT**

| | | |
|---|---|---|
| ich werde | wir werden | |
| du wirst | ihr werdet | getrunken haben |
| Sie werden | Sie werden | |
| er/sie/es wird | sie werden | |

**PRESENT SUBJUNCTIVE I**

| | |
|---|---|
| ich trinke | wir trinken |
| du trinkest | ihr trinket |
| Sie trinken | Sie trinken |
| er/sie/es trinke | sie trinken |

**PAST SUBJUNCTIVE I**

| | | |
|---|---|---|
| ich habe | wir haben | |
| du habest | ihr habet | getrunken |
| Sie haben | Sie haben | |
| er/sie/es habe | sie haben | |

**PRESENT SUBJUNCTIVE II**

| | |
|---|---|
| ich tränke | wir tränken |
| du tränkest | ihr tränket |
| Sie tränken | Sie tränken |
| er/sie/es tränke | sie tränken |

**PAST SUBJUNCTIVE II**

| | | |
|---|---|---|
| ich hätte | wir hätten | |
| du hättest | ihr hättet | getrunken |
| Sie hätten | Sie hätten | |
| er/sie/es hätte | sie hätten | |

**FUTURE SUBJUNCTIVE I**

| | | |
|---|---|---|
| ich werde | wir werden | |
| du werdest | ihr werdet | trinken |
| Sie werden | Sie werden | |
| er/sie/es werde | sie werden | |

**FUTURE PERFECT SUBJUNCTIVE I**

| | | |
|---|---|---|
| ich werde | wir werden | |
| du werdest | ihr werdet | getrunken haben |
| Sie werden | Sie werden | |
| er/sie/es werde | sie werden | |

**FUTURE SUBJUNCTIVE II**

| | | |
|---|---|---|
| ich würde | wir würden | |
| du würdest | ihr würdet | trinken |
| Sie würden | Sie würden | |
| er/sie/es würde | sie würden | |

**FUTURE PERFECT SUBJUNCTIVE II**

| | | |
|---|---|---|
| ich würde | wir würden | |
| du würdest | ihr würdet | getrunken haben |
| Sie würden | Sie würden | |
| er/sie/es würde | sie würden | |

**COMMANDS**     trink(e)!    trinkt!    trinken Sie!

**PRESENT PARTICIPLE**     trinkend

## Usage

| | |
|---|---|
| Ich trinke keinen Kaffee mehr. | *I don't drink coffee anymore.* |
| Werner hat keinen Alkohol getrunken. | *Werner didn't drink any alcohol.* |
| Lola trank den letzten Schluck und stand auf. | *Lola drank the last sip and stood up.* |
| Trinken wir einen! | *Let's have a drink!* |
| Möchten die Kinder vielleicht Apfelsaft trinken? | *Would the children perhaps like to drink apple juice?* |
| Wie viel Wasser trinkt eine Kuh pro Tag? | *How much water does a cow drink per day?* |
| Holger trinkt nie aus der Dose. | *Holger never drinks from a can.* |
| Hast du das Glas leer getrunken? | *Did you drink the whole glass?* |
| Meinhard will zwei Liter Wasser in einem Zug getrunken haben. | *Meinhard claims to have drunk two liters of water in one gulp.* |
| Sie atmete langsam und tief, als tränke sie … die letzten Tropfen aus dem Becher der Zeit. (HEDWIG DOHM) | *She breathed slowly and deeply, as though she were drinking … the last drops from the cup of time.* |
| Dieses Bier lässt sich trinken. | *This beer is good.* |

**RELATED VERBS**  ab·trinken, an·trinken, aus·trinken, betrinken, ertrinken, vertrinken, zu·trinken

regular weak verb

| PRESENT | |
|---|---|
| ich tröste | wir trösten |
| du tröstest | ihr tröstet |
| Sie trösten | Sie trösten |
| er/sie/es tröstet | sie trösten |

| PRESENT PERFECT | | |
|---|---|---|
| ich habe | wir haben | |
| du hast | ihr habt | getröstet |
| Sie haben | Sie haben | |
| er/sie/es hat | sie haben | |

| SIMPLE PAST | |
|---|---|
| ich tröstete | wir trösteten |
| du tröstetest | ihr tröstetet |
| Sie trösteten | Sie trösteten |
| er/sie/es tröstete | sie trösteten |

| PAST PERFECT | | |
|---|---|---|
| ich hatte | wir hatten | |
| du hattest | ihr hattet | getröstet |
| Sie hatten | Sie hatten | |
| er/sie/es hatte | sie hatten | |

| FUTURE | | |
|---|---|---|
| ich werde | wir werden | |
| du wirst | ihr werdet | trösten |
| Sie werden | Sie werden | |
| er/sie/es wird | sie werden | |

| FUTURE PERFECT | | |
|---|---|---|
| ich werde | wir werden | |
| du wirst | ihr werdet | getröstet haben |
| Sie werden | Sie werden | |
| er/sie/es wird | sie werden | |

| PRESENT SUBJUNCTIVE I | |
|---|---|
| ich tröste | wir trösten |
| du tröstest | ihr tröstet |
| Sie trösten | Sie trösten |
| er/sie/es tröste | sie trösten |

| PAST SUBJUNCTIVE I | | |
|---|---|---|
| ich habe | wir haben | |
| du habest | ihr habet | getröstet |
| Sie haben | Sie haben | |
| er/sie/es habe | sie haben | |

| PRESENT SUBJUNCTIVE II | |
|---|---|
| ich tröstete | wir trösteten |
| du tröstetest | ihr tröstetet |
| Sie trösteten | Sie trösteten |
| er/sie/es tröstete | sie trösteten |

| PAST SUBJUNCTIVE II | | |
|---|---|---|
| ich hätte | wir hätten | |
| du hättest | ihr hättet | getröstet |
| Sie hätten | Sie hätten | |
| er/sie/es hätte | sie hätten | |

| FUTURE SUBJUNCTIVE I | | |
|---|---|---|
| ich werde | wir werden | |
| du werdest | ihr werdet | trösten |
| Sie werden | Sie werden | |
| er/sie/es werde | sie werden | |

| FUTURE PERFECT SUBJUNCTIVE I | | |
|---|---|---|
| ich werde | wir werden | |
| du werdest | ihr werdet | getröstet haben |
| Sie werden | Sie werden | |
| er/sie/es werde | sie werden | |

| FUTURE SUBJUNCTIVE II | | |
|---|---|---|
| ich würde | wir würden | |
| du würdest | ihr würdet | trösten |
| Sie würden | Sie würden | |
| er/sie/es würde | sie würden | |

| FUTURE PERFECT SUBJUNCTIVE II | | |
|---|---|---|
| ich würde | wir würden | |
| du würdest | ihr würdet | getröstet haben |
| Sie würden | Sie würden | |
| er/sie/es würde | sie würden | |

**COMMANDS**    tröste!   tröstet!   trösten Sie!

**PRESENT PARTICIPLE**    tröstend

## Usage

| | |
|---|---|
| Heike tröstete ihre Mitschülerinnen. | *Heike consoled her schoolmates.* |
| Die Mutter tröstet das weinende Kind. | *The mother comforts the crying child.* |
| Kannst du die Kinder trösten? | *Can you console the children?* |
| Manni hatte seine Freundin getröstet. | *Manni had comforted his girlfriend.* |
| Ich hoffe, es tröstet dich ein wenig. | *I hope it comforts you a little.* |
| Nach dem Tod seiner Mutter hat ihn Maria getröstet. | *After his mother's death, Maria comforted him.* |
| Tröste mich, Lämpchen … (GOETHE) | *Comfort me, little lamp …* |
| Danke, dass ihr mich getröstet habt. | *Thanks for comforting me.* |

**sich trösten (mit)** *to find consolation in, take comfort in*

| | |
|---|---|
| Tante Ute tröstet sich mit Essen. | *Aunt Ute finds comfort in eating.* |
| Wie tröstest du dich damit? | *How do you find consolation in that?* |
| Dirk lässt sich nicht trösten. | *Dirk is inconsolable.* |
| Ich tröste mich damit, dass sie nicht länger leidet. | *I take comfort in the fact that she's not suffering anymore.* |

**RELATED VERB**   vertrösten

# trügen · *to deceive, be deceptive; be a delusion*

trügt · trog · getrogen

strong verb

**PRESENT**

| | |
|---|---|
| ich trüge | wir trügen |
| du trügst | ihr trügt |
| Sie trügen | Sie trügen |
| er/sie/es trügt | sie trügen |

**PRESENT PERFECT**

| | | |
|---|---|---|
| ich habe | wir haben | |
| du hast | ihr habt | getrogen |
| Sie haben | Sie haben | |
| er/sie/es hat | sie haben | |

**SIMPLE PAST**

| | |
|---|---|
| ich trog | wir trogen |
| du trogst | ihr trogt |
| Sie trogen | Sie trogen |
| er/sie/es trog | sie trogen |

**PAST PERFECT**

| | | |
|---|---|---|
| ich hatte | wir hatten | |
| du hattest | ihr hattet | getrogen |
| Sie hatten | Sie hatten | |
| er/sie/es hatte | sie hatten | |

**FUTURE**

| | | |
|---|---|---|
| ich werde | wir werden | |
| du wirst | ihr werdet | trügen |
| Sie werden | Sie werden | |
| er/sie/es wird | sie werden | |

**FUTURE PERFECT**

| | | |
|---|---|---|
| ich werde | wir werden | |
| du wirst | ihr werdet | getrogen haben |
| Sie werden | Sie werden | |
| er/sie/es wird | sie werden | |

**PRESENT SUBJUNCTIVE I**

| | |
|---|---|
| ich trüge | wir trügen |
| du trügest | ihr trüget |
| Sie trügen | Sie trügen |
| er/sie/es trüge | sie trügen |

**PAST SUBJUNCTIVE I**

| | | |
|---|---|---|
| ich habe | wir haben | |
| du habest | ihr habet | getrogen |
| Sie haben | Sie haben | |
| er/sie/es habe | sie haben | |

**PRESENT SUBJUNCTIVE II**

| | |
|---|---|
| ich tröge | wir trögen |
| du trögest | ihr tröget |
| Sie trögen | Sie trögen |
| er/sie/es tröge | sie trögen |

**PAST SUBJUNCTIVE II**

| | | |
|---|---|---|
| ich hätte | wir hätten | |
| du hättest | ihr hättet | getrogen |
| Sie hätten | Sie hätten | |
| er/sie/es hätte | sie hätten | |

**FUTURE SUBJUNCTIVE I**

| | | |
|---|---|---|
| ich werde | wir werden | |
| du werdest | ihr werdet | trügen |
| Sie werden | Sie werden | |
| er/sie/es werde | sie werden | |

**FUTURE PERFECT SUBJUNCTIVE I**

| | | |
|---|---|---|
| ich werde | wir werden | |
| du werdest | ihr werdet | getrogen haben |
| Sie werden | Sie werden | |
| er/sie/es werde | sie werden | |

**FUTURE SUBJUNCTIVE II**

| | | |
|---|---|---|
| ich würde | wir würden | |
| du würdest | ihr würdet | trügen |
| Sie würden | Sie würden | |
| er/sie/es würde | sie würden | |

**FUTURE PERFECT SUBJUNCTIVE II**

| | | |
|---|---|---|
| ich würde | wir würden | |
| du würdest | ihr würdet | getrogen haben |
| Sie würden | Sie würden | |
| er/sie/es würde | sie würden | |

**COMMANDS** trüg(e)! trügt! trügen Sie!

**PRESENT PARTICIPLE** trügend

## Usage

| | |
|---|---|
| Jetzt trügen mich die Augen. | *Now my eyes deceive me.* |
| Der Geruch trügt; das Essen schmeckt himmlisch. | *The smell is deceiving; the food tastes heavenly.* |
| Der Eindruck hat uns nicht getrogen. | *Our impression was correct.* |
| Das Bild trügt, denn sie ist eigentlich 60 Jahre alt. | *The picture is deceptive, because she is actually 60 years old.* |
| Wenn mich meine Erinnerung nicht trügt, hat er drei Brüder und eine Schwester. | *If memory serves, he has three brothers and one sister.* |
| Die Stille trügt; der Sturm ist noch nicht vorbei. | *The silence is deceiving; the storm is not over.* |
| Dir scheint es möglich, weil der Wunsch dich trügt. (GOETHE) | *For you, it seems possible because desire deceives you.* |
| Der Schein trügt. (PROVERB) | *Appearances are deceptive.* |
| Sein Gedächtnis hat ihn getrogen. | *His memory misled him.* |
| Manchmal trügen die Sinne. | *Sometimes the senses are deceiving.* |
| Mein Gefühl trog mich nicht. | *The feeling I had was not a delusion.* |

**RELATED VERBS** *see* **betrügen** (98)

irregular verb

**PRESENT**

| | |
|---|---|
| ich tue | wir tun |
| du tust | ihr tut |
| Sie tun | Sie tun |
| er/sie/es tut | sie tun |

**SIMPLE PAST**

| | |
|---|---|
| ich tat | wir taten |
| du tat(e)st | ihr tatet |
| Sie taten | Sie taten |
| er/sie/es tat | sie taten |

**FUTURE**

| | | |
|---|---|---|
| ich werde | wir werden | |
| du wirst | ihr werdet | |
| Sie werden | Sie werden | tun |
| er/sie/es wird | sie werden | |

**PRESENT SUBJUNCTIVE I**

| | |
|---|---|
| ich tue | wir tuen |
| du tuest | ihr tuet |
| Sie tuen | Sie tuen |
| er/sie/es tue | sie tuen |

**PRESENT SUBJUNCTIVE II**

| | |
|---|---|
| ich täte | wir täten |
| du tätest | ihr tätet |
| Sie täten | Sie täten |
| er/sie/es täte | sie täten |

**FUTURE SUBJUNCTIVE I**

| | | |
|---|---|---|
| ich werde | wir werden | |
| du werdest | ihr werdet | |
| Sie werden | Sie werden | tun |
| er/sie/es werde | sie werden | |

**FUTURE SUBJUNCTIVE II**

| | | |
|---|---|---|
| ich würde | wir würden | |
| du würdest | ihr würdet | |
| Sie würden | Sie würden | tun |
| er/sie/es würde | sie würden | |

**COMMANDS**     tu(e)!   tut!   tun Sie!

**PRESENT PARTICIPLE**     tuend

**PRESENT PERFECT**

| | | |
|---|---|---|
| ich habe | wir haben | |
| du hast | ihr habt | |
| Sie haben | Sie haben | getan |
| er/sie/es hat | sie haben | |

**PAST PERFECT**

| | | |
|---|---|---|
| ich hatte | wir hatten | |
| du hattest | ihr hattet | |
| Sie hatten | Sie hatten | getan |
| er/sie/es hatte | sie hatten | |

**FUTURE PERFECT**

| | | |
|---|---|---|
| ich werde | wir werden | |
| du wirst | ihr werdet | |
| Sie werden | Sie werden | getan haben |
| er/sie/es wird | sie werden | |

**PAST SUBJUNCTIVE I**

| | | |
|---|---|---|
| ich habe | wir haben | |
| du habest | ihr habet | |
| Sie haben | Sie haben | getan |
| er/sie/es habe | sie haben | |

**PAST SUBJUNCTIVE II**

| | | |
|---|---|---|
| ich hätte | wir hätten | |
| du hättest | ihr hättet | |
| Sie hätten | Sie hätten | getan |
| er/sie/es hätte | sie hätten | |

**FUTURE PERFECT SUBJUNCTIVE I**

| | | |
|---|---|---|
| ich werde | wir werden | |
| du werdest | ihr werdet | |
| Sie werden | Sie werden | getan haben |
| er/sie/es werde | sie werden | |

**FUTURE PERFECT SUBJUNCTIVE II**

| | | |
|---|---|---|
| ich würde | wir würden | |
| du würdest | ihr würdet | |
| Sie würden | Sie würden | getan haben |
| er/sie/es würde | sie würden | |

## Usage

| | |
|---|---|
| Was ist hier zu tun? | *What is to be done here?* |
| Einiges kann noch getan werden. | *Several things can still be done.* |
| Was darf ich für Sie tun? | *What can I do for you?* |
| Das kann ich nicht tun. | *I can't do that.* |
| Verstehst du, was zu tun ist? | *Do you understand what needs to be done?* |
| Maria hat nichts getan. | *Maria did nothing.* |
| Meine Eltern sind bereit, alles zu tun, was sie können. | *My parents are prepared to do everything they can.* |
| Das tue ich nicht! | *I won't do that!* |
| Ich habe nichts zu tun. | *I've got nothing to do.* |
| Lars kann das nicht getan haben, denn er war zu Hause. | *Lars can't have done that, since he was at home.* |
| Tu was! | *Do something!* |
| Ingrid hätte das nicht tun sollen. | *Ingrid shouldn't have done that.* |

**RELATED VERBS** ab·tun, an·tun, auf·tun, dar·tun, genug·tun, gleich·tun, groß·tun, kund·tun, vertun, weg·tun, weh·tun, zusammen·tun, zu·tun, zuvor·tun

**TOP 50 VERB** ☞

## MORE USAGE SENTENCES WITH tun

| | |
|---|---|
| Herr Westermann geht manchmal ins Kasino, aber er tut es heimlich. | *Mr. Westermann sometimes goes to the casino, but he does it secretly.* |
| In der Sauna zu sitzen tut wohl. | *It does one good to sit in the sauna.* |
| Lars tat den ganzen Tag nichts als schlafen. | *Lars did nothing all day but sleep.* |
| „Ich tue dir nichts", sagte Ernst zu der Katze. | *"I won't do anything to you," said Ernst to the cat.* |
| Ich tue, was ich kann. | *I'll do what I can.* |
| Jost hat das Thema Geld wieder angesprochen, aber die Sache hat nichts mit Geld zu tun. | *Jost brought up the topic of money again, but the issue has nothing to do with money.* |
| Herr Schleier hat das mit Recht getan. | *Mr. Schleier was within his rights to do that.* |
| Erich sollte mithelfen, aber das tat er nicht. | *Erich was supposed to help out, but he didn't do that.* |
| Kannst du mir einen Gefallen tun? | *Can you do me a favor?* |
| Oliver tut weniger als Ingrid, aber er bekommt ein höheres Gehalt. | *Oliver does less than Ingrid, but he receives a higher salary.* |
| „Was macht Herr Kolowsky?" | *"What's Mr. Kolowsky doing?"* |
| „Er tut momentan nichts." | *"He's not working at the moment."* |
| Meine Chefin hat mit beschränkten Mitteln Wunder getan. | *My boss worked miracles with limited resources.* |

### sich tun *to happen*

| | |
|---|---|
| In der Zwischenzeit hat sich doch viel getan. | *A lot has actually happened in the meantime.* |
| Im Dorf Kleinheim tat sich sehr wenig. | *Very little happened in the village of Kleinheim.* |

### IDIOMATIC EXPRESSIONS

| | |
|---|---|
| Es tut mir wirklich Leid! | *I'm really sorry!* |
| Ich habe zu tun. | *I have things to do. / I'm busy.* |
| Politische Bildung tut Not. | *There is a need for political education.* |
| Frau Schmidt tut das Ihrige dazu, den jungen Kindern zu helfen. | *Mrs. Schmidt is playing her part in helping the young children.* |
| Was tun? | *What is to be done? / What should we do?* |
| Nur mit Planen ist es noch lange nicht getan. | *Simply planning it is far from finishing it.* |
| Dirk hat mit sich selbst zu tun. | *Dirk has his own issues to deal with.* |
| Ich hatte nichts mit Herrn Thaler zu tun. | *I've not been involved with Mr. Thaler. / I haven't had anything to do with Mr. Thaler.* |
| Was tut das schon, wenn ich ihn liebe? | *What does it matter, if I love him?* |
| Der Hund tut nichts. | *The dog won't bite.* |
| Erna tat immer freundlich, war es aber nicht. | *Erna always pretended to be happy, but wasn't.* |
| Werner tut so, als ob er alles verstehen würde. | *Werner is pretending to understand everything.* |
| Es war ihm darum zu tun, seine Anhänger zu erziehen. | *It was important for him to educate his followers.* |
| Maria tut keine halben Dinge. | *Maria does nothing halfway.* |
| Ich habe in der letzten Zeit alle Hände voll zu tun. | *I've had my hands full recently.* |
| Ich habe Wichtigeres zu tun. | *I've got bigger fish to fry.* |
| Wenn du ihm ein wenig freundlich tätest, wenn du wolltest, er heiratete dich noch. (GOETHE) | *If you were to act a little bit friendly toward him, if you wanted he would marry you yet.* |
| Du wirst es mit mir zu tun haben! (*threat*) | *You'll have to deal with me! / You'll have to answer to me!* |
| Ralf tut sich schwer mit dem Computer. (*colloquial*) | *Ralf is having a tough time with the computer.* |
| Ich fürchte, dass unser alter Computer nicht mehr tut. (*colloquial*) | *I'm afraid that our old computer is kaputt.* |

TOP 50 VERBS

modal verb + main verb | **kann tun · konnte tun · tun können**

**PRESENT**

| ich kann | wir können | |
|---|---|---|
| du kannst | ihr könnt | |
| Sie können | Sie können | } tun |
| er/sie/es kann | sie können | |

**SIMPLE PAST**

| ich konnte | wir konnten | |
|---|---|---|
| du konntest | ihr konntet | |
| Sie konnten | Sie konnten | } tun |
| er/sie/es konnte | sie konnten | |

**FUTURE**

| ich werde | wir werden | |
|---|---|---|
| du wirst | ihr werdet | |
| Sie werden | Sie werden | } tun können |
| er/sie/es wird | sie werden | |

**PRESENT SUBJUNCTIVE I**

| ich könne | wir können | |
|---|---|---|
| du könnest | ihr könnet | |
| Sie können | Sie können | } tun |
| er/sie/es könne | sie können | |

**PRESENT SUBJUNCTIVE II**

| ich könnte | wir könnten | |
|---|---|---|
| du könntest | ihr könntet | |
| Sie könnten | Sie könnten | } tun |
| er/sie/es könnte | sie könnten | |

**FUTURE SUBJUNCTIVE I**

| ich werde | wir werden | |
|---|---|---|
| du werdest | ihr werdet | |
| Sie werden | Sie werden | } tun können |
| er/sie/es werde | sie werden | |

**FUTURE SUBJUNCTIVE II**

| ich würde | wir würden | |
|---|---|---|
| du würdest | ihr würdet | |
| Sie würden | Sie würden | } tun können |
| er/sie/es würde | sie würden | |

**PRESENT PERFECT**

| ich habe | wir haben | |
|---|---|---|
| du hast | ihr habt | |
| Sie haben | Sie haben | } tun können |
| er/sie/es hat | sie haben | |

**PAST PERFECT**

| ich hatte | wir hatten | |
|---|---|---|
| du hattest | ihr hattet | |
| Sie hatten | Sie hatten | } tun können |
| er/sie/es hatte | sie hatten | |

**FUTURE PERFECT**

| ich werde | wir werden | haben tun können |
|---|---|---|
| du wirst | ihr werdet | OR |
| Sie werden | Sie werden | getan haben können |
| er/sie/es wird | sie werden | |

**PAST SUBJUNCTIVE I**

| ich habe | wir haben | |
|---|---|---|
| du habest | ihr habet | |
| Sie haben | Sie haben | } tun können |
| er/sie/es habe | sie haben | |

**PAST SUBJUNCTIVE II**

| ich hätte | wir hätten | |
|---|---|---|
| du hättest | ihr hättet | |
| Sie hätten | Sie hätten | } tun können |
| er/sie/es hätte | sie hätten | |

**FUTURE PERFECT SUBJUNCTIVE I**

| ich werde | wir werden | haben tun können |
|---|---|---|
| du werdest | ihr werdet | OR |
| Sie werden | Sie werden | getan haben können |
| er/sie/es werde | sie werden | |

**FUTURE PERFECT SUBJUNCTIVE II**

| ich würde | wir würden | haben tun können |
|---|---|---|
| du würdest | ihr würdet | OR |
| Sie würden | Sie würden | getan haben können |
| er/sie/es würde | sie würden | |

**COMMANDS** —

**PRESENT PARTICIPLE** tun könnend

## Usage (showing examples of complex constructions involving a modal verb coupled with a main verb)

|  |  |
|---|---|
| Es ist jetzt klar, dass die Öffentlichkeit nicht von der Sitzung hätte ausgeschlossen werden dürfen. | *It is now clear that the public shouldn't have been excluded from the meeting.* |
| Manfred wird bis morgen Abend den Roman noch nicht fertig gelesen haben können. | *Manfred won't yet have been able to finish reading the novel by tomorrow evening.* |
| Michaela hätte ein Visum bekommen können, wenn sie sich beeilt hätte. | *Michaela could have gotten a visa if she had hurried.* |
| Der Angeklagte behauptete, er habe das Geld nur ausleihen wollen. | *The defendant claimed that he only wanted to borrow the money.* |
| Die Flüchtlinge berichteten, dass sie ihre Heimat nächstes Jahr würden verlassen müssen. | *The refugees reported that they will have to leave their homeland next year.* |
| Mit dem Lottogewinn wird sich Frau Schmidt ein Auto kaufen können. | *With the lottery winnings, Mrs. Schmidt will be able to buy herself a car.* |
| Herr Peters teilte dem Rat mit, dass Herr Riegler ein neues Haus habe bauen lassen wollen. | *Mr. Peters informed the council that Mr. Riegler wanted to have a new house built.* |

# überholen *to pass, overtake; surpass; overhaul*

überholt · überholte · überholt

regular weak verb

### PRESENT

| | |
|---|---|
| ich überhole | wir überholen |
| du überholst | ihr überholt |
| Sie überholen | Sie überholen |
| er/sie/es überholt | sie überholen |

### SIMPLE PAST

| | |
|---|---|
| ich überholte | wir überholten |
| du überholtest | ihr überholtet |
| Sie überholten | Sie überholten |
| er/sie/es überholte | sie überholten |

### FUTURE

| | | |
|---|---|---|
| ich werde | wir werden | |
| du wirst | ihr werdet | überholen |
| Sie werden | Sie werden | |
| er/sie/es wird | sie werden | |

### PRESENT SUBJUNCTIVE I

| | |
|---|---|
| ich überhole | wir überholen |
| du überholest | ihr überholet |
| Sie überholen | Sie überholen |
| er/sie/es überhole | sie überholen |

### PRESENT SUBJUNCTIVE II

| | |
|---|---|
| ich überholte | wir überholten |
| du überholtest | ihr überholtet |
| Sie überholten | Sie überholten |
| er/sie/es überholte | sie überholten |

### FUTURE SUBJUNCTIVE I

| | | |
|---|---|---|
| ich werde | wir werden | |
| du werdest | ihr werdet | überholen |
| Sie werden | Sie werden | |
| er/sie/es werde | sie werden | |

### FUTURE SUBJUNCTIVE II

| | | |
|---|---|---|
| ich würde | wir würden | |
| du würdest | ihr würdet | überholen |
| Sie würden | Sie würden | |
| er/sie/es würde | sie würden | |

### PRESENT PERFECT

| | | |
|---|---|---|
| ich habe | wir haben | |
| du hast | ihr habt | überholt |
| Sie haben | Sie haben | |
| er/sie/es hat | sie haben | |

### PAST PERFECT

| | | |
|---|---|---|
| ich hatte | wir hatten | |
| du hattest | ihr hattet | überholt |
| Sie hatten | Sie hatten | |
| er/sie/es hatte | sie hatten | |

### FUTURE PERFECT

| | | |
|---|---|---|
| ich werde | wir werden | |
| du wirst | ihr werdet | überholt haben |
| Sie werden | Sie werden | |
| er/sie/es wird | sie werden | |

### PAST SUBJUNCTIVE I

| | | |
|---|---|---|
| ich habe | wir haben | |
| du habest | ihr habet | überholt |
| Sie haben | Sie haben | |
| er/sie/es habe | sie haben | |

### PAST SUBJUNCTIVE II

| | | |
|---|---|---|
| ich hätte | wir hätten | |
| du hättest | ihr hättet | überholt |
| Sie hätten | Sie hätten | |
| er/sie/es hätte | sie hätten | |

### FUTURE PERFECT SUBJUNCTIVE I

| | | |
|---|---|---|
| ich werde | wir werden | |
| du werdest | ihr werdet | überholt haben |
| Sie werden | Sie werden | |
| er/sie/es werde | sie werden | |

### FUTURE PERFECT SUBJUNCTIVE II

| | | |
|---|---|---|
| ich würde | wir würden | |
| du würdest | ihr würdet | überholt haben |
| Sie würden | Sie würden | |
| er/sie/es würde | sie würden | |

COMMANDS       überhol(e)!   überholt!   überholen Sie!

PRESENT PARTICIPLE    überholend

## Usage

| | |
|---|---|
| Lisa ist so schnell gelaufen, dass sie sogar einen Fahrradfahrer überholt hat. | *Lisa ran so quickly that she even overtook a bicyclist.* |
| Überhol ihn doch mal! | *Why don't you pass him!* |
| Nachdem Heinz den Opel überholt hatte, hatte er eine Reifenpanne. | *After Heinz had passed the Opel, he had a flat tire.* |
| Langsam fahrende Autos werden oft überholt. | *Slow-moving cars are often overtaken.* |
| In Deutschland muss man links überholen. | *In Germany, you have to pass on the left.* |
| Der Mercedes überholte das Motorrad. | *The Mercedes overtook the motorcycle.* |
| Auf der Autobahn überhole ich nicht gern. | *On the autobahn, I don't like to pass.* |
| Kanada hatte Deutschland in Außenhandel überholt. | *Canada had surpassed Germany in foreign trade.* |
| Herr Klemp hat alle seine Kollegen schnell überholt. | *Mr. Klemp quickly got ahead of his colleagues.* |
| Der Motor wurde letztes Jahr überholt. | *The motor was overhauled last year.* |
| Das Gerät muss überholt werden. | *The device must be reconditioned.* |

RELATED VERBS   *see* holen (247)

**PRESENT**

| | |
|---|---|
| ich überlege | wir überlegen |
| du überlegst | ihr überlegt |
| Sie überlegen | Sie überlegen |
| er/sie/es überlegt | sie überlegen |

**SIMPLE PAST**

| | |
|---|---|
| ich überlegte | wir überlegten |
| du überlegtest | ihr überlegtet |
| Sie überlegten | Sie überlegten |
| er/sie/es überlegte | sie überlegten |

**FUTURE**

| | | |
|---|---|---|
| ich werde | wir werden | |
| du wirst | ihr werdet | überlegen |
| Sie werden | Sie werden | |
| er/sie/es wird | sie werden | |

**PRESENT SUBJUNCTIVE I**

| | |
|---|---|
| ich überlege | wir überlegen |
| du überlegest | ihr überleget |
| Sie überlegen | Sie überlegen |
| er/sie/es überlege | sie überlegen |

**PRESENT SUBJUNCTIVE II**

| | |
|---|---|
| ich überlegte | wir überlegten |
| du überlegtest | ihr überlegtet |
| Sie überlegten | Sie überlegten |
| er/sie/es überlegte | sie überlegten |

**FUTURE SUBJUNCTIVE I**

| | | |
|---|---|---|
| ich werde | wir werden | |
| du werdest | ihr werdet | überlegen |
| Sie werden | Sie werden | |
| er/sie/es werde | sie werden | |

**FUTURE SUBJUNCTIVE II**

| | | |
|---|---|---|
| ich würde | wir würden | |
| du würdest | ihr würdet | überlegen |
| Sie würden | Sie würden | |
| er/sie/es würde | sie würden | |

**PRESENT PERFECT**

| | | |
|---|---|---|
| ich habe | wir haben | |
| du hast | ihr habt | überlegt |
| Sie haben | Sie haben | |
| er/sie/es hat | sie haben | |

**PAST PERFECT**

| | | |
|---|---|---|
| ich hatte | wir hatten | |
| du hattest | ihr hattet | überlegt |
| Sie hatten | Sie hatten | |
| er/sie/es hatte | sie hatten | |

**FUTURE PERFECT**

| | | |
|---|---|---|
| ich werde | wir werden | |
| du wirst | ihr werdet | überlegt haben |
| Sie werden | Sie werden | |
| er/sie/es wird | sie werden | |

**PAST SUBJUNCTIVE I**

| | | |
|---|---|---|
| ich habe | wir haben | |
| du habest | ihr habet | überlegt |
| Sie haben | Sie haben | |
| er/sie/es habe | sie haben | |

**PAST SUBJUNCTIVE II**

| | | |
|---|---|---|
| ich hätte | wir hätten | |
| du hättest | ihr hättet | überlegt |
| Sie hätten | Sie hätten | |
| er/sie/es hätte | sie hätten | |

**FUTURE PERFECT SUBJUNCTIVE I**

| | | |
|---|---|---|
| ich werde | wir werden | |
| du werdest | ihr werdet | überlegt haben |
| Sie werden | Sie werden | |
| er/sie/es werde | sie werden | |

**FUTURE PERFECT SUBJUNCTIVE II**

| | | |
|---|---|---|
| ich würde | wir würden | |
| du würdest | ihr würdet | überlegt haben |
| Sie würden | Sie würden | |
| er/sie/es würde | sie würden | |

**COMMANDS** überleg(e)! überlegt! überlegen Sie!

**PRESENT PARTICIPLE** überlegend

## Usage

| | |
|---|---|
| Der Fußballspieler überlegt, ob er seine Karriere beenden soll. | *The soccer player is considering retiring.* |
| Habt ihr es euch überlegt? | *Have you thought it over?* |
| Überlegt euch den Plan noch einmal. | *Reconsider the plan.* |
| Stefanie möchte sich ihre Lage neu überlegen. | *Stefanie would like to reconsider her situation.* |
| Überlegen Sie doch mal, was die Folgen sind. | *Just consider what the consequences are.* |
| Die Regierung überlegt neue Maßnahmen. | *The government is considering new measures.* |
| Manfred überlegt sich, ob er ins Ausland gehen soll. | *Manfred is considering whether he should go abroad.* |
| Ich möchte es mir überlegen. | *I'd like to reflect on it.* |
| Die Sache muss genau überlegt werden. | *The matter must be carefully considered.* |
| Ich habe es mir anders überlegt. | *I've changed my mind.* |
| „Was kann das sein?" überlegte sich Grete. | *"What can that be?" wondered Grete.* |
| Niklas überlegte lange hin und her, bevor er dem Vorschlag zustimmte. | *Niklas vacillated for a long time before he said yes to the proposal.* |

**RELATED VERBS** *see* **legen** (283)

# übernehmen
*to take delivery of, receive; undertake; take over, borrow*

übernimmt · übernahm · übernommen

strong verb

## PRESENT

| | |
|---|---|
| ich übernehme | wir übernehmen |
| du übernimmst | ihr übernehmt |
| Sie übernehmen | Sie übernehmen |
| er/sie/es übernimmt | sie übernehmen |

## PRESENT PERFECT

| | | |
|---|---|---|
| ich habe | wir haben | |
| du hast | ihr habt | übernommen |
| Sie haben | Sie haben | |
| er/sie/es hat | sie haben | |

## SIMPLE PAST

| | |
|---|---|
| ich übernahm | wir übernahmen |
| du übernahmst | ihr übernahmt |
| Sie übernahmen | Sie übernahmen |
| er/sie/es übernahm | sie übernahmen |

## PAST PERFECT

| | | |
|---|---|---|
| ich hatte | wir hatten | |
| du hattest | ihr hattet | übernommen |
| Sie hatten | Sie hatten | |
| er/sie/es hatte | sie hatten | |

## FUTURE

| | | |
|---|---|---|
| ich werde | wir werden | |
| du wirst | ihr werdet | übernehmen |
| Sie werden | Sie werden | |
| er/sie/es wird | sie werden | |

## FUTURE PERFECT

| | | |
|---|---|---|
| ich werde | wir werden | |
| du wirst | ihr werdet | übernommen haben |
| Sie werden | Sie werden | |
| er/sie/es wird | sie werden | |

## PRESENT SUBJUNCTIVE I

| | |
|---|---|
| ich übernehme | wir übernehmen |
| du übernehmest | ihr übernehmet |
| Sie übernehmen | Sie übernehmen |
| er/sie/es übernehme | sie übernehmen |

## PAST SUBJUNCTIVE I

| | | |
|---|---|---|
| ich habe | wir haben | |
| du habest | ihr habet | übernommen |
| Sie haben | Sie haben | |
| er/sie/es habe | sie haben | |

## PRESENT SUBJUNCTIVE II

| | |
|---|---|
| ich übernähme | wir übernähmen |
| du übernähmest | ihr übernähmet |
| Sie übernähmen | Sie übernähmen |
| er/sie/es übernähme | sie übernähmen |

## PAST SUBJUNCTIVE II

| | | |
|---|---|---|
| ich hätte | wir hätten | |
| du hättest | ihr hättet | übernommen |
| Sie hätten | Sie hätten | |
| er/sie/es hätte | sie hätten | |

## FUTURE SUBJUNCTIVE I

| | | |
|---|---|---|
| ich werde | wir werden | |
| du werdest | ihr werdet | übernehmen |
| Sie werden | Sie werden | |
| er/sie/es werde | sie werden | |

## FUTURE PERFECT SUBJUNCTIVE I

| | | |
|---|---|---|
| ich werde | wir werden | |
| du werdest | ihr werdet | übernommen haben |
| Sie werden | Sie werden | |
| er/sie/es werde | sie werden | |

## FUTURE SUBJUNCTIVE II

| | | |
|---|---|---|
| ich würde | wir würden | |
| du würdest | ihr würdet | übernehmen |
| Sie würden | Sie würden | |
| er/sie/es würde | sie würden | |

## FUTURE PERFECT SUBJUNCTIVE II

| | | |
|---|---|---|
| ich würde | wir würden | |
| du würdest | ihr würdet | übernommen haben |
| Sie würden | Sie würden | |
| er/sie/es würde | sie würden | |

COMMANDS    übernimm!   übernehmt!   übernehmen Sie!

PRESENT PARTICIPLE    übernehmend

## Usage

| | |
|---|---|
| Wann haben Sie die Waren übernommen? | *When did you take delivery of the goods?* |
| Der Spion sollte die Aktentasche am Marktplatz übernehmen. | *The spy was supposed to receive the briefcase at the market square.* |
| Das Training wurde von Klaus Becker übernommen. | *The training was undertaken by Klaus Becker.* |
| Die Arbeit wird von einer anderen Stelle übernommen. | *The work is being taken on by another office.* |
| Wir werden die Verantwortung übernehmen. | *We will assume responsibility.* |
| Die Stadt übernimmt Bürgschaft für das Konzern. | *The city is standing security for the company.* |
| Firma Z übernimmt Firma Y. | *Company X is taking over company Y.* |
| Wer kann das Projekt jetzt übernehmen? | *Who can take charge of the project?* |
| 1355 übernahm Herzog Wilhelm das Gebiet. | *In 1355, Duke Wilhelm took over the region.* |
| Vivian hat das Haus und das Grundstück übernommen. | *Vivian has taken over the house and the property.* |
| Der erste Teil meines Berichts wurde aus einem Zeitungsartikel übernommen. | *The first part of my report was borrowed from a newspaper article.* |

RELATED VERBS   *see* **nehmen** (314)

regular weak verb

## PRESENT

| | |
|---|---|
| ich überrasche | wir überraschen |
| du überraschst | ihr überrascht |
| Sie überraschen | Sie überraschen |
| er/sie/es überrascht | sie überraschen |

## SIMPLE PAST

| | |
|---|---|
| ich überraschte | wir überraschten |
| du überraschtest | ihr überraschtet |
| Sie überraschten | Sie überraschten |
| er/sie/es überraschte | sie überraschten |

## FUTURE

| | |
|---|---|
| ich werde | wir werden |
| du wirst | ihr werdet |
| Sie werden | Sie werden |
| er/sie/es wird | sie werden |

} überraschen

## PRESENT SUBJUNCTIVE I

| | |
|---|---|
| ich überrasche | wir überraschen |
| du überraschest | ihr überraschet |
| Sie überraschen | Sie überraschen |
| er/sie/es überrasche | sie überraschen |

## PRESENT SUBJUNCTIVE II

| | |
|---|---|
| ich überraschte | wir überraschten |
| du überraschtest | ihr überraschtet |
| Sie überraschten | Sie überraschten |
| er/sie/es überraschte | sie überraschten |

## FUTURE SUBJUNCTIVE I

| | |
|---|---|
| ich werde | wir werden |
| du werdest | ihr werdet |
| Sie werden | Sie werden |
| er/sie/es werde | sie werden |

} überraschen

## FUTURE SUBJUNCTIVE II

| | |
|---|---|
| ich würde | wir würden |
| du würdest | ihr würdet |
| Sie würden | Sie würden |
| er/sie/es würde | sie würden |

} überraschen

## PRESENT PERFECT

| | |
|---|---|
| ich habe | wir haben |
| du hast | ihr habt |
| Sie haben | Sie haben |
| er/sie/es hat | sie haben |

} überrascht

## PAST PERFECT

| | |
|---|---|
| ich hatte | wir hatten |
| du hattest | ihr hattet |
| Sie hatten | Sie hatten |
| er/sie/es hatte | sie hatten |

} überrascht

## FUTURE PERFECT

| | |
|---|---|
| ich werde | wir werden |
| du wirst | ihr werdet |
| Sie werden | Sie werden |
| er/sie/es wird | sie werden |

} überrascht haben

## PAST SUBJUNCTIVE I

| | |
|---|---|
| ich habe | wir haben |
| du habest | ihr habet |
| Sie haben | Sie haben |
| er/sie/es habe | sie haben |

} überrascht

## PAST SUBJUNCTIVE II

| | |
|---|---|
| ich hätte | wir hätten |
| du hättest | ihr hättet |
| Sie hätten | Sie hätten |
| er/sie/es hätte | sie hätten |

} überrascht

## FUTURE PERFECT SUBJUNCTIVE I

| | |
|---|---|
| ich werde | wir werden |
| du werdest | ihr werdet |
| Sie werden | Sie werden |
| er/sie/es werde | sie werden |

} überrascht haben

## FUTURE PERFECT SUBJUNCTIVE II

| | |
|---|---|
| ich würde | wir würden |
| du würdest | ihr würdet |
| Sie würden | Sie würden |
| er/sie/es würde | sie würden |

} überrascht haben

| | | |
|---|---|---|
| COMMANDS | überrasch(e)! überrascht! | überraschen Sie! |
| PRESENT PARTICIPLE | überraschend | |

## Usage

| | |
|---|---|
| Überraschen Sie mich doch nicht so! | *Don't surprise me like that!* |
| Du überraschst mich immer wieder, Monika! | *You always surprise me, Monika!* |
| Wir wollen Maria überraschen. | *We want to surprise Maria.* |
| Ihre feindselige Einstellung überraschte uns alle. | *Her hostile attitude surprised us all.* |
| Die Kleiderpreise in Berlin haben uns überrascht. | *The clothing prices in Berlin surprised us.* |
| Die Öffentlichkeit wird von der Arroganz des Präsidenten nicht mehr überrascht. | *The public is no longer surprised at the president's arrogance.* |
| Ein Vulkanausbruch überraschte die Einwohner der Insel. | *A volcanic eruption caught the island's inhabitants off guard.* |
| Mein Mann hat mich mit Schokolade und Sekt überrascht. | *My husband surprised me with chocolate and champagne.* |
| Kannst du die Kinder bitte überraschen? | *Can you please spring a surprise on the children?* |
| Der Dieb wurde von der Polizei überrascht. | *The thief was caught unawares by the police.* |
| Hat dich ihre Ankunft nicht überrascht? | *Did her arrival catch you unawares?* |

übersetzt · übersetzte · übersetzt

regular weak verb

**PRESENT**

| | |
|---|---|
| ich übersetze | wir übersetzen |
| du übersetzt | ihr übersetzt |
| Sie übersetzen | Sie übersetzen |
| er/sie/es übersetzt | sie übersetzen |

**SIMPLE PAST**

| | |
|---|---|
| ich übersetzte | wir übersetzten |
| du übersetztest | ihr übersetztet |
| Sie übersetzten | Sie übersetzten |
| er/sie/es übersetzte | sie übersetzten |

**FUTURE**

| | | |
|---|---|---|
| ich werde | wir werden | |
| du wirst | ihr werdet | übersetzen |
| Sie werden | Sie werden | |
| er/sie/es wird | sie werden | |

**PRESENT SUBJUNCTIVE I**

| | |
|---|---|
| ich übersetze | wir übersetzen |
| du übersetzest | ihr übersetzet |
| Sie übersetzen | Sie übersetzen |
| er/sie/es übersetze | sie übersetzen |

**PRESENT SUBJUNCTIVE II**

| | |
|---|---|
| ich übersetzte | wir übersetzten |
| du übersetztest | ihr übersetztet |
| Sie übersetzten | Sie übersetzten |
| er/sie/es übersetzte | sie übersetzten |

**FUTURE SUBJUNCTIVE I**

| | | |
|---|---|---|
| ich werde | wir werden | |
| du werdest | ihr werdet | übersetzen |
| Sie werden | Sie werden | |
| er/sie/es werde | sie werden | |

**FUTURE SUBJUNCTIVE II**

| | | |
|---|---|---|
| ich würde | wir würden | |
| du würdest | ihr würdet | übersetzen |
| Sie würden | Sie würden | |
| er/sie/es würde | sie würden | |

**PRESENT PERFECT**

| | | |
|---|---|---|
| ich habe | wir haben | |
| du hast | ihr habt | übersetzt |
| Sie haben | Sie haben | |
| er/sie/es hat | sie haben | |

**PAST PERFECT**

| | | |
|---|---|---|
| ich hatte | wir hatten | |
| du hattest | ihr hattet | übersetzt |
| Sie hatten | Sie hatten | |
| er/sie/es hatte | sie hatten | |

**FUTURE PERFECT**

| | | |
|---|---|---|
| ich werde | wir werden | |
| du wirst | ihr werdet | übersetzt haben |
| Sie werden | Sie werden | |
| er/sie/es wird | sie werden | |

**PAST SUBJUNCTIVE I**

| | | |
|---|---|---|
| ich habe | wir haben | |
| du habest | ihr habet | übersetzt |
| Sie haben | Sie haben | |
| er/sie/es habe | sie haben | |

**PAST SUBJUNCTIVE II**

| | | |
|---|---|---|
| ich hätte | wir hätten | |
| du hättest | ihr hättet | übersetzt |
| Sie hätten | Sie hätten | |
| er/sie/es hätte | sie hätten | |

**FUTURE PERFECT SUBJUNCTIVE I**

| | | |
|---|---|---|
| ich werde | wir werden | |
| du werdest | ihr werdet | übersetzt haben |
| Sie werden | Sie werden | |
| er/sie/es werde | sie werden | |

**FUTURE PERFECT SUBJUNCTIVE II**

| | | |
|---|---|---|
| ich würde | wir würden | |
| du würdest | ihr würdet | übersetzt haben |
| Sie würden | Sie würden | |
| er/sie/es würde | sie würden | |

COMMANDS   übersetz(e)!   übersetzt!   übersetzen Sie!

PRESENT PARTICIPLE   übersetzend

## Usage

| | |
|---|---|
| Übersetzen Sie ins Englische. | *Translate into English.* |
| Ich musste den Brief für meine Tante übersetzen. | *I had to translate the letter for my aunt.* |
| Die Software übersetzt aus mehreren Sprachen. | *The software translates from several languages.* |
| Der Mann an der Rezeption hat für uns übersetzt. | *The man at the front desk translated for us.* |
| Der Roman ist aus dem Englischen ins Deutsche neu übersetzt worden. | *The novel was retranslated from English into German.* |
| Manni übersetzte seiner Freundin den Ausdruck wörtlich und sie lachte sich tot. | *Manni translated the expression literally for his girlfriend and she died laughing.* |
| Namen kann man oft nicht übersetzen. | *Names often cannot be translated.* |
| Das Wort „Gemütlichkeit" kann man nur schwer übersetzen. | *The word "Gemütlichkeit" is difficult to translate.* |
| Der Text wurde frei übersetzt. | *The text was loosely translated.* |
| Er versucht seine Gefühle in Bilder zu übersetzen. | *He tries to translate his feelings into images.* |

**RELATED VERBS** *see* **setzen** (400)

strong verb

**PRESENT**

| | |
|---|---|
| ich überweise | wir überweisen |
| du überweist | ihr überweist |
| Sie überweisen | Sie überweisen |
| er/sie/es überweist | sie überweisen |

**SIMPLE PAST**

| | |
|---|---|
| ich überwies | wir überwiesen |
| du überwiesest | ihr überwiest |
| Sie überwiesen | Sie überwiesen |
| er/sie/es überwies | sie überwiesen |

**FUTURE**

| | | |
|---|---|---|
| ich werde | wir werden | |
| du wirst | ihr werdet | überweisen |
| Sie werden | Sie werden | |
| er/sie/es wird | sie werden | |

**PRESENT SUBJUNCTIVE I**

| | |
|---|---|
| ich überweise | wir überweisen |
| du überweisest | ihr überweiset |
| Sie überweisen | Sie überweisen |
| er/sie/es überweise | sie überweisen |

**PRESENT SUBJUNCTIVE II**

| | |
|---|---|
| ich überwiese | wir überwiesen |
| du überwiesest | ihr überwieset |
| Sie überwiesen | Sie überwiesen |
| er/sie/es überwiese | sie überwiesen |

**FUTURE SUBJUNCTIVE I**

| | | |
|---|---|---|
| ich werde | wir werden | |
| du werdest | ihr werdet | überweisen |
| Sie werden | Sie werden | |
| er/sie/es werde | sie werden | |

**FUTURE SUBJUNCTIVE II**

| | | |
|---|---|---|
| ich würde | wir würden | |
| du würdest | ihr würdet | überweisen |
| Sie würden | Sie würden | |
| er/sie/es würde | sie würden | |

**PRESENT PERFECT**

| | | |
|---|---|---|
| ich habe | wir haben | |
| du hast | ihr habt | überwiesen |
| Sie haben | Sie haben | |
| er/sie/es hat | sie haben | |

**PAST PERFECT**

| | | |
|---|---|---|
| ich hatte | wir hatten | |
| du hattest | ihr hattet | überwiesen |
| Sie hatten | Sie hatten | |
| er/sie/es hatte | sie hatten | |

**FUTURE PERFECT**

| | | |
|---|---|---|
| ich werde | wir werden | |
| du wirst | ihr werdet | überwiesen haben |
| Sie werden | Sie werden | |
| er/sie/es wird | sie werden | |

**PAST SUBJUNCTIVE I**

| | | |
|---|---|---|
| ich habe | wir haben | |
| du habest | ihr habet | überwiesen |
| Sie haben | Sie haben | |
| er/sie/es habe | sie haben | |

**PAST SUBJUNCTIVE II**

| | | |
|---|---|---|
| ich hätte | wir hätten | |
| du hättest | ihr hättet | überwiesen |
| Sie hätten | Sie hätten | |
| er/sie/es hätte | sie hätten | |

**FUTURE PERFECT SUBJUNCTIVE I**

| | | |
|---|---|---|
| ich werde | wir werden | |
| du werdest | ihr werdet | überwiesen haben |
| Sie werden | Sie werden | |
| er/sie/es werde | sie werden | |

**FUTURE PERFECT SUBJUNCTIVE II**

| | | |
|---|---|---|
| ich würde | wir würden | |
| du würdest | ihr würdet | überwiesen haben |
| Sie würden | Sie würden | |
| er/sie/es würde | sie würden | |

**COMMANDS**  überweis(e)!  überweist!  überweisen Sie!

**PRESENT PARTICIPLE**  überweisend

## Usage

| | |
|---|---|
| Warum überweist du es nicht bei der Post? | *Why don't you make the transfer at the post office?* |
| Wann werden Sie es überweisen? | *When will you transfer it?* |
| Sabine überweist monatlich über 3 000 Euro an ihre Eltern. | *Sabine transfers over 3,000 euros to her parents every month.* |
| Man kann die Zahlung auch online überweisen. | *You can make the transfer online, too.* |
| Kann man Geld per Handy überweisen? | *Can you make the transfer via cell phone?* |
| Ist der Betrag schon überwiesen worden? | *Has the amount already been transferred?* |
| Ich möchte 250 Dollar in die USA überweisen. | *I'd like to transfer 250 dollars to the U.S.* |
| Haben Sie die 100 Euro schon überwiesen? | *Have you already transferred the 100 euros?* |
| Er hat keine Zeit, die 50 Euro zu überweisen. | *He has no time to transfer the 50 euros.* |
| Das Hotel überweist die Rückzahlung auf unser Bankkonto. | *The hotel is transferring the refund into our bank account.* |
| Die Sache wird an das Komitee überwiesen werden. | *The matter will be referred to the committee.* |

**RELATED VERBS** *see* **weisen** (526)

## überwinden

*to overcome, surmount, conquer; get past*

überwindet · überwand · überwunden

strong verb

**PRESENT**

| | |
|---|---|
| ich überwinde | wir überwinden |
| du überwindest | ihr überwindet |
| Sie überwinden | Sie überwinden |
| er/sie/es überwindet | sie überwinden |

**PRESENT PERFECT**

| | | |
|---|---|---|
| ich habe | wir haben | |
| du hast | ihr habt | |
| Sie haben | Sie haben | überwunden |
| er/sie/es hat | sie haben | |

**SIMPLE PAST**

| | |
|---|---|
| ich überwand | wir überwanden |
| du überwandest | ihr überwandet |
| Sie überwanden | Sie überwanden |
| er/sie/es überwand | sie überwanden |

**PAST PERFECT**

| | | |
|---|---|---|
| ich hatte | wir hatten | |
| du hattest | ihr hattet | |
| Sie hatten | Sie hatten | überwunden |
| er/sie/es hatte | sie hatten | |

**FUTURE**

| | | |
|---|---|---|
| ich werde | wir werden | |
| du wirst | ihr werdet | |
| Sie werden | Sie werden | überwinden |
| er/sie/es wird | sie werden | |

**FUTURE PERFECT**

| | | |
|---|---|---|
| ich werde | wir werden | |
| du wirst | ihr werdet | |
| Sie werden | Sie werden | überwunden haben |
| er/sie/es wird | sie werden | |

**PRESENT SUBJUNCTIVE I**

| | |
|---|---|
| ich überwinde | wir überwinden |
| du überwindest | ihr überwindet |
| Sie überwinden | Sie überwinden |
| er/sie/es überwinde | sie überwinden |

**PAST SUBJUNCTIVE I**

| | | |
|---|---|---|
| ich habe | wir haben | |
| du habest | ihr habet | |
| Sie haben | Sie haben | überwunden |
| er/sie/es habe | sie haben | |

**PRESENT SUBJUNCTIVE II**

| | |
|---|---|
| ich überwände | wir überwänden |
| du überwändest | ihr überwändet |
| Sie überwänden | Sie überwänden |
| er/sie/es überwände | sie überwänden |

**PAST SUBJUNCTIVE II**

| | | |
|---|---|---|
| ich hätte | wir hätten | |
| du hättest | ihr hättet | |
| Sie hätten | Sie hätten | überwunden |
| er/sie/es hätte | sie hätten | |

**FUTURE SUBJUNCTIVE I**

| | | |
|---|---|---|
| ich werde | wir werden | |
| du werdest | ihr werdet | |
| Sie werden | Sie werden | überwinden |
| er/sie/es werde | sie werden | |

**FUTURE PERFECT SUBJUNCTIVE I**

| | | |
|---|---|---|
| ich werde | wir werden | |
| du werdest | ihr werdet | |
| Sie werden | Sie werden | überwunden haben |
| er/sie/es werde | sie werden | |

**FUTURE SUBJUNCTIVE II**

| | | |
|---|---|---|
| ich würde | wir würden | |
| du würdest | ihr würdet | |
| Sie würden | Sie würden | überwinden |
| er/sie/es würde | sie würden | |

**FUTURE PERFECT SUBJUNCTIVE II**

| | | |
|---|---|---|
| ich würde | wir würden | |
| du würdest | ihr würdet | |
| Sie würden | Sie würden | überwunden haben |
| er/sie/es würde | sie würden | |

**COMMANDS**     überwinde! überwindet! überwinden Sie!

**PRESENT PARTICIPLE**     überwindend

## Usage

| | |
|---|---|
| Lena musste eine schwere Krankheit überwinden. | *Lena had to overcome a serious illness.* |
| Sabines Vorschlag überwindet etliche Schwierigkeiten. | *Sabine's suggestion overcomes several difficulties.* |
| Man muss die eigenen Schwächen überwinden können. | *You have to be able to overcome your own weaknesses.* |
| Andreas scheint die Hindernisse überwunden zu haben. | *Andreas seems to have surmounted the obstacles.* |
| Wie können die emotionalen Barrieren überwunden werden? | *How can the emotional barriers be hurdled?* |
| Viele meinen, die Krise sei nicht zu überwinden. | *Many people think the crisis cannot be reined in.* |
| Nachdem er Malaria überwunden hatte, ist er an Krebs gestorben. | *After he had conquered malaria, he died of cancer.* |
| Der Kämpfer überwand seinen Gegner. | *The combatant triumphed over his opponent.* |
| Wie überwindet das Kind seine Angst vor der Dunkelheit? | *How does a child overcome fear of the dark?* |
| Herr Kästner hat den Tod seiner Frau nie wirklich überwunden. | *Mr. Kästner has never really gotten over the death of his wife.* |
| Bald hatte Birgit ihre Probleme überwunden. | *Soon Birgit had overcome her problems.* |

**RELATED VERBS** *see* **winden** (535)

regular weak verb

**PRESENT**

| | |
|---|---|
| ich überzeuge | wir überzeugen |
| du überzeugst | ihr überzeugt |
| Sie überzeugen | Sie überzeugen |
| er/sie/es überzeugt | sie überzeugen |

**SIMPLE PAST**

| | |
|---|---|
| ich überzeugte | wir überzeugten |
| du überzeugtest | ihr überzeugtet |
| Sie überzeugten | Sie überzeugten |
| er/sie/es überzeugte | sie überzeugten |

**FUTURE**

| | | |
|---|---|---|
| ich werde | wir werden | |
| du wirst | ihr werdet | überzeugen |
| Sie werden | Sie werden | |
| er/sie/es wird | sie werden | |

**PRESENT SUBJUNCTIVE I**

| | |
|---|---|
| ich überzeuge | wir überzeugen |
| du überzeugest | ihr überzeuget |
| Sie überzeugen | Sie überzeugen |
| er/sie/es überzeuge | sie überzeugen |

**PRESENT SUBJUNCTIVE II**

| | |
|---|---|
| ich überzeugte | wir überzeugten |
| du überzeugtest | ihr überzeugtet |
| Sie überzeugten | Sie überzeugten |
| er/sie/es überzeugte | sie überzeugten |

**FUTURE SUBJUNCTIVE I**

| | | |
|---|---|---|
| ich werde | wir werden | |
| du werdest | ihr werdet | überzeugen |
| Sie werden | Sie werden | |
| er/sie/es werde | sie werden | |

**FUTURE SUBJUNCTIVE II**

| | | |
|---|---|---|
| ich würde | wir würden | |
| du würdest | ihr würdet | überzeugen |
| Sie würden | Sie würden | |
| er/sie/es würde | sie würden | |

**PRESENT PERFECT**

| | | |
|---|---|---|
| ich habe | wir haben | |
| du hast | ihr habt | überzeugt |
| Sie haben | Sie haben | |
| er/sie/es hat | sie haben | |

**PAST PERFECT**

| | | |
|---|---|---|
| ich hatte | wir hatten | |
| du hattest | ihr hattet | überzeugt |
| Sie hatten | Sie hatten | |
| er/sie/es hatte | sie hatten | |

**FUTURE PERFECT**

| | | |
|---|---|---|
| ich werde | wir werden | |
| du wirst | ihr werdet | überzeugt haben |
| Sie werden | Sie werden | |
| er/sie/es wird | sie werden | |

**PAST SUBJUNCTIVE I**

| | | |
|---|---|---|
| ich habe | wir haben | |
| du habest | ihr habet | überzeugt |
| Sie haben | Sie haben | |
| er/sie/es habe | sie haben | |

**PAST SUBJUNCTIVE II**

| | | |
|---|---|---|
| ich hätte | wir hätten | |
| du hättest | ihr hättet | überzeugt |
| Sie hätten | Sie hätten | |
| er/sie/es hätte | sie hätten | |

**FUTURE PERFECT SUBJUNCTIVE I**

| | | |
|---|---|---|
| ich werde | wir werden | |
| du werdest | ihr werdet | überzeugt haben |
| Sie werden | Sie werden | |
| er/sie/es werde | sie werden | |

**FUTURE PERFECT SUBJUNCTIVE II**

| | | |
|---|---|---|
| ich würde | wir würden | |
| du würdest | ihr würdet | überzeugt haben |
| Sie würden | Sie würden | |
| er/sie/es würde | sie würden | |

**COMMANDS** überzeug(e)! überzeugt! überzeugen Sie!

**PRESENT PARTICIPLE** überzeugend

## Usage

Der Vortrag überzeugte den Großteil des Publikums.
*The presentation convinced a large portion of the audience.*

Was hat dich so tief davon überzeugt, dass Manfred Recht hat?
*What has so deeply convinced you that Manfred is right?*

Kannst du die Kinder überzeugen, zu Hause zu bleiben?
*Can you persuade the children to stay home?*

Ich wollte mich mit eigenen Augen überzeugen.
*I wanted to see for myself / with my own eyes.*

Der Dokumentarfilm hat sie von der Ernsthaftigkeit der Sache überzeugt.
*The documentary film convinced her of the seriousness of the matter.*

Die einfühlsame Interpretation des Pianisten überzeugte ganz.
*The pianist's sympathetic interpretation was full of conviction.*

Ich bin davon überzeugt, dass das Geschäft rentabel ist.
*I am convinced that the business is profitable.*

Karen möchte uns davon überzeugen, nach Tasmanien zu fliegen.
*Karen wants to persuade us to fly to Tasmania.*

Lasst euch nicht überzeugen!
*Don't let yourself be persuaded!*

**RELATED VERB** zeugen

**unterbrechen** *to interrupt, break; terminate*

unterbricht · unterbrach · unterbrochen

strong verb

**PRESENT**

| | |
|---|---|
| ich unterbreche | wir unterbrechen |
| du unterbrichst | ihr unterbrecht |
| Sie unterbrechen | Sie unterbrechen |
| er/sie/es unterbricht | sie unterbrechen |

**PRESENT PERFECT**

| | | |
|---|---|---|
| ich habe | wir haben | |
| du hast | ihr habt | unterbrochen |
| Sie haben | Sie haben | |
| er/sie/es hat | sie haben | |

**SIMPLE PAST**

| | |
|---|---|
| ich unterbrach | wir unterbrachen |
| du unterbrachst | ihr unterbracht |
| Sie unterbrachen | Sie unterbrachen |
| er/sie/es unterbrach | sie unterbrachen |

**PAST PERFECT**

| | | |
|---|---|---|
| ich hatte | wir hatten | |
| du hattest | ihr hattet | unterbrochen |
| Sie hatten | Sie hatten | |
| er/sie/es hatte | sie hatten | |

**FUTURE**

| | | |
|---|---|---|
| ich werde | wir werden | |
| du wirst | ihr werdet | unterbrechen |
| Sie werden | Sie werden | |
| er/sie/es wird | sie werden | |

**FUTURE PERFECT**

| | | |
|---|---|---|
| ich werde | wir werden | |
| du wirst | ihr werdet | unterbrochen haben |
| Sie werden | Sie werden | |
| er/sie/es wird | sie werden | |

**PRESENT SUBJUNCTIVE I**

| | |
|---|---|
| ich unterbreche | wir unterbrechen |
| du unterbrechest | ihr unterbrechet |
| Sie unterbrechen | Sie unterbrechen |
| er/sie/es unterbreche | sie unterbrechen |

**PAST SUBJUNCTIVE I**

| | | |
|---|---|---|
| ich habe | wir haben | |
| du habest | ihr habet | unterbrochen |
| Sie haben | Sie haben | |
| er/sie/es habe | sie haben | |

**PRESENT SUBJUNCTIVE II**

| | |
|---|---|
| ich unterbräche | wir unterbrächen |
| du unterbrächest | ihr unterbrächet |
| Sie unterbrächen | Sie unterbrächen |
| er/sie/es unterbräche | sie unterbrächen |

**PAST SUBJUNCTIVE II**

| | | |
|---|---|---|
| ich hätte | wir hätten | |
| du hättest | ihr hättet | unterbrochen |
| Sie hätten | Sie hätten | |
| er/sie/es hätte | sie hätten | |

**FUTURE SUBJUNCTIVE I**

| | | |
|---|---|---|
| ich werde | wir werden | |
| du werdest | ihr werdet | unterbrechen |
| Sie werden | Sie werden | |
| er/sie/es werde | sie werden | |

**FUTURE PERFECT SUBJUNCTIVE I**

| | | |
|---|---|---|
| ich werde | wir werden | |
| du werdest | ihr werdet | unterbrochen haben |
| Sie werden | Sie werden | |
| er/sie/es werde | sie werden | |

**FUTURE SUBJUNCTIVE II**

| | | |
|---|---|---|
| ich würde | wir würden | |
| du würdest | ihr würdet | unterbrechen |
| Sie würden | Sie würden | |
| er/sie/es würde | sie würden | |

**FUTURE PERFECT SUBJUNCTIVE II**

| | | |
|---|---|---|
| ich würde | wir würden | |
| du würdest | ihr würdet | unterbrochen haben |
| Sie würden | Sie würden | |
| er/sie/es würde | sie würden | |

**COMMANDS** unterbrich! unterbrecht! unterbrechen Sie!

**PRESENT PARTICIPLE** unterbrechend

## Usage

| | |
|---|---|
| Das Wetter hat das Fußballspiel unterbrochen. | *The weather interrupted the soccer game.* |
| Fernsehsendungen werden von Werbungen unterbrochen. | *Television broadcasts are interrupted by commercials.* |
| Schallendes Gelächter unterbrach die Professorin. | *Peals of laughter interrupted the professor.* |
| Max und Moritz wollten den Lehrer nicht unterbrochen haben. | *Max and Moritz claimed not to have interrupted the teacher.* |
| Darf ich kurz unterbrechen? | *May I interrupt briefly?* |
| Lara hat ihr Studium unterbrochen, um eine Weltreise zu machen. | *Lara took a break from her studies to take a trip around the world.* |
| Dissonante Töne unterbrechen die Melodie an drei Stellen in diesem Stück. | *Dissonant notes disrupt the melody in three places in this piece.* |
| Die Sitzung wurde um drei Uhr unterbrochen. | *The session was adjourned at three o'clock.* |
| Karoline möchte die Schwangerschaft nicht unterbrechen. | *Karoline doesn't want to terminate the pregnancy.* |
| Leider mussten wir unseren Urlaub unterbrechen. | *Unfortunately, we had to cut our vacation short.* |

**RELATED VERBS** *see* **brechen** (116)

**strong verb** | unterhält · unterhielt · unterhalten

### PRESENT

| ich unterhalte | wir unterhalten |
| du unterhältst | ihr unterhaltet |
| Sie unterhalten | Sie unterhalten |
| er/sie/es unterhält | sie unterhalten |

### SIMPLE PAST

| ich unterhielt | wir unterhielten |
| du unterhieltst | ihr unterhieltet |
| Sie unterhielten | Sie unterhielten |
| er/sie/es unterhielt | sie unterhielten |

### FUTURE

| ich werde | wir werden |
| du wirst | ihr werdet |
| Sie werden | Sie werden |
| er/sie/es wird | sie werden |

} unterhalten

### PRESENT SUBJUNCTIVE I

| ich unterhalte | wir unterhalten |
| du unterhaltest | ihr unterhaltet |
| Sie unterhalten | Sie unterhalten |
| er/sie/es unterhalte | sie unterhalten |

### PRESENT SUBJUNCTIVE II

| ich unterhielte | wir unterhielten |
| du unterhieltest | ihr unterhieltet |
| Sie unterhielten | Sie unterhielten |
| er/sie/es unterhielte | sie unterhielten |

### FUTURE SUBJUNCTIVE I

| ich werde | wir werden |
| du werdest | ihr werdet |
| Sie werden | Sie werden |
| er/sie/es werde | sie werden |

} unterhalten

### FUTURE SUBJUNCTIVE II

| ich würde | wir würden |
| du würdest | ihr würdet |
| Sie würden | Sie würden |
| er/sie/es würde | sie würden |

} unterhalten

### PRESENT PERFECT

| ich habe | wir haben |
| du hast | ihr habt |
| Sie haben | Sie haben |
| er/sie/es hat | sie haben |

} unterhalten

### PAST PERFECT

| ich hatte | wir hatten |
| du hattest | ihr hattet |
| Sie hatten | Sie hatten |
| er/sie/es hatte | sie hatten |

} unterhalten

### FUTURE PERFECT

| ich werde | wir werden |
| du wirst | ihr werdet |
| Sie werden | Sie werden |
| er/sie/es wird | sie werden |

} unterhalten haben

### PAST SUBJUNCTIVE I

| ich habe | wir haben |
| du habest | ihr habet |
| Sie haben | Sie haben |
| er/sie/es habe | sie haben |

} unterhalten

### PAST SUBJUNCTIVE II

| ich hätte | wir hätten |
| du hättest | ihr hättet |
| Sie hätten | Sie hätten |
| er/sie/es hätte | sie hätten |

} unterhalten

### FUTURE PERFECT SUBJUNCTIVE I

| ich werde | wir werden |
| du werdest | ihr werdet |
| Sie werden | Sie werden |
| er/sie/es werde | sie werden |

} unterhalten haben

### FUTURE PERFECT SUBJUNCTIVE II

| ich würde | wir würden |
| du würdest | ihr würdet |
| Sie würden | Sie würden |
| er/sie/es würde | sie würden |

} unterhalten haben

**COMMANDS** unterhalte! unterhaltet! unterhalten Sie!

**PRESENT PARTICIPLE** unterhaltend

## Usage

Wie ist eine 8-köpfige Familie zu unterhalten? — *How can a family of eight be supported?*
Ich unterhalte gute Beziehungen zu ihnen. — *I maintain good relations with them.*
Der Verein unterhält eine kleine Gaststätte am See. — *The club runs a small inn on the lake.*
Könnt ihr das Lagerfeuer bitte unterhalten? — *Could you please keep the campfire going?*
Wie unterhaltet ihr eure Gäste? — *How do you entertain your guests?*
Lars unterhielt seine Gäste mit Zaubertricks. — *Lars entertained his guests with magic tricks.*

### sich unterhalten *to converse; enjoy oneself*

Karen möchte sich mit uns unterhalten. — *Karen would like to converse with us.*
Habt ihr euch mit Tante Bärbel unterhalten? — *Did you chat with Aunt Bärbel?*
Ich habe mich drei Stunden mit ihr unterhalten. — *I conversed with her for three hours.*
Hast du dich gut unterhalten? — *Did you have a nice time?*
Als Kind unterhielt ich mich mit Kreuzworträtseln. — *As a child, I enjoyed working crossword puzzles.*

**RELATED VERBS** *see* **halten** (231)

unternimmt · unternahm · unternommen

strong verb

**PRESENT**

| | |
|---|---|
| ich unternehme | wir unternehmen |
| du unternimmst | ihr unternehmt |
| Sie unternehmen | Sie unternehmen |
| er/sie/es unternimmt | sie unternehmen |

**SIMPLE PAST**

| | |
|---|---|
| ich unternahm | wir unternahmen |
| du unternahmst | ihr unternahmt |
| Sie unternahmen | Sie unternahmen |
| er/sie/es unternahm | sie unternahmen |

**FUTURE**

| | |
|---|---|
| ich werde | wir werden |
| du wirst | ihr werdet |
| Sie werden | Sie werden | } unternehmen
| er/sie/es wird | sie werden |

**PRESENT SUBJUNCTIVE I**

| | |
|---|---|
| ich unternehme | wir unternehmen |
| du unternehmest | ihr unternehmet |
| Sie unternehmen | Sie unternehmen |
| er/sie/es unternehme | sie unternehmen |

**PRESENT SUBJUNCTIVE II**

| | |
|---|---|
| ich unternähme | wir unternähmen |
| du unternähmest | ihr unternähmet |
| Sie unternähmen | Sie unternähmen |
| er/sie/es unternähme | sie unternähmen |

**FUTURE SUBJUNCTIVE I**

| | |
|---|---|
| ich werde | wir werden |
| du werdest | ihr werdet |
| Sie werden | Sie werden | } unternehmen
| er/sie/es werde | sie werden |

**FUTURE SUBJUNCTIVE II**

| | |
|---|---|
| ich würde | wir würden |
| du würdest | ihr würdet |
| Sie würden | Sie würden | } unternehmen
| er/sie/es würde | sie würden |

**PRESENT PERFECT**

| | |
|---|---|
| ich habe | wir haben |
| du hast | ihr habt |
| Sie haben | Sie haben | } unternommen
| er/sie/es hat | sie haben |

**PAST PERFECT**

| | |
|---|---|
| ich hatte | wir hatten |
| du hattest | ihr hattet |
| Sie hatten | Sie hatten | } unternommen
| er/sie/es hatte | sie hatten |

**FUTURE PERFECT**

| | |
|---|---|
| ich werde | wir werden |
| du wirst | ihr werdet |
| Sie werden | Sie werden | } unternommen haben
| er/sie/es wird | sie werden |

**PAST SUBJUNCTIVE I**

| | |
|---|---|
| ich habe | wir haben |
| du habest | ihr habet |
| Sie haben | Sie haben | } unternommen
| er/sie/es habe | sie haben |

**PAST SUBJUNCTIVE II**

| | |
|---|---|
| ich hätte | wir hätten |
| du hättest | ihr hättet |
| Sie hätten | Sie hätten | } unternommen
| er/sie/es hätte | sie hätten |

**FUTURE PERFECT SUBJUNCTIVE I**

| | |
|---|---|
| ich werde | wir werden |
| du werdest | ihr werdet |
| Sie werden | Sie werden | } unternommen haben
| er/sie/es werde | sie werden |

**FUTURE PERFECT SUBJUNCTIVE II**

| | |
|---|---|
| ich würde | wir würden |
| du würdest | ihr würdet |
| Sie würden | Sie würden | } unternommen haben
| er/sie/es würde | sie würden |

**COMMANDS** unternimm! unternehmt! unternehmen Sie!

**PRESENT PARTICIPLE** unternehmend

## Usage

| | |
|---|---|
| Was unternehmt ihr dieses Wochenende? | *What are you doing this weekend?* |
| Bei dem Wetter konnten wir nichts unternehmen; wir saßen einfach im Zelt und spielten Karten. | *In that weather we couldn't do anything; we just sat in our tent and played cards.* |
| Unternehmen Sie bitte die Vorbereitungen auf die Konferenz. | *Please get busy with the preparations for the conference.* |
| Die Archäologen unternehmen Ausgrabungen in der Nähe von Athen. | *The archeologists are undertaking excavations in the vicinity of Athens.* |
| Diese Arbeit unternimmt den Versuch, den wirtschaftlichen Aufschwung zu erklären. | *This paper attempts to explain the economic boom.* |
| Die Stadt unternahm weitgreifende Maßnahmen. | *The city undertook far-reaching measures.* |
| Professor Unger und seine Frau unternehmen eine Reise nach Korfu. | *Professor Unger and his wife are taking a trip to Corfu.* |
| An deiner Stelle würde ich keinen Spaziergang unternehmen. | *If I were you, I wouldn't go for a walk.* |

**RELATED VERBS** *see* **nehmen** (314)

regular weak verb

**PRESENT**

| | |
|---|---|
| ich unterrichte | wir unterrichten |
| du unterrichtest | ihr unterrichtet |
| Sie unterrichten | Sie unterrichten |
| er/sie/es unterrichtet | sie unterrichten |

**SIMPLE PAST**

| | |
|---|---|
| ich unterrichtete | wir unterrichteten |
| du unterrichtetest | ihr unterrichtetet |
| Sie unterrichteten | Sie unterrichteten |
| er/sie/es unterrichtete | sie unterrichteten |

**FUTURE**

| | | |
|---|---|---|
| ich werde | wir werden | |
| du wirst | ihr werdet | unterrichten |
| Sie werden | Sie werden | |
| er/sie/es wird | sie werden | |

**PRESENT SUBJUNCTIVE I**

| | |
|---|---|
| ich unterrichte | wir unterrichten |
| du unterrichtest | ihr unterrichtet |
| Sie unterrichten | Sie unterrichten |
| er/sie/es unterrichte | sie unterrichten |

**PRESENT SUBJUNCTIVE II**

| | |
|---|---|
| ich unterrichtete | wir unterrichteten |
| du unterrichtetest | ihr unterrichtetet |
| Sie unterrichteten | Sie unterrichteten |
| er/sie/es unterrichtete | sie unterrichteten |

**FUTURE SUBJUNCTIVE I**

| | | |
|---|---|---|
| ich werde | wir werden | |
| du werdest | ihr werdet | unterrichten |
| Sie werden | Sie werden | |
| er/sie/es werde | sie werden | |

**FUTURE SUBJUNCTIVE II**

| | | |
|---|---|---|
| ich würde | wir würden | |
| du würdest | ihr würdet | unterrichten |
| Sie würden | Sie würden | |
| er/sie/es würde | sie würden | |

**PRESENT PERFECT**

| | | |
|---|---|---|
| ich habe | wir haben | |
| du hast | ihr habt | unterrichtet |
| Sie haben | Sie haben | |
| er/sie/es hat | sie haben | |

**PAST PERFECT**

| | | |
|---|---|---|
| ich hatte | wir hatten | |
| du hattest | ihr hattet | unterrichtet |
| Sie hatten | Sie hatten | |
| er/sie/es hatte | sie hatten | |

**FUTURE PERFECT**

| | | |
|---|---|---|
| ich werde | wir werden | |
| du wirst | ihr werdet | unterrichtet haben |
| Sie werden | Sie werden | |
| er/sie/es wird | sie werden | |

**PAST SUBJUNCTIVE I**

| | | |
|---|---|---|
| ich habe | wir haben | |
| du habest | ihr habet | unterrichtet |
| Sie haben | Sie haben | |
| er/sie/es habe | sie haben | |

**PAST SUBJUNCTIVE II**

| | | |
|---|---|---|
| ich hätte | wir hätten | |
| du hättest | ihr hättet | unterrichtet |
| Sie hätten | Sie hätten | |
| er/sie/es hätte | sie hätten | |

**FUTURE PERFECT SUBJUNCTIVE I**

| | | |
|---|---|---|
| ich werde | wir werden | |
| du werdest | ihr werdet | unterrichtet haben |
| Sie werden | Sie werden | |
| er/sie/es werde | sie werden | |

**FUTURE PERFECT SUBJUNCTIVE II**

| | | |
|---|---|---|
| ich würde | wir würden | |
| du würdest | ihr würdet | unterrichtet haben |
| Sie würden | Sie würden | |
| er/sie/es würde | sie würden | |

**COMMANDS**  unterrichte! unterrichtet! unterrichten Sie!

**PRESENT PARTICIPLE**  unterrichtend

## Usage

| | |
|---|---|
| Tante Inge unterrichtet seit zwanzig Jahren an der Grundschule. | *Aunt Inge has been teaching elementary school for 20 years.* |
| Ludmilla unterrichtet russische Kinder in ihrer Muttersprache. | *Ludmilla instructs Russian children in their mother tongue.* |
| „Wo ist Ingrid?" „Sie unterrichtet gerade." | *"Where is Ingrid?" "She's teaching at the moment."* |
| Haben Sie Deutsch für die Mittelstufe unterrichtet? | *Have you taught intermediate German?* |
| Albrechtsberger unterrichtete Beethoven und viele andere berühmte Musiker. | *Albrechtsberger taught Beethoven and many other famous musicians.* |
| In welcher Stufe wird Ethik unterrichtet? | *In which grade is ethics taught?* |
| Dara unterrichtete in einem Sommerprogramm für ausländische Studierende. | *Dara taught in a summer program for foreign students.* |
| Herr Gunnarson unterrichtet über die politische Lage in seinem Land. | *Mr. Gunnarson is providing information on the political situation in his country.* |

**RELATED VERBS** richten; *see also* **berichten** (76), **ein·richten** (135)

**unterscheidet · unterschied · unterschieden**

strong verb

### PRESENT

| | |
|---|---|
| ich unterscheide | wir unterscheiden |
| du unterscheidest | ihr unterscheidet |
| Sie unterscheiden | Sie unterscheiden |
| er/sie/es unterscheidet | sie unterscheiden |

### SIMPLE PAST

| | |
|---|---|
| ich unterschied | wir unterschieden |
| du unterschiedst | ihr unterschiedet |
| Sie unterschieden | Sie unterschieden |
| er/sie/es unterschied | sie unterschieden |

### FUTURE

| | |
|---|---|
| ich werde | wir werden |
| du wirst | ihr werdet |
| Sie werden | Sie werden |
| er/sie/es wird | sie werden |

unterscheiden

### PRESENT SUBJUNCTIVE I

| | |
|---|---|
| ich unterscheide | wir unterscheiden |
| du unterscheidest | ihr unterscheidet |
| Sie unterscheiden | Sie unterscheiden |
| er/sie/es unterscheide | sie unterscheiden |

### PRESENT SUBJUNCTIVE II

| | |
|---|---|
| ich unterschiede | wir unterschieden |
| du unterschiedest | ihr unterschiedet |
| Sie unterschieden | Sie unterschieden |
| er/sie/es unterschiede | sie unterschieden |

### FUTURE SUBJUNCTIVE I

| | |
|---|---|
| ich werde | wir werden |
| du werdest | ihr werdet |
| Sie werden | Sie werden |
| er/sie/es werde | sie werden |

unterscheiden

### FUTURE SUBJUNCTIVE II

| | |
|---|---|
| ich würde | wir würden |
| du würdest | ihr würdet |
| Sie würden | Sie würden |
| er/sie/es würde | sie würden |

unterscheiden

### PRESENT PERFECT

| | |
|---|---|
| ich habe | wir haben |
| du hast | ihr habt |
| Sie haben | Sie haben |
| er/sie/es hat | sie haben |

unterschieden

### PAST PERFECT

| | |
|---|---|
| ich hatte | wir hatten |
| du hattest | ihr hattet |
| Sie hatten | Sie hatten |
| er/sie/es hatte | sie hatten |

unterschieden

### FUTURE PERFECT

| | |
|---|---|
| ich werde | wir werden |
| du wirst | ihr werdet |
| Sie werden | Sie werden |
| er/sie/es wird | sie werden |

unterschieden haben

### PAST SUBJUNCTIVE I

| | |
|---|---|
| ich habe | wir haben |
| du habest | ihr habet |
| Sie haben | Sie haben |
| er/sie/es habe | sie haben |

unterschieden

### PAST SUBJUNCTIVE II

| | |
|---|---|
| ich hätte | wir hätten |
| du hättest | ihr hättet |
| Sie hätten | Sie hätten |
| er/sie/es hätte | sie hätten |

unterschieden

### FUTURE PERFECT SUBJUNCTIVE I

| | |
|---|---|
| ich werde | wir werden |
| du werdest | ihr werdet |
| Sie werden | Sie werden |
| er/sie/es werde | sie werden |

unterschieden haben

### FUTURE PERFECT SUBJUNCTIVE II

| | |
|---|---|
| ich würde | wir würden |
| du würdest | ihr würdet |
| Sie würden | Sie würden |
| er/sie/es würde | sie würden |

unterschieden haben

COMMANDS    unterscheide! unterscheidet! unterscheiden Sie!

PRESENT PARTICIPLE    unterscheidend

## Usage

Er konnte Makisushi von Nigirisushi nicht unterscheiden.
*He could not differentiate maki sushi from nigiri sushi.*

Man kann drei Arten von Haarausfall unterscheiden.
*Three types of hair loss can be distinguished.*

Der Philosoph hat den anaphorischen Bezug von dem kataphorischen unterschieden.
*The philosopher made a distinction between anaphoric and cataphoric reference.*

Diese Eigentümlichkeit unterscheidet ihn vom Rest der Familie.
*This peculiarity sets him apart from the rest of the family.*

### sich unterscheiden *to differ, be different*

Die neue Ausgabe unterscheidet sich nicht radikal von der alten.
*The new edition does not differ radically from the old one.*

Die Autos unterscheiden sich kaum.
*There is hardly any difference between the cars.*

Unterscheidet sich die *Prunus insititia L.* von der *Prunus domestica L.*?
*Does Prunus insititia L. differ from Prunus domestica L.?*

RELATED VERBS    *see* **scheiden** (360)

strong verb                                  unterschreibt · unterschrieb · unterschrieben

**PRESENT**

| | |
|---|---|
| ich unterschreibe | wir unterschreiben |
| du unterschreibst | ihr unterschreibt |
| Sie unterschreiben | Sie unterschreiben |
| er/sie/es unterschreibt | sie unterschreiben |

**SIMPLE PAST**

| | |
|---|---|
| ich unterschrieb | wir unterschrieben |
| du unterschriebst | ihr unterschriebt |
| Sie unterschrieben | Sie unterschrieben |
| er/sie/es unterschrieb | sie unterschrieben |

**FUTURE**

| | | |
|---|---|---|
| ich werde | wir werden | |
| du wirst | ihr werdet | unterschreiben |
| Sie werden | Sie werden | |
| er/sie/es wird | sie werden | |

**PRESENT SUBJUNCTIVE I**

| | |
|---|---|
| ich unterschreibe | wir unterschreiben |
| du unterschreibest | ihr unterschreibet |
| Sie unterschreiben | Sie unterschreiben |
| er/sie/es unterschreibe | sie unterschreiben |

**PRESENT SUBJUNCTIVE II**

| | |
|---|---|
| ich unterschriebe | wir unterschrieben |
| du unterschriebest | ihr unterschriebet |
| Sie unterschrieben | Sie unterschrieben |
| er/sie/es unterschriebe | sie unterschrieben |

**FUTURE SUBJUNCTIVE I**

| | | |
|---|---|---|
| ich werde | wir werden | |
| du werdest | ihr werdet | unterschreiben |
| Sie werden | Sie werden | |
| er/sie/es werde | sie werden | |

**FUTURE SUBJUNCTIVE II**

| | | |
|---|---|---|
| ich würde | wir würden | |
| du würdest | ihr würdet | unterschreiben |
| Sie würden | Sie würden | |
| er/sie/es würde | sie würden | |

**PRESENT PERFECT**

| | | |
|---|---|---|
| ich habe | wir haben | |
| du hast | ihr habt | unterschrieben |
| Sie haben | Sie haben | |
| er/sie/es hat | sie haben | |

**PAST PERFECT**

| | | |
|---|---|---|
| ich hatte | wir hatten | |
| du hattest | ihr hattet | unterschrieben |
| Sie hatten | Sie hatten | |
| er/sie/es hatte | sie hatten | |

**FUTURE PERFECT**

| | | |
|---|---|---|
| ich werde | wir werden | |
| du wirst | ihr werdet | unterschrieben haben |
| Sie werden | Sie werden | |
| er/sie/es wird | sie werden | |

**PAST SUBJUNCTIVE I**

| | | |
|---|---|---|
| ich habe | wir haben | |
| du habest | ihr habet | unterschrieben |
| Sie haben | Sie haben | |
| er/sie/es habe | sie haben | |

**PAST SUBJUNCTIVE II**

| | | |
|---|---|---|
| ich hätte | wir hätten | |
| du hättest | ihr hättet | unterschrieben |
| Sie hätten | Sie hätten | |
| er/sie/es hätte | sie hätten | |

**FUTURE PERFECT SUBJUNCTIVE I**

| | | |
|---|---|---|
| ich werde | wir werden | |
| du werdest | ihr werdet | unterschrieben haben |
| Sie werden | Sie werden | |
| er/sie/es werde | sie werden | |

**FUTURE PERFECT SUBJUNCTIVE II**

| | | |
|---|---|---|
| ich würde | wir würden | |
| du würdest | ihr würdet | unterschrieben haben |
| Sie würden | Sie würden | |
| er/sie/es würde | sie würden | |

**COMMANDS**          unterschreib(e)!    unterschreibt!    unterschreiben Sie!

**PRESENT PARTICIPLE**    unterschreibend

## Usage

| | |
|---|---|
| Karen will nicht unterschreiben. | *Karen does not want to sign.* |
| Der Vertrag wurde mit Blut unterschrieben. | *The contract was signed in blood.* |
| Tante Inge unterschrieb den Brief mit meinem Namen. | *Aunt Inge signed the letter using my name.* |
| Unterschreiben Sie bitte hier. | *Please sign here.* |
| Amtliche Dokumente können elektronisch unterschrieben werden. | *Official documents can be signed electronically.* |
| Ein Kind hätte das nicht unterschreiben dürfen. | *A child should not have signed that.* |
| Der Präsident hat ein neues Gesetz unterschrieben. | *The president signed a new law.* |
| Ein Elternteil muss das Formular unterschrieben haben. | *A parent must have signed the form.* |
| Die Erklärung war nicht unterschrieben. | *The declaration was not signed.* |
| Der Gefangene wurde genötigt, ein Geständnis zu unterschreiben. | *The prisoner was forced to sign a confession.* |
| Ich kann diese Aussage nicht unterschreiben. | *I can't subscribe to this statement.* |

**RELATED VERBS**   *see* **schreiben** (385)

# unterstützen *to support*

unterstützt · unterstützte · unterstützt

regular weak verb

**PRESENT**

| | |
|---|---|
| ich unterstütze | wir unterstützen |
| du unterstützt | ihr unterstützt |
| Sie unterstützen | Sie unterstützen |
| er/sie/es unterstützt | sie unterstützen |

**PRESENT PERFECT**

| | | |
|---|---|---|
| ich habe | wir haben | |
| du hast | ihr habt | |
| Sie haben | Sie haben | unterstützt |
| er/sie/es hat | sie haben | |

**SIMPLE PAST**

| | |
|---|---|
| ich unterstützte | wir unterstützten |
| du unterstütztest | ihr unterstütztet |
| Sie unterstützten | Sie unterstützten |
| er/sie/es unterstützte | sie unterstützten |

**PAST PERFECT**

| | | |
|---|---|---|
| ich hatte | wir hatten | |
| du hattest | ihr hattet | |
| Sie hatten | Sie hatten | unterstützt |
| er/sie/es hatte | sie hatten | |

**FUTURE**

| | | |
|---|---|---|
| ich werde | wir werden | |
| du wirst | ihr werdet | |
| Sie werden | Sie werden | unterstützen |
| er/sie/es wird | sie werden | |

**FUTURE PERFECT**

| | | |
|---|---|---|
| ich werde | wir werden | |
| du wirst | ihr werdet | |
| Sie werden | Sie werden | unterstützt haben |
| er/sie/es wird | sie werden | |

**PRESENT SUBJUNCTIVE I**

| | |
|---|---|
| ich unterstütze | wir unterstützen |
| du unterstützest | ihr unterstützet |
| Sie unterstützen | Sie unterstützen |
| er/sie/es unterstütze | sie unterstützen |

**PAST SUBJUNCTIVE I**

| | | |
|---|---|---|
| ich habe | wir haben | |
| du habest | ihr habet | |
| Sie haben | Sie haben | unterstützt |
| er/sie/es habe | sie haben | |

**PRESENT SUBJUNCTIVE II**

| | |
|---|---|
| ich unterstützte | wir unterstützten |
| du unterstütztest | ihr unterstütztet |
| Sie unterstützten | Sie unterstützten |
| er/sie/es unterstützte | sie unterstützten |

**PAST SUBJUNCTIVE II**

| | | |
|---|---|---|
| ich hätte | wir hätten | |
| du hättest | ihr hättet | |
| Sie hätten | Sie hätten | unterstützt |
| er/sie/es hätte | sie hätten | |

**FUTURE SUBJUNCTIVE I**

| | | |
|---|---|---|
| ich werde | wir werden | |
| du werdest | ihr werdet | |
| Sie werden | Sie werden | unterstützen |
| er/sie/es werde | sie werden | |

**FUTURE PERFECT SUBJUNCTIVE I**

| | | |
|---|---|---|
| ich werde | wir werden | |
| du werdest | ihr werdet | |
| Sie werden | Sie werden | unterstützt haben |
| er/sie/es werde | sie werden | |

**FUTURE SUBJUNCTIVE II**

| | | |
|---|---|---|
| ich würde | wir würden | |
| du würdest | ihr würdet | |
| Sie würden | Sie würden | unterstützen |
| er/sie/es würde | sie würden | |

**FUTURE PERFECT SUBJUNCTIVE II**

| | | |
|---|---|---|
| ich würde | wir würden | |
| du würdest | ihr würdet | |
| Sie würden | Sie würden | unterstützt haben |
| er/sie/es würde | sie würden | |

**COMMANDS**  unterstütz(e)!  unterstützt!  unterstützen Sie!

**PRESENT PARTICIPLE**  unterstützend

## Usage

| | |
|---|---|
| Die Anwohner unterstützen die geplante Verkehrsregelung. | *The residents support the proposed traffic regulation.* |
| Unterstützt du meine These? | *Do you support my thesis?* |
| Die Maßnahmen werden von der SPD unterstützt. | *The measures are backed by the S.P.D.* |
| Die Vorstandsmitglieder unterstützten unsere Entscheidung. | *The board members supported our decision.* |
| Welchen Kandidaten unterstützen Sie? | *Which candidate do you support?* |
| Ich kann Ihre Methoden nicht unterstützen. | *I cannot sanction your methods.* |
| Von wem wird euer Projekt unterstützt? | *By whom is your project endorsed?* |
| Die Politiker unterstützen ein Waffenembargo. | *The politicians support an arms embargo.* |
| Dietrich Hombacher hat eine alternative Erklärung unterstützt. | *Dietrich Hombacher supported an alternate explanation.* |
| Die USA unterstützen einen militärischen Einsatz. | *The U.S. supports military intervention.* |
| Anja hat ihren Freund finanziell unterstützt. | *Anja supported her friend financially.* |
| Der Antrag wurde unterstützt und angenommen. | *The motion was seconded and approved.* |

**RELATED VERBS**  *see* **stützen** (439)

**PRESENT**

| | |
|---|---|
| ich verabschiede | wir verabschieden |
| du verabschiedest | ihr verabschiedet |
| Sie verabschieden | Sie verabschieden |
| er/sie/es verabschiedet | sie verabschieden |

**SIMPLE PAST**

| | |
|---|---|
| ich verabschiedete | wir verabschiedeten |
| du verabschiedetest | ihr verabschiedetet |
| Sie verabschiedeten | Sie verabschiedeten |
| er/sie/es verabschiedete | sie verabschiedeten |

**FUTURE**

| | |
|---|---|
| ich werde | wir werden |
| du wirst | ihr werdet |
| Sie werden | Sie werden |
| er/sie/es wird | sie werden |

verabschieden

**PRESENT SUBJUNCTIVE I**

| | |
|---|---|
| ich verabschiede | wir verabschieden |
| du verabschiedest | ihr verabschiedet |
| Sie verabschieden | Sie verabschieden |
| er/sie/es verabschiede | sie verabschieden |

**PRESENT SUBJUNCTIVE II**

| | |
|---|---|
| ich verabschiedete | wir verabschiedeten |
| du verabschiedetest | ihr verabschiedetet |
| Sie verabschiedeten | Sie verabschiedeten |
| er/sie/es verabschiedete | sie verabschiedeten |

**FUTURE SUBJUNCTIVE I**

| | |
|---|---|
| ich werde | wir werden |
| du werdest | ihr werdet |
| Sie werden | Sie werden |
| er/sie/es werde | sie werden |

verabschieden

**FUTURE SUBJUNCTIVE II**

| | |
|---|---|
| ich würde | wir würden |
| du würdest | ihr würdet |
| Sie würden | Sie würden |
| er/sie/es würde | sie würden |

verabschieden

**PRESENT PERFECT**

| | |
|---|---|
| ich habe | wir haben |
| du hast | ihr habt |
| Sie haben | Sie haben |
| er/sie/es hat | sie haben |

verabschiedet

**PAST PERFECT**

| | |
|---|---|
| ich hatte | wir hatten |
| du hattest | ihr hattet |
| Sie hatten | Sie hatten |
| er/sie/es hatte | sie hatten |

verabschiedet

**FUTURE PERFECT**

| | |
|---|---|
| ich werde | wir werden |
| du wirst | ihr werdet |
| Sie werden | Sie werden |
| er/sie/es wird | sie werden |

verabschiedet haben

**PAST SUBJUNCTIVE I**

| | |
|---|---|
| ich habe | wir haben |
| du habest | ihr habet |
| Sie haben | Sie haben |
| er/sie/es habe | sie haben |

verabschiedet

**PAST SUBJUNCTIVE II**

| | |
|---|---|
| ich hätte | wir hätten |
| du hättest | ihr hättet |
| Sie hätten | Sie hätten |
| er/sie/es hätte | sie hätten |

verabschiedet

**FUTURE PERFECT SUBJUNCTIVE I**

| | |
|---|---|
| ich werde | wir werden |
| du werdest | ihr werdet |
| Sie werden | Sie werden |
| er/sie/es werde | sie werden |

verabschiedet haben

**FUTURE PERFECT SUBJUNCTIVE II**

| | |
|---|---|
| ich würde | wir würden |
| du würdest | ihr würdet |
| Sie würden | Sie würden |
| er/sie/es würde | sie würden |

verabschiedet haben

**COMMANDS**  verabschiede! verabschiedet! verabschieden Sie!

**PRESENT PARTICIPLE**  verabschiedend

## Usage

| | |
|---|---|
| Die Truppen werden bald verabschiedet. | *The troops will soon be disbanded.* |
| Der Offizier wurde gestern verabschiedet. | *The officer was discharged yesterday.* |
| Nach einer langen Debatte verabschiedete das Parlament eine Änderung des Gesetzes. | *After a long debate, the parliament adopted a change to the law.* |
| Der Kongress verabschiedete gestern ein ähnliches Gesetz. | *Congress passed a similar law yesterday.* |

**sich verabschieden** *to take leave, say good-bye*

| | |
|---|---|
| Opa Schmidt verabschiedete sich von seinen Kindern und starb wenige Minuten später. | *Grandpa Schmidt said good-bye to his children and died a few minutes later.* |
| Traurig verabschiedete er sich von seiner Familie und fuhr los. | *Sadly, he took leave of his family and drove away.* |
| Susanne und Sofie verabschiedeten sich voneinander mit einer Umarmung. | *Susanne and Sofie said good-bye with a hug.* |
| Verabschiedet ihr euch heute Abend schon? | *Are you going to say good-bye tonight already?* |
| Sara hatte ihre Freundinnen verlassen, ohne sich zu verabschieden. | *Sara had left her friends without saying good-bye.* |

# verändern  *to change, modify, alter*

verändert · veränderte · verändert

regular weak verb

**PRESENT**

| | |
|---|---|
| ich verändere | wir verändern |
| du veränderst | ihr verändert |
| Sie verändern | Sie verändern |
| er/sie/es verändert | sie verändern |

**PRESENT PERFECT**

| | | |
|---|---|---|
| ich habe | wir haben | |
| du hast | ihr habt | verändert |
| Sie haben | Sie haben | |
| er/sie/es hat | sie haben | |

**SIMPLE PAST**

| | |
|---|---|
| ich veränderte | wir veränderten |
| du verändertest | ihr verändertet |
| Sie veränderten | Sie veränderten |
| er/sie/es veränderte | sie veränderten |

**PAST PERFECT**

| | | |
|---|---|---|
| ich hatte | wir hatten | |
| du hattest | ihr hattet | verändert |
| Sie hatten | Sie hatten | |
| er/sie/es hatte | sie hatten | |

**FUTURE**

| | | |
|---|---|---|
| ich werde | wir werden | |
| du wirst | ihr werdet | verändern |
| Sie werden | Sie werden | |
| er/sie/es wird | sie werden | |

**FUTURE PERFECT**

| | | |
|---|---|---|
| ich werde | wir werden | |
| du wirst | ihr werdet | verändert haben |
| Sie werden | Sie werden | |
| er/sie/es wird | sie werden | |

**PRESENT SUBJUNCTIVE I**

| | |
|---|---|
| ich verändere | wir verändern |
| du veränderst | ihr verändert |
| Sie verändern | Sie verändern |
| er/sie/es verändere | sie verändern |

**PAST SUBJUNCTIVE I**

| | | |
|---|---|---|
| ich habe | wir haben | |
| du habest | ihr habet | verändert |
| Sie haben | Sie haben | |
| er/sie/es habe | sie haben | |

**PRESENT SUBJUNCTIVE II**

| | |
|---|---|
| ich veränderte | wir veränderten |
| du verändertest | ihr verändertet |
| Sie veränderten | Sie veränderten |
| er/sie/es veränderte | sie veränderten |

**PAST SUBJUNCTIVE II**

| | | |
|---|---|---|
| ich hätte | wir hätten | |
| du hättest | ihr hättet | verändert |
| Sie hätten | Sie hätten | |
| er/sie/es hätte | sie hätten | |

**FUTURE SUBJUNCTIVE I**

| | | |
|---|---|---|
| ich werde | wir werden | |
| du werdest | ihr werdet | verändern |
| Sie werden | Sie werden | |
| er/sie/es werde | sie werden | |

**FUTURE PERFECT SUBJUNCTIVE I**

| | | |
|---|---|---|
| ich werde | wir werden | |
| du werdest | ihr werdet | verändert haben |
| Sie werden | Sie werden | |
| er/sie/es werde | sie werden | |

**FUTURE SUBJUNCTIVE II**

| | | |
|---|---|---|
| ich würde | wir würden | |
| du würdest | ihr würdet | verändern |
| Sie würden | Sie würden | |
| er/sie/es würde | sie würden | |

**FUTURE PERFECT SUBJUNCTIVE II**

| | | |
|---|---|---|
| ich würde | wir würden | |
| du würdest | ihr würdet | verändert haben |
| Sie würden | Sie würden | |
| er/sie/es würde | sie würden | |

**COMMANDS**     verändere!   verändert!   verändern Sie!

**PRESENT PARTICIPLE**     verändernd

## Usage

| | |
|---|---|
| Die Vergangenheit kann nicht verändert werden. | *The past cannot be altered.* |
| Immer mehr Organismen werden genetisch verändert. | *More and more organisms are being genetically modified.* |
| | |
| Wir wollen die Mentalität der Menschen verändern. | *We want to change people's mentality.* |
| Die Erfahrungen im Ausland haben uns verändert. | *The experience abroad changed us.* |

### sich verändern  *to change*

| | |
|---|---|
| Die Hafenstadt veränderte sich im Laufe der Jahre. | *The harbor city changed over the years.* |
| Die Bakterien haben sich genetisch verändert. | *The bacteria have mutated.* |
| Seit dem Fall der Berliner Mauer hat sich viel verändert. | *Since the fall of the Berlin Wall, a lot has changed.* |
| Ich habe mich zu meinem Vorteil verändert. | *I've changed for the better.* |
| In der Zwischenzeit kann sich viel verändert haben. | *A lot could have changed in the meantime.* |
| Michelle hat sich beruflich verändert. | *Michelle has changed careers.* |

**RELATED VERBS**  *see* **ändern** (9)

regular weak verb                              **verbessert · verbesserte · verbessert**

**PRESENT**

| | |
|---|---|
| ich verbessere | wir verbessern |
| du verbesserst | ihr verbessert |
| Sie verbessern | Sie verbessern |
| er/sie/es verbessert | sie verbessern |

**SIMPLE PAST**

| | |
|---|---|
| ich verbesserte | wir verbesserten |
| du verbessertest | ihr verbessertet |
| Sie verbesserten | Sie verbesserten |
| er/sie/es verbesserte | sie verbesserten |

**FUTURE**

| | |
|---|---|
| ich werde | wir werden |
| du wirst | ihr werdet |
| Sie werden | Sie werden |
| er/sie/es wird | sie werden |

} verbessern

**PRESENT SUBJUNCTIVE I**

| | |
|---|---|
| ich verbessere | wir verbessern |
| du verbesserst | ihr verbessert |
| Sie verbessern | Sie verbessern |
| er/sie/es verbessere | sie verbessern |

**PRESENT SUBJUNCTIVE II**

| | |
|---|---|
| ich verbesserte | wir verbesserten |
| du verbessertest | ihr verbessertet |
| Sie verbesserten | Sie verbesserten |
| er/sie/es verbesserte | sie verbesserten |

**FUTURE SUBJUNCTIVE I**

| | |
|---|---|
| ich werde | wir werden |
| du werdest | ihr werdet |
| Sie werden | Sie werden |
| er/sie/es werde | sie werden |

} verbessern

**FUTURE SUBJUNCTIVE II**

| | |
|---|---|
| ich würde | wir würden |
| du würdest | ihr würdet |
| Sie würden | Sie würden |
| er/sie/es würde | sie würden |

} verbessern

**PRESENT PERFECT**

| | |
|---|---|
| ich habe | wir haben |
| du hast | ihr habt |
| Sie haben | Sie haben |
| er/sie/es hat | sie haben |

} verbessert

**PAST PERFECT**

| | |
|---|---|
| ich hatte | wir hatten |
| du hattest | ihr hattet |
| Sie hatten | Sie hatten |
| er/sie/es hatte | sie hatten |

} verbessert

**FUTURE PERFECT**

| | |
|---|---|
| ich werde | wir werden |
| du wirst | ihr werdet |
| Sie werden | Sie werden |
| er/sie/es wird | sie werden |

} verbessert haben

**PAST SUBJUNCTIVE I**

| | |
|---|---|
| ich habe | wir haben |
| du habest | ihr habet |
| Sie haben | Sie haben |
| er/sie/es habe | sie haben |

} verbessert

**PAST SUBJUNCTIVE II**

| | |
|---|---|
| ich hätte | wir hätten |
| du hättest | ihr hättet |
| Sie hätten | Sie hätten |
| er/sie/es hätte | sie hätten |

} verbessert

**FUTURE PERFECT SUBJUNCTIVE I**

| | |
|---|---|
| ich werde | wir werden |
| du werdest | ihr werdet |
| Sie werden | Sie werden |
| er/sie/es werde | sie werden |

} verbessert haben

**FUTURE PERFECT SUBJUNCTIVE II**

| | |
|---|---|
| ich würde | wir würden |
| du würdest | ihr würdet |
| Sie würden | Sie würden |
| er/sie/es würde | sie würden |

} verbessert haben

**COMMANDS**      verbessere!   verbessert!   verbessern Sie!

**PRESENT PARTICIPLE**   verbessernd

## Usage

| | |
|---|---|
| Die Version 3.0 der Software ist verbessert worden. | *Version 3.0 of the software has been improved.* |
| Jörg möchte sein Aussehen verbessern. | *Jörg would like to improve his appearance.* |
| Die Produkte müssen verbessert werden. | *The products must be improved.* |
| Inwiefern haben Sie das Kuchenrezept verbessert? | *To what extent have you improved the recipe?* |
| Der Athlet trainiert, um seine Kondition zu verbessern. | *The athlete is working out to get in better shape.* |
| Der Lehrer verbesserte meine Aussprache. | *The teacher corrected my pronunciation.* |
| Verbessere mich bitte, wenn ich falsch liege. | *Please correct me if I'm wrong.* |

### sich verbessern *to improve, better/correct oneself*

| | |
|---|---|
| Endlich hat sich das Wetter verbessert. | *Finally, the weather has improved.* |
| Die wirtschaftliche Lage hat sich beträchtlich verbessert. | *The economic situation has improved considerably.* |
| Der Wein verbessert sich jedes Jahr. | *The wine gets better every year.* |
| Erich hat sich beruflich verbessert. | *Erich has bettered himself in his career.* |

**RELATED VERB**   bessern

**verbietet · verbot · verboten**

strong verb

**PRESENT**

| | |
|---|---|
| ich verbiete | wir verbieten |
| du verbietest | ihr verbietet |
| Sie verbieten | Sie verbieten |
| er/sie/es verbietet | sie verbieten |

**PRESENT PERFECT**

| | | |
|---|---|---|
| ich habe | wir haben | |
| du hast | ihr habt | verboten |
| Sie haben | Sie haben | |
| er/sie/es hat | sie haben | |

**SIMPLE PAST**

| | |
|---|---|
| ich verbot | wir verboten |
| du verbot(e)st | ihr verbotet |
| Sie verboten | Sie verboten |
| er/sie/es verbot | sie verboten |

**PAST PERFECT**

| | | |
|---|---|---|
| ich hatte | wir hatten | |
| du hattest | ihr hattet | verboten |
| Sie hatten | Sie hatten | |
| er/sie/es hatte | sie hatten | |

**FUTURE**

| | | |
|---|---|---|
| ich werde | wir werden | |
| du wirst | ihr werdet | verbieten |
| Sie werden | Sie werden | |
| er/sie/es wird | sie werden | |

**FUTURE PERFECT**

| | | |
|---|---|---|
| ich werde | wir werden | |
| du wirst | ihr werdet | verboten haben |
| Sie werden | Sie werden | |
| er/sie/es wird | sie werden | |

**PRESENT SUBJUNCTIVE I**

| | |
|---|---|
| ich verbiete | wir verbieten |
| du verbietest | ihr verbietet |
| Sie verbieten | Sie verbieten |
| er/sie/es verbiete | sie verbieten |

**PAST SUBJUNCTIVE I**

| | | |
|---|---|---|
| ich habe | wir haben | |
| du habest | ihr habet | verboten |
| Sie haben | Sie haben | |
| er/sie/es habe | sie haben | |

**PRESENT SUBJUNCTIVE II**

| | |
|---|---|
| ich verböte | wir verböten |
| du verbötest | ihr verbötet |
| Sie verböten | Sie verböten |
| er/sie/es verböte | sie verböten |

**PAST SUBJUNCTIVE II**

| | | |
|---|---|---|
| ich hätte | wir hätten | |
| du hättest | ihr hättet | verboten |
| Sie hätten | Sie hätten | |
| er/sie/es hätte | sie hätten | |

**FUTURE SUBJUNCTIVE I**

| | | |
|---|---|---|
| ich werde | wir werden | |
| du werdest | ihr werdet | verbieten |
| Sie werden | Sie werden | |
| er/sie/es werde | sie werden | |

**FUTURE PERFECT SUBJUNCTIVE I**

| | | |
|---|---|---|
| ich werde | wir werden | |
| du werdest | ihr werdet | verboten haben |
| Sie werden | Sie werden | |
| er/sie/es werde | sie werden | |

**FUTURE SUBJUNCTIVE II**

| | | |
|---|---|---|
| ich würde | wir würden | |
| du würdest | ihr würdet | verbieten |
| Sie würden | Sie würden | |
| er/sie/es würde | sie würden | |

**FUTURE PERFECT SUBJUNCTIVE II**

| | | |
|---|---|---|
| ich würde | wir würden | |
| du würdest | ihr würdet | verboten haben |
| Sie würden | Sie würden | |
| er/sie/es würde | sie würden | |

**COMMANDS**     verbiete! verbietet! verbieten Sie!

**PRESENT PARTICIPLE**     verbietend

## Usage

| | |
|---|---|
| Nicht-christliche Rituale waren von den Missionären verboten worden. | *Non-Christian rituals had been prohibited by the missionaries.* |
| Frau Escher verbietet ihrer Tochter den Umgang mit Christian. | *Mrs. Escher forbids her daughter to have anything to do with Christian.* |
| Es ist doch verboten, den Rasen zu betreten! | *But it's forbidden to walk on the grass!* |
| Der König verbot den Handel mit katholischen Ländern. | *The king forbade trade with Catholic countries.* |
| Die Regierung hat gentechnisch modifizierte Organismen verboten. | *The government has banned genetically engineered organisms.* |
| Das Buch wurde in den USA verboten. | *The book was banned in the U.S.* |
| Kinderarbeit ist in den meisten Ländern verboten. | *Child labor is prohibited in most countries.* |
| Die kontroverse Szene wurde in Singapur von Zensoren verboten. | *The controversial scene was proscribed by censors in Singapore.* |
| Bei uns in der Schule ist es verboten, im Unterricht zu essen. | *In our school, eating in class is not allowed.* |

**RELATED VERBS** *see* **bieten** (107)

strong verb | **verbindet · verband · verbunden**

### PRESENT
| | |
|---|---|
| ich verbinde | wir verbinden |
| du verbindest | ihr verbindet |
| Sie verbinden | Sie verbinden |
| er/sie/es verbindet | sie verbinden |

### PRESENT PERFECT
| | | |
|---|---|---|
| ich habe | wir haben | |
| du hast | ihr habt | verbunden |
| Sie haben | Sie haben | |
| er/sie/es hat | sie haben | |

### SIMPLE PAST
| | |
|---|---|
| ich verband | wir verbanden |
| du verband(e)st | ihr verbandet |
| Sie verbanden | Sie verbanden |
| er/sie/es verband | sie verbanden |

### PAST PERFECT
| | | |
|---|---|---|
| ich hatte | wir hatten | |
| du hattest | ihr hattet | verbunden |
| Sie hatten | Sie hatten | |
| er/sie/es hatte | sie hatten | |

### FUTURE
| | | |
|---|---|---|
| ich werde | wir werden | |
| du wirst | ihr werdet | verbinden |
| Sie werden | Sie werden | |
| er/sie/es wird | sie werden | |

### FUTURE PERFECT
| | | |
|---|---|---|
| ich werde | wir werden | |
| du wirst | ihr werdet | verbunden haben |
| Sie werden | Sie werden | |
| er/sie/es wird | sie werden | |

### PRESENT SUBJUNCTIVE I
| | |
|---|---|
| ich verbinde | wir verbinden |
| du verbindest | ihr verbindet |
| Sie verbinden | Sie verbinden |
| er/sie/es verbinde | sie verbinden |

### PAST SUBJUNCTIVE I
| | | |
|---|---|---|
| ich habe | wir haben | |
| du habest | ihr habet | verbunden |
| Sie haben | Sie haben | |
| er/sie/es habe | sie haben | |

### PRESENT SUBJUNCTIVE II
| | |
|---|---|
| ich verbände | wir verbänden |
| du verbändest | ihr verbändet |
| Sie verbänden | Sie verbänden |
| er/sie/es verbände | sie verbänden |

### PAST SUBJUNCTIVE II
| | | |
|---|---|---|
| ich hätte | wir hätten | |
| du hättest | ihr hättet | verbunden |
| Sie hätten | Sie hätten | |
| er/sie/es hätte | sie hätten | |

### FUTURE SUBJUNCTIVE I
| | | |
|---|---|---|
| ich werde | wir werden | |
| du werdest | ihr werdet | verbinden |
| Sie werden | Sie werden | |
| er/sie/es werde | sie werden | |

### FUTURE PERFECT SUBJUNCTIVE I
| | | |
|---|---|---|
| ich werde | wir werden | |
| du werdest | ihr werdet | verbunden haben |
| Sie werden | Sie werden | |
| er/sie/es werde | sie werden | |

### FUTURE SUBJUNCTIVE II
| | | |
|---|---|---|
| ich würde | wir würden | |
| du würdest | ihr würdet | verbinden |
| Sie würden | Sie würden | |
| er/sie/es würde | sie würden | |

### FUTURE PERFECT SUBJUNCTIVE II
| | | |
|---|---|---|
| ich würde | wir würden | |
| du würdest | ihr würdet | verbunden haben |
| Sie würden | Sie würden | |
| er/sie/es würde | sie würden | |

**COMMANDS**　　verbinde! verbindet! verbinden Sie!

**PRESENT PARTICIPLE**　　verbindend

## Usage

| | |
|---|---|
| Man hat die Flüsse durch einen Kanal verbunden. | *The rivers were connected by a canal.* |
| Eine große Liebe verband sie mit ihrem Mann. | *A great love bound her to her husband.* |
| Das Programm verbindet die neue Software mit der alten Hardware. | *The program combines the new software with the old hardware.* |
| Wie kann ich die Computer miteinander verbinden? | *How can I connect the computers to one another?* |
| „Was verbinden Sie mit der Schweiz?" | *"What do you associate with Switzerland?"* |
| „Schokolade, natürlich!" | *"Chocolate, of course!"* |
| Verbinden Sie mich bitte mit Herrn Lefler. | *Please connect me with Mr. Lefler.* |
| Das Buch verbindet viele verschiedene Themen. | *The book combines many different topics.* |
| Der Waldpfad verbindet sich mit dem Fußweg hinter unserem Haus. | *The forest path joins with the footpath behind our house.* |
| Die Ärztin verband ihr den Kopf. | *The doctor bandaged her head.* |

**RELATED VERBS** *see* **binden** (108)

# verbrauchen    *to use, consume; use up; wear out*

**verbraucht · verbrauchte · verbraucht**                              regular weak verb

**PRESENT**

| | |
|---|---|
| ich verbrauche | wir verbrauchen |
| du verbrauchst | ihr verbraucht |
| Sie verbrauchen | Sie verbrauchen |
| er/sie/es verbraucht | sie verbrauchen |

**PRESENT PERFECT**

| | | |
|---|---|---|
| ich habe | wir haben | |
| du hast | ihr habt | verbraucht |
| Sie haben | Sie haben | |
| er/sie/es hat | sie haben | |

**SIMPLE PAST**

| | |
|---|---|
| ich verbrauchte | wir verbrauchten |
| du verbrauchtest | ihr verbrauchtet |
| Sie verbrauchten | Sie verbrauchten |
| er/sie/es verbrauchte | sie verbrauchten |

**PAST PERFECT**

| | | |
|---|---|---|
| ich hatte | wir hatten | |
| du hattest | ihr hattet | verbraucht |
| Sie hatten | Sie hatten | |
| er/sie/es hatte | sie hatten | |

**FUTURE**

| | | |
|---|---|---|
| ich werde | wir werden | |
| du wirst | ihr werdet | verbrauchen |
| Sie werden | Sie werden | |
| er/sie/es wird | sie werden | |

**FUTURE PERFECT**

| | | |
|---|---|---|
| ich werde | wir werden | |
| du wirst | ihr werdet | verbraucht haben |
| Sie werden | Sie werden | |
| er/sie/es wird | sie werden | |

**PRESENT SUBJUNCTIVE I**

| | |
|---|---|
| ich verbrauche | wir verbrauchen |
| du verbrauchest | ihr verbrauchet |
| Sie verbrauchen | Sie verbrauchen |
| er/sie/es verbrauche | sie verbrauchen |

**PAST SUBJUNCTIVE I**

| | | |
|---|---|---|
| ich habe | wir haben | |
| du habest | ihr habet | verbraucht |
| Sie haben | Sie haben | |
| er/sie/es habe | sie haben | |

**PRESENT SUBJUNCTIVE II**

| | |
|---|---|
| ich verbrauchte | wir verbrauchten |
| du verbrauchtest | ihr verbrauchtet |
| Sie verbrauchten | Sie verbrauchten |
| er/sie/es verbrauchte | sie verbrauchten |

**PAST SUBJUNCTIVE II**

| | | |
|---|---|---|
| ich hätte | wir hätten | |
| du hättest | ihr hättet | verbraucht |
| Sie hätten | Sie hätten | |
| er/sie/es hätte | sie hätten | |

**FUTURE SUBJUNCTIVE I**

| | | |
|---|---|---|
| ich werde | wir werden | |
| du werdest | ihr werdet | verbrauchen |
| Sie werden | Sie werden | |
| er/sie/es werde | sie werden | |

**FUTURE PERFECT SUBJUNCTIVE I**

| | | |
|---|---|---|
| ich werde | wir werden | |
| du werdest | ihr werdet | verbraucht haben |
| Sie werden | Sie werden | |
| er/sie/es werde | sie werden | |

**FUTURE SUBJUNCTIVE II**

| | | |
|---|---|---|
| ich würde | wir würden | |
| du würdest | ihr würdet | verbrauchen |
| Sie würden | Sie würden | |
| er/sie/es würde | sie würden | |

**FUTURE PERFECT SUBJUNCTIVE II**

| | | |
|---|---|---|
| ich würde | wir würden | |
| du würdest | ihr würdet | verbraucht haben |
| Sie würden | Sie würden | |
| er/sie/es würde | sie würden | |

**COMMANDS**    verbrauch(e)!   verbraucht!   verbrauchen Sie!

**PRESENT PARTICIPLE**    verbrauchend

## Usage

| | |
|---|---|
| Verbrauchen Sie bitte weniger Wasser beim Duschen. | *Please use less water when showering.* |
| In Deutschland wird mehr Diesel verbraucht als in den USA. | *In Germany, more diesel is used than in the U.S.* |
| Das ist ein Prozess, der nicht viel Energie verbraucht. | *That is a process that doesn't use much energy.* |
| Ich verbrauche mehr Jogurt als Käse. | *I consume more yogurt than cheese.* |
| Wie viel Benzin verbraucht Ihr PKW? | *How much fuel does your vehicle use?* |
| Der Mensch verbraucht jeden Tag 10 000 Liter Luft. | *A human being breathes in 10,000 liters of air every day.* |
| Der durchschnittliche Nordamerikaner verbraucht 650 Pfund Papier in einem Jahr. | *The average North American uses 650 pounds of paper a year.* |
| In Nordamerika werden täglich 50 000 000 Einwegwindeln verbraucht. | *In North America, 50,000,000 disposable diapers are used every day.* |
| Die Produkte im Lagerraum sind schon verbraucht worden. | *The products in the storage room have already been used up.* |

**RELATED VERBS**   *see* **brauchen** (115)

mixed verb

**verbringt · verbrachte · verbracht**

**PRESENT**

| | |
|---|---|
| ich verbringe | wir verbringen |
| du verbringst | ihr verbringt |
| Sie verbringen | Sie verbringen |
| er/sie/es verbringt | sie verbringen |

**SIMPLE PAST**

| | |
|---|---|
| ich verbrachte | wir verbrachten |
| du verbrachtest | ihr verbrachtet |
| Sie verbrachten | Sie verbrachten |
| er/sie/es verbrachte | sie verbrachten |

**FUTURE**

| | | |
|---|---|---|
| ich werde | wir werden | |
| du wirst | ihr werdet | verbringen |
| Sie werden | Sie werden | |
| er/sie/es wird | sie werden | |

**PRESENT SUBJUNCTIVE I**

| | |
|---|---|
| ich verbringe | wir verbringen |
| du verbringest | ihr verbringet |
| Sie verbringen | Sie verbringen |
| er/sie/es verbringe | sie verbringen |

**PRESENT SUBJUNCTIVE II**

| | |
|---|---|
| ich verbrächte | wir verbrächten |
| du verbrächtest | ihr verbrächtet |
| Sie verbrächten | Sie verbrächten |
| er/sie/es verbrächte | sie verbrächten |

**FUTURE SUBJUNCTIVE I**

| | | |
|---|---|---|
| ich werde | wir werden | |
| du werdest | ihr werdet | verbringen |
| Sie werden | Sie werden | |
| er/sie/es werde | sie werden | |

**FUTURE SUBJUNCTIVE II**

| | | |
|---|---|---|
| ich würde | wir würden | |
| du würdest | ihr würdet | verbringen |
| Sie würden | Sie würden | |
| er/sie/es würde | sie würden | |

**PRESENT PERFECT**

| | | |
|---|---|---|
| ich habe | wir haben | |
| du hast | ihr habt | verbracht |
| Sie haben | Sie haben | |
| er/sie/es hat | sie haben | |

**PAST PERFECT**

| | | |
|---|---|---|
| ich hatte | wir hatten | |
| du hattest | ihr hattet | verbracht |
| Sie hatten | Sie hatten | |
| er/sie/es hatte | sie hatten | |

**FUTURE PERFECT**

| | | |
|---|---|---|
| ich werde | wir werden | |
| du wirst | ihr werdet | verbracht haben |
| Sie werden | Sie werden | |
| er/sie/es wird | sie werden | |

**PAST SUBJUNCTIVE I**

| | | |
|---|---|---|
| ich habe | wir haben | |
| du habest | ihr habet | verbracht |
| Sie haben | Sie haben | |
| er/sie/es habe | sie haben | |

**PAST SUBJUNCTIVE II**

| | | |
|---|---|---|
| ich hätte | wir hätten | |
| du hättest | ihr hättet | verbracht |
| Sie hätten | Sie hätten | |
| er/sie/es hätte | sie hätten | |

**FUTURE PERFECT SUBJUNCTIVE I**

| | | |
|---|---|---|
| ich werde | wir werden | |
| du werdest | ihr werdet | verbracht haben |
| Sie werden | Sie werden | |
| er/sie/es werde | sie werden | |

**FUTURE PERFECT SUBJUNCTIVE II**

| | | |
|---|---|---|
| ich würde | wir würden | |
| du würdest | ihr würdet | verbracht haben |
| Sie würden | Sie würden | |
| er/sie/es würde | sie würden | |

**COMMANDS**     verbring(e)!  verbringt!  verbringen Sie!

**PRESENT PARTICIPLE**     verbringend

## Usage

| | |
|---|---|
| Wie verbringst du Weihnachten? | *How do you spend Christmas?* |
| Schmidts verbringen drei Wochen auf einer ehemaligen Zuckerplantage auf Hawaii. | *The Schmidts are spending three weeks on an old sugar plantation in Hawaii.* |
| Wir werden die Woche in Istanbul verbringen. | *We will spend the week in Istanbul.* |
| Ich verbringe den Sommer auf einem Bauernhof in der Nähe von Münster. | *I'm spending the summer on a farm near Münster.* |
| Wer von euch hat seine Kindheit auf dem Lande verbracht? | *Which one of you spent his childhood in the country?* |
| Herr und Frau Fricke möchten ihren Urlaub in Regensburg verbringen. | *Mr. and Mrs. Fricke would like to vacation in Regensburg.* |
| Dirk und Sara haben ihre Flitterwochen in Spanien verbracht. | *Dirk and Sara spent their honeymoon in Spain.* |
| Christian behauptet, zwei Jahre bei der Bundeswehr verbracht zu haben. | *Christian claims to have spent two years in the army.* |
| Lola verbrachte den Abend in der Kneipe. | *Lola spent the evening at the pub.* |

**RELATED VERBS** *see* **bringen** (118)

# verderben *to go bad, spoil*

**verdirbt · verdarb · verdorben**

*strong verb*

**PRESENT**

| | |
|---|---|
| ich verderbe | wir verderben |
| du verdirbst | ihr verderbt |
| Sie verderben | Sie verderben |
| er/sie/es verdirbt | sie verderben |

**PRESENT PERFECT**

| | | |
|---|---|---|
| ich bin | wir sind | |
| du bist | ihr seid | verdorben |
| Sie sind | Sie sind | |
| er/sie/es ist | sie sind | |

**SIMPLE PAST**

| | |
|---|---|
| ich verdarb | wir verdarben |
| du verdarbst | ihr verdarbt |
| Sie verdarben | Sie verdarben |
| er/sie/es verdarb | sie verdarben |

**PAST PERFECT**

| | | |
|---|---|---|
| ich war | wir waren | |
| du warst | ihr wart | verdorben |
| Sie waren | Sie waren | |
| er/sie/es war | sie waren | |

**FUTURE**

| | | |
|---|---|---|
| ich werde | wir werden | |
| du wirst | ihr werdet | verderben |
| Sie werden | Sie werden | |
| er/sie/es wird | sie werden | |

**FUTURE PERFECT**

| | | |
|---|---|---|
| ich werde | wir werden | |
| du wirst | ihr werdet | verdorben sein |
| Sie werden | Sie werden | |
| er/sie/es wird | sie werden | |

**PRESENT SUBJUNCTIVE I**

| | |
|---|---|
| ich verderbe | wir verderben |
| du verderbest | ihr verderbet |
| Sie verderben | Sie verderben |
| er/sie/es verderbe | sie verderben |

**PAST SUBJUNCTIVE I**

| | | |
|---|---|---|
| ich sei | wir seien | |
| du seiest | ihr seiet | verdorben |
| Sie seien | Sie seien | |
| er/sie/es sei | sie seien | |

**PRESENT SUBJUNCTIVE II**

| | |
|---|---|
| ich verdürbe | wir verdürben |
| du verdürbest | ihr verdürbet |
| Sie verdürben | Sie verdürben |
| er/sie/es verdürbe | sie verdürben |

**PAST SUBJUNCTIVE II**

| | | |
|---|---|---|
| ich wäre | wir wären | |
| du wärest | ihr wäret | verdorben |
| Sie wären | Sie wären | |
| er/sie/es wäre | sie wären | |

**FUTURE SUBJUNCTIVE I**

| | | |
|---|---|---|
| ich werde | wir werden | |
| du werdest | ihr werdet | verderben |
| Sie werden | Sie werden | |
| er/sie/es werde | sie werden | |

**FUTURE PERFECT SUBJUNCTIVE I**

| | | |
|---|---|---|
| ich werde | wir werden | |
| du werdest | ihr werdet | verdorben sein |
| Sie werden | Sie werden | |
| er/sie/es werde | sie werden | |

**FUTURE SUBJUNCTIVE II**

| | | |
|---|---|---|
| ich würde | wir würden | |
| du würdest | ihr würdet | verderben |
| Sie würden | Sie würden | |
| er/sie/es würde | sie würden | |

**FUTURE PERFECT SUBJUNCTIVE II**

| | | |
|---|---|---|
| ich würde | wir würden | |
| du würdest | ihr würdet | verdorben sein |
| Sie würden | Sie würden | |
| er/sie/es würde | sie würden | |

**COMMANDS** verdirb! verderbt! verderben Sie!

**PRESENT PARTICIPLE** verderbend

## Usage

| | |
|---|---|
| Ist der Thunfisch schon verdorben? | *Has the tuna already gone bad?* |
| Die Birnen verdarben schneller als die Äpfel. | *The pears went bad more quickly than the apples.* |
| Nachdem das Wasser durch Industrieabfälle verdorben war, hatten sie nichts zu trinken. | *After the water had been contaminated with industrial waste, they had nothing to drink.* |
| H-Milch verdirbt nicht so schnell wie Rohmilch. | *Ultra-pasteurized milk doesn't spoil as quickly as raw milk.* |
| Fleisch verdirbt bei Zimmertemperatur. | *Meat spoils at room temperature.* |
| Die Torte ist verdorben. | *The cake has gone bad.* |

**verderben** (with **haben**) *to spoil, ruin, upset; corrupt, deprave*

| | |
|---|---|
| Du hast uns den Abend verdorben! | *You've spoiled our evening!* |
| Viele Köche verderben den Brei. (PROVERB) | *Too many cooks spoil the broth.* |
| Ein fauler Apfel macht zehn. (PROVERB) | *One bad apple spoils the whole bunch.* |
| Ein abscheulicher Geruch verdarb ihm den Appetit. | *A disgusting smell ruined his appetite.* |
| Das Eiswasser hat ihm den Magen verdorben. | *The ice water upset his stomach.* |
| Die heutige Jugend wird verdorben. | *Today's youth are being corrupted.* |

regular weak verb

**verdient · verdiente · verdient**

**PRESENT**

| | |
|---|---|
| ich verdiene | wir verdienen |
| du verdienst | ihr verdient |
| Sie verdienen | Sie verdienen |
| er/sie/es verdient | sie verdienen |

**SIMPLE PAST**

| | |
|---|---|
| ich verdiente | wir verdienten |
| du verdientest | ihr verdientet |
| Sie verdienten | Sie verdienten |
| er/sie/es verdiente | sie verdienten |

**FUTURE**

| | | |
|---|---|---|
| ich werde | wir werden | |
| du wirst | ihr werdet | verdienen |
| Sie werden | Sie werden | |
| er/sie/es wird | sie werden | |

**PRESENT SUBJUNCTIVE I**

| | |
|---|---|
| ich verdiene | wir verdienen |
| du verdienest | ihr verdienet |
| Sie verdienen | Sie verdienen |
| er/sie/es verdiene | sie verdienen |

**PRESENT SUBJUNCTIVE II**

| | |
|---|---|
| ich verdiente | wir verdienten |
| du verdientest | ihr verdientet |
| Sie verdienten | Sie verdienten |
| er/sie/es verdiente | sie verdienten |

**FUTURE SUBJUNCTIVE I**

| | | |
|---|---|---|
| ich werde | wir werden | |
| du werdest | ihr werdet | verdienen |
| Sie werden | Sie werden | |
| er/sie/es werde | sie werden | |

**FUTURE SUBJUNCTIVE II**

| | | |
|---|---|---|
| ich würde | wir würden | |
| du würdest | ihr würdet | verdienen |
| Sie würden | Sie würden | |
| er/sie/es würde | sie würden | |

**PRESENT PERFECT**

| | | |
|---|---|---|
| ich habe | wir haben | |
| du hast | ihr habt | verdient |
| Sie haben | Sie haben | |
| er/sie/es hat | sie haben | |

**PAST PERFECT**

| | | |
|---|---|---|
| ich hatte | wir hatten | |
| du hattest | ihr hattet | verdient |
| Sie hatten | Sie hatten | |
| er/sie/es hatte | sie hatten | |

**FUTURE PERFECT**

| | | |
|---|---|---|
| ich werde | wir werden | |
| du wirst | ihr werdet | verdient haben |
| Sie werden | Sie werden | |
| er/sie/es wird | sie werden | |

**PAST SUBJUNCTIVE I**

| | | |
|---|---|---|
| ich habe | wir haben | |
| du habest | ihr habet | verdient |
| Sie haben | Sie haben | |
| er/sie/es habe | sie haben | |

**PAST SUBJUNCTIVE II**

| | | |
|---|---|---|
| ich hätte | wir hätten | |
| du hättest | ihr hättet | verdient |
| Sie hätten | Sie hätten | |
| er/sie/es hätte | sie hätten | |

**FUTURE PERFECT SUBJUNCTIVE I**

| | | |
|---|---|---|
| ich werde | wir werden | |
| du werdest | ihr werdet | verdient haben |
| Sie werden | Sie werden | |
| er/sie/es werde | sie werden | |

**FUTURE PERFECT SUBJUNCTIVE II**

| | | |
|---|---|---|
| ich würde | wir würden | |
| du würdest | ihr würdet | verdient haben |
| Sie würden | Sie würden | |
| er/sie/es würde | sie würden | |

**COMMANDS**    verdien(e)!    verdient!    verdienen Sie!

**PRESENT PARTICIPLE**    verdienend

## Usage

| | |
|---|---|
| Unsere Mannschaft hat den Titel verdient. | *Our team earned the title.* |
| Nach einem Jahr hatte Maria über 725 000 Euro verdient. | *After a year, Maria had earned over 725,000 euros.* |
| Ich habe diesen Urlaub verdient. | *I've earned this vacation.* |
| In meinem Job als Tellerwäscher habe ich 1,85 Dollar die Stunde verdient. | *In my job as dishwasher, I earned $1.85 per hour.* |
| Früher habe ich mehr als jetzt verdient. | *I used to make more money than I do now.* |
| Stefan und Thomas verdienten Mitleid vom Publikum. | *Stefan and Thomas won the public's sympathy.* |
| Kann man als Klempner viel verdienen? | *Can you earn a lot as a plumber?* |
| Die Arbeiter verdienen ab Juli 2 % weniger als im Vorjahr. | *Beginning in July, the laborers will earn 2% less than last year.* |
| „Das habe ich mir verdient", sagte Jörg. | *"I've earned it for myself," said Jörg.* |
| Der Schauspieler hatte die Buhrufe wirklich verdient. | *The actor had really deserved the boos.* |
| Das Komitee hat unseren Respekt verdient. | *The committee deserves our respect.* |

**RELATED VERBS** *see* **dienen** (123)

**PRESENT**

| | |
|---|---|
| ich verdrieße | wir verdrießen |
| du verdrießt | ihr verdrießt |
| Sie verdrießen | Sie verdrießen |
| er/sie/es verdrießt | sie verdrießen |

**SIMPLE PAST**

| | |
|---|---|
| ich verdross | wir verdrossen |
| du verdrossest | ihr verdrosst |
| Sie verdrossen | Sie verdrossen |
| er/sie/es verdross | sie verdrossen |

**FUTURE**

| | | |
|---|---|---|
| ich werde | wir werden | |
| du wirst | ihr werdet | verdrießen |
| Sie werden | Sie werden | |
| er/sie/es wird | sie werden | |

**PRESENT SUBJUNCTIVE I**

| | |
|---|---|
| ich verdrieße | wir verdrießen |
| du verdrießest | ihr verdrießet |
| Sie verdrießen | Sie verdrießen |
| er/sie/es verdrieße | sie verdrießen |

**PRESENT SUBJUNCTIVE II**

| | |
|---|---|
| ich verdrösse | wir verdrössen |
| du verdrössest | ihr verdrösset |
| Sie verdrössen | Sie verdrössen |
| er/sie/es verdrösse | sie verdrössen |

**FUTURE SUBJUNCTIVE I**

| | | |
|---|---|---|
| ich werde | wir werden | |
| du werdest | ihr werdet | verdrießen |
| Sie werden | Sie werden | |
| er/sie/es werde | sie werden | |

**FUTURE SUBJUNCTIVE II**

| | | |
|---|---|---|
| ich würde | wir würden | |
| du würdest | ihr würdet | verdrießen |
| Sie würden | Sie würden | |
| er/sie/es würde | sie würden | |

**PRESENT PERFECT**

| | | |
|---|---|---|
| ich habe | wir haben | |
| du hast | ihr habt | verdrossen |
| Sie haben | Sie haben | |
| er/sie/es hat | sie haben | |

**PAST PERFECT**

| | | |
|---|---|---|
| ich hatte | wir hatten | |
| du hattest | ihr hattet | verdrossen |
| Sie hatten | Sie hatten | |
| er/sie/es hatte | sie hatten | |

**FUTURE PERFECT**

| | | |
|---|---|---|
| ich werde | wir werden | |
| du wirst | ihr werdet | verdrossen haben |
| Sie werden | Sie werden | |
| er/sie/es wird | sie werden | |

**PAST SUBJUNCTIVE I**

| | | |
|---|---|---|
| ich habe | wir haben | |
| du habest | ihr habet | verdrossen |
| Sie haben | Sie haben | |
| er/sie/es habe | sie haben | |

**PAST SUBJUNCTIVE II**

| | | |
|---|---|---|
| ich hätte | wir hätten | |
| du hättest | ihr hättet | verdrossen |
| Sie hätten | Sie hätten | |
| er/sie/es hätte | sie hätten | |

**FUTURE PERFECT SUBJUNCTIVE I**

| | | |
|---|---|---|
| ich werde | wir werden | |
| du werdest | ihr werdet | verdrossen haben |
| Sie werden | Sie werden | |
| er/sie/es werde | sie werden | |

**FUTURE PERFECT SUBJUNCTIVE II**

| | | |
|---|---|---|
| ich würde | wir würden | |
| du würdest | ihr würdet | verdrossen haben |
| Sie würden | Sie würden | |
| er/sie/es würde | sie würden | |

**COMMANDS**    verdrieß(e)!   verdrießt!   verdrießen Sie!

**PRESENT PARTICIPLE**    verdrießend

## Usage

| | |
|---|---|
| Lass es dir nicht verdrießen. | *Don't be discouraged by it.* |
| Die Politik verdrießt mich. | *Politics irritates me.* |
| Reineken aber, den Dieb, verdross es, dass wir in Frieden glückliche Tage verlebten … (GOETHE) | *But Reineke the thief was annoyed that we lived happy days in peace …* |
| Es verdrießt mich, dass Uwe den wirklichen Grund nicht versteht. | *It aggravates me that Uwe doesn't understand the real reason.* |
| Es verdrießt mich an ihnen, dass sie sich wider dich setzen. (PSALMEN 139,21b) | *I am grieved with those who rise up against thee.* (PSALMS 139:21b) |
| Deine Gleichgültigkeit verdrießt deine Mutter. | *Your indifference displeases your mother.* |
| Das hat sie sehr verdrossen. | *That has irritated her greatly.* |
| Es verdross ihn, dass sein Nachbar ein neues Auto besaß. | *It annoyed him that his neighbor owned a new car.* |
| Lass dich die Mühe nicht verdrießen. | *Spare no effort.* |
| Vergib stets deinen Feinden, nichts verdrießt sie so. (PROVERB) | *Always forgive your enemies; nothing annoys them so much.* |

strong verb

**vergisst · vergaß · vergessen**

**PRESENT**

| | |
|---|---|
| ich vergesse | wir vergessen |
| du vergisst | ihr vergesst |
| Sie vergessen | Sie vergessen |
| er/sie/es vergisst | sie vergessen |

**SIMPLE PAST**

| | |
|---|---|
| ich vergaß | wir vergaßen |
| du vergaßest | ihr vergaßt |
| Sie vergaßen | Sie vergaßen |
| er/sie/es vergaß | sie vergaßen |

**FUTURE**

| | |
|---|---|
| ich werde | wir werden |
| du wirst | ihr werdet |
| Sie werden | Sie werden |
| er/sie/es wird | sie werden |

} vergessen

**PRESENT SUBJUNCTIVE I**

| | |
|---|---|
| ich vergesse | wir vergessen |
| du vergessest | ihr vergesset |
| Sie vergessen | Sie vergessen |
| er/sie/es vergesse | sie vergessen |

**PRESENT SUBJUNCTIVE II**

| | |
|---|---|
| ich vergäße | wir vergäßen |
| du vergäßest | ihr vergäßet |
| Sie vergäßen | Sie vergäßen |
| er/sie/es vergäße | sie vergäßen |

**FUTURE SUBJUNCTIVE I**

| | |
|---|---|
| ich werde | wir werden |
| du werdest | ihr werdet |
| Sie werden | Sie werden |
| er/sie/es werde | sie werden |

} vergessen

**FUTURE SUBJUNCTIVE II**

| | |
|---|---|
| ich würde | wir würden |
| du würdest | ihr würdet |
| Sie würden | Sie würden |
| er/sie/es würde | sie würden |

} vergessen

**PRESENT PERFECT**

| | |
|---|---|
| ich habe | wir haben |
| du hast | ihr habt |
| Sie haben | Sie haben |
| er/sie/es hat | sie haben |

} vergessen

**PAST PERFECT**

| | |
|---|---|
| ich hatte | wir hatten |
| du hattest | ihr hattet |
| Sie hatten | Sie hatten |
| er/sie/es hatte | sie hatten |

} vergessen

**FUTURE PERFECT**

| | |
|---|---|
| ich werde | wir werden |
| du wirst | ihr werdet |
| Sie werden | Sie werden |
| er/sie/es wird | sie werden |

} vergessen haben

**PAST SUBJUNCTIVE I**

| | |
|---|---|
| ich habe | wir haben |
| du habest | ihr habet |
| Sie haben | Sie haben |
| er/sie/es habe | sie haben |

} vergessen

**PAST SUBJUNCTIVE II**

| | |
|---|---|
| ich hätte | wir hätten |
| du hättest | ihr hättet |
| Sie hätten | Sie hätten |
| er/sie/es hätte | sie hätten |

} vergessen

**FUTURE PERFECT SUBJUNCTIVE I**

| | |
|---|---|
| ich werde | wir werden |
| du werdest | ihr werdet |
| Sie werden | Sie werden |
| er/sie/es werde | sie werden |

} vergessen haben

**FUTURE PERFECT SUBJUNCTIVE II**

| | |
|---|---|
| ich würde | wir würden |
| du würdest | ihr würdet |
| Sie würden | Sie würden |
| er/sie/es würde | sie würden |

} vergessen haben

**COMMANDS**  vergiss!  vergesst!  vergessen Sie!

**PRESENT PARTICIPLE**  vergessend

## Usage

| | |
|---|---|
| Ingrid scheint den Termin vergessen zu haben. | *Ingrid seems to have forgotten the appointment.* |
| Georg will die Telefonnummer vergessen haben. | *Georg claims to have forgotten the telephone number.* |
| Ich werde die Erlebnisse nie vergessen. | *I will never forget the experiences.* |
| Das Kind hat seine Angst vergessen und stundenlang gespielt. | *The child forgot his fear and played for hours.* |
| Nach einem Monat hatte man ihn völlig vergessen. | *After one month, they had completely forgotten him.* |
| Vergiss es! | *Forget it!* |
| Ich habe den Aufsatz verloren aber nicht vergessen. | *I've lost the essay but not forgotten it.* |
| Papa hat Mamas Geburtstag vergessen. | *Papa forgot Mama's birthday.* |
| Kurt pflegt immer zu sagen: „Hab's vergessen." | *Kurt is always wont to say, "It slipped my mind."* |
| Ach du lieber, wir haben die Kinder vergessen! | *Oh dear, we've left the children behind!* |
| Den neuen Film kann man getrost vergessen. | *You can safely ignore the new film.* |
| Alte Kuh gar leicht vergisst, dass sie ein Kalb gewesen ist. (PROVERB) | *We easily forget that we were young once.* |

# vergleichen  *to compare*

vergleicht · verglich · verglichen

**PRESENT**

| | |
|---|---|
| ich vergleiche | wir vergleichen |
| du vergleichst | ihr vergleicht |
| Sie vergleichen | Sie vergleichen |
| er/sie/es vergleicht | sie vergleichen |

**PRESENT PERFECT**

| | | |
|---|---|---|
| ich habe | wir haben | |
| du hast | ihr habt | verglichen |
| Sie haben | Sie haben | |
| er/sie/es hat | sie haben | |

**SIMPLE PAST**

| | |
|---|---|
| ich verglich | wir verglichen |
| du verglichst | ihr verglicht |
| Sie verglichen | Sie verglichen |
| er/sie/es verglich | sie verglichen |

**PAST PERFECT**

| | | |
|---|---|---|
| ich hatte | wir hatten | |
| du hattest | ihr hattet | verglichen |
| Sie hatten | Sie hatten | |
| er/sie/es hatte | sie hatten | |

**FUTURE**

| | | |
|---|---|---|
| ich werde | wir werden | |
| du wirst | ihr werdet | vergleichen |
| Sie werden | Sie werden | |
| er/sie/es wird | sie werden | |

**FUTURE PERFECT**

| | | |
|---|---|---|
| ich werde | wir werden | |
| du wirst | ihr werdet | verglichen haben |
| Sie werden | Sie werden | |
| er/sie/es wird | sie werden | |

**PRESENT SUBJUNCTIVE I**

| | |
|---|---|
| ich vergleiche | wir vergleichen |
| du vergleichest | ihr vergleichet |
| Sie vergleichen | Sie vergleichen |
| er/sie/es vergleiche | sie vergleichen |

**PAST SUBJUNCTIVE I**

| | | |
|---|---|---|
| ich habe | wir haben | |
| du habest | ihr habet | verglichen |
| Sie haben | Sie haben | |
| er/sie/es habe | sie haben | |

**PRESENT SUBJUNCTIVE II**

| | |
|---|---|
| ich vergliche | wir verglichen |
| du verglichest | ihr verglichet |
| Sie verglichen | Sie verglichen |
| er/sie/es vergliche | sie verglichen |

**PAST SUBJUNCTIVE II**

| | | |
|---|---|---|
| ich hätte | wir hätten | |
| du hättest | ihr hättet | verglichen |
| Sie hätten | Sie hätten | |
| er/sie/es hätte | sie hätten | |

**FUTURE SUBJUNCTIVE I**

| | | |
|---|---|---|
| ich werde | wir werden | |
| du werdest | ihr werdet | vergleichen |
| Sie werden | Sie werden | |
| er/sie/es werde | sie werden | |

**FUTURE PERFECT SUBJUNCTIVE I**

| | | |
|---|---|---|
| ich werde | wir werden | |
| du werdest | ihr werdet | verglichen haben |
| Sie werden | Sie werden | |
| er/sie/es werde | sie werden | |

**FUTURE SUBJUNCTIVE II**

| | | |
|---|---|---|
| ich würde | wir würden | |
| du würdest | ihr würdet | vergleichen |
| Sie würden | Sie würden | |
| er/sie/es würde | sie würden | |

**FUTURE PERFECT SUBJUNCTIVE II**

| | | |
|---|---|---|
| ich würde | wir würden | |
| du würdest | ihr würdet | verglichen haben |
| Sie würden | Sie würden | |
| er/sie/es würde | sie würden | |

**COMMANDS**    vergleich(e)!    vergleicht!    vergleichen Sie!

**PRESENT PARTICIPLE**    vergleichend

## Usage

| | |
|---|---|
| Warum vergleichst du mich mit deiner Exfrau? | *Why are you comparing me with your ex-wife?* |
| Die Flughäfen sind nicht zu vergleichen. | *The airports are not comparable.* |
| Der Detektiv vergleicht die Fingerabdrücke. | *The detective is comparing the fingerprints.* |
| Vor Bestellung vergleichen wir die Kaffeesorten. | *Before we order, let's compare the types of coffee.* |
| Vergleichen Sie die Preise. | *Compare prices. / Shop around.* |
| Vergleicht das Motiv Rache im *Nibelungenlied* mit dem Begriff Gerechtigkeit. | *Compare the motif of vengeance in the* Lay of the Nibelung *with the concept of justice.* |
| Wir haben 12 Autos miteinander verglichen. | *We compared 12 cars with one other.* |
| Du darfst die Kinder nicht vergleichen. | *You can't compare the children.* |
| Man soll nicht Äpfel mit Birnen vergleichen. ( *figurative*) | *You shouldn't compare apples and oranges.* |

### sich vergleichen  *to compete; settle*

| | |
|---|---|
| Der Sportler verglich sich mit seinem Gegner. | *The athlete competed against his opponent.* |
| Die Beteiligten haben sich vor Gericht verglichen. | *The parties settled in court.* |

**RELATED VERBS**  *see* **gleichen** (222)

regular weak verb

**verhaftet · verhaftete · verhaftet**

### PRESENT

| | |
|---|---|
| ich verhafte | wir verhaften |
| du verhaftest | ihr verhaftet |
| Sie verhaften | Sie verhaften |
| er/sie/es verhaftet | sie verhaften |

### PRESENT PERFECT

| | | |
|---|---|---|
| ich habe | wir haben | |
| du hast | ihr habt | verhaftet |
| Sie haben | Sie haben | |
| er/sie/es hat | sie haben | |

### SIMPLE PAST

| | |
|---|---|
| ich verhaftete | wir verhafteten |
| du verhaftetest | ihr verhaftetet |
| Sie verhafteten | Sie verhafteten |
| er/sie/es verhaftete | sie verhafteten |

### PAST PERFECT

| | | |
|---|---|---|
| ich hatte | wir hatten | |
| du hattest | ihr hattet | verhaftet |
| Sie hatten | Sie hatten | |
| er/sie/es hatte | sie hatten | |

### FUTURE

| | | |
|---|---|---|
| ich werde | wir werden | |
| du wirst | ihr werdet | verhaften |
| Sie werden | Sie werden | |
| er/sie/es wird | sie werden | |

### FUTURE PERFECT

| | | |
|---|---|---|
| ich werde | wir werden | |
| du wirst | ihr werdet | verhaftet haben |
| Sie werden | Sie werden | |
| er/sie/es wird | sie werden | |

### PRESENT SUBJUNCTIVE I

| | |
|---|---|
| ich verhafte | wir verhaften |
| du verhaftest | ihr verhaftet |
| Sie verhaften | Sie verhaften |
| er/sie/es verhafte | sie verhaften |

### PAST SUBJUNCTIVE I

| | | |
|---|---|---|
| ich habe | wir haben | |
| du habest | ihr habet | verhaftet |
| Sie haben | Sie haben | |
| er/sie/es habe | sie haben | |

### PRESENT SUBJUNCTIVE II

| | |
|---|---|
| ich verhaftete | wir verhafteten |
| du verhaftetest | ihr verhaftetet |
| Sie verhafteten | Sie verhafteten |
| er/sie/es verhaftete | sie verhafteten |

### PAST SUBJUNCTIVE II

| | | |
|---|---|---|
| ich hätte | wir hätten | |
| du hättest | ihr hättet | verhaftet |
| Sie hätten | Sie hätten | |
| er/sie/es hätte | sie hätten | |

### FUTURE SUBJUNCTIVE I

| | | |
|---|---|---|
| ich werde | wir werden | |
| du werdest | ihr werdet | verhaften |
| Sie werden | Sie werden | |
| er/sie/es werde | sie werden | |

### FUTURE PERFECT SUBJUNCTIVE I

| | | |
|---|---|---|
| ich werde | wir werden | |
| du werdest | ihr werdet | verhaftet haben |
| Sie werden | Sie werden | |
| er/sie/es werde | sie werden | |

### FUTURE SUBJUNCTIVE II

| | | |
|---|---|---|
| ich würde | wir würden | |
| du würdest | ihr würdet | verhaften |
| Sie würden | Sie würden | |
| er/sie/es würde | sie würden | |

### FUTURE PERFECT SUBJUNCTIVE II

| | | |
|---|---|---|
| ich würde | wir würden | |
| du würdest | ihr würdet | verhaftet haben |
| Sie würden | Sie würden | |
| er/sie/es würde | sie würden | |

**COMMANDS**     verhafte!    verhaftet!    verhaften Sie!

**PRESENT PARTICIPLE**    verhaftend

## Usage

| | |
|---|---|
| Herr Iwanowitsch wird wegen Mordverdacht verhaftet. | *Mr. Ivanovich is being arrested on suspicion of murder.* |
| Die Täter sind noch nicht verhaftet worden. | *The perpetrators have not yet been apprehended.* |
| Die Polizei verhaftete zwei italienische Journalisten. | *The police arrested two Italian journalists.* |
| Unser Nachbar wurde wegen Drogenhandel verhaftet. | *Our neighbor was busted for dealing drugs.* |
| Der König ließ die Prinzessin verhaften. | *The king had the princess placed in confinement.* |
| Wurden Bonnie und Clyde endlich verhaftet? | *Were Bonnie and Clyde finally arrested?* |
| Dank Ihrer Arbeit wurden die Terroristen verhaftet. | *Thanks to your work, the terrorists were apprehended.* |
| Nach Pearl Harbor wurden über 100 000 Amerikaner verhaftet, weil sie japanischer Herkunft waren. | *After Pearl Harbor, more than 100,000 Americans were taken into custody because they were of Japanese heritage.* |
| Herr Sayyed ist ohne Grund verhaftet und ins Gefängnis gesteckt worden. | *Mr. Sayyed was arrested without reason and imprisoned.* |
| Ursula war der Idee verhaftet, dass holländische Tomaten besser schmecken. ( *figurative* ) | *Ursula was obsessed with the idea that Dutch tomatoes taste better.* |

**RELATED VERB**   haften

strong verb

**PRESENT**

| | |
|---|---|
| ich verhalte | wir verhalten |
| du verhältst | ihr verhaltet |
| Sie verhalten | Sie verhalten |
| er/sie/es verhält | sie verhalten |

**PRESENT PERFECT**

| | | |
|---|---|---|
| ich habe | wir haben | |
| du hast | ihr habt | |
| Sie haben | Sie haben | verhalten |
| er/sie/es hat | sie haben | |

**SIMPLE PAST**

| | |
|---|---|
| ich verhielt | wir verhielten |
| du verhieltst | ihr verhieltet |
| Sie verhielten | Sie verhielten |
| er/sie/es verhielt | sie verhielten |

**PAST PERFECT**

| | | |
|---|---|---|
| ich hatte | wir hatten | |
| du hattest | ihr hattet | |
| Sie hatten | Sie hatten | verhalten |
| er/sie/es hatte | sie hatten | |

**FUTURE**

| | | |
|---|---|---|
| ich werde | wir werden | |
| du wirst | ihr werdet | |
| Sie werden | Sie werden | verhalten |
| er/sie/es wird | sie werden | |

**FUTURE PERFECT**

| | | |
|---|---|---|
| ich werde | wir werden | |
| du wirst | ihr werdet | |
| Sie werden | Sie werden | verhalten haben |
| er/sie/es wird | sie werden | |

**PRESENT SUBJUNCTIVE I**

| | |
|---|---|
| ich verhalte | wir verhalten |
| du verhaltest | ihr verhaltet |
| Sie verhalten | Sie verhalten |
| er/sie/es verhalte | sie verhalten |

**PAST SUBJUNCTIVE I**

| | | |
|---|---|---|
| ich habe | wir haben | |
| du habest | ihr habet | |
| Sie haben | Sie haben | verhalten |
| er/sie/es habe | sie haben | |

**PRESENT SUBJUNCTIVE II**

| | |
|---|---|
| ich verhielte | wir verhielten |
| du verhieltest | ihr verhieltet |
| Sie verhielten | Sie verhielten |
| er/sie/es verhielte | sie verhielten |

**PAST SUBJUNCTIVE II**

| | | |
|---|---|---|
| ich hätte | wir hätten | |
| du hättest | ihr hättet | |
| Sie hätten | Sie hätten | verhalten |
| er/sie/es hätte | sie hätten | |

**FUTURE SUBJUNCTIVE I**

| | | |
|---|---|---|
| ich werde | wir werden | |
| du werdest | ihr werdet | |
| Sie werden | Sie werden | verhalten |
| er/sie/es werde | sie werden | |

**FUTURE PERFECT SUBJUNCTIVE I**

| | | |
|---|---|---|
| ich werde | wir werden | |
| du werdest | ihr werdet | |
| Sie werden | Sie werden | verhalten haben |
| er/sie/es werde | sie werden | |

**FUTURE SUBJUNCTIVE II**

| | | |
|---|---|---|
| ich würde | wir würden | |
| du würdest | ihr würdet | |
| Sie würden | Sie würden | verhalten |
| er/sie/es würde | sie würden | |

**FUTURE PERFECT SUBJUNCTIVE II**

| | | |
|---|---|---|
| ich würde | wir würden | |
| du würdest | ihr würdet | |
| Sie würden | Sie würden | verhalten haben |
| er/sie/es würde | sie würden | |

**COMMANDS**  verhalte! verhaltet! verhalten Sie!

**PRESENT PARTICIPLE**  verhaltend

## Usage

| | |
|---|---|
| Ich musste das Lachen verhalten. | *I had to stifle my laughter.* |
| Können Sie den Zorn verhalten? | *Can you contain your anger?* |

### sich verhalten *to behave, react, act*

| | |
|---|---|
| Verhältst du dich immer so? | *So you always behave like this?* |
| Sie hat sich ihm gegenüber fair verhalten. | *She treated him fairly.* |
| Wie verhält sich euer Hund in Gesellschaft anderer Hunde? | *How does your dog behave in the presence of other dogs?* |
| Viele Patienten verhalten sich wesentlich anders. | *Many patients behave substantially differently.* |
| Die Kinder verhielten sich relativ ruhig. | *The children reacted relatively calmly.* |
| Mein Sohn verhält sich so, als ob er mich gar nicht kennen würde. | *My son acts as though he doesn't even know me.* |
| X verhält sich zu Y wie π zu 3. | *X is to Y as π is to 3.* |

**RELATED VERBS**  *see* **halten** (231)

regular weak verb · verhandelt · verhandelte · verhandelt

## PRESENT

| | |
|---|---|
| ich verhand(e)le | wir verhandeln |
| du verhandelst | ihr verhandelt |
| Sie verhandeln | Sie verhandeln |
| er/sie/es verhandelt | sie verhandeln |

## SIMPLE PAST

| | |
|---|---|
| ich verhandelte | wir verhandelten |
| du verhandeltest | ihr verhandeltet |
| Sie verhandelten | Sie verhandelten |
| er/sie/es verhandelte | sie verhandelten |

## FUTURE

| | |
|---|---|
| ich werde | wir werden |
| du wirst | ihr werdet |
| Sie werden | Sie werden |
| er/sie/es wird | sie werden |

} verhandeln

## PRESENT SUBJUNCTIVE I

| | |
|---|---|
| ich verhand(e)le | wir verhandeln |
| du verhandelst | ihr verhandelt |
| Sie verhandeln | Sie verhandeln |
| er/sie/es verhand(e)le | sie verhandeln |

## PRESENT SUBJUNCTIVE II

| | |
|---|---|
| ich verhandelte | wir verhandelten |
| du verhandeltest | ihr verhandeltet |
| Sie verhandelten | Sie verhandelten |
| er/sie/es verhandelte | sie verhandelten |

## FUTURE SUBJUNCTIVE I

| | |
|---|---|
| ich werde | wir werden |
| du werdest | ihr werdet |
| Sie werden | Sie werden |
| er/sie/es werde | sie werden |

} verhandeln

## FUTURE SUBJUNCTIVE II

| | |
|---|---|
| ich würde | wir würden |
| du würdest | ihr würdet |
| Sie würden | Sie würden |
| er/sie/es würde | sie würden |

} verhandeln

## PRESENT PERFECT

| | |
|---|---|
| ich habe | wir haben |
| du hast | ihr habt |
| Sie haben | Sie haben |
| er/sie/es hat | sie haben |

} verhandelt

## PAST PERFECT

| | |
|---|---|
| ich hatte | wir hatten |
| du hattest | ihr hattet |
| Sie hatten | Sie hatten |
| er/sie/es hatte | sie hatten |

} verhandelt

## FUTURE PERFECT

| | |
|---|---|
| ich werde | wir werden |
| du wirst | ihr werdet |
| Sie werden | Sie werden |
| er/sie/es wird | sie werden |

} verhandelt haben

## PAST SUBJUNCTIVE I

| | |
|---|---|
| ich habe | wir haben |
| du habest | ihr habet |
| Sie haben | Sie haben |
| er/sie/es habe | sie haben |

} verhandelt

## PAST SUBJUNCTIVE II

| | |
|---|---|
| ich hätte | wir hätten |
| du hättest | ihr hättet |
| Sie hätten | Sie hätten |
| er/sie/es hätte | sie hätten |

} verhandelt

## FUTURE PERFECT SUBJUNCTIVE I

| | |
|---|---|
| ich werde | wir werden |
| du werdest | ihr werdet |
| Sie werden | Sie werden |
| er/sie/es werde | sie werden |

} verhandelt haben

## FUTURE PERFECT SUBJUNCTIVE II

| | |
|---|---|
| ich würde | wir würden |
| du würdest | ihr würdet |
| Sie würden | Sie würden |
| er/sie/es würde | sie würden |

} verhandelt haben

COMMANDS    verhand(e)le!  verhandelt!  verhandeln Sie!

PRESENT PARTICIPLE    verhandelnd

## Usage

Die Außenminister verhandelten über ein Ende des Konflikts.
The foreign ministers were negotiating an end to the conflict.

Ich verhandele nicht gern.
I don't like to negotiate.

Die Firmen sollen über eine Fusion verhandelt haben.
The companies are supposed to have negotiated a merger.

Der Vorsitzende hat mit dem Vorstand über seinen Rücktritt verhandelt.
The chairman negotiated his resignation with the board.

Der Schriftsteller verhandelt mit einem Verlag.
The writer is negotiating with a publisher.

Die Opfer verhandeln mit der Regierung über Schadenersatz.
The victims are negotiating with the government over compensatory damages.

Wir verhandeln fair mit Ihnen.
We will treat you fairly.

Auf dem Flohmarkt kann man über den Preis verhandeln.
At the flea market, you can haggle over price.

Gegen Frau Pritschow wird wegen Steuerhinterziehung verhandelt.
Mrs. Pritchov is being tried for tax evasion.

RELATED VERBS *see* **handeln** (232)

**verheiratet sich · verheiratete sich · sich verheiratet**

*regular weak verb*

### PRESENT

| | |
|---|---|
| ich verheirate mich | wir verheiraten uns |
| du verheiratest dich | ihr verheiratet euch |
| Sie verheiraten sich | Sie verheiraten sich |
| er/sie/es verheiratet sich | sie verheiraten sich |

### PRESENT PERFECT

| | | |
|---|---|---|
| ich habe mich | wir haben uns | |
| du hast dich | ihr habt euch | verheiratet |
| Sie haben sich | Sie haben sich | |
| er/sie/es hat sich | sie haben sich | |

### SIMPLE PAST

| | |
|---|---|
| ich verheiratete mich | wir verheirateten uns |
| du verheiratetest dich | ihr verheiratetet euch |
| Sie verheirateten sich | Sie verheirateten sich |
| er/sie/es verheiratete sich | sie verheirateten sich |

### PAST PERFECT

| | | |
|---|---|---|
| ich hatte mich | wir hatten uns | |
| du hattest dich | ihr hattet euch | verheiratet |
| Sie hatten sich | Sie hatten sich | |
| er/sie/es hatte sich | sie hatten sich | |

### FUTURE

| | | |
|---|---|---|
| ich werde mich | wir werden uns | |
| du wirst dich | ihr werdet euch | verheiraten |
| Sie werden sich | Sie werden sich | |
| er/sie/es wird sich | sie werden sich | |

### FUTURE PERFECT

| | | |
|---|---|---|
| ich werde mich | wir werden uns | |
| du wirst dich | ihr werdet euch | verheiratet haben |
| Sie werden sich | Sie werden sich | |
| er/sie/es wird sich | sie werden sich | |

### PRESENT SUBJUNCTIVE I

| | |
|---|---|
| ich verheirate mich | wir verheiraten uns |
| du verheiratest dich | ihr verheiratet euch |
| Sie verheiraten sich | Sie verheiraten sich |
| er/sie/es verheirate sich | sie verheiraten sich |

### PAST SUBJUNCTIVE I

| | | |
|---|---|---|
| ich habe mich | wir haben uns | |
| du habest dich | ihr habet euch | verheiratet |
| Sie haben sich | Sie haben sich | |
| er/sie/es habe sich | sie haben sich | |

### PRESENT SUBJUNCTIVE II

| | |
|---|---|
| ich verheiratete mich | wir verheirateten uns |
| du verheiratetest dich | ihr verheiratetet euch |
| Sie verheirateten sich | Sie verheirateten sich |
| er/sie/es verheiratete sich | sie verheirateten sich |

### PAST SUBJUNCTIVE II

| | | |
|---|---|---|
| ich hätte mich | wir hätten uns | |
| du hättest dich | ihr hättet euch | verheiratet |
| Sie hätten sich | Sie hätten sich | |
| er/sie/es hätte sich | sie hätten sich | |

### FUTURE SUBJUNCTIVE I

| | | |
|---|---|---|
| ich werde mich | wir werden uns | |
| du werdest dich | ihr werdet euch | verheiraten |
| Sie werden sich | Sie werden sich | |
| er/sie/es werde sich | sie werden sich | |

### FUTURE PERFECT SUBJUNCTIVE I

| | | |
|---|---|---|
| ich werde mich | wir werden uns | |
| du werdest dich | ihr werdet euch | verheiratet haben |
| Sie werden sich | Sie werden sich | |
| er/sie/es werde sich | sie werden sich | |

### FUTURE SUBJUNCTIVE II

| | | |
|---|---|---|
| ich würde mich | wir würden uns | |
| du würdest dich | ihr würdet euch | verheiraten |
| Sie würden sich | Sie würden sich | |
| er/sie/es würde sich | sie würden sich | |

### FUTURE PERFECT SUBJUNCTIVE II

| | | |
|---|---|---|
| ich würde mich | wir würden uns | |
| du würdest dich | ihr würdet euch | verheiratet haben |
| Sie würden sich | Sie würden sich | |
| er/sie/es würde sich | sie würden sich | |

**COMMANDS**    verheirate dich!    verheiratet euch!    verheiraten Sie sich!

**PRESENT PARTICIPLE**    sich verheiratend

## Usage

| | |
|---|---|
| Lars Wolfrum verheiratete sich mit Elisabeth Becker aus Donaueschingen. | *Lars Wolfrum married Elisabeth Becker from Donaueschingen.* |
| Annalies hat sich mit einem Engländer verheiratet. | *Annalies married an Englishman.* |
| „Hat sie geheiratet?" | *"Has she married?"* |
| „Nein, sie ist immer noch nicht verheiratet." | *"No, she's still not married."* |
| Bernd ist mit seinem Beruf verheiratet. (*figurative*) | *Bernd is married to his career.* |
| Frisch verheiratet. | *Just married.* |
| Du verheiratest dich doch so bald nicht. (GOETHE) | *But you won't be getting married that soon.* |
| Die junge Witwe verheiratete sich 1995 wieder. | *The young widow remarried in 1995.* |

### verheiraten *to give in marriage*

| | |
|---|---|
| Jost Jäger verheiratete seine Tochter Amalie an einen wohlhabenden Bürger aus Aschersleben. | *Jost Jäger gave his daughter Amalie in marriage to a wealthy citizen from Aschersleben.* |

**RELATED VERBS** *see* **heiraten** (238)

regular weak verb

| PRESENT | |
|---|---|
| ich verhindere | wir verhindern |
| du verhinderst | ihr verhindert |
| Sie verhindern | Sie verhindern |
| er/sie/es verhindert | sie verhindern |

| PRESENT PERFECT | | |
|---|---|---|
| ich habe | wir haben | |
| du hast | ihr habt | verhindert |
| Sie haben | Sie haben | |
| er/sie/es hat | sie haben | |

| SIMPLE PAST | |
|---|---|
| ich verhinderte | wir verhinderten |
| du verhindertest | ihr verhindertet |
| Sie verhinderten | Sie verhinderten |
| er/sie/es verhinderte | sie verhinderten |

| PAST PERFECT | | |
|---|---|---|
| ich hatte | wir hatten | |
| du hattest | ihr hattet | verhindert |
| Sie hatten | Sie hatten | |
| er/sie/es hatte | sie hatten | |

| FUTURE | | |
|---|---|---|
| ich werde | wir werden | |
| du wirst | ihr werdet | verhindern |
| Sie werden | Sie werden | |
| er/sie/es wird | sie werden | |

| FUTURE PERFECT | | |
|---|---|---|
| ich werde | wir werden | |
| du wirst | ihr werdet | verhindert haben |
| Sie werden | Sie werden | |
| er/sie/es wird | sie werden | |

| PRESENT SUBJUNCTIVE I | |
|---|---|
| ich verhindere | wir verhindern |
| du verhinderst | ihr verhindert |
| Sie verhindern | Sie verhindern |
| er/sie/es verhindere | sie verhindern |

| PAST SUBJUNCTIVE I | | |
|---|---|---|
| ich habe | wir haben | |
| du habest | ihr habet | verhindert |
| Sie haben | Sie haben | |
| er/sie/es habe | sie haben | |

| PRESENT SUBJUNCTIVE II | |
|---|---|
| ich verhinderte | wir verhinderten |
| du verhindertest | ihr verhindertet |
| Sie verhinderten | Sie verhinderten |
| er/sie/es verhinderte | sie verhinderten |

| PAST SUBJUNCTIVE II | | |
|---|---|---|
| ich hätte | wir hätten | |
| du hättest | ihr hättet | verhindert |
| Sie hätten | Sie hätten | |
| er/sie/es hätte | sie hätten | |

| FUTURE SUBJUNCTIVE I | | |
|---|---|---|
| ich werde | wir werden | |
| du werdest | ihr werdet | verhindern |
| Sie werden | Sie werden | |
| er/sie/es werde | sie werden | |

| FUTURE PERFECT SUBJUNCTIVE I | | |
|---|---|---|
| ich werde | wir werden | |
| du werdest | ihr werdet | verhindert haben |
| Sie werden | Sie werden | |
| er/sie/es werde | sie werden | |

| FUTURE SUBJUNCTIVE II | | |
|---|---|---|
| ich würde | wir würden | |
| du würdest | ihr würdet | verhindern |
| Sie würden | Sie würden | |
| er/sie/es würde | sie würden | |

| FUTURE PERFECT SUBJUNCTIVE II | | |
|---|---|---|
| ich würde | wir würden | |
| du würdest | ihr würdet | verhindert haben |
| Sie würden | Sie würden | |
| er/sie/es würde | sie würden | |

COMMANDS     verhindere!   verhindert!   verhindern Sie!

PRESENT PARTICIPLE     verhindernd

## Usage

| | |
|---|---|
| Die neue Regelung hat offene Diskussionen verhindert. | *The new rule has hampered open discussions.* |
| Der Bau des Denkmals wurde kurzfristig verhindert. | *Construction of the monument was stopped momentarily.* |
| Wie hätte Krieg verhindert werden können? | *How could war have been averted?* |
| Bürgerproteste könnten sein Vorhaben verhindert haben. | *Citizen protests could have frustrated his plan.* |
| Ich konnte ihn nicht verhindern. | *I was unable to stop him.* |
| Wir wollen verhindern, dass Zivilisten getötet werden. | *We want to prevent civilians from being killed.* |
| Dank seiner Aufmerksamkeit wurde ein zweiter Mord verhindert. | *Thanks to his attentiveness, a second murder was averted.* |
| Durch die heutige Lösung wird ein offener Konflikt verhindert. | *Today's solution heads off an open conflict.* |
| Neue Maßnahmen sollen weitere Anschläge verhindern. | *New measures are supposed to prevent further attacks.* |
| Es lässt sich nicht mehr verhindern, dass er selbst hingeht. | *He can no longer be prevented from going there himself.* |
| Das verhindert Missbrauch Ihres Kennworts durch Dritte. | *This prevents misuse of your password by third parties.* |

RELATED VERBS   hindern; *see also* **behindern (64)**

# verkaufen *to sell*

verkauft · verkaufte · verkauft

regular weak verb

### PRESENT

| | |
|---|---|
| ich verkaufe | wir verkaufen |
| du verkaufst | ihr verkauft |
| Sie verkaufen | Sie verkaufen |
| er/sie/es verkauft | sie verkaufen |

### SIMPLE PAST

| | |
|---|---|
| ich verkaufte | wir verkauften |
| du verkauftest | ihr verkauftet |
| Sie verkauften | Sie verkauften |
| er/sie/es verkaufte | sie verkauften |

### FUTURE

| | |
|---|---|
| ich werde | wir werden |
| du wirst | ihr werdet |
| Sie werden | Sie werden |
| er/sie/es wird | sie werden |

} verkaufen

### PRESENT SUBJUNCTIVE I

| | |
|---|---|
| ich verkaufe | wir verkaufen |
| du verkaufest | ihr verkaufet |
| Sie verkaufen | Sie verkaufen |
| er/sie/es verkaufe | sie verkaufen |

### PRESENT SUBJUNCTIVE II

| | |
|---|---|
| ich verkaufte | wir verkauften |
| du verkauftest | ihr verkauftet |
| Sie verkauften | Sie verkauften |
| er/sie/es verkaufte | sie verkauften |

### FUTURE SUBJUNCTIVE I

| | |
|---|---|
| ich werde | wir werden |
| du werdest | ihr werdet |
| Sie werden | Sie werden |
| er/sie/es werde | sie werden |

} verkaufen

### FUTURE SUBJUNCTIVE II

| | |
|---|---|
| ich würde | wir würden |
| du würdest | ihr würdet |
| Sie würden | Sie würden |
| er/sie/es würde | sie würden |

} verkaufen

### PRESENT PERFECT

| | |
|---|---|
| ich habe | wir haben |
| du hast | ihr habt |
| Sie haben | Sie haben |
| er/sie/es hat | sie haben |

} verkauft

### PAST PERFECT

| | |
|---|---|
| ich hatte | wir hatten |
| du hattest | ihr hattet |
| Sie hatten | Sie hatten |
| er/sie/es hatte | sie hatten |

} verkauft

### FUTURE PERFECT

| | |
|---|---|
| ich werde | wir werden |
| du wirst | ihr werdet |
| Sie werden | Sie werden |
| er/sie/es wird | sie werden |

} verkauft haben

### PAST SUBJUNCTIVE I

| | |
|---|---|
| ich habe | wir haben |
| du habest | ihr habet |
| Sie haben | Sie haben |
| er/sie/es habe | sie haben |

} verkauft

### PAST SUBJUNCTIVE II

| | |
|---|---|
| ich hätte | wir hätten |
| du hättest | ihr hättet |
| Sie hätten | Sie hätten |
| er/sie/es hätte | sie hätten |

} verkauft

### FUTURE PERFECT SUBJUNCTIVE I

| | |
|---|---|
| ich werde | wir werden |
| du werdest | ihr werdet |
| Sie werden | Sie werden |
| er/sie/es werde | sie werden |

} verkauft haben

### FUTURE PERFECT SUBJUNCTIVE II

| | |
|---|---|
| ich würde | wir würden |
| du würdest | ihr würdet |
| Sie würden | Sie würden |
| er/sie/es würde | sie würden |

} verkauft haben

COMMANDS    verkauf(e)!  verkauft!  verkaufen Sie!

PRESENT PARTICIPLE    verkaufend

## Usage

| | |
|---|---|
| Wir verkaufen zu günstigen Preisen. | *We sell at reasonable prices.* |
| Firma Rössler verkauft Autozubehör. | *The Rössler Company sells auto accessories.* |
| Er will seinem Nachbarn eine Lokomotive verkauft haben! | *He claims to have sold his neighbor a locomotive!* |
| Friedrich hat seinen ersten Roman an einen Verlag verkauft. | *Friedrich has sold his first novel to a publisher.* |
| Onkel Heinz verkauft seinen alten Mercedes. | *Uncle Heinz is selling his old Mercedes.* |
| Die Eigentümer wollten das Grundstück für 250 000 Euro verkaufen. | *The owners wanted to sell the property for 250,000 euros.* |
| Verkaufst du mir deine Bücher? | *Will you sell me your books?* |
| Werner wird seine Aktien nicht verkaufen. | *Werner will not dispose of his shares.* |
| Damals wurden Frauen und Kinder in die Sklaverei verkauft. | *Back then, women and children were sold into slavery.* |
| Das neue Modell verkauft sich sehr gut. | *The new model is selling very well.* |
| Ich musste meinen alten Computer für ein Butterbrot verkaufen. | *I had to sell my old computer for next to nothing (lit., for buttered bread).* |

RELATED VERBS   aus·verkaufen, weiter·verkaufen; *see also* **kaufen** (253)

regular weak verb          **verlangt · verlangte · verlangt**

**PRESENT**

| | |
|---|---|
| ich verlange | wir verlangen |
| du verlangst | ihr verlangt |
| Sie verlangen | Sie verlangen |
| er/sie/es verlangt | sie verlangen |

**SIMPLE PAST**

| | |
|---|---|
| ich verlangte | wir verlangten |
| du verlangtest | ihr verlangtet |
| Sie verlangten | Sie verlangten |
| er/sie/es verlangte | sie verlangten |

**FUTURE**

| | |
|---|---|
| ich werde | wir werden |
| du wirst | ihr werdet |
| Sie werden | Sie werden |
| er/sie/es wird | sie werden |

} verlangen

**PRESENT SUBJUNCTIVE I**

| | |
|---|---|
| ich verlange | wir verlangen |
| du verlangest | ihr verlanget |
| Sie verlangen | Sie verlangen |
| er/sie/es verlange | sie verlangen |

**PRESENT SUBJUNCTIVE II**

| | |
|---|---|
| ich verlangte | wir verlangten |
| du verlangtest | ihr verlangtet |
| Sie verlangten | Sie verlangten |
| er/sie/es verlangte | sie verlangten |

**FUTURE SUBJUNCTIVE I**

| | |
|---|---|
| ich werde | wir werden |
| du werdest | ihr werdet |
| Sie werden | Sie werden |
| er/sie/es werde | sie werden |

} verlangen

**FUTURE SUBJUNCTIVE II**

| | |
|---|---|
| ich würde | wir würden |
| du würdest | ihr würdet |
| Sie würden | Sie würden |
| er/sie/es würde | sie würden |

} verlangen

**PRESENT PERFECT**

| | |
|---|---|
| ich habe | wir haben |
| du hast | ihr habt |
| Sie haben | Sie haben |
| er/sie/es hat | sie haben |

} verlangt

**PAST PERFECT**

| | |
|---|---|
| ich hatte | wir hatten |
| du hattest | ihr hattet |
| Sie hatten | Sie hatten |
| er/sie/es hatte | sie hatten |

} verlangt

**FUTURE PERFECT**

| | |
|---|---|
| ich werde | wir werden |
| du wirst | ihr werdet |
| Sie werden | Sie werden |
| er/sie/es wird | sie werden |

} verlangt haben

**PAST SUBJUNCTIVE I**

| | |
|---|---|
| ich habe | wir haben |
| du habest | ihr habet |
| Sie haben | Sie haben |
| er/sie/es habe | sie haben |

} verlangt

**PAST SUBJUNCTIVE II**

| | |
|---|---|
| ich hätte | wir hätten |
| du hättest | ihr hättet |
| Sie hätten | Sie hätten |
| er/sie/es hätte | sie hätten |

} verlangt

**FUTURE PERFECT SUBJUNCTIVE I**

| | |
|---|---|
| ich werde | wir werden |
| du werdest | ihr werdet |
| Sie werden | Sie werden |
| er/sie/es werde | sie werden |

} verlangt haben

**FUTURE PERFECT SUBJUNCTIVE II**

| | |
|---|---|
| ich würde | wir würden |
| du würdest | ihr würdet |
| Sie würden | Sie würden |
| er/sie/es würde | sie würden |

} verlangt haben

**COMMANDS**      verlang(e)!    verlangt!    verlangen Sie!

**PRESENT PARTICIPLE**      verlangend

## Usage

| | |
|---|---|
| Was verlangen Sie von mir? | *What do you want from me?* |
| Der Vorstand verlangt den Rücktritt des Vorsitzenden. | *The board is demanding the resignation of the chairman.* |
| Das Volk verlangt ein gerechteres Steuersystem. | *The people want a more just tax system.* |
| Auf dem Bauernhof wurde ziemlich viel Arbeit von mir verlangt. | *On the farm, quite a bit of work was required of me.* |
| Darf mein Vermieter verlangen, dass ich ein neues Dach bezahle? | *Can my landlord require me to pay for a new roof?* |
| Der Anwalt verlangt 200 Euro die Stunde. | *The lawyer charges 200 euros an hour.* |
| Gabis Friseur verlangt 15 Euro für einen Haarschnitt. | *Gabi's hairdresser charges 15 euros for a haircut.* |
| Das ist zu viel verlangt. | *That's asking too much.* |
| Mehr kann man nicht verlangen! | *You can't ask for more than that!* |
| Der Fahrer des verunglückten Fahrzeuges verlangt Schadenersatz. | *The driver of the wrecked vehicle is seeking damages.* |

**RELATED VERBS**   ab·verlangen, langen, zurück·verlangen

### PRESENT

| | |
|---|---|
| ich verlasse | wir verlassen |
| du verlässt | ihr verlasst |
| Sie verlassen | Sie verlassen |
| er/sie/es verlässt | sie verlassen |

### SIMPLE PAST

| | |
|---|---|
| ich verließ | wir verließen |
| du verließest | ihr verließt |
| Sie verließen | Sie verließen |
| er/sie/es verließ | sie verließen |

### FUTURE

| | | |
|---|---|---|
| ich werde | wir werden | |
| du wirst | ihr werdet | verlassen |
| Sie werden | Sie werden | |
| er/sie/es wird | sie werden | |

### PRESENT SUBJUNCTIVE I

| | |
|---|---|
| ich verlasse | wir verlassen |
| du verlassest | ihr verlasset |
| Sie verlassen | Sie verlassen |
| er/sie/es verlasse | sie verlassen |

### PRESENT SUBJUNCTIVE II

| | |
|---|---|
| ich verließe | wir verließen |
| du verließest | ihr verließet |
| Sie verließen | Sie verließen |
| er/sie/es verließe | sie verließen |

### FUTURE SUBJUNCTIVE I

| | | |
|---|---|---|
| ich werde | wir werden | |
| du werdest | ihr werdet | verlassen |
| Sie werden | Sie werden | |
| er/sie/es werde | sie werden | |

### FUTURE SUBJUNCTIVE II

| | | |
|---|---|---|
| ich würde | wir würden | |
| du würdest | ihr würdet | verlassen |
| Sie würden | Sie würden | |
| er/sie/es würde | sie würden | |

### PRESENT PERFECT

| | | |
|---|---|---|
| ich habe | wir haben | |
| du hast | ihr habt | verlassen |
| Sie haben | Sie haben | |
| er/sie/es hat | sie haben | |

### PAST PERFECT

| | | |
|---|---|---|
| ich hatte | wir hatten | |
| du hattest | ihr hattet | verlassen |
| Sie hatten | Sie hatten | |
| er/sie/es hatte | sie hatten | |

### FUTURE PERFECT

| | | |
|---|---|---|
| ich werde | wir werden | |
| du wirst | ihr werdet | verlassen haben |
| Sie werden | Sie werden | |
| er/sie/es wird | sie werden | |

### PAST SUBJUNCTIVE I

| | | |
|---|---|---|
| ich habe | wir haben | |
| du habest | ihr habet | verlassen |
| Sie haben | Sie haben | |
| er/sie/es habe | sie haben | |

### PAST SUBJUNCTIVE II

| | | |
|---|---|---|
| ich hätte | wir hätten | |
| du hättest | ihr hättet | verlassen |
| Sie hätten | Sie hätten | |
| er/sie/es hätte | sie hätten | |

### FUTURE PERFECT SUBJUNCTIVE I

| | | |
|---|---|---|
| ich werde | wir werden | |
| du werdest | ihr werdet | verlassen haben |
| Sie werden | Sie werden | |
| er/sie/es werde | sie werden | |

### FUTURE PERFECT SUBJUNCTIVE II

| | | |
|---|---|---|
| ich würde | wir würden | |
| du würdest | ihr würdet | verlassen haben |
| Sie würden | Sie würden | |
| er/sie/es würde | sie würden | |

COMMANDS          verlass(e)!   verlasst!   verlassen Sie!

PRESENT PARTICIPLE   verlassend

## Usage

| | |
|---|---|
| Hast du deine Frau verlassen? | *Did you leave your wife?* |
| Wir mussten wegen eines Unfalls die Autobahn verlassen. | *We had to get off the autobahn because of an accident.* |
| Viele Intellektuellen verließen Deutschland nach der Machtergreifung der Nationalsozialisten. | *Many intellectuals left Germany after the National Socialists seized power.* |
| Nach dem Krieg wurden die deutschen Einwohner aufgefordert, das Sudetenland zu verlassen. | *After the war, the German inhabitants were ordered to leave the Sudeten region.* |
| Bodo verlässt seine Wohnung jeden Morgen um sieben. | *Bodo leaves his apartment every morning at seven.* |

### sich verlassen   *to rely, depend*

| | |
|---|---|
| Ich verlasse mich auf dich! | *I'm relying on you!* |
| Besonders kleine Kinder verlassen sich auf ihre Eltern. | *Small children, especially, rely on their parents.* |
| Darauf können Sie sich verlassen. | *You can count on that.* |
| Verlasst euch nicht auf Gewalt. (PSALMEN 62,10) | *Trust not in oppression.* (PSALMS 62:10) |

RELATED VERBS   *see* lassen (280)

regular weak verb

verletzt · verletzte · verletzt

**PRESENT**

| | |
|---|---|
| ich verletze | wir verletzen |
| du verletzt | ihr verletzt |
| Sie verletzen | Sie verletzen |
| er/sie/es verletzt | sie verletzen |

**PRESENT PERFECT**

| | | |
|---|---|---|
| ich habe | wir haben | |
| du hast | ihr habt | verletzt |
| Sie haben | Sie haben | |
| er/sie/es hat | sie haben | |

**SIMPLE PAST**

| | |
|---|---|
| ich verletzte | wir verletzten |
| du verletztest | ihr verletztet |
| Sie verletzten | Sie verletzten |
| er/sie/es verletzte | sie verletzten |

**PAST PERFECT**

| | | |
|---|---|---|
| ich hatte | wir hatten | |
| du hattest | ihr hattet | verletzt |
| Sie hatten | Sie hatten | |
| er/sie/es hatte | sie hatten | |

**FUTURE**

| | | |
|---|---|---|
| ich werde | wir werden | |
| du wirst | ihr werdet | verletzen |
| Sie werden | Sie werden | |
| er/sie/es wird | sie werden | |

**FUTURE PERFECT**

| | | |
|---|---|---|
| ich werde | wir werden | |
| du wirst | ihr werdet | verletzt haben |
| Sie werden | Sie werden | |
| er/sie/es wird | sie werden | |

**PRESENT SUBJUNCTIVE I**

| | |
|---|---|
| ich verletze | wir verletzen |
| du verletzest | ihr verletzet |
| Sie verletzen | Sie verletzen |
| er/sie/es verletze | sie verletzen |

**PAST SUBJUNCTIVE I**

| | | |
|---|---|---|
| ich habe | wir haben | |
| du habest | ihr habet | verletzt |
| Sie haben | Sie haben | |
| er/sie/es habe | sie haben | |

**PRESENT SUBJUNCTIVE II**

| | |
|---|---|
| ich verletzte | wir verletzten |
| du verletztest | ihr verletztet |
| Sie verletzten | Sie verletzten |
| er/sie/es verletzte | sie verletzten |

**PAST SUBJUNCTIVE II**

| | | |
|---|---|---|
| ich hätte | wir hätten | |
| du hättest | ihr hättet | verletzt |
| Sie hätten | Sie hätten | |
| er/sie/es hätte | sie hätten | |

**FUTURE SUBJUNCTIVE I**

| | | |
|---|---|---|
| ich werde | wir werden | |
| du werdest | ihr werdet | verletzen |
| Sie werden | Sie werden | |
| er/sie/es werde | sie werden | |

**FUTURE PERFECT SUBJUNCTIVE I**

| | | |
|---|---|---|
| ich werde | wir werden | |
| du werdest | ihr werdet | verletzt haben |
| Sie werden | Sie werden | |
| er/sie/es werde | sie werden | |

**FUTURE SUBJUNCTIVE II**

| | | |
|---|---|---|
| ich würde | wir würden | |
| du würdest | ihr würdet | verletzen |
| Sie würden | Sie würden | |
| er/sie/es würde | sie würden | |

**FUTURE PERFECT SUBJUNCTIVE II**

| | | |
|---|---|---|
| ich würde | wir würden | |
| du würdest | ihr würdet | verletzt haben |
| Sie würden | Sie würden | |
| er/sie/es würde | sie würden | |

**COMMANDS** verletz(e)! verletzt! verletzen Sie!

**PRESENT PARTICIPLE** verletzend

## Usage

| | |
|---|---|
| Renates Sohn ist von einem Kampfhund verletzt worden. | *Renate's son was injured by an attack dog.* |
| Beim Spielen hat sich Christian den Arm verletzt. | *Christian injured his arm while playing.* |
| Ihre Worte haben mich verletzt. | *Your words cut me to the quick.* |
| Zwei Insassen wurden schwer verletzt. | *Two passengers were severely injured.* |
| Sara verletzt sich oft. | *Sara often injures herself.* |
| Du hast seinen Stolz verletzt. | *You've wounded his pride.* |
| Wie verhält sich ein Kind, wenn seine persönlichen Grenzen verletzt werden? | *How does a child behave when his personal limits are violated?* |
| Das Kunstwerk verletzt den guten Geschmack. | *The work of art violates good taste.* |
| Habe ich ein Gesetz verletzt? | *Have I violated a law?* |
| Mindestens zwölf Regeln wurden dabei verletzt. | *At least 12 rules were broken in the process.* |
| Jeder Passagier, der die Sicherheitsbestimmungen verletzt, wird verhaftet. | *Every passenger who breaches security will be detained.* |

**RELATED VERB** letzen

**PRESENT**

| | |
|---|---|
| ich verliebe mich | wir verlieben uns |
| du verliebst dich | ihr verliebt euch |
| Sie verlieben sich | Sie verlieben sich |
| er/sie/es verliebt sich | sie verlieben sich |

**SIMPLE PAST**

| | |
|---|---|
| ich verliebte mich | wir verliebten uns |
| du verliebtest dich | ihr verliebtet euch |
| Sie verliebten sich | Sie verliebten sich |
| er/sie/es verliebte sich | sie verliebten sich |

**FUTURE**

| | |
|---|---|
| ich werde mich | wir werden uns |
| du wirst dich | ihr werdet euch |
| Sie werden sich | Sie werden sich |
| er/sie/es wird sich | sie werden sich |

} verlieben

**PRESENT SUBJUNCTIVE I**

| | |
|---|---|
| ich verliebe mich | wir verlieben uns |
| du verliebest dich | ihr verliebet euch |
| Sie verlieben sich | Sie verlieben sich |
| er/sie/es verliebe sich | sie verlieben sich |

**PRESENT SUBJUNCTIVE II**

| | |
|---|---|
| ich verliebte mich | wir verliebten uns |
| du verliebtest dich | ihr verliebtet euch |
| Sie verliebten sich | Sie verliebten sich |
| er/sie/es verliebte sich | sie verliebten sich |

**FUTURE SUBJUNCTIVE I**

| | |
|---|---|
| ich werde mich | wir werden uns |
| du werdest dich | ihr werdet euch |
| Sie werden sich | Sie werden sich |
| er/sie/es werde sich | sie werden sich |

} verlieben

**FUTURE SUBJUNCTIVE II**

| | |
|---|---|
| ich würde mich | wir würden uns |
| du würdest dich | ihr würdet euch |
| Sie würden sich | Sie würden sich |
| er/sie/es würde sich | sie würden sich |

} verlieben

**PRESENT PERFECT**

| | |
|---|---|
| ich habe mich | wir haben uns |
| du hast dich | ihr habt euch |
| Sie haben sich | Sie haben sich |
| er/sie/es hat sich | sie haben sich |

} verliebt

**PAST PERFECT**

| | |
|---|---|
| ich hatte mich | wir hatten uns |
| du hattest dich | ihr hattet euch |
| Sie hatten sich | Sie hatten sich |
| er/sie/es hatte sich | sie hatten sich |

} verliebt

**FUTURE PERFECT**

| | |
|---|---|
| ich werde mich | wir werden uns |
| du wirst dich | ihr werdet euch |
| Sie werden sich | Sie werden sich |
| er/sie/es wird sich | sie werden sich |

} verliebt haben

**PAST SUBJUNCTIVE I**

| | |
|---|---|
| ich habe mich | wir haben uns |
| du habest dich | ihr habet euch |
| Sie haben sich | Sie haben sich |
| er/sie/es habe sich | sie haben sich |

} verliebt

**PAST SUBJUNCTIVE II**

| | |
|---|---|
| ich hätte mich | wir hätten uns |
| du hättest dich | ihr hättet euch |
| Sie hätten sich | Sie hätten sich |
| er/sie/es hätte sich | sie hätten sich |

} verliebt

**FUTURE PERFECT SUBJUNCTIVE I**

| | |
|---|---|
| ich werde mich | wir werden uns |
| du werdest dich | ihr werdet euch |
| Sie werden sich | Sie werden sich |
| er/sie/es werde sich | sie werden sich |

} verliebt haben

**FUTURE PERFECT SUBJUNCTIVE II**

| | |
|---|---|
| ich würde mich | wir würden uns |
| du würdest dich | ihr würdet euch |
| Sie würden sich | Sie würden sich |
| er/sie/es würde sich | sie würden sich |

} verliebt haben

**COMMANDS**      verlieb(e) dich!   verliebt euch!   verlieben Sie sich!

**PRESENT PARTICIPLE**      sich verliebend

## Usage

| | |
|---|---|
| Erich verliebte sich in ihre grünen Augen. | *Erich fell in love with her green eyes.* |
| Hast du dich schon mal verliebt? | *Have you ever fallen in love?* |
| Ich verliebe mich gern. | *I like falling in love.* |
| Die Prinzessin verliebte sich sofort in den schönen Jüngling. | *The princess immediately fell in love with the handsome youth.* |
| Der Schriftsteller verliebte sich in eine Figur aus seinem Roman. | *The writer fell in love with a character from his novel.* |
| Aaron hatte sich in die Musik von Beethoven verliebt. | *Aaron had fallen in love with the music of Beethoven.* |
| Onkel Bert hat sich in das neue Auto verliebt. | *Uncle Bert fell in love with the new car.* |
| Das Paar verliebte sich ineinander und heiratete bald danach. | *The couple fell in love and married soon thereafter.* |
| In wen hat sich Jörg jetzt verliebt? | *Who has Jörg fallen in love with now?* |
| Dorian hat sich in sich selbst verliebt. | *Dorian has fallen in love with himself.* |

**RELATED VERBS**   *see* **lieben** (292)

strong verb

**PRESENT**

| | |
|---|---|
| ich verliere | wir verlieren |
| du verlierst | ihr verliert |
| Sie verlieren | Sie verlieren |
| er/sie/es verliert | sie verlieren |

**SIMPLE PAST**

| | |
|---|---|
| ich verlor | wir verloren |
| du verlorst | ihr verlort |
| Sie verloren | Sie verloren |
| er/sie/es verlor | sie verloren |

**FUTURE**

| | | |
|---|---|---|
| ich werde | wir werden | |
| du wirst | ihr werdet | verlieren |
| Sie werden | Sie werden | |
| er/sie/es wird | sie werden | |

**PRESENT SUBJUNCTIVE I**

| | |
|---|---|
| ich verliere | wir verlieren |
| du verlierest | ihr verlieret |
| Sie verlieren | Sie verlieren |
| er/sie/es verliere | sie verlieren |

**PRESENT SUBJUNCTIVE II**

| | |
|---|---|
| ich verlöre | wir verlören |
| du verlörest | ihr verlöret |
| Sie verlören | Sie verlören |
| er/sie/es verlöre | sie verlören |

**FUTURE SUBJUNCTIVE I**

| | | |
|---|---|---|
| ich werde | wir werden | |
| du werdest | ihr werdet | verlieren |
| Sie werden | Sie werden | |
| er/sie/es werde | sie werden | |

**FUTURE SUBJUNCTIVE II**

| | | |
|---|---|---|
| ich würde | wir würden | |
| du würdest | ihr würdet | verlieren |
| Sie würden | Sie würden | |
| er/sie/es würde | sie würden | |

**PRESENT PERFECT**

| | | |
|---|---|---|
| ich habe | wir haben | |
| du hast | ihr habt | verloren |
| Sie haben | Sie haben | |
| er/sie/es hat | sie haben | |

**PAST PERFECT**

| | | |
|---|---|---|
| ich hatte | wir hatten | |
| du hattest | ihr hattet | verloren |
| Sie hatten | Sie hatten | |
| er/sie/es hatte | sie hatten | |

**FUTURE PERFECT**

| | | |
|---|---|---|
| ich werde | wir werden | |
| du wirst | ihr werdet | verloren haben |
| Sie werden | Sie werden | |
| er/sie/es wird | sie werden | |

**PAST SUBJUNCTIVE I**

| | | |
|---|---|---|
| ich habe | wir haben | |
| du habest | ihr habet | verloren |
| Sie haben | Sie haben | |
| er/sie/es habe | sie haben | |

**PAST SUBJUNCTIVE II**

| | | |
|---|---|---|
| ich hätte | wir hätten | |
| du hättest | ihr hättet | verloren |
| Sie hätten | Sie hätten | |
| er/sie/es hätte | sie hätten | |

**FUTURE PERFECT SUBJUNCTIVE I**

| | | |
|---|---|---|
| ich werde | wir werden | |
| du werdest | ihr werdet | verloren haben |
| Sie werden | Sie werden | |
| er/sie/es werde | sie werden | |

**FUTURE PERFECT SUBJUNCTIVE II**

| | | |
|---|---|---|
| ich würde | wir würden | |
| du würdest | ihr würdet | verloren haben |
| Sie würden | Sie würden | |
| er/sie/es würde | sie würden | |

**COMMANDS** verlier(e)! verliert! verlieren Sie!

**PRESENT PARTICIPLE** verlierend

## Usage

| | |
|---|---|
| Der US-Dollar hat zum Euro an Wert verloren. | *The U.S. dollar has declined in value against the euro.* |
| Verlieren Sie nicht die Hoffnung! | *Don't lose hope!* |
| Letzten Monat hat Bernd 10 000 Euro in einem Spielkasino verloren. | *Last month, Bernd lost 10,000 euros at a casino.* |
| FC Köln hat 1:0 verloren. | *FC Cologne lost 1 to 0.* |
| Er scheint das Spiel verlieren zu wollen. | *He seems to want to lose the game.* |
| 1944 verlor sie ihren Mann und dann ihren Sohn. | *In 1944, she lost her husband and then her son.* |
| Wo wurde das Mountainbike verloren? | *Where was the mountain bike lost?* |
| Ich habe das alte Foto von meiner Tante verloren. | *I've lost the old photo of my aunt.* |
| Der Wolf verliert die Haare im Frühling. | *The wolf sheds its coat in the spring.* |

### sich verlieren *to subside, vanish; lose oneself, get lost*

| | |
|---|---|
| Der Pfad verlor sich im Wald. | *The path vanished into the forest.* |
| Werther verlor sich in seinen Gedanken. | *Werther lost himself in his thoughts.* |
| Das Buch verliert sich in Nebensächlichkeiten. | *The book gets lost in trivialities.* |

### PRESENT

| | |
|---|---|
| ich vermute | wir vermuten |
| du vermutest | ihr vermutet |
| Sie vermuten | Sie vermuten |
| er/sie/es vermutet | sie vermuten |

### SIMPLE PAST

| | |
|---|---|
| ich vermutete | wir vermuteten |
| du vermutetest | ihr vermutetet |
| Sie vermuteten | Sie vermuteten |
| er/sie/es vermutete | sie vermuteten |

### FUTURE

| | |
|---|---|
| ich werde | wir werden |
| du wirst | ihr werdet |
| Sie werden | Sie werden |
| er/sie/es wird | sie werden |

⎫ vermuten

### PRESENT SUBJUNCTIVE I

| | |
|---|---|
| ich vermute | wir vermuten |
| du vermutest | ihr vermutet |
| Sie vermuten | Sie vermuten |
| er/sie/es vermute | sie vermuten |

### PRESENT SUBJUNCTIVE II

| | |
|---|---|
| ich vermutete | wir vermuteten |
| du vermutetest | ihr vermutetet |
| Sie vermuteten | Sie vermuteten |
| er/sie/es vermutete | sie vermuteten |

### FUTURE SUBJUNCTIVE I

| | |
|---|---|
| ich werde | wir werden |
| du werdest | ihr werdet |
| Sie werden | Sie werden |
| er/sie/es werde | sie werden |

⎫ vermuten

### FUTURE SUBJUNCTIVE II

| | |
|---|---|
| ich würde | wir würden |
| du würdest | ihr würdet |
| Sie würden | Sie würden |
| er/sie/es würde | sie würden |

⎫ vermuten

### PRESENT PERFECT

| | |
|---|---|
| ich habe | wir haben |
| du hast | ihr habt |
| Sie haben | Sie haben |
| er/sie/es hat | sie haben |

⎫ vermutet

### PAST PERFECT

| | |
|---|---|
| ich hatte | wir hatten |
| du hattest | ihr hattet |
| Sie hatten | Sie hatten |
| er/sie/es hatte | sie hatten |

⎫ vermutet

### FUTURE PERFECT

| | |
|---|---|
| ich werde | wir werden |
| du wirst | ihr werdet |
| Sie werden | Sie werden |
| er/sie/es wird | sie werden |

⎫ vermutet haben

### PAST SUBJUNCTIVE I

| | |
|---|---|
| ich habe | wir haben |
| du habest | ihr habet |
| Sie haben | Sie haben |
| er/sie/es habe | sie haben |

⎫ vermutet

### PAST SUBJUNCTIVE II

| | |
|---|---|
| ich hätte | wir hätten |
| du hättest | ihr hättet |
| Sie hätten | Sie hätten |
| er/sie/es hätte | sie hätten |

⎫ vermutet

### FUTURE PERFECT SUBJUNCTIVE I

| | |
|---|---|
| ich werde | wir werden |
| du werdest | ihr werdet |
| Sie werden | Sie werden |
| er/sie/es werde | sie werden |

⎫ vermutet haben

### FUTURE PERFECT SUBJUNCTIVE II

| | |
|---|---|
| ich würde | wir würden |
| du würdest | ihr würdet |
| Sie würden | Sie würden |
| er/sie/es würde | sie würden |

⎫ vermutet haben

**COMMANDS**   vermute!   vermutet!   vermuten Sie!

**PRESENT PARTICIPLE**   vermutend

## Usage

| | |
|---|---|
| Es lässt sich vermuten, dass der Autor selbst an Krebs litt. | _One might suspect that the author himself suffered from cancer._ |
| Ich vermute, dass er zu Hause ist. | _I guess he's at home._ |
| Der Vermisste wird in Bonn vermutet. | _The missing man is presumed to be in Bonn._ |
| Archäologen vermuten, dass das Fundament der Kirche etwas älter ist. | _Archeologists conjecture that the church's foundation is somewhat older._ |
| Nach einem Jahr wurde der Mann als tot vermutet. | _After one year, the man was presumed dead._ |
| Mord wird in diesem Fall nicht vermutet. | _Murder is not suspected in this case._ |
| Ein weiterer Planet wird von Astronomen vermutet. | _An additional planet is suspected by astronomers._ |
| Herr Thyssen vermutet Atlantis im Mittelmeerraum. | _Mr. Thyssen conjectures that Atlantis is in the Mediterranean region._ |
| Es wurde vermutet, dass ihr Sohn ein photographisches Gedächtnis besaß. | _It was assumed that their son possessed a photographic memory._ |

**RELATED VERB**   muten

regular weak verb

**veröffentlicht · veröffentlichte · veröffentlicht**

**PRESENT**

| | |
|---|---|
| ich veröffentliche | wir veröffentlichen |
| du veröffentlichst | ihr veröffentlicht |
| Sie veröffentlichen | Sie veröffentlichen |
| er/sie/es veröffentlicht | sie veröffentlichen |

**SIMPLE PAST**

| | |
|---|---|
| ich veröffentlichte | wir veröffentlichten |
| du veröffentlichtest | ihr veröffentlichtet |
| Sie veröffentlichten | Sie veröffentlichten |
| er/sie/es veröffentlichte | sie veröffentlichten |

**FUTURE**

| | |
|---|---|
| ich werde | wir werden |
| du wirst | ihr werdet |
| Sie werden | Sie werden |
| er/sie/es wird | sie werden |

} veröffentlichen

**PRESENT SUBJUNCTIVE I**

| | |
|---|---|
| ich veröffentliche | wir veröffentlichen |
| du veröffentlichest | ihr veröffentlichet |
| Sie veröffentlichen | Sie veröffentlichen |
| er/sie/es veröffentliche | sie veröffentlichen |

**PRESENT SUBJUNCTIVE II**

| | |
|---|---|
| ich veröffentlichte | wir veröffentlichten |
| du veröffentlichtest | ihr veröffentlichtet |
| Sie veröffentlichten | Sie veröffentlichten |
| er/sie/es veröffentlichte | sie veröffentlichten |

**FUTURE SUBJUNCTIVE I**

| | |
|---|---|
| ich werde | wir werden |
| du werdest | ihr werdet |
| Sie werden | Sie werden |
| er/sie/es werde | sie werden |

} veröffentlichen

**FUTURE SUBJUNCTIVE II**

| | |
|---|---|
| ich würde | wir würden |
| du würdest | ihr würdet |
| Sie würden | Sie würden |
| er/sie/es würde | sie würden |

} veröffentlichen

**PRESENT PERFECT**

| | |
|---|---|
| ich habe | wir haben |
| du hast | ihr habt |
| Sie haben | Sie haben |
| er/sie/es hat | sie haben |

} veröffentlicht

**PAST PERFECT**

| | |
|---|---|
| ich hatte | wir hatten |
| du hattest | ihr hattet |
| Sie hatten | Sie hatten |
| er/sie/es hatte | sie hatten |

} veröffentlicht

**FUTURE PERFECT**

| | |
|---|---|
| ich werde | wir werden |
| du wirst | ihr werdet |
| Sie werden | Sie werden |
| er/sie/es wird | sie werden |

} veröffentlicht haben

**PAST SUBJUNCTIVE I**

| | |
|---|---|
| ich habe | wir haben |
| du habest | ihr habet |
| Sie haben | Sie haben |
| er/sie/es habe | sie haben |

} veröffentlicht

**PAST SUBJUNCTIVE II**

| | |
|---|---|
| ich hätte | wir hätten |
| du hättest | ihr hättet |
| Sie hätten | Sie hätten |
| er/sie/es hätte | sie hätten |

} veröffentlicht

**FUTURE PERFECT SUBJUNCTIVE I**

| | |
|---|---|
| ich werde | wir werden |
| du werdest | ihr werdet |
| Sie werden | Sie werden |
| er/sie/es werde | sie werden |

} veröffentlicht haben

**FUTURE PERFECT SUBJUNCTIVE II**

| | |
|---|---|
| ich würde | wir würden |
| du würdest | ihr würdet |
| Sie würden | Sie würden |
| er/sie/es würde | sie würden |

} veröffentlicht haben

**COMMANDS** veröffentlich(e)! veröffentlicht! veröffentlichen Sie!

**PRESENT PARTICIPLE** veröffentlichend

## Usage

Haben Sie neulich etwas über den amerikanischen Bürgerkrieg veröffentlicht?

Goethes Werke werden in vielen Sprachen veröffentlicht.

1994 ist der Artikel endlich veröffentlicht worden.

Der Finanzminister veröffentlicht heute eine verbesserte Prognose fürs kommende Jahr.

Im frühen Mittelalter wurden viele offizielle Texte auf Latein veröffentlicht.

Veröffentlichen Sie demnächst ein Kochbuch?

Die Rede des Politikers hat man früher veröffentlicht.

Wir möchten die Forschungsergebnisse erst nächste Woche veröffentlichen.

David hofft, limitierte Auflagen ihrer Gedichte zu veröffentlichen.

*Have you published anything on the American Civil War recently?*

*Goethe's works are published in many languages.*

*In 1994, the article was finally published.*

*The finance minister will make public today an improved forecast for the coming year.*

*In the early Middle Ages, many official texts were published in Latin.*

*Are you publishing a cookbook soon?*

*The politician's speech was released earlier.*

*We'd like to wait until next week to publish the research results.*

*David hopes to publish limited editions of her poetry.*

regular weak verb

**PRESENT**

| | |
|---|---|
| ich versichere | wir versichern |
| du versicherst | ihr versichert |
| Sie versichern | Sie versichern |
| er/sie/es versichert | sie versichern |

**SIMPLE PAST**

| | |
|---|---|
| ich versicherte | wir versicherten |
| du versichertest | ihr versichertet |
| Sie versicherten | Sie versicherten |
| er/sie/es versicherte | sie versicherten |

**FUTURE**

| | | |
|---|---|---|
| ich werde | wir werden | |
| du wirst | ihr werdet | versichern |
| Sie werden | Sie werden | |
| er/sie/es wird | sie werden | |

**PRESENT SUBJUNCTIVE I**

| | |
|---|---|
| ich versichere | wir versichern |
| du versicherst | ihr versichert |
| Sie versichern | Sie versichern |
| er/sie/es versichere | sie versichern |

**PRESENT SUBJUNCTIVE II**

| | |
|---|---|
| ich versicherte | wir versicherten |
| du versichertest | ihr versichertet |
| Sie versicherten | Sie versicherten |
| er/sie/es versicherte | sie versicherten |

**FUTURE SUBJUNCTIVE I**

| | | |
|---|---|---|
| ich werde | wir werden | |
| du werdest | ihr werdet | versichern |
| Sie werden | Sie werden | |
| er/sie/es werde | sie werden | |

**FUTURE SUBJUNCTIVE II**

| | | |
|---|---|---|
| ich würde | wir würden | |
| du würdest | ihr würdet | versichern |
| Sie würden | Sie würden | |
| er/sie/es würde | sie würden | |

**PRESENT PERFECT**

| | | |
|---|---|---|
| ich habe | wir haben | |
| du hast | ihr habt | versichert |
| Sie haben | Sie haben | |
| er/sie/es hat | sie haben | |

**PAST PERFECT**

| | | |
|---|---|---|
| ich hatte | wir hatten | |
| du hattest | ihr hattet | versichert |
| Sie hatten | Sie hatten | |
| er/sie/es hatte | sie hatten | |

**FUTURE PERFECT**

| | | |
|---|---|---|
| ich werde | wir werden | |
| du wirst | ihr werdet | versichert haben |
| Sie werden | Sie werden | |
| er/sie/es wird | sie werden | |

**PAST SUBJUNCTIVE I**

| | | |
|---|---|---|
| ich habe | wir haben | |
| du habest | ihr habet | versichert |
| Sie haben | Sie haben | |
| er/sie/es habe | sie haben | |

**PAST SUBJUNCTIVE II**

| | | |
|---|---|---|
| ich hätte | wir hätten | |
| du hättest | ihr hättet | versichert |
| Sie hätten | Sie hätten | |
| er/sie/es hätte | sie hätten | |

**FUTURE PERFECT SUBJUNCTIVE I**

| | | |
|---|---|---|
| ich werde | wir werden | |
| du werdest | ihr werdet | versichert haben |
| Sie werden | Sie werden | |
| er/sie/es werde | sie werden | |

**FUTURE PERFECT SUBJUNCTIVE II**

| | | |
|---|---|---|
| ich würde | wir würden | |
| du würdest | ihr würdet | versichert haben |
| Sie würden | Sie würden | |
| er/sie/es würde | sie würden | |

**COMMANDS**     versichere!  versichert!  versichern Sie!

**PRESENT PARTICIPLE**     versichernd

## Usage

| | |
|---|---|
| Das Gesundheitsministerium versicherte heute, dass die Epidemie unter Kontrolle ist. | *The Ministry of Health affirmed today that the epidemic is under control.* |
| Lassen Sie sich versichern, dass Ihr Geld gut angelegt wird. | *Be assured that your money is being well invested.* |
| Das kann ich dir nicht versichern. | *I can't assure you of that.* |
| Man soll das kostbare Kunstwerk nicht gegen Diebstahl versichert haben! | *The precious work of art is said not to have been insured against theft!* |
| Stefan hat sein Motorrad gut versichert. | *Stefan has insured his motorcycle well.* |

### sich versichern *to make sure, assure oneself; insure oneself*

| | |
|---|---|
| Ich wollte mich versichern, dass sie das Geld überwiesen hat. | *I wanted to make sure that she has transferred the money.* |
| Hast du dich gegen Berufsunfähigkeit versichert? | *Have you insured yourself against occupational disability?* |

**RELATED VERBS**  *see* **sichern** (401)

strong verb

**PRESENT**

| | |
|---|---|
| ich verspreche | wir versprechen |
| du versprichst | ihr versprecht |
| Sie versprechen | Sie versprechen |
| er/sie/es verspricht | sie versprechen |

**SIMPLE PAST**

| | |
|---|---|
| ich versprach | wir versprachen |
| du versprachst | ihr verspracht |
| Sie versprachen | Sie versprachen |
| er/sie/es versprach | sie versprachen |

**FUTURE**

| | | |
|---|---|---|
| ich werde | wir werden | |
| du wirst | ihr werdet | versprechen |
| Sie werden | Sie werden | |
| er/sie/es wird | sie werden | |

**PRESENT SUBJUNCTIVE I**

| | |
|---|---|
| ich verspreche | wir versprechen |
| du versprechest | ihr versprechet |
| Sie versprechen | Sie versprechen |
| er/sie/es verspreche | sie versprechen |

**PRESENT SUBJUNCTIVE II**

| | |
|---|---|
| ich verspräche | wir versprächen |
| du versprächest | ihr versprächet |
| Sie versprächen | Sie versprächen |
| er/sie/es verspräche | sie versprächen |

**FUTURE SUBJUNCTIVE I**

| | | |
|---|---|---|
| ich werde | wir werden | |
| du werdest | ihr werdet | versprechen |
| Sie werden | Sie werden | |
| er/sie/es werde | sie werden | |

**FUTURE SUBJUNCTIVE II**

| | | |
|---|---|---|
| ich würde | wir würden | |
| du würdest | ihr würdet | versprechen |
| Sie würden | Sie würden | |
| er/sie/es würde | sie würden | |

**PRESENT PERFECT**

| | | |
|---|---|---|
| ich habe | wir haben | |
| du hast | ihr habt | versprochen |
| Sie haben | Sie haben | |
| er/sie/es hat | sie haben | |

**PAST PERFECT**

| | | |
|---|---|---|
| ich hatte | wir hatten | |
| du hattest | ihr hattet | versprochen |
| Sie hatten | Sie hatten | |
| er/sie/es hatte | sie hatten | |

**FUTURE PERFECT**

| | | |
|---|---|---|
| ich werde | wir werden | |
| du wirst | ihr werdet | versprochen haben |
| Sie werden | Sie werden | |
| er/sie/es wird | sie werden | |

**PAST SUBJUNCTIVE I**

| | | |
|---|---|---|
| ich habe | wir haben | |
| du habest | ihr habet | versprochen |
| Sie haben | Sie haben | |
| er/sie/es habe | sie haben | |

**PAST SUBJUNCTIVE II**

| | | |
|---|---|---|
| ich hätte | wir hätten | |
| du hättest | ihr hättet | versprochen |
| Sie hätten | Sie hätten | |
| er/sie/es hätte | sie hätten | |

**FUTURE PERFECT SUBJUNCTIVE I**

| | | |
|---|---|---|
| ich werde | wir werden | |
| du werdest | ihr werdet | versprochen haben |
| Sie werden | Sie werden | |
| er/sie/es werde | sie werden | |

**FUTURE PERFECT SUBJUNCTIVE II**

| | | |
|---|---|---|
| ich würde | wir würden | |
| du würdest | ihr würdet | versprochen haben |
| Sie würden | Sie würden | |
| er/sie/es würde | sie würden | |

**COMMANDS** versprich! versprecht! versprechen Sie!

**PRESENT PARTICIPLE** versprechend

## Usage

| | |
|---|---|
| Versprichst du mir das? | *Do you promise me that?* |
| Ich kann dir nicht versprechen, dass der Kuchen schmeckt, denn ich habe ihn gebacken! | *I can't promise you that the cake tastes good, because I baked it!* |
| Der Tag verspricht Spaß und Spannung. | *The day promises fun and excitement.* |
| Der Abend versprach interessant zu werden. | *The evening promised to be interesting.* |
| Wir haben den Kindern ein Eis versprochen. | *We've promised the children some ice cream.* |
| Wie Lars immer sagt: „Politiker versprechen alles, tun aber nichts." | *As Lars always says, "Politicians promise everything, but do nothing."* |
| Ein klarer Himmel versprach gutes Wetter für das Picknick. | *A clear sky promised good weather for the picnic.* |
| Stefan und Thomas versprechen ihre Hilfe. | *Stefan and Thomas are pledging their help.* |
| Sie versprachen seine Forderung nächstens zu befriedigen. (GOETHE) | *They promised to meet his demand right away.* |
| Amalie ist dem Hans versprochen. (*archaic*) | *Amalie is promised to Hans in marriage.* |

**RELATED VERBS** *see* **sprechen** (415)

**PRESENT**

| | |
|---|---|
| ich verstehe | wir verstehen |
| du verstehst | ihr versteht |
| Sie verstehen | Sie verstehen |
| er/sie/es versteht | sie verstehen |

**PRESENT PERFECT**

| | | |
|---|---|---|
| ich habe | wir haben | |
| du hast | ihr habt | |
| Sie haben | Sie haben | verstanden |
| er/sie/es hat | sie haben | |

**SIMPLE PAST**

| | |
|---|---|
| ich verstand | wir verstanden |
| du verstandst | ihr verstandet |
| Sie verstanden | Sie verstanden |
| er/sie/es verstand | sie verstanden |

**PAST PERFECT**

| | | |
|---|---|---|
| ich hatte | wir hatten | |
| du hattest | ihr hattet | |
| Sie hatten | Sie hatten | verstanden |
| er/sie/es hatte | sie hatten | |

**FUTURE**

| | | |
|---|---|---|
| ich werde | wir werden | |
| du wirst | ihr werdet | |
| Sie werden | Sie werden | verstehen |
| er/sie/es wird | sie werden | |

**FUTURE PERFECT**

| | | |
|---|---|---|
| ich werde | wir werden | |
| du wirst | ihr werdet | |
| Sie werden | Sie werden | verstanden haben |
| er/sie/es wird | sie werden | |

**PRESENT SUBJUNCTIVE I**

| | |
|---|---|
| ich verstehe | wir verstehen |
| du verstehest | ihr verstehet |
| Sie verstehen | Sie verstehen |
| er/sie/es verstehe | sie verstehen |

**PAST SUBJUNCTIVE I**

| | | |
|---|---|---|
| ich habe | wir haben | |
| du habest | ihr habet | |
| Sie haben | Sie haben | verstanden |
| er/sie/es habe | sie haben | |

**PRESENT SUBJUNCTIVE II**

| | |
|---|---|
| ich verstünde/verstände | wir verstünden/verständen |
| du verstündest/verständest | ihr verstündet/verständet |
| Sie verstünden/verständen | Sie verstünden/verständen |
| er/sie/es verstünde/verstände | sie verstünden/verständen |

**PAST SUBJUNCTIVE II**

| | | |
|---|---|---|
| ich hätte | wir hätten | |
| du hättest | ihr hättet | |
| Sie hätten | Sie hätten | verstanden |
| er/sie/es hätte | sie hätten | |

**FUTURE SUBJUNCTIVE I**

| | | |
|---|---|---|
| ich werde | wir werden | |
| du werdest | ihr werdet | |
| Sie werden | Sie werden | verstehen |
| er/sie/es werde | sie werden | |

**FUTURE PERFECT SUBJUNCTIVE I**

| | | |
|---|---|---|
| ich werde | wir werden | |
| du werdest | ihr werdet | |
| Sie werden | Sie werden | verstanden haben |
| er/sie/es werde | sie werden | |

**FUTURE SUBJUNCTIVE II**

| | | |
|---|---|---|
| ich würde | wir würden | |
| du würdest | ihr würdet | |
| Sie würden | Sie würden | verstehen |
| er/sie/es würde | sie würden | |

**FUTURE PERFECT SUBJUNCTIVE II**

| | | |
|---|---|---|
| ich würde | wir würden | |
| du würdest | ihr würdet | |
| Sie würden | Sie würden | verstanden haben |
| er/sie/es würde | sie würden | |

**COMMANDS**    versteh(e)!   versteht!   verstehen Sie!

**PRESENT PARTICIPLE**    verstehend

## Usage

| | |
|---|---|
| Verstehst du Russisch? | *Do you understand Russian?* |
| Meine Mutter versteht mich nicht. | *My mother doesn't understand me.* |
| Können Affen menschliche Sprache verstehen? | *Can apes understand human language?* |
| Sorry, ich habe dich falsch verstanden. | *Sorry, I misunderstood you.* |
| Frau Fritsch konnte kein einziges Wort verstehen. | *Mrs. Fritsch couldn't make out a single word.* |
| Dirk verstand es, andere zu manipulieren. | *Dirk knew how to manipulate others.* |
| Ich hatte Ihnen zu verstehen gegeben, dass ich nicht mitmache. | *I had intimated to you that I won't participate.* |

**sich verstehen**  *to understand oneself/one another; be in agreement; be understood, be self-evident*

| | |
|---|---|
| Die beiden verstehen sich nicht mehr. | *The two no longer understand each other.* |
| Manfred versteht sich nicht als Partner sondern als Gegner. | *Manfred understands himself to be not a partner, but an adversary.* |
| Es versteht sich von selbst, dass Streiks politisch sind. | *It is self-evident that strikes are political.* |

**RELATED VERBS**  missverstehen; *see also* **stehen** (423)

**PRESENT**

| | |
|---|---|
| ich versuche | wir versuchen |
| du versuchst | ihr versucht |
| Sie versuchen | Sie versuchen |
| er/sie/es versucht | sie versuchen |

**SIMPLE PAST**

| | |
|---|---|
| ich versuchte | wir versuchten |
| du versuchtest | ihr versuchtet |
| Sie versuchten | Sie versuchten |
| er/sie/es versuchte | sie versuchten |

**FUTURE**

| | | |
|---|---|---|
| ich werde | wir werden | |
| du wirst | ihr werdet | versuchen |
| Sie werden | Sie werden | |
| er/sie/es wird | sie werden | |

**PRESENT SUBJUNCTIVE I**

| | |
|---|---|
| ich versuche | wir versuchen |
| du versuchest | ihr versuchet |
| Sie versuchen | Sie versuchen |
| er/sie/es versuche | sie versuchen |

**PRESENT SUBJUNCTIVE II**

| | |
|---|---|
| ich versuchte | wir versuchten |
| du versuchtest | ihr versuchtet |
| Sie versuchten | Sie versuchten |
| er/sie/es versuchte | sie versuchten |

**FUTURE SUBJUNCTIVE I**

| | | |
|---|---|---|
| ich werde | wir werden | |
| du werdest | ihr werdet | versuchen |
| Sie werden | Sie werden | |
| er/sie/es werde | sie werden | |

**FUTURE SUBJUNCTIVE II**

| | | |
|---|---|---|
| ich würde | wir würden | |
| du würdest | ihr würdet | versuchen |
| Sie würden | Sie würden | |
| er/sie/es würde | sie würden | |

**PRESENT PERFECT**

| | | |
|---|---|---|
| ich habe | wir haben | |
| du hast | ihr habt | versucht |
| Sie haben | Sie haben | |
| er/sie/es hat | sie haben | |

**PAST PERFECT**

| | | |
|---|---|---|
| ich hatte | wir hatten | |
| du hattest | ihr hattet | versucht |
| Sie hatten | Sie hatten | |
| er/sie/es hatte | sie hatten | |

**FUTURE PERFECT**

| | | |
|---|---|---|
| ich werde | wir werden | |
| du wirst | ihr werdet | versucht haben |
| Sie werden | Sie werden | |
| er/sie/es wird | sie werden | |

**PAST SUBJUNCTIVE I**

| | | |
|---|---|---|
| ich habe | wir haben | |
| du habest | ihr habet | versucht |
| Sie haben | Sie haben | |
| er/sie/es habe | sie haben | |

**PAST SUBJUNCTIVE II**

| | | |
|---|---|---|
| ich hätte | wir hätten | |
| du hättest | ihr hättet | versucht |
| Sie hätten | Sie hätten | |
| er/sie/es hätte | sie hätten | |

**FUTURE PERFECT SUBJUNCTIVE I**

| | | |
|---|---|---|
| ich werde | wir werden | |
| du werdest | ihr werdet | versucht haben |
| Sie werden | Sie werden | |
| er/sie/es werde | sie werden | |

**FUTURE PERFECT SUBJUNCTIVE II**

| | | |
|---|---|---|
| ich würde | wir würden | |
| du würdest | ihr würdet | versucht haben |
| Sie würden | Sie würden | |
| er/sie/es würde | sie würden | |

**COMMANDS**   versuch(e)!   versucht!   versuchen Sie!

**PRESENT PARTICIPLE**   versuchend

## Usage

| | |
|---|---|
| Ute versuchte ein anderes Medikament gegen Akne. | *Ute tried a different medication for acne.* |
| Sie versuchen sich immer zu rechtfertigen. | *You always try to vindicate yourself.* |
| Versuchen Sie den Griff festzuhalten. | *Try to hold the handle tight.* |
| Das Schwein hat versucht aus dem Stall herauszukommen. | *The pig tried to come out of the stall.* |
| Liesl möchte Schauspielerin werden und versucht ihr Glück in Hollywood. | *Liesl wants to become an actor and is trying her luck in Hollywood.* |
| Herr Müllermann versucht den Emmer anzubauen. | *Mr. Müllermann is attempting to cultivate emmer.* |
| Dreimal hatte Berta Selbstmord versucht. | *Three times, Berta attempted suicide.* |
| Da wurde Jesus vom Geist in die Wüste geführt, damit er von dem Teufel versucht würde. (MATTHÄUS 4,1) | *Then was Jesus led up by the Spirit into the wilderness to be tempted by the devil.* (MATTHEW 4:1) |

**sich versuchen** *to try one's hand*

| | |
|---|---|
| Maximilian versucht sich am Banjo. | *Maximilian is trying his hand at the banjo.* |

**RELATED VERBS** *see* **suchen** (440)

## verteilen    *to distribute, hand out; spread*

**verteilt · verteilte · verteilt**

regular weak verb

| PRESENT | |
|---|---|
| ich verteile | wir verteilen |
| du verteilst | ihr verteilt |
| Sie verteilen | Sie verteilen |
| er/sie/es verteilt | sie verteilen |

| PRESENT PERFECT | | |
|---|---|---|
| ich habe | wir haben | |
| du hast | ihr habt | verteilt |
| Sie haben | Sie haben | |
| er/sie/es hat | sie haben | |

| SIMPLE PAST | |
|---|---|
| ich verteilte | wir verteilten |
| du verteiltest | ihr verteiltet |
| Sie verteilten | Sie verteilten |
| er/sie/es verteilte | sie verteilten |

| PAST PERFECT | | |
|---|---|---|
| ich hatte | wir hatten | |
| du hattest | ihr hattet | verteilt |
| Sie hatten | Sie hatten | |
| er/sie/es hatte | sie hatten | |

| FUTURE | | |
|---|---|---|
| ich werde | wir werden | |
| du wirst | ihr werdet | verteilen |
| Sie werden | Sie werden | |
| er/sie/es wird | sie werden | |

| FUTURE PERFECT | | |
|---|---|---|
| ich werde | wir werden | |
| du wirst | ihr werdet | verteilt haben |
| Sie werden | Sie werden | |
| er/sie/es wird | sie werden | |

| PRESENT SUBJUNCTIVE I | |
|---|---|
| ich verteile | wir verteilen |
| du verteilest | ihr verteilet |
| Sie verteilen | Sie verteilen |
| er/sie/es verteile | sie verteilen |

| PAST SUBJUNCTIVE I | | |
|---|---|---|
| ich habe | wir haben | |
| du habest | ihr habet | verteilt |
| Sie haben | Sie haben | |
| er/sie/es habe | sie haben | |

| PRESENT SUBJUNCTIVE II | |
|---|---|
| ich verteilte | wir verteilten |
| du verteiltest | ihr verteiltet |
| Sie verteilten | Sie verteilten |
| er/sie/es verteilte | sie verteilten |

| PAST SUBJUNCTIVE II | | |
|---|---|---|
| ich hätte | wir hätten | |
| du hättest | ihr hättet | verteilt |
| Sie hätten | Sie hätten | |
| er/sie/es hätte | sie hätten | |

| FUTURE SUBJUNCTIVE I | | |
|---|---|---|
| ich werde | wir werden | |
| du werdest | ihr werdet | verteilen |
| Sie werden | Sie werden | |
| er/sie/es werde | sie werden | |

| FUTURE PERFECT SUBJUNCTIVE I | | |
|---|---|---|
| ich werde | wir werden | |
| du werdest | ihr werdet | verteilt haben |
| Sie werden | Sie werden | |
| er/sie/es werde | sie werden | |

| FUTURE SUBJUNCTIVE II | | |
|---|---|---|
| ich würde | wir würden | |
| du würdest | ihr würdet | verteilen |
| Sie würden | Sie würden | |
| er/sie/es würde | sie würden | |

| FUTURE PERFECT SUBJUNCTIVE II | | |
|---|---|---|
| ich würde | wir würden | |
| du würdest | ihr würdet | verteilt haben |
| Sie würden | Sie würden | |
| er/sie/es würde | sie würden | |

| COMMANDS | verteil(e)!   verteilt!   verteilen Sie! |
|---|---|
| PRESENT PARTICIPLE | verteilend |

## Usage

| | |
|---|---|
| Nicht alle Leserbriefe werden verteilt. | *Not all letters to the editor are being distributed.* |
| Heute muss ich die Rechnungen verteilen. | *Today I have to distribute the invoices.* |
| Ortwin hat gestern Flugblätter verteilt. | *Ortwin handed out flyers yesterday.* |
| Wir verteilen die Arbeit an andere Mitarbeiter. | *We are allocating the work to other employees.* |
| Der Lehrer verteilte die Übungsblätter. | *The teacher handed out the worksheets.* |
| Ich möchte die Heizölkosten auf das ganze Jahr verteilen. | *I'd like to spread the heating oil costs over the whole year.* |

### sich verteilen *to disperse, deploy; be distributed, be spread out*

| | |
|---|---|
| Rizinusöl verteilt sich im Wasser. | *Castor oil disperses in water.* |
| Die österreichischen Truppen verteilten sich im Dorf und im umliegenden Tal. | *The Austrian troops deployed in the village and in the surrounding valley.* |
| Seine Analyse verteilt sich auf vier Bände. | *His analysis is spread across four volumes.* |
| Die Sandkörner verteilten sich über den Fußboden. | *The grains of sand were scattered across the floor.* |

**RELATED VERBS** *see* **teilen** (443)

regular weak verb

**vertraut · vertraute · vertraut**

**PRESENT**

| | |
|---|---|
| ich vertraue | wir vertrauen |
| du vertraust | ihr vertraut |
| Sie vertrauen | Sie vertrauen |
| er/sie/es vertraut | sie vertrauen |

**PRESENT PERFECT**

| | | |
|---|---|---|
| ich habe | wir haben | |
| du hast | ihr habt | vertraut |
| Sie haben | Sie haben | |
| er/sie/es hat | sie haben | |

**SIMPLE PAST**

| | |
|---|---|
| ich vertraute | wir vertrauten |
| du vertrautest | ihr vertrautet |
| Sie vertrauten | Sie vertrauten |
| er/sie/es vertraute | sie vertrauten |

**PAST PERFECT**

| | | |
|---|---|---|
| ich hatte | wir hatten | |
| du hattest | ihr hattet | vertraut |
| Sie hatten | Sie hatten | |
| er/sie/es hatte | sie hatten | |

**FUTURE**

| | | |
|---|---|---|
| ich werde | wir werden | |
| du wirst | ihr werdet | vertrauen |
| Sie werden | Sie werden | |
| er/sie/es wird | sie werden | |

**FUTURE PERFECT**

| | | |
|---|---|---|
| ich werde | wir werden | |
| du wirst | ihr werdet | vertraut haben |
| Sie werden | Sie werden | |
| er/sie/es wird | sie werden | |

**PRESENT SUBJUNCTIVE I**

| | |
|---|---|
| ich vertraue | wir vertrauen |
| du vertrauest | ihr vertrauet |
| Sie vertrauen | Sie vertrauen |
| er/sie/es vertraue | sie vertrauen |

**PAST SUBJUNCTIVE I**

| | | |
|---|---|---|
| ich habe | wir haben | |
| du habest | ihr habet | vertraut |
| Sie haben | Sie haben | |
| er/sie/es habe | sie haben | |

**PRESENT SUBJUNCTIVE II**

| | |
|---|---|
| ich vertraute | wir vertrauten |
| du vertrautest | ihr vertrautet |
| Sie vertrauten | Sie vertrauten |
| er/sie/es vertraute | sie vertrauten |

**PAST SUBJUNCTIVE II**

| | | |
|---|---|---|
| ich hätte | wir hätten | |
| du hättest | ihr hättet | vertraut |
| Sie hätten | Sie hätten | |
| er/sie/es hätte | sie hätten | |

**FUTURE SUBJUNCTIVE I**

| | | |
|---|---|---|
| ich werde | wir werden | |
| du werdest | ihr werdet | vertrauen |
| Sie werden | Sie werden | |
| er/sie/es werde | sie werden | |

**FUTURE PERFECT SUBJUNCTIVE I**

| | | |
|---|---|---|
| ich werde | wir werden | |
| du werdest | ihr werdet | vertraut haben |
| Sie werden | Sie werden | |
| er/sie/es werde | sie werden | |

**FUTURE SUBJUNCTIVE II**

| | | |
|---|---|---|
| ich würde | wir würden | |
| du würdest | ihr würdet | vertrauen |
| Sie würden | Sie würden | |
| er/sie/es würde | sie würden | |

**FUTURE PERFECT SUBJUNCTIVE II**

| | | |
|---|---|---|
| ich würde | wir würden | |
| du würdest | ihr würdet | vertraut haben |
| Sie würden | Sie würden | |
| er/sie/es würde | sie würden | |

**COMMANDS**      vertrau(e)!   vertraut!   vertrauen Sie!

**PRESENT PARTICIPLE**      vertrauend

## Usage

| | |
|---|---|
| Vertraust du mir? | _Do you trust me?_ |
| Ihren Verwandten vertraute sie kaum, einem Fremden noch weniger. | _She barely trusted her relatives, much less a stranger._ |
| Frau Engelbrecht vertraute ihrer Bekannten Frau Riegler. | _Mrs. Engelbrecht confided in her friend Mrs. Riegler._ |
| Wer dem Zufall vertraut, kann sich schwer Ziele setzen. | _He who trusts to chance is hard pressed to set goals._ |
| Ein Blinder muss seinem Führhund vertrauen können. | _A blind person must be able to trust his guide dog._ |
| Die Lehrerin hätte Max nicht vertrauen sollen. | _The teacher shouldn't have trusted Max._ |
| Der Regisseur vertraute dem Urteil der Kritiker. | _The director trusted the critics' judgment._ |
| Mein Mann und ich vertrauen einander. | _My husband and I trust each other._ |
| Wir haben deinem Wort vertraut. | _We took you at your word._ |
| Kann man ihm vertrauen? | _Can he be trusted?_ |
| Und wenn sie dem Frieden zugeneigt sind, dann seid auch ihr ihm zugeneigt und vertraut auf Gott. (KORAN 8,61) | _And if they incline toward peace, do you also incline toward it and trust in Allah._ |

**RELATED VERBS** an·vertrauen; _see also_ **trauen** (447)

# verwenden *to use; spend*

**verwendet · verwendete/verwandte · verwendet/verwandt**

*regular weak verb/ mixed verb*

### PRESENT

| | |
|---|---|
| ich verwende | wir verwenden |
| du verwendest | ihr verwendet |
| Sie verwenden | Sie verwenden |
| er/sie/es verwendet | sie verwenden |

### PRESENT PERFECT

| | | |
|---|---|---|
| ich habe | wir haben | |
| du hast | ihr habt | verwendet/ |
| Sie haben | Sie haben | verwandt |
| er/sie/es hat | sie haben | |

### SIMPLE PAST

| | |
|---|---|
| ich verwendete/verwandte | wir verwendeten/verwandten |
| du verwendetest/verwandtest | ihr verwendetet/verwandtet |
| Sie verwendeten/verwandten | Sie verwendeten/verwandten |
| er/sie/es verwendete/verwandte | sie verwendeten/verwandten |

### PAST PERFECT

| | | |
|---|---|---|
| ich hatte | wir hatten | |
| du hattest | ihr hattet | verwendet/ |
| Sie hatten | Sie hatten | verwandt |
| er/sie/es hatte | sie hatten | |

### FUTURE

| | | |
|---|---|---|
| ich werde | wir werden | |
| du wirst | ihr werdet | verwenden |
| Sie werden | Sie werden | |
| er/sie/es wird | sie werden | |

### FUTURE PERFECT

| | | |
|---|---|---|
| ich werde | wir werden | verwendet haben |
| du wirst | ihr werdet | OR |
| Sie werden | Sie werden | verwandt haben |
| er/sie/es wird | sie werden | |

### PRESENT SUBJUNCTIVE I

| | |
|---|---|
| ich verwende | wir verwenden |
| du verwendest | ihr verwendet |
| Sie verwenden | Sie verwenden |
| er/sie/es verwende | sie verwenden |

### PAST SUBJUNCTIVE I

| | | |
|---|---|---|
| ich habe | wir haben | |
| du habest | ihr habet | verwendet/ |
| Sie haben | Sie haben | verwandt |
| er/sie/es habe | sie haben | |

### PRESENT SUBJUNCTIVE II

| | |
|---|---|
| ich verwendete | wir verwendeten |
| du verwendetest | ihr verwendetet |
| Sie verwendeten | Sie verwendeten |
| er/sie/es verwendete | sie verwendeten |

### PAST SUBJUNCTIVE II

| | | |
|---|---|---|
| ich hätte | wir hätten | |
| du hättest | ihr hättet | verwendet/ |
| Sie hätten | Sie hätten | verwandt |
| er/sie/es hätte | sie hätten | |

### FUTURE SUBJUNCTIVE I

| | | |
|---|---|---|
| ich werde | wir werden | |
| du werdest | ihr werdet | verwenden |
| Sie werden | Sie werden | |
| er/sie/es werde | sie werden | |

### FUTURE PERFECT SUBJUNCTIVE I

| | | |
|---|---|---|
| ich werde | wir werden | verwendet haben |
| du werdest | ihr werdet | OR |
| Sie werden | Sie werden | verwandt haben |
| er/sie/es werde | sie werden | |

### FUTURE SUBJUNCTIVE II

| | | |
|---|---|---|
| ich würde | wir würden | |
| du würdest | ihr würdet | verwenden |
| Sie würden | Sie würden | |
| er/sie/es würde | sie würden | |

### FUTURE PERFECT SUBJUNCTIVE II

| | | |
|---|---|---|
| ich würde | wir würden | verwendet haben |
| du würdest | ihr würdet | OR |
| Sie würden | Sie würden | verwandt haben |
| er/sie/es würde | sie würden | |

**COMMANDS**    verwende!   verwendet!   verwenden Sie!

**PRESENT PARTICIPLE**    verwendend

## Usage

| | |
|---|---|
| Wie oft verwendest du das Passwort? | *How often do you use the password?* |
| Am besten verwendet man einen normalen Kugelschreiber. | *It is best to use a normal ballpoint pen.* |
| Das System verwendet die neue Version der Software. | *The system uses the new version of the software.* |
| Rembrandt verwandte häufig einen Hell-Dunkel-Kontrast. | *Rembrandt frequently used a light-dark contrast.* |
| Die unscharfen Bilder konnten nicht verwendet werden. | *The blurry pictures could not be used.* |
| Gerlinde hat den Gruß „Adele" gern verwendet. | *Gerlinde liked to use the greeting "Adele."* |
| Verwenden Sie das folgende Diagramm und beantworten Sie die Fragen. | *Use the following diagram and answer the questions.* |
| Ab und zu verwende ich Olivenöl anstatt Butter. | *Once in a while, I use olive oil instead of butter.* |
| Erich verwendet Grafiktablett und Stift anstatt einer Maus. | *Erich uses a graphic pad and stylus instead of a mouse.* |
| Muss ein Teleskop verwendet werden, um den Mars zu beobachten? | *Must a telescope be used to view Mars?* |
| Wofür wird das Geld verwendet? | *How is the money being spent?* |

**RELATED VERBS** *see* **wenden** (527)

regular weak verb                                                 **verwirrt · verwirrte · verwirrt**

**PRESENT**

| | |
|---|---|
| ich verwirre | wir verwirren |
| du verwirrst | ihr verwirrt |
| Sie verwirren | Sie verwirren |
| er/sie/es verwirrt | sie verwirren |

**PRESENT PERFECT**

| | | |
|---|---|---|
| ich habe | wir haben | |
| du hast | ihr habt | verwirrt |
| Sie haben | Sie haben | |
| er/sie/es hat | sie haben | |

**SIMPLE PAST**

| | |
|---|---|
| ich verwirrte | wir verwirrten |
| du verwirrtest | ihr verwirrtet |
| Sie verwirrten | Sie verwirrten |
| er/sie/es verwirrte | sie verwirrten |

**PAST PERFECT**

| | | |
|---|---|---|
| ich hatte | wir hatten | |
| du hattest | ihr hattet | verwirrt |
| Sie hatten | Sie hatten | |
| er/sie/es hatte | sie hatten | |

**FUTURE**

| | | |
|---|---|---|
| ich werde | wir werden | |
| du wirst | ihr werdet | verwirren |
| Sie werden | Sie werden | |
| er/sie/es wird | sie werden | |

**FUTURE PERFECT**

| | | |
|---|---|---|
| ich werde | wir werden | |
| du wirst | ihr werdet | verwirrt haben |
| Sie werden | Sie werden | |
| er/sie/es wird | sie werden | |

**PRESENT SUBJUNCTIVE I**

| | |
|---|---|
| ich verwirre | wir verwirren |
| du verwirrest | ihr verwirret |
| Sie verwirren | Sie verwirren |
| er/sie/es verwirre | sie verwirren |

**PAST SUBJUNCTIVE I**

| | | |
|---|---|---|
| ich habe | wir haben | |
| du habest | ihr habet | verwirrt |
| Sie haben | Sie haben | |
| er/sie/es habe | sie haben | |

**PRESENT SUBJUNCTIVE II**

| | |
|---|---|
| ich verwirrte | wir verwirrten |
| du verwirrtest | ihr verwirrtet |
| Sie verwirrten | Sie verwirrten |
| er/sie/es verwirrte | sie verwirrten |

**PAST SUBJUNCTIVE II**

| | | |
|---|---|---|
| ich hätte | wir hätten | |
| du hättest | ihr hättet | verwirrt |
| Sie hätten | Sie hätten | |
| er/sie/es hätte | sie hätten | |

**FUTURE SUBJUNCTIVE I**

| | | |
|---|---|---|
| ich werde | wir werden | |
| du werdest | ihr werdet | verwirren |
| Sie werden | Sie werden | |
| er/sie/es werde | sie werden | |

**FUTURE PERFECT SUBJUNCTIVE I**

| | | |
|---|---|---|
| ich werde | wir werden | |
| du werdest | ihr werdet | verwirrt haben |
| Sie werden | Sie werden | |
| er/sie/es werde | sie werden | |

**FUTURE SUBJUNCTIVE II**

| | | |
|---|---|---|
| ich würde | wir würden | |
| du würdest | ihr würdet | verwirren |
| Sie würden | Sie würden | |
| er/sie/es würde | sie würden | |

**FUTURE PERFECT SUBJUNCTIVE II**

| | | |
|---|---|---|
| ich würde | wir würden | |
| du würdest | ihr würdet | verwirrt haben |
| Sie würden | Sie würden | |
| er/sie/es würde | sie würden | |

**COMMANDS**        verwirr(e)!   verwirrt!   verwirren Sie!

**PRESENT PARTICIPLE**   verwirrend

## Usage

| | |
|---|---|
| Die Katze hatte die lange Telefonschnur vollkommen verwirrt. | *The cat had gotten the long telephone cord all tangled up.* |
| Der Wind verwirrte ihr Haar. | *The wind tousled her hair.* |
| Der Physikprofessor verwirrte seine Studenten mit seinen Überlegungen zum Thema Relativität. | *The physics professor confused his students with his thoughts on the topic of relativity.* |
| Diese Gedanken verwirrten ihn zutiefst. | *These thoughts confused him profoundly.* |
| Seine Erklärung hat mich eher verwirrt als erleuchtet. | *His explanation perplexed rather than enlightened me.* |
| Am Anfang wurde das Publikum offenkundig verwirrt. | *In the beginning, the public was obviously bewildered.* |
| Kleine Kinder sind leicht zu verwirren. | *Small children are easily confused.* |

### sich verwirren *to become entangled/confused*

| | |
|---|---|
| Die Situation verwirrte sich weiter, als sich Manfred eine neue Ausrede einfallen ließ. | *The situation became further confused when Manfred came up with a new excuse.* |

**RELATED VERB**  wirren

**PRESENT**

| | |
|---|---|
| ich verzeihe | wir verzeihen |
| du verzeihst | ihr verzeiht |
| Sie verzeihen | Sie verzeihen |
| er/sie/es verzeiht | sie verzeihen |

**SIMPLE PAST**

| | |
|---|---|
| ich verzieh | wir verziehen |
| du verziehst | ihr verzieht |
| Sie verziehen | Sie verziehen |
| er/sie/es verzieh | sie verziehen |

**FUTURE**

| | | |
|---|---|---|
| ich werde | wir werden | |
| du wirst | ihr werdet | verzeihen |
| Sie werden | Sie werden | |
| er/sie/es wird | sie werden | |

**PRESENT SUBJUNCTIVE I**

| | |
|---|---|
| ich verzeihe | wir verzeihen |
| du verzeihest | ihr verzeihet |
| Sie verzeihen | Sie verzeihen |
| er/sie/es verzeihe | sie verzeihen |

**PRESENT SUBJUNCTIVE II**

| | |
|---|---|
| ich verziehe | wir verziehen |
| du verziehest | ihr verziehet |
| Sie verziehen | Sie verziehen |
| er/sie/es verziehe | sie verziehen |

**FUTURE SUBJUNCTIVE I**

| | | |
|---|---|---|
| ich werde | wir werden | |
| du werdest | ihr werdet | verzeihen |
| Sie werden | Sie werden | |
| er/sie/es werde | sie werden | |

**FUTURE SUBJUNCTIVE II**

| | | |
|---|---|---|
| ich würde | wir würden | |
| du würdest | ihr würdet | verzeihen |
| Sie würden | Sie würden | |
| er/sie/es würde | sie würden | |

**PRESENT PERFECT**

| | | |
|---|---|---|
| ich habe | wir haben | |
| du hast | ihr habt | verziehen |
| Sie haben | Sie haben | |
| er/sie/es hat | sie haben | |

**PAST PERFECT**

| | | |
|---|---|---|
| ich hatte | wir hatten | |
| du hattest | ihr hattet | verziehen |
| Sie hatten | Sie hatten | |
| er/sie/es hatte | sie hatten | |

**FUTURE PERFECT**

| | | |
|---|---|---|
| ich werde | wir werden | |
| du wirst | ihr werdet | verziehen haben |
| Sie werden | Sie werden | |
| er/sie/es wird | sie werden | |

**PAST SUBJUNCTIVE I**

| | | |
|---|---|---|
| ich habe | wir haben | |
| du habest | ihr habet | verziehen |
| Sie haben | Sie haben | |
| er/sie/es habe | sie haben | |

**PAST SUBJUNCTIVE II**

| | | |
|---|---|---|
| ich hätte | wir hätten | |
| du hättest | ihr hättet | verziehen |
| Sie hätten | Sie hätten | |
| er/sie/es hätte | sie hätten | |

**FUTURE PERFECT SUBJUNCTIVE I**

| | | |
|---|---|---|
| ich werde | wir werden | |
| du werdest | ihr werdet | verziehen haben |
| Sie werden | Sie werden | |
| er/sie/es werde | sie werden | |

**FUTURE PERFECT SUBJUNCTIVE II**

| | | |
|---|---|---|
| ich würde | wir würden | |
| du würdest | ihr würdet | verziehen haben |
| Sie würden | Sie würden | |
| er/sie/es würde | sie würden | |

**COMMANDS** verzeih(e)! verzeiht! verzeihen Sie!

**PRESENT PARTICIPLE** verzeihend

## Usage

| | |
|---|---|
| Frau Strauss soll ihrem Mörder verziehen haben, kurz bevor er sie erschoss. | *Mrs. Strauss is said to have forgiven her murderer just before he shot her.* |
| Im Sterbebett hat sie ihrer Tochter endlich verziehen. | *On her deathbed, she finally forgave her daughter.* |
| Wie kann das Opfer dem Täter verzeihen? | *How can the victim forgive the perpetrator?* |
| Seine Missetaten sind längst verziehen worden. | *His misdeeds have long been forgiven.* |
| Bernd hat Frau Dormagen den Unfall verziehen. | *Bernd forgave Mrs. Dormagen for the accident.* |
| Elisabeth verzieh ihrem Bruder nie, dass er keinen Kontakt mit ihr haben wollte. | *Elisabeth never forgave her brother for not wanting contact with her.* |
| Ihm wurden selbst die kleinsten Fehler nicht verziehen. | *He wasn't forgiven for even the smallest mistakes.* |
| Die Tat ist nicht zu verzeihen. | *The deed is inexcusable.* |
| Verzeihen Sie, können Sie mir die Uhrzeit sagen? | *Excuse me, can you tell me the time?* |
| Verzeihen Sie die Störung, ich brauche mal Ihren Rat. | *Pardon the interruption, but I need your advice.* |
| Verzeihen Sie meine Ausdrucksweise. | *Pardon my French (lit., my way of expressing myself ).* |

**RELATED VERB** zeihen

regular weak verb

bereitet vor · bereitete vor · vorbereitet

**PRESENT**

| | | |
|---|---|---|
| ich bereite | wir bereiten | |
| du bereitest | ihr bereitet | vor |
| Sie bereiten | Sie bereiten | |
| er/sie/es bereitet | sie bereiten | |

**SIMPLE PAST**

| | | |
|---|---|---|
| ich bereitete | wir bereiteten | |
| du bereitetest | ihr bereitetet | vor |
| Sie bereiteten | Sie bereiteten | |
| er/sie/es bereitete | sie bereiteten | |

**FUTURE**

| | | |
|---|---|---|
| ich werde | wir werden | |
| du wirst | ihr werdet | vorbereiten |
| Sie werden | Sie werden | |
| er/sie/es wird | sie werden | |

**PRESENT SUBJUNCTIVE I**

| | | |
|---|---|---|
| ich bereite | wir bereiten | |
| du bereitest | ihr bereitet | vor |
| Sie bereiten | Sie bereiten | |
| er/sie/es bereite | sie bereiten | |

**PRESENT SUBJUNCTIVE II**

| | | |
|---|---|---|
| ich bereitete | wir bereiteten | |
| du bereitetest | ihr bereitetet | vor |
| Sie bereiteten | Sie bereiteten | |
| er/sie/es bereitete | sie bereiteten | |

**FUTURE SUBJUNCTIVE I**

| | | |
|---|---|---|
| ich werde | wir werden | |
| du werdest | ihr werdet | vorbereiten |
| Sie werden | Sie werden | |
| er/sie/es werde | sie werden | |

**FUTURE SUBJUNCTIVE II**

| | | |
|---|---|---|
| ich würde | wir würden | |
| du würdest | ihr würdet | vorbereiten |
| Sie würden | Sie würden | |
| er/sie/es würde | sie würden | |

**PRESENT PERFECT**

| | | |
|---|---|---|
| ich habe | wir haben | |
| du hast | ihr habt | vorbereitet |
| Sie haben | Sie haben | |
| er/sie/es hat | sie haben | |

**PAST PERFECT**

| | | |
|---|---|---|
| ich hatte | wir hatten | |
| du hattest | ihr hattet | vorbereitet |
| Sie hatten | Sie hatten | |
| er/sie/es hatte | sie hatten | |

**FUTURE PERFECT**

| | | |
|---|---|---|
| ich werde | wir werden | |
| du wirst | ihr werdet | vorbereitet haben |
| Sie werden | Sie werden | |
| er/sie/es wird | sie werden | |

**PAST SUBJUNCTIVE I**

| | | |
|---|---|---|
| ich habe | wir haben | |
| du habest | ihr habet | vorbereitet |
| Sie haben | Sie haben | |
| er/sie/es habe | sie haben | |

**PAST SUBJUNCTIVE II**

| | | |
|---|---|---|
| ich hätte | wir hätten | |
| du hättest | ihr hättet | vorbereitet |
| Sie hätten | Sie hätten | |
| er/sie/es hätte | sie hätten | |

**FUTURE PERFECT SUBJUNCTIVE I**

| | | |
|---|---|---|
| ich werde | wir werden | |
| du werdest | ihr werdet | vorbereitet haben |
| Sie werden | Sie werden | |
| er/sie/es werde | sie werden | |

**FUTURE PERFECT SUBJUNCTIVE II**

| | | |
|---|---|---|
| ich würde | wir würden | |
| du würdest | ihr würdet | vorbereitet haben |
| Sie würden | Sie würden | |
| er/sie/es würde | sie würden | |

**COMMANDS**     bereite vor!   bereitet vor!   bereiten Sie vor!

**PRESENT PARTICIPLE**     vorbereitend

## Usage

| | |
|---|---|
| Inge bereitet die Kinder auf die Reise vor. | *Inge is preparing the children for the trip.* |
| Nicht alle Sushi-Sorten werden mit Fisch vorbereitet. | *Not all types of sushi are prepared with fish.* |
| Ilona bereitete uns ein wunderschönes Abendessen vor. | *Ilona was preparing a wonderful dinner for us.* |
| Der Kandidat hatte keine Rede vorbereitet. | *The candidate had not prepared a speech.* |
| Diese Kampagne wurde von unserer eigenen Organisation vorbereitet. | *This campaign was prepared by our own organization.* |
| Heute muss der Saal vorbereitet werden. | *Today the room must be set up.* |
| Der Anwalt bereitete den Angeklagten auf das Verhör vor. | *The lawyer prepared the defendant for the hearing.* |

### sich vorbereiten auf *to prepare (oneself) for*

| | |
|---|---|
| Die Studierenden hatten sich auf das Examen vorbereitet. | *The students had prepared for the exam.* |
| Bereiten Sie sich schon auf Ihren Urlaub? | *Are you already making preparations for your vacation?* |
| Hast du dich darauf vorbereitet? | *Have you prepared for that?* |

**RELATED VERBS** *see* **bereiten** (74)

**PRESENT**

| ich komme | wir kommen | |
|---|---|---|
| du kommst | ihr kommt | vor |
| Sie kommen | Sie kommen | |
| er/sie/es kommt | sie kommen | |

**SIMPLE PAST**

| ich kam | wir kamen | |
|---|---|---|
| du kamst | ihr kamt | vor |
| Sie kamen | Sie kamen | |
| er/sie/es kam | sie kamen | |

**FUTURE**

| ich werde | wir werden | |
|---|---|---|
| du wirst | ihr werdet | vorkommen |
| Sie werden | Sie werden | |
| er/sie/es wird | sie werden | |

**PRESENT SUBJUNCTIVE I**

| ich komme | wir kommen | |
|---|---|---|
| du kommest | ihr kommet | vor |
| Sie kommen | Sie kommen | |
| er/sie/es komme | sie kommen | |

**PRESENT SUBJUNCTIVE II**

| ich käme | wir kämen | |
|---|---|---|
| du kämest | ihr kämet | vor |
| Sie kämen | Sie kämen | |
| er/sie/es käme | sie kämen | |

**FUTURE SUBJUNCTIVE I**

| ich werde | wir werden | |
|---|---|---|
| du werdest | ihr werdet | vorkommen |
| Sie werden | Sie werden | |
| er/sie/es werde | sie werden | |

**FUTURE SUBJUNCTIVE II**

| ich würde | wir würden | |
|---|---|---|
| du würdest | ihr würdet | vorkommen |
| Sie würden | Sie würden | |
| er/sie/es würde | sie würden | |

**PRESENT PERFECT**

| ich bin | wir sind | |
|---|---|---|
| du bist | ihr seid | vorgekommen |
| Sie sind | Sie sind | |
| er/sie/es ist | sie sind | |

**PAST PERFECT**

| ich war | wir waren | |
|---|---|---|
| du warst | ihr wart | vorgekommen |
| Sie waren | Sie waren | |
| er/sie/es war | sie waren | |

**FUTURE PERFECT**

| ich werde | wir werden | |
|---|---|---|
| du wirst | ihr werdet | vorgekommen sein |
| Sie werden | Sie werden | |
| er/sie/es wird | sie werden | |

**PAST SUBJUNCTIVE I**

| ich sei | wir seien | |
|---|---|---|
| du seiest | ihr seiet | vorgekommen |
| Sie seien | Sie seien | |
| er/sie/es sei | sie seien | |

**PAST SUBJUNCTIVE II**

| ich wäre | wir wären | |
|---|---|---|
| du wärest | ihr wäret | vorgekommen |
| Sie wären | Sie wären | |
| er/sie/es wäre | sie wären | |

**FUTURE PERFECT SUBJUNCTIVE I**

| ich werde | wir werden | |
|---|---|---|
| du werdest | ihr werdet | vorgekommen sein |
| Sie werden | Sie werden | |
| er/sie/es werde | sie werden | |

**FUTURE PERFECT SUBJUNCTIVE II**

| ich würde | wir würden | |
|---|---|---|
| du würdest | ihr würdet | vorgekommen sein |
| Sie würden | Sie würden | |
| er/sie/es würde | sie würden | |

**COMMANDS**    komm(e) vor!    kommt vor!    kommen Sie vor!

**PRESENT PARTICIPLE**    vorkommend

## Usage

| So etwas ist noch nie vorgekommen. | *Nothing like that has ever happened.* |
|---|---|
| Was ist eigentlich vorgekommen? | *What actually happened?* |
| Grausame Dinge kommen im Krieg vor. | *Horrible things happen in war.* |
| Es kann vorkommen, dass keiner da ist. | *It might turn out that nobody is there.* |
| Diese Gelegenheit kommt relativ selten vor. | *This opportunity comes along relatively seldom.* |
| Seine Erklärung kommt mir plausibel vor. | *His explanation seems plausible to me.* |
| Die Themen Liebe und Leid kamen in der Poesie des Mittelalters oft vor. | *The topics of love and suffering appeared often in medieval poetry.* |
| Lenes Großvater kam uns stets als missmutig vor. | *Lene's grandfather always seemed ill humored to us.* |
| Michael Jensen kommt diese Textstelle als eine Anspielung auf Milton vor. | *This place in the text appears to Michael Jensen to be an allusion to Milton.* |
| Der Name Weigl kommt im Register nicht vor. | *The name Weigl does not appear in the index.* |
| Es ist uns vorgekommen, als würde der Hund das Auto fahren. | *It looked to us like the dog was driving the car.* |

**RELATED VERBS**  zuvor·kommen; *see also* **kommen** (265)

**PRESENT**

| | | |
|---|---|---|
| ich schlage | wir schlagen | |
| du schlägst | ihr schlagt | vor |
| Sie schlagen | Sie schlagen | |
| er/sie/es schlägt | sie schlagen | |

**SIMPLE PAST**

| | | |
|---|---|---|
| ich schlug | wir schlugen | |
| du schlugst | ihr schlugt | vor |
| Sie schlugen | Sie schlugen | |
| er/sie/es schlug | sie schlugen | |

**FUTURE**

| | | |
|---|---|---|
| ich werde | wir werden | |
| du wirst | ihr werdet | vorschlagen |
| Sie werden | Sie werden | |
| er/sie/es wird | sie werden | |

**PRESENT SUBJUNCTIVE I**

| | | |
|---|---|---|
| ich schlage | wir schlagen | |
| du schlagest | ihr schlaget | vor |
| Sie schlagen | Sie schlagen | |
| er/sie/es schlage | sie schlagen | |

**PRESENT SUBJUNCTIVE II**

| | | |
|---|---|---|
| ich schlüge | wir schlügen | |
| du schlügest | ihr schlüget | vor |
| Sie schlügen | Sie schlügen | |
| er/sie/es schlüge | sie schlügen | |

**FUTURE SUBJUNCTIVE I**

| | | |
|---|---|---|
| ich werde | wir werden | |
| du werdest | ihr werdet | vorschlagen |
| Sie werden | Sie werden | |
| er/sie/es werde | sie werden | |

**FUTURE SUBJUNCTIVE II**

| | | |
|---|---|---|
| ich würde | wir würden | |
| du würdest | ihr würdet | vorschlagen |
| Sie würden | Sie würden | |
| er/sie/es würde | sie würden | |

**PRESENT PERFECT**

| | | |
|---|---|---|
| ich habe | wir haben | |
| du hast | ihr habt | vorgeschlagen |
| Sie haben | Sie haben | |
| er/sie/es hat | sie haben | |

**PAST PERFECT**

| | | |
|---|---|---|
| ich hatte | wir hatten | |
| du hattest | ihr hattet | vorgeschlagen |
| Sie hatten | Sie hatten | |
| er/sie/es hatte | sie hatten | |

**FUTURE PERFECT**

| | | |
|---|---|---|
| ich werde | wir werden | |
| du wirst | ihr werdet | vorgeschlagen haben |
| Sie werden | Sie werden | |
| er/sie/es wird | sie werden | |

**PAST SUBJUNCTIVE I**

| | | |
|---|---|---|
| ich habe | wir haben | |
| du habest | ihr habet | vorgeschlagen |
| Sie haben | Sie haben | |
| er/sie/es habe | sie haben | |

**PAST SUBJUNCTIVE II**

| | | |
|---|---|---|
| ich hätte | wir hätten | |
| du hättest | ihr hättet | vorgeschlagen |
| Sie hätten | Sie hätten | |
| er/sie/es hätte | sie hätten | |

**FUTURE PERFECT SUBJUNCTIVE I**

| | | |
|---|---|---|
| ich werde | wir werden | |
| du werdest | ihr werdet | vorgeschlagen haben |
| Sie werden | Sie werden | |
| er/sie/es werde | sie werden | |

**FUTURE PERFECT SUBJUNCTIVE II**

| | | |
|---|---|---|
| ich würde | wir würden | |
| du würdest | ihr würdet | vorgeschlagen haben |
| Sie würden | Sie würden | |
| er/sie/es würde | sie würden | |

**COMMANDS**      schlag(e) vor!    schlagt vor!    schlagen Sie vor!

**PRESENT PARTICIPLE**      vorschlagend

## Usage

Haben Sie etwas vorzuschlagen?
*Do you have anything to suggest?*

Ich würde vorschlagen, dass du mit ihm über das Problem redest.
*I'd recommend that you talk with him about the problem.*

Ich schlage vor, dass wir uns am Marktplatz treffen.
*I suggest we meet at the market square.*

Mike schlägt eine andere Methode vor.
*Mike is proposing another method.*

Inge hat vorgeschlagen, ich sollte das Auto in die Werkstatt bringen.
*Inge suggested that I take the car to a mechanic.*

Bernds Idee war schon von anderen vorgeschlagen worden.
*Bernd's idea had already been suggested by other people.*

Daraufhin schlug der Graf einen Waffenstillstand vor.
*Consequently, the count proposed a cease-fire.*

Bei der Planung haben wir eine neue Perspektive vorgeschlagen.
*At the planning stage, we proposed a new perspective.*

1847 wurde Constantin als neuer Bischof vorgeschlagen.
*In 1847, Constantin was nominated as the new bishop.*

Herders Schrift wurde für einen Preis vorgeschlagen.
*Herder's writing was nominated for a prize.*

**RELATED VERBS** *see* **schlagen** (371)

## vor·stellen   *to introduce, present; put/move forward*

**stellt vor · stellte vor · vorgestellt**                                    regular weak verb

**PRESENT**

| ich stelle | wir stellen | |
|---|---|---|
| du stellst | ihr stellt | } vor |
| Sie stellen | Sie stellen | |
| er/sie/es stellt | sie stellen | |

**PRESENT PERFECT**

| ich habe | wir haben | |
|---|---|---|
| du hast | ihr habt | } vorgestellt |
| Sie haben | Sie haben | |
| er/sie/es hat | sie haben | |

**SIMPLE PAST**

| ich stellte | wir stellten | |
|---|---|---|
| du stelltest | ihr stelltet | } vor |
| Sie stellten | Sie stellten | |
| er/sie/es stellte | sie stellten | |

**PAST PERFECT**

| ich hatte | wir hatten | |
|---|---|---|
| du hattest | ihr hattet | } vorgestellt |
| Sie hatten | Sie hatten | |
| er/sie/es hatte | sie hatten | |

**FUTURE**

| ich werde | wir werden | |
|---|---|---|
| du wirst | ihr werdet | } vorstellen |
| Sie werden | Sie werden | |
| er/sie/es wird | sie werden | |

**FUTURE PERFECT**

| ich werde | wir werden | |
|---|---|---|
| du wirst | ihr werdet | } vorgestellt haben |
| Sie werden | Sie werden | |
| er/sie/es wird | sie werden | |

**PRESENT SUBJUNCTIVE I**

| ich stelle | wir stellen | |
|---|---|---|
| du stellest | ihr stellet | } vor |
| Sie stellen | Sie stellen | |
| er/sie/es stelle | sie stellen | |

**PAST SUBJUNCTIVE I**

| ich habe | wir haben | |
|---|---|---|
| du habest | ihr habet | } vorgestellt |
| Sie haben | Sie haben | |
| er/sie/es habe | sie haben | |

**PRESENT SUBJUNCTIVE II**

| ich stellte | wir stellten | |
|---|---|---|
| du stelltest | ihr stelltet | } vor |
| Sie stellten | Sie stellten | |
| er/sie/es stellte | sie stellten | |

**PAST SUBJUNCTIVE II**

| ich hätte | wir hätten | |
|---|---|---|
| du hättest | ihr hättet | } vorgestellt |
| Sie hätten | Sie hätten | |
| er/sie/es hätte | sie hätten | |

**FUTURE SUBJUNCTIVE I**

| ich werde | wir werden | |
|---|---|---|
| du werdest | ihr werdet | } vorstellen |
| Sie werden | Sie werden | |
| er/sie/es werde | sie werden | |

**FUTURE PERFECT SUBJUNCTIVE I**

| ich werde | wir werden | |
|---|---|---|
| du werdest | ihr werdet | } vorgestellt haben |
| Sie werden | Sie werden | |
| er/sie/es werde | sie werden | |

**FUTURE SUBJUNCTIVE II**

| ich würde | wir würden | |
|---|---|---|
| du würdest | ihr würdet | } vorstellen |
| Sie würden | Sie würden | |
| er/sie/es würde | sie würden | |

**FUTURE PERFECT SUBJUNCTIVE II**

| ich würde | wir würden | |
|---|---|---|
| du würdest | ihr würdet | } vorgestellt haben |
| Sie würden | Sie würden | |
| er/sie/es würde | sie würden | |

**COMMANDS**          stell(e) vor!   stellt vor!   stellen Sie vor!

**PRESENT PARTICIPLE**   vorstellend

## Usage

| Darf ich vorstellen? Das ist Max Brinkmann, ein Kollege von mir. | *May I introduce someone? This is Max Brinkmann, a colleague of mine.* |
|---|---|
| Ich möchte meine Kollegin Vera vorstellen. | *I'd like to present my colleague Vera.* |
| Annalies hatte ihn ihrer Freundin 1994 vorgestellt. | *Annalies had introduced him to her girlfriend in 1994.* |
| Heute müssen wir die Uhr um eine Stunde vorstellen. | *Today we have to set the clock forward by one hour.* |

### sich vorstellen  *to introduce oneself; interview* (for a position)

| Markus stellte sich den anderen Studenten vor. | *Markus introduced himself to the other students.* |
|---|---|
| Lars hat sich letzte Woche bei der Firma vorgestellt. | *Lars interviewed with the firm last week.* |

### sich etwas vorstellen  *to imagine/visualize something*

| Georg kann sich nicht vorstellen, wie seine Schwägerin mit zehn Kindern zurechtkommt. | *Georg can't imagine how his sister-in-law copes with 10 children.* |
|---|---|
| Wie stellst du dir eine Reise nach Tibet vor? | *What do you imagine a trip to Tibet to be like?* |

**RELATED VERBS**   *see* **stellen** (426)

strong verb

**PRESENT**

| | |
|---|---|
| ich wachse | wir wachsen |
| du wächst | ihr wachst |
| Sie wachsen | Sie wachsen |
| er/sie/es wächst | sie wachsen |

**SIMPLE PAST**

| | |
|---|---|
| ich wuchs | wir wuchsen |
| du wuchsest | ihr wuchst |
| Sie wuchsen | Sie wuchsen |
| er/sie/es wuchs | sie wuchsen |

**FUTURE**

| | |
|---|---|
| ich werde | wir werden |
| du wirst | ihr werdet |
| Sie werden | Sie werden |
| er/sie/es wird | sie werden |

} wachsen

**PRESENT SUBJUNCTIVE I**

| | |
|---|---|
| ich wachse | wir wachsen |
| du wachsest | ihr wachset |
| Sie wachsen | Sie wachsen |
| er/sie/es wachse | sie wachsen |

**PRESENT SUBJUNCTIVE II**

| | |
|---|---|
| ich wüchse | wir wüchsen |
| du wüchsest | ihr wüchset |
| Sie wüchsen | Sie wüchsen |
| er/sie/es wüchse | sie wüchsen |

**FUTURE SUBJUNCTIVE I**

| | |
|---|---|
| ich werde | wir werden |
| du werdest | ihr werdet |
| Sie werden | Sie werden |
| er/sie/es werde | sie werden |

} wachsen

**FUTURE SUBJUNCTIVE II**

| | |
|---|---|
| ich würde | wir würden |
| du würdest | ihr würdet |
| Sie würden | Sie würden |
| er/sie/es würde | sie würden |

} wachsen

**PRESENT PERFECT**

| | |
|---|---|
| ich bin | wir sind |
| du bist | ihr seid |
| Sie sind | Sie sind |
| er/sie/es ist | sie sind |

} gewachsen

**PAST PERFECT**

| | |
|---|---|
| ich war | wir waren |
| du warst | ihr wart |
| Sie waren | Sie waren |
| er/sie/es war | sie waren |

} gewachsen

**FUTURE PERFECT**

| | |
|---|---|
| ich werde | wir werden |
| du wirst | ihr werdet |
| Sie werden | Sie werden |
| er/sie/es wird | sie werden |

} gewachsen sein

**PAST SUBJUNCTIVE I**

| | |
|---|---|
| ich sei | wir seien |
| du seiest | ihr seiet |
| Sie seien | Sie seien |
| er/sie/es sei | sie seien |

} gewachsen

**PAST SUBJUNCTIVE II**

| | |
|---|---|
| ich wäre | wir wären |
| du wärest | ihr wäret |
| Sie wären | Sie wären |
| er/sie/es wäre | sie wären |

} gewachsen

**FUTURE PERFECT SUBJUNCTIVE I**

| | |
|---|---|
| ich werde | wir werden |
| du werdest | ihr werdet |
| Sie werden | Sie werden |
| er/sie/es werde | sie werden |

} gewachsen sein

**FUTURE PERFECT SUBJUNCTIVE II**

| | |
|---|---|
| ich würde | wir würden |
| du würdest | ihr würdet |
| Sie würden | Sie würden |
| er/sie/es würde | sie würden |

} gewachsen sein

**COMMANDS**  wachs(e)!  wachst!  wachsen Sie!

**PRESENT PARTICIPLE**  wachsend

## Usage

| | |
|---|---|
| Der Apfelbaum vor dem Haus war rasch gewachsen. | *The apple tree in front of the house had grown quickly.* |
| Wachsen blaugrüne Algen im warmen Wasser? | *Do blue-green algae grow in the warm water?* |
| In einem Topf wächst ein Rosenbusch nicht sehr gut. | *A rosebush doesn't grow very well in a pot.* |
| Ich lasse mir die Haare wachsen. | *I'm letting my hair grow.* |
| Dietrich ist wieder ein Bart gewachsen. | *Dietrich's beard has grown out again.* |
| Die Kinder wachsen aber schnell! | *My, how the children are growing!* |
| Du wächst in die falsche Richtung! (*colloquial*) | *You're putting on weight! (lit., You're growing in the wrong direction!)* |
| | |
| Unerwartet wuchs eine gegenseitige Sympathie. | *Unexpectedly, a mutual fondness developed.* |
| Klaus ist der Verantwortung nicht gewachsen. | *Klaus can't cope with the responsibility.* |
| Arbeitslosigkeit wächst von Jahr zu Jahr. | *Unemployment is rising from year to year.* |
| Religiöse Bräuche wachsen im Laufe der Zeit. | *Religious traditions evolve over the course of time.* |

**RELATED VERBS** auf·wachsen, aus·wachsen, erwachsen, heran·wachsen, nach·wachsen, umwachsen, verwachsen, zusammen·wachsen, zu·wachsen

## wagen   *to risk, dare*

**wagt · wagte · gewagt**                                          regular weak verb

| PRESENT | | PRESENT PERFECT | | |
|---|---|---|---|---|
| ich wage | wir wagen | ich habe | wir haben | |
| du wagst | ihr wagt | du hast | ihr habt | gewagt |
| Sie wagen | Sie wagen | Sie haben | Sie haben | |
| er/sie/es wagt | sie wagen | er/sie/es hat | sie haben | |

| SIMPLE PAST | | PAST PERFECT | | |
|---|---|---|---|---|
| ich wagte | wir wagten | ich hatte | wir hatten | |
| du wagtest | ihr wagtet | du hattest | ihr hattet | gewagt |
| Sie wagten | Sie wagten | Sie hatten | Sie hatten | |
| er/sie/es wagte | sie wagten | er/sie/es hatte | sie hatten | |

| FUTURE | | | FUTURE PERFECT | | |
|---|---|---|---|---|---|
| ich werde | wir werden | | ich werde | wir werden | |
| du wirst | ihr werdet | wagen | du wirst | ihr werdet | gewagt haben |
| Sie werden | Sie werden | | Sie werden | Sie werden | |
| er/sie/es wird | sie werden | | er/sie/es wird | sie werden | |

| PRESENT SUBJUNCTIVE I | | PAST SUBJUNCTIVE I | | |
|---|---|---|---|---|
| ich wage | wir wagen | ich habe | wir haben | |
| du wagest | ihr waget | du habest | ihr habet | gewagt |
| Sie wagen | Sie wagen | Sie haben | Sie haben | |
| er/sie/es wage | sie wagen | er/sie/es habe | sie haben | |

| PRESENT SUBJUNCTIVE II | | PAST SUBJUNCTIVE II | | |
|---|---|---|---|---|
| ich wagte | wir wagten | ich hätte | wir hätten | |
| du wagtest | ihr wagtet | du hättest | ihr hättet | gewagt |
| Sie wagten | Sie wagten | Sie hätten | Sie hätten | |
| er/sie/es wagte | sie wagten | er/sie/es hätte | sie hätten | |

| FUTURE SUBJUNCTIVE I | | | FUTURE PERFECT SUBJUNCTIVE I | | |
|---|---|---|---|---|---|
| ich werde | wir werden | | ich werde | wir werden | |
| du werdest | ihr werdet | wagen | du werdest | ihr werdet | gewagt haben |
| Sie werden | Sie werden | | Sie werden | Sie werden | |
| er/sie/es werde | sie werden | | er/sie/es werde | sie werden | |

| FUTURE SUBJUNCTIVE II | | | FUTURE PERFECT SUBJUNCTIVE II | | |
|---|---|---|---|---|---|
| ich würde | wir würden | | ich würde | wir würden | |
| du würdest | ihr würdet | wagen | du würdest | ihr würdet | gewagt haben |
| Sie würden | Sie würden | | Sie würden | Sie würden | |
| er/sie/es würde | sie würden | | er/sie/es würde | sie würden | |

COMMANDS          wag(e)!   wagt!   wagen Sie!

PRESENT PARTICIPLE   wagend

## Usage

| | |
|---|---|
| An deiner Stelle würde ich den Flug noch nicht wagen. | *If I were you, I wouldn't risk the flight yet.* |
| Die kaiserlichen Truppen wagten einen Angriff. | *The imperial troops attempted an attack.* |
| Er hat sein Leben gewagt. | *He risked his life.* |
| Vor fünfzig Jahren hätte man nie gewagt zu glauben, dass Organismen gentechnisch verändert werden könnten. | *Fifty years ago, you would never have dared believe that organisms could be genetically engineered.* |
| Man wagte es nicht, gegen die Regierung zu sprechen. | *People didn't dare speak against the government.* |
| Ich wage es nicht, daran zu denken. | *I don't dare think about it.* |
| Nichts gewagt, nichts gewonnen. (PROVERB) | *Nothing ventured, nothing gained.* |

### sich wagen  *to venture*

| | |
|---|---|
| Trotz des Wetters wagte sie sich zögerlich aus dem Haus, um Lebensmitteln zu beschaffen. | *In spite of the weather, she ventured hesitantly from the house to get some food.* |
| Der ängstliche Hund wagt sich nicht vor die Tür. | *The frightened dog will not go to the door.* |

RELATED VERBS   heraus·wagen, hinaus·wagen, vor·wagen

strong verb or regular weak verb | **wägt · wog/wägte · gewogen/gewägt**

**PRESENT**

| ich wäge | wir wägen |
|---|---|
| du wägst | ihr wägt |
| Sie wägen | Sie wägen |
| er/sie/es wägt | sie wägen |

**PRESENT PERFECT**

| ich habe | wir haben | |
|---|---|---|
| du hast | ihr habt | gewogen/gewägt |
| Sie haben | Sie haben | |
| er/sie/es hat | sie haben | |

**SIMPLE PAST**

| ich wog/wägte | wir wogen/wägten |
|---|---|
| du wogst/wägtest | ihr wogt/wägtet |
| Sie wogen/wägten | Sie wogen/wägten |
| er/sie/es wog/wägte | sie wogen/wägten |

**PAST PERFECT**

| ich hatte | wir hatten | |
|---|---|---|
| du hattest | ihr hattet | gewogen/gewägt |
| Sie hatten | Sie hatten | |
| er/sie/es hatte | sie hatten | |

**FUTURE**

| ich werde | wir werden | |
|---|---|---|
| du wirst | ihr werdet | wägen |
| Sie werden | Sie werden | |
| er/sie/es wird | sie werden | |

**FUTURE PERFECT**

| ich werde | wir werden | gewogen haben |
|---|---|---|
| du wirst | ihr werdet | OR |
| Sie werden | Sie werden | gewägt haben |
| er/sie/es wird | sie werden | |

**PRESENT SUBJUNCTIVE I**

| ich wäge | wir wägen |
|---|---|
| du wägest | ihr wäget |
| Sie wägen | Sie wägen |
| er/sie/es wäge | sie wägen |

**PAST SUBJUNCTIVE I**

| ich habe | wir haben | |
|---|---|---|
| du habest | ihr habet | gewogen/gewägt |
| Sie haben | Sie haben | |
| er/sie/es habe | sie haben | |

**PRESENT SUBJUNCTIVE II**

| ich wöge/wägte | wir wögen/wägten |
|---|---|
| du wögest/wägtest | ihr wöget/wägtet |
| Sie wögen/wägten | Sie wögen/wägten |
| er/sie/es wöge/wägte | sie wögen/wägten |

**PAST SUBJUNCTIVE II**

| ich hätte | wir hätten | |
|---|---|---|
| du hättest | ihr hättet | gewogen/gewägt |
| Sie hätten | Sie hätten | |
| er/sie/es hätte | sie hätten | |

**FUTURE SUBJUNCTIVE I**

| ich werde | wir werden | |
|---|---|---|
| du werdest | ihr werdet | wägen |
| Sie werden | Sie werden | |
| er/sie/es werde | sie werden | |

**FUTURE PERFECT SUBJUNCTIVE I**

| ich werde | wir werden | gewogen haben |
|---|---|---|
| du werdest | ihr werdet | OR |
| Sie werden | Sie werden | gewägt haben |
| er/sie/es werde | sie werden | |

**FUTURE SUBJUNCTIVE II**

| ich würde | wir würden | |
|---|---|---|
| du würdest | ihr würdet | wägen |
| Sie würden | Sie würden | |
| er/sie/es würde | sie würden | |

**FUTURE PERFECT SUBJUNCTIVE II**

| ich würde | wir würden | gewogen haben |
|---|---|---|
| du würdest | ihr würdet | OR |
| Sie würden | Sie würden | gewägt haben |
| er/sie/es würde | sie würden | |

**COMMANDS**  wäg(e)!  wägt!  wägen Sie!

**PRESENT PARTICIPLE**  wägend

## Usage

Man muss die Informationen in den Berichten sehr genau wägen.

Ihm war bald was zu kurz, zu lang, wägte alles gar bedächtig. (GOETHE)

Das Bündnis wolle sorgfältig wägen, ob ein militärischer Einsatz nötig ist, so der Pressesprecher.

Die Fakten müssen gewägt werden.

Man sollte ihre Worte wohl wägen.

Spezialfahrzeuge mit mehr als vier Achsen sind an dieser Stelle zu wägen.

Man soll die Stimmen wägen und nicht zählen. (SCHILLER)

Erst wägen, dann wagen. (PROVERB)

*One must very carefully consider the information in the reports.*

*For him, things were too short or too long; he considered everything with circumspection.*

*The alliance wants to ponder carefully whether military intervention is necessary, according to the spokesman.*

*The facts must be considered.*

*You should carefully weigh what she says.*

*Special vehicles with more than four axles are to be weighed at this location.*

*The votes should be weighed and not counted.*

*Look before you leap.*

**RELATED VERBS**  ab·wägen, erwägen

# wählen   to choose, select; elect; vote (for); dial

**wählt · wählte · gewählt**                              regular weak verb

**PRESENT**

| | |
|---|---|
| ich wähle | wir wählen |
| du wählst | ihr wählt |
| Sie wählen | Sie wählen |
| er/sie/es wählt | sie wählen |

**PRESENT PERFECT**

| | | |
|---|---|---|
| ich habe | wir haben | |
| du hast | ihr habt | |
| Sie haben | Sie haben | gewählt |
| er/sie/es hat | sie haben | |

**SIMPLE PAST**

| | |
|---|---|
| ich wählte | wir wählten |
| du wähltest | ihr wähltet |
| Sie wählten | Sie wählten |
| er/sie/es wählte | sie wählten |

**PAST PERFECT**

| | | |
|---|---|---|
| ich hatte | wir hatten | |
| du hattest | ihr hattet | |
| Sie hatten | Sie hatten | gewählt |
| er/sie/es hatte | sie hatten | |

**FUTURE**

| | | |
|---|---|---|
| ich werde | wir werden | |
| du wirst | ihr werdet | |
| Sie werden | Sie werden | wählen |
| er/sie/es wird | sie werden | |

**FUTURE PERFECT**

| | | |
|---|---|---|
| ich werde | wir werden | |
| du wirst | ihr werdet | |
| Sie werden | Sie werden | gewählt haben |
| er/sie/es wird | sie werden | |

**PRESENT SUBJUNCTIVE I**

| | |
|---|---|
| ich wähle | wir wählen |
| du wählest | ihr wählet |
| Sie wählen | Sie wählen |
| er/sie/es wähle | sie wählen |

**PAST SUBJUNCTIVE I**

| | | |
|---|---|---|
| ich habe | wir haben | |
| du habest | ihr habet | |
| Sie haben | Sie haben | gewählt |
| er/sie/es habe | sie haben | |

**PRESENT SUBJUNCTIVE II**

| | |
|---|---|
| ich wählte | wir wählten |
| du wähltest | ihr wähltet |
| Sie wählten | Sie wählten |
| er/sie/es wählte | sie wählten |

**PAST SUBJUNCTIVE II**

| | | |
|---|---|---|
| ich hätte | wir hätten | |
| du hättest | ihr hättet | |
| Sie hätten | Sie hätten | gewählt |
| er/sie/es hätte | sie hätten | |

**FUTURE SUBJUNCTIVE I**

| | | |
|---|---|---|
| ich werde | wir werden | |
| du werdest | ihr werdet | |
| Sie werden | Sie werden | wählen |
| er/sie/es werde | sie werden | |

**FUTURE PERFECT SUBJUNCTIVE I**

| | | |
|---|---|---|
| ich werde | wir werden | |
| du werdest | ihr werdet | |
| Sie werden | Sie werden | gewählt haben |
| er/sie/es werde | sie werden | |

**FUTURE SUBJUNCTIVE II**

| | | |
|---|---|---|
| ich würde | wir würden | |
| du würdest | ihr würdet | |
| Sie würden | Sie würden | wählen |
| er/sie/es würde | sie würden | |

**FUTURE PERFECT SUBJUNCTIVE II**

| | | |
|---|---|---|
| ich würde | wir würden | |
| du würdest | ihr würdet | |
| Sie würden | Sie würden | gewählt haben |
| er/sie/es würde | sie würden | |

**COMMANDS**        wähl(e)!   wählt!   wählen Sie!

**PRESENT PARTICIPLE**   wählend

## Usage

| | |
|---|---|
| Hast du schon ein Hauptfach gewählt? | *Have you already chosen a major?* |
| Beatrices Buch über Tee ist aus vielen Gründen gewählt worden. | *Beatrice's book on tea was selected for many reasons.* |
| Ungewöhnliche Methoden wurden vom Komitee gewählt. | *Unusual methods were chosen by the committee.* |
| Habt ihr Stoff- oder Einwegwindeln gewählt? | *Did you opt for cotton diapers or disposable ones?* |
| Ernst hat den Ort gewählt. | *Ernst picked the location.* |
| Nächstes Jahr wird ein neuer Bundespräsident gewählt. | *Next year, a new federal president is being elected.* |
| Lothar Muldenhauer wurde zum Stadtrat gewählt. | *Lothar Muldenhauer was elected to the city council.* |
| Frau Schmidt wählt immer SPD. | *Mrs. Schmidt always votes for the Social Democrats.* |
| Kann man per Internet wählen? | *Can you vote via the Internet?* |
| In den USA darf man mit achtzehn Jahren wählen. | *In the U.S., you can vote at the age of 18.* |
| Wenn ich dich von hier aus anrufe, muss ich die Vorwahl nicht wählen. | *If I call you from here, I don't have to dial the area code.* |

**RELATED VERBS**   aus·erwählen, aus·wählen, erwählen, verwählen, wieder·wählen

regular weak verb | wandert · wanderte · gewandert

### PRESENT

| ich wandere | wir wandern |
|---|---|
| du wanderst | ihr wandert |
| Sie wandern | Sie wandern |
| er/sie/es wandert | sie wandern |

### SIMPLE PAST

| ich wanderte | wir wanderten |
|---|---|
| du wandertest | ihr wandertet |
| Sie wanderten | Sie wanderten |
| er/sie/es wanderte | sie wanderten |

### FUTURE

| ich werde | wir werden | |
|---|---|---|
| du wirst | ihr werdet | wandern |
| Sie werden | Sie werden | |
| er/sie/es wird | sie werden | |

### PRESENT SUBJUNCTIVE I

| ich wandere | wir wandern |
|---|---|
| du wanderst | ihr wandert |
| Sie wandern | Sie wandern |
| er/sie/es wandere | sie wandern |

### PRESENT SUBJUNCTIVE II

| ich wanderte | wir wanderten |
|---|---|
| du wandertest | ihr wandertet |
| Sie wanderten | Sie wanderten |
| er/sie/es wanderte | sie wanderten |

### FUTURE SUBJUNCTIVE I

| ich werde | wir werden | |
|---|---|---|
| du werdest | ihr werdet | wandern |
| Sie werden | Sie werden | |
| er/sie/es werde | sie werden | |

### FUTURE SUBJUNCTIVE II

| ich würde | wir würden | |
|---|---|---|
| du würdest | ihr würdet | wandern |
| Sie würden | Sie würden | |
| er/sie/es würde | sie würden | |

### PRESENT PERFECT

| ich bin | wir sind | |
|---|---|---|
| du bist | ihr seid | gewandert |
| Sie sind | Sie sind | |
| er/sie/es ist | sie sind | |

### PAST PERFECT

| ich war | wir waren | |
|---|---|---|
| du warst | ihr wart | gewandert |
| Sie waren | Sie waren | |
| er/sie/es war | sie waren | |

### FUTURE PERFECT

| ich werde | wir werden | |
|---|---|---|
| du wirst | ihr werdet | gewandert sein |
| Sie werden | Sie werden | |
| er/sie/es wird | sie werden | |

### PAST SUBJUNCTIVE I

| ich sei | wir seien | |
|---|---|---|
| du seiest | ihr seiet | gewandert |
| Sie seien | Sie seien | |
| er/sie/es sei | sie seien | |

### PAST SUBJUNCTIVE II

| ich wäre | wir wären | |
|---|---|---|
| du wärest | ihr wäret | gewandert |
| Sie wären | Sie wären | |
| er/sie/es wäre | sie wären | |

### FUTURE PERFECT SUBJUNCTIVE I

| ich werde | wir werden | |
|---|---|---|
| du werdest | ihr werdet | gewandert sein |
| Sie werden | Sie werden | |
| er/sie/es werde | sie werden | |

### FUTURE PERFECT SUBJUNCTIVE II

| ich würde | wir würden | |
|---|---|---|
| du würdest | ihr würdet | gewandert sein |
| Sie würden | Sie würden | |
| er/sie/es würde | sie würden | |

**COMMANDS** wandere! wandert! wandern Sie!

**PRESENT PARTICIPLE** wandernd

## Usage

| | |
|---|---|
| Klaus und Dirk sind um den Berg gewandert. | *Klaus and Dirk hiked around the mountain.* |
| Ihr müsst wirklich weit gewandert sein. | *You must have really hiked a considerable distance.* |
| Der Bison wandert im Mai in sein Sommergebiet. | *The bison roams into its summer range in May.* |
| Sein Blick wanderte von Jörg zu den anderen. | *His eyes wandered from Jörg to the others.* |
| Anton ist jeden Sommer durch das Berner Oberland gewandert. | *Anton hiked through the Bernese Uplands every summer.* |
| Beduinen wandern von Ort zu Ort. | *Bedouins lead a nomadic life.* |
| An einem unfreundlichen Novembertage wanderte ein armes Schneiderlein auf der Landstraße nach Goldach. (KELLER) | *One unpleasant November day, a poor tailor was traveling on the country road to Goldach.* |
| Viele Arme sind im 20. Jahrhundert in die Städte gewandert. | *Many poor people migrated to the cities in the twentieth century.* |

**RELATED VERBS** ab·wandern, aus·wandern, durchwandern, durch·wandern, ein·wandern, erwandern, umwandern, unterwandern, zu·wandern

## warnen    *to warn, caution*

**warnt · warnte · gewarnt**

*regular weak verb*

**PRESENT**

| | |
|---|---|
| ich warne | wir warnen |
| du warnst | ihr warnt |
| Sie warnen | Sie warnen |
| er/sie/es warnt | sie warnen |

**SIMPLE PAST**

| | |
|---|---|
| ich warnte | wir warnten |
| du warntest | ihr warntet |
| Sie warnten | Sie warnten |
| er/sie/es warnte | sie warnten |

**FUTURE**

| | | |
|---|---|---|
| ich werde | wir werden | |
| du wirst | ihr werdet | warnen |
| Sie werden | Sie werden | |
| er/sie/es wird | sie werden | |

**PRESENT SUBJUNCTIVE I**

| | |
|---|---|
| ich warne | wir warnen |
| du warnest | ihr warnet |
| Sie warnen | Sie warnen |
| er/sie/es warne | sie warnen |

**PRESENT SUBJUNCTIVE II**

| | |
|---|---|
| ich warnte | wir warnten |
| du warntest | ihr warntet |
| Sie warnten | Sie warnten |
| er/sie/es warnte | sie warnten |

**FUTURE SUBJUNCTIVE I**

| | | |
|---|---|---|
| ich werde | wir werden | |
| du werdest | ihr werdet | warnen |
| Sie werden | Sie werden | |
| er/sie/es werde | sie werden | |

**FUTURE SUBJUNCTIVE II**

| | | |
|---|---|---|
| ich würde | wir würden | |
| du würdest | ihr würdet | warnen |
| Sie würden | Sie würden | |
| er/sie/es würde | sie würden | |

**PRESENT PERFECT**

| | | |
|---|---|---|
| ich habe | wir haben | |
| du hast | ihr habt | gewarnt |
| Sie haben | Sie haben | |
| er/sie/es hat | sie haben | |

**PAST PERFECT**

| | | |
|---|---|---|
| ich hatte | wir hatten | |
| du hattest | ihr hattet | gewarnt |
| Sie hatten | Sie hatten | |
| er/sie/es hatte | sie hatten | |

**FUTURE PERFECT**

| | | |
|---|---|---|
| ich werde | wir werden | |
| du wirst | ihr werdet | gewarnt haben |
| Sie werden | Sie werden | |
| er/sie/es wird | sie werden | |

**PAST SUBJUNCTIVE I**

| | | |
|---|---|---|
| ich habe | wir haben | |
| du habest | ihr habet | gewarnt |
| Sie haben | Sie haben | |
| er/sie/es habe | sie haben | |

**PAST SUBJUNCTIVE II**

| | | |
|---|---|---|
| ich hätte | wir hätten | |
| du hättest | ihr hättet | gewarnt |
| Sie hätten | Sie hätten | |
| er/sie/es hätte | sie hätten | |

**FUTURE PERFECT SUBJUNCTIVE I**

| | | |
|---|---|---|
| ich werde | wir werden | |
| du werdest | ihr werdet | gewarnt haben |
| Sie werden | Sie werden | |
| er/sie/es werde | sie werden | |

**FUTURE PERFECT SUBJUNCTIVE II**

| | | |
|---|---|---|
| ich würde | wir würden | |
| du würdest | ihr würdet | gewarnt haben |
| Sie würden | Sie würden | |
| er/sie/es würde | sie würden | |

**COMMANDS**    warn(e)!    warnt!    warnen Sie!

**PRESENT PARTICIPLE**    warnend

## Usage

| | |
|---|---|
| Wissenschaftler warnen vor den Folgen der Erderwärmung. | *Scientists warn of the consequences of global warming.* |
| Die Küstenwache hatte sie gewarnt. | *The coast guard had warned them.* |
| Man wurde vor dem Glatteis gewarnt. | *People were warned about the slippery ice.* |
| Der Computeranwender wird durch eine Fehlermeldung gewarnt. | *The computer user is warned via an error message.* |
| Die Weltgesundheitsorganisation warnt vor einer Pocken-Epidemie. | *The World Health Organization is issuing a warning about a smallpox epidemic.* |
| Fußgänger werden visuell und akustisch davor gewarnt, dass ein Auto kommt. | *Pedestrians are alerted visually and aurally that a car is coming.* |
| In einem Fernsehinterview warnte der CEO vor einer voreiligen Entscheidung. | *In a television interview, the CEO cautioned against a hasty decision.* |
| Hat die Lehrerin dich nicht gewarnt? | *Didn't the teacher warn you?* |
| „Davor habe ich euch doch gewarnt", sagte der Junge. | *"I warned you about that," said the boy.* |

**RELATED VERBS**    entwarnen, verwarnen, vor·warnen

regular weak verb

**wartet · wartete · gewartet**

**PRESENT**

| | |
|---|---|
| ich warte | wir warten |
| du wartest | ihr wartet |
| Sie warten | Sie warten |
| er/sie/es wartet | sie warten |

**PRESENT PERFECT**

| | | |
|---|---|---|
| ich habe | wir haben | |
| du hast | ihr habt | gewartet |
| Sie haben | Sie haben | |
| er/sie/es hat | sie haben | |

**SIMPLE PAST**

| | |
|---|---|
| ich wartete | wir warteten |
| du wartetest | ihr wartetet |
| Sie warteten | Sie warteten |
| er/sie/es wartete | sie warteten |

**PAST PERFECT**

| | | |
|---|---|---|
| ich hatte | wir hatten | |
| du hattest | ihr hattet | gewartet |
| Sie hatten | Sie hatten | |
| er/sie/es hatte | sie hatten | |

**FUTURE**

| | | |
|---|---|---|
| ich werde | wir werden | |
| du wirst | ihr werdet | warten |
| Sie werden | Sie werden | |
| er/sie/es wird | sie werden | |

**FUTURE PERFECT**

| | | |
|---|---|---|
| ich werde | wir werden | |
| du wirst | ihr werdet | gewartet haben |
| Sie werden | Sie werden | |
| er/sie/es wird | sie werden | |

**PRESENT SUBJUNCTIVE I**

| | |
|---|---|
| ich warte | wir warten |
| du wartest | ihr wartet |
| Sie warten | Sie warten |
| er/sie/es warte | sie warten |

**PAST SUBJUNCTIVE I**

| | | |
|---|---|---|
| ich habe | wir haben | |
| du habest | ihr habet | gewartet |
| Sie haben | Sie haben | |
| er/sie/es habe | sie haben | |

**PRESENT SUBJUNCTIVE II**

| | |
|---|---|
| ich wartete | wir warteten |
| du wartetest | ihr wartetet |
| Sie warteten | Sie warteten |
| er/sie/es wartete | sie warteten |

**PAST SUBJUNCTIVE II**

| | | |
|---|---|---|
| ich hätte | wir hätten | |
| du hättest | ihr hättet | gewartet |
| Sie hätten | Sie hätten | |
| er/sie/es hätte | sie hätten | |

**FUTURE SUBJUNCTIVE I**

| | | |
|---|---|---|
| ich werde | wir werden | |
| du werdest | ihr werdet | warten |
| Sie werden | Sie werden | |
| er/sie/es werde | sie werden | |

**FUTURE PERFECT SUBJUNCTIVE I**

| | | |
|---|---|---|
| ich werde | wir werden | |
| du werdest | ihr werdet | gewartet haben |
| Sie werden | Sie werden | |
| er/sie/es werde | sie werden | |

**FUTURE SUBJUNCTIVE II**

| | | |
|---|---|---|
| ich würde | wir würden | |
| du würdest | ihr würdet | warten |
| Sie würden | Sie würden | |
| er/sie/es würde | sie würden | |

**FUTURE PERFECT SUBJUNCTIVE II**

| | | |
|---|---|---|
| ich würde | wir würden | |
| du würdest | ihr würdet | gewartet haben |
| Sie würden | Sie würden | |
| er/sie/es würde | sie würden | |

**COMMANDS**     warte! wartet! warten Sie!

**PRESENT PARTICIPLE**     wartend

## Usage

| | |
|---|---|
| Worauf warten Sie? | *What are you waiting for?* |
| Klaus will dreißig Minuten vor der Tür gewartet haben. | *Klaus claims to have waited 30 minutes at the door.* |
| Wartest du zu Hause oder im Büro? | *Are you waiting at home or at the office?* |
| Wer wartete an der Tür? | *Who was waiting at the door?* |
| Ich kann nicht länger warten. | *I can't wait any longer.* |
| Wir wollten mit dem Essen auf ihn warten. | *We wanted to hold dinner for him.* |
| Lars ließ Sabine drei Stunden auf ihn warten. | *Lars kept Sabine waiting for him for three hours.* |
| Ich möchte nicht warten. | *I don't want to wait.* |
| Warte auf mich! | *Wait for me!* |
| Adrian wartet auf einen Studienplatz an der Uni in Münster. | *Adrian is waiting to study at the university in Münster.* |
| Meine Schwester hat lange mit der Heirat gewartet. | *My sister waited a long time to get married.* |
| Ein Fahrzeug muss regelmäßig gewartet werden. | *A vehicle must be serviced regularly.* |

**RELATED VERBS**  ab·warten, auf·warten, zu·warten; *see also* **erwarten** (173)

# waschen   *to wash; do the washing*

**wäscht · wusch · gewaschen**                                    strong verb

**PRESENT**

| | |
|---|---|
| ich wasche | wir waschen |
| du wäschst | ihr wascht |
| Sie waschen | Sie waschen |
| er/sie/es wäscht | sie waschen |

**SIMPLE PAST**

| | |
|---|---|
| ich wusch | wir wuschen |
| du wuschest | ihr wuscht |
| Sie wuschen | Sie wuschen |
| er/sie/es wusch | sie wuschen |

**FUTURE**

| | | |
|---|---|---|
| ich werde | wir werden | |
| du wirst | ihr werdet | |
| Sie werden | Sie werden | waschen |
| er/sie/es wird | sie werden | |

**PRESENT SUBJUNCTIVE I**

| | |
|---|---|
| ich wasche | wir waschen |
| du waschest | ihr waschet |
| Sie waschen | Sie waschen |
| er/sie/es wasche | sie waschen |

**PRESENT SUBJUNCTIVE II**

| | |
|---|---|
| ich wüsche | wir wüschen |
| du wüschest | ihr wüschet |
| Sie wüschen | Sie wüschen |
| er/sie/es wüsche | sie wüschen |

**FUTURE SUBJUNCTIVE I**

| | | |
|---|---|---|
| ich werde | wir werden | |
| du werdest | ihr werdet | |
| Sie werden | Sie werden | waschen |
| er/sie/es werde | sie werden | |

**FUTURE SUBJUNCTIVE II**

| | | |
|---|---|---|
| ich würde | wir würden | |
| du würdest | ihr würdet | |
| Sie würden | Sie würden | waschen |
| er/sie/es würde | sie würden | |

**PRESENT PERFECT**

| | | |
|---|---|---|
| ich habe | wir haben | |
| du hast | ihr habt | |
| Sie haben | Sie haben | gewaschen |
| er/sie/es hat | sie haben | |

**PAST PERFECT**

| | | |
|---|---|---|
| ich hatte | wir hatten | |
| du hattest | ihr hattet | |
| Sie hatten | Sie hatten | gewaschen |
| er/sie/es hatte | sie hatten | |

**FUTURE PERFECT**

| | | |
|---|---|---|
| ich werde | wir werden | |
| du wirst | ihr werdet | |
| Sie werden | Sie werden | gewaschen haben |
| er/sie/es wird | sie werden | |

**PAST SUBJUNCTIVE I**

| | | |
|---|---|---|
| ich habe | wir haben | |
| du habest | ihr habet | |
| Sie haben | Sie haben | gewaschen |
| er/sie/es habe | sie haben | |

**PAST SUBJUNCTIVE II**

| | | |
|---|---|---|
| ich hätte | wir hätten | |
| du hättest | ihr hättet | |
| Sie hätten | Sie hätten | gewaschen |
| er/sie/es hätte | sie hätten | |

**FUTURE PERFECT SUBJUNCTIVE I**

| | | |
|---|---|---|
| ich werde | wir werden | |
| du werdest | ihr werdet | |
| Sie werden | Sie werden | gewaschen haben |
| er/sie/es werde | sie werden | |

**FUTURE PERFECT SUBJUNCTIVE II**

| | | |
|---|---|---|
| ich würde | wir würden | |
| du würdest | ihr würdet | |
| Sie würden | Sie würden | gewaschen haben |
| er/sie/es würde | sie würden | |

**COMMANDS**         wasch(e)!   wascht!   waschen Sie!

**PRESENT PARTICIPLE**   waschend

## Usage

| | |
|---|---|
| Haben Sie die Bettdecken schon gewaschen? | *Have you already washed the bedspreads?* |
| Herr Kreiens wäscht seinen Porsche jeden Samstag. | *Mr. Kreiens washes his Porsche every Saturday.* |
| Wann wird der Patient gewaschen? | *When is the patient to be bathed?* |
| Wasch dein Fahrrad bitte nicht im Wohnzimmer! | *Please don't wash your bicycle in the living room!* |
| Sigrid, könntest du die Windeln bitte waschen? | *Sigrid, could you please wash the diapers?* |
| Früher wusch Oma die Wäsche per Hand. | *Grandma used to do laundry by hand.* |
| Wäschst du immer samstags? | *Do you always do the washing on Saturday?* |
| Die Bank soll Drogengeld gewaschen haben. (*figurative*) | *The bank is said to have laundered drug money.* |
| Eine Hand wäscht die andere. (**PROVERB**) | *One good turn deserves another.* |

### sich waschen   *to wash up, wash oneself*

| | |
|---|---|
| Wo kann ich mich waschen? | *Where can I wash up?* |
| Lena wäscht sich das Haar zweimal am Tag. | *Lena washes her hair twice a day.* |

**RELATED VERBS**   ab·waschen, auf·waschen, rein·waschen, weg·waschen

regular weak verb or strong verb | **webt · webte/wob · gewebt/gewoben**

### PRESENT

| ich webe | wir weben |
| du webst | ihr webt |
| Sie weben | Sie weben |
| er/sie/es webt | sie weben |

### PRESENT PERFECT

| ich habe | wir haben | |
| du hast | ihr habt | |
| Sie haben | Sie haben | } gewebt/gewoben |
| er/sie/es hat | sie haben | |

### SIMPLE PAST

| ich webte/wob | wir webten/woben |
| du webtest/wobst | ihr webtet/wobt |
| Sie webten/woben | Sie webten/woben |
| er/sie/es webte/wob | sie webten/woben |

### PAST PERFECT

| ich hatte | wir hatten | |
| du hattest | ihr hattet | |
| Sie hatten | Sie hatten | } gewebt/gewoben |
| er/sie/es hatte | sie hatten | |

### FUTURE

| ich werde | wir werden | |
| du wirst | ihr werdet | |
| Sie werden | Sie werden | } weben |
| er/sie/es wird | sie werden | |

### FUTURE PERFECT

| ich werde | wir werden | gewebt haben |
| du wirst | ihr werdet | |
| Sie werden | Sie werden | OR |
| er/sie/es wird | sie werden | gewoben haben |

### PRESENT SUBJUNCTIVE I

| ich webe | wir weben |
| du webest | ihr webet |
| Sie weben | Sie weben |
| er/sie/es webe | sie weben |

### PAST SUBJUNCTIVE I

| ich habe | wir haben | |
| du habest | ihr habet | |
| Sie haben | Sie haben | } gewebt/gewoben |
| er/sie/es habe | sie haben | |

### PRESENT SUBJUNCTIVE II

| ich webte/wöbe | wir webten/wöben |
| du webtest/wöbest | ihr webtet/wöbet |
| Sie webten/wöben | Sie webten/wöben |
| er/sie/es webte/wöbe | sie webten/wöben |

### PAST SUBJUNCTIVE II

| ich hätte | wir hätten | |
| du hättest | ihr hättet | |
| Sie hätten | Sie hätten | } gewebt/gewoben |
| er/sie/es hätte | sie hätten | |

### FUTURE SUBJUNCTIVE I

| ich werde | wir werden | |
| du werdest | ihr werdet | |
| Sie werden | Sie werden | } weben |
| er/sie/es werde | sie werden | |

### FUTURE PERFECT SUBJUNCTIVE I

| ich werde | wir werden | gewebt haben |
| du werdest | ihr werdet | |
| Sie werden | Sie werden | OR |
| er/sie/es werde | sie werden | gewoben haben |

### FUTURE SUBJUNCTIVE II

| ich würde | wir würden | |
| du würdest | ihr würdet | |
| Sie würden | Sie würden | } weben |
| er/sie/es würde | sie würden | |

### FUTURE PERFECT SUBJUNCTIVE II

| ich würde | wir würden | gewebt haben |
| du würdest | ihr würdet | |
| Sie würden | Sie würden | OR |
| er/sie/es würde | sie würden | gewoben haben |

COMMANDS | web(e)! webt! weben Sie!

PRESENT PARTICIPLE | webend

NOTE The verb **weben** is typically strong when used figuratively.

## Usage

| Diese Wolldecken werden in Schottland gewebt. | *These woolen blankets are woven in Scotland.* |
| Die Inselbewohner woben Leinen aus Flachs. | *The island inhabitants wove linen from flax.* |
| Über Nacht hatte eine Spinne ein riesiges Netz gewebt. | *Overnight a spider had woven a gigantic web.* |
| Luskana webte einen Teppich aus Stroh. | *Luskana wove a rug from straw.* |
| Ihre Schwester lehrte sie weben. | *Her sister taught her to weave.* |
| Diamanten wurden durch ihre Haare gewebt. | *Diamonds were woven into her hair.* |
| Die einheimischen Völker haben diese Sagen vor Jahrhunderten gewoben. | *The native peoples weaved these legends centuries ago.* |
| In seinem ersten Roman wob der Autor einen Teppich aus Liebe und Eifersucht. | *In his first novel, the author weaved a tapestry of love and jealousy.* |
| Glühend webst du über deinem Grabe, Genius! (GOETHE) | *Fiery you float over your grave, spirit!* |

RELATED VERBS durchweben, ein·weben, verweben

# wechseln   *to change; exchange*

wechselt · wechselte · gewechselt

regular weak verb

**PRESENT**

| | |
|---|---|
| ich wechs(e)le | wir wechseln |
| du wechselst | ihr wechselt |
| Sie wechseln | Sie wechseln |
| er/sie/es wechselt | sie wechseln |

**SIMPLE PAST**

| | |
|---|---|
| ich wechselte | wir wechselten |
| du wechseltest | ihr wechseltet |
| Sie wechselten | Sie wechselten |
| er/sie/es wechselte | sie wechselten |

**FUTURE**

| | | |
|---|---|---|
| ich werde | wir werden | |
| du wirst | ihr werdet | |
| Sie werden | Sie werden | wechseln |
| er/sie/es wird | sie werden | |

**PRESENT SUBJUNCTIVE I**

| | |
|---|---|
| ich wechs(e)le | wir wechseln |
| du wechselst | ihr wechselt |
| Sie wechseln | Sie wechseln |
| er/sie/es wechs(e)le | sie wechseln |

**PRESENT SUBJUNCTIVE II**

| | |
|---|---|
| ich wechselte | wir wechselten |
| du wechseltest | ihr wechseltet |
| Sie wechselten | Sie wechselten |
| er/sie/es wechselte | sie wechselten |

**FUTURE SUBJUNCTIVE I**

| | | |
|---|---|---|
| ich werde | wir werden | |
| du werdest | ihr werdet | |
| Sie werden | Sie werden | wechseln |
| er/sie/es werde | sie werden | |

**FUTURE SUBJUNCTIVE II**

| | | |
|---|---|---|
| ich würde | wir würden | |
| du würdest | ihr würdet | |
| Sie würden | Sie würden | wechseln |
| er/sie/es würde | sie würden | |

**PRESENT PERFECT**

| | | |
|---|---|---|
| ich habe | wir haben | |
| du hast | ihr habt | |
| Sie haben | Sie haben | gewechselt |
| er/sie/es hat | sie haben | |

**PAST PERFECT**

| | | |
|---|---|---|
| ich hatte | wir hatten | |
| du hattest | ihr hattet | |
| Sie hatten | Sie hatten | gewechselt |
| er/sie/es hatte | sie hatten | |

**FUTURE PERFECT**

| | | |
|---|---|---|
| ich werde | wir werden | |
| du wirst | ihr werdet | |
| Sie werden | Sie werden | gewechselt haben |
| er/sie/es wird | sie werden | |

**PAST SUBJUNCTIVE I**

| | | |
|---|---|---|
| ich habe | wir haben | |
| du habest | ihr habet | |
| Sie haben | Sie haben | gewechselt |
| er/sie/es habe | sie haben | |

**PAST SUBJUNCTIVE II**

| | | |
|---|---|---|
| ich hätte | wir hätten | |
| du hättest | ihr hättet | |
| Sie hätten | Sie hätten | gewechselt |
| er/sie/es hätte | sie hätten | |

**FUTURE PERFECT SUBJUNCTIVE I**

| | | |
|---|---|---|
| ich werde | wir werden | |
| du werdest | ihr werdet | |
| Sie werden | Sie werden | gewechselt haben |
| er/sie/es werde | sie werden | |

**FUTURE PERFECT SUBJUNCTIVE II**

| | | |
|---|---|---|
| ich würde | wir würden | |
| du würdest | ihr würdet | |
| Sie würden | Sie würden | gewechselt haben |
| er/sie/es würde | sie würden | |

**COMMANDS**   wechs(e)le!   wechselt!   wechseln Sie!

**PRESENT PARTICIPLE**   wechselnd

## Usage

| | |
|---|---|
| Ich muss den Reifen wechseln. | *I have to change the tire.* |
| Könnten Sie einen Fünfdollarschein in Münzen wechseln? | *Could you change a five-dollar bill for coins?* |
| Jetzt muss ich seine Windel wechseln. | *Now I have to change his diaper.* |
| Ihr habt das Thema wieder gewechselt! | *You've changed the topic again!* |
| Mit diesem Schritt wird er seine Ziele gewechselt haben. | *With this step, he will have changed his goals.* |
| Mama wechselt die Bettlaken jeden Tag. | *Mama changes the bedsheets every day.* |
| Wenn Sie den Wohnsitz gewechselt haben, müssen Sie dieses Formular ausfüllen. | *If you have moved, you have to fill out this form.* |
| Hoffentlich wechselt das Wetter wieder. | *Let's hope the weather changes again.* |
| Wir können am Flughafen Euro gegen Dollar wechseln. | *We can exchange euros for dollars at the airport.* |

### wechseln (with sein) *to move*

| | |
|---|---|
| Katrin ist von einer Stelle zur anderen gewechselt. | *Katrin has moved from one job to another.* |

**RELATED VERBS**  ab·wechseln, aus·wechseln, ein·wechseln, über·wechseln, um·wechseln, verwechseln

regular weak verb

weckt · weckte · geweckt

**PRESENT**

| | |
|---|---|
| ich wecke | wir wecken |
| du weckst | ihr weckt |
| Sie wecken | Sie wecken |
| er/sie/es weckt | sie wecken |

**SIMPLE PAST**

| | |
|---|---|
| ich weckte | wir weckten |
| du wecktest | ihr wecktet |
| Sie weckten | Sie weckten |
| er/sie/es weckte | sie weckten |

**FUTURE**

| | | |
|---|---|---|
| ich werde | wir werden | |
| du wirst | ihr werdet | |
| Sie werden | Sie werden | } wecken |
| er/sie/es wird | sie werden | |

**PRESENT SUBJUNCTIVE I**

| | |
|---|---|
| ich wecke | wir wecken |
| du weckest | ihr wecket |
| Sie wecken | Sie wecken |
| er/sie/es wecke | sie wecken |

**PRESENT SUBJUNCTIVE II**

| | |
|---|---|
| ich weckte | wir weckten |
| du wecktest | ihr wecktet |
| Sie weckten | Sie weckten |
| er/sie/es weckte | sie weckten |

**FUTURE SUBJUNCTIVE I**

| | | |
|---|---|---|
| ich werde | wir werden | |
| du werdest | ihr werdet | |
| Sie werden | Sie werden | } wecken |
| er/sie/es werde | sie werden | |

**FUTURE SUBJUNCTIVE II**

| | | |
|---|---|---|
| ich würde | wir würden | |
| du würdest | ihr würdet | |
| Sie würden | Sie würden | } wecken |
| er/sie/es würde | sie würden | |

**PRESENT PERFECT**

| | | |
|---|---|---|
| ich habe | wir haben | |
| du hast | ihr habt | |
| Sie haben | Sie haben | } geweckt |
| er/sie/es hat | sie haben | |

**PAST PERFECT**

| | | |
|---|---|---|
| ich hatte | wir hatten | |
| du hattest | ihr hattet | |
| Sie hatten | Sie hatten | } geweckt |
| er/sie/es hatte | sie hatten | |

**FUTURE PERFECT**

| | | |
|---|---|---|
| ich werde | wir werden | |
| du wirst | ihr werdet | |
| Sie werden | Sie werden | } geweckt haben |
| er/sie/es wird | sie werden | |

**PAST SUBJUNCTIVE I**

| | | |
|---|---|---|
| ich habe | wir haben | |
| du habest | ihr habet | |
| Sie haben | Sie haben | } geweckt |
| er/sie/es habe | sie haben | |

**PAST SUBJUNCTIVE II**

| | | |
|---|---|---|
| ich hätte | wir hätten | |
| du hättest | ihr hättet | |
| Sie hätten | Sie hätten | } geweckt |
| er/sie/es hätte | sie hätten | |

**FUTURE PERFECT SUBJUNCTIVE I**

| | | |
|---|---|---|
| ich werde | wir werden | |
| du werdest | ihr werdet | |
| Sie werden | Sie werden | } geweckt haben |
| er/sie/es werde | sie werden | |

**FUTURE PERFECT SUBJUNCTIVE II**

| | | |
|---|---|---|
| ich würde | wir würden | |
| du würdest | ihr würdet | |
| Sie würden | Sie würden | } geweckt haben |
| er/sie/es würde | sie würden | |

**COMMANDS**   weck(e)!   weckt!   wecken Sie!

**PRESENT PARTICIPLE**   weckend

## Usage

| | |
|---|---|
| Wollten Sie mich wecken? | *Did you intend to wake me?* |
| Weck die Kinder bitte nicht. | *Please don't wake the children.* |
| Schlafwandler sind schwer zu wecken. | *Sleepwalkers are hard to wake.* |
| Ludwig weckte seinen Vater um zwei Uhr. | *Ludwig woke his father at two o'clock.* |
| Ich mag nicht geweckt werden. | *I don't like to be waked up.* |
| Ein vorbeifahrender LKW hat die Katze geweckt. | *A passing truck woke the cat.* |
| Der Papagei hat uns um zehn Uhr geweckt. | *The parrot woke us at 10 o'clock.* |
| Der Notarzt wurde aus tiefem Schlaf geweckt. | *The emergency physician was awakened from a deep sleep.* |
| Bist du schon mal von einem überlauten Wecker geweckt worden? | *Have you ever been woken by an extra-loud alarm clock?* |
| Sie weckte in mir den Wunsch, unserer Familiengeschichte nachzugehen. | *She aroused in me the desire to pursue our family history.* |
| Schlafende Hunde soll man nicht wecken. (PROVERB) | *Let sleeping dogs lie.* |

**RELATED VERBS** auf·wecken, erwecken

# wehren   *to fight against, restrain, prevent*

**wehrt · wehrte · gewehrt**                                                regular weak verb

### PRESENT

| | |
|---|---|
| ich wehre | wir wehren |
| du wehrst | ihr wehrt |
| Sie wehren | Sie wehren |
| er/sie/es wehrt | sie wehren |

### SIMPLE PAST

| | |
|---|---|
| ich wehrte | wir wehrten |
| du wehrtest | ihr wehrtet |
| Sie wehrten | Sie wehrten |
| er/sie/es wehrte | sie wehrten |

### FUTURE

| | | |
|---|---|---|
| ich werde | wir werden | |
| du wirst | ihr werdet | wehren |
| Sie werden | Sie werden | |
| er/sie/es wird | sie werden | |

### PRESENT SUBJUNCTIVE I

| | |
|---|---|
| ich wehre | wir wehren |
| du wehrest | ihr wehret |
| Sie wehren | Sie wehren |
| er/sie/es wehre | sie wehren |

### PRESENT SUBJUNCTIVE II

| | |
|---|---|
| ich wehrte | wir wehrten |
| du wehrtest | ihr wehrtet |
| Sie wehrten | Sie wehrten |
| er/sie/es wehrte | sie wehrten |

### FUTURE SUBJUNCTIVE I

| | | |
|---|---|---|
| ich werde | wir werden | |
| du werdest | ihr werdet | wehren |
| Sie werden | Sie werden | |
| er/sie/es werde | sie werden | |

### FUTURE SUBJUNCTIVE II

| | | |
|---|---|---|
| ich würde | wir würden | |
| du würdest | ihr würdet | wehren |
| Sie würden | Sie würden | |
| er/sie/es würde | sie würden | |

### PRESENT PERFECT

| | | |
|---|---|---|
| ich habe | wir haben | |
| du hast | ihr habt | gewehrt |
| Sie haben | Sie haben | |
| er/sie/es hat | sie haben | |

### PAST PERFECT

| | | |
|---|---|---|
| ich hatte | wir hatten | |
| du hattest | ihr hattet | gewehrt |
| Sie hatten | Sie hatten | |
| er/sie/es hatte | sie hatten | |

### FUTURE PERFECT

| | | |
|---|---|---|
| ich werde | wir werden | |
| du wirst | ihr werdet | gewehrt haben |
| Sie werden | Sie werden | |
| er/sie/es wird | sie werden | |

### PAST SUBJUNCTIVE I

| | | |
|---|---|---|
| ich habe | wir haben | |
| du habest | ihr habet | gewehrt |
| Sie haben | Sie haben | |
| er/sie/es habe | sie haben | |

### PAST SUBJUNCTIVE II

| | | |
|---|---|---|
| ich hätte | wir hätten | |
| du hättest | ihr hättet | gewehrt |
| Sie hätten | Sie hätten | |
| er/sie/es hätte | sie hätten | |

### FUTURE PERFECT SUBJUNCTIVE I

| | | |
|---|---|---|
| ich werde | wir werden | |
| du werdest | ihr werdet | gewehrt haben |
| Sie werden | Sie werden | |
| er/sie/es werde | sie werden | |

### FUTURE PERFECT SUBJUNCTIVE II

| | | |
|---|---|---|
| ich würde | wir würden | |
| du würdest | ihr würdet | gewehrt haben |
| Sie würden | Sie würden | |
| er/sie/es würde | sie würden | |

**COMMANDS**          wehr(e)!   wehrt!   wehren Sie!

**PRESENT PARTICIPLE**     wehrend

## Usage

| | |
|---|---|
| Wir müssen dieser Gefahr wehren. | *We must confront this danger aggressively.* |
| Willst du's ihm wehren? (NIETZSCHE) | *Do you intend to prevent him from doing that?* |

### sich wehren   *to defend oneself, put up a fight, resist, fight*

| | |
|---|---|
| Der Manager wehrt sich gegen die Vorwürfe der Steuerhinterziehung. | *The manager is defending himself against charges of tax evasion.* |
| Die Progressiven wehren sich gegen die Angriffe der Rechtsradikalen. | *The progressives are countering the attacks of the right-wing radicals.* |
| Der Junge hat sich mit einem Stock gewehrt. | *The boy defended himself with a stick.* |
| Die Gefangenen versuchten sich gegen Misshandlung zu wehren. | *The prisoners tried to defend themselves against mistreatment.* |
| Wehrt euch! | *Defend yourselves!* |
| Man fragt immer, warum ich mich nicht gewehrt hätte. | *People always ask why I didn't put up a fight.* |

**RELATED VERBS**  ab·wehren, bewehren, erwehren, verwehren

strong verb

weicht · wich · gewichen

**PRESENT**

| | |
|---|---|
| ich weiche | wir weichen |
| du weichst | ihr weicht |
| Sie weichen | Sie weichen |
| er/sie/es weicht | sie weichen |

**SIMPLE PAST**

| | |
|---|---|
| ich wich | wir wichen |
| du wichst | ihr wicht |
| Sie wichen | Sie wichen |
| er/sie/es wich | sie wichen |

**FUTURE**

| | | |
|---|---|---|
| ich werde | wir werden | |
| du wirst | ihr werdet | weichen |
| Sie werden | Sie werden | |
| er/sie/es wird | sie werden | |

**PRESENT SUBJUNCTIVE I**

| | |
|---|---|
| ich weiche | wir weichen |
| du weichest | ihr weichet |
| Sie weichen | Sie weichen |
| er/sie/es weiche | sie weichen |

**PRESENT SUBJUNCTIVE II**

| | |
|---|---|
| ich wiche | wir wichen |
| du wichest | ihr wichet |
| Sie wichen | Sie wichen |
| er/sie/es wiche | sie wichen |

**FUTURE SUBJUNCTIVE I**

| | | |
|---|---|---|
| ich werde | wir werden | |
| du werdest | ihr werdet | weichen |
| Sie werden | Sie werden | |
| er/sie/es werde | sie werden | |

**FUTURE SUBJUNCTIVE II**

| | | |
|---|---|---|
| ich würde | wir würden | |
| du würdest | ihr würdet | weichen |
| Sie würden | Sie würden | |
| er/sie/es würde | sie würden | |

**PRESENT PERFECT**

| | | |
|---|---|---|
| ich bin | wir sind | |
| du bist | ihr seid | gewichen |
| Sie sind | Sie sind | |
| er/sie/es ist | sie sind | |

**PAST PERFECT**

| | | |
|---|---|---|
| ich war | wir waren | |
| du warst | ihr wart | gewichen |
| Sie waren | Sie waren | |
| er/sie/es war | sie waren | |

**FUTURE PERFECT**

| | | |
|---|---|---|
| ich werde | wir werden | |
| du wirst | ihr werdet | gewichen sein |
| Sie werden | Sie werden | |
| er/sie/es wird | sie werden | |

**PAST SUBJUNCTIVE I**

| | | |
|---|---|---|
| ich sei | wir seien | |
| du seiest | ihr seiet | gewichen |
| Sie seien | Sie seien | |
| er/sie/es sei | sie seien | |

**PAST SUBJUNCTIVE II**

| | | |
|---|---|---|
| ich wäre | wir wären | |
| du wärest | ihr wäret | gewichen |
| Sie wären | Sie wären | |
| er/sie/es wäre | sie wären | |

**FUTURE PERFECT SUBJUNCTIVE I**

| | | |
|---|---|---|
| ich werde | wir werden | |
| du werdest | ihr werdet | gewichen sein |
| Sie werden | Sie werden | |
| er/sie/es werde | sie werden | |

**FUTURE PERFECT SUBJUNCTIVE II**

| | | |
|---|---|---|
| ich würde | wir würden | |
| du würdest | ihr würdet | gewichen sein |
| Sie würden | Sie würden | |
| er/sie/es würde | sie würden | |

**COMMANDS** weich(e)! weicht! weichen Sie!

**PRESENT PARTICIPLE** weichend

**NOTE** When **weichen** means "to soften," it is regular weak: **weichte, hat geweicht**.

## Usage

| | |
|---|---|
| Lene wich nicht von der Stelle. | *Lene didn't budge an inch.* |
| Der gesunde Menschenverstand weicht einem paranoiden Wahnsinn. | *Good sense is giving way to paranoid mania.* |
| Wir werden ihnen nicht weichen. | *We will not give in to them.* |
| Der Hund war den ganzen Tag nicht von seiner Seite gewichen. | *The dog hadn't left his side the whole day.* |
| Seine Kraft ist von ihm gewichen. | *His strength has deserted him.* |
| Das kleinere Heer ist den kaiserlichen Truppen gewichen. | *The smaller army retreated before the imperial troops.* |
| Das Hochwasser war gewichen und wir kehrten heim. | *The floodwaters had receded and we returned home.* |
| Der Traum wich der kahlen Realität, in der wir uns befanden. | *The dream gave way to the stark reality in which we found ourselves.* |

**RELATED VERBS** ab·weichen, aus·weichen, entweichen, zurück·weichen

## weinen   *to cry, weep*

weint · weinte · geweint

*regular weak verb*

### PRESENT

| | |
|---|---|
| ich weine | wir weinen |
| du weinst | ihr weint |
| Sie weinen | Sie weinen |
| er/sie/es weint | sie weinen |

### SIMPLE PAST

| | |
|---|---|
| ich weinte | wir weinten |
| du weintest | ihr weintet |
| Sie weinten | Sie weinten |
| er/sie/es weinte | sie weinten |

### FUTURE

| | | |
|---|---|---|
| ich werde | wir werden | |
| du wirst | ihr werdet | weinen |
| Sie werden | Sie werden | |
| er/sie/es wird | sie werden | |

### PRESENT SUBJUNCTIVE I

| | |
|---|---|
| ich weine | wir weinen |
| du weinest | ihr weinet |
| Sie weinen | Sie weinen |
| er/sie/es weine | sie weinen |

### PRESENT SUBJUNCTIVE II

| | |
|---|---|
| ich weinte | wir weinten |
| du weintest | ihr weintet |
| Sie weinten | Sie weinten |
| er/sie/es weinte | sie weinten |

### FUTURE SUBJUNCTIVE I

| | | |
|---|---|---|
| ich werde | wir werden | |
| du werdest | ihr werdet | weinen |
| Sie werden | Sie werden | |
| er/sie/es werde | sie werden | |

### FUTURE SUBJUNCTIVE II

| | | |
|---|---|---|
| ich würde | wir würden | |
| du würdest | ihr würdet | weinen |
| Sie würden | Sie würden | |
| er/sie/es würde | sie würden | |

### PRESENT PERFECT

| | | |
|---|---|---|
| ich habe | wir haben | |
| du hast | ihr habt | geweint |
| Sie haben | Sie haben | |
| er/sie/es hat | sie haben | |

### PAST PERFECT

| | | |
|---|---|---|
| ich hatte | wir hatten | |
| du hattest | ihr hattet | geweint |
| Sie hatten | Sie hatten | |
| er/sie/es hatte | sie hatten | |

### FUTURE PERFECT

| | | |
|---|---|---|
| ich werde | wir werden | |
| du wirst | ihr werdet | geweint haben |
| Sie werden | Sie werden | |
| er/sie/es wird | sie werden | |

### PAST SUBJUNCTIVE I

| | | |
|---|---|---|
| ich habe | wir haben | |
| du habest | ihr habet | geweint |
| Sie haben | Sie haben | |
| er/sie/es habe | sie haben | |

### PAST SUBJUNCTIVE II

| | | |
|---|---|---|
| ich hätte | wir hätten | |
| du hättest | ihr hättet | geweint |
| Sie hätten | Sie hätten | |
| er/sie/es hätte | sie hätten | |

### FUTURE PERFECT SUBJUNCTIVE I

| | | |
|---|---|---|
| ich werde | wir werden | |
| du werdest | ihr werdet | geweint haben |
| Sie werden | Sie werden | |
| er/sie/es werde | sie werden | |

### FUTURE PERFECT SUBJUNCTIVE II

| | | |
|---|---|---|
| ich würde | wir würden | |
| du würdest | ihr würdet | geweint haben |
| Sie würden | Sie würden | |
| er/sie/es würde | sie würden | |

COMMANDS    wein(e)!   weint!   weinen Sie!

PRESENT PARTICIPLE    weinend

## Usage

| | |
|---|---|
| Das Baby weint nach seinem Vater. | *The baby is crying for its father.* |
| Yvonne hat die ganze Zeit geweint. | *Yvonne cried the entire time.* |
| Mutti, warum weint die Omi? | *Mommy, why is Grammy crying?* |
| Können Tiere weinen? | *Can animals cry?* |
| Sara weint, wenn sie an Lars denkt. | *Sara cries when she thinks of Lars.* |
| Ich möchte nicht mehr weinen. | *I don't want to cry anymore.* |
| Grete weinte um ihren verstorbenen Bruder. | *Grete shed tears over her deceased brother.* |
| Es wurde geweint und gelacht. | *There was crying and laughing.* |
| Es war das erste Mal, dass Kurt ungehemmt geweint hatte. | *It was the first time Kurt had cried without inhibition.* |
| Das Kind war sensibel und weinte häufig. | *The child was sensitive and cried frequently.* |
| Maria hat vor Freude über das Arbeitsangebot geweint. | *Maria wept for joy over the job offer.* |
| Barbara weinte bitterlich und fühlte sich allein. | *Barbara wept bitterly and felt alone.* |
| Nach dem Streit weinte sich Laura in den Schlaf. | *After the argument, Laura cried herself to sleep.* |

RELATED VERBS   auf·weinen, aus·weinen, beweinen

strong verb

**PRESENT**

| | |
|---|---|
| ich weise | wir weisen |
| du weist | ihr weist |
| Sie weisen | Sie weisen |
| er/sie/es weist | sie weisen |

**SIMPLE PAST**

| | |
|---|---|
| ich wies | wir wiesen |
| du wiesest | ihr wiest |
| Sie wiesen | Sie wiesen |
| er/sie/es wies | sie wiesen |

**FUTURE**

| | | |
|---|---|---|
| ich werde | wir werden | |
| du wirst | ihr werdet | |
| Sie werden | Sie werden | weisen |
| er/sie/es wird | sie werden | |

**PRESENT SUBJUNCTIVE I**

| | |
|---|---|
| ich weise | wir weisen |
| du weisest | ihr weiset |
| Sie weisen | Sie weisen |
| er/sie/es weise | sie weisen |

**PRESENT SUBJUNCTIVE II**

| | |
|---|---|
| ich wiese | wir wiesen |
| du wiesest | ihr wieset |
| Sie wiesen | Sie wiesen |
| er/sie/es wiese | sie wiesen |

**FUTURE SUBJUNCTIVE I**

| | | |
|---|---|---|
| ich werde | wir werden | |
| du werdest | ihr werdet | |
| Sie werden | Sie werden | weisen |
| er/sie/es werde | sie werden | |

**FUTURE SUBJUNCTIVE II**

| | | |
|---|---|---|
| ich würde | wir würden | |
| du würdest | ihr würdet | |
| Sie würden | Sie würden | weisen |
| er/sie/es würde | sie würden | |

**PRESENT PERFECT**

| | | |
|---|---|---|
| ich habe | wir haben | |
| du hast | ihr habt | |
| Sie haben | Sie haben | gewiesen |
| er/sie/es hat | sie haben | |

**PAST PERFECT**

| | | |
|---|---|---|
| ich hatte | wir hatten | |
| du hattest | ihr hattet | |
| Sie hatten | Sie hatten | gewiesen |
| er/sie/es hatte | sie hatten | |

**FUTURE PERFECT**

| | | |
|---|---|---|
| ich werde | wir werden | |
| du wirst | ihr werdet | |
| Sie werden | Sie werden | gewiesen haben |
| er/sie/es wird | sie werden | |

**PAST SUBJUNCTIVE I**

| | | |
|---|---|---|
| ich habe | wir haben | |
| du habest | ihr habet | |
| Sie haben | Sie haben | gewiesen |
| er/sie/es habe | sie haben | |

**PAST SUBJUNCTIVE II**

| | | |
|---|---|---|
| ich hätte | wir hätten | |
| du hättest | ihr hättet | |
| Sie hätten | Sie hätten | gewiesen |
| er/sie/es hätte | sie hätten | |

**FUTURE PERFECT SUBJUNCTIVE I**

| | | |
|---|---|---|
| ich werde | wir werden | |
| du werdest | ihr werdet | |
| Sie werden | Sie werden | gewiesen haben |
| er/sie/es werde | sie werden | |

**FUTURE PERFECT SUBJUNCTIVE II**

| | | |
|---|---|---|
| ich würde | wir würden | |
| du würdest | ihr würdet | |
| Sie würden | Sie würden | gewiesen haben |
| er/sie/es würde | sie würden | |

**COMMANDS** weis(e)! weist! weisen Sie!

**PRESENT PARTICIPLE** weisend

## Usage

| | |
|---|---|
| Lara stand auf und wies dem Mann die Tür. | *Lara stood up and showed the man the door.* |
| Sabines Aufsatz weist auf ein schwerwiegendes Problem im familiären Bereich. | *Sabine's essay refers to a serious problem within the family.* |
| Ein Kompass weist den Weg. | *A compass points the way.* |
| Der Mitarbeiter wurde aus dem Zimmer gewiesen. | *The employee was sent from the room.* |
| Papa hat den Hund aus dem Haus gewiesen. | *Papa sent the dog out of the house.* |
| Wir wurden über die Grenze gewiesen. | *We were sent across the border.* |
| Viele wurden aus ihrer Heimat gewiesen. | *Many people were expelled from their homeland.* |
| Hat die Lehrerin euch von der Schule gewiesen? | *Did the teacher expel you from school?* |
| Der ehemalige Präsident hat den Vorwurf von sich gewiesen. | *The former president rejected the accusation.* |
| Dreimal wiesest du den Fürsten von dir. (SCHILLER) | *Three times you rejected the prince.* |

**RELATED VERBS** ab·weisen, an·weisen, auf·weisen, aus·weisen, ein·weisen, erweisen, hin·weisen, nach·weisen, unterweisen, verweisen, vor·weisen, zurecht·weisen, zurück·verweisen, zurück·weisen, zu·weisen; *see also* **beweisen** (101), **überweisen** (464)

# wenden *to turn; spend*

**wendet · wandte/wendete · gewandt/gewendet**　　　mixed verb or regular weak verb

**PRESENT**

| | |
|---|---|
| ich wende | wir wenden |
| du wendest | ihr wendet |
| Sie wenden | Sie wenden |
| er/sie/es wendet | sie wenden |

**PRESENT PERFECT**

| | | |
|---|---|---|
| ich habe | wir haben | |
| du hast | ihr habt | gewandt/gewendet |
| Sie haben | Sie haben | |
| er/sie/es hat | sie haben | |

**SIMPLE PAST**

| | |
|---|---|
| ich wandte/wendete | wir wandten/wendeten |
| du wandtest/wendetest | ihr wandtet/wendetet |
| Sie wandten/wendeten | Sie wandten/wendeten |
| er/sie/es wandte/wendete | sie wandten/wendeten |

**PAST PERFECT**

| | | |
|---|---|---|
| ich hatte | wir hatten | |
| du hattest | ihr hattet | gewandt/gewendet |
| Sie hatten | Sie hatten | |
| er/sie/es hatte | sie hatten | |

**FUTURE**

| | | |
|---|---|---|
| ich werde | wir werden | |
| du wirst | ihr werdet | wenden |
| Sie werden | Sie werden | |
| er/sie/es wird | sie werden | |

**FUTURE PERFECT**

| | | |
|---|---|---|
| ich werde | wir werden | gewandt haben |
| du wirst | ihr werdet | OR |
| Sie werden | Sie werden | gewendet haben |
| er/sie/es wird | sie werden | |

**PRESENT SUBJUNCTIVE I**

| | |
|---|---|
| ich wende | wir wenden |
| du wendest | ihr wendet |
| Sie wenden | Sie wenden |
| er/sie/es wende | sie wenden |

**PAST SUBJUNCTIVE I**

| | | |
|---|---|---|
| ich habe | wir haben | |
| du habest | ihr habet | gewandt/gewendet |
| Sie haben | Sie haben | |
| er/sie/es habe | sie haben | |

**PRESENT SUBJUNCTIVE II**

| | |
|---|---|
| ich wendete | wir wendeten |
| du wendetest | ihr wendetet |
| Sie wendeten | Sie wendeten |
| er/sie/es wendete | sie wendeten |

**PAST SUBJUNCTIVE II**

| | | |
|---|---|---|
| ich hätte | wir hätten | |
| du hättest | ihr hättet | gewandt/gewendet |
| Sie hätten | Sie hätten | |
| er/sie/es hätte | sie hätten | |

**FUTURE SUBJUNCTIVE I**

| | | |
|---|---|---|
| ich werde | wir werden | |
| du werdest | ihr werdet | wenden |
| Sie werden | Sie werden | |
| er/sie/es werde | sie werden | |

**FUTURE PERFECT SUBJUNCTIVE I**

| | | |
|---|---|---|
| ich werde | wir werden | gewandt haben |
| du werdest | ihr werdet | OR |
| Sie werden | Sie werden | gewendet haben |
| er/sie/es werde | sie werden | |

**FUTURE SUBJUNCTIVE II**

| | | |
|---|---|---|
| ich würde | wir würden | |
| du würdest | ihr würdet | wenden |
| Sie würden | Sie würden | |
| er/sie/es würde | sie würden | |

**FUTURE PERFECT SUBJUNCTIVE II**

| | | |
|---|---|---|
| ich würde | wir würden | gewandt haben |
| du würdest | ihr würdet | OR |
| Sie würden | Sie würden | gewendet haben |
| er/sie/es würde | sie würden | |

**COMMANDS**　　　wende! wendet! wenden Sie!

**PRESENT PARTICIPLE**　　　wendend

## Usage

| | |
|---|---|
| Klara wandte den Kopf und sah mich an. | *Klara turned her head and looked at me.* |
| Jörgs Tor hat das Spiel gewendet. | *Jörg's goal turned the game around.* |
| Hier darf nicht gewendet werden. | *It is not permissible to make a U-turn here.* |
| Den Pfannkuchen nach 2–3 Minuten wenden. (RECIPE) | *Turn the pancake after 2–3 minutes.* |
| Ralf wendet viel Zeit an seiner Dissertation. | *Ralf is spending a lot of time on his dissertation.* |

### sich wenden *to turn; be intended*

| | |
|---|---|
| Die Situation hat sich zum Schlechten gewendet. | *The situation has taken a turn for the worse.* |
| Amalies Glück hat sich endlich gewendet. | *Amalie's luck has finally turned around.* |
| Die Fernsehsendung wendet sich an Erwachsene. | *The television broadcast is intended for adults.* |

### sich wenden an jemanden *to turn to someone, see someone*

| | |
|---|---|
| Gertrud hat sich an einen Psychiater gewandt. | *Gertrud has begun seeing a psychiatrist.* |
| Wenden Sie sich bitte an Herrn Nägeli. | *Please see Mr. Nägeli.* |

**RELATED VERBS** ab·wenden, an·wenden, auf·wenden, ein·wenden, entwenden, zu·wenden; *see also* **verwenden** (505)

**PRESENT**

| ich werbe | wir werben |
|---|---|
| du wirbst | ihr werbt |
| Sie werben | Sie werben |
| er/sie/es wirbt | sie werben |

**SIMPLE PAST**

| ich warb | wir warben |
|---|---|
| du warbst | ihr warbt |
| Sie warben | Sie warben |
| er/sie/es warb | sie warben |

**FUTURE**

| ich werde | wir werden | |
|---|---|---|
| du wirst | ihr werdet | |
| Sie werden | Sie werden | werben |
| er/sie/es wird | sie werden | |

**PRESENT SUBJUNCTIVE I**

| ich werbe | wir werben |
|---|---|
| du werbest | ihr werbet |
| Sie werben | Sie werben |
| er/sie/es werbe | sie werben |

**PRESENT SUBJUNCTIVE II**

| ich würbe | wir würben |
|---|---|
| du würbest | ihr würbet |
| Sie würben | Sie würben |
| er/sie/es würbe | sie würben |

**FUTURE SUBJUNCTIVE I**

| ich werde | wir werden | |
|---|---|---|
| du werdest | ihr werdet | |
| Sie werden | Sie werden | werben |
| er/sie/es werde | sie werden | |

**FUTURE SUBJUNCTIVE II**

| ich würde | wir würden | |
|---|---|---|
| du würdest | ihr würdet | |
| Sie würden | Sie würden | werben |
| er/sie/es würde | sie würden | |

**COMMANDS**   wirb!   werbt!   werben Sie!

**PRESENT PARTICIPLE**   werbend

**PRESENT PERFECT**

| ich habe | wir haben | |
|---|---|---|
| du hast | ihr habt | |
| Sie haben | Sie haben | geworben |
| er/sie/es hat | sie haben | |

**PAST PERFECT**

| ich hatte | wir hatten | |
|---|---|---|
| du hattest | ihr hattet | |
| Sie hatten | Sie hatten | geworben |
| er/sie/es hatte | sie hatten | |

**FUTURE PERFECT**

| ich werde | wir werden | |
|---|---|---|
| du wirst | ihr werdet | |
| Sie werden | Sie werden | geworben haben |
| er/sie/es wird | sie werden | |

**PAST SUBJUNCTIVE I**

| ich habe | wir haben | |
|---|---|---|
| du habest | ihr habet | |
| Sie haben | Sie haben | geworben |
| er/sie/es habe | sie haben | |

**PAST SUBJUNCTIVE II**

| ich hätte | wir hätten | |
|---|---|---|
| du hättest | ihr hättet | |
| Sie hätten | Sie hätten | geworben |
| er/sie/es hätte | sie hätten | |

**FUTURE PERFECT SUBJUNCTIVE I**

| ich werde | wir werden | |
|---|---|---|
| du werdest | ihr werdet | |
| Sie werden | Sie werden | geworben haben |
| er/sie/es werde | sie werden | |

**FUTURE PERFECT SUBJUNCTIVE II**

| ich würde | wir würden | |
|---|---|---|
| du würdest | ihr würdet | |
| Sie würden | Sie würden | geworben haben |
| er/sie/es würde | sie würden | |

## Usage

| | |
|---|---|
| Die Firma wirbt in Regionalzeitungen. | *The firm advertises in regional newspapers.* |
| Auf dieser Webseite wird dafür geworben. | *This Web page publicizes that.* |
| Die Regierung will um Arbeitskräfte aus anderen Ländern werben. | *The government wants to woo workers from other countries.* |
| Er warb um des Königs Tochter. (HEINE) | *He courted the king's daughter.* |
| Wir wollen mehr Kunden werben. | *We want to attract more customers.* |
| Umweltfreunde werben für umweltfreundlichere Autos. | *Environmentalists are pushing for more environmentally friendly cars.* |
| Politiker werben für eine Erhöhung der Studiengebühren. | *Politicians are pushing for an increase in student tuition.* |
| Manfred wirbt für die Sozialisten. | *Manfred is canvassing for the socialists.* |
| Der Verein hat viele neue Mitglieder geworben. | *The association has enlisted many new members.* |

**RELATED VERBS**   ab·werben, an·werben, erwerben, umwerben; *see also* **bewerben** (102)

## MORE USAGE SENTENCES WITH werden

| | |
|---|---|
| Lars wurde böse. | *Lars got angry.* |
| Marga wurde immer dicker. | *Marga grew fatter and fatter.* |
| Dana ist in den letzten paar Jahren anders geworden. | *Dana has changed over the last few years.* |
| Wenn man alt wird, kann man Vieles nicht mehr machen. | *When one grows old, there are many things one can't do anymore.* |
| Im Sommer wird es in Norwegen schon um drei Uhr morgens hell. | *In the summer in Norway, it gets light already at three in the morning.* |
| Aus Trauer wurde Freude. | *Sadness turned to joy.* |
| Das Eis wird zu Wasser. | *The ice is melting.* |
| Die Arbeit wurde ihm zum Spiel. | *The work became a game for him.* |
| Mir wird schwindelig. | *I'm getting dizzy.* |
| Zahlung wird am 20. fällig. | *Payment comes due on the twentieth.* |
| Dem kleinen Hund wurde bange. | *The little dog became afraid.* |
| Papa ist krank geworden und muss zu Hause bleiben. | *Daddy has gotten sick and has to stay home.* |
| Was soll aus ihm werden, wenn seine Stelle gestrichen wird? | *What will become of him if his position is cut?* |
| Das wird schon werden. | *That will turn out okay.* |
| Nach einer Woche wurde Ernst wieder gesund. | *After one week, Ernst got well again.* |
| Hans ist seiner Schwäche nicht gewahr geworden. | *Hans hasn't become aware of his weakness.* |
| Weil sie aber so große Zähne hatte, ward ihm angst, und es wollte fortlaufen. (GRIMM) (*archaic form*) | *But because it had such big teeth, she became afraid and wanted to run away.* |
| Maximilian ist durch eine Pfütze gelaufen und schon wieder nass geworden. | *Maximilian has run through a puddle and gotten wet again.* |
| Es wurde Licht. (1. MOSE 1,3) | *There was light. / Light came into existence.* (GENESIS 1:3) |

## IDIOMATIC EXPRESSIONS

| | |
|---|---|
| Axel schrie Ingrid ein Mal zu viel an und sie wurde wütend. | *Axel screamed at Ingrid one too many times and she lost her temper.* |
| Aus Sepp wird nichts. | *Sepp won't amount to anything. / Sepp will come to no good.* |
| Aus nichts wird nichts. | *Nothing comes from nothing. / De nihilo nihil.* |
| Aus seinen Plänen wird nichts. | *Nothing will come of his plans.* |
| Ach, meine Träume werden jetzt wahr! | *Oh, my dreams are now coming true!* |
| Das Kind ist immer noch nicht satt geworden. | *The child still hasn't eaten his fill.* |
| Es wird Zeit, etwas dagegen zu tun. | *Now's the time to do something about that. / It's about time to do something about that.* |
| Ich werde verrückt! | *I'm going crazy!* |
| Ich wurde um 4.30 Uhr wach und konnte nicht mehr schlafen. | *I awoke at 4:30 and couldn't sleep anymore.* |
| Wird's bald? | *Will you hurry up? / Is it finished yet?* |
| Wir wurden uns einig, dass die Sitzung am Mittwoch stattfindet. | *We agreed that the session will take place on Wednesday.* |
| Ich werde bald Onkel. | *I'm going to be an uncle soon.* |
| Als es Tag wurde, musste der Vampir wieder in den Sarg. | *As day broke, the vampire had to return to the coffin.* |
| Gregor wurde im Alter von 55 blind. | *Gregor went blind at the age of 55.* |
| Ich bin in Sarajewo mit ihm bekannt geworden. | *I made his acquaintance in Sarajevo.* |
| Was ist aus Craig geworden? | *Whatever became of Craig? / What's Craig doing these days?* |

TOP 50 VERBS

irregular verb (future auxiliary) (passive auxiliary)  **wird · wurde · geworden**

| PRESENT | | PRESENT PERFECT | | |
|---|---|---|---|---|
| ich werde | wir werden | ich bin | wir sind | |
| du wirst | ihr werdet | du bist | ihr seid | } geworden |
| Sie werden | Sie werden | Sie sind | Sie sind | |
| er/sie/es wird | sie werden | er/sie/es ist | sie sind | |

| SIMPLE PAST | | PAST PERFECT | | |
|---|---|---|---|---|
| ich wurde | wir wurden | ich war | wir waren | |
| du wurdest | ihr wurdet | du warst | ihr wart | } geworden |
| Sie wurden | Sie wurden | Sie waren | Sie waren | |
| er/sie/es wurde | sie wurden | er/sie/es war | sie waren | |

| FUTURE | | | FUTURE PERFECT | | |
|---|---|---|---|---|---|
| ich werde | wir werden | | ich werde | wir werden | |
| du wirst | ihr werdet | } werden | du wirst | ihr werdet | } geworden sein |
| Sie werden | Sie werden | | Sie werden | Sie werden | |
| er/sie/es wird | sie werden | | er/sie/es wird | sie werden | |

| PRESENT SUBJUNCTIVE I | | PAST SUBJUNCTIVE I | | |
|---|---|---|---|---|
| ich werde | wir werden | ich sei | wir seien | |
| du werdest | ihr werdet | du seiest | ihr seiet | } geworden |
| Sie werden | Sie werden | Sie seien | Sie seien | |
| er/sie/es werde | sie werden | er/sie/es sei | sie seien | |

| PRESENT SUBJUNCTIVE II | | PAST SUBJUNCTIVE II | | |
|---|---|---|---|---|
| ich würde | wir würden | ich wäre | wir wären | |
| du würdest | ihr würdet | du wärest | ihr wäret | } geworden |
| Sie würden | Sie würden | Sie wären | Sie wären | |
| er/sie/es würde | sie würden | er/sie/es wäre | sie wären | |

| FUTURE SUBJUNCTIVE I | | | FUTURE PERFECT SUBJUNCTIVE I | | |
|---|---|---|---|---|---|
| ich werde | wir werden | | ich werde | wir werden | |
| du werdest | ihr werdet | } werden | du werdest | ihr werdet | } geworden sein |
| Sie werden | Sie werden | | Sie werden | Sie werden | |
| er/sie/es werde | sie werden | | er/sie/es werde | sie werden | |

| FUTURE SUBJUNCTIVE II | | | FUTURE PERFECT SUBJUNCTIVE II | | |
|---|---|---|---|---|---|
| ich würde | wir würden | | ich würde | wir würden | |
| du würdest | ihr würdet | } werden | du würdest | ihr würdet | } geworden sein |
| Sie würden | Sie würden | | Sie würden | Sie würden | |
| er/sie/es würde | sie würden | | er/sie/es würde | sie würden | |

| COMMANDS | werde!  werdet!  werden Sie! |
|---|---|
| PRESENT PARTICIPLE | werdend |

NOTE The past participle of the passive auxiliary is **worden**.

## Usage

| Mir wird schlecht. | *I'm getting sick.* |
|---|---|
| Ich bin letzte Woche einundzwanzig geworden. | *I turned 21 last week.* |
| Paul wird Architekt. | *Paul is becoming an architect.* |
| Er wollte nicht hysterisch werden. | *He didn't want to become hysterical.* |
| Was wurde eigentlich aus Klaus? | *Whatever became of Klaus?* |
| Im Laufe der Jahre wurde der Schriftsteller überall bekannt. | *Over the course of years, the writer became famous everywhere.* |
| Es wurde uns klar, dass er nicht ernst war. | *It became clear to us that he wasn't serious.* |
| Was möchtest du werden? | *What do you want to be/become?* |
| Gregor wurde ein Käfer. | *Gregor turned into a bug.* |
| Es wurde Tag für Tag kälter. | *It was getting colder day by day.* |

RELATED VERBS  inne·werden, irre·werden, kund·werden, los·werden

## werfen *to throw, fling, cast, pitch, drop*

wirft · warf · geworfen

strong verb

**PRESENT**

| ich werfe | wir werfen |
|---|---|
| du wirfst | ihr werft |
| Sie werfen | Sie werfen |
| er/sie/es wirft | sie werfen |

**SIMPLE PAST**

| ich warf | wir warfen |
|---|---|
| du warfst | ihr warft |
| Sie warfen | Sie warfen |
| er/sie/es warf | sie warfen |

**FUTURE**

| ich werde | wir werden |
|---|---|
| du wirst | ihr werdet |
| Sie werden | Sie werden |
| er/sie/es wird | sie werden |

werfen

**PRESENT SUBJUNCTIVE I**

| ich werfe | wir werfen |
|---|---|
| du werfest | ihr werfet |
| Sie werfen | Sie werfen |
| er/sie/es werfe | sie werfen |

**PRESENT SUBJUNCTIVE II**

| ich würfe | wir würfen |
|---|---|
| du würfest | ihr würfet |
| Sie würfen | Sie würfen |
| er/sie/es würfe | sie würfen |

**FUTURE SUBJUNCTIVE I**

| ich werde | wir werden |
|---|---|
| du werdest | ihr werdet |
| Sie werden | Sie werden |
| er/sie/es werde | sie werden |

werfen

**FUTURE SUBJUNCTIVE II**

| ich würde | wir würden |
|---|---|
| du würdest | ihr würdet |
| Sie würden | Sie würden |
| er/sie/es würde | sie würden |

werfen

**PRESENT PERFECT**

| ich habe | wir haben |
|---|---|
| du hast | ihr habt |
| Sie haben | Sie haben |
| er/sie/es hat | sie haben |

geworfen

**PAST PERFECT**

| ich hatte | wir hatten |
|---|---|
| du hattest | ihr hattet |
| Sie hatten | Sie hatten |
| er/sie/es hatte | sie hatten |

geworfen

**FUTURE PERFECT**

| ich werde | wir werden |
|---|---|
| du wirst | ihr werdet |
| Sie werden | Sie werden |
| er/sie/es wird | sie werden |

geworfen haben

**PAST SUBJUNCTIVE I**

| ich habe | wir haben |
|---|---|
| du habest | ihr habet |
| Sie haben | Sie haben |
| er/sie/es habe | sie haben |

geworfen

**PAST SUBJUNCTIVE II**

| ich hätte | wir hätten |
|---|---|
| du hättest | ihr hättet |
| Sie hätten | Sie hätten |
| er/sie/es hätte | sie hätten |

geworfen

**FUTURE PERFECT SUBJUNCTIVE I**

| ich werde | wir werden |
|---|---|
| du werdest | ihr werdet |
| Sie werden | Sie werden |
| er/sie/es werde | sie werden |

geworfen haben

**FUTURE PERFECT SUBJUNCTIVE II**

| ich würde | wir würden |
|---|---|
| du würdest | ihr würdet |
| Sie würden | Sie würden |
| er/sie/es würde | sie würden |

geworfen haben

**COMMANDS**     wirf!   werft!   werfen Sie!

**PRESENT PARTICIPLE**     werfend

## Usage

| Wirf mir den Ball! | *Throw me the ball!* |
|---|---|
| Beim Unfall wurde Jens aus dem Auto geworfen. | *In the accident, Jens was thrown from the car.* |
| Das Kind warf die Schüssel auf den Boden. | *The child flung the bowl onto the floor.* |
| Die Bäume warfen lange Schatten in der Abendsonne. | *The trees cast long shadows in the evening sun.* |
| Beim Ringen wirft man seinen Gegner so schnell wie möglich. | *In wrestling, you throw your opponent as quickly as possible.* |
| Ingrid warf einen Blick ins Wohnzimmer. | *Ingrid cast a glance into the living room.* |
| Die Amerikaner haben zwei Atombomben auf Japan geworfen. | *The Americans dropped two atom bombs on Japan.* |

### sich werfen *to warp*

| Grünes Holz wirft sich leicht. | *Green wood warps easily.* |
|---|---|

**RELATED VERBS**    ab·werfen, auf·werfen, aus·werfen, bewerfen, ein·werfen, entwerfen, nieder·werfen, überwerfen, über·werfen, um·werfen, unterwerfen, verwerfen, vor·werfen, weg·werfen, zurück·werfen, zusammen·werfen

**PRESENT**

| | |
|---|---|
| ich widerspreche | wir widersprechen |
| du widersprichst | ihr widersprecht |
| Sie widersprechen | Sie widersprechen |
| er/sie/es widerspricht | sie widersprechen |

**SIMPLE PAST**

| | |
|---|---|
| ich widersprach | wir widersprachen |
| du widersprachst | ihr widerspracht |
| Sie widersprachen | Sie widersprachen |
| er/sie/es widersprach | sie widersprachen |

**FUTURE**

| | | |
|---|---|---|
| ich werde | wir werden | |
| du wirst | ihr werdet | widersprechen |
| Sie werden | Sie werden | |
| er/sie/es wird | sie werden | |

**PRESENT SUBJUNCTIVE I**

| | |
|---|---|
| ich widerspreche | wir widersprechen |
| du widersprechest | ihr widersprechet |
| Sie widersprechen | Sie widersprechen |
| er/sie/es widerspreche | sie widersprechen |

**PRESENT SUBJUNCTIVE II**

| | |
|---|---|
| ich widerspräche | wir widersprächen |
| du widersprächest | ihr widersprächet |
| Sie widersprächen | Sie widersprächen |
| er/sie/es widerspräche | sie widersprächen |

**FUTURE SUBJUNCTIVE I**

| | | |
|---|---|---|
| ich werde | wir werden | |
| du werdest | ihr werdet | widersprechen |
| Sie werden | Sie werden | |
| er/sie/es werde | sie werden | |

**FUTURE SUBJUNCTIVE II**

| | | |
|---|---|---|
| ich würde | wir würden | |
| du würdest | ihr würdet | widersprechen |
| Sie würden | Sie würden | |
| er/sie/es würde | sie würden | |

**PRESENT PERFECT**

| | | |
|---|---|---|
| ich habe | wir haben | |
| du hast | ihr habt | widersprochen |
| Sie haben | Sie haben | |
| er/sie/es hat | sie haben | |

**PAST PERFECT**

| | | |
|---|---|---|
| ich hatte | wir hatten | |
| du hattest | ihr hattet | widersprochen |
| Sie hatten | Sie hatten | |
| er/sie/es hatte | sie hatten | |

**FUTURE PERFECT**

| | | |
|---|---|---|
| ich werde | wir werden | |
| du wirst | ihr werdet | widersprochen haben |
| Sie werden | Sie werden | |
| er/sie/es wird | sie werden | |

**PAST SUBJUNCTIVE I**

| | | |
|---|---|---|
| ich habe | wir haben | |
| du habest | ihr habet | widersprochen |
| Sie haben | Sie haben | |
| er/sie/es habe | sie haben | |

**PAST SUBJUNCTIVE II**

| | | |
|---|---|---|
| ich hätte | wir hätten | |
| du hättest | ihr hättet | widersprochen |
| Sie hätten | Sie hätten | |
| er/sie/es hätte | sie hätten | |

**FUTURE PERFECT SUBJUNCTIVE I**

| | | |
|---|---|---|
| ich werde | wir werden | |
| du werdest | ihr werdet | widersprochen haben |
| Sie werden | Sie werden | |
| er/sie/es werde | sie werden | |

**FUTURE PERFECT SUBJUNCTIVE II**

| | | |
|---|---|---|
| ich würde | wir würden | |
| du würdest | ihr würdet | widersprochen haben |
| Sie würden | Sie würden | |
| er/sie/es würde | sie würden | |

**COMMANDS**     widersprich!   widersprecht!   widersprechen Sie!

**PRESENT PARTICIPLE**     widersprechend

## Usage

| | |
|---|---|
| Warum widersprichst du mir ständig? | *Why do you constantly contradict me?* |
| Seine Thesen widersprechen einander indirekt. | *His theses are indirectly inconsistent with each other.* |
| Mit ihrer heutigen Antwort hat sich die Pressesprecherin widersprochen. | *With her answer today, the spokeswoman contradicted herself.* |
| Herrn Leitners Bemerkungen widersprechen den offiziellen Aussagen der Regierung. | *Mr. Leitner's comments contradict the government's official statements.* |
| Augenzeugen widersprachen sich in ihren Aussagen. | *Eyewitnesses contradicted each other in their statements.* |
| Ich muss deiner Behauptung widersprechen. | *I must contradict your claim.* |
| Der Politiker widerspricht sich selbst wieder. | *The politician is contradicting himself again.* |
| Das geplante System widerspricht dem Grundgesetz. | *The system being planned is in conflict with the constitution.* |
| „Nein, er war nicht dabei", widersprach Thorsten. | *"No, he wasn't there," countered Thorsten.* |
| Der einfache Bauer wagte es nicht, der Obrigkeit zu widersprechen. | *The simple peasant dared not oppose the ruling authorities.* |

**RELATED VERBS** *see* **sprechen** (415)

### PRESENT

| | |
|---|---|
| ich widme | wir widmen |
| du widmest | ihr widmet |
| Sie widmen | Sie widmen |
| er/sie/es widmet | sie widmen |

### SIMPLE PAST

| | |
|---|---|
| ich widmete | wir widmeten |
| du widmetest | ihr widmetet |
| Sie widmeten | Sie widmeten |
| er/sie/es widmete | sie widmeten |

### FUTURE

| | | |
|---|---|---|
| ich werde | wir werden | |
| du wirst | ihr werdet | widmen |
| Sie werden | Sie werden | |
| er/sie/es wird | sie werden | |

### PRESENT SUBJUNCTIVE I

| | |
|---|---|
| ich widme | wir widmen |
| du widmest | ihr widmet |
| Sie widmen | Sie widmen |
| er/sie/es widme | sie widmen |

### PRESENT SUBJUNCTIVE II

| | |
|---|---|
| ich widmete | wir widmeten |
| du widmetest | ihr widmetet |
| Sie widmeten | Sie widmeten |
| er/sie/es widmete | sie widmeten |

### FUTURE SUBJUNCTIVE I

| | | |
|---|---|---|
| ich werde | wir werden | |
| du werdest | ihr werdet | widmen |
| Sie werden | Sie werden | |
| er/sie/es werde | sie werden | |

### FUTURE SUBJUNCTIVE II

| | | |
|---|---|---|
| ich würde | wir würden | |
| du würdest | ihr würdet | widmen |
| Sie würden | Sie würden | |
| er/sie/es würde | sie würden | |

### PRESENT PERFECT

| | | |
|---|---|---|
| ich habe | wir haben | |
| du hast | ihr habt | gewidmet |
| Sie haben | Sie haben | |
| er/sie/es hat | sie haben | |

### PAST PERFECT

| | | |
|---|---|---|
| ich hatte | wir hatten | |
| du hattest | ihr hattet | gewidmet |
| Sie hatten | Sie hatten | |
| er/sie/es hatte | sie hatten | |

### FUTURE PERFECT

| | | |
|---|---|---|
| ich werde | wir werden | |
| du wirst | ihr werdet | gewidmet haben |
| Sie werden | Sie werden | |
| er/sie/es wird | sie werden | |

### PAST SUBJUNCTIVE I

| | | |
|---|---|---|
| ich habe | wir haben | |
| du habest | ihr habet | gewidmet |
| Sie haben | Sie haben | |
| er/sie/es habe | sie haben | |

### PAST SUBJUNCTIVE II

| | | |
|---|---|---|
| ich hätte | wir hätten | |
| du hättest | ihr hättet | gewidmet |
| Sie hätten | Sie hätten | |
| er/sie/es hätte | sie hätten | |

### FUTURE PERFECT SUBJUNCTIVE I

| | | |
|---|---|---|
| ich werde | wir werden | |
| du werdest | ihr werdet | gewidmet haben |
| Sie werden | Sie werden | |
| er/sie/es werde | sie werden | |

### FUTURE PERFECT SUBJUNCTIVE II

| | | |
|---|---|---|
| ich würde | wir würden | |
| du würdest | ihr würdet | gewidmet haben |
| Sie würden | Sie würden | |
| er/sie/es würde | sie würden | |

COMMANDS    widme!   widmet!   widmen Sie!

PRESENT PARTICIPLE    widmend

## Usage

Die erste Woche des Kurses ist den Grundlagen gewidmet.
*The first week of the course is devoted to the basics.*

Das Geschichtsbuch wurde den im Krieg Gefallenen gewidmet.
*The history book was dedicated to those who died in war.*

Wann werden Sie sich diesem Projekt voll widmen können?
*When will you be able to commit yourself fully to this project?*

Christian hat der Bundeswehr zwei Jahre gewidmet.
*Christian spent two years in the army.*

Ich möchte meinen Eltern das Buch widmen.
*I'd like to dedicate this book to my parents.*

Seine nächste Sonate widmete er Ludwig van Beethoven.
*He dedicated his next sonata to Ludwig van Beethoven.*

Die Heilige Elisabeth hatte ihr Leben den Armen gewidmet.
*St. Elizabeth had devoted her life to the poor.*

Roland widmet ihr jetzt mehr Zeit.
*Roland is spending more time with her now.*

Liesl hat ihrem Mann ihren ersten Roman gewidmet.
*Liesl dedicated her first novel to her husband.*

Widmen Sie dieser Sache Ihre Aufmerksamkeit.
*Give your attention to this matter.*

RELATED VERB   um·widmen

regular weak verb

**wiederholt · wiederholte · wiederholt**

**PRESENT**

| | |
|---|---|
| ich wiederhole | wir wiederholen |
| du wiederholst | ihr wiederholt |
| Sie wiederholen | Sie wiederholen |
| er/sie/es wiederholt | sie wiederholen |

**SIMPLE PAST**

| | |
|---|---|
| ich wiederholte | wir wiederholten |
| du wiederholtest | ihr wiederholtet |
| Sie wiederholten | Sie wiederholten |
| er/sie/es wiederholte | sie wiederholten |

**FUTURE**

| | |
|---|---|
| ich werde | wir werden |
| du wirst | ihr werdet |
| Sie werden | Sie werden |
| er/sie/es wird | sie werden |

} wiederholen

**PRESENT SUBJUNCTIVE I**

| | |
|---|---|
| ich wiederhole | wir wiederholen |
| du wiederholest | ihr wiederholet |
| Sie wiederholen | Sie wiederholen |
| er/sie/es wiederhole | sie wiederholen |

**PRESENT SUBJUNCTIVE II**

| | |
|---|---|
| ich wiederholte | wir wiederholten |
| du wiederholtest | ihr wiederholtet |
| Sie wiederholten | Sie wiederholten |
| er/sie/es wiederholte | sie wiederholten |

**FUTURE SUBJUNCTIVE I**

| | |
|---|---|
| ich werde | wir werden |
| du werdest | ihr werdet |
| Sie werden | Sie werden |
| er/sie/es werde | sie werden |

} wiederholen

**FUTURE SUBJUNCTIVE II**

| | |
|---|---|
| ich würde | wir würden |
| du würdest | ihr würdet |
| Sie würden | Sie würden |
| er/sie/es würde | sie würden |

} wiederholen

**PRESENT PERFECT**

| | |
|---|---|
| ich habe | wir haben |
| du hast | ihr habt |
| Sie haben | Sie haben |
| er/sie/es hat | sie haben |

} wiederholt

**PAST PERFECT**

| | |
|---|---|
| ich hatte | wir hatten |
| du hattest | ihr hattet |
| Sie hatten | Sie hatten |
| er/sie/es hatte | sie hatten |

} wiederholt

**FUTURE PERFECT**

| | |
|---|---|
| ich werde | wir werden |
| du wirst | ihr werdet |
| Sie werden | Sie werden |
| er/sie/es wird | sie werden |

} wiederholt haben

**PAST SUBJUNCTIVE I**

| | |
|---|---|
| ich habe | wir haben |
| du habest | ihr habet |
| Sie haben | Sie haben |
| er/sie/es habe | sie haben |

} wiederholt

**PAST SUBJUNCTIVE II**

| | |
|---|---|
| ich hätte | wir hätten |
| du hättest | ihr hättet |
| Sie hätten | Sie hätten |
| er/sie/es hätte | sie hätten |

} wiederholt

**FUTURE PERFECT SUBJUNCTIVE I**

| | |
|---|---|
| ich werde | wir werden |
| du werdest | ihr werdet |
| Sie werden | Sie werden |
| er/sie/es werde | sie werden |

} wiederholt haben

**FUTURE PERFECT SUBJUNCTIVE II**

| | |
|---|---|
| ich würde | wir würden |
| du würdest | ihr würdet |
| Sie würden | Sie würden |
| er/sie/es würde | sie würden |

} wiederholt haben

**COMMANDS**     wiederhol(e)!   wiederholt!   wiederholen Sie!

**PRESENT PARTICIPLE**     wiederholend

**NOTE** When **wiederholen** means "to retrieve," its prefix is separable: **Der Junge holt den Ball wieder.**

## Usage

| | |
|---|---|
| Letztes Semester habe ich den Kurs wiederholt. | *Last semester, I repeated the course.* |
| Könnten Sie die Frage wiederholen? | *Could you repeat the question?* |
| Ich wiederhole: Der Zug aus Ulm verspätet sich um 30 Minuten. | *I repeat: The train from Ulm is delayed 30 minutes.* |
| Man fragte sie wieder und sie wiederholte ihre Antwort. | *They asked her again, and she gave them the same answer.* |
| Am nächsten Tag wurde die Warnung wiederholt. | *The next day, the warning was reiterated.* |
| Wiederholen wir jetzt den Konjunktiv. | *Let's review the subjunctive now.* |

**sich wiederholen** *to repeat oneself, be repeated, recur*

| | |
|---|---|
| Herr Biedermann wiederholt sich nicht gern. | *Mr. Biedermann doesn't like to repeat himself.* |
| Die Szene wiederholt sich am Ende des Films. | *The scene is repeated at the end of the film.* |
| Das Phänomen wiederholt sich jedes Jahr. | *The phenomenon recurs every year.* |

**RELATED VERBS** *see* **holen** (247)

**PRESENT**

| | |
|---|---|
| ich wiege | wir wiegen |
| du wiegst | ihr wiegt |
| Sie wiegen | Sie wiegen |
| er/sie/es wiegt | sie wiegen |

**SIMPLE PAST**

| | |
|---|---|
| ich wog | wir wogen |
| du wogst | ihr wogt |
| Sie wogen | Sie wogen |
| er/sie/es wog | sie wogen |

**FUTURE**

| | | |
|---|---|---|
| ich werde | wir werden | |
| du wirst | ihr werdet | wiegen |
| Sie werden | Sie werden | |
| er/sie/es wird | sie werden | |

**PRESENT SUBJUNCTIVE I**

| | |
|---|---|
| ich wiege | wir wiegen |
| du wiegest | ihr wieget |
| Sie wiegen | Sie wiegen |
| er/sie/es wiege | sie wiegen |

**PRESENT SUBJUNCTIVE II**

| | |
|---|---|
| ich wöge | wir wögen |
| du wögest | ihr wöget |
| Sie wögen | Sie wögen |
| er/sie/es wöge | sie wögen |

**FUTURE SUBJUNCTIVE I**

| | | |
|---|---|---|
| ich werde | wir werden | |
| du werdest | ihr werdet | wiegen |
| Sie werden | Sie werden | |
| er/sie/es werde | sie werden | |

**FUTURE SUBJUNCTIVE II**

| | | |
|---|---|---|
| ich würde | wir würden | |
| du würdest | ihr würdet | wiegen |
| Sie würden | Sie würden | |
| er/sie/es würde | sie würden | |

**PRESENT PERFECT**

| | | |
|---|---|---|
| ich habe | wir haben | |
| du hast | ihr habt | gewogen |
| Sie haben | Sie haben | |
| er/sie/es hat | sie haben | |

**PAST PERFECT**

| | | |
|---|---|---|
| ich hatte | wir hatten | |
| du hattest | ihr hattet | gewogen |
| Sie hatten | Sie hatten | |
| er/sie/es hatte | sie hatten | |

**FUTURE PERFECT**

| | | |
|---|---|---|
| ich werde | wir werden | |
| du wirst | ihr werdet | gewogen haben |
| Sie werden | Sie werden | |
| er/sie/es wird | sie werden | |

**PAST SUBJUNCTIVE I**

| | | |
|---|---|---|
| ich habe | wir haben | |
| du habest | ihr habet | gewogen |
| Sie haben | Sie haben | |
| er/sie/es habe | sie haben | |

**PAST SUBJUNCTIVE II**

| | | |
|---|---|---|
| ich hätte | wir hätten | |
| du hättest | ihr hättet | gewogen |
| Sie hätten | Sie hätten | |
| er/sie/es hätte | sie hätten | |

**FUTURE PERFECT SUBJUNCTIVE I**

| | | |
|---|---|---|
| ich werde | wir werden | |
| du werdest | ihr werdet | gewogen haben |
| Sie werden | Sie werden | |
| er/sie/es werde | sie werden | |

**FUTURE PERFECT SUBJUNCTIVE II**

| | | |
|---|---|---|
| ich würde | wir würden | |
| du würdest | ihr würdet | gewogen haben |
| Sie würden | Sie würden | |
| er/sie/es würde | sie würden | |

**COMMANDS**     wieg(e)!   wiegt!   wiegen Sie!

**PRESENT PARTICIPLE**     wiegend

## Usage

| | |
|---|---|
| Warum wiegst du die Katze? | *Why are you weighing the cat?* |
| Wie viel wiegen Sie? | *How much do you weigh?* |
| Bis 2001 hat Erich 95 Kilo gewogen. | *Until 2001, Erich weighed 95 kilos.* |
| Frau Escher wiegt sich jeden Morgen. | *Mrs. Escher weighs herself every morning.* |
| Bei der Geburt wog sie nur zwei Kilo. | *At birth, she weighed only two kilos.* |
| Vor seiner Krankheit hat Opa gut 100 Kilo gewogen. | *Before his illness, Grandpa weighed at least 100 kilos.* |
| Der kleine Jakob wiegt jetzt 10 Kilo. | *Little Jakob weighs 10 kilos now.* |
| Die neue Waage wiegt nicht richtig. | *The new scale doesn't weigh accurately.* |
| Auf dem Mond wiegt man nicht so viel wie auf der Erde. | *On the moon, you don't weigh as much as on earth.* |
| Ihre Tasche wiegt mehr als Ihr großer Koffer! | *Your purse weighs more than your big suitcase!* |
| Deine Worte wiegen schwer. | *Your words carry weight.* |
| Die langfristigen Folgen wiegen schwerer als die wirtschaftlichen Vorteile. | *The long-term consequences outweigh the economic benefits.* |

**RELATED VERBS**   ab·wiegen, auf·wiegen, aus·wiegen, nach·wiegen, überwiegen, verwiegen, vor·wiegen

**PRESENT**

| | |
|---|---|
| ich winde | wir winden |
| du windest | ihr windet |
| Sie winden | Sie winden |
| er/sie/es windet | sie winden |

**PRESENT PERFECT**

| | | |
|---|---|---|
| ich habe | wir haben | |
| du hast | ihr habt | gewunden |
| Sie haben | Sie haben | |
| er/sie/es hat | sie haben | |

**SIMPLE PAST**

| | |
|---|---|
| ich wand | wir wanden |
| du wandest | ihr wandet |
| Sie wanden | Sie wanden |
| er/sie/es wand | sie wanden |

**PAST PERFECT**

| | | |
|---|---|---|
| ich hatte | wir hatten | |
| du hattest | ihr hattet | gewunden |
| Sie hatten | Sie hatten | |
| er/sie/es hatte | sie hatten | |

**FUTURE**

| | | |
|---|---|---|
| ich werde | wir werden | |
| du wirst | ihr werdet | winden |
| Sie werden | Sie werden | |
| er/sie/es wird | sie werden | |

**FUTURE PERFECT**

| | | |
|---|---|---|
| ich werde | wir werden | |
| du wirst | ihr werdet | gewunden haben |
| Sie werden | Sie werden | |
| er/sie/es wird | sie werden | |

**PRESENT SUBJUNCTIVE I**

| | |
|---|---|
| ich winde | wir winden |
| du windest | ihr windet |
| Sie winden | Sie winden |
| er/sie/es winde | sie winden |

**PAST SUBJUNCTIVE I**

| | | |
|---|---|---|
| ich habe | wir haben | |
| du habest | ihr habet | gewunden |
| Sie haben | Sie haben | |
| er/sie/es habe | sie haben | |

**PRESENT SUBJUNCTIVE II**

| | |
|---|---|
| ich wände | wir wänden |
| du wändest | ihr wändet |
| Sie wänden | Sie wänden |
| er/sie/es wände | sie wänden |

**PAST SUBJUNCTIVE II**

| | | |
|---|---|---|
| ich hätte | wir hätten | |
| du hättest | ihr hättet | gewunden |
| Sie hätten | Sie hätten | |
| er/sie/es hätte | sie hätten | |

**FUTURE SUBJUNCTIVE I**

| | | |
|---|---|---|
| ich werde | wir werden | |
| du werdest | ihr werdet | winden |
| Sie werden | Sie werden | |
| er/sie/es werde | sie werden | |

**FUTURE PERFECT SUBJUNCTIVE I**

| | | |
|---|---|---|
| ich werde | wir werden | |
| du werdest | ihr werdet | gewunden haben |
| Sie werden | Sie werden | |
| er/sie/es werde | sie werden | |

**FUTURE SUBJUNCTIVE II**

| | | |
|---|---|---|
| ich würde | wir würden | |
| du würdest | ihr würdet | winden |
| Sie würden | Sie würden | |
| er/sie/es würde | sie würden | |

**FUTURE PERFECT SUBJUNCTIVE II**

| | | |
|---|---|---|
| ich würde | wir würden | |
| du würdest | ihr würdet | gewunden haben |
| Sie würden | Sie würden | |
| er/sie/es würde | sie würden | |

**COMMANDS**    winde! windet! winden Sie!

**PRESENT PARTICIPLE**    windend

## Usage

Windest du eine Girlande um den Kranz?
Sie hat mir eine Halskette aus Blumen um den Hals gewunden.
Da griff ich zu den Blumen, die du siehst, und wand ihr
   Kränze meiner hohen Herrin. (GRILLPARZER)
Das Messer wurde dem Einbrecher aus der Hand gewunden.

*Are you winding a garland around the wreath?*
*She wound a necklace of flowers around my neck.*
*Then I picked the flowers that you see and bound*
   *them into wreaths for my mistress.*
*The knife was wrested from the intruder's hand.*

### sich winden *to wind oneself; writhe, wriggle; meander*

Die riesige Schlange wand sich um den Hals des Mannes.
Im Entbindungszimmer hat sich eine Frau vor Schmerzen
   gewunden.
Das Bitterbach windet sich durch die Wiesen des breiten Tals.

*The huge snake coiled itself around the man's neck.*
*A woman in the delivery room writhed in pain.*

*Bitter Creek meanders through the meadows*
   *of the wide valley.*

**RELATED VERBS** auf·winden, durch·winden, entwinden, hoch·winden, umwinden;
   *see also* **überwinden** (465)

## wirken    *to have an effect, take effect; make an impression; appear; function*

**wirkt · wirkte · gewirkt**                                    regular weak verb

**PRESENT**

| | |
|---|---|
| ich wirke | wir wirken |
| du wirkst | ihr wirkt |
| Sie wirken | Sie wirken |
| er/sie/es wirkt | sie wirken |

**PRESENT PERFECT**

| | |
|---|---|
| ich habe | wir haben |
| du hast | ihr habt |
| Sie haben | Sie haben |
| er/sie/es hat | sie haben |

} gewirkt

**SIMPLE PAST**

| | |
|---|---|
| ich wirkte | wir wirkten |
| du wirktest | ihr wirktet |
| Sie wirkten | Sie wirkten |
| er/sie/es wirkte | sie wirkten |

**PAST PERFECT**

| | |
|---|---|
| ich hatte | wir hatten |
| du hattest | ihr hattet |
| Sie hatten | Sie hatten |
| er/sie/es hatte | sie hatten |

} gewirkt

**FUTURE**

| | |
|---|---|
| ich werde | wir werden |
| du wirst | ihr werdet |
| Sie werden | Sie werden |
| er/sie/es wird | sie werden |

} wirken

**FUTURE PERFECT**

| | |
|---|---|
| ich werde | wir werden |
| du wirst | ihr werdet |
| Sie werden | Sie werden |
| er/sie/es wird | sie werden |

} gewirkt haben

**PRESENT SUBJUNCTIVE I**

| | |
|---|---|
| ich wirke | wir wirken |
| du wirkest | ihr wirket |
| Sie wirken | Sie wirken |
| er/sie/es wirke | sie wirken |

**PAST SUBJUNCTIVE I**

| | |
|---|---|
| ich habe | wir haben |
| du habest | ihr habet |
| Sie haben | Sie haben |
| er/sie/es habe | sie haben |

} gewirkt

**PRESENT SUBJUNCTIVE II**

| | |
|---|---|
| ich wirkte | wir wirkten |
| du wirktest | ihr wirktet |
| Sie wirkten | Sie wirkten |
| er/sie/es wirkte | sie wirkten |

**PAST SUBJUNCTIVE II**

| | |
|---|---|
| ich hätte | wir hätten |
| du hättest | ihr hättet |
| Sie hätten | Sie hätten |
| er/sie/es hätte | sie hätten |

} gewirkt

**FUTURE SUBJUNCTIVE I**

| | |
|---|---|
| ich werde | wir werden |
| du werdest | ihr werdet |
| Sie werden | Sie werden |
| er/sie/es werde | sie werden |

} wirken

**FUTURE PERFECT SUBJUNCTIVE I**

| | |
|---|---|
| ich werde | wir werden |
| du werdest | ihr werdet |
| Sie werden | Sie werden |
| er/sie/es werde | sie werden |

} gewirkt haben

**FUTURE SUBJUNCTIVE II**

| | |
|---|---|
| ich würde | wir würden |
| du würdest | ihr würdet |
| Sie würden | Sie würden |
| er/sie/es würde | sie würden |

} wirken

**FUTURE PERFECT SUBJUNCTIVE II**

| | |
|---|---|
| ich würde | wir würden |
| du würdest | ihr würdet |
| Sie würden | Sie würden |
| er/sie/es würde | sie würden |

} gewirkt haben

**COMMANDS**              wirk(e)!   wirkt!   wirken Sie!

**PRESENT PARTICIPLE**    wirkend

## Usage

| | |
|---|---|
| Das Stück wirkt wie eine Sonate von Mozart. | *The piece has the effect of a Mozart sonata.* |
| Die zerbombten Häuser wirkten gespenstisch auf uns. | *The bombed-out houses had a spooky effect on us.* |
| Das Medikament wirkt nach zwei Minuten. | *The medicine takes effect in two minutes.* |
| Wie hat er auf dich gewirkt? | *How did he impress you?* |
| Du wirkst nervös. Was ist los? | *You seem nervous. What's the matter?* |
| Kräutertee wirkt Wunder gegen Stress. | *Herbal tea works wonders for stress.* |
| Die Heiligen wirkten Wunder. | *The saints performed miracles.* |
| Der heilige Nikolaus wirkte als Bischof in der Türkei. | *St. Nicolaus functioned as a bishop in Turkey.* |
| Dagmar durfte in der Kunstakademie nicht wirken. | *Dagmar wasn't allowed to work at the art academy.* |
| Julia wirkte für den Widerstand bis zum letzten Atemzug. | *Julia worked for the Resistance to her dying breath.* |
| Herr Wartensee wirkt seit 1994 als Chorleiter. | *Mr. Wartensee has been serving as choir director since 1994.* |

**RELATED VERBS**  aus·wirken, bewirken, ein·wirken, entgegen·wirken, erwirken, mit·wirken, nach·wirken, zusammen·wirken

irregular verb

**PRESENT**

| | |
|---|---|
| ich weiß | wir wissen |
| du weißt | ihr wisst |
| Sie wissen | Sie wissen |
| er/sie/es weiß | sie wissen |

**SIMPLE PAST**

| | |
|---|---|
| ich wusste | wir wussten |
| du wusstest | ihr wusstet |
| Sie wussten | Sie wussten |
| er/sie/es wusste | sie wussten |

**FUTURE**

| | | |
|---|---|---|
| ich werde | wir werden | |
| du wirst | ihr werdet | |
| Sie werden | Sie werden | } wissen |
| er/sie/es wird | sie werden | |

**PRESENT SUBJUNCTIVE I**

| | |
|---|---|
| ich wisse | wir wissen |
| du wissest | ihr wisset |
| Sie wissen | Sie wissen |
| er/sie/es wisse | sie wissen |

**PRESENT SUBJUNCTIVE II**

| | |
|---|---|
| ich wüsste | wir wüssten |
| du wüsstest | ihr wüsstet |
| Sie wüssten | Sie wüssten |
| er/sie/es wüsste | sie wüssten |

**FUTURE SUBJUNCTIVE I**

| | | |
|---|---|---|
| ich werde | wir werden | |
| du werdest | ihr werdet | |
| Sie werden | Sie werden | } wissen |
| er/sie/es werde | sie werden | |

**FUTURE SUBJUNCTIVE II**

| | | |
|---|---|---|
| ich würde | wir würden | |
| du würdest | ihr würdet | |
| Sie würden | Sie würden | } wissen |
| er/sie/es würde | sie würden | |

**PRESENT PERFECT**

| | | |
|---|---|---|
| ich habe | wir haben | |
| du hast | ihr habt | |
| Sie haben | Sie haben | } gewusst |
| er/sie/es hat | sie haben | |

**PAST PERFECT**

| | | |
|---|---|---|
| ich hatte | wir hatten | |
| du hattest | ihr hattet | |
| Sie hatten | Sie hatten | } gewusst |
| er/sie/es hatte | sie hatten | |

**FUTURE PERFECT**

| | | |
|---|---|---|
| ich werde | wir werden | |
| du wirst | ihr werdet | |
| Sie werden | Sie werden | } gewusst haben |
| er/sie/es wird | sie werden | |

**PAST SUBJUNCTIVE I**

| | | |
|---|---|---|
| ich habe | wir haben | |
| du habest | ihr habet | |
| Sie haben | Sie haben | } gewusst |
| er/sie/es habe | sie haben | |

**PAST SUBJUNCTIVE II**

| | | |
|---|---|---|
| ich hätte | wir hätten | |
| du hättest | ihr hättet | |
| Sie hätten | Sie hätten | } gewusst |
| er/sie/es hätte | sie hätten | |

**FUTURE PERFECT SUBJUNCTIVE I**

| | | |
|---|---|---|
| ich werde | wir werden | |
| du werdest | ihr werdet | |
| Sie werden | Sie werden | } gewusst haben |
| er/sie/es werde | sie werden | |

**FUTURE PERFECT SUBJUNCTIVE II**

| | | |
|---|---|---|
| ich würde | wir würden | |
| du würdest | ihr würdet | |
| Sie würden | Sie würden | } gewusst haben |
| er/sie/es würde | sie würden | |

**COMMANDS**    wisse!   wisst!   wissen Sie!

**PRESENT PARTICIPLE**   wissend

## Usage

| | |
|---|---|
| Das habe ich gewusst. | *I knew that.* |
| Anna darf die Wahrheit nicht wissen. | *Anna can't know the truth.* |
| Marta kommt morgen wieder, so weit ich weiß. | *Marta is returning tomorrow, as far as I know.* |
| Entschuldigung, wüssten Sie zufällig, wo hier eine Toilette ist? | *Pardon me, would you happen to know where a restroom is?* |
| Renate wusste genau, dass die Tür abgeschlossen war, als sie wegging. | *Renate was certain that the door was locked when she left.* |
| Woher soll ich wissen, wo Werner ist? | *How should I know where Werner is?* |
| Lass Ingrid wissen, dass ihr Bruder angerufen hat. | *Let Ingrid know that her brother called.* |
| Die Polizei wusste die Frau in Sicherheit. | *The police knew the woman to be safe.* |
| Was denken und wissen Tiere? | *What do animals think and know?* |
| Jost weiß, was er will. | *Jost knows what he wants.* |
| Wenn ich das damals nur gewusst hätte! | *If only I'd known that then!* |

**RELATED VERB** voraus·wissen

**TOP 50 VERB** ☞

### MORE USAGE SENTENCES WITH **wissen**

| | |
|---|---|
| Tante Irmgard will nicht gewusst haben, dass ich weg war. | *Aunt Irmgard claims not to have known that I was gone.* |
| Mama wird die Antwort bestimmt wissen. | *Mama will surely know the answer.* |
| Was möchten Sie wissen? | *What would you like to know?* |
| Stefanie scheint den Grund zu wissen. | *Stefanie seems to know the reason.* |
| Ihr habt mein Alter gar nicht gewusst. | *You didn't even know my age.* |
| Wisse, dass mir sehr missfällt, wenn so viele singen und reden! (GOETHE) | *Know that it greatly displeases me when so many sing and talk!* |

### **wissen zu** + infinitive *to be able to, know how to*

| | |
|---|---|
| Der Vorsitzende wusste mitzuteilen, dass die Jahresgewinne leicht angestiegen waren. | *The chairman was able to report that annual earnings had risen slightly.* |
| Glücklicherweise weiß Oma sich weiterzuhelfen. | *Luckily, Grandma is able to look after herself.* |
| Unser Hund weiß sich unter anderen Hunden zu benehmen. | *Our dog knows how to behave when he's around other dogs.* |
| Ich wusste mich nicht zu fassen. | *I couldn't compose myself.* |

### **wissen von** *to be informed of, have knowledge of, be acquainted with*

| | |
|---|---|
| Serena weiß von nichts. | *Serena has no knowledge (of it).* |
| Ich weiß nichts von der Angelegenheit. | *I am not acquainted with the issue.* |

### **wissen über** + accusative *to know about*

| | |
|---|---|
| Du weißt doch ziemlich viel darüber. | *You know rather a lot about that.* |
| „Was wissen Sie über einen Herrn Gruber?" fragte der Detektiv. | *"What do you know about a Mr. Gruber?" asked the detective.* |

### **wissen um** *to understand, know well*

| | |
|---|---|
| Die alte Frau wusste um Schmerzen und Leiden. | *The old woman knew all about pain and suffering.* |

### IDIOMATIC EXPRESSIONS

| | |
|---|---|
| Weißt du noch, als wir in der Schule waren? | *Do you remember when we were in school?* |
| Der Film war gut, aber ich weiß den Titel nicht mehr. | *The film was good, but I can't remember the title.* |
| Weiß Gott! | *God only knows!* |
| Ich wusste nicht aus noch ein. | *I had no clue what to do.* |
| „Ist Lars krank?" | *"Is Lars ill?"* |
| „Nicht dass ich wüsste." | *"Not that I'm aware of."* |
| Trina will nichts mehr von ihm wissen. | *Trina doesn't want to have anything more to do with him.* |
| Wir standen da und wussten nicht weiter. | *We stood there not knowing what to do next.* |
| Tja, man kann nie wissen. | *Well, you can never tell.* |
| Es hätte wer weiß was passieren können. (*colloquial*) | *Who knows what might have happened.* |
| Wissen Sie was, ich mache es morgen. In Ordnung? (*colloquial*) | *I tell you what, I'll do it tomorrow. Okay?* |
| Was ich nicht weiß, macht mich nicht heiß. (PROVERB) | *What I don't know, won't hurt me.* |
| Wer nichts weiß, muss alles glauben. (PROVERB) | *He who knows nothing must believe everything.* |
| Claudio weiß Bescheid über technische Sachen. | *Claudio is well acquainted with technical matters.* |
| Ich wusste nichts mit mir anzufangen. | *I didn't know what to do with myself. / I was bored.* |
| Manni wusste keine Ausrede mehr. | *Manni could think of no more excuses.* |
| Meine Tante weiß immer alles besser. | *My aunt is a know-it-all.* |

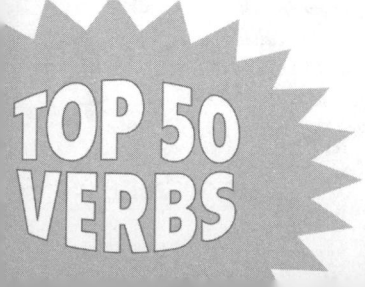

TOP 50 VERBS

regular weak verb

## PRESENT

| | |
|---|---|
| ich wohne | wir wohnen |
| du wohnst | ihr wohnt |
| Sie wohnen | Sie wohnen |
| er/sie/es wohnt | sie wohnen |

## SIMPLE PAST

| | |
|---|---|
| ich wohnte | wir wohnten |
| du wohntest | ihr wohntet |
| Sie wohnten | Sie wohnten |
| er/sie/es wohnte | sie wohnten |

## FUTURE

| | |
|---|---|
| ich werde | wir werden |
| du wirst | ihr werdet |
| Sie werden | Sie werden |
| er/sie/es wird | sie werden |

} wohnen

## PRESENT SUBJUNCTIVE I

| | |
|---|---|
| ich wohne | wir wohnen |
| du wohnest | ihr wohnet |
| Sie wohnen | Sie wohnen |
| er/sie/es wohne | sie wohnen |

## PRESENT SUBJUNCTIVE II

| | |
|---|---|
| ich wohnte | wir wohnten |
| du wohntest | ihr wohntet |
| Sie wohnten | Sie wohnten |
| er/sie/es wohnte | sie wohnten |

## FUTURE SUBJUNCTIVE I

| | |
|---|---|
| ich werde | wir werden |
| du werdest | ihr werdet |
| Sie werden | Sie werden |
| er/sie/es werde | sie werden |

} wohnen

## FUTURE SUBJUNCTIVE II

| | |
|---|---|
| ich würde | wir würden |
| du würdest | ihr würdet |
| Sie würden | Sie würden |
| er/sie/es würde | sie würden |

} wohnen

## PRESENT PERFECT

| | |
|---|---|
| ich habe | wir haben |
| du hast | ihr habt |
| Sie haben | Sie haben |
| er/sie/es hat | sie haben |

} gewohnt

## PAST PERFECT

| | |
|---|---|
| ich hatte | wir hatten |
| du hattest | ihr hattet |
| Sie hatten | Sie hatten |
| er/sie/es hatte | sie hatten |

} gewohnt

## FUTURE PERFECT

| | |
|---|---|
| ich werde | wir werden |
| du wirst | ihr werdet |
| Sie werden | Sie werden |
| er/sie/es wird | sie werden |

} gewohnt haben

## PAST SUBJUNCTIVE I

| | |
|---|---|
| ich habe | wir haben |
| du habest | ihr habet |
| Sie haben | Sie haben |
| er/sie/es habe | sie haben |

} gewohnt

## PAST SUBJUNCTIVE II

| | |
|---|---|
| ich hätte | wir hätten |
| du hättest | ihr hättet |
| Sie hätten | Sie hätten |
| er/sie/es hätte | sie hätten |

} gewohnt

## FUTURE PERFECT SUBJUNCTIVE I

| | |
|---|---|
| ich werde | wir werden |
| du werdest | ihr werdet |
| Sie werden | Sie werden |
| er/sie/es werde | sie werden |

} gewohnt haben

## FUTURE PERFECT SUBJUNCTIVE II

| | |
|---|---|
| ich würde | wir würden |
| du würdest | ihr würdet |
| Sie würden | Sie würden |
| er/sie/es würde | sie würden |

} gewohnt haben

| | |
|---|---|
| COMMANDS | wohn(e)!   wohnt!   wohnen Sie! |
| PRESENT PARTICIPLE | wohnend |

## Usage

| | |
|---|---|
| Maria wohnt im dritten Stock. | *Maria lives on the fourth floor.* |
| Paul und Mark wohnen im Erdgeschoss. | *Paul and Mark live on the ground floor.* |
| Im großen Haus an der Ecke wohnte früher der Apotheker Schmidthammer. | *The pharmacist Schmidthammer used to live in the big house on the corner.* |
| In Wien wohnte Beethoven zuerst im Palais des Fürsten Lichnowsky. | *In Vienna, Beethoven first lived in the palace of Prince Lichnowsky.* |
| Die Kinder haben in Göttingen in einer Jugendherberge gewohnt. | *The children stayed at a youth hostel in Göttingen.* |
| Wo möchtest du am liebsten wohnen? | *Where would you most like to live?* |
| Wir wohnen lieber in einem Vorort als in der Stadt. | *We'd rather live in a suburb than in town.* |
| Als Kind wohnte ich auf einem Bauernhof. | *As a child, I lived on a farm.* |
| Vor dem Fall der Berliner Mauer habe ich in Pankow gewohnt. | *Before the fall of the Berlin Wall, I lived in Pankow.* |

**RELATED VERBS** ab·wohnen, bei·wohnen, bewohnen, inne·wohnen

**TOP 50 VERB** ☞

### MORE USAGE SENTENCES WITH **wohnen**

| | |
|---|---|
| Astrid wohnt außerhalb Frankfurt und pendelt jeden Tag 50 Kilometer zur Arbeit. | *Astrid lives outside Frankfurt and commutes 50 kilometers to work every day.* |
| Wenn man unter dem Dach wohnt, kann es im Sommer sehr warm werden. | *When you live directly under the roof, it can get really warm in the summer.* |
| Mein Freund Kai wohnt in einem Fachwerkhaus in der Innenstadt. | *My friend Kai lives in a half-timbered house in the city center.* |
| Joseph wohnte im Haus des Hofkapellmeisters. | *Joseph lived in the home of the court conductor.* |
| Franz Liste wohnte in der Kirchenstraße in Moritzberg. | *Franz Liste lived on Kirchenstraße in Moritzberg.* |
| Heiko wohnt seit mehreren Jahren in Hamburg. | *Heiko has lived in Hamburg for several years.* |
| Nun muss sich zeigen, ob etwas Menschliches in der Nähe wohnt! (GOETHE) | *Now it will be seen whether any humanity dwells nearby!* |
| Habt ihr in Hotels oder bei Freunden gewohnt? | *Did you stay in hotels or with friends?* |
| Du hast Glück, dass du nur fünf Minuten vom Büro wohnst. | *You're lucky to live only five minutes from the office.* |
| Wohnen Sie lieber in der Stadt oder auf dem Land? | *Do you prefer living in the city or the country?* |
| Ich komme aus Istanbul, aber zur Zeit wohne ich in Mannheim. | *I'm from Istanbul, but at present I'm staying in Mannheim.* |
| „Wo wohnst du?" | *"Where do you live?"* |
| „Gleich um die Ecke!" | *"Just around the corner! / Not far from here!"* |
| Liesl wohnt nicht gern allein. | *Liesl doesn't like living alone.* |
| Werden Menschen eines Tages auf dem Mond wohnen? | *Will people live on the moon some day?* |
| Ich wohne etwas außerhalb. | *I live a ways out of town.* |
| Wir wohnen seit einem Jahr in Washington. | *We've been living in Washington for a year.* |
| Jost und sein Freund wohnen weit auseinander. | *Jost and his friend live far apart.* |
| Bob, wie lange wohnst du schon in Cincinnati? | *Bob, how long have you lived in Cincinnati?* |
| Als Student in Göttingen habe ich in einem Studentenwohnheim gewohnt. | *As a student in Göttingen, I lived in a dormitory.* |
| Wenn man auf dem Dorf wohnt, kennt jeder jeden. | *When you live in a small town, everyone knows everyone.* |
| In unserem Haus wohnen drei Generationen. | *Three generations live in our house.* |

### wohnen mit  *to live with, cohabitate with, share a dwelling with*

| | |
|---|---|
| Lars wohnt mit zwei anderen Studenten in einer Wohngemeinschaft. | *Lars lives with two other students in a cooperative.* |
| Ich wohne mit meiner Freundin Anja in einem Neubau in Leipzig. | *I live with my girlfriend, Anja, in a new building in Leipzig.* |

### wohnen bei  *to live/stay with, live/stay at (the home of)*

| | |
|---|---|
| Irmgard wohnt noch bei ihrer Mutter. | *Irmgard still lives with her mother.* |
| Ich wohne bei Lea, solange ich in Leipzig bin. | *I'll be staying at Lea's as long as I'm in Leipzig.* |

### IDIOMATIC EXPRESSIONS

| | |
|---|---|
| Herr Drechsler wohnt seit 2003 dort zur Miete. | *Mr. Drechsler has been a lodger there since 2003.* |
| Mensch, du wohnst aber sehr zentral! | *Man, your home is really centrally located!* |
| Ihr wohnt ziemlich entlegen, nicht wahr? | *You live rather out of the way, don't you?* |
| Wenn Menschen Tür an Tür wohnen, lernen sie sich gut kennen. | *When people live next door to each other, they get to know each other well.* |
| Steve wohnt mit Blick auf die Golden Gate Brücke. | *Steve's apartment has a view of the Golden Gate Bridge.* |

TOP 50 VERBS

**PRESENT**

| | |
|---|---|
| ich will | wir wollen |
| du willst | ihr wollt |
| Sie wollen | Sie wollen |
| er/sie/es will | sie wollen |

**SIMPLE PAST**

| | |
|---|---|
| ich wollte | wir wollten |
| du wolltest | ihr wolltet |
| Sie wollten | Sie wollten |
| er/sie/es wollte | sie wollten |

**FUTURE**

| | |
|---|---|
| ich werde | wir werden |
| du wirst | ihr werdet |
| Sie werden | Sie werden |
| er/sie/es wird | sie werden |

} wollen

**PRESENT SUBJUNCTIVE I**

| | |
|---|---|
| ich wolle | wir wollen |
| du wollest | ihr wollet |
| Sie wollen | Sie wollen |
| er/sie/es wolle | sie wollen |

**PRESENT SUBJUNCTIVE II**

| | |
|---|---|
| ich wollte | wir wollten |
| du wolltest | ihr wolltet |
| Sie wollten | Sie wollten |
| er/sie/es wollte | sie wollten |

**FUTURE SUBJUNCTIVE I**

| | |
|---|---|
| ich werde | wir werden |
| du werdest | ihr werdet |
| Sie werden | Sie werden |
| er/sie/es werde | sie werden |

} wollen

**FUTURE SUBJUNCTIVE II**

| | |
|---|---|
| ich würde | wir würden |
| du würdest | ihr würdet |
| Sie würden | Sie würden |
| er/sie/es würde | sie würden |

} wollen

**PRESENT PERFECT**

| | |
|---|---|
| ich habe | wir haben |
| du hast | ihr habt |
| Sie haben | Sie haben |
| er/sie/es hat | sie haben |

} gewollt

**PAST PERFECT**

| | |
|---|---|
| ich hatte | wir hatten |
| du hattest | ihr hattet |
| Sie hatten | Sie hatten |
| er/sie/es hatte | sie hatten |

} gewollt

**FUTURE PERFECT**

| | |
|---|---|
| ich werde | wir werden |
| du wirst | ihr werdet |
| Sie werden | Sie werden |
| er/sie/es wird | sie werden |

} gewollt haben

**PAST SUBJUNCTIVE I**

| | |
|---|---|
| ich habe | wir haben |
| du habest | ihr habet |
| Sie haben | Sie haben |
| er/sie/es habe | sie haben |

} gewollt

**PAST SUBJUNCTIVE II**

| | |
|---|---|
| ich hätte | wir hätten |
| du hättest | ihr hättet |
| Sie hätten | Sie hätten |
| er/sie/es hätte | sie hätten |

} gewollt

**FUTURE PERFECT SUBJUNCTIVE I**

| | |
|---|---|
| ich werde | wir werden |
| du werdest | ihr werdet |
| Sie werden | Sie werden |
| er/sie/es werde | sie werden |

} gewollt haben

**FUTURE PERFECT SUBJUNCTIVE II**

| | |
|---|---|
| ich würde | wir würden |
| du würdest | ihr würdet |
| Sie würden | Sie würden |
| er/sie/es würde | sie würden |

} gewollt haben

**COMMANDS**  wolle!  wollt!  wollen Sie!

**PRESENT PARTICIPLE**  wollend

## Usage

| | |
|---|---|
| Ich wollte wandern gehen, aber es begann zu regnen. | *I wanted to go hiking, but it began to rain.* |
| Wir wollen den Namen geheim halten. | *We want to keep the name secret.* |
| Heute Abend wollen wir ins Kino gehen. | *This evening, we want to go to the movies.* |
| Sigrid scheint uns nicht helfen zu wollen. | *Sigrid doesn't seem to want to help us.* |
| Herbert fasste ihn am Hals, als ob er ihn erwürgen wollte. | *Herbert grabbed him by the throat as though he wanted to strangle him.* |
| Warum willst du nicht daran erinnert werden? | *Why don't you want to be reminded of that?* |
| Du musst viel üben, wenn du Klavier spielen willst. | *You have to practice a lot if you want to play the piano.* |
| Wolltet ihr nicht mitkommen? | *Didn't you want to come along?* |
| Ich will keine Fragen mehr beantworten müssen! | *I don't want to have to answer any more questions!* |
| Frederike will, dass Christian ihr einen Ring kauft. | *Frederike wants Christian to buy her a ring.* |
| Behandeln Sie sie genau so wie Sie von ihnen behandelt werden wollen. | *Treat them exactly as you want to be treated by them.* |

**RELATED VERBS**  fort·wollen, weg·wollen, weiter·wollen, zurück·wollen

**TOP 50 VERB** ☞

## MORE USAGE SENTENCES WITH **wollen**

| | |
|---|---|
| Wolltet ihr, dass ich mitkomme? | _Did you want me to come along?_ |
| Was wollen Sie denn von mir? | _What do you want of me? / What do you expect from me?_ |
| Was willst du mit einer Kettensäge? | _What do you want a chainsaw for? / What are you going to do with a chainsaw?_ |
| Meinetwegen kannst du machen, was du willst. | _As far as I'm concerned, you can do what you want._ |
| Ich will dir nichts verheimlichen. | _I don't intend to keep secrets from you._ |

### **wollen** _to claim to_ (subjective meaning to relate someone's claim with skepticism)

| | |
|---|---|
| Frau Schmitz will telekinetisch begabt sein. | _Mrs. Schmitz claims to be telekinetically gifted._ |
| Ernst will den ganzen Roman schon gelesen haben. | _Ernst claims to have read the entire novel already._ |
| Sandra will ein großes Grundstück in New York City besitzen. | _Sandra claims she owns a large piece of property in New York City._ |
| Opa wollte das Attentat auf J. F. Kennedy persönlich gesehen haben. | _Grandpa claimed he saw the assassination of J. F. Kennedy in person._ |

### **wollen** (with a verb of motion implied; colloquial)

| | |
|---|---|
| Wohin wollt ihr? | _Where are you headed?_ |
| Marta will schon nach Hause. | _Marta already wants to go home._ |
| Wir wollen weg. | _We want to get away._ |

## IDIOMATIC EXPRESSIONS

| | |
|---|---|
| Der Hund will unbedingt mitkommen. | _The dog insists on coming along._ |
| „Was wollen Sie damit sagen?" fragte Stefanie. | _"What do you mean by that?" asked Stefanie._ |
| Ich will hoffen, dass Sie Ihre Brille dabei haben. | _I do hope you have your glasses with you._ |
| Ich will nichts gesagt haben. | _I take back what I said._ |
| Das will ich nicht gehört haben. | _Be careful what you say. / I'll pretend I didn't hear that._ |
| Ich habe meine Festplatte gelöscht, ohne es zu wollen. | _I unintentionally erased my hard drive._ |
| Der Fernseher will nicht mehr. | _The television stopped working._ |
| Ich habe keine andere Wahl, ich mag wollen oder nicht. | _I have no other choice, whether I like it or not._ |
| Wollen wir mal? (_colloquial_) | _Shall we (go / do it)?_ |
| Das will ich auch meinen. (_colloquial_) | _I completely agree._ |
| Geduld will gelernt sein. | _Patience must be learned._ |
| Der erste Computer war—wenn man so will— der Abakus. | _The first computer was—if you like—the abacus._ |
| Erich will lieber ins Kino gehen. | _Erich would rather go to the movies._ |
| Ehrlich gesagt will Tim es nicht anders. | _Truthfully, Tim wouldn't have it any other way._ |
| Wir wollten gerade losfahren. | _We were just about to leave._ |
| Es will Nacht werden. | _Night is just about to fall._ |
| Das will nicht viel heißen, jeder kann das. (_colloquial_) | _That's nothing to write home about; anybody can do that._ |
| Geschehe, was da wolle. | _Come what may._ |
| Doch dem sei, wie ihm wolle. | _But be that as it may._ |
| Wie Sie wollen, mein Herr. | _As you wish, sire._ |
| Wie du willst! | _Suit yourself!_ |
| Da ist nichts zu wollen. | _Nothing can be done about that._ |
| Koste es, was es wolle, das Konzerthaus wird gebaut! | _Cost what it will, the concert hall is being built!_ |
| Irgendjemand muss ihr übel gewollt haben. | _Somebody must have wished her ill._ |
| Mit Birgit ist nichts zu wollen. | _There's nothing to be done with Birgit. / Birgit is a hopeless case._ |

**PRESENT**

| | |
|---|---|
| ich wühle | wir wühlen |
| du wühlst | ihr wühlt |
| Sie wühlen | Sie wühlen |
| er/sie/es wühlt | sie wühlen |

**PRESENT PERFECT**

| | | |
|---|---|---|
| ich habe | wir haben | |
| du hast | ihr habt | gewühlt |
| Sie haben | Sie haben | |
| er/sie/es hat | sie haben | |

**SIMPLE PAST**

| | |
|---|---|
| ich wühlte | wir wühlten |
| du wühltest | ihr wühltet |
| Sie wühlten | Sie wühlten |
| er/sie/es wühlte | sie wühlten |

**PAST PERFECT**

| | | |
|---|---|---|
| ich hatte | wir hatten | |
| du hattest | ihr hattet | gewühlt |
| Sie hatten | Sie hatten | |
| er/sie/es hatte | sie hatten | |

**FUTURE**

| | | |
|---|---|---|
| ich werde | wir werden | |
| du wirst | ihr werdet | wühlen |
| Sie werden | Sie werden | |
| er/sie/es wird | sie werden | |

**FUTURE PERFECT**

| | | |
|---|---|---|
| ich werde | wir werden | |
| du wirst | ihr werdet | gewühlt haben |
| Sie werden | Sie werden | |
| er/sie/es wird | sie werden | |

**PRESENT SUBJUNCTIVE I**

| | |
|---|---|
| ich wühle | wir wühlen |
| du wühlest | ihr wühlet |
| Sie wühlen | Sie wühlen |
| er/sie/es wühle | sie wühlen |

**PAST SUBJUNCTIVE I**

| | | |
|---|---|---|
| ich habe | wir haben | |
| du habest | ihr habet | gewühlt |
| Sie haben | Sie haben | |
| er/sie/es habe | sie haben | |

**PRESENT SUBJUNCTIVE II**

| | |
|---|---|
| ich wühlte | wir wühlten |
| du wühltest | ihr wühltet |
| Sie wühlten | Sie wühlten |
| er/sie/es wühlte | sie wühlten |

**PAST SUBJUNCTIVE II**

| | | |
|---|---|---|
| ich hätte | wir hätten | |
| du hättest | ihr hättet | gewühlt |
| Sie hätten | Sie hätten | |
| er/sie/es hätte | sie hätten | |

**FUTURE SUBJUNCTIVE I**

| | | |
|---|---|---|
| ich werde | wir werden | |
| du werdest | ihr werdet | wühlen |
| Sic werden | Sie werden | |
| er/sie/es werde | sie werden | |

**FUTURE PERFECT SUBJUNCTIVE I**

| | | |
|---|---|---|
| ich werde | wir werden | |
| du werdest | ihr werdet | gewühlt haben |
| Sie werden | Sie werden | |
| er/sie/es werde | sie werden | |

**FUTURE SUBJUNCTIVE II**

| | | |
|---|---|---|
| ich würde | wir würden | |
| du würdest | ihr würdet | wühlen |
| Sie würden | Sie würden | |
| er/sie/es würde | sie würden | |

**FUTURE PERFECT SUBJUNCTIVE II**

| | | |
|---|---|---|
| ich würde | wir würden | |
| du würdest | ihr würdet | gewühlt haben |
| Sie würden | Sie würden | |
| er/sie/es würde | sie würden | |

**COMMANDS** wühl(e)! wühlt! wühlen Sie!

**PRESENT PARTICIPLE** wühlend

## Usage

| | |
|---|---|
| Nicht nur Schweine wühlen nach Trüffeln, Hunde auch! | *Not only pigs root for truffles, dogs do too!* |
| Das hungrige Huhn wühlte im Stroh. | *The hungry hen grubbed in the straw.* |
| Jürgen wühlt in der Schublade nach einer Kneifzange. | *Jürgen is rummaging in the drawer for a pair of pliers.* |
| Neid und Zorn wühlten in ihr. | *Envy and wrath rankled in her heart.* |
| Herr Fuchs wühlt in Geld, seitdem er das Lotto gewonnen hat. | *Mr. Fuchs has been wallowing in money ever since he won the lottery.* |
| Ich möchte ja nicht in die Wunde wühlen, aber… (*idiomatic*) | *I don't mean to pour salt on the wound, but …* |

## sich wühlen to burrow, dig oneself

| | |
|---|---|
| Die Hunde wühlten sich unter den Zaun. | *The dogs burrowed under the fence.* |
| Unser LKW wühlte sich durch den Schnee, bis wir unser Ziel erreicht hatten. | *Our truck sludged its way through the snow until we had reached our destination.* |

**RELATED VERBS** auf·wühlen, um·wühlen

# wundern  *to surprise, astonish*

**wundert · wunderte · gewundert**                                    regular weak verb

### PRESENT

| | |
|---|---|
| ich wundere | wir wundern |
| du wunderst | ihr wundert |
| Sie wundern | Sie wundern |
| er/sie/es wundert | sie wundern |

### SIMPLE PAST

| | |
|---|---|
| ich wunderte | wir wunderten |
| du wundertest | ihr wundertet |
| Sie wunderten | Sie wunderten |
| er/sie/es wunderte | sie wunderten |

### FUTURE

| | | |
|---|---|---|
| ich werde | wir werden | |
| du wirst | ihr werdet | wundern |
| Sie werden | Sie werden | |
| er/sie/es wird | sie werden | |

### PRESENT SUBJUNCTIVE I

| | |
|---|---|
| ich wundere | wir wundern |
| du wunderst | ihr wundert |
| Sie wundern | Sie wundern |
| er/sie/es wundere | sie wundern |

### PRESENT SUBJUNCTIVE II

| | |
|---|---|
| ich wunderte | wir wunderten |
| du wundertest | ihr wundertet |
| Sie wunderten | Sie wunderten |
| er/sie/es wunderte | sie wunderten |

### FUTURE SUBJUNCTIVE I

| | | |
|---|---|---|
| ich werde | wir werden | |
| du werdest | ihr werdet | wundern |
| Sie werden | Sie werden | |
| er/sie/es werde | sie werden | |

### FUTURE SUBJUNCTIVE II

| | | |
|---|---|---|
| ich würde | wir würden | |
| du würdest | ihr würdet | wundern |
| Sie würden | Sie würden | |
| er/sie/es würde | sie würden | |

### PRESENT PERFECT

| | | |
|---|---|---|
| ich habe | wir haben | |
| du hast | ihr habt | gewundert |
| Sie haben | Sie haben | |
| er/sie/es hat | sie haben | |

### PAST PERFECT

| | | |
|---|---|---|
| ich hatte | wir hatten | |
| du hattest | ihr hattet | gewundert |
| Sie hatten | Sie hatten | |
| er/sie/es hatte | sie hatten | |

### FUTURE PERFECT

| | | |
|---|---|---|
| ich werde | wir werden | |
| du wirst | ihr werdet | gewundert haben |
| Sie werden | Sie werden | |
| er/sie/es wird | sie werden | |

### PAST SUBJUNCTIVE I

| | | |
|---|---|---|
| ich habe | wir haben | |
| du habest | ihr habet | gewundert |
| Sie haben | Sie haben | |
| er/sie/es habe | sie haben | |

### PAST SUBJUNCTIVE II

| | | |
|---|---|---|
| ich hätte | wir hätten | |
| du hättest | ihr hättet | gewundert |
| Sie hätten | Sie hätten | |
| er/sie/es hätte | sie hätten | |

### FUTURE PERFECT SUBJUNCTIVE I

| | | |
|---|---|---|
| ich werde | wir werden | |
| du werdest | ihr werdet | gewundert haben |
| Sie werden | Sie werden | |
| er/sie/es werde | sie werden | |

### FUTURE PERFECT SUBJUNCTIVE II

| | | |
|---|---|---|
| ich würde | wir würden | |
| du würdest | ihr würdet | gewundert haben |
| Sie würden | Sie würden | |
| er/sie/es würde | sie würden | |

**COMMANDS**        wundere!   wundert!   wundern Sie!

**PRESENT PARTICIPLE**    wundernd

## Usage

| | |
|---|---|
| Wundert es euch nicht, dass er nicht anruft? | *Doesn't it surprise you that he doesn't call?* |
| Sabines Vorschlag wunderte ihre Mitbewohner. | *Sabine's suggestion astonished her roommates.* |
| Hat ihre Ankunft dich nicht gewundert? | *Did their arrival not surprise you?* |
| Sein Kommentar hat uns gewundert. | *His comment took us by surprise.* |
| Seine Einstellung mir gegenüber wunderte mich, da wir uns sehr gut verstanden hatten. | *His attitude toward me was surprising, since we had gotten along very well together.* |
| Es wundert mich, dass Ingrid das gesagt hat. | *It amazes me that Ingrid said that.* |

### sich wundern  *to be surprised, be astonished*

| | |
|---|---|
| Man wundert sich sehr über die Politik der Regierung. | *People are flabbergasted at the government's policies.* |
| Jans Eltern wundern sich über seine Berufspläne. | *Jan's parents are surprised at his career plans.* |
| Ich muss mich über dich wundern! | *I'm surprised at you!* |
| „Wirklich?" wunderte er sich. | *"Really?" he asked, surprised.* |

**RELATED VERBS**  bewundern, verwundern

regular weak verb | **wünscht · wünschte · gewünscht**

## PRESENT

| | |
|---|---|
| ich wünsche | wir wünschen |
| du wünschst | ihr wünscht |
| Sie wünschen | Sie wünschen |
| er/sie/es wünscht | sie wünschen |

## SIMPLE PAST

| | |
|---|---|
| ich wünschte | wir wünschten |
| du wünschtest | ihr wünschtet |
| Sie wünschten | Sie wünschten |
| er/sie/es wünschte | sie wünschten |

## FUTURE

| | | |
|---|---|---|
| ich werde | wir werden | |
| du wirst | ihr werdet | wünschen |
| Sie werden | Sie werden | |
| er/sie/es wird | sie werden | |

## PRESENT SUBJUNCTIVE I

| | |
|---|---|
| ich wünsche | wir wünschen |
| du wünschest | ihr wünschet |
| Sie wünschen | Sie wünschen |
| er/sie/es wünsche | sie wünschen |

## PRESENT SUBJUNCTIVE II

| | |
|---|---|
| ich wünschte | wir wünschten |
| du wünschtest | ihr wünschtet |
| Sie wünschten | Sie wünschten |
| er/sie/es wünschte | sie wünschten |

## FUTURE SUBJUNCTIVE I

| | | |
|---|---|---|
| ich werde | wir werden | |
| du werdest | ihr werdet | wünschen |
| Sie werden | Sie werden | |
| er/sie/es werde | sie werden | |

## FUTURE SUBJUNCTIVE II

| | | |
|---|---|---|
| ich würde | wir würden | |
| du würdest | ihr würdet | wünschen |
| Sie würden | Sie würden | |
| er/sie/es würde | sie würden | |

## PRESENT PERFECT

| | | |
|---|---|---|
| ich habe | wir haben | |
| du hast | ihr habt | gewünscht |
| Sie haben | Sie haben | |
| er/sie/es hat | sie haben | |

## PAST PERFECT

| | | |
|---|---|---|
| ich hatte | wir hatten | |
| du hattest | ihr hattet | gewünscht |
| Sie hatten | Sie hatten | |
| er/sie/es hatte | sie hatten | |

## FUTURE PERFECT

| | | |
|---|---|---|
| ich werde | wir werden | |
| du wirst | ihr werdet | gewünscht haben |
| Sie werden | Sie werden | |
| er/sie/es wird | sie werden | |

## PAST SUBJUNCTIVE I

| | | |
|---|---|---|
| ich habe | wir haben | |
| du habest | ihr habet | gewünscht |
| Sie haben | Sie haben | |
| er/sie/es habe | sie haben | |

## PAST SUBJUNCTIVE II

| | | |
|---|---|---|
| ich hätte | wir hätten | |
| du hättest | ihr hättet | gewünscht |
| Sie hätten | Sie hätten | |
| er/sie/es hätte | sie hätten | |

## FUTURE PERFECT SUBJUNCTIVE I

| | | |
|---|---|---|
| ich werde | wir werden | |
| du werdest | ihr werdet | gewünscht haben |
| Sie werden | Sie werden | |
| er/sie/es werde | sie werden | |

## FUTURE PERFECT SUBJUNCTIVE II

| | | |
|---|---|---|
| ich würde | wir würden | |
| du würdest | ihr würdet | gewünscht haben |
| Sie würden | Sie würden | |
| er/sie/es würde | sie würden | |

**COMMANDS** wünsch(e)! wünscht! wünschen Sie!

**PRESENT PARTICIPLE** wünschend

## Usage

| | |
|---|---|
| Wir wünschen euch ein frohes Weihnachtsfest. | *We wish you a Merry Christmas.* |
| Was wünschen Sie? | *What is your wish? / What would you like?* |
| Wie Sie wünschen. | *As you wish.* |
| Ich wünschte, wir hätten mehr Zeit. | *I wished we had more time.* |
| Die Radler hatten sich gutes Wetter gewünscht. | *The cyclists had longed for good weather.* |
| Ich wünsche dir alles Gute. | *I wish you all the best.* |
| Sage ihr, ich wünsche die neue Schöpfung zu sehen. (GOETHE) | *Tell her I wish to see the new creation.* |
| Wünsch Papa mal gute Nacht. | *Wish Daddy good night.* |
| Sein Plan lässt viel zu wünschen übrig. | *His plan leaves a lot to be desired.* |
| Was wünschst du dir zum Geburtstag? | *What do you want for your birthday?* |
| Ich wünsche mir meine Mutter als Ärztin. | *I wish my mother was a doctor.* |
| Ältere Browser stellen Bilder nicht wie gewünscht dar. | *Older browsers don't display graphics the way you'd like.* |

**RELATED VERBS** beglückwünschen, verwünschen

## zahlen · *to pay; pay for*

**zahlt · zahlte · gezahlt**

*regular weak verb*

### PRESENT

| | |
|---|---|
| ich zahle | wir zahlen |
| du zahlst | ihr zahlt |
| Sie zahlen | Sie zahlen |
| er/sie/es zahlt | sie zahlen |

### PRESENT PERFECT

| | | |
|---|---|---|
| ich habe | wir haben | |
| du hast | ihr habt | gezahlt |
| Sie haben | Sie haben | |
| er/sie/es hat | sie haben | |

### SIMPLE PAST

| | |
|---|---|
| ich zahlte | wir zahlten |
| du zahltest | ihr zahltet |
| Sie zahlten | Sie zahlten |
| er/sie/es zahlte | sie zahlten |

### PAST PERFECT

| | | |
|---|---|---|
| ich hatte | wir hatten | |
| du hattest | ihr hattet | gezahlt |
| Sie hatten | Sie hatten | |
| er/sie/es hatte | sie hatten | |

### FUTURE

| | | |
|---|---|---|
| ich werde | wir werden | |
| du wirst | ihr werdet | zahlen |
| Sie werden | Sie werden | |
| er/sie/es wird | sie werden | |

### FUTURE PERFECT

| | | |
|---|---|---|
| ich werde | wir werden | |
| du wirst | ihr werdet | gezahlt haben |
| Sie werden | Sie werden | |
| er/sie/es wird | sie werden | |

### PRESENT SUBJUNCTIVE I

| | |
|---|---|
| ich zahle | wir zahlen |
| du zahlest | ihr zahlet |
| Sie zahlen | Sie zahlen |
| er/sie/es zahle | sie zahlen |

### PAST SUBJUNCTIVE I

| | | |
|---|---|---|
| ich habe | wir haben | |
| du habest | ihr habet | gezahlt |
| Sie haben | Sie haben | |
| er/sie/es habe | sie haben | |

### PRESENT SUBJUNCTIVE II

| | |
|---|---|
| ich zahlte | wir zahlten |
| du zahltest | ihr zahltet |
| Sie zahlten | Sie zahlten |
| er/sie/es zahlte | sie zahlten |

### PAST SUBJUNCTIVE II

| | | |
|---|---|---|
| ich hätte | wir hätten | |
| du hättest | ihr hättet | gezahlt |
| Sie hätten | Sie hätten | |
| er/sie/es hätte | sie hätten | |

### FUTURE SUBJUNCTIVE I

| | | |
|---|---|---|
| ich werde | wir werden | |
| du werdest | ihr werdet | zahlen |
| Sie werden | Sie werden | |
| er/sie/es werde | sie werden | |

### FUTURE PERFECT SUBJUNCTIVE I

| | | |
|---|---|---|
| ich werde | wir werden | |
| du werdest | ihr werdet | gezahlt haben |
| Sie werden | Sie werden | |
| er/sie/es werde | sie werden | |

### FUTURE SUBJUNCTIVE II

| | | |
|---|---|---|
| ich würde | wir würden | |
| du würdest | ihr würdet | zahlen |
| Sie würden | Sie würden | |
| er/sie/es würde | sie würden | |

### FUTURE PERFECT SUBJUNCTIVE II

| | | |
|---|---|---|
| ich würde | wir würden | |
| du würdest | ihr würdet | gezahlt haben |
| Sie würden | Sie würden | |
| er/sie/es würde | sie würden | |

**COMMANDS** zahl(e)! zahlt! zahlen Sie!

**PRESENT PARTICIPLE** zahlend

## Usage

| | |
|---|---|
| In Europa zahlt man häufig per Überweisung. | *In Europe, people frequently pay via bank transfer.* |
| Ich kann das Essen nicht zahlen, mein Portemonnaie ist weg! | *I can't pay for the meal; my wallet is gone!* |
| Ute meinte, Lukas hätte über 250 Euro gezahlt. | *Ute said Lukas paid over 250 euros.* |
| Ich zahle nicht mehr als 80 Euro. | *I'll pay no more than 80 euros.* |
| Ich zahle dir 50 Dollar, wenn du mir hilfst. | *I'll pay you 50 dollars if you help me.* |
| Die Rückerstattung wurde an den Käufer gezahlt. | *The refund was paid to the purchaser.* |
| Wenn man bar zahlt, bekommt man einen Preisnachlass. | *If you pay cash, you receive a discount.* |
| Zahlst du oft mit Kreditkarte? | *Do you often pay by credit card?* |
| Zahlen Sie bitte am nächsten Schalter. | *Please pay at the next window.* |
| Max und Alex zahlen immer noch an den Motorrädern. | *Max and Alex are still making payments on their motorcycles.* |
| Wir möchten zahlen. *(in a restaurant)* | *Check, please.* |

**RELATED VERBS** ab·zahlen, an·zahlen, aus·zahlen, ein·zahlen, nach·zahlen, zurück·zahlen, zu·zahlen; *see also* **bezahlen** (103)

regular weak verb                                                   zählt · zählte · gezählt

**PRESENT**

| | |
|---|---|
| ich zähle | wir zählen |
| du zählst | ihr zählt |
| Sie zählen | Sie zählen |
| er/sie/es zählt | sie zählen |

**SIMPLE PAST**

| | |
|---|---|
| ich zählte | wir zählten |
| du zähltest | ihr zähltet |
| Sie zählten | Sie zählten |
| er/sie/es zählte | sie zählten |

**FUTURE**

| | | |
|---|---|---|
| ich werde | wir werden | |
| du wirst | ihr werdet | zählen |
| Sie werden | Sie werden | |
| er/sie/es wird | sie werden | |

**PRESENT SUBJUNCTIVE I**

| | |
|---|---|
| ich zähle | wir zählen |
| du zählest | ihr zählet |
| Sie zählen | Sie zählen |
| er/sie/es zähle | sie zählen |

**PRESENT SUBJUNCTIVE II**

| | |
|---|---|
| ich zählte | wir zählten |
| du zähltest | ihr zähltet |
| Sie zählten | Sie zählten |
| er/sie/es zählte | sie zählten |

**FUTURE SUBJUNCTIVE I**

| | | |
|---|---|---|
| ich werde | wir werden | |
| du werdest | ihr werdet | zählen |
| Sie werden | Sie werden | |
| er/sie/es werde | sie werden | |

**FUTURE SUBJUNCTIVE II**

| | | |
|---|---|---|
| ich würde | wir würden | |
| du würdest | ihr würdet | zählen |
| Sie würden | Sie würden | |
| er/sie/es würde | sie würden | |

**PRESENT PERFECT**

| | | |
|---|---|---|
| ich habe | wir haben | |
| du hast | ihr habt | gezählt |
| Sie haben | Sie haben | |
| er/sie/es hat | sie haben | |

**PAST PERFECT**

| | | |
|---|---|---|
| ich hatte | wir hatten | |
| du hattest | ihr hattet | gezählt |
| Sie hatten | Sie hatten | |
| er/sie/es hatte | sie hatten | |

**FUTURE PERFECT**

| | | |
|---|---|---|
| ich werde | wir werden | |
| du wirst | ihr werdet | gezählt haben |
| Sie werden | Sie werden | |
| er/sie/es wird | sie werden | |

**PAST SUBJUNCTIVE I**

| | | |
|---|---|---|
| ich habe | wir haben | |
| du habest | ihr habet | gezählt |
| Sie haben | Sie haben | |
| er/sie/es habe | sie haben | |

**PAST SUBJUNCTIVE II**

| | | |
|---|---|---|
| ich hätte | wir hätten | |
| du hättest | ihr hättet | gezählt |
| Sie hätten | Sie hätten | |
| er/sie/es hätte | sie hätten | |

**FUTURE PERFECT SUBJUNCTIVE I**

| | | |
|---|---|---|
| ich werde | wir werden | |
| du werdest | ihr werdet | gezählt haben |
| Sie werden | Sie werden | |
| er/sie/es werde | sie werden | |

**FUTURE PERFECT SUBJUNCTIVE II**

| | | |
|---|---|---|
| ich würde | wir würden | |
| du würdest | ihr würdet | gezählt haben |
| Sie würden | Sie würden | |
| er/sie/es würde | sie würden | |

**COMMANDS**          zähl(e)!   zählt!   zählen Sie!

**PRESENT PARTICIPLE**     zählend

## Usage

| | |
|---|---|
| Er hat das Geld in seinem Sparschwein täglich gezählt. | *He counted the money in his piggy bank daily.* |
| Als Kind hat die kleine Sara Steine vom Hof gesammelt und gezählt. | *As a child, little Sara gathered rocks from the courtyard and counted them.* |
| Der 4-jährige kann bis 1000 zählen. | *The four-year-old can count to 1,000.* |
| Du kannst auf mich zählen. | *You can count on me.* |
| Im Jahr 2005 zählte die Weltbevölkerung circa 6,5 Milliarden. | *In the year 2005, the world population totaled about 6.5 billion.* |
| Zu seinen Schülern zählten Gräfin Anna Maria von Zichy und Ludwig van Beethoven. | *Reckoned among his students were Countess Anna Maria von Zichy and Ludwig van Beethoven.* |
| Der Koloss von Rhodos zählt zu den sieben Wundern der antiken Welt. | *The Colossus of Rhodes is considered one of the Seven Wonders of the Ancient World.* |
| Der Junge zählte acht Jahre, als seine Eltern starben. | *The boy was eight years old when his parents died.* |

**RELATED VERBS**  ab·zählen, auf·zählen, aus·zählen, durch·zählen, mit·zählen, nach·zählen;
    *see also* **erzählen (174)**

## zeichnen   *to draw, portray; sign*

zeichnet · zeichnete · gezeichnet                          regular weak verb

**PRESENT**

| | |
|---|---|
| ich zeichne | wir zeichnen |
| du zeichnest | ihr zeichnet |
| Sie zeichnen | Sie zeichnen |
| er/sie/es zeichnet | sie zeichnen |

**PRESENT PERFECT**

| | | |
|---|---|---|
| ich habe | wir haben | |
| du hast | ihr habt | gezeichnet |
| Sie haben | Sie haben | |
| er/sie/es hat | sie haben | |

**SIMPLE PAST**

| | |
|---|---|
| ich zeichnete | wir zeichneten |
| du zeichnetest | ihr zeichnetet |
| Sie zeichneten | Sie zeichneten |
| er/sie/es zeichnete | sie zeichneten |

**PAST PERFECT**

| | | |
|---|---|---|
| ich hatte | wir hatten | |
| du hattest | ihr hattet | gezeichnet |
| Sie hatten | Sie hatten | |
| er/sie/es hatte | sie hatten | |

**FUTURE**

| | | |
|---|---|---|
| ich werde | wir werden | |
| du wirst | ihr werdet | zeichnen |
| Sie werden | Sie werden | |
| er/sie/es wird | sie werden | |

**FUTURE PERFECT**

| | | |
|---|---|---|
| ich werde | wir werden | |
| du wirst | ihr werdet | gezeichnet haben |
| Sie werden | Sie werden | |
| er/sie/es wird | sie werden | |

**PRESENT SUBJUNCTIVE I**

| | |
|---|---|
| ich zeichne | wir zeichnen |
| du zeichnest | ihr zeichnet |
| Sie zeichnen | Sie zeichnen |
| er/sie/es zeichne | sie zeichnen |

**PAST SUBJUNCTIVE I**

| | | |
|---|---|---|
| ich habe | wir haben | |
| du habest | ihr habet | gezeichnet |
| Sie haben | Sie haben | |
| er/sie/es habe | sie haben | |

**PRESENT SUBJUNCTIVE II**

| | |
|---|---|
| ich zeichnete | wir zeichneten |
| du zeichnetest | ihr zeichnetet |
| Sie zeichneten | Sie zeichneten |
| er/sie/es zeichnete | sie zeichneten |

**PAST SUBJUNCTIVE II**

| | | |
|---|---|---|
| ich hätte | wir hätten | |
| du hättest | ihr hättet | gezeichnet |
| Sie hätten | Sie hätten | |
| er/sie/es hätte | sie hätten | |

**FUTURE SUBJUNCTIVE I**

| | | |
|---|---|---|
| ich werde | wir werden | |
| du werdest | ihr werdet | zeichnen |
| Sie werden | Sie werden | |
| er/sie/es werde | sie werden | |

**FUTURE PERFECT SUBJUNCTIVE I**

| | | |
|---|---|---|
| ich werde | wir werden | |
| du werdest | ihr werdet | gezeichnet haben |
| Sie werden | Sie werden | |
| er/sie/es werde | sie werden | |

**FUTURE SUBJUNCTIVE II**

| | | |
|---|---|---|
| ich würde | wir würden | |
| du würdest | ihr würdet | zeichnen |
| Sie würden | Sie würden | |
| er/sie/es würde | sie würden | |

**FUTURE PERFECT SUBJUNCTIVE II**

| | | |
|---|---|---|
| ich würde | wir würden | |
| du würdest | ihr würdet | gezeichnet haben |
| Sie würden | Sie würden | |
| er/sie/es würde | sie würden | |

**COMMANDS**    zeichne!   zeichnet!   zeichnen Sie!

**PRESENT PARTICIPLE**    zeichnend

## Usage

| | |
|---|---|
| Als Kind zeichnete sie gern Bilder von exotischen Tieren. | *As a child, she liked to draw pictures of exotic animals.* |
| Zeichnest du gerne? | *Do you like to draw?* |
| Paul zeichnet lieber mit einem Filzstift. | *Paul prefers drawing with a felt-tip marker.* |
| Die Skizze links wurde 1924 von Franken gezeichnet. | *The sketch on the left was made in 1924 by Franken.* |
| Wer hat das Porträt der Prinzessin Helene gezeichnet? | *Who sketched the portrait of Princess Helene?* |
| Jan Teichler soll das Bild gezeichnet haben. | *Jan Teichler is said to have drawn the picture.* |
| Ich möchte zeichnen lernen. | *I'd like to learn to draw.* |
| Hast du sie wirklich aus freier Hand gezeichnet? | *Did you really draw them freehand?* |
| Der Architekt Daniel Libeskind hat die Pläne gezeichnet. | *The architect Daniel Libeskind drew the plans.* |
| Beim Computer kann man leichter maßstäblich zeichnen. | *It's easier to draw to scale on a computer.* |
| Zehn Länder werden den Vertrag zeichnen. | *Ten countries will sign the treaty.* |
| Heute muss ich die Rechnungen zeichnen. | *Today I have to sign the invoices.* |

**RELATED VERBS** ab·zeichnen, an·zeichnen, auf·zeichnen, aus·zeichnen, ein·zeichnen, kennzeichnen, nach·zeichnen, um·zeichnen, unterzeichnen, verzeichnen; *see also* **bezeichnen** (104)

regular weak verb | zeigt · zeigte · gezeigt

## PRESENT

| | |
|---|---|
| ich zeige | wir zeigen |
| du zeigst | ihr zeigt |
| Sie zeigen | Sie zeigen |
| er/sie/es zeigt | sie zeigen |

## SIMPLE PAST

| | |
|---|---|
| ich zeigte | wir zeigten |
| du zeigtest | ihr zeigtet |
| Sie zeigten | Sie zeigten |
| er/sie/es zeigte | sie zeigten |

## FUTURE

| | |
|---|---|
| ich werde | wir werden |
| du wirst | ihr werdet |
| Sie werden | Sie werden |
| er/sie/es wird | sie werden |

} zeigen

## PRESENT SUBJUNCTIVE I

| | |
|---|---|
| ich zeige | wir zeigen |
| du zeigest | ihr zeiget |
| Sie zeigen | Sie zeigen |
| er/sie/es zeige | sie zeigen |

## PRESENT SUBJUNCTIVE II

| | |
|---|---|
| ich zeigte | wir zeigten |
| du zeigtest | ihr zeigtet |
| Sie zeigten | Sie zeigten |
| er/sie/es zeigte | sie zeigten |

## FUTURE SUBJUNCTIVE I

| | |
|---|---|
| ich werde | wir werden |
| du werdest | ihr werdet |
| Sie werden | Sie werden |
| er/sie/es werde | sie werden |

} zeigen

## FUTURE SUBJUNCTIVE II

| | |
|---|---|
| ich würde | wir würden |
| du würdest | ihr würdet |
| Sie würden | Sie würden |
| er/sie/es würde | sie würden |

} zeigen

## PRESENT PERFECT

| | |
|---|---|
| ich habe | wir haben |
| du hast | ihr habt |
| Sie haben | Sie haben |
| er/sie/es hat | sie haben |

} gezeigt

## PAST PERFECT

| | |
|---|---|
| ich hatte | wir hatten |
| du hattest | ihr hattet |
| Sie hatten | Sie hatten |
| er/sie/es hatte | sie hatten |

} gezeigt

## FUTURE PERFECT

| | |
|---|---|
| ich werde | wir werden |
| du wirst | ihr werdet |
| Sie werden | Sie werden |
| er/sie/es wird | sie werden |

} gezeigt haben

## PAST SUBJUNCTIVE I

| | |
|---|---|
| ich habe | wir haben |
| du habest | ihr habet |
| Sie haben | Sie haben |
| er/sie/es habe | sie haben |

} gezeigt

## PAST SUBJUNCTIVE II

| | |
|---|---|
| ich hätte | wir hätten |
| du hättest | ihr hättet |
| Sie hätten | Sie hätten |
| er/sie/es hätte | sie hätten |

} gezeigt

## FUTURE PERFECT SUBJUNCTIVE I

| | |
|---|---|
| ich werde | wir werden |
| du werdest | ihr werdet |
| Sie werden | Sie werden |
| er/sie/es werde | sie werden |

} gezeigt haben

## FUTURE PERFECT SUBJUNCTIVE II

| | |
|---|---|
| ich würde | wir würden |
| du würdest | ihr würdet |
| Sie würden | Sie würden |
| er/sie/es würde | sie würden |

} gezeigt haben

**COMMANDS** zeig(e)! zeigt! zeigen Sie!

**PRESENT PARTICIPLE** zeigend

## Usage

| | |
|---|---|
| Georg zeigte auf seine Armbanduhr und schlich aus der Hintertür. | *Georg pointed to his watch and sneaked out the back door.* |
| Worauf zeigen Sie? | *What are you pointing at?* |
| Könnten Sie mir den Weg zeigen? | *Could you show me the way?* |
| Zeig mir deinen schicken Pullover! | *Show me your chic sweater!* |
| Ein schweres Erdbeben wurde gerade im Fernsehen gezeigt. | *A severe earthquake was just shown on television.* |
| Dann zeigte ihr der Juwelenverkäufer eine Perlenkette. | *Then the jewelry salesman showed her a pearl necklace.* |
| Darf ich euch die Stadt zeigen? | *May I show you the city?* |

### sich zeigen *to show oneself, show up, emerge, become apparent*

| | |
|---|---|
| Die Symptome zeigen sich innerhalb zehn Tagen. | *The symptoms show up within 10 days.* |
| Diese Tendenzen haben sich erst 2004 gezeigt. | *These tendencies became apparent only in 2004.* |
| Es wird sich zeigen, ob das Produkt sich gut verkauft. | *Time will tell whether the product sells well.* |

**RELATED VERBS** an·zeigen, auf·zeigen, erzeigen, vor·zeigen

# zerstieben *to scatter, disperse, vanish*

**zerstiebt · zerstiebte/zerstob · zerstiebt/zerstoben**  regular weak verb or strong verb

**PRESENT**

| | |
|---|---|
| ich zerstiebe | wir zerstieben |
| du zerstiebst | ihr zerstiebt |
| Sie zerstieben | Sie zerstieben |
| er/sie/es zerstiebt | sie zerstieben |

**PRESENT PERFECT**

| | | |
|---|---|---|
| ich bin | wir sind | |
| du bist | ihr seid | zerstoben/zerstiebt |
| Sie sind | Sie sind | |
| er/sie/es ist | sie sind | |

**SIMPLE PAST**

| | |
|---|---|
| ich zerstiebte/zerstob | wir zerstiebten/zerstoben |
| du zerstiebtest/zerstobst | ihr zerstiebtet/zerstobt |
| Sie zerstiebten/zerstoben | Sie zerstiebten/zerstoben |
| er/sie/es zerstiebte/zerstob | sie zerstiebten/zerstoben |

**PAST PERFECT**

| | | |
|---|---|---|
| ich war | wir waren | |
| du warst | ihr wart | zerstoben/zerstiebt |
| Sie waren | Sie waren | |
| er/sie/es war | sie waren | |

**FUTURE**

| | | |
|---|---|---|
| ich werde | wir werden | |
| du wirst | ihr werdet | zerstieben |
| Sie werden | Sie werden | |
| er/sie/es wird | sie werden | |

**FUTURE PERFECT**

| | | |
|---|---|---|
| ich werde | wir werden | zerstoben sein |
| du wirst | ihr werdet | OR |
| Sie werden | Sie werden | zerstiebt sein |
| er/sie/es wird | sie werden | |

**PRESENT SUBJUNCTIVE I**

| | |
|---|---|
| ich zerstiebe | wir zerstieben |
| du zerstiebest | ihr zerstiebet |
| Sie zerstieben | Sie zerstieben |
| er/sie/es zerstiebe | sie zerstieben |

**PAST SUBJUNCTIVE I**

| | | |
|---|---|---|
| ich sei | wir seien | |
| du seiest | ihr seiet | zerstoben/zerstiebt |
| Sie seien | Sie seien | |
| er/sie/es sei | sie seien | |

**PRESENT SUBJUNCTIVE II**

| | |
|---|---|
| ich zerstiebte/zerstöbe | wir zerstiebten/zerstöben |
| du zerstiebtest/zerstöbest | ihr zerstiebtet/zerstöbet |
| Sie zerstiebten/zerstöben | Sie zerstiebten/zerstöben |
| er/sie/es zerstiebte/zerstöbe | sie zerstiebten/zerstöben |

**PAST SUBJUNCTIVE II**

| | | |
|---|---|---|
| ich wäre | wir wären | |
| du wärest | ihr wäret | zerstoben/zerstiebt |
| Sie wären | Sie wären | |
| er/sie/es wäre | sie wären | |

**FUTURE SUBJUNCTIVE I**

| | | |
|---|---|---|
| ich werde | wir werden | |
| du werdest | ihr werdet | zerstieben |
| Sie werden | Sie werden | |
| er/sie/es werde | sie werden | |

**FUTURE PERFECT SUBJUNCTIVE I**

| | | |
|---|---|---|
| ich werde | wir werden | zerstoben sein |
| du werdest | ihr werdet | OR |
| Sie werden | Sie werden | zerstiebt sein |
| er/sie/es werde | sie werden | |

**FUTURE SUBJUNCTIVE II**

| | | |
|---|---|---|
| ich würde | wir würden | |
| du würdest | ihr würdet | zerstieben |
| Sie würden | Sie würden | |
| er/sie/es würde | sie würden | |

**FUTURE PERFECT SUBJUNCTIVE II**

| | | |
|---|---|---|
| ich würde | wir würden | zerstoben sein |
| du würdest | ihr würdet | OR |
| Sie würden | Sie würden | zerstiebt sein |
| er/sie/es würde | sie würden | |

**COMMANDS**   zerstieb(e)!   zerstiebt!   zerstieben Sie!

**PRESENT PARTICIPLE**   zerstiebend

**NOTE** The simple tenses of **zerstieben** are commonly regular weak in modern standard German; the past participle is less frequently so.

## Usage

| | |
|---|---|
| Zerstoben ist das freundliche Gedränge. (GOETHE) | *The friendly crowd has scattered.* |
| Was ich gesammelt, ist im Wind zerstoben. (GRILLPARZER) | *What I've collected has vanished in the wind.* |
| Ein Schwarm Möwen folgte dem Boot hinterher und zerstob bald darauf. | *A flock of seagulls followed the boat and dispersed soon after.* |
| Die Wellen zerstieben an den Felsen. | *The waves scatter on the rocks.* |
| Die Menschenmenge zerstob nach knapp zwei Stunden. | *The crowd of people dispersed after barely two hours.* |
| Der Traum ist längst zerstoben. | *The dream has long since vanished.* |
| Bald erschien ein Wolf und die ängstlichen Schafe zerstoben in alle Winde. | *Soon a wolf appeared, and the frightened sheep scattered in all directions.* |

**RELATED VERB**  stieben

regular weak verb                                    zerstört · zerstörte · zerstört

**PRESENT**

| | |
|---|---|
| ich zerstöre | wir zerstören |
| du zerstörst | ihr zerstört |
| Sie zerstören | Sie zerstören |
| er/sie/es zerstört | sie zerstören |

**SIMPLE PAST**

| | |
|---|---|
| ich zerstörte | wir zerstörten |
| du zerstörtest | ihr zerstörtet |
| Sie zerstörten | Sie zerstörten |
| er/sie/es zerstörte | sie zerstörten |

**FUTURE**

| | |
|---|---|
| ich werde | wir werden |
| du wirst | ihr werdet |
| Sie werden | Sie werden |
| er/sie/es wird | sie werden |

} zerstören

**PRESENT SUBJUNCTIVE I**

| | |
|---|---|
| ich zerstöre | wir zerstören |
| du zerstörest | ihr zerstöret |
| Sie zerstören | Sie zerstören |
| er/sie/es zerstöre | sie zerstören |

**PRESENT SUBJUNCTIVE II**

| | |
|---|---|
| ich zerstörte | wir zerstörten |
| du zerstörtest | ihr zerstörtet |
| Sie zerstörten | Sie zerstörten |
| er/sie/es zerstörte | sie zerstörten |

**FUTURE SUBJUNCTIVE I**

| | |
|---|---|
| ich werde | wir werden |
| du werdest | ihr werdet |
| Sie werden | Sie werden |
| er/sie/es werde | sie werden |

} zerstören

**FUTURE SUBJUNCTIVE II**

| | |
|---|---|
| ich würde | wir würden |
| du würdest | ihr würdet |
| Sie würden | Sie würden |
| er/sie/es würde | sie würden |

} zerstören

**PRESENT PERFECT**

| | |
|---|---|
| ich habe | wir haben |
| du hast | ihr habt |
| Sie haben | Sie haben |
| er/sie/es hat | sie haben |

} zerstört

**PAST PERFECT**

| | |
|---|---|
| ich hatte | wir hatten |
| du hattest | ihr hattet |
| Sie hatten | Sie hatten |
| er/sie/es hatte | sie hatten |

} zerstört

**FUTURE PERFECT**

| | |
|---|---|
| ich werde | wir werden |
| du wirst | ihr werdet |
| Sie werden | Sie werden |
| er/sie/es wird | sie werden |

} zerstört haben

**PAST SUBJUNCTIVE I**

| | |
|---|---|
| ich habe | wir haben |
| du habest | ihr habet |
| Sie haben | Sie haben |
| er/sie/es habe | sie haben |

} zerstört

**PAST SUBJUNCTIVE II**

| | |
|---|---|
| ich hätte | wir hätten |
| du hättest | ihr hättet |
| Sie hätten | Sie hätten |
| er/sie/es hätte | sie hätten |

} zerstört

**FUTURE PERFECT SUBJUNCTIVE I**

| | |
|---|---|
| ich werde | wir werden |
| du werdest | ihr werdet |
| Sie werden | Sie werden |
| er/sie/es werde | sie werden |

} zerstört haben

**FUTURE PERFECT SUBJUNCTIVE II**

| | |
|---|---|
| ich würde | wir würden |
| du würdest | ihr würdet |
| Sie würden | Sie würden |
| er/sie/es würde | sie würden |

} zerstört haben

**COMMANDS**          zerstör(e)!   zerstört!   zerstören Sie!

**PRESENT PARTICIPLE**   zerstörend

## Usage

| | |
|---|---|
| Das hat den letzten Funken Hoffnung zerstört. | *That destroyed the last ray of hope.* |
| Der Tornado hat das ganze Dorf zerstört. | *The tornado wiped out the entire village.* |
| Das Virus zerstört Nervenzellen im Gehirn. | *The virus destroys nerve cells in the brain.* |
| Durch Luftangriffe der Alliierten wurde Dresden bis zu 80 % zerstört. | *Through Allied air attacks, up to 80% of Dresden was destroyed.* |
| 1883 zerstörte ein Vulkanausbruch Teile der Insel. | *In 1883, a volcanic eruption destroyed parts of the island.* |
| Die Leber ist durch Krebs zerstört worden. | *The liver has been destroyed by cancer.* |
| Ein Brand in der Bibliothek hat 30 000 wertvolle Bücher zerstört. | *A fire in the library destroyed 30,000 valuable books.* |
| Die Flammen zerstörten sofort die hölzerne Hütte. | *The flames destroyed the wooden hut in an instant.* |
| Der Koloss von Rhodos wurde durch ein Erdbeben zerstört. | *The Colossus of Rhodes was ruined by an earthquake.* |
| Der PKW wurde bei dem Unfall total zerstört. | *The car was completely wrecked in the accident.* |

**RELATED VERBS** *see* **stören** (431)

### MORE USAGE SENTENCES WITH ziehen

| | |
|---|---|
| Zieh sie am Ärmel, dann sieht sie dich. | _Tug at her shirtsleeve, then she'll see you._ |
| ZIEHEN (SIGN ON A DOOR) | _PULL_ |
| Lars lässt sich einen Zahn ziehen. | _Lars is having a tooth extracted._ |
| Die Firma hat die Aufmerksamkeit auf sich gezogen. | _The firm has attracted attention to itself._ |
| Diese Splitterpartei hat bei der Wahl wenige Stimmen gezogen. | _This splinter party attracted few votes in the election._ |

### sich ziehen _to stretch, extend_

| | |
|---|---|
| An dem Tag zog sich ein dichter Nebel über den Sumpf. | _On that day, a thick fog stretched across the swamp._ |
| Eine 1.500 Kilometer lange Straße zieht sich durch die Wüste. | _A 1,500-kilometer-long road runs across the desert._ |
| Das Projekt zieht sich in die Länge. | _The project is dragging on._ |

### ziehen (with sein) _to move, advance, pass, go_

| | |
|---|---|
| Im Juni zieht Pawel nach München. | _In June, Pawel is moving to Munich._ |
| Wir möchten auf eine Insel ziehen. | _We'd like to move to an island to live._ |
| Dirk ist zu seinem Freund Thorsten gezogen. | _Dirk moved in with his boyfriend, Thorsten._ |
| 1349 zog das kaiserliche Heer in das Fürstentum. | _In 1349, the imperial army advanced into the princedom._ |
| Der Sturm ist nach Osten gezogen. | _The storm has passed to the east._ |
| Das Land ist ohne guten Grund in den Krieg gezogen. | _The country has gone to war for no good reason._ |

### IDIOMATIC EXPRESSIONS

| | |
|---|---|
| Diese Funktion zieht die Quadratwurzel aus einem Wert. | _This function extracts the square root of a value._ |
| Maximilians Vater wurde in der Presse durch den Schmutz gezogen. | _Maximilian's father was disparaged in the press._ |
| Wieso ziehst du ein Gesicht? | _How come you're making a face?_ |
| Das Urheberrecht zieht klare Grenzen. | _Copyright law sets clear limits._ |
| Man muss die Nachteile auch in Betracht ziehen. | _You also have to take the disadvantages into consideration._ |
| Sonnenblumen sind leicht aus Samen zu ziehen. | _Sunflowers are easy to cultivate from seed._ |
| Das zieht bei mir nicht. | _I don't find that convincing._ |
| Den Tee drei Minuten ziehen lassen. (RECIPE) | _Let the tea steep for three minutes._ |
| Die Bremsen ziehen nicht richtig. | _The brakes aren't grabbing properly._ |
| Der Detektiv zog an seiner Zigarette und schaute sie an. | _The detective took a puff off his cigarette and looked at her._ |
| Es zieht. | _There's a draft (in the room)._ |
| Ich habe Klaus mit diesem Vorschlag auf meine Seite gezogen. | _I've won Klaus over to my side with this suggestion._ |
| Habt ihr daraus eine Lehre ziehen können, Kinder? | _Were you able to learn a lesson from that, children?_ |
| Er zieht Nutzen aus den Fehlern anderer. | _He capitalizes on other people's mistakes._ |
| Sara konnte noch den Kopf rechtzeitig aus der Schlinge ziehen. | _Sara was able to make her escape just in time._ |
| Herr Jansen wird wegen Diebstahl vor Gericht gezogen. | _Mr. Jansen is being arraigned for theft._ |
| Ich ziehe immer den kürzeren. | _I always get the short end of the stick._ |
| Diese Therapie kann Komplikationen nach sich ziehen. | _This therapy can result in complications._ |
| Sie ziehen Ihren Sohn doch ins Geheimnis? (SCHILLER) | _You're making your son privy to the secret?_ |

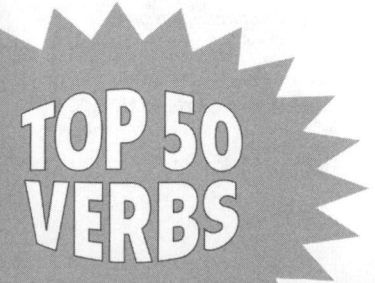

TOP 50 VERBS

strong verb

**PRESENT**

| | |
|---|---|
| ich ziehe | wir ziehen |
| du ziehst | ihr zieht |
| Sie ziehen | Sie ziehen |
| er/sie/es zieht | sie ziehen |

**SIMPLE PAST**

| | |
|---|---|
| ich zog | wir zogen |
| du zogst | ihr zogt |
| Sie zogen | Sie zogen |
| er/sie/es zog | sie zogen |

**FUTURE**

| | | |
|---|---|---|
| ich werde | wir werden | |
| du wirst | ihr werdet | ziehen |
| Sie werden | Sie werden | |
| er/sie/es wird | sie werden | |

**PRESENT SUBJUNCTIVE I**

| | |
|---|---|
| ich ziehe | wir ziehen |
| du ziehest | ihr ziehet |
| Sie ziehen | Sie ziehen |
| er/sie/es ziehe | sie ziehen |

**PRESENT SUBJUNCTIVE II**

| | |
|---|---|
| ich zöge | wir zögen |
| du zögest | ihr zöget |
| Sie zögen | Sie zögen |
| er/sie/es zöge | sie zögen |

**FUTURE SUBJUNCTIVE I**

| | | |
|---|---|---|
| ich werde | wir werden | |
| du werdest | ihr werdet | ziehen |
| Sie werden | Sie werden | |
| er/sie/es werde | sie werden | |

**FUTURE SUBJUNCTIVE II**

| | | |
|---|---|---|
| ich würde | wir würden | |
| du würdest | ihr würdet | ziehen |
| Sie würden | Sie würden | |
| er/sie/es würde | sie würden | |

**PRESENT PERFECT**

| | | |
|---|---|---|
| ich habe | wir haben | |
| du hast | ihr habt | gezogen |
| Sie haben | Sie haben | |
| er/sie/es hat | sie haben | |

**PAST PERFECT**

| | | |
|---|---|---|
| ich hatte | wir hatten | |
| du hattest | ihr hattet | gezogen |
| Sie hatten | Sie hatten | |
| er/sie/es hatte | sie hatten | |

**FUTURE PERFECT**

| | | |
|---|---|---|
| ich werde | wir werden | |
| du wirst | ihr werdet | gezogen haben |
| Sie werden | Sie werden | |
| er/sie/es wird | sie werden | |

**PAST SUBJUNCTIVE I**

| | | |
|---|---|---|
| ich habe | wir haben | |
| du habest | ihr habet | gezogen |
| Sie haben | Sie haben | |
| er/sie/es habe | sie haben | |

**PAST SUBJUNCTIVE II**

| | | |
|---|---|---|
| ich hätte | wir hätten | |
| du hättest | ihr hättet | gezogen |
| Sie hätten | Sie hätten | |
| er/sie/es hätte | sie hätten | |

**FUTURE PERFECT SUBJUNCTIVE I**

| | | |
|---|---|---|
| ich werde | wir werden | |
| du werdest | ihr werdet | gezogen haben |
| Sie werden | Sie werden | |
| er/sie/es werde | sie werden | |

**FUTURE PERFECT SUBJUNCTIVE II**

| | | |
|---|---|---|
| ich würde | wir würden | |
| du würdest | ihr würdet | gezogen haben |
| Sie würden | Sie würden | |
| er/sie/es würde | sie würden | |

**COMMANDS** zieh(e)! zieht! ziehen Sie!

**PRESENT PARTICIPLE** ziehend

## Usage

| | |
|---|---|
| Wenn man das Herzass zieht, gewinnt man das Kartenspiel. | *If you draw the ace of hearts, you win the card game.* |
| Typische Kutschen wurden von zwei Pferden gezogen. | *Typical carriages were drawn by two horses.* |
| Romeo zog Julia an sich und küsste sie. | *Romeo drew Juliet to himself and kissed her.* |
| Auf der Feier hat sie mich auf die Seite gezogen und alles erklärt. | *She took me aside at the party and explained everything.* |
| So könnte man wohl falsche Schlüsse ziehen. | *One might thus draw false conclusions.* |
| Ziehen Sie das Seil straff. | *Pull the rope taut.* |
| Anja hatte Angst und zog sich die Decke über den Kopf. | *Anja was afraid and pulled the blanket over her head.* |
| Max hat Sara an den Haaren gezogen. | *Max pulled Sara's hair.* |

**RELATED VERBS** ab·ziehen, auf·ziehen, durchziehen, durch·ziehen, entziehen, erziehen, groß·ziehen, hinterziehen, nach·vollziehen, überziehen, über·ziehen, umher·ziehen, umziehen, um·ziehen, unterziehen, unter·ziehen, verziehen, vorüber·ziehen, vor·ziehen, weg·ziehen, weiter·ziehen, zurück·ziehen, zusammen·ziehen, zu·ziehen; *see also* **an·ziehen** (20), **aus·ziehen** (42), **beziehen** (105), **ein·ziehen** (140)

## zu·hören    *to listen to*

**hört zu · hörte zu · zugehört**                    regular weak verb (dative object)

**PRESENT**

| ich höre | wir hören | |
|---|---|---|
| du hörst | ihr hört | |
| Sie hören | Sie hören | } zu |
| er/sie/es hört | sie hören | |

**SIMPLE PAST**

| ich hörte | wir hörten | |
|---|---|---|
| du hörtest | ihr hörtet | |
| Sie hörten | Sie hörten | } zu |
| er/sie/es hörte | sie hörten | |

**FUTURE**

| ich werde | wir werden | |
|---|---|---|
| du wirst | ihr werdet | |
| Sie werden | Sie werden | } zuhören |
| er/sie/es wird | sie werden | |

**PRESENT SUBJUNCTIVE I**

| ich höre | wir hören | |
|---|---|---|
| du hörest | ihr höret | |
| Sie hören | Sie hören | } zu |
| er/sie/es höre | sie hören | |

**PRESENT SUBJUNCTIVE II**

| ich hörte | wir hörten | |
|---|---|---|
| du hörtest | ihr hörtet | |
| Sie hörten | Sie hören | } zu |
| er/sie/es hörte | sie hören | |

**FUTURE SUBJUNCTIVE I**

| ich werde | wir werden | |
|---|---|---|
| du werdest | ihr werdet | |
| Sie werden | Sie werden | } zuhören |
| er/sie/es werde | sie werden | |

**FUTURE SUBJUNCTIVE II**

| ich würde | wir würden | |
|---|---|---|
| du würdest | ihr würdet | |
| Sie würden | Sie würden | } zuhören |
| er/sie/es würde | sie würden | |

**PRESENT PERFECT**

| ich habe | wir haben | |
|---|---|---|
| du hast | ihr habt | |
| Sie haben | Sie haben | } zugehört |
| er/sie/es hat | sie haben | |

**PAST PERFECT**

| ich hatte | wir hatten | |
|---|---|---|
| du hattest | ihr hattet | |
| Sie hatten | Sie hatten | } zugehört |
| er/sie/es hatte | sie hatten | |

**FUTURE PERFECT**

| ich werde | wir werden | |
|---|---|---|
| du wirst | ihr werdet | |
| Sie werden | Sie werden | } zugehört haben |
| er/sie/es wird | sie werden | |

**PAST SUBJUNCTIVE I**

| ich habe | wir haben | |
|---|---|---|
| du habest | ihr habet | |
| Sie haben | Sie haben | } zugehört |
| er/sie/es habe | sie haben | |

**PAST SUBJUNCTIVE II**

| ich hätte | wir hätten | |
|---|---|---|
| du hättest | ihr hättet | |
| Sie hätten | Sie hätten | } zugehört |
| er/sie/es hätte | sie hätten | |

**FUTURE PERFECT SUBJUNCTIVE I**

| ich werde | wir werden | |
|---|---|---|
| du werdest | ihr werdet | |
| Sie werden | Sie werden | } zugehört haben |
| er/sie/es werde | sie werden | |

**FUTURE PERFECT SUBJUNCTIVE II**

| ich würde | wir würden | |
|---|---|---|
| du würdest | ihr würdet | |
| Sie würden | Sie würden | } zugehört haben |
| er/sie/es würde | sie würden | |

**COMMANDS**         hör(e) zu!    hört zu!    hören Sie zu!

**PRESENT PARTICIPLE**    zuhörend

## Usage

| | |
|---|---|
| Nicolaus will unserem Gespräch zugehört haben. | *Nicolaus claims to have been listening to our discussion.* |
| Nach einer Stunde konnte man ihm nicht mehr zuhören. | *After an hour, people couldn't listen to him anymore.* |
| Momo kann gut zuhören. | *Momo is a good listener.* |
| Du darfst nicht zuhören. | *You can't listen. / You're not allowed to listen.* |
| In Nebenzimmer hörte Oma Schmitz aufmerksam zu. | *In the next room, Grandma Schmitz listened attentively.* |
| Er scheint nicht zuhören zu wollen. | *He doesn't seem to want to listen.* |
| Ich habe höflich zugehört, obwohl die Rede langweilig war. | *I listened politely even though the speech was boring.* |
| Amalie hat gar nicht zugehört. | *Amalie wasn't even listening.* |
| Wie kann der Mensch seinen eigenen Gedanken zuhören? | *How can a person listen to his own thoughts?* |
| Wer wird ihnen zuhören? | *Who will listen to them?* |
| Die Vereinsmitglieder hörten dem Vortrag interessiert zu. | *The club members listened to the presentation with interest.* |

**RELATED VERBS** *see* **hören (248)**

strong verb | **nimmt zu · nahm zu · zugenommen**

**PRESENT**

| | |
|---|---|
| ich nehme | wir nehmen |
| du nimmst | ihr nehmt |
| Sie nehmen | Sie nehmen |
| er/sie/es nimmt | sie nehmen |

} zu

**PRESENT PERFECT**

| | |
|---|---|
| ich habe | wir haben |
| du hast | ihr habt |
| Sie haben | Sie haben |
| er/sie/es hat | sie haben |

} zugenommen

**SIMPLE PAST**

| | |
|---|---|
| ich nahm | wir nahmen |
| du nahmst | ihr nahmt |
| Sie nahmen | Sie nahmen |
| er/sie/es nahm | sie nahmen |

} zu

**PAST PERFECT**

| | |
|---|---|
| ich hatte | wir hatten |
| du hattest | ihr hattet |
| Sie hatten | Sie hatten |
| er/sie/es hatte | sie hatten |

} zugenommen

**FUTURE**

| | |
|---|---|
| ich werde | wir werden |
| du wirst | ihr werdet |
| Sie werden | Sie werden |
| er/sie/es wird | sie werden |

} zunehmen

**FUTURE PERFECT**

| | |
|---|---|
| ich werde | wir werden |
| du wirst | ihr werdet |
| Sie werden | Sie werden |
| er/sie/es wird | sie werden |

} zugenommen haben

**PRESENT SUBJUNCTIVE I**

| | |
|---|---|
| ich nehme | wir nehmen |
| du nehmest | ihr nehmet |
| Sie nehmen | Sie nehmen |
| er/sie/es nehme | sie nehmen |

} zu

**PAST SUBJUNCTIVE I**

| | |
|---|---|
| ich habe | wir haben |
| du habest | ihr habet |
| Sie haben | Sie haben |
| er/sie/es habe | sie haben |

} zugenommen

**PRESENT SUBJUNCTIVE II**

| | |
|---|---|
| ich nähme | wir nähmen |
| du nähmest | ihr nähmet |
| Sie nähmen | Sie nähmen |
| er/sie/es nähme | sie nähmen |

} zu

**PAST SUBJUNCTIVE II**

| | |
|---|---|
| ich hätte | wir hätten |
| du hättest | ihr hättet |
| Sie hätten | Sie hätten |
| er/sie/es hätte | sie hätten |

} zugenommen

**FUTURE SUBJUNCTIVE I**

| | |
|---|---|
| ich werde | wir werden |
| du werdest | ihr werdet |
| Sie werden | Sie werden |
| er/sie/es werde | sie werden |

} zunehmen

**FUTURE PERFECT SUBJUNCTIVE I**

| | |
|---|---|
| ich werde | wir werden |
| du werdest | ihr werdet |
| Sie werden | Sie werden |
| er/sie/es werde | sie werden |

} zugenommen haben

**FUTURE SUBJUNCTIVE II**

| | |
|---|---|
| ich würde | wir würden |
| du würdest | ihr würdet |
| Sie würden | Sie würden |
| er/sie/es würde | sie würden |

} zunehmen

**FUTURE PERFECT SUBJUNCTIVE II**

| | |
|---|---|
| ich würde | wir würden |
| du würdest | ihr würdet |
| Sie würden | Sie würden |
| er/sie/es würde | sie würden |

} zugenommen haben

**COMMANDS** nimm zu! nehmt zu! nehmen Sie zu!

**PRESENT PARTICIPLE** zunehmend

## Usage

| | |
|---|---|
| Ihre Angst nahm nur noch zu, als der Hund sie anbellte. | *Her fear only increased when the dog barked at her.* |
| Der Weißkopf-Seeadler hat in den letzten Jahren an Zahl zugenommen. | *The bald eagle has increased in number in the last few years.* |
| Wert x nimmt im selben Maße zu, wie y zunimmt. | *Value x increases to the same degree that y increases.* |
| Die Anzahl der Studierenden nimmt jedes Jahr beträchtlich zu. | *The number of students increases considerably every year.* |
| Der Enthusiasmus für Bio-Lebensmittel scheint immer mehr zuzunehmen. | *Enthusiasm for organic foods seems to be ever on the rise.* |
| Da seine Schmerzen täglich zunahmen, probierte er ein anderes Medikament. | *Since his pain was intensifying daily, he tried a different medication.* |
| Ich habe letztes Jahr 10 Kilo zugenommen. | *I gained 10 kilos last year.* |
| Hast du zugenommen? | *Have you put on weight?* |
| Der Mond nimmt zu und er nimmt ab. | *The moon waxes and wanes.* |

**RELATED VERBS** *see* **nehmen** (314)

### PRESENT

| | |
|---|---|
| ich arbeite | wir arbeiten |
| du arbeitest | ihr arbeitet |
| Sie arbeiten | Sie arbeiten |
| er/sie/es arbeitet | sie arbeiten |

} zusammen

### PRESENT PERFECT

| | |
|---|---|
| ich habe | wir haben |
| du hast | ihr habt |
| Sie haben | Sie haben |
| er/sie/es hat | sie haben |

} zusammengearbeitet

### SIMPLE PAST

| | |
|---|---|
| ich arbeitete | wir arbeiteten |
| du arbeitetest | ihr arbeitetet |
| Sie arbeiteten | Sie arbeiteten |
| er/sie/es arbeitete | sie arbeiteten |

} zusammen

### PAST PERFECT

| | |
|---|---|
| ich hatte | wir hatten |
| du hattest | ihr hattet |
| Sie hatten | Sie hatten |
| er/sie/es hatte | sie hatten |

} zusammengearbeitet

### FUTURE

| | |
|---|---|
| ich werde | wir werden |
| du wirst | ihr werdet |
| Sie werden | Sie werden |
| er/sie/es wird | sie werden |

} zusammenarbeiten

### FUTURE PERFECT

| | |
|---|---|
| ich werde | wir werden |
| du wirst | ihr werdet |
| Sie werden | Sie werden |
| er/sie/es wird | sie werden |

} zusammengearbeitet haben

### PRESENT SUBJUNCTIVE I

| | |
|---|---|
| ich arbeite | wir arbeiten |
| du arbeitest | ihr arbeitet |
| Sie arbeiten | Sie arbeiten |
| er/sie/es arbeite | sie arbeiten |

} zusammen

### PAST SUBJUNCTIVE I

| | |
|---|---|
| ich habe | wir haben |
| du habest | ihr habet |
| Sie haben | Sie haben |
| er/sie/es habe | sie haben |

} zusammengearbeitet

### PRESENT SUBJUNCTIVE II

| | |
|---|---|
| ich arbeitete | wir arbeiteten |
| du arbeitetest | ihr arbeitetet |
| Sie arbeiteten | Sie arbeiteten |
| er/sie/es arbeitete | sie arbeiteten |

} zusammen

### PAST SUBJUNCTIVE II

| | |
|---|---|
| ich hätte | wir hätten |
| du hättest | ihr hättet |
| Sie hätten | Sie hätten |
| er/sie/es hätte | sie hätten |

} zusammengearbeitet

### FUTURE SUBJUNCTIVE I

| | |
|---|---|
| ich werde | wir werden |
| du werdest | ihr werdet |
| Sie werden | Sie werden |
| er/sie/es werde | sie werden |

} zusammenarbeiten

### FUTURE PERFECT SUBJUNCTIVE I

| | |
|---|---|
| ich werde | wir werden |
| du werdest | ihr werdet |
| Sie werden | Sie werden |
| er/sie/es werde | sie werden |

} zusammengearbeitet haben

### FUTURE SUBJUNCTIVE II

| | |
|---|---|
| ich würde | wir würden |
| du würdest | ihr würdet |
| Sie würden | Sie würden |
| er/sie/es würde | sie würden |

} zusammenarbeiten

### FUTURE PERFECT SUBJUNCTIVE II

| | |
|---|---|
| ich würde | wir würden |
| du würdest | ihr würdet |
| Sie würden | Sie würden |
| er/sie/es würde | sie würden |

} zusammengearbeitet haben

COMMANDS        arbeite zusammen!  arbeitet zusammen!  arbeiten Sie zusammen!

PRESENT PARTICIPLE        zusammenarbeitend

## Usage

| | |
|---|---|
| Die Studenten arbeiten an einem Projekt zusammen. | *The students are working together on a project.* |
| Drei Komponisten haben an dem Stück zusammengearbeitet. | *Three composers collaborated on the piece.* |
| Hier wird zu wenig zusammengearbeitet! | *There is too little cooperation here!* |
| Er wird bestimmt mit uns zusammenarbeiten wollen. | *He will definitely want to work with us.* |
| Ich habe niemals wissentlich mit ausländischen Geheimdiensten zusammengearbeitet. | *I have never knowingly cooperated with foreign secret service.* |
| Pawel arbeitete mit Georg Polacky als Assistent zusammen. | *Pawel worked with Georg Polacky as an assistant.* |
| Sieben freiberufliche Software-Entwickler arbeiten jetzt an dem Programm zusammen. | *Seven freelance software developers are collaborating on the program now.* |
| Ab jetzt müssen wir alle an einer Lösung zusammenarbeiten. | *Henceforth, we must all work together on a solution.* |
| Möglicherweise arbeiten wir an einem Buch über Heimarbeit zusammen. | *We may collaborate on a book about working at home.* |

RELATED VERBS  *see* **arbeiten** (22)

## PRESENT

| ich fasse | wir fassen | |
|---|---|---|
| du fasst | ihr fasst | } zusammen |
| Sie fassen | Sie fassen | |
| er/sie/es fasst | sie fassen | |

## SIMPLE PAST

| ich fasste | wir fassten | |
|---|---|---|
| du fasstest | ihr fasstet | } zusammen |
| Sie fassten | Sie fassten | |
| er/sie/es fasste | sie fassten | |

## FUTURE

| ich werde | wir werden | |
|---|---|---|
| du wirst | ihr werdet | } zusammenfassen |
| Sie werden | Sie werden | |
| er/sie/es wird | sie werden | |

## PRESENT SUBJUNCTIVE I

| ich fasse | wir fassen | |
|---|---|---|
| du fassest | ihr fasset | } zusammen |
| Sie fassen | Sie fassen | |
| er/sie/es fasse | sie fassen | |

## PRESENT SUBJUNCTIVE II

| ich fasste | wir fassten | |
|---|---|---|
| du fasstest | ihr fasstet | } zusammen |
| Sie fassten | Sie fassten | |
| er/sie/es fasste | sie fassten | |

## FUTURE SUBJUNCTIVE I

| ich werde | wir werden | |
|---|---|---|
| du werdest | ihr werdet | } zusammenfassen |
| Sie werden | Sie werden | |
| er/sie/es werde | sie werden | |

## FUTURE SUBJUNCTIVE II

| ich würde | wir würden | |
|---|---|---|
| du würdest | ihr würdet | } zusammenfassen |
| Sie würden | Sie würden | |
| er/sie/es würde | sie würden | |

## PRESENT PERFECT

| ich habe | wir haben | |
|---|---|---|
| du hast | ihr habt | } zusammengefasst |
| Sie haben | Sie haben | |
| er/sie/es hat | sie haben | |

## PAST PERFECT

| ich hatte | wir hatten | |
|---|---|---|
| du hattest | ihr hattet | } zusammengefasst |
| Sie hatten | Sie hatten | |
| er/sie/es hatte | sie hatten | |

## FUTURE PERFECT

| ich werde | wir werden | |
|---|---|---|
| du wirst | ihr werdet | } zusammengefasst haben |
| Sie werden | Sie werden | |
| er/sie/es wird | sie werden | |

## PAST SUBJUNCTIVE I

| ich habe | wir haben | |
|---|---|---|
| du habest | ihr habet | } zusammengefasst |
| Sie haben | Sie haben | |
| er/sie/es habe | sie haben | |

## PAST SUBJUNCTIVE II

| ich hätte | wir hätten | |
|---|---|---|
| du hättest | ihr hättet | } zusammengefasst |
| Sie hätten | Sie hätten | |
| er/sie/es hätte | sie hätten | |

## FUTURE PERFECT SUBJUNCTIVE I

| ich werde | wir werden | |
|---|---|---|
| du werdest | ihr werdet | } zusammengefasst haben |
| Sie werden | Sie werden | |
| er/sie/es werde | sie werden | |

## FUTURE PERFECT SUBJUNCTIVE II

| ich würde | wir würden | |
|---|---|---|
| du würdest | ihr würdet | } zusammengefasst haben |
| Sie würden | Sie würden | |
| er/sie/es würde | sie würden | |

**COMMANDS** fass(e) zusammen! fasst zusammen! fassen Sie zusammen!

**PRESENT PARTICIPLE** zusammenfassend

## Usage

| Ich fasse jetzt zusammen. | *I will now sum up.* |
|---|---|
| Marga hat unsere Kommentare kurz zusammengefasst. | *Marga briefly summarized our comments.* |
| Der Lehrer fasste die Handlung des Films zusammen. | *The teacher summarized the film's plot.* |
| Fassen Sie den Zeitungsartikel in zehn Sätzen zusammen. | *Summarize the newspaper article in 10 sentences.* |
| Der Vorsitzende möchte seine Strategie zusammenfassen. | *The chairperson would like to recapitulate his strategy.* |
| Kleinere Beträge können eventuell in einer Summe zusammengefasst werden. | *Smaller amounts can possibly be combined into one grand total.* |
| Der Kurs fasst sechs Einheiten zusammen. | *The course comprises six units.* |
| Wenn wir unsere Ressourcen zusammenfassen, können wir viel mehr leisten. | *If we pool our resources, we can accomplish much more.* |
| Der neue Plan fasst rund siebzig bestehende Umweltprojekte zusammen. | *The new plan combines about 70 existing environmental projects.* |
| Kann diese Software Text und Bilder zusammenfassen? | *Can this software integrate text and graphics?* |

**RELATED VERBS** *see* **fassen** (180)

# zweifeln  *to doubt*

zweifelt · zweifelte · gezweifelt

regular weak verb

### PRESENT

| | |
|---|---|
| ich zweif(e)le | wir zweifeln |
| du zweifelst | ihr zweifelt |
| Sie zweifeln | Sie zweifeln |
| er/sie/es zweifelt | sie zweifeln |

### SIMPLE PAST

| | |
|---|---|
| ich zweifelte | wir zweifelten |
| du zweifeltest | ihr zweifeltet |
| Sie zweifelten | Sie zweifelten |
| er/sie/es zweifelte | sie zweifelten |

### FUTURE

| | | |
|---|---|---|
| ich werde | wir werden | |
| du wirst | ihr werdet | zweifeln |
| Sie werden | Sie werden | |
| er/sie/es wird | sie werden | |

### PRESENT SUBJUNCTIVE I

| | |
|---|---|
| ich zweif(e)le | wir zweifeln |
| du zweifelst | ihr zweifelt |
| Sie zweifeln | Sie zweifeln |
| er/sie/es zweif(e)le | sie zweifeln |

### PRESENT SUBJUNCTIVE II

| | |
|---|---|
| ich zweifelte | wir zweifelten |
| du zweifeltest | ihr zweifeltet |
| Sie zweifelten | Sie zweifelten |
| er/sie/es zweifelte | sie zweifelten |

### FUTURE SUBJUNCTIVE I

| | | |
|---|---|---|
| ich werde | wir werden | |
| du werdest | ihr werdet | zweifeln |
| Sie werden | Sie werden | |
| er/sie/es werde | sie werden | |

### FUTURE SUBJUNCTIVE II

| | | |
|---|---|---|
| ich würde | wir würden | |
| du würdest | ihr würdet | zweifeln |
| Sie würden | Sie würden | |
| er/sie/es würde | sie würden | |

### PRESENT PERFECT

| | | |
|---|---|---|
| ich habe | wir haben | |
| du hast | ihr habt | gezweifelt |
| Sie haben | Sie haben | |
| er/sie/es hat | sie haben | |

### PAST PERFECT

| | | |
|---|---|---|
| ich hatte | wir hatten | |
| du hattest | ihr hattet | gezweifelt |
| Sie hatten | Sie hatten | |
| er/sie/es hatte | sie hatten | |

### FUTURE PERFECT

| | | |
|---|---|---|
| ich werde | wir werden | |
| du wirst | ihr werdet | gezweifelt haben |
| Sie werden | Sie werden | |
| er/sie/es wird | sie werden | |

### PAST SUBJUNCTIVE I

| | | |
|---|---|---|
| ich habe | wir haben | |
| du habest | ihr habet | gezweifelt |
| Sie haben | Sie haben | |
| er/sie/es habe | sie haben | |

### PAST SUBJUNCTIVE II

| | | |
|---|---|---|
| ich hätte | wir hätten | |
| du hättest | ihr hättet | gezweifelt |
| Sie hätten | Sie hätten | |
| er/sie/es hätte | sie hätten | |

### FUTURE PERFECT SUBJUNCTIVE I

| | | |
|---|---|---|
| ich werde | wir werden | |
| du werdest | ihr werdet | gezweifelt haben |
| Sie werden | Sie werden | |
| er/sie/es werde | sie werden | |

### FUTURE PERFECT SUBJUNCTIVE II

| | | |
|---|---|---|
| ich würde | wir würden | |
| du würdest | ihr würdet | gezweifelt haben |
| Sie würden | Sie würden | |
| er/sie/es würde | sie würden | |

COMMANDS    zweif(e)le!  zweifelt!  zweifeln Sie!

PRESENT PARTICIPLE    zweifelnd

## Usage

| | |
|---|---|
| Warum zweifeln Sie? | *Why do you doubt?* |
| Literaturwissenschaftler zweifeln daran, dass Goethe den Text geschrieben hat. | *Literary scholars doubt that Goethe wrote that text.* |
| Es ist nicht zu zweifeln, dass die Maus durch das Loch unter der Kommode gekrochen sein könnte. | *There is no doubt that the mouse could have crawled through the hole under the chest of drawers.* |
| Monikas Benehmen lässt mich neuerdings an ihrer Ehrlichkeit zweifeln. | *Monika's behavior lately makes me doubt her sincerity.* |
| Zweifelt ihr auch etwa daran, dass die Erde eine Kugel ist? | *Do you also by any chance doubt that the earth is round?* |
| Ich zweifele an seinem Wissen. | *I have doubts about his knowledge.* |
| Leider muss ich an dir zweifeln. | *Unfortunately, I have to doubt you.* |
| Die Wähler haben keinen Grund, daran zu zweifeln, dass ihre Wahl richtig war. | *The voters have no reason to doubt that their choice was correct.* |

RELATED VERBS  an·zweifeln, bezweifeln, verzweifeln

strong verb

zwingt · zwang · gezwungen

**PRESENT**

| | |
|---|---|
| ich zwinge | wir zwingen |
| du zwingst | ihr zwingt |
| Sie zwingen | Sie zwingen |
| er/sie/es zwingt | sie zwingen |

**SIMPLE PAST**

| | |
|---|---|
| ich zwang | wir zwangen |
| du zwangst | ihr zwangt |
| Sie zwangen | Sie zwangen |
| er/sie/es zwang | sie zwangen |

**FUTURE**

| | | |
|---|---|---|
| ich werde | wir werden | |
| du wirst | ihr werdet | |
| Sie werden | Sie werden | zwingen |
| er/sie/es wird | sie werden | |

**PRESENT SUBJUNCTIVE I**

| | |
|---|---|
| ich zwinge | wir zwingen |
| du zwingest | ihr zwinget |
| Sie zwingen | Sie zwingen |
| er/sie/es zwinge | sie zwingen |

**PRESENT SUBJUNCTIVE II**

| | |
|---|---|
| ich zwänge | wir zwängen |
| du zwängest | ihr zwänget |
| Sie zwängen | Sie zwängen |
| er/sie/es zwänge | sie zwängen |

**FUTURE SUBJUNCTIVE I**

| | | |
|---|---|---|
| ich werde | wir werden | |
| du werdest | ihr werdet | |
| Sie werden | Sie werden | zwingen |
| er/sie/es werde | sie werden | |

**FUTURE SUBJUNCTIVE II**

| | | |
|---|---|---|
| ich würde | wir würden | |
| du würdest | ihr würdet | |
| Sie würden | Sie würden | zwingen |
| er/sie/es würde | sie würden | |

**PRESENT PERFECT**

| | | |
|---|---|---|
| ich habe | wir haben | |
| du hast | ihr habt | |
| Sie haben | Sie haben | gezwungen |
| er/sie/es hat | sie haben | |

**PAST PERFECT**

| | | |
|---|---|---|
| ich hatte | wir hatten | |
| du hattest | ihr hattet | |
| Sie hatten | Sie hatten | gezwungen |
| er/sie/es hatte | sie hatten | |

**FUTURE PERFECT**

| | | |
|---|---|---|
| ich werde | wir werden | |
| du wirst | ihr werdet | |
| Sie werden | Sie werden | gezwungen haben |
| er/sie/es wird | sie werden | |

**PAST SUBJUNCTIVE I**

| | | |
|---|---|---|
| ich habe | wir haben | |
| du habest | ihr habet | |
| Sie haben | Sie haben | gezwungen |
| er/sie/es habe | sie haben | |

**PAST SUBJUNCTIVE II**

| | | |
|---|---|---|
| ich hätte | wir hätten | |
| du hättest | ihr hättet | |
| Sie hätten | Sie hätten | gezwungen |
| er/sie/es hätte | sie hätten | |

**FUTURE PERFECT SUBJUNCTIVE I**

| | | |
|---|---|---|
| ich werde | wir werden | |
| du werdest | ihr werdet | |
| Sie werden | Sie werden | gezwungen haben |
| er/sie/es werde | sie werden | |

**FUTURE PERFECT SUBJUNCTIVE II**

| | | |
|---|---|---|
| ich würde | wir würden | |
| du würdest | ihr würdet | |
| Sie würden | Sie würden | gezwungen haben |
| er/sie/es würde | sie würden | |

**COMMANDS**          zwing(e)!   zwingt!   zwingen Sie!

**PRESENT PARTICIPLE**   zwingend

## Usage

1941 zwangen ihn die politischen Verhältnisse ins Ausland zu emigrieren.

Der Vorsteher sagte, dass die Umstände ihn zum Rücktritt gezwungen hätten.

Andauernde Dürren zwangen viele Landwirte, ihre Betriebe zu verlassen.

Die Gefangenen wurden gezwungen, auf dem Boden zu schlafen.

Die Kreativität lässt sich nicht zwingen.

Heiner fühlte sich damals gezwungen, politisch aktiv zu sein.

Rund 50 000 Flüchtlinge wurden während des Kriegs ins Grenzgebiet gezwungen.

*In 1941, the political circumstances forced him to emigrate abroad.*

*The director said the situation has forced his resignation.*

*Persistent droughts forced many farmers to abandon their farms.*

*The prisoners were forced to sleep on the ground.*

*Creativity can't be forced.*

*Heiner felt compelled in those days to be politically active.*

*Around 50,000 refugees were forced into the border region during the war.*

**RELATED VERBS** ab·zwingen, auf·zwingen, erzwingen, nieder·zwingen

# Exercises

- Answers to exercises are on page 650.

**A**  *Write the correct form of each verb in the **present** tense to complete the sentences.*

MODEL   Frank __kauft__ ein Wörterbuch. Es __kostet__ 15 Euro. (kaufen, kosten)

1. Ich _____ mich mit Yoga und Aerobik. _____ du Sport? (erholen, treiben)

2. Ulrich _____ keinen Spinat, aber er _____ gern Brokkoli. (mögen, essen)

3. Wir _____ nach Vancouver. Wohin _____ ihr? (fahren, gehen)

4. „Was _____ du von dieser Idee?" „Ich _____ sie wunderbar." (halten, finden)

5. „Was _____ Sie von Beruf?" „Ich _____ Pilot." (sein, sein)

6. „_____ du einen Vorschlag?" „Nein, ich _____ keine Ahnung." (haben, haben)

7. „Anke _____ einen Flug nach Rom." „_____ Ute mitkommen?" (buchen, können)

8. Ich _____ gern. _____ du auch gern? (reisen, reisen)

9. Tobias _____ gern Krimis. Er _____ Schriftsteller. (lesen, werden)

10. „_____ du, wie viel Uhr es ist?" „Nein, ich _____ es leider nicht." (wissen, wissen)

11. Heute _____ ich einkaufen. Ich _____ ein paar Sachen. (müssen, brauchen)

12. Ich _____, wir _____ genug zu tun. (denken, haben)

**B**  *On separate paper, rewrite the sentences in Exercise A in the **present perfect** tense.*

MODEL   Frank hat ein Wörterbuch gekauft. Es hat 15 Euro gekostet.

**C**  *On separate paper, write complete sentences from the elements below, using the correct form of the prefixed verb in the **present** tense. Caution: Some prefixes are separable, while others are not!*

MODEL   Wolfgang / aufstehen / um 8 Uhr → Wolfgang steht um 8 Uhr auf.

1. wir / abbiegen / hier
2. ich / besuchen / Anja
3. Michael / abnehmen
4. die Straße / aufhören / hier
5. das Kind / einsteigen / ins Auto

6. Alex / erwarten / uns
7. ich / nachdenken / darüber
8. die Firma / herstellen / Motoren
9. mein Chef / vorschlagen / etwas
10. das Auto / überholen / das Motorrad

**D** *On separate paper, rewrite the sentences in Exercise C in the* **present perfect** *tense.*

MODEL    Wolfgang ist um 8 Uhr aufgestanden.

**E** *Write the correct form of each verb in the* **simple past** *tense to complete the sentences.*

MODEL    Es __war__ einmal eine Königin. (sein)

1. Die Königin _____ eine Tochter. (haben)

2. Ihre Tochter _____ sehr schön. (sein)

3. Sie _____ Schneewittchen. (heißen)

4. Die Königin _____ eines Tages. (sterben)

5. Der König _____ eine andere Dame. (heiraten)

6. Schneewittchens Stiefmutter _____ sie. (hassen)

7. Die Stiefmutter _____ Schneewittchen in den Wald. (schicken)

8. Schneewittchen _____ sieben Zwerge im Wald. (finden)

9. Sie _____ bei den Zwergen. (wohnen)

10. Schneewittchen putzte und _____ für sie. (kochen)

11. Die Stiefmutter _____ mit dem Spiegel. (sprechen)

12. Sie _____, dass Schneewittchen noch _____. (erfahren, leben)

13. Die Stiefmutter _____ zu Schneewittchen. (kommen)

14. Sie _____ ihr einen giftigen Apfel zu essen. (geben)

15. Schneewittchen _____ den Apfel und starb darauf. (essen)

16. Die Zwerge _____ Schneewittchen in einen Sarg aus Glas. (legen)

17. Ein Prinz _____ Schneewittchen und _____ sich. (sehen, verlieben)

18. Er küsste Schneewittchen und sie _____. (aufwachen)

**F** *On separate paper, rewrite each sentence in the* **future** *tense using the auxiliary* werden.

MODEL    Sandra singt im Chor. → Sandra wird im Chor singen.

1. Stefan leiht seinem Freund sein Auto.

2. Tobias kauft eine Lederjacke.

3. Am Samstag bin ich zu Hause.

4. Liest du den Roman?

5. Ich kann das nicht schaffen.

6. Ihr wisst die Antwort wohl.

7. Man verwendet keine Chemikalien.

8. Es ist sehr warm.

9. Es macht viel Spaß.

10. Dürfen wir eine Pause machen?

11. Wann findet die Sammlung statt?

12. Der Anzug sieht gut aus.

13. Es wird kalt und regnerisch.

14. Sprichst du mit ihm?

**G**   *On separate paper, rewrite each sentence with the modal verb and tense indicated in parentheses.*

MODEL   Susanne kauft heute ein. (müssen; *present*) → Susanne muss heute einkaufen.

1. Stefan leiht seinem Freund sein Auto. (wollen; *simple past*)

2. Tobias kauft keine Lederjacke. (dürfen; *present*)

3. Am Sonntag bleibe ich zu Hause. (sollen; *present*)

4. Arbeitest du am Wochenende? (müssen; *simple past*)

5. Frau Maier nimmt am Workshop teil. (wollen; *present perfect*)

6. Ich beeinflusse den Ausgang nicht. (können; *simple past*)

7. Martin geht ins Büro. (wollen; *present*)

8. Claudia lacht über den Vorfall. (müssen; *present perfect*)

9. Ich weiß es nicht. (müssen; *simple past*)

**H**   *On separate paper, render the following sentences into German using the dative verb and tense indicated in parentheses.*

MODEL   He doesn't answer her. (antworten, *present*) → Er antwortet ihr nicht.

1. Stefan met her yesterday. (begegnen, *simple past*)

2. I thank you for the wine. (danken, *present*)

3. I miss you. (fehlen, *present*) (*Hint: The subject is* Du.)

4. The wolf followed her. (folgen, *simple past*)

5. I like the shirt. (gefallen, present) (*Hint: The subject is* Das Hemd.)

6. She is not successful. (gelingen, *present*) (*Hint: The subject is* Es.)

7. Maria helped me. (helfen, *present perfect*)

8. Who does the book belong to? (gehören, *present*)

9. She is contradicting her answer. (widersprechen, *present*)

**I**   *On separate paper, rewrite the following active sentences in the passive voice. If the active sentence has* man *as the subject, omit it in the passive sentence. All sentences are in the present tense.*

MODELS   <u>Der Präsident</u> hält eine Rede. → Eine Rede wird <u>vom Präsidenten</u> gehalten.
<u>Man</u> bezahlt das Essen an der Kasse. → Das Essen wird an der Kasse bezahlt.

1. Tante Karin kocht das Essen.

2. Man befreit endlich die Gefangenen.

3. Man verbraucht zu viel Energie.

4. Herr Leitner veröffentlicht das Buch.

5. Der Autor liest das Gedicht vor.

6. Ein Affe fährt das Fahrrad durch die Stadt.

7. Man zündet Kerzen an und bereitet alles vor.

8. Frau Schlau unterrichtet Englisch.

9. Man spült das Geschirr per Hand.

10. Die Kinder singen ein Volkslied.

**J**   *On separate paper, write commands in all three forms of the second-person imperative. Watch out for separable prefix verbs!*

MODEL   träumen / süß → Träum(e) süß. Träumt süß. Träumen Sie süß.

1. helfen / mir

2. aufräumen / das Zimmer

3. kommen / zu mir

4. essen / nicht so schnell

5. geben / mir einen Kuss

6. überraschen / mich

7. vergessen / uns nicht

8. aufstehen / sofort

**K**   *Write the correct form of each verb in the **present subjunctive II**, **past subjunctive II**, or **future subjunctive II** tense to complete the sentences.*

MODEL   Lara tut, als ob sie die Antwort _wüsste_. (wissen, *present subjunctive II*)

1. Was _____ _____, wenn die Firmen es aber nicht _____?
   (passieren, *future subjunctive II*; tun, *present subjunctive II*)

2. Es _____ mir besser, wenn ich mehr Geld _____.
   (gehen, *present subjunctive II*; haben, *present subjunctive II*)

3. Wenn ich ihn _____ _____, _____ wir uns jetzt besser _____.
   (besuchen, *past subjunctive II*; kennen, *future subjunctive II*)

4. Er sah so aus, als ob er gerade von der Arbeit _____ _____.
   (kommen, *past subjunctive II*)

5. Wenn es _____ _____, _____ wir Regenschirme haben.
   (regnen, *future subjunctive II*; müssen, *present subjunctive II*)

**L**   *Complete each sentence in indirect speech using the correct form of the **subjunctive I** or **subjunctive II**, whichever is correct for standard German. (For a review of the rules, refer to pages 17–18, 20, 25, 26, 27, and 28.)*

MODEL   Laut dem Bericht _habe_ der Chef keinen Grund genannt. (haben)

1. Nach Polizeiangaben _____ die Männer unbekannt. (sein)

2. Der Sprecher behauptete, Herr Wolf _____ nicht dafür zuständig. (sein)

3. Die Zeugen berichteten, die Jugendlichen _____ Baseballmützen getragen. (haben)

4. Laut dem Bericht _____ die Bürgermeisterin die Antwort nicht genau. (wissen)

5. Nach Angaben _____ die Demonstranten aus Köln. (kommen)

# Answers to Exercises

## A

1. erhole, treibst   2. mag, isst   3. fahren, geht
4. hältst, finde   5. sind, bin   6. Hast, habe
7. bucht, Kann   8. reise, Reist   9. liest, wird
10. Weißt, weiß   11. muss, brauche   12. denke,
haben

## B

1. Ich habe mich mit Yoga und Aerobik erholt.
Hast du Sport getrieben?   2. Ulrich hat keinen Spinat
gemocht, aber er hat gern Brokkoli gegessen.
3. Wir sind nach Vancouver gefahren. Wohin seid
ihr gegangen?   4. „Was hast du von dieser Idee
gehalten?" „Ich habe sie wunderbar gefunden."
5. „Was sind Sie von Beruf gewesen?" „Ich bin Pilot
gewesen."   6. „Hast du einen Vorschlag gehabt?"
„Nein, ich habe keine Ahnung gehabt."   7. „Anke hat
einen Flug nach Rom gebucht." „Hat Ute mitkommen
können?"   8. Ich bin gern gereist. Bist du auch gern
gereist?   9. Tobias hat gern Krimis gelesen. Er ist
Schriftsteller geworden.   10. „Hast du gewusst, wie
viel Uhr es ist?" „Nein, ich habe es leider nicht
gewusst."   11. Heute habe ich einkaufen müssen.
Ich habe ein paar Sachen gebraucht.   12. Ich habe
gedacht, wir haben genug zu tun gehabt.

## C

1. Wir biegen hier ab.   2. Ich besuche Anja.
3. Michael nimmt ab.   4. Die Straße hört hier auf.
5. Das Kind steigt ins Auto ein.   6. Alex erwartet uns.
7. Ich denke darüber nach.   8. Die Firma stellt
Motoren her.   9. Mein Chef schlägt etwas vor.
10. Das Auto überholt das Motorrad.

## D

1. Wir sind hier abgebogen.   2. Ich habe Anja
besucht.   3. Michael hat abgenommen.
4. Die Straße hat hier aufgehört.   5. Das Kind
ist ins Auto eingestiegen.   6. Alex hat uns erwartet.
7. Ich habe darüber nachgedacht.   8. Die Firma
hat Motoren hergestellt.   9. Mein Chef hat etwas
vorgeschlagen.   10. Das Auto hat das Motorrad
überholt.

## E

1. hatte   2. war   3. hieß   4. starb   5. heiratete
6. hasste   7. schickte   8. fand   9. wohnte
10. kochte   11. sprach   12. erfuhr, lebte   13. kam
14. gab   15. aß   16. legten   17. sah, verliebte
18. wachte auf

## F

1. Stefan wird seinem Freund sein Auto leihen.
2. Tobias wird eine Lederjacke kaufen.
3. Am Samstag werde ich zu Hause sein.   4. Wirst
du den Roman lesen?   5. Ich werde das nicht schaffen
können.   6. Ihr werdet die Antwort wohl wissen.
7. Man wird keine Chemikalien verwenden.

8. Es wird sehr warm sein.   9. Es wird viel Spaß
machen.   10. Werden wir eine Pause machen
dürfen?   11. Wann wird die Sammlung stattfinden?
12. Der Anzug wird gut aussehen.   13. Es wird kalt
und regnerisch werden.   14. Wirst du mit ihm
sprechen?

## G

1. Stefan wollte seinem Freund sein Auto leihen.
2. Tobias darf keine Lederjacke kaufen.
3. Am Sonntag soll ich zu Hause bleiben.
4. Musstest du am Wochenende arbeiten?
5. Frau Maier hat am Workshop teilnehmen wollen.
6. Ich konnte den Ausgang nicht beeinflussen.
7. Martin will ins Büro gehen.   8. Claudia hat über
den Vorfall lachen müssen.   9. Ich musste es nicht
wissen.

## H

1. Stefan begegnete ihr gestern.   2. Ich danke dir
[or Ihnen or euch] für den Wein.   3. Du fehlst mir.
4. Der Wolf folgte ihr.   5. Das Hemd gefällt mir.
6. Es gelingt ihr nicht.   7. Maria hat mir geholfen.
8. Wem gehört das Buch?   9. Sie widerspricht ihrer
Antwort.

## I

1. Das Essen wird von Tante Karin gekocht.
2. Die Gefangenen werden endlich befreit.
3. Zu viel Energie wird verbraucht.
4. Das Buch wird von Herrn Leitner veröffentlicht.
5. Das Gedicht wird vom Autor vorgelesen.
6. Das Fahrrad wird von einem Affen durch die Stadt
gefahren.   7. Kerzen werden angezündet und alles
wird vorbereitet.   8. Englisch wird von Frau Schlau
unterrichtet.   9. Das Geschirr wird per Hand gespült.
10. Ein Volkslied wird von den Kindern gesungen.

## J

1. Hilf mir. Helft mir. Helfen Sie mir.
2. Räum(e) das Zimmer auf. Räumt das Zimmer auf.
Räumen Sie das Zimmer auf.   3. Komm(e) zu mir.
Kommt zu mir. Kommen Sie zu mir.   4. Iss nicht so
schnell. Esst nicht so schnell. Essen Sie nicht so
schnell.   5. Gib mir einen Kuss. Gebt mir einen Kuss.
Geben Sie mir einen Kuss.   6. Überrasch(e) mich.
Überrascht mich. Überraschen Sie mich.   7. Vergiss
uns nicht. Vergesst uns nicht. Vergessen Sie uns nicht.
8. Steh(e) sofort auf. Steht sofort auf. Stehen Sie
sofort auf.

## K

1. würde passieren, täten   2. ginge, hätte
3. besucht hätte, würden … kennen
4. gekommen wäre   5. regnen würde, müssten

## L

1. seien   2. sei   3. hätten   4. wisse   5. kämen

# English-German Verb Index

Use this index to look up the corresponding German verb conjugation chart by the English meaning. Some English verbs have more than one German equivalent; the semantic range of the meanings in a verb's conjugation banner, as well as the accompanying Usage sentences, will help you determine if you have located the appropriate German verb. Because this index references only the 555 verbs conjugated in this book, it is not to be used as a general dictionary of verbs.

## C

call **nennen** 315, **rufen** 347, **schelten** 363
call for **beantragen** 47
call on **besuchen** 93
call out to **anrufen** 16
call together **berufen** 79
call upon **auffordern** 25
called, be **heißen** 239
calm **beruhigen** 80
can **können** 266
cancel **kündigen** 274, **streichen** 435
capture **fangen** 179, **festhalten** 184
captured, be **fallen** 178
care for **pflegen** 322
carry **fahren** 177, **führen** 200, **tragen** 446
carry on **treiben** 450
carve **hauen** 236
cast **gießen** 220, **werfen** 530
catch **fangen** 179
catch hold (of) **greifen** 226
catch unawares **überraschen** 462
caught, be **hängen**[1] 233
cause **machen** 300, **sorgen** 408
caution **warnen** 517
cease **aufhören** 28, **einstellen** 139
celebrate **feiern** 182
change **ändern** 9, **schalten** 357, **verändern** 475, **wechseln** 521
charge **laden** 276, **verlangen** 492
check **prüfen** 327
cherish **lieben** 292
chill **erkälten** 161, **frieren** 197
choose **wählen** 515
chop **hauen** 236
claim **fordern** 193
classed, be **zählen** 544
classify **ordnen** 318
clean **aufräumen** 30
clear **aufräumen** 30
clear (away/out) **räumen** 330
climb **klettern** 260, **steigen** 425
climb in **einsteigen** 138
cling **hängen**[1] 233
close **beschließen** 83, **schließen** 375
coil **schlingen** 376
collaborate **zusammenarbeiten** 552
collapse **einfallen** 132, **stürzen** 438
collect **einziehen** 140, **sammeln** 351
combine **verbinden** 478, **zusammenfassen** 553
come **kommen** 265, **treten** 452
come across **finden** 186
come from **herkommen** 242
come here **herkommen** 242
come into existence **werden** 529
come out **ausgehen** 35, **erscheinen** 170
come to **ausmachen** 36, **machen** 300
come to an end **ausgehen** 35
come to pass **passieren** 320
comfort **trösten** 455
command **befehlen** 53, **heißen** 239
commemorate **feiern** 182
commend **befehlen** 53, **empfehlen** 142
comment on **erklären** 163
communicate **mitteilen** 310
comparable to, be **gleichen** 222
compare **messen** 307, **vergleichen** 485
compel **binden** 108, **zwingen** 555

compensate **lohnen** 296
compete **sich bewerben** 102, **ringen** 346
complain **klagen** 257, **schelten** 363, **schimpfen** 368
complete **erledigen** 166
comply with **beobachten** 72
compose **setzen** 400
comprise **enthalten** 144, **zusammenfassen** 553
conceal **bergen** 75
conceive **denken** 122, **empfangen** 141
concentrate **konzentrieren** 267
concern **kümmern** 273
concern oneself **sich bemühen** 70
conclude **beschließen** 83, **schließen** 375
conduct **führen** 200, **leiten** 289
confer **beraten** 73, **geben** 206
confirm **bestätigen** 89
conform to **folgen** 192
confuse **verwirren** 506
conjecture **vermuten** 497
connect **schalten** 357, **verbinden** 478
conquer **überwinden** 465
consider **achten** 7, **ansehen** 18, **befinden** 54, **berücksichtigen** 78, **finden** 186, **halten** 231, **überlegen** 460, **wägen** 514
considered (as), be **gelten** 213, **zählen** 544
consist **bestehen** 90
consistent, be **entsprechen** 149
console **trösten** 455
constitute **ausmachen** 36, **machen** 300
constrain **halten** 231
construct **machen** 300
consume **verbrauchen** 479
contain **bergen** 75, **enthalten** 144
contend **behaupten** 63
contradict **widersprechen** 531
contrive **erfinden** 155
control **leiten** 289, **regeln** 334
convalesce **genesen** 214
convene **berufen** 79
convey **fahren** 177
convince **überzeugen** 466
cook **kochen** 264
cool **erkälten** 161
cooperate **zusammenarbeiten** 552
correct **korrigieren** 268, **verbessern** 476
correct, be **stimmen** 428
correspond **entsprechen** 149
corrode **fressen** 195
corrupt **verderben** 481
cost **kosten** 269
counsel **raten** 329
count **zählen** 544
counter **begegnen** 56
court **werben** 528
cover **abfahren** 2, **beziehen** 105
crack **brechen** 116, **spalten** 409
crawl **kriechen** 271
crawl along **schleichen** 372
creak **kreischen** 270
create **gründen** 227, **herstellen** 244, **schaffen** 355
created, be **entstehen** 150
creep **kriechen** 271, **schleichen** 372
cringe **kriechen** 271

cross **passieren** 320
cry **schreien** 386, **weinen** 525
cultivate **bauen** 45, **pflegen** 322
curse **fluchen** 191
curtail **kürzen** 275
curve **biegen** 106
cut **schneiden** 381
cut down **hauen** 236
cut off **trennen** 451

## D

damage **beschädigen** 81, **schaden** 354
dance **tanzen** 442
dare **wagen** 513
deal **handeln** 232
deal with **behandeln** 62, **erledigen** 166
debate **diskutieren** 124
deceive **betrügen** 98, **trügen** 456
deceptive, be **trügen** 456
decide **beschließen** 83, **entscheiden** 146, **sich entschließen** 147
declare **anmelden** 14, **ausgeben** 34, **erklären** 163
decline **ablehnen** 5, **fallen** 178
decrease **abnehmen** 6
dedicate **widmen** 532
defraud **betrügen** 98
delete **löschen** 297, **streichen** 435
delight **freuen** 196
deliver **bestellen** 91, **liefern** 293
delivery of, take **übernehmen** 461
demand **auffordern** 25, **fordern** 193, **verlangen** 492
denote **bezeichnen** 104
depart **abfahren** 2, **starten** 419
depend on **bedingen** 50
depict **malen** 302
descend **sinken** 404
describe **beschreiben** 84
deserve **verdienen** 482
design **planen** 323
designate **bestimmen** 92, **bezeichnen** 104, **nennen** 315
desire **wünschen** 542
destroy **zerstören** 548
detain **festhalten** 184, **halten** 231
detest **hassen** 235
determine **bedingen** 50, **bestimmen** 92, **entscheiden** 146, **feststellen** 185
develop **entwickeln** 152
devote **widmen** 532
devour **fressen** 195
dial **wählen** 515
dictate **befehlen** 53
die **sterben** 427
die down/out **erlöschen** 167
differentiate **trennen** 451, **unterscheiden** 471
dig **graben** 225, **wühlen** 540
direct **leiten** 289
disappear **schwinden** 393
disappoint **enttäuschen** 151
discharge **entlassen** 145, **verabschieden** 474
disclose **eröffnen** 168
discontinue **aufhören** 28
discover **entdecken** 143, **erfahren** 154, **finden** 186
discuss **diskutieren** 124
dismiss **entlassen** 145

# Irregular Verb Form Index

It can sometimes be difficult to derive the infinitive of a particularly irregular verb form. This index guides you from an irregular form that you encounter to the appropriate model verb in this book. In this way, you can see irregular forms as part of the complete conjugation program.

# German Verb Index

This index contains 4,200 German verbs, listed alphabetically by present active infinitive. Included in each verb's entry are the third-person forms of the simple past tense and the present perfect tense (with the auxiliary verb), an English gloss, and a cross reference to one of the 555 model verbs in this book that has the same conjugation pattern in the simple tenses.

The 555 model verbs appear in bold type. A centerline dot in the infinitive form indicates that the prefix before the dot is separable when the verb is conjugated in a main clause and/or when it is in its past participle form. Slashes separate alternate forms, either of which may be correct, depending on the meaning intended. Prefixed forms that can be separable or inseparable with no difference in meaning are given in square brackets. The English glosses have been kept as concise as possible and often do not cover all meanings of the verb.

## A

ab·ändern (änderte ab, hat abgeändert) *modify* 9

ab·arbeiten (arbeitete ab, hat abgearbeitet) *work off* 22

ab·backen (backte/buk ab, hat abgebacken) *bake off* 43

ab·bauen (baute ab, hat abgebaut) *dismantle* 45

ab·behalten (behielt ab, hat abbehalten) *keep off* 61

ab·bekommen (bekam ab, hat abbekommen) *receive a share of* 66

ab·berufen (berief ab, hat abberufen) *call away* 79

ab·bestellen (bestellte ab, hat abbestellt) *cancel* 91

ab·bezahlen (bezahlte ab, hat abbezahlt) *pay off* 103

**ab·biegen** (bog ab, hat/ist abgebogen) *turn (off); bend* 1

ab·bilden (bildete ab, hat abgebildet) *depict* 14

ab·binden (band ab, hat abgebunden) *untie; tie off* 108

ab·bitten (bat ab, hat abgebeten) *apologize* 109

ab·blasen (blies ab, hat abgeblasen) *blow off* 110

ab·bleichen (bleichte ab, ist abgebleicht) *grow pale* 112

ab·blühen (blühte ab, hat/ist abgeblüht) *stop blooming* 113

ab·brauchen (brauchte ab, hat abgebraucht) *wear out* 115

ab·brechen (brach ab, hat/ist abgebrochen) *break off* 116

ab·brennen (brannte ab, hat/ist abgebrannt) *burn off* 117

ab·bringen (brachte ab, hat abgebracht) *dissuade* 118

ab·danken (dankte ab, hat abgedankt) *abdicate* 120

ab·drehen (drehte ab, hat/ist abgedreht) *twist off* 125

ab·drucken (druckte ab, hat abgedruckt) *publish* 128

ab·drücken (drückte ab, hat abgedrückt) *pull the trigger* 129

ab·erkennen (erkannte ab [aberkannte], hat aberkannt) *discredit* 162

ab·essen (aß ab, hat abgegessen) *eat off* 175

**ab·fahren** (fuhr ab, hat/ist abgefahren) *depart* 2

ab·fallen (fiel ab, ist abgefallen) *fall off* 178

ab·fangen (fing ab, hat abgefangen) *intercept* 179

ab·fassen (fasste ab, hat abgefasst) *write out* 180

ab·finden (fand ab, hat abgefunden) *come to terms* 186

ab·fliegen (flog ab, hat/ist abgeflogen) *fly off* 188

ab·fließen (floss ab, ist abgeflossen) *flow off* 190

ab·fordern (forderte ab, hat abgefordert) *recall* 193

ab·fragen (fragte ab, hat abgefragt) *question* 194

ab·fressen (fraß ab, hat abgefressen) *graze on* 195

ab·frieren (fror ab, hat/ist abgefroren) *freeze off* 197

ab·fühlen (fühlte ab, hat abgefühlt) *palpate* 199

ab·führen (führte ab, hat abgeführt) *carry off* 200

ab·füllen (füllte ab, hat abgefüllt) *decant* 201

**ab·geben** (gab ab, hat abgegeben) *hand in; fire* 3

ab·gehen (ging ab, ist abgegangen) *go off* 210

ab·gelten (galt ab, hat abgegolten) *satisfy* 213

ab·gewinnen (gewann ab, hat abgewonnen) *extract* 218

ab·gewöhnen (gewöhnte ab, hat abgewöhnt) *disaccustom, break of* 219

ab·gießen (goss ab, hat abgegossen) *pour off* 220

ab·gleichen (glich ab, hat abgeglichen) *equalize* 222

ab·gleiten (glitt ab, ist abgeglitten) *slip off* 223

ab·graben (grub ab, hat abgegraben) *dig off* 225

ab·greifen (griff ab, hat abgegriffen) *wear out* 226

ab·gucken (guckte ab, hat abgeguckt) *copy* 229

ab·haben (hatte ab, hat abgehabt) *have off* 230

ab·halten (hielt ab, hat abgehalten) *deter* 231

ab·handeln (handelte ab, hat abgehandelt) *transact* 232

ab·hängen (hing ab, hat abgehangen) *hang down* 233

ab·hängen (hängte ab, hat abgehängt) *take down* 234

ab·hauen (haute/hieb ab, hat/ist abgehauen) *split* 236

ab·heben (hob ab, hat abgehoben) *lift off* 237

ab·helfen (half ab, hat abgeholfen) *redress* 241

**ab·holen** (holte ab, hat abgeholt) *fetch, pick up* 4

ab·holzen (holzte ab, hat abgeholzt) *deforest* 275

ab·hören (hörte ab, hat abgehört) *tap (phone)* 248

ab·kämpfen (kämpfte ab, hat abgekämpft) *fight off* 252

ab·kaufen (kaufte ab, hat abgekauft) *buy from* 253

ab·kehren (kehrte ab, hat abgekehrt) *avert* 254

ab·klappen (klappte ab, hat abgeklappt) *flip down* 258

ab·klemmen (klemmte ab, hat abgeklemmt) *pinch off* 428

ab·klingen (klang ab, ist abgeklungen) *fade away* 261

ab·klopfen (klopfte ab, hat abgeklopft) *knock off* 262

ab·kneifen (kniff ab, hat abgekniffen) *pinch off* 321

ab·kochen (kochte ab, hat abgekocht) *scald* 264

ab·kommen (kam ab, ist abgekommen) *come off* 265

ab·kriegen (kriegte ab, hat abgekriegt) *get off* 272

ab·kündigen (kündigte ab, hat abgekündigt) *proclaim* 274

ab·kürzen (kürzte ab, hat abgekürzt) *abridge* 275

ab·laden (lud ab, hat abgeladen) *dump* 278

ab·lassen (ließ ab, hat abgelassen) *let off* 280

ab·laufen (lief ab, hat/ist abgelaufen) *run off* 281

ab·legen (legte ab, hat abgelegt) *cast off* 283

**ab·lehnen** (lehnte ab, hat abgelehnt) *decline, refuse* 5

ab·leisten (leistete ab, hat abgeleistet) *serve out* 288

ab·leiten (leitete ab, hat abgeleitet) *derive* 289

ab·lenken (lenkte ab, hat abgelenkt) *distract* 364

ab·lesen (las ab, hat abgelesen) *read off* 291

ab·lichten (lichtete ab, hat abgelichtet) *photocopy* 76

ab·liefern (lieferte ab, hat abgeliefert) *deliver* 293

ab·liegen (lag ab, hat abgelegen) *be remote* 294

aus·schalten (schaltete aus, hat ausgeschaltet) *switch off; eliminate* 37

aus·schauen (schaute aus, hat ausgeschaut) *look out* 359

aus·scheiden (schied aus, hat/ist ausgeschieden) *excrete; eliminate* 360

aus·schelten (schalt aus, hat ausgescholten) *reprimand* 363

aus·schenken (schenkte aus, hat ausgeschenkt) *serve (drinks)* 364

aus·schicken (schickte aus, hat ausgeschickt) *send out* 365

aus·schimpfen (schimpfte aus, hat ausgeschimpft) *tell off* 368

aus·schlafen (schlief aus, hat ausgeschlafen) *sleep in* 370

aus·schlagen (schlug aus, hat/ist ausgeschlagen) *knock out* 371

aus·schleifen (schliff aus, hat ausgeschliffen) *smooth out* 373

aus·schließen (schloss aus, hat ausgeschlossen) *exclude* 38

aus·schmelzen (schmolz/schmelzte aus, hat ausgeschmolzen/ausgeschmelzt) *melt out* 379 (STRONG)/275 (REGULAR WEAK)

aus·schnauben (schnaubte/schnob aus, hat ausgeschnaubt/ausgeschnoben) *snort out* 380

aus·schneiden (schnitt aus, hat ausgeschnitten) *cut out* 381

aus·schrauben (schraubte aus, hat ausgeschraubt) *screw out* 383

aus·schreiben (schrieb aus, hat ausgeschrieben) *write out* 385

aus·schreien (schrie aus, hat ausgeschrien) *shout out* 386

aus·schreiten (schritt aus, hat/ist ausgeschritten) *step/pace out* 387

sich aus·schweigen (schwieg aus, hat ausgeschwiegen) *keep mum* 390

aus·schwenken (schwenkte aus, hat/ist ausgeschwenkt) *swivel out* 364

aus·schwingen (schwang aus, hat/ist ausgeschwungen) *swing out* 394

aus·schwitzen (schwitzte aus, hat/ist ausgeschwitzt) *sweat out* 395

aus·sehen (sah aus, hat ausgesehen) *appear, look* 39

aus·senden (sandte/sendete aus, hat ausgesandt/ausgesendet) *send out* 399

äußern (äußerte, hat geäußert) *utter* 476

aus·setzen (setzte aus, hat ausgesetzt) *expose* 400

aus·siedeln (siedelte aus, hat/ist ausgesiedelt) *evacuate* 232

aus·singen (sang aus, hat ausgesungen) *finish singing* 403

aus·sitzen (saß aus, hat ausgesessen) *sit out* 406

aus·sortieren (sortierte aus, hat aussortiert) *sort out* 251

aus·sparen (sparte aus, hat ausgespart) *reserve* 410

aus·sperren (sperrte aus, hat ausgesperrt) *lock out* 506

aus·spielen (spielte aus, hat ausgespielt) *play out* 413

aus·spinnen (spann aus, hat ausgesponnen) *enlarge upon* 414

aus·sprechen (sprach aus, hat ausgesprochen) *express; pronounce* 40

aus·spucken (spuckte aus, hat ausgespuckt) *spit out* 229

aus·spülen (spülte aus, hat ausgespült) *rinse out* 418

aus·statten (stattete aus, hat ausgestattet) *furnish* 344

aus·stechen (stach aus, hat ausgestochen) *poke out* 421

aus·stecken (steckte aus, hat ausgesteckt) *mark out* 422

aus·stehen (stand aus, hat ausgestanden) *be due* 423

aus·steigen (stieg aus, ist ausgestiegen) *climb out* 425

aus·stellen (stellte aus, hat ausgestellt) *display* 41

aus·sterben (starb aus, ist ausgestorben) *become extinct* 427

aus·strahlen (strahlte aus, hat ausgestrahlt) *radiate* 433

aus·strecken (streckte aus, hat ausgestreckt) *stretch out* 143

aus·streichen (strich aus, hat ausgestrichen) *wipe out* 435

aus·suchen (suchte aus, hat ausgesucht) *search out* 440

aus·tauschen (tauschte aus, hat ausgetauscht) *exchange* 151

aus·teilen (teilte aus, hat ausgeteilt) *distribute* 443

aus·tilgen (tilgte aus, hat ausgetilgt) *eradicate* 192

aus·tragen (trug aus, hat ausgetragen) *deliver; resolve* 446

aus·träumen (träumte aus, hat ausgeträumt) *finish dreaming* 448

aus·treiben (trieb aus, hat ausgetrieben) *drive out* 450

aus·trennen (trennte aus, hat ausgetrennt) *separate out* 451

aus·treten (trat aus, hat/ist ausgetreten) *stomp out; step out* 452

aus·trinken (trank aus, hat ausgetrunken) *drink all of* 454

aus·trocknen (trocknete aus, hat/ist ausgetrocknet) *dry out* 336

aus·üben (übte aus, hat ausgeübt) *practice* 282

aus·verkaufen (verkaufte aus, hat ausverkauft) *sell out* 491

aus·wachsen (wuchs aus, hat/ist ausgewachsen) *outgrow; germinate* 512

aus·wählen (wählte aus, hat ausgewählt) *select* 515

aus·wandern (wanderte aus, ist ausgewandert) *emigrate* 516

aus·wechseln (wechselte aus, hat ausgewechselt) *replace, substitute* 521

aus·weichen (wich aus, ist ausgewichen) *swerve* 524

aus·weinen (weinte aus, hat ausgeweint) *finish crying* 525

aus·weisen (wies aus, hat ausgewiesen) *expel* 526

aus·weiten (weitete aus, hat ausgeweitet) *expand* 74

aus·werfen (warf aus, hat ausgeworfen) *throw out* 530

aus·werten (wertete aus, hat ausgewertet) *evaluate* 518

aus·wiegen (wog aus, hat ausgewogen) *weigh out* 534

sich aus·wirken (wirkte aus, hat ausgewirkt) *affect* 536

aus·wringen (wrang aus, hat ausgewrungen) *wring out* 346

aus·zahlen (zahlte aus, hat ausgezahlt) *pay out/off* 543

aus·zählen (zählte aus, hat ausgezählt) *count out* 544

aus·zeichnen (zeichnete aus, hat ausgezeichnet) *decorate, honor; put on display* 545

aus·ziehen (zog aus, hat/ist ausgezogen) *pull out; take off; move (house)* 42

# B

backen (backte/buk, hat gebacken) *bake* 43

baden (badete, hat gebadet) *bathe; swim* 44

basteln (bastelte, hat gebastelt) *do arts and crafts* 521

bauen (baute, hat gebaut) *build; cultivate* 45

beabsichtigen (beabsichtigte, hat beabsichtigt) *intend* 86

beachten (beachtete, hat beachtet) *obey, heed* 46

beanspruchen (beanspruchte, hat beansprucht) *claim* 440

beanstanden (beanstandete, hat beanstandet) *take exception to* 279

beantragen (beantragte, hat beantragt) *apply for* 47

beantworten (beantwortete, hat beantwortet) *reply to* 19

bearbeiten (bearbeitete, hat bearbeitet) *treat* 22

beatmen (beatmete, hat beatmet) *administer artificial respiration to* 24

beaufsichtigen (beaufsichtigte, hat beaufsichtigt) *supervise* 86

beauftragen (beauftragte, hat beauftragt) *authorize* 47

bebauen (bebaute, hat bebaut) *build on, develop* 45

beben (bebte, hat gebebt) *quake* 282

sich bedanken (bedankte, hat bedankt) *express gratitude* 120

bedauern (bedauerte, hat bedauert) *regret* 121

bedecken (bedeckte, hat bedeckt) *cover up* 143

bedenken (bedachte, hat bedacht) *consider* 122

bedeuten (bedeutete, hat bedeutet) *mean* 48

bedienen (bediente, hat bedient) *serve, wait on; operate* 49

bedingen (bedingte, hat bedingt) *imply; determine* 50

sich bedingen (bedang, hat bedungen) *stipulate (for oneself)* 403

bedrohen (bedrohte, hat bedroht) *endanger* 125

bedrucken (bedruckte, hat bedruckt) *imprint* 128

bedrücken (bedrückte, hat bedrückt) *depress* 129

bedürfen (bedurfte, hat bedurft) *need* 130

beehren (beehrte, hat beehrt) *do honor to* 131

beeidigen (beeidigte, hat beeidigt) *swear an oath* 67

sich **beeilen** (beeilte, hat beeilt) *hurry* 51

beeindrucken (beeindruckte, hat beeindruckt) *impress* 128

**beeinflussen** (beeinflusste, hat beeinflusst) *influence* 52

beeinträchtigen (beeinträchtigte, hat beeinträchtigt) *be detrimental* 82

beenden (beendete, hat beendet) *terminate* 279

beerdigen (beerdigte, hat beerdigt) *bury* 274

befähigen (befähigte, hat befähigt) *qualify* 80

befahren (befuhr, hat befahren) *travel on* 177

befallen (befiel, hat befallen) *strike* 178

befassen (befasste, hat befasst) *deal* 180

**befehlen** (befahl, hat befohlen) *command* 53

**befinden** (befand, hat befunden) *find, judge* 54

beflecken (befleckte, hat befleckt) *stain* 143

sich befleißen (befliss, hat beflissen) *endeavor* 378

sich befleißigen (befleißigte, hat befleißigt) *endeavor* 94

befliegen (beflog, hat beflogen) *fly along* 188

beflügeln (beflügelte, hat beflügelt) *spur on* 334

befolgen (befolgte, hat befolgt) *comply with* 192

befördern (beförderte, hat befördert) *convey* 193

befragen (befragte, hat befragt) *consult* 194

**befreien** (befreite, hat befreit) *free; release* 55

sich befreunden (befreundete, hat befreundet) *become friends* 227

befriedigen (befriedigte, hat befriedigt) *satisfy* 166

befristen (befristete, hat befristet) *limit* 269

befühlen (befühlte, hat befühlt) *fondle* 199

befürchten (befürchtete, hat befürchtet) *be afraid of* 203

befürsorgen (befürsorgte, hat befürsorgt) *look after* 408

befürworten (befürwortete, hat befürwortet) *advocate* 19

sich begeben (begab, hat begeben) *make one's way* 206

**begegnen** (begegnete, ist begegnet) *meet, encounter* 56

begehen (beging, hat begangen) *commit* 210

begehren (begehrte, hat begehrt) *covet* 131

begeistern (begeisterte, hat begeistert) *inspire* 362

begießen (begoss, hat begossen) *water, douse* 220

**beginnen** (begann, hat begonnen) *begin* 57

beglaubigen (beglaubigte, hat beglaubigt) *certify* 81

begleichen (beglich, hat beglichen) *settle* 222

**begleiten** (begleitete, hat begleitet) *accompany* 58

beglücken (beglückte, hat beglückt) *make happy* 129

beglückwünschen (beglückwünschte, hat beglückwünscht) *congratulate* 542

sich begnügen (begnügte, hat begnügt) *be satisfied* 283

begraben (begrub, hat begraben) *bury* 225

begreifen (begriff, hat begriffen) *comprehend* 226

begrenzen (begrenzte, hat begrenzt) *delimit* 442

**begründen** (begründete, hat begründet) *substantiate* 59

**begrüßen** (begrüßte, hat begrüßt) *greet, hail* 60

begucken (beguckte, hat beguckt) *look over* 229

begünstigen (begünstigte, hat begünstigt) *show favor to* 86

begutachten (begutachtete, hat begutachtet) *appraise* 7

**behalten** (behielt, hat behalten) *keep, retain* 61

**behandeln** (behandelte, hat behandelt) *deal with* 62

behängen (behängte, hat behängt) *adorn* 234

beharren (beharrte, hat beharrt) *persist* 506

behauen (behaute, hat behauen) *chop* 236

**behaupten** (behauptete, hat behauptet) *contend* 63

beheben (behob, hat behoben) *remove* 237

beheizen (beheizte, hat beheizt) *heat* 240

sich behelfen (behalf, hat beholfen) *improvise* 241

beherrschen (beherrschte, hat beherrscht) *master* 243

beherzigen (beherzigte, hat beherzigt) *take heed of* 86

**behindern** (behinderte, hat behindert) *obstruct* 64

bei·behalten (behielt bei, hat beibehalten) *maintain* 61

bei·bringen (brachte bei, hat beigebracht) *impart* 118

beichten (beichtete, hat gebeichtet) *confess* 76

bei·geben (gab bei, hat beigegeben) *attach* 206

bei·kommen (kam bei, ist beigekommen) *get the better of* 265

bei·legen (legte bei, hat beigelegt) *enclose* 283

bei·liegen (lag bei, hat beigelegen) *be included* 294

bei·messen (maß bei, hat beigemessen) *ascribe* 307

beinhalten (beinhaltete, hat beinhaltet) *contain* 357

bei·ordnen (ordnete bei, hat beigeordnet) *coordinate* 318

bei·packen (packte bei, hat beigepackt) *enclose* 319

beisammen·haben (hatte beisammen, hat beisammengehabt) *have together* 230

bei·schlafen (schlief bei, hat beigeschlafen) *have sex with* 370

bei·setzen (setzte bei, hat beigesetzt) *lay to rest* 400

**beißen** (biss, hat gebissen) *bite, sting* 65

bei·stehen (stand bei, hat beigestanden) *support* 423

bei·tragen (trug bei, hat beigetragen) *contribute* 446

bei·treten (trat bei, ist beigetreten) *enter into* 452

bei·wohnen (wohnte bei, hat beigewohnt) *attend* 538

bejahen (bejahte, hat bejaht) *affirm* 125

bekämpfen (bekämpfte, hat bekämpft) *combat* 252

bekehren (bekehrte, hat bekehrt) *convert* 254

bekennen (bekannte, hat bekannt) *admit* 256

beklagen (beklagte, hat beklagt) *lament* 257

bekleben (beklebte, hat beklebt) *paste/stick onto* 259

beklopfen (beklopfte, hat beklopft) *knock at* 262

beknien (bekniete, hat bekniet) *beg* 263

bekochen (bekochte, hat bekocht) *cook for (someone)* 264

**bekommen** (bekam, hat bekommen) *receive* 66

bekräftigen (bekräftigte, hat bekräftigt) *strengthen* 82

bekümmern (bekümmerte, hat bekümmert) *trouble* 273

belächeln (belächelte, hat belächelt) *smile at* 276

belachen (belachte, hat belacht) *laugh at* 277

beladen (belud, hat beladen) *load up* 278

belagern (belagerte, hat belagert) *besiege* 23

belangen (belangte, hat belangt) *prosecute* 492

belassen (beließ, hat belassen) *leave alone* 280

belasten (belastete, hat belastet) *burden* 269

belästigen (belästigte, hat belästigt) *inconvenience* 86

belaufen (belief, hat belaufen) *run* 281

beleben (belebte, hat belebt) *invigorate* 282

belegen (belegte, hat belegt) *occupy* 283

belehren (belehrte, hat belehrt) *instruct* 285

**beleidigen** (beleidigte, hat beleidigt) *offend, insult* 67

beleihen (belieh, hat beliehen) *lend on security* 287

beleuchten (beleuchtete, hat beleuchtet) *elucidate* 203

belieben (beliebte, hat beliebt) *desire* 292

beliefern (belieferte, hat beliefert) *furnish* 293

**bellen** (bellte/boll, hat gebellt/gebollen) *bark* 68

belohnen (belohnte, hat belohnt) *reward* 296

belügen (belog, hat belogen) *deceive by lying* 299

belustigen (belustigte, hat belustigt) *amuse* 86

sich bemächtigen (bemächtigte, hat bemächtigt) *take possession of* 82

bemalen (bemalte, hat bemalt) *paint over, decorate* 302

**bemerken** (bemerkte, hat bemerkt) *notice; mention* 69

bemessen (bemaß, hat bemessen) *measure* 307

bemitleiden (bemitleidete, hat bemitleidet) *commiserate with, pity* 333

sich **bemühen** (bemühte, hat bemüht) *endeavor* 70

benachrichtigen (benachrichtigte, hat benachrichtigt) *inform, notify* 86

benachteiligen (benachteiligte, hat benachteiligt) *disadvantage, handicap* 94 benedeien (benedeite, hat benedeit) *bless* 382

sich benehmen (benahm, hat benommen) *behave* 314

beneiden (beneidete, hat beneidet) *envy* 333

benennen (benannte, hat benannt) *designate* 315

benoten (benotete, hat benotet) *grade* 445

benötigen (benötigte, hat benötigt) *be in need of* 86

**benutzen** (benutzte, hat benutzt) *use* 71

**beobachten** (beobachtete, hat beobachtet) *observe* 72

beordern (beorderte, hat beordert) *command* (someone) 193

bepacken (bepackte, hat bepackt) *burden* 319

**beraten** (beriet, hat beraten) *advise; confer* 73

berauben (beraubte, hat beraubt) *deprive* 164

berechnen (berechnete, hat berechnet) *calculate* 332

berechtigen (berechtigte, hat berechtigt) *authorize* 82

bereden (beredete, hat beredet) *discuss* 333

beregnen (beregnete, hat beregnet) *water/irrigate with a sprinkler* 336

bereichern (bereicherte, hat bereichert) *enrich* 401

bereisen (bereiste, hat bereist) *visit, travel through* 339

**bereiten** (bereitete, hat bereitet) *make ready* 74

bereit·halten (hielt bereit, hat bereitgehalten) *keep ready* 231

bereit·legen (legte bereit, hat bereitgelegt) *lay ready* 283

bereit·liegen (lag bereit, hat bereitgelegen) *be prepared* 294

bereit·machen (machte bereit, hat bereitgemacht) *get ready* 300

bereit·stehen (stand bereit, hat bereitgestanden) *stand ready* 423

bereit·stellen (stellte bereit, hat bereitgestellt) *get ready, make available* 426

bereuen (bereute, hat bereut) *regret* 196

**bergen** (barg, hat geborgen) *rescue; conceal* 75

**berichten** (berichtete, hat berichtet) *report* 76

berichtigen (berichtigte, hat berichtigt) *rectify* 86

beriechen (beroch, hat berochen) *sniff at* 345

**bersten** (barst, ist geborsten) *burst, split* 77

**berücksichtigen** (berücksichtigte, hat berücksichtigt) *take into consideration* 78

**berufen** (berief, hat berufen) *summon* 79

beruhen (beruhte, hat beruht) *be based* 348

**beruhigen** (beruhigte, hat beruhigt) *calm* 80

berühren (berührte, hat berührt) *touch* 349

besagen (besagte, hat besagt) *state* 350

besänftigen (besänftigte, hat besänftigt) *calm (down)* 82

**beschädigen** (beschädigte, hat beschädigt) *injure, damage* 81

beschaffen (beschaffte, hat beschafft) *procure* 355

**beschäftigen** (beschäftigte, hat beschäftigt) *occupy, engage* 82

beschallen (beschallte, hat beschallt) *treat with ultrasound* 356

bescheiden (beschied, hat beschieden) *inform* 360

bescheinen (beschien, hat beschienen) *illuminate* 361

beschenken (beschenkte, hat beschenkt) *bestow gifts on* 364

bescheren (bescherte, hat beschert) *bestow* 410

beschicken (beschickte, hat beschickt) *see to; supply* 365

beschießen (beschoss, hat beschossen) *bombard* 367

beschimpfen (beschimpfte, hat beschimpft) *slander* 368

beschirmen (beschirmte, hat beschirmt) *shelter* 330

beschlagen (beschlug, hat/ist beschlagen) *shoe* 371

beschlagnahmen (beschlagnahmte, hat beschlagnahmt) *confiscate* 255

beschleichen (beschlich, hat beschlichen) *sneak up on* 372

beschleunigen (beschleunigte, hat beschleunigt) *quicken* 94

**beschließen** (beschloss, hat beschlossen) *resolve; conclude* 83

beschmeißen (beschmiss, hat beschmissen) *pelt* 378

beschneiden (beschnitt, hat beschnitten) *circumcise* 381

beschönigen (beschönigte, hat beschönigt) *gloss over* 94

beschränken (beschränkte, hat beschränkt) *limit* 120

**beschreiben** (beschrieb, hat beschrieben) *describe* 84

beschreien (beschrie, hat beschrien) *jinx by praising* 386

beschreiten (beschritt, hat beschritten) *tread on* 387

beschuldigen (beschuldigte, hat beschuldigt) *indict* 148

beschützen (beschützte, hat beschützt) *protect* 388

**beschweren** (beschwerte, hat beschwert) *encumber* 85

beschwichtigen (beschwichtigte, hat beschwichtigt) *pacify* 86

beschwingen (beschwingte, hat beschwingt) *elate* 492

beschwören (beschwor/beschwur, hat beschworen) *testify* 396

beseelen (beseelte, hat beseelt) *inspire* 413

besehen (besah, hat besehen) *inspect* 397

beseitigen (beseitigte, hat beseitigt) *eliminate* 86

besetzen (besetzte, hat besetzt) *occupy* 400

**besichtigen** (besichtigte, hat besichtigt) *go sightseeing in* 86

besiedeln (besiedelte, hat besiedelt) *populate* 232

besiegeln (besiegelte, hat besiegelt) *confirm* 334

besiegen (besiegte, hat besiegt) *defeat* 272

besingen (besang, hat besungen) *praise in song* 403

besinnen (besann, hat besonnen) *give thought to* 405

**besitzen** (besaß, hat besessen) *own* 87

besolden (besoldete, hat besoldet) *pay a salary* 305

**besorgen** (besorgte, hat besorgt) *attend to* 88

bespannen (bespannte, hat bespannt) *stretch over* 451

bespeien (bespie, hat bespien) *spew upon* 412

besprechen (besprach, hat besprochen) *discuss* 415

bespritzen (bespritzte, hat bespritzt) *spray* 395

bessern (besserte, hat gebessert) *improve* 476

**bestätigen** (bestätigte, hat bestätigt) *confirm* 89

bestatten (bestattete, hat bestattet) *bury* 344

bestäuben (bestäubte, hat bestäubt) *pollinate* 164

bestaunen (bestaunte, hat bestaunt) *marvel over* 525

bestechen (bestach, hat bestochen) *bribe* 421

**bestehen** (bestand, hat bestanden) *pass; exist* 90

bestehlen (bestahl, hat bestohlen) *deprive* 424

besteigen (bestieg, hat bestiegen) *mount* 425

**bestellen** (bestellte, hat bestellt) *order; arrange* 91

**bestimmen** (bestimmte, hat bestimmt) *determine* 92

bestrafen (bestrafte, hat bestraft) *penalize* 491

bestrahlen (bestrahlte, hat bestrahlt) *illuminate* 433

sich bestreben (bestrebte, hat bestrebt) *endeavor* 434

bestreichen (bestrich, hat bestrichen) *smear* 435

bestreiten (bestritt, hat bestritten) *contest* 436

bestreuen (bestreute, hat bestreut) *sprinkle* 196

bestücken (bestückte, hat bestückt) *equip* 198

bestürmen (bestürmte, hat bestürmt) *assail* 330

bestürzen (bestürzte, hat bestürzt) *dismay* 438

**besuchen** (besuchte, hat besucht) *visit* 93

besudeln (besudelte, hat besudelt) *defile* 232

betätigen (betätigte, hat betätigt) *operate* 89

betäuben (betäubte, hat betäubt) *anesthetize* 164

**beteiligen** (beteiligte, hat beteiligt) *give a share* 94

**beten** (betete, hat gebetet) *pray* 95

beteuern (beteuerte, hat beteuert) *affirm; assert* 121

betiteln (betitelte, hat betitelt) *entitle* 521

**betonen** (betonte, hat betont) *emphasize* 96

betören (betörte, hat betört) *infatuate* 431

betrachten (betrachtete, hat betrachtet) *regard* 7

**betragen** (betrug, hat betragen) *amount to* 97

betrauen (betraute, hat betraut) *consign* 447

betrauern (betrauerte, hat betrauert) *mourn for* 121

betreffen (betraf, hat betroffen) *concern* 449

fegen (fegte, hat/ist gefegt) *sweep* 283
**fehlen** (fehlte, hat gefehlt) *be missing* 181
fehl·gehen (ging fehl, ist fehlgegangen) *err* 210
fehl·leiten (leitete fehl, hat fehlgeleitet) *mislead* 289
fehl·schlagen (schlug fehl, ist fehlgeschlagen) *miscarry; fail* 371
**feiern** (feierte, hat gefeiert) *celebrate* 182
feilen (feilte, hat gefeilt) *file* 51
feilschen (feilschte, hat gefeilscht) *haggle* 243
**feixen** (feixte, hat gefeixt) *grin* 183
fern·sehen (sah fern, hat ferngesehen) *watch television* 397
fertigen (fertigte, hat gefertigt) *make, construct* 86
fesseln (fesselte, hat gefesselt) *fetter* 521
fest·fahren (fuhr fest, ist festgefahren) *get stuck* 177
**fest·halten** (hielt fest, hat festgehalten) *hold tight* 184
festigen (festigte, hat gefestigt) *stabilize* 86
fest·kleben (klebte fest, hat/ist festgeklebt) *paste firmly; be firmly stuck* 259
sich fest·laufen (lief fest, hat festgelaufen) *jam* 281
fest·legen (legte fest, hat festgelegt) *stipulate* 283
fest·liegen (lag fest, hat festgelegen) *be set* 294
fest·machen (machte fest, hat festgemacht) *fasten* 300
fest·nehmen (nahm fest, hat festgenommen) *take into custody* 314
fest·schrauben (schraubte fest, hat festgeschraubt) *screw tightly* 383
fest·setzen (setzte fest, hat festgesetzt) *fix* 400
fest·sitzen (saß fest, hat festgesessen) *sit fast, be stuck* 406
fest·stehen (stand fest, hat festgestanden) *stand firm* 423
**fest·stellen** (stellte fest, hat festgestellt) *ascertain* 185
fest·treten (trat fest, hat festgetreten) *tread down* 452
fetten (fettete, hat gefettet) *fatten* 344
fetzen (fetzte, hat gefetzt) *shred* 400
feuern (feuerte, hat gefeuert) *fire* 121
fiebern (fieberte, hat gefiebert) *have a fever* 9
filmen (filmte, hat gefilmt) *film* 255
filzen (filzte, hat gefilzt) *frisk* 275
**finden** (fand, hat gefunden) *find* 186
flammen (flammte, hat geflammt) *flame* 428
**flechten** (flocht, hat geflochten) *braid; weave* 187
flehen (flehte, hat gefleht) *entreat* 125
flicken (flickte, hat geflickt) *darn, mend, repair* 365
**fliegen** (flog, hat/ist geflogen) *fly* 188
**fliehen** (floh, hat/ist geflohen) *flee* 189
**fließen** (floss, ist geflossen) *flow* 190
flitzen (flitzte, ist geflitzt) *flit* 395
flocken (flockte, hat geflockt) *flake* 229
**fluchen** (fluchte, hat geflucht) *curse, swear* 191
flüchten (flüchtete, ist geflüchtet) *flee* 203
flüstern (flüsterte, hat geflüstert) *whisper* 362
fluten (flutete, hat/ist geflutet) *flood* 497
föhnen (föhnte, hat geföhnt) *blow dry* 538
**folgen** (folgte, hat/ist gefolgt) *follow* 192
folgern (folgerte, hat gefolgert) *infer, conclude* 23
foltern (folterte, hat gefoltert) *torture* 362
fordern (forderte, hat gefordert) *demand* 193
fördern (förderte, hat gefördert) *promote* 193
formen (formte, hat geformt) *form, shape* 330
forschen (forschte, hat geforscht) *research* 243
sich fort·begeben (begab fort, hat fortbegeben) *go forth* 206
fort·bestehen (bestand fort, hat fortbestanden) *persist* 90
fort·bilden (bildete fort, hat fortgebildet) *continue one's education* 14
fort·bringen (brachte fort, hat fortgebracht) *carry away* 118
fort·dauern (dauerte fort, hat fortgedauert) *persist* 121
fort·eilen (eilte fort, ist fortgeeilt) *hurry off* 51

fort·entwickeln (entwickelte fort, hat fortentwickelt) *further develop* 152
fort·fahren (fuhr fort, hat/ist fortgefahren) *leave* 177
fort·fallen (fiel fort, ist fortgefallen) *be omitted* 178
fort·führen (führte fort, hat fortgeführt) *carry on* 200
fort·gehen (ging fort, ist fortgegangen) *go forth* 210
fort·kommen (kam fort, ist fortgekommen) *come forward* 265
fort·kriechen (kroch fort, ist fortgekrochen) *crawl away* 271
fort·lassen (ließ fort, hat fortgelassen) *omit* 280
fort·laufen (lief fort, ist fortgelaufen) *run on; continue* 281
fort·leben (lebte fort, hat fortgelebt) *live on* 282
fort·legen (legte fort, hat fortgelegt) *lay away* 283
fort·nehmen (nahm fort, hat fortgenommen) *take away* 314
fort·reisen (reiste fort, ist fortgereist) *travel away* 339
fort·reißen (riss fort, hat fortgerissen) *sweep away* 340
fort·reiten (ritt fort, ist fortgeritten) *ride away* 341
fort·schaffen (schaffte fort, hat fortgeschafft) *discard* 355
fort·schicken (schickte fort, hat fortgeschickt) *send forth* 365
fort·schreiten (schritt fort, ist fortgeschritten) *advance* 387
fort·schwimmen (schwamm fort, ist fortgeschwommen) *swim away* 392
fort·setzen (setzte fort, hat fortgesetzt) *continue* 400
fort·treiben (trieb fort, hat/ist fortgetrieben) *drive away; float away* 450
fort·währen (währte fort, hat fortgewährt) *persist* 285
fort·wollen (wollte fort, hat fortgewollt) *want to leave* 539
**fragen** (fragte, hat gefragt) *ask* 194
frei·bekommen (bekam frei, hat freibekommen) *get free; get time off* 66
freien (freite, hat gefreit) *woo* 55
frei·geben (gab frei, hat freigegeben) *release* 206
frei·halten (hielt frei, hat freigehalten) *keep clear* 231
frei·kaufen (kaufte frei, hat freigekauft) *ransom* 253
frei·kommen (kam frei, ist freigekommen) *come free* 265
frei·lassen (ließ frei, hat freigelassen) *let free* 280
frei·legen (legte frei, hat freigelegt) *lay open, uncover* 283
frei·machen (machte frei, hat freigemacht) *free* 300
frei·nehmen (nahm frei, hat freigenommen) *take (time) off* 314
frei·setzen (setzte frei, hat freigesetzt) *emit* 400
frei·sprechen (sprach frei, hat freigesprochen) *exonerate* 415
frei·stehen (stand frei, hat freigestanden) *be freestanding* 423
frei·stellen (stellte frei, hat freigestellt) *leave to (someone's) discretion* 426
**fressen** (fraß, hat gefressen) *eat (of animals)* 195
**freuen** (freute, hat gefreut) *make glad* 196
**frieren** (fror, hat/ist gefroren) *freeze* 197
fristen (fristete, hat gefristet) *prolong* 269
frohlocken (frohlockte, hat frohlockt) *rejoice* 198
fronen (fronte, hat gefront) *toil, slave* 96
frönen (frönte, hat gefrönt) *indulge* 96
fruchten (fruchtete, hat gefruchtet) *bear fruit* 203
**frühstücken** (frühstückte, hat gefrühstückt) *eat breakfast* 198
fugen (fugte, hat gefugt) *caulk, grout* 283
fügen (fügte, hat gefügt) *arrange, fit* 283
**fühlen** (fühlte, hat gefühlt) *feel; be aware of* 199
**führen** (führte, hat geführt) *lead* 200
**füllen** (füllte, hat gefüllt) *fill* 201
funken (funkte, hat gefunkt) *spark* 364
**funktionieren** (funktionierte, hat funktioniert) *function* 202

furchen (furchte, hat gefurcht) *crease* 264
**fürchten** (fürchtete, hat gefürchtet) *fear* 203
füttern (fütterte, hat gefüttert) *feed* 260

## G

gaffen (gaffte, hat gegafft) *rubberneck, stare* 246
gähnen (gähnte, hat gegähnt) *yawn* 172
gammeln (gammelte, hat gegammelt) *goof off* 351
**gären** (gor/gärte, hat/ist gegoren/gegärt) *ferment* 204
sich gatten (gattete, hat gegattet) *couple* 344
gaukeln (gaukelte, hat/ist gegaukelt) *flutter* 152
gebärden (gebärdete, hat gebärdet) *gesture* 44
**gebären** (gebar, hat geboren) *bear; produce* 205
**geben** (gab, hat gegeben) *give* 206
gebieten (gebot, hat geboten) *enjoin* 107
**gebrauchen** (gebrauchte, hat gebraucht) *use* 207
gebrechen (gebrach, hat gebrochen) *be wanting* 116
**gedeihen** (gedieh, ist gediehen) *thrive* 208
gedenken (gedachte, hat gedacht) *commemorate* 122
sich gedulden (geduldete, hat geduldet) *be patient* 305
gefährden (gefährdete, hat gefährdet) *endanger* 44
**gefallen** (gefiel, hat gefallen) *be pleasing* 209
gefrieren (gefror, hat/ist gefroren) *congeal, freeze* 197
gegenüber·liegen (lag gegenüber, hat gegenübergelegen) *lie opposite* 294
sich gegenüber·sehen (sah gegenüber, hat gegenübergesehen) *be confronted* 397
gegenüber·sitzen (saß gegenüber, hat gegenübergesessen) *sit across from* 406
gegenüber·stehen (stand gegenüber, hat gegenübergestanden) *stand opposite* 423
gegenüber·treten (trat gegenüber, ist gegenübergetreten) *face* 452
**gehen** (ging, ist gegangen) *go* 210
gehorchen (gehorchte, hat gehorcht) *obey* 264
**gehören** (gehörte, hat gehört) *belong* 211
geißeln (geißelte, hat gegeißelt) *castigate* 521
gelangen (gelangte, ist gelangt) *attain* 492
geleiten (geleitete, hat geleitet) *escort* 289
**gelingen** (gelang, ist gelungen) (IMPERSONAL) *be successful* 212
geloben (gelobte, hat gelobt) *pledge* 295
**gelten** (galt, hat gegolten) *be valid; matter; apply to* 213
genehmigen (genehmigte, hat genehmigt) *license* 94
**genesen** (genas, ist genesen) *convalesce* 214
**genießen** (genoss, hat genossen) *enjoy* 215
genügen (genügte, hat genügt) *suffice* 283
genug·tun (tat genug, hat genuggetan) *give satisfaction* 457
gerade·stehen (stand gerade, hat geradegestanden) *accept responsibility* 423
**geraten** (geriet, ist geraten) *get; turn out* 216
gerben (gerbte, hat gegerbt) *tan* 282
gereichen (gereichte, hat gereicht) *prove to be* 338
gereuen (gereute, hat gereut) *make remorseful* 196
geruhen (geruhte, hat geruht) *condescend* 348
**geschehen** (geschah, ist geschehen) *happen* 217
gestalten (gestaltete, hat gestaltet) *shape* 357
gestatten (gestattete, hat gestattet) *allow* 344
gestehen (gestand, hat gestanden) *own up* 423
sich getrauen (getraute, hat getraut) *dare* 447
gewahren (gewahrte, hat gewahrt) *perceive* 285
gewähren (gewährte, hat gewährt) *grant* 285
gewährleisten (gewährleistete, hat gewährleistet) *guarantee* 288
**gewinnen** (gewann, hat gewonnen) *win, gain* 218
**gewöhnen** (gewöhnte, hat gewöhnt) *familiarize* 219
**gießen** (goss, hat gegossen) *pour, water* 220
gipfeln (gipfelte, hat gegipfelt) *climax, culminate* 554

gipsen (gipste, hat gegipst) *plaster* 180
glänzen (glänzte, hat geglänzt) *glitter* 442
**glauben** (glaubte, hat geglaubt) *believe* 221
**gleichen** (glich, hat geglichen) *be equal to* 222
gleich·kommen (kam gleich, ist gleichgekommen) *be equal to* 265
gleich·schalten (schaltete gleich, hat gleichgeschaltet) *force to conform* 357
gleich·setzen (setzte gleich, hat gleichgesetzt) *equate* 400
gleich·stehen (stand gleich, hat gleichgestanden) *be equal* 423
gleich·stellen (stellte gleich, hat gleichgestellt) *put on equal footing* 426
gleich·tun (tat gleich, hat gleichgetan) *match* 457
**gleiten** (glitt, hat/ist geglitten) *glide, slip* 223
gliedern (gliederte, hat gegliedert) *subdivide* 9
**glimmen** (glomm/glimmte, hat geglommen/geglimmt) *glimmer* 224
glucken (gluckte, hat gegluckt) *cluck; brood* 229
glücken (glückte, ist geglückt) *turn out well* 129
glühen (glühte, hat geglüht) *glow* 113
golfen (golfte, hat gegolft) *golf* 253
gönnen (gönnte, hat gegönnt) *not begrudge* 451
**graben** (grub, hat gegraben) *dig* 225
grauen (graute, hat gegraut) (IMPERSONAL) *cause dread* 447
grausen (grauste, hat gegraust) *cause horror* 298
**greifen** (griff, hat gegriffen) *grasp* 226
grenzen (grenzte, hat gegrenzt) *border* 442
grillen (grillte, hat gegrillt) *grill* 426
grinsen (grinste, hat gegrinst) *grin* 339
grollen (grollte, hat gegrollt) *grumble* 426
groß·tun (tat groß, hat großgetan) *gloat* 457
groß·ziehen (zog groß, hat großgezogen) *raise, rear* 549
**gründen** (gründete, hat gegründet) *found, establish* 227
grunzen (grunzte, hat gegrunzt) *grunt* 442
**grüßen** (grüßte, hat gegrüßt) *greet* 228
**gucken** (guckte, hat geguckt) *look, peek* 229
gürten (gürtete, hat gegürtet) *gird* 518
gut·haben (hatte gut, hat gutgehabt) *have credit* 230
gut·heißen (hieß gut, hat gutgeheißen) *approve* 239
gut·machen (machte gut, hat gutgemacht) *redress* 300
gut·sagen (sagte gut, hat gutgesagt) *vouch* 350
gut·schreiben (schrieb gut, hat gutgeschrieben) *credit* 385

## H

**haben** (hatte, hat gehabt) *have, possess, bear* 230
hacken (hackte, hat gehackt) *chop, hack* 319
haften (haftete, hat gehaftet) *cling, stick; be liable* 486
hageln (hagelte, hat/ist gehagelt) *hail* 334
haken (hakte, hat gehakt) *hook* 536
hallen (hallte, hat gehallt) *resound* 426
**halten** (hielt, hat gehalten) *hold; consider; last* 231
handarbeiten (handarbeitete, hat gehandarbeitet) *work manually; do needlework* 22
**handeln** (handelte, hat gehandelt) *deal, trade* 232
handhaben (handhabte, hat gehandhabt) *deal with* 282
**hängen** (hing, hat gehangen) *be suspended* 233
**hängen** (hängte, hat gehängt) *hang* 234
harren (harrte, hat geharrt) *await* 506
härten (härtete, hat gehärtet) *harden* 518
haschen (haschte, hat gehascht) *snatch* 243
**hassen** (hasste, hat gehasst) *hate* 235
hasten (hastete, ist gehastet) *hasten* 269
hauchen (hauchte, hat gehaucht) *breathe* 119
**hauen** (haute/hieb, hat gehauen) *chop; hit* 236
häufen (häufte, hat gehäuft) *heap* 253
häuten (häutete, hat gehäutet) *skin, flay* 48
**heben** (hob, hat gehoben) *raise, lift* 237

hoch·schießen (schoss hoch, ist hochgeschossen) *shoot up* 367

hoch·schrauben (schraubte hoch, hat hochgeschraubt) *ratchet up* 383

hoch·schrecken (schreckte/schrak hoch, hat/ist hochgeschreckt) *startle; be startled* 384

hoch·stellen (stellte hoch, hat hochgestellt) *put up* 426

hoch·treiben (trieb hoch, hat hochgetrieben) *drive up* 450

hoch·winden (wand hoch, hat hochgewunden) *wind up* 535

hocken (hockte, hat/ist gehockt) *crouch* 229

**hoffen** (hoffte, hat gehofft) *hope, expect* 246

höhen (höhte, hat gehöht) *heighten* 158

höhnen (höhnte, hat gehöhnt) *deride* 538

hohn·sprechen (sprach hohn, hat hohngesprochen) *defy, deride* 415

**holen** (holte, hat geholt) *get, go for* 247

holpern (holperte, hat/ist geholpert) *jolt* 476

horchen (horchte, hat gehorcht) *hearken* 264

**hören** (hörte, hat gehört) *hear* 248

huldigen (huldigte, hat gehuldigt) *pay homage* 148

hüllen (hüllte, hat gehüllt) *shroud* 201

hungern (hungerte, hat gehungert) *hunger* 23

hupen (hupte, hat gehupt) *honk* 430

hüpfen (hüpfte, ist gehüpft) *hop* 262

huren (hurte, hat gehurt) *fornicate* 431

husten (hustete, hat gehustet) *cough* 455

hüten (hütete, hat gehütet) *watch over* 497

# I

impfen (impfte, hat geimpft) *inoculate* 368

**informieren** (informierte, hat informiert) *inform* 249

inline·skaten (inlineskatete, hat inlinegeskatet) *inline skate* 238

inne·haben (hatte inne, hat innegehabt) *own* 230

inne·halten (hielt inne, hat innegehalten) *pause* 231

inne·werden (wurde inne, ist innegeworden) *become aware of* 529

inne·wohnen (wohnte inne, hat innegewohnt) *be inherent in* 538

**interessieren** (interessierte, hat interessiert) *interest* 250

**interpretieren** (interpretierte, hat interpretiert) *interpret, explain* 251

interviewen (interviewte, hat interviewt) *interview* 253

irre·führen (führte irre, hat irregeführt) *lead astray* 200

irre·gehen (ging irre, ist irregegangen) *go wrong* 210

irre·leiten (leitete irre, hat irregeleitet) *lead astray* 289

irre·machen (machte irre, hat irregemacht) *bewilder* 300

sich irren (irrte, hat geirrt) *err* 506

irre·werden (wurde irre, ist irregeworden) *lose confidence* 529

# J

jagen (jagte, hat/ist gejagt) *hunt; rush* 257

jammern (jammerte, hat gejammert) *wail* 273

jäten (jätete, hat gejätet) *weed* 238

jauchzen (jauchzte, hat gejauchzt) *cheer* 240

jaulen (jaulte, hat gejault) *yelp* 247

jodeln (jodelte, hat gejodelt) *yodel* 232

joggen (joggte, hat/ist gejoggt) *jog* 546

jubeln (jubelte, hat gejubelt) *exult* 232

jucken (juckte, hat gejuckt) *itch* 229

# K

kälten (kältete, hat gekältet) *make cold* 161

kalt·stellen (stellte kalt, hat kaltgestellt) *neutralize* 426

kämmen (kämmte, hat gekämmt) *comb* 428

**kämpfen** (kämpfte, hat gekämpft) *fight* 252

kauen (kaute, hat gekaut) *chew* 447

**kaufen** (kaufte, hat gekauft) *buy* 253

kegeln (kegelte, hat gekegelt) *bowl* 334

kehlen (kehlte, hat gekehlt) *groove* 181

**kehren** (kehrte, hat/ist gekehrt) *sweep; turn over* 254

kehrt·machen (machte kehrt, hat kehrtgemacht) *do an about-face* 300

keifen (keifte, hat gekeift) *nag, scold* 253

keilen (keilte, hat gekeilt) *wedge* 51

keimen (keimte, hat gekeimt) *germinate* 255

**kennen** (kannte, hat gekannt) *know, be familiar with* 256

kennzeichnen (kennzeichnete, hat gekennzeichnet) *designate* 545

ketten (kettete, hat gekettet) *chain* 344

keuchen (keuchte, hat gekeucht) *gasp* 119

kiesen (PRESENT kies-, kor, hat gekoren) *choose* 339 (PRESENT)/496 (PAST)

kippen (kippte, hat/ist gekippt) *tip* 258

kitzeln (kitzelte, hat gekitzelt) *tickle* 521

klaffen (klaffte, hat geklafft) *gape* 246

**klagen** (klagte, hat geklagt) *complain* 257

klammern (klammerte, hat geklammert) *clamp* 273

**klappen** (klappte, hat geklappt) *flip, fold, tilt* 258

klären (klärte, hat geklärt) *clarify* 163

klar·stellen (stellte klar, hat klargestellt) *make clear* 426

klatschen (klatschte, hat geklatscht) *clap* 243

klauen (klaute, hat geklaut) *swipe* 447

**kleben** (klebte, hat geklebt) *paste; be stuck* 259

kleiden (kleidete, hat gekleidet) *clothe* 333

klein·kriegen (kriegte klein, hat kleingekriegt) *smash* 272

klemmen (klemmte, hat geklemmt) *clamp* 428

**klettern** (kletterte, hat/ist geklettert) *climb* 260

klicken (klickte, hat geklickt) *click* 365

klimmen (klomm/klimmte, ist geklommen/geklimmt) *climb* 224

klingeln (klingelte, hat geklingelt) *ring* 334

**klingen** (klang, hat geklungen) *sound, ring* 261

klirren (klirrte, hat geklirrt) *jangle* 506

klonen (klonte, hat geklont) *clone* 96

**klopfen** (klopfte, hat geklopft) *knock; throb* 262

klug·reden (redete klug, hat kluggeredet) *discuss with feigned knowledge, talk as if one knows it all* 333

knabbern (knabberte, hat geknabbert) *munch* 9

knacken (knackte, hat geknackt) *crackle* 319

knallen (knallte, hat/ist geknallt) *crash* 426

kneifen (kniff, hat gekniffen) *pinch; shirk* 321

kneten (knetete, hat geknetet) *knead* 95

knicken (knickte, hat geknickt) *crease* 365

**knien** (kniete, hat gekniet) *kneel* 263

knirschen (knirschte, hat geknirscht) *gnash* 243

knöpfen (knöpfte, hat geknöpft) *button* 262

knoten (knotete, hat geknotet) *tie a knot in* 445

knüpfen (knüpfte, hat geknüpft) *connect* 262

**kochen** (kochte, hat gekocht) *boil, cook* 264

**kommen** (kam, ist gekommen) *come* 265

**können** (konnte, hat gekonnt) *can, be able to* 266

**konzentrieren** (konzentrierte, hat konzentriert) *concentrate, focus* 267

köpfen (köpfte, hat geköpft) *behead* 262

koppeln (koppelte, hat gekoppelt) *couple* 351

**korrigieren** (korrigierte, hat korrigiert) *correct* 268

kosen (koste, hat gekost) *caress* 298

**kosten** (kostete, hat gekostet) *cost* 269

krachen (krachte, hat gekracht) *crash* 300

krächzen (krächzte, hat gekrächzt) *caw, squawk* 240

kräftigen (kräftigte, hat gekräftigt) *invigorate* 82

krähen (krähte, hat gekräht) *crow* 125

krampfen (krampfte, hat gekrampft) *clench* 252

kränken (kränkte, hat gekränkt) *offend* 120

krank·melden (meldete krank, hat krankgemeldet)
  *report sick* 305

krank·schreiben (schrieb krank, hat krankgeschrieben)
  *excuse due to illness* 385

kratzen (kratzte, hat gekratzt) *scratch* 358

**kreischen** (kreischte/krisch, hat gekreischt/gekrischen)
  *screech, shriek, scream* 270

kreisen (kreiste, hat/ist gekreist) *circle* 339

kreuzen (kreuzte, hat/ist gekreuzt) *cross* 316

kreuzigen (kreuzigte, hat gekreuzigt) *crucify* 86

**kriechen** (kroch, hat/ist gekrochen) *crawl* 271

**kriegen** (kriegte, hat gekriegt) *get* 272

krönen (krönte, hat gekrönt) *crown* 96

kühlen (kühlte, hat gekühlt) *cool* 199

**kümmern** (kümmerte, hat gekümmert) *concern* 273

künden (kündete, hat gekündet) *herald* 227

kund·geben (gab kund, hat kundgegeben) *make known*
  206

**kündigen** (kündigte, hat gekündigt) *quit; cancel* 274

kund·tun (tat kund, hat kundgetan) *make known* 457

kund·werden (wurde kund, ist kundgeworden)
  *become known* 529

küren (kürte/kor, hat gekürt/gekoren) *choose*
  431 (REGULAR WEAK)/496 (STRONG)

kurz·arbeiten (arbeitete kurz, hat kurzgearbeitet) *work
  part-time* 22

**kürzen** (kürzte, hat gekürzt) *shorten; reduce* 275

kurz·schließen (schloss kurz, hat kurzgeschlossen)
  *short-circuit* 375

kuscheln (kuschelte, hat gekuschelt) *snuggle* 276

küssen (küsste, hat geküsst) *kiss* 235

## L

laben (labte, hat gelabt) *refresh* 282

**lächeln** (lächelte, hat gelächelt) *smile* 276

**lachen** (lachte, hat gelacht) *laugh* 277

**laden** (lud, hat geladen) *load* 278

lahmen (lahmte, hat gelahmt) *be paralyzed* 255

lähmen (lähmte, hat gelähmt) *paralyze* 255

lallen (lallte, hat gelallt) *babble* 426

**landen** (landete, hat/ist gelandet) *land, disembark* 279

langen (langte, hat gelangt) *suffice* 492

langweilen (langweilte, hat gelangweilt) *be bored* 51

lärmen (lärmte, hat gelärmt) *be noisy* 330

**lassen** (ließ, hat gelassen) *let, allow; leave* 280

lasten (lastete, hat gelastet) *encumber* 269

lästern (lästerte, hat gelästert) *defame* 362

**laufen** (lief, hat/ist gelaufen) *run* 281

lauschen (lauschte, hat gelauscht) *eavesdrop* 243

lauten (lautete, hat gelautet) *sound* 48

läuten (läutete, hat geläutet) *ring* 48

**leben** (lebte, hat gelebt) *live* 282

lechzen (lechzte, hat gelechzt) *languish* 240

lecken (leckte, hat geleckt) *lick; leak* 143

leeren (leerte, hat geleert) *empty* 410

**legen** (legte, hat gelegt) *lay, put* 283

**lehnen** (lehnte, hat gelehnt) *lean, prop* 284

**lehren** (lehrte, hat gelehrt) *teach* 285

**leiden** (litt, hat gelitten) *suffer* 286

**leihen** (lieh, hat geliehen) *lend; borrow* 287

leimen (leimte, hat geleimt) *glue* 255

**leisten** (leistete, hat geleistet) *accomplish* 288

**leiten** (leitete, hat geleitet) *guide, lead* 289

lenken (lenkte, hat gelenkt) *steer* 364

**lernen** (lernte, hat gelernt) *learn, study* 290

**lesen** (las, hat gelesen) *read* 291

letzen (letzte, hat geletzt) *gratify* 494

leuchten (leuchtete, hat geleuchtet) *illuminate* 203

leugnen (leugnete, hat geleugnet) *deny* 336

lichten (lichtete, hat gelichtet) *thin out; lighten* 76

liebäugeln (liebäugelte, hat geliebäugelt) *flirt* 334

**lieben** (liebte, hat geliebt) *love* 292

liebkosen (liebkoste, hat liebkost/geliebkost) *cuddle* 298

**liefern** (lieferte, hat geliefert) *deliver; supply* 293

**liegen** (lag, hat gelegen) *lie; be located* 294

lispeln (lispelte, hat gelispelt) *lisp* 351

**loben** (lobte, hat gelobt) *praise* 295

lob·preisen (lobpreiste/lobpries, hat gelobpreist/
  lobgepriesen) *extol* 339 (REGULAR WEAK)/324 (STRONG)

lob·singen (lobsang, hat lobgesungen) *sing praise* 403

locken (lockte, hat gelockt) *curl; attract* 229

**lohnen** (lohnte, hat gelohnt) *remunerate* 296

**löschen** (löschte, hat gelöscht) *extinguish* 297

losen (loste, hat gelost) *draw lots* 298

**lösen** (löste, hat gelöst) *solve* 298

los·fahren (fuhr los, ist losgefahren) *depart* 177

los·gehen (ging los, ist losgegangen) *set off* 210

los·haben (hatte los, hat losgehabt) *have going* 230

los·kaufen (kaufte los, hat losgekauft) *ransom, buy off* 253

los·kommen (kam los, ist losgekommen) *get/come loose* 265

los·kriegen (kriegte los, hat losgekriegt) *get out/off* 272

los·lassen (ließ los, hat losgelassen) *let loose* 280

los·lösen (löste los, hat losgelöst) *take off, remove* 298

los·reißen (riss los, hat losgerissen) *tear loose* 340

los·sprechen (sprach los, hat losgesprochen) *absolve* 415

los·werden (wurde los, ist losgeworden) *become free of* 529

loten (lotete, hat gelotet) *take soundings of; plumb* 445

lüften (lüftete, hat gelüftet) *air out* 486

**lügen** (log, hat gelogen) *lie, fib* 299

lullen (lullte, hat gelullt) *lull* 201

lustwandeln (lustwandelte, hat/ist gelustwandelt) *stroll*
  232

lutschen (lutschte, hat gelutscht) *suck* 243

## M

**machen** (machte, hat gemacht) *make, do* 300

mähen (mähte, hat gemäht) *mow* 125

**mahlen** (mahlte, hat gemahlen) *grind, mill* 301

mahnen (mahnte, hat gemahnt) *admonish* 172

**malen** (malte, hat gemalt) *paint* 302

managen (managte, hat gemanagt) *manage* 257

mangeln (mangelte, hat gemangelt) *be lacking* 334

martern (marterte, hat gemartert) *torment* 362

maßregeln (maßregelte, hat gemaßregelt) *reprimand* 334

maß·schneidern (—, hat maßgeschneidert) *custom tailor* 9

mästen (mästete, hat gemästet) *fatten* 269

mehren (mehrte, hat gemehrt) *increase* 285

**meiden** (mied, hat gemieden) *avoid, shun* 303

**meinen** (meinte, hat gemeint) *mean; say* 304

meißeln (meißelte, hat gemeißelt) *sculpt* 521

**melden** (meldete, hat gemeldet) *announce* 305

melken (melkte/molk, hat gemelkt/gemolken) *milk*
  441 (REGULAR WEAK)/391 (STRONG)

mengen (mengte, hat gemengt) *mingle* 234

**merken** (merkte, hat gemerkt) *notice* 306

**messen** (maß, hat gemessen) *measure* 307

miauen (miaute, hat gemiaut) *meow* 447

**mieten** (mietete, hat gemietet) *rent (from), lease* 308

mimen (mimte, hat gemimt) *mime* 255

mindern (minderte, hat gemindert) *decrease* 490

mischen (mischte, hat gemischt) *mix* 243

missachten (missachtete, hat missachtet) *disdain* 7

missbrauchen (missbrauchte, hat missbraucht) *misuse* 115

missen (misste, hat gemisst) *miss, do without* 180

nach·reisen (reiste nach, ist nachgereist) *travel after* 339

nach·rufen (rief nach, hat nachgerufen) *call after* 347

nach·sagen (sagte nach, hat nachgesagt) *repeat* 350

nach·schenken (schenkte nach, hat nachgeschenkt) *refill (drink)* 364

nach·schicken (schickte nach, hat nachgeschickt) *forward* 365

nach·schlagen (schlug nach, hat nachgeschlagen) *look up* 371

nach·schleichen (schlich nach, ist nachgeschlichen) *creep after* 372

nach·schmecken (schmeckte nach, hat nachgeschmeckt) *have an aftertaste* 377

nach·schreiben (schrieb nach, hat nachgeschrieben) *transcribe* 385

nach·schreien (schrie nach, hat nachgeschrien) *shout after* 386

nach·sehen (sah nach, hat nachgesehen) *gaze after* 397

nach·senden (sandte/sendete nach, hat nachgesandt/nachgesendet) *forward* 399

nach·setzen (setzte nach, hat nachgesetzt) *chase* 400

nach·sinnen (sann nach, hat nachgesonnen) *mull* 405

nach·sitzen (saß nach, hat nachgesessen) *have detention* 406

nach·spielen (spielte nach, hat nachgespielt) *reenact* 413

nach·sprechen (sprach nach, hat nachgesprochen) *repeat* 415

nach·stehen (stand nach, hat nachgestanden) *be inferior* 423

nach·stellen (stellte nach, hat nachgestellt) *place after* 426

nach·tragen (trug nach, hat nachgetragen) *add* 446

nachtwandeln (nachwandelte, hat/ist genachtwandelt) *sleepwalk* 232

nach·vollziehen (vollzog nach, hat nachvollzogen) *understand* 549

nach·wachsen (wuchs nach, ist nachgewachsen) *grow back* 512

nach·weisen (wies nach, hat nachgewiesen) *prove* 526

nach·wiegen (wog nach, hat nachgewogen) *reweigh* 534

nach·wirken (wirkte nach, hat nachgewirkt) *keep working* 536

nach·würzen (würzte nach, hat nachgewürzt) *add more seasoning* 438

nach·zahlen (zahlte nach, hat nachgezahlt) *pay later* 543

nach·zählen (zählte nach, hat nachgezählt) *recount* 544

nach·zeichnen (zeichnete nach, hat nachgezeichnet) *trace* 545

nagen (nagte, hat genagt) *gnaw* 257

nahen (nahte, hat/ist genaht) *draw near, approach* 125

nähen (nähte, hat genäht) *sew* 125

nähern (näherte, hat genähert) *approach; bring closer* 401

nähren (nährte, hat genährt) *cherish* 285

naschen (naschte, hat genascht) *snack* 243

nasführen (nasführte, hat genasführt) *dupe* 200

nässen (nässte, hat genässt) *wet* 29

necken (neckte, hat geneckt) *tease* 143

**nehmen** (nahm, hat genommen) *take* 314

neiden (neidete, hat geneidet) *begrudge* 333

neigen (neigte, hat geneigt) *have a tendency* 546

**nennen** (nannte, hat genannt) *name, designate* 315

nerven (nervte, hat genervt) *unnerve* 253

netzen (netzte, hat genetzt) *moisten* 400

nicken (nickte, hat genickt) *nod* 365

nieder·brennen (brannte nieder, hat/ist niedergebrannt) *burn down* 117

nieder·drücken (drückte nieder, hat niedergedrückt) *suppress* 129

nieder·fallen (fiel nieder, ist niedergefallen) *fall down* 178

nieder·gehen (ging nieder, ist niedergegangen) *go down; land* 210

nieder·halten (hielt nieder, hat niedergehalten) *keep down; oppress* 231

nieder·hauen (haute/hieb nieder, hat niedergehauen) *strike down* 236

nieder·holen (holte nieder, hat niedergeholt) *haul down, lower* 247

nieder·kämpfen (kämpfte nieder, hat niedergekämpft) *subdue* 252

nieder·knien (kniete nieder, ist niedergekniet) *kneel down* 263

nieder·lassen (ließ nieder, hat niedergelassen) *settle down* 280

nieder·legen (legte nieder, hat niedergelegt) *put down* 283

nieder·reißen (riss nieder, hat niedergerissen) *tear down* 340

nieder·schießen (schoss nieder, hat niedergeschossen) *shoot down* 367

nieder·schlagen (schlug nieder, hat niedergeschlagen) *strike down* 371

nieder·schreiben (schrieb nieder, hat niedergeschrieben) *write down* 385

nieder·setzen (setzte nieder, hat niedergesetzt) *put down* 400

nieder·sinken (sank nieder, ist niedergesunken) *sink down* 404

nieder·stürzen (stürzte nieder, ist niedergestürzt) *tumble down* 438

nieder·treten (trat nieder, hat niedergetreten) *tread down, trample underfoot* 452

nieder·werfen (warf nieder, hat niedergeworfen) *throw down; defeat* 530

nieder·zwingen (zwang nieder, hat niedergezwungen) *force down* 555

nieseln (nieselte, hat genieselt) *drizzle* 521

niesen (nieste, hat geniest) *sneeze* 339

nisten (nistete, hat genistet) *nest* 269

nötigen (nötigte, hat genötigt) *coerce, force* 86

not·landen (notlandete, hat/ist notgelandet) *make an emergency landing* 279

**nutzen** (nutzte, hat genutzt) *use; be useful* 316

**nützen** (nützte, hat genützt) *use; be useful* 316

# O

ob·liegen (oblag [lag ob], hat oblegen [obgelegen]) *be the duty of* 294

ob·siegen (obsiegte [siegte ob], hat obsiegt [obgesiegt]) *be victorious* 272

ob[·]walten (obwaltete [waltete ob], hat obwaltet [obgewaltet]) *prevail* 357

offenbaren (offenbarte, hat offenbart/geoffenbart) *reveal* 163

**öffnen** (öffnete, hat geöffnet) *open* 317

ohrfeigen (ohrfeigte, hat geohrfeigt) *slap* 546

ölen (ölte, hat geölt) *oil* 247

opfern (opferte, hat geopfert) *sacrifice* 293

**ordnen** (ordnete, hat geordnet) *arrange, classify* 318

# P

paaren (paarte, hat gepaart) *pair; mate* 163

pachten (pachtete, hat gepachtet) *lease* 7

**packen** (packte, hat gepackt) *pack; seize* 319

parken (parkte, hat geparkt) *park* 306

passen (passte, hat gepasst) *fit* 29

**passieren** (passierte, hat/ist passiert) *cross; happen* 320

pauken (paukte, hat gepaukt) *cram; beat* 536

peinigen (peinigte, hat gepeinigt) *torment* 94

schwarz·hören (hörte schwarz, hat schwarzgehört) *listen in illegally* 248

schwarz·sehen (sah schwarz, hat schwarzgesehen) *watch illegally* 397

schwätzen (schwätzte, hat geschwätzt) *chat* 358

**schweben** (schwebte, hat/ist geschwebt) *hover* 389

schweifen (schweifte, hat/ist geschweift) *roam* 253

**schweigen** (schwieg, hat geschwiegen) *remain silent* 390

**schwellen** (schwoll, ist geschwollen) *swell* 391

**schwellen** (schwellte, hat geschwellt) *swell, billow* 426

schwemmen (schwemmte, hat geschwemmt) *sluice* 428

schwenken (schwenkte, hat/ist geschwenkt) *swivel* 364

**schwimmen** (schwamm, hat/ist geschwommen) *swim, float* 392

schwindeln (schwindelte, hat geschwindelt) *swindle* 232

**schwinden** (schwand, ist geschwunden) *fade; lessen* 393

**schwingen** (schwang, hat/ist geschwungen) *swing* 394

schwirren (schwirrte, hat geschwirrt) *whiz* 506

**schwitzen** (schwitzte, hat geschwitzt) *sweat* 395

**schwören** (schwor/schwur, hat geschworen) *swear* 396

segeln (segelte, hat/ist gesegelt) *sail* 334

segnen (segnete, hat gesegnet) *bless* 336

**sehen** (sah, hat gesehen) *see, look* 397

sich sehnen (sehnte, hat gesehnt) *yearn* 284

**sein** (war, ist gewesen) *be, exist* 398

**senden** (sandte/sendete, hat gesandt/gesendet) *send; broadcast* 399

sengen (sengte, hat gesengt) *scorch* 234

senken (senkte, hat gesenkt) *lower* 364

**setzen** (setzte, hat gesetzt) *set, place; plant* 400

seufzen (seufzte, hat geseufzt) *sigh* 240

sicher·gehen (ging sicher, ist sichergegangen) *make sure* 210

**sichern** (sicherte, hat gesichert) *secure* 401

sicher·stellen (stellte sicher, hat sichergestellt) *secure* 426

sichten (sichtete, hat gesichtet) *sight* 135

sickern (sickerte, ist gesickert) *seep* 401

sieben (siebte, hat gesiebt) *sift* 292

siedeln (siedelte, hat gesiedelt) *settle* 232

**sieden** (siedete/sott, hat gesiedet/gesotten) *boil* 402

siegen (siegte, hat gesiegt) *triumph* 272

siezen (siezte, hat gesiezt) *use "Sie" with* 240

**singen** (sang, hat gesungen) *sing* 403

**sinken** (sank, ist gesunken) *sink* 404

**sinnen** (sann, hat gesonnen) *ponder* 405

**sitzen** (saß, hat gesessen) *be sitting/seated* 406

skateboarden (skateboardete, ist geskateboardet) *skateboard* 44

skaten (skatete, ist geskatet) *skate* 238

snowboarden (snowboardete, hat/ist gesnowboardet) *snowboard* 44

**sollen** (sollte, hat gesollt) *should, be supposed to* 407

sondern (sonderte, hat gesondert) *separate out* 541

sich sonnen (sonnte, hat gesonnt) *sun oneself* 451

**sorgen** (sorgte, hat gesorgt) *take care (of)* 408

spähen (spähte, hat gespäht) *peer* 125

**spalten** (spaltete, hat gespalten/gespaltet) *split* 409

spannen (spannte, hat gespannt) *tense* 451

**sparen** (sparte, hat gespart) *save* 410

spaßen (spaßte, hat gespaßt) *joke around* 228

**spazieren** (spazierte, hat/ist spaziert) *stroll* 411

speichern (speicherte, hat gespeichert) *store* 401

**speien** (spie, hat gespien) *spit, spew* 412

speisen (speiste, hat gespeist) *dine* 339

spenden (spendete, hat gespendet) *donate* 279

sperren (sperrte, hat gesperrt) *block* 506

spicken (spickte, hat gespickt) *garnish* 365

spiegeln (spiegelte, hat gespiegelt) *mirror* 334

**spielen** (spielte, hat gespielt) *play* 413

spießen (spießte, hat gespießt) *pierce* 228

**spinnen** (spann, hat gesponnen) *spin* 414

spitzen (spitzte, hat gespitzt) *make pointed, sharpen* 395

spleißen (spleißte/spliss, hat gespleißt/gesplissen) *splice; split* 374

splittern (splitterte, hat/ist gesplittert) *splinter* 260

spornen (spornte, hat gespornt) *spur* 290

spotten (spottete, hat gespottet) *mock* 344

sprayen (sprayte, hat gesprayt) *spray* 253

**sprechen** (sprach, hat gesprochen) *speak* 415

sprengen (sprengte, hat gesprengt) *explode; water* 234

**sprießen** (spross, ist gesprossen) *sprout* 416

**springen** (sprang, ist gesprungen) *jump* 417

sprinten (sprintete, hat/ist gesprintet) *sprint* 357

spritzen (spritzte, hat gespritzt) *inject; spray, spatter* 395

sprudeln (sprudelte, hat/ist gesprudelt) *effervesce* 232

sprühen (sprühte, hat gesprüht) *spray* 113

spucken (spuckte, hat gespuckt) *spit* 229

spuken (spukte, hat gespukt) *haunt* 536

spulen (spulte, hat gespult) *spool* 418

**spülen** (spülte, hat gespült) *rinse; wash dishes* 418

spüren (spürte, hat gespürt) *sense* 431

stählen (stählte, hat gestählt) *toughen, harden* 544

stammeln (stammelte, hat gestammelt) *stammer* 351

stammen (stammte, hat gestammt) *derive* 428

stampfen (stampfte, hat/ist gestampft) *stomp* 252

stand·halten (hielt stand, hat standgehalten) *stand firm* 231

stapeln (stapelte, hat gestapelt) *pile up, stack* 351

stärken (stärkte, hat gestärkt) *strengthen* 306

starren (starrte, hat gestarrt) *stare; stiffen* 506

**starten** (startete, hat/ist gestartet) *start, launch* 419

statt·finden (fand statt, hat stattgefunden) *take place* 420

stauben (staubte, hat gestaubt) *raise dust* 221

staubsaugen (staubsaugte, hat gestaubsaugt) *vacuum* 353

stauchen (stauchte, hat gestaucht) *jam* 119

stauen (staute, hat gestaut) *dam up* 447

staunen (staunte, hat gestaunt) *be astonished* 525

**stechen** (stach, hat gestochen) *prick, sting* 421

**stecken** (steckte (stak), hat gesteckt) *stick; put* 422

**stehen** (stand, hat gestanden) *stand* 423

**stehlen** (stahl, hat gestohlen) *steal* 424

**steigen** (stieg, ist gestiegen) *climb* 425

steigern (steigerte, hat gesteigert) *increase* 23

steinigen (steinigte, hat gesteinigt) *stone (someone)* 94

**stellen** (stellte, hat gestellt) *put* 426

stemmen (stemmte, hat gestemmt) *lift* 428

stempeln (stempelte, hat gestempelt) *stamp* 351

**sterben** (starb, ist gestorben) *die* 427

steuern (steuerte, hat gesteuert) *steer* 121

stibitzen (stibitzte, hat gestibitzt) *filch* 395

sticken (stickte, hat gestickt) *embroider* 365

stieben (stob/stiebte, hat/ist gestoben/gestiebt) *scatter* 547

stiften (stiftete, hat gestiftet) *endow* 486

stillen (stillte, hat gestillt) *quiet; suckle* 426

still·halten (hielt still, hat stillgehalten) *keep still* 231

still·legen (legte still, hat stillgelegt) *shut down* 283

still·liegen (lag still, hat stillgelegen) *be out of service* 294

still·schweigen (schwieg still, hat stillgeschwiegen) *not breathe a word* 390

still·sitzen (saß still, hat stillgesessen) *sit still* 406

still·stehen (stand still, hat stillgestanden) *stand still* 423

**stimmen** (stimmte, hat gestimmt) *be correct; vote* 428

**stinken** (stank, hat gestunken) *stink* 429

stippen (stippte, hat gestippt) *dunk, dip* 430

stocken (stockte, hat gestockt) *falter* 229

stöhnen (stöhnte, hat gestöhnt) *groan* 538

stolpern (stolperte, ist gestolpert) *stumble* 476

stopfen (stopfte, hat gestopft) *stuff* 262

**stoppen** (stoppte, hat gestoppt) *stop* 430

**stören** (störte, hat gestört) *disturb* 431

**stoßen** (stieß, hat/ist gestoßen) *punch; thrust; push* 432

stottern (stotterte, hat gestottert) *stutter* 260

strafen (strafte, hat gestraft) *punish* 253

strafversetzen (—, hat strafversetzt) *transfer for disciplinary reasons* 400

**strahlen** (strahlte, hat gestrahlt) *beam* 433

stranden (strandete, ist gestrandet) *be stranded* 279

sträuben (sträubte, hat gesträubt) *ruffle* 221

**streben** (strebte, hat/ist gestrebt) *strive* 434

strecken (streckte, hat gestreckt) *stretch* 143

streicheln (streichelte, hat gestreichelt) *caress* 276

**streichen** (strich, hat/ist gestrichen) *stroke; delete* 435

streifen (streifte, hat/ist gestreift) *scrape* 253

streiken (streikte, hat gestreikt) *be/go on strike* 120

**streiten** (stritt, hat gestritten) *quarrel* 436

streuen (streute, hat gestreut) *strew* 196

streunen (streunte, hat/ist gestreunt) *roam around* 525

stricken (strickte, hat gestrickt) *knit* 365

**strömen** (strömte, ist geströmt) *stream* 255

strotzen (strotzte, hat gestrotzt) *abound in, teem* 395

stücken (stückte, hat gestückt) *patch* 198

**studieren** (studierte, hat studiert) *study* 437

stufen (stufte, hat gestuft) *grade* 253

stürmen (stürmte, hat/ist gestürmt) *storm* 330

**stürzen** (stürzte, hat/ist gestürzt) *topple; tumble* 438

stutzen (stutzte, hat gestutzt) *prune* 316

**stützen** (stützte, hat gestützt) *prop up* 439

**suchen** (suchte, hat gesucht) *seek* 440

summen (summte, hat/ist gesummt) *hum, buzz* 428

sündigen (sündigte, hat gesündigt) *sin* 274

surfen (surfte, hat/ist gesurft) *surf* 253

**süßen** (süßte, hat gesüßt) *sweeten* 228

# T

tagen (tagte, hat getagt) *dawn* 350

**tanken** (tankte, hat getankt) *fill up* 441

**tanzen** (tanzte, hat/ist getanzt) *dance* 442

tappen (tappte, ist getappt) *tiptoe* 258

tarnen (tarnte, hat getarnt) *cloak* 517

tasten (tastete, hat getastet) *touch* 269

tätigen (tätigte, hat getätigt) *transact* 89

tauchen (tauchte, hat/ist getaucht) *dive* 119

tauen (taute, hat getaut) *thaw* 447

taufen (taufte, hat getauft) *baptize* 253

taugen (taugte, hat getaugt) *be good for* 283

tauschen (tauschte, hat getauscht) *swap* 151

täuschen (täuschte, hat getäuscht) *delude* 151

**teilen** (teilte, hat geteilt) *divide; share* 443

teil·haben (hatte teil, hat teilgehabt) *have a part; share* 230

**teil·nehmen** (nahm teil, hat teilgenommen) *attend* 444

testen (testete, hat getestet) *test* 269

ticken (tickte, hat getickt) *tick* 365

tilgen (tilgte, hat getilgt) *erase* 192

tippen (tippte, hat getippt) *type; tap* 258

toasten (toastete, hat getoastet) *toast* 269

toben (tobte, hat getobt) *rage* 295

tönen (tönte, hat getönt) *sound, ring* 96

**töten** (tötete, hat getötet) *kill* 445

tot·fahren (fuhr tot, hat totgefahren) *kill by running over* 177

tot·sagen (sagte tot, hat totgesagt) *pronounce dead* 350

tot·schlagen (schlug tot, hat totgeschlagen) *slay* 371

tot·schweigen (schwieg tot, hat totgeschwiegen) *be dead quiet; hush up* 390

trachten (trachtete, hat getrachtet) *aspire, strive* 7

**tragen** (trug, hat getragen) *carry; wear* 446

trampeln (trampelte, hat getrampelt) *trample* 351

trampen (trampte, ist getrampt) *hitchhike* 258

tränken (tränkte, hat getränkt) *water, soak* 120

**trauen** (traute, hat getraut) *trust* 447

trauern (trauerte, hat getrauert) *mourn* 121

**träumen** (träumte, hat geträumt) *dream* 448

trecken (treckte, hat getreckt) *haul* 143

**treffen** (traf, hat/ist getroffen) *meet; strike* 449

**treiben** (trieb, hat/ist getrieben) *drive; drift* 450

**trennen** (trennte, hat getrennt) *separate* 451

**treten** (trat, hat/ist getreten) *kick; step, go* 452

**triefen** (triefte/troff, hat/ist getrieft/getroffen) *be soaked; drip* 453

triften (triftete, hat getriftet) *drift* 486

**trinken** (trank, hat getrunken) *drink* 454

trocken·legen (legte trocken, hat trockengelegt) *drain* 283

trocken·reiben (rieb trocken, hat trockengerieben) *rub dry* 337

trocknen (trocknete, hat getrocknet) *dry* 336

trommeln (trommelte, hat getrommelt) *drum* 351

trompeten (trompetete, hat trompetet) *trumpet* 95

tröpfeln (tröpfelte, hat/ist getröpfelt) *drip* 554

tropfen (tropfte, hat/ist getropft) *drip* 262

**trösten** (tröstete, hat getröstet) *comfort, console* 455

trotzen (trotzte, hat getrotzt) *defy* 395

trüben (trübte, hat getrübt) *cloud; mar* 282

**trügen** (trog, hat getrogen) *be deceptive* 456

trumpfen (trumpfte, hat getrumpft) *trump* 368

**tun** (tat, hat getan) *do* 457

tünchen (tünchte, hat getüncht) *whitewash* 264

tunken (tunkte, hat getunkt) *dunk, dip* 364

türmen (türmte, hat getürmt) *pile up* 330

turnen (turnte, hat geturnt) *do gymnastics* 290

# U

üben (übte, hat geübt) *practice* 282

überanstrengen (überanstrengte, hat überanstrengt) *overexert, strain* 234

überantworten (überantwortete, hat überantwortet) *consign* 19

überarbeiten (überarbeitete, hat überarbeitet) *overwork* 22

überbacken (überbackte/überbuk, hat überbacken) *brown the top of* 43

überbauen (überbaute, hat überbaut) *build over* 45

über·bauen (baute über, hat übergebaut) *build above* 45

überbetonen (überbetonte, hat überbetont) *overemphasize* 96

überbezahlen (überbezahlte, hat überbezahlt) *overpay* 103

überbieten (überbot, hat überboten) *outbid* 107

überbringen (überbrachte, hat überbracht) *convey* 118

überbrücken (überbrückte, hat überbrückt) *bridge* 129

überbuchen (überbuchte, hat überbucht) *overbook* 119

überdachen (überdachte, hat überdacht) *cover over* 277

überdauern (überdauerte, hat überdauert) *outlast* 121

überdenken (überdachte, hat überdacht) *think over* 122

überdrehen (überdrehte, hat überdreht) *overwind, overtighten* 125

überdrucken (überdruckte, hat überdruckt) *overprint* 128

übereilen (übereilte, hat übereilt) *rush* 51

überein·kommen (kam überein, ist übereingekommen) *agree* 265

überein·stimmen (stimmte überein, hat übereingestimmt) *concur* 428

übererfüllen (übererfüllte, hat übererfüllt) *overfulfill* 156

über·essen (aß über, hat übergegessen) *overeat* 175

sich überessen (überaß, hat übergessen) *gorge oneself* 175

um·zeichnen (zeichnete um, hat umgezeichnet) *redraw* 545

umziehen (umzog, hat umzogen) *surround* 549

um·ziehen (zog um, hat/ist umgezogen) *change clothes; move* 549

unterbauen (unterbaute, hat unterbaut) *underpin* 45

unterbezahlen (unterbezahlte, hat unterbezahlt) *underpay* 103

unterbieten (unterbot, hat unterboten) *undercut* 107

unterbinden (unterband, hat unterbunden) *thwart* 108

unterbleiben (unterblieb, ist unterblieben) *not take place* 111

**unterbrechen** (unterbrach, hat unterbrochen) *interrupt* 467

unter·bringen (brachte unter, hat untergebracht) *shelter* 118

unterdrücken (unterdrückte, hat unterdrückt) *oppress* 129

unterfangen (unterfing, hat unterfangen) *undertake* 179

unter·fassen (fasste unter, hat untergefasst) *grasp under; take* (someone's) *arm* 180

unter·gehen (ging unter, ist untergegangen) *founder* 210

untergraben (untergrub, hat untergraben) *undermine* 225

unter·graben (grub unter, hat untergegraben) *dig in/under* 225

**unterhalten** (unterhielt, hat unterhalten) *entertain* 468

unterhandeln (unterhandelte, hat unterhandelt) *negotiate* 232

unter·kommen (kam unter, ist untergekommen) *lodge* 265

unter·kriegen (kriegte unter, hat untergekriegt) *demoralize* 272

unterlassen (unterließ, hat unterlassen) *desist* 280

unterlaufen (unterlief, hat/ist unterlaufen) *slip in* 281

unter·laufen (lief unter, ist untergelaufen) *run under* 281

unterlegen (unterlegte, hat unterlegt) *underlay* 283

unter·legen (legte unter, hat untergelegt) *lay underneath* 283

unterliegen (unterlag, hat/ist unterlegen) *be subject to* 294

untermalen (untermalte, hat untermalt) *accompany* 302

**unternehmen** (unternahm, hat unternommen) *undertake* 469

unter·ordnen (ordnete unter, hat untergeordnet) *subordinate* 318

sich unterreden (unterredete, hat unterredet) *converse* 333

**unterrichten** (unterrichtete, hat unterrichtet) *teach* 470

untersagen (untersagte, hat untersagt) *forbid* 350

unterschätzen (unterschätzte, hat unterschätzt) *underestimate* 358

**unterscheiden** (unterschied, hat unterschieden) *distinguish* 471

unterschieben (unterschob, hat unterschoben) *foist on* 366

unter·schieben (schob unter, hat untergeschoben) *push underneath* 366

unterschlagen (unterschlug, hat unterschlagen) *embezzle* 371

unter·schlagen (schlug unter, hat untergeschlagen) *cross* (legs), *fold* (arms) 371

**unterschreiben** (unterschrieb, hat unterschrieben) *sign* 472

unterschreiten (unterschritt, hat unterschritten) *fall short* 387

untersetzen (untersetzte, hat untersetzt) *intermix* 400

unter·setzen (setzte unter, hat untergesetzt) *place underneath* 400

unter·sinken (sank unter, ist untergesunken) *sink (under)* 404

unterspülen (unterspülte, hat unterspült) *wash away* 418

unterstehen (unterstand, hat unterstanden) *be subordinate* 423

unter·stehen (stand unter, hat untergestanden) *take shelter* 423

unterstellen (unterstellte, hat unterstellt) *subordinate* 426

unter·stellen (stellte unter, hat untergestellt) *put below* 426

unterstreichen (unterstrich, hat unterstrichen) *underline* 435

**unterstützen** (unterstützte, hat unterstützt) *support* 473

unter·stützen (stützte unter, hat untergestützt) *bolster* 439

untersuchen (untersuchte, hat untersucht) *analyze* 440

unterteilen (unterteilte, hat unterteilt) *subdivide* 443

untervermieten (untervermietete, hat untervermietet) *sublet* 308

unterwandern (unterwanderte, hat unterwandert) *infiltrate* 516

unterweisen (unterwies, hat unterwiesen) *instruct* 526

unterwerfen (unterwarf, hat unterworfen) *subdue* 530

unterzeichnen (unterzeichnete, hat unterzeichnet) *ratify* 545

unterziehen (unterzog, hat unterzogen) *pull beneath* 549

unter·ziehen (zog unter, hat untergezogen) *subject* 549

urauf·führen (uraufführte, hat uraufgeführt) *premiere* 200

urteilen (urteilte, hat geurteilt) *judge, adjudicate* 443

## V

verabreden (verabredete, hat verabredet) *stipulate* 333

verabreichen (verabreichte, hat verabreicht) *dispense* 338

verabscheuen (verabscheute, hat verabscheut) *detest* 196

**verabschieden** (verabschiedete, hat verabschiedet) *discharge; adopt* 474

verachten (verachtete, hat verachtet) *despise* 7

verallgemeinern (verallgemeinerte, hat verallgemeinert) *generalize* 160

veralten (veraltete, ist veraltet) *become obsolete* 357

**verändern** (veränderte, hat verändert) *change* 475

verankern (verankerte, hat verankert) *anchor* 401

veranlagen (veranlagte, hat veranlagt) *assess* 47

veranlassen (veranlasste, hat veranlasst) *instigate* 180

veranschaulichen (veranschaulichte, hat veranschaulicht) *illustrate* 498

veranschlagen (veranschlagte, hat veranschlagt) *rate* 47

veranstalten (veranstaltete, hat veranstaltet) *organize* 357

verantworten (verantwortete, hat verantwortet) *account for, take responsibility for* 19

verarbeiten (verarbeitete, hat verarbeitet) *process* 22

verärgern (verärgerte, hat verärgert) *irritate* 23

verarmen (verarmte, hat verarmt) *impoverish* 330

verausgaben (verausgabte, hat verausgabt) *expend* 282

verauslagen (verauslagte, hat verauslagt) *outlay* 47

veräußern (veräußerte, hat veräußert) *transfer (by selling), dispose of* 476

verbacken (verbackte/verbuk, hat verbacken) *use in baking* 43

verbannen (verbannte, hat verbannt) *banish* 451

verbauen (verbaute, hat verbaut) *obstruct* 45

verbeißen (verbiss, hat verbissen) *clench one's teeth* 65

verbellen (verbellte, hat verbellt) *bay, bark* 68

verbergen (verbarg, hat verborgen) *hide* 75

**verbessern** (verbesserte, hat verbessert) *correct* 476

verbiegen (verbog, hat verbogen) *distort, bend* 106

**verbieten** (verbot, hat verboten) *forbid* 477

**verbinden** (verband, hat verbunden) *connect* 478

verbitten (verbat, hat verbeten) *not tolerate* 109

verblassen (verblasste, ist verblasst) *pale* 235

verbleiben (verblieb, ist verblieben) *stay the same* 111

verbleichen (verbleichte/verblich, ist verbleicht/verblichen) *lose color* 112 (REGULAR WEAK)/435 (STRONG)

verblenden (verblendete, hat verblendet) *blind* 279

verblüffen (verblüffte, hat verblüfft) *perplex, amaze* 246

## Z